Ulrich Welbers · Verwandlung der Welt in Sprache

HUMBOLDT-STUDIEN

herausgegeben von
Hans-Werner Scharf (Düsseldorf)
Kurt Mueller-Vollmer (Stanford, Ca.) · Jürgen Trabant
(Berlin)

in Zusammenarbeit mit
Ana Agud (Salamanca) · Ernst Behler (Seattle, Wa.†)
Tilman Borsche (Hildesheim) · Donatella Di Cesare (Rom)
Frans Plank (Konstanz)

Ulrich Welbers

Verwandlung der Welt in Sprache

Aristotelische Ontologie im Sprachdenken Wilhelm von Humboldts

2001

Ferdinand Schöningh

Paderborn · München · Wien · Zürich

Die Deutsche Bibliothek – CIP-Einheitsaufnahme

Welbers, Ulrich:
Verwandlung der Welt in Sprache: aristotelische Ontologie im
Sprachdenken Wilhelm von Humboldts / Ulrich Welbers. – Paderborn;
München; Wien; Zürich: Schöningh, 2001
(Humboldt-Studien)
ISBN 3-506-74028-8

Gedruckt auf umweltfreundlichem, chlorfrei gebleichtem
und alterungsbeständigem Papier ⊗ ISO 9706

Einbandgestaltung: INNOVA GmbH, D-33178 Borchen

© 2001 Ferdinand Schöningh, Paderborn
(Verlag Ferdinand Schöningh GmbH, Jühenplatz 1, D-33098 Paderborn)

Internet: www.schoeningh.de

Printed in Germany. Herstellung: Ferdinand Schöningh, Paderborn

ISBN 3-506-74028-8

Inhaltsverzeichnis

Zweiter Teil: Humboldts Gedächtnis

Dritter Teil: Die Ordnung der Wirklichkeit

Vierter Teil: Die Ordnung der Sprache

Vorwort

Handeln! Was ist Handeln? Es stirbt im
Augenblick der Tat. Es ist ein schmähli-
ches Zugeständnis an die Tatsachen. Die
Welt aber wird durch den Sänger für den
Träumer geschaffen.

Oscar Wilde

Verwandlung

Humboldt transformiert die Welt des Aristoteles, deren innere Ordnung,
theoretische Weit-Sicht und praktische Grundsätzlichkeit in eine solche,
die (nur noch) in der Sprache bleibenden Gültigkeitsraum erlangen kann.
Solche Verwandlungsstrategie ist kein Zufallsprodukt – so die Behauptung –, sondern innere Konsequenz zweier theoretischer Ansätze, die als
integriertes Erinnerungsprojekt abendländische Geistesgeschichte umspannen wie kaum zwei andere. Das ist – grob und nur damit gleichwohl
auf den ersten Blick möglicherweise etwas übermütig anmutend – die
Grundthese der vorliegenden Untersuchung zu Humboldts *Verwandlung
der Welt in Sprache*. Sie ist Ergebnis eines – in Zeiten hastiger Bildungs-
und Wissenschaftsbeschleunigung sei dies ostentativ eingestanden – langen Zeitraums des Nachdenkens und Vorschreibens, ständigen Verwer-
fens und Erneuerns, von individueller ‚Siegesgewißheit‘ des als endgültig
vermuteten Verstehens und schließlich des tagtäglichen Eingeständnisses,
daß das bislang Erreichte bei näherem Hinsehen ziemlich vorläufig sei. Irgendwie war es – gemessen an seinem zunächst fast unbedarft zu nennen-
den systematischen Ausgangspunkt – unverhofft einfach und kompliziert
zugleich, dieses Buch bis zu seinem Ende zu schreiben; das Komplizierte-
ste allerdings fraglos, das Erdachte auch noch möglichst unkompliziert
auszudrücken, denn im positivsten Fall ist ‚wahre‘ Wissenschaft immer
auch gelungener Vermittlungsakt. Ich bitte, den Versuch für die Tat zu
nehmen und zudem selbst zu beurteilen, ob der Autor eher ein Sänger
oder ein Träumer ist (und mir vor allem in dieser Frage dann Bescheid zu
geben).

Verwandeltes

Irgendwann vor ungefähr zehn Jahren saß der Autor in einem Prosemi-
nar von (einem Gewissen) Dr. Hans-Werner Scharf und kam frühmorgens

auf eine Idee, die ihn von da an nicht mehr in Ruhe lassen wollte. Mit der
Geschichte zu den dann folgenden – ungezählten – Vorarbeiten soll der
Leser bzw. die Leserin nicht behelligt werden. Kollegen, Freunde und Bekannte wissen eh' davon (und ein Vorwort ist wesentlich für Kollegen,
Freunde und Bekannte geschrieben), es reicht an dieser Stelle vielleicht eine Bemerkung, die der Autor nicht als Behauptung eigener Befähigung,
sondern als mühselig erarbeitete Praxis verstanden wissen möchte: Was
kann man besseres von Bildung sagen als dies, daß es ihr gelingt, über lange Zeit als innere thematische Konfrontation anspruchsvolle Zumutung
zu bleiben. Und was soll man wichtigeres von ihr sagen, als daß sie Räume braucht, in denen Ruhe und Nachdenklichkeit nicht nur theoretisch
möglich sind, sondern auch praktisch geduldet und aktiv gefördert werden. Vorläufiges Ende solcher vom Autor erbrachten und von den jeweiligen – ohnehin meist beängstigend Scharf-Sinnigen – Lesern immerhin
ertragenen Zu-Mutungen war eine Dissertation im Jahre 2000 (wie immer
spätabends zum Abschluß gekommen), die der vorliegenden Ausarbei-
tung als Grundlage diente.

An-Verwandlung

Mit heutigen Büchern stellt sich bekanntermaßen zunehmend ein Problem, mit dem Autoren im allgemeinen immer noch nicht wirklich rechnen: sie müssen – oder könnten wenigstens – gelesen werden. Nun ist das
bloße Ansinnen der Lese-Zumutung für ein Buch solcher Dicke heutzu-
tage eigentlich eine Dreistigkeit. Daher einige Gebrauchs-Überlegungen
für rationale Zeitplaner, denen ich vorschlagen möchte, welche Passagen
sie lesen und sich damit unwiderruflich ‚anverwandeln‘ könnten: (1) Über
die Gruppe, die Bücher nur besitzt und gar nicht liest, kann ich nichts sagen. Sie läßt mich schon seit langem etwas ratlos zurück. Aber selbst für
diese bietet der schöne Einband der Humboldt-Studien im Regal noch einen – gewiß teuer bezahlten – ästhetischen Nutzwert. (2) Freunde und
Bekannte, die vielleicht eher mir zu Liebe und nicht Humboldt oder Aristoteles zur Erkenntnis lesen, damit wohl eher wissen wollen, was i c h
denke, sollten das Nachwort zu *Humboldts Welt* lesen, das mir sehr am
Herzen liegt. (3) Freunde und Bekannte, die wiederum eher mir zu Liebe
und nicht Humboldt oder Aristoteles zur Erkenntnis lesen, damit
zunächst wissen wollen, was ich denke, darüber hinaus aber auch, worum
es in diesem Buch eigentlich geht, sollten, bevor sie das Nachwort zu
Humboldts Welt lesen, zusätzlich die *Einleitung* zur Hand nehmen. Ich
habe nicht nur aus diesem Grunde versucht, eine *Einleitung* zu schreiben,
die diesen Namen womöglich auch verdient. (4) Eine Gruppe von Wis-

senschaftlerinnen und Wissenschaftlern – gleichgültig welcher fachlichen Couleur, aber ohne spezifisches Humboldt-Interesse – möchte vielleicht wissen, wie der systematische Faden der Untersuchung verläuft und unmittelbar deren Kernaussagen aufsuchen. Hier ist die Abfolge *Einleitung, 3. Kap., 5. Kap., 9. Kap.* und *12. Kap.* zu empfehlen. Man liest dann alles nötig Wissenswerte. Brauchbar ist diese Lesestrategie sicher auch für Rezensenten, die Fehler suchen. (5) Als letzte Gruppe bleiben die Humboldt-Forscher: die können alles lesen, wenn sie möchten. Dies auch deswegen, weil erfahrungsgemäß die systematischen Kernpunkte solcher Untersuchungen nicht immer die spannendsten und konsequenzenreichsten sind. Ich hoffe, viele Leserinnen und Leser fühlen sich nun erleichtert und damit lesebereit.

Verwand(el)te

Spätestens jetzt wird dieses – eher ungezwungene – Vorwort zu einer ungleich ernsteren Untersuchung zwangsläufig persönlich, und zumindest die Gruppe (4) sollte jetzt nicht mehr weiterlesen, sondern direkt zur *Einleitung* springen. Das Nachdenken über die Antworten, auf die dieses Buch die Fragen sucht, hat mich eine so lange Zeit kognitiv und emotional beschäftigt, daß ich mir gestatte, vielleicht etwas ausführlicher als gewöhnlich und für Außenstehende wohl eher ermüdend, die Menschen zu erwähnen, die meinen diesbezüglichen Weg begleitet und bereitet haben und die mich – in teilweise fassungslos machender Art und Weise – unterstützt haben: Ich danke meinem Doktorvater Prof. Dr. Georg Stötzel nicht nur für die Ermöglichung dieser Arbeit, sondern auch und vor allem für die strukturelle und finanzielle Absicherung, die mir gestattete, diese Arbeit zu schreiben. Das Schicksal so mancher ‚Assistenten‘, die so viel für ihren Professor arbeiten müssen, daß sie ihre eigene Qualifizierung notwendig vernachlässigen, habe ich nie erleiden müssen. Ein Entwicklungsgeschenk, das mich und mein Verständnis von Hochschule geprägt hat und das Humboldts Universitätsidee wohl mehr als aufdringlich nahe kommt. Daß er mir darüber hinaus erklärte, wie eine deutsche Universität auch real funktioniert, hat mir – vorsichtig ausgedrückt – sehr genützt. Der Düsseldorfer Mythos- und Ideologieforscher Prof. Dr. Peter Tepe war Korreferent der Dissertation und gab mir – trotz weiter Ferne seiner eigenen Schwerpunkte – wichtige Hilfestellung. Ich danke den (meist) Studierenden, die über viele Jahre im Studienreformbüro Germanistik der Heinrich-Heine-Universität sich mit mir für eine Verbesserung der Lehre eingesetzt haben; ich nenne an dieser Stelle: Silke Stünkel, Alexandra Schulten, Ralf Steigels, Anne Törner, Michael Preuss, Bernhard

Chappuzeau, Vera K. Eckermann, Susanne Licht, Petra Schiffer, Dietmar Karlowski, Jessica Waldeyer und zudem Susanne Stemmler, Dr. Yoshiro Nakamura, PD Dr. Johannes Roskothen. Jeder und jede einzelne von ihnen hat für das Andenken Wilhelm von Humboldts mehr getan, als es diese Arbeit vermag. Ich danke meinen akademischen Lehrerinnen und Lehrern, die z.T. nicht müde wurden, mich immer wieder zu fragen, wann ich denn nun endlich so weit sei, und die ihr eigenes Denken auf irgendeine Weise sicherlich in diesem Buch wiederfinden werden: Prof. Dr. Alois Huning, Prof. Dr. Norbert Henrichs, Prof. Dr. Wolfram Hogrebe, Prof. Dr. Christine Schwarzer, Prof. Dr. Herbert Anton, Prof. Dr. Wilhelm Gössmann, Prof. Dr. Hans-Georg Pott, Prof. Dr. Otto Langer, Prof. Dr. Manfred Windfuhr, Prof. Dr. Bernd Witte, Prof. Dr. Dr. h. c. Johannes Wildt. Offensichtlich produziert das Schreiben einer Dissertation emotionale Unebenheiten, die nur mit Hilfe guter Freunde erträglich sind und dauerhaft überwindbar bleiben: Holger Ehlert, Silke Meyer, Christiane Brosch, Stefan Roeloffs, Annelies Albrecht, Bettina Jorzik, Petra Schaab, Mona und Bernd Reckmann, Anja Neuhaus, Joachim Morgenroth, Dr. Klaus-Hinrich Roth, Reinhold, Melanie und Stephan Welbers waren solche Freunde und zudem Christiane Sebode, die in warmen Zeiten mit mir bangte und dann feierte, wenn auch die schwierige Hürde des examen rigorosum endlich genommen war. Fenja Wittneven hat sich meine Humboldt-Ansichten nicht nur angehört, sondern auch den gefährlichen Versuch unternommen, diese in ihrer eigenen Prüfung zu Humboldts Sprachtheorie sogar noch zu vertreten. Nina hat über viele Jahre meinen Weg in eine Welt der Sprache begleitet – ein Geschenk von Liebe und Anerkennung, das ich nie vergessen werde.

Diese Untersuchung wäre ohne die Hilfe zweier Personen nicht möglich gewesen, die mich unermüdlich unterstützt haben: Sonja Vogt, die mich rastlos mit Sekundär-Texten versorgte und dabei annähernd geniale Fahndungserfolge erzielte, und Ursula Keuthen, die meine Texte wie immer mit wenig Chance auf Kompromiß redigierte. Janine Böckelmann hat mit viel Fleiß und Sinn für wissenschaftliche Texte das Register überprüft. Dr. Heinz-Otto Weber hat ermöglicht, daß ich Humboldt auch in seiner Akademie-Ausgabe näher kommen konnte. Dem Schöningh-Verlag, namentlich Dr. Hans J. Jacobs, sei für die Veröffentlichung und Betreuung des nun vorliegenden Projektes gedankt; den Herausgebern der Humboldt-Studien für die Möglichkeit, die Untersuchung in einer solch' renommierten und herausragenden Reihe zu veröffentlichen. Diese Arbeit ist schließlich meinen drei Eltern Annemarie, Hans-Jürgen und Ursula Welbers gewidmet, die in so unterschiedlicher Weise dazu beigetragen haben, daß sie entstehen konnte.

Einer bleibt, der ‚Zaubermeister': Dr. Hans-Werner Scharf hat mir nicht nur eine Welt gezeigt, deren Verwandlungsrecherche sich wissenschaftlich lohnt – irgendwie gelang es ihm auch, mir zu zeigen, was es heißt, ein Forscher zu sein, ohne das Verstehen zu vergessen.

Ulrich Welbers, März 2001

.

Einleitung:

Die Verwandlung der Welt

1. Aristoteles und Humboldt: Königskinder philosophisch?

1.1 Humboldts Unschuld: Hinter dem semantischen Tor

„Die Sprache, in ihrem wirklichen Wesen aufgefasst, ist etwas beständig und in jedem Augenblicke Vorübergehendes (...) Sie selbst ist kein Werk (Ergon), sondern eine Thätigkeit (Energeia)" (*Ueber die Verschiedenheit*, VII 45/46)[1]. Mit diesem Satz kennzeichnet der Sprachtheoretiker und Wissenschaftsuniversalist Wilhelm von Humboldt in der frühen Mitte des 19. Jahrhunderts ein Verständnis der Sprache, das mit allem zu dieser Problematik bisher Behaupteten und Tradierten radikal bricht. Humboldt trifft – selbst als Forschender und nicht nachträglich über das Erreichte zu belehren suchend[2] – innerhalb seines heuristischen Rahmens, der die Un-

---

[1] Die Textstellen sind – wenn nicht anders vermerkt – zitiert nach Humboldt, Wilhelm von: *Gesammelte Schriften.* (Kgl.) Preuss. Akad. d. Wiss.: A. Leitzmann, B. Gebhardt, W. Richter (Hrsg.), 17 Bde., Berlin/Leipzig (Nachdruck Berlin 1968) 1903-36 mit Kurztitel, Band- und Seitenangabe in Klammern.

[2] Diese Ansicht vertritt auch T. Borsche, obwohl er – ganz ‚unhumboldtisch' – Methodik und Didaktik gleichsetzt und in Folge mit einem sehr reduzierten ‚Didaktik'-Begriff operiert: „Er (Humboldt, U.W.) schrieb nicht in didaktischer Absicht, sondern vornehmlich, um für sich selbst Klarheit in der Sache zu gewinnen" (Borsche, T.: *Wilhelm von Humboldt.* München 1990, S. 10). Tatsächlich jedoch gibt es für Humboldt, wie dies aus seiner Sprachtheorie zwingend hervorgeht, kein unvermitteltes Wissen. Lediglich eine Funktionalisierung und Reduzierung des wissenschaftlichen Erkenntnisbegriffes zum Zweck einer möglichst geschickten narrativen oder positivistischen Belehrung ohne Nachvollzug durch den Belehrten, eine *didactique raffinée*, lehnt Humboldt ab. Es ist, so Borsche selbst, vielmehr „ein Charakteristikum des Humboldtschen Denkens, die Lage des Denkenden für die Bedeutung des Gedachten zu reflektieren oder, anders gesagt, die Philosophie selbst nicht von der Individualität des Philosophen zu trennen" (Borsche, *Humboldt*, a.a.O., S. 14). Diese Beobachtung ist nicht nur eine gelungene Reflexion über den Humboldtschen ‚Didaktik'-Begriff und dessen ursprünglichsten Sinn, ein solcher ‚Didaktik'-Begriff kann dann auch für Aristoteles nahtlos in Anspruch genommen werden: Wissen ohne die Wissenden – und in dieser Beziehung liegt der unhintergehbare Grund des Vermittlungscharakters allen Wissens – ist ein hypothetisches Konstrukt. – Ich verweise in diesem Kontext

tersuchung des *Wesens* der Sprache zum Ziel hat, nicht ganz unvermittelt auf einen ontologischen Entwurf, der seit der Antike das Abendland wie kein anderer beeinflußt hat und unser epistemisches, technisches und alltägliches Wissen bis heute wesentlich mitbestimmt: den Wirklichkeitsentwurf des ebenfalls getrost als Universalist zu bezeichnenden griechischen Philosophen Aristoteles.[3] In gewisser Weise ist mit dieser – für Humboldt so charakteristischen – Strategie des Suchens und Entdeckens, die auf we-

---

auf die Überlegungen zum Zusammenhang von Sprachbegriff und Bildungstheorie Humboldts, die ich im Rahmen von *die Lehre neu verstehen – die Wissenschaft neu denken. Qualitätsentwicklung in der germanistischen Hochschullehre*, Neuwied 1998, S. 58-67, angestellt habe.

[3] Die Bezeichnung Humboldts als ‚Wissenschaftsuniversalist‘ bedarf – zumal im aristotelischen Kontext – eines näheren Kommentars zum Werk der hier als *Königskinder* qualifizierten Theoretiker: Vergleicht man die wissenschaftlichen Spektren, auf die Aristoteles’ und Humboldts epistemisches Denken gerichtet ist, wird einsichtig, daß ersterer zunächst – im klassischen Sinne – mit noch größerer Berechtigung als Universalist bezeichnet werden kann. Für Humboldt hat T. Borsche dessen Erkenntnisinteresse in den Themenfeldern bzw. Wissenschaftsbereichen Geschichte, Natur, Kunst und Sprache zusammengefaßt, wobei die Geschichte die politische Theorie und die Bildungstheorie miteinschließt, und die Untersuchungen zur Sprache biographisch und systematisch als das organische Ziel, also das griechische τέλος, des Humboldtschen Werkes zu bezeichnen sind (vgl. Borsche, *Humboldt*, a.a.O., S. 137). Höffe kann bei Aristoteles ein noch wesentlich breiter angelegtes Werk lokalisieren, das er in die Bereiche Wissen und Wissenschaft (hier sind sowohl Wissenschaftstheorie als auch Logik angesiedelt), Physik und Metaphysik (in den die Naturphilosophie, die Biologie und Psychologie, die Metaphysik, die Kosmologie und Theologie und die Ontologie und Sprache gehören) und Ethik und Politik (der die Ethik, die Handlungstheorie, die politische Anthropologie, die Staatstheorie und die Lehre vom Glück angehört) differenziert (vgl. Höffe, O.: *Aristoteles*. München 1996). Der *Universalismus-Begriff* der Neuzeit muß daher von dem der Antike fundamental unterschieden werden: Während Aristoteles im besonderen noch das Ganze des wissenschaftlichen Spektrums zu entdecken sucht und für die wissenschaftliche Entwicklung des Abendlandes verfügbar machen will, steht Humboldt bereits vor dem für die Neuzeit charakteristischen Problem, immense Wissensmengen sammeln und systematisch integrieren zu müssen. Bemerkenswert ist, daß ihm dies in seinem holistisch-hermeneutischen Panorama aus heutiger Sicht überzeugender gelungen ist als strengen Systematikern, wie zum Beispiel Hegel, der das Wissen seiner Zeit zwar in das starre Konzept einer triadisch organisierten Wissenschaftsenzyklopädie zu pressen vermochte, diesem damit aber weitgehend auch den lebendigen Charakter raubte: Humboldt sammelte das Denken seiner Zeit, ohne es vorher ermorden zu müssen. In dieser Hinsicht ist der inneren Dialektik von Steinthals Hegel-Qualifizierung zuzustimmen, wenn dieser bemerkt: „Das Hegelsche System ist unter allen bisherigen philosophischen Systemen das vollkommenste; ja im Wesentlichen ist es das Vollkommenste, was die Philosophie überhaupt erreichen konnte" (Steinthal, H.: *Die Sprachwissenschaft Wilh. v. Humboldt's und die Hegel'sche Philosophie*. Berlin [Nachdruck Hildesheim, New York 1971] 1848. S. 1). War Hegels System auf theologische Vollkommenheit aus, so ist Humboldts Systemlosigkeit auf die Einsicht in den teleologischen Charakter als Lebendigen gerichtet.

sentlich breiterem Fundament agiert als die positivistische ‚Krümelsammlerdiagnostik' des institutionalisierten Wissenschaftsbetriebs im ausgehenden 20. und beginnenden 21. Jahrhundert, auch seine wissenschaftliche Unschuld markiert. Er trifft in der philosophischen Tätigkeit auf aristotelische Begriffe, die nicht das ausdrücken, was er gerade sagen will, sondern was er zu verstehen sucht.[4]

Daß trotzdem gerade der Ergon-Energeia-Satz nach seinem Eintritt in die Humboldt-Rezeption durch H. Steinthal[5] „zu einem regelrechten Mythos der Humboldt-Exegese geworden"[6] ist und in solcher Weise, wie dies geschehen ist, vereinnahmt, verdreht, überladen, verkürzt und auch entstellt wurde, spricht jedoch weder für diese – in Humboldts Blick sicher eher unspektakuläre – Wendung noch gegen sie. Heideggers Beobachtung, daß Humboldt hier „jene Sätze" prägt, „die zwar oft angeführt, aber selten bedacht werden"[7], ist ebenso richtig wie die Tatsache, daß dieser seinen gegen andere erhobenen Vorwurf „Unterwegs zur Sprache"[8] auch selbst gleich geflissentlich einzulösen vermochte.[9] Den anderen Re-

---

4 Humboldts Universalismus ist also vor allem der eines *universalistischen* Erkenntnis*interesses* und erst in zweiter Linie der einer Systematik der Gegenstandsbereiche.

5 Auf die Tatsache, daß die Interpretation des ‚Energeia-Satzes' mit Steinthals Schrift *Der Ursprung der Sprache* ihren Anfang nimmt, haben sowohl D. Di Cesare (vgl. Di Cesare, D.: „Die aristotelische Herkunft der Begriffe ἔργον und ἐνέργεια in Wilhelm von Humboldts Sprachphilosophie". In: Albrecht, J. u.a. [Hrsg.]: *Energeia und Ergon. Sprachliche Variation – Sprachgeschichte – Sprachtypologie*. 3 Bde. Tübingen 1988, Band II: Das sprachtheoretische Denken Eugenio Coserius in der Diskussion, S. 29-46, hier: Anm. 4) als auch T. Borsche hingewiesen (vgl. Borsche, T.: *Sprachansichten. Der Begriff der menschlichen Rede in der Sprachphilosophie Wilhelm von Humboldts*. Stuttgart 1981, S. 60, Anm. 1). Zur Kritik dieser Auffassung siehe Kap. 6.1.

6 Di Cesare, D.: „Einleitung". In: Humboldt, Wilhelm von: *Über die Verschiedenheit des menschlichen Sprachbaues und ihren Einfluß auf die geistige Entwicklung des Menschengeschlechts*. Hrsg. von D. Di Cesare. Paderborn u.a. 1998, S. 11-128, hier: S. 21.

7 Heidegger, M.: *Unterwegs zur Sprache*. Stuttgart (10. Aufl.) 1993, S. 246. – Scharf modifiziert den Heideggerschen ‚Vorwurf' 1994 und spricht – auch mit kritischer Blickrichtung auf Heidegger – von „der vielzitierten und wenig gedeuteten Energeia-Definition ..." (Scharf, H.-W.: *Das Verfahren der Sprache. Humboldt gegen Chomsky*. Paderborn u.a. 1994, S. 187).

8 Heidegger, *Unterwegs zur Sprache*, a.a.O.

9 Ein Beleg dafür ist die Bemerkung Heideggers, nach der „Humboldt das Wesen der Sprache als Energeia bestimmt, diese jedoch ganz ungriechisch im Sinne von Leibnizens Monadologie als die Tätigkeit des Subjektes versteht" (Heidegger, *Unterwegs zur Sprache*, a.a.O., S. 249). Diese Behauptung kann auf der Grundlage des noch näher zu beschreibenden Zusammenhangs der aristotelischen Ontologie mit dem Humboldtschen Sprachdenken nur als falsch bezeichnet werden, wenn auch, nimmt man wie Heidegger die Umgehung des aristotelischen und eine Verkürzung des Leibnizschen Energeia-Begriffs vor, eine solche Identifizierung auf den ersten Blick als ‚möglich' erscheint. Mit Hilfe dieses nicht richtig verstandenen Diktums nimmt Heidegger dann allerdings eine Reduktion des Hum-

zipienten im 20. Jahrhundert – wie z.B. L. Weisgerber oder N. Chomsky – geriet dies bekanntlich nicht zur Warnung[10]: zu attraktiv schien die Rezeption dieses vermeintlichen Allgemeinplatzes, der sich scheinbar fugenlos für die Entwicklung und Legitimierung eigener Theorien und Modelle – wahlweise einer energetischen Sprachwissenschaft mit muttersprachlicher Zielrichtung[11] oder einer als ‚generativ' verstandenen Transformationsgrammatik[12] – nutzen ließ.[13] In der Tat jedoch hat Hum-

---

boldtschen Sprachbegriffs vor (vgl. dazu Borsche, *Sprachansichten*, a.a.O., S. 65, Anm. 15). – Anders als Heidegger behauptet J. Trabant „Humboldts Weg zur Sprache", den er jedoch auch explizit sprachwissenschaftlich und nicht nur ‚philosophisch' verstanden haben will (vgl. Trabant, J.: *Apeliotes oder Der Sinn der Sprache. Wilhelm von Humboldts Sprach-Bild.* München 1986, S. 34).

[10] Auf die Tatsache, daß „Noam Chomsky (...) seinen eigenen Sprachbegriff ausdrücklich als ‚humboldtisch' bezeichnet" hat, weist auch K. Mueller-Vollmer hin (Mueller-Vollmer, K.: „Von der Poetik zur Linguistik – Wilhelm von Humboldt und der romantische Sprachbegriff". In: Hammacher, K. [Hrsg.]: *Universalismus und Wissenschaft im Werk und Wirken der Brüder Humboldt.* Frankfurt am Main 1976. S. 224-240, hier: S. 224). – Vgl. dazu Chomsky, N.: „Current Issues in Linguistic Theory". In: Fodor, J. A. und Katz, J. J. (Hrsg.): *The Structure of Language.* Englewood Cliffs 1964. S. 50-118.

[11] So hat Weisgerber mit Hilfe des ‚Energeia'-Begriffs eine Reduktion des Sprachbegriffes vorgenommen, indem er zunächst vier Ebenen der Sprache unterscheidet, „nämlich 1. das Sprechen oder allgemeiner die Verwendung der sprachlichen Mittel, 2. den Sprachbesitz des einzelnen Menschen, 3. die Sprache eines Volkes, als Kulturbesitz einer Gemeinschaft und 4. die Sprachfähigkeit des Menschen" (Weisgerber, L.: „„Neuromantik" in der Sprachwissenschaft". In: *Germanisch-Romanische Monatsschrift*, 18. Jg. [1930], S. 241-251, hier: S. 243). Weisgerber weist nun diesen „vier Erscheinungsformen der Sprache" (ebd.) Wissenschaftsfächer zu, die diese bearbeiten sollen, denn „die unabweisbare Folgerung ist, daß jeder dieser vier Kreise mit den ihm angemessenen Denkmitteln zu erforschen ist, ..." (ebd.). Die ersten beiden werden dabei der Psychologie zugeordnet, der letzte der Philosophie. Nur der dritte, die Muttersprache, ist Gegenstand einer als soziologisch identifizierten und als energetisch qualifizierten ‚Sprachwissenschaft'. Auf diese Reduktion des Sprachbegriffes durch Weisgerber hat vor allem Borsche aufmerksam gemacht (vgl. Borsche, *Sprachansichten*, a.a.O., S. 59-70), der damit Weisgerbers Hoffnung widerlegt, daß „soweit (...) wohl kaum ein Widerspruch zu erwarten sein" dürfte (Weisgerber, „„Neuromantik'...", a.a.O., S. 243). Borsche weist in diesem Zusammenhang darauf hin, daß die Energeia-‚Definition' Humboldts „gerade nicht (...) eine bestimmte Erscheinungsform, sondern vielmehr ‚die Sprache, in ihrem wirklichen Wesen aufgefasst', zu verdeutlichen" sucht (Borsche, *Sprachansichten*, a.a.O., S. 65). Zur weiteren Analyse der Humboldt-Rezeption Weisgerbers siehe Kap. 6.2.

[12] Siehe dazu auch Kap. 6.3.

[13] L. Jäger hat den pseudo-religiösen Charakter dieses scheinbar gefahrlosen Aktes einer nachträglichen Sanktionierung des Eigenen nach dem Tod des vermeintlichen Stammvaters folgendermaßen skizziert: „Im 20. Jahrhundert hat Leo Weisgerber sein umfassendes Konzept einer inhaltsbezogenen Sprachwissenschaft auf die Sprachphilosophie Wilhelm von Humboldts zurückzuführen versucht, und selbst Noam Chomsky – der wohl bedeutendste Sprachtheoretiker der Gegenwart – hat seine Theorie-Modelle über den Zusammen-

boldts ‚Energeia'-Diktum allein weder die zentrale Bedeutung, die ihm
von vielen als Zentrum Humboldtscher Sprachtheorie zugemessen wird,
noch taugt es in der unaufhaltsamen Entdeckung Humboldts, an der der
Leser immer wieder neu teilnimmt, als Rettungsanker oder systematische
‚Verschnaufpause'. Schon gar nicht gereicht es als Formel für ansonsten
Unverstandenes.[14] Heute Humboldt lesend nimmt man vielmehr in span-
nendster und in den radikalen Konsequenzen auch bedrückender Weise
teil an Humboldts eigener Forschung – als Erkenntnisprozeß in der Welt
der Sprache verstanden – auf der Suche nach dem *Wesen* eben dieser Sprache.[15] Humboldt markiert damit selbst die Perspektive nicht nur seiner eigenen Untersuchungsmethodik, er sagt auch, wie wir seine – immer vorläufig gemeinten – Ergebnisse lesen sollen: indem wir sie erneut denken –
und damit unweigerlich zu ihren Quellen, zu Aristoteles' Ontologie,
zurückkehren. Der Ergon-Energeia-Satz wäre für diese Rückkehr gleichsam ein semantisches Tor, ein erster, philologischer Einstieg, der auf anderes verweist, von und vor dem sich seine volle Bedeutung erst konstituieren kann.[16] Dieser Charakter eines semantischen Tores soll aber

---

hang von Sprache und Geist mit der Weihe einer geistesgeschichtlichen Herkunft versehen
zu müssen geglaubt, in der Humboldt eine zentrale Rolle spielt" (Jäger, L.: „Humboldt.
‚Über die Verschiedenheit des menschlichen Sprachbaues'". In: Siepmann, H. und Hausmann, F.-R. [Hrsg.]: *Vom ‚Rolandslied' zum ‚Namen der Rose'.* Bonn 1987. S. 193-211,
hier: S. 194).

14 Auf die diesbezüglichen Gefahren der Humboldt-Lektüre weist auch H. Steinthal hin:
„Humboldt hat keine feststehenden Formeln, die man sich aneignen, mit einer gewissen
Geschicklichkeit handhaben könnte, ohne dass man ihren wahren Geist erfasst hat"
(Steinthal, *Die Sprachwissenschaft*, a.a.O., S. 31).

15 In dieser Hinsicht kann die von Heidegger geprägte Formel (und hier läßt sich der Terminus ‚Formel' mit Fug und Recht verwenden) des Unterwegsseins zur Sprache – wenn auch
in fundamental anderer Hinsicht – ebenfalls für Humboldt in Anspruch genommen werden. Anders als Heidegger aber, der nach eigener Aussage die Sprache nicht „als dieses und
jenes zu erklären und so von der Sprache wegzuflüchten" (Heidegger, *Unterwegs zur Sprache*, a.a.O., S. 250) versucht, sondern in dem „Weg zu ihr die Sprache als die Sprache erfahren lassen" (ebd.) möchte, hat Humboldt ein durchaus wissenschaftliches Interesse an
der Sprache selbst. In der Umgehung dieser Humboldtschen Perspektive wird Heidegger
damit selbst zum Flüchtling.

16 In der Rezeptionsgeschichte dagegen hat der Satz eben nicht als ein solches ‚semantisches
Tor' gedient, sondern oft nur als ganz unaristotelisches Schmuck-Portal, das so – semantisch isoliert und trotzdem mit vielerlei Bedeutung aufgebläht – gerade nicht in das Innere
der Humboldtschen Sprachtheorie führen konnte. Wie der Mann vom Lande in Kafkas
Türhüter-Legende Eintritt in das Gesetz verlangt, den Schritt durch das Tor jedoch verab-
säumt und sein Leben mit äußerlichen Beobachtungen verbraucht, so bleibt auch der Ergon-Energeia-Satz viel verbraucht und (fast) ungenutzt (vgl. dazu Kafka, F.: *Der Proceß
[Auszug aus dem Kapitel ‚Im Dom']*. Hrsg. v. Malcolm Pasley. Frankfurt/M. 1990, S. 292-
294). Die bestimmte oder unbestimmte Angst der Rezipienten hingegen ist durchaus ver-

ausdrücklich nicht als Fundierung eines neuen geheimnisvollen Raunens dienen, er soll vielmehr die einfache philologische Feststellung kommentieren, daß wir andere Bedeutungen und eine umfassendere Kenntnis von Texten vor allem dann erhalten, wenn es gelingt, die Schichten, in denen Bedeutungen in Texten konstituiert werden, freizulegen und in ihren Bezügen untereinander zu verdeutlichen. Von daher sind philologische Anlässe gesucht, die eine reelle Chance versprechen, sie hinter sich lassen zu können. In diesem Sinne ist der Ergon-Energeia-Satz ein sprachtheoretisch guter Satz.[17]

1.2 Vermeidungszusammenhänge: Unterlassende Wissenschaft

Die Humboldt-Forschung ist bis Mitte der 80er Jahre dieses Jahrhunderts wie selbstverständlich davon ausgegangen, der Einfluß des Idealismus Kantischer Prägung auf die Sprachphilosophie W. v. Humboldts sei so evident, daß diese Tatsache gleichsam alle anderen Einflüsse, z.B. den Leibnizens oder auch Schleiermachers, wenn nicht direkt ausschloß, so doch mindestens in die zweite oder dritte Reihe verwies.[18] So ist auch das

---

ständlich: der Ergon-Energeia-Satz ist ja allenfalls ein erster möglicher Schritt in das Zentrum Humboldtscher Sprachtheorie – und droht damit, es selbst nicht sein zu können und zu wollen. Der Unterschied zwischen Humboldts originärer Theorie einerseits und seiner Rezeption andererseits war lange vor allem, daß hier offensichtlich von zwei unterschiedlichen Seiten auf das Tor geblickt wird. So ist auch zu erklären, daß es in der Rezeption ganze Generationen – ich bleibe im Bild – von Türhütern gegeben hat, die lieber das Tor bis zur Unkenntlichkeit schmückten und es dann zum Gegenstand ihrer eigenen Präsentationen machten, anstatt es in philologischer Bescheidenheit *auf*zuschließen, also in seinem *er*schließenden Gehalt zu nutzen. Auf der anderen Seite des Tores jedoch finden sich sowohl Humboldts systematische Zentren als auch die des antiken Philosophen in bislang nicht geglaubter Übereinstimmung.

[17] Auf den produktiven Einlaßcharakter des ‚Ergon-Energeia-Satzes‘ weist auch Borsche hin, denn trotz aller Gefahren und Schwierigkeiten „... kann man versuchen, von hier aus einen Einstieg in die Sprachauffassung Humboldts zu gewinnen“ (Borsche, *Sprachansichten*, a.a.O., S. 59). – Vgl. in diesem Zusammenhang auch Jost, L.: *Sprache als Werk und wirkende Kraft. Ein Beitrag zur Geschichte und Kritik der energetischen Sprachauffassung seit Wilhelm von Humboldt*. Bern 1960. S. 10.

[18] Wie produktiv solche Vergleiche indes sein können, wurde auf einem Kolloquium mit dem Titel „Humboldt und ..: Motive, Spuren und Perspektiven seines Sprachdenkens“ deutlich, das 1998 an der Heinrich-Heine-Universität Düsseldorf zu Ehren von K. Mueller-Vollmer stattfand. A. Stermann, M. Peifer, H.-W. Scharf, N. Dorenbeck, D.T. Lissner, T. Willems und der Verf. zeigten dies anhand von kontrastiven Positionsbestimmungen zu Aristoteles, Leibniz, Hegel, Saussure, Wittgenstein, Benjamin und Sartre. – Wie schwierig allerdings die Rekonstruktion des Humboldtschen Sprachdenkens durch solche Vergleiche ist und welche Probleme durch eine solche Vorgehensweise verursacht werden *können*, zeigt z.B. die Humboldt-Wittgenstein-Kontrastierung durch R. Böhle. So offenbart Böhle ein etwas

aristotelische Fundament des Humboldtschen Spachdenkens niemals in seiner vollen Breite und Bedeutung untersucht worden.

Daß ausgerechnet ein Denker wie Aristoteles in diesem archäologischen Konkurrenzgefüge bisher nur ungenügend und fragmentarisch für die Klärung des Humboldtschen Sprachdenkens fruchtbar gemacht wurde, ist jedoch für den unbefangenen Leser eher verwunderlich. In der Tat liegt eine direkte Rückführung zentraler Theoreme Humboldtschen Sprachdenkens auf Aristoteles erstaunlich nahe, übrigens viel näher als die doch so richtige und wichtige Fundierung in der transzendentalen Erkenntnisrezeption Kants. Humboldtsche Sprachphilosophie wimmelt geradezu von aristotelischen Elementen, Motiven, Beziehungsmustern und Erklärungsmodellen, so daß für die weitgehende Umgehung dieser Perspektive besondere Gründe vorhanden sein müssen. Diese sind jedoch weniger bewußte Vermeidungs*strategien* als unbewußte *-zusammenhänge,* die in folgender, typologisierender Weise zusammengefaßt werden können:

(1) Der erste Zusammenhang, der als *Vermeidung durch Rezeptionsmonopolismus* bezeichnet werden soll und der bereits angesprochen wurde, liegt in der übermächtigen Rückführung Humboldtscher Theoreme auf den transzendentalen Idealismus Kants. Kant, dem in dieser Perspektive gegenüber Humboldt gleichsam eine ‚Johannes'-Funktion zukommt[19], als seine Identifizierung des transzendentalen Appa-

---

zu vorläufiges Sprach- und ein zu fragwürdiges Idyllen-Verständnis, wenn er bemerkt, daß „gegenüber der Betrachtungsweise Wittgensteins, die Sprache als operatives Lenkungskalkül zu bestimmen, (...) sich Humboldts Frage nach der Sprache geradezu idyllisch ausnimmt" (Böhle, R. E.: „Der Begriff der Sprache bei W. v. Humboldt und L. Wittgenstein". In: Scheer, B. und Wohlfart, G. (Hrsg.): *Dimensionen der Sprache in der Philosophie des Deutschen Idealismus. Fs. B. Liebrucks.* Würzburg 1982. S. 190-213, hier: S. 203). Trotzdem übt Böhle wiederum (zu) deutlich Kritik am ‚technischen' Charakter von Wittgensteins Sprachauffassung. A. Burkhardt kommt dann auch zu dem Schluß, daß Böhles Feststellung, „Wittgenstein und Humboldt sprechen von Verschiedenem, das nur den gleichen Namen trägt" (Böhle, S. 198), zu radikal formuliert ist (vgl. Burkhardt, A.: „Wittgenstein und Humboldt. Das methodologische Problem in Wittgensteins Spätphilosophie und die Frage nach dem Verhältnis von Sprache und Denken". In: Birnbacher, D. und Burkhardt, A. [Hrsg.]: *Sprachspiel und Methode: Zum Stand der Wittgenstein-Diskussion.* Berlin 1985. S. 130-169, hier: S. 131 [Anm.2]). Burkhardt wiederum ‚kontert' – ebenso problematisch – mit vermeintlich Gleichem, das verschiedene Namen trage, wenn er bemerkt: „Die Begriffe ‚Thätigkeit (Energeia)' und ‚Sprachspiel' lassen sich relativ problemlos gleichsetzen" (Burkhardt, S. 167). An diesem einfachen Beispiel zeigt sich, mit wieviel Tücken und Fallstricken die Strategie einer „Humboldt und ..."-Kontrastierung verbunden sein kann.

19 Dies kann aus heutiger Sicht sicherlich behauptet werden, wiewohl Borsche darauf hinweist, wie schwer es Humboldt zunächst fiel, sich vom ‚rückhaltlosen Bekenntnis' zu Kant zu befreien (vgl. Borsche, *Sprachansichten,* a.a.O., S. 86). Die besondere Art der „An-

rates dessen grundständig sprachliche Verfaßtheit unthematisiert ließ[20] und dadurch dessen wesentlicher Charakter zumindest vorläufig unvollständig blieb[21], ist Gegenstand zahlreicher Klärungen zum Humboldtschen Sprachdenken.[22] Neben dieser Übermacht, die im Kern

---

knüpfung Humboldts an die Kantische Philosophie" stellt Borsche „als ein Neuanfangen bei dem dar, was für Kant Resultat des Reflektierens war, oder als eine zu neuen Einsichten führende Entfaltung dieses Resultats" (Borsche, *Sprachansichten*, a.a.O., S. 118).

[20] Darauf hat u.a. J. Lechner in seinem Beitrag „Humboldts Sprachphilosophie und ihre subjektivitätstheoretischen Grundlagen". In: Radermacher, H. u.a. (Hrsg.): *Rationale Metaphysik. Die Philosophie von Wolfgang Cramer*. Stuttgart 1990. S. 11-34 (Bd. 2), hier: S. 11, hingewiesen. Für Lechner „lassen die skizzierten Grundgedanken Humboldts erkennen (Umst., U.W.), daß seine Sprachphilosophie nach einer Subjektivitätstheorie verlangt, die zwei Anforderungen zu erfüllen hat: sie muß zum einen die Kantische Einsicht zur Geltung bringen, daß die Gegenstände unserer Erfahrung Produkte einer subjektiven Konstitutionsleistung sind; zum anderen muß sie aber auch der Einsicht in die prinzipielle Sprachabhängigkeit und Singularität des konstituierenden Subjekts Rechnung tragen" (S. 12). Lechner, dessen Beitrag durch Klarheit und Qualität der Argumentation besticht, geht diesen „subjektivitätstheoretischen Überlegungen am Leitfaden der transzendentalen Ontologie Wolfgang Cramers" (S. 13) einfallsreich nach. Lediglich die unscharfe, aber für Lechners Gedankengang nicht unwichtige Behauptung, Humboldt habe sich „die Leibnizsche Einsicht in die Fensterlosigkeit der Monaden ihrem systematischen Gehalt nach zu eigen" (S. 17) gemacht, erfährt – verständlicherweise – zu wenig Deckung durch originäre Humboldt-Belegstellen. Ansonsten fällt die souveräne Einsicht in zentrale Humboldtsche Theoreme zur Sprache ins Auge, was auch zum Ende des Beitrages – nach ausführlicher Besprechung der ‚Weltansichten'-These – noch einmal deutlich wird: „Die babylonische Sprachverwirrung ist in Humboldts Augen kein Instrument der Beschränkung, sondern vielmehr Bedingung der Möglichkeit einer allseitigen Entfaltung des Gesamtwesens des Menschen" (S. 34).

[21] Vgl. dazu auch D. Markis Bemerkung: „Kant hat uns keine *explizite* Sprachphilosophie hinterlassen. Kants philosophischer Diskurs beruht auf einer *mißglückten* Verdrängung der Sprache" (Markis, D.: „Das Problem der Sprache bei Kant". In: Scheer/Wohlfart: *Dimensionen der Sprache*, a.a.O., S. 110-154, hier: S. 111). – Riedel, M.: „Kritik der reinen Vernunft und Sprache". In: *Allgemeine Zeitschrift für Philosophie*. 2 Jg. (1982). S. 1-15. H. Gipper merkt zu Riedels Aufsatz an, daß dieser zu begründen sucht, „weshalb die Sprache bei Kant nicht thematisch wird, ja gar nicht thematisch werden kann" (Gipper, H.: *Das Sprachapriori. Sprache als Voraussetzung menschlichen Denkens und Erkennens*. Stuttgart 1987. S. 105). Gipper selbst hält fest, daß es bekannt sei, „daß Kant keine Sprachphilosophie geschrieben und auch die Sprache in seinen Kritiken nicht thematisiert hat" (S. 96).

[22] Vgl. zur Kant-Humboldt-Beziehung und der Geschichte ihrer (erst im Laufe der Zeit mühsam erarbeiteten) Klärung in der Humboldt-Forschung u.a. die Ausführungen H. Steinthals in Humboldt, W. v.: *Die sprachphilosophischen Werke Wilhelm's von Humboldt. Hrsg. und erklärt von Dr. H. Steinthal*. Berlin 1883-84, S. 230-242. Weiterhin: Spranger, E.: „W. v. Humboldt und Kant". In: *Kant-Studien*. 13. Jg. (1908), S. 57-129. – Cassirer, E.: „Die Kantischen Elemente in Wilhelm von Humboldts Sprachphilosophie". In: Binder, J. (Hrsg.): *Festschrift P. Hensel*. Greiz i.V. 1923, S. 105-127. – Heeschen, V.: *Die Sprachphilosophie Wilhelm von Humboldts*. Bochum 1972. S. 40-45. – Borsche, *Sprachansichten*, a.a.O., S. 100-126. – Scharf, *Verfahren*, a.a.O., S. 152-165. – Spranger weist zu Beginn sei-

freilich Richtiges thematisiert, müssen alle anderen Einflüsse entweder verblassen, zur Marginalie abgewertet oder schlichtweg vergessen werden.[23]

(2) Ein zweiter Zusammenhang für die Umgehung aristotelischen Denkens in der Humboldt-Philologie wird sein, daß diese den semantischen Wald vor lauter lexikalischen Bäumen nicht mehr gesehen hat. Ich nenne diesen Zusammenhang *Vermeidung durch Überflutung*. In dieser Perspektive wäre zumindest zu erklären, daß Termini wie Stoff, Form, Gestalt, Wesen, ‚Kraft‘ usw. so ziemlich jede Erklärungsvariante erfahren haben als eine genuin solche der aristotelischen Ontologie, die doch durch diese Begrifflichkeit getragen wird und über die diese – sieht man von einigen Vorläufern bei den Vorsokratikern einmal ab – in die abendländische Geistesgeschichte eingedrungen ist. Dadurch ist bedingt, daß es ausgesprochen schwierig ist, zwischen sich und den zu bearbeitenden ‚Stoff‘ einen reflexiven Abstand zu bringen, der die Begriffe mit mehr erklären kann als mit dem, was diese unmittelbar selbst bezeichnen und in welchen Formen sie im Text erscheinen. Die Begriffe müssen aber mit einem differenzierteren Instrumentarium dargestellt werden als dem ihrer semantischen Oberfläche, die wiederum nur sich selbst erklären kann, was – wie das ‚Energeia‘-Beispiel zeigt – Anlaß zu zahlreichen Mißverständnissen gibt. Da es trotzdem im wesentlichen die Bedeutungsschichten der Begriffe selbst und ihr gegenseitiger Zusammenhang sind, die aus diesem Dilemma einen Ausweg weisen, liegt hierin der erste Grund für eine archäologische Begriffsuntersuchung in einer Philologie der Kontrastierung, in der die aristotelischen und humboldtschen Begriffe sich gegenseitig explizieren.

---

nes Beitrages auf frühe Stationen dieser Klärungsversuche (bei G. Schlesier, R. Haym und H. Steinthal) hin.

[23] Kennzeichnend für den defizitären Status der Kantschen Erkenntnistheorie im Hinblick auf die Sprache ist die Kritik J. G. Hamanns, der 1784 in der *Metakritik über den Purismum der Vernunft* die Kant'sche „Trennung des Erkenntnisvermögens in die zwei Stämme von Sinnlichkeit und Verstand/Vernunft" (Höffe, O.: *Immanuel Kant*. München [3. Aufl.] 1992, S. 283) verwirft und die „genealogische Priorität der Sprache" behauptet (zit. nach Höffe, *Kant*, a.a.O., S. 284) und – darauf aufbauend – die Kritik Johann Gottfried Herders, für den erst „in der Sprache (...) die Vernunft erwacht" (ebd.). – Vgl. zur Beziehung Hamann – Kant (insbesondere zur Vernunftkritik als Sprachkritik, zum kantischen Problem der gemeinschaftlichen Wurzel der beiden Erkenntnisstämme und zur Sprache als ästhetischem und logischem Vermögen) auch Wohlfart, G.: *Denken der Sprache. Sprache und Kunst bei Vico, Hamann, Humboldt und Hegel*. Freiburg u.a. 1984, S. 119-166. – Zur Sprachphilosophie Hamanns und Herders vgl. Welter, R.: „Johann Georg Hamann (1730-1788)". In: Dascal, M. u.a. (Hrsg.): *Sprachphilosophie. Ein internationales Handbuch zeitgenössischer Forschung*. Berlin, New York 1992. S. 339-343 und Gaier, U.: „Johann Gottfried Herder (1744-1803)". In: Dascal, M. u.a. (Hrsg.): *Sprachphilosophie*, a.a.O., S. 343-362.

(3) Natürlich fehlt bei manchen Analysen der Humboldt-Forschung nicht der obligatorische Hinweis auf Aristoteles, meistens aber *gesichtslos*[24] und systematisch ungenau, nur in isolierten Problemstellungen (auch hier ist die ‚Energeia'-Rezeption ein gutes Beispiel) oder als allgemeine Anspielung. Tatsächlich geht es bei der Relevanz aristotelischer Ontologie für Humboldt aber nicht um einzelne Termini, sondern um einen umfassenden ontologischen Entwurf, der nahezu vollständig übernommen wird. Ich nenne diesen Zusammenhang *Vermeidung durch Fragmentarisierung*.

(4) Die Analyse wird zeigen, daß die Omnipräsenz der Begriffe bei Humboldt nicht mit deren vermeintlichem Allgemeinheitscharakter korrespondiert, und daher auch eine alleinige Rückführung dieser Termini auf einen in Humboldts Zeit gebräuchlichen Wissenschaftsjargon und damit eher konturlosen Kontext zu kurz greift. Die unbestreitbare Tatsache, daß diese Termini im 18. und 19. Jahrhundert insofern ideengeschichtliches Allgemeingut bilden, als sie nicht nur in verschiedenen theoretischen Entwürfen in jeweils spezifischer Bedeutung verwendet werden (zu denken wäre beispielsweise an den Kraft-Begriff bei Kant)[25], sondern auch auf einer Ebene des allgemeinen Gebrauchs zum lexikalischen Alltagsrepertoire werden, findet keine Entsprechung darin, daß diese Termini ebenso Humboldts Theorie nur vermittelt über dritte Positionen erreichen bzw. von ihm aus der allgemeinen Diskussion adaptiert werden und damit an systematischer und auch aristotelischer Schärfe einbüßen. Ich nenne diese Gefahr, die mit derartigen Verallgemeinerungstendenzen und -strategien verbunden ist und die mit der Überschreitung der Grenzen der einzelnen theoretischen Entwürfe notwendig einhergeht, *Vermeidung durch semantische Globalisierung*.

(5) Ein weiterer Vermeidungsgrund ist darin zu suchen, daß die Forschung relativ wenig darüber weiß, wann und wie intensiv sich Humboldt eigentlich mit dem Griechen Aristoteles, der als Philosoph für ihn eher uninteressant schien, beschäftigt hat, also wiederum *Vermeidung*, diesmal durch einen – das Geschichtliche als Fragestellung völ-

---

[24] Bezeichnend ist zum Beispiel, daß in der Forschung die Idealismus-Rezeption Humboldts mit Kant an eine bestimmte Person geknüpft wird, während die ebenso wichtige Antike-Rezeption eher allgemein thematisiert wird. Typisch für diese Vorgehensweise ist E. Sprangers Bemerkung, „Humboldt (...) hat sich an zwei Geistesmächten gebildet: an den Griechen und an Kant" (Spranger, „Humboldt und Kant", a.a.O., S. 62).

[25] Vgl. dazu auch B. Liebrucks Bemerkung, daß die „Stärke der Humboldtschen Betrachtung (...) in der terminologischen Schwäche Kant und Fichte gegenüber" liegt (Liebrucks, B.: *Sprache und Bewußtsein [7 Bde.]. Bd. 2: Sprache.* Frankfurt am Main 1965. S. 18).

lig überbewertenden – *Historismus*. Das weitgehende Fehlen direkter und die offensichtliche Ungenauigkeit indirekter Hinweise bedeutet aber gerade nicht die Nicht-Relevanz aristotelischen Denkens für Humboldts Bildungs- und Sprachkonzeption, sondern zeigt die Selbstverständlichkeit, mit der der Idealist des 19. Jahrhunderts dem antiken Denker verhaftet und systematisch verpflichtet war. Dies allerdings läßt sich durch philologische Analyse besser aufweisen als durch biographische Spurensuche.

(6) Ein sehr wirkungsmächtiger Grund für die Umgehung aristotelischer Ontologie liegt in dem verständlichen Schauder aller neueren Humboldt-Forschung gegenüber sprachtheoretischen Repräsentationsmodellen. Hier ist und bleibt Aristoteles Stammvater eines Denkens, das uns heute – nach der kopernikanischen Wende Kants – als verbraucht, naiv und zutiefst unkritisch erscheinen muß.[26] Aristoteles bietet „die Grundfigur dieses sprachtheoretischen Repräsentationismus des abendländischen Sprachdenkens"[27] schlechthin. Dabei bleibt er derjenige, der die objektive und normgebende Dingwelt ebenso behauptet wie den ‚Organon'-Charakter der Sprache. Dies macht sein Sprachdenken, das doch so vielseitig ist und in unterschiedlichsten Kontexten differenziert durchgeführt wird, heute unerwünscht, obwohl nach der Kritik der Erkenntnis durch Kant und der Einsicht in die sprachliche Verfaßtheit aller Erkenntnis durch Humboldt[28], den unterschiedlich schattierten Neuformulierungen dieser Transformation von Erkenntnis- in Sprachtheorie[29] und schließlich den eminenten anthro-

---

[26] Aus diesem Grund wird das aristotelische Repräsentationsmodell häufig verwendet, um Entwürfe dritter gegen das Humboldtsche Modell abzugrenzen. Dies tut zum Beispiel Scharf, indem er die von Chomsky präsentierte Unterscheidung einer Oberflächen- von einer Tiefenstruktur der Sprache, die Grundlage der ‚GTG' sein soll, nun endgültig als eine „moderne linguistische Transformation des Repräsentationsgedankens" (Scharf, *Verfahren*, a.a.O., S. 101) entlarvt. Dies gelingt ihm mit Hilfe der aristotelischen Sprachkonzeption, die er dafür folgendermaßen paraphrasiert: „In diesem dreistufigen Bezeichnungs-Modell wird ein identisches Sein der Dinge durch homologe sprachunabhängige Vorstellungen repräsentiert (...), denen ihrerseits wiederum nur lautlich verschiedene repräsentierende Notationen nachgeordnet sind, ..." (S. 99). Scharf stellt daher fest, daß Humboldts „Kritik an der traditionellen *Repräsentations*-Auffassung Aristotelischer Provenienz eine grundsätzliche sprachphilosophische Umwertung bedeutet" (S. 22).

[27] Scharf, *Verfahren*, a.a.O., S. 99.

[28] Zur Frage, inwieweit die Ansätze Humboldts und Herders eine Metakritik zur Kritik der reinen Vernunft darstellen, siehe auch Heeschen, *Die Sprachphilosophie*, a.a.O., S. 27-45.

[29] Vgl. dazu H. Schnädelbachs „Bemerkungen über Rationalität und Sprache", nach denen auch „das Programm einer ‚Transformation der Philosophie' mit transzendentalpragmatischen Mitteln dazu nötigt (Umst., U.W.), die Kritik der reinen Vernunft durch Kritik der sprachlichen Vernunft zu ersetzen. Der Untersuchung der Bedingungen der Möglichkeit

pologischen Konsequenzen im 20. Jahrhundert vielleicht eine Phase
gut täte, in der wir die möglichen Leistungen des erkenntniskonstitu-
ierenden und erkenntniskritischen Subjekts wiederum kritisch hinterfragen, um es zumindest teilweise von der Last alleiniger Verantwor-
tung für alles im Erkannten ja auch immer weltlich Erprobte zu
entlasten. In jedem Fall wird Aristoteles schnell zur unerwünschten
Person, ebenso wie sich manche moderne Forschung in ihrem neuzeitlichen Antirepräsentationismus nicht so sicher zu sein scheint, wie
dies zunächst den Anschein hat.[30] Daher sieht man sich zur rituali-
sierten Zelebration von Kritik genötigt, weswegen ich diesen Zusammenhang *Vermeidung durch sprachtheoretische Dauerexekution* nennen möchte.

(7) Daß alle diese Vermeidungszusammenhänge eher unbewußt gescha-
hen und archäologische Erklärungskontexte z.B. aristotelischer Provenienz eben nicht direkt *be*stritten, sondern eher durch Unterlassung
nicht *er*stritten wurden, zeigt etwas über die permanente Unwissen-
schaftlichkeit genuin wissenschaftlicher Verdrängungsprozesse. Man
denke an die Fruchtbarmachung des kantischen Ansatzes für das
Humboldtsche Sprachdenken. Wissenschaftstheoretisch gesehen unterliegen solche Integrationsprozesse fast zwangsläufig dem Problem,
daß sie schnell vergessen sollen, gar nicht erst erkennen können oder
auch verdrängen müssen, daß auch das heute Selbstverständliche noch
vor kurzer Zeit mindestens ebenso umstritten war und erst in das
gleichsam nun alltäglich erscheinende Repertoire einer Forschungsrichtung mühsam und mehr oder minder aufwendig integriert werden
mußte. Der Wahrheitsanspruch einer Forschungsbehauptung muß per
definitionem seine überzeitliche Gültigkeit beanspruchen und den

---

von Erkenntnis, die zugleich als die Bedingungen der Möglichkeit der Erkenntnisgegen-
stände gelten können, wird dann eine Analyse der bei Kant immer schon als erfüllt unterstellten Bedingungen der Möglichkeit sprachlicher Verständigung vorgeschaltet; Erkenntniskritik wird durch Sinnkritik vervollständigt, ja allererst ermöglicht, nachdem die
sinnkritische Skepsis deren traditionelle Grundlagen in Frage gestellt hatte. Genau dies
aber transformiert Kants reine Vernunft in sprachliche Vernunft ..." (Schnädelbach, H.:
Vernunft und Geschichte. Frankfurt am Main 1987. S. 74).

[30] An dieser Stelle sei die Wissenschaft um ein vorläufiges, noch näher zu untermauerndes,
Bekenntnis ergänzt: Auch der Verfasser hat begründete Zweifel an der repräsentationistischen Sprachkonzeption, wie sie Aristoteles entwickelt, und sieht in Humboldt einen der
besten Kritiker und den ersten dauerhaften Überwinder der Repräsentationstheorie. Aber
selbst Humboldt war sich bekanntlich so sicher seiner Sache zunächst nicht, wie die offensichtlichen Differenzen z.B. zwischen der Akademierede von 1820 *Ueber das vergleichende Sprachstudium in Beziehung auf die verschiedenen Epochen der Sprachentwicklung*
und der *Kawi-Einleitung* über zehn Jahre später dies aufweisen. Zu Humboldts sprachtheoretischem Reifeprozeß in dieser zentralen Frage siehe Kap. 10.6.

komplizierten Weg seiner Erkundung und Positionierung möglichst
zügig vergessen. Ich nenne diesen wissenschaftstheoretischen Gesichtspunkt, der heute für die Naturwissenschaften weitaus virulenter
ist als für die Geisteswissenschaften, und der in einer Zeit der explosi-
ven Erweiterung des Wissens enorm an Bedeutung gewonnen hat,
Vermeidung durch reflexive Besinnungslosigkeit.

(8) Gefährlich indes ist es, berechnend verändernde Wiederaufnahmen
bereits bestehender Positionen und Ansätze vorzunehmen, also den
Eintritt in die Erinnerungsarbeit nach dem Wiederholungszwang zu
wagen: Der, der das scheinbar Bekannte noch einmal anders sagt, indem er es in einen neuen Erklärungskontext (in diesem Fall den aristotelischen) stellt, sieht sich schnell dem Vorwurf der langweiligen
Wiederholung, der Verzerrung des als unverrückbar Vermeinten, des
banalen Abschreibens oder bestenfalls der Epigonalität ausgesetzt.
Und dies, obwohl doch auch das scheinbar Selbstverständliche nicht
nur immer noch Ergänzungen und Widersprüche oder sogar Revisi-
on durch neukontextuierende Wiederholungsarbeit erfahren kann,
sondern es auch immer noch subtiler und differenzierter begründet
werden kann. Trotzdem und gerade deswegen muß eine Neuinterpre-
tation auch wirklich neue Aspekte ans Tageslicht bringen. Dafür muß
aber die *Vermeidung der Erinnerungsarbeit durch Angst vor Wiederholungszwang* (im Sinne der Angst, das Grundsätzliche noch einmal
zu sagen und damit hinter sich lassen zu können) ebenso überwunden
werden, wie die Leistung der Erinnerung erst nach dem Vergessen des
Wiederholungszwanges beginnen kann.[31]

Dem aristotelischen Fundament in Humboldts Sprachtheorie nachzugehen heißt demnach, sich gleich zwei Strategien der Humboldt-Aristote-
les-Beschäftigung anzunehmen und zu stellen, der Scylla der globalen
Unterlassung und der Charybdis der omnipräsenten Nichtbestreitung,

---

[31] Mit P. Ricoeur kann man demnach feststellen, „daß man erst aus dem Wiederholungszwang ausbrechen muß, um in die Erinnerungsarbeit eintreten zu können" (Lau, J.: „Die
Geschichte ist kein Friedhof [Interview mit Paul Ricoeur]". In: *Die Zeit* vom 8. Oktober
1998. 53. Jg. [1998], Nr. 42, S. 42). Wenn Ricoeur erinnert, daß man mit Hilfe der Psycho-
analyse erkennen kann, daß Geschichte kein Tribunal (und damit u.a. abgeschlossen) sei, so
gilt dies auch für eine archäologisch arbeitende Philologie. Ricoeur beruft sich hier auf
Freud, nach dem in der Handhabung der Übertragung die Chance zur Erinnerungsarbeit
liegt: „Das Hauptmittel aber, den Wiederholungszwang des Patienten zu bändigen und ihn
zu einem Motiv fürs Erinnern umzuschaffen, liegt in der Handhabung der Übertragung.
Wir machen ihn unschädlich, ja vielmehr nutzbar, indem wir ihm sein Recht einräumen,
ihn auf einem bestimmten Gebiete gewähren lassen" (Freud, S.: „Erinnern, Wiederholen
und Durcharbeiten". In: ders.: *Gesammelte Werke. Chronologisch geordnet.* Band 10: Werke aus den Jahren 1913-1917. Frankfurt am Main [6. Aufl.] 1973, S. 126-136, hier: S. 134).

des Alles-immer-schon-geklärt-Habens, und zwischen diesen hindurch einen Weg der Wiederaufnahme, Wiederhervorholung, Neu*kontextuierung*, Neu*interpretation* und philologischen Neu*entdeckung* zu suchen: Humboldt-Aristoteles-Philologie soll dann semantische Differenzen und Dependenzen des ungeklärten Beziehungszusammenhangs Aristoteles und Humboldt durch archäologische Kontrastierung aufdecken, was nichts anderes heißt, als Humboldts ureigenstes Projekt der Suche, die ihn zur *Ent-deckung der Sprache* führte, erneut aufzunehmen. Ein Projekt, bei dem die Originarität des neuzeitlichen Sprachtheoretikers nicht deswegen als beschädigt gelten wird, weil sein Denken das kulturelle Gedächtnis des Abendlandes allgemein und der antiken Philosophie aristotelischer Provenienz im besonderen in so eindrucksvoller Weise aufhebt, sondern indem es gerade dadurch seine Originalität gewinnt.

1.3 Orientierungen: Vorläufige Erinnerung

Zur vorläufigen Erinnerung sollen zunächst zwei Beispiele einer Humboldt-Aristoteles-Rezeption genannt werden, die vor allem in ihrem Beispielcharakter ernstgenommen werden sollen.

D. Di Cesare hat bislang den entscheidenden und einzigen philologisch ausreichend gestützten Versuch unternommen, die aristotelische Grundlage der Humboldtschen Sprachphilosophie aufzuweisen. Ihre Studie „Die aristotelische Herkunft der Begriffe ἔργον und ἐνέργεια in Wilhelm von Humboldts Sprachphilosophie"[32] bildet in gewisser Hinsicht Ausgangspunkt und Anregung für die folgenden Überlegungen. Dies vor allem deswegen, weil Di Cesare zum ersten Mal einen glaubhaften und direkten Zusammenhang zwischen den beiden Denkern herstellt und theoretisch belegen kann. Der entscheidende Fortschritt, hinter den nicht zurückgegangen werden darf, ist, neben dem streng philologischen Vorgehen, vor allem die Identifizierung des Problems in seinem systematisch-theoretischen Charakter. Di Cesares rhetorische Frage, „ob man nicht für die Sprachphilosophie Humboldts neben der idealistischen, insbesondere kantischen, auch noch eine *aristotelische Grundlage* annehmen sollte"[33], ist also nicht nur positiv zu bescheiden, die genannte Fragestellung ist auch, so Di Cesare, „... nicht so sehr in ideen- und wissenschaftsgeschichtlicher als in theoretischer Hinsicht wichtig"[34].

---

[32] Di Cesare, „Die aristotelische Herkunft", a.a.O.
[33] Di Cesare, „Die aristotelische Herkunft", a.a.O., S. 30.
[34] Ebd.

Die eingangs aufgeworfene Frage also, inwieweit eine biographische Untersuchung zu Humboldts Aristoteles-Lektüre erfolgversprechend wäre und ob sie normativen Charakter für eine weitreichende Behauptung aristotelisch-humboldtscher Zusammenhänge hätte, kann so zumindest relativiert werden, wenn sie selbstverständlich auch nicht ausgeschlossen werden darf. Eine solche biographische Recherche ist – trotz ihrer wichtigen Stützungsfunktion – eher illustrierendes Begleitmaterial für einen im Kern zutiefst theoretisch-systematischen Problemhorizont. Vor allem diese Einsicht und die in die Notwendigkeit von Klärungen der genuin aristotelischen Begrifflichkeit ist der Arbeit Di Cesares zu verdanken. Zudem verortet sie den ‚Energeia‘-Begriff im Rahmen der ontologischen Diskussion in der *Metaphysik*.[35] Es wird sich noch zeigen, daß genau hier sein systematischer Ort ist.[36]

Im Gegensatz dazu steht eine andere, für den hiesigen Zusammenhang nicht unproblematische Variante, Aristoteles zu Humboldt in Beziehungen zu setzen, die hier ebenfalls kurz genannt werden soll, weil sie in gewisser Weise exemplarisch ist für eine bestimmte Form der Problembearbeitung. H. Müller-Sievers geht in seiner „Epigenesis“-Studie[37], in der er „die fundamentale Bedeutung des Übergangs von präformationistischen zu epigenetischen Denk- und auch Handlungsmodellen in den letzten Jahrzehnten des 18. Jahrhunderts herausstellen und den Konsequenzen dieses epigenetischen Denkens in den sprachphilosophischen Schriften Wilhelm von Humboldts nachgehen"[38] will, sich also mit der Naturphilosophie in Humboldts Sprachdenken befaßt, davon aus, vor allem über

---

[35] Vgl. Di Cesare, „Die aristotelische Herkunft", a.a.O., S. 34 ff.

[36] Di Cesares Studie ist darüber hinaus aber auch in den weiteren grundlegenden Punkten zutreffend, erschließt den grundständigen Problemzusammenhang und wirft – laut eigener Aussage – erst einmal „die Frage" nach der aristotelischen Grundlage Humboldtschen Sprachdenkens prinzipiell auf. In Einzelpunkten ist die Studie wiederum nicht differenziert genug und neigt daher zu Problemverkürzungen vor allem dann, wenn neben ‚Ergon‘ und ‚Energeia‘ die weitere aristotelische Begrifflichkeit, etwa ‚Stoff‘ und ‚Form‘, ins Blickfeld kommt. Andererseits sind auch manche Erweiterungen nicht unproblematisch, so z.B. die Anwendung der ‚dynamis‘-,‚energeia‘-Relation auf die verschiedenen Ebenen der Sprache. Vor allem jedoch wird der zentrale Gedanke nicht weit genug verfolgt. Vielmehr unternimmt Di Cesare ihr Projekt „selbstverständlich ohne zu versprechen, auf diesen wenigen Seiten eine erschöpfende oder endgültige Antwort zu geben" (Di Cesare: „Die aristotelische Herkunft", a.a.O., S. 30). Auch diese Studie wird den Anspruch einer solcher Antwort kaum einlösen können, die Wiederaufnahme der Problematik dient vielmehr der Intensivierung und Weiterentwicklung des von Di Cesare Angestoßenen. Siehe dazu auch Kap. 6.5 und Kap. 10.3.

[37] Müller-Sievers, H.: *Epigenesis. Naturphilosophie im Sprachdenken Wilhelm von Humboldts.* Paderborn u.a. 1993.

[38] Müller-Sievers, *Epigenesis*, a.a.O., S. 10.

die epigenetische Diskussion des späten 18. und frühen 19. Jahrhunderts *vermittelt* habe Humboldt aristotelische Ontologie kennengelernt und in sein Sprachdenken integriert.[39] Zwar gesteht Müller-Sievers ein, daß Humboldt Aristoteles-Leser war, er bezieht diese Lektüre aber wesentlich auf die im epigenetischen Kontext relevante Schrift *De generatione animalium*[40], die er im Gegensatz zu „dem recht esoterischen Zusammenhang der *Metaphysik*"[41] als eher „praktisches Werk"[42] klassifiziert und aus dem – nach Müller-Sievers' Aussage – Humboldt seine aristotelischen Begriffe „wahrscheinlich"[43] übernommen habe.

Diese Ansicht muß, da sie hinter die eindeutige Problemqualifizierung und auch die Textarbeit bei Di Cesare zurückgeht, schon insofern als problematisch angesehen werden, als Müller-Sievers' Interpretation nun zwar (s)eine Problem- und Begriffsdeutung zuläßt, in der primär der „Geschlechtsunterschied zum Paradigma der gesamten Anthropologie"[44] wird, diese Auslegung jedoch das Humboldtsche Theoriegerüst nur sehr ausschnitthaft erklären kann. Vielmehr ist anzunehmen und auch philologisch aufzuweisen, daß Humboldt auch als *direkter* Rezipient von Aristoteles' ,theoretischen' Schriften zu gelten hat, und der von Müller-Sievers konstatierte naturphilosophische Diskussionszusammenhang zwar ebenfalls für Humboldt bedeutsam ist, für die originäre Aristoteles-Rezeption Humboldts jedoch, die auf den theoretischen Kern der Ontologie abzielt, allenfalls die ,Begleitmusik' intoniert.[45] Damit geht auch die sprachphilosophisch-systematische Relevanz der aristotelischen Motive in Humboldts Sprachdenken weit über die Geschlechterproblematik hinaus – wenn sie diese überhaupt im Kern ausmacht.

So ist es in einer genuin ontologischen Perspektive auch abwegig, ausgerechnet im naturphilosophischen Zusammenhang eine Initialzündung für das ,Energeia'-Diktum zu sehen[46], das im aristotelischen *und* humboldtschen Kontext theoretischer kaum sein kann. Damit ist nicht bestritten, daß Naturphilosophie, Ontologie und auch handlungstheoretische Aspekte bei Aristoteles stark ineinandergreifen, sich theoretisch und terminologisch überlappen und integriert verwendet werden. Trotzdem zeigen gerade die spezifischen Zusammenhänge bei Aristoteles und Hum-

---

[39] Vgl. Müller-Sievers, *Epigenesis,* a.a.O., S. 23-52.
[40] Müller-Sievers, *Epigenesis,* a.a.O., S. 24.
[41] Müller-Sievers, *Epigenesis,* a.a.O., S. 25, Anm. 35.
[42] Müller-Sievers, *Epigenesis,* ebd.
[43] Müller-Sievers, *Epigenesis,* ebd.
[44] Müller-Sievers, *Epigenesis,* a.a.O., S. 18.
[45] Siehe dazu auch Kap. 6.6
[46] Vgl. Müller-Sievers, *Epigenesis,* a.a.O., S. 24.

boldt genau, in welchem systematischen Kontext die Begriffe jeweils gehandelt werden. Eine zeitweilige starke Präsenz naturphilosophischer
Deutungsmuster ist dabei ebenso auffällig, wie eine Rückführung aller
Begriffe und Denkmuster auf sie schon aus theoretischen Gründen fehl-
geht.

Müller-Sievers wirft allerdings indirekt ein Problem erneut auf (und
trägt auch zu dessen Klärung bei), inwieweit nämlich Humboldts originäre Aristoteles-Rezeption als biographisches Problem klärbar ist, welche
(unbestreitbaren) Einflüsse dem unmittelbaren wissenschaftshistorischen
Kontext, in diesem Fall der epigenetischen Diskussion des 18. und 19.
Jahrhunderts, zuzurechnen sind und welchen Stellenwert demnach die
Identifikation des Problems als theoretisch und der Untersuchungsmethodik als philologisch letztlich haben kann. Einen ersten Hinweis auf die
Klärung dieser Zusammenhänge bietet Humboldt selbst in seinem sprachontologischen Verdikt, das sich als ein Ergebnis seiner Ent-deckung aristotelischer Ontologie fast zwangsläufig freilegt.

2. Humboldts Entdeckung

2.1 Humboldts Vokabel: Lockende Versuchung

Wie attraktiv, gefährdet und selbstverständlich verwendet das eingangs zitierte ‚Energeia'-Diktum als vermeintlicher „Hauptsatz Humboldts über
die Sprache (Umst. U.W.)"[47] weiterhin ist, zeigt auch die neuere sprachwissenschaftliche Forschung. Es folgen einige kurze Schlaglichter locken-
der Versuchung, die zeigen können, was eine einzelne Vokabel auszulösen
im Stande ist.

Vollkommen vergegenständlicht und damit seiner ontologischen Fundierung in Gänze entleert begegnet sie unvermittelt in Glossaren als instrumentalisierter und vermeintlich schnell operationalisierbarer Begriff
zum Zweck der Bildung einer anwendbaren ‚Untersuchungskategorie'. So
nimmt beispielsweise G. Wolff in „Deutsche Sprachgeschichte"[48] den Begriff ‚Energeia' auf, stellt ihn utilitär neben ‚Affixe', ‚Monophthongierung'
und ‚Parataxe' und bietet eine ebenso knappe wie gebrauchsfertige Definition an: „Ausdruck zur Kennzeichnung des dynamischen Charakters

---

[47] Riedel, M.: *Hören auf die Sprache. Die akroamatische Dimension der Hermeneutik.*
Frankfurt am Main 1990. S. 52.
[48] Wolff, G.: *Deutsche Sprachgeschichte. Ein Studienbuch.* Tübingen u.a. 1994.

der Sprache bei W. v. Humboldt (,energetische Sprachauffassung')"[49]. In dieser Definition wird die Entwicklung einer Isolierung und Entleerung des Begriffs zur beliebigen und stets einsatzbereiten Vokabel auf die Spitze getrieben, indem seine theoretische Kontextuierung komplett aufgegeben und er als Überschrift zu einer ungenauen Beschreibung genutzt wird, die wiederum ihren Kontext in einer positivistischen Nomenklatur sucht. Der Begriff wird so zum verfügbaren Instrument eines wissenschaftlichen Alltagsrepertoires und erhält damit ausgerechnet die Vergegenständlichung, die durch die Implantation seines theoretischen Gehalts in die Sprachauffassung gerade verhindert werden soll.

Möglich und gestützt werden solche Reduzierungen allerdings auch durch die neuere Humboldt-Forschung, die hier – wohl eher ungewollt – Brücken anbietet. Während Di Cesare – die begriffliche Tradition aufnehmend – noch von der „energetischen Form der Sprache"[50] handelt, spricht Scharf bereits von „Humboldts energenetischer Identitätsidee der Sprache"[51]. Hier wird ein typisches Problem der Humboldt-Rezeption erkennbar: Obwohl beide Forschungsneologismen einen interessanten, richtigen und auch zentralen Gedanken vorführen, der geeignet ist, den Kern Humboldtscher Sprachtheorie zu identifizieren, überanstrengen solche isolierten terminologischen Charakterisierungen letztlich den bereits als unspektakulär demaskierten Satz, indem sie in einem Begriff das Gepräge einer ganzen Theorie zu kondensieren suchen. Ein Blick auf die Textpassage, in der der Begriff gebraucht wird, kann deutlich machen, warum schon dies eine Überlastung des Begriffes darstellt.

2.2 Humboldts Verdikt: Grundlegende Einsichten

Humboldt verwendet – eigentlich alle Möglichkeiten zu jedweder noch so reizvoll anmutenden triumphalistischen Wissenschaftsmetaphysik nehmend – den ‚Energeia'-Begriff in seinen Schriften nur einmal und zwar – ziemlich sachlich und durch Klammern gekennzeichnet[52] – in der eingangs zitierten Textstelle, die sich in seinem sprachtheoretischen Haupt-

---

[49] Wolff, *Sprachgeschichte*, a.a.O., S. 280.
[50] Di Cesare, D.: „Wilhelm von Humboldt (1767-1835)". In: Borsche, T. (Hrsg.): *Klassiker der Sprachphilosophie. Von Platon bis Noam Chomsky.* München 1996. S. 275-289, hier: S. 284.
[51] Scharf, *Verfahren*, a.a.O., S. 205.
[52] Auf die Tatsache, daß durch Humboldts Klammersetzung keinesfalls angezeigt ist, daß es sich hier lediglich um eine „beiläufige Bemerkung" handele (wie z.B. R. Jahn dies behauptet), macht auch L. Jost aufmerksam (vgl. Jost, *Sprache als Werk und wirkende Kraft*, a.a.O., S. 37).

text *Ueber die Verschiedenheit des menschlichen Sprachbaues und ihren Einfluss auf die geistige Entwicklung des Menschengeschlechtes* findet. Humboldt formuliert hier – in seinem Spätwerk von 1830-35 – die Summe seiner Überlegungen zur Sprachtheorie. Die Textstelle, als längere Passage zitiert, macht den Rahmen der Argumentation ebenso deutlich wie die Gefährdungen, die sich bei der Interpretation ergeben können:

> „Die Sprache, in ihrem wirklichen Wesen aufgefasst, ist etwas beständig und in jedem Augenblicke Vorübergehendes. Selbst ihre Erhaltung durch die Schrift ist immer nur eine unvollständige, mumienartige Aufbewahrung, die es doch erst wieder bedarf, dass man dabei den lebendigen Vortrag zu versinnlichen sucht. Sie selbst ist kein Werk (Ergon), sondern eine Thätigkeit (Energeia). Ihre wahre Definition kann daher nur eine genetische seyn. Sie ist nemlich die sich ewig wiederholende Arbeit des Geistes, den articulirten Laut zum Ausdruck des Gedanken fähig zu machen. Unmittelbar und streng genommen, ist dies die Definition des jedesmaligen Sprechens; aber im wahren und wesentlichen Sinne kann man auch nur gleichsam die Totalität dieses Sprechens als die Sprache ansehen" (VII 45/46).

An keiner anderen Stelle sagt Humboldt so deutlich und wiederholt, welche Qualität seine Charakterisierung der Sprache als ‚Tätigkeit‘ hat. Es geht nicht um ein methodisches Problem der Sprachuntersuchung bzw. des Handelns über den Gegenstand Sprache, es geht – zumindest zunächst – auch nicht explizit um das Erscheinen der Sprache, denn Humboldt fügt bewußt erneut das Subjekt ein, um den Leser an den zentralen Begriff zu erinnern: „Sie (die Sprache, U.W.) ist nemlich die sich ewig wiederholende Arbeit des Geistes ..." (VII 46). Humboldt kommentiert also weiter seine Auffassung der Sprache, er kommentiert *nicht* (ein ebenso häufiger wie verführerischer Fehler der Rezeption), was seiner Ansicht nach ‚Energeia‘ meint. Bezüglich der Sprache geht es nun um diese *selbst* in ihrem *Wesen* aufgefaßt. Der ‚Energeia‘-Begriff – als wesensthematisierender Kommentar verstanden – signalisiert zunächst, daß das hier entwickelte Sprachverständnis auf die umfassendste und gleichermaßen distinkteste Bestimmung *aller* möglichen Bestimmungen vom Wesen der Sprache zielt. Diese hier zu findende Unmißverständlichkeit ebenso wie der breitgefaßte Gegenstands- und Geltungsanspruch ist für Humboldt keine Selbstverständlichkeit.

Damit ist die fundamentale Frage angesprochen und auch beantwortet, ob die ‚Wesens‘-Charakterisierung hier Wesen als zentrale ontologische Kategorie einer prinzipiellen Seinsverfaßtheit meint oder ob ein reduzierter Wesensbegriff im Sinne eines Gegensatzes von Allgemeinem und Konkretem vorliegt, mithin das ‚Energeia‘-Diktum also bereits innerhalb einer Reduktionsmodifikation des Sprachbegriffes inventarisiert werden

kann und damit wahlweise auf das ‚Innere' des Sprachbegriffes oder auf
die menschliche Rede im Sinne des jedesmaligen Sprechens zielt. Beide
letztgenannten Reduktionsvarianten sind jedoch – für sich genommen –
defizitär. In Wahrheit überkreuzen sich in Humboldts Sprachbegriffsklärung mehrere Aspekte einer umfassenden Wesensdefinition.

Scharf erkennt diese Problematik zutreffend in bezug auf die Sprachtheorie gleichermaßen wie auf die Notwendigkeit der daraus resultierenden Rezeption:

> „Der ambivalenten sprachtheoretischen Produktionsperspektive – der steten
> Verbindung (und gelegentlichen Vermischung) von sprachlichen Erschei-
> nungs- und Wesens-Momenten – sollte eine interpretierende Rezeptionshal-
> tung entsprechen, die beabsichtigt, systematische Problemaspekte und Kon-
> sequenzen des häufig stillschweigenden und impliziten Humboldtschen
> Changierens zwischen den Ebenen des Wesens und der Erscheinung der
> Sprache, ihrer oft verdeckten Differenz und unthematisierten Dependenz of-
> fen zu legen und zu erörtern"[53].

Wenn hier in der Entgegensetzung von ‚Wesens'- und Erscheinungsmerkmalen der Wesensbegriff zunächst kontrastiv erläutert wird, so kann dies
letztlich nur modellhaft und vorläufig geschehen. Ein grundständiges
Auseinanderdividieren dieser beiden Perspektiven ist – wenn man Humboldt gerecht werden will – nicht nur nicht möglich, das ‚Energeia'-Dik-
tum ist gerade die verbindende Klammer zwischen den Perspektiven des
inneren ‚Wesens' und der äußeren Erscheinung. In diesem Sinne ist diese
Wesensdefinition der Sprache auf beide Perspektiven gerichtet und faßt
diese zu einer ganzheitlichen Sprachauffassung zusammen.[54]

Ein erneuter Blick auf Scharfs Kommentar des Problems zeigt, wie diese ganzheitliche Sprachauffassung, in der eine „inhaltliche Problemkontinuität"[55] besteht, weiter zu verstehen ist. Er beleuchtet die Charakterisierung der Sprache als ‚Energeia', wenn er die sprachtheoretische
Perspektive nicht nur als ambivalent beschreibt, sondern gleichzeitig den
Motor der Synthese der beiden Blickwinkel von ‚Wesens'- und Erscheinungsmerkmalen benennt: die Perspektive der *Produktion*. Genau diese

---

[53] Scharf, H.-W.: „Differenz und Dependenz: Wesen und Erscheinung in Humboldts Sprach-
Idee". In: (ders.): *Wilhelm von Humboldts Sprachdenken. (Symposon zum 150. Todestag)*
Essen 1989, S. 125-161, hier: S. 128.

[54] Dies heißt wiederum nicht, daß man diese beiden Aspekte der Sprachbetrachtung – wie
Humboldt dies auch tut – nicht aus systematischen Gründen trennen kann. Was das Rezeptions*problem* bei Humboldt ist, ist demnach gleichzeitig dessen Rezeptions*option*: in
der Spannung der doppelten Perspektive zwischen ‚Wesen' und Erscheinung der Sprache
entsteht das Originäre Humboldtschen Sprachdenkens.

[55] Vgl. Scharf, *Verfahren*, a.a.O., S. 166.

Perspektive meint Humboldt, wenn er die Sprache als Tätigkeit, als ‚Energeia', charakterisiert und damit die unterschiedlichen Aspekte in diesem Kristallisationspunkt zusammenbindet, der „der Rekonstruktion der Identität von Verlautbarung und Gedankenbildung"[56] dient.

Die Ambivalenz zwischen Erscheinungs- und Wesensmerkmalen der Sprache darf daher auch nicht als eine ganz andere Ambivalenz interpretiert werden, die Humboldt hier ausdrücklich nicht meint und die wie selbstverständlich rezipiert wurde: eine doppelte Perspektive der Sprache als ‚Ergon' und ‚Energeia'. Zwar legt der eingeschobene Satz „Selbst ihre Erhaltung durch die Schrift ist immer nur eine unvollständige, mumienartige Aufbewahrung, die es doch erst wieder bedarf, dass man dabei den lebendigen Vortrag zu versinnlichen sucht" (*Ueber die Verschiedenheit*, VII 45/46) eine solche Interpretation nahe. Diese Aufbewahrung ist jedoch wiederum auf den ‚Energeia'-Charakter bezogen und hat keinen eigenen ontologischen Status, er existiert nur um des ‚Energeia'-Charakters willen. Humboldt sagt deutlich wie an kaum einer anderen Stelle, daß hier nicht nur die Wesensdefinition der Sprache gemeint ist, sondern daß eben diese Sprache immer schon ihr Wesen selbst ist.[57] Sich des begriffstheoretisch-ontologischen Problems durchaus bewußt, beharrt er auf dieser Perspektive – unter *satzlogischem Ausschluß* einer Definition der Sprache als ‚Ergon' –, indem er seine Behauptung durch „in ihrem wirklichen Wesen aufgefasst" (VII 45) und „sie selbst" (VII 46) und „ihre wahre Definition" (VII 46) und „im wahren und wesentlichen Sinne" (VII 46) deutlich unterstreicht. Humboldts Definition ist in Wahrheit ein Verdikt, und dies fällt eindeutig aus: Sprache ist ‚Energeia', sonst ist sie eben nicht (sie selbst). Die von Scharf zutreffend beobachtete doppelte Perspektive der Sprache als Erscheinung und ‚Wesen' hat also keine Entsprechung in einer Parallelisierung einer gleichsam doppelten Perspektive der Sprachbetrachtung als ‚Ergon' und ‚Energeia'.

Dies mag auf den ersten Blick als systematisch wenig bemerkenswert erscheinen. Die Beobachtung ist jedoch deswegen wichtig, weil die hier durchgeführte Kritik durch das Begriffsraster des Aristoteles eindeutig gestützt wird und den Blick auf Humboldts Kontextuierung ebenso entscheidend wie aufschlußreich verschiebt. So ist an seiner einleitenden Bemerkung in dem hier zitierten zentralen Absatz, es gehe um „die Sprache, in ihrem wirklichen Wesen aufgefasst" (VII 45), nicht so sehr der Begriff des *Wesens* interessant, sondern der der hier als Attribut versteckten Kategorie des *Wirklichen*. Es geht Humboldt nicht um irgendeine We-

---

[56] Vgl. Scharf, *Verfahren*, a.a.O., S. 168.
[57] Siehe dazu Kap. 12.6.

sensdefinition, in der das Adjektiv ‚wirklich‘ nur eine gleichsam verstärkende und insistierende Funktion hätte. Es geht, so kann man sagen, Humboldt nicht so sehr um das wirkliche *Wesen* der Sprache, als vielmehr um deren wesenhafte *Wirklichkeit*. Hier nun erklärt der aristotelische Begriff ‚Energeia‘, die ‚Wirklichkeit‘, wie diese Wirklichkeit gemeint ist: als ontologische Relation zum Begriff der Möglichkeit, ein Begriffspaar, in dem die Wirklichkeit eindeutig den Primat hat.

Der Primat der ἐνέϱγεια vor dem ontologischen Prinzip der δύναμις ist aber nicht nur eine argumentative Schwerpunktsetzung, die Sekundäres auf den zweiten Platz verweist. Primat meint vielmehr, daß alles andere erst in der ἐνέϱγεια und ihren Schattierungen wirksam wird. Das erwähnte Problem der Rezeption der Humboldtschen Gegenüberstellung von ‚Ergon‘ und ‚Energeia‘ ist nun, daß Humboldt hier eine Theorie des Wesens der Sprache und des Handelns entwickelt, deren gewählte begriffliche Gegenüberstellung Aristoteles nur in ganz bestimmten Kontexten für möglich und zutreffend hält. Dieser stellt ἔϱγον und ἐνέϱγεια – zumindest in ontologischen Argumentationen – nicht in kontradiktorischer Form gegeneinander, sondern behauptet ein komplexes Entstehungsmuster des einen aus dem anderen. An dieser Stelle reicht die vorläufige Feststellung, daß der *logisch-konstruierte* Gegensatz Humboldts zwar insgesamt eine *ontologische Behauptung* darstellt, aber in der verwendeten Begrifflichkeit *keinen ontologischen Gegensatz* kontrastiert. ‚Ergon‘ kann daher weder als Terminus für die Sprache als Schrift bzw. für deren Status der ‚Nichtlebendigkeit‘ taugen, noch hat Humboldt hier – im Gegensatz zu der massenhaft verwendeten und eine solche Verdächtigung als Gewißheit unterstellenden Etikettierung des Diktums als „Ergon-Energeia-Definition“[58] – eine doppelte Identifizierung und Differenzierung des Sprachbegriffs vorgesehen. Dies ist vielmehr gleichermaßen selbsterfundenes Zerrbild und Selbstläufer der Rezeptionsgeschichte, deren Aristoteles-fernen Leicht-Sinn Humboldt nicht antizipieren mochte.

2.3 Humboldts Projekt: Rettende Verwandlung

Ich fasse die bisherigen Beobachtungen zusammen und bündele sie in einer These: Die aristotelische Ontologie bildet den Rahmen, bietet Begriffe und systematisch auch eine Grundlage für Humboldts Sprachtheorie. Wie kein anderer systematischer Entwurf ist er nicht nur, wie der Kantische, theoretisch zentral, sondern in Motiven und Begriffen omnipräsent. In der ontologischen Systematik sind sich Humboldt und Aristoteles da-

---

58 Scharf, *Verfahren*, a.a.O., S. 168.

her ausgesprochen nah, in der Sprachtheorie unendlich fern. Humboldt übernimmt die aristotelische Ontologie und transformiert sie in eine Welt der Sprache. Wie mit Humboldt endgültig das Zeitalter der Repräsentation zu Ende geht, ist damit auch das Ende der objektiven Dingwelt des Aristoteles markiert. Die Welt der objektiven Wirklichkeit geht auf in eine Welt der Sprache. Humboldt konstituiert diese Welt der Sprache genau so, wie Aristoteles die Welt der objektiven Wirklichkeit sieht und analysiert. Beide verwenden die gleiche ontologische Statik, beide bewegen ihre Welt nach den gleichen Prinzipien, beide unterliegen ähnlichen Begrenzungen wie sie Entgrenzungen suchen, um den Wirkungskreis ihres Entwurfes auszudehnen. Humboldt erfindet am Ende der Welt diese in der Sprache gleichsam neu und transformiert damit die grundlegende ontologische Tradition des Abendlandes in einen bislang ungenutzten und für die Neuzeit tragfähigen Konstitutions- und Legitimationszusammenhang: „Nur so gelingt die Verwandlung der Welt in Sprache, ...“ (*Ueber den Dualis,* VI 28).

Man muß darüber spekulieren, was geschehen wäre, wenn Humboldts Verwandlungsstrategie, die eben durch die Aufdeckung des aristotelischen Weltverständnisses sowohl ihre Initialzündung als auch ihr theoretisches Fundament erhält, gescheitert oder unterblieben wäre – unentdeckt bzw. unverstanden geblieben ist sie ohnehin lange genug. Wie ich gezeigt habe, ist die „Verwandlung der Welt in Sprache“ (VI 28) eine Form ontologischer Kontinuitätssicherung. Ohne diese epistemische Metamorphose als rettendes Unterfangen eines sich zum zentralen Problem der Gegenwart hin entgrenzenden Sprachverständnisses wäre der ontologische Entwurf aristotelischer Provenienz im Subjektivismus der Neuzeit verstummt. Humboldts philosophiegeschichtlich herausragende Leistung liegt gerade darin begründet, diese Bestandssicherung gleichsam im ‚Handumdrehen‘ vollzogen zu haben, ohne das eigene Projekt zu gefährden: seine Entdeckung der Sprache gelingt gerade durch die Zwangsläufigkeit der Erinnerung, die die Transformation der Welt in Sprache erzwingt.

3. Erinnerungsstrategien

Humboldts Projekt kann auch als großartiges Projekt der Erinnerung bezeichnet und verstanden werden[59]: Transformation und Erinnerung sind

---

[59] Vgl. dazu auch Wittgensteins fordernde Einsicht aus den *Philosophischen Untersuchungen:* „Die Arbeit des Philosophen ist ein Zusammentragen von Erinnerungen zu einem be-

die einander bedingenden Prinzipien, kontrastive Archäologie ist das Verfahren, das diese Bedingungen aufdeckt. Die vorliegende Studie zur Aristoteles-Humboldt-Beziehung wird Humboldts Vorhaben daher mit folgender Strategie nachzeichnen:

Nach dieser, die These von Humboldts Weltverwandlung vorstellenden, Einleitung wird zunächst in *Rekonstruktionen Humboldts* dem allgemeinen Forschungsstand zu seiner Sprachtheorie nachgegangen und – darauf aufbauend – werden die theoretischen Voraussetzungen entwickelt, unter denen die folgende Untersuchung bzw. ihr Verfahren aufschlußreich sein kann (Kap. 1-3). Im Anschluß an diese Theoriedebatte, die auch Legitimationsdebatte ist, steht *Humboldts Gedächtnis* zur breiten Diskussion an, das – die theoretischen Ausführungen zu Foucaults ‚Archäologie des Wissens‘ und Assmanns ‚Kulturellem Gedächtnis‘ hier bereits in Rechnung stellend – eine Spannbreite von Humboldts Antike-Verständnis über seine eigene Aristoteles-Lektüre und Kenntnis bis hin zur ‚Energeia‘-Adaption des 19. und 20. Jahrhunderts umfaßt (Kap. 4-6). Das in diesem zweiten Teil Erkundete thematisiert den ganzen Weg Humboldts in sein Sprachprojekt – und gleichsam auch den Weg der Rezeption aus diesem heraus.

Im dritten Teil *Ordnung der Wirklichkeit* (Kap. 7-9) wird dann – durch ein erinnerndes Intermezzo zum Verlauf der Untersuchung präludiert – Aristoteles’ Ontologie als originäres Gültigkeitsfeld einer *Ordnung der Wirklichkeit* anhand der zentralen Motivik ausgewiesen. Drei Perspektiven stützen diese Arbeit am Text, indem sie zunächst nach dem philologischen und theoretischen Terrain fragen, in dem Aristoteles Ontologie betreibt, und dann die Begrifflichkeit erschließen, die die Identifizierung und Demonstration eines weitgehend kohärenten Begriffs von Wirklichkeit möglich macht. Im darauf folgenden vierten Teil zur *Ordnung der Sprache* (Kap. 10-12) kann das so Gewonnene schließlich als Folie benutzt werden, um Humboldts Transformation des aristotelischen Wirklichkeitsentwurfes in eine neuzeitliche Theorie der Sprache aufzudecken. Dies geschieht anhand eben dieser Sprachtheorie, die auf dem Hintergrund aristotelischer Ontologie in den systematischen Horizonten Aufklärung, Format und Verwandlung neu gelesen werden kann.

In Folge solcher Kennzeichnung sprachlicher Wirklichkeit und zum Abschluß der Studie wird – deren systematischen Kontext in einem *Nachwort* zu *Humboldts Welt* um anthropologisch-hermeneutische und geschichtstheoretische Reflexionen ergänzend – zunächst der Problematik

---

stimmten Zweck“ (Wittgenstein, L.: *Philosophische Untersuchungen*. Frankfurt am Main [6. Aufl.] 1989. [=In: Werkausgabe in 8 Bänden. Bd. 1. S. 225-618], hier: S. 303).

des Verstehens und dann der Aufgabe des Humboldtschen *Sprach*schreibers nachgegangen: Humboldts Weg in eine Welt der Sprache findet sich
in sprachlich begriffener Geschichte wieder. Beide Hinsichten bilden den
Auftakt zu einem Fazit, das nicht nur in einer sprachtheoretisch fundierten Konkretisierung des Genesis-Begriffes im Horizont des ‚Energeia‘-
Diktums reüssiert, sondern das den Humboldtschen Sprachwirklichkeits-
entwurf erst in den Betrachtungsweisen einer Sprache als Schock und als
Schöpfung hinreichend beschrieben sieht.

Erster Teil:

Rekonstruktionen Humboldts

Das Verfahren, das zur theoretischen Rekonstruktion der Aristoteles-Humboldt-Beziehung angewandt werden soll, kann im Hinblick auf seinen methodologischen Charakter als *Kontrastive Archäologie* bezeichnet werden. Das Moment der Kontrastivität bezieht sich dabei auf die Vergleichs- und Anschlußbedingungen zweier unterschiedlicher theoretischer Entwürfe im Kontext ihrer Erinnerung, der Terminus ‚Archäologie‘ signalisiert, daß hier nicht traditionelle Begriffsgeschichte im Vordergrund steht, sondern die Freilegung der Fundierungen und Strukturen, in denen jeweils die unterschiedlichen theoretischen Formationen organisiert sind. Beide Verfahrensbedingungen sollen in diesem Abschnitt transparent und so bestimmt werden, daß sie in den darauffolgenden Teilen der Untersuchung operationalisierbar sind.

Um aber den Ort, die Struktur und den Raum eines solchen Verfahrens in der Humboldt-Forschung auszumessen und zu bestimmen, ist es zuerst notwendig, die bisherige Rekonstruktionsarbeit zur Humboldtschen Sprachtheorie zu skizzieren. Dies erfolgt in zwei Schritten: Zunächst werden die als zentral geltenden Theoreme des Humboldtschen Sprachdenkens in einer systematischen Darstellung konzentriert. Eine rezeptions*geschichtliche* Skizze soll dann die ‚Verfahren‘ der Humboldt-Forschung selbst als Teil der Rezeption verstehbar, transparent und damit kritisierbar machen. Anschließend wird die bis dato retrospektive Zielrichtung der Rekonstruktionsanalyse gewendet. Zwei für die Humboldt-Forschung bislang weitgehend ungenutzte theoretische Ansätze werden zu Rate gezogen, um den Blick auf das Humboldtsche Sprachdenken prospektiv zu erweitern und um zu klären, auf welche Verfahrensarchitektur *Kontrastive Archäologie* konkret abzielt.

1. Humboldts Theorie: Stützende Argumente

Die in der Einleitung beschriebenen Kennzeichen zum ontologischen Charakter des ‚Energeia'-Begriffs finden bereits ihre erste Bestätigung, ihre Stützung, ihre Analogien und ihre Legitimationen, wenn man den Blick auf das gesamte argumentative Netzwerk richtet, das Humboldt zur Begründung seiner Sprachtheorie anlegt und das um mehrere theoretische Zentren kreist.[1]

In dem inhaltlich zentralen und theoretisch besonders dichten Text der *Kawi-Einleitung* werden diese Zentren deutlich. Sie werden im folgenden ‚Theoreme' genannt, ohne daß der Terminus ‚Lehrsatz' hier mit dem Charakter der Formelhaftigkeit, der Abgeschlossenheit oder der Unbeweglichkeit positivistisch beschwert werden soll.[2] Vielmehr soll er dabei assistieren, immer wieder auftauchende Sammlungs- und Kristallisationspunkte zu identifizieren, die die manchmal verstreut wirkenden und zentrifugal auseinander stiebenden Argumente konzentrieren, ausrichten und in einem hermeneutischen Koordinatensystem so anordnen, daß sie als *Netzwerk stützender Argumente*[3] das – ohne Zweifel vorhandene – ori-

---

[1] Vgl. in diesem Zusammenhang auch L. Josts allzu schwungvolle Bemerkung, Humboldts Denken verlaufe „gleichsam spiralförmig. In bald engen, bald weiten Schwingungen kreist es um eine ideale Achse, durchstößt sie gelegentlich, umspielt, umschlingt sie, um dann wieder weit ausholend und mit erneuter Schwungkraft die Mitte endlich zu treffen" (Jost, L.: *Sprache als Werk und wirkende Kraft. Ein Beitrag zur Geschichte und Kritik der energetischen Sprachauffassung seit Wilhelm von Humboldt*. Bern 1960. S. 26).

[2] Vgl. hierzu auch die Verwendung des Theorem-Begriffs bei Jäger, L.: „Ferdinand de Saussures historisch-hermeneutische Idee der Sprache. Ein Plädoyer für die Rekonstruktion des Saussureschen Denkens in seiner authentischen Gestalt". In: *Linguistik und Didaktik*, 7. Jg. (1976), S. 210-244.

[3] Die Verfahrensweise der Identifizierung eines Netzwerkes stützender Argumente in Humboldts Sprachtheorie stellt jedoch das genaue Gegenteil der Behauptung eines in sich geschlossenen theoretisch-dogmatischen Systems dar. Es ist D. Di Cesare zuzustimmen, wenn sie feststellt: „Für das Verständnis seines (Humboldts, U.W.) Denkens erweist es sich deshalb als unnütz und sogar hinderlich, nach den inneren Gesetzen eines Systems zu suchen, wie es im Fall der professionellen Philosophen des Idealismus unerläßlich ist" (Di Cesare, „Einleitung", a.a.O., S. 21). – Noch einen Schritt weiter geht Trabant in seiner Charakteristik, wenn er feststellt, daß „Humboldtsche Sprachwissenschaft (...) also gerade nicht Linguistik der Macht, der Gesetzmäßigkeit, Wissenschaft der (...) Zwangssysteme (ist, U.W.). Humboldtsche Linguistik ist aber auch nicht jenes Austreten aus der Wissenschaft, wie es Barthes' Semiologie vorsieht, die sich selbst als Teil der Literatur außerhalb

ginäre sprachtheoretische Gerüst Humboldts hervortreten und begrifflich
erkennen lassen. Die folgende Darstellung ist daher sowohl aus methodischen Gründen wie aus solchen, die aus dem Charakter der Humboldtschen Sprachtheorie selbst hervorgehen, ebenso überblicksorientiert wie
in Einzelfragen unvollständig. Sie will helfen, die Fülle von Humboldts
sprachtheoretischen Anregungen zu bündeln und zu ordnen und für den
weiteren Gang der Untersuchung verfügbar zu machen. Humboldt – hier
im Kontext der Frage, wie im Vergleichenden Sprachstudium über die reinen lexikalischen und grammatischen Elemente und Schemata hinaus an
diesen die Geisteskraft der Nationen erkennbar werden kann – selbst zu
diesem eben nicht nur methodisch gemeinten, sondern auf die Formulierung eines wissenschaftstheoretischen Grundprinzips zielenden Verfahren: „Dies erfordert noch ein eignes Aufsuchen der gemeinschaftlichen
Quellen der einzelnen Eigenthümlichkeiten, das Zusammenziehen der
zerstreuten Züge in das Bild eines organischen Ganzen" (VII 45).[4]

---

des Diskurses der Wissenschaft stellt; humboldtsche Linguistik ist vor allem Studium – um
das hochtrabende und viel unnötige Diskussion hervorrufende Wort ‚Wissenschaft' zu vermeiden – *Studium der Subversion oder gar der Auflehnung (Gewalt) gegen die Systeme,*
deren Macht nicht geleugnet wird und die gerade deshalb intensiv zu studieren sind" (Trabant, *Apeliotes*, a.a.O., S. 203-204).

[4] Auf die Notwendigkeit, Humboldts Werk (..) als organisches Ganzes zu verstehen, wie auf
die Tatsache, daß Humboldt ein solches Verständnis selbst einklagt, weist auch T. Borsche
hin (vgl. Borsche, *Sprachansichten*, a.a.O., S. 40). – Steinthal bemerkt dazu in seinem Vorwort zu *Die sprachphilosophischen Werke Wilhelm's von Humboldt:* „Man wird jetzt nicht
mehr meinen dürfen, H.s Werk sei bloß eine Sammlung aphoristischer Aussprüche über
sprachphilosophische Punkte, schöner Sentenzen, die man als um so gedankenreicher preist,
als sie nicht zu bestimmtem Denken zwingen, sondern nur die besten Gedanken jedes Lesers
anregen, und bei denen sich eben alles Schöne und Wahre denken lässt, ohne dass es darauf
ankäme genau zu wissen, was H. dabei gedacht hat und dabei von jedem Leser gedacht wissen wollte. (...) Es muss gerechtes Staunen erregen, wie in diesem Manne alle Gedanken, auf
welchem Gebiete auch diese sich bewegen, und in wie weit aus einander liegenden Zeiten sie
auch ausgesprochen sein mögen, einen fest geschlossenen Zusammenhang zeigen" (Steinthal,
Die sprachphilosophischen Werke, a.a.O., S. 3). – Welche Urteilsunsicherheit geradezu
zwangsläufig entstehen muß, wird Humboldts organisches bzw. integriertes Erkenntnisinteresse nicht mit eben einem solchen erschlossen, davon legt V. Thomsens Humboldt-Be-
wertung, die zwischen Bewunderung und Nichtverstehen gefangen bleibt, Zeugnis ab: „Und
doch, trotz aller Anerkennung (...) und aller Bewunderung für die geniale Gedankenarbeit,
die uns bei ihm entgegentritt, kann man sich – nachdem man es mit Mühe versucht hat, sich
durch seine Sprachphilosophie durchzuarbeiten – vom rein sprachwissenschaftlichen Standpunkte aus des Eindruckes nicht erwehren von etwas, was der mehr empirischen Sprachauffassung unserer ganzen Zeit so wunderlich fern liegt, von so viel Abstraktem und Unwirkli-
chem, bisweilen geradezu Mystischem, dass es einem schwerfällt, die Bedeutung seiner
Arbeiten jetzt voll zu würdigen oder selbst nur den Einfluß zu verstehen, den sie auf die
Entwicklung der Sprachwissenschaft ausgeübt haben sollen" (Thomsen, V.: *Geschichte der
Sprachwissenschaft bis zum Ausgang des 19. Jahrhunderts.* Halle [Saale] 1927. S. 63-64).

1.1 Das Sprache-Erkenntnis-Theorem

Das zentrale und heute auch am weitesten rezipierte Theorem ist das *Sprache-Erkenntnis-Theorem*.[5] In ihm stellt Humboldt die Frage (und beantwortet sie bereits durch seine Art der Fragestellung), in welcher Form wir die Welt erkennen können bzw. wie die ihr inhärenten Gegenstände unterschiedlichster ontologischer Provenienz konstituiert werden. Humboldt ist der erste Sprachtheoretiker der Neuzeit, der in radikaler Weise nicht nur die sprachliche Verfaßtheit der Welt behauptet, sondern diese Welt erst in der sprachlichen Konstituierung als erstellt bzw. begriffen und erst damit als verstanden und kommuniziert lokalisiert. Humboldt gewinnt diese grundlegende Einsicht aus der Erkenntnis, daß, „wenn wir Intellectualität und Sprache trennen, (...) eine solche Scheidung in der Wahrheit nicht" (VII 42) existiert. Da aber die geistigen Prozesse notwen-

---

5   Zum *Sprache-Erkenntnis-Theorem* vgl. Bollnow, O. F.: „Wilhelm von Humboldts Sprachphilosophie". In: *Zeitschrift für Deutsche Bildung*, 14. Jg. (1938), S. 102-112, hier: S. 102-105, 109. – Borsche, *Humboldt*, a.a.O., S. 144-149, 150-152. – Borsche, *Sprachansichten*, a.a.O., S. 207-225. – Di Cesare, „Einleitung", a.a.O., S. 31-36, 78-85, 97. – Di Cesare, „Wilhelm von Humboldt", a.a.O., S. 279-281. – Gipper, H.: „Sprache und Denken in der Sicht Wilhelm von Humboldts". In: Hoberg, R. (Hrsg.): *Sprache und Bildung. Beiträge zum 150. Todestag Wilhelm von Humboldts*. Darmstadt 1987. S. 53-85. – Hassler, G.: „Die These der Sprachrelativität des Denkens in der Aufklärung und bei Wilhelm von Humboldt". In: Welke, K. (Hrsg.): *Sprache – Bewußtsein – Tätigkeit*, a.a.O., S. 154-177. – Helfer, M. B.: *Herder, Fichte, and Humboldts ,Thinking and Speaking'*. In: Mueller-Vollmer, K. (Hrsg.): *Herder Today*. Berlin 1990. S. 367-381. – Jäger, L.: „Über die Individualität von Rede und Verstehen – Aspekte einer hermeneutischen Semiologie bei Wilhelm von Humboldt". In: Frank, M. und Haverkamp, A. (Hrsg.): *Individualität. Akten des Kolloquiums ,Poetik und Hermeneutik'*. München 1988. S. 76-94, hier: S. 76-88. – Liebrucks, B.: „Wilhelm von Humboldts Einsicht in die Sprachlichkeit des Menschen". In: Gesellschaft für humanistische Bildung (Hrsg.): *Wilhelm von Humboldt. Abstand und Nähe. Drei Vorträge zum Gedenken seines 200. Geburtstages*. Frankfurt am Main u.a. 1968, S. 19-33. – Liebrucks, *Sprache und Bewußtsein [2]*, a.a.O., S. 72-76, 167-169, 184-185, 254-289. – Riedel, M.: *Verstehen oder Erklären? Zur Theorie und Geschichte der hermeneutischen Wissenschaften*. Stuttgart 1978. IV. Kapitel: Historische, philologische und philosophische Erkenntnis. Wilhelm von Humboldt und die hermeneutische Wende der Philosophie. S. 134-159. – Scharf, *Verfahren*, a.a.O., S. 21, 105, 109, 117ff. – Schmitter, P.: „Ein transsemiotisches Modell: Wilhelm von Humboldts Auffassung von Kunst und Sprache". In: Dutz, K. D. und Kaczmarek, L. (Hrsg.): *Rekonstruktion und Interpretation: problemgeschichtliche Studien zur Sprachtheorie von Ockham bis Humboldt*. Tübingen 1985. S. 311-334. – Seebaß, G.: *Das Problem von Sprache und Denken*. Frankfurt am Main 1981. II. Kapitel: Wilhelm von Humboldt. S. 48-83. – Trabant, J.: *Traditionen Humboldts*. Frankfurt am Main 1990, S. 38, 56. – Welke, K.: „Zur philosophischen und sprachtheoretischen Begründung der Einheit von Sprache und Denken bei Wilhelm von Humboldt". In: ders. (Hrsg.): *Sprache – Bewußtsein – Tätigkeit. Zur Sprachkonzeption Wilhelm von Humboldts*. Berlin (DDR) 1986. S. 9-67, hier: S. 29-35.

dige Voraussetzung des Erkennens sind und dieser Vorgang ohne die Sprache nicht denkbar ist, ist die „Sprache (...) das bildende Organ des Gedanken" (VII 53). Damit wiederum ist über die Gegenstände der Welt eine entscheidende Aussage gemacht, denn nicht allein der kategoriale Charakter des transzendentalen Apparates kann Erkenntnis garantieren, sondern nur *sprachlich* verfaßte „subjective Thätigkeit bildet im Denken ein Object" (VII 55).[6]

Der Kantianer Humboldt erweitert aber den Begriff der Transzendentalität des Königsberger Philosophen mit dem sprachlichen Aspekt um ein weiteres entscheidendes Merkmal, und zwar um Begriff und Charakter des Geschichtlichen. Dieses Geschichtliche ist uns durch das Sprachliche des transzendentalen Apparates omnipräsent. Humboldt kommt so zur gedanklichen Einheit einer *sinnlich fundierten Transzendentalität*, indem sein *Sprache-Erkenntnis-Theorem* zunächst, an die menschliche Rede und den Nationenbegriff gebunden, Kants Kategoriengerüst zu einem transzendentalen Ensemble empirischer Grammatiken als Voraussetzung aller menschlichen Erkenntnis erweitert.[7] Durch die Koppelung von Erkenntnis und Sprache ist es dann auch legitim, von einer „historisierten Transzendentalität"[8] zu sprechen. Diese aber ist eben systematisch nicht zufällig, sondern konsequentes Ergebnis von „Humboldts Analytik"[9], und stellt gleichsam die „temporale Liquidierung des Kantischen Kategorienkonzeptes"[10] dar.

1.2 Das Gegenstand-Sprache-Theorem

Mit der Einsicht in die sprachliche Verfaßtheit der Erkenntnis – also „daß Denken bei sich selbst nicht bei sich selbst, sondern bei der Sprache ist"[11]– ist ein weiteres Humboldtsches Theorem verbunden, das sowohl aus dem ersten resultiert als auch den argumentativen Boden für dieses bereitet:

---

[6] Die anthropologische Konsequenz dieser erkenntnistheoretischen Einsicht hat B. Liebrucks folgendermaßen skizziert: „Alles, was der Mensch lebt, fühlt, tut, denkt, gestaltet, vollbringt er sprachlich" (Liebrucks, *Sprache und Bewußtsein [2]*, a.a.O., S. 21). Und: „Es gibt schlechterdings nichts für den Menschen, was nicht schon durch seine Sprache gegangen ist" (S. 82).

[7] Vgl. dazu auch Borsche, *Sprachansichten*, a.a.O., S. 207 ff.

[8] Scharf, *Verfahren*, a.a.O., S. 200.

[9] Ebd.

[10] Scharf, *Verfahren*, a.a.O., S. 177.

[11] Liebrucks, *Sprache und Bewußtsein (2)*, a.a.O., S. 257.

das *Gegenstand-Sprache-Theorem*.[12] Dieses zweite Theorem darf trotz seiner systematischen Nähe nicht mit dem ersten verwechselt werden und hat wissenschaftsgeschichtlich eine eigene Stellung. Humboldt stellt sich in bisher nicht gekannter Radikalität die Frage, was die Sprache ist, und zwar „in ihrem wirklichen Wesen aufgefasst" (VII 45). Ich habe in der vorläufigen Sichtung von *Humboldts Verdikt* bereits die Aufmerksamkeit vom Terminus ,Wesen' auf den der ,Wirklichkeit' gelenkt. Nun kann auch noch das Possessivpronomen richtig gedeutet werden. Bei der Identifizierung des Gegenstandes der Sprachuntersuchung geht es um die Sprache selbst so, daß *ihr* eigenes Wesen untersucht wird und im Mittelpunkt des Interesses steht. Damit ist nicht nur der repräsentationistischen Organon-Idee eine Absage erteilt, sondern auch jedweder Sprachtheorie, die Sprachuntersuchung nur aus Gründen der Klärung eines irgendwie strukturierten und gewichteten Beziehungszusammenhangs zwischen Welt und Sprache thematisiert. Die Sprache, auf der philosophischen Bühne erst Organon, dann *ancilla philosophiae* und im (Herderschen) Übergang zur (Humboldtschen) Sprachtheorie[13] gleichsam *Groupie* von Erkenntnis-

---

12 Zum *Gegenstand-Sprache-Theorem* vgl. Bondzio, W.: „Sprache als Arbeit des Geistes". In: Welke, *Sprache – Bewußtsein – Tätigkeit*, a.a.O., S. 105-126. – Borsche, *Humboldt*, a.a.O., S. 136-144, 162-163. – Giel, K.: „Die Sprache im Denken Wilhelm von Humboldts". In: *Zeitschrift für Pädagogik*, 13. Jg. (1967), S. 201-219, hier: S. 211-214. – Jäger, L.: „Aspekte der Sprachtheorie Wilhelm von Humboldts". In: Scharf, *Sprachdenken*, a.a.O., S. 163-179. – Jäger, L.: „Die Sprachtheorie Wilhelm von Humboldts". In: Wimmer, R. (Hrsg.): *Sprachtheorie. Der Sprachbegriff in Wissenschaft und Alltag. Jahrbuch 1986 des Instituts für deutsche Sprache*. Düsseldorf 1987. S. 175-190. – Liebrucks, „Humboldts Einsicht", a.a.O., S. 21-23. – Liebrucks, *Sprache und Bewußtsein (2)*, a.a.O., S. 82-162. – Mueller-Vollmer, „Von der Poetik zur Linguistik", a.a.O., S. 224-240. – Scharf, *Verfahren*, a.a.O., S. 15-24. – Trabant, J.: „Ideelle Bezeichnung. Steinthals Humboldt-Kritik". In: Eschbach, A. und Trabant, J. (Hrsg.): *History of Semiotics*. Amsterdam, Philadelphia 1983. S. 251-276. – Trabant, *Traditionen Humboldts*, a.a.O., S. 43-47. – Di Cesare, „Wilhelm von Humboldt", a.a.O., S. 278.

13 Zur Einheit von Sprache und Denken in der Entwicklungslinie Hamann, Herder und Humboldt vgl. auch Welke, „Zur philosophischen und sprachtheoretischen Begründung", a.a.O., S. 9-67, hier: S. 42-53. Welke zeigt hier, daß „Humboldts sprachphilosophische Konzeption (...) ihrem Inhalt nach eine Fortsetzung Herderscher und damit auch Hamannscher Gedankengänge" (S. 42) ist. Dies betont auch Heeschen: „Ob Humboldt in der Tradition Hamanns und Herders steht, sollte nach den vielen Einflußuntersuchungen keiner Frage mehr bedürfen; sie ist positiv entschieden" (Heeschen, *Die Sprachphilosophie*, a.a.O., S. 27). – Zum Verhältnis Herder-Humboldt vgl. auch Helfer, M.: „Herder, Fichte, and Humboldts ,Thinking and Speaking'", a.a.O. – E. Fiesel stellt in diesem Zusammenhang – im Hinblick auf den Terminus ,Medium' nicht ganz unproblematisch – fest: „Mit ihm (Humboldt, U.W.) endet der Weg, den Herder begann, den die Romantik fortsetzte, und dessen Ziel die Erkenntnis des Geistes durch das Medium der Sprache war" (Fiesel, E.: *Die Sprachphilosophie der deutschen Romantik*. Tübingen 1927. S. 215).

theorie und Anthropologie[14], rückt nun selbst nicht nur ins Zentrum der philosophie-historischen Auseinandersetzung, sie nimmt diese in Gänze ein und die bisherigen Gegenstände in sich auf, weil sie das bisher als eindeutig geglaubte Verständnis eben dieser Gegenstände durch die Einsicht in deren sprachliche Verfaßtheit fundamental erschüttert, diesen damit aber auch die Chance zu einer Reorganisation und Neuformulierung gibt:

> „Der Mensch lebt mit den Gegenständen hauptsächlich, ja, da Empfinden und Handlen in ihm von seinen Vorstellungen abhängen, sogar ausschliesslich so, wie die Sprache sie ihm zuführt" (VII 60).

Dieser Perspektivenwechsel, der die Sprache ins Zentrum rückt und sie zum Thema und ihre Reflexion zur Bedingung aller weiteren philosophischen Auseinandersetzung macht, ist Humboldts originäre Leistung[15]: Er identifiziert den problematischen Gegenstand der Neuzeit schlechthin.

---

[14] Dieser saloppe Anglizismus sei hier erlaubt, weil der Latinismus ‚ancilla' die Zuspitzung des Sprachproblems im 17. und 18. Jahrhundert nur sehr eingeschränkt explizieren kann. Als Groupie wird laut Duden-Definition ein (weiblicher) Fan verstanden, der immer wieder versucht, in möglichst engen Kontakt mit der von ihm bewunderten Person zu kommen. Dies beschreibt die ‚Sprachphilosophie' bis Humboldt in zutreffender Weise.

[15] Vgl. dazu auch A. Keller, der darauf hinweist, daß „erst mit dem Ende des 18. Jahrhunderts, seit Herder und Humboldt etwa, (...) das Interesse an der Sprache selbst hervor (-tritt, U.W.), das schließlich für die Philosophie heute bestimmend geworden ist" (Keller, A.: *Sprachphilosophie*. München [2., bearb. Aufl.] 1989, S. 14-15). – Vgl. in diesem Zusammenhang auch T. Borsche zur „Aufgabe einer philosophischen Reflexion auf die Wahrheit des Sprechens gegenüber der Vergegenständlichung der Sprache in der Wissenschaft" (...): „Ausdrücklich wohl erstmals von Hamann angesprochen (...), dann von Herder breiter ausgeführt (...), wird sie bei Wilhelm von Humboldt schließlich zum zentralen Thema. Durch ihn hat sie eine erste und umfassende Gestaltung erhalten" (Borsche, *Sprachansichten*, a.a.O., S. 35-36). – Mit der Identifizierung der Sprache als zentralem Gegenstand durch Humboldt ist jedoch weder verbunden, daß dieser damit auch bereits das ganze Ensemble der sprachtheoretischen Möglichkeiten aufweist, noch daß Humboldt das heutige Instrumentarium kritiklos akzeptieren würde. Deutlich werden kann dies am Begriff des Zeichens. J. Trabant führt dazu aus: „Humboldts Denken über die Sprache enthält einen ausdrücklichen ‚antisemiotischen' Zug, der wesentlich ist für das Verständnis Humboldts. Humboldt selbst setzt nämlich immer wieder die Sprache gegen das ‚Zeichen' ab, d.h. er wendet sich ausdrücklich dagegen, die Sprache – oder das Wort – als Zeichen zu verstehen" (Trabant, „Steinthals Humboldt-Kritik", a.a.O., S. 253). Humboldts kritische Sicht des Zeichenbegriffs wendet sich laut Trabant vor allem „gegen eine Semiotik der Sprache, wie er (Humboldt, U.W.) sie seit der Antike bis zur Gegenwart als naive – Humboldt sagt, sie sei dem Menschen ‚natürlich' – herrschende Lehre vorfindet" (S. 254). So greift die *Problembeschreibung* Schmitters zu kurz (und ist im Ergebnis gar falsch), wenn dieser einwendet, „daß Humboldt zwar an vielen Stellen von ‚Zeichen', ‚Schriftzeichen', ‚Lautzeichen', ‚Sprachzeichen', ‚grammatischen Zeichen', ‚Zeichen des Zeichens', ‚System von Zeichen' usw. spricht, aber weder eine in sich geschlossene und systematische Zeichentheorie entwickelt, noch irgendwo eine präzise Definition seines Zeichenbegriffs gegeben

1.3 Das Ebene-Analyse-Theorem

Der bereits beim *Sprache-Erkenntnis-Theorem* verwendete Begriff der „historisierenden Transzendentalität"[16] weist auf ein weiteres systematisches Zentrum hin, das mit dem Begriff *Ebene-Analyse-Theorem* gekennzeichnet werden soll.[17] Je nachdem, auf welcher Ebene Humboldt den Sprachbegriff jeweils ansiedelt bzw. angesiedelt sieht, so unterschiedlich fällt auch die spezifische Analysestrategie aus. Für ihn gibt es prinzipiell erst einmal keinen Aspekt der Sprache, der nicht identifizierbar oder untersuchbar wäre. Wird einer der Aspekte ausgeschlossen, dann geschieht dies nur als Konsequenz theoretischer Klärung innerhalb des Gesamtkonzepts der Sprachtheorie.[18] Eine Reduzierung durch Funktionalisierung des Sprachbegriffes, wie sie in den Bezeichnungen der heutigen ‚Beschreibungsebenen der deutschen Sprache' erkennbar wird, wäre für ihn nicht nur undenkbar, seine Definition der verschiedenen Ebenen der Sprache liegt vielmehr quer zu solchen Schablonen. Alle verschiedenen Aspekte der Beschreibung der Sprache sind jeweils in unterschiedlicher Prägung und Intensität an allen ‚Ebenen' erkennbar, wiewohl unterschiedliche ‚Sprachbegriffe' jeweils unterschiedliche wissenschaftliche Tätigkeit verlangen.

Besonders deutlich wird dies nicht nur bei der zweigleisigen Thematisierung von Wesens- und Erscheinungsmerkmalen der Sprache, auf die bereits hingewiesen wurde, sondern – auf Humboldts Forderung von Intimität zwischen Untersuchungsstrategie und Gegenstand gründend – vor

---

hat" (Schmitter, „Ein transsemiotisches Modell", a.a.O., S. 312). Genauer faßt dagegen Trabant diese Problematik in: *Elemente der Semiotik.* Tübingen u.a. 1996. S. 30, 64, 109-111. Trabant macht hier u.a deutlich, daß Humboldts *Sprach*begriff gerade *gegen* den aristotelischen *Zeichen*begriff insofern argumentiert, als sich in den Zeichenbegriffen Humboldts und Aristoteles zwar die Termini im engeren Sinne überlappen, die diesbezüglichen Modelle der Sprachauffassung jedoch vollkommen konträr sind (vgl. S. 106-107).

[16] Scharf, *Verfahren*, a.a.O., S. 200.

[17] Zum *Ebene-Analyse-Theorem* vgl. Bollnow, „Humboldts Sprachphilosophie", a.a.O., S. 105-107. – Borsche, *Humboldt*, a.a.O., S. 154-155. – Di Cesare, „Einleitung", a.a.O., S. 51-56. – Di Cesare, „Wilhelm von Humboldt", a.a.O., S. 281-282. – Gadamer, H.-G.: *Wahrheit und Methode. Grundzüge einer philosophischen Hermeneutik.* Tübingen (6. Aufl.) 1990. S. 443. – Liebrucks, *Sprache und Bewußtsein (2),* a.a.O., S. 33-34, 43-46, 214, 221-225. – Trabant, J.: „Nachwort". In: Humboldt, Wilhelm von: *Über die Sprache: Reden vor der Akademie. Hrsg. und kommentiert und mit einem Nachwort versehen von Jürgen Trabant.* Tübingen 1994. S. 200-217, hier: S. 211-213.

[18] Siehe dazu z.B. Humboldts zurückhaltende ‚Klärung' der Sprachursprungsfrage (vgl. Trabant, J.: „Wilhelm von Humboldt. Jenseits der Gränzlinie". In: Gessinger, J. und von Rahden, W. [Hrsg.]: *Theorien über den Ursprung der Sprache [2 Bde.].* Berlin, New York 1989. S. 489-522).

allem bei den drei Ebenen der Sprachuntersuchung. Humboldts Interesse
gilt zunächst der Sprache bzw. einem Begriff von ihr, wie ich ihn beim
Gegenstand-Sprache-Theorem geschildert habe, also der Sprache als Sprache selbst auf der Ebene ihrer Wesensdefinition (Ebene 1). Aber dieses
wissenschaftshistorisch revolutionäre Erkenntnisinteresse ist bereits Ergebnis weitreichender wissenschaftssystematischer Verknüpfungsleistun-
gen. So sieht Humboldt zunächst die Sprache eines jeden einzelnen als
Ebene der Sprache (Ebene 2), ohne diese jedoch von den anderen Sprachebenen zu isolieren:

> „Die Rückwirkung des Einzelnen auf die Sprache wird einleuchtender, wenn
> man, was zur scharfen Begränzung der Begriffe nicht fehlen darf, bedenkt,
> dass die Individualität einer Sprache (wie man das Wort gewöhnlich nimmt)
> auch nur vergleichungsweise eine solche ist, dass aber die wahre Individua-
> lität nur in dem jedesmal Sprechenden liegt. Erst im Individuum erhält die
> Sprache ihre letzte Bestimmtheit" (VII 64).

Sprache gründet also tief in einem humanistischen Verständnis der Individualität, die Humboldt als unhintergehbare anthropologische Grundkonstante behauptet[19] und die – wie sich zeigen wird – ebenfalls ihre aristotelische Fundierung nicht leugnen kann. Aber selbst hier, im Kontext
dieser zentralen, ja axiomatischen Kategorie der Individualität, wird das
Argument nicht isoliert angeführt, sondern in seine Rückwirkungen auf
andere Sprachebenen bedacht und auf diese bezogen. Humboldt zielt hier
nun auf die dritte Ebene der Sprachthematisierung: auf die (Ebene 3) der
Nation, denn die „Geisteseigenthümlichkeit und die Sprachgestaltung eines Volkes stehen in solcher Innigkeit der Verschmelzung in einander,
dass, wenn die eine gegeben wäre, die andre müsste vollständig aus ihr abgeleitet werden können" (VII 42). War die individuelle Sprachebene nicht
nur auf die menschliche Rede insgesamt gerichtet, sondern stellt das jedesmalige individuelle Sprechen sowohl eine Stabilisierung als auch eine
dauernde Korrektur bzw. Modifikation der Sprache als überindividuelles
Geschehen dar[20], so ist die Sprache der Nationen an die Entwicklung ih-

---

[19] Vgl. Di Cesare, „Wilhelm von Humboldt", a.a.O., S. 276. – Wie für Humboldt aufgrund
der Bindung des anthropologischen Projekts an die Sprache das Postulat der unhintergeh-
baren Individualität eine Bedingung der Humanität schlechthin darstellt, so gilt dies auch
für das soziale Pendant, den Staat. B. Liebrucks stellt fest: „Humboldts Auffassung vom
Staat ist einfach menschlich, nichts als menschlich. Das allein ist es, was sie so befremdlich
macht" (Liebrucks, „Humboldts Einsicht", a.a.O., S. 20).

[20] Vgl. dazu auch G. Pätsch: „In der Bindung der Sprache an die Gesellschaft ist die Konse-
quenz beschlossen, daß nicht das in Grammatik und Lexikon gebotene wissenschaftliche
Abstraktum die Realität ist, sondern der Sprechakt. Das wäre kaum erwähnenswert, wenn
Humboldt damit nichts mehr hätte aussprechen wollen als die bekannte Wahrheit, daß das

res nationalen Geistes gebunden. Humboldt folgert dann zu Recht, daß jede Identitätsbehauptung immer auch in der Differenz gründet, denn „der Bau der Sprachen im Menschengeschlechte (ist, U.W.) darum und insofern verschieden (...), weil und als es die Geisteseigenthümlichkeit der Nationen selbst ist" (VII 43). Das Theorem der Ebenen impliziert also bereits die Verschiedenheiten, in denen für die sprachtheoretische Akkreditierung einer besonders bedeutsamen Sprachebene, die die anderen hegemonisiert, ebensowenig Platz bleibt wie für eine ganz bestimmte Sprache *einer* Nation, die prinzipiell den anderen überlegen sein könnte.[21] Humboldt braucht und gebraucht alle Ebenen für sein ganzheitlich angelegtes sprachtheoretisches Projekt, das auch nur in dieser Vielschichtigkeit immer wieder neue, unabgeschlossene Erkenntnisse, Zurücknahmen und Konturierungen ermöglicht. So kann Humboldt einerseits behaupten, daß sich die Sprache „über das Gebiet der Erscheinungen hinaus in ein ideales Wesen" verliert (VII 42). Andererseits schränkt er ein, erscheine in dieser Definition die Sprache „als ein durch die Wissenschaft gebildetes Abstractum. Es würde aber durchaus unrichtig seyn, sie auch an sich bloss als ein solches daseynloses Gedankenwesen anzusehen. In der That ist sie vielmehr der durchaus individuelle Drang, vermittelt dessen eine Nation dem Gedanken und der Empfindung Geltung in der Sprache verschafft" (VII 47). Auch und gerade in den Zwischenräumen dieses Changierens zwischen den Ebenen entsteht Humboldts Theorie, deren komplexe Argumentationen niemals durch Isolation einzelner Behauptungen andere, aktuell ausgeblendete Phänomene bzw. Aspekte im Stich lassen. So ist eine Antwort auf die Fragestellung, ob Humboldt mehr am Wesen der Sprache oder an konkreten Sprachuntersuchungen interessiert war, müßig, weil dieser sich diese Frage in solch disjunktiver Form gar nicht gestellt hätte. Vielmehr kennzeichnet B. Liebrucks das Problem zutreffend, wenn er feststellt: „Die schmale Grenze, auf der sich die Darstellung

---

Allgemeine im Besonderen existiert. Ihm geht es darüber hinaus um einen wesensmäßigen Unterschied. Sprechen ist, sooft es geübt wird, ein schöpferisches geistiges Tun" (Pätsch, G.: „Humboldt und die Sprachwissenschaft". In: Hartke, W. und Maskolat, H. [Hrsg.]: *Wilhelm von Humboldt 1767-1967. Erbe – Gegenwart – Zukunft. Beiträge vorgelegt von der Humboldt-Universität zu Berlin anläßlich der Feier des zweihundertsten Geburtstages ihres Gründers.* Halle, Saale 1967. S. 101-125, hier: S. 118).

[21] Vgl. dazu auch J. Trabant, der feststellt, daß „die Ankunft des Humboldtschen Denkens bei der Sprache (..) ganz deutlich eine Ankunft bei den *Sprachen* in ihrer Vielfalt und Verschiedenheit" ist (Trabant, *Traditionen Humboldts*, a.a.O., S. 37) und ders., *Apeliotes*, a.a.O., S. 127: „Im Lichte eines neuen Heidentums *à la* Humboldt zeigt sich nämlich, daß der Turmbau zu Babel gar kein Unglück, sondern im Gegenteil Schöpfung eines großen Reichtums ist, und daß nur in der Vielfalt der verschiedenen Bilder der Welt sich der Reichtum der Welt erschließt, ...".

der Individualitäten immer zu halten hat, die Grenze zwischen Empirie und Spekulation, ist vom sogenannten Gegenstande selbst gefordert"[22]. So gilt das, was Humboldt im Zusammenhang mit der ‚Form der Sprachen' postuliert, im erweiterten Sinne für jede Untersuchung der Sprache(n):

> „Es versteht sich indess von selbst, dass in den Begriff der Form der Sprachen keine Einzelheit als isolirte Thatsache, sondern immer nur insofern aufgenommen werden darf, als sich eine Methode der Sprachbildung an ihr entdecken lässt" (VII 50).

Nicht nur die diesbezüglichen Merkmale, sondern auch das Erscheinungs- und Wesen*interesse* sind bei Humboldt zwar methodisch gelegentlich getrennt, aber sachlich stets untrennbar.

1.4 Das Relation-Differenz-Theorem

Das vierte, das *Relation-Differenz-Theorem*, hängt in besonderer Weise mit dem *Ebene-Analyse-Theorem* zusammen, obwohl es gerade durch seine lexikalische, syntaktische und systematische Selbstverständlichkeit nicht unmittelbar auffällt.[23] Der Mangel an eindeutigen, identitätszementierenden Definitionen[24] hat seinen Grund nicht nur in Humboldts die

---

[22] Liebrucks, *Sprache und Bewußtsein (2)*, a.a.O., S. 18-19. – Vor einer einseitigen Betrachtungsweise warnt auch G. Pätsch und weist die Produktivität von Humboldts empirischer Forschung anhand der Kawi-Sprachen auf (vgl. Pätsch, „Humboldt und die Sprachwissenschaft", a.a.O., S. 105).

[23] Zum *Relation-Differenz-Theorem* vgl. Arens, H.: *Sprachwissenschaft. Der Gang ihrer Entwicklung von der Antike bis zur Gegenwart (2 Bde.)*. Freiburg, München (2. Aufl.) 1969, S. 206-209, 211-212. – Di Cesare, „Einleitung", a.a.O., S. 36-40, 57-66, 66-73. – Di Cesare, „Wilhelm von Humboldt", a.a.O., S. 283. – Liebrucks, *Sprache und Bewußtsein (2)*, a.a.O., S. 23-33. – Müller-Sievers, *Epigenesis*, a.a.O. – Neurath, R.: „Grammatik als Verfahren". In: Welke, *Sprache – Bewußtsein – Tätigkeit*, a.a.O., S. 127-153. – Trabant, „Nachwort", a.a.O., S. 200-217, hier: S. 205-209. – Trabant, *Apeliotes*, a.a.O., S. 17-24, 75-77. – Trabant, *Traditionen Humboldts*, a.a.O., S. 40-41, 55. – Watanabe, M.: „Zum Verhältnis von Natur und Sprache bei Wilhelm von Humboldt". In: Schmitter, P. (Hrsg.): *Multum – non multa? Studien zur „Einheit der Reflexion" im Werk Wilhelm von Humboldts*. Münster 1991. S. 43-66.

[24] Vgl. dazu auch Steinthals (nicht unproblematische) Kommentierung dieses Problems: „Mit all dem hängt ein gewisser Mangel an Terminologie (im üblichen Sinne dieses Wortes) zusammen. Die Gedanken tragen ihr Leitwort an sich durch ihre Entstehung; aber sie werden nicht frei durch einen gewissen Terminus verdichtet und gestempelt, der sie ein für allemal benennt und ruft. Solche Termini werden nur durch ein System geschaffen, und sie stellen es heraus. Solch ein System fehlt bei H., und er will es nicht" (Steinthal, „Der Styl Humboldts". In: Humboldt, *Die sprachphilosophischen Werke*, a.a.O., S. 23-34, hier: S. 28).

Dinge immer neu von verschiedenen Standpunkten aus entwickelnder und entdeckender Schreibweise, sondern auch in seinem oppositionellen Denken, das sich in folgender Passage widerspiegelt:

> „Der Form steht freilich ein Stoff gegenüber; um aber den Stoff der Sprachform zu finden, muss man über die Gränzen der Sprache hinausgehen. Innerhalb derselben lässt sich etwas nur beziehungsweise gegen etwas andres als Stoff betrachten (...). In andren Beziehungen aber wird, was hier Stoff ist, wieder als Form erkannt" (VII 49).

Immer handelt es sich bei Humboldt um Relationen, Beziehungen unterschiedlichster Art, die in der Differenz den Ursprung ihres inneren Beziehungszusammenhangs sehen.[25] Differenz ist also genauso identitätskonstituierend, wie Identitätsbehauptungen immer wieder in einem differenzierten Gefüge unterschiedlicher Positionen und Aspekte zerrissen werden und damit erneut fragwürdig bleiben können. Humboldt entwickelt auch damit ein aristotelisches Denkmuster weiter, das noch Gegenstand näherer Betrachtung sein wird. Hier sei jedoch darauf hinge-

---

Steinthal nimmt auf diesen Seiten Stellung zu dem Problem der ‚Sperrigkeit' Humboldtscher Texte, bleibt aber weitgehend bei oberflächlichen Etiketten. So verfahre „H. selten bildend, sondern meist nur stimmend" (S. 26). Humboldt schreibe „meist ganz unplastisch" (ebd.). Immerhin konzediert er: „H. denkt klar und deutlich" (S. 27). Doch weiter heißt es: „aber seine Gedanken finden schwer die Einkleidung in Worte" (ebd.). Auch wenn Steinthal auf diesen Seiten eher seine eigenen Lektüre-Probleme zu thematisieren scheint als daß er tatsächlich den Stil Humboldts analysiert, so ist es doch zutreffend, wenn er ein wesentliches Moment des Problems in Humboldts Sprachverständnis selbst lokalisiert: „Die Sprache ist ihm nicht ein Gewand, das er frei um seine Gedanken schlägt, damit diese hindurchscheinen; sondern sie gehört zu ihrem Fleisch und ihrer Haut. Er denkt wirklich in Worten, die Sprache ist ihm ein Organ des Denkens: ..." (ebd.). – Zu einer gegensätzlichen Einschätzung von Steinthals „Essay" kommt Scharf: „Die Dimension *stilistische* Interpretation hat Steinthal schließlich mit dem Zielaspekt *psychologische* Interpretation in einem brillanten Essay: ‚Der Styl Humboldts' (...), auf überzeugende Weise verbunden, indem er Humboldts auffällige schriftstellerische Eigenheiten – terminologische Besonderheiten und argumentativen Duktus – in einem grandiosen Entwurf aus dessen geistiger Physiognomie und intellektuellem Charakter ableitet" (Scharf, *Verfahren*, a.a.O., S. 34). – Kurz und treffsicher hat das ‚Stil-Problem' B. Liebrucks beschrieben: „In allem, was Humboldt geschrieben hat, steht er zwischen der Spekulation und den Erfahrungswissenschaften. Es ist eine so nur ihm eigentümliche Stellung und Betrachtungsweise der Welt. Sie diktiert Inhalt und Stil" (Liebrucks, *Sprache und Bewußtsein [2]*, a.a.O., S. 7). – Mit der Kritik z.B. Mauthners, „Humboldt lasse der Einführung der Begriffe keine explizite Definition folgen", setzt sich u.a. auch Kledzik auseinander, die dagegen zutreffend einwendet, daß dieser Vorwurf „so nicht haltbar" sei und vor allem „den Kern und die Begründung des methodischen Vorgehens bei Humboldt" verfehle (vgl. Kledzik, S. M.: „Wilhelm von Humboldt [1767-1835]". In: Dascal, M. u.a. [Hrsg.]: *Sprachphilosophie*, a.a.O., S. 369).

25 Vgl. Scharf, „Differenz und Dependenz", a.a.O., S. 136 ff.

wiesen, daß das *Relation-Differenz-Theorem* bei Humboldt nicht an die
Stoff-Form-Problematik gebunden ist, sondern auch in verwandten thematischen Kontexten (z.B. in der Geschlechterproblematik) oder auch inhaltlich weiter entfernten Aspekten bzw. übertragenen Problemstellungen
auftaucht.[26]

Zum *Relation-Differenz-Theorem* gehört neben den aufgezeigten direkten Relationen auch die Verwendung von indirekten Relationen, also
Beziehungszusammenhängen, deren zweiter Teil entweder aus dem ersten
rekonstruiert oder erst aufgesucht werden muß bzw. der durch die Vergleichung erst entsteht. Für Humboldt ist es eine standardmäßige Vorgehensweise, das Sprachstudium bzw. die allgemeine Sprachkunde als Ver-
gleichendes Sprachstudium zu verstehen und zu betreiben[27], das heißt, er
sucht Analogien und Differenzen zwischen und in den einzelnen Elementen und Strukturen auf und bringt diese untereinander und „mit der Einheit des Bildes der menschlichen Geisteskraft in beurtheilende Vergleichung" (VII 45).

In den Kontext des *Relation-Differenz-Theorems* gehört auch die Beobachtung, daß Humboldts Organismus-Begriff der Sprache nur dann
Erklärungspotential entfalten kann, wenn zwischen den Teilen des Organismus eine innere, aufeinander abgestimmte Beziehungsstruktur besteht,
ein Zusammenhang, den Humboldt selbst mit dem Terminus der ‚Analogie' belegt und der auf die „analogische Struktur der Sprache"[28] insgesamt
verweist. Auch hier präjudiziert also Gegenstandserfassung nicht nur
Sprach-, ja Wissenschaftstheorie, sie sind untrennbar verbunden. Das
„Bild des Organismus wäre unklar ohne den inneren Zusammenhang, der
alle seine Teile verknüpft, d.h. ohne die Analogie"[29]. Analogien jedoch
sind gleichermaßen Relationen, wie sie auch stimmig sind oder eben Differenzen aufzeigen können. Daher gehört die Analogie strukturell ebenso
in den Kontext des *Relation-Differenz-Theorems* wie Humboldts bekannte Strukturbeobachtung, die Sprache müsse „von endlichen Mitteln
einen unendlichen Gebrauch machen, und vermag dies durch die Identität
der Gedanken- und Spracheerzeugenden Kraft" (VII 99).

---

[26] So identifiziert Trabant ebenfalls eine Humboldtsche Relation, wenn er beschreibt, „wie
Humboldt sich die Vermählung von allgemeinem und historischem Sprachstudium vor-
stellt: Es entsteht eine gegenseitige Erhellung des Konkreten durch das Allgemeine und des
Allgemeinen durch das Konkrete" (Trabant, *Apeliotes*, a.a.O., S. 179).

[27] Vgl. dazu auch Borsche, *Sprachansichten*, a.a.O., S. 203.

[28] Di Cesare, D.: „Wilhelm von Humboldt: Die analogische Struktur der Sprache". In:
Scharf, *Sprachdenken*, a.a.O., S. 67-80.

[29] Di Cesare, „Die analogische Struktur ...", a.a.O., S. 68.

1.5 Das Wissenschaft-Synthese-Theorem

Das fünfte Theorem betrifft Humboldts ganzheitlich angelegtes Wissenschaftsverständnis, weshalb es als *Wissenschaft-Synthese-Theorem* bezeichnet und in wiederum fünf Aspekten differenziert werden soll. Der erste Aspekt des Theorems betrifft Humboldts Wissenschaftsbegriff direkt: Humboldt konzentriert – holzschnittartig formuliert – das anthropologische Projekt im Durchgang durch verschiedenste Wissenschaften hindurch auf die Sprache.[30] Es ist für Humboldts Denken bezeichnend, daß er die Sprachtheorie nur zum Teil aus dieser selbst und ihrem Gegenstand, der Sprache, kondensiert, vielmehr eine Beschäftigung mit vielen anderen Wissenschaften seinem Vergleichenden Sprachstudium vorausgeht.[31] Borsche hat gezeigt, daß Humboldts Erkenntnisinteresse die The-

---

[30] Zum *Wissenschaft-Synthese-Theorem* vgl. T. Borsche: „Die Frage nach dem Menschen mündet notwendig in die Frage nach der Sprache" (Borsche, *Sprachansichten*, a.a.O., S. 147). – Zum ‚Konzentrationsprojekt‘ siehe auch Trabant, „Nachwort", a.a.O., S. 211. – Trabant weist an anderer Stelle darauf hin, daß Humboldts *Plan einer vergleichenden Anthropologie*, also der Ausgangspunkt seiner weiteren auf Synthese zielenden wissenschaftlichen Beschäftigung, bereits selbst synthetisch angelegt ist: „Die Synthese des Empirischen und Spekulativen, des Historischen und des Philosophischen, des Wirklichen und des Möglichen (die Synthese von Herder und Kant) liegt daher dem *Plan einer vergleichenden Anthropologie* zugrunde" (Trabant, *Traditionen*, a.a.O., S. 52). – Zum Projekt der vergleichenden Anthropologie siehe auch Borsche, *Humboldt*, a.a.O., S. 119-121. – Zur thematischen Breite des Humboldtschen ‚Wissenschaft‘-Begriffes zwischen Bildungstheorie, Literatur, Kunst, Staatstheorie, Geschichts- und Sprachtheorie siehe auch die Beiträge in Schlerath, B. (Hrsg.): *Wilhelm von Humboldt. Vortragszyklus zum 150. Todestag*. Berlin 1986. – Zu Humboldts Vorstellung einer ‚Einheit‘ der Wissenschaft vgl. Riedel, M.: „Wilhelm von Humboldts ursprünglicher Begriff der Wissenschaft". In: *Universitas*, 32. Jg. (1977), S. 841-847, hier: S. 843. – Trabant kennzeichnet Humboldts Syntheseprojekt auch mit der Fragestellung „Verzehren oder Vermählen" (Trabant, „Nachwort", a.a.O., S. 214. – J. V. Rozdestvenskij weist darauf hin, daß Humboldt „in seiner Sprachkonzeption Voraussetzungen und Ergebnisse des gesamten Ensembles (auch, U.W.) der philologischen Wissenschaften" vereint (Rozdestvenskij, J. V.: „Wilhelm von Humboldt in der russischen philologischen Literatur des 19. Jahrhunderts". In: Welke, *Sprache – Bewußtsein – Tätigkeit*, a.a.O., S. 178-197, hier: S. 189. – Zum Zusammenhang von Sprache und Kunst vgl. Wohlfart, G.: „Überlegungen zum Verhältnis von Sprache und Kunst im Anschluß an W. v. Humboldt". In: Scheer/ders.: *Dimensionen der Sprache*, a.a.O., S. 40-66 bzw. Wohlfart, *Denken der Sprache*, a.a.O., S. 167-207 (‚Humboldt – Die innere Form der Sprache‘). Siehe dort auch die Bemerkungen zur Beziehung Kant – Humboldt. – Zum Zusammenhang von Sprache und Kunst auch Liebrucks, *Sprache und Bewußtsein (2)*, a.a.O., S. 407-515. – Bucher, S.: „Naturphilosophie, Teleologie und Sprachtheorie bei Wilhelm von Humboldt." In: Schmitter, *Multum – non multa?* a.a.O., S. 29-42, und der einleitende Beitrag von Schmitter, P.: „Einheit und Differenz im Werk Wilhelm von Humboldts. Eine Vorbemerkung". S. 7-28.

[31] Vgl. Borsche, *Humboldt*, a.a.O., S. 137. – Eine Begrenzung von W. v. Humboldts *universalistischem Erkenntnisinteresse* wird eigentümlicherweise vor allem dann sichtbar, wenn

menfelder bzw. Wissenschaftsbereiche Geschichte, Natur, Kunst und
Sprache nicht nur erreicht, sondern auch aktiv bearbeitet, wobei die Un-

---

man es mit dem seines Bruders Alexander, dem schon in seiner Zeit berühmten Naturforscher und Geographen, kontrastiert: Erst die Summe dieser beiden Werke repräsentiert das
Wissenschaftsbild der ersten Hälfte des 19. Jahrhunderts nahezu vollständig. Man wird also in diesem Sinne behaupten können (H.-W. Scharf sei für diese Formulierung gedankt),
daß die Brüder Humboldt die Welt, als Gegenstand wissenschaftlicher Beschäftigung verstanden, in kooperativer Sicht quasi ‚unter sich aufgeteilt haben‘. H. Hartmann hat dies auf
die sinnfällige Formel gebracht, daß „Wilhelm von Humboldt (...) uns die *Natur der Sprache* erforschen gelehrt" habe, währenddessen „Alexander (...) uns die *Sprache der Natur*
verstehen" lasse (Hartmann, H.: „Wilhelm und Alexander von Humboldt. Natur- und
Geisteswissenschaft heute". In: Kessler, H. und Thoms, W. [Hrsg.]: *Die Brüder Humboldt
heute.* Mannheim 1968, S. 11). Zu A. v. Humboldts Bedeutung in der Naturforschung und
Geographie sei vor allem auf A. Meyer-Abichs grundlegende Biographie hingewiesen, in
der A. v. Humboldts wissenschaftsgeschichtliche Leistung hervorgehoben wird (vgl. Meyer-
Abich, A.: *Alexander von Humboldt.* Reinbek bei Hamburg 1967). So stellt Meyer-Abich
nach der Verortung von A. v. Humboldts Rolle in der Entwicklung der amerikanischen
Naturforschung fest, daß „auch die Geographie (...) erst von Humboldt zur Wissenschaft
erhoben worden" (Meyer-Abich, *A. v. Humboldt,* a.a.O., S. 9) sei. Die Werke A. v. Humboldts reichen von Schriften zur Geographie der Pflanzen und zur physikalischen Geographie, über Reisebeschreibungen (von Humboldts berühmter Amerikareise), über lan-
deskundliche Untersuchungen z.B. zu Mexiko und Cuba bis hin zu seinem Hauptwerk
Kosmos, in dem Humboldt den *Entwurf einer physischen Weltbeschreibung* unternimmt.
Schnell bekannt wurden vor allem die sehr anschaulich geschriebenen *Ansichten der Natur*
(vgl. Humboldt, A. v.: *Studienausgabe.* Hrsg. von H. Beck. 7 Bde. Darmstadt 1987-97).
Sein Bruder Wilhelm, der statt der Geographie die Sprachforschung zur Wissenschaft
machte, urteilt in einem Brief vom 18. März 1793 an K. G. Brinckmann über Alexander
mit einer Reihe von Attributionen, die er ohne Ausnahme auch für sich selbst hätte geltend machen können: „Ueber meinen Bruder bin ich neugierig Sie zu hören. Ich halte ihn
unbedingt und ohne alle Ausnahme für den größten Kopf, der mir je aufgestoßen ist. Er
ist gemacht Ideen zu verbinden, Ketten von Dingen zu erblikken, die Menschenalter hindurch, ohne ihn, unentdeckt geblieben wären. Ungeheure Tiefe des Denkens, unerreichba-
rer Scharfblick, und die seltenste Schnelligkeit der Kombination, welches alles sich in ihm
mit eisernem Fleiß, ausgebreiteter Gelehrsamkeit, und unbegränztem Forschungsgeist verbindet, müssen Dinge hervorbringen, die jeder andre Sterbliche sonst unversucht lassen
müßte. In dem, was er bis jezt geleistet hat, weiß ich nichts anzuführen, was s o v i e l be-
wiese, als ich hier avancire, aber (...) ich bin fest überzeugt, daß die Nachwelt (denn sein
Name geht gewiß auf eine sehr späte über) mein jeziges Urtheil buchstäblich wiederholen
wird" (*Wilhelm von Humboldts Briefe an Karl Gustav von Brinckmann.* Hg. und erläutert
von A. Leitzmann. Leipzig 1939, S. 60).
Auch in seiner letzten Vermutung behielt W. v. Humboldt zunächst recht: Alexander wurde, obwohl beide „wie ihr Lebenswerk beweist, einander geistig ebenbürtig sind" (Meyer-
Abich, *A. v. Humboldt,* a.a.O., S. 18), von den Brüdern der weitaus bekanntere. Meyer-
Abich weist das universalistische Prädikat auch Alexander (wohl mit allzu hehren Worten)
zu, was – bis auf die erste Feststellung – die Nähe des Wissenschaftsbildes der beiden Brüder unterstreicht: „Wenn (Alexander von, U.W.) Humboldt also kein politischer Mensch
war, so war er doch wesentlich mehr als ein solcher, nämlich ein universaler Mensch! Wie

tersuchungen zur Sprache biographisch und systematisch das organische Ziel, also das griechische τέλος, des Humboldtschen Werkes darstellen. Die Sprachtheorie löst daher nicht nur die Beschäftigungen mit den anderen Wissenschaften und damit deren Systematik ab, sondern hebt sie im Hegelschen Sinne auf. Jede sprachtheoretische Formulierung enthält das Wissen und den Horizont der anderen Bereiche als archäologischen Hintergrund. Humboldts Theorie ist daher nicht nur *Konsequenz* seines Denkens, sondern auch Konsequenz seines *Denkens*. Diese Tatsache ist für den Kommentar der Texte von direkter Bedeutung, denn wenn „unter allen Aeusserungen, an welchen Geist und Charakter erkennbar sind, (...) die Sprache auch die allein geeignete (ist, U.W.), beide bis in ihre geheimsten Gänge und Falten darzulegen" (VII 43), so ist sie eben doch nicht die einzige.

Ein zweiter Aspekt des *Wissenschaft-Synthese-Theorems* Humboldts ist, daß dieser trotz der multiplen Argumentationsstruktur und der bereits aufgewiesenen Unvoreingenommenheit in der Bewertung von Individuen, Sprachen und Nationen durchaus zur differenzierenden Beurteilung wichtiger und unwichtiger Aspekte in der Lage ist. Das Vorbild für diese ‚Urteilskraft' bieten die Sprachen selbst:

> „Um daher verschiedne Sprachen in Bezug auf ihren charakteristischen Bau fruchtbar mit einander zu vergleichen, muss man der Form einer jeden derselben sorgfältig nachforschen und sich auf diese Weise vergewissern, auf welche Art jede die hauptsächlichen Fragen löst, welche aller Spracherzeugung als Aufgaben vorliegen" (VII 45).

---

all sein Forschen von philosophischem Geist durchdrungen war, so waren auch in seiner eigenen Persönlichkeit alle seine Interessen aufeinander abgestimmt, um im Mit- und Gegeneinander der Motive eine der großartigsten Symphonien zu erzeugen, die in einer einzelnen menschlichen Persönlichkeit synchronisiert wurden" (Meyer-Abich, *A. v. Humboldt*, a.a.O., S. 137).

Das Wirken beider Brüder Humboldt hat in seiner prinzipiell unterschiedenen Gesamtheit wesentlich zu dem ausdifferenzierten wissenschaftstheoretischen Gefüge der Neuzeit beigetragen. Zum Universalismus-Begriff und den Themengebieten der Brüder Humboldt vgl. auch die Beiträge in Hammacher, K. (Hrsg.): *Universalismus und Wissenschaft im Werk und Wirken der Brüder Humboldt*. Frankfurt am Main 1976. Damit ist weder das Potential, das Wilhelm von Humboldts Denken für einen (naturphilosophischen) Brückenschlag zwischen Natur- und Geisteswissenschaft bietet, bestritten, noch soll und darf einem reduzierten geisteswissenschaftlichen Humboldt-Bild das Wort geredet werden, das auf die Sanktionierung heutiger Wissenschaftsseparation hinausliefe. Allein in einer wissenschaftshistorischen Perspektive, die die Rezeptionsgeschichte beider Humboldts ernstnimmt, ergibt sich, daß – die Formel der Einleitung sei hier noch einmal aufgegriffen – die *Königsbrüder* Alexander und Wilhelm sich systematisch wesentlich entfernter waren, als Aristoteles und Humboldt es jemals sein konnten.

Humboldt weiß also sehr wohl, was hauptsächliche Fragen sind und was nicht, er ist lediglich nicht bereit, ungeprüft Dinge aus der Analyse auszuschließen, weil die Gefahr einer Material- und Argumentationsreduktion auch die einer Gegenstandsreduktion im Hinblick auf das Sprachverständnis beinhaltet.

Dies hat für ein Wissenschaftsverständnis, das statt nach festen Größen und Haltepunkten zu suchen, Wahrheit gerade in einer Hermeneutik der Unsicherheit und Vorläufigkeit zu entdecken sucht, erhebliche Konsequenzen. Für Humboldt gibt es keine abgeschlossene Wissenschaft, weil die Gegenstände selbst aufgrund ihrer sprachlichen Verfaßtheit ständig der Entwicklung unterliegen. Humboldt weiß, daß der radikale Entwicklungsgedanke von Wissenschaft an keinem anderen Gegenstand so evident werden kann wie an der Sprache. Hier liegt das eigentliche wissenschaftstheoretische Fundament der Sprachtheorie, eben in der Beobachtung, daß die Sprache (wie auch die wissenschaftliche Beschäftigung mit ihr) „etwas beständig und in jedem Augenblicke Vorübergehendes" (VII 45) ist. Dieser Entwicklungsgedanke, der ebenfalls wesentlich aristotelischen Ursprungs ist und den dritten Aspekt des *Wissenschaft-Synthese-Theorems* bildet, unterscheidet Humboldt von der Mitte des 19. Jahrhunderts einsetzenden historisch-vergleichenden Sprachwissenschaft so grundsätzlich, daß sein „unzeitgemäßes Projekt"[32] einer auf die Gesamtheit des Sprachbegriffs zielenden Synthese nicht nur in seiner Zeit schnell von anderen in die Vergessenheit hineinorganisiert wurde, sondern wissenschaftstheoretisch bis in die zweite Hälfte des 20. Jahrhunderts weitgehend verschollen, höchstens „unterirdische Gegenströmung"[33] blieb.[34]

Der vierte Aspekt dieses Theorems zielt schließlich auf die sachadäquate Urteilsangemessenheit durch eine problemorientierte Verortung der jeweiligen Argumente, eine Strategie Humboldts, die dem heutigen Leser – neben der „Bruchstückhaftigkeit, die sein Leben und seine mannigfaltige Tätigkeit kennzeichnet"[35] und die „noch stärker in seinen Schriften hervortritt"[36] – die meisten Schwierigkeiten bereitet. Ein Beispiel:

> „Obgleich der Erkenntnissgrund der Wahrheit, des unbedingt Festen, für den Menschen nur in seinem Inneren liegen kann, so ist das Anringen seines geistigen Strebens an sie immer von Gefahren der Täuschung umgeben. Klar

---

[32] Di Cesare, „Einleitung", a.a.O., S. 11.
[33] Di Cesare, „Einleitung", a.a.O., S. 14.
[34] Zum Verlust der Sprache im *philosophischen* Diskurs nach Humboldt vgl. auch Keller, *Sprachphilosophie*, a.a.O., S. 30. – Vgl. Scharf, *Verfahren*, a.a.O., S. 26-28.
[35] Di Cesare, „Einleitung", a.a.O., S. 27.
[36] Ebd.

und unmittelbar nur seine veränderliche Beschränktheit fühlend, muss er sie sogar als etwas ausser ihm Liegendes ansehn; ..." (VII 56).

Diese Passage wird im weiteren Fortgang noch eingehender interpretiert werden müssen. Für die Beweisführung an dieser Stelle reicht die Feststellung, daß Humboldt hier eine für ihn typische Argumentationsfigur vorstellt, nämlich die, auf den ersten Blick Problematisches oder gar ,Falsches' durch Kontextuierung ,richtig' zu machen. Die Aussage, die Wahrheit liege außerhalb des Menschen, würden wir ohne den zusätzlich hier dargebotenen Kontext auf dem Hintergrund des *Sprache-Erkenntnis-Theorems* als unrichtig oder doch zumindest äußerst problematisch qualifizieren. Eingebunden in die obige Argumentation Humboldts halten wir es aber nicht nur für evident, sondern können aus dem vermeintlich zunächst Unrichtigen sogar – im Sinne Humboldts – ,richtigen' Erkenntnisgewinn ziehen. An diesem Satzbeispiel wird besonders deutlich, wie feinmaschig vernetzt die Humboldtsche Argumentation ist und wie gefährlich es ist, ungeprüft und unausgewiesen Einzelargumente aus ihrem Zusammenhang herauszunehmen und in einen theoretisch nicht abgesicherten Kontext zu stellen. Geschieht die Neukontextuierung jedoch kontrolliert und zielgerichtet, kann man damit Humboldts Netzwerk sich stützender Argumente durchaus näherkommen, weil er eben auch selbst diese Verfahrensweise des öfteren verwendet.

Auf den fünften Aspekt des *Wissenschaft-Synthese-Theorems* hat J. Trabant hingewiesen: „Humboldt verlangt von der Philosophie, sie solle nicht nur Licht, sondern auch Wärme verbreiten"[37]. Trabants sinnenfreudige Erklärung dieses Humboldts Texte durchziehenden Motivs kennzeichnet Humboldts Kritik am „bloß verstandesmäßigen Vorgehen der rationalistischen Philosophie"[38] zutreffend. Humboldt will sich auch hier von einer Reduzierung des Wissenschaftsbegriffes auf reines Verstandesdenken distanzieren und strebt eine Synthese einer ganzheitlichen, weil ganzen Wissenschaft an, ohne jedoch jemals „das Gefühl über ,Vernunft und Wissenschaft' (zu, U.W.) stellen"[39]. Die Koppelung von „Aufklärung und Auf-Wärmung"[40] vollzieht also auf empirischer Ebene der Wissenschaft das, was der sprachlich begründete, apriorische Brückenschlag einer *sinnlich fundierten Transzendentalität* erkenntnistheoretisch signalisiert.

---

[37] Trabant, *Apeliotes*, a.a.O., S. 15. – Vgl. dazu auch Trabant, „Nachwort", a.a.O., S. 202-204.

[38] Trabant, *Apeliotes*, a.a.O., S. 15 (Anm.1).

[39] Trabant, *Apeliotes*, a.a.O., S. 15.

[40] Ebd.

1.6 Das Wahrheit-Verstehen-Theorem

Mit dem bereits als problematisch gekennzeichneten Wahrheitsbegriff
hängt das sechste und letzte Theorem thematisch zusammen, das ich das
Wahrheit-Verstehen-Theorem nennen möchte, und das in Humboldts
These der unterschiedlichen Weltansichten eine ebenso sinnfällige wie radikale Konsequenz gefunden hat.[41] Für Humboldt ist alles wirkliche Verstehen nicht nur individuell gegründet, sondern vor allem kommunikativ
vermittelt. E. Heintel hat diese Einsicht auf die zutreffende Formel gebracht, Humboldt habe „die Sprache im wesentlichen von der Vermittlung her verstanden"[42] und verweist auf dessen folgende Bemerkung aus
dem Jahre 1812, die nicht nur den Zusammenhang mit dem *Gegenstand-
Sprache-Theorem* und dem *Relation-Differenz-Theorem* deutlich unterstreicht, sondern auch zeigt, daß es gerade Humboldts Klammereinschü-
be sind, die die in ihrer evidenten Unausweichlichkeit höchst
unbehaglichen Wahrheiten enthalten:

> „... die Sprache ist überall Vermittlerin, erst zwischen der unendlichen und
> endlichen Natur, dann zwischen einem und dem andern Individuum; zu-
> gleich und durch denselben Act macht sie die Vereinigung möglich, und ent-
> steht aus derselben; nie liegt ihr ganzes Wesen in einem Einzelnen, sondern
> muss immer zugleich aus dem andern errathen, oder erahndet werden; sie
> lässt sich aber auch nicht aus beiden erklären, sondern ist (wie überall dasjeni-
> ge, bei dem wahre Vermittelung Statt findet) etwas Eignes, Unbegreifliches ..."
> (*Ankündigung einer Schrift über die Vaskische Sprache und Nation*, III 296).

Der Vermittlungscharakter der Sprache ist also weder allein anthropologisch gegründet oder gar Ergebnis banaler Alltagsbeobachtung, sondern
fußt im Verständnis der Sprache selbst. In diesem Kontext wird Humboldts Klammer des *Ebene-Analyse-Theorems* verständlich, die eben
nicht nur anerkennt, daß alles Verstehen sprachlich ist, sondern daß „die
Sprache (...) nothwendig zweien angehören (*muß*, U.W.) und (...) wahr-

---

[41] Zum *Wahrheit-Verstehen-Theorem* vgl. Arens, *Sprachwissenschaft*, a.a.O., S. 209-211. –
Bollnow, „Humboldts Sprachphilosophie", a.a.O., S. 107-108. – Borsche, *Humboldt*,
a.a.O., S. 156-170. – Borsche, *Sprachansichten*, a.a.O., S. 256-270, 277-290, 291-303, 313-
352. – Burkhardt, A.: „Der Dialogbegriff bei Wilhelm von Humboldt". In: Hoberg,
Sprache und Bildung, a.a.O., S. 141-173. – Di Cesare, „Einleitung", a.a.O., S. 99-104. –
Di Cesare, „Wilhelm von Humboldt", a.a.O., S. 278-279, 287-288. – Gadamer, *Wahrheit
und Methode*, a.a.O., S. 445-447. – Jäger, „Über die Individualität", a.a.O., S. 88-94. – Junker, K.: „Zur Kritik an der Humboldt-Adaption der Neuhumboldtianer". In: Welke, *Sprache – Bewußtsein – Tätigkeit*, a.a.O., S. 68-93, hier: S. 83-87. – Liebrucks, *Sprache und Bewußtsein (2)*, a.a.O., S. 366-375.
[42] Heintel, E.: *Sprachphilosophie*. Darmstadt (4. Aufl.) 1991, S. 69.

haft ein Eigenthum des ganzen Menschengeschlechts" (VII 63) ist. Zum
Charakter des Menschen gehört daher seine hermeneutische Bestimmung
des Verstehenwollens und des Verstandenwerdenkönnens. Trotzdem ist
Humboldt nicht naiv: In der Erscheinung der Sprache ist alles an ihr begrenzt, auch ihre hermeneutische Option, und daher ist immer „Alles
Verstehen (...) zugleich ein Nicht-Verstehen" (VII 64). Es würde zu kurz
greifen, diese letzte These ausschließlich wieder auf Probleme der Kommunikation zurückzuführen, vielmehr fußt auch die Begrenztheit des
Verstehens grundständig in der Individualität des Anderen – also im anthropologischen – und der Natur der Sprache – also im sprachtheoretischen – Kontext. Gerade in dem Sinne und Maße, wie der Mensch ein Individuum ist, kann er sowohl nicht verstanden werden als auch nicht
verstehen: das Nicht-Verstehen und vor allem das Nichtverstandenwer-
den ist die sprachliche Garantie seiner Freiheit, weil es ihn in seiner
Selbst-Ständigkeit kennzeichnet und hält: Das oral installierte und medial
zelebrierte ‚big brother is understanding you'[43] der Spätmoderne ist für
Humboldt sprachtheoretisch ebenso unmöglich wie skandalös und anthropologisch abzulehnen, weil in der Sprache eines jeden wie „in jeder
Sprache eine eigenthümliche Weltansicht" liegt (VII 60).

Auf die Problematik des Verstehens und der Wahrheitskonstitution
wird noch näher einzugehen sein. Hier sollen die prinzipiellen und wis-
senschaftsrelevanten Aspekte in den Vordergrund gestellt werden. Denn
so problematisch die Begrenzung des Verstehens auf den ersten Blick erscheinen mag, so sind doch die positiven Implikationen nicht nur des anthropologischen und sprachtheoretischen Kontextes, sondern auch die für
Kommunikations- und Wissenschaftstheorie unübersehbar. Humboldt
kann aufgrund seiner Absage an die reflexive Besinnungslosigkeit des
Wissenschaftspositivismus[44] offen mit Begriffen operieren – wie zum Beispiel mit dem des Charakters[45] –, die sich zwar einer vorschnellen Bestimmung versagen, dies aber ohne Gefahr zu laufen, nichts zu bedeuten:
eben in ihrer semantischen Nichteindeutigkeit und gleichzeitigen Unbe-
streitbarkeit liegt deren produktive Rezeptionsoption.[46] Allerdings macht

---

[43] Für diese Wendung sei die gleiche Begründung gegeben wie für den Anglizismus
‚Groupie'.

[44] Insofern gewinnt T. Borsches Diktum, daß „die Sprache (...) das allgemeine Medium des
Selbstbewußtseins" ist, doppelte Bedeutung (Borsche, *Sprachansichten*, a.a.O., S. 201).

[45] Zum Begriff des Charakters vergleiche auch Trabant, *Traditionen*, a.a.O., S. 52-54.

[46] Vgl dazu auch Gadamers Bemerkung, daß „dem Bedeutungsleben der Worte der gesprochenen Sprache", (...) wie „Wilhelm von Humboldt (...) gezeigt hat, (...) eine gewisse
Schwankungsbreite wesentlich ist, ...". Der klare, distinkte Terminus ist dann „ein erstarr-
tes Wort und der terminologische Gebrauch eines Wortes eine Gewalttat, die an der Spra-

dies, wie alle anderen Theoreme auch, die Lektüre für den Rezipienten schwieriger, nicht einfacher. Trotzdem zielen Humboldts Texte auf Verständnis, was immer dann besonders deutlich wird, wenn zwischen den einzelnen Argumenten und zwischen den unterschiedlichen Theoremen die Verknüpfungen sichtbar werden und Humboldts Sprachbegriff damit kenntlich wird. Nur diese dauernde Neurekonstruierung des sprachtheoretischen Gehalts macht Humboldts *dialogisch fundierte Systemindifferenz* für dementsprechend dialogbereite Lesarten fruchtbar und gewinnbringend.[47]

1.7 Überleitung

Ich kehre zum Ausgangspunkt dieser ersten Dimension der *Rekonstruktion*, zu Humboldts Netzwerk stützender Argumente zurück und fasse dies wie folgt zusammen: Humboldts Sprachdenken kreist immer wieder um zentrale Kristallisationspunkte, die den zum Teil verstreut wirkenden Argumenten die Richtung zeigen. Sie bilden ein Gewebe, das in sich kohärent ist und in dem sich die unterschiedlichen Aspekte gegenseitig explizieren. Allesamt können sie gleichsam in ein hermeneutisches Koordinatenkreuz[48] eingetragen werden, bei dem die Fülle der ‚Einzelheiten‘ und das ‚organische Ganze‘ jeweils die beiden Orientierungsgrößen bzw. Dimensionen bilden[49]. Humboldt versteht dieses Netzwerk, worauf sich die Argumente beziehen bzw. wofür sie sprechen, als lebendige Entdeckung in der Sprache und bezeichnet es daher selbst als *Organismus*,

---

che verübt wird" (Gadamer, *Wahrheit und Methode*, a.a.O., S. 419). Diese produktive ‚Schwankungsbreite‘ darf allerdings nicht als bedeutungslose Offenheit interpretiert werden, wie Gadamers hermeneutische Theorie selbst dies manchmal vermuten läßt.

[47] Vgl. dazu Di Cesares Feststellung, Humboldt sei „sowohl aus Neigung als auch aus Absicht" dialogisch gewesen (Di Cesare, „Einleitung", a.a.O., S. 27).

[48] M. Riedel weist im Kontext der modernen Konstituierung der Geistes- und Naturwissenschaften darauf hin, daß „Wilhelm von Humboldt und Droysen" zu den Vorbereitern der Differenz von Natur- und Geisteswissenschaften gehören, und weist gleichzeitig eine Konstituierung dieser Differenz, die nur auf den zu bearbeitenden Gegenständen fußt, zurück: „Die Unterscheidung zwischen Natur- und Geisteswissenschaften ist nicht primär ein Unterschied von *Gebieten*, sei es des Körpers oder der Seele, des Physischen oder des Psychischen, des Objekts oder des Subjekts usf.; sie ist *methodologisch*, nämlich in der Differenz von *Erklären* und *Verstehen* als Auffassungs- und Konstitutionsbedingungen möglicher Erfahrungswissenschaft fundiert" (Riedel, *Verstehen oder Erklären?*, a.a.O., S. 23).

[49] Vgl. dazu Di Cesare: „Einleitung", a.a.O., S. 110: „Humboldts Originalität liegt nun darin, den hermeneutischen Zirkel auf das gesamte Sprachstudium auszudehnen, …".

um der Behauptung von Kohärenz den größtmöglichen Anspruch zu verleihen: Humboldts Sprache *ist* ein Organismus. Sein organisches Wissenschaftsprojekt bedient sich zur Einlösung dieses Anspruches einer feinnervigen Wissenschaftssprache, die in gar nichts anderem münden kann als in einer umfassenden Wissenschaft *von* der Sprache.[50] In der damit verbundenen *Konzentrations- und Integrationsstrategie*, die die unterschiedlichen Theoreme zusammenbindet, und die die konzentrische Ausbreitung der unterschiedlichsten thematischen, argumentationslogischen, theoretischen, methodischen und pragmatischen Aspekte der Sprachuntersuchung ermöglicht, legte W. v. Humboldt das Fundament für eine komplexe, umwegige Rezeptionsgeschichte, die ihn heute – zweifelsohne zu Recht – als Begründer der neuzeitlichen Sprachtheorie und -forschung identifiziert hat[51] oder, pointiert markiert: Nach Humboldt beginnt die

---

[50] Auf den inneren Notwendigkeitscharakter von Humboldts wissenschaftlicher Entwicklung macht auch G. Pätsch aufmerksam, wenn sie bemerkt, es sei eben nicht „zufällig, daß es Humboldt gelingt, die bislang isolierten Aspekte zu einer harmonischen Gesamtanschauung zu vereinigen" (Pätsch, „Humboldt und die Sprachwissenschaft", a.a.O., S. 122).

[51] Zu Humboldts Stellung in der Geschichte der Sprachforschung vgl. Arens, *Sprachwissenschaft*, a.a.O., S. 170-171, 179-187, 203-206. – Christmann, H.-H. (Hrsg.): *Sprachwissenschaft des 19. Jahrhunderts*. Darmstadt 1977. S. 46-47. – Coseriu, E.: „Humboldt und die moderne Sprachwissenschaft". In: Albrecht, J. u.a. (Hrsg.): *Energeia und Ergon*, a.a.O., S. 3-11. – Di Cesare, „Wilhelm von Humboldt", a.a.O., S. 288-289. – Di Cesare: „Einleitung", a.a.O., S. 11-19, 19-27. – Gadamer, *Wahrheit und Methode*, a.a.O., S. 443. – Gipper, H.: „Wilhelm von Humboldt als Begründer moderner Sprachforschung". In: *Wirkendes Wort*, 15. Jg. (1965), S. 1-19 und ders.: „Wilhelm von Humboldts Bedeutung für die moderne Sprachwissenschaft". In: Kessel, H. und Thoms, W. (Hrsg.): *Die Brüder Humboldt heute*. Mannheim 1968. S. 11-62. Beide Aufsätze geben einen (ausgesprochen) kurzen Abriß zu zentralen Problemstellungen Humboldtschen Sprachdenkens und sind auch zu finden in Gipper, H.: *Wilhelm von Humboldts Bedeutung für Theorie und Praxis moderner Sprachforschung*. Münster 1992. Dort auch weitere Beiträge zu ‚Humboldts Sprachauffassung' und zu ‚Humboldts Sprachliche Weltansicht. Konstrukt oder nachweisbare Realität?' – Heeschen, *Die Sprachphilosophie*, a.a.O., S. 10-53. – Heintel, *Sprachphilosophie*, a.a.O., S. 82. – Keller, *Sprachphilosophie*, a.a.O., S. 20. – Mueller-Vollmer, K.: „Humboldts linguistisches Beschaffungsprogramm: Logistik und Theorie". In: Zimmermann, K., Trabant, J. und Mueller-Vollmer, K. (Hrsg.): *Wilhelm von Humboldt und die amerikanischen Sprachen: Internationales Symposium des Ibero-Amerikanischen Instituts PK, 24.-26. September 1992 in Berlin*. Paderborn 1994. S. 27-42. – Scharf, H.-W.: „Einleitung. Die Anfänge der sprachwissenschaftlichen Humboldt-Forschung". In: ders., *Sprachdenken*, a.a.O., S. 7-24. – Scharf, *Verfahren*, a.a.O., S. 13-43. – Simon, J.: „Wilhelm von Humboldts Bedeutung für die Philosophie". In: Scharf, *Sprachdenken*, a.a.O., S. 259-271. – Trabant, *Apeliotes*, a.a.O., S. 10. – Trabant, J.: „Humboldt über eine aktuelle Kontroverse um die Aufgaben der Sprachwissenschaft". In: Coseriu, E., Ezawa, K. und Kürschner, W. (Hrsg.): *Sprachwissenschaftsgeschichte und Sprachforschung. Sprachform und Sprachformen: Humboldt, Gabelentz, Sekiguchi. Ost-West-Kolloquium Berlin 1995*. Tübingen 1996. S. 71-82. – H. Steinthal formuliert in der „Allgemeinen Einleitung" seiner Humboldt-Ausgabe gar das

Sprachwissenschaft bereits trotz exponentieller Differenzierung ihrer Methoden notwendig mit der Reduktion des Verständnisses ihrer selbst, sie
wird zur Geschichte der Erosion ihres Gegenstandes[52], der bei Humboldt
noch in der größtmöglichen Ex- und Intensität inventarisiert bzw. problematisiert ist. Das phraseologische Überlesen der aufschlußreichen aristotelischen Motive in Humboldts Sprachdenken hat zu dieser Abblen-
dung bzw. Verkümmerung des Gegenstands-Verständnisses in nicht
unbedenklichem Maße beigetragen.

---

unbescheidene Prädikat: „Die Sprachphilosophie beginnt mit ihm (Humboldt, U.W.), ist
in ihm erstanden" (Humboldt, *Die sprachphilosophischen Werke*, a.a.O., S. 13).
[52] Vgl. dazu auch Jäger, L.: „,Language, what ever that may be'. Die Geschichte der Sprachwissenschaft als Erosionsgeschichte ihres Gegenstandes." In: *Zeitschrift für Sprachwissenschaft*, 12. Jg. (1993), S. 77-106.

2. Geschichten Humboldts: Rezeptionsprofile

Stand bislang die Rekonstruktion Humboldtschen Sprachdenkens im Vordergrund, wird das rekonstruktive Anliegen nun gewendet und zwar im Sinne einer meta-theoretischen Untersuchung derart, *wie* der Humboldt-Forschung eben diese Rekonstruktion bislang ge- oder auch mißlungen ist.

Zur Humboldt-*Rezeption* soll daher nun eine historische und damit auch historisierende Skizze entworfen werden, denn ohne Zweifel ist zwar auch „die Aufgabe des Geschichtschreibers (...) die Darstellung des Geschehenen" (*Ueber die Aufgabe des Geschichtschreibers*, IV 35), „mit der nackten Absonderung des wirklich Geschehenen ist aber noch kaum das Gerippe der Begebenheit gewonnen. Was man durch sie erhält, ist die nothwendige Grundlage der Geschichte, der Stoff zu derselben, aber nicht die Geschichte selbst" (IV 36). Dieser Humboldtschen Einsicht eingedenk sind innerhalb der jüngeren Humboldt-Forschung bereits mehrere Darstellungen der Rezeptionsgeschichte mit unterschiedlicher Reichweite, Zielrichtung und Legitimationsfunktion unternommen worden, die als Grundlage der folgenden Skizze dienen können.[53]

Zwei Probleme fallen bei der Sichtung des diesbezüglichen Materials allerdings ins Auge: Einerseits fehlt bislang eine ausführliche, chronologisch vollständige, allen möglichen Aspekten systematisch nachgehende und damit weitgehend umfassende Studie zur Geschichte der Humboldt-Rezeption. Andererseits greift eine reine Chronologie der (wissenschaftlichen) Ereignisse aufgrund des Gegenstandes notwendig zu kurz, denn Rezeptionsgeschichtsschreibung ist ja nicht nur immer auch Teil der Rezeption selbst, sondern gerade die Rezeption Humboldtschen Sprachden-

---

[53] Zur Geschichte der Humboldt-Forschung vgl. vor allem Borsche, *Sprachansichten*, a.a.O., S. 35-44 (1. Kapitel: ‚Einseitigkeit der Humboldt-Rezeption in der Sprachwissenschaft'). – Di Cesare, „Einleitung", a.a.O., S. 11-27 (1. ‚Scheitern als Erfolg. Über ein unzeitgemäßes Projekt', 2. ‚Humboldt als Sprachphilosoph und Sprachforscher'). – Mueller-Vollmer, K.: *Wilhelm von Humboldts Sprachwissenschaft. Ein kommentiertes Verzeichnis des sprachwissenschaftlichen Nachlasses.* Paderborn 1993. S. 1-89 (‚Einleitung: Wilhelm von Humboldts sprachwissenschaftlicher Nachlaß'). – Scharf, „Einleitung", a.a.O. und ders., *Verfahren*, a.a.O., S. 25-35, 35-43 (1.2 ‚Vermächtnis und Erbstreit: Edition und Exegese' und 1.3 ‚Reklamation und Rehabilitierung: Neue Humboldt-Studien'). – Trabant, *Traditionen*, a.a.O., S. 59-68 (3.3 ‚Humboldts Wirkung').

kens ist nur schwer oder um den Preis einer die Differenzen nivellieren-
den Oberflächlichkeit anhand von eindeutig abzugrenzenden Phasen zu
identifizieren. Vielmehr spielen die jeweiligen Perspektiven, Methoden
und Interessen, mit denen die Rezipienten Humboldts Werk analysiert,
rekonstruiert, weiterentwickelt oder auch nur lexikalisch beraubt haben,
eine so gewichtige Rolle, daß allein ein historischer Abriß und eine historisierende Einordnung nur sehr partiell für ein angemessenes Verständnis
hinreichen.

Es ist daher sowohl gegenstandsadäquat als auch forschungsprofitabel,
im folgenden anstatt von Phasen von *Rezeptionsprofilen* zu sprechen, die
in gewisser, noch näher zu bestimmender Weise über das Schema eines historischen Phasenmodells hinausgreifen und neben der forschungsgeschichtlichen auch einer perspektivischen Begründung im Hinblick auf
ihre spezifische Zugangsweise zum Humboldtschen Werk bedürfen.
Die Folie einer forschungsgeschichtlichen, an den oben genannten
Überblicksdarstellungen orientierten, Rekonstruktion der Humboldt-Rezeption kann dabei helfen, die diesbezügliche Geschichte so nachzuzeichnen, daß *erstens* ein möglichst weites historisches Panorama unter Einschluß vieler einzelner Positionen zugelassen wird, daß *zweitens* die
Perspektiven und Verfahrensweisen zunächst der Rezipienten erkennbar
werden, und daß *drittens* durch die unterschiedlichen Wertungen und Gewichtungen, die die Überblickdarstellungen enthalten, deutlich wird, wie
sehr auch diese Versionen der Rezeptionsgeschichtsschreibung vom eigenen Standpunkt bzw. der eigenen Vorstellung vom ‚authentischen Humboldt' abhängig sind. Die Darstellung der *einen Humboldtschen Rezeptionsgeschichte* erweist sich in einer solchen selbstreflexiven Perspektive
unausweichlich als Mythos ihrer selbst.

2.1 Profil 1: Produktive (Miß-)Verständnisse

Zunächst zu *der* historischen Orientierungsgröße *par excellence*: Bereits
bei Humboldts Tod 1835 unterscheidet sich dessen Wissenschaftskonzept
eines Vergleichenden Sprachstudiums von der Anfang des 19. Jahrhunderts einsetzenden historisch-vergleichenden Sprachwissenschaft
grundsätzlich. „Als die *Einleitung* veröffentlicht wird", so D. Di Cesare,
„hat die Sprachwissenschaft schon eine in vieler Hinsicht dem von Humboldt gewiesenen Weg entgegengesetzte Richtung"[54], den von „F. Schlegel

---

[54] Di Cesare, „Einleitung", a.a.O., S. 13.

(1808) angeregten und durch die Werke von Bopp (1816), A.W. Schlegel (1818) und Grimm (1819) sanktionierten Komparativismus"[55], eingeschlagen. Trotzdem bedienten sich, wie J. Trabant feststellt, die Vertreter der ersten Generation dieser sprachwissenschaftlichen Richtung gerne der Humboldtschen Texte als Zitate-Reservoir.[56] Di Cesare hat daher Humboldts Sprachforschung – die innere Dialektik dieser verqueren Rezeptionsformation im Blick – zutreffend als „unzeitgemäßes Projekt"[57] charakterisiert, das schon in der Anfangsphase bis in das 20. Jahrhundert hinein nicht mehr als allenfalls „unterirdische Gegenströmung"[58] bleiben konnte. In Opposition zu der damaligen vorherrschenden Linguistik stehend, konnte „Humboldts Projekt"[59] seine Wirkung nicht entfalten und ist in dieser Hinsicht einer zeitlich unmittelbaren Einflußnahme auf den ‚Wissenschaftsbetrieb' – trotz manch gegenteiliger, nachträglicher Einschätzung – „in Wirklichkeit gescheitert"[60]. Die Gründe dafür sieht Di Cesare vor allem „in einer Atmosphäre des aufkommenden Positivismus"[61], und sie stellt fest, daß „in dem Maß, in dem sich die Trennung zwischen Philosophie und Wissenschaft vertieft, (...) die empirische Forschung gegenüber jeder Art von ‚Spekulation' bevorzugt"[62] wird. Sie umschreibt das brisante theoretische Fundament dieser wissenschaftsgeschichtlichen Problematik äußerst vorsichtig, wenn sie feststellt, daß so „die Voraussetzungen für die günstige Aufnahme eines Sprachstudiums, das als Synthesis transzendental-philosophischer Reflexion und empirisch-linguistischer Forschung entworfen worden ist"[63], entfallen.

Di Cesare konstatiert dann in gewisser Hinsicht den ersten eines historischen Dreischritts der Humboldt-Rezeption, wenn sie zunächst Steinthal als den „größten und einzig bedeutenden Vertreter"[64] und Bewahrer Humboldtscher Sprachwissenschaft identifiziert. Trotzdem stellt sie den ‚unbestrittenen' Steinthal in eine äußerst ‚bestrittene' Linie, wenn sie konzediert:

„Noch vor Steinthal, doch nicht mit dem gleichen Sachverstand und auch nicht mit dem gleichen Erfolg, hatte Pott die *Einleitung* (1876) herausgege-

---

[55] Ebd.
[56] Vgl. Trabant, *Traditionen*, a.a.O., S. 59.
[57] Di Cesare, „Einleitung", a.a.O., S. 11.
[58] Di Cesare, „Einleitung", a.a.O., S. 14. – Zum Verlust der Sprache im *philosophischen* Diskurs nach Humboldt vgl. auch Keller, *Sprachphilosophie*, a.a.O., S. 30.
[59] Di Cesare, „Einleitung", a.a.O., S. 12.
[60] Ebd.
[61] Di Cesare, „Einleitung", a.a.O., S. 13.
[62] Ebd.
[63] Ebd.
[64] Di Cesare, „Einleitung", a.a.O., S. 14.

ben und kommentiert (...). Seinem Namen kann noch der von Georg von der Gabelentz hinzugefügt werden, um die bescheidene Liste derjenigen zu vervollständigen, die als ‚Humboldtianer' des 19. Jahrhunderts – vielleicht nicht einmal ganz zu Recht – erklärt werden können"[65].

Scharf geht auf die problematisierende Parenthese in verstärkender Form ein und stellt zu den „Anfängen der sprachwissenschaftlichen Humboldt-Forschung"[66] fest:

> Es ist daran zu erinnern, „daß und wie sehr Humboldts nachgelassenes Sprach-Werk – seiner globalen Wirkungslosigkeit im 19. und schließlich auch bis tief ins 20. Jahrhundert hinein zum Hohn – bereits an dessen Grab zum Zankapfel positivistisch zementierter (Pott) und hermeneutisch zelebrierter (Steinthal) Vereinnahmungs- und Ausgabe-Bemühungen (...) wurde"[67].

Die 1876 von A. F. Pott veröffentlichte zweibändige Ausgabe der Kawi-Einleitung[68] stellt sich für Scharf als „archaisches Monument selbstgenügsamer Gelehrsamkeit und zusammenhangloser Ausbreitungsmanie"[69] dar; „es ist dies die rücksichtslose Linearisierung eines überdimensionalen chaotischen Zettelkastens"[70]. Der einzige rote Faden der dazugehörigen Einleitung liege „in ihrer durchgehenden ‚Ungerechtigkeit' gegenüber Steinthal"[71], den Scharf – trotz der o.g. Gegenüberstellung – als positiven hermeneutischen Gegenpart zu Potts Positivismus verteidigt. In Steinthals Bemühen um die Herausgabe der Humboldtschen Werke mit der vorangehenden Auseinandersetzung mit Pott und der Entwicklung eines eigenen „Programms zu einer neuen Ausgabe"[72], das schließlich 1883-84 in dem 700 Seiten umfassenden Werk „Die sprachphilosophischen Werke Wilhelm's von Humboldt"[73] mündet, sieht Scharf die editorisch-hermeneutische Gegenanstrengung gegen den Positivismus Pottscher Prägung.

---

[65] Di Cesare, „Einleitung", a.a.O., S. 15.

[66] Scharf, „Einleitung", a.a.O., S. 7.

[67] Scharf, *Verfahren*, a.a.O., S. 15.

[68] Vgl. Humboldt, W. v.: *Ueber die Verschiedenheit des menschlichen Sprachbaues und ihren Einfluss auf die geistige Entwickelung des Menschengeschlechts, mit erläuternden Anmerkungen und Excursen, sowie als Einleitung: Wilhelm von Humboldt und die Sprachwissenschaft.* Hgg. u. erläutert von A. F. Pott. 2 Bde. Berlin (2. Aufl., 1. Aufl. 1876 [Nachdruck Hildesheim, New York 1974]) 1880.

[69] Scharf, „Einleitung", a.a.O., S. 9.

[70] Ebd.

[71] Scharf, „Einleitung", a.a.O., S. 10.

[72] Steinthal, H.: „Programm zu einer neuen Ausgabe der sprachphilosophischen Werke Wilhelms von Humboldt". In: *Zeitschrift für Völkerpsychologie und Sprachwissenschaft*, XIII. Jg. (1882), S. 201-232.

[73] Humboldt, W. v.: *Die sprachphilosophischen Werke Wilhelm's von Humboldt. Hrsg. und erklärt von Dr. H. Steinthal.* Berlin 1883-84.

Mit seinen kenntnisreichen Kommentierungen zu den einzelnen Werken und Werkteilen liegt in dieser „Steinthalschen Konkurrenzausgabe"[74], dem „Anti-Pott"[75], eine Leistung der Humboldt-*Forschung* vor, die im Humboldtschen *Sinne* ausdrücklich sanktioniert wird. Steinthal ist, wie J. Trabant es formuliert, „trotz aller notwendigen Vorbehalte, die bei einer solchen Aussage zu machen sind, sicher derjenige, der als der ‚humboldtischste' Sprachwissenschaftler im 19. Jahrhundert angesehen werden muß"[76], auch wenn er durch eine an Herbart orientierte Psychologisierung und eine an Hegel orientierte Systematisierung des humboldtschen Werkes dessen „philosophischen Ansatz (...), den er nicht verstehen kann, auf ziemlich radikale Weise"[77] verändert. Neben der Herausgabe der sprachphilosophischen Texte ist es jedoch, so gesteht Trabant zu, vor allem Steinthals Leistung, „sich im Sinne Humboldts jeder Verkürzung der Sprachwissenschaft auf das Programm der historisch-vergleichenden Sprachwissenschaft"[78] widersetzt zu haben.

Trotz der seinerzeit „begeisterten Renzensionsaufnahme"[79] der heute weitgehend unumstrittenen Werkausgabe bleiben neben diesem „ersten Schritt zu einer wissenschaftlichen Humboldt-Philologie"[80] auch Steinthals Bemühungen um eine komplettierte Sprachwissenschaft nicht nur fast vollständig ungehört, insgesamt „kommt Humboldts Programm zu spät. Als die Arbeiten Humboldts veröffentlicht werden, hat die Sprachwissenschaft bereits die Richtung der historisch vergleichenden Forschung eingeschlagen"[81]. Die von Humboldt laut Trabant geforderte „Vermählung von *Philologie* und Sprachwissenschaft, die darüber hinaus auch noch notwendigerweise auf eine *hermeneutische*, schöpferische Tätigkeit des Forschers hinausläuft"[82], findet nicht statt. Vielmehr stelle „am Anfang des neuen Jahrhunderts (...) die triumphierende historisch-vergleichende Sprachwissenschaft – zurecht – eine völlige Fremdheit zwischen dem Humboldtschen Geist und den Intentionen der damaligen Sprachwissenschaft fest"[83].

Diese erste Zeit der Humboldt-Rezeption schwankt also zwischen globaler rhetorischer Bewunderung, thematisch-sachlicher Ignoranz und

---

[74] Scharf, „Einleitung", a.a.O., S. 12.
[75] Ebd.
[76] Trabant, *Traditionen*, a.a.O., S. 60.
[77] Trabant, *Traditionen*, a.a.O., S. 60-61.
[78] Trabant, *Traditionen*, a.a.O., S. 61.
[79] Scharf, „Einleitung", a.a.O., S. 12.
[80] Trabant, *Traditionen*, a.a.O., S. 61.
[81] Trabant, *Traditionen*, a.a.O., S. 59.
[82] Ebd.
[83] Trabant, *Traditionen*, a.a.O., S. 60.

Wirkungsverhinderung durch die wissenschaftlichen Machtverhältnisse
dieser Zeit einerseits und mehr oder minder erfolgreichen Versuchen, an
Humboldts Sprachdenken anzuknüpfen andererseits. Nimmt man nur
den letzten Strang auf (der der globalen Wirkungslosigkeit begründet ein
noch näher zu bestimmendes eigenes *Profil*), so soll dieses *Rezeptionsprofil*, die eklatant negative Wertung Scharfs von der langfristigen Tragweite her relativierend, mit aller gebotenen Vorsicht als Profil der *produktiven (Miß-)Verständnisse* bezeichnet werden. Denn obwohl Scharf
die Bandbreite der möglichen Humboldt-Rezeption mit den Marksteinen hermeneutischer Zelebration und positivistischer Zementierung
nicht nur markant kennzeichnet, sondern auch zu Recht konstatiert, daß
allein schon diese Bandbreite signalisiert, daß von einer ‚authentischen‘
Humboldt-Rezeption wohl nur sehr eingeschränkt die Rede sein kann,
so können und würden beide genannten Haupt-Vertreter, Pott und
Steinthal, für sich doch in Anspruch nehmen, in Auseinandersetzung
mit Humboldts Ansatz eine direkte Linie sowohl der Textsicherung
(Charakteristikum 1) und der Gedanken- (Charakteristikum 2) und vereinzelten Themensicherung (Charakteristikum 4) als auch der produktiven Weiterentwicklung (Charakteristikum 3) auszuarbeiten. Dies gilt
eben nicht nur für „die Sprachtheorie Steinthals“[84], sondern muß, bei aller Einschränkung, die sich bei der Sichtung und Bewertung des Ergebnisses ergibt, auch für die Bemühungen F. A. Potts in Rechnung gestellt
werden: „Der Humboldtianismus von Pott, sicher weniger ausgeprägt
als derjenige Steinthals, zeigt sich weniger in der programmatischen oder
philosophischen Reflexion als vielmehr in der Ausdehnung seiner
sprachwissenschaftlichen Interessen“[85]. In beiden Fällen wird versucht –
so läßt sich festhalten –, das ‚unzeitgemäße‘ Projekt ‚zeitgemäß‘ fortzu-
führen, ein Verfahren, dem aus heutiger Sicht partiell das Prädikat der
Fehlinterpretation anhaften muß[86], das aber in der Denkweise des 19.
Jahrhunderts, also wahlweise einer Weiterführung in ideen- bzw. geistesgeschichtlicher Perspektive bzw. der Installation und Erweiterung einer neuen wissenschaftlichen Tradition, nicht nur durchaus verständlich

---

[84] Vgl. dazu vor allem Ringmacher, M.: *Organismus der Sprachidee. H. Steinthals Weg von Humboldt zu Humboldt.* Paderborn u.a. 1996. S. 99-197.

[85] Trabant, *Traditionen*, a.a.O., S. 62.

[86] Auf das wohl bekannteste Beispiel einer solchen Fehlinterpretation weist J. Trabant hin: „Es ist Pott, der 1848 die berühmte ‚Humboldtsche Klassifikation‘ der Sprachen in flektie-rende, isolierende, agglutinierende und einverleibende Sprachen in die sprachwissenschaft-liche Literatur einführt. (...) Bereits Steinthal protestiert gegen diese Interpretation (...) und stellt nachdrücklich fest, daß die Humboldtsche Theorie eine Klassifizierung der Sprachen ausdrücklich ablehne“ (Trabant, *Traditionen*, a.a.O., S. 63-64).

ist[87], sondern in Struktur, Motivik und Handlungsformen mit dem die Pole der Umstrittenheit des Verfahrens signalisierenden Prädikat „Vermächtnis und Erbstreit: Edition und Exegese"[88] treffend umschrieben ist: Vermächtnis bedeutet die in Anspruch genommene Zielvorstellung, Erbstreit den wissenschaft(spo)li(tis)chen Charakter, Edition das sichernde, Exegese schließlich das auslegende und entwickelnde Verfahren einer Humboldt produktiv verstehen wollenden Wissenschaft der Sprache.

Steinthal projiziert den Weiterentwicklungscharakter seiner Rezeptionstätigkeit selbst, wenn er Humboldts Werk als den „Boden, in welchem die Sprachwissenschaft Wurzeln zu schlagen hat, und von dem aus sie sich zu erheben hat"[89], charakterisiert. Der – das ‚Original' überschreitende – Progreß durch Steinthal ist also dessen eigenes, als authentisch verstandenes Programm. Laut Borsche setzen zwar mit Steinthal bereits die „teils-teils Rezeptionen"[90] ein, nach denen Humboldt nicht nur „auf alle Fragen der Sprachwissenschaft zwei Antworten, eine, dictirt von seiner Theorie a priori, und eine andere, gefunden in den Thatsachen"[91] habe, sondern „diese beiden (...) sich (sogar, U.W.) einander aus"[92] -schließen, dieses Splitting der ganzheitlichen Sprachauffassung Humboldts ist bei Steinthal jedoch noch insofern reflektiert, als es explizit Grundlage eigener Forschung(-sproduktivität) ist, ohne die Reibung mit dem Original zu verlieren. Borsche gesteht dann auch zu, daß dessen „Humboldt Interpretation (...) im ganzen viel gründlicher, einsichtsvoller und differenzierter (ist, U.W.), als unter dem (...) besonderen Gesichtspunkt einer Geschichte der teils-teils Rezeptionen zur Geltung kommen"[93] kann.

Es scheint daher opportun, ein solches *Rezeptionsprofil* in dem Charakter des *produktiven (Miß-)Verständnisses* zu kondensieren. Dies auch deswegen, weil diesem zur eigentlich barbarischen Form des Miß*verständnisses*, zum globalen Miß*verstehen*, die reflexive Besinnungslosigkeit

---

[87] Auch vermeintliche oder tatsächliche Fehlinterpretationen sind im übrigen traditionsbildend: „Der unzerstörbare Mythos einer Humboldtschen Typologie der Sprachen begründet ohne jeden Zweifel die bedeutendste ‚Humboldtsche' Tendenz in der Sprachwissenschaft, die an Namen wie Steinthal, Finck, Sapir und Lewy geknüpft ist" (Trabant, *Traditionen*, a.a.O., S. 64).

[88] Scharf, *Verfahren*, a.a.O., S. 25.

[89] Steinthal, H.: *Der Ursprung der Sprache, im Zusammenhange mit den letzten Fragen alles Wissens. Eine Darstellung, Kritik und Fortentwicklung der vorzüglichsten Ansichten*. Berlin (3., abermals erweiterte Aufl.) 1877. S. 3.

[90] Borsche, *Sprachansichten*, a.a.O., S. 39.

[91] Steinthal, *Der Ursprung der Sprache,* a.a.O., S. 114.

[92] Ebd.

[93] Borsche, *Sprachansichten*, a.a.O., S. 54 (Anm.3).

fehlt, wenn auch in methodischer Hinsicht oberflächlich manchmal Nähen bestehen. Steinthals Weg gelangt auch durch Kritik und Lob an Humboldt, durch aktive Auseinandersetzung, zu diesem zurück. M. Ringmacher hat diesen·Prozeß als „Steinthals Weg von Humboldt zu Humboldt"[94] beschrieben. Mißverständnisse der produktiven Art sind nach Steinthal daher weder auszuschließen, noch ungewollt, noch revidierungsunfähig. Zieht man die historische Linie des genannten *Rezeptionsprofils* weiter, so ist es gegen „Ende des Jahrhunderts (...) vor allem Georg von der Gabelentz, (...) der die Nachfolge der Humboldtschen Tradition antritt"[95], womit bereits markiert ist, wie fließend die historischen Grenzen in der Humboldt-Forschung eigentlich sind.

2.2 Profil 2: Fragmentarisierendes Mißverstehen

Vor allem den reflexiven Anspruch, den Steinthal in die Debatte hineinträgt, kann das zweite *Rezeptionsprofil* der Humboldt-Forschung nur schwerlich für sich in Anspruch nehmen. Gerade in diesem Profil, das bereits Mitte des 19. Jahrhunderts seine punktuellen Wurzeln hat und schwerpunktmäßig von dessen Ende bis in die 60er bzw. 70er Jahre dieses Jahrhunderts reicht, bestand die Meinung, „Humboldts Werk lasse sich als ein einheitsloses Sammelbecken einzelner Lehrmeinungen ansehen, aus welchen man nach Geschmack und Belieben Sträuße flechten könne, um sie alsdann der Kritik zu überantworten"[96]. Die Basis dazu legten die Vertreter der (vor-)herrschenden Sprachwissenschaft des 19. Jahrhunderts, die Quellen dieses *Rezeptionsprofils* sind also gerade in der oben beschriebenen Dauerberufung trotz Nicht-Thematisierung zu suchen. Rezeption wird hier zur Aneignung, ja zur lexikalischen Plünderung zum Zwecke eigener Theorieentwicklung und (häufiger noch) Legitimationsbzw. Begründungsstrategie. Dieses Profilmuster, das – in sorgfältiger Abgrenzung zu dem des ersten Profils – als eines des *fragmentarisierenden Mißverstehens* bezeichnet werden kann, findet mit Weisgerber und Chomsky zwar sowohl seinen Höhepunkt als auch seinen vorläufigen Abschluß, es wird sich aber bei der Chronologie des ‚Energeia-Diktums‘ zeigen, daß seine Ausläufer bis in die heutige Zeit reichen: Gerade in die-

---

[94] Ringmacher, M.: *Organismus der Sprachidee. H. Steinthals Weg von Humboldt zu Humboldt.* Paderborn u.a. 1996.

[95] Trabant, *Traditionen*, a.a.O., S. 62.

[96] Borsche, *Sprachansichten*, a.a.O., S. 54-55.

sem Profil sind die ‚Energeia'-Rezipienten zu finden. Auf die Grundstruktur dieser auf Legitimation des Eigenen drängenden Originalitäts-
klaustrophobie, die einzelne Humboldt-Paraphrasen miteinschließt, um
sich in der eigenen Theorie nicht dauerhaft alleine aufhalten zu müssen,
hat Di Cesare hingewiesen: „Man bemüht Humboldts Namen oft genug
um des bloßen Glanzes willen und manchmal sogar, um sich ganz anders-
ausgerichtete Thesen und Ziele bestätigen zu lassen"[97]. Diese klaustro-
phobische Legitimationsfigur findet sich bereits 1851 bei Jakob Grimm[98]
und soll als erstes Charakteristikum dieses Profils bezeichnet sein.

Wie subtil indes die Übergänge vom ersten zum zweiten Profil zuweilen sind, wie also der Sprung vom produktiven Mißverständnis zum *fragmentarisierenden Mißverstehen* abläuft, hat T. Borsche am Beispiel von A.
Marty vorgeführt. Die o.g. Ausführungen zur ‚teils-teils Rezeption' und
die bereits beobachtete, an Herbart orientierte, Psychologisierung Humboldtschen Sprachdenkens durch Steinthal in Rechnung stellend, weist
Borsche auf, wie Marty durch Radikalisierung eben dieser ‚teils-teils Rezeption' Steinthals „Zerlegung der Sprachbetrachtung Humboldts in zwei
Hälften"[99] nicht nur übernimmt, sondern die bei Steinthal noch konnek-
tierte Doppelperspektive innerhalb dieser Relation gegeneinander wendet.
„Was Humboldt", so Marty, „uns bietet, ist nicht Psychologie; es ist
Spekulation und Metaphysik in jenem Sinne, in dem man ein unfruchtba-
res Spiel mit Begriffen so genannt hat in Fragen, wo nur Empirie und darauf gebaute exakte Schlüsse eine Lösung bringen können"[100]. Marty, der
sich hierfür explizit auf Steinthals ‚Humboldt-Kritik': „Nicht Metaphysik
(...), sondern empirische Psychologie"[101] sei notwendig, beruft, wendet
nun – durch Radikalisierung verfremdet – die Steinthalsche ‚Humboldt-
Rezeption' gegen diesen zurück, indem er seine falsche Steinthal-Rezepti-
on dafür als Argumentationshilfe benutzt:

> „Hier hat Steinthal recht. Diese ganze, mit allen Fehlern der mystisch-spe-
> kulativen Methode behaftete Betrachtungsweise muß aufgegeben werden"[102].

---

[97] Di Cesare, „Einleitung", a.a.O., S. 12.
[98] Vgl. Trabant, *Traditionen*, a.a.O., S. 95 und ders.: „Humboldt zum Ursprung der Sprache:
   Ein Nachtrag zum Problem des Sprachursprungs in der Geschichte der Akademie". In:
   Zeitschrift für Phonetik, Sprachwissenschaft und Kommunikationsforschung, 38. Jg. (1985),
   H.5, S. 576-589, hier: S. 577 f. – Zur Beziehung Humboldt – Grimm vgl. auch Scharf, *Verfahren*, a.a.O., S. 27.
[99] Borsche, *Sprachansichten*, a.a.O., S. 38.
[100] Marty, A.: „Über Sprachreflex, Nativismus und absichtliche Sprachbildung. 10 Artikel
   1884-1892". In: ders.: *Gesammelte Schriften*. Hrsg. von J. Eisenmeier u.a. Bd. 1,2. Halle
   1916. S. 1-304. 9. Artikel S. 261-284, hier: S. 276-277.
[101] Steinthal, *Der Ursprung der Sprache*, a.a.O., S. 370.
[102] Marty, *Über Sprachreflex*, a.a.O., S. 277.

Das fragmentarisierende Mißverstehen wird dann noch durch einen erneuten Argumentationssalto komplettiert, wenn Steinthal ,kritisch gefragt' wird, wie denn „mit diesem verwerfenden Urteil die (sonstigen,
U.W.) Lobsprüche (gegenüber Humboldt, U.W.) zu vereinigen"[103] seien.
Aber schon die Argumentations*grundlage* ist so abstrus wie deren *Gang*
grotesk. Gegen Humboldt – wiederum gegen den substantiellen Gehalt
und den theoretischen Entwurf des Rezeptionsopfers – einzuwenden, was
er biete sei „nicht Psychologie"[104], kann diesen ja noch nicht einmal strei-
fen, weil im Kern dessen Sprach- und Wissenschaftsauffassung gar nicht
berührt ist, dieses vielmehr jedem positivistischen Psychologismus diametral entgegensteht.

Martys ,Kritik' kann nicht nur als ein Paradebeispiel der Fehlinterpretation Humboldtscher Sprachtheorie (erste Stufe der Humboldt-Entsagung) angesehen werden, sondern führt durch die abstruse Dreiecksargu-
mentation, die unkenntlich zwischen Humboldt, Steinthal und Marty hin
und her springt, auch plastisch vor, wie in der Rezeptionsgeschichte Fehlinterpretationsketten dadurch zustande kommen können, daß (Fehl-) Interpretationen erneut fehlinterpretiert werden (zweite Stufe der Entsa-
gung). Jede Authentizität verschwindet so irgendwann im Nebel der
Verweise und Umdeutungen. Als groteske Konsequenz solcher ,Rezepti-
on' tritt dann im Laufe der Zeit eben nicht Humboldts authentische
Theorie gegen konkurrierende Positionen an, sondern – wie zur ,Korrek-
tur des jeweils falschen Humboldts' durchaus geschehen – ,Humboldt'
gegen ,Humboldt' (dritte Entsagungsstufe). Die latente und manifeste Gefahr der Bildung von Fehlinterpretationsketten durch die drei Stufen der
Humboldt-Entsagung sollte hier als zweites Charakteristikum des *Rezeptionsprofils des fragmentarisierenden Mißverstehens* dingfest gemacht
werden. Vollkommen abwegige Conclusionen, hier einmal repräsentatio-
nistischer Provenienz, die schon vor ihrer Prüfung wie selbstverständlich
als Prämissen gehandelt werden, sind dann vorprogrammiert und begründen den endlosen Kreislauf sich selbst genügender Alltags-Postulate:

> „So ist ja die Sprache (...) nicht, wie S t e i n t h a l will, primär ein Selbstbe-
> wußtsein (...), sondern, wie T i e d e m a n n und vor ihm L o c k e und A r i s t o -
> t e l e s gelehrt haben, vor allem und in erster Linie ein Mittel zur Kundgabe
> des eigenen inneren Lebens zum Behufe der Beeinflussung des fremden und
> erst sekundär (...) auch ein Unterstützungsmittel für das einsame Denken"[105].

---

[103] Ebd.
[104] Marty, *Über Sprachreflex*, a.a.O., S. 277.
[105] Marty, *Über Sprachreflex*, a.a.O., S. 266. – Zur Bedeutung John Lockes, der zu seiner Zeit
„nicht nur als einer der wichtigsten Denker des 17. Jahrhunderts, sondern auch als deren

Die Materialsammlung und die Wertung solcher und weniger dramatischer Ereignisse der verschiedenen Stufen der Humboldt-Entsagung sind bei den Rezeptionsgeschichtsschreibern indes unterschiedlich. Während Di Cesare nach der – nicht unproblematischen (!) – Identifizierung der „drei Bereiche, in die Humboldt das Sprachstudium einteilt: *Typologie, Linguistik der Struktur* und *Linguistik des Charakters*"[106], weitgehend darauf verzichtet, die „Entwicklung dieser Richtungen nachzuzeichnen, wie sie von den vereinzelten Rinnsalen des 19. Jahrhunderts zu den zunehmend mächtigeren Strömen des 20. Jahrhunderts führt"[107] und sich damit begnügt „Umrisse anzudeuten"[108], gibt Scharf – einen ebenso ‚authentischen' wie anspruchsvollen Rezeptionsbegriff im Hintergrund – zu bedenken, daß nach Steinthal „*die große Pause* (Herv., U.W.) der sprachwissenschaftlichen Humboldt-Forschung infolge eines nicht nur *wissenschafts*geschichtlich begründeten Rezeptionsvakuums und entsprechend gravierender Traditionslücken rund ein Jahrhundert"[109] dauerte. Mit Blick auf die dem zweiten *Rezeptionsprofil* zugrunde liegende Motivik führt Scharf, die damit verbundene fatale Reduktion des Humboldtschen Sprachdenkens entlarvend, hinzu:

> „In einer ausgedehnten Grauzone semi- oder parawissenschaftlicher Humboldt-Berufungen, -Anlehnungen und -Nacherzählungen war die Alternative ‚exegetische Textanalyse versus plakative Autoritätszitation' wie auch schon *vor* Steinthals Edition meistens eindeutig zulasten des Werk-Verstehens entschieden"[110].

Auch die „spärlichen Humboldt-Assoziationen bei Croce (1902)[111] und Vossler (1904)[112] etwa"[113] wertet Scharf „kaum als notierenswerte Forschungsanstrengungen oder -leistungen"[114]. Den unterstellten thematischen Zusammenhang beider expliziert Di Cesare genauer:

---

bedeutendster Sprachphilosoph" galt, vgl. den aufschlußreichen Artikel von G. Streminger: „John Locke (1632-1704)". In: Dascal, M. u.a. (Hrsg.): *Sprachphilosophie*, a.a.O., S. 308-320, hier: S. 308.

106 Di Cesare, „Einleitung", a.a.O., S. 15.
107 Ebd.
108 Di Cesare, „Einleitung", a.a.O., S. 16.
109 Scharf, *Verfahren*, a.a.O., S. 36.
110 Ebd.
111 Scharf verweist hier auf B. Croces Schrift: *Estetica come scienza dell'espressione e linguistica generale*. Palermo 1902. S. 361-371 (dt. Tübingen 1930. S. 336-346).
112 Scharf verweist hier auf K. Vosslers Schrift: *Positivismus und Idealismus in der Sprachwissenschaft*. Heidelberg 1904. S. 88-98.
113 Scharf, *Verfahren*, a.a.O., S. 36.
114 Ebd.

„Zu Beginn des 20. Jahrhunderts beruft Vossler (...) sich gegen den Positivismus auf Humboldt; dabei verfolgt er zwar ein eigentlich Humboldtsches
Ziel, nämlich die Kreativität der Sprache in den literarischen Texten zu fassen
(...), geht jedoch von Croces (...) Gleichsetzung von Ästhetik und Linguistik
aus"[115].

Für Di Cesare kann daher in Scharfs so betitelter ‚Grauzone‘ auch nicht
„von einer tatsächlichen Rezeption, so doch von einer Auseinandersetzung mit Humboldts Werk gesprochen werden"[116], die sie z.B. in der
Fortführung zahlreicher Humboldtscher Termini in der Entwicklung einer – im 20. Jahrhundert vorherrschenden – Linguistik der Struktur plastisch repräsentiert sieht. So stellt sie zutreffend fest, daß trotz dieses lexikalischen Dauerleasings „keine Richtung der Linguistik, auch der
deutsche ‚Neuhumboldtianismus‘ (Weisgerber, Trier, Ipsen, Porzig) nicht,
der doch ausdrücklich das Erbe Humboldts in Anspruch nimmt"[117], dessen „Projekt des Sprachstudiums verwirklicht"[118] hat.

Gegen die Urteils-Radikalität, die sich mit dem Terminus ‚Grauzone‘
verbindet, also einer Zeit „der großen Pause der sprachtheoretischen
Humboldt-Forschung", in der laut Scharf „allein die spanische Publikati-
on von Valverde (1955) nennenswert"[119] ist, votiert Trabant jedoch für ei-

---

[115] Di Cesare, „Einleitung", a.a.O., S. 17. – Vgl. dazu auch Trabant, *Traditionen Humboldts,*
     a.a.O., S. 66.
[116] Di Cesare, „Einleitung", a.a.O., S. 17.
[117] Ebd. – Di Cesare verweist hier auf zentrale Publikationen des ‚Neuhumboldtianismus‘:
     Weisgerber, L.: „Das Problem der inneren Sprachform und seine Bedeutung für die deut-
     sche Sprache". In: *Germanisch-Romanische Monatsschrift.* 14. Jg. (1926). S. 241-256. –
     Ders.: „‚Neuromantik‘ in der Sprachwissenschaft". In: *Germanisch-Romanische Monats-
     schrift.* 18. Jg. (1930). S. 241-259. – Ders.: *Muttersprache und Geistesbildung.* Göttingen
     (2. Aufl.) 1939. – Ders.: „Die Sprache als wirkende Kraft". In: *Studium Generale.* 4. Jg.
     (1951). S. 127-135. – Ders.: „Zum Energeia-Begriff in Humboldts Sprachbetrachtung". In:
     Wirkendes Wort. 4. Jg. (1953-54). S. 374-377. – Ders.: „Innere Sprachform als Stil sprach-
     licher Anverwandlung der Welt". In: *Studium Generale.* 7. Jg. (1954). S. 571-579. – Ders.:
     Von den Kräften der deutschen Sprache. 4 Bde. Düsseldorf 1950-62. – Ders.: *Zur Grund-
     legung der ganzheitlichen Sprachauffassung. Aufsätze 1925-1933.* Düsseldorf 1964. – Trier,
     J.: „Das sprachliche Feld: Eine Auseinandersetzung". In: *Neue Jahrbücher für Wissen-
     schaft und Jugendbildung.* 10. Jg. (1934). S. 428-449. – Ipsen, H.: *Sprachphilosophie der
     Gegenwart. Philosophische Forschungsbewegungen.* Berlin 1930. – Ders.: „Der neue
     Sprachbegriff". In: *Zeitschrift für Deutschkunde.* 46. Jg. (1932). S. 1-18. – Porzig, W.: „Der
     Begriff der inneren Sprachform". In: *Indogermanische Forschungen,* 41. Jg. (1923), S. 150-
     169. – Ders.: „Sprachform und Bedeutung. Eine Auseinandersetzung mit A. Marty's
     Sprachphilosophie". In: *Indogermanisches Jahrbuch,* 12. Jg. (1928), S. 1-20. – Ders.: *Das
     Wunder der Sprache.* München u.a. (3. Aufl.) 1962.
[118] Di Cesare, „Einleitung", a.a.O., S. 18.
[119] Scharf, *Verfahren,* a.a.O., S. 38. – Scharf rekurriert hier auf Valverde, J. M.: *Guillermo de
     Humboldt y la filosofia del lenguaje.* Madrid 1955.

ne sanftere Interpretationsvariante, die – bei den Vertretern beginnend, die schon für das erste *Rezeptionsprofil* in Anspruch genommen wurden – auch die produktiven oppositionellen Wirkungen mit ins Bild der Humboldt-Rezeption setzt und würdigt:

> Er betont, daß gerade „weil das Humboldtsche Programm in wesentlichen Zügen der herrschenden Lehre der Sprachwissenschaft des 19. Jahrhunderts, der historisch-vergleichenden Untersuchung (der indogermanischen Sprachen), entgegensteht, (...) es ein Reservoir für alle möglichen oppositionellen Sprachwissenschaften dar (-stellt, U.W.), die oft verbunden sind mit der Erforschung nicht-indoeuropäischer Sprachen"[120].

In einer solchen Sicht der Lage ist dann auch eine Wertung möglich, die feststellt, daß es die Humboldtianer selbst sind, „die jenseits ihrer Divergenzen in der Text-Interpretation gerade Sprach-Typologie betreiben, die damit natürlich als typisch humboldtisch erscheint. Das war vielleicht eine Möglichkeit, das Werk Humboldts in positivistischen Zeiten zu ‚retten'"[121]. So finden sich „wahrhaft Humboldtsche Intentionen vor allem in den Forschungen zu nicht-indogermanischen Sprachen"[122], wofür Trabant auf Humboldts Sekretär Buschmann als Spezialist für malayo-polynesische Sprachen und auf von der Gabelentz als Sinologe hinweist.[123] In dieser Sicht ist dann die Humboldt-Berufung der synchronischen Sprachwissenschaft, z.B. die Bloomfields, gegen die historisch-vergleichende ebenso zulässig wie die großzügige Spannbreite möglich, die Hjemslev und Saussure „ohne große Schwierigkeiten in die Humboldtsche Tradition"[124] stellt. Die tatsächlich verbleibende Größe der Schwierigkeiten mißt Trabant allerdings nicht aus. Bezeichnend ist jedoch, daß mit einem Modell des oppositionellen Potentials die Grenzen zwischen dem ersten und zweiten Rezeptionsprofil durchaus fließend werden. Trabant weist noch auf die Rolle Cassirers hin, mit dem Humboldt in die philosophische Diskussion zurückkehrt, und auf die Heideggers, mit dem – wie ich gezeigt habe – das Album des (Energeia-) Mißverstehens und auch des Sprachverständnisses um ein weiteres – wohl aber sehr illustres – Bild bereichert wird, auf dem die Sprache als Sprache in absolute Autonomie gesetzt erscheint.[125]

---

[120] Trabant, *Traditionen*, a.a.O., S. 63.
[121] Trabant, *Traditionen*, a.a.O., S. 64.
[122] Ebd.
[123] Vgl. Trabant, *Traditionen*, a.a.O., S. 65.
[124] Trabant, *Traditionen*, a.a.O., S. 65.
[125] Vgl. Trabant, *Traditionen*, a.a.O., 67-68. – Trabant rekurriert hier auf Cassirer, „Die Kantischen Elemente in Wilhelm von Humboldts Sprachphilosophie", a.a.O., und Heidegger, *Unterwegs zur Sprache*, a.a.O.

Es wäre an dieser Stelle unmöglich, der disparaten Lage des zweiten Rezeptionsprofils, des *fragmentarisierenden Mißverstehens*, in allen Einzelheiten und Schattierungen nachzugehen. Kennzeichnend ist vor allem das dritte Charakteristikum: Humboldts Werk wird nicht nur einfach fragmentarisch rezipiert, die ‚Sträuße‘ nach Belieben gebunden und nach dem Kriterium der Ästhetik der eigenen Theorie immer neu zusammengestellt, solche Humboldt-Floristik wird auch zu ihrem eigenen Opfer, indem sie ihre *fragmentarisierende* Vorgehensweise aus dem Blick verliert, und sich deren Konsequenzen – durch andere oder innerhalb der eigenen Theorie – irgendwann gegen sie zurückwenden.

2.3 Profil 3: Authentische Rekonstruktion – Konstruierte Authentizität

Die historischen Grenzen zwischen den Profilen der *produktiven (Miß-) Verständnisse* und des *fragmentarisierenden Mißverstehens* sind chronologisch ineinander verschoben. Auch die systematische Demarkationslinie ist äußerst permeabel. Trotzdem ließen sich bereits am Modell beider *Rezeptionsprofile* deren unterschiedliche Perspektiven erkennen, und eben diese Perspektivensichtung macht deutlich, warum sich in diesem Jahrhundert „seit Mitte der sechziger Jahre sowohl in der Philosophie als auch in der Linguistik eine ‚Humboldt-Renaissance‘ ereignet (Umst., U.W.)"[126] hat. Diese Renaissance und das dazugehörige, dritte *Rezeptionsprofil*[127], das als eines seiner charakteristischen Attribute zweifelsohne das der *Korrektur* trägt, wurde eben durch eine Position ausgelöst, die ohne Frage den dramaturgischen Gipfel des zweiten Profils darstellt und die sich – fugenlos in die damit verbundene Anspruchshaltung eingliedernd – wiederum als originäre Humboldt-Rezeption verstand: die Cartesianische Linguistik *à la* Chomsky. Dieser war „fest überzeugt"[128], so Di Cesare, „in Humboldt einen Vorläufer der generativen Grammatik erkennen zu können"[129]. Es ist

---

[126] Di Cesare, „Einleitung", a.a.O., S. 18.

[127] Aufgrund der unterschiedlichen Bewertungen der Humboldt-Forschung wird je nach Sichtweise der Begriff der „Humboldt-Renaissance" auch von Vertretern des zweiten *Rezeptionsprofils* bzw. von ‚profilüberschneidenden‘ Positionen in Anspruch genommen. Vgl. dazu Gipper, H. und Schmitter, P.: *Sprachwissenschaft und Sprachphilosophie im Zeitalter der Romantik*. Tübingen 1979. S. 117-129.

[128] Di Cesare, „Einleitung", a.a.O., S. 19.

[129] Ebd. – Vgl. Chomsky, N.: *Cartesian linguistics: A Chapter in the History of Rationalist Thought*. New York 1966.

Ironie der Forschungsgeschichte, daß dann vor allem mit der Gegenbewegung gegen dessen rezitative Zudringlichkeit Humboldtschen Texten gegenüber ausgerechnet dieser „eine heftige Diskussion über Themen ausgelöst (hat, U.W.), die für die gegenwärtige Linguistik von großer Bedeutung sind"[130]. Chomsky hat gleichsam, die alltagssprachliche Umschreibung dieses wissenschaftshistorischen Phänomens sei hier statthaft, das Humboldtsche Rezeptionsfaß endgültig zum Überlaufen gebracht und so „den Anstoß zu einer neuen, lebendigen Diskussion des Humboldtschen Sprachdenkens"[131] gegeben. Die Erregung über Chomskys Humboldt-Okkupation war auch deswegen so groß, weil für ihn die „nomenklatorische Humboldt-Lektüre"[132] besonders charakteristisch ist. Scharf, dessen Dissertation von 1977 der gründlichen Zurückweisung der Chomskyschen Humboldt-Ansprüche gewidmet ist, stellt dazu fest: „In der Rekonstruktion (...) wird deutlich, mit welcher Oberflächlichkeit Chomsky Zitate oder Zitatfetzen aus dem Zentrum der Humboldtschen Sprachtheorie verwendet, ohne auch nur versuchsweise in diese selbst einzudringen"[133] Diese Diskussion ist inzwischen hinreichend und umfassend aufgearbeitet, vor allem durch Scharfs Verhör von 1994, innerhalb dessen Chomskys „Basisdifferenzierung zwischen Tiefen- und Oberflächenstrukturen"[134] endgültig als „moderne linguistische Transformation des Repräsentationsdenkens"[135] entlarvt wird.[136] In einem früheren Aufsatz kommt Scharf bereits zu dem ebenso eindeutigen wie vernichtenden Urteil:

> „Es ist wohl gerade die Pointe der von W. Oesterreicher (1981) gestellten Frage: ‚Wem gehört Humboldt?' 1), keine positive Antwort zuzulassen – insofern spätestens sie privatisierenden Bewerbern die Augen über ihre wortwörtliche Gemeinheit öffnet. Wenn nun aber auch in der Wissenschaft Inbesitznahme nur über konkurrierende Auseinandersetzungen möglich scheint, so ist eine negative Antwort auf die Frage, wem Humboldt gehöre, inzwischen völlig risikolos: auf keinen Fall Chomsky!"[137]

---

[130] Di Cesare, „Einleitung", a.a.O., S. 19.

[131] Trabant, *Traditionen*, a.a.O., S. 68.

[132] Scharf, *Verfahren*, a.a.O., S. 96.

[133] Ebd.

[134] Scharf, *Verfahren*, a.a.O., S. 101.

[135] Ebd.

[136] Vgl. dazu vor allem Scharfs *Verfahren*, a.a.O., S. 44-155 und die verschiedenen Vorläufer zu dieser Studie bis zur Diss. von 1977. – Vgl. auch Borsche, *Sprachansichten*, a.a.O., S. 11-34.

[137] Scharf: „Das Verfahren der Sprache. Ein Nachtrag zu Chomskys Humboldt-Reklamation". In: Eschbach, A. und Trabant, J. (Hrsg.): *History of Semiotics*. Amsterdam, Philadelphia 1983. S. 205-249, hier: S. 205. – Sanfter urteilt zunächst Borsche, der in der Weiterführung der Humboldtschen Begrifflichkeit auch das Positive erkennen will. In bezug auf

Das dritte *Rezeptionsprofil* beginnt daher mit der Erkenntnis, daß Humboldt wohl wesentlich sich selbst gehört. Neben dem genannten *Korrektur*-Charakteristikum (1) steht daher die Aufgabe einer *authentischen Rekonstruktion* des Humboldtschen Sprachdenkens im Hinblick auf dessen theoretische Substanz im Vordergrund und bildet so das zweite, das *Rekonstruktions*-Charakteristikum (2) dieses Rezeptionsprofils. Beide Charakteristika 1 und 2 haben jedoch eine Voraussetzung, die als Grundannahme den beiden anderen vorausgeht, daß nämlich Humboldts Sprachdenken überhaupt eine in sich stimmige, originäre Theorie darstellt und als solche in ihrer Authentizität aufweisbar ist. Im Sinne einer wissenschaftlichen Reflexion über dieses Problem ist dies nicht nur irgendeine, sondern *die* Entdeckung der Humboldt-Renaissance, die Borsche auch als Voraussetzung seiner *Sprachansichten* formuliert, daß es nämlich möglich und sinnvoll ist, „das Gesamtwerk Humboldts als eine innere Einheit zu betrachten"[138]. Dieses dritte, das *Einheits*-Charakteristikum[139], trägt das dritte Rezeptionsprofil und ist für die gesamte neuere Humboldt-Forschung kennzeichnend. Borsche hat dieses methodisch-notwen-

---

die hier zur Debatte stehende, sehr eigenständige begriffliche Nutzung von ‚Energeia' und ‚Ergon' durch Weisgerber und von ‚Erzeugung' und ‚todtes Erzeugtes' durch Chomsky gibt er vorläufig zu bedenken: „Es könnte also scheinen, als hätten Weisgerber und Chomsky, jeder auf seine Weise, die Forderung Humboldts erfüllt, in der Sprachwissenschaft die herrschende statische Behandlungsweise des Gegenstandes einer dynamischen unterzuordnen" (Borsche, *Sprachansichten*, a.a.O., S. 221). Dann aber macht Borsche deutlich, warum diese Interpretation eine Fehlleitung ist: „Aus der Sicht Humboldts ist in den beiden modernen Versionen dynamischer Sprachwissenschaft die ‚Vergleichung des Sprachsystems mit Natursystemen' einen entscheidenden Schritt weiter geführt, ‚als der Gegenstand es erlaubt'" (Borsche, *Sprachansichten*, a.a.O., S. 222). Weisgerbers und Chomskys Sprachwissenschaft arbeiten mit – sprachwissenschaftlich gesehen – fachfremdem Instrumentarium, wenn sie in naturwissenschaftlichem Sinne ein Schisma von Ergon und Energeia definieren. Dagegen führt Borsche die Humboldtsche Argumentation an: „Die Naturkunde hat es nie mit Geistigem und nie mit Individuellem zu thun, und eine Sprache ist eine geistige Individualität" (*Ueber die Verschiedenheiten*, VI 151). – Nun schützt die richtige Kritik an Falschem nicht vor eigenen Interpretationsfehlern. E. Coseriu führt zur Humboldt-Rezeption Chomskys aus: „Es ist bedauerlich, daß ein Sprachwissenschaftler, der zu *Humboldt* zurückzukehren meint, so verfährt, als hätten Kant und Hegel nie gelebt, und dabei die wirklichen philosophischen Zusammenhänge sowie die eigentlichen Grundlagen der Humboldtschen Sprachauffassung völlig ignoriert" (Coseriu, E.: *Sprache – Strukturen und Funktionen*. Tübingen [3., durchg. und verbess. Aufl.] 1979, S. 86, Anm. 12). Trotz dieser richtigen Feststellung ist Coserius Operationalisierung des ‚Energeia'-Begriffs und dessen Übertragung auf bzw. die Parallelisierung mit dem Saussureschen Langue-parole-Schema (vgl. S. 47) äußerst problematisch.

[138] Borsche, *Sprachansichten*, a.a.O., S. 54.

[139] Vgl. dazu auch die plausible Skizze von K. Junker: „Überlegungen zur Einheit der Konzeption im Gesamtwerk Wilhelm von Humboldts". In: *Wissenschaftliche Zeitschrift der Humboldt-Universität zu Berlin*, (Bd.) 33. Jg. (1984), S. 499-503.

dige Postulat u.a. mit einer theoretischen Option eines Denkers begründet, von dem im folgenden noch intensiv zu sprechen sein wird – M. Foucault:

> „Wenn es sinnvoll sein soll, einen Gegenstand auszulegen, dann muß man diesem, wie M. Foucault es ausdrückt, einen ‚Sinn-Kredit (crédit de cohérence)‘ einräumen.[140] Es gilt, in ihm ein ‚Einheitsprinzip (principe de cohésion)‘ zu finden, aus dem heraus sich die Fülle des einzelnen deuten läßt, um dem Reden über den Gegenstand Sinn zu geben"[141].

Wohlgemerkt ist dieser Foucault-Rekurs und das damit verbundene Postulat nicht nur auf der methodischen Ebene virulent, es begründet und kommentiert vielmehr den Einspruch, daß diese Einheit für das Humboldtsche Sprachdenken konstitutiv *ist*.

Scharf referiert die Rezeptionslage der Humboldt-Renaissance, die auf dem genannten Postulat aufbaut, in großen Zügen, wenn er zunächst diese („gleich einem neuen Meilenstein"[142]) „mit Liebrucks' monumentalem Humboldt-Werk von 1965"[143] einsetzen sieht,

> „dessen immense Komplexität paradoxerweise eine breitere Wirkung blockiert haben mag"[144], „(...) gefolgt von einigen wesentlich begrenzteren, gleichwohl intensiven und konstruktiven Beiträgen[145], bis schließlich mit der exzellenten Monographie von Borsche (1981) mit ihren luziden begriffsgeschichtlichen Analysen der philosophischen (speziell Leibniz-Kantischen) Grundlagen und systematischen Konsequenzen der Humboldtschen Sprachtheorie eine neue Basis und ein vorläufiger Höhepunkt der sprachphilosophischen Humboldt-Forschung erreicht ist"[146].

Auf der Ebene der Textsicherung hat den „Anschluß an Steinthals' Editions- und Deutungsniveau"[147] der „Abschluß der Humboldt-Edition von

---

[140] M. Foucault: *L'archéologie du savoir*. Paris 1969, S. 195 (zit.n.Borsche, S. 53 [Anm.2]).

[141] Borsche, *Sprachansichten*, a.a.O., S. 53.

[142] Scharf, „Einleitung", a.a.O., S. 15.

[143] Ebd.

[144] Ebd.

[145] Scharf weist hier auf folgende Veröffentlichungen hin: Pleines, J.: „Das Problem der Sprache bei Humboldt. Voraussetzungen und Möglichkeiten einer neuzeitlich-kritischen Sprachphilosophie". In: Gadamer, H.-G. (Hrsg.): *Das Problem der Sprache*. München 1967. S. 31-43. – Simon, J.: *Philosophie und linguistische Theorie*. Berlin u.a. 1971. S. 108-122. – Riedel, *Verstehen oder Erklären?* a.a.O., S. 134-159. – Ders.: „Sprechen und Hören. Zum dialektischen Grundverhältnis in Humboldts Sprachphilosophie". In: *Zeitschrift für philosophische Forschung*, 40. Jg. (1986). S. 337-351. – Reckermann, A.: *Sprache und Metaphysik. Zur Kritik der sprachlichen Vernunft bei Herder und Humboldt*. München 1979. S. 58-106. – Seebaß, *Das Problem von Sprache und Denken*, a.a.O., S. 48-83.

[146] Scharf, „Einleitung", a.a.O., S. 15-16.

[147] Scharf, „Einleitung", a.a.O., S. 17.

Flitner und Giel (*Werke in fünf Bänden*)"[148] wiederhergestellt.[149] 1993
weist Scharf noch auf die Sammelbände, die als „Dokumentationen der
Kongresse und Kolloquien in Ost-Berlin [(150)], Darmstadt [(151)] und Düsseldorf [(152)] sowie einer Vortragsreihe in West-Berlin [(153)]"[154] entstanden sind
und die im Kontext von „W. v. Humboldts 150. Todestag (...) die sprachtheoretische Humboldt-Forschung stimuliert und befördert und damit
das Steinthalsche Feuer neu entflammt"[155] haben.

Diese Renaissance in Rechnung stellend, können heute, wie ich dies in
Kap. 1 gezeigt habe, die zentralen Theoreme Humboldtschen Sprachdenkens weitgehend als erforscht gelten. Zusammenfassend zu erwähnen
sind hier vor allem die Arbeiten von K. Mueller-Vollmer[156], der in *Poesie
und Einbildungskraft* (1967) Humboldts „Beitrag zur Geschichte der Li-
teraturkritik und zur Theorie der Dichtkunst"[157] nachgeht, weiterhin

---

[148] Ebd.

[149] Vgl. Humboldt, W. v.: *Werke in fünf Bänden. Hrsg. von Andreas Flitner und Klaus Giel.*
       Darmstadt 1980-93.

[150] Vgl. Spreu, A. und Bondzio, W. (Hrsg.): *Humboldt-Grimm-Konferenz. Berlin, 22.-25.
       Oktober 1985.* Berlin (DDR) 1986.

[151] Vgl. Hoberg, R. (Hrsg.): *Sprache und Bildung. Beiträge zum 150. Todestag Wilhelm von
       Humboldts.* Darmstadt 1987.

[152] Scharf, *Sprachdenken*, a.a.O.

[153] Vgl. Schlerath, B. (Hrsg.): *Wilhelm von Humboldt. Vortragszyklus zum 150. Todestag.*
       Berlin 1986.

[154] Scharf, *Verfahren*, a.a.O., S. 39.

[155] Ebd. – Zur besonderen Entflammung mag auch die von H. Müller-Sievers zu Ehren des
       60. Geburtstages von K. Mueller-Vollmer unter dem Titel „Poetik-Humboldt-Hermeu-
       tik" herausgegebene Ausgabe von *Kodikas/Code. Ars Semeiotica*, 11. Jg. (1988), No.1/2,
       beigetragen haben. Einige der dort vertretenen Beiträge sind indes bereits selbst schon Er-
       gebnis der Entflammung.

[156] Vgl. auch Scharf, *Verfahren*, a.a.O., S. 35, Anm. 33 und 34.

[157] Mueller-Vollmer, K.: *Poesie und Einbildungskraft. Zur Dichtungstheorie Wilhelm von Hum-
       boldts. Mit der zweisprachigen Ausgabe eines Aufsatzes Humboldts für Frau de Stael.* Stutt-
       gart 1967. S. V. – Vgl. auch die Weiterführung der Problematik in Ders.: „Von der Poetik zur
       Linguistik", a.a.O., in der Mueller-Vollmer feststellt, daß „die Wende von der Poetik zur
       Linguistik (...) nicht eine einfache Markierung von Humboldts Entwicklung" bedeutet,
       „sondern ein Ausmessen des Feldes des romantischen Sprachbegriffs" (S. 240). – Humboldts
       Bedeutung innerhalb eines romantischen Sprachbegriffs hat auch H. Gipper herausgestellt.
       Vgl. dazu auch seine Besprechung des Ansatzes Mueller-Vollmers, der „in seiner Darstellung
       fünf konstitutive Phasen" unterscheidet, „wobei Humboldt als der eigentliche Schöpfer der
       Synthese" der aufgeführten Einzelpositionen und damit des so „entstandenen ‚romantischen'
       Sprachbegriffs'" gilt (Gipper, H.: *Sprachphilosophie in der Romantik.* In: Dascal, M. u.a.
       [Hrsg.]: *Sprachphilosophie*, a.a.O., S. 197-233, hier: 225). Gipper konzediert daher Humboldt
       auch eine wahrhaft ‚romantische' Fähigkeit, wenn er feststellt, daß sich beim „Aufweis von
       Vorbildern und Parallelen" dessen „unvergleichliche Begabung" zeige, „selbst alte Probleme
       neu zu sehen und in seine eigene Sprachphilosophie" zu integrieren (S. 213).

T. Borsches bereits erwähnte *Sprachansichten* (1981)[158], die sicher die bis
heute umfangreichste und grundlegendste Studie über Humboldts
Sprachdenken darstellt und in der Borsche anhand des für Humboldt
zentralen Begriffs der menschlichen Rede dessen gesamtes sprachphilosophisches Panorama entfaltet, über J. Trabants[159] *Apeliotes oder Der
Sinn der Sprache*, in dem nicht nur eine fundierte zeichentheoretische
Klärung zu finden ist, sondern in dem Trabant Humboldt in die (sprach-)
wissenschaftliche Tradition zu stellen vermag (ein Ansatz, der später in
Traditionen Humboldts erneut bzw. im Rekurs auf bereits bestehende
Arbeiten wieder aufgegriffen wird), bis hin zu H.-W. Scharfs *Verfahren
der Sprache*[160] von 1994, zwei Monographien in einer, in der nicht nur
Chomskys Humboldt-Reklamation restlos dekonstruiert wird, sondern
in der die vielleicht konzentrierteste und kondensierteste Darstellung
Humboldtschen Sprachdenkens überhaupt geleistet wird. 1990 hat
T. Borsche in *Wilhelm von Humboldt*[161] dessen Sprachtheorie in die Gesamtheit von Humboldts Werk eingeordnet. Die jüngste Gesamtdarstellung der Humboldtschen Sprachtheorie bietet D. Di Cesare 1998 in ihrer „Einleitung" – durchaus monographischen Charakters – zur
‚Einleitung' Humboldts *Über die Verschiedenheit des menschlichen
Sprachbaues und ihren Einfluß auf die geistige Entwicklung des Menschengeschlechtes*, die hier seit langer Zeit erstmals nicht in der Textvari-
ante der Akademie-Ausgabe (Ausgabe D) erscheint, sondern in der 1836
zuerst von Alexander von Humboldt eingeleiteten und von E. Buschmann herausgegebenen Ausgabe (C) dokumentiert wird.[162] Ähnliche Er-
schließungs- bzw. Kommentierungsarbeit hat J. Trabant 1994 mit seiner
Herausgabe der Akademiereden Humboldts *Über die Sprache*[163] geleistet. Das engere Anliegen der authentischen Rekonstruktion bereits ver-
lassend haben H. Müller-Sievers mit *Epigenesis*[164] (1993) und M. Ring-

---

[158] Vgl. Borsche, *Sprachansichten*, a.a.O.

[159] Vgl. Trabant, *Apeliotes*, a.a.O., und ders., *Traditionen*, a.a.O.

[160] Vgl. Scharf, *Das Verfahren der Sprache*, a.a.O.

[161] Borsche, *Wilhelm von Humboldt*, a.a.O.

[162] Zum editorischen Zusammenhang sei hier auf die genannte Ausgabe hingewiesen: Humboldt, W. v.: *Über die Verschiedenheit des menschlichen Sprachbaues und ihren Einfluß
auf die geistige Entwicklung des Menschengeschlechts*. Hrsg. von D. Di Cesare. Paderborn
u.a. 1998. S. 129-131. Vgl. vor allem Mueller-Vollmer, *Humboldts Sprachwissenschaft*,
a.a.O., wo die diffizile Ausgabenproblematik erschöpfend dargestellt und aufgeklärt wird.
– Als möglichen Einwand gegen den, der 1998er Ausgabe vorangestellten, Einleitungstext
mag man vielleicht formulieren, daß die Vorliebe Di Cesares für eine – Coseriu erahnen-
de – Linguistik der Struktur allzu deutlich aus dem Text hervorschweigt.

[163] Wilhelm von Humboldt, *Über die Sprache*, a.a.O.

[164] Müller-Sievers, *Epigenesis*, a.a.O.

macher mit *Organismus der Sprachidee*[165] (1996) ideengeschichtlich er-
schließende, die Theorie Humboldts kontextuierende und kontrastiv
kommentierende Studien vorgelegt.

Trotz oder gerade wegen dieser beeindruckenden Reklamations- und
Rehabilitierungsarbeit[166] zeigen sich allerdings Probleme, die durchaus
den organischen Charakter wissenschaftlicher Prozesse illustrieren. Bezeichnend ist heute die zunehmende Entwicklung der aktuelleren Humboldt-Forschung zur Wiederholung des substantiell Erreichten, zur
Kryptorisierung und Chiffrierung des systematisch Fixierten und zeit-
weise gar zur erneuten Infragestellung von bereits als sicher Gewonne-
nem[167]: der Sprung, bei dem aus authentischer Rekonstruktion konstruierte Authentizität werden muß, um weiterführende Theorieentwicklung
‚im Anschluß an Wilhelm von Humboldt‘ zu betreiben, ist nahe bzw. in

---

[165] Ringmacher, *Organismus*, a.a.O.

[166] Mit dieser Begrifflichkeit kennzeichnet Scharf das zur Debatte stehende, dritte Rezeptionsprofil (vgl. Scharf, *Verfahren*, a.a.O., S. 35).

[167] So nimmt J. Trabant „die zwischen Ludwig Jäger einerseits und Günther Grewendorf
und Manfred Bierwisch andererseits in der *Zeitschrift für Sprachwissenschaft* 1993 ausge-
tragene Kontroverse um die Frage, was eigentlich Sprachwissenschaft ist, was ihr Gegenstand ist, welcher Typ von Wissenschaft Sprachwissenschaft ist, welche Aufgabe sie hat"
(Trabant, „Humboldt über eine aktuelle Kontroverse", a.a.O., S. 71), zum Anlaß zu prüfen, für welche(s) Design(s) von Sprachwissenschaft Humboldt nun in Dienst genommen
werden kann. Zunächst beteuert er: „Es war nicht meine Idee, Humboldt heranzuziehen,
sondern das war die Idee der Kontrahenten selbst: Beide Parteien berufen sich auf Humboldt, der beide Unternehmen zu legalisieren scheint. Es ist ein echter Kirchenstreit, bei
dem beide sich auf dieselben Heiligen Schriften beziehen, um sich dann besser die Köpfe
im Namen von Sankt Humboldt einschlagen zu können" (S. 71-72). Trabant geht nun
daran, anhand der „Heiligen Schriften" (S. 72) Humboldts und der immerhin seligen der
Kontrahenten „die Vermittlung zu denken" (ebd.), ein lesenswertes Unterfangen, dessen
Verfahren im Hinblick auf die Humboldt-Exegese jedoch insofern problematisch bleibt,
als die durchaus vorhandenen Hinweise dafür, daß „man doch von Humboldt aus eine
Chomskysche Sprachwissenschaft nicht zurückweisen" kann, arg strapaziert erscheinen.
Trabant räumt demnach ein – obwohl seine „wissenschaftlichen Sympathien und Interessen eindeutig auf der ‚Meadschen‘ Seite stehen" (S. 81) –, daß die Chomskysche
Sprachwissenschaft eben auch „ihre innere Berechtigung genau wie die historisch-empi-
rische Sprachwissenschaft, die natürlich in Humboldts Programm im Vordergrund steht"
(ebd.), habe. Hier bleiben trotz der von Trabant vor allem am Schluß bemühten multiplen wissenschaftstheoretischen und wissenschaftspragmatischen Zugänglichkeit Humboldts und der Bereitschaft des Vermittlers, dessen Werk für verschiedenste Zugänge of-
fenzuhalten, letztlich Zweifel, die auch darauf beruhen, daß zu viele konstatierte und
selbst gefundene „Zweideutigkeiten" (S. 80) die Argumentation stützen sollen. Auch sind
gegen Chomskys Programm mehr Einwände als die aufgezählten möglich (vgl. S. 75). Eine Erweiterung der Humboldt-Perspektive bietet Trabant aber allemal, die zudem sowohl die wesentlichen Unterschiede der konträren Positionen als auch „Humboldts Forschungsprogramm" (S. 76) deutlich herausstellt.

einigen Fällen bereits vollzogen.[168] Organische und im Wissenschaftsbetrieb wohl auch unvermeidbare Zeichen dafür, daß das Wesentliche gesagt ist.

Typisch für solche Anschlußarbeit – in ihrer möglichen Produktivität wie in ihrer unbestreitbaren Problematik – ist die Studie von C. Stetter, die dem „Verhältnis von Schrift und Sprache"[169] nachgeht. Stetter will zeigen, daß Humboldt „die Formulierung eines Bildes des ‚Sprachverfahrens'"[170] gelingt, „in dessen Zusammenhang er auch ein neues Verständnis von Grammatik entwickelt". Für die Fundierung dieses Verständnisses durch die Humboldtschen ‚Standardkategorien' spannt Stetter diese (z.B. das ‚Energeia'-Diktum[171]) allerdings auf das Saussuresche Anschlagbrett strukturalistisch-gewachsener Terminologie und dehnt damit die Grenzen der Interpretation „Grammatischer Weltansichten"[172] über deren rekonstruktiven Charakter hinaus deutlich aus. So bleibt am Ende dieser interessanten Perspektivenerweiterung „ein Desiderat: eine Integration der Schrifttheorie Humboldts, die ja bis heute nichts von ihrer Aktualität eingebüßt hat, in seine Sprachphilosophie – im Sinne jenes Rückkopplungsgedankens, den wir als ihre Grundstruktur ausgemacht hatten."[173] Dies allerdings um den Preis mancher Humboldt-Regeneration des dritten Rezeptionsprofils.

Aber auch alle Bemühungen selbst um die authentischste Rekonstruktion können nicht über die Tatsache hinwegtäuschen, daß Humboldt – und dies ist mehr als ein trivialer Allgemeinplatz, sondern Voraussetzung, um seine Aristoteles-Rezeption zu verstehen – selbst immer noch sein bester Kommentator ist, wenn er auch das Erbe hinterlassen hat, daß manche seiner Selbst(v)erklärungen ebenfalls stark der Erklärung bzw. des Kommentars bedürfen. Auf die Tatsache, daß auch heute noch gerade derjenige, der „sich (...) mit der Sprach*wissenschaft* (Herv., U.W.) Wilhelm von Humboldts auseinandersetzt, (...) sich in der Lage eines Forschungsreisenden befindet (Umst., U.W.), der über die geographischen Umrisse und einige vermessene Landstreifen hinaus einen noch weitgehend unbe-

---

168 Vgl. Wohlfart, G.: „Überlegungen zum Verhältnis von Sprache und Kunst im Anschluß an W. v. Humboldt." In: Scheer/ders.: *Dimensionen der Sprache*, a.a.O., S. 40-66. – Borsche, T.: „Tatsachen, Ideen und Kunst der Geschichtsschreibung. Sprachphilosophische Überlegungen im Anschluß an Wilhelm von Humboldt". In: *Allgemeine Zeitschrift für Philosophie*, 20. Jg. (1995), H.1, S. 19-38.

169 Vgl. Stetter, C.: *Schrift und Sprache*. 10. Kapitel: ‚Wilhelm von Humboldt: Grammatische Weltansichten'. Frankfurt am Main 1999. S. 391-514, hier: S. 391.

170 Stetter, *Schrift und Sprache*, a.a.O., S. 400.

171 Zur ‚Energeia'-Rezeption Stetters vgl. Kap. 6.

172 Stetter, *Schrift und Sprache*, a.a.O., S. 391.

173 Stetter, *Schrift und Sprache*, a.a.O., S. 514.

kannten Kontinent zu betreten hat"[174], macht K. Mueller-Vollmer mit
dem *kommentierten Verzeichnis des sprachwissenschaftlichen Nachlasses*
Humboldts aufmerksam. Für ihn ist es „evident, daß das, was als die
Sprachauffassung Humboldts gilt, nur im Zusammenhang seiner Sprachwissenschaft verständlich ist"[175]. Demgegenüber „galt den meisten Interpreten Humboldts linguistische Forschung (...) bestenfalls als ein ehren-
volles, aber im Grunde überflüssiges (...) Nebenprodukt seines
Denkens"[176]. Mueller-Vollmer hält dagegen, daß die sprachtheoretischen
und sprachphilosophischen Probleme „sich nicht unbeschadet aus dem
sprachwissenschaftlichen Kontext herauslösen lassen, dem sie ihre Entstehung verdanken"[177]. Und auf einen bereits mehrfach erwähnten Zusammenhang macht Mueller-Vollmer aus dieser spezifischen Perspektive
aufmerksam, wenn er diagnostiziert, daß die „so gut wie totale
Nichtbeachtung"[178] des Nachlasses „in engem Zusammenhang mit der
generellen Ausklammerung der sprachwissenschaftlichen Empirie Humboldts durch die offizielle Sprachwissenschaft des 19. Jahrhunderts"[179]
steht:

> „Im ganzen gesehen ist daher die Rezeption der humboldtschen Sprach*wis-
> senschaft* (Herv., U.W.), was ihren paradigmatischen Charakter und ihre em-
> pirische Spannweite angeht, nichts als die Geschichte ihrer effektiven Un-
> wirksamkeit"[180].

Für Mueller-Vollmer bringt der Nachlaß dagegen „die Beweise, wie Empirie und Theoriebildung sich in der Genese und Entfaltung der Humboldtschen Sprachwissenschaft gegenseitig bedingten"[181]. Sein kommentiertes Verzeichnis des sprachwissenschaftlichen Nachlasses und die
entsprechende Analyse von „Humboldts linguistischem Beschaffungsprogramm"[182] bietet nun ausreichend Grund, Anlaß und Material dafür, die-

---

[174] Mueller-Vollmer, *Humboldts Sprachwissenschaft*, a.a.O., S. VII.

[175] Ebd.

[176] Mueller-Vollmer, *Humboldts Sprachwissenschaft*, a.a.O., S. VIII.

[177] Mueller-Vollmer, *Humboldts Sprachwissenschaft*, a.a.O., S. IX. – Kledzik weist ebenfalls
     darauf hin, wie sehr dieser Zusammenhang Kennzeichen der Sprachstudien Humboldts
     ist (vgl. Kledzik, S. M.: „Wilhelm von Humboldt (1767-1835)", a.a.O., S. 362.

[178] Mueller-Vollmer, *Humboldts Sprachwissenschaft*, a.a.O., S. 5.

[179] Ebd.

[180] Mueller-Vollmer, *Humboldts Sprachwissenschaft*, a.a.O., S. 6. – Aus dieser zweifelsohne
     zutreffenden Perspektive sind Humboldt bereits in der frühen Rezeption des 19. Jahr-
     hunderts beide Beine, Theorie *und* Empirie, amputiert worden. So ist es folgerichtig ‚tot-
     zitiert' worden.

[181] Mueller-Vollmer, *Humboldts Sprachwissenschaft*, a.a.O., S. 12.

[182] Mueller-Vollmer, „Humboldts Beschaffungsprogramm", a.a.O., S. 27.

se These zu explizieren. Ihr Zusammenhang wird in der zukünftigen Humboldt-Forschung mit großer Wahrscheinlichkeit nicht nur eine zentrale Rolle spielen, sondern weist über das dritte *Rezeptionsprofil* bereits heute systematisch hinaus, *auch* indem es das erste der *produktiven (Miß-) Verständnisse* erneut konstruktiv erreicht.

2.4 Überleitung

Vom Grundsatz her stellt die hier vertretene Architektur einer *Kontrastiven Archäologie* in anspruchsreduzierter Weise ebenfalls einen Ausbau des bisherigen Blickfeldes dar, allerdings wiederum radikal ins (Sprach-) Theoretische gewendet, indem für die Erweiterung der rekonstruktiven Arbeit (des dritten Profils) ein Verfahren durchgeführt wird, das im – zugestandenermaßen interessegeleiteten und dadurch fragmentarischen – Durchgang durch die allemal divergierenden Positionen der Foucaultschen *Archäologie des Wissens* und des Assmannschen *Kulturellen Gedächtnisses* nach einer Orientierung sucht, die den Blick auf das Humboldtsche Sprachdenken in *theoretischer Hinsicht* intensivieren kann. Der Begriff der ‚Architektur‘ zielt dabei darauf, daß diese Erweiterung vornehmlich aufgrund einer Analyse der theoretischen Strukturen der philologischen Analyse gelingen kann, und richtet das Anliegen der *Rekonstruktion Humboldts* nun weg von einem retrospektiven Interesse hin zu einem prospektiven.[183] Es wird an die These der *Einleitung* angeknüpft, nach der Transformation und Erinnerung sich einander *bedingende* Prinzipien von Humboldts Aristoteles-Adaption sind und kontrastive Archäologie das Verfahren darstellt, das diesen Bedingungszusammenhang aufdecken kann.

Die für eine solche Klärung nutzbaren Theorie-Entwürfe werden im nun folgenden, dritten Kapitel *Humboldt-Archäologie* (nur) in den Passagen vorgestellt, die dieser Orientierung dienen. Sie sollen auch helfen, die eingangs formulierte Erschließung der Humboldt-Aristoteles-Problematik durch das ‚Energeia‘-Diktum in zunächst theoretischer Hinsicht wiederaufzunehmen. Die erste, spezifische Frage in diesem Zusammenhang lautet: Was für einen funktional-rekonstruktiven Wert kann die Recherche von Begriffen für sich überhaupt in Anspruch nehmen?

---

[183] Vgl. auch Scharfs ‚Schlußwort: Erinnern und Vergessen' in *Verfahren*, a.a.O., S. 205-224.

3. Humboldt-Archäologie: Perspektivenerweiterung

Transformation und Erinnerung sind die einander *bedingenden* Prinzipien der Aristoteles-Rezeption Humboldts. Kontrastive Archäologie stellt demgegenüber das Verfahren dar, das diesen Bedingungszusammenhang aufdecken kann. Das folgende Kapitel macht die theoretischen Entwürfe, die zur Legitimierung dieses Untersuchungsansatzes notwendig sind, transparent und entwickelt den Begriff der *Kontrastiven Archäologie* im Hinblick auf sein mögliches Erklärungspotential für eine Perspektivenerweiterung der Rekonstruktionsbemühungen zur Humboldtschen Sprachtheorie.

3.1 Systematische Wi(e)dererinnerungen: Begriffs-Archäologie

3.1.1 Darstellung

M. Foucault thematisiert zu Beginn der „Archäologie des Wissens"[184] in expliziter Anlehnung an G. Canguilhem[185] die Frage, wie die Geschichte von Begriffen überhaupt untersucht werden kann. Er schreibt,

---

[184] Foucault, M.: *Archäologie des Wissens*, Frankfurt am Main (6. Aufl.) 1994 – M. Blanchot hat darauf hingewiesen, daß *Die Archäologie des Wissens* „in sich schon ein gefährlicher Buchtitel" sei, „da er evoziert, wovon es loszukommen gilt: den Logos der Arché oder das Wort vom Ursprung" (Blanchot, M.: *Michel Foucault.* Tübingen 1987. S. 24-25). – Die Schriften, in denen Foucault auf die Sprache eingeht, sind hier zunächst ausgespart, sie bringen eigene Problemstellungen mit sich, die für die Fragestellung an dieser Stelle weniger bedeutsam sind. So beachtet das folgende Kapitel nicht immer die Differenzierung zum Beispiel von ‚Aussagen', ‚Begriffen' und ‚Sprache'. Dies hängt ebenfalls mit dem sehr offenen ‚Diskurs'-Begriff, den Foucault in der *Archäologie des Wissens* 1969 verwendet, zusammen. Zur ‚Energeia'-Interpretation Foucaults siehe Kap. 6.3.

[185] Die Berufung auf G. Canguilhem ist nur eine Stütze seiner Theorieentwicklung, die Foucault zu Beginn seiner *Archäologie des Wissens* anführt. Er „ordnet", so U. Marti, „sein Unternehmen (..) in die Bemühungen um eine neue Geschichtsschreibung (ein, U.W.), wie sie im Bereich der Sozialgeschichte von der ‚Annales-Gruppe', im Bereich der Wissenschafts- und Philosophiegeschichte von Bachelard, Canguilhem, Guéroult, Althusser und Serres vorgenommen worden sind. Diesen Ansätzen", so führt Marti weiter aus, „von de-

„... daß die Geschichte eines Begriffs nicht alles in allem die seiner fortschreitenden Verfeinerung, seiner ständig wachsenden Rationalität, seines Abstraktionsanstiegs ist, sondern die seiner verschiedenen Konstitutions- und Gültigkeitsfelder, die seiner aufeinander folgenden Gebrauchsregeln, der vielfältigen theoretischen Milieus, in denen sich seine Herausarbeitung vollzogen und vollendet hat"[186].

Mehrere Aspekte lassen Foucaults Sicht von der Geschichte der Begriffe profitabel erscheinen. Zunächst werden die Begriffe hier nicht in chronologischem Sinne durch eine äußere Zeitgeschichte verfolgt, die notwendigerweise einen – inhaltlichen – Begriff des Begriffes isolieren muß, um diesen im ständigen Rückgriff auf das vermeintliche Original mit Attributen wie ‚richtig' oder ‚falsch', ‚bereichernd' oder ‚defizitär' etikettieren zu können. Auch die unterstellte Teleologie, die Begriffe in einem Modell der Geistes- oder Ideengeschichte[187] als Geschichte der Rationalität verstanden hat, wird hier entschlossen bestritten. Nicht kommen die Begriffe an ihrem semantisch triumphalen Endpunkt an, sie gewinnen ihren Wert immer neu im Kontext ihrer jeweiligen Konstitutions- und Gültigkeitsfelder. Die scheinbare Geschichte löst sich in einzelne Geschichten auf, die jeweils von ihrem eigenen ereignishaften, begrifflichen Spektrum erschlossen werden müssen.[188] Die Suche nach dem begrifflichen Original wird durch die Analyse sich verändernder Beziehungen ersetzt:

---

nen der erste die nahezu unbeweglichen Strukturen der Geschichte, die ‚lange Dauer' thematisiert, der zweite hingegen die Diskontinuitäten und Transformationen, ist gemeinsam, daß sie das Dokument als materielle Stütze eines epochenumspannenden und kollektiven Gedächtnisses der Menschheit in Frage stellen" (Marti, U.: *Michel Foucault*, München 1988. S. 39). Hier zeigt sich bereits die systematische Opposition zu Assmanns Ansatz des *Kulturellen Gedächtnisses*.

186 Foucault, *Archäologie*, a.a.O., S. 11.

187 Vgl. dazu auch Foucault: „Genese, Kontinuität, Totalisierung: das sind die großen Themen der Ideengeschichte ..." (Foucault, *Archäologie*, a.a.O., S. 197).

188 In seinem wohl umstrittensten Buch, *Les mots et les choses* von 1966, das mit seinem deutschen Titel „Die Ordnung der Dinge" eine ebenso freie wie problematische Übersetzung gefunden hat, formuliert Foucault bereits die These, „daß die Ordnung, die das moderne Denken determiniert, von der klassischen Episteme grundverschieden" ist. Anhand einer Periodisierung des Wissens und der Wissenschaft stellt Foucault dessen Strukturen vor; so ist zum Beispiel „die Erkennbarkeit der Renaissance-Welt (...) durch das Prinzip der Ähnlichkeit garantiert", durch ein „unendlichen Netz von Nachbarschaften, Verwandtschaftsbeziehungen und Analogien" (Marti, *Foucault*, a.a.O., S. 26). Im historischen Durchgang durch das Denken der Neuzeit bringt Foucault schließlich sein ‚anthropologisches', „sein eigentliches Anliegen vor. Daß sich die klassischen Wissenschaften unter anderem auch mit dem Menschen befaßt haben, wird nicht in Abrede gestellt. Doch als ‚schwieriges Objekt und souveränes Subjekt jeder möglichen Erkenntnis' finde der Mensch in jenem Wissen keinen Platz. (...) Zu Beginn des 19. Jahrhunderts hingegen taucht (problematischerweise, U.W.) der Mensch in der Ordnung des Wissens auf und nimmt die bisher vakante Position

„Man muß den Diskurs nicht auf die ferne Präsenz des Ursprungs verweisen; man muß ihn im Mechanismus seines Drängens behandeln"[189].

Wir gewinnen so keinen isolierten Begriff, dessen unterstellter autonomer Inhaltlichkeit wir in unserem geistesgeschichtlichen Modell nachforschen, wir gewinnen durch die Einschätzung der diskursiven Formationen Begriffe von Begriffen in ihren jeweiligen Gültigkeitsfeldern. Wie bei Humboldt und Aristoteles auch finden wir bei Foucault die Betonung des Gebrauchs der Begriffe als Erschließungsraum für dessen Wirksamkeit, und so muß immer auch deren Analyse verstanden werden.[190] Die Historizität der Diskurse ist dabei prinzipiell von der Geschichtlichkeit dessen verschieden, was wir (Geistes-) Geschichte nennen.

---

des betrachteten Betrachters ein, etabliert sich als privilegiertes Objekt der Wissenschaft und als Subjekt jeder Erkenntnis" (S. 31). Trotzdem oder gerade deswegen ist das moderne Denken durch das „Versinken in einen – nicht mehr dogmatischen, sondern anthropologischen – Schlaf" (S. 33) charakterisiert: „Aus diesem Schlaf möchte Foucault das Denken wecken" (ebd.). Foucaults Projekt der Untersuchung von Begriffsrastern in *Les mots et les choses* wird plastisch greifbar, wenn sich Marti mit der Kritik an diesem Werk auseinandersetzt: „Keineswegs verkündet Foucault darin eine Abkehr von der Vernunft; was zur Debatte steht, ist ja gerade die fehlende wissenschaftliche Legitimation bestimmter Disziplinen. In einem anderen Punkt hingegen ist der Kritik zuzustimmen: Die gewaltsame Periodisierung, die Foucault vornimmt, vermag nicht zu überzeugen. In seinem Projekt überlagern sich zwei Intentionen. Einerseits will er zeigen, daß sich die Bedingungen der Möglichkeit empirischen Wissens dreimal grundlegend verändert haben – im Übergang vom 16. zum 17. Jahrhundert, im Zeitalter der Französischen Revolution sowie seit der Mitte unseres Jahrhunderts. Andererseits soll bewiesen werden, daß die sogenannten Humanwissenschaften den Anspruch auf Wissenschaftlichkeit zu Unrecht erheben" (S. 35-36). – Vgl. auch Breuer, I., Leusch, P. und Mersch, D.: *Welten im Kopf. Profile der Gegenwartsphilosophie* (Band 2: Frankreich/Italien) Darmstadt 1996. S. 116-119. – Nach Foucault ist eines indes „gewiß: der Mensch ist nicht das älteste und auch nicht das konstanteste Problem, das sich dem menschlichen Wissen gestellt hat" (Foucault, M.: *Die Ordnung der Dinge.* Frankfurt am Main [12. Aufl.] 1994. S. 462).

[189] Foucault, *Archäologie*, a.a.O., S. 39. – Zum Begriff des Diskurses in der *Archäologie des Wissens* vgl. auch Marti, *Foucault*, a.a.O., S. 42.

[190] Siehe dazu auch: „Diese Beziehungen charakterisieren nicht die Sprache, die der Diskurs benutzt, nicht die Umstände (im modellhaft theoretischen Sinne, U.W.), unter denen er sich entfaltet, sondern den Diskurs selbst als Praxis" (Foucault, *Archäologie*, a.a.O., S. 70). – Vgl. zu diesem zentralen Problem im Zusammenhang von aristotelischem, humboldtschem und foucaultschem Sprachverständnis auch C. Behlers Studie: „Humboldts ,radikale Reflexion über die Sprache' im Lichte der Foucaultschen Diskursanalyse". In: DVLG (1989). H. 63.1. S. 1-24. Behler weist hier auf die sprachtheoretische Periodisierung von *Les mots et les choses*, wenn er feststellt, daß „die Foucaultsche Studie ganz eigentlich von dem epochal-epistemischen Dreischritt: Klassik = Repräsentation; Moderne = Mensch; Postmoderne = Sprache" (S. 4) handelt. Dieser Dreischritt werde, so Behlers ebenso kühne wie im Prinzip richtige Behauptung, „von Humboldt bereits um 1800 durchlaufen" (S. 5).

Dieser Ansatz führt bei Foucault nicht zu einer synchron(istisch)en Besinnungslosigkeit gegenüber der historischen Dimension von Diskursen. Begriffe haben ihre Wirksamkeit gerade in der aktualen Ereignishaftigkeit in beziehungskonstituierenden Gültigkeitsfeldern. Diese werden dabei entscheidend geprägt durch das jeweilige theoretische Milieu. Diese Milieus beziehen sich sowohl auf das theoretische Milieu der Begriffe in ihrem systematischen Kontext *im Text* als auch übergreifend auf die diskursive Formation *über den Text hinaus*. Ja gerade in der prinzipiellen Unbegrenztheit des Textes[191] entwickelt sich und gewinnt der Begriff des theoretischen Milieus seine diskursive Qualität, weil er die Beziehungskontexte der diskursiven Formation erweitert und aufdeckt. So entsteht in der Komplexität der Struktur der Formation eine Einschätzung dessen, was die Begriffe zueinander sind, denn ein „Bündel von Beziehungen konstituiert ein System begrifflicher Formation"[192].

In dieser diskursiven Verteilung zeigt sich dann, daß die Formationsregeln die Existenzbedingungen der Diskurse sind.[193] Solche Formationssysteme, die niemals historisch angehalten, sondern immer mobil sind,[194] werden gestützt durch die Annahme des historischen Apriori:

> „Darüber hinaus entgeht dieses Apriori[(195)] nicht der Historizität: es konstituiert nicht über den Ereignissen und in einem Himmel, der unbeweglich bliebe, eine zeitlose Struktur; es definiert sich als die Gesamtheit der Regeln, die eine diskursive Praxis charakterisieren: ..."[196].

Die Gesamtheit der Regeln ist grundsätzlich unerschließbar und konstituiert die Archäologie als prinzipiell unabgeschlossenes Suchen von Diskursregeln.

Die Erkenntnisziele Foucaults stehen dabei den teleologisch-orientierten Geschichts- und Begriffskonstitutionen – wie sie in der ‚Energeia'-Tradierung des zweiten Rezeptionsprofils ihren ebenso sinnfälligen Niederschlag wie auch noch nicht einmal eine die mögliche Produktivität dieses konservativen Forschungsdesigns erreichende Qualität finden – diametral entgegen. Die Analyse der Historiker, die durch die Konstitu-

---

191 Vgl. dazu Foucault, *Archäologie*, a.a.O., S. 36.
192 Foucault, *Archäologie*, a.a.O., S. 88.
193 Vgl. Foucault, *Archäologie*, a.a.O., S. 58.
194 Vgl. Foucault, *Archäologie*, a.a.O., S. 109.
195 Siehe dazu auch Foucaults genaue Abgrenzung des historischen vom formalen Apriori (vgl. Foucault, *Archäologie*, a.a.O., S. 186). – Zum Begriff des ‚historischen Apriori' auch Marti, *Foucault*, a.a.O., S. 43: „Mit dem ungewohnten Ausdruck des ‚historischen Apriori' sind nicht zeitlose Gültigkeitsbedingungen für Urteile, sondern historische Realitätsbedingungen für Aussagen gemeint".
196 Foucault, *Archäologie*, a.a.O., S. 185.

ierung eines durch Kausalitäten organisierten homogenen Geschichtsbildes geprägt ist, hat die eigentliche Perspektive der Geschichtsschreibung in einem Kontinuitätsmodell historischer Tatsachen gesehen, die modellhaft in dem Gesamtsystem Geistesgeschichte zusammengefaßt werden. Damit ist die Vorstellung verbunden, daß dem Modell auch ‚Sein‘ entspricht. Nicht subsumierbare Ereignisse erscheinen so nur noch als Störfälle der Geschichte, die entweder in Nebenschauplätze eingebunden oder einfach vergessen werden, weil das Wanken der Statik der teleologischen Geschichtskonzeption deren Gebäude immer gleich mit dekonstruiert.

Bei Foucault nun wird die Kontinuität selbst zum Theorieproblem[197] und man würde ihm – und nachträglich auch einer *Negativen Dialektik*[198] Adornos – unrecht tun, wenn man diese fundamentale Kritik als belanglose Allusionen heute als ‚postmodern‘ ausgezeichneter Programmatik abqualifizieren würde. Kausalitäts- und auch Begriffsgeschichte ist selten so streng befolgt worden, wie sie gefordert wurde. Bereits Aristoteles ist ‚sehr produktiv‘ mit den Inhalten seiner (historischen) Vorgänger umgegangen, und auch wenn er immer zunächst die ‚Lehren der Früheren‘ wiederholte und abarbeitete, um dann seine eigenen Konzeptionen zu entwickeln, ist er in seiner ‚Diskursstrategie‘ von einer starren Kausalitätsgeschichte wesentlich weiter entfernt, als es zunächst den Anschein hat.[199] Das antike Projekt versuchte vielmehr, eine wissenschaftliche Diskursethik zu etablieren, die das bisher Gedachte in Rechnung zu stellen bereit ist. Diese Ethik gilt sicher auch für Humboldt, und dessen Mißtrauen gegen eine starr durchkonstruierte und damit ‚unorganisch‘ erstarrte geistesgeschichtliche Praxis ist offensichtlich, Foucaults Geschichtsverständnis sogar die fundamentale In-Frage-Stellung solcher Konstruktionen. Gleichsam fordernd wie prognostizierend bemerkt dieser:

> „Solchen historischen Analysen stellt sich künftig nicht mehr die Frage, auf welchem Wege die Kontinuitäten sich haben errichten können, auf welche Weise ein und derselbe Entwurf sich hat erhalten und für so viele verschiedene Geister zeitlich nacheinander einen einheitlichen Horizont hat bilden können, welche Aktionsart und welche Unterstützung das Spiel der Übertragungen, der Wiederaufnahmen, des Vergessens und der Wiederholungen impliziert ....“[200],

---

[197] Vgl. Foucault, *Archäologie*, a.a.O., S. 38–41.

[198] Vgl. Adorno, Th. W.: *Negative Dialektik*. Frankfurt am Main (7. Auf.) 1992 (Zweiter Teil: ‚Negative Dialektik. Begriff und Kategorien‘). S. 137–207.

[199] Auch wenn vor allem die mittelalterliche Rezeption das produktive Geschichtsaneignungsprinzip des Aristoteles in der Weise der scholastischen Quaestio formalisierte.

[200] Foucault, *Archäologie*, a.a.O., S. 12.

es geht nicht mehr um das

> „Problem der sich perpetuierenden Grundlage, sondern (um) das der Transformationen, die als Fundierung und Erneuerung der Fundierungen gelten"[201].

Ziel ist dabei gerade das „Denken der Diskontinuität"[202]. Nicht mehr das homogene Modell wird gesucht, sondern im Unterschied, in der Differenz, wird die Bedeutung des Ereignishaften erkannt. Die diskursive Praxis beginnt also genau nach der Zurücklassung der Kausalität, ohne etwa die Beziehungsbeschreibung der Elemente zu vernachlässigen. Hier sieht Foucault den Paradigmenwechsel des Handelns über das Geschehene:

> „Die Diskontinuität war jenes Stigma der zeitlichen Verzettelung, die der Historiker aus der Geschichte verbannen mußte. Sie ist jetzt eines der grundlegenden Elemente der historischen Analyse geworden"[203].

Dieser Wechsel von der Kontinuitätskonstitution zur Diskontinuität ist für Foucault nicht nur eine veränderte Methodologie, sondern neues Prinzip diskursiven Handelns in seinen paradoxen Möglichkeiten:

> „Der Begriff der Diskontinuität ist paradox: er ist zugleich Instrument und Gegenstand der Untersuchung; er grenzt das Feld ab, dessen Wirkung er ist; er gestattet die Vereinzelung der Gebiete, kann aber nur durch ihren Vergleich festgestellt werden"[204].

Dieser Hinweis ist gerade in unserem Kontext der Untersuchung der aristotelischen Motive im Sprachdenken Humboldts besonders aufschlußreich, weil er die zunächst notwendige Vereinzelung der Formationen, die hier untersucht werden, zuläßt, um sie dann wieder analogisch zu vergleichen. So gewinnen wir ein Bild der untersuchten Theoriefelder, das diese in ihrer Eigenheit wahrnimmt und trotzdem deren Unterschiede aufdeckt. Die Brüche, die diese analogische Prüfung offenlegt, erscheinen dann nicht mehr als ihre defizitären Verzerrungen, sondern als die eigentlichen Prinzipien eines veränderten Verständnisses von Geschichtlichkeit. Erkenntnisziel ist dann das, was bisher entgangen ist: „... die lebendige, zerbrechliche, zitternde ‚Geschichte'"[205], die die Positivitäten der diskursiven Praxis aufnimmt und sie zur Grundlage einer *Archäologie des Wissens* macht. Die Dezentrierung der Geschichte und die Auflösung des Mythos von der Einheitlichkeit ihres Zusammenhangs läßt damit auch – so Fou-

---

[201] Ebd.
[202] Foucault, *Archäologie*, a.a.O., S. 13.
[203] Foucault, *Archäologie*, a.a.O., S. 17.
[204] Foucault, *Archäologie*, a.a.O., S. 18.
[205] Foucault, *Archäologie*, a.a.O., S. 22.

caults vehement vertretenes Anliegen – seine Schöpfer ins zweite Glied zurücktreten: zuerst ist der Diskurs und dann – vielleicht noch – das Subjekt, nicht umgekehrt[206]:

> „Der so begriffene Diskurs ist nicht die majestätisch abgewickelte Manifestation eines denkenden, erkennenden und es aussprechenden Subjekts: Im Gegenteil handelt es sich um eine Gesamtheit, worin die Verstreuung des Subjekts und seine Diskontinuität mit sich selbst sich bestimmen können"[207].

Die Subjekte sind somit relativ zur diskursiven Praxis und bestimmen nicht *diese*, sondern *sich* immer neu *in dieser*. Foucault kommentiert dies inhaltlich und textthematisierend anschaulich, wenn er das Ende seines fiktiven Dialogs im ‚Schluß'-Kapitel der *Archäologie des Wissens* ausgerechnet mit folgendem Zitat ‚bestreitet':

> „Der Diskurs ist nicht das Leben: seine Zeit ist nicht die Eure; in ihm versöhnt Ihr Euch nicht mit dem Tode; es kann durchaus sein, daß Ihr Gott unter dem Gewicht all dessen, was Ihr gesagt habt, getötet habt. Denkt aber nicht, daß Ihr aus all dem, was Ihr sagt, einen Menschen macht, der länger lebt als er"[208].

Dem destruierten *Subjektivitäts*kriterium steht das von Foucault beobachtete *Text*charakteristikum des Bruchs gegenüber, sozusagen das Erkennungsmerkmal der Diskontinuität. Dieser Bruch ist nicht nur Erkenntnisprinzip, sondern auch Veränderungs- und Transformationsmöglichkeit, *er* ist: Produktionsprinzip. Foucault schreibt:

> „Ebenso ist der *Bruch* für die Archäologie nicht der Brückenkopf ihrer Analysen, die Grenze, die sie von fern signalisiert, ohne sie determinieren noch ihr eine Spezifität geben zu können: der Bruch ist der den Transformationen gegebene Name, die sich auf das allgemeine System einer oder mehrerer diskursiver Formationen auswirken"[209].

Der Bruch ist also ursachenungesteuertes Prinzip der Veränderung und nimmt damit in der Foucaultschen Argumentation eine besondere Stellung ein.[210] Die Transformation von Begriffen in ihren Gültigkeitsfeldern

---

[206] Auf die Beziehung zwischen Diskurs und dem schöpferischen Subjekt kann hier nicht näher eingegangen werden, es stellt aber die zentrale Problematik in Foucaults Denken zur Etablierung eines autonomen Textbegriffs dar. – Vgl. dazu auch Kremer-Marietti, A.: *Michel Foucault – Der Archäologe des Wissens*. Frankfurt am Main 1976. S. 104-117 (‚Das Fehlen des Autors').

[207] Foucault, *Archäologie*, a.a.O., S. 82.

[208] Foucault, *Archäologie*, a.a.O., S. 301.

[209] Foucault, *Archäologie*, a.a.O., S. 251-252.

[210] Vgl. dazu auch Kremer-Marietti, *Michel Foucault*, a.a.O., S. 22-35: ‚Der Bruch in den Feldern des Denkens'.

wird gerade durch ihre *Differenz* bestimmt, *analogisch* untersucht und in
singulärer Praxis des diskursiven Ereignisses *erkennbar*.

Um die Beobachtung der Veränderung von Diskursen in der problema-
tisierten Form – auch im ‚methodischen' Sinne – zu ermöglichen, führt
Foucault eine Reihe von Termini (Schwelle, Einschnitt, Serie, Tableau,
Bruch, Wechsel, Transformation, Gewicht) ein, die hier nicht alle Gegenstand näherer Analyse sind.[211] Diese dürfen aber nicht eine trügerische
Silhouette der Hoffnung auf methodische Nutzbarkeit abgeben: Foucault
stellt – trotz gegenteiliger Behauptung mancher Rezipienten – kein neues
methodisches Instrumentarium vor, mit dem man – nur die Werkzeuge
des wissenschaftlichen Handelns verändert neu gewonnen – die Problemgeschichte oder die Geschichte der Probleme neu angehen an. Er charakterisiert die Archäologie selbst als „Diskurs über Diskurse"[212], keine neue
Geschichtswerkstatt also, aber die Sichtungen der Bedingungen der Möglichkeit ihrer Statik, ihrer Veränderung durch und mit diskursiver Praxis.
A. Kremer-Marietti dazu: „Mit Absicht hat die Archäologie am Rande des
Wissens und der Herrschaft Stellung bezogen und sich das Recht auf den
Blick über alle Wissenschaften und gesellschaftlichen Kräfte einge-
räumt"[213].

3.1.2 Prüfung

Es ist nun zu prüfen, was spezifisch aus diesen Funden Foucaultscher *Archäologie* für die vorzuschlagende Verfahrensarchitektur und damit für eine kontrastiv-philologische Untersuchung zur Aristoteles-Humboldt-Beziehung zu gewinnen ist. Zunächst drei Einschränkungen:

(1) Worum es nicht geht, ist die Anwendung der oben genannten – nur
    scheinbar methodischen – Begriffe auf die hier angesprochenen Pro-
    blemfelder. Hier hat uns Foucault beabsichtigt alleine gelassen.[214]

(2) Es ist sinnvoll, Foucaults Erweiterung des Textbegriffes für das vor-
    liegende Verfahrensmuster nur bis dorthin zu verfolgen, wo es die

---

[211] Vgl. Foucault, *Archäologie*, a.a.O., S. 13. – Foucault verbindet mit der Thematisierung dieser Begriffe auch die Kritik an anderen, wie z.B. an dem der ‚Tradition', der gestatte, „die
Streuung der Geschichte in der Form des Gleichen erneut zu denken" (S. 33). Von diesen
Begriffen, von „denen jeder auf seine Weise in das Thema der Kontinuität Abwechslung"
(ebd.) bringe, müsse man sich lösen. – Vgl. dazu auch die kreativ-synthetische Kurzcharakteristik zentraler Termini im Zusammenhang bei Blanchot, *Foucault*, a.a.O., S. 25-26.

[212] Foucault, *Archäologie*, a.a.O., S. 292.

[213] Kremer-Marietti, *Michel Foucault*, a.a.O., S. 6.

[214] Zumindest in der ‚Archäologie des Wissens'. In späteren Schriften, die Foucault am
Collège de France verfaßt, geht er darauf ein (vgl. Kremer-Marietti, *Michel Foucault*,
a.a.O., S. 28).

Kontextuierung der hier zur Debatte stehenden schriftlichen Zeugnisse im engeren Sinne unterstützen kann. Wir wollen und müssen auch weiterhin unterstellen, daß es einen ‚authentischen Humboldt' gibt. Die von Borsche aufgenommene Foucaultsche Anmerkung, nach der „gewöhnlich die Ideengeschichte dem Diskurs, den sie analysiert, einen Kohärenzkredit gewährt (Umst., U.W.)"[215], muß trotz Foucaults Kritik daran ebenso aufrecht erhalten werden wie das daraus resultierende *Einheitscharakteristikum*, das u.a. das dritte Rezeptionsprofil kennzeichnete.

(3) Foucault „versteht seine Archäologie als Alternative zum unvermeidlichen Eklektizismus der Ideengeschichte"[216], als Anti-Geistesgeschichte. Dies kann insofern eingeräumt werden, als diese deren strenge Konstruktion als Kausalitätsgeschichte diskurstheoretisch dekonstruieren hilft. Dagegen wäre eine Geschichte der Denkweisen, soweit dieses Konstrukt Motive und Spuren zu bündeln versteht, deren kontrollierte Adaption transparent macht und die Geschichte von Begriffen in ihren Gültigkeitsfeldern kommentieren hilft, durchaus zulässig.[217]

Gleich vier Aspekte können – das „kritische Anliegen der Archäologie"[218] unterstreichend – damit für das weitere Verfahren festgehalten werden:

(1) Produktiv ist erstens Foucaults Reflexion ins Grundsätzliche. Sie hilft, eine Gewichtsverlagerung der vorliegenden Untersuchung zu initiieren. Erst unter der Charakterisierung der Fragestellung ‚Wie ist Humboldt zu aristotelischen Begriffen gekommen, und hat er sie richtig verwendet?' als sekundär wird der Weg frei für die eigentliche Analyse der begrifflichen Formationen. Mit Foucault kann also die Radikalisierung der Fragestellung ins Theoretische unterstützt werden. Di Cesares diesbezügliche Kennzeichnung erhält damit eine neue Qualität.

(2) Produktiv ist zweitens die Stellung der Begriffe: Deren Individualität als Teile einer Gesamtheit von Aussagen[219] wird im Foucaultschen

---

[215] Foucault, *Archäologie*, a.a.O., S. 213.

[216] Marti, *Foucault*, a.a.O., S. 43.

[217] Vgl. dazu auch Martis Bemerkung, daß „die idealistische Auffassung, die von Foucault attackiert wird, (...) in der modernen Wissenschaftstheorie weitgehend überwunden" ist (Marti, *Foucault*, a.a.O., S. 43-44).

[218] Marti, *Foucault*, a.a.O., S. 44.

[219] Foucault versteht unter Aussagen nicht logische Propositionen, grammatikalische Sätze oder den Sprechakt, sein Ausgangspunkt ist vielmehr „der chaotische Raum aller effektiven Aussagen" (Marti, *Foucault*, a.a.O., S. 41). Blanchot merkt zum Begriff der Aussage bei Foucault an, daß diese gerade „selten ist, einzigartig, (...) nur beschrieben sein will oder lediglich wiedergeschrieben, nur in Bezug steht zu ihren *externen* Möglichkeitsbedingun-

Verfahren vor allem in der Beziehung zu anderen und untereinander gemessen. Begriffe können in ihrem jeweiligen Bezugssystem bestehen bleiben und zeigen in der Analogie ihre Wertigkeit für jeweilige singuläre Praxis.[220] Mit Foucault kann also die durch eine konservative Begriffs*geschichte* bedingte Reduktion der zur Debatte stehenden Welt- und Sprachverständnisse vermieden werden.

(3) Produktiv ist drittens der reflexive Gehalt des Begriffes der ,Transformation', der bei der Klärung seiner selbst als Produktionsprinzip hilft. Foucault illustriert sowohl die dafür notwendige theoretische Behutsamkeit als auch das architektonische Verfahren am Bezugsrahmen der Begriffe, den Aussagen:

> „Auf paradoxe Weise bestünde die Definition einer Gesamtheit von Aussagen in dem, was sie an Individuellem hat, darin, die Dispersion dieser Objekte zu beschreiben, alle Zwischenräume zu erfassen, die sie trennen, die Abstände zu messen, die zwischen ihnen bestehen – mit anderen Worten darin, ihr Verteilungsgesetz zu formulieren"[221].

Durch eine solche Analyse der Begriffe und ihrer Räume, in denen diese entstehen und vergehen, kann dann – ohne Beschädigung der diesbezüglichen ,Systeme' – die eingeführte These belegt werden, daß in der aristotelischen Ontologie eine Weltkonfiguration vorliegt, die in der Humboldtschen Sprachtheorie in ähnlicher diskursiver Formation erneut konstituiert wird: Ontologie wird zur Sprachtheorie, und das ist – wie sich zeigen wird – eigentlich noch nicht einmal etwas Besonderes, sondern nach den Grundannahmen Humboldts eine konsequente Selbstverständlichkeit. Diese Selbstverständlichkeit jedoch zeigt Begriffsanalyse in Gültigkeitsfeldern mehr als akribische Rezeptionsgeschichte von Begriffen in ihrer vermeintlichen autonomen Inhaltlichkeit. Mit Foucault kann daher

(4) auch eine Operationalisierung der Fragestellung ins Philologische unterstützt werden, ohne daß etwa die erste Einschränkung im Hinblick auf den nicht-methodischen Charakter des terminologischen Ensembles zurückgenommen werden müßte.

---

gen (dem Außen, der Äußerlichkeit) und die deshalb zu aleatorischen Serien führt, die dann und wann zum Ereignis werden" (Blanchot, *Foucault*, a.a.O., S. 25).

220 Die Autonomie des Diskurs stellt sich in der Positivität der Praxis her. Foucault schreibt: „Man wird den Augenblick, von dem an eine diskursive Praxis sich vereinzelt und ihre Autonomie gewinnt, den Augenblick folglich, in dem ein und dasselbe Formationssystem der Aussagen angewendet wird, oder auch den Augenblick, in dem dieses System transformiert wird, *Schwelle der Positivität* nennen können" (Foucault, *Archäologie*, a.a.O., S. 265).

221 Foucault, *Archäologie*, a.a.O., S. 51.

Ein hierzu in Bezug stehender Aspekt ist, daß das Prinzip der Ähnlichkeit die Analyse von Analogien – auf die Nähe zum Humboldtschen ‚Analogie'-Begriff im Kontext des *Relation-Differenz-Theorems* sei hier explizit hingewiesen – ermöglicht:

> „Ist es allgemein auch derselbe Typ von Ähnlichkeit, den man zwischen Cuvier und Darwin und zwischen demselben Cuvier und Linné (oder Aristoteles) ausmacht? Keine Ähnlichkeit an sich zwischen den Formulierungen, die sofort erkennbar wäre: ihre Analogie rührt her vom diskursiven Feld, wo man sie gewahrt"[222].

So muß sich bei der Untersuchung des Aristotelischen und Humboldtschen Denkens eine ganz spezifische Form von Analogie und Ähnlichkeit herausstellen, die nur aus der Untersuchung *in* den Feldern und der Identifizierung *der* Felder als spezifisch theoretische Räume selbst kommen kann.

Ergebnis solcher analogischen Kontrastierungen wird dann nicht die unerbittliche Vereinheitlichung dieser Begriffe in erzwungener semantischer Deckung sein, sie wird *auch* in der Differenz[223] das Gegenteil erkennbar werden lassen:

> „Der archäologische Vergleich hat keine vereinheitlichende, sondern eine vervielfachende Wirkung"[224].

Nun gilt gerade rezeptionsgeschichtlich nicht, daß analoge Wirkungen auch kongruente Ursachen haben. Gerade die vermeintlich ‚getreue' Rezeption hat durch – unsachgemäße – Vervielfachung den Blick auf die wahre Bedeutung von Begriffen versperrt. Das mag Humboldt geahnt haben, als er die Begriffe ‚Ergon' und ‚Energeia' in Klammern setzte, um die vermeintlichen Treuhänder zu warnen. Wie man heute weiß, weitgehend vergeblich.

Während für den Sprachtheoretiker des 19. Jahrhunderts aber – der das Projekt einer enggeführten Begriffsgeschichte mit intuitiver Leichtigkeit verläßt und den ‚Energeia'-Begriff wie selbstverständlich transformierend und nicht redigierend in einen neuen Kontext stellt – zugestanden, ja eingefordert werden muß, die Rezeption dieses und anderer aristotelischer Begriffe auch in *deren* neuem – sprachtheoretischen – Gültigkeitsfeld

---

[222] Foucault, *Archäologie*, a.a.O., S. 204.

[223] Vgl. dazu auch Foucault: "Dagegen nimmt die Archäologie zum Gegenstand ihrer Beschreibung, was man gewöhnlich für ein Hindernis hält: ihr Vorhaben ist nicht, die Unterschiede zu überwinden, sondern sie zu analysieren, zu sagen, worin sie genau bestehen, und sie zu *unterscheiden*" (Foucault, *Archäologie*, a.a.O., S. 243).

[224] Foucault, *Archäologie*, a.a.O., S. 228.

wahrzunehmen, kann diese Konzession für die ‚Energeia'-Rezipienten Humboldts nicht gelten. Sie sind eben nicht auf der theoretischen Höhe ihres ‚verehrten Lehrmeisters', wenn sie das vermeintliche Begriffs-Original zur Berufungsinstanz und zum Angelpunkt *ihrer* neuen Systeme, zur Legitimationsfigur schlichtweg behaupteter Kausalität funktionalisieren. Oder anders ausgedrückt: Humboldts Transformation des aristotelischen ἐνέργεια-Begriffes folgt fundamental anderen Regeln als die Adaption des Humboldtschen ‚Energeia'-Begriffes durch die Humboldt-Rezipienten, so die unvermeidbare Schlußfolgerung, die an Foucaults *Archäologie* sichtbar wird. Humboldts diesbezügliches Verfahren zu analysieren bedeutet indes – so die hier zu formulierende Option – ein archäologisches Unterfangen[225], das eben nicht im Sinne einer historischen Geschichtsschreibung der Begriffe vorgeht, sondern eine theoretische Rekonstruktion leistet, wie die *Transformation* des Wirklichkeits- in einen Sprachdiskurs gelingt, denn: „Die Zeit der Diskurse ist nicht die Übersetzung in sichtbare Chronologie der dunklen Zeit des Denkens"[226].

Soweit die Aspekte, die für die Architektur eines ‚Verfahrens' Kontrastiver Archäologie aus dem Foucaultschen Ansatz zu gewinnen sind.

3.1.3 Überleitung

Es ist – das bisher Erreichte erweiternd – zu unterstellen, daß Humboldt bei seiner Transformation der Welt der Wirklichkeit in eine Welt der Sprache – einer Transformation, die eben nicht zuerst als inhaltliche Übertragung oder Veränderung, sondern als Transformation der Beziehungen daherkommt[227] – sehr wohl eine (für ihn) selbstverständliche Strategie der Verarbeitung zentraler Motive des abendländischen Denkens verfolgt hat, also eine Struktur des Wissens *solcher* Art aufsuchte, die wir heute in und mit dem Begriff des *Kulturellen Gedächtnisses* kondensieren. Dem nachzugehen ist keine entgegenstellende Korrektur des bislang Entwickelten, sondern dessen oppositionelle Ergänzung. Foucault betritt selbst den

---

[225] Am Begriff der *Archäologie* hat die Kritik eingesetzt, inwiefern ‚Diskurse über Diskurse' *in diskursiver Praxis* immer nur sich selbst zu thematisieren drohen. Gerade Foucault versucht jedoch, den Begriff der Archäologie aus den Diskursen selbst zu gewinnen. Dies kann die Archäologie, indem sie „versucht, nicht die Gedanken, die Vorstellungen, die Bilder, die Themen, die Heimsuchungen zu definieren, die sich in den Diskursen verbergen oder manifestieren; sondern jene Diskurse selbst, jene Diskurse als bestimmten Regeln gehorchende Praktiken" (Foucault, *Archäologie*, a.a.O., S. 198). „Die Archäologie kann so – und das ist eine ihrer Hauptaufgaben – den Stammbaum eines Diskurses erstellen" (S. 210).

[226] Foucault, *Archäologie*, a.a.O., S. 178.

[227] Vgl. Foucault, *Archäologie*, a.a.O., S. 246.

schmalen Grad, der die beiden Ansätze aneinanderfügt, wenn er im Kontext der Klärung dessen, was die Analyse von Aussagen charakterisiert, auseinandersetzt:

> „Gewöhnlich betrachtet man bei der Analyse der bereits vollzogenen Diskurse diese als von einer wesentlichen Bewegungslosigkeit affiziert: sie sind bewahrt worden durch Zufall oder die Sorge der Menschen und die Illusionen, die diese sich über den Wert und die unsterbliche Würde ihrer Worte haben machen können. Sie sind aber künftig nichts anderes als im Staub der Bibliotheken aufgehäufte Graphismen, die in einem Schlaf liegen, zu dem sie unaufhörlich hingeglitten sind, seit sie ausgesprochen worden sind, seit sie vergessen worden sind und ihre sichtbare Wirkung sich in der Zeit verloren hat. Höchstens können sie noch hoffen, bei den Wiederentdeckungen der Lektüre aufgenommen zu werden. Höchstens können sie sich darin als Träger von Zeichen freilegen, die auf die Instanz ihrer Äußerung rückverweisen. Diese Markierungen können, wenn sie einmal entziffert sind, höchstens in einer Art Erinnerung, die die Zeit durchquert, Bedeutungen, Gedanken, Wünsche, begrabene Phantasmen freilegen. Diese vier Glieder: Lektüre – Spur – Entzifferung – Erinnerung (...) definieren das System, das gewöhnlich erlaubt, den vergangenen Diskurs seiner Bewegungslosigkeit zu entreißen und für einen Augenblick etwas von seiner verlorenen Lebhaftigkeit wiederzufinden"[228].

Damit ist – auch weil Foucault dieses Vier-Glieder-Projekt als insuffizient kennzeichnet und dann erweitert[229] – über Humboldts Projekt der Aristoteles-*Erinnerung* schon ebenso Kenntnisreiches wie Erweiterungsfähiges gesagt.

---

[228] Foucault, *Archäologie*, a.a.O., S. 178-179.

[229] Foucault formuliert den weiterführenden Einwand folgendermaßen: „Nun liegt das Besondere der Aussagenanalyse nicht darin, die Texte aus ihrem aktuellen Schlaf wiederaufzuwecken, um das Aufblitzen ihrer Entstehung wiederzufinden, indem man die noch an ihrer Oberfläche ablesbaren Zeichen beschwört. Es handelt sich umgekehrt darum, sie während ihres ganzen Schlummers zu verfolgen oder vielmehr die dem Schlaf, dem Vergessen, dem verlorenen Ursprung verwandten Themen aufzuheben und zu ermitteln, welche Existenzweise die Aussagen unabhängig von ihrer Äußerung in der Dichte der Zeit charakterisieren kann, in der sie weiterbestehen, in der sie bewahrt werden, in der sie reaktiviert und benutzt werden, in der sie auch, aber nicht in einer ursprünglichen Bestimmung, vergessen, vielleicht sogar zerstört werden" (Foucault, *Archäologie*, a.a.O., S. 179).

3.2 Die Unweigerlichkeit des Entdeckens: Erinnerungs-Arbeit

3.2.1 Darstellung

J. Assmann hat in seiner systematischen Analyse dessen, was er als *Das kulturelle Gedächtnis*[230] bezeichnet, den Begriff der Erinnerung mit dem der Kultur gekoppelt. Dies ist für den vorliegenden Zusammenhang bedeutsam. Ich referiere im folgenden grundlegende Aspekte seiner Studie, die er selbst als Beitrag zur allgemeinen Kulturtheorie bezeichnet, und die „vom Zusammenhang der drei Themen ‚Erinnerung‘ (oder: Vergangenheitsbezug), ‚Identität‘ (oder: politische Imagination) und ‚kulturelle Kontinuierung‘ (oder: Traditionsbildung)"[231] handelt, und werde dann aufweisen, welchen Nutzen man für die vorliegende Untersuchung daraus ziehen kann. Die Darstellung folgt einer engen Linie, die sich an der Aufklärung der Begriffe ‚Erinnerung‘, ‚Gedächtnis‘ und der Bedeutung der ‚Schrift‘ in diesem Zusammenhang orientiert. Sie will und kann keine systematische Darstellung des Assmannschen Ansatzes insgesamt sein und blendet vor allem die Theorie und Praxis der kultur*historischen* Aspekte, die Assmann anhand breiter ‚Fallstudien‘ belegt, bewußt aus. Hier stehen die allgemeinen kultur*theoretischen* Aspekte zur Diskussion.

„Jede Kultur bildet", so Assmann, „etwas aus, das man ihre *konnektive Struktur* nennen könnte. Sie wirkt verknüpfend und verbindend, und zwar in zwei Dimensionen: der Sozialdimension und der Zeitdimension"[232]. Diese konnektiven Strukturen sind es, die Gesellschaften so zusammenhalten können, „daß sich die Handlungslinien nicht im Unendlichen verlaufen, sondern zu wiedererkennbaren Mustern ordnen"[233]. Damit sind schon die beiden Charakteristika von Riten angedeutet: die Wiederholung und die Vergegenwärtigung. „Je strenger sie einer festgelegten Ordnung folgen, desto mehr überwiegt der Aspekt der Wiederholung. Je größere Freiheit sie der einzelnen Begehung einräumen, desto mehr steht der Aspekt der Vergegenwärtigung im Vordergrund"[234]. Assmann sieht nun einen entscheidenden Bruch in dem Wechsel von Mündlichkeit zur Schriftlichkeit, den er auch als Paradigmenwechsel der Handlungsformen von der Liturgie zur Hermeneutik versteht. Assmann schreibt:

---

[230] Assmann, J.: *Das kulturelle Gedächtnis. Schrift, Erinnerung und politische Identität in frühen Hochkulturen.* München (2., durchges. Aufl.) 1997.

[231] Assmann, *Das kulturelle Gedächtnis*, a.a.O., S. 16.

[232] Ebd.

[233] Assmann, *Das kulturelle Gedächtnis*, a.a.O., S. 17.

[234] Ebd.

„Im Zusammenhang mit dem Schriftlichwerden von Überlieferungen vollzieht sich ein allmählicher Übergang von der Dominanz der Wiederholung
zur Dominanz der Vergegenwärtigung, von ‚ritueller‘ zu ‚textueller‘
Kohärenz‘. Damit ist eine neue konnektive Struktur entstanden. Ihre Binde-
kräfte heißen nicht Nachahmung und Bewahrung, sondern Auslegung und
Erinnerung. An die Stelle der Liturgie tritt die Hermeneutik"[235].

Um die Rolle des *kulturellen Gedächtnisses* einzuordnen und zu spezifi-
zieren, stellt er es vergleichend drei anderen Formen gegenüber, zunächst
dem *mimetischen Gedächtnis*, dem Bereich, der „sich auf das Handeln" bezieht: „Handeln lernen wir durch Nachmachen"[236]. Die zweite Form des
Gedächtnisses ist die *der Dinge*, in die „der Mensch (…) seine Vorstellungen von Zweckmäßigkeit, Bequemlichkeit und Schönheit, und damit in gewisser Weise sich selbst investiert"[237]. Die dritte Form nennt Assmann das
kommunikative Gedächtnis, das er sorgsam vom *kulturellen Gedächtnis* –
vor allem, was deren unterschiedliche Viskosität betrifft – trennt.[238] Der
Bereich des *kommunikativen Gedächtnisses* ist der der Sprache insofern,
als deren kommunikativer Aspekt zum Tragen kommt, denn „auch die
Sprache und die Fähigkeit, mit anderen zu kommunizieren, entwickelt der
Mensch nicht von innen, aus sich heraus, sondern nur im Austausch mit
anderen, im zirkulären oder rückgekoppelten Zusammenspiel von Innen
und Außen"[239]. Die Überlieferung des Sinns ist nun dem *kulturellen Gedächtnis*[240] vorbehalten. Es hat in einer Erinnerungskultur insofern synthetische Funktion, als es „einen Raum bildet (Umst., U.W.), in alle
drei vorgenannten Bereiche mehr oder weniger bruchlos übergehen"[241].
Daß die „Zirkulation kulturellen Sinns"[242] nun die „Möglichkeit einer
umfassenden revolutionierenden Transformation"[243] erfährt, hat mit der
Entwicklung der Schrift(-lichkeit) als Speicher zu tun: „Erst mit der Schrift
im strengen Sinne ist die Möglichkeit einer Verselbständigung und

---

[235] Assmann, *Das kulturelle Gedächtnis*, a.a.O., S. 18.

[236] Assmann, *Das kulturelle Gedächtnis*, a.a.O., S. 20.

[237] Ebd.

[238] Vgl. dazu Assmann, *Das kulturelle Gedächtnis*, a.a.O., S. 56.

[239] Ebd.

[240] Assmann weist auf die Entwicklungsgeschichte dieses Begriffes hin, wenn er konzediert:
„In diesem Zusammenhang definierte Konrad Ehlich Text als ‚wiederaufgenommene Mitteilung‘ im Rahmen einer ‚zerdehnten Situation‘. Die Urszene des Textes ist das Botenin-
stitut. Aus dem Begriff der zerdehnten Situation entwickelte sich, was Aleida Assmann
und ich später im Anschluß an Jurij Lotman und andere Kulturtheoretiker das ‚kulturelle Gedächtnis‘ bezeichnet haben" (Assmann, *Das kulturelle Gedächtnis*, S. 21-22).

[241] Assmann, *Das kulturelle Gedächtnis*, a.a.O., S. 21.

[242] Assmann, *Das kulturelle Gedächtnis*, a.a.O., S. 22.

[243] Ebd.

Komplexwerdung dieses Außenbereichs der Kommunikation gegeben"[244].
Den Begriff des *kulturellen Gedächtnisses* organisiert Assmann daher als
„Oberbegriff für den mit den Stichwörtern ‚Traditionsbildung‘, ‚Vergan-
genheitsbezug‘ und ‚politische Identität‘ umrissenen Funktionsrahmen"[245].
Es ist auffällig, daß hier auch mit Termini operiert wird, die wir bei
Foucault bereits als äußerst problematisch bzw. untauglich identifiziert
haben, z.B. den der ‚Tradition‘. Aber eine Bewertung dieses Vorgangs, die
sich ausschließlich einer oberflächlichen komparatistischen Orientierung
verdankt, wäre höchst unzureichend. Dies wird offenbar, wenn man
Assmanns Begriff der ‚Erinnerungskultur‘ nachgeht:

> „Bei der Erinnerungskultur handelt es sich (...) um die Einhaltung einer so-
> zialen Verpflichtung. Sie ist auf die Gruppe bezogen. Hier geht es um die Fra-
> ge: ‚Was dürfen wir nicht vergessen?‘ Zu jeder Gruppe gehört, mehr oder we-
> niger explizit, mehr oder weniger zentral, eine solche Frage. Dort, wo sie
> zentral ist und Identität und Selbstverständnis der Gruppe bestimmt, dürfen
> wir von ‚Gedächtnisgemeinschaften‘ sprechen. Erinnerungskultur hat es mit
> ‚Gedächtnis, das Gemeinschaft stiftet‘, zu tun"[246].

Wäre damit ein Vergangenheitsbegriff solcher Provenienz postuliert, der
diese als objektiv gegebene Norm definiert? Assmann bestreitet dies und
legt dagegen Wert auf die Konstruktivität all dessen, was als vergangen *begriffen* wird. Denn nicht nur „.. wie die Gedächtniskunst zum Lernen, so
gehört die Erinnerungskultur zum Planen und Hoffen, d.h. zur Ausbildung sozialer Sinn- und Zeithorizonte. Erinnerungskultur beruht weitgehend, wenn auch keineswegs ausschließlich, auf Formen des Bezugs auf
die Vergangenheit. Die Vergangenheit nun, das ist unsere These, entsteht
überhaupt erst dadurch, daß man sich auf sie bezieht"[247]. Hier kommen
wir Foucaults Archäologie noch langsamer nahe als Humboldts Aristoteles-Projekt, aber in diesem Dreieck ist schon die Selbstverständlichkeit
angedeutet, mit der Humboldt seine aristotelische Erinnerungsarbeit versteht: ‚Energeia‘ konstituiert sich in den konstruierten Kontexten, den
Gültigkeitsfeldern und ihrem begrifflichen Ensemble. So kann nun auch
die Kritik Assmanns am Begriff der ‚Tradition‘ richtig gelesen werden, die
einwendet, „der Begriff Tradition" verschleiere „den Bruch, der zum Entstehen von Vergangenheit führt, und rückt dafür den Aspekt der Kontinuität, das Fortschreiben und Fortsetzen, in den Vordergrund"[248]. Genau

---

[244] Assmann, *Das kulturelle Gedächtnis*, a.a.O., S. 23.
[245] Assmann, *Das kulturelle Gedächtnis*, a.a.O., S. 24.
[246] Assmann, *Das kulturelle Gedächtnis*, a.a.O., S. 30.
[247] Assmann, *Das kulturelle Gedächtnis*, a.a.O., S. 31.
[248] Assmann, *Das kulturelle Gedächtnis*, a.a.O., S. 34.

dieser naive Traditionsbegriff aber, den schon Foucault kritisierte, kann nun auch mit Assmanns Unterstützung destruiert zurückbleiben.

So ist es bezüglich des ‚Energeia-Diktums' nützlich – die eingangs postulierte Option eines *semantischen Tores* in dessen Erschließungscharakter konkretisierend und Assmanns Ansatz der *Erinnerungsfiguren* operationalisierend und ins Theoretische wendend –, von einem *Erinnerungsformat* zu sprechen, denn auch solche erschließenden *Formate* sollen wie die Assmannschen *Erinnerungsfiguren* „durch einen bestimmten Raum substantiiert und in einer bestimmten Zeit aktualisiert sein, sind also immer raum- und zeit-konkret, wenn auch nicht immer in einem geographischen oder historischen Sinn"[249]. Sie entstehen aus dem „Zusammenspiel von Begriffen und Erfahrungen"[250] und sind neben dem Raum- und Zeitbezug auch durch ihren Gruppenbezug[251] und ihre Rekonstruktivität[252] gekennzeichnet. Innerhalb eines theoretischen Raumes können sie so als Versinnlichungsstrategien verstanden werden, denn „so abstrakt es beim Denken zugehen mag, so konkret verfährt die Erinnerung. Ideen müssen versinnlicht werden, bevor sie als Gegenstände ins Gedächtnis Einlaß finden können"[253].

In diesem Kontext wird dann die Opposition des Gedächtnisses gegen die Historie erneut offenbar, denn es ist nicht nur das kollektiv-soziale, an eine Gruppe gebundene, auch Humboldts diesbezügliches „Gedächtnis operiert (...) in beide Richtungen: zurück und nach vorne. Das Gedächtnis rekonstruiert nicht nur die Vergangenheit, es organisiert auch die Erfahrung der Gegenwart und Zukunft"[254]. Ein Konstrukt der Erinnerungskultur, dem wir im zweiten Abschnitt stärker nachgehen werden und das helfen kann, das vorhandene Material zu Humboldtscher ‚Gedächtnisarbeit'

---

[249] Assmann, *Das kulturelle Gedächtnis*, a.a.O., S. 38.

[250] Ebd. – Assmann verweist in diesem Zusammenhang explizit auf den kantischen Zusammenhang von ‚Begriff' und ‚Anschauung' (S. 38 [Anm.18]).

[251] Assmann führt zu diesem Kriterium aus: „Das Kollektivgedächtnis haftet an seinen Trägern und ist nicht beliebig übertragbar. Wer an ihm teilhat, bezeugt damit seine Gruppenzugehörigkeit. Es ist deshalb nicht nur raum- und zeit-, sondern auch, wie wir sagen würden: *Identitätskonkret*" (Assmann, *Das kulturelle Gedächtnis*, a.a.O., S. 39).

[252] Assmann führt zu diesem Kriterium aus: „Mit der Gruppenbezogenheit hängt ein weiteres Merkmal des Kollektivgedächtnisses engstens zusammen: seine Rekonstruktivität. Damit ist gemeint, daß sich in keinem Gedächtnis die Vergangenheit als solche zu bewahren vermag, sondern daß nur das von ihr bleibt, ‚was die Gesellschaft in jeder Epoche mit ihrem jeweiligen Bezugsrahmen rekonstruieren kann' (...). Es gibt, mit den Worten des Philosophen H. Blumenberg, ‚keine reinen Fakten der Erinnerung'" (Assmann, *Das kulturelle Gedächtnis*, a.a.O., S. 40).

[253] Assmann, *Das kulturelle Gedächtnis*, a.a.O., S. 37.

[254] Assmann, *Das kulturelle Gedächtnis*, a.a.O., S. 42.

zu sichten und zu ordnen. Assmann besteht in diesem Sinne mit M. Halbwachs, dem Assmann wesentliche Beiträge seiner Theoriebildung verdankt, gemeinsam darauf, daß „der Begriff des kollektiven Gedächtnisses
gerade *keine* Metapher (ist, U.W.), da es ihm (Halbwachs, U.W.) ja auf den
Nachweis ankommt, daß auch die individuellen Erinnerungen ein soziales
Phänomen sind"[255].

Jedenfalls ist Vergangenheit für beide, für Assmann und Halbwachs,
aber auch für Foucault und Humboldt, „eine soziale Konstruktion, deren
Beschaffenheit sich aus den Sinnbedürfnissen und Bezugsrahmen der jeweiligen Gegenwarten her ergibt. Vergangenheit steht nicht naturwüchsig
an, sie ist eine kulturelle Schöpfung"[256]. Eine jedesmalige Schöpfung, die
in Begriffen konstituiert und an ihnen identifizierbar wird. Für Humboldt
zählt bei seiner ‚Energeia-Adaption' deren Charakter als Figur der Erinnerung, weil „für das kulturelle Gedächtnis nicht faktische, sondern nur
erinnerte Geschichte"[257] zählt.

Hier nun wird deutlich, welchen Wert Aristoteles' Theorie für Humboldt hat. Die Wertung, die Humboldt indirekt vornimmt, ist eindeutig:
„Nur *bedeutsame* Vergangenheit wird erinnert, nur *erinnerte* Vergangenheit wird bedeutsam. Erinnerung ist ein Akt der Semiotisierung"[258]. Damit ist jedoch auch der Charakter solcher *Semiotisierung* ebenso festge-
macht wie die Notwendigkeit seines kontrollierten Vollzuges begründet,
denn „mit dem unvermeidlichen Wandel der sozialen (und auch theoretischen, U.W.) Milieus setzt Vergessen der in sie eingebetteten Erinnerungen ein. Die Texte verlieren damit ihre (Selbst-) Verständlichkeit und werden auslegungsbedürftig. An die Stelle kommunikativer Erinnerung tritt
fortan organisierte Erinnerungsarbeit"[259]. Einer Arbeit, der Humboldt
sich – durch den zeitgeschichtlichen Rahmen der ersten Hälfte des 18.
Jahrhunderts initiiert – hier stellt und damit – auf der Suche nach *textueller Kohärenz*[260], die die historische Zeitlichkeit der Texte wie selbstverständlich übergreift – seine *theoretische Flexibilität* beweist: „Durch das
kulturelle Gedächtnis gewinnt das menschliche Leben eine Zweidimen-
sionalität oder Zweizeitigkeit, die sich durch alle Stadien der kulturellen

---

[255] Assmann, *Das kulturelle Gedächtnis*, a.a.O., S. 47.

[256] Assmann, *Das kulturelle Gedächtnis*, a.a.O., S. 48.

[257] Assmann, *Das kulturelle Gedächtnis*, a.a.O., S. 52.

[258] Assmann, *Das kulturelle Gedächtnis*, a.a.O., S. 77.

[259] Assmann, *Das kulturelle Gedächtnis*, a.a.O., S. 65.

[260] Vgl. dazu auch Assmanns Bemerkung: „Der Hauptunterschied zwischen textueller und
ritueller Kohärenz liegt darin, daß rituelle Kohärenz auf Wiederholung basiert, d.h. Variation ausgeschlossen wird, während textuelle Kohärenz Variation zuläßt, sogar ermu-
tigt" (Assmann, *Das kulturelle Gedächtnis*, a.a.O., S. 97).

Evolution durchhält. Die Erzeugung von Ungleichzeitigkeit, die Ermöglichung eines Lebens in zwei Zeiten, gehört zu den universalen Funktionen des kulturellen Gedächtnisses, d.h. der Kultur als Gedächtnis"[261]. Diese *theoretische Flexibilität* wird begleitet durch Humboldts zweite, seine *philologische Flexibilität*: „Textuelle Kohärenz bedeutet die Herstellung eines Beziehungshorizonts über (den) der Schriftlichkeit inhärenten Bruch (zwischen alt und neu, U.W.) hinweg, eines Horizonts, innerhalb dessen Texte über die Jahrtausende hinweg präsent, wirksam und anschlußfähig bleiben. Wir können drei Formen solchen intertextuellen Anschlusses unterscheiden: den kommentierenden, den imitierenden und den kritischen"[262]. Es entspricht Humboldts Denkweise, seinem Selbstverständnis und seinen Möglichkeiten, sich nicht eindeutig zwischen den Formen des Anschlusses zu entscheiden, sondern alle drei wie selbstverständlich zu nutzen.

3.2.2 Prüfung

Die Darstellung hat bereits den Assmannschen Ansatz explizit auf Humboldts Projekt der *Rettenden Verwandlung* antiker Ontologie bezogen. Es sollte deutlich geworden sein, daß – wie Humboldt in seiner Erinnerungsarbeit den *Anschluß* an Aristoteles sucht – eine Möglichkeit zu einem Anschluß auch zwischen Foucault und Assmann besteht. Zusammenfassend sind folgende Punkte festzuhalten:

(1) Humboldt leistet ebenso selbstverständlich wie theoretisch reflektiert Erinnerungsarbeit, wenn er durch das *Erinnerungsformat* des ,Energeia'-Diktums hindurch auf aristotelische Ontologie zugreift.

(2) Humboldt weiß um den fundamentalen Gegensatz von Historie und Gedächtnis, kann den aristotelischen Gültigkeitsraum der Begriffe stehenlassen und ist so in der Lage, einen analogen Gültigkeitsraum sprachtheoretischer Konkurrenz anzulegen.

(3) Humboldt beherrscht die philologischen Techniken, ohne sie zu solchen zu degradieren.

(4) Humboldt hält aristotelisches Wissen im Kontext der Arbeit am *kulturellen Gedächtnis* für *solches* Wissen, das *bedeutsam* ist.

Soweit die Aspekte, die für die Architektur eines ,Verfahrens' *Kontrastiver Archäologie* aus dem Assmannschen Ansatz zu gewinnen sind.

---

[261] Assmann, *Das kulturelle Gedächtnis*, a.a.O., S. 84.
[262] Assmann, *Das kulturelle Gedächtnis*, a.a.O., S. 101-102.

3.2.3 Überleitung

Es werden im folgenden noch einmal die entscheidenden Merkmale zusammengetragen, die nach der retrospektiven Sichtung der *Rekonstruktionen Humboldts* und der prospektiven Analyse theoretischer Perspektiven nun die Entwicklung eines Begriffes davon zulassen, auf welche
Untersuchungslinien das hier skizzierte Projekt einer *Konstrastiven Archäologie* gerichtet ist.

3.3 Kontrastive Archäologie

3.3.1 Begriff

Anhand der theoretischen Kontexte wurde die These der Einleitung aufgewiesen, daß *Transformation* und *Erinnerung* einander *bedingende* Prinzipien von Humboldts Aristoteles-Adaption sind. Kontrastive Archäologie stellt nun das Verfahren dar, das diesen Bedingungszusammenhang
aufdeckt, indem sie zwei Untersuchungslinien nachgeht:

(1) Erstens der der *Transformation*, die definiert ist als die Übertragung von
    ontologischen Schemata in veränderte Gültigkeitskontexte. Die Trans-
    formation ontologischer Schemata ist dann gelungen, wenn das dem ei-
    nen Kontext zugrunde liegende begriffliche Raster eine mehr und oder
    minder analoge semantische Struktur zum Vergleichsraster aufweist.

(2) Zweitens der der Erinnerung, die definiert ist als Zugriff auf zentrale
    Motive abendländischen Denkens und auf deren Vergegenwärtigung
    abzielt. Erinnerungs-Arbeit ist dann erfolgreich, wenn es ihr gelingt,
    weitgehend unverkürzt, nicht fragmentarisierend und nachvollziehbar
    eine Übertragung solcher zentralen Motive vorzunehmen, diese aber
    trotzdem nicht einfach wiederholt, sondern sie in einem bislang un-
    beschriebenen Kontext rekonstruiert und damit neu konstituiert. In
    diesem Zusammenhang ist es dienlich, beim ‚Energeia'-Diktum von
    einem *Erinnerungsformat* zu sprechen, da es den Raum erschließt, in
    dem Erinnerung sich etabliert hat.

Kontrastive Archäologie bestimmt so den Charakter eines Verfahrens, das
diese Untersuchungslinien nachzeichnet. Als Verfahrenscharakter ist er
auch deswegen sachgemäß, weil er sowohl Humboldts eigene Arbeitsweise identifiziert als auch inhaltlich die grundlegende These der Wirklich-
keit-Sprache-Transformation zu stützen vermag. Es ist R. Haym zuzustimmen, wenn er bereits 1856 illustriert:

„Sein (Humboldts, U.W.) eignes wissenschaftliches Verfahren ist von demselben Streben beherrscht und von einem nahezu ähnlichen Erfolge begleitet, wie dasjenige, das er als das beständige und allgemeine Verfahren der Griechen bezeichnet. Wie diese nach seiner Darstellung a l l e Wirklichkeit behandelten, so behandelt er die Wirklichkeit der S p r a c h e "[263].

3.3.2 Überleitung

Humboldt unterstellt dem aristotelischen Denken Bedeutsamkeit. Mit dieser (an-)erkannten Bedeutsamkeit korrespondiert, daß Humboldts Entdeckungsarbeit der Sprache ebensowenig zufällig auf aristotelisches Denken trifft, wie die Ergebnisse seines Transformationsprojektes beliebig sind. Im Kontext der Theorie des und Humboldts Arbeit am *Kulturellen Gedächtnis* initiiert vielmehr konsequente Erinnerung eine zu erinnernde Konsequenz, auf die B. Liebrucks aufmerksam gemacht hat: „Erst wenn menschliches Tun durch die Sprache gegangen ist, ist es menschliches Tun gewesen"[264]. Humboldts Projekt der *Sprache* gewinnt in dieser Perspektive nun nicht nur den Charakter unweigerlicher Ent-deckungsarbeit, es stellt sich auch – Humboldts theoretische Einsichten aus- und deren Tragweite ermessend – eine ebenso unweigerliche Frage: „Wer war dieser Humboldt?"[265] Liebrucks Antwort skizziert die vielleicht wichtigste Voraussetzung für das Projekt einer – doch so unspektakulären wie vernünftigen – Transformation einer Welt der Wirklichkeit in die Welt der Sprache:

„Er war, um es mit einem Wort zu sagen, ein selbständiger Mensch. Er war von einer Selbständigkeit, die uns im Leben nur selten begegnet. Er war so selbständig, daß er sich mit jedem Satz in Frage stellen konnte. Er stellte sich dem größten Gegenstand, den der Mensch hat, seiner Sprache. Er stellte sich der größten Erfindung des Menschen, die fast der Erfindung des Organismus gleichkommt, als ihr vielleicht erster Entdecker. Wir verlassen ihn (...) mit

---

[263] Haym, R.: *Wilhelm von Humboldt. Lebensbild und Charakteristik.* Berlin (Nachdruck Osnabrück 1965) 1856. S. 579. – Es ist erstaunlich, mit welcher Sicherheit und Tiefe Haym viele Gedanken Humboldts aufschlußreich identifiziert hat. Hinter die Wertung Howalds, nach der Hayms Biographie „noch tastend und unsicheren Schrittes in Methode und Sprache" sei (Howald, E.: *Deutsch-französisches Mosaik.* Zürich 1962. S. 201 [12. Aufsatz: Der Literaturhistoriker Rudolf Haym. S. 199-216]), muß also ein deutliches Fragezeichen gemacht werden. Vielmehr ist die Reichweite des Verständnisses, die Haym in seinem Humboldt-Werk 1856 anbietet, in dieser Zeit nur noch mit der Steinthals zu vergleichen. Auf die produktive Werkgerichtetheit von Hayms Analyse weist Howald dann immerhin noch hin (vgl. S. 208).

[264] Liebrucks, *Humboldts Einsicht,* a.a.O., S. 29.

[265] Liebrucks, *Humboldts Einsicht,* a.a.O., S. 33.

dem Bewußtsein, daß auch die Superlative unserer letzten Sätze eingezogen werden müssen, wenn sie ihren Zeigestab- und Erweckungscharakter erfüllt haben"[266].

Humboldt stellt sich der sozialen Verpflichtung des Nicht-Vergessens. Seine Erinnerungsarbeit generiert kein rituelles Echo, sondern ist aktiver Neuvollzug. Weil er zu einem theoretischen Leben in differenten Zeiten fähig ist, übergreift *Humboldts Gedächtnis* die Zeit als starres Gefängnis der Kausalitätsgeschichte. Es erinnert durch die Rekonstruktion der theoretischen Anschlußfähigkeit der Texte in Vergangenheit, Gegenwart und Zukunft und ist damit originäres Medium der selbsterarbeiteten und fremdinszenierten *Rekonstruktionen Humboldts*.

Rekonstruktionen Humboldts zu analysieren hieß demnach erstens, die entscheidenden Theoreme seines Sprachdenkens darzustellen, zweitens zu untersuchen, wie in der Rezeptionsgeschichte die unterschiedlich intendierten und gelungenen diesbezüglichen (Re-)Konstruktionen entstanden sind, und drittens aufzuweisen, welche neuen Rekonstruktionsperspektiven noch gewonnen werden konnten, die weitergehende Ergebnisse und Schlüsse zum Humboldtschen Sprachdenken zulassen, als sie bislang erkennbar waren. Nach diesem Durchgang ist es nun möglich, in Humboldts Erinnerungsarbeit direkt einzugreifen und seinen diesbezüglichen Weg nachzuzeichnen: *Humboldts Gedächtnis*.

---

[266] Ebd.

Zweiter Teil:

Humboldts Gedächtnis

Vergangenheit, Gegenwart und Zukunft sind die von Humboldt selbst geforderten Perspektiven, mit denen man der Antike als intellektuellem Gegenstand der Betrachtung näherkommen kann. Im folgenden soll daher zunächst Humboldts Bemühen um die Konstruktion eines Bildes der Antike nachgezeichnet werden. Dazu werden vor allem die Texte Humboldts gelesen, die er selbst als (Zwischen-) Ergebnisse dieser Konstruktion angesehen hat. Alsdann wird die Problematik der Humboldtschen Antike-Rezeption in einer für den Tegeler Philosophen gegenwärtigen Perspektive auf die in diesem Zusammenhang unvermeidliche Fragestellung focussiert, ob nämlich und auf welche Weise Humboldt Aristoteles-Leser war, wie *sein* Bild des griechischen Philosophen aussieht, auf welche Texte er schließlich zugegriffen, wie er diese verarbeitet und welches Lektüreschema er angewandt hat. Der Zukunftsblick läßt den Rezipienten Humboldt schließlich selbst als Rezipierten zurück: Das ‚Energeia‘-Diktum wird in der Zeit verfolgt von seinem Steinthalschen Ausgang bis zur Gegenwart und erschließt somit erst vollständig den dreidimensionalen Zeithorizont von *Humboldts Gedächtnis.*

4. Humboldts Panoptikum: Gebildete Antike

W. v. Humboldts Bild der Antike ist Gegenstand mannigfaltiger Untersuchungen und weiterführender Legitimationsanstrengungen – vor allem im bildungstheoretischen Bereich – gewesen.[1] In dem in der Forschungsliteratur mehrfach gebrauchten Terminus des ‚Bildes' kondensiert sich jedoch bereits deren entscheidendes Ergebnis und auch die besondere Problematik, die mit Humboldts Antike-Rezeption verbunden ist. Wie selbstverständlich sieht Humboldt in der Geschichte – zumal der des alten Griechenlands – nur das Material für die Konstruktion eines idealisierten (gleichwohl nicht immer unkritisch idealen) Panoramas der antiken Geisteswelt, an dem er bewußt die eigene Selbstbildung im Zugriff auf als bedeutsam Unterstelltes betreibt. Trotzdem ist Humboldts Antike-Bild auch nicht uneingeschränkt solipsistische Spiegelung, die rationale Argumente und Gedankengänge vollkommen entbehrt. Humboldt versucht vielmehr, in „wohltemperierter Leidenschaft"[2] die Waage zwischen persönlicher Beschäftigung und Vermittlung wie auch zwischen den historischen Fakten und der idealistischen Projektionsfläche zur Entwicklung einer anthropologischen Orientierungsgröße zu halten, die nach seiner Auffassung Vorbildcharakter für das 19. Jahrhundert und darüber hinaus haben kann. In keinem der von ihm untersuchten Wissenschaftsbereiche hat Humboldt die selbstgesetzte Zielvorstellung, ‚soviel Welt nur als möglich zu ergreifen und so eng, als er nur kann, mit sich zu verbinden', so ernstgenommen, wie in der Antike-Rezeption. In der aus diesem Erkenntnisinteresse wie selbstverständlich resultierenden produktiven Ungleichzeitigkeit ist daher auch begründet, daß „sein Bild von der Antike in keiner Weise temporär fest umgrenzt ist"[3], vielmehr in der Konstrukti-

---

[1] Vgl. vor allem Glazinski, B.: *Antike und Moderne. Die Antike als Bildungsgegenstand bei Wilhelm von Humboldt.* Aachen (Diss.) 1992. Siehe auch die Zusammenstellung der Forschungsliteratur in Kapitel 4.6. – In den Rekonstruktionsbemühungen zum Humboldtschen Antike-Bild wird auch das Kardinal-Problem der Humboldt-Rezeption insgesamt offenbar. R. Pfeiffer stellt dazu fest: „Humboldt gehört zu den vielgenannten – mit Bewunderung oder mit Schelten, mit Liebe oder mit Haß –, aber zu den kaum gelesenen" (Pfeiffer, R.: „Wilhelm von Humboldt, der Humanist". In: *Die Antike*, 12. Jg. [1936], S. 35).

[2] Howald, E.: *Wilhelm von Humboldt.* Zürich 1944. S. 49.

[3] Prang, H.: „Wilhelm von Humboldts Anschauung vom Wesen der Antike". In: *Die Antike*, 12. Jg. (1936), S. 131-154, hier: S. 131.

on ein Über-Zeit-Motiv konstituiert wird, das insofern auch eine sinnenhafte Erläuterung in Humboldts Leben selbst findet, als sich dieser nicht nur vereinzelt und wie in den anderen Wissenschaftsbereichen mit deutlichen biographischen Schwerpunkten, sondern Zeit seines Lebens mit der griechisch-römischen Antike intensiv beschäftigt hat.[4] Dieses prinzipiell unabgeschlossene Projekt der Antike-Rezeption ist so gleichermaßen geistesgeschichtliches Fundament und orientierende Begleitung seiner wissenschaftlichen Theorieentwicklung in den verschiedenen Wissenschaftsgebieten, denn „kaum einen Tag (seines Lebens, U.W.) scheint er (Humboldt, U.W.) ohne Umgang mit antiken Schriftstellern verbracht zu haben"[5]. Schon im 14. Lebensjahr beginnt diese intensive Beschäftigung, die bis ins hohe Alter nur mit sehr kurzen Pausen andauert. H. Weinstock stellt zu Recht fest, daß „das Griechentum (...) das entscheidende Bildungserlebnis Humboldts schon in den wichtigen Entwicklungsjahren"[6]

---

[4] Vgl. Quillien, J.: *G. de Humboldt et la Grèce. Modèle et histoire.* Lille 1983. S. 8. – Vgl. Flitner, A. und Unterberger, R.: „Einführung in die Schriften zur Antike". In: Humboldt, W. v.: *Werke in fünf Bänden.* Hrsg. von A. Flitner und K. Giel. Darmstadt 1980-93. Bd. V. S. 368-398, hier: S. 368.

[5] Flitner/Unterberger: „Einführung Antike", a.a.O., S. 368. – Humboldt stellt dies in seiner Königsberger Zeit folgendermaßen fest: „Ueberhaupt fange ich nie einen Tag, als mit *Graecis* oder *Latinis* an. Die Acten verderben sonst (vielleicht schon auch so) einen Menschen von Grund aus" (Humboldt, W. v.: *Briefe an Friedrich August Wolf. Textkritisch hrsg. und kommentiert von Philip Mattson.* [Humboldt an Wolf am 12. September 1809]. Berlin u.a. 1990. S. 282).

[6] Weinstock, H.: „Einleitung: ‚Menschenbild und Menschenbildung'". In: ders. (Hrsg.): *Wilhelm von Humboldt. (Auswahl und Einleitung von H. Weinstock).* Frankfurt am Main 1957. S. 7-18, hier: S. 7. – Zur Beeinflussung Humboldts durch Löffler und Fischer vgl. auch Leitzmann, A.: *Wilhelm von Humboldt. Charakteristik und Lebensbild.* Halle 1919. S. 26. – Vgl. auch Sauter, *Humboldt und die deutsche Aufklärung,* a.a.O., S. 37-38. Sauter macht hier vor allem auf den Griechisch-Unterricht durch den Prediger J. F. C. Löffler aufmerksam, an den sich Humboldt noch vierzig Jahre später dankbar erinnert. – Lothholz weist bezüglich der Person Löfflers darauf hin, daß dieser in der Zeit, in der er die Brüder Humboldt in die griechische Literatur einführte, Feldprediger des Regiments Gendarmes war. Der Theologe Löffler qualifizierte sich u.a. durch eine Schrift über den Neuplatonismus der Kirchenväter für diese Aufgabe. In der Frankfurter Studienzeit wohnten die Brüder Humboldt bei dem inzwischen zum Professor der Theologie ernannten Gelehrten (vgl. Lothholz, G.: „Wilhelm von Humboldts Verhältnis zum klassischen Altertum". In: *Allgemeine conserv. Mschr. f. d. christl. Deutschland,* 41. Jg. [1884], H.2, S. 485-491, hier: S. 486). – W. Lammers weist ebenfalls auf den frühen Unterricht Humboldts durch Löffler und Fischer hin (vgl. Lammers, W.: *Wilhelm von Humboldts Weg zur Sprachforschung. 1785-1801.* Berlin 1935. S. 41). Zu Lammers Studie bedarf es eines näheren Kommentars: Trotz der Einordnung der Antike-Studien in Humboldts Sprachprojekt und mancher interessanten Beobachtung geht die als Dissertation vorgelegte Schrift in ihren Grundzügen gefährlich fehl. Nicht nur der Titel des letzten Teils dieser 1935 (!) veröffentlichten Abhandlung „Humboldts Sprachstudien und die deutsche Bewegung. Die

ist. Hervorzuheben ist hier vor allem der Einfluß seines Lehrers J. J. Engel[7], dessen „Unterricht und Umgang" nach Humboldts eigener Aussage in seinem von 1767 bis 1828 reichenden schriftlichen *Lebenslauf* „vorzüglichen Einfluss auf ihre (Alexander und Wilhelm v. Humboldt, U.W.) Bildung" hatte (XV 524). So wundert es nicht, daß er bereits mit 18 Jahren selbst diesbezügliche eigene Texte publiziert hat.[8] In seiner Schrift *Sokrates und Platon über die Gottheit, über die Vorsehung und Unsterblichkeit* (I 1-44) konfrontiert Humboldt auf Engels Anregung hin[9] Fragen und Reflexionen aus seinem eigenen philologischen und philosophischen Studium mit Textstellen aus Xenophons Ἀπομνημονεύματα, deren Titel er hier – nicht unüblich – mit „Denkwürdigkeiten" (I 7) übersetzt, und dem

---

Erneuerung des Volksgedankens" (S. 70) signalisiert allzu deutlich die vollkommen verquere Gleichsetzung von Humboldts Nationenstudium mit dem ‚Volksgedanken' jener Jahre und die für die Weisgerber-Schule typische – dennoch systematisch und intellektuell vollkommen abwegige – Konsequenz, nach der aus dem Energeia-Diktum etwa die Forderung nach Untersuchung der Muttersprache herzuleiten sei. Nur als totale Besinnungslosigkeit kann daher auch Lammers geistlose Bemerkung, die gleichwohl den Geist dieser Jahre atmet, angesehen werden, daß wie im Nationalsozialismus auch Humboldt vor der Aufgabe der „Erneuerung unseres Begriffes Volk" (S. 72) gestanden habe. Lammers preist dann noch die „starke, verbindende, ungebrochene Kraft unserer gemeinsamen Sprache, die über verordnete Grenzen die natürlichen Bindungen nicht erschlaffen läßt" (S. 72) und erweist sich so (ungewollt) als schwarzer Prophet kommenden Großmachtwahnsinns. Daß solche gefährlichen Absurditäten indes weder Ausnahmen sind noch daß sie ohne historische Wegbereitung auskommen mußten, zeigt ein Blick auf O. Harnacks Aufsatz von 1888, in dem er u.a. konstatiert, Humboldt sei „zu allen Zeiten, in Rom, oder Paris und Madrid, von inniger Freude erfüllt, ein Deutscher zu sein" (Harnack, O.: „Goethe und Wilhelm von Humboldt". In: *Vjschr. f. Lit. Gesch.*, 1. Jg. [1888], S. 225-243). Nachträgliche Relativierungen solchen Unsinns lassen die Skepsis gegenüber dem Autor eher noch steigen, als daß sie überzeugen können (vgl. S. 238) und machen die Gefährdungen überdeutlich, die Wissenschaft erleidet, wenn sie ihre Entstehungsbedingungen vergißt, rationale Legitimationsanstrengungen unterläßt, Abhängigkeiten verschweigt oder sich gar bewußt oder opportunistisch in den Dienst ideologischen Machtmißbrauchs stellt. – Vgl. in diesem Zusammenhang auch die Dissertation von Herkendell, H.-J.: *Die Persönlichkeitsidee Wilhelm von Humboldts und das völkisch-politische Menschenbild.* Heidelberg 1938.

7 Zum Einfluß Engels auf Humboldts Antike-Studien vgl. u.a. Scurla, H.: *Wilhelm von Humboldt. Werden und Wirken.* Düsseldorf 1970. S. 28. – Lothholz weist ebenfalls auf die Bedeutung Engels' hin (vgl. Lothholz: „Humboldts Verhältnis", a.a.O., S. 486). – Zum Zusammenhang der frühen Bildungsphase Humboldts mit den Lehrern J. H. Campe, G. J. C. Kunth, C. W. von Dohm, E. F. Klein und schließlich J. J. Engel auch Borsche, *Wilhelm von Humboldt*, a.a.O., S. 21. – Ebenso Dove, A.: „Humboldt, Wilhelm von". In: *Allgemeine Deutsche Biographie. Bd. XIII.* Berlin (Nachdruck Berlin 1969) 1888. S. 338-358, hier: S. 339. – Eine detaillierte Zusammenfassung zum frühen Unterricht Humboldts bietet C. M. Sauter in *Wilhelm von Humboldt und die deutsche Aufklärung.* Berlin 1989. S. 34-39.

8 Vgl. Flitner/Unterberger: „Einführung Antike", a.a.O., S. 368-379.

9 Vgl. Leitzmann, *Wilhelm von Humboldt*, a.a.O., S. 26.

10. Buch aus Platons Νόμοι. In der den Übersetzungen voranstehenden Einleitung kritisiert Humboldt die „Schwärmer und Betrüger" (I 7), die es in der Zeit des Sokrates und Platon wie zu seiner Zeit gegeben habe, und fordert statt dessen „unpartheiische Wahrheitsforscher" (I 4), denn „was heisst Aufklärung des Zeitalters, wenn nicht allgemeiner verbreitete, (...) vorurtheilfreie Schäzung der Dinge" (I 2). Kennzeichnend ist bereits hier sein vehementes Unbehagen, Geschriebenes auch zu veröffentlichen, wiewohl er in diesem Falle J. F. Zöllner, der der Herausgeber des „Lesebuches für alle Stände zur Beförderung edler Grundsätze, echten Geschmacks und nützlicher Kenntnisse"[10] war, in dem die Schrift dann schließlich 1787 und 1790 erschien, nachgab. Humboldts intensive und von ihm häufig explizit gemachte Platon-Lektüre[11], von der sein idealistisches Denken zunächst beeinflußt ist, ist dabei erstes Indiz auch für die Selbstverständlichkeit seiner Aristoteles-Rezeption.[12] Humboldts Sokrates-Interesse wird schließlich durch die Xenophon-Lektüre (der Autor der ᾿Ανάβασις formuliert in dem von Humboldt rezipierten Text seine Erinnerungen an Sokrates) deutlich, so daß insgesamt ein Interesse schon in den frühen Jahren unterstellt werden muß, sich neben den griechischen Schriftstellern auch die bedeutenden griechischen Philosophen zu erarbeiten. Daß gerade die Lektüre der letzteren eben nicht schwärmerisch und unkritisch ist, zeigt Humboldts Platon-Besprechung in der Einleitung, die auch als früher aristotelischer Brückenschlag gewertet werden kann: „Platon redet bloss von Bewegung, und scheint keine andre Veränderung in der Natur zu kennen. (...) Auf alle Fälle hat Platon die Art, wie Geister, und wie Körper wirken, nicht gehörig von einander unterschieden" (I 6). Ein „Fehler" (I 6), den Zöllners „zwanzigjähriger Kavallier"[13] mit Blick auf die damalige – noch defizitäre – Begriffsentwicklung in seiner „männlichen Einleitung"[14] großherzig vergibt.

Unter Zuhilfenahme einiger kurzer biographischer Rahmendaten soll nun zunächst eine Rekonstruktion von Humboldts Entwurf anhand sei-

---

[10] Vgl. zur Veröffentlichungsproblematik der Schrift Kessel, E.: *Wilhelm von Humboldt. Idee und Wirklichkeit.* Stuttgart 1967. S. 24-25.

[11] Zum Nachweis der Platon-Beschäftigung in den Schriften Humboldts vgl. in der Studienausgabe von Flitner/Giel folgende Textstellen: I 11ff., 60, 62, 100, 250, 280; II 43, 106, 351; III 293, 593; V 26, 174, 368f., 374.

[12] Dies ist auch daran ablesbar, daß Humboldt hier sehr wohl einen Mangel spürt. Er schreibt am 23. Januar 1793 an Wolf: „Vorzüglich habe ich gerade fast bloß Dichter, einzelne Stükke aus Historikern und den Plato gelesen, also lauter Schriftsteller die sehr zu einer idealischen Vorstellung führen. Die welche davon das Gegentheil thäten, (...), fehlen mir noch ganz" ([Humboldt an Wolf am 23. Januar 1793], a.a.O., S. 29).

[13] Wertung Zöllners zitiert nach der Bemerkung des Herausgebers zu Humboldts Schrift (I 1).

[14] Ebd.

ner zentralen Texte zur griechischen Antike vorgenommen werden. Dies ist nicht ohne Schwierigkeit, denn die – fast durchweg erst posthum[15] – veröffentlichten Texte geben ein unvollständiges Bild von Humboldts Antike-Rezeption, weil sie aufgrund ihres unterschiedlichen funktionalen Charakters nur teilweise den weiten Problematisierungsspielraum Humboldts erschließen[16], wie dieser in den Briefen an F. A. Wolf und an Caroline ebenso euphorisch und plastisch wie (in den philologischen Befunden) gewissenhaft und detailliert formuliert wird.[17] Eine weitgehende Reduzierung der Textgrundlage (die Briefe werden gleichwohl kommentierend herangezogen) ist aber nicht nur vertretbar, sondern im vorliegenden Kontext aus zwei Gründen sogar geboten: Einerseits sollen explizit die Ergebnisse von Humboldts Konstruktionsunternehmen als originärem Projekt ohne große Erläuterungsbedürftigkeit ernstgenommen und so der Gefahr begegnet werden, den Gehalt der Texte biographisch und intentional gerade durch übermäßigen Kommentar zu simplifizieren bzw. deren Unebenheiten zu glätten. Andererseits ist ein weiteres – in diesem Kontext signifikantes – Phänomen an den Texten zu beobachten: die Präsenz aristotelischer Termini springt hier deutlich ins Auge; dies kenntlich zu machen, ist daher ebenfalls vorrangiges Ziel der folgenden Darstellung.

Die jüngere sprachwissenschaftliche Humboldt-Forschung hat in dessen Antike-Schriften indes wenig Anreiz zur Betätigung gesehen, ja diese Betätigung vornehmlich bildungstheoretisch-anthropologischen Untersuchungen überlassen. So erfuhren Humboldts Texte in dieser thematischen Hinsicht eher Begnadigung denn Untersuchung.[18] Und das, obwohl auch „das Antikebild der Vertreter der deutschen Klassik keineswegs einheitlich"[19] ist, es

[15] Vgl. Schaffstein, F.: *Wilhelm von Humboldt. Ein Lebensbild.* Frankfurt am Main 1952. S. 91.

[16] Vgl. Flitner/Unterberger: „Einführung Antike", a.a.O., S. 368.

[17] Vgl. Stadler, P. B.: *Wilhelm von Humboldts Bild der Antike.* Zürich, Stuttgart 1959. S. 10.

[18] So formuliert Borsche beispielsweise in seiner Humboldt-Monographie von 1990: „Heute im Geiste Humboldts zu denken kann daher nicht bedeuten, daß wir in unserer Zeit in derselben Weise Griechenkult betreiben, wie er das aus bestimmten Gründen getan und für seine Zeit empfohlen hat, sondern daß wir aus unserer Lage heraus nach Idealen suchen, an denen wir uns in entsprechender Weise bilden können. – Mit diesen wenigen Worten mag das Wesentliche über das Griechenbild des gelehrten Dilettanten gesagt sein" (Borsche, *Wilhelm von Humboldt,* a.a.O., S. 17). Borsches problematische Konsequenz zur Arbeit an Humboldts Antike-Bild lautet – obwohl jeder andere von Humboldt bearbeitete Wissenschaftsbereich eingehend besprochen wird – denn auch: „ihm ist kein eigener Teil der Darstellung gewidmet" (ebd.).

[19] Müller, R.: *Menschenbild und Humanismus der Antike. Studien zur Geschichte der Literatur und Philosophie.* Frankfurt am Main 1981. (‚Zum Antikebild Wilhelm von Humboldts'. S. 303-315) S. 303.

einer detaillierten Darstellung der Humboldtschen Argumentation auch in
den differenzierten Bereichen seines Denkens durchaus bedarf, und mancher Verweis auf die omnipräsente Allgemeinheit der griechisch-römischen
Geisteswelt in den Werken der Klassik und Romantik deutlich zu kurz
greift. So blieb es letztlich bei sehr grundsätzlichen ‚Würdigungen'. Aber
auch wenn für den sprachwissenschaftlichen Kontext – bis auf einige, aber
doch sehr deutliche Akzente, wie z.B. in *Latium und Hellas* – zunächst wenig zu gewinnen scheint, gestattet die sehr facettenreiche argumentative Perspektivik und legitimatorische (Eigen-)Logik Humboldts, die im deutlichen
Gegensatz zu dem ersten Eindruck eintöniger Griechenidealisierung bzw.
zu dem ihm sicher teilweise zu Recht unterstellten „Griechenkult"[20] steht,
Einblicke in ein theoretisches Gefüge, das in den sprachwissenschaftlichen
Schriften dann virulent wird bzw. zur Ausbildung kommt.

Um diesem Fundament nachzugehen, werden nun einzelne Termini aus
den Überschriften – wie ‚Studium', ‚Betrachtungen', ‚Charakter', ‚Geschichte' und ‚Einleitung' – als aufklärungsversprechende Leitbegriffe verwendet, um die verschiedenen Richtungen der Argumentation aufzuzeigen. Durch die auch für den Terminus ‚Bildung' charakteristische
doppelte Hinsicht von tätiger Konstruktion und inhaltlicher Qualifizierung des Gegenstandes gewinnt Humboldts *Gebildete Antike* als Proble-
matisierungsfolie dieses Unternehmens dann eine dreifache Bedeutung: In
seinen Untersuchungen kristallisiert dieser erstens für den Leser antikes,
geistesgeschichtlich als *bedeutsam* unterstelltes Bildungsgut heraus[21], er
sieht dieses Gut zweitens selbst als seinen eigenen *Bildungsgegenstand* an
und bildet in der Integration dieser Perspektiven die diesbezüglichen Essentials schließlich drittens in einem Griechenbild ab, das das historisch
Gegebene nur noch als Background für eine – gleichwohl gewollte und
transparente – Konstruktion des *menschlich Idealen* begreift.[22]

---

[20] Borsche, *Wilhelm von Humboldt*, a.a.O., S. 17.

[21] Bemerkenswert in diesem Zusammenhang ist auch die Bemerkung Schaffsteins, nach der in
der Betonung des Bildungswertes der Antike-Beschäftigung Humboldt entscheidend über
Wolf hinausgeht. Hier ist demnach ein wichtiger Aspekt bezüglich der Frage aufgefunden,
was Humboldts originärer Beitrag zur damaligen Diskussion war (vgl. Schaffstein, *Wilhelm von Humboldt*, a.a.O., S. 94). – Ebenfalls von zentraler Bedeutung ist die Feststellung, die H. Flashar in seinem ausgezeichneten Artikel „Wilhelm von Humboldt und die
griechische Literatur". In: Schlerath, B. (Hrsg.): *Wilhelm von Humboldt. Vortragszyklus
zum 150. Todestag.* Berlin 1986. S. 82-100, macht: „Fragen wir nun, worin die spezifisch
Humboldtsche Ausprägung dieses allgemeinen Griechenbildes liegt, so ist es vor allem die
Wendung ins Programmatische und Emphatische" (S. 87).

[22] Besonders kompakt und die Grundzüge der anthropologischen Zielrichtung von Humboldts Griechenstudium identifizierend merkt H. Isham an: „Sharing his generation's en-
thusiasm for ancient Greece, Humboldt believed that study of Greek culture in its broad-

4.1 ‚Studium‘, des Griechischen insbesondere

Humboldt nutzt vor allem die ausgedehnten Perioden seines Lebens, in denen er Privatmann ist, zum intensiven Studium. Er ist 1791 als Legationsrat erst einmal aus dem Staatsdienst ausgeschieden.[23] Die Jahre nach der Heirat mit Caroline verbringt er zumeist auf den thüringischen Gütern des Schwiegervaters, von denen aus er auch Reisen nach Erfurt, Berlin, Weimar und Jena, wohin er schließlich 1774 übersiedelt, unternimmt. 1792 ist er in Auleben, genießt dort die „beneidenswürdige Ruhe und Einsamkeit"[24] und widmet sich intensiv dem Studium der griechischen Literatur. Schon hier wird deutlich, daß Humboldts Interesse am klassischen Griechenland im wesentlichen den Dichtern gilt. Er schreibt am 3. September an seinen Freund K. G. Brinckmann:

> „Was meine Studien betrifft, bin ich, seit meinem Hiersein, allein mit Griechischem, und zwar mit Pindar, Aeschylus, und, meiner Frau wegen, nebenher mit Homer beschäftigt"[25].

In der Zurückgezogenheit von Auleben faßt Humboldt den Entschluß, eine Art Programm für eine Zeitschrift zu verfassen, die den Namen ‚Hellas‘ tragen soll. Aus einem Brief an F. A. Wolf vom 1. Dezember des gleichen Jahres stammt die berühmte Tiefstapelei Humboldts, als „Philologe von Metier"[26] könne er „nicht studieren"[27], eine Zurückhaltung, der sein

---

est aspects would promote a true philosophical knowledge of men (...). For Humboldt the Hellenic world was a unity of diverse forces, a cultural unity which his own times lacked but might regain through a comprehensive study of the Greeks. His plan for a comparative anthropology was to study the moral character of different human types; a great variety of sources would provide the data for establishing an ideal norm, which was not adequately represented by any specific individuality" (Isham, H.: „Wilhelm von Humboldt". In: Edwards, P. [Hrsg.]: *The Encyclopedia of Philosophy.* London, New York 1967. S. 72-74, hier: S. 73).

[23] Humboldts Schwerpunkt im Staatsdienst wird jedoch erst nach den römischen Jahren, von 1809 – 1819, sein. Zu Humboldts politischer Tätigkeit, die insgesamt die Jahre 1802 – 1820 umfaßt, vgl. vor allem B. Gebhardts ausführliche Darstellung: *Wilhelm von Humboldt als Staatsmann (2 Bde.).* Stuttgart 1896-99, in der er sowohl „bestrebt war, das Material intensiv zu verarbeiten", als auch „Humboldt (...) oft und ausführlich selbst zu Wort kommen zu lassen" (Bd. 1, Vorwort).

[24] Humboldt, W. v.: *Wilhelm von Humboldts Briefe an Karl Gustav von Brinckmann. Hrsg. und erläutert von A. Leitzmann.* [Humboldt an Brinckmann am 3. September 1792]. Leipzig 1939. S. 20.

[25] [Humboldt an Brinckmann am 3. September 1792], a.a.O., S. 21. – Zur Beschäftigung Humboldts mit Pindar vgl. Schlesier, G.: *Erinnerungen an W. v. Humboldt (2 Bde.).* Stuttgart 1843/45. Bd. 1, S. 148-150.

[26] [Humboldt an Wolf am 1. Dec. 1792], a.a.O., S. 25.

[27] Ebd.

Göttinger Hochschullehrer Heyne schon in Humboldts Studienzeit vehement widerspricht.[28] In zahlreichen, späteren Briefen, u.a. mit dem Altertumsforscher und Philologen F. G. Welcker, wird vielmehr deutlich, daß Humboldt auch in philologischen Fragen über hohen Sachverstand verfügte. Das Griechische beherrscht er perfekt.[29] Auf die Anregung Wolfs, des „berühmten Professors der alten Literatur und Beredsamkeit an der Universität Halle"[30], den Humboldt im Sommer 1792 besucht hat und zu dem er engeren Kontakt sucht, geht nun der Impuls zu einer erneuten Beschäftigung mit der Antike zurück.[31] Diese mündet u.a. in das ‚Hellas'-

---

[28] Vgl. zur Bedeutung von Humboldts diesbezüglichem Studieninteresse auch Schaffstein, *Wilhelm von Humboldt*, a.a.O., S. 25. – Zum Studium Humboldts bei C. G. Heyne insgesamt vgl. vor allem Sauter, *Humboldt und die deutsche Aufklärung*, a.a.O., S. 138-173. – Zur Rolle Heynes im Kontext der anderen Göttinger Studien vgl. Kessel, *Wilhelm von Humboldt*, a.a.O., S. 37. – Zur Bewertung von Humboldts philologischen Kenntnissen durch Heyne vgl. Scurla, *Wilhelm von Humboldt*, a.a.O., S. 38.

[29] Vgl. Berglar, P.: *Wilhelm von Humboldt in Selbstzeugnissen und Bilddokumenten*. Reinbek bei Hamburg 1982. S. 47. – Auf Humboldts frühen Griechisch-Unterricht weist auch Kessel, *Wilhelm von Humboldt*, a.a.O., S. 24, hin.

[30] Mattson, Ph.: „Einleitung". In: ders. (Hrsg.): *Briefe an F. A. Wolf*, a.a.O., S. 2. Mattson berichtet auch über die wechselvolle Geschichte der Freundschaft zwischen Humboldt und Wolf. Begann diese ab 1792 schnell intensiv zu werden und war sie in der Zeit zwischen 1797-1808 weiter von der Erörterung philologischer Fragestellungen bzw. von Wolfs Bitten um Beratung und Vermittlung von Kontakten bestimmt, gab es vor allem in der Zeit ab 1808 starke Spannungen, die augenscheinlich daher rührten, daß Wolf die ihm von Humboldt zugedachte Aufgabe innerhalb der Reform des preußischen Unterrichtswesens nicht erfüllen wollte. Dies scheiterte letztlich an Wolfs „Eitelkeit, Widerborstigkeit und der in seiner Berliner Periode sprichwörtlichen Arbeitsunfähigkeit" (S. 6). Wie intensiv die Freundschaft in ihrer Anfangszeit zumindest von Humboldts Seite aus war, davon zeugt sein Brief an Wolf vom 15. Juni 1795: „Es hat mich frappirt, daß Sie in Ihrem Briefe bemerken, daß wir eigentlich wenig Gespräch mit einander gepflogen in den frohen glücklichen Tagen, die wir hier mit einander verlebten. Auch ich hatte schon vorher bei mir dieselbe Bemerkung gemacht, und es hat mich von neuem darin bestätigt, daß die Freundschaft so unglaublich mehr auf den Empfindungen, Gesinnungen, Charakter, der ganzen Art zu seyn, als auf einzelnen, wenn gleich noch so wichtigen Ideen und Meynungen beruht, und so viel mehr daher aus dem Anschauen, Umgehen, bloßen Beieinanderseyn, als aus eigentlichen Gesprächen, den gerade ihr eigenthümlichen Genuß zieht." [Humboldt an Wolf am 15. Juni 1795], a.a.O., S. 116.

[31] Vgl. Stadler, *Humboldts Bild*, a.a.O., S. 37. – Auf die Tatsache, daß erst Wolf Humboldt das Griechentum richtig erschloß, weist E. Kessel hin (vgl. Kessel, *Wilhelm von Humboldt*, a.a.O., S. 43). – A. Leitzmann hebt hervor, Humboldt habe für „das Studium der griechischen Sprache und Literatur wie der gesamten Daseinsverhältnisse des klassischen Altertums" wohl „keinen besseren und kundigeren Führer (...) finden" können „als Wolf" (Leitzmann, *Wilhelm von Humboldt*, a.a.O., S. 31). – Howald bezeichnet Wolf im Kontext der Ereignisse des Jahres 1792 als den „wahren Rattenfänger, der die Ursache der nun einsetzenden konzentrierten und ausschließlichen Beschäftigung (Humboldts, U.W.) mit den Griechen wird" (Howald, *Wilhelm von Humboldt*, a.a.O., S. 51).

Projekt, unter dem sich Humboldt eine „Schrif[t]"[32] vorstellte, „die ohne ein Journal zu sein, fortliefe", und die „allein der griechischen Litteratur gewidmet wäre, und theils Uebersetzungen aus allen Arten der Schriftsteller, theils eigene Aufsätze"[33] enthalten solle. Weihnachten 1792 kommt Wolf, der Humboldt zur Erstellung einer programmatischen Studie ermuntert, nach Auleben, und bereits am 23. 1. 1793 geht das fertige Manuskript an Wolf ab. Und obwohl Humboldt einige Tage nach Absendung massive Zweifel an seiner ‚Griechenskizze' bekommt, wird sie – Humboldt ist erleichtert – von Wolf positiv beurteilt.[34]

Humboldts Text *Über das Studium des Alterthums, und des Griechischen insbesondre* (I 255-281) von 1793 trägt so noch alle Charakteristika einer Selbstvergewisserung über das eigene Studium[35], „wie es denn überhaupt" Humboldts „Absicht ist, nur zu versuchen, das für sich minder Klare in ein helleres Licht zu stellen" (I 258). Der vom Autor in 43 Paragraphen eingeteilte Text beginnt lexikalisch und systematisch mit einem aristotelischen Paukenschlag. Humboldt, nach dem Nutzen fragend, warum die Überreste des Altertums überhaupt studiert werden sollten, nennt zwei Gründe: „Einen m a t e r i a l e n, indem es (das Studium, U.W.) andren Wissenschaften S t o f f darbietet, den sie bearbeiten" (I 255). In Paragraph 2 folgt die Komplementärperspektive: „D e r   f o r m a l e   N u z e n kann wiederum zwiefach sein, einmal insofern man die Ueberreste des Alterthums an sich und als W e r k e der Gattung, zu der sie gehören, betrachtet, und also allein auf sie selbst sieht; und zweitens indem man sie als Werke aus der Periode, aus welcher sie stammen, betrachtet, und auf ihre Urheber sieht" (I 255-256). Humboldt handelt also hier schon wie selbstverständlich mit dem aristotelischen Begriffspaar Stoff und Form und verwendet es als den Gegenstand differenzierendes Ordnungsschema. Er begründet nun, warum vor allem die Nation als Studienobjekt der Geschichte so geeignet ist[36], und stellt fest, daß der Charakter des Zustandes der Nation „n a c h   a l l e n   s e i n e n   S e i t e n,   u n d   i n   s e i n e m

---

32 [Humboldt an Wolf am 1. Dec. 1792], a.a.O., S. 26.

33 Ebd.

34 Vgl. Flitner/Unterberger: „Einführung Antike", a.a.O., S. 376.

35 Vgl. zu dieser Schrift auch die Darstellung von Quillien, *Humboldt et la Grèce*, a.a.O., S. 33-45.

36 Vgl. dazu: „Das Studium einer Nation gewährt schlechterdings alle diejenigen Vortheile, welche die Geschichte überhaupt darbietet, indem dieselbe durch Beispiele von Handlungen und Begebenheiten die Menschenkenntniss erweitert, die Beurtheilungskraft schärft, den Charakter erhöht und verbessert; aber es thut noch mehr. Indem es nicht sowohl dem Faden auf einander folgender Begebenheiten nachspürt, als vielmehr den Zustand und die gänzliche Lage der Nation zu erforschen versucht, liefert es gleichsam eine B i o g r a p h i e derselben" (I 256).

ganzen Zusammenhange entwikkelt, nicht bloss die gegenseitigen Beziehungen der einzelnen Charakterzüge
unter einander, sondern auch ihre Relationen zu den
äussren Umständen, als Ursachen oder Folgen, einzeln
untersucht werden" (I 256) muß. Das im 1. Kap. ausgewiesene *Relation-Differenz-Theorem* findet hier seine erneute Bestätigung. Humboldt verlangt nicht nur die Aufweisung der inneren Analogien des Charakters, sondern auch die der äußeren, die in der relativen Differenz
verstandene Verortung zu den gegebenen Tatsachen. Der Begriff des Charakters erschließt sich nun u. a. über die Menschenkenntnis, die Humboldt definiert als „die Kenntniss der verschiedenen intellektuellen, empfindenden, und moralischen menschlichen
Kräfte, der Modifikationen, die sie durch einander gewinnen, der möglichen Arten ihres richtigen und unrichtigen Verhältnisses, der Beziehung der äusseren Umstände auf sie, dessen, was diese in einer gegebnen Stimmung
unausbleiblich wirken müssen, und was sie nie zu wirken vermögen,
kurz der Geseze der Nothwendigkeit der von innen, und
der Möglichkeit der von aussen gewirkten Umwandlungen" (I 257). Humboldt erklärt dann, an welchen menschlichen Tätigkeitsprofilen diese Kräfte der Menschen entwickelt[37] und auf welche Weise ‚philosophische‘ Menschenkenntnis erlangt werden kann. Er skizziert
„zuerst – um vom Leichtesten anzufangen – den handelnden Menschen" (I 257), der als Träger des praktischen Lebens „seiner moralischen Würde wahrhaft eingedenk ist" (I 257), alsdann den „Historiker im
allerweitesten Sinne des Worts" (I 258), geht über den „Philosophen"[38]
(I 259) zum Künstler, dessen „einziger Zwek (...) Schönheit" (I 259) ist,
und beschließt schließlich seine Analyse, in der er den „Menschen mit
Fleiss abgesondert in einzelnen Energien betrachtet" (I 261), mit „dem
bloss Geniessenden", von dem „sich eigentlich nichts sagen" ließe, „da
der Eigensinn des Genusses keine Regel annimmt" (I 260). Hier begegnet

---

[37] Humboldt weist nebenbei noch darauf hin, daß „alle Unvollkommenheiten sich auf Misverhältnisse der Kräfte zurückbringen lassen (Umst., U.W.)" (I 258).

[38] Zum ‚Philosophen‘ merkt Humboldt an: „Aber wenn auch dieser das ganze Erkenntnissvermögen ausmessen soll, wenn es ferner von dem Gebiete der Erscheinungen in das Gebiet der wirklichen Wesen keinen andren Weg, als durch die praktische Vernunft giebt,
wenn Freiheit und Nothwendigkeit eines allgemein gebietenden Gesezes allein zu Beweisen für die wichtigsten, übersinnlichen Principien führen können; so muss die mannigfaltigste Beobachtung der, in andren und andren Graden gemischten menschlichen Kräfte
auch diess Geschäft um vieles erleichtern, und am sichersten das sehen lassen, was allgemein ist und sich in jeder Mischung gleich erhält" (I 259).

also die humboldtsche Adaption des ‚Energeia'-Begriffs in einer Bedeutungsvariante, die den Alltagsbegriff ‚Tätigkeit' bereits extentional überschreitet, die die Bedeutung, die später als (Rück-) Übersetzungsangebot
in der *Kawi-Einleitung* auftaucht, jedoch in lediglich reduzierter Intension ‚vorwegnimmt'.

Humboldts Tätigkeitsanalyse zielt hier auf eine solche Fähigkeit zur
Kenntnis des Menschen, die geeignet und „vorzüglich nothwendig
ist, um das einzelne Bestreben zu Einem Ganzen und gerade zu der Einheit des edelsten Zweks, der höchsten,
proportionirlichsten Ausbildung des Menschen zu verei-
nen" (I 261). Mögliche Reduktionsvarianten weist Humboldt daher unter Zuhilfenahme aristotelischer Termini zurück: „Denn das Beschäftigen
einzelner Seiten der Kraft bewirkt leicht mindere Rüksicht auf den Nuzen dieses Beschäftigens, als Energie, und zu grosse auf den Nuzen des
Hervorgebrachten, als eines Ergon, und nur häufiges Betrachten des Menschen in der Schönheit seiner Einheit führt den zerstreuten Blik auf den
wahren Endzwek zurük" (I 261-262)[39]. Die ontologische Alternativlosig-
keit von ‚Ergon' und ‚Energeia' ist hier bei weitem noch nicht so apodiktisch wie in der *Kawi-Einleitung*, Humboldts Wertung deutet aber schon
an, daß über 40 Jahre später der Primat der ‚Energeia' einen alles andere
aufhebenden Charakter annehmen wird. Er unterstützt dies gleichsam insistierend wiederum durch das bereits eingangs verwendete aristotelische
Strukturmuster, wenn er resümiert, daß „jene Kenntniss (zwar wirkt,
U.W.), wenn sie erworben ist, gleichsam als Material; aber gleich heilsam
und vielleicht noch heilsamer wirkt gleichsam ihre Form, die Art sie
zu erwerben" (I 262). Es ist aufgrund der theoretischen Verwendung
der Termini ergo anzunehmen, daß Humboldt das Panorama der aristotelischen Ontologie bereits zu diesem Zeitpunkt nicht nur beherrscht,
sondern schon selbstverständlich zur eigenen Theorieentwicklung und für
das selbstauferlegte ‚Studium' anderer Wissenschaftsbereiche als Er-
klärungs- und Erkenntnishilfe verwendet.

Humboldt beschließt damit seinen allgemeinen, grundsätzlichen Teil
(Paragraphen 1-13)[40] und geht nun in den Paragraphen 14-17 zu ‚metho-

---

[39] Vgl. dazu: „Am auffallendsten ist dieser Unterschied bei den eigentlichen Geistesproduk-
ten, weniger bei den Künsten, und unter diesen mehr bei den energischen (Musik, Tanz)
als bei den bildenden (Mahlerei, Bildhauerkunst)" (I 263).

[40] Humboldt nimmt selbst eine weitaus gröbere Einteilung vor, als sie hier vorgeschlagen
wird. Er schreibt am 23. Januar 1793 an Wolf: „Bis zum 17[.]§. glaube ich, werden sie mit
mir einstimmiger sein. Diese Sätze enthalten mehr die eigentlich philosophischen Prämissen. (...) Von §.18 an aber bis zu Ende sind es meist historische Säze, oder das Raisonnement
ist doch mit solchen gemischt" ([Humboldt an Wolf am 23. Januar 1793], a.a.O., S. 29).

dologischen' Überlegungen bezüglich der Frage über, nach welchen Kriterien sich Nationen als Gegenstand der Untersuchung danach kategori-
sieren ließen, an welcher dieser Nationen nun das Charakterstudium nicht
prinzipiell (dies geht laut Humboldt bei jeder Nation), sondern eben *am
besten* durchführbar sei. Er nennt vier Punkte. Eine Nation ist für das
Studium dann geeignet, wenn „1., je nachdem die von ihr vor-
handnen Ueberreste ein treuer Abdruk ihres Geistes und
ihres Charakters sind, oder nicht" (I 263); weiter ob „2. (...) der
Charakter einer Nation Vielseitigkeit und Einheit – welche
im Grunde Eins sind – besizt" (I 263); „3., je nachdem eine Nation
reich ist an Mannigfaltigkeit der verschiedenen Formen";
schließlich „4., je nachdem der Charakter einer Nation
von der Art ist, dass er demjenigen Charakter des Menschen überhaupt, welcher in jeder Lage, ohne Rüksicht
auf individuelle Verschiedenheiten da sein kann und da
sein sollte, am nächsten kommt" (I 264). Daher setzt Humboldt
nach der Auswahl einer besonders geeigneten Nation dann auch auf eine
intensive Untersuchung eben dieser einen und nicht auf eine wohlmöglich
oberflächliche Untersuchung möglichst vieler Nationen.[41]
Wer aber die bestgeeignete Nation zur Untersuchung ist, ist für Humboldt keine Frage. Die vier Kriterien implizieren zunächst, daß nur noch
die „alten Nationen" (I 264) in Frage kommen und „Alte nenne ich hier
ausschliessend die Griechen, und unter diesen oft ausschliessend die
Athener" (I 265)[42]. Humboldt führt jetzt eine Reihe von Plausibilitätsargumenten an, warum die Auswahl so und nicht anders sein müßte, die im
Vergleich zu seinen theoretischen Argumenten nicht besonders belastbar
sind.[43] Kennzeichnend ist aber, daß nun die Sprache ins argumentative
Feld geführt wird, wenn auch die Anwendung dieses Kriteriums auf „die
Griechen" (I 265) – zumindest wie Humboldt dies durchführt – wiederum wenig zu überzeugen vermag. Die folgenden Paragraphen widmen

---

[41] Vgl. dazu: „Allein ausser der Immensität dieses Studiums kommt es mehr auf den Grad der
Intension an, mit dem Eine Nation, als auf den der Extension, mit welchem eine Menge von
Nationen studirt wird. Ist es also rathsam, bei Einer oder einem Paar stehen zu bleiben; so
ist es gut, diejenigen zu wählen, welche gleichsam mehrere andre repräsentiren" (I 264).

[42] Zur Einstellung Humboldts zum alten Rom vgl. auch seine Bemerkung im Brief an
Brinckmann vom 3. September 1792: „die Alten sind alle Schriftsteller bloß 2 Nationen,
und wenn man es genau nimmt nur Einer, der Griechen, da die Römischen Schriftsteller,
als solche, im Grunde Griechen heißen müssen" [Humboldt an Brinckmann am 3. September 1792], a.a.O., S. 21-22.

[43] Vgl. z. B. Humboldts häufig versuchte *Anwendung* seiner Individualitätsargumentation
auf die Griechen: „Die Ueberreste der Griechen tragen die meisten Spuren der Individualität ihrer Urheber an sich. Die beträchtlichsten sind die litterarischen" (I 265).

sich trotzdem intensiv dieser ‚Klärung', warum eben gerade das Griechische und die Griechen besonders untersuchenswert sind. Hier wechseln sich nachvollziehbare Einzelbeobachtungen mit (zu) kühnen Vermutungen ab, die noch – Humboldt wird in seinen weiteren Ausführungen durchaus auch von dieser Strategie abgehen – wenigstens von der Spannung zwischen Argument und gewünschtem Ergebnis getragen sind. So bleibt er ebenso allgemein wie insistierend, wenn er in Paragraph 25 resümierend bemerkt: „Aus allem Gesagten ist also e i n e g r o s s e T e n d e n z d e r G r i e c h e n , d e n M e n s c h e n i n d e r m ö g l i c h s t e n V i e l - s e i t i g k e i t u n d E i n h e i t a u s z u b i l d e n , unläugbar" (I 270).

Die Paragraphen 26-36 widmen sich dann der historiographischen und mentalitätsgeschichtlichen Fragestellung, wie es die Griechen in der Ausbildung ihres Charakters überhaupt so weit und konkurrenzlos haben bringen können. Hier werden unterschiedliche Gründe angeführt: Die notwendige Muße zur Bildung, ermöglicht durch die Sklaverei (26), die Möglichkeit zur politischen Partizipation durch eine Verfassung (27), die Greifbarkeit und Sinnlichkeit der Religion (28), das Ehr- und Nationalbewußtsein (29) und schließlich der Polis- und ‚Föderationsgedanke' Griechenlands mit seinen Einzelstaaten, der allerdings bei aller Individualität der Staaten den gegenseitigen Austausch förderte und durch Konkurrenz Profilbildung zuließ (30). Die notwendige Offenheit und Veränderungsfähigkeit waren dann nicht nur in der Lage, das daraus entstehende Potential fruchtbar zu machen: „D i e P h a n t a s i e d e s G r i e c h e n w a r s o r e i z b a r v o n a u s s e n , u n d e r s e l b s t i n s i c h s o b e w e g l i c h , dass er nicht bloss für jeden Eindruk in hohem Grade empfänglich war, sondern auch jedem einen grossen Einfluss auf seine Bildung erlaubte" (I 274), eine tolerante Religionsanschauung, für Humboldt sicherlich besonders reizvoll, „ü b t e s c h l e c h t e r d i n g s k e i n e H e r r s c h a f t ü b e r d e n G l a u b e n u n d d i e G e s i n n u n g e n a u s " (I 274).

Ein ebenfalls deutlicher Zug, der sich durch Humboldts Griechenbild in diesem Text zieht, ist die Bewunderung für deren ästhetische Kompetenz: „E i n (. . .) v o r z ü g l i c h c h a r a k t e r i s t i s c h e r Z u g d e r G r i e - c h e n i s t d i e h o h e A u s b i l d u n g d e s S c h ö n h e i t s g e f ü h l s u n d d e s G e s c h m a k s u n d v o r z ü g l i c h d i e a l l g e m e i n e A u s b r e i - t u n g d i e s e s G e f ü h l s u n t e r d e r g a n z e n N a t i o n " (I 275).

So bleibt Humboldt fast nichts übrig, als sein zuvor programmatisch gefaßtes und – es sei fairerweise an die Funktion des Textes erinnert – ja auch als funktional bzw. programmatisch verstandenes Urteil noch einmal in der Form zu bestätigen, daß „s i c h d a h e r i n d e m G r i e c h i s c h e n C h a r a k t e r m e i s t e n t h e i l s d e r u r s p r ü n g l i c h e C h a r a k t e r d e r M e n s c h h e i t ü b e r h a u p t , n u r m i t e i n e m s o h o h e n G r a d e d e r V e r f e i -

nerung versezt (zeigt, U.W.), als vielleicht nur immer möglich sein mag"
(I 275). Die schon als rhetorisch anvisierte ‚Nationen'-Frage, „ob leicht
eine andre an die Stelle der Griechischen treten könne"
(I 277), wird dann auch abschlägig beschieden und nur aus apologetischen
Gründen prinzipiell für möglich gehalten, daß „sich nun in irgend einem
noch unentdeckten Erdstrich eine solche Nation zeigen wird, welche mit
dieser Eigenthümlichkeit die übrigen, oder ähnliche, oder höhere Vorzüge, als die Griechische, verbände, ..." (I 277). Die Abhandlung schließt in
den Paragraphen 37-43 mit – zur Qualität der einleitenden allgemeinen
Studienkriterien zurückkehrenden – Bemerkungen Humboldts zur Notwendigkeit und zum Charakter philologischer Arbeit. Diese ist notwendig, weil das bloße Berichten und die „Schilderung der Griechen" (I 278)
durch *andere* nutzlos ist: „Es bleibt daher nichts, als eignes
Studium übrig" (I 278), eine „unmittelbare Bearbeitung der
Quellen selbst durch Kritik und Interpretation" (I 279), ergänzt durch einordnende und überblickende „Schilderung des Zustandes
der Griechen" (I 279), und schließlich „Uebersetzungen" (I 280) mit
dem dreifachen Zweck der Übersetzung für andere, die das „Original
nicht selbst zu lesen im Stande sind" (I 280), der Verständnisoptimierung
für den Leser des Originals und schließlich – am wichtigsten – der erschließenden Unterstützung der Tätigkeit des Übersetzens als Einwei-
hung in den Geist des Textes selbst, als immer vorläufig gemeinte und auf
den aktiven philologischen Vollzug rekurrierende hermeneutische Option. Mit dem etwas elitären Hinweis, daß „das Studium des Alterthums
die grösseste, ausgebreitetste, und genaueste Gelehrsamkeit" (I 280-281)
erfordert, die sich „natürlich nur bei sehr Wenigen finden kann" (I 281),
enden diese wiederum funktionalen Bemerkungen zu Humboldts Programm, das doch vor allem – dies sei hier das Resümee – Ziel und Bedingungen seines eigenen Studiums verstehen läßt. 25 Jahre später, am 21. 4.
1818, schreibt er an Caroline, er habe „einen alten Aufsatz neulich durchgelesen über die Individualität der Griechen und die Ansicht des Altertums"[44]. Und weiter:

> „Du erinnerst Dich vielleicht noch seiner. Er ist mehr eine Skizze, in Para-
> graphen geschrieben, und hat Anmerkungen von Schiller und dem Koadju-
> tor am Rande; auch Wolf hatte ihn und brachte mich eigentlich davon ab. Ich
> hätte ihn weiter, d.h. ausführlicher, denn er ist in sich vollendet, umarbeiten
> sollen. Er ist mir das Beste und Gedachteste, was ich je gemacht habe, und hat

---

[44] *Wilhelm und Caroline von Humboldt in ihren Briefen.* 7. Bde. Hrsg. von Anna von Sydow. Berlin 1913. Sechster Band: Im Kampf mit Hardenberg. Briefe von 1817-1819.
[Humboldt an Caroline am 21. April 1818] S. 181.

mir wirklich, was mit so einer alten Arbeit selten der Fall ist, Freude gemacht"[45].

4.2 ‚Betrachtungen‘ zu Hellas und Sprache

Dieses Skizzenhafte trägt Humboldts Griechenidealisierung auch in den
späten Jahren seines römischen Aufenthalts. Für den Preußischen Resi-
denten beim Päpstlichen Stuhl, der sich das Land der alten Griechen aus
den Texten erschließt und der im realen Griechenland seiner Zeit nie gewesen ist, ist Rom der Ort, an dem ihm durch die antiken Zeugnisse hindurch das konstruierte ‚Hellas‘ als Gedankenraum erneut präsent wird.[46]
Drei Fragmente sind in diesem biographischen Kontext entstanden, von
denen *Latium und Hellas oder Betrachtungen über das classische Alterthum* (III 136-170) von 1806 wahrscheinlich das erste ist.[47] Sein

---

[45] Ebd.

[46] Zur Bedeutung von Humboldts Rom-Aufenthalt vgl. auch Eberl, H.: *Wilhelm von Humboldt und die deutsche Klassik.* Leipzig 1932. S. 31-38. – S. Waldmann weist in seiner Studie
*Die Bedeutung des römischen Aufenthalts für Wilhelm von Humboldts geistige und wissen-
schaftliche Entwicklung* darauf hin, daß „Humboldt innerhalb der Mauern der Tiberstadt
den Widerschein hellenischen Geistes sah (Umst., U.W.)" (Waldmann, S.: *Die Bedeutung
des römischen Aufenthalts für Wilhelm von Humboldts geistige und wissenschaftliche Entwicklung.* München [Diss.] 1953. S. 79). Waldmann gliedert Humboldts römische Beschäftigung in die großen Bereiche Anthropologie, ‚Weltbild‘, Ästhetik und künstlerische Produktion, eine Schematisierung, in die auch die Antike-Beschäftigung – gewissermaßen quer
dazu – eingeordnet wird. Für Waldmann ist Humboldt ganz „Klassizist", der „in der Ewigen Stadt einen großen Plan, die Schätze der Antike zu erschließen" (S. 78), entwirft. Trotz
der sehr minutiösen und gelungenen Beschreibung der einzelnen Sachverhalte mag für
Waldmanns Untersuchung gerade das gelten, was dieser für Humboldts Antike-Beschäftigung feststellt: „Man glaubt, sein Herz sprechen zu hören" (S. 78). – Leitzmann weist darauf hin, daß auch der London-Aufenthalt 1817-18 und die dortige Möglichkeit des Buches
des ‚Panorama von Athen‘, der Elginschen Monumente und des phigaleischen Frieses nach
Humboldts eigener Aussage zu dessen Antike-Bild noch einmal Entscheidendes beigetragen hat: „Eine ungeahnte Vertiefung brachte der londoner Aufenthalt für Humboldts Auffassung der Antike: hinter den römischen Eindrücken und der Reliquien römischer Kunst,
die er früher als weihevollen Besitz in sein Inneres aufgenommen und mit dem Besten und
Wertvollsten in sich verschmolzen hatte, hinter diesem antiken Dasein sozusagen aus zweiter Hand tat sich ihm hier die Pforte zum wahren antiken Dasein, zum Griechentum der
älteren Zeit auf, und es war ihm von der Gunst des Schicksals vergönnt, einen Blick in das
gelobte Land Athen und seine Kunst zu tun wie Moses, zumal die starke Sehnsucht, Athen
selbst noch zu schauen, ihm nicht mehr erfüllt wurde" (Leitzmann, *Wilhelm von Humboldt,* a.a.O., S. 67). Zur genaueren Darstellung der einzelnen Denkmäler siehe S. 68-69.

[47] Über das genaue Entstehungsdatum gibt es keine eindeutigen Zeugnisse. Neben Leitzmanns Datierung für den Herbst 1806 wird auch 1807 als mögliches Entstehungsdatum

Bemühen um eine historische Verortung und Legitimierung seiner *Gebildeten Antike* ist hier weitgehend verlorengegangen, ja es ist in gewisser
Weise opportun, von einer Art Enthistorisierung in Humboldts Griechenbild zu sprechen.[48] Das heißt nicht, daß sich auch in *Latium und
Hellas* keine historischen Anknüpfungen fänden, sie werden nur fundamental anders bewertet und erfahren eine andere Rolle. Trotz dieses qualitativen Schrittes zur Idealisierung aber wird Humboldts diesbezügliche
Darstellung nicht etwa simplifizierender, sondern noch komplexer. Es ist
daher sinnvoll, Humboldts Argumentationsgang unter dem selbstgewählten Leitbegriff der ‚Betrachtungen' nachzuvollziehen, der auf eine Erweiterung der Perspektivik hindeutet.

Für Humboldt gibt es, so stellt er eingangs fest, „einen vierfachen Genuss des Alterthums:

> in der Lesung der alten Schriftsteller,
> in der Anschauung der alten Kunstwerke,
> in dem Studium der alten Geschichte,
> in dem Leben auf classischem Boden" (III 136).

Der klassische Boden Roms bietet nun für den Genuß seiner selbst und
der anderen drei den „höheren Standpunkt, mehr Vollständigkeit der
Uebersicht" (III 136), für Griechenland hingegen hegt Humboldt „Empfindungen tieferer Wehmuth" (III 136), „das Alterthum" ist ihm die „bes-
sere Heimath, zu der man jedesmal gern zurückkehrt" (III 136). In der
hier als historisch begriffenen Grundstruktur des Heimat-Motivs ist dann
auch begründet, „dass die Beschäftigung mit dem Alterthume die Untersuchung nie zu einem Ende und den Genuss nie zur Sättigung führt"
(III 137). Auch 15 Jahre nach seiner Selbstvergewisserung über das ‚Studium der Alten' ist aristotelische Terminologie wie selbstverständlich im
Programm, denn wenn Humboldt gerade an den Griechen die „Behandlungsart" (III 137) zur Betrachtung der menschlichen Natur schlechthin
sucht, so will er „mit der höchst möglichen Freiheit von stoffartigem Interesse immer nur diese Form vor Augen (...) haben, diesen Uebergang
vom Individuellen zum Idealen, vom Einfachsten zum Höchsten, vom
Einzelnen zum Universum, ihn wie einen freien Rhythmus, nur mit ewig
verschiedenem untergelegtem Texte überall ertönen (...) lassen" (III 137).
Humboldts Diktion ist auffallend triumphalistischer geworden, hat aber
den argumentativen Boden von 1793 noch nicht verlassen, denn auch hier

---

angegeben. Zur Datierungsproblematik vgl. auch Flitner/Unterberger: „Einführung Antike", a.a.O., S. 384. – III 372 f. – Humboldt, W. v.: *Sechs ungedruckte Aufsätze über das
klassische Altertum. Hg. von Albert Leitzmann.* Leipzig 1896. S. XIII-LIV.
[48] Vgl. Müller, *Menschenbild und Humanismus*, a.a.O., S. 308.

warnt er, „nicht das Sichtbare und Unsichtbare so zu trennen, als sey eins
bloss die Hülle des sonst unabhängigen Andern" (III 137). Humboldt beschreibt also sein Unternehmen, „alles im Ganzen und Einzelnen, nur
mehr oder minder, symbolisch zu behandeln" (III 137), erkenntnistheoretisch und wissenschaftsmethodologisch als integriertes Projekt. Daß er
dies ausgerechnet mit der aristotelischen Stoff-Form-Konstellation leistet,
illustriert die Selbstverständlichkeit der Verwendung dieses Repertoires
auch 1806 und leitet auf die folgende Textstelle hin, in der Humboldt – im
Kontext der Klärung des Individualitätsbegriffes[49] – seinen aristotelischen
Begriffsrahmen erheblich erweitert:

> „Nichts Lebendiges und daher keine Kraft keiner Art kann als eine Substanz
> angesehen werden, die entweder selbst, oder in der irgend etwas ruhte; son-
> dern sie ist eine Energie, die einzig und allein an der Handlung hängt, die sie
> in jedem Moment ausübt" (III 139).

Humboldt verwendet hier außer dem typischen aristotelischen Sub-
stanz-Muster, das noch Gegenstand näherer Betrachtung sein wird, drei
Termini, die semantisch aneinander gebunden den Energeia-Begriff
annähernd erreichen, nämlich den der ‚Energie' als Prinzip der Wirksamkeit, den der ‚Handlung' als Prinzip der Tätigkeit und den des ‚Moments' als Prinzip von Aktualität. Das prinzipiell Unvollständige jeder
Entwicklung drückt sich gerade dann darin aus, daß „keine Kraft mit
dem, was sie bis jetzt gewirkt hat, vollendet ist (Umst., U.W.)" (III 139),
und kommentiert Humboldts durchaus plausiblen – allerdings auf einen
naiven Religions-Begriff zielenden – ontologischen ‚Anti-Gottesbeweis',
nach dem „unveränderliches Wesen" (III 139) eine *contradictio in adiecto*
darstelle. So kommt Humboldt zu dem naturphilosophischen Schluß,
daß „die individuelle Kraft des Einen (..) dieselbe mit der aller Andern,
und der Natur überhaupt" (III 139) sei und der daraus resultierenden anthropologischen – gewollt paradoxen – Konsequenz eines immer kollek-
tiv gebundenen und trotzdem in prinzipieller Unterschiedenheit grün-
denden Individualitätsbegriffes. Denn „ohne das wäre (nicht nur, U.W.)
kein Verstehen, keine Liebe und kein Hass möglich" (III 139), es besteht
auch genauso „zwischen Idee und Leben (...) ein ewiger Abstand" und
„ein ewiger Wettkampf" (III 140). Es würde an dieser Stelle zu weit
führen, der permanenten Verwendung aristotelischer Termini und ihren
platonischen Überschneidungen in Humboldts Aufsatz im einzelnen

---

[49] Vgl. dazu: „Soviel sich auch ein Charakter nach seinen Aeusserungen und selbst seinen Eigenschaften schildern lässt, so bleibt die eigentliche Individualität immer verborgen, uner-
klärlich und unbegreiflich. Sie ist das Leben des Individuums selbst, und der Theil, der von
ihr erscheint, ist der geringste an ihr" (III 138).

nachzugehen.[50] Sie ist vor allem terminologisch breiter, als noch in der ‚Griechenskizze‘, und bestimmt und trägt den Gang der Argumentation über weite Strecken, ohne selbst explizit zum Thema zu werden. Humboldts allmähliche Klärung des Organismus-Begriffes ist mit der Verwendung der Termini darüber hinaus ebenso verbunden[51] wie der Aufbau eines Strukturmusters aristotelischer Provenienz. So erhält der Begriff der ‚Gestalt‘ hier beispielsweise bereits sowohl seinen formalen als auch seinen sinnlichen Aspekt und damit den im aristotelischen Kontext typischen Doppelcharakter, wenn Humboldt ausführt: „Die Gestalt steht unter den ewigen Gesetzen der Mathematik des Raums, hat zur Grundlage die ganze sichtbare Natur und spricht auf mannigfaltige Weise zum Gefühl" (III 140).

„Kehrt man" jedoch mit Humboldt zunächst „zu den einzelnen Eigenschaften des Griechischen Geistes zurück, so findet man die Form der geläuterten Individualität (...) in folgenden Momenten:

1. darin, dass alles in ihm Bewegung, ewig mannigfaltig quellendes Leben ist, und es ihm mehr auf Streben, als auf Erstrebtes ankommt.
2. dass das Streben immer idealischer und geistiger Natur ist.
3. dass es ihm eigen ist, in der Wirklichkeit den wahren und rein natürlichen Charakter der Gegenstände aufzufassen,
4. und ihn in der Verarbeitung idealisch zu behandeln.

---

[50] Vgl. dazu: „Es ist einmal nicht von festen, durch unveränderliche Gränzen umschriebenen Substanzen, sondern von ewig wechselnden Kraftenergien die Rede; es ist ferner überall eine gleiche, vielleicht eine einzige Kraft, die mehr verschiedene Ansichten desselben Resultats, als verschiedene Resultate giebt; und das Ideal ist nur ein Gedankenbild, das eben darum die Allgemeinheit der Idee haben kann, weil ihm die Bestimmtheit des Individuums mangelt" (III 139-140). – „Zu dem Uebergange vom Endlichen zum Unendlichen, der immer nur idealisch ist, taugen ausschliessend die schaffenden Kräfte des Menschen: Einbildungskraft, Vernunft und Gemüth, und diese bedienen sich gewisser Formen, welche nur soviel vom Stoff annehmend, um noch sinnlich zu bleiben, mit eigentlichen Ideen in genauer Verwandtschaft stehend, und daher allbestimmbar, immer einen solchen Eindruck hervorbringen, dass ihre Bestimmtheit niemals beschränkende Gränze scheint" (III 140). – Und: „Die Empfindung fügt zu der Form des letzteren die Gewalt des Gefühls, und folgt den leitenden Ideen des Gemüths" (III 141).

[51] Vgl. dazu: „Da zugleich Leben und Organisation sich wechselseitig fordern, so sprach den Griechen in dem Organischen zugleich die von innen aus bildende Kraft an. Dieser vorherrschende Begriff des Organismus in ihm machte nun, dass er alles scheute und verachtete, was sich nicht in klaren Verhältnissen zu Theilen und Ganzen aus einander legte, was nicht seinen Stoff und selbst seine Form der Idee eines Ganzen unterordnete, was nicht eine innere, frei wirkende Kraft athmete" (III 142). – „Der menschliche Geist hat eine unläugbare Kraft, unmittelbar selbst und in seiner eigenthümlichsten Gestalt aus sich herauszustrahlen, an einem Stoffe zu haften, sobald dieser nur von einer Idee, als etwas seiner Natur Verwandtem, bezwungen ist, und an ihm erkennbar zu seyn" (III 144).

5. dass er bei der Wahl eines Stoffs immer, soviel es möglich ist, die End-
punkte alles geistigen Daseyns, Himmel und Erde, Götter und Menschen,
zusammennimmt und in der Vorstellung des Schicksals, wie in einem
Schlusssteine wölbt" (III 141).

‚Geist' – als Wesen des Charakters verstanden – hat, so Humboldt, sowohl eine Integrationsleistung im Hinblick auf die Realität und Idealität
zu erbringen als auch eine höchstmögliche Vollkommenheit anzustreben.
Nur dann fußt er nicht in einem Begriff von bloßer *Personalität*, sondern
in *Individualität*, die durch ihren idealischen Charakter erst das Attribut
‚geläutert' erwirbt. Der ‚Geist', der die fünf Kennzeichen des Läuterungs-
katalogs in Gänze subsumieren kann, ist aber allein der ‚griechische', und
dies ist weniger Bemühen, sondern, hier beginnt Humboldts riskanter
Umkehrschluß der (Ver-)Selbstverständlichung griechischer Idealität,
natürlicher Zu-Fall: „Mehr aber sinnlicher, als intellectueller Natur liebt
der Grieche nur was sich ohne Mühe zusammenfügt, und die Idee unendlicher, immer wieder in sich organischer Theile ..." (III 142).

Humboldt beschließt damit seine allgemeinen bzw. einleitenden Bemerkungen, die gleichwohl den theoretischen Kern des Aufsatzes darstellen. Für
Latium und Hellas wählt er also eine ähnliche Struktur wie zuvor für das
Programm von 1793. Der zweite Teil der ‚Betrachtungen' hat dann auch wieder einen die theoretischen Aspekte aus- bzw. durchführenden Charakter
wie den Rekurs auf Konkretes zur Stützung der allgemeinen Ausführungen
zum Ziel. Allerdings, und hier mag wohl der entscheidende Unterschied der
beiden Texte liegen, fällt dies ‚Konkrete' in *Latium und Hellas* weit allge-
meingültiger aus als in dem ersten Textbeispiel. Vor allem die thematisieren-
de Einordnung trägt weit mehr den Charakter eines eigenen, konstruierten
Bildes. Humboldt leitet diesen zweiten Teil des Textes folgendermaßen ein:

> „Nachdem wir das Bisherige im Allgemeinen vorausgeschickt haben, wollen
> wir jetzt, die hauptsächlichsten Gegenstände, aus denen sich der Griechische
> Geist noch erkennen lässt, durchgehend, versuchen, kurz und in wenigen
> Momenten das vorzüglich Charakteristische an ihnen darzustellen" (III 142).

Humboldt tut dies nun – die ‚Gegenstände' bereits stark in seinem Sinne
vergegenständlicht – „nach einander an der Kunst, der Dichtung, der Religion, den Sitten und Gebräuchen, dem öffentlichen und Privatcharakter
und der Geschichte" (III 142). Für das vorliegende Untersuchungsinteresse ist es nicht zweckmäßig, über die allgemeine Wertung hinaus dem
Argumentationsgang nachzugehen.[52] Es finden sich gedankliche Motive

---

52 Vgl. zum Zusammenhang von Kunst, Religion, Literatur und Philosophie als Kulturope-
rationen in Humboldts Antike-Bild Quillien, *Humboldt et la Grèce*, a.a.O., S. 87-106

aus dem ersten Teil hier erneut wieder, so z.b. die Konfrontation aristotelischen und platonischen Denkens am Beispiel der Kunst[53], der Humboldt
wie dem griechischen Charakter allgemein ein Höchstmaß an organisch
gewordener Selbstverständlichkeit unterstellt.[54] Auch bei dieser Darstellung erweist sich der aristotelische Begriffsrahmen mit ‚Form', ‚Stoff' und
‚Werk' als brauchbar.[55] Gleiches gilt für die Dichtung[56], in deren Kontext
Humboldt zum ersten Mal auf das zunächst überraschende Thema der
Schlußpassage von *Latium und Hellas* zu sprechen kommt: die Sprache.

(Chapitre III: L'esprit grec: les productions culturelles: art, religion, poésie et philosophie.
Le beau, le divin, le poétique).

[53] Vgl. dazu: „Allein ich berufe mich auf das Urtheil eines jeden, der die Antike mit gesun-
dem Gefühle zu sehen versteht, ob – es verhalte sich auch mit der Wahrheit, wie es wolle –
es nicht wenigstens vollkommen so scheint, als habe der Griechische Künstler seinen Weg
von der Idee aus und nicht zur Idee hin genommen. Dann versteht es sich von selbst, dass
bei der Kunst, in der nothwendig Idee und Erfahrung zusammentreten, nie von einem
Ausschliessen, sondern nur von einem Vorwalten einer von beiden die Rede seyn kann"
(III 143).

[54] Vgl. dazu: „Die Griechische Kunst beherrschte die Mannigfaltigkeit der Natur durch den
einfachen Begriff des organischen Verhältnisses, und gelangte zu Schönheit und Charakter,
ohne unmittelbar nach ihnen zu streben ..." (III 143).

[55] Vgl. dazu: „Aber wie die reine Form der Verhältnisse in der einzelnen Gestalt vorwaltet,
ebenso thut sie in der Mannigfaltigkeit mehrerer verbundner, und die blossen, ganz be-
deutungslos, nur als lieblich verschlungene Linien genommenen Umrisse eines Bacchanals
oder eines Tritonen und Nymphenzuges begleiten und umgeben, gleich einem anschmie-
genden Element, die wirklichen Gestalten, wie das Silbenmass die Worte und Bilder eines
Dithyrambus.
Denn da der Grieche immer die zarte Gränze hielt, die Kunst als Kunst und nicht als Natur zu behandeln, so bestimmte die äussere Anordnung, gewissermassen die Einfassung
seines Werks, die Form eines Sarkophags, eines Frontons, einer Tempelnische vorzüglich
mit die Behandlungsart seines Stoffs, und gab dem Werk, ausser seiner organischen und bedeutenden, noch eine abgesonderte architektonische Form" (III 146). – „... mit unermüde-
ter Sorgfalt vernachlässigte er keinen, noch so kleinen und unwichtig scheinenden Zug, sie
als Kunst von der Wirklichkeit, und als Wirklichkeit von der intellectuellen Idee abzuson-
dern, und so innig schlang er Gestalt und Bedeutung in einander, dass nur der geistloseste
Beschauer seiner Werke die eine als die träge Hülle der andern ansehen könnte" (III 146).

[56] Vgl. dazu: „Die Poesie hat nicht, wie die bildende Kunst ein beschränktes, sondern ein un-
ermessliches alles Daseyn umfassendes Feld. Sie ist Kunst, indem sie die Schöpfung als ein
lebendiges, sich durch eigne Kraft von innen aus gestaltendes Ganzes darzustellen, das be-
lebende Prinzip auszusprechen versucht, das keine andre Beschreibung schildern, und keine nicht von Begeisterung ausgehende Untersuchung erreichen kann, und sie bedient sich
zur Vollendung ihres Geschäfts des Rhythmus, der, als ein wahrer Vermittler, als äussere
Gesetzmässigkeit, die Bewegungen der Welt, und als innere, die Veränderungen des
Gemüths beherrscht" (III 147). – „Auch hier strebt der Grieche vor allem nur nach Grösse
und Reinheit der Formen; bezeichnet mehr einfach den zurückzulegenden Weg, als er bei
einzelnen Punkten verweilt, und hebt aus der Mannigfaltigkeit des endlichen Stoffs die
Idee heraus, die ihn unmittelbar an das Unendliche knüpft" (III 147).

Fast beiläufig wird konstatiert, daß nicht nur „keine unter allen uns bekannten (Sprachen, U.W.) so reich an mannigfaltigen Rhythmen ist (Umst., U.W.)" wie die griechische, sondern „auch den Verseinschnitten so passende Worteinschnitte dar" (-bietet, U.W.), und „so weit mehr den Charakter der tönenden Natur als einer einzelnen menschlichen Empfindungsart" (III 148) trägt. Diese formalen Kriterien korrespondieren daher mit der hohen inhaltlichen Qualität der griechischen Dichtung[57], die vor allem in ihrer organischen Ganzheitlichkeit von der der anderen Sprachen unterschieden ist.[58] An der griechischen Religion gefällt Humboldt (und er knüpft damit an das Denken seines frühen Programms an), daß sie „nicht in einer Reihe erweisbarer oder geoffenbarter Wahrheiten bestand, sondern ein Inbegriff von oft widersprechenden Sagen und Ueberlieferungen war" (III 154). So entspricht es dieser sinnlichen Religionsauffassung auch, wenn Humboldt feststellt, daß „der Grieche (...) alle seine Götter, mehr oder weniger, als Söhne des Bodens an (-sah, U.W.), den er bewohnte" (III 155).

Ein besonders markanter Punkt in Humboldt Griechenbild zeigt sich nun im vierten der von ihm untersuchten Aspekte, den Sitten und Gebräuchen. Humboldt hält fest:

> „Rechnet man dazu nun noch die Musik in der Ausdehnung, in der sie die Griechen nahmen, und die Akademieen der Philosophen, so sieht man, dass die Griechen ausser ihrem öffentlichen und häuslichen Leben noch ein drittes hatten, das keine andre Nation in dieser Ausdehnung kannte, noch in diesem Grade benutzte. Denn das Eigenthümliche davon liegt darin, dass es sich mit Dingen beschäftigte, die nicht unmittelbar auf einen äusseren Zweck gerichtet waren, dass es frei war von den Fesseln des Staats und der Gesetze, und doch fortdauernd um einen grossen Theil und zwar der gebildetsten Bürger

---

[57] Vgl. dazu: „Denn es ist, als ginge der Zweck aller Griechischen Dichter nur dahin, das Menschengeschlecht, in seinem Gegensatz und seiner Gemeinschaft mit den Göttern, und zugleich mit ihnen untergeordnet dem Schicksal, als Eine kolossale Gestalt darzustellen. So mächtig und so rein strebt alles dahin zusammen. Alles zu Individuelle wird daher verschmäht, und mit Fleiss vermieden. Nicht der Einzelne, sondern der Mensch soll auftreten in den bestimmt geschiedenen, aber einfachen Zügen seines Charakters" (III 150).

[58] Vgl. dazu: „Alle Dichtung, die sich, erreiche sie auch von gewissen Seiten einzelne Vorzüge vor ihr, von der Griechischen entfernt, oder hinter ihr zurückbleibt, geht entweder zu einseitig auf die Idee, oder klebt an der Wirklichkeit, oder hat nicht Kraft diese mit voller Sinnlichkeit noch symbolisch zu erhalten. Die Eigenthümlichkeit der Griechischen ist, nur darauf gerichtet zu seyn, und alle Mittel, diesen Zweck zu erreichen, zu besitzen, wozu, um es mit Einem Worte zu sagen, gehört, den Typus der die ganze Schöpfung belebenden Kraft zu fühlen. Denn dieser Typus besteht darin, den jedesmaligen Moment der Wirkung nicht als für sich bedeutend und isolirt, sondern als Ausdruck der ganzen Unendlichkeit der Kraft gelten zu lassen, deren schon entwickelte Aeusserungen er als Resultat in sich trägt, und deren noch nie gesehene er in seiner Idee andeutet" (III 151).

Bande schöner Geselligkeit schloss, in der Alter und Jugend eine gleich passende Stelle fanden" (III 157).

Ein Blick auf Humboldts Biographie und Werk läßt mehr als erahnen, daß dieses ,dritte Leben' in einem erweiterten Sinne für Humboldt die eigentliche idealische Lebensform darstellt. So erscheint auch seine Kritik an manchen griechischen ,Begleiterscheinungen' dieses dritten Lebens, wie z.B. die „Liebe zu schönen Jünglingen" (III 158) und die nicht zu leugnende Tatsache, „dass das weibliche Geschlecht in Griechenland einer geringeren Achtung genoss" (III 159), zwar glaubhaft, seine prinzipiell positive Einschätzung kann dies aber kaum beeinträchtigen. Dies gilt auch für die von ihm zugestandenen negativen Erscheinungen „an dem öffentlichen und Privatcharakter und der Geschichte" (III 160) der Griechen[59], ja gerade die Fähigkeit zur Integration der Widersprüche macht den griechischen Charakter in Wahrheit aus.[60] Hier liegt ihre Stärke, denn „alles geistige Leben des Menschen besteht im Ansichreissen der Welt, Umgestalten zur Idee, und Verwirklichen der Idee in derselben Welt, der ihr Stoff angehört, und die Kraft und die Art, wie dies geschieht, werden durch die äusseren Lagen nur anders bestimmt, nicht geschaffen und festgesetzt" (III 165).

Man hat Humboldt vorgeworfen, in *Latium und Hellas* kündige sich ein Griechenbild an bzw. werde bereits durchgeführt, das neben mancher Kritik vor allem von geblendeter Bewunderung gekennzeichnet sei. Dies ist eine äußerst vorschnelle Plakation, die selbst über die Qualität mancher – durchaus zugestandener – Griechenplakation bei Humboldt kaum hinauskommt. Vielmehr war Humboldt sich seiner bildenden Konstruk-

---

[59] Vgl. dazu: „Der politische Charakter der Griechen ist oft und nicht mit Unrecht ein Gegenstand des Tadels und selbst des Spottes gewesen. Er bewies, vorzüglich bei den Atheniensern, unläugbar Mangel an Stätigkeit und oft nicht geringen Leichtsinn. Indess verläugneten sich doch niemals zwei Dinge in demselben: Anhänglichkeit an Volksgleichheit und vaterländischen Ruhm" (III 160).

[60] Vgl. dazu: „Die Angeln seiner wundervollen Eigenthümlichkeit sind also die Intensität dieser kraftvollen Beweglichkeit, und ihre natürlich richtige und gleichförmige Stimmung, die ihn im Aeussern zu Klarheit und Richtigkeit, im Innern zu Festigkeit, Consequenz und der höchsten Klarheit des inneren Sinns, der Idealität fähig machte" (III 162). – „Auf diese Weise konnte der Griechische Charakter die sonst unbegreiflichsten Widersprüche in sich vereinigen: auf der einen Seite Geselligkeit und Trieb nach Mittheilung, wie ihn vielleicht keine Nation je gekannt hat, auf der andern Sucht nach Abgezogenheit und Einsamkeit; auf der einen beständiges Leben in Sinnlichkeit und Kunst, auf der andern in der tiefsinnigsten Speculation; auf der einen den verächtlichsten Leichtsinn, die ungeheuerste Inconsequenz, die unglaublichste Wandelbarkeit, wo die Beweglichkeit und Reizbarkeit allein herrschten, auf der andern die musterhafteste Beharrlichkeit und die strengste Tugend, wo sich ihr Feuer, als ernste Kraft, in den Grundvesten des Gemüths sammelte" (III 162).

tion nicht nur bewußt, er relativiert besinnungsvoll auch die eigene Plau-
sibilitätsargumentation, wenn er konzediert:

> „Auf die Frage also, wie kommt es, dass jene hinreissend schöne Form der
> Menschheit allein in Griechenland aufblühte? giebt es an sich keine befriedi-
> gende Antwort. Es war, weil es war" (III 165).

Mit diesem wissenschaftlichen Erklärungsverzicht beschließt Humboldt
seine ausgedehnte Sichtung der fünf Momente des Griechischen Geistes
und beginnt – ganz unverhofft – den Schluß seines Aufsatzes mit einem
‚Exkurs' über die Sprache, der auf den ersten Blick ebenso deplaziert
wirkt wie auf den zweiten ein zwar noch zögerliches – aber dennoch das
immense Potential kommender Studien erahnendes – Entwicklungspro-
gramm heranbildet.[61] Als sei er selbst unsicher gewesen, ob das bisher Gesagte mit seinen herkömmlichen ‚Betrachtungsweisen' wirklich den Kern
der Problematik des Charakters der Nationen erfaßt, stellt Humboldt sich
aus diesem Defizit heraus fast zwingend eine neue ‚Betrachtungsweise'
vor, zu der er apodiktisch konstatiert:

> „Allein einer ist von durchaus verschiedener Natur, ist der Odem, die Seele
> der Nation selbst, erscheint überall in gleichem Schritte mit ihr, und führt,
> man mag ihn als wirkend oder gewirkt ansehen, die Untersuchung nur in ei-
> nem beständigen Kreise herum – die Sprache" (III 166).

Nun wird zunächst doch an die vorherige Argumentation angeknüpft
und der Defizitcharakter alles Bisherigen unterstrichen: „Ohne sie, als
Hülfsmittel zu gebrauchen, wäre jeder Versuch über Nationaleigenthüm-
lichkeiten vergeblich" (III 166).

Der doppelte Charakter der Sprache als „wirkend und gewirkt" wird
hier von Humboldt bereits deutlich herausgestrichen. Die immensen
sprachtheoretischen Konsequenzen dieser Ansicht werden zunächst in
der Akademierede von 1820, letztlich dann aber vor allem in der Kawi-
Einleitung erst knapp 30 Jahre später in allen ihren Schattierungen sichtbar. Aber mit dieser Akzentsetzung ontologischer Qualität kommt
Humboldt keineswegs zum Schluß, die wesentlichen Pflöcke seiner
zukünftigen Theorie bereits einzuschlagen und damit das Feld abzu-
stecken, in dem eine in Sprache transformierte Welt erfaßbar, verstehbar
und theoretisch lebensfähig wird. Gegen das aristotelische Repräsentationsmodell wendet er ein, daß „den nachtheiligsten Einfluss auf die interessante Behandlung jedes Sprachstudiums (...) die beschränkte Vorstellung ausgeübt (habe, U.W.), dass die Sprache durch Convention

---

[61] Zur ‚Entdeckung' der Sprache im Kontext der Antike-Rezeption bei Humboldt vgl. auch
Quillien, *Humboldt et la Grèce*, a.a.O., S. 9.

entstanden, und das Wort nichts als Zeichen einer unabhängig von ihm
vorhandenen Sache, oder eines eben solchen Begriffs" (III 167) sei. Nun
ist diese Ansicht – Humboldt macht hier ein ungenaues, vorläufiges Zugeständnis – „bis auf einen gewissen Punkt freilich unläugbar" (III 167)
richtig, zu Ende gedacht aber „tödtet (...) sie (...) allen Geist und verbannt
alles Leben" (III 167) und begründet so die „wiederholten Gemeinplät-
ze" (III 167) über das Sprachstudium.[62] Humboldt stellt demgegenüber
zuerst fest: „Genauer untersucht zeigt sich nun aber von allem diesem
das gerade Gegentheil" (III 167) und nimmt dann differenzierter Stellung, zunächst in bezug auf das, was ein ‚Wort' ist: „Das Wort ist freilich
insofern ein Zeichen, als es für eine Sache oder einen Begriff gebraucht
wird, aber nach der Art seiner Bildung und seiner Wirkung ist es ein eignes und selbstständiges Wesen, ein Individuum" (III 167)[63]. Dann skizziert er die Sprache, die „eine Welt (sei, U.W.), die zwischen der erscheinenden ausser, und der wirkenden in uns in der Mitte liegt" (III 167).
Auch die Konventionalitätsproblematik wird ergänzt bzw. spezifiziert,
denn Sprache „beruht freilich auf Convention, insofern sich alle Glieder
eines Stammes verstehen, aber die einzelnen Wörter sind zuerst aus dem
natürlichen Gefühl des Sprechenden gebildet, und durch das ähnliche
natürliche Gefühl des Hörenden verstanden worden" (III 167). Sprachstudium ist dann Analogiestudium „zwischen dem Menschen und der
Welt im Allgemeinen und jeder Nation" (III 167) und eine wünschens-
werte wie letztlich auch unumgängliche Konsequenz des bereits entwickelten Individualitätsgedankens wäre dann – unter Berücksichtigung
eines solchen Sprachbegriffs –, „die verschiedenen Sprachen so sehr zu
vervielfältigen, als es immer die Zahl der den Erdboden bewohnenden
Menschen erlaubt" (III 168).

---

[62] Humboldt nennt diese Allgemeinplätze auch, nämlich daß „das Sprachstudium entweder
nur zu äusseren Zwecken, oder zu gelegentlicher Entwickelung noch ungeübter Kräfte
nothwendig; dass die beste Methode die am kürzesten zu dem mechanischen Verstehen
und Gebrauchen einer Sprache führende; dass jede Sprache, wenn man sich ihrer nur recht
zu bedienen weiss, ungefähr gleich gut ist; dass es besser seyn würde, wenn alle Nationen
sich nur über den Gebrauch einer und ebenderselben verstünden, und was es noch sonst
für Vorurtheile dieser Art geben mag" (III 167).

[63] Vgl. dazu: „So wenig das Wort ein Bild der Sache ist, die es bezeichnet, eben so wenig ist
es auch gleichsam eine blosse Andeutung, dass diese Sache mit dem Verstande gedacht,
oder der Phantasie vorgestellt werden soll" (III 169). – „So offenbart sich daher das Wort,
als ein Wesen einer durchaus eignen Natur, das insofern mit einem Kunstwerk Aehnlich-
keit hat, als es durch eine sinnliche, der Natur abgeborgte Form eine Idee möglich macht,
die ausser aller Natur ist, aber freilich auch nur insofern, da übrigens die Verschiedenheiten in die Augen springen" (III 169).

Humboldt nimmt nun neben dem im Begriff der Analogie angesprochenen *Relation-Differenz-Theorem*[64] auch noch das *Erkenntnis-Sprache-Theorem*[65] systematisch vorweg. Er dringt dorthin vor, indem er das bislang zum idealischen Charakter Entwickelte auf dem Hintergrund des aristotelischen Strukturmusters auf die Erkenntnisproblematik bezieht:

> „Denn der reale aufgefasste Stoff soll idealisch verarbeitet und beherrscht werden, und weil Objectivität und Subjectivität – an sich Eins und dasselbe – nur dadurch verschieden werden, dass die selbstthätige Handlung der Reflexion sie einander entgegensetzt, da auch das Auffassen wirkliche, nur anders modificirte Selbstthätigkeit ist, so sollen beide Handlungen möglichst genau in Einer verbunden werden" (III 168).

Das integrierte Modell von Sprechen und Denken gewinnt so eine wichtige Fundierung in der Integration von Objektivität und Subjektivität, die Stoff-Form-Entgegensetzung gibt dafür das strukturelle Muster ab, wie die Integration des einen in das andere gelingt: So wird Objektivität nur als Subjektivität verständlich, weil Denken nur im Sprechen die Form der Selbsttätigkeit erlangt.

Humboldt spielt hier noch ungehemmt mit Termini, so z.B. mit dem des ‚Kunstwerkes‘, die ihren abbild-theoretischen Ursprung allzu offenzulegen scheinen. Trotzdem ist ihm in *Latium und Hellas* bereits stichhaltig, welche vehementen Konsequenzen sich damit verbinden, daß ‚Tätigkeit‘, als handlungstheoretische Außenseite eines ontologisch fundierten Entwicklungsbegriffes verstanden, ein prinzipiell unabgeschlosse-

---

64 Vgl. dazu: „Die Sprache muss daher die doppelte Natur der Welt und des Menschen annehmen, um die Einwirkung und Rückwirkung beider auf einander wechselseitig zu befördern; oder sie muss vielmehr in ihrer eignen, neu geschaffenen, die eigentliche Natur beider, die Realität des Objects und des Subjects, vertilgen, und von beidem nur die ideale Form beibehalten" (III 168). – „Das Denken behandelt nie einen Gegenstand isolirt, und braucht ihn nie in dem Ganzen seiner Realität. Es schöpft nur Beziehungen, Verhältnisse, Ansichten ab, und verknüpft sie" (III 170).

65 Vgl. dazu: „Die Sprache ist nichts anders, als das Complement des Denkens, das Bestreben, die äusseren Eindrücke und die noch dunkeln inneren Empfindungen zu deutlichen Begriffen zu erheben, und diese zu Erzeugung neuer Begriffe mit einander zu verbinden" (III 168). – „Das Wort ist nun bei weitem nicht bloss ein leeres Substratum, in das sich diese Einzelheiten hineinlegen lassen, sondern es ist eine sinnliche Form, die durch ihre schneidende Einfachheit unmittelbar anzeigt, dass auch der ausgedrückte Gegenstand nur nach dem Bedürfniss des Gedankens vorgestellt werden soll, durch ihre Entstehung aus einer selbstthätigen Handlung des Geistes die bloss auffassenden Seelenkräfte in ihre Grenzen zurückweist, durch ihre Veränderungsfähigkeit und die Analogie mit den übrigen Sprachelementen den Zusammenhang vorbereitet, den das Denken in der Welt zu finden, und in seinen Erzeugnissen hervorzubringen bemüht ist, und endlich durch seine Flüchtigkeit auf keinem Punkt zu verweilen, sondern von allen dem jedesmaligen Ziele zuzueilen gebietet" (III 170).

nes Prinzip sein muß, und daß „das jedesmal Vorgestellte weder immer vollkommen ausgemahlt, noch festgehalten zu werden braucht, ja dasselbe vielmehr von selbst immer neue Uebergänge darbietet – eine Unbestimmtheit, ohne welche die Selbstthätigkeit des Denkens unmöglich wäre – und die sinnliche Lebhaftigkeit, die eine Folge der in dem Gebrauche der Sprache thätigen Geisteskraft ist" (III 169-170). Humboldt wird noch einige Zeit brauchen um zu identifizieren, daß die Integration von Sprache und Tätigkeit in einem umfassenden ontologischen Entwurf einer Wirklichkeit der Sprache die radikale Konsequenz ist, die er ziehen muß. Die Linien sind 1806 aber bereits deutlich vorgezeichnet eben auch dadurch, daß das ‚Charakter-der-Nationen-Projekt' mit der Sprache eine neue Betrachtungsweise gewinnt, die in Zukunft die vorherrschende sein wird.

4.3 ‚Charakter', eine idealische Ansicht

Hat Humboldt in seinem *Studium des Alterthums* und in *Latium und Hellas* noch in abnehmender Intensität und mit unterschiedlichem Legitimationscharakter Historiographie betrieben, verläßt er in *Ueber den Charakter der Griechen, die idealische und historische Ansicht desselben* (VII 609-616), einem Text, der wahrscheinlich von 1807 stammt[66], den Boden geschichtlich fundierter Darstellung endgültig. Da die kurze Studie, die Humboldt in 13 Abschnitte unterteilt hat, in den ersten zehn Abschnitten starke Analogien zum ersten Kapitel der *Einleitung* der *Geschichte des Verfalls und Unterganges der griechischen Freistaaten* aufweist, ist es wahrscheinlich, daß sie ein Entwurf zu dieser wesentlich komplexeren und umfangreicheren, erst noch folgenden, Schrift war.

Humboldt gesteht die qualitative Veränderung hin zu einem durch und durch *gebildeten* Antike-Bild offen ein, ja macht sie zum Programm seiner weiteren Studien, wenn er gleich im ersten Satz konstitutiv feststellt: „Die Griechen sind uns nicht bloss ein nützlich historisch zu kennendes Volk, sondern ein Ideal" (VII 609). Und als wollte er apologetisch der Kritik vorgreifen, die gegen dieses Projekt sowohl den historischen als auch den qualitativen Abstand einwenden könnte, fügt er hinzu: „Ihre

---

[66] Zu *Ueber den Charakter der Griechen, die idealische und historische Ansicht desselben* fehlen verläßliche Zeugnisse wie briefliche oder sonstige Dokumente, die eine eindeutige Datierung zulassen. Aus inhaltlichen Gründen ist jedoch die Datierung A. Leitzmanns für das Jahr 1807 durchaus wahrscheinlich.

Vorzüge über uns sind von der Art, dass gerade ihre Unerreichbarkeit es für uns zweckmässig macht, ihre Werke nachzubilden, und wohlthätig, in unser durch unsre dumpfe und engherzige Lage gepresstes Gemüth ihre freie und schöne zurückzurufen" (VII 609). Humboldts Idealisierung des Griechenbildes geht einher mit unverhohlener Kritik des gesellschaftlichen, politischen und geistesgeschichtlichen Status quo des beginnenden 19. Jahrhunderts. Eine Ansicht, die er zu Beginn des zweiten Abschnittes noch einmal deutlich markiert: „Dies ist keine zufällige, sondern eine nothwendige Ansicht. Nichts Modernes kann je etwas Antikem an die Seite gestellt werden" (VII 609).

Humboldt sucht nun Argumente, diese Ansicht zu belegen, aber diese haben sich deutlich verändert, sie sind nicht mehr vorderhand historisch, sondern philosophisch:

> „Dieser Geist unterscheidet sich von dem modernen, wie die Wirklichkeit von einem idealischen Gebilde irgend einer Art. Dieser nemlich ist reiner und voller Ausdruck von etwas Geistigem, veranlasst, sich in jedes seiner Theile immer tiefer zu versenken, und führt auf Ideeneinheit, da die Wirklichkeit hingegen das Geistige nur andeutet, ..." (VII 610).

Humboldt ist seine indirekte Realitätsverweigerung, die durch den Vergleich zum Ideal der Griechen eine Kritik eben dieser konkreten Realität einläuten will, deutlich anzumerken. In dieser kritischen Spannung ist „das Gefühl für das Alterthum (...) der Prüfstein der modernen Nationen" (VII 610).[67]

Hat sich Humboldts Kritik der aktuellen Verhältnisse des Denkens seiner Zeit durchaus radikalisiert, so ist der Inhalt seines idealen Griechenbildes in etwa gleichgeblieben. Wieder sind es die Freude des Griechischen Geistes „an Gleichgewicht und Ebenmass" (VII 610) und der Wille

---

[67] J. Quillien verweist auf den geistesgeschichtlichen Kontext, in dem Humboldt diese Konfrontation vornimmt, wenn er feststellt: „Il est connu, et cet exergue le résume bien, que la Grèce a exercé une véritable fascination sur tout le dix-huitième siècle et, à tout le moins, sur le début du dix-neuvième siècle allemands et, comme l'écrit F. Rosenzweig dans *Hegel und der Staat*: ‚Plus nous approchons de la fin du siècle, plus l'Antiquité est érigée en modèle pour le présent'. L'Antiquité, et plus précisément la grecque, tend à devenir la clé qui ouvre à la compréhension du présent allemand. On en trouve un centre de rayonnement important sur un versant de cette période dans le sillage de Winckelmann, avec sa représentation de la Grèce comme la patrie de la beauté et du bon goût et sa théorie de l'imitation des Grecs, puis de Herder, qui caractérise la civilisation grecque comme une fleur unique dans l'histoire de l'humanité. Mais on en retrouve aussi, sur l'autre versant, la représentation systématisée, organisée, située dans le Système, chez Hegel. Il est donc légitime d'affirmer que toute cette période est fortement marquée par ce que l'on a appelé *l'hellénisme* ..." (Quillien, *Humboldt et la Grèce*, a.a.O., S. 7).

und die Fähigkeit, „auch das Edelste und Erhabenste nur da aufnehmen zu wollen, wo es mit einem Ganzen zusammenstimmt" (VII 610), die Humboldt überzeugen. Er bringt dafür einige Beispiele und stilisiert schließlich, den personalen Genie-Begriff seiner Zeit hypostasierend, die Griechen als Volk zum kollektiven Genius. Denn die Dinge der Welt in integrierter Einheit zu denken, das „thut (...) im Leben (...) nur das Genie, und zwar das höchste von allen Genien, das eines ganzen, lebendig zusammenwirkenden Volkes" (VII 610).

Humboldt greift erneut den Individualitätsgedanken in der Form auf, daß diese Individualität des Menschen „Eins mit seinem Triebe" (VII 610) sei. Er stellt fest, daß das, „was also wunderbarer Weise nur Werk des Genies seyn zu können schien, aus blossem Hingeben an die Natur entstand (Umst., U.W.), wie überhaupt immer im Menschen das am feinsten Ausgebildete sich unmittelbar an das Ursprüngliche anschliesst, von dem es gleichsam nur deutlichere Umschreibung oder Uebersetzung ist" (VII 611). Trieb aber ist, so Humboldt, mit einem deutschen Wort gesagt nichts anderes als „Sehnsucht, und der Mensch hat daher nur insofern einen bestimmten Charakter als er eine bestimmte Sehnsucht hat, und da diese nur durch Kraft denkbar ist, nur soviel Charakter, als er moralische Energie besitzt" (VII 611-612). Man ist überrascht, in welcher Vielfalt Humboldt hier wieder auf aristotelische Terminologie zurückgreift. Er bindet mit diesem Instrumentarium die Natur des Menschen an die Dynamik eines Handelns, das mit dem Terminus ‚moralisch' nicht als zufällig geschehen, sondern als spezifisch gewollt unterstellt wird. Noch deutlicher wird Humboldt dann im sechsten Abschnitt:

> „Das Grundbestreben des Menschen ist auf unbegränzte Erweiterung der vereinten Energie seiner Empfänglichkeit und Selbstthätigkeit, und da er zugleich das Sichtbare und Unsichtbare umschliesst, auf die Schlichtung ihres Widerstreits ohne Vernichtung des einen oder des andern, und indess dies erreicht werden kann, auf ihre Scheinvereinigung in einem Symbol, d.h. in einer Gestalt gerichtet, in welcher das Allgemeine, als Besondres auftritt, und das Besondre sich zum Allgemeinen erweitert" (VII 612).

‚Energie' tritt also auch hier als Synthesemotor alles Getrennten bzw. Entfremdeten auf, eine Bedeutung, die *insofern* die in der Einleitung entwickelte Auffassung von der erweiterten Bedeutung des ‚Energeia'-Begriffs unterstreicht. Und ist Humboldt hier in der auf Ontologie zielenden handlungstheoretischen Perspektive aristotelischer Terminologie und Systematik schon unverhohlen nahe, so bleibt er deren repräsentationsverfangenem Zeichenverständnis gerade dadurch demonstrativ fern, daß er den Begriff des ‚Zeichens' in dessen konservativer Bedeutung unberücksichtigt läßt und durch die Einführung des Symbolbegriffs theoriebildend umgeht. Für Humboldt, der hier mit dem Symbolbegriff in unterschiedlichen funktionalen Kontexten spielt[68], gewährt das Symbol zwar nur zum Schein Vereinigung, ist aber trotzdem nicht nur repräsentierendes ‚Zeichen' für das von ihm unabhängig objektiv Geschehene, sondern deutet hin auf das, was Humboldt einmal im sprachtheoretischen Kontext unter dem Begriff des ‚Begriffs' verstehen wird.[69] Er wertet damit in der Verweigerung der einfachen Übersetzung des griechischen σύμβολον dessen Bedeutung radikal um. Das aristotelische Zeichenverständnis aber wird hier gerade durch seine Nicht-Verwendung in diesem erweiterten, wirklichkeitskonstituierenden Kontext destruiert und damit in seiner begrenzten Reichweite vorgeführt. Die ontologische Qualität der Argumentationsstrategie zeigt sich in ihrer vollen Intensität nun am letzten Satzteil: In der ‚Gestalt' wird das Allgemeine als Besonderes ebenso erkennbar wie das Besondere auf das Allgemeine verweist, eine Argumentation, die so genuin Teil aristotelischer Ontologie ist, daß dieser Satz fast wörtlich auch in den Büchern der *Metaphysik* stehen könnte.

Humboldt ordnet im folgenden seinen Katalog des griechischen Charakters, der letztlich immer auf organische Integration alles Differenten zielt[70], ohne in diesem Durchgang durchgreifend neue Gedanken zu formulieren, die substantiell über sein bisheriges Antike-Bild hinausgehen. Er gibt allerdings zu bedenken, daß die Griechen zwar zur organischen Synthese fähig waren, allein aber „das Absolute (...) auf abstractem Wege ergründet" (VII 613-614) werden muß. So resümiert er die ersten neun Abschnitte des Fragments mit einer in ihrer Dringlichkeit geradezu prophetischen Aufgabenstellung für einen integrierten Wissenschaftsbegriff im beginnenden 21. Jahrhundert, der das Abflauen der Moderne in dessen restriktivem Charakter gewahren und prospektiv zu redigieren suchen müßte:

---

[68] Vgl. dazu: „Seine (des Griechen, U.W.) hauptsächlichste Energie war die Kunst, das Gebiet der Symbole" (VII 612).

[69] Vgl. dazu auch Humboldts Akademierede von 1820, in deren Rahmen er feststellt: „Dem Verstandesact, welcher die Einheit des Begriffs hervorbringt, entspricht, als sinnliches Zeichen, die des Worts, ..." (*Ueber das vergleichende Sprachstudium in Beziehung auf die verschiedenen Epochen der Sprachentwicklung*, IV 21).

[70] Vgl. dazu: „Richtiges Verhältniss zwischen Empfänglichkeit und Selbstthätigkeit, innige Verschmelzung des Sinnlichen und Geistigen, Bewahren des Gleichgewichtes und Ebenmasses in der Summe aller Bestrebungen, Zurückführen von Allem auf das wirkliche, handelnde Leben, und Darstellen jeder Erhabenheit im Einzelnen in der ganzen Masse der Nationen und des Menschengeschlechts, sind gleichsam die formalen Bestandtheile der menschlichen Bestimmung, und diese finden sich in dem Griechischen Charakter gerade mit aller Bestimmtheit der Umrisse, allem Reichthum der Form, aller Mannigfaltigkeit der Bewegung, und aller Stärke und Lebendigkeit der Farben gezeichnet" (VII 613).

„Hierin können nun die Neueren die Alten übertreffen, die Verbindung nach der Trennung, schwieriger, aber auch grösser, als die vor derselben, kann der Nachwelt vorbehalten bleiben, und so sind die Griechen ein Muster, deren Unerreichbarkeit zur Nachahmung anspornt, statt von ihr abzuschrecken" (VII 614).

Die Unterstellung, Humboldt hätte sich in geblendeter Verehrung eines Griechenideals seine Argumente zu aktiver Vergegenwärtigung dieses Ideals selbst verstellt, ist somit zumindest vorschnell und sicher nicht durchgängig richtig.

Die verbleibenden Abschnitte zehn bis dreizehn dienen der Untermauerung des Entwickelten und dessen Verdeutlichung. So weist Humboldt auf, daß „in der Poesie der Stil der Plastik herrscht; die Philosophie Hand in Hand mit dem Leben geht; die Religion sich in dieses und in die Kunst verwebt; das öffentliche und Privatleben den Charakter fester zusammen schmelzen, statt ihn zu trennen und zu zerreissen" (Umst., U.W.) (VII 614), und wird gleichwohl nicht müde anzumahnen: „Das Gegenbild hierzu findet sich in uns" (VII 614). Humboldt schließt mit zeithistorischen Betrachtungen zum Klassischen, das „in dem Lichte der Anschauung" (VII 615) lebt, und dem Romantischen, das „vorzugsweise im Helldunkel des Gefühls verweilt (Umst., U.W.)" (VII 615). Beide Formen sind – gemessen an der zu leistenden Aufgabe – defizitär. So bleibt für Humboldt zuletzt „nichts ohne Zwiespalt" (VII 615) und führt ihn zu einer Form der Resignation, die doch nichts anderes ist als melancholischer Geleitschutz seines zuvor rational als grundständig identifizierten Schismas zwischen Realität und Ideal: „Eine eigentliche Lösung dieses Widerspruchs, eine wahre und eigentliche Verbindung des antiken und modernen Geschlechts in einem neuen dritten lässt sich (für Humboldt, U.W.), auch bei der freigebigsten Einräumung einer unendlichen Perfectibilität, nicht denken" (VII 616).

4.4 ‚Geschichte' als Verfall

Über das Entstehungsdatum der *Geschichte des Verfalls und Unterganges der Griechischen Freistaaten* (III 171-218) liegen eindeutige Zeugnisse vor. Sie entstand in Rom im Herbst 1807 und bildet damit das dritte der römischen Antike-Fragmente. Es ist wohl seine Begeisterung für den griechischen Redner Demosthenes, die ihn zu dieser differenzierten, gleichwohl wieder unvollständigen und in weiten Teilen montiert wirkenden Studie inspiriert.[71] Es ist anzunehmen, daß Humboldt durchaus plante, sich hier einmal als Geschichtsschreiber im klassischen Sinne zu betätigen. Sein Ziel allerdings, zwar „eine Geschichte des Verfalls und Unterganges der Griechischen Freistaaten zu schreiben, aber diesen Punkt als den welthistorischen Mittelpunkt aller uns bekannten Geschichte zu betrachten"[72], signalisiert schon, daß Humboldt auch in dieser Schrift anderes erreichen will: wieder steht ein *gebildetes* Griechenpanorama auf der Tagesordnung des Preußischen Gesandten, der in den letzten römischen Jahren deutlich dazu neigt, das antike Rom allenfalls als verfallene Durchgangsstation in das Reich des Idealen, als unvollkommenes Abbild des griechischen Geistes anzusehen. Und so ist es auch kein Wunder, daß der ‚Verfall' der griechischen Freistaaten seinen Grund kaum in der als Ideal wahrgenommenen antiken Realität haben kann oder darf, sondern „dass Entartung die Schuld des Verfalls Griechenlands nur zum Theil trug, der mehr verborgene Grund aber eigentlich darin lag, dass der Grieche eine zu edle, zarte, freie und humane Natur besass" (III 171), die griechische Antike für Humboldt demnach mehr Opfer als Täter ihres Untergangs war. Und Humboldt fügt defätistisch hinzu:

> „So geschieht es oft, um nicht mit Erbittrung zu sagen immer, in der Geschichte, in der lebendigen und leblosen Natur. Die barbarischen Völker besiegten fast immer die höher gebildeten" (III 172).

Humboldt bietet ein dreischrittiges Raster an, um diese ‚Verfallsgeschichte' der ‚besiegten Gebildeten' historisch zu markieren. Er nennt „drei Perioden (...), in deren erster die Freiheit und Unabhängigkeit untergraben, in der zweiten vergeblich zu retten versucht, und in der dritten auf immer verloren wurde" (III 185-186). Humboldts Schema und seine ‚historischen' Begründungen, die in unserem Zusammenhang weniger interessant und daher nicht Gegenstand der hiesigen Betrachtung sein sollen, sind ein sicheres Anzeichen dafür, daß er auch hier seiner eigenen Theoriebildung mehr vertraut als komplexe und induktive Geschichtschreibung betreibt. Vielmehr soll „die Darstellung des Verfalls der griechischen Freistaaten (...) den Einfluss des griechischen Geistes auf die Folgezeit und unser Verhältniss zum Alterthum klar machen, und dadurch über den Gang der Menschheit und das Streben des Einzelnen Licht verbreiten" (III 185).

---

[71] Zum Entstehungszusammenhang vgl. Flitner/Unterberger: „Einführung Antike", a.a.O., S. 389-392.

[72] Humboldt, W. v.: *Wilhelm von Humboldts Briefe an J. G. Schweighäuser, zum ersten Mal nach den Originalen herausgegeben und erläutert von A. Leitzmann.* [Humboldt an Schweighäuser am 4. November 1807]. Jena 1934. S. 41.

Schon aus diesem Grunde ist Humboldt bei der Schilderung historischer Eckpunkte nicht nur sehr interessegeleitet, er spannt auch den Bogen des öfteren gerne mehr anhand von Vorbildern und an militärischen Ereignissen entlang, als die Argumentation in sachlicher Analyse der historischen Probleme und politischen Konstellationen zu fundieren. Deutlich wird dies an einer der wenigen Stellen seines Werkes, wo er explizit auf Aristoteles zu sprechen kommt, und dies in einer Weise, die in ihrem Charakter beiläufiger Belobigung durchaus typisch ist.

> „Die wahre Periode des Verfalls Griechenlands war schon die Regierung Philipps und Alexanders; nicht bloss die innere Freiheit, sondern auch die äussere Unabhängigkeit war damals schon zum Namen geworden; und doch lebten in dieser Periode Praxiteles und Apelles; die feinste Blüthe Atheniensischer Beredsamkeit entwickelte sich in Isocrates, Aeschines und Demosthenes; Aristoteles erstieg den Gipfel seiner Grösse, und Plato reicht bis an diese Zeit" (III 172).

Trotz solcher Verfallserscheinungen betont Humboldt, daß die Griechen ihre Unabhängigkeit nicht kampflos aufgaben, eine Unabhängigkeit, mit der auch ihre Freiheit nicht nur im Äußeren verbunden war. Innere Freiheit und äußere Unabhängigkeit sind zwei Aspekte, die sich daher immer, so Humboldts anthropologisch-politologische These, beim Verfall historisch-sozialer Gemeinschaften einander bedingen, „denn überall geht in der physischen und moralischen Natur die einzelne Kraft nur aus der gesammten hervor" (III 175).

Wenn Humboldt aber wieder „Griechen sagte, (...) besonders (jedoch, U.W.) die Athenienser" meinte (III 181), dann gesteht er selbst zum Charakter seiner Verfallsstudie ein, daß es unmöglich ist, „bei Raisonnements, wie das gegenwärtige, der Begierde zu widerstehen, alte und neue Zeit, vergleichend, zu Resultaten für das äussere, noch mehr aber für das innere, tiefere Leben in Ein Ganzes zusammenzuziehn" (III 182). Humboldt hat damit seinen Plan eines auf das Ideale zielenden „Raisonnements" (III 185) dargestellt, diesen noch einmal zur anderen Seite einer gänzlich aller Fakten entbehrenden einseitigen Darstellung hin abgegrenzt („Jedoch würde man mich ganz und gar misverstehen, wenn man glaubte, dass ich die Geschichte bloss zu einem Anlasse misbrauchen wollte, ihr fremdartige Betrachtungen an sie anzuknüpfen" [III 185]) und beginnt nun mit dem ersten Kapitel der „Einleitung", über das die Verfallsstudie niemals hinauskommen wird.

Drei Punkte sind in diesem Passus besonders interessant. Zunächst erreicht Humboldts Griechenverehrung hier ihren qualitativen Höhepunkt. Die Griechen sind ihm nun endgültig das vollendete Volk der Menschheit[73] und werden dadurch nicht nur zum exklusiven Untersuchungsgegenstand[74], sondern im Studium der Griechen „schöpfen wir (...) etwas mehr als Irrdisches, ja beinah Göttliches" (III 188). Damit ist Humboldts letzte Station der Griechenidealisierung, die ‚Vergöttlichung', erreicht. Eine Hypostasierung, die jedoch nicht allein im Raum steht, sondern korrespondiert mit einer massiven Realitätskritik an den Verhältnissen seiner Zeit.[75] Je vehementer Humboldt das beginnende 19. Jahrhundert kritisiert, desto größer wird der Abstand zu seiner versinnlichten Idealvorstellung[76], die Aspekte stieben zentrifugal auseinander, die aktuelle Situation wird als Konsequenz der Verfallsgeschichte gedeutet, der nur in einer Form idealischer Therapie beizukommen ist.

Aus anstrengender Vergleichsarbeit des Studiums wird erst resignative, dann religiöse Unerreichbarkeit[77] des Ideals, die damit begründet und versinnlicht wird, daß uns die Griechen so nahe sind, wie diesen die – durchaus menschlichen – Götter des Olymp es waren.[78] Damit wird das historische Studium nutzlos, und da Humboldt trotzdem keine Theologie betreiben will (und dieser letzten Versuchung auch nicht erliegt), wird aus dem Charakterstudium Philosophie, die sich durchaus religiöser Muster bedient: Die Brücke zwischen den Welten kann nur noch die Idee, nicht

---

[73] Vgl. dazu: „Wir haben in den Griechen eine Nation vor uns, unter deren glücklichen Händen alles, was, unserm innigsten Gefühl nach, das höchste und reichste Menschendaseyn bewahrt, schon zu letzter Vollendung gereift war" (III 188).

[74] Vgl. dazu: „Es ist daher mit dem Studium der Griechischen Geschichte für uns nicht, wie mit dem der Geschichte anderer Völker" (III 188).

[75] Vgl. zur Rolle Heynes bei der Bildung dieses Motivs auch Sauter, *Humboldt und die deutsche Aufklärung*, a.a.O., S. 141 und zum geistesgeschichtlichen Kontext S. 164-167.

[76] Vgl. dazu: „Wenn wir unsere beschränkte, engherzige, durch tausend Fesseln der Willkühr und der Gewohnheit gedrückte, durch zahllose kleinliche, nirgends tief ins Leben eingreifende Beschäftigungen zersplitterte Lage mit ihrer freien, rein nach dem Höchsten in der Menschheit strebenden Thätigkeit, unsere mühvoll durch wiederholte Versuche langsam reifenden Werke mit ihren, die dem Geist, wie aus freier Fülle, entströmten, unser dumpfes Hinbrüten in klösterlicher Einsamkeit, oder gedankenloses Umtreiben in lose verknüpfter Gesellschaft mit dem heiteren Frohsinn ihrer, durch jede heiligste Bande befestigten Bürgergemeinschaft vergleichen; so müsste, sollte man denken, das Andenken an sie uns traurig und niedergeschlagen machen, wie den Gefangnen die Erinnerung an ungehemmten Lebensgenuss, den Kranken das Andenken an ungeschwächte Gesundheit, den Bewohner des Nordens das Bild eines Italienischen Frühlingstags" (III 189).

[77] Vgl. dazu: „Wir ahmen ihren Mustern nach mit dem Bewusstseyn ihrer Unerreichbarkeit; wir erfüllen unsere Phantasie mit den Bildern ihres freien, reichbegabten Lebens mit dem Gefühle, dass es uns eben so versagt ist, als es ihnen das leichte Daseyn der Bewohner ihres Olymps war" (III 189).

[78] Flashar hat diese Struktur mit dem Terminus „Programmhumanismus" gekennzeichnet (Flashar, „Wilhelm von Humboldt und die griechische Literatur", a.a.O., S. 85).

mehr die Anschauung der Erscheinungen leisten[79], denn „die Wirklichkeit ist nicht das Gefäss, in welchem ihr Wesen uns überliefert werden kann" (III 192) und „wie die Kunst, ist alles Antike immer reiner und voller Ausdruck von etwas Geistigem, und führt auf Ideeneinheit; ladet ein, sich in jeden seiner Theile immer tiefer zu versenken, fesselt durch freiwilligen Zauber den Geist in bestimmte Gränzen, und erweitert sie zur Unendlichkeit" (III 193).

Humboldt hat sich hier nicht nur schon weit von jedweder realistischen Darstellung entfernt, es ist auch kein Zufall, wenn er nun ausgerechnet zu literarischen Formen der Verehrung greift, um seine Hauptthese noch einmal signifikant in den Mittelpunkt zu stellen:

> „Also noch Einmal: nichts Modernes ist mit etwas Antikem vergleichbar;
> mit Göttern
> soll sich nicht messen
> irgend ein Mensch;
> und was das Alterthum unterscheidet, ist nicht bloss Eigenthümlichkeit, sondern allgemein geltender, Anerkennung erzwingender Vorzug" (III 196). Und „wenn wir kurz zusammenfassen sollen, welcher eigenthümliche Vorzug, unsrer Meynung nach, die Griechen vor allen andern Nationen auszeichnet, so ist es der, dass sie, wie von einem herrschenden Triebe, von dem Drange beseelt schienen, das höchste Leben, als Nation, darzustellen, und diese Aufgabe auf der schmalen Grenzlinie auffassten, unter welcher die Lösung minder gelungen, und über welcher sie minder möglich gewesen seyn würde" (III 197).

Soweit Humboldts erster Punkt, den er im weiteren ausführlich begründet, vor allem im Rekurs auf die Organizität allen griechischen Denkens und Lebens und den kollektiven Genie-Gedanken.

Humboldt argumentiert – so der zweite auffällige Aspekt – auch in der idealisierten Verfallsgeschichte offensiv mit aristotelischen Gedankenmustern. So kommt es ihm beispielsweise nicht nur darauf an zu zeigen, „dass, da einmal himmlischer und irrdischer Stoff im Menschen gepaart

---

[79] Vgl. dazu: „Das Moderne, in irgend einer Gattung, sobald nicht von bloss positiver Kenntniss und mechanischer Geschicklichkeit die Rede ist, mit dem Antiken zu vergleichen, beweist eine eben so unrichtige Ansicht des Alterthums, als es unrichtige Ansicht der Kunst anzeigt, wenn je ein bestimmter Gegenstand der Wirklichkeit der Schönheit eines Kunstwerks an die Seite gesetzt wird. Denn wie Kunst und Wirklichkeit, so liegen das Alterthum und die neuere Zeit in zwei verschiedenen Sphären, die sich in der Erscheinung nirgends, in Wahrheit aber allein da berühren, wohin nur die Idee, nie die Anschauung reicht, in der Urkraft der Natur und der Menschheit, von der jene beiden verschiedene Bilder, diese beiden verschiedene Bemühungen sind, sich im Daseyn Geltung zu verschaffen" (III 191).

sind, es ungerecht ist, beide einseitig zu scheiden" (III 203), es ist bereits der ‚Energeia'-Begriff in mehr als seiner handlungstheoretischen Perspektive im Blickfeld, wenn Humboldt nicht nur aristotelisch, sondern explizit anti-platonisch argumentiert:

> „Was hier Trieb genannt wird, heisst vielleicht richtiger selbstthätige Idee. Ich vermied aber diesen sonst allerdings gleichgeltenden Ausdruck, weil er zu dem Misverstand verleiten kann, als läge die Idee fertig da und führte nun nur sich selbst nach und nach aus, da, meiner Ueberzeugung nach, das Walten der Grundkräfte der Natur, der Inbegriff und die Norm aller Ideen, in einer sich erst durch ihr eignes Wirken bestimmenden Thätigkeit besteht" (III 204).

Und zum wiederholten Male ist es der Begriff der ‚Energie', der als Bildungsprinzip von Humboldts anthropologischer Grundkonstante, dem fortschreitenden Individualitätsgedanken, angenommen wird:

> „Wie daher jeder irgend würdige Charakter Kraft und Energie des Willens, so fordert ein idealischer noch insbesondre, dass der jedem Menschen beiwohnende intellectuelle Trieb zu einer so bestimmten und herrschenden Sehnsucht werde, dass er dem Individuum eine eigenthümliche, den Begriff der Menschheit mehr oder minder erweiternde Gestalt gebe. Wie das Leben überhaupt als ein theilweis gelingender Kampf des Geistigen mit dem Körperlichen betrachtet werden muss, so ist die Bildung der Individualität durch die Herrschaft des sie lenkenden Grundtriebs der äusserste Gipfel des errungenen Sieges. Sie ist ebendadurch der letzte Zweck des Weltalls" (III 207).

Humboldts nur auf den ersten Blick paradoxe Quintessenz ist dann, daß zur Erreichung dieses Zweckes alles „immerfort in Thätigkeit und in schöpferischer Thätigkeit verharren" (III 213) solle, und es daher vor allem unrichtig ist, die Werke der Griechen „statt mit ihnen selbst, mit den Gattungen, zu welchen man sie in wissenschaftlicher Beziehung rechnen kann, zu vergleichen, statt aus ihnen nur rein und klar den grossen und anmuthigen Geist ihrer Urheber zu schöpfen, in denselben Regeln und Theorien suchen zu wollen" (III 214).

Humboldt kommt nun zum Schluß und damit zu einem dritten Aspekt, der, wie das Sprachproblem in *Latium und Hellas*, etwas montiert wirkt und in der Tat sogar inhaltliche Analogien zum letzten Teil der früheren *Betrachtungen* aufweist. Er hat zunächst – zu einer erkenntniskritischen Sichtweise zurückkehrend – festgestellt, daß die Einfachheit der Idee sich „ähnlich einem vielseitig geschliffenen Spiegel, einmal nur in der Vielfachheit der Erscheinungen erkennen" (III 216) läßt. Das damit angesprochene Problem führt ihn nun weiter und er kehrt noch einmal zum Symbolbegriff zurück:

„Der Grieche behandelte alles symbolisch, und indem er alles, was seinem Kreise naht, in ein Symbol umschafft, wird er selbst zum Symbol der Menschheit, und zwar in ihrer zartesten, reinsten und vollkommensten Gestalt" (III 216).

Ganz offensichtlich ist dem Symbolbegriff also nicht nur erkenntnistheoretisch synthetische Kraft zu unterstellen, er wird auch im Kontext der Vollkommenheitsbestimmung gebraucht. Um diesen Begriff des Symbols nun näher zu bestimmen, führt Humboldt eine neue Differenzierung ein, die nicht nur sein Anliegen konturiert, sondern indirekt ein seit langem virulentes Problem der Humboldt-Forschung lösen hilft. Humboldt schreibt:

„Der Begriff des Symbols wird nicht immer richtig gefasst, und oft mit dem der Allegorie verwechselt. In beiden wird allerdings eine unsichtbare Idee in einer sichtbaren Gestalt ausgedrückt, aber in beiden auf sehr verschiedene Weise. Wenn die Griechen den Bacchus nach Flügeln (III. 19,6. Paus.) zubenannten, den Mars in Fesseln bildeten, so waren dies allegorische Vorstellungen, und ebenfalls eine solche war die Ephesische Diana. Denn es war eine deutlich gedachte Idee willkührlich an ein Bild geknüpft. Hingegen Bacchus und Venus selbst, der Schlaf, den Musen als Liebling beigesellt (Paus. II. 31,5) und so viele andre Gestalten des Alterthums sind wahre und eigentliche Symbole" (III 216-217).

Es geht bei der ‚Symbolisierung‘ als Vorgang nicht einfach darum, ein Bestimmtes zu seiner Verdeutlichung als etwas anderes zu sagen, also um eine reine ἀλληγορία. Hier ist die gedachte Idee lediglich willkürlich an ein erklärendes Bild geknüpft. Beim ‚wahren und eigentlichen Symbol‘ hingegen ist diese Verknüpfung ebensowenig beliebig, wie es die daraus resultierende Bedeutung ist. Dem Symbol ist seine Bedeutung vielmehr gegenstandskonstitutiv, es ist kein Bild für etwas anderes, kein allegorisches Zeichen, sondern bedeutungskonstituierende Idealität.[80]

---

[80] Zum sprachtheoretischen Gehalt des ‚Symbol‘-Begriffs vgl. Scharf, *Verfahren*, a.a.O., S. 185. Scharf betont hier zunächst, daß „der *Symbol*-Begriff ein typisches und gewichtiges Beispiel für die inhaltliche Entwicklung der Humboldtschen Terminologie ist (Umst., U.W.), deren verschiedene Stadien gelegentlich in ein und demselben Text (...) nebeneinander zu finden sind" (ebd.) und illustriert damit nicht nur die hier zugrundeliegende These allmählicher Begriffsentwicklung bei Humboldt, er fordert für die Kenntlichmachung dieses Prozesses explizit eine „archäologische Interpretationshaltung" (ebd.). Zur konzeptuellen Reichweite des ‚Symbol‘-Begriffs schließt er an: „Innerhalb der ausgebreiteten Humboldtschen Analytik und ihrer Konsequenzen steht das Konzept der *Symbolisierung* für den konstitutionstheoretisch avisierten Inhalt der Artikulationsarbeit, für den syntaktisch-semantischen, weltinterpretierenden Effekt des Synthetisierens" (ebd.) – Glazinski deutet den Symbolbegriff auf bildungstheoretischen Hintergrund, wenn er aufzeigt, daß Hum-

Dies hat nun aber nicht nur erkenntnistheoretische Konsequenzen und richtet sich auf Humboldts *Sprache-Erkenntnis-Theorem*, sondern kommentiert auch einige problematische Begriffe, die Humboldt selbst zur Erklärung seiner Sprachtheorie verwendet. Bislang wurde der Begriff des ‚Organismus‘ vermieden, eben wegen der in der Humboldt-Forschung häufig angeführten Unterstellung, dieser habe hier sozusagen eine Allegorie, eher noch eine Metapher zur evidenten Kommentierung seiner sprachtheoretischen Theorie herangezogen. Damit wird der Begriff des Organismus ausschließlich durch seine Erklärungsproduktivität begründet, die er in spezifischen Kontexten, zum Beispiel dem sprachtheoretischen, entfalten kann. Dies ist – so die notwendig zu ziehende Konsequenz der Allegorie-Symbol-Alternative in der ‚Verfallsgeschichte‘ – *nicht* Humboldts Vorstellung des Organismus-Begriffs. Er ist keine Metapher im Sinne einer bildhaften Übertragung, die Sprache ist nicht *wie* ein Organismus, sie *ist* ein Organismus im Sinne eines erst erkenntnis- und letztlich dann auch sprachtheoretisch fundierten Wahrheitsbegriffes, der einer Weltkonstitution in der Sprache gleich einer semiotischen Synthesis verantwortlich ist.

Ich werde zu einem späteren Zeitpunkt noch einmal anhand eines Beispiels aus der Forschungsliteratur auf diese Fragestellung zurückkommen. Bis dorthin reicht Humboldts Warnung:

> „Denn das Symbol hat das Eigenthümliche, dass die Darstellung und das Dargestellte immer wechselsweise den Geist einladend nöthigen länger zu verweilen und tiefer einzugehen, da die Allegorie hingegen, wenn einmal die vermittelnde Idee aufgefunden ist, wie ein gelöstes Räthsel, nur kalte Bewunderung oder leichtes Wohlgefallen an anmuthig gelungner Gestalt zurücklässt. Die blosse und eigentliche Allegorie ist den Griechen sehr fremd, und gehört, wo sie sich findet, wohl noch meistentheils späten Zeiten an; denn wo der Sinn gewichen ist, die Symbole zu erkennen, werden sie leicht zur Allegorie herabgewürdigt" (III 218).

4.5 ‚Einleitung‘ zu einem philologischen Projekt

Obwohl erst 1816 erschienen, stehen *Einleitung* und Übersetzung zu *Aeschylos Agamemnon metrisch übersetzt* (VIII 117-221) durchaus im

---

boldt die Griechen als ‚Symbol der Menschheit‘ auszeichnet und die Wege nachzeichnet, wie dieser Begriff inhaltlich und material zu füllen ist (vgl. Glazinski, *Antike und Moderne*, a.a.O., S. 6, 161-184).

Kontext der Ereignisse des Herbstes 1792. Mit ersten Aischylos-Überset-zungen hat Humboldt bereits in dieser Zeit begonnen. So sollte Hum-boldt für Wolf, der die griechischen Tragiker in einer deutschen Ausgabe herausgeben wollte, z.B. die Bearbeitung der Dramen des Aischylos über-nehmen. Aber erst 1796 intensiviert Humboldt seine Übersetzungsarbeit am Agamemnon, und es sollte noch 20 Jahre dauern, bis das Ergebnis sei-nes Versuches, den griechischen Agamemnon-Text so ins Deutsche zu übersetzen, daß das Versmaß des antiken Textes in der Übersetzung er-halten bleibt, veröffentlicht wird.[81] In Humboldts Übersetzung folgte in der Tat der Rhythmus der langen bzw. kurzen und der betonten bzw. un-betonten Silben dem gleichen Schema wie im Originaltext.

Dieses an J. H. Voß – Humboldt hat hier dessen Homerübersetzung als Vorbild und weist auf die Verbindung auch explizit hin – angelehnte ‚radi-kal-philologische‘ Programm ist später häufig sowohl wegen seiner erbar-mungslos formalen Systematik wie auch wegen der am Ergebnis ablesba-ren praktischen Undurchführbarkeit eines solchen ‚Übersetzungsideals‘ kritisiert worden.[82] Es soll trotzdem – zum Abschluß der Sichtung Hum-boldtscher Antike-Texte – ein kurzer Blick auf den zweiten, theoretischen, Teil der *Einleitung* zu diesem Projekt geworfen werden. Der erste Teil

---

[81] Humboldt weist auf die lange Entstehungszeit am Ende der Einleitung selbst hin und kon-zediert so am 23. Februar 1816: „Schliesslich muß ich noch bemerken, dass ich dieselbe (die Übersetzung, U.W.) im Jahr 1796. anfieng, sie 1804. in Albano umarbeitete und en-digte, und dass seitdem nicht leicht ein Jahr verstrichen ist, ohne dass ich daran gebessert hätte" (VIII 146).

[82] So stellt A. Leitzmann beispielsweise fest: „Daß dieser Versuch einer wirklich kongenialen Verdeutschung, bei der die poetische Größe und erschütternde Erhabenheit des Original-gedichts, des Urteppichs, wie es Goethe nannte, wiedergeboren und aufs neue lebendig ge-worden sein müßte, mißlungen ist, da hingebendste Kleinarbeit den Genius niemals errei-chen kann, darf uns nicht hindern, den Versuch selbst zu bewundern, bei dem die größten Meister der zeitgenössischen Altertumswissenschaft, Wolf und Hermann, ratend, helfend, billigend mitgewirkt haben" (Leitzmann, *Wilhelm von Humboldt*, a.a.O., S. 64). – Ent-schiedener und in der Terminologie über die Grenze der Unangemessenheit deutlich hin-aus urteilt Howald: „Was man zu hören bekommt, ist nur vorgetäuschte Erhabenheit, ist vielmehr Krampf und Vergewaltigung" (Howald, E.: *Deutsch-französisches Mosaik*. Zürich 1962. S. 131 [8. Aufsatz: Wilhelm von Humboldts Agamemnon. S. 117-132]). Allerdings finden sich in seiner zeitgeschichtlichen Kontextuierung von Humboldts Übersetzungs-projekt einige wichtige Hinweise, z.B. daß Humboldt in der Frage der Übersetzungsme-thodik u.a. durch die Lektüre von G. Hermanns ‚De metris poetarum Graecorum et Ro-manorum‘ beeinflußt war (vgl. Howald, *Mosaik*, a.a.O., S. 120). – Ungewollt exemplarisch wirken in diesem Kontext auch Humboldts eigene, sinnfällige Worte aus der Einleitung be-züglich der ‚Kassandra-‘ und der ‚Klytämnestra‘-Szene, nach denen „es schlechterdings nothwendig war (Umst., U.W.), in diesen Scenen so viel Auflösungen, als möglich, auch in der Uebersetzung beizubehalten, da gerade durch diese Auflösungen der klagende und jammernde Charakter verstärkt wird, der diese Scenen bezeichnet" (VIII 143).

stellt eine in ihrer literaturwissenschaftlichen Qualität durchaus bemerkenswerte Interpretation des Textes dar (VIII 119-129), im dritten, philologischen, Teil (VIII 137-146) bemüht sich Humboldt anhand konkreter
Beispiele noch einmal erläuternd und legitimierend, der „Bewahrung des
Rhythmus durch richtige Tonsetzung (...) noch mit einigen Worten (zu,
U.W.) gedenken" (VIII 143). Ein Blick besonders auf den zweiten Teil ist
jedoch nicht nur deswegen sinnvoll, weil hier u.a. Humboldts Selbstverständnis als Philologe erkennbar wird, sondern weil die dort ausgeführten
Gedanken die Verbindungen zwischen dem antiken, dem philologischen
und dem sprachphilosophischen Erkenntnisinteresse herstellen.[83]

Humboldt gesteht bezüglich des Ziels seiner Unternehmung zunächst
ein, daß „ein solches Gedicht (...), seiner eigenthümlichen Natur nach,
und in einem noch viel andrem Sinn, als es sich überhaupt von allen Werken grosser Originalitaet sagen lässt, unübersetzbar" (VIII 129) ist. Dies
begründet sich schon daraus, daß „kein Wort Einer Sprache vollkommen
einem in einer andren Sprache gleich ist" (VIII 129). Derlei – am Begriff
des Wortes theoretisch durchgeführte und versinnlichte – Sprachreflexion
führt ihn dann noch einmal zur Kritik an der naiven Repräsentationstheorie, denn anstatt „ein Wort (..) Zeichen eines Begriffs" (VIII 129) ist,
zieht sich „das unbestimmte Wirken der Denkkraft in ihm zusammen"
(VIII 129). Das Wort ist eben nicht bloß Zeichen, sondern „individuelles
Wesen, von bestimmtem Charakter und bestimmter Gestalt" (VIII 129).
Humboldt zeigt im folgenden die Entstehungsbedingungen des so verstandenen Wortes auf und verweist in einer Parallelisierung zur Phantasie
des Künstlers auf die „reine Energie des Geistes" (VIII 130). In der Produktionsperspektive dieses durch den Geist gebildeten Wortes wird dann
jedoch deutlich, daß ein Wort in der *einen* Sprache von der Bedeutung her
niemals einem Wort in der *anderen* Sprache vollkommen entsprechen
kann. Vielmehr ist es die Verschiedenheit der Bedeutungen, die diese konstituiert. Humboldt begründet dies wieder mit dem Symbolbegriff, den er
schon in den frühen Schriften zur Antike verwendet hat, und bekräftigt
seine anti-konventionalistische Haltung in der Zeichentheorie, indem er
den Begriff des ‚Zeichens' erneut von dem des ‚Symbols' differenziert:

> „Alle Sprachformen sind Symbole, nicht die Dinge selbst, nicht verabredete
> Zeichen, sondern Laute, welche mit den Dingen und Begriffen, die sie dar-
> stellen, durch den Geist, in dem sie entstanden sind, und immerfort entste-
> hen, ..." (VIII 131).

---

[83] Zum Zusammenhang der damaligen Diskussion zu einer Theorie der Übersetzung vgl.
Fuhrmann, M.: „Von Wieland bis Voss: Wie verdeutscht man antike Autoren?" In: *Jahrbuch des Freien Deutschen Hochstifts*, Jg. 1987, S. 1-22.

Diese Sicht einer Weltkonstitution durch die Sprache impliziert nun Un-
übersetzbarkeit von Texten im Sinne einer totalen semantischen Deckung.
Mit dieser theoretischen Einsicht gibt sich Humboldt aber – und hier
wird sein Selbstverständnis als Philologe ebenso deutlich, wie sein Projekt
spätestens an dieser Stelle die posthum unterstellte Naivität verliert –
nicht zufrieden und benennt den schmalen Grat, den die Übersetzungs-
qualität letztlich ausmacht:

> „Solange nicht die Fremdheit, sondern das Fremde gefühlt wird, hat die
> Uebersetzung ihre höchsten Zwecke erreicht; wo aber die Fremdheit an sich
> erscheint, und vielleicht gar das Fremde verdunkelt, da verräth der Ueber-
> setzer, dass er seinem Original nicht gewachsen ist" (VIII 132).

Aus diesem Grunde darf die Übersetzung auch „kein Commentar seyn"
(VIII 133) und „keine Dunkelheit enthalten, die aus schwankendem
Wortgebrauch, schielender Fügung entsteht" (VIII 133). So erscheint
Humboldts Insistieren auf der korrekten Übersetzung des Versmaßes, seine Forderung nach einer „Treue, die das Fremdartige des Originals nicht
abgestreift hat, sondern an sich trägt"[84], in einem anderen, die formale
Option entscheidend überschreitenden, Licht: die Genauigkeit der Erhaltung des Versmaßes ist nicht nur Bild, sondern auch Sicherheit dafür, daß
nicht nur der ideale Sinn der beiden Texte korrespondiert, sondern daß
gerade die sprachtheoretisch fundierte Korrespondenz von Sprache und
dem Geist der Nationen für diese idealische Sinnübertragung die Gewähr
bieten kann.[85]

Es ist demnach sowohl plausibel als auch wahrscheinlich, daß Humboldt die philologische Ethik[86], die er hier entwickelt, und die den eigentlichen Kern seiner zunächst sehr formal wirkenden Forderung nach
„Reinheit und Richtigkeit des Versmasses" (VIII 135) ausmacht, nicht nur
in der literarischen Übersetzung hat walten lassen, sondern auch in der
Adaption philosophischer Terminologie zu realisieren sucht. So ist der
‚Energeia'-Begriff eben nicht der ‚dunkle Kommentar', sondern die begriffliche Schärfung des theoretisch Entwickelten. Eine Annahme, die
Humboldt auch in diesem Text der ‚Einleitung' durch sachgerechte Ver-

---

[84] Fuhrmann, „Von Wieland bis Voss", a.a.O., S. 9.

[85] Vgl. in diesem Zusammenhang auch Flashar, „Wilhelm von Humboldt und die griechische
Literatur", a.a.O., S. 94.

[86] Wie weit Humboldt auch motivational von einer nur sich selbst genügenden philologischen Tätigkeit entfernt ist, wird auch schon im Brief an Wolf vom 23. Januar 1793 deutlich, in dem er die Übersetzertätigkeit „eine undankbare, und doch so saure Arbeit" nennt,
die er nur aus einer „enthusiastischen Liebe für das Original" heraus versieht ([Humboldt
an Wolf am 23. Januar 1793], a.a.O., S. 29).

wendung aristotelischer Termini wie ‚Form‘, ‚Stoff‘ und ‚Gestalt‘ erneut bestätigt.

Den Boden der rationalen Argumentation verliert Humboldt lediglich immer dann, wenn nicht nur das aus den frühen Texten ungehemmt weiter tradierte Griechenlob – hier nun anhand des Versmaßes – erneut zelebriert wird, sondern ausgerechnet „die deutsche Sprache unter den neueren allein den Vorzug zu besitzen scheint (Umst., U.W.), diesen Rhythmus (der Griechen, U.W.) nachbilden zu können" (VIII 136). Die Einsicht in die sprachtheoretisch begründete Entwicklungsperspektive der Konstituierung von Bedeutung jedoch zeichnet auch diese ‚Einleitung‘ in ihrem hohen programmatischen Anspruch aus, den Humboldt sowohl in der Vorläufigkeit jeder Übersetzung und damit in der notwendig immer neuen Wiederholung solcher Unternehmung konsekriert sieht, als auch im Schutz des Originals vor einem hemmungslosen Übersetzungsrelativismus, das sich in der Beliebigkeit der Umdeutungen und Übertragungen nicht selbst vergleichen muß:

> „Auch lernt der Theil der Nation, der die Alten nicht selbst lesen kann, sie besser durch mehrere Uebersetzungen, als durch eine, kennen. Es sind eben so viel Bilder desselben Geistes; denn jeder giebt den wieder, den er auffasste, und darzustellen vermochte; der wahre ruht allein in der Urschrift" (VIII 136-137).

Mit der Option philologischer Sorgfalt im Lichte einer Vermittlungsorientierung der Texte komplettiert Humboldt so in dieser ‚Einleitung‘ sein Panoptikum gebildeter Antike, das über die Entwicklung eines Griechenideals hinaus und unter Zuhilfenahme zahlreicher aristotelischer Begriffe und Strukturmuster ein Weltverständnis kondensiert, in dem die Sprache immer nachdrücklicher als Charakter-verstehende und Bedeutung-schaffende Aktivität identifiziert wird.

4.6 Zusammenfassung

Faßt man die entscheidenden Punkte von Humboldts Antike-Bild anhand der untersuchten Stationen zusammen, ergibt sich folgendes Panorama[87]:

---

[87] Vgl. zum Antike-Bild Humboldts, zum biographischen Hintergrund und zum geistesgeschichtlichen Kontext: Aron, E.: *Die deutsche Erweckung des Griechentums durch Winckelmann und Herder.* Heidelberg 1929. – Berglar, *Wilhelm von Humboldt*, a.a.O., S. 42-54, 68-78. – Borinski, K.: *Die Antike in Poetik und Kunsttheorie vom Ausgang des klassischen Altertums bis auf Goethe und Wilhelm von Humboldt.* Hrsg. von R. Newald.

Die antike Welt ist für den Tegeler Philosophen, Theoretiker und Philologen Beschäftigungsgegenstand über die ganze Lebensspanne. Antike bedeutet für Humboldt vornehmlich das alte Griechenland und speziell die atheniensische Geisteswelt. Sein Interesse richtet sich vornehmlich auf die Schriftsteller Homer, Pindar, Aischylos, Aristophanes und – in der römischen Zeit – schließlich auch auf Demosthenes.[88] Eine Erschließung des griechischen Geistes kann nach Humboldts Auffassung nur durch authentische philologische Arbeit an den Originaltexten und damit durch aufwendiges und intensives Selbststudium gelingen.[89] Diese Aufforderung zur Genauigkeit im einzelnen korrespondiert mit Humboldts Idealisierung der griechischen Welt, indem er diese – das Unterfangen explizit eingestehend – erst rekonstruktiv bildet und dieses Bild im ex- und impliziten Vergleich mit der Wahrnehmung der gegenwärti-

---

Leipzig 1924. S. 293-318. – Ephraim, C.: *Wandel des Griechenbildes im 18. Jahrhundert.* Bern 1936. – Flashar, „Wilhelm von Humboldt und die griechische Literatur", a.a.O. – Garbe, G.: *Übersetzung und Auffassung griechischer Dichtung bei Wilhelm von Humboldt.* München 1958. – Harnack, O.: *Wilhelm von Humboldt.* Berlin 1913. S. 25-42. – Haym, *Wilhelm von Humboldt,* a.a.O., S. 69-87, 136-146. – Howald, *Wilhelm von Humboldt,* a.a.O., S. 49-60, 79-81, 114-115. – Kaehler, S. A.: *Wilhelm von Humboldt und der Staat. Ein Beitrag zur Geschichte deutscher Lebensgestaltung um 1800.* München, Berlin 1927. – Kessel, *Wilhelm von Humboldt,* a.a.O., S. 93-121. – Leitzmann, *Wilhelm von Humbold,* a.a.O., S. 31-32, 44-49, 64-65. – Liese, H.-J.: *Wilhelm von Humboldt und das Altertum. Ein Beitrag zur Charakteristik seiner Persönlichkeit.* Münster 1951. – Lothholz, „Humboldts Verhältnis", a.a.O. – Menze, C.: *Wilhelm von Humboldts Lehre und Bild vom Menschen.* Ratingen 1965. S. 154-170. – Müller, *Menschenbild und Humanismus,* a.a.O. – Pfeiffer, „Humboldt, der Humanist", a.a.O. – Prang, „Humboldts Anschauung", a.a.O. – Quillien, *Humboldt et la Grèce,* a.a.O. – Rantzau, J.-A. von: *Wilhelm von Humboldt. Der Weg seiner geistigen Entwicklung.* München 1939. S. 32-35, 60-76. – Riedel, M.: „Humboldts ursprünglicher Begriff", a.a.O., S. 844. – Rehm, W.: *Griechentum und Goethezeit. Geschichte eines Glaubens.* Bern (4. Aufl.) 1968. – Scurla, *Wilhelm von Humboldt,* a.a.O., S. 117-131, 257- 263. – Schaffstein, *Wilhelm von Humboldt,* a.a.O., S. 88-101, 171-175. – Spranger, E.: „Wilhelm von Humboldt". In: *Das humanistische Gymnasium,* 46. Jg. (1935), S. 65-77. – Spranger, E.: *Wilhelm von Humboldt und die Humanitätsidee.* Berlin (2., unveränd. Aufl.) 1928. S. 456-491. – Stadler, *Humboldts Bild,* a.a.O. – Weinstock, „Einleitung: ‚Menschenbild und Menschenbildung'", a.a.O., S. 7-18.
Hervorzuheben ist die vor allem in ihren bildungstheoretischen Passagen ausgezeichnete Studie von B. Glazinski: *Antike und Moderne. Die Antike als Bildungsgegenstand bei Wilhelm von Humboldt,* a.a.O. Siehe dort auch die Zusammenfassung und Bewertung der diesbezüglichen Forschungsliteratur, in der u.a. die Positionen von G. Schlesier, R. Haym, E. Spranger, S. Kaehler und E. Howald besprochen und in ihren rezeptionsgeschichtlichen Zusammenhang gestellt werden.

[88] Humboldt kündigt die Beschäftigung mit Demosthenes in seinem Brief an Schweighäuser vom 18. Juli 1807 explizit an (vgl. [Humboldt an Schweighäuser am 18. Juli 1807], a.a.O., S. 36).

[89] Vgl. Stadler, *Humboldts Bild,* a.a.O., S. 63.

gen Realität und Perspektive des beginnenden 19. Jahrhunderts konfrontiert. *Gebildete Antike* ist also – im andauernden Widerstreit der zeitübergreifenden, ja zeitlos gültigen, Wahrnehmungen – immer auch aktuale Zeitkritik. In der Beschäftigung mit diesem Thema fallen bei Humboldt Vergangenheit, Gegenwart und Zukunft zusammen.[90] Nur in begrenztem Ausmaß dagegen und häufig mit nur kommentierendem Charakter geht diese – durch das Ideal mögliche – gleichzeitige Realitätskonfrontation in *Humboldts Gedächtnis* negativ aus: „Als entscheidend und elementar für die gesamte Beurteilung der Auseinandersetzung Humboldts mit der Antike bleibt" vielmehr mit B. Glazinski „die grundlegende Bejahung und Wertschätzung der Moderne als der Zeit der Tätigkeit und Bildung im Hier und Jetzt der gegebenen historischen und politischen Situation festzuhalten"[91].

Studium ist für Humboldt immer *Individualitäts-*, wir würden im ausgehenden 20. Jahrhundert um den Preis mancher Verkürzung des Anliegens sagen *Identitätsentwicklung*. Vor allem auch aus diesem Grund kennzeichnet sich Humboldt hier abermals als Schreiber der unvollzogenen Einleitungen, eben weil die Durchführung, die aktive Auseinandersetzung mit der Antike als Leseprozeß, nicht delegierbar ist und damit die Aneignung durch einen Kommentar aus zweiter Hand fehlschlagen muß, der ja immer nur unvollkommene Darstellung wäre. Vielmehr muß das Individuum – wie auch der Individualitätsbegriff von Humboldt anhand des Griechenbildes auf den Ebenen Menschheit, Griechentum und Person gleich dreifach inventarisiert wird – selbst Individualitätsarbeit und damit

---

[90] Zur den daraus resultierenden Untersuchungsperspektiven und deren gegenseitigen produktiven Ergänzung merkt J. Quillien an: „- L'autre tenterait de présenter le résultat de l'analyse, c'est-à-dire le tableau, mis en forme systématique, de la Grèce auquel parvient Humboldt et d'étudier, en s'appuyant sur les textes indépendamment de leur date, comment ce tableau *(Bild)* fonctionne dans le tout de sa pensée; ce serait adopter le point de vue de la structure. Ou encore: – On peut exposer le monde grec en tant qu'idéal, en tant que modèle réalisé (dans le passé) d'un idéal à réaliser (dans le futur) et montrer comment est articulé ce modèle: on se situe alors sur un plan anhistorique. – Mais on peut aussi, à l'inverse, mettre l'accent prioritairement sur l'insertion de cet idéal dans l'histoire et adopter donc délibérément le point de vue historique.

Dans le premier cas, on présente l'idéal grec comme modèle de l'idéal de l'humanité, dans le second, on situe la Grèce comme étape importante du développement historique de l'humanité. Ces deux manières de procéder sont légitimes et ne nous paraissent nullement exclusives ..." (Quillien, *Humboldt et la Grèce*, a.a.O., S. 10-11).

[91] Glazinski, *Antike und Moderne*, a.a.O., S. 417a. – Zum Verhältnis von Antike und Moderne bei Humboldt vgl. auch E. Kessels interessante Konfrontation der beiden Aspekte ebenso wie die ausführliche und materialreiche Darstellung von Humboldts Antike-Bild anhand der zentralen Texte und Briefe (vgl. Kessel, *Wilhelm von Humboldt*, a.a.O., S. 105-120).

aktive *Bildungs*arbeit leisten.[92] Dafür aber ist der griechische Geist nicht nur alternativlos gut geeignet, sondern auch ideal genug, um stets hinter ihm zurückbleiben zu können. Zum Zwecke des produktiven Vergleichs studiert man demnach die Griechen, „studirt man (...) eine Nation, nicht Bücher, sondern Menschen"[93].

Humboldt führt dieses Anliegen unter der Gefahr mancher Stigmatisierungen vor, die aber weder der Entschuldigung noch der Verurteilung durch die Forschungsliteratur wirklich bedürfen, weil sie im Argumentationsgang ihre vorher offengelegte Funktionalität bewahren. Der „Griechenfreund"[94], der „Philhellene Humboldt"[95] kann so ein breites Panoptikum an Motiven und Problematisierungsperspektiven anbieten, das trotz aller Bezüge zum Denken und zum „Griechentaumel"[96] seiner Zeit originär bleibt: Er riskiert die Idealität in nachvollziehbaren, teilweise aber auch heute fremd erscheinenden Varianten zum Zweck realer Bildung, politischer Fundierung und geistiger Erinnerung. ‚Nur' dafür bemüht er sich um eine eigene individuelle Erinnerungsleistung, deren geistige Inhalte und philologischen Vollzug er als bedeutsam unterstellt und erweist, und gerade darin besteht der ideale Charakter seines Unternehmens. Daß der ‚Vermittlungsdenker' Humboldt vielleicht ein Begeisterter, aber kein Eiferer war, entspricht auch der Tatsache, daß er in den ‚Schulplänen' keine Hegemonie des Griechischen und Lateinischen forderte, sondern den philologischen gleichberechtigt neben dem histori-

---

[92] Vgl. dazu P. Stadler: „Dazu aber ist keineswegs Nachahmung notwendig; sondern die Form des Studiums entbindet in jedem, der sich ihm widmet, dieselben Kräfte, denen sein Studium gilt" (Stadler, *Humboldts Bild*, a.a.O., S. 50).

[93] [Humboldt an Brinckmann am 3. September 1792], a.a.O., S. 22.

[94] Spranger, „Wilhelm von Humboldt", a.a.O., S. 67. – In *Wilhelm von Humboldt und die Humanitätsidee* stellt Spranger die These vor, Humboldts Griechenauffassung habe in der römischen Zeit einen ‚Romantisierungsschub' erhalten (vgl. Spranger, *Humboldt und die Humanitätsidee*, a.a.O., S. 481). Der These soll hier nicht im einzelnen kritisch nachgegangen werden. Es ist jedoch davor zu warnen, der großen Zahl der Interpreten zu folgen, die die Entwicklung von Humboldts Antikebild in ein biographisch-historisches Raster einordnen, weil sie der Gefahr zu erliegen drohen, die auffälligen Kontinuitäten ebenso wie den allmählichen Aufbaucharakter von Humboldts Antike-Bild, wie ich ihn aufzuzeigen versucht habe, zu verdecken.

[95] Mattson, P.: „Einleitung". In: ders. (Hrsg.): *Briefe an F. A. Wolf*, a.a.O., S. 2.

[96] Berglar, *Wilhelm von Humboldt*, a.a.O., S. 44. Viele Interpreten verweisen, Humboldt (vielleicht unnötigerweise) entschuldigend, auf die Griechenverehrung in dessen zeitgenössischem Kontext. Es ist aber durchaus unrichtig, aufgrund dieser wichtigen Feststellung zu Wertungen zu kommen wie der folgenden: „Er (Humboldt, U.W.) blieb in ein Zwischenreich zwischen marmorn-idealer Griechen-Irrealität und konservativ-fortschrittlichem Preußen-Kosmopolitismus eingeschlossen – Symbolgestalt aller deutschen Zwiespalte" (Berglar, *Wilhelm von Humboldt*, a.a.O., S. 54).

schen und mathematischen Unterricht sehen wollte. Die alten Sprachen sind in der Realität, das weiß Humboldt sehr wohl, nicht die „alleinseligmachenden Bildungsmittel"[97], wiewohl sie zur Bildung des Menschen unverzichtbar sind.

Die besprochenen Texte *Über das Studium des Alterthums, und des Griechischen insbesondre* von 1793, *Latium und Hellas oder Betrachtungen über das classische Alterthum* von 1806, *Ueber den Charakter der Griechen, die idealische und historische Ansicht desselben* von 1807, *Geschichte des Verfalls und Unterganges der griechischen Freistaaten* ebenfalls von 1807 und schließlich die Einleitung zu *Aeschylos Agamemnon metrisch übersetzt* von 1816 zeigen aber noch zwei weitere in diesem Kontext zentrale Aspekte: Zum einen hat das Sprachproblem hier noch erschließenden Charakter und ist funktional in die Thematisierung des griechischen Denkens eingebunden. Die inhaltliche Qualität und die Konsequenzen der sprachtheoretischen Bruchstücke geht jedoch – vor allem in *Latium und Hellas* – bereits weit über eine reine ‚Dienstfunktion' hinaus. Genau deswegen wirken sie zuweilen ‚deplaziert', nicht wegen ihrer inhaltlich problematischen Verortung, sondern weil sich hier zunehmend eine Theoriebildung ankündigt, die den Rahmen einer funktionalen Rolle im Untersuchungsgang des griechischen Ideals bei weitem sprengt.

Interessant ist aber vor allem der zweite Aspekt, auf den ich anhand einiger ausgewählter Beispiele hingewiesen habe: Langsam, aber immer komplexer, baut Humboldt hier unter Zuhilfenahme der zentralen Termini ein ontologisches Strukturmuster aristotelischer Provenienz auf, er betreibt die Gegenstände erklärende, aber diese auch immer noch suchende Theorieentwicklung, die ebenfalls erst in der Kawi-Einleitung – wie die Sprachtheorie auch – ihren Höhepunkt erreicht. Diese Beobachtung läßt sich auch an anderen Texten, die hier nicht besprochen wurden, aufweisen, z.B. an den beiden Horen-Aufsätzen von 1795 *Ueber den Geschlechtsunterschied und dessen Einfluss auf die organische Natur* (I 311-334) und dessen Fortsetzung *Ueber die männliche und weibliche Form* (I 335-369). Bereits in dieser frühen Phase hat Humboldt das terminologische Repertoire präsent, das aber erst in seinen späten Schriften zur theoretischen Ausreifung kommt.

---

[97] Stadler, *Humboldts Bild*, a.a.O., S. 193.

5. Humboldts Aristoteles:
Biographisch-philologische Passagen

Es stellt sich nun – die Perspektive von *Humboldts Gedächtnis* im Horizont der Zeit auf eine für den Tegeler Philosophen gleichzeitige Ebene konzentrierend – die Frage, auf welche Weise Humboldt Aristoteles gelesen hat, wie er dessen Texte verstanden hat und mit welchen Schriften er in welcher Intensität konfrontiert war. Wie stellen sich die *biographisch-philologischen Passagen* dar, in denen sich Humboldt das Denken des antiken Philosophen aus Stagira, der Schüler Platons und Erzieher Alexanders des Großen war, erschlossen hat? Welches differenzierte Bild bietet sich, fragt man nicht vorderhand nach dem aristotelischen Werk als einem für alle Rezipienten gleich-gültigen substantiellen Sinnzusammenhang, sondern analysiert ausdrücklich *Humboldts* Aristoteles in seinen spezifischen Entstehungs- und Ausdrucksbedingungen?

Im folgenden wird der Versuch unternommen, das Humboldtsche Aristoteles-Bild anhand von dessen eigenen Ausführungen zum Thema in drei verschiedenen Passagen zu rekonstruieren. Vorangestellt werden einerseits eine Kontextuierung von Humboldts Unternehmung in den geistesgeschichtlichen bzw. wissenschaftstheoretischen Kontext, in dem er Theorieentwicklung betreibt, und andererseits die Klärung der Frage, innerhalb welcher Grenzen die *biographisch-philologischen Passagen* richtig rekonstruiert werden und welches Erklärungspotential sie behaupten können. Ein in diese Klärung integrierter Forschungsüberblick skizziert die bisherigen Darstellungen zum Thema und bereitet damit die erneute Klärung in den drei Passagen vor.

5.1 Humboldts Kontext: Rezeptionsdisparitäten

Um Humboldts Aristoteles-Rekonstruktion zu verstehen, muß zunächst sein diesbezüglicher Kontext, die Aristoteles-Rezeption im 18. und 19. Jahrhundert, in ihrer wissenschaftshistorischen Konstruktion und ihrer wissenschaftssystematischen Disparität betrachtet werden. Humboldt begegnet in seiner Beschäftigung und Behandlung mit Aristoteles im Grunde ganz als Vertreter seiner Zeit, die über weite Strecken von einer Art omnipräsenter Nichtbestreitung gegenüber Aristoteles geprägt ist.

Prominentes Beispiel ist Kants *Kritik der reinen Vernunft*: „Kant hilft zwar", so konstatiert O. Höffe, „Aristoteles' Autorität weiter zu untergraben. Dabei bedient er sich aber, zumal in der *KrV*, über weite Strecken Aristotelischer und aristotelistischer Begriffe, die ihm über die deutsche Aristoteles-Tradition – wichtig ist Christian Wolff – vermittelt sind"[98]. Die Indifferenz der thematisierten und unthematisierten Rezeption in dieser Zeit ist – u.a. auch durch die mittelbare Vermittlung aristotelischen Gedankenguts durch die sog. ‚Sekundärliteratur' – extrem groß. Die Rezeption wird wiederum implizit oder explizit rezipiert und läßt das aristotelische Original im Netz der Verweisungen undeutlich werden, eine Tatsache, für die das Problembewußtsein erst noch wächst und die sich auch im Lese-Verhalten der ‚Gebildeten' widerspiegelt. Zumindest an oberflächlicher Lektüre bzw. der Kenntnis vom Hörensagen oder durch Sekundärtexte führte für den philosophisch Interessierten im 18. und 19. Jahrhundert an Aristoteles nämlich kaum ein Weg vorbei, auch wenn dies nicht für die Breite des aristotelischen Werkes, sondern für ganz bestimmte Wissenschaftsbereiche, wie etwa die poetologische bzw. kunsttheoretische[99], die naturphilosophische[100] und die ethische Diskus-

---

[98] Höffe, O.: *Aristoteles.* München 1996. S. 282. – Zum Problem der Verwendung aristotelischer Begriffe bei Kant und dem Phänomen eines ‚indirekten Aristotelismus' vgl. auch L. Minio-Paluello: „Die aristotelische Tradition in der Geistesgeschichte". In: Moraux, P. (Hrsg.): *Aristoteles in der neueren Forschung.* Darmstadt 1968. S. 314-338, hier: S. 317-318.

[99] Gerade in der kunsttheoretischen bzw. poetologischen Diskussion wurde sich häufig explizit von aristotelischen Positionen wahlweise abgesetzt bzw. es wurde diesen zugestimmt. Vgl. dazu vor allem den zweiten Band von Borinski: *Die Antike in Poetik und Kunsttheorie*, a.a.O., in dem die Übergänge und Querverbindungen bei zahlreichen Vertretern deutlich werden (u.a. Winckelmann, Lessing, Herder, Harris, Wieland, Goethe). Zu einer eher ergänzenden als gegenteiligen Einschätzung kommt H. Prang, der feststellt, „eine wirklich *philosophische* (Herv., U.W.) Auseinandersetzung mit Plato und Aristoteles finden wir um 1800 (...) in Deutschland" noch kaum (Prang, „Humboldts Anschauung", a.a.O., S. 145). Dies ist nur dann zutreffend, legt man den Terminus ‚philosophisch' in einem engeren Sinne aus und zielt damit auf Metaphysik und Wissenschaftstheorie. Aristoteles' Schriften zu ‚praktischen' Disziplinen wie Ethik und Poetik sind durchaus Gegenstand von Lektüre und Diskussion.

[100] Vgl. Müller-Sievers, *Epigenesis*, a.a.O., S. 23-24, 30-52. – R. Löw differenziert in seiner Dissertation *Philosophie des Lebendigen*, Frankfurt am Main 1980, den *Begriff des Organischen bei Kant* und zeigt den hohen Differenzierungsgrad auf, der sich ergibt, versucht man dem Aristotelismus im 18. und 19. Jahrhundert auch nur anhand eines einzigen Beispiels nachzugehen. Seine in vier Kapitel gegliederte Studie geht von der Begründung der Naturwissenschaft durch Aristoteles aus, beschreibt die Entwicklung einer Theorie des Organischen vor und bei Kant und bestimmt schließlich den systematischen Ort von Kants Philosophie des Organischen, nicht ohne den Kantischen Ansatz einer eingehenden Kritik zu unterziehen. Löws Analyse ist auf ein, dem Thema in seiner systematischen Differenziertheit angemessenes, breites Textverständnis gegründet. So werden bei Kant u.a die

sion[101], galt. Dies hat Folgen für den rezeptiven Gebrauch: Man setzt sich – Kants subtile Gerissenheit durch oft weniger gescheite explizite Verwendung substituierend – von Aristoteles wahlweise ab oder stimmt bestimmten, häufig angeführten, Textstellen und Positionen zu, um sich einen Anknüpfungspunkt für die eigene Argumentation zu organisieren. Trotz oder gerade wegen dieser – jedem nicht transparenten ‚Kanon' notwendig anhaftenden – Oberflächlichkeit, die vor allem in der geläufigen Selbstverständlichkeit seiner diskursiven Verwendung zum Ausdruck kommt, fehlt es bei vielen Denkern dieser Zeit nicht an kürzeren Hin- bzw. Verweisen, häufig aber an detaillierten Darstellungen und ausführlichen Erörterungen, die konkrete Textbezüge und -analysen enthalten und eindeutige, systematische (Rück-)Schlüsse auf die theoretische Substanz des spezifischen aristotelischen Originals in *dessen* jeweiligen Entstehungszusammenhängen zulassen.

Über die Anwesenheit und Relevanz aristotelischen Denkens in den Texten dieser Zeit und eben auch bei Humboldt jedoch sagt dieses Phä-

---

drei *Kritiken* und die *Metaphysischen Anfangsgründe der Naturwissenschaft* herangezogen, bei Aristoteles werden *de anima, de caelo,* die *Nikomachische Ethik, de generatione animalium, de historia animalium, de motu animalium, de partibus animalium* und die *Metaphysik* herangezogen. Löws Studie bestätigt in nachdrücklicher Weise die hier entwickelte These der Omnipräsenz aristotelischen Denkens im Deutschen Idealismus am Gegenstand des naturphilosophischen Denkens. – Den Nachwirkungen aristotelischen Denkens im 20. Jahrhundert ist Chr. Hünemörder nachgegangen und macht auch hier die unthematisierte Dauerpräsenz des Stagiriten deutlich. Zum Anliegen seiner Studie „Zur Nachwirkung des Aristoteles bei den Biologen im 19. und 20. Jahrhundert" merkt er zunächst an: „Freilich begegnet jedes wirkungsgeschichtliche Bemühen zahlreichen Schwierigkeiten. Zunächst einmal erwähnt fast jede größere synthetische Arbeit mit Ausnahme fachspezifischer biologischer Einzeluntersuchungen Aristoteles in irgendeiner Weise" (Hünemörder, Chr.: „Zur Nachwirkung des Aristoteles bei den Biologen im 19. und 20. Jahrhundert". In: Wiesner, J. (Hrsg.): *Aristoteles, Werk und Wirkung.* [2 Bde.] Berlin 1987. S. 621-631 [Bd. 2], hier: S. 622). Zur Strategie der Aristoteles-Rezeptionen stellt er dann entlarvend fest: „Ebenso wichtig ist die jeweilige Strategie der Argumentation des modernen Naturwissenschaftlers, mit der er den Stagiriten sich selbst und dem möglicherweise extrem fortschrittsgläubigen Leser gegenüber verteidigt. Dies geschieht bei manchmal etwas gönnerhafter Anerkennung der Pionierleistung des Aristoteles als Begründer mehrerer Einzelwissenschaften nicht selten dadurch, daß bedauernd oder sogar mit erhobenem Zeigefinger tadelnd festgestellt wird, daß bei diesem oder jenem biologischen Problem der große Mann unbegreiflicherweise geirrt habe, obwohl er doch greifbar nahe an die richtige, eben die zur Zeit des Autors moderne, Erklärung herangekommen war" (ebd.). Hünemörder macht hier deutlich, wie nahtlos das 19. und 20. Jahrhundert die Rezeptionsmuster des 17. und 18. Jahrhunderts in bezug auf Aristoteles übernommen hat.

101   Hier hat Humboldt bekanntlich ausdrücklich eingegriffen, indem er Jacobis Woldemar rezensierte (*Rezension zu Jacobis Woldemar, I 288-310*) und auf die darin enthaltenen Ausführungen zur *Nikomachischen Ethik* explizit aufmerksam machte.

nomen gelehrter Verweisung und auf Legitimation bedachten Zitation, das in seiner Substanz häufig den komplexen Sachverhalten aristotelischer Werke nicht einmal nahe kommt, zunächst nur wenig aus.[102] Und es ist auch kein isoliertes Phänomen der Neuzeit. Vielmehr steht diese auf einzelne Themen und Erkenntnisinteressen gerichtete und auf die philologischen Probleme der Texte wenig bedachte ‚produktive‘ Adaptionsstrategie durchaus in einem – gleichwohl um Längen anspruchsvolleren – Traditionszusammenhang. G. Bien erweist dies am Beispiel eines der damals meistdiskutierten Werke des Aristoteles, der *Nikomachischen Ethik*:

> „Die lange Kommentierungs-, d.h. zugleich auch Wirkungsgeschichte der Nikomachischen Ethik des Aristoteles (wie auch seiner übrigen Schriften) zerfällt deutlich in zwei Perioden: in die der scholastischen Interpretationstradition einerseits und in die der neuzeitlichen philologisch-geisteswissenschaftlichen Zuwendung zum Text andererseits"[103].

Bien sieht die erste Tradition von „antiken Kommentatoren (...) über die griechisch-byzantinische, die arabische, syrische und jüdische, die lateinisch-mittelalterliche, die lateinisch-humanistische und die protestantisch-scholastische Schulphilosophie der frühen Neuzeit"[104] reichen und konstatiert, Aristoteles werde hier im Grunde als gleichzeitiger, besser noch *zeitloser*, Autor gelesen, der auf ein bestimmtes Problem hin unmittelbar befragt werde. Diese Befragung, die vor allem ein Interesse am Gegenstand und dem jeweiligen aktuellen Bezug hat, erfolgt als textimmanente Exegese und schließt die Erörterung philologischer Probleme im neuzeit-

---

[102] Daß mit aristotelischen Begriffen mehr selbstverständlich als systematisch genau umgegangen wurde, ja daß sie zum alltäglichen Repertoire gehörten, zeigt auch der Briefwechsel zwischen Goethe und Humboldt vom 1. Dezember 1831 bzw. 6. Januar 1832. Goethe stellt fest: „Und durch eine geheime psychologische Wendung, welche vielleicht studiert zu werden verdient, glaube ich mich zu einer Art von Produktion erhoben zu haben, welche bei völligem Bewußtsein dasjenige hervorbrachte, was ich jetzt noch selbst billige, ohne vielleicht jemals in diesem Flusse wieder schwimmen zu können, ja was Aristoteles und andere Prosaisten einer Art von Wahnsinn zuschreiben würden" (*Wilhelm von Humboldt. Sein Leben und Wirken, dargestellt in Briefen, Tagebüchern und Dokumenten seiner Zeit.* Hrsg. von R. Freese. Darmstadt 1986, S. 755). Humboldt entgegnet: „Der Aristotelische Ausdruck wenigstens, wenn man ihn auch noch so sehr als ein bloßes Extrem ansieht, hat gewiß niemals auf Sie gepaßt und paßt auf keines Ihrer Werke, auch nicht auf den ‚Werther‘ und den ‚Götz‘. Ihre Dichtung stammte von jeher aus Ihrer ganzen Natur- und Weltansicht" (S. 758).

[103] Bien, G.: „Vernunft und Ethos. Zum Ausgangsproblem der Aristotelischen Ethik" [Einleitung des Herausgebers]. In: Aristoteles: *Nikomachische Ethik. Auf d. Grundlage d. Übers. von E. Rolfes hrsg. von G. Bien.* Hamburg (4., durchges. Aufl.) 1985. S. XVII-LI, hier: S. XVII.

[104] Ebd.

lichen Sinne einer kritischen Textwissenschaft erst einmal aus. Es geht
nicht um eine möglichst originäre Rekonstruktion des Denkens eines Autors des 4. Jahrhunderts vor Christus, sondern um die „Wahrheit des Dinge"[105] und die Produktivität des jeweiligen Beitrages für die aktuelle philosophische bzw. theologische Diskussion.[106]

Im 18. Jahrhundert ändert sich diese Rezeptionsoption grundlegend.[107]
In einem wissenschaftlichen Gefüge der Neuzeit, das sich von der alteu-

---

[105] Ebd.

[106] Das, was Bien hier als erste Periode bezeichnet, bietet sich in Wirklichkeit als ein äußerst
differenziertes Feld von Abfolgen und Rezeptionsstrategien dar, die O. Höffe unter der
Rubrik ‚Antike und Mittelalter' in die Profile ‚Frühzeit', ‚Christentum, Islam, Judentum'
und ‚Die große Aristoteles-Rezeption' unterscheidet. Höffe weist genau nach, in welchen
Sequenzen wie welche Texte gelesen wurden und stellt die Rezeption in den wissenschaftshistorischen Kontext. So ist es für den Zeitraum Antike und Mittelalter in der Tat
charakteristisch, daß ganz bestimmte Werke Gegenstand der Bearbeitung werden und
dann wieder verschwinden (vgl. Höffe, *Aristoteles*, a.a.O., S. 264-279). Erst in der Rezeption in ‚Neuzeit und Gegenwart' verbreitert sich das Bild durch eine im modernen Sinne
verstandene Verwissenschaftlichung deutlich (S. 279-287). – Zur Geschichte des Aristotelismus siehe auch die sehr dichte und facettenreiche Darstellung von F. Van Steenberghen,
der seiner wissenschaftshistorischen Skizze einen kurzen Überblick über die von Aristoteles bearbeiteten Themenbereiche voranstellt (Van Steenberghen, F.: „Aristotelismus". In:
Ritter, J. [Hrsg.]: *Historisches Wörterbuch der Philosophie*. Basel u.a. Bd. 1. S. 508-517). –
I. Düring stellt in seiner Studie „Von Aristoteles bis Leibniz. Einige Hauptlinien in der
Geschichte des Aristotelismus" u.a. heraus, wie der zum Teil übermächtige Aristotelismus
in seiner Geschichte häufig auch neuere Entwicklung verhindert hat. Beachtung findet in
seiner Untersuchung, die er lediglich in die beiden Hauptperioden *Der antike Aristotelismus* und *Der lateinische Aristotelismus* gliedert, auch die Tatsache, daß Aristoteles in unterschiedlicher Intensität, aber über die ganze historische Spanne der Entwicklung bis
heute, zur Bildung eigener Systeme mit zum Teil grotesker Entfernung vom Denken des
athenischen Philosophen genutzt wurde (vgl. Düring, I.: „Von Aristoteles bis Leibniz. Einige Hauptlinien in der Geschichte des Aristotelismus". In: Moraux, P. [Hrsg.]: *Aristoteles in der neueren Forschung*. Darmstadt 1968. S. 250-313). Im Zusammenhang mit der
Mittelalter-Rezeption spricht Düring davon, daß „während dieser Zeit die Ansichten und
Lehrsätze des Aristoteles in mannigfacher Weise umgeformt (Umst., U.W.) und zu gewissen Zeiten die abstrusesten philosophischen Systeme unter dem Schirm des großen Namen dargestellt wurden" (S. 251). – Auf die Problematik, wie schwierig der Begriff ‚Aristotelismus' überhaupt zu fassen ist und aufgrund welch unterschiedlicher Kriterien sich
bestimmte Denker diesem selbst zugerechnet haben bzw. zugerechnet wurden, weist L.
Minio-Paluello in seinem Beitrag „Die aristotelische Tradition in der Geistesgeschichte",
a.a.O., S. 314-317, hin.

[107] Neben der neuen Umgangsweise mit aristotelischen Texten ist mit dieser Schwelle allerdings auch ein Relevanz-Verlust verbunden. Dazu O. Höffe: „Bis über die Schwelle vom
siebzehnten zum achtzehnten Jahrhundert, für mehr als zwei Jahrtausende also, werden
Philosophie und Wissenschaften teils durch die Rezeption und Weiterentwicklung, teils
durch die Kritik, jedenfalls durch Aristotelische Gedanken geprägt" (Höffe, *Aristoteles*,
a.a.O., S. 264).

ropäischen Geschichte emanzipieren will und sich selbst als historisch-hermeneutisch zu begreifen sucht, tritt die Entdeckung der jeweiligen „Wahrheit der eigenen Zeit"[108] zugunsten einer Rekonstruktion des fremdgewordenen Verständnisses der Werke, die „auf dem Wege histo-risch-philologischer Vermittlung zunächst einmal textlich eingeholt und präsent gemacht werden muß"[109], in den Hintergrund: „Für diese wissen-schaftlich-philologische Zuwendung zu Aristoteles gilt es nicht, seine Schriften und ihre Wahrheit philosophisch-engagiert auszulegen, sondern sie und ihren Autor zunächst einmal aus den eigenen, nunmehr fremd ge-wordenen Voraussetzungen zu verstehen"[110]. Humboldt steht, wie viele andere Gelehrte seiner Zeit, genau in der Mitte zwischen diesen beiden Rezeptionsmethodologien: Die Tradition ‚mittelalterlicher‘ Wahrheits*er-kundung* bzw. *-konfrontation* ist in Wirklichkeit noch nicht vorbei und wird weiter genutzt, allerdings mit zwei folgenschweren Abstrichen: Ei-nerseits ist sie radikal säkularisiert und verliert damit ihren geistesge-schichtlichen Zusammenhang. Andererseits büßt sie das Verfahren bzw. die formalisierten Untersuchungsregeln der auf Offenbarung gerichteten Prüfung ein, die für die Erkundung einer als gleichzeitig-gültig unterstell-ten *Wahrheit* notwendig sind und die im scholastischen Mittelalter selbst-verständlich waren.[111] So erfährt diese Rezeptionsmethodologie eine grundlegende systematische Trivialisierung, ohne jedoch im wissenschaft-lichen Diskurs vollständig obsolet zu werden. Die aufkommende Traditi-on der Neuzeit hingegen, die in einem historisch-hermeneutischen Hori-zont Wahrheits*skepsis* betreibt und die Differenz zwischen sich und dem *Text* nicht nur erkennt, sondern systematisch bearbeitet, ist in heuristi-scher, editorischer und methodologischer Hinsicht noch nicht hinrei-chend ausgebildet. Darüber kann auch die zunehmende Zahl der Aristo-teles-Bearbeitungen und Kommentare im 17. und 18. Jahrhundert nicht hinweg täuschen. In einer solchen Phase, in der sich die einzelnen Metho-dologien historisch und systematisch übereinanderschieben, ist es vorpro-grammiert, daß ‚Wahrheiten‘ aus isolierten Textpassagen – nun ohne den sicheren Halt des unsicher gewordenen Weltbildes – wie aktuale ‚Nutzwahrheiten‘ weiterverwendet werden und nicht nur unkenntlich ne-ben neuzeitlicher philologisch-historischer Kritik der Texte stehen, son-

---

108 Bien, „Vernunft und Ethos", a.a.O., S. XVIII.

109 Ebd.

110 Ebd.

111 Hier ist vor allem das rhetorisch-dialektische Grundprinzip der Scholastik, die *Quaestio*, zu nennen, ein Untersuchungsverfahren, bei dem eine These von einem Fragenden, einem Opponenten, kritisch hinterfragt wird. Der Respondent hat dann die Aufgabe, die These zu verteidigen.

dern beides auch ohne weitere Erörterung des Legitimationszusammen-
hangs oft gleichrangig im Argumentationsgang verwendet und bewertet
wird. Humboldt verwendet ebenfalls beide methodische Vorgehensweisen,
die in ihrem formalen Charakter verstümmelte Wahrheits*erkundung* als
zeitlose Konfrontation von Behauptungen wie die historisch-kritisch gewordene Wahrheits*skepsis* hermeneutischer Provenienz, und eben in dieser – zunächst durchaus besinnungslosen – Doppelbödigkeit des Bezugs-
rahmens, die sein rezeptives Verhalten kennzeichnet, unterscheidet er sich
kaum von den anderen Denkern seiner Zeit. Diese Beobachtung ist deswegen wichtig, weil sie eine für den Übergang vom 20. ins 21. Jahrhundert
auf den ersten Blick nicht unmittelbar einsichtige Konsequenz enthält: Die
unterschiedlichen Rezeptionsmodalitäten sagen – und dies ist für Humboldts Aristoteles-Rezeption konstitutiv wichtig – so gut wie nichts über
die unterstellte *Bedeutsamkeit* der jeweiligen Inhalte, deren Verwendungs-
produktivität und tatsächlichen Grad der weiteren Verarbeitung bzw.
theoretischen Installation aus. Wohl geben sie hingegen Auskunft über den
Spielraum der Skepsis und Kritik, die aufgrund der unterschiedlichen Ver-
fahrensstrategien bei der Auslegung der Texte möglich werden.

Humboldt ist sich in einer Zeit, in der Aristoteles auch wieder als
Grundlage der Entwicklung philosophischer Systeme – G. W. F. Hegel
ist hier das markanteste Beispiel[112] – genutzt wird, dieser Zusammenhänge zunehmend bewußt, wie sich dies z.B. auch anhand des Problemhori-
zontes des Geschichtschreiberaufsatzes feststellen läßt. Humboldt beschäftigt die Frage, wie historisches Verstehen möglich ist, explizit und es
ist ausgerechnet der politische Freund und spätere enge Mitarbeiter in
Fragen der Bildungsorganisation F. D. E. Schleiermacher[113], der zur philologischen bzw. historisch-hermeneutischen Verwissenschaftlichung der
Aristoteles-Rezeption im beginnenden 19. Jahrhundert Entscheidendes
beiträgt.[114] Während beide sich einmal darin einig sein werden, daß „Ver-

---

[112] Vgl. dazu vor allem die Aristoteles-Rezeption Hegels in dessen *Vorlesungen über die Geschichte der Philosophie*. Direkt läßt Hegel „in der *Enzyklopädie* (...) den Höhepunkt des
absoluten Geistes, die (eigene) Philosophie, in Aristoteles' Gedanken der *theôria*, im Sich-
selbst-Denken des (göttlichen) Geistes, gipfeln" (Höffe, *Aristoteles*, a.a.O., S. 282).

[113] Vgl. Scurla, *Wilhelm von Humboldt*, a.a.O., S. 316.

[114] Vor allem Schleiermachers, aber auch Humboldts Interesse für die Bildungsreformen einerseits und Aristoteles andererseits ist keineswegs zufällig. O. Höffe weist auf einen Zusammenhang hin, der zumindest Schleiermacher bekannt gewesen sein dürfte: „Am 19.
März 1255 schreibt die wichtige Artistenfakultät von Paris das Studium aller damals bekannten Schriften des Aristoteles vor, also nicht nur die *logica nova*, sondern beispielsweise auch *Physik*, *De anima*, *Metaphysik* und *Ethik*. Man kann sagen, daß mit dieser Anerkennung der Philosophie des Aristoteles die Philosophische Fakultät geboren wird,
nämlich ihre Selbständigkeit gegenüber der Theologie" (Höffe, *Aristoteles*, a.a.O., S. 274).

stehen (auch daher, U.W.) nicht selbstverständlich ist, weil die Singularität des verstehenden Individuums nie ohne weiteres in der Allgemeinheit des sprachlichen Gegenstandes"[115] aufgehen kann, ist es Schleiermacher, der diese Einsichten mehr noch als Humboldt auch auf dem Wege der philologischen Arbeit an den *philosophischen* Klassikern gewinnt. Als eine seiner wichtigsten Leistungen zählt heute die Übersetzung der platonischen Dialoge, aber auch der philologischen Aufarbeitung und Kritik einzelner aristotelischer Werke widmet Schleiermacher sich gezielt. Dies wird u.a. in der Rede vor der Berliner Akademie vom 4. Dezember 1817 „Über die ethischen Werke des Aristoteles"[116] deutlich, in der Schleiermacher die drei Werke des athenischen Philosophen analysiert, die den Terminus Ἠθικά in der Überschrift tragen.[117] Der kompetente Exeget arbeitet hier nicht nur philologisch-komparatistisch, sondern stellt auch in bis dahin nicht gekannter Weise die Autorschaft der einzelnen Werke fundamental in Frage. Dies sind weitgehend neue bzw. in ihrer Art und Weise neugestellte Fragen für ein grundsätzlich anderes Text- und Philologieverständnis allgemein, mit Sicherheit aber revolutionär für die Aristoteles-Rezeption seiner Zeit, wenn Schleiermacher in seinen Ausführungen auch auf die Tatsache bzw. Tradition rekurrieren kann, daß Aristoteles-Erarbeitungen, wie unterschiedlich gründlich sie auch sein mögen, im 17. und 18. Jahrhundert zunächst einmal häufig Übersetzungen sind.[118] Ein bewußt eher randständiges Beispiel als Beleg der Selbstverständlichkeit solcher Unternehmungen stellt die nachstehende Aufzeichnung dar. Humboldt notiert in Eutin am 23. August 1796 zur Begegnung mit Goethes Schwager J. G. Schlosser mit deutlich zurückhaltender Bewunderung in sein Tagebuch:

---

[115] Borkopp, P.: „F. D. E. Schleiermacher". In: Lutz, B. (Hrsg.), *Metzler Philosophen Lexikon*, Stuttgart (2., aktualisierte und erweiterte Aufl.) 1995, S. 794-796, hier: S. 796.

[116] Schleiermacher, F. D. E.: *Gesamtausgabe der Werke. Dritte Abteilung. Zur Philosophie. 3. Bd. 1835.* [Reden und Abhandlungen, der Königl. Akademie der Wissenschaften vorgetragen]. S. 206-333.

[117] Schleiermacher meint hier die *Eudemische Ethik* (benannt nach dem Aristoteles-Schüler Eudemos von Rhodos), das Fragment der *Großen Ethik* (ein in der Tradition dem Aristoteles zugeschriebener Auszug aus den anderen Ethiken) und schließlich die von Aristoteles selbst redigierte und umfangreiche *Nikomachische Ethik*, sein ethisches Hauptwerk, das erst nach Aristoteles' Tod von dessen Sohn Nikomachos veröffentlicht wurde.

[118] Diese Tradition setzt Ende des 15. bzw. Anfang des 16. Jahrhunderts ein. Dazu O. Höffe: „Ende des 15. Jahrhunderts beginnt (Umst., U.W.), zunächst unter philologischen Vorzeichen, die dritte Aristoteles-Rezeption des Abendlandes. Der Philosoph wird wie viele andere antike Schriftsteller im Urtext ediert und sowohl ins Lateinische als auch in die Volkssprachen übersetzt. Aus dieser Zeit stammt das Vorbild für alle späteren Gesamtausgaben, die fünfbändige *Aldina* (1495-98)" (Höffe, *Aristoteles*, a.a.O., S. 279).

„Gegen mich war er (Geheimrat Schlosser, U.W.) jedoch recht freundschaft-
lich und gefällig. – Was mir am meisten an ihm gefällt, ist dass er täglich die
Alten, vorzüglich die Griechen, studiert, in deren Geschichtsschreibern, Red-
nern und Philosophen er sehr bewandert ist. Er übersetzt jetzt die ‚Politik‘
des Aristoteles ...“ (*Reisetagebücher aus den Jahren 1796-1797*, XIV 321-
322)[119].

Da Humboldt ansonsten vom Geheimen Hofrat Schlosser, der seit seinem
Ausscheiden als Direktor des Hofgerichtes in Kassel 1794 in Eutin lebt,
nicht nur wegen dessen „höchst trivialer und gemeiner" (XIV 321) Kant-
Kritik, sondern auch wegen dessen fehlendem „Scharfsinn" (XIV 321)
wenig hält, zeigt, daß die Übersetzer-Tätigkeit für Humboldt in dieser
Zeit nicht prinzipiell positiv konnotiert ist bzw. daß sie für ihn mehr als
Handwerk, denn als intellektuelle Tätigkeit gilt. Übersetzung ist hier ganz
offensichtlich weder eine Frage von Begabung, noch von Kritikfähigkeit
oder gar von Genialität, sondern von Fertigkeit. Über die Korrekturen
bzw. Ergänzungen dieses Übersetzer-Bildes in der Agamemnon-Einlei-
tung 20 Jahre später ist bereits gesprochen worden.

Zurück zu Schleiermacher. Auch für den Begründer der neueren protestantischen Theologie waren die ersten Studien zu Aristoteles zunächst
mit Übersetzungsarbeit verbunden. In seiner Hallenser Studienzeit von
1787-1789 hörte er bei J. A. Eberhard zunächst aristotelische und platonische Philosophie und studierte im Eigenstudium nicht nur die ethischen,
sondern auch die metaphysischen Schriften. In Verbindung mit einer in
diesem Kontext entstehenden Übersetzung der *Nikomachischen Ethik*
verfaßte er u.a. einen Aufsatz zur aristotelischen Gerechtigkeitstheorie.[120]
Über 20 Jahre später, 1811/12, liest der Berliner Professor dann selbst zur
Geschichte der Philosophie. Eine Vorlesung auch zu Aristoteles, die lo-
bende Beachtung fand, u.a. durch den Historiker B. G. Niebuhr, der 1810
Mitglied der Akademie geworden war und bis 1812 ebenfalls an der Berliner Universität Geschichte lehrte. An diesen biographischen Eckpunk-
ten wird Schleiermachers lebenslanges Interesse am ‚ganzen‘ Philosophen
Aristoteles deutlich, ein Interesse, das sich gleichwohl nicht auf die Auslegung der Texte beschränkt. Auch auf editorischem Gebiet gibt Schleiermacher wichtige Impulse. So geht die Entschließung der Berliner Akademie 1817, von Immanuel Bekker nun endlich eine verläßliche Edition des

---

[119] Ebenfalls in den Reisetagebüchern findet sich noch ein weiterer, eher nebensächlicher Ari-
stoteles-Hinweis. Humboldt erwähnt hier, daß J. H. Voss die *Poetik* des Aristoteles in einem spezifischen Zusammenhang als Beweis seiner Argumentation verwendet (vgl. XIV
316).

[120] Vgl. Kantzenbach, F.W.: *F. D. E. Schleiermacher*. Reinbek bei Hamburg 1967. S. 29.

Corpus der Aristotelischen Schriften erstellen zu lassen, auf seine Anregung zurück.[121] Auf der Seiten-, Kolumnen- und Zeilenzählung dieser Ausgabe beruht bis heute die Zitierweise der aristotelischen Werke.[122] Es ist anzunehmen, daß Schleiermacher, auch wenn die menschlichen Beziehungen zwischen ihm und Humboldt nicht sonderlich eng waren[123], mit diesem neben bildungstheoretischen auch philologische Fragen erörtert hat bzw. Humboldt zumindest die diesbezüglichen Forschungen Schleiermachers kannte, ihm also der Problemhorizont nicht nur präsent, sondern – wenn auch nicht zentraler, so doch immerhin – zunehmend Gegenstand der Reflexion war. Die Kenntnisse Humboldts und Schleiermachers in bezug auf Aristoteles wenn schon nicht zu parallelisieren, so doch mindestens Analogien in den gelesenen Texten zu vermuten, dafür spricht auch noch eine weitere, auf den zweiten Blick ausgesprochen bemerkenswerte bzw. folgenreiche Konstellation: Für beide, den Tegeler Philosophen und den Theologen, ist es F. A. Wolf, der sie beim Studium der ‚Alten‘ anleitet.[124] Im Briefwechsel zwischen Humboldt und Wolf läßt sich klar erkennen, wie sehr letzterer den Freund und Schüler zur Aristoteles-Lektüre drängte. Die zunehmende analytische Schärfe Humboldts bei der Verwendung aristotelischer Termini läßt es als höchstwahrscheinlich erscheinen und bestätigt den Verdacht, daß Humboldt diesem Drängen nicht nur in dem engen Zeitraum in der Mitte der 70er Jahre des 18. Jahrhunderts, in dem Aristoteles ausdrücklich Thema des Briefwechsels war, sondern später auch selbstverantwortet und von eigenem Interesse getrieben zunehmend nachgab. Aus der extrinsischen Motivierung des Freundes und Mentors wird ein intrinsisches Interesse an der Sache selbst. Ist man allerdings gezwungen, in dieser Sache um die Briefzeugnisse herum Rückschlüsse zu formulieren (s. Kap. 5.3), so steht es hingegen außer Frage, daß Humboldts Raster aristotelischer Begriffe immer komplexer und zunehmend genauer, eben ausgereifter, wird, und daß dies auch Ergebnis eines gesteigerten philologischen und philosophischen Problembewußtseins in dieser Fragestellung sein muß, das Humboldt bereits in

---

[121] Vgl. Bien, „Vernunft und Ethos", a.a.O., S. XVIII.

[122] Vgl. *Aristotelis Opera (5 Bde.). Ex recensione Immanuelis Bekkeri, edidit Academia Regia Borussica, editio altera quam curavit Olof Gigon.* Berlin 1831-70.

[123] Vgl. Scurla, *Wilhelm von Humboldt,* a.a.O., S. 314. – Trotzdem hatten Schleiermacher und Humboldt allein schon deswegen ausreichend Zeit zum Gespräch, weil Schleiermacher ab 1815 alle kirchlichen Funktionen für die Familie Humboldt wahrnahm (vgl. Gipper, H.: „Sprachphilosophie in der Romantik". In: Dascal, M. u.a. (Hrsg.): *Sprachphilosophie. Ein internationales Handbuch zeitgenössischer Forschung.* Berlin, New York 1992. S. 197-233, hier: S. 215.

[124] Vgl. Kantzenbach, *Schleiermacher,* a.a.O., S. 26.

frühen Jahren ausgebildet hat. Humboldt hat den originären Aristoteles erst noch zunehmend gesucht – und den doppelten Bezugsrahmen divergenter Rezeptionsmodalitäten seiner Zeit nie verlassen.

5.2 Humboldt(s) Bibliothek: Grenzziehungen

Daß Humboldt für philologisch-editorische Erkundungen im Hinblick auf Aristoteles auch in späterer Zeit noch zunehmend sensibel wurde, zeigt der Brief an Wolf, den Humboldt zwei Jahre nach Schleiermachers Akademierede am 16. August 1819 schrieb und aus dem man neben seinem philologischen Erkenntnisinteresse u.a. entnehmen kann, welcher Aristoteles-Ausgabe Humboldt sich in den späten Jahren u.a. bediente: „Ich wünschte in der Politik des Aristoteles Einiges genau nachzulesen, besitze aber nur die Baseler Ausgabe sämmtlicher Werke von 1550. Könnten Sie mir nicht, liebster Freund, die besten Hülfsmittel zum Studium dieses Buches nennen?"[125] Und zwei Monate später, am 12. Oktober 1819, heißt es: „Ich schicke Ihnen Ihre Bücher, liebster Freund, nach unendlicher Zeit (...) zurück. (...) Wenn ich Ihnen mehr Bücher wiederschicke, als Ihnen gehören, so schicken Sie mir das Uebrige zurück; vermissen Sie noch etwas, so sagen Sie es mir. Die Ordnung fängt erst an bei mir einzukehren"[126].

Solche Unordnung in Humboldts Bibliothek mag als Sinnbild für den Zustand der aktuellen Forschung in der Frage der Humboldt-Aristoteles-Beziehung figurieren. Blickt man auf die diesbezüglichen Klärungsversuche der Bibliothek *zu* Humboldt, so ist man in gewisser Weise über eine systematische Kontinuität überrascht, die erst auf den zweiten Blick deutlich wird: Trotz Schleiermachers hermeneutischem Votum und Engagement für die Parallelität von philologischer Genauigkeit *und* historischem Verstehen (die dieser im übrigen selbst bei seiner Aristoteles-Rezeption nicht durchgängig einhielt[127]), funktionieren Interesse, Anlage und Ergebnisse der Untersuchungen zur Humboldt-Aristoteles-Beziehung im 20. Jahrhundert häufig nach der Schablone des 17. bzw. 18. Jahrhunderts, also ebenso zurückhaltend und unkontextuiert wie weitgehend

---

[125] [Humboldt an Wolf am 16. August 1819], a.a.O., S. 319.
[126] [Humboldt an Wolf am 12. Oktober (?) 1819], a.a.O., S. 320. – Über das Datum des Briefes ist sich der Herausgeber Ph. Mattson nicht ganz sicher, weswegen er dieses mit einem Fragezeichen versieht.
[127] Vgl. Bien, „Vernunft und Ethos", a.a.O., S. XVIII-IX.

plakativ und fragmentarisierend. In einer gewagten Spielart realisieren sich hier die Reste des trivialen Auslaufmodells des Rezeptionsmusters mittelalterlicher Wahrheitserkundung abermals, in dessen Rahmen man lieber die Nützlichkeit für den *eigenen* Ansatz prüft (hierin liegt die eigentliche geschichtliche und methodische Trivialisierung), als dem substantiellen Gehalt der Fragestellung in deren originärem Kontext nachzugehen. Im wenig ausgetretenen Trampelpfad einzelner Untersuchungen, deren implizite Unübersichtlichkeit gerade für Vermutungen Spielraum zu eröffnen scheint, bleibt daher auch hier durch obligatorische Nennung, Unterlassung und Nichtbestreitung vieles offen und unterläuft damit die Sperrigkeit der Problematik durch gefahrlose Eingliederung in den eigenen Gedankengang. So erwähnt die Forschungsliteratur Aristoteles selbst im spezifischen Kontext der Antike-Rezeption Humboldts entweder überhaupt nicht (z.B. Berglar, Müller, Weinstock, Rantzau, Scurla[128]), als obligatorischen Hinweis, der aufgrund der Humboldtschen Aristoteles-Behandlung eben unumgänglich scheint (Glazinski[129]), mit *indirekter* Erläuterungs- bzw. Kontrastierungsfunktion für die unterschiedlichsten systematischen Zusammenhänge ohne kritische Analyse des aristotelischen Werkes selbst (Borsche, Kessel, Spranger, Menze, Haym[130]), häufig nach dem Muster: „Auch hier bewährt sich also die alte Aristotelische Einsicht, daß ..."[131] (dann folgt irgendeine ‚Einsicht'), oder auch mit dem immer wiederkehrenden Verweis auf ganz bestimmte Textstellen in Werk und Briefen des Tegeler Philosophen, die aber dann ebenfalls kaum oder gar nicht gedeutet werden

---

128 Vgl. Berglar, *Wilhelm von Humboldt*, a.a.O. – Müller, *Menschenbild und Humanismus*, a.a.O. – Weinstock, „Einleitung: ‚Menschenbild und Menschenbildung'", a.a.O. – Exemplarisch für das Forschungsurteil einer niedrigen Wertigkeit des Aristoteles für Humboldt ist daher das von Rantzau, *Wilhelm von Humboldt*, a.a.O., der dem athenischen Philosophen in Humboldts *Weg seiner* (Humboldts, U.W.) *geistigen Entwicklung* keinen Platz einräumt. Diesen Weg geht die überwiegende Mehrheit der Forschungsliteratur. – Auch Scurlas monumentales Werk zu Humboldts Biographie erwähnt Aristoteles nicht und bestreitet damit in der typischen Indirektheit dessen Einfluß auf *Werden und Wirken* Humboldts (vgl. Scurla, *Wilhelm von Humboldt*, a.a.O.).

129 Vgl. Glazinski, *Antike und Moderne*, a.a.O., S. 128.

130 Vgl. Borsche, *Wilhelm von Humboldt*, a.a.O., S. 112 (Kontext: Wissenschaftstheorie), 142 (Kontext: Sprachtheorie). – Kessel, *Wilhelm von Humboldt*, a.a.O., S. 135 (Kontext: Geschichtstheorie). – Vgl. Spranger, *Humboldt und die Humanitätsidee*, a.a.O., S. 160 (Kontext: Kunsttheorie), S. 164 (Kontext: Dichtungstheorie), S. 165 (Kontext: Kunsttheorie), S. 234 (Kontext: Erkenntnistheorie), S. 328 (Kontext: Ästhetik), S. 404, 406-407 (Kontext: Ethik). – Menze, *Humboldts Lehre*, a.a.O., S. 73 (Kontext: Erkenntnistheorie), S. 271 [Anm. 6] (Kontext: Anthropologie, Politik). – Haym, *Wilhelm von Humboldt*, a.a.O., S. 69 (Kontext: Wissenschaftstheorie).

131 Spranger, *Humboldt und die Humanitätsidee*, a.a.O., S. 234.

(Spranger, Sweet[132]). Nur wenige haben den – durchaus Problembewußtsein signalisierenden – Mut, Zweifelhaftes oder gar Unrichtiges zu sagen,
und bestreiten sowohl den Einfluß des Aristoteles auf Humboldt (Menze[133]) wie die diesbezügliche Textkenntnis des Tegeler Philosophen (wiederum Menze[134]). Manche Publikationen enthalten dagegen brauchbare
Erläuterungen oder nehmen immerhin lebensgeschichtliche oder textsy-
stematische Einordnungen vor (Haym[135]). Trotzdem bleibt die Thematik
weitgehend ein blinder Fleck der Humboldt-Forschung, wie sich dies
auch an den kondensierten Zusammenfassungen zum Humboldtschen
Leben und Denken über die ganze Spanne der Forschungsaktivitäten
deutlich zeigt (z.B. Dove, Paterna, Schmitz[136]). Alles in allem ein Um-

---

[132] Spranger, *Humboldt und die Humanitätsidee*, a.a.O., S. 467. – Sweet verwendet in seiner
zweibändigen Humboldt-Biographie den Namen Aristoteles nur ein einziges Mal, und
zwar im Anmerkungsteil des zweiten Bandes, wo er in Anm. 82 auf Humboldts Reiselek-
türe verweist und als Stützung – durchaus üblich – das Briefcorpus Humboldts angibt:
„He mentions reading Thucydides, Aristophanes, Euripides, Sophocles, and Aristotle on
this travels, see Humboldt to Caroline, 16 June 1820, 28 April 1822, 1 December 1823,
Sydow, *Wilhelm to Caroline*, 7: 28-29, 60, 112, 201" (Sweet, P.: *Wilhelm von Humboldt. A
Biography [2 Bde.].* Columbus [Ohio] 1978-80, hier: 2. Bd., S. 496, Anm. 82).

[133] So darf eine Übergewichtung und systematische Isolierung der bekannten Briefstelle
Humboldts an Wolf, nach der Aristoteles für den Tegeler Philosophen als ‚ungriechisch'
gilt, nicht zu einem Urteil verleiten, wie Menze es kategorial fällt. Seiner Ansicht nach
schließt „Humboldt Aristoteles (...) von seinen Erörterungen aus" (Menze, C.: *Wilhelm
von Humboldt und Christian Gottlob Heyne.* Ratingen 1966. S. 66). Diese Deutung ignoriert die Vielzahl anderer Textstellen und Hinweise, die gerade das Gegenteil bezeugen,
und versteht auch den sachlichen Gehalt der nur auf den ersten Blick plakativ klingenden
Humboldtschen Aristoteles-Attribution des ‚ungriechischen' nicht.

[134] Menze bestreitet die Textkenntnis Humboldts in bezug auf Aristoteles explizit und
spricht davon, dieser kenne jenen „kaum" (Menze, *Humboldts Lehre*, a.a.O., S. 157) bzw.
überhaupt nicht (S. 315, Anm. 15).

[135] Vgl. Haym, *Wilhelm von Humboldt*, a.a.O., S. 69, S. 140. – Zur Qualität von Hayms W.
v. Humboldt-Biographie äußert sich Alexander von Humboldt folgendermaßen: „Das Leben und die Charakteristik meines Bruders, seine wundersame, so leicht zur gänzlichen
Verkennung und zur ungerechten Rüge verleitende Individualität ist nie so objectiv und
mit solcher Ausführlichkeit, ja mit solchem Wohlwollen behandelt worden, als von Ihnen,
verehrter Herr!" [A. v. Humboldt an R. Haym am 15. April 1856], zit. nach Leitzmann,
A.: „Zu Rudolf Hayms Biographie Wilhelm von Humboldts". In: *Archiv für das Studium
der neueren Sprachen und Literaturen*, 69. Jg. (1915), H.(Bd.) 133, S. 401-408, hier: S. 402.

[136] Aristoteles ist in der Fülle der Kurzbiographien, die zu Humboldt erschienen sind, und
die ja immer die ‚wesentlichen' Forschungsergebnisse widerspiegeln wollen bzw. sollen,
nicht präsent. Stellvertretend für die zeitliche Spanne der Humboldt-Forschung mögen
drei Beispiele von 1888 bis 1989 genannt sein: Dove, „Wilhelm von Humboldt", a.a.O. –
Paterna, E.: „Überblick über das Leben Wilhelm von Humboldts. 1. Teil: 1767-1806". In:
Hartke, W. und Maskolat, H. (Hrsg.): *Wilhelm von Humboldt 1767-1967. Erbe – Gegenwart – Zukunft. Beiträge vorgelegt von der Humboldt-Universität zu Berlin anläßlich der*

gang mit dem Thema, der erst durch Di Cesare[137] wirklich korrigiert wird, die in der Korrektur dieser Problematik auch die wissenschaftlichen Maßstäbe zu deren Erörterung setzt. Auf dem Weg dorthin ist allenfalls die Studie L. Josts zu bemerken, die nicht nur vollkommen zu Recht über das ‚Energeia‘-Diktum die Aristoteles-Humboldt-Verknüpfung vornimmt und damit den eingangs formulierten Ansatz vom *Erinnerungsformat* des Diktums bestätigt, sondern die auch den ontologischen Charakter – Jost formuliert diesen in analoger Bedeutung als „eigentlich metaphysischen Hintergrund"[138] – dieser Verknüpfung angemessen identifiziert.

Eines muß allerdings konzediert werden: Der Gegenstand selbst, *Humboldts Aristoteles*, macht viele der skizzierten Unterlassungen, Beiläufigkeiten und Verwirrungen durchaus verständlich und naheliegend. Das Bild des antiken Philosophen, wie Humboldt es entwickelt, ist in der Tat aus sehr unterschiedlichen Aspekten und Blickwinkeln verstreut wirkender Ansichten und Argumente zusammengesetzt, die auch noch nach sehr unterschiedlichen Verfahrensweisen (mindestens zwei habe ich genannt) von Humboldt zusammengetragen werden. Dieses Bild zu rekonstruieren erfordert daher, ebenfalls eine multiple Untersuchungsperspektivik einzunehmen, die diese für Humboldt symptomatische Verfahrensweise erneut nachvollzieht und damit eine gegenstandsadäquate Blickrichtung entwickelt.[139]

Beschränkte Erklärungsreichweiten, die dieses weitgehend alternativlose Untersuchungsverfahren jedoch in einigen Punkten mit sich bringt, sind ebenfalls abzusehen: So kann z.B. der Lektüreproblematik (Welche aristotelischen Texte hat Humboldt wann eigentlich gelesen bzw. studiert?) – trotz unbestreitbarer und manch eindeutiger Identifikation – nur „bis zu der Unwissenheit, die sich mit deutlichen Gründen rechtfertigen läßt"[140], nachgegangen werden, womit diesbezügliche Urteile zumindest auch auf Plausibilitätsargumenten ruhen müssen, die den über die theoretische Rekonstruktion hinaus nach eindeutigen historisch-biographischen

---

Feier des zweihundertsten Geburtstages ihres Gründers. Halle, Saale 1967. S. 11-28. – Schmitz, M.: „Humboldt, Wilhelm von". In: Lutz (Hrsg.), *Philosophen Lexikon*, a.a.O., S. 404-408. – Eine Ausnahme bildet Di Cesare, „Wilhelm von Humboldt", a.a.O., S. 285.

[137] Di Cesare, „Die aristotelische Herkunft", a.a.O.

[138] Jost, *Sprache als Werk und wirkende Kraft*, a.a.O., S. 25.

[139] Daß ein solches Verfahren auch Humboldts Fähigkeiten und Intentionen entspricht, darauf weist er selbst im Brief an Wolf vom 23. Dezember 1796 hin: „Wenn ich zu irgend etwas mehr Anlage, als die allermeisten besitze, so ist es zu einem Verbinden sonst gewöhnlich als getrennt angesehener Dinge, einem Zusammennehmen mehrerer Seiten, und dem Entdecken der Einheit in einer Mannigfaltigkeit von Erscheinungen" [Humboldt an Wolf am 23. Dezember 1796], a.a.O., S. 170.

[140] Haym zitiert hier Humboldt selbst (Haym, *Wilhelm von Humboldt*, a.a.O., S. 82).

Belegen Fragenden nur teilweise befriedigen können. Vor allem nämlich
begegnet Humboldt – und dies soll hier als stärkster Beweiszusammen-
hang an- und durchgeführt werden – in seinen Schriften und Briefen
selbst geradezu als Kenner der aristotelischen Philosophie[141], ein Wissen,
mit dem er souverän umgehen kann, und in dessen Rahmen er sich als
kompetenter Analytiker erweist. *Man muß sich daher vor allem auf die*
Ergebnisse von Humboldts Arbeit selbst verlassen, und von dort aus auf
die notwendigen Voraussetzungen schließen.

Ein weiteres, in der Forschungsliteratur häufig angebrachtes, Argument
muß allerdings von vorne herein stark relativiert werden: Ich habe gezeigt, daß auch die enthusiastischsten Abschnitte von Humboldts Griechenbild nicht nur immer auch einen sachlichen Kern beinhalten, sondern
daß das in ihnen enthaltene Urteil über bestimmte Personen zudem
durchaus auch Schwankungen unterliegt. Dieses zeitweilige Auf und Ab
in der philologisch begründeten und literarisch empfundenen Zuneigung
sagt aber über die Frage der eher konstanten Bedeutsamkeit und inhaltlichen Relevanz des jeweiligen Vertreters für das Denken Humboldts wenig aus. Diese Beobachtung gilt auch umgekehrt: Humboldt ist mehr
Kenner als ‚Liebhaber‘ aristotelischer Philosophie, ein von ihm selbst zugestandener Sachverhalt, der zur Verwirrung um die Relevanz-Frage sicherlich beigetragen hat. Daraus jedoch eine Randständigkeit aristotelischen Denkens für Humboldt abzuleiten, ist im Kern weder ein
rationales, noch ein auf Humboldt wirklich passendes Argument. Humboldt hält auch Dinge für wichtig und bearbeitenswert, die ihm auf den
ersten Blick nicht liegen, für die er keine unmittelbare Sympathie hegt,
und interessiert sich gerade auch für solche Probleme, die sein bis dato
entwickeltes Bild eines Sachverhalts stören können. Nur in dieser libera-
len Offenheit konnte Humboldts Arbeitsweise, möglichst viele Wissenschaftsbereiche und Ansichten in sein eigenes Denken zu integrieren, diese produktiven Ergebnisse zeitigen. Die Frage, ob Humboldt für
Aristoteles so emphatisch entflammt war wie für einen Teil der griechischen Dichter, ist irrelevant; was zählt, ist die systematische Substanz, die
in seinem Denken verwertet wurde. Hier ergibt sich durchaus ein überra-
schendes Bild.

Die nachfolgende Zusammenstellung der Textstellen und der auf dieser
fußenden Rekonstruktion orientiert sich an den Textsorten Brief (*Brief-*

---

[141] Di Cesare qualifiziert in diesem Zusammenhang Humboldts Aristoteles-Kenntnis zu
Recht als „tief" (Di Cesare, „Die aristotelische Herkunft", a.a.O., S. 33). – Lothholz vertritt die – Humboldts Denkweise durchaus richtig verstehende – These, u.a. dessen
„Trieb, den griechischen Geist nach *allen* (Herv., U.W.) Seiten hin kennen zu lernen", habe „ihn auch zu Aristoteles geführt" (Lothholz, „Humboldts Verhältnis", a.a.O., S. 489).

passagen), Werk (*Werkpassagen*) und Vorlesung (*Vorlesungspassagen*) und umgeht so eine allenfalls als Hilfskonstruktion taugliche thematische Differenzierung des Problems. Vielmehr sind die Themenfelder, die Humboldt mit und in seinen Aussagen und Bemerkungen zu Aristoteles identifiziert, häufig demonstrativ ineinander verschränkt, plakativ vorgeführt oder manchmal auch nur ad libitum aneinandergereiht. Die Aristoteles-*Darstellung* Humboldts stellt sich allerdings in Briefen, Werken und Vorlesungsmanuskripten durchaus verschieden dar, weswegen hier nicht nur ein durch den Gegenstand bestimmtes, nützliches Differenzierungskriterium geboten wird, sondern auch Rückschlüsse auf die Struktur der Aristoteles-Kenntnisse Humboldts möglich werden. Der Terminus *Passagen* bezeichnet dabei eine offene Vorgehensweise, die im Durchgang durch die einzelnen expliziten Aristoteles-Hinweise die unterschiedlichen Argumente und Aspekte zusammenstellen, diese in ihrem Zusammenhang verdeutlichen und schließlich ein Resümee formulieren will. Die Rekonstruktion von *Humboldts Aristoteles* knüpft an die Überlegungen des 3. Kap. an, die für Humboldts Rezeption in besonderem Maße das Motiv der Suche nach *Bedeutsamem* unterstellen. Der direkten Frage nach dem Aristoteles-Rezipienten Humboldt wird in den *Vorlesungspassagen* zusätzlich eine indirekte nach dem Metaphysik-Kenner an die Seite gestellt, um die theoretischen bzw. ontologischen Verknüpfungspunkte, die aristotelisches Denken in und mit dem Humboldts erfährt, aufzudecken. Hier wird also das Bild um genau den thematischen Gesichtspunkt erweitert, der Kern einer Auseinandersetzung um die Bedeutung aristotelischer Ontologie im Sprachdenken Wilhelm von Humboldts sein muß, um die These vom allmählichen Aufbau eines aristotelischen ontologischen Rasters in Humboldts Denken zusätzlich zu untermauern.

5.3 Briefpassagen

Für die Humboldtsche Aristoteles-Rezeption ist vor allem der Briefwechsel mit Wolf bedeutsam, bis zu einem gewissen Grade auch der mit Caroline[142] und A. W. Schlegel.[143] Mit anderen – durchaus regelmäßigen – Briefpartnern, wie z.B. mit seinem Jugendfreund, dem schwedischen

---

[142] *Wilhelm und Caroline von Humboldt in ihren Briefen (7 Bde.). Hrsg. von Anna von Sydow.* Berlin (Neudruck Osnabrück 1968) 1906-16.

[143] *Briefwechsel zwischen Wilhelm von Humboldt und August Wilhelm Schlegel. Hrsg. von Albert Leitzmann mit einer Einleitung von Berthold Delbrück.* Halle 1908.

Diplomaten K. G. Brinckmann[144] oder J. G. Schweighäuser[145], der von
1798 bis 1799 Hauslehrer bei Humboldt war und mit dem dieser in den
darauf folgenden Jahren weiter in Korrespondenz stand, scheint Humboldt über diese spezielle Problematik kaum ein Wort gewechselt zu haben, und das, obwohl in beiden Briefwechseln durchaus über Fragen der
Antike gesprochen wurde. Auch im schriftlichen Gespräch mit C. G.
Körner[146], das mit größeren Unterbrechungen immerhin den Zeitraum
zwischen 1793 und 1831 umfaßt, oder mit dem Philologen F. G.
Welcker[147], mit dem Humboldt seit dem Ende der römischen Zeit 1808
bis 1830 korrespondierte und der nun wirklich ein kompetenter Ge-
sprächspartner gewesen wäre, spielt Aristoteles keine Rolle. Und das, obwohl in beiden Briefwechseln die Auseinandersetzung mit den ‚Alten‘
bzw. diesbezügliche philologische Fragestellungen durchaus direktes bzw.
manchmal auch indirektes Gesprächsthema sind.[148] Ja selbst im Briefwechsel mit F. Schiller zwischen 1790-1805 findet das Thema offensichtlich keinen Platz.[149] Dieser Umstand ist ein wichtiger Hinweis auf den
Charakter, den Humboldt der Aristoteles-Rezeption beimißt. Denn die
Exklusivität des vorderhand in Frage kommenden Gesprächspartners sagt
weniger etwas über die Randständigkeit oder Wichtigkeit des Themas bei
Humboldt aus, sondern bekundet zunächst, welch‘ qualitätsvollen personalen, diskursiven und systematischen Bezugsrahmen Humboldt für die
Erörterung differenzierter Probleme benötigt. Über Fragen hoher Komplexität und von spezifischem Charakter spricht Humboldt immer nur
mit jeweils herausragenden und besonders fachkundigen Gesprächspart-
nern, in diesem speziellen Falle eben mit Wolf, dem hervorragenden klassischen Philologen und Professor in Halle, der seit 1807 Mitglied der
Akademie war und den Humboldt vor allem in seinen jungen Jahren sehr
bewunderte. Humboldt ist auf den Kenner Wolf angewiesen, um seiner
eigenen Defizite gewahr zu werden.

---

[144] Vgl. Humboldt, *Humboldts Briefe an Karl Gustav von Brinckmann*, a.a.O.

[145] Vgl. Humboldt, *Humboldts Briefe an J. G. Schweighäuser*, a.a.O.

[146] Vgl. Humboldt, W. von: *Wilhelm von Humboldts Briefe an Christian Gottfried Körner.
Hrsg. von Albert Leitzmann*. Berlin 1940. (= Hist. Stud. 367).

[147] *Wilhelm von Humboldts Briefe an F. G. Welcker. Hrsg. von R. Haym*. Berlin 1895.

[148] Vgl. [Humboldt an Körner am 28. November 1812], a.a.O., S. 90-93 und der darauffol-
gende (!) Brief fast vier Jahre später [Humboldt an Körner am 17. August 1816], a.a.O.,
S. 94, in dem Humboldt sich mit dem Agamemnon bei Körner wieder in Erinnerung
bringen, sein „Andenken (...) erneuern" (ebd.) will. – Vgl. auch [Humboldt an G. G.
Welcker am 5. Februar 1813], a.a.O., S. 23-24. – [Welcker an Humboldt am 13. Januar
1823], a.a.O., S. 82-100.

[149] *Briefwechsel zwischen Schiller und Wilhelm von Humboldt. Mit Anmerkungen von A.
Leitzmann*. Stuttgart (3., vermehrte Aufl.) 1900.

Gleichwohl ist das seltene Vorkommen aristotelischer Fragestellungen im Humboldtschen Briefwechsel sicher *auch* Indiz dafür, daß Humboldt sich in der Tat zunächst für den antiken Philosophen weder begeisterte noch ein spezifisches Interesse hatte, vielmehr braucht er ihn aus Gründen der Vollständigkeit seiner Bildung und, noch wichtiger, um die vielen Texte seiner Zeit, für deren Verständnis Aristoteles einfach Voraussetzung ist, besser verstehen zu können. Am 18. November 1793 schreibt er – über der Dissertation des Griechisch- und Hebräisch-Spezialisten und späteren Professors am Grauen Kloster in Berlin G. L. Spalding *Vindiciae philosophorum Megaricorum tentantur, subjicitur commentarius in priorem partem libelli de Xenophane, Zenone et Georgis ...* von 1729 sitzend – an Wolf:

> „Ich lese eben Spaldings Commentar – doch den Titel kann ich mir bei dieser Einzigen Frucht seines Geistes (wenigstens seines prosaischen) ersparen. Die *vindiciae Megaricorum* haben mir sehr gefallen. Es ist nirgend tief und mit ächter Philosophie eingegangen, aber es ist historisch hübsch zusammengestellt, und mitunter s[c]harfsinnig darüber raisonnirt. An dem kritischen Theil bin ich eben. Sie sagten mir viel Gutes davon. Ob ich es finden werde, soll mich wundern. Ich glaube es kaum. Ich bin mit der Materie, selbst mit der Art Schriftstellern (Aristoteles, Sextus u.s.f.) ganz unbekannt"[150].

Wir werden später sehen, daß Humboldt hier in einer diffusen Mischung aus Neigung, Angst und vornehmer Zurückhaltung tiefstapelt. Tatsächlich weiß Humboldt über die aristotelische Philosophie 1793 bereits Grundlegendes und Entscheidendes. Was jedoch unterstellt werden muß ist, daß er die Bedeutung dieses Wissens für sein Denken noch nicht richtig einschätzen kann, es sind ihm weitgehend noch äußerliche, nicht verarbeitete, Kenntnisse. So lautet seine knapp zwei Monate später formulierte Selbsteinschätzung denn auch:

> „Was ich noch lesen muß? Vorgenommen hab ich mir (wenn auch nicht *una serie*, doch ehe ich etwas zu entscheiden wage) Dionysius Hal. die Musiker (insofern sie den Rhythmus betreffen, ganz genau, das Uebrige *raptim* [in schnellem Durchgang, U.W.]), Aristot. *Rhet.* und *Poet.* Ciceros orat. Bücher und von Quinctilian wieviel? kann ich selbst noch nicht sagen, da ich ihn nur wenig kenne"[151].

Humboldt spürt damit ein Defizit in bezug auf seine Aristoteles-Kenntnis, das er zu mindern sucht, hier einmal durch die Lektüre der *Rhetorik*. Humboldt neigt in den beiden folgenden Jahren dazu, seine ohne Frage

---

[150] [Humboldt an Wolf am 18. November 1793], a.a.O., S. 72.
[151] [Humboldt an Wolf am 16. Januar 1794], a.a.O., S. 88.

vorhandenen Defizite gegenüber Wolf zum Dauerlamento über die eigene
Unwissenheit zu stilisieren, so daß hier neben gesunder Selbsteinschätzung auch bereits die für Humboldts diesbezügliche Ausführungen typische Koketterie im Spiel sein dürfte. Er weiß, wieviel Wert Wolf auf die
Kenntnis der Texte des Stagiriten legt, und signalisiert dem kenntnisreichen Lehrer lieber einmal mehr, noch nichts zu wissen, auch, um nicht
über die Gegenstände hemmungslos befragt zu werden: Understatement
als Selbstschutz wird hier betrieben, sicherlich nicht ohne scharfsinnige
Einschätzung der philologischen Begehrlichkeiten Wolfs. Daß dieser ihn
indes mit Material beliefern wollte und auch hat und damit zur Auseinandersetzung drängt, ist gewiß:

> „Ich habe gleich erklärt, daß ich kein Buch recensiren würde, als solche, die
> mich und gerade zu der Zeit sehr interessirten, und die ich auch ohne Mitar-
> beiter zu seyn, sehr aufmerksam gelesen haben würde, daß ich also ein fleißi-
> ger Rec. schwerlich seyn dürfte. Die lange pol. Rec. habe ich Gottlob nicht
> auf dem Gewissen. Sie hat Sie getäuscht, da Sie wahrscheinlich das Buch nicht
> gelesen haben, und sie passabel geschrieben war. Sonst ist sie elend, und ge-
> reicht der ALZ. zur Schande. Denn das Buch ist ein sehr merkwürdiges
> Buch. Die Schriften über Aristot. Rhet. und den Aristoph. Byz. hatte ich
> schon, wie den Morgenstern im Meßkatalogus angestrichen, und werde sie al-
> so mit großem Vergnügen durch Sie erhalten"[152].

Aristoteles wird zum häufigen und selbstverständlichen, wenn auch nicht
enthusiastischen, Gesprächsthema der beiden Philologen und Humboldt
gibt mehr und mehr dem Drängen des Freundes und Mentors nach, sich
damit zu beschäftigen. Wolf greift schnell zum erbarmungslosesten Mittel eines Intellektuellen, der überzeugen will: er schenkt ein Buch; oder
besser, er organisiert dessen Schenkung. Humboldt antwortet darauf am
15. Juni 1795:

> „Wer hätte wohl gedacht, liebster Freund, daß, nachdem wir soviel vom *Schol.*
> *Arist.* gesprochen, ich ihn so wenige Tage später selbst im Hause haben würde.
> Sie werden sich zwar wundern, wie meine Frau ihn mir v o r dem Geburtstag
> gegeben. Allein das gieng durch eine Uebereilung von ihr, und durch die sie
> sich verriet, und nun habe ich die Freude und das Buch um soviel früher. Für
> Ihre Bemühungen und schnelle Besorgung meinen innigsten Dank; ich will se-
> hen, ob ich Ihnen den Gebrauch, den ich von dem großen Folianten mache,
> durch einige Bemerkungen über eine oder die andere Stelle zeigen kann"[153].

Tatsächlich hatte Wolf Caroline J. S. Vaters Aristoteles-Kommentar be-
schafft, und zwar als Geschenk für Humboldts Geburtstag am 22. Juni,

---

[152] [Humboldt an Wolf am 30. Mai 1794], a.a.O., S. 103.
[153] [Humboldt an Wolf am 15. Juni 1795], a.a.O., S. 117-118.

das – so berichtet der Brief – frühzeitig ausgehändigt wurde. Nun richtet sich Humboldts Freude, wenn überhaupt, offensichtlich nicht ausschließlich auf das Buch, sondern auch auf die Begleitumstände und die simple Tatsache des Beschenktwerdens. Gleichwohl ist es ein weiteres, explizites Indiz für seine Beschäftigung mit aristotelischem Gedankengut, das er, so eine wesentliche und bislang weitgehend unterschätzte Tatsache, wie viele andere seiner Zeit offensichtlich auch stark aus Kommentaren bzw. aus dem bezogen hat, was wir heute mit dem Schlagwort ‚Sekundärliteratur‘ belegen. Humboldt muß nicht Aristoteles (direkt) lesen, um die systematische Substanz von dessen Werken zu kennen. In diesem Sinne vermitteltes bzw. mittelbares Wissen spielt in Humboldts Aristoteles-Reservoir eine ebenso wichtige wie selbstverständliche Rolle.[154]

Der zitierte Brief vom 15. Juni enthält in der Tat aber auch einen sehr ausführlichen Hinweis zur direkten Kenntnis des aristotelischen Werkes und deutet die spezifische Sichtweise, die Humboldt auf den athenischen Philosophen hat, an. Er schreibt:

---

[154] So ist Humboldt beispielsweise sowohl mit der Literatur der ‚Alten‘ wie auch mit Aristoteles’ *Poetik* u.a. durch die *Charakteristika der Menschen, Sitten, Meinungen, Zeitungen* von Anthony Ashley Cooper, Third Earl of Shaftesbury, in Berührung gekommen. In dieser dreibändigen Essay-Sammlung, die 1711 erstmals erschien und deren Themenspektrum von der Ethik und Ästhetik bis hin zur Natur- und Religionsphilosophie reicht, zitiert Shaftesbury des häufigeren aus der *Poetik*, so in Band I, 142, 143, 242, 243, 244, 245, 246 und in Band III 66, 259, 280. Er macht die aristotelische Schrift selbst nur am Rande zum Gegenstand der Untersuchung, bespricht aber wiederum Kommentare zu ihr. Diese Tatsache macht die verschiedenen Ebenen der Aristoteles-Thematisierung im 16., 17. und 18. Jahrhundert wie auch die Schwierigkeit einer Rekonstruktion, was Humboldt nun aus der Lektüre aristotelischer Schriften selbst an Kenntnissen hatte bzw. was ihm davon ‚nur‘ vermittelt über Dritte (bzw. Vierte) bekannt war, sehr gut deutlich (vgl. Shaftesbury, A. A. C., Third Earl of: *Characteristics of Men, Manners, Opinions, Times.* 3 Bde. London [Nachdruck Hildesheim 1978] 1711). – Zum Einfluß Shaftesburys auf Humboldt vgl. auch Di Cesare, „Einleitung“, a.a.O., S. 24. – Weitere Aristoteles-Kenntnisse hat Humboldt aus J. Harris’ Schrift *Hermes oder Philosophische Untersuchung über die Allgemeine Grammatik.* Halle 1788, in der eine Fülle von Texten des Aristoteles zitiert werden, z.B. *De interpretatione, De partibus animalium*, die *Metaphysik*, die *Nikomachische Ethik*, die *Physik*, die *Analytica priora* und *De anima*. Nicht zufällig wählt daher Harris auch am Anfang des zweiten Buches, wo er im ersten Kapitel über Definitionen und bestimmende Wörter handelt, die folgenden beiden Beispiele als Erläuterung: „Und so gelangt der Artikel durch einen leichten Uebergang, von seiner Kraft, ein *Verhältnis*, auch zu der, einen *Vorzug* zu bezeichnen; d. h. wenn er vorher eine *gewöhnliche* vorhergegangene Erkenntnis andeutete, so setzt er nun eine Art von *allgemeiner* und *vollkommener Bekanntschaft* voraus. So heißt ὁ ποιητής, D e r   D i c h t e r, bey den *Griechen* soviel als *Homer* (...); und ὁ Σταγειρίτης, D e r   S t a g i r i t, soviel als *Aristoteles*; nicht als wenn es außer *Homer* weiter keinen Dichter, und außer *Aristoteles* weiter keinen Stagiriten gäbe, sondern nur nicht so *berühmte* Dichter und Philosophen“ (S. 180).

„Indeß war der Aristoteles nicht vergessen. Ich habe wirklich die ganze Poetik vorläufig durchgelesen, und in meinem nächsten Briefe denke ich Ihnen
Zweifel genug zu schicken. Diese Poetik ist ein höchst sonderbares Produkt,
und in Rücksicht auf die Ideen hat vorzüglich das Problem: inwiefern ein
Grieche, in dieser Zeit, dieß Werk schreiben konnte? mein Nachdenken am
meisten gespannt. Es ist in der That ein gar sonderbares Gemisch von Individualitäten, die darin vereinigt sind, und schon aus diesem einzigen Werk halte ich es für eine wichtige Untersuchung, den Aristoteles in seiner Eigenthümlichkeit zu charakterisiren, zu zeigen, wie er in Griechenland
aufstehen konnte und zu dieser Zeit aufstehen mußte, und wie er auf Griechenland wirkte? Sie wundern sich vielleicht, und vielleicht mit Recht, daß
ich den Stagiriten gleichsam ungriechisch finde"[155].

Diese Attribution, Aristoteles sei ‚ungriechisch‘, hat wesentlich zu der
Einschätzung beigetragen, Humboldt habe Aristoteles nicht nur nicht originär rezipiert, sondern er habe diesem sogar prinzipiell kritisch gegenüber gestanden. Ein Blick auf den weiteren Fortgang des Briefes belegt, daß
diese Ansicht falsch ist. Zwar merkt Humboldt an: „Aber läugnen kann ich
es nicht. Seit ich ihn kannte fielen mir zwei Dinge an ihm auf: 1., seine eigentliche Individualität, sein reiner philosophischer Charakter scheint mir
nicht griechisch ...". Dann aber wird klar, was im Kern gemeint ist:

Eben dieser philosophische Charakter nämlich scheint Humboldt „auf der einen Seite tiefer, mehr auf wesentliche und nüchterne Wahrheit gerichtet, auf
der andern weniger schön, mit minder Phantasie, Gefühl und geistvoller Li-
beralität der Behandlung, der sein Systematisiren wenigstens hie und da entgegensteht. 2., in gewissen Zufälligkeiten ist er (Aristoteles, U.W.) so ganz
Grieche und Athenienser, klebt so an griechischer Sitte und Geschmack, daß
es einen für diesen Kopf wundert. Von beiden Sätzen fand ich Beweise in der
Poetik, oder vielmehr ich glaubte sie zu finden"[156].

Natürlich wird hier noch einmal deutlich, daß Humboldt sich allgemein
und in dieser Lebensphase besonders für die Schriftsteller und die ästhetische Dimension der literarischen Texte der ‚Alten‘ interessiert. Trotzdem
ist Aristoteles eben nicht unwichtig, sondern Humboldt weiß hier bereits
um (und fürchtet in gewisser Hinsicht auch) die systematische Schärfe des
aristotelischen Denkens, ein Denken, das – wie dessen Autor – vor allem
einen Charakter hat: Philosophisch zu sein. Zusätzlich schränkt er sein
vorheriges Urteil insofern ein, als auch bei Aristoteles griechischer Geist
zu finden sei. Und daß Humboldt insgesamt vor dem großen Philosophen
hohen Respekt hat, zeigt die folgende Textstelle:

---

[155] [Humboldt an Wolf am 15. Juni 1795], a.a.O., S. 118.
[156] Ebd.

„Die Poetik scheint mir übrigens weniger ein großes Werk, als das Werk eines großen Mannes. Dieser blickt hie und da, indeß nicht häufig heraus, und gegen den Kunstrichter wäre nach allgemeinen Ideen allerlei einzuwenden. So wenig bedeutend ich aber die Poetik in philosophischer Rücksicht halte, so sehr ist sie es gewiß in historischer, und von dieser Seite hat sie mich unendlich interessirt. Bedenken muß man nun wohl auch, daß das Büchelchen, soviel ich weiß, nur Fragment eines größern ist"[157].

Humboldt läßt hier nicht nur bereits die in seiner Antike-Rezeption übliche Personalisierungsstrategie von inhaltlichen Fragestellungen erkennen, sondern weist auch darauf hin, daß das 2. Buch der *Poetik*, das wohl Jambos und die Komödie behandelte, verloren ist.[158] Dies spricht zunächst für seine editorische Kenntnis der aristotelischen Schriften; auch diese Problematik ist ihm zumindest immer bewußt. Wichtiger aber ist, daß Humboldt hier – obwohl er dies für die *Poetik* in Abrede stellt – beginnt, mit Aristoteles eine ganz bestimmte Form des Denkens, eben das der ‚Wissenschaft', zu personifizieren, eine Beobachtung, die vor allem in den *Werkpassagen* ebenso offensichtlich wie explizit wird, und die hier noch – sozusagen verkehrt herum – als Manko formuliert wird. Eine Doppelbödigkeit der Argumentation, die ein weiteres, besonders signifikantes, Merkmal von *Humboldts Aristoteles* bedeutet: Der große Mann ist deswegen weniger ein Grieche, weil er um so mehr „übernationaler Begründer der Philosophie und Wissenschaft schlechthin"[159] ist. Er ist nationenungebunden, weil sein Denken so grundsätzlich ist, daß es selbst den Rahmen des griechischen Geistes überschreitet bzw. fundiert. Aristoteles ist mithin alles das, was Humboldt unter ‚Wissenschaft' als zunächst neutralem und abendländisch tradiertem Konstrukt versteht – ohne daß er sich selbst in diesem Sinne für einen Wissenschaftler hält. ‚Wissenschaft' ist das aristotelische Ideal, das neben dem anderen (griechischen) Ideal wie selbstverständlich besteht, ohne jedoch in gleicher Weise enthusiastisch überhöht zu werden. Mit einem Wort: Hegt Humboldt für die griechischen Dichter *emphatische* Verehrung, so verehrt er Aristoteles *rational*. Dieses – hier noch negativ verschlüsselte – Motiv kommt in den *Werkpassagen* dann zur positiven Ausprägung.

Zunächst aber geht Wolfs Insistieren, sich doch bitte mit Aristoteles intensiv zu beschäftigen, unaufhaltsam weiter. Ph. Mattson identifiziert hier klar ein persönliches Anliegen des Mentors und weist darauf hin, daß Wolf Humboldt 1795 offensichtlich aufgefordert hat, „den theoretischen

---

157 [Humboldt an Wolf am 15. Juni 1795], a.a.O., S. 118-119.
158 Mattson, Ph.: „Kommentar". In: ders. (Hrsg.): *Briefe an F. A. Wolf*, a.a.O., S. 451.
159 Stadler, *Humboldts Bild*, a.a.O, S. 75.

Teil zu einer geplanten Neubearbeitung der Poetik des Aristoteles zu liefern"[160]. So sind Wolfs bisherige Aufforderungen durchaus interessegeleitet, weswegen sich Humboldt erst einmal weiter entschuldigen muß.
Kaum zwei Wochen später, schon im nächsten Brief vom 26. Juni, zeigt
er, daß er nicht viel weiter gekommen ist:

> „Bei so bewandten Umständen werden Sie es mir, hoffe ich, schon verzeihen,
> wenn mein Brief noch heute ohne Fragen über den Aristoteles erscheint. So
> etwas gehört doch immer zu den Beschäftigungen, die Stimmung und Hei-
> terkeit fodern und beides hat mir mein Befinden nur in sehr geringem Grade
> gelassen. Aber der Aristoteles begleitet mich nach Berlin, und wird gewiß
> nicht weiter hinausgesetzt. Auf Ihre Abhandlung über Aristoteles ästhetische
> Ideen bin ich äußerst begierig, da ich aber noch gar nichts geleistet, so ist es
> nicht an mir zu fodern, auch ist es mir in der That lieber, wenn Sie mich erst
> die Poetik grammatisch d[urc]hgehen lassen, wozu denke ich nun 3-4 fragen-
> de Briefe gehören werden. Dann bin ich besser mit dem Ganzen bekannt und
> kann besser Rede und Antwort geben. Wie gern will ich Ihnen dann alle mei-
> ne Gedanken, über und zu den Ihrigen recht ausführlich mittheilen, und wie
> herzlich würde ich mich freuen, wenn ich mir dann schmeicheln könnte, daß
> wir gemeinschaftlich gearbeitet hätten. Sie sehen also daß es mit dem Aristo-
> teles mein völligster Ernst ist, und um alles noch fester zu machen, will ich
> Ihnen ein bestimmtes Versprechen thun. Nach diesem Briefe schreibe ich Ih-
> nen nun zunächst erst wieder den 7. *Jul.* aus Berlin, da nur ein Zeichen des
> Lebens und der Ankunft, dann aber zuverlässig den 14. *Jul.* über mehrere Ka-
> pitel der Poetik. Es ist das Erste, woran ich mich in Berlin mache"[161].

Offensichtlich sind die aristotelischen Schriften wenig geeignet, Humboldt in Stimmung zu bringen. Wolfs Drängen ist indes noch stärker geworden und Humboldt muß nun bereits zum bei Wissenschaftlern bekanntlich ebenso nutzlosen wie immer rhetorisch gemeinten Instrument
des ‚allerletzten Versprechens‘ für einen Abgabetermin greifen, um den
fremdgesetzten und zunehmend wohl auch eigenproduzierten Druck zu
kanalisieren. Nochmals sichert Humboldt, schon zwei Wochen später, zu:
„In 3 Tagen gehe ich nach Berlin. Dort hoffe ich allerlei Vergnügliches zu
erfahren. Dieß und einiges über den Aristoteles erhalten Sie, liebster
Freund, heute über 8 Tage, wo ich wieder schreibe. Adieu!"[162]
Es vergehen nochmals zwei Wochen, und am 17. Juli steht Humboldt
nun wenigstens nicht mehr mit leeren Händen da. Er schreibt:

> „Wenn ich auch nicht ganz genau Wort halte, theurer Freund, so können Sie
> doch nicht sagen, daß ich leere Versprechungen mache. Hier haben Sie in der

---

[160] Mattson, „Einleitung", a.a.O., S. 3.
[161] [Humboldt an Wolf am 26. Juni 1795], a.a.O., S. 120.
[162] [Humboldt an Wolf am 6. Juli 1795], a.a.O., S. 123.

That Fragen über das erste Drittel der Poetik. Wenn ich mich aber dieser Fragen rühme, so ists nur ihrer Existenz, nicht ihrer Beschaffenheit. Ich habe sie im Lesen, wie sie mir einfielen (so wollten Sie es ja) niedergeschrieben, aber heute, da ich sie im Zusammenhange überlese, möchte ich mich doch beinah meiner *incuria* schämen. Es wird Ihnen vorzüglich zweierlei daran auffallend seyn. 1., muß es, dächte ich, in diesen ersten 6 Kapiteln bei weitem mehr bedenkliche Stellen geben, als ich angemerkt habe und 2., bin ich bei den bemerkten so ausführlich gewesen, daß mich Ihre Zeit dauert, wenn Sie es lesen wollen. Der letzte an sich verzeihliche Fehler entstand nun freilich bloß aus Mangel an Sorgfalt; aber der erste darf mir nicht so ungestraft hingehn. Ich muß wirklich gestehen, daß ich sehr genau gelesen, und alle Stellen angemerkt habe, wo ich wirklich anstieß, und mir nicht zu helfen wußte, und daß ich von diesen sehr gewissenhaft keine übergangen habe. Alle übrigen also sind von der Art, daß ich einige Rechenschaft über sie geben kann. Von welcher Art diese ist, bitte ich Sie nun durch Gegenfragen zu prüfen, die ich nach Möglichkeit beantworten will. Um die Gefälligkeit dieser Gegenfragen bitte ich Sie in der That recht ernstlich; es ist überhaupt mein Fehler auch bei dem ernsthaftesten Vorsatz zu leichtsinnig zu lesen. Ich helfe gern dem Ausdruck, wo er mangelhaft ist, nach, übersehe dadurch manche wirklich verdorbene Stelle, wenn ich auch ihren Sinn errathe, oder misverstehe auch wohl in der That andre. Mit Einem Wort: es fehlt mir an kritischem Mistrauen. Gegen diesen Mangel würden Gegenfragen trefliche Dienste thun. In Absicht meiner Fragen haben wir ja wohl schon abgemacht, daß Sie bloß beantworten, wozu Sie jedesmal gleich Lust haben, und mich mit allen übrigen auf Ihren künftigen Commentar verweisen, ...“[163].

Humboldt hat sich also mit eher wenig Begeisterung an die abgemachte Aufgabe gesetzt und doch nicht den ganzen Text, das erste Drittel hingegen sehr genau, bearbeitet. Just seine Kritik hält er für zu weich und undifferenziert. Vor allem aber befürchtet er, Wolf könne ebenfalls diese Kritik für zu weich und zu unkritisch erachten. So ist Humboldt froh, daß dieser selbst wieder – im Hinblick auf die Herausgabe der Poetik-Schrift – Entwürfe schicken will. Humboldt fordert diese Anfang September an bzw. läßt damit indirekt ihre Zusendung zu:

„Die Einrichtung mit dem Aristoteles billige ich recht sehr. Das Einzige, was ich daran auszusetzen haben möchte, ist daß ich fürchte, Sie schicken mir zu spät oder langsam. Verzeihen Sie die Besorgniß, aber bei Ihren Geschäften ist sie doch so ganz eitel nicht. Sobald Sie mir schicken, gehe ich gewiß ans Werk, und so streng ich vermag. Daß ich vielen Stellen vorübergegangen bin, glaube ich gern, wahrscheinlich auch solchen, die nicht eben Meuchelmörder und versteckt sind. Ich bin in der Kritik und vielleicht leider nur da zu gutmüthig“[164].

---

163 [Humboldt an Wolf am 17. Juli 1795], a.a.O., S. 123-124.
164 [Humboldt an Wolf am 1. September 1795], a.a.O., S. 125-126.

Die Art und Weise, wie Humboldt das aristotelische Werk bearbeiten will, zeigt viel über die Problematik, wie er sich als Rezipient Aristoteles gegenüber verhält. Zunächst wieder ein deutlicher Hinweis auf Wolfs Auftrag:

> „Wozu Sie mich in Absicht des Aristoteles auffordern, habe ich hin und her bedacht; aber wenn ich es recht genau überlege, so, glaube ich, ist es besser, man läßt von dieser Bearbeitung alles Philosophische weg, und macht sie bloß kritisch und historisch. Sie wünschen nemlich, wie es mir scheint, eine Abhandlung beizufügen, die eine erschöpfende Theorie über das Wesen der Poesie aufstelle. Allein dieß hat unendliche Schwierigkeiten. Freilich ist man durch die jetzige Lage der Philosophie, vorzüglich durch die Kantischen und Schillerschen Bemühungen, jetzt mehr zu leisten im Stande, aber die Foderungen sind auch soviel größer, und der Vorarbeiten noch immer nicht genug. So etwas auszumachen, erforderte ein eignes Buch: Wäre aber auch dieß nicht, so glaube ich, stände so etwas in einer kritischen Ausgabe, und überhaupt neben Aristoteles *poetik* am unrechten Ort. Die Poetik ist doch eine bloße Skize, enthält bloß 3, 4 wichtige (aber auch capitale) Ideen, und ist, wenigstens meines Erachtens, übrigens für die Philosophie und Aesthetik ganz unbedeutend. Für die Geschichte hingegen und das Empirische der Künste ist sie unschätzbar. Sagen Sie ob Sie hierin mit mir einerlei Meynung sind, lieber Freund, sonst bin ich immer sehr erbötig, auch hier meine Ideen mit den Ihrigen auszuwechslen. Der Gegenstand ist zu interessant, als daß ich es nicht wünschen sollte. Auch möchte ich um alles in der Welt nicht, wenn Sie schon Mehreres hierüber gedacht, oder gar niedergeschrieben hätten, Veranlassung werden, daß Sie das jetzt wenigstens liegen ließen"[165].

Hier nun begegnet eine der typischen Überraschungen, für die der Philologe Humboldt immer gut ist. Neben seiner Zurückhaltung der Wolfschen Unternehmung gegenüber wird nämlich deutlich, wie unprätentiös und sachlich der Tegeler dem antiken Philosophen auf einmal begegnet. Humboldt äußert sich ebenso nüchtern wie klar und analytisch. Die Begeisterung als Form der Aneignung – wie bei den Dichtern – unterbleibt hier und weicht dem differenzierten Urteil, was sowohl für Humboldt wie für den heutigen Leser kein Nachteil, sondern eminenter Vorteil ist: Vollkommen vorurteilsfrei analysiert Humboldt in fünf Aspekten das, was seines Erachtens an diesem philosophischen Werk relevant ist. Es ist erstens „doch eine bloße Skize"[166] (Qualifizierung von Textstruktur und -charakter), zweitens enthält es „3, 4 (...) Ideen"[167] (Ergebnis der Analyse), die drittens „wichtige (aber auch capitale) Ideen"[168] enthalten

---

[165] [Humboldt an Wolf am 1. September 1795], a.a.O., S. 126-127.
[166] [Humboldt an Wolf am 1. September 1795], a.a.O., S. 126.
[167] Ebd.
[168] Ebd.

(Gewichtung des Ergebnisses), viertens sind diese „für (...) Philosophie und Ästhetik ganz unbedeutend"[169] (Ausscheidung nicht relevanter Anwendungsgebiete) und daher für „Geschichte (...) und (...) Künste (...) unschätzbar"[170] (Relevanzgewichtung und Anwendungsproduktivität). Was auf den ersten Blick vielleicht wie ‚Abqualifizierung' aussehen kann, zeigt daher vielmehr sowohl Humboldts Analysefähigkeit wie sein unterschiedliches Verständnis von antiken Philosophen und Dichtern. Die Ordnung begrifflicher Zusammenhänge machte den antiken Philosophen interessant – und auch brauchbar. Flashars zutreffende Bemerkung, die „Humboldtsche Ausprägung dieses allgemeinen Griechenbildes (seiner Zeit, U.W.) liege (...) vor allem (in der, U.W.) Wendung ins Programmatische und Emphatische"[171], gilt für dessen Aristoteles-Bild also gerade nicht. Anders als bei den Dichtern ist Humboldts Blick bei dem Philosophen nicht durch Emphatie gestört oder durch die Gefahr einer der Analyse vorauseilenden Programmatik gar versperrt, und es ist diese für Humboldt typische theoretische Vorurteilsfreiheit, die es ihm Zeit seines Lebens ermöglicht hat, so viele unterschiedliche Ansätze in seinem Denken zu integrieren. So wird der Wissenschaftler Aristoteles eben wissenschaftlich untersucht und gebraucht, eine Sachlichkeit der Unternehmung, die Humboldt in den Werkpassagen auch explizit weiterführt, und die als weiteres Merkmal seiner Aristoteles-Rezeption festgehalten werden soll.

Indes ist auch am 25. September von Wolfs Aristoteles noch nichts eingetroffen. Humboldt genießt es zunächst offensichtlich, den Spieß umdrehen zu können:

> „Wie geht es mit dem Aristoteles? Ich hofte immer, daß einmal eine Lieferung ihrer *noten* ankommen sollte, aber bis jetzt leider vergeblich. Vereiteln Sie ja meine Hofnungen nicht!"[172]

und spricht nun schon wesentlich realistischer und konkreter von der Schließung seiner Aristoteles-Defizite. Er will nun endlich die Einseitigkeit seiner Griechen-Kenntnis überwinden und das Bild vervollständigen:

> „Habe ich die HauptRedner und den Aristoteles (der dann folgen soll) hinter mir, so kann ich schon sicherer seyn, daß meine Kenntniß der Griechen nicht mehr einseitig ist. Vor dem Lesen des Aristophanes war sie es sehr. Aristoph. führt einen unläugbar in eine ganz neue Scene ein; ein Gleiches müssen einigermaßen noch die Redner thun; und ebenso auch Aristoteles, der mir eine ganz eigne Originalität, die auf den ersten Anblick sehr von der Griechischen

---

[169] [Humboldt an Wolf am 1. September 1795], a.a.O., S. 127.

[170] Ebd.

[171] Flashar, „Wilhelm von Humboldt und die griechische Literatur", a.a.O., S. 87.

[172] [Humboldt an Wolf am 25. September 1795], a.a.O., S. 129.

Art abweicht, und dann doch wieder so sehr mit ihr übereinstimmt, zu besitzen scheint"[173].

Das Urteil des ‚ungriechischen' fällt also am 9. November 1795 bereits deutlich milder aus als noch im Juni.

Im Januar des darauffolgenden Jahres hat Humboldt nun bereits das Manuskript Wolfs, bei dem es sich wahrscheinlich um die Nachschrift einer im Jahr 1790 gehaltenen Vorlesung über Aristoteles' *Poetik* handelte[174], „mit großem Vergnügen und mannigfaltiger Belehrung"[175] durchgelesen. Aber auch Humboldts Problembewußtsein für aristotelisches Denken ist noch einmal deutlich gestiegen:

> „Ihren Untersuchungen über Aristoteles Poetik, und der Herleitung seiner Hauptideen aus dem Plato danke ich sehr viel Licht und Belehrung über dieß schwierige Buch. Auch hier, auch bei diesem offenbar nicht überall recht zweckmäßig nachgeschriebenen *Collegio* ist es mir überaus auffallend gewesen, wie sehr nur Sie gemacht sind, feine Untersuchungen dieser Art zugleich mit der nothwendigen Kritik und doch nicht mit einem schlechterdings nicht weiter bringenden Scepticismus zu führen. Ich bewundere Ihre Belesenheit, Ihren Scharfsinn ..."[176].

Dem Lob des Lehrers folgen dann einmal ganz andere aristotelische Perspektiven, denn ausnahmsweise würdigt Humboldt auch die ‚ungriechische' Seite des Aristoteles – wiewohl dies die große und durchaus positiv konnotierte Ausnahme ist. Das multiperspektivische Aristoteles-Bild Humboldts wird durch den Kontrast zu dem bisher Gesagten gut deutlich. Humboldt schreibt:

> „Ihren Instanzen gegen Aristoteles μίμησις und seine Darstellung τῶν καθ' ὅλου kann ich zwar meinen Beifall nicht versagen, indeß wenn Aristoteles hier irrt, so irrt er bloß weil er den wahren und recht eigentlich philosophischen Begriff der Poesie empfand ohne ihn deutlich zu denken, was sich, glaube ich, leicht deutlich machen läßt, wenn man das Wesentliche der poetischen Form von dem Zufälligen des Stoffes unterscheidet"[177].

Humboldt verteidigt hier Aristoteles gegen Wolfs Einwände und verbindet seine positive Aristoteles-Bewertung offensichtlich mit einer Kritik an

---

[173] [Humboldt an Wolf am 9. November 1795], a.a.O., S. 133.

[174] Hierfür führt Mattson plausible Gründe an. Zu dem editorischen Zusammenhang und zu anderen Varianten der Deutung bzw. Textidentifikation vgl. Mattson, „Kommentar", a.a.O., S. 464.

[175] [Humboldt an Wolf am 5. Januar 1796], a.a.O., S. 139.

[176] [Humboldt an Wolf am 5. Januar 1796], a.a.O., S. 142.

[177] [Humboldt an Wolf am 5. Januar 1796], a.a.O., S. 143.

der Wolfschen Interpretation.[178] Eine ganz andere Sichtweise, in der Aristoteles das Recht zugestanden wird, einmal griechisch zu sein und an die Stelle der (philosophischen) Rationalität die (literarische) Empfindung zu setzen. Ausgerechnet mit aristotelischer Terminologie des Form-Stoff-Paares will Humboldt dies transparent machen. So wundert es auch nicht, daß dieser für durchaus eigenes Denken in Beschlag genommen wird:

> „Und sollte es nicht das gewesen seyn, wohin Aristoteles zielte? daß nemlich der Dichter, auch wenn er buchstäbliche Wahrheit behandelt, nie die Wirkung hervorbringen will, die der Historiker (selbst der am meisten dichtungsreiche) beabsichtigen müßte, das Wissen und die Erfahrung zu bereichern, und dem Verstande Fälle zur Beurtheilung vorzulegen, sondern die gänzlich entgegengesetzte, auf die Einbildungskraft zu wirken, und das Herz durch Leidenschaften zu rühren"[179].

Selbst die Niedrigwertung des Metrums für die Poesie durch Aristoteles wird diesem nicht übelgenommen:

> „Daß Aristoteles ausdrücklich das *metrum* als nicht nothwendig zur Poesie erwähnt, ist äußerst auffallend. Indeß glaube ich nicht, daß er gleichsam aus Furcht den Gegensatz: ein Homer in Prosa bleibe doch ein Dichter unterdrückt habe. Das Wesentliche der Poesie würde er auch dem prosaischen Homer sicherlich nicht abgesprochen haben, aber die äußere Form doch unstreitig, was hingegen die Modernen, die eine poetische Prosa annehmen, nicht dürften"[180].

Dem Zugeständnis folgt eine ausführliche Erörterung von Einzelproblemen, die detaillierte Hinweise darauf geben, wie philologisch genau sich Humboldt mit dem Text beschäftigt hat.[181] So kann das – für Humboldt zunächst nicht ganz so freiwillige – Briefgespräch zwischen ihm und Wolf über Aristoteles *Poetik* mit dem Brief vom 10. März 1796 dann auch mit konkretem Dankbarkeitsgefühl dafür enden, daß Humboldt viel gelernt hat. Anschaulich formulierte er dies in einer Disputation mit Wolf über eine spezifische Textstelle, in deren Verlauf Humboldt die Interpretation des Mentors übernimmt:

> „Für die Erläuterung der Stelle im Aristoteles tausend Dank. Wahr ists, daß ich jetzt die Sache sehr simpel finde (Kolumbus Ei!)"[182].

---

[178] Daß Humboldt die Poetik gegen Wolf verteidigt, darauf weist auch P. B. Stadler hin (vgl. Stadler, *Humboldts Bild*, a.a.O., S. 76).

[179] Ebd.

[180] [Humboldt an Wolf am 5. Januar 1796], a.a.O., S. 143-144.

[181] Vgl. dazu auch das Manuskript <Zur Poetik des Aristoteles>, das im Anhang zur Briefausgabe Mattsons abgedruckt ist (Humboldt, *Briefe an F. A. Wolf*, a.a.O., S. 362-367).

[182] [Humboldt an Wolf am 10. März 1796], a.a.O., S. 150.

Humboldt hat, so ist anzunehmen, in diesem Briefwechsel nicht nur einen großen Teil der Schwierigkeiten seiner Beschäftigung mit Aristoteles überwunden, er hat sich auch, und dies läßt sich ebenfalls anhand des Briefwechsels entnehmen, zunehmend intensiv mit aristotelischen Texten beschäftigt. Sicher nicht aus Zuneigung, sondern aus biographischer (Wolf) und systematischer (Komplettierung seines Griechenbildes) Not. Daß dies bereits in den frühen Jahren seines Lebens in allen diesen Facetten der schwierigen und mühseligen wissenschaftlichen Arbeit geschah, öffnet Humboldt für diese Fragen sowohl in thematischer wie auch methodischer Hinsicht und ermöglicht ihm, später auf diese Kenntnisse zurückzugreifen und sie auszubauen. Die intensive philologische Arbeit am aristotelischen Text ist ihm nun nicht mehr fremd. Daß das Thema auch im weiteren Dialog mit Wolf geräuschlose Kontinuität erfährt, davon zeugt eine Vielzahl der Verweise, in denen Aristoteles auch in den folgenden Jahren in irgendeiner Form *indirekt* Gegenstand der Diskussion ist.[183] Als von Humboldt gekannte Texte des Aristoteles können nach der Sichtung dieses Briefwechsels weiterhin mindestens die *Rhetorik* und die *Poetik* vorausgesetzt werden. Außerdem kennt Humboldt eine Fülle von Sekundärliteratur zum Thema, aus der ihm nach Art und Umfang auch andere Schriften bekannt sein dürften.[184]

Einen ergänzenden Hinweis über Art und Umfang von Humboldts Aristoteles-Lektüre kann man dem Briefwechsel mit Caroline entnehmen. Humboldt schreibt an sie am 1. Dezember 1823 von Burgörner:

> „Ich habe nichts von trockenen und mühevollen Studien hierher mitgenommen. Die wenigen Stunden, die mir von der Geschäftsschreiberei und dem Spaziergengehen, Leutesprechen usf. bleiben, lese ich fast bloß die Ethik des Aristoteles und den ‚Bhagavad Gîtâ‘, den Schlegel herausgegeben hat. Beide behandeln eigentlich dasselbe Thema, den Zweck aller Dinge, den Wert des Lebens, das höchste Gut, den Tod als den Anfang eines neuen Daseins. Im Aristoteles ist die Erhabenheit eines großen und beinah ungeheuren Geistes und der gebildetsten Nation des Erdbodens, in dem indischen Gedicht die vielleicht noch rührendere des höchsten Altertums und eines zu tiefsinniger Betrachtung gleichsam geschaffenen Volks. Ich lese von beiden eigentlich immer nur wenig, aber jeder Laut ergreift mich mit einer zum eigenen Nachdenken anregenden Stärke"[185].

---

183 Vgl. [Humboldt an Wolf am 18. Juni 1797], a.a.O., S. 185 – [Humboldt an Wolf am 22. Mai 1793], a.a.O., S. 53 – [Humboldt an Wolf am 25. Oktober 1800], a.a.O., S. 221 – [Humboldt an Wolf am 31. März 1804], a.a.O., S. 248.

184 Dies geht auch aus dem späteren Briefwechsel hervor. So kennt Humboldt beispielsweise F. K. L. Sicklers Buch *Commentatio philosophico-philologica exhibens philosophiae Aristotelae cum transcendentali recentiori consensum*, bevor er den Archäologen und Philologen von 1805-1807 als Hauslehrer beschäftigt.

185 [Humboldt an Caroline am 1. Dezember 1823], a.a.O., Bd. 7, S. 201.

Neben der Erweiterung des Nachweises dessen, was Humboldt von Aristoteles gelesen hat (die *Nikomachische Ethik* ist hier offensichtlich gemeint), läßt sich aus der Passage abermals erkennen, wie hoch Humboldt Aristoteles schätzt, und daß dieser – im Gegensatz zu manch früherer Aussage – durchaus den Geist des so verehrten griechischen Denkens ausdrückt. Humboldt schätzt aristotelisches Denken hier als besonders bedeutsam und anregend ein und verortet die Themen der Ethik durchaus im metaphysischen bzw. religionsphilosophischen Kontext. Caroline teilt diese Hoch-, Ein- und Wertschätzung dagegen nur sehr zurückhaltend: „Du liesest in Deiner Einsamkeit den Aristoteles?"[186], fragt sie am 6. Dezember zurück. „Es ist, glaube ich, ziemlich der einzige alte Schriftsteller, von dem ich nur eine einzige Rede einmal gehört. Mich dünkt, du hast mir einmal eine frei übersetzend vorgelesen. Gibt es eine gute Übersetzung von ihm?"[187]. Humboldt konnte also Aristoteles fließend im Original lesen und die Übersetzung quasi flüssig vortragen. In seinem nächsten, sehr kurzen Brief vom 14. des Monats hat Humboldt denn auch auf die seltsame Frage seiner „lieben Li"[188] nach einer Übersetzung (lieber) nicht geantwortet, sondern freut sich „ewig mit inniger Liebe Dein"[189] auf das bevorstehende Wiedersehen.

Daß die aristotelischen Schriften auch in der intensiven Tegeler Forschungszeit Humboldts ab 1820 weiter Thema waren, dies läßt sich genauso am Briefwechsel mit A. W. Schlegel ablesen. Und es sind zunehmend die sprachtheoretischen Aspekte, die hier interessieren. Schlegel schreibt in dem sehr ausführlichen Brief, den er zwischen dem 29. Mai und 4. Juni 1822 verfaßte, an Humboldt:

> „Aristoteles wirft die Frage auf, ob die Sprache der Natur oder der Übereinkunft ihren Ursprung verdanke? und entscheidet sich nach der Erfahrung von der unübersehlichen Verschiedenheit der Sprachen für das letzte. Das Dilemma des großen Denkers war, dünkt mich, nicht recht gestellt. Wenn man die beiden Begriffe Natur und Übereinkunft übersetzt durch Nothwendigkeit und Willkühr, so sieht man gleich, daß noch ein drittes in der Mitte liegt, nämlich die menschliche Freyheit, die sich nach naturgemäßen Gründen selbst bestimmt. Es war eine Einladung, nicht eine Nöthigung der Natur. Hier liegt das große Gebiet der edleren Sprachbildung, das Symbolische"[190].

---

186 [Caroline an Humboldt am 6. Dezember 1823], a.a.O., Bd. 7, S. 203.
187 Ebd.
188 [Humboldt an Caroline am 14. Dezember 1823], a.a.O., Bd. 7, S. 204.
189 Ebd.
190 [Schlegel an Humboldt am 29. Mai – 4. Juni 1822], a.a.O., S. 69.

Wie sich zeigen wird, ist Schlegels Aristoteles-Interpretation nicht ganz zutreffend. Dies ist hier nicht Gegenstand der Untersuchung. Wichtig ist, daß Humboldt – wiederum durch andere – auch mit dem Gedankengut aristotelischer Schriften, diesmal dem des Ὄργανον, bzw. genauer von Περὶ ἑρμηνείας, konfrontiert wird. Schlegel ist in der Beschäftigung mit dem sprachtheoretischen Denken des Aristoteles in dieser Zeit nicht allein, was sich auch darin ausspricht, wie selbstverständlich er die oben zitierte Textpassage in seinen Argumentationsgang einbindet. Humboldt steht dem in selbstredender Indirektheit kaum nach. Über vier Jahre später, am 18. September 1826, schreibt er – wiederum mit der ,Bhagavad Gîtâ' beschäftigt – im Kontext philologischer Erörterungen:

> „Es ist allerdings richtig, daß der gewöhnliche lebendige Gebrauch diese Wörter wohl vermischt und nicht immer in bestimmten Gränzen festhält, aber der philosophische thut das Letztere, und die Gítá scheint mir ebenso wohl, wie ein Platonisches Gespräch oder ein Buch des Aristoteles, ein metaphysischer Aufsatz, ...“[191].

Wohl ein ungewollter Ausblick auf ontologische Einsichten, deren volle Konsequenzen *für* sein eigenes sprachtheoretisches Denken Humboldt zu diesem Zeitpunkt noch nicht absehen kann. Daß Humboldt indes den sprachtheoretischen Problemhorizont Schlegels im Hinblick auf Aristoteles kennt und immer stärker reflektiert hat, dies zeigt die Auseinandersetzung mit der Repräsentationstheorie in der Akademierede *Ueber das vergleichende Sprachstudium in Beziehung auf die verschiedenen Epochen der Sprachentwicklung* (IV 1-34) von 1820.

    Soweit die Hinweise zu *Humboldts Aristoteles*, wie sie sich im Durchgang durch den Briefwechsel des Tegeler Philosophen entnehmen lassen. Sie sind von einer starken Entwicklung gekennzeichnet, die sich nur in der dialektische Bewegung des wissenschaftlichen Diskurses bilden konnte. Der Disputant Humboldt erlaubt sich die ablehnende, annehmende, nachdenkliche und fordernde Haltung gleichermaßen zum Zweck der eigenen Selbstvergewisserung.

5.4 Werkpassagen

Humboldt hat Aristoteles auch explizit in seinen Werken genannt und uns aus dieser Sicht und Schreibweise heraus eine Art textliches Portfolio, einen Steckbrief einschlägiger Informationen und Standpunkte, gegeben,

---

[191] [Humboldt an Schlegel am 18. September 1826], a.a.O., S. 205.

die zwar die bereits aus den Briefen herausgearbeiteten Merkmale wiederholen, ergänzen und schärfer stellen, jedoch in aufbereiteter Form stärker in den jeweiligen funktionalen Zusammenhang integrieren. Knapper, aber eben auch strukturierter und inszenierter als in den Briefen, wird man in den Werken zunächst erneut mit dem Phänomen konfrontiert, daß sich „Humboldts Bild der Griechen (...) auf die Betrachtung herausragender Persönlichkeiten"[192] gründet und dies auch für Aristoteles gilt.[193] Die längste und aufschlußreichste Werkpassage findet sich ausgerechnet in Humboldts sprachtheoretischem Haupttext, der – biographisch und systematisch – den Schlußpunkt bzw. das Kompendium seines (sprach-)theoretischen Denkens darstellt, der *Kawi-Einleitung*. Sicherlich genau kein Indiz dafür, daß Humboldt Person und Werk des Stagiriten für randständig hält. Im Abschnitt *Charakter der Sprachen. Poesie und Prosa* schreibt er:

> „Die Sprache soll, ohne eigne Selbstständigkeit geltend zu machen, sich nur dem Gedanken so eng, als möglich, anschliessen, ihn begleiten und darstellen. In dem uns übersehbaren Gange des menschlichen Geistes kann mit Recht Aristoteles der Gründer der Wissenschaft und des auf sie gerichteten Sinnes genannt werden. Obgleich das Streben darnach natürlich viel früher entstand und die Fortschritte allmählich waren, so schloss es sich doch erst mit ihm zur Vollendung des Begriffes zusammen. Als wäre dieser plötzlich in bis dahin unbekannter Klarheit in ihm hervorgebrochen, zeigt sich zwischen seinem Vortrage und der Methodik seiner Untersuchungen und der seiner unmittelbarsten Vorgänger eine entschiedene, nicht stufenweis zu vermittelnde Kluft. Er forschte nach Thatsachen, sammelte dieselben und strebte, sie zu allgemeinen Ideen hinzuleiten. Er prüfte die vor ihm aufgebauten Systeme, zeigte ihre Unhaltbarkeit und bemühte sich, dem seinigen eine auf tiefer Ergründung des erkennenden Vermögens im Menschen ruhende Basis zu geben. Zugleich brachte er alle Erkenntnisse, die sein riesenmässiger Geist umfasste, in einen nach Begriffen geordneten Zusammenhang. Aus einem solchen, zugleich tief strebenden und weitumfassenden, gleich streng auf Materie und Form der Erkenntniss gerichteten Verfahren, in welchem die Erforschung der Wahrheit sich vorzüglich durch scharfe Absonderung alles verführerischen Scheins auszeichnete, musste bei ihm eine Sprache entstehen, die einen auffallenden Gegensatz mit der seines unmittelbaren Vorgängers und Zeitgenossen, des Plato, bildete. Man kann beide in der That nicht in dieselbe Entwicklungsperiode stellen, muss die Platonische Diction als den Gipfel einer nachher nicht wieder erstandenen, die Aristotelische als eine neue Epoche be-

---

[192] Glazinski, *Antike und Moderne*, a.a.O., S. 128.

[193] Vgl. dazu auch Prang, der in diesem Zusammenhang auf die Bedeutung des Aristoteles hinweist (Prang, „Humboldts Anschauung", a.a.O., S. 133), trotzdem aber zu dem Ergebnis kommt, Humboldt scheine ein „wirklich erlebnismäßiges Verhältnis zu einem griechischen Philosophen – etwa Plato und Aristoteles – (...) nicht gehabt zu haben" (S. 144).

ginnend ansehen. Hierin erblickt man aber auffallend die Wirkung der eigenthümlichen Behandlungsart der philosophischen Erkenntniss. Man irrte gewiss sehr, wenn man Aristoteles mehr von Anmuth entblösste, schmucklose und unläugbar oft harte Sprache einer natürlichen Nüchternheit und gleichsam Dürftigkeit seines Geistes zuschreiben wollte. Musik und Dichtung hatten einen grossen Theil seiner Studien beschäftigt. Ihre Wirkung war, wie man schon an den wenigen von ihm übrigen Urtheilen in diesem Gebiete sieht, tief in ihn eingegangen und nur angeborne Neigung konnte ihn zu diesem Zweige der Literatur geführt haben. Wir besitzen noch einen Hymnus voll dichterischen Schwunges von ihm, und wenn seine exoterischen Schriften, besonders die Dialogen auf uns gekommen wären, so würden wir wahrscheinlich ein ganz anderes Urtheil über den Umfang seines Styles fällen. Einzelne Stellen seiner auf uns gekommenen Schriften, besonders der Ethik zeigen, zu welcher Höhe er sich zu erheben vermochte. Die wahrhaft tiefe und abgezogne Philosophie hat auch ihre eignen Wege, zu einem Gipfel grosser Diction zu gelangen. Die Gediegenheit und selbst die Abgeschlossenheit der Begriffe giebt, wo die Lehre aus ächt schöpferischem Geiste hervorgeht, auch der Sprache eine mit der inneren Tiefe zusammenpassende Erhabenheit" (VII 200-201).

Es ist erstaunlich, zu welcher Reife Humboldts Aristoteles-Bild in dieser späten Phase gediehen ist. Humboldt geht in diesem Abschnitt der „fortschreitenden Bildung des Geistes" (VII 199) nach und fragt nach dem spezifischen Charakter bzw. Stil einer Sprache, der der Beschreibung dieser Entwicklung am nächsten kommen kann. Er richtet seine Betrachtung auf „die Epoche der Entstehung der Wissenschaft" (VII 199) und konstatiert, eben diese „Wissenschaft fordere im strengen Verstande die prosaische Einkleidung und eine poetische könne ihr nur zufällig zu Theil werden (Umst., U.W.)" (VII 199). Humboldt stellt fest, daß „in diesem Gebiete nun (...) der Geist es ausschliesslich mit Objectivem zu thun habe" (VII 199) und so ist größter Wert auf eine Sprache zu legen, „die letzte Schärfe in der Sonderung und Feststellung der Begriffe und die reinste Abwägung der zu Einem Ziele zusammenstrebenden Sätze und ihrer Theile" (VII 199) gewährleistet. Allerdings wirkt der Charakter des wissenschaftlichen Gegenstandes auch wieder auf die Klarheit der Sprache zurück, deren „Gebrauch in diesem Gebiete Kälte und Nüchternheit" (VII 200) initiiert. Nun folgt die oben zitierte Textstelle, in der Aristoteles zum Vorbild eben jener, von Humboldt durchaus akzeptierten und positiv konnotierten, Sachlichkeit wird. Da ist zunächst der große Mann, der „Gründer der Wissenschaft" (VII 200). Mit Aristoteles bietet sich laut Humboldts Aussage geistesgeschichtlich eine ganz neue Qualität dar, die sich nicht stufenweise, sondern auf einmal herausgebildet habe. Humboldt lobt den Empirismus des Aristoteles und seine dialog-ethische Vorgehensweise, erst die Lehren der Früheren zu besprechen, um dann zu neuen Erkenntnissen zu kommen. Vor allem aber brachte „sein riesenmässiger Geist" (VII 200) alles bisher Dagewesene „in einen nach Begriffen geordneten Zusammenhang" (VII 200). Aristoteles ist also gleichermaßen der synthetisierende Geist (als der Humboldt sich in methodischer Hinsicht ja auch selbst versteht) und auch derjenige mit den klaren, eindeutigen und um allen „verführerischen Schein" (VII 200) entrümpelten Begriffen. Humboldt trennt nun Platon und Aristoteles geistesgeschichtlich klar voneinander ab, situiert beide als nicht vergleichbare Marksteine jeweils ihrer eigenen Epoche[194] und bietet dann – die Einschätzung der frühen Jahre mehr komplettierend als revidierend – ein umfassendes Aristoteles-Bild an, in dem dessen „von Anmuth entblösste, schmucklose und unläugbar oft harte Sprache" (VII 200) eben nicht mehr Indiz „einer natürlichen Nüchternheit und gleichsam Dürftigkeit seines Geistes" (VII 200) ist. Denn auch Musik und Dichtung sind ein Teil seiner Persönlichkeit gewesen und „tief in ihn eingegangen" (VII 201). Die Gegensetzung mit den klassischen Dichtern ist zunehmend einer ganzheitlichen Sichtweise gewichen. Humboldt weist dann noch auf Überlieferungsprobleme hin, lobt die besondere „Höhe" (VII 201) der aristotelischen Ethik und schließt mit einer fast metaphysischen – zumindest aber idealistischen – Bemerkung einer zum Geist kommenden Sprache, die auch die Metaphysik als Wissenschaft bedeuten kann, die „wahrhaft tiefe und abgezogne Philosophie" (VII 201).

Diese späte Werkpassage, in der Humboldt im übrigen bereitwillig mit dem Materie-Form-Muster argumentiert, ist für das Aristoteles-Bild Humboldts von vielfacher Bedeutung. Zunächst begegnet Humboldt hier, vor allem in der ersten Hälfte, als echter Kenner des athenischen Philosophen. Die entschuldigende Unbeholfenheit der Briefe an Wolf ist vollkommen verschwunden, Humboldt weiß, wovon er redet, und er weiß, daß er es weiß. Seine philosophiegeschichtliche Einordnung, sowohl in bezug auf die Vorsokratiker als auch auf Platon, ist souverän und stimmig.

---

[194] Für Humboldt ist es durchaus selbstverständlich, Aristoteles in verschiedenen Formen und Kontexten als Zeitangabe zu verwenden. So z.B. in dem nachträglich gestrichenen Satz in *Über das antike Theater in Sagunt* von 1800-1801: „Zu Plinius Zeit thaten sie (eherne Vasen zur Schallverstärkung, U.W.) schon keine gute Wirkung mehr, und Barthelemy vermuthet mit Grunde, dass man sie in Griechenland schon zu Aristoteles Zeit nicht kannte" (III 104) oder auch in der *Rezension von Wolfs Ausgabe der Odyssee* von 1795, in der es heißt: „Der Herausg. erklärt sich an mehreren Stellen der Vorrede bald ernsthaft, bald mit feiner Ironie über die Sitte, diese grammatikalischen Dinge als geringfügige Kleinigkeiten zu verachten, gegen welche allein schon die Betrachtung sprechen sollte, wie subtil die a l t e n Theoristen von Aristoteles an über diese Gegenstände zu raisonniren pflegten" (I 372).

Zudem erhalten wir einen weiteren, für diese späte Periode schon eher selbstverständlichen Text-Hinweis darauf, daß ihm die Ethik des Aristoteles gut bekannt ist. Entscheidend ist hier aber ein anderer Umstand, nämlich die Humboldtsche Akzeptanz des Aristoteles als den Philosophen der klaren und distinkten Begriffe, als den systematischen und auch in der Sprache unmißverständlich wissenschaftliche Ordnung herstellenden Philosophen. Daß Humboldt dies in dem gleichen Text so ausdrücklich feststellt, in dem er auch – gut 150 Seiten vorher – das ‚Energeia'-Diktum als zentrales sprachtheoretisches Erinnerungsformat einrichtet, läßt Vermutungen, er habe diesen Terminus höchst unaristotelisch, einfach falsch oder gar beliebig verwendet, als philologisch vollkommen absurd erscheinen. Humboldt weiß klar und deutlich, was er sagt, und tut dies mit dem theoretischen Repertoire „eines thaten- und (...) ideenreichen ausserordentlichen Mannes" (VII 203), der nach 1830 für ihn neben Kant zur wichtigsten theoretischen Stütze seines Sprachdenkens wird und dessen Beurteilung nun jene Unsicherheit der frühen Jahre vermissen läßt. Humboldt ist – nach einem schwierigen und Umwege nicht entbehrenden Weg endgültig beim athenischen Philosophen, dem bewunderten ‚Wissenschaftler', angekommen – und kann die rationale Verehrung nun auch für die eigene Theorieentwicklung nutzen.

Gleichermaßen unprätentiös ist aber schon seine Umgangsweise 40 Jahre vorher, wenn sie auch noch einer gänzlich anderen Rezeptionsmethodologie (Kap. 5.1) verhaftet bleibt. In seinem *grünen Buch*, den *Ideen zu einem Versuch, die Gränzen der Wirksamkeit des Staats zu bestimmen*, von 1792, in dem Humboldt unter den Maximen des Bildungsgedankens und des Individuums seine liberale Staatsauffassung entwickelt, taucht Aristoteles – sicher nicht durchgehend zu Recht – als Legitimation des eigenen Ansatzes auf. Humboldt schreibt zunächst:

> „Allein schon die Natur der Freiheitsbeschränkungen unsrer Staaten, dass ihre Absicht bei weitem mehr auf das geht, was der Mensch besizt, als auf das, was er ist, und dass selbst in diesem Fall sie nicht – wie die Alten – die physische, intellektuelle und moralische Kraft nur, wenn gleich einseitig, üben, sondern vielmehr ihr bestimmende Ideen als Geseze, aufdringen, unterdrükt die Energie, welche gleichsam die Quelle jeder thätigen Tugend, und die nothwendige Bedingung zu einer höheren und vielseitigeren Ausbildung ist" (*Ideen zu einem Versuch, die Gränzen der Wirksamkeit des Staats zu bestimmen*, I 104).

Es ist hier die starke bzw. freie Stellung des Individuums, die Humboldt gegenüber dem Staat geltend machen will. Im Sympathie- und Systemvergleich, in dem Humboldt wieder einmal die guten ‚Alten' und problematischen ‚Neueren' in einer spezifischen Fragestellung kontrastiert – diesmal, ob man nun die Glückseligkeit in der Tugend oder umgekehrt suchen solle –, wird Kants „künstliche Maschinerie" (I 105) der Ethik zunächst kritisiert und dann, die eigentliche Auseinandersetzung umgehend, mit einem Aristoteles-Zitat totgeschlagen:

> „Ich verliere kein Wort über diese Verschiedenheit. Ich schliesse nur mit einer Stelle aus Aristoteles Ethik: ‚Was einem Jeden, seiner Natur nach, eigenthümlich ist, ist ihm das Beste und Süsseste. Daher auch den Menschen das Leben nach der Vernunft, wenn nemlich darin am meisten der Mensch besteht, am meisten beseligt'" (I 105).

Humboldt begegnet hier – ganz Kind seiner Zeit – als Rezitator aus dem Zusammenhang gelöster Textstellen, auf der Suche nach Legitimation. Daß dies allerdings in einem seiner Werke geschieht, das mit dem Terminus *Wirksamkeit* nicht von ungefähr im Titel eine der Hauptbedeutungen des griechischen Wortes ἐνέργεια enthält, ist ein weiteres Indiz dafür, daß Humboldt bereits früh der Gedankenwelt aufgeschlossen gegenüber steht, die sich um dieses Erinnerungsformat konzentriert.

Humboldts Aristoteles-Kenntnisse kommen ihm auch zwei Jahre später in der *Rezension von Jacobis Woldemar* sehr zu Gute. Er kann die in Jacobis Text enthaltenen Thematisierungen der aristotelischen Ethik uneingeschränkt identifizieren und auch bewerten:

> „In dem letzten ausführlichen Gespräch über Tugend und Moralität giebt der Vf. zugleich (Th. 2. S. 210-244. u. Beil. S. 285-294) einen körnigten Auszug aus der Moral des Aristoteles, der das Gedankensystem des Stagiriten in bündiger Kürze und mit philosophischer Präcision darstellt, und den wir ebensowenig als die vortrefliche Uebersetzung eines schönen Stücks aus dem Plutarch (Th. 2. S. 178-205) unerwähnt lassen können" (*Rezension von Jacobis Woldemar*, I 310).

Sowohl die Bewertung als auch die Tatsache, daß Humboldt diesen Abschnitt Jacobis nicht explizit bespricht, zeigt die selbstverständliche Umgehensweise Humboldts mit dem Gegenstand, ein Ergebnis von Humboldts Studien, das er noch einmal anhand des in den *Ideen* thematisierten Problems des Zusammenhangs von Glückseligkeit und Tugend illustriert:

> „Allein die Einsicht dieses Zusammenhanges bleibt immer ein tiefer Blick in die innerste Natur des Menschen. Den alten Philosophen, vorzüglich dem Aristoteles, entging er nicht. Ihnen war der Mensch zu sehr ein Ganzes; ihre Philosophie gieng zu sehr von den dunklen, aber richtigen Ahndungen des Wahrheitssinnes aus" (I 303).

Aristoteles als durchaus dunkler, aber vor allem ganzheitlicher Denker und tiefer Anthropologe.

Nochmals zwei Jahre später zeigt sich dann die ganze Hin- und Herge-
rissenheit Humboldts in seinem Aristoteles-Bild, die Zeit seines Lebens
kennzeichnend blieb und erst in der Kawi-Einleitung die ‚Auflösung‘ erfährt, die dem Konflikt angemessen ist: eine philosophisch-theoretische.
So wimmelt es in Humboldts Schrift *Ueber den Geschlechtsunterschied
und dessen Einfluss auf die organische Natur* von 1794 einerseits nur so
von aristotelischen Termini:

> „Aber wo die Männlichkeit herrscht, ist das Vermögen: Kraft des Lebens, bis
> zur Dürftigkeit von Stoff entblösst; und die entbehrende Sehnsucht auf ein
> Wesen gerichtet, das der Energie zugleich Stoff zur Thätigkeit gebe, und, in-
> dem es durch Rückwirkung ihre Empfänglichkeit beschäftigt, ihre glühende
> Heftigkeit lindre“ (*Ueber den Geschlechtsunterschied und dessen Einfluss auf
> die organische Natur*, I 320).

Andererseits wird Aristoteles in der philosophiegeschichtlichen Schematisierung eindeutig auf die – für Humboldt so ‚unschöne‘ – Seite verbannt.
Zunächst Humboldts Thematisierung im laufenden Text:

> „Denn ist gleich jedes ächte Werk des Genies die Frucht einer freien, in sich
> selbst gegründeten, und in ihrer Art unbegreiflichen Uebereinstimmung der
> Phantasie mit der Vernunft; so kann ihm dennoch bald die männlichere Ver-
> nunft mehr Tiefe, bald die weiblichere Phantasie mehr üppige Fülle und rei-
> zende Anmuth gewähren“ (*Ueber den Geschlechtsunterschied und dessen
> Einfluss auf die organische Natur*, I 321).

Und dann die anfangs zögerliche, aber doch überdeutliche Kontrastierung
männlicher und weiblicher Philosophie in der eingefügten Fußnote:

> „Diese Vergleichung in einzelnen Fällen wirklich anzustellen, ist schon dar-
> um von vielen Schwierigkeiten begleitet, weil selten zwei Köpfe übrigens
> Aehnlichkeit genug zeigen, um gerade diesen Unterschied auffallend sichtbar
> zu machen. Nur also um an Beispiele zu erinnern, sey es erlaubt, hier
> Homer und Vergil, Ariost und Dante, Thompson und Young,
> Plato und Aristoteles einander gegenüber zu stellen. Wenigstens dürfte
> niemand leicht in Abrede seyn, dass, in Rücksicht auf ihre Gegentheile, in
> den zuerst genannten, wenigstens in Vergleichung mit der aus ihnen hervor-
> leuchtenden Kraft, mehr Ueppigkeit der Phantasie herrscht, da aus den letz-
> teren die Form der Vernunft mit einer fast an Härte gränzenden Bestimmt-
> heit spricht“ (I 321).

Eine illustre Reihe von Namen, die Humboldt hier zusammenstellt, und
die trotz der zuvor unterstellten Unmöglichkeit des Unternehmens in der
Schematisierung – vor allem durch die vorgenommenen Attributierungen
– an Deutlichkeit kaum etwas zu wünschen übrig läßt. Humboldt weiß,
daß es ‚unwissenschaftlich‘ ist, was er hier tut, tut es aber trotzdem und

verbannt den Gedanken schließlich in eine Fußnote und damit an den Ort, an dem sich häufig die interessantesten und in ihrer Ungeschütztheit eindringlichsten Gedanken der Geistesgeschichte begegnen.

Ebenfalls etwas versteckt wirkt der Hinweis in Humboldts Werken darauf, daß dieser auch die *Politik* des Aristoteles kannte, so in den *Prüfungen der Untersuchungen über die Urbewohner Hispaniens vermittelst der vaskischen Sprache* von 1820-21. Im Kontext der dort vorgenommenen Besprechung diverser Publikationen zum Thema führt Humboldt unter Punkt 43 zu „einer eignen Sitte der Iberer" (IV 195-196) an, daß diese bei „Aristoteles (*Polit.* VII. 2,6.) erwähnt (Umst., U.W.)" wird. Diese ist dergestalt, „dass sie (die Iberer, U.W.) nemlich soviel Spiesse (ὀβελίσκους) um das Grabmal eines Kriegers steckten, als er Feinde umgebracht hatte" (IV 196). Wenn Humboldt bereits solche speziellen Textstellen kannte, so kann die Kenntnis des übrigen Textes problemlos vorausgesetzt werden, zumal sich Aristoteles' illustrierende Bemerkung im zweiten Kapitel des siebten Buches der Politik [1324b] auch noch in einem Kontext befindet, der dem Problemhorizont der Humboldtschen Staatsschrift von 1792 entspricht:

> [1324a] „Daß nun diejenige Staatsverfassung notwendig die beste ist, deren Einrichtung zufolge jedweder ohne Ausnahme sich wohl befindet und glücklich lebt, liegt auf der Hand"[195].

Auch für Humboldt.

So zeigt die Chronologie der *Werkpassagen* neben neuen Hinweisen zu Humboldts Lektüre, daß Aristoteles den Tegeler Philosophen ein Leben lang in sehr unterschiedlichen Kontexten beschäftigt hat. Kaum zwei Jahre vor der Kawi-Einleitung, zwischen 1827 und 1829, schreibt Humboldt in dem – nicht nur in der Überschrift Analogien zu seinem späteren sprachtheoretischen Hauptwerk darbietenden – Text *Ueber die Verschiedenheiten des menschlichen Sprachbaues* zur Rolle des ‚ersten Wissenschaftlers' Aristoteles in einer entmythologisierten, antiken Aufklärung:

> „Mit Alexander treten die Ideen von Weltherrschaft und Welthandel in die nicht mehr durch Fabeln entstellte Geschichte ein; Aristoteles gründet genauere Naturforschung und grössere Strenge in jeder wissenschaftlichen Behandlung. Durch Rom und Karthago ward, wenn auch das Wissenschaftliche nachstand, alles dies weiter fortgeführt und sicher befestigt" (*Ueber die Verschiedenheiten des menschlichen Sprachbaues*, VI 114).

---

[195] Aristoteles: *Politik*. Übersetzt von E. Rolfes. In: *Philosophische Schriften in sechs Bänden*. Darmstadt 1995. Bd. 4. S. 239.

Humboldt steht nun – in den 30er Jahren des 19. Jahrhunderts – an der Schwelle, die aristotelische Ontologie mit Hilfe des Energeia-Diktums zu einem Fundament seiner Sprachtheorie auszubauen. Nach Sichtung der Brief- und Werkpassagen erscheint diese Unternehmung, wenn nicht unmittelbar als notwendige Konsequenz, dann doch als Nutzung einer naheliegenden Möglichkeit, für die Humboldt sowohl über den nötigen Background als auch über die wesentliche Einsicht in die Bedeutsamkeit aristotelischen Denkens verfügt.

5.5 Vorlesungspassagen

Aber noch ein weiterer Rückgriff in Humboldts Biographie ist notwendig, um seine Hinwendung zur aristotelischen Ontologie zu erklären. Diese hat – und der Durchgang durch die Passagen von Humboldts Denken gewinnt nun eine neue thematische Qualität hinzu – unmittelbar mit Humboldts Metaphysik-Kenntnissen und den daraus entstehenden Verknüpfungsmöglichkeiten zu tun. Diesen Kenntnissen Humboldts soll im folgenden insofern nachgegangen werden, als sie die hier zur Debatte stehende Problematik betreffen, und zwar anhand einer Textsorte, die bisher noch nicht Gegenstand der Untersuchung war: das nachgearbeitete, gleichsam ,überdachte', Vorlesungsmanuskript.

Hierzu muß man wiederum in Humboldts Jugend- bzw. frühe Studienjahre zurückgehen. A. Leitzmann hat festgestellt, daß in den 90er Jahren des 18. Jahrhunderts unter Humboldts Lehrern J. J. Engel eine herausragende Stellung einnimmt[196]: „Am wichtigsten wurden die philosophischen Vorträge Engels, des Philosophen für die Welt, in dem die Berlin noch völlig beherrschende Aufklärung sich in weniger trockener, durch gefühlsmäßigen Zusatz erheiterter, liebenswürdiger Form darstellte"[197]. Es ist demnach zweckmäßig, vor allem die Metaphysik-Vorlesung Engels aus dieser Zeit und Humboldts Mitschrift darauf zu untersuchen, was Humboldt hier in thematischer Hinsicht und mit be-

---

[196] Für Humboldts Bild der ,Alten' sind natürlich vor allem Heynes Vorlesungen bedeutend. So sei hier der ergänzende Hinweis angeführt, daß Humboldt Aristoteles durch Heyne auch als Editor zentraler Schriften des Abendlandes kannte: „Bei diesem wege, auf dem wir den Homer erhalten haben, müssen sich natürlich sehr viel falsche lesarten eingeschlichen haben. Die erste kritische ausgabe machte Aristoteles, εκδοσις εκ ναρθηκος" (<Heyne über Homer>. In: Humboldt, *Briefe an F. A. Wolf*, a.a.O., S. 333-352, hier: S. 337).

[197] Leitzmann, *Wilhelm von Humboldt*, a.a.O., S. 26.

sonderem Blick auf das aristotelische Gedankengut zur Ontologie gelernt hat.[198]

Zunächst zum Umfeld der Jahre 1785 und 1786: Haben die Brüder Humboldt bislang Unterricht durch den Privatlehrer G. J. C. Kunth erhalten, so vermittelt dieser seinen beiden Schülern nun Unterricht bei den führenden Gelehrten in Berlin. Die Humboldts nehmen, von der Stadtwohnung in der damaligen Jägerstraße aus, am kulturellen Leben Berlins teil und lernen so u.a. auch die Vertreter der ‚Berliner Aufklärung' kennen. Herausragende Persönlichkeit dieser das geistige Berlin prägenden Richtung ist bis zu seinem Tode 1786 M. Mendelsohn, einer der bevorzugten Treffpunkte das Haus des Ehepaars M. und H. Herz, in dem die nicht immer homogenen Positionen von Engel, Moritz, Zöllner, Dohm, Klein, Teller u.a. im Gespräch aufeinandertreffen. Dafür sind Privatvorlesungen vor geladenen Gästen ein häufiges Instrumentarium, an denen auch die Brüder Humboldt teilnehmen. Diese Form des Gedankenaustauschs über Vortrag und Gespräch zu wissenschaftlichen Problemen ist aber bei weitem nicht die einzige Form, Themen in die gesellschaftliche Diskussion zu stellen. So bildet sich um H. Herz herum zum Beispiel der ‚Tugendbund', ein Treffen von Leuten meist in Humboldts Alter, in dem – ganz im Gegensatz zum aufklärerischen Gedankengut – das Schwärmerische der ‚Spätaufklärung' durch Begegnungen mit rituellem bzw. zeremoniellem Charakter zum Ausdruck kommt. Humboldt ist in dieser Zeit kein trockener, puritanischer Rationalist (und sollte es auch nie werden), sondern ein an vielen Aspekten dieser für ihn neuen Welt interessierter junger Mann auf dem Weg in den Staatsdienst. In den Privatvorlesungen erhält Humboldt grundlegende Informationen zu zentralen Wissensgebieten, seine Teilnahme an drei Vorlesungensreihen zur Logik, zur Metaphysik und zur Praktischen Philosophie bei Engel ist u.a. durch die Mitschriften belegt, die Humboldt von diesen Vorlesungen angefertigt hat. Nun haben diese Manuskripte nicht den Charakter wortwörtlicher Transkriptionen des gerade Gehörten, vielmehr hat Humboldt später zu Hause – so bemerkt Herausgeber Leitzmann – jeweils den „gesamten systematischen Aufbau der Materie an Hand des Lehrbuchs und nach der Erinnerung aus den Lehrstunden dargelegt" (VII 467). Sie sind schon insofern ‚überdachte' Vorlesungsmanuskripte, als sie teils mehr, teils weniger als das Gehörte wiedergeben, mit Sicherheit aber persönliche Gewichtungen und Schwerpunktsetzungen enthalten. Von den von Humboldt besuchten Vorlesungen (zu erwähnen sind aus den drei bislang genannten

---

[198] Zur ausführlichen Darstellung der Metaphysik-Vorlesung siehe Sauter, *Humboldt und die deutsche Aufklärung*, a.a.O., S. 65–87.

auch die von E. F. Klein über Naturrecht und von W. v. Dohm über Nationalökonomie) sind nun vor allem die von Engel interessant, und hier noch einmal besonders die Metaphysik-Vorlesung. Engel war seit 1776 Professor am Joachimstaler Gymnasium und lehrte Logik, Ethik und Rhetorik, aber auch Philosophiegeschichte und Grammatik. Zum Kontext muß angemerkt werden, daß die Popularphilosophie der Spätaufklärung sich zu dieser Zeit der grundlegenden Kritik Kants weitgehend nicht öffnete, die kritische Dimension also in den Vorlesungen kaum oder gar nicht zum Tragen kommt. Engel, der als Mitherausgeber und Autor der Aufsatzsammlung *Philosoph für die Welt* (1775 und 1777 erschienen) einer breiten Öffentlichkeit bekannt geworden ist, sieht seine Aufgabe 1785 darin, eben dieser interessierten Öffentlichkeit das aufklärerische und wissenschaftliche Gedankengut nahezubringen, allerdings bei Wahrung der angemessenen begrifflichen und systematischen Strenge und Genauigkeit. Die kritische Haltung Kants wird gerade aufgrund ihrer ,unpopulären' subtilen Diktion und unterstellten gedanklichen Dunkelheit – und damit u.a. auch wegen der Schwierigkeit ihrer Vermittlung – abgelehnt.

Gleichwohl sind die Vorlesungen Engels auch nicht gerade leichtverständlich und alles andere als eine trockene Abhandlung diverser systematischer Probleme zu den Themen *Logik oder Vernunftlehre* (VII 363-405), *Metaphysik* (VII 405-459) und *Praktische Philosophie* (VII 460-464). In der Logik-Vorlesung, die nach einer Einleitung in zwei Teile, einen ersten, betrachtenden Teil und einen zweiten, sehr kurzen ausübenden Teil, gegliedert ist, bietet Engel vor allem im ersten Teil eine wiederum in drei Kapitel gegliederte, streng durchgeführte und komplex strukturierte Besprechung zu den Themen ,Begriffe', ,Urtheile und Sätze' (hier hat Humboldt kein Manuskript hinterlassen) und ,Schlüsse' an. Auf der Grundlage der *Vernunftlehre* von H. S. Reimarus, die 1766 in dritter Auflage erschienen ist, stellt Engel systematisch vor allem eine Lehre von den Begriffen vor, die deutlich macht, welch' wichtige Rolle die theoretische Logik in der rationalistischen Aufklärungsphilosophie spielt. Reimarus' klares und ebenso anspruchsvolles wie verständliches Lehrbuch erleichtert diese Einführung in die Logik, die gleichermaßen auch eine in die Erkenntnislehre darstellt.[199]

Vor dem sehr kurzen Text zur Vorlesung über die *Praktische Philosophie* findet sich nun die ausführliche Darstellung der *Metaphysik*-Vorlesung Engels, ein Umstand, der für Humboldts Interesse an diesem The-

---

[199] Vgl. zur Logik-Vorlesung vor allem Borsche, *Sprachansichten*, a.a.O., S. 147-150 und Sauter, *Humboldt und die deutsche Aufklärung*, a.a.O., S. 50-64.

ma spricht. Engel selbst, der sich in der Metaphysik nach eigener Aussage nicht so sicher fühlte, legte J. G. H. Feders *Logik und Metaphysik nebst der philosophischen Geschichte im Grundrisse* zugrunde, ein gängiges Handbuch dieser Zeit (1786 bereits in sechster Auflage erschienen), das nach T. Borsches Ansicht eher „sehr vorsichtig die verschiedenen Lehrmeinungen referiert und im Zweifelsfall für den gesunden Menschenverstand"[200] plädiert und das Engel in Hinblick auf die Auswahl der referierten Positionen wesentlich freier verwendete als zuvor Reimarus' Werk bei der Bearbeitung der Logik. In seiner Darstellung jedoch ging er wieder streng systematisch vor.

Gleich am Anfang erhalten wir für den hiesigen Zusammenhang die entscheidenden Hinweise. Engel referiert bzw. diskutiert nach einführenden Bemerkungen zur Logik von Möglichkeit und Wirklichkeit ausführlich den Substanzbegriff wie die möglichen unterschiedlichen theoretischen Positionen hierzu. Ausgehend von Feders Darstellung[201] diskutiert er den Ansatz Descartes' und die Konsequenzen im „atheistischen System" (VII 409) Spinozas und konfrontiert diese Positionen mit der Leibnizens. Eine Konfrontation, die hier noch keinen Ausgang in einer Entscheidung für die eine oder andere Seite findet. Vielmehr enthält der kommende Teil ein ganzes Bündel von Begriffen, die nicht nur in der damaligen Ontologie eine wesentliche Rolle spielen, sondern die, und das ist hier entscheidend, alle eine lange und wirkungsmächtige aristotelische Tradition haben: So der ‚Substanz'-Begriff, die der ‚Möglichkeit', ‚Wirklichkeit' und ‚Existenz', in einer späteren Passage die der ‚Qualität' und ‚Quantität', und schließlich auch an zentraler Stelle der der ‚Kraft'. Nun werden alle diese Begriffe zweifelsohne auf ihrem Leibnizschen Hintergrund diskutiert, können aber auch in dieser Diskussion ihren aristotelischen Hintergrund kaum verleugnen. Häufig bemerkt Engel bei der Diskussion dieser Termini, daß sie „zu allgemeine Begriffe (seien, U.W.), als dass sie definirt werden könnten" (VII 422). Er geht diesen dann trotz-

---

[200] Borsche, *Sprachansichten*, a.a.O., S. 148.

[201] Vgl. Feder, J. G. H.: *Logik und Metaphysik*. Frankfurt u.a. (5., verm. Aufl.) 1783. Feder definiert hier die Substanzen als „die eigentlichen Dinge, im Gegensatze sowohl auf die einzelnen Eigenschaften, die wir in der Vorstellung absondern, als auf den äusserlichen Schein überhaupt, das Phänomen, oder denjenigen auf unsere Erkenntnißart sich beziehenden verworrenen Schein, worunter das Innerste, Absolute und Ursprüngliche sich uns verbirgt" (S. 258). Es folgt die Besprechung der Termini ‚Nothwendig, zufällig, veränderlich, unveränderlich' (vgl. S. 261-264), ‚Wesen' (vgl. S. 264-270), ‚Einheit, Ordnung, Wahrheit und Vollkommenheit' (vgl. S. 270-273) und schließlich der ‚Kraft' (vgl. S. 273-277), in deren Erörterung er deutlich macht, daß „das Dunkle, das hiebey ein jeder in dem allgemeinen Begriffe von der Kraft bemerken wird, sich auch (Umst., U.W.) in den Begriffen von den mancherley Arten der Kräfte findet" (S. 275).

dem nach und es gehört wohl gleichermaßen zu Engels Darstellungs- wie
zu Humboldts Rezeptionsweise, die historisch-systematischen Zusammenhänge nicht immer deutlich zu machen. Vielmehr werden konträre
bzw. ergänzende Positionen für die Diskussion hauptsächlich aus dem
Kreis sowohl der englischen (Home, Hume, Locke) und französischen
(Bonnet, Buffon, Maupertuis), aber auch der deutschen und speziell Berliner Aufklärer (Cochius, Eberhard, Lambert, Mendelsohn, Merian, Plattner und Sulzer) gewonnen. Ich erwähne dies vor allem deswegen, weil
hier ein für diese Zeit typisches Rezeptionsmuster vorliegt, das zwar die
aristotelischen Traditionen nicht ausdrücklich erkennbar macht, ihre gedankliche begriffliche Omnipräsenz allerdings unbestreitbar ist und für
den Rezipienten voraussetzt. In Engels Vortrag sprechen verschiedenste
Subtexte mit, von denen einige sichtbar gemacht werden, einige jedoch
unsichtbar bleiben. Aristoteles ist einer dieser unsichtbaren Subtexte, die
hier mitsprechen, aber gleichwohl bestimmend sind.

Ein Blick in das Handbuch Feders bestätigt dies.[202] Hier wird nämlich
Aristoteles eine größere Rolle zugeschrieben, als dies in Engels Vortrag
zum Ausdruck kommt. Das Buch ist in zwei große Teile gegliedert, den
der Logik und den der Metaphysik. Feder bespricht systematisch die beiden Problemfelder und bietet neben neuen und nicht mehr ganz so neuen
Positionen vor allem eine eigene Darstellung der beiden Themenbereiche
an, die sich an den philosophischen Problemen und der systematischen
Darstellung von Standards orientiert und eben nicht an der Abarbeitung
von als historisch gekennzeichneten Positionen. So wird in der Logik auf
über 200 Seiten zunächst eine systematische Darstellung offeriert, der
anschließende Abriß zur „Geschichte der Logik"[203] umfaßt gerade einmal
10 Seiten. Ähnlich verhält es sich im Metaphysik-Teil des Handbuches.
Nach gut 170 Seiten systematischer Darstellung findet sich ein eher spärlicher Abriß zur „Geschichte der Metaphysik"[204] von knapp sieben Seiten, der lapidar mit der Feststellung des § 7 endet: „Die Bestimmung der
Metaphysik ist noch immer ungewiß geblieben"[205]. Feder ist hier ganz offensichtlich auf eine philosophie-historische Legitimation seiner systematischen Studien bedacht, eine wirkliche Rolle spielt die historische Dimension jedoch nicht.

Trotzdem lohnt sich ein Blick in diese wenigen Seiten. Hier ist nämlich
Aristoteles nicht nur der einzige, dem ein einzelner der sieben Paragra-

---

[202] Vgl. Feder, *Logik und Metaphysik*, a.a.O.
[203] Feder, *Logik und Metaphysik*, a.a.O., S. 234ff.
[204] Feder, *Logik und Metaphysik*, a.a.O., S. 417-425.
[205] Feder, *Logik und Metaphysik*, a.a.O., S. 425.

phen gewidmet ist, er nimmt auch von den sieben Seiten allein eine einzige in Anspruch. Dort heißt es:

> „Materialien zu einer Wissenschaft, in welcher der Geist des Philosophen durch den sinnlichen Schein auf die Grundbeschaffenheiten und Grundkräfte der Natur, auf die οντως οντα, eindringen sollte, in welcher untersucht werden sollte, was bey der beständigen Circulation der Materie, die Dinge bey ihrem Wesen erhielte; in welcher also der Grund aller Wissenschaft entdecket und befestiget, in welcher die Grundbegriffe des menschlichen Denkens erördert werden sollten – Zu dieser Wissenschaft war bereits reicher Stof vorhanden; als Vater Aristoteles kam, und das System schuf"[206].

Aristoteles wird damit als bedeutender Gründer der Disziplin, als Systemgründer und -fundierer gekennzeichnet, eine Wertung, die durchaus in das Bild paßt, das Humboldt von dem athenischen Philosophen in diesen Jahren entwickelt und später dann in der gezeigten Weise ausbildet. Dies alles deutet darauf hin, daß die Philosophie des Aristoteles in Engels Vorlesung eine selbstverständliche Rolle gespielt hat. Humboldt hat diese Anteile womöglich entweder von Engels nicht gehört oder eben nicht aufgeschrieben. Gekannt haben wird er die Zusammenhänge indes sehr wohl, denn das Nacharbeiten des Vortrages mit Hilfe des Federschen Handbuches hat Humboldt auch Dinge studieren bzw. Kenntnis davon nehmen lassen, die nicht explizit Thema der Veranstaltung waren. Dies wird auch plausibel, wenn man Engels Bedachtsamkeit auf begriffliche Genauigkeit bedenkt, denn die immer noch gängige Metaphysik Leibnizenz und Wolffs bietet für eine solche Begriffsschulung nach Feder nun gerade keine stabile Grundlage:

> „Aus Leibnizens Ideen schuf Wolf das vollständige System. Man müßte freylich vom Vorurtheil sehr verblendet seyn, wenn man nicht den Hauptfehler dieses Systems bald gewahr werden sollte, daß zu viel auf willkührliche oder schwankende Begriffe gebaut, und daher manches, so anfangs bewiesen scheint, im Grunde nicht bewiesen ist"[207].

Feders Urteil über Aristoteles ist in dieser Hinsicht wesentlich besser ausgefallen.

Für eine zwar subkutane, dennoch wichtige Rolle des Aristoteles in Engels Vorlesung sprechen auch die beiden auf den ersten Blick eher randständigen Stellen, in denen explizit auf Aristoteles rekurriert wird. So argumentiert Engel im Kontext der ‚Ursache-Wirkung' Diskussion:

> „Etwas Ewiges, und zugleich Geschaffenes ist unmöglich. Denn was geschaffen ist, muss einen Anfang haben, und was einen Anfang hat, kann nicht ewig

---

[206] Feder, *Logik und Metaphysik*, a.a.O., S. 420-421.
[207] Feder, *Logik und Metaphysik*, a.a.O., S. 424.

sein. Ich weiss daher nicht, was Aristoteles meint, wenn er sagt: die Welt ist ewig, aber ewig von Gott gewirkt" (VII 416).

Aristoteles ist selbstverständlich präsent, und wenn es nur im expliziten Ausschluß einer kritischen Auseinandersetzung ist.[208]

Dies wiederum ändert sich in einer späteren Passage. Engel diskutiert zunächst – und dies macht den eigentlichen systematischen Kern der Vorlesung aus – die Leibnizsche Monadologie[209] und kommt dann über die Somatologie zur Pneumatologie, unter deren Titel die Seelenlehre diskutiert wird. In der auch im damaligen Kontext weiterhin virulenten Frage „Ist unsre Seele immateriell, oder materiell?" (VII 436) wird dann nach der sokratischen und platonischen Position schließlich der aristotelische Standpunkt mit einem Zitat aus dem ersten Buch von περὶ ψυχῆς (Aristoteles referiert und würdigt hier die bisherigen Positionen zur Seelen-Problematik) vorgeführt:

> „Aristoteles war der erste, welcher ihre Immaterialität deutlich behauptete, und zu beweisen suchte. ‚Einige' sagt er ‚glauben, dass die Seele aus Theilen bestehe; dass ein andrer Theil denke, ein andrer begehre. Aber was ists, das die Seele zusammenhält, wenn es in ihr mehrere Theile giebt? Der Körper nicht. Denn die Seele scheint im Gegentheil den Körper zusammenzuhalten. Denn, wenn sie ihn verlässt, so verdunstet, und verweset er.'[210] Unter den Neu-Platonikern hat sich Plotin vorzüglich durch einen Beweis für die Immaterialität der Seele berühmt gemacht" (VII 437).

Diese Textstelle ist auf den zweiten Blick für Humboldts Aristoteles-Rezeption bedeutender als man denkt. Humboldt bzw. Engel zitieren hier mit περὶ ψυχῆς nicht nur einen in der Geschichte des Aristotelismus sehr bedeutenden Text, dieser Text hat auch aufgrund seines Charakters als ‚Spätwerk' eine wichtige Besonderheit: Am Anfang des zweiten Buches findet sich eine kurze und knappe, aber dennoch sehr luzide und umfassende Skizze der aristotelischen Ontologie in all ihrer – durch die zentralen Begriffe konstituierten – systematischen Komplexität. Aristoteles ist hier, wie dies im zweiten Teil dieser Studie erkennbar werden wird, begrifflich wesentlich eindeutiger und systematisch geschlossener als bei den entsprechenden Begriffsdefinitionen in der *Metaphysik*, in der zum Teil verschiedene Definitionen bzw. Erklärungsmodelle übereinanderliegen

---

[208] An einer weiteren – für den systematischen Zusammenhang eher unwichtigen – Stelle wird Aristoteles als Platon-Rezipient genannt (VII 388-389).

[209] Die Monadologie nimmt auch in Feders Darstellung einen breiten Raum ein (vgl. Feder, *Logik und Metaphysik*, a.a.O., S. 323-337).

[210] An dieser Stelle ist in der Vorlesungsmitschrift eine Fußnote eingefügt, in der das Zitat im Originaltext wiedergegeben und die Textstelle περὶ ψυχῆς I, 5, 24 angegeben wird.

bzw. sich noch im Werkstattstadium befinden. Es ist – bei Humboldts Interesse am Thema in dieser Zeit – anzunehmen, daß der junge Zuhörer
Engels es nicht bei der Kenntnisnahme dieses Zitates belassen, sondern
den Text auch in seiner Gänze zur Kenntnis genommen hat. Dafür spricht
auch die zu Beginn der *Vorlesungspassagen* im Rekurs auf Leitzmanns Bemerkung, bei den Vorlesungsmitschriften handele es sich eben nicht nur
um „Kollegienhefte" (VII 467), formulierte Feststellung, daß Humboldt
hier durchaus eigenes Textstudium mit eingearbeitet bzw. dies zumindest
nebenbei betrieben hat.[211] Es ist also der Text Engels und indirekt auch
der Humboldts, in dem letzterer *das* hört und es *so* ausdrückt, wie *er* es
für richtig und wichtig hält. Damit und unter dem Gesichtspunkt des
Textcharakters von περὶ ψυχῆς als spätem, zentrale Gedanken des Stagiriten synthetisierenden Werkes, erhalten wir einen prinzipiell systematischen und auch für Humboldt historisch in Rechnung zu stellenden Hinweis: Um die aristotelische Metaphysik zu kennen, muß man nicht nur in
dieser Zeit nicht unbedingt Aristoteles lesen – auf das Problem der ‚Sekundärliteratur' habe ich hingewiesen –, man muß auch nicht unbedingt
die *Metaphysik* lesen, um die Ontologie des Aristoteles zu kennen. Vielmehr ist es sogar einfacher und substantiell vollkommen ausreichend, die
zentralen begrifflichen Parameter genau aus dem Text zu entnehmen, mit
dem Humboldt hier, nicht einmal 20 Jahre alt, im Kontext der Seelenlehre konfrontiert wird. Die ontologische Begrifflichkeit des Aristoteles aus
dem Text von περὶ ψυχῆς zu entnehmen, ist im übrigen eine in dieser Zeit
durchaus gängige Vorgehensweise, die auch Leibniz selbst – wenn auch
mit ganz anderem Ausgang – wählt.[212] Daß Humboldt indes hier nicht
expliziter auf Einzelheiten eingeht bzw. diese ausarbeitet, ist dem Charakter der Vorlesungsmitschrift geschuldet, deren systematischer Angelpunkt ja nun einmal die Leibnizsche Ontologie bzw. deren Weiterentwicklung ist. Daß er jedoch gar nichts vom aristotelischen Kontext
gewußt hat (und daß Engel dies nicht auch zumindest erwähnt hat), obwohl viele der wichtigen Begriffe in der Vorlesung eingangs auch noch genannt und expliziert werden, ist nicht nur äußerst unwahrscheinlich, es
widerspricht auch Engels breitem philosophiegeschichtlichem Horizont
und Humboldts Studienstrategie in dieser frühen Zeit. Spätestens durch
die Engel'sche Vorlesung kommt der junge Humboldt unmittelbar und

---

[211] Auch Feder zitiert im übrigen in seinem Kapitel über die Seelenlehre im Zusammenhang
mit der – abschlägig beschiedenen – Klärung der „Einfachheit der denkenden Substanz"
(Feder, *Logik und Metaphysik*, a.a.O., S. 353) Aristoteles' *De anima* (vgl. S. 354).

[212] Ebert, T.: „Entelechie und Monade. Bemerkungen zum Gebrauch eines aristotelischen
Begriffs bei Leibniz". In: Wiesner, J. (Hrsg.): *Aristoteles. Werk und Wirkung.* 2. Bde. Berlin u.a. 1987. 2. Bd. S. 560-583, hier: S. 567.

mittelbar mit aristotelischer Ontologie in Berührung, eine Vorlesung, die auch durch ihre zahlreichen Subtexte im gedanklich-architektonischen Sinne das Attribut ‚überdacht‘ verdient.

Ein ergänzendes Wort muß noch zur Stellung des Leibnizschen Systems in dieser Vorlesung gesagt werden. C. M. Sauter weist darauf hin, daß Engel „seine Ausführungen zur Monadologie als dem zugrunde gelegten Welterklärungsmodell“[213] vor allem auch dazu dienen, „die Stellung des Menschen im Gesamtgefüge“[214] der Welt zu bestimmen. Sowohl die der Behandlung der Monadologie vorausgehende Klärung der ontologischen Begrifflichkeit wie auch die nachfolgenden Ausführungen zur Körper-Geist-Problematik, zur Seelenlehre und zur Kosmologie sind in dieser Hinsicht funktional. Sauter führt nun weiter aus, daß Engel von der Leibnizschen Lehre durchaus abweicht, also nicht die Monadologie einfach referiert, sondern kritisiert und in seinem Sinne weiterentwickelt. So stelle Engel beispielsweise fest, daß „alle Substanzen Kräfte s i n d (Umst., U.W.)“ und daß „Substanz und Kraft (...) unzertrennliche Begriffe“ sind (VII 413), für Leibniz hingegen sei „das die Kraft Fundierende die Substanz“[215]. Dieser Unterschied ist über die logische Differenz hinaus folgenreicher, als man zunächst annehmen möchte. Da bei Leibniz die Substanz *selbst* durch ihren Werdecharakter gekennzeichnet ist, wird sie dieses privilegierten Status als „einfaches, unteilbares, selbständiges und vollständig bestimmtes Wesen“[216] nun gleichsam durch die Parallelisierung mit der Kraft und den damit begründeten gegenseitigen Bedingungskontext prinzipiell voneinander unabhängigen Entitäten beraubt.[217] Sauter stellt fest:

> „Mit der Gleichsetzung von Substanz und Kraft dagegen wird der Ansatz der Substanz als Werdegesetz verschüttet. Zu konstatieren ist hier in Engels Metaphysikvorlesung die Aufgabe des entelechialen Grundzugs der Monade und damit eines wesentlichen Momentes des Leibnizschen Substanzbegriffes“[218].

Während demgegenüber in Humboldts Mitschrift „die Kraft als eine Eigenschaft *an* (Herv., U.W.) einem Ding vorgestellt wird, dessen Wegfall zwar dem Ding seine Ausrichtung nimmt, nicht aber seine Existenz“[219], geht das integrierte Leibnizsche Modell davon aus, daß das damit „ange-

---

[213] Sauter, *Humboldt und die deutsche Aufklärung*, a.a.O., S. 65.
[214] Ebd.
[215] Sauter, *Humboldt und die deutsche Aufklärung*, a.a.O., S. 67.
[216] Ebd.
[217] Vgl. zu diesem Problem auch Feder, *Logik und Metaphysik*, a.a.O., S. 279-280.
[218] Sauter, *Humboldt und die deutsche Aufklärung*, a.a.O., S. 67.
[219] Ebd.

sprochene teleologische Moment (...) der Substanz (...) inhärent ist, genauer: sie (die Substanz, U.W.) ist als diese Entelechie bestimmt"[220].

Unzweifelhaft rührt Engels Darstellung bzw. Humboldts Rezeption dieser Darstellung nicht nur an den Grundfesten des Leibnizschen Modells, hier sind auch fundamentale Aspekte aristotelischer Ontologie angesprochen.[221] Ich gehe hier nicht weiter auf diese spezielle Problematik

---

[220] Ebd.

[221] Zu den Modifikationen der aristotelischen Terminologie durch Leibniz hat T. Ebert in seiner Studie „Entelechie und Monade. Bemerkungen zum Gebrauch eines aristotelischen Begriffs bei Leibniz", a.a.O., vornehmlich anhand des Beispiels der Entelechie Stellung genommen. Ebert stellt zunächst fest, daß „‚Entelechie' (...) einer der Titel ist (Umst., U.W.), die Leibniz den einfachen Substanzen seiner Metaphysik gibt" (S. 560). Weiter führt er aus: „Der Begriff der Entelechie erlaubt es ihm (Leibniz, U.W.), sich sowohl von dem Begriff der Seele als durch Bewußtsein charakterisierte res cogitans, wie ihn die Cartesianer vertreten (...), als auch von dem Seelenbegriff der aristotelisch-scholastischen Tradition und ihrer Stufung von anima vegetativa, sensitiva und intellectiva abzusetzen. Die Entelechie soll, wie die Seele der aristotelisch-scholastischen Tradition, ein Lebensprinzip (principe vital) sein, ohne doch auf belebte Körper im Sinne dieser Tradition, d.h. auf solche, die durch Nahrungsaufnahme und Wachstum charakterisiert sind, eingeschränkt zu sein. Gerade weil der Begriff der Entelechie so wenig spezifisch und, jedenfalls in dem Verständnis, das Leibniz von ihm hat, *weiter* ist als der Begriff der Seele, eignet er sich für die ihm zugedachte Aufgabe: die Annahme wahrhafter, und d.h. für Leibniz, teilloser Substanzen als Bestandteile *aller* körperlichen Dinge plausibel erscheinen zu lassen" (S. 565). Leibniz setzt sich demnach vom aristotelischen Begriffsmuster ab bzw. erweitert dieses erheblich. Ebert, der die Leibnizsche Begriffskonzeption der ‚Entelechie' im folgenden differenziert an der *De anima*-Darstellung des Aristoteles abarbeitet, kontextuiert Leibniz' Rezeption noch in verschiedenen, dem ‚Monadologen' bekannten, Aristoteles-Kommentaren und kommt dann zu dem Schluß, daß auch in diesen „die Quelle seines (Leibnizens, U.W.) Verständnisses und Mißverständnisses des aristotelischen Begriffs der Entelecheia" (S. 581) zu suchen ist: „Hier konnte Leibniz die Vorstellung finden, daß entelechia ein Genus der Seele ist, und die, daß es zahllose entelechiae gibt" (ebd.). Auch hier baut sich dagegen eine Differenz zwischen der Aristotelischen und Leibnizschen Konzeption auf: „Was Leibniz dieser Vorstellung (einiger Rezeptionen, U.W.) der Entelechien als Substanzen hinzufügt, ist der Gedanke ihrer Unzerstörbarkeit (...). Daß er sich damit von Aristoteles, der der Seele als ganzer die Unsterblichkeit bekanntlich abspricht (...), noch weiter entfernt, liegt auf der Hand" (ebd.). Leibniz selbst hat diese Entfernung von Aristoteles so nicht erkannt, auch weil er die eigene Beeinflussung durch die „griechischen Kommentoren Themistios, Philoponos und Simplikios, deren Auffassung des Verhältnisses von Seele und Entelechie durch Ermolao Barbaro" (S. 582) an ihn übermittelt worden sind, nicht ausreichend reflektiert hat: „Leibniz", so Ebert, „ist nur das letzte Glied in dieser Kette" (ebd.). So resümiert der Autor den Begriffs- und Systemvergleich zur Entelechie-Rezeption durch Leibniz folgendermaßen: „Im Gegensatz zu dem, was er selber, und durchaus in gutem Glauben, sagt, gibt Leibniz dem Ausdruck ‚Entelechie' einen Sinn, der von dem des aristotelischen Terminus sehr verschieden ist (...). Und in dieser *neuen* (Herv., U.W.) Bedeutung wird der Begriff der Entelechie zu einem zentralen Begriff der Leibnizschen Metaphysik, weil er das bezeichnen soll, was der eigentliche Gegenstand des Fragens dieser Metaphysik ist: eine wahre Einheit" (S. 582-583).

und auch ähnlich gelagerte differentielle Punkte ein, um den nachfolgenden Klärungen nicht vorzugreifen. Es ist aber wichtig festzustellen, daß Humboldt in der *Metaphysik*-Vorlesung Engels nicht mit der ‚reinen‘ Leibnizschen Lehre konfrontiert wird, ja eigentlich in dieser Hinsicht mit *gar keiner* ‚reinen‘ Lehre, sondern mit Kontextuierungen und Vermittlungsprozessen Engels, die den ‚überdachten‘ Text zur Metaphysik als ein differenziert geschichtetes Konglomerat unterschiedlichster sichtbar gemachter Ansätze und weitgehend unsichtbar bleibender Subtexte erscheinen lassen. So ist denn auch die in der Vorlesung „zu Tage tretende gravierende und folgenreiche Differenz zu Leibniz' Begriff der Monade (...) Resultat der Modifikationen, die Engel in Anlehnung an Wolff an dem Leibnizschen Substanz- und Kraftbegriff vorgenommen hat"[222]. Engel drückt Leibniz also schon einmal mindestens durch den Wolffschen Transformationsfilter, was u.a. die beschriebenen Konsequenzen bewirkt und charakteristisch für den ganzen Text ist.[223]

Daß dies jedoch so ist, ist für die Klärung unseres Zusammenhangs ein wichtiger Hinweis. Es bedeutet nämlich u.a., daß die teilweise so apodiktisch ausfallenden Urteile, ob die richtige Definition des ‚Energeia‘-Begriffs Humboldts von dessen philosophischer Vorbildung her nun eher in einer eindeutig Leibnizschen oder eindeutig aristotelischen Tradition zu suchen sei, zumindest mit dem Instrumentarium begriffsgeschichtlicher und biographischer Provenienz kaum zu fällen sind. Erst in der Rekonstruktion im Text Humboldts selbst ist hier eine Eindeutigkeit zu erkennen, die sich aus der Zwangsläufigkeit der dem Text inhärenten Theorieentwicklung ergibt.

5.6 Zusammenfassung

Die Untersuchung zu *Humboldts Aristoteles* endet an dieser Stelle. Es ist im Durchgang durch die *Passagen* eine Fülle von präzise belegbarem Beweismaterial, von plastischen Beispielen und unsicheren Spuren zum Problem vorgelegt worden, die alle auf eines hindeuten: Aristoteles spielt im Denken Wilhelm von Humboldts eine wesentliche, gleichwohl aber auch

---

[222] Sauter, *Humboldt und die deutsche Aufklärung*, a.a.O., S. 68.

[223] Zur Bedeutung Leibnizens für die Erkenntnislehre des achtzehnten Jahrhunderts vgl. besonders Borsche, *Sprachansichten*, a.a.O., S. 156-170. Borsche zeigt diese Bedeutung entlang der Schrift *Meditationes de Cognitione, Veritate et Ideis* auf, die Leibniz 1684 erstmals in *Acta Eruditorum* veröffentlichte.

häufig verdeckte Rolle. Ich fasse die wichtigsten sechs Punkte noch einmal zusammen:

(1) Humboldt kennt von Aristoteles mindestens folgende Texte: Zunächst die *Poetik*, die er sich in weiten Teilen durch gründliches Studium erarbeitet hat. Weiterhin kennt Humboldt die Texte der *Rhetorik*, der *Politik*, der *Nikomachischen Ethik*, von *De anima* und auch die sprachtheoretische Schrift *De interpretatione* in unterschiedlicher Intensität. Da Humboldt in seiner Bibliothek in Tegel über eine Ausgabe sämtlicher Werke verfügt, sind ihm auch die anderen Schriften ungehindert zugänglich. Aber bereits mit den aufgeführten Schriften kennt Humboldt ein breites Spektrum aristotelischen Denkens, weil das Themenspektrum gerade dieser Schriften weit über die engere Besprechung der jeweiligen wissenschaftlichen Einzelfragen hinausgeht.

(2) Für Humboldt ist Aristoteles die Personifizierung der ‚Wissenschaft‘ schlechthin, und zwar verstanden als nüchternes, rationales und vorurteilsfreies Unternehmen. Dies ist *nicht* Humboldts Bild der Wissenschaft. Trotzdem ist diese ‚Wissenschaft‘ das aristotelische Ideal, das neben dem anderen (griechischen) Ideal der schönen und wahren Dichtung wie selbstverständlich bestehen kann und besteht, ohne jedoch in gleicher Weise enthusiastisch überhöht zu werden. Humboldt verehrt die griechischen Dichter emphatisch, Aristoteles und das, wofür er stellvertretend einsteht, rational. Der athenische Philosoph, der große Mann, wird deswegen u.a. als ungriechisch bezeichnet, weil er der alle Grenzen und Zeiten überschreitende Stifter und systematische Begründer der Philosophie und der Einzelwissenschaften schlechthin ist.

(3) Dem Respekt vor dem Stagiriten korrespondiert eine Haltung, die dessen Denken eine hohe Bedeutsamkeit für die abendländische Geistesgeschichte und auch für Humboldt unterstellt. Gerade weil Aristoteles der Begründer der abendländischen ‚Wissenschaft‘ ist, sind die thematischen Kontexte, in denen Humboldt dieses Denken akquiriert, ausgesprochen anspruchsvolle und inhaltlich zentrale Kontexte, selbst dann, wenn Humboldt diesen hohen Anspruch durch seine jeweilige Rezeptionsstrategie nicht immer gleichermaßen einlösen kann. Aristoteles wird in jedem Fall als hohe Autorität anerkannt.

(4) Aufgrund seines Aristoteles-Bildes als des ‚Archetyps‘ des alles fundierenden ‚Wissenschaftlers‘ ist es Humboldt trotz der Bedeutsamkeitsoption möglich, reflexive Distanz zu wahren. Sein Umgang mit den Texten ist sachlich, vorurteilsfrei und von hoher analytischer Schärfe. Humboldt nimmt den ‚Wissenschaftler‘ – eine Fehlinterpretation des großen Mannes durchaus fürchtend – als solchen ernst und

schaut lieber zweimal hin, bevor er ein Urteil über Aristoteles oder eines seiner Theoreme ungeprüft postuliert und weitergibt.

(5) Systematisch bleibt Humboldt in seiner Aristoteles-Rezeption in weiten (inhaltlichen) Teilen und über weite (systematische) Strecken den diesbezüglichen Rezeptionsdisparitäten des 17., 18. und 19. Jahrhunderts verhaftet. Auch ist seine Rezeption von sehr unterschiedlicher gedanklicher und philologischer Qualität und Intensität. Über das 19. Jahrhundert weit hinaus weist dann die Verwendung aristotelischer Ontologie in der *Kawi-Einleitung*, in der Humboldt in der parallelen Theorieentwicklung zweier ‚Systeme‘ eine geradezu wegweisende und bislang kaum bemerkte und gewürdigte archäologische Rezeptionsstrategie betreibt.

(6) Vorbereitet wird der unter Punkt fünf beschriebene qualitative Sprung in der Rezeption durch die an der Begrifflichkeit ablesbare Omnipräsenz aristotelischen Denkens in Humboldts Schriften über seine ganze Schaffenszeit hinweg. Aristoteles ist an der Schwelle der 30er Jahre des 19. Jahrhunderts nicht nur kein Unbekannter, sondern ein Vertrauter von *Humboldts Gedächtnis* auf dessen Suche nach der neuen sprachtheoretischen Option. Allerdings hat Humboldt bei Aristoteles wie bei keinem anderen Denker lange Zeit gebraucht, dessen Ertragfähigkeit für das eigene Denken dahingehend zu prüfen, ob aus dieser Prüfung dann auch die Möglichkeit produktiver Verwendung für die eigene Theorieentwicklung erwachsen kann.

Die *Kawi-Einleitung* zeigt schließlich das Ergebnis dieser lebenslangen, manchmal besonders engagierten und intensiven, dann wieder eher zögerlichen und skeptischen, immer aber die hohe Relevanz des Anliegens im Auge habenden Reflexionsarbeit. Ein Humboldt angemessener Anhaltspunkt dafür, daß der eigentliche *Aristoteles Humboldts* nur dort zu fassen ist, wo es für den Tegeler Philosophen so eminent bedeutsam und unvergleichbar ernst geworden ist: in (der Rekonstruktion) seiner Sprachtheorie.

6. Humboldts Erben: Chronologie zum unaufhaltsamen Aufstieg eines Allgemeinplatzes

Als Zukunftsperspektive von *Humboldts Gedächtnis* steht nun das im Blickfeld, was aus Humboldts Rezeption des Aristoteles wiederum von Dritten aufgenommen bzw. genutzt wurde. Hier ist natürlich vor allem das ‚Energeia'-Diktum zu nennen, das nicht nur eine in der Humboldt-Rezeption einzigartige Übernahmegeschichte im doppelten Sinne erlebt hat und bis heute erlebt. Nur selten sonst in der Geistesgeschichte im allgemeinen und in der Historie einzelner – zumal theoretischer bzw. philosophischer – Termini im besonderen hat sich eine Vielzahl solcher unterschiedlichen Interpretationen anhand eines einzelnen Begriffes gebildet wie in diesem spektakulären Fall. Drei Gründe mögen für den unaufhaltsamen Aufstieg dieses Diktums in besonderer Weise verantwortlich sein:

(1) Wie die *Rekonstruktionen Humboldts* offensichtlich gemacht haben, ist die Humboldtsche Sprachtheorie bis weit in die zweite Hälfte des 20. Jahrhunderts nur selten in zufriedenstellender Weise nachvollzogen worden. Eigentlich herrschte über lange Strecken bezüglich der entscheidenden Theoreme mehr Unsicherheit als Gewißheit, ein Umstand, der zur Rezeption von vermeintlich Griffigem, zur Mystifizierung des Inkommensurablen und zum theoretischen Plagiat von als zentral unterstellten Formeln besonders einlädt.

(2) Das Diktum selbst stellt einen auf den ersten Blick sehr breiten und weiten Interpretationsspielraum zur Verfügung. Es erklärt sich nicht unbedingt aus seinem näheren textlichen Umfeld, in dem es plaziert ist, sondern steht, als Explikation des an dieser Stelle sonst nicht Explizierten, zunächst einmal isoliert da und bezieht sich scheinbar auf eine Vielzahl möglicher Anknüpfungspunkte.

(3) Humboldt steht mit Hamann und Herder am Anfang einer wissenschaftlichen Entwicklung, die die Sprache zum alles fundierenden und alles revidierenden Phänomen menschlichen Denkens und Handelns ausbauen wird, ja die das menschliche Sein vollkommen neu bestimmen sollte. In diesem wissenschaftlichen Zeitraum sind Ansätze besonders gefragt, die einen Anknüpfungspunkt für die eigene Theorieentwicklung bieten, damit sich dann wiederum der wissenschaftsgeschichtlichen Aufgabensituation gestellt werden kann: legitimatori-

sche Fundierung als systematische Gefahrenminderung wäre hier das Stichwort.

Humboldts Erben beginnen daher unweigerlich und mit Gewißheit gegen Humboldts sprachtheoretische Absicht (dessen wirkungsgeschichtliche Option ist sicher wesentlich bescheidener ausgefallen), das ‚Energeia'-Diktum zu einem Meilenstein der Wissenschaftsgeschichte auszubauen, weswegen an dieser Stelle eine *Chronologie* dieses ebenso beispiellosen wie *unaufhaltsamen Aufstieges eines Allgemeinplatzes* versucht werden soll.

Indes ist die weitläufige Nutzung des Diktums nicht durchweg negativ zu sehen. Vielmehr besticht eine Vielzahl der Interpretationen durch hohe Kreativität und Produktivität der aus diesen entwickelten Ansätze. Allerdings führen sie – und dies soll hier als ein entscheidendes Kriterium definiert sein – oft eher von Humboldt weg als zu ihm hin, dagegen eigentlich selten – und dann auch nur in Einzelfragen – wirklich über ihn hinaus. L. Jost, der mit seiner Studie *Sprache als Werk und wirkende Kraft. Ein Beitrag zur Geschichte und Kritik der energetischen Sprachauffassung seit Wilhelm von Humboldt*[224] neben Di Cesare den anderen der beiden wichtigen wissenschaftlichen Beiträge zur ‚Energeia'-Problematik bei Humboldt geleistet hat, formuliert dies folgendermaßen: „Beim Lesen neuerer sprachphilosophischer Literatur gewinnt man oft den Eindruck, man sei in der Bestimmung des Wesens der Sprache, abgesehen von verfeinerten und methodischeren Beweisführungen, grundsätzlich kaum über Humboldt hinausgekommen"[225]. Dies hat ganz offensichtlich wesentlich auch mit der Fehlinterpretation bzw. Stagnation in der Aufklärung des ‚Energeia'-Diktums zu tun, denn, so Jost, „ein seither erzielter Fortschritt müßte sich gerade auch an der Interpretation des Ergon-Energeia-Satzes zeigen, da die damit erfaßten Probleme den ganzen Kreis grundsätzlicher Fragen der Sprachphilosophie betreffen"[226].

Ich setze zur Prüfung der nun folgenden Ansätze an dieser Stelle die in der *Einleitung* angeführte ontologische Interpretation des ‚Energeia'-Diktums als Grundlage für eine Kenntlichmachung und Bewertung der verschiedenen Positionen voraus und verwende diese mit dem Anspruch, daß sie als aristotelische Interpretationsvariante diejenige ist, die Humboldts Verständnis nicht nur am Rande, sondern mitten ins Zentrum trifft. Dies allerdings um den Preis, daß es nach dieser Bestimmung und den daraus

---

[224] Vgl. Jost, L.: *Sprache als Werk und wirkende Kraft. Ein Beitrag zur Geschichte und Kritik der energetischen Sprachauffassung seit Wilhelm von Humboldt.* Bern 1960.

[225] Jost, *Sprache als Werk und wirkende Kraft*, a.a.O., S. 81.

[226] Ebd.

folgenden sprachtheoretischen Konsequenzen nicht mehr so einfach weiterverwendet werden kann. Vielmehr müßte sich der Rezipient fragen lassen (und ich verkehre damit Josts Argument in sein noch konsequenzen-
reicheres Gegenteil), was es nach der Humboldt gemäßen Interpretation
eigentlich noch sprachtheoretisch fundamental Neues zu sagen gibt. Das
Erinnerungsformat des ‚Energeia'-Diktums würde sich in dieser Hinsicht
selbst als Immunsystem gegen allzu produktive Selbstverständlichkeit seiner eigenen Verwendung erweisen. Die Weiterentwicklung der sprachtheoretischen Perspektive nach Humboldt zeigt sich in dieser Sicht als
sehr viel schwierigeres und mühseligeres Unterfangen, als es die nun
nachstehenden Ansätze vermuten lassen, und nur selten ist dies im 20.
Jahrhundert wirklich gelungen.

Am Ende der nachfolgenden und notwendig nicht vollständigen Liste
(eine solche Liste ist bei der Fülle des Materials nahezu unerstellbar) wird
aufgrund der verschiedenen Ansätze versucht, aus ihnen eine offene Typologie der ‚Energeia'-Rezeptionen zu kondensieren. Trotz der quantitativen Unvollständigkeit repräsentiert die in sechs Etappen gegliederte
Chronologie die ganze Bandbreite des möglichen Interpretationsspiel-
raums, eine Tatsache, die bei der Sichtung der einzelnen Entwürfe über
die Spanne der Humboldt-Forschung hinweg alsbald faßbar werden wird.
Die Ordnung folgt nur in groben Zügen, nicht jedoch in allen Einzelfällen
einer chronologischen Systematik. Wo die Ansätze und deren Interpretation dies ratsam erscheinen ließen, wurde das historische Ordnungsschema zugunsten personeller, systematischer und editorischer Verknüpfungen und der Sichtbarmachung von Traditionslinien zurückgestellt.

6.1 Positionen von der Mitte des 19. bis zum Beginn des 20. Jahrhunderts

Nimmt man für die Entstehung des ‚Energeia'-Diktums die Erstellungs-
zeit der Kawi-Einleitung von 1830-1835 an, so vergehen gut 10 Jahre, bis
Humboldts Vokabel *bewußt* in die Rezeptionsgeschichte eintritt[227], und

---

[227] Zur Interpretation F. K. Beckers, die zeitlich wohl noch vor der Steinthals liegt, jedoch
wissenschaftsgeschichtlich und systematisch wenig bemerkenswert ist, merkt Jost mit
Blick auf den eng an Humboldt selbst orientierten Ansatz an: „Wenn Humboldt und
Becker dasselbe sagen, ist es tatsächlich nicht dasselbe" (Jost, *Sprache als Werk und wirkende Kraft*, a.a.O., S. 87), und dies, obwohl Becker ohne Probleme als „Epigone" (ebd.)
bezeichnet werden kann. – Auf die Verknüpfung, daß die ‚Energeia'-Rezeption Steinthals
1848 bereits auf die Nennung des Diktums durch den Ruge-Schüler M. Schasler antwortet,

am Anfang dieser Rezeptionsgeschichte steht eine der vielleicht besten Interpretationen, die das ‚Energeia'-Diktum je erfahren hat.[228] H. Steinthal, der in seiner Schrift *Die Sprachwissenschaft Wilh. v. Humboldt's und die Hegel'sche Philosophie*[229] von 1848 zunächst nahezu prophetisch warnt: „Humboldt hat keine feststehenden Formeln, die man sich aneignen, mit einer gewissen Geschicklichkeit handhaben könnte, ohne dass man ihren wahren Geist erfasst hat"[230], ist dann auch mit der expliziten Verwendung des ‚Energeia'-Diktums eher zurückhaltend. Zunächst zitiert er einfach die Humboldtsche Textpassage, die ich an dieser Stelle noch einmal wiederhole, um das Verständnis der verschiedenen Interpretationsansätze am Original Humboldts transparent messen zu können. Steinthal zitiert Humboldt (und man achte auf die Hervorhebungen und Auslassungen des ersteren):

> „Die Sprache in ihrem wirklichen Wesen aufgefasst ist etwas beständig und in jedem Augenblick V o r ü b e r g e h e n d e s. ... Sie ist kein Werk (Ergon), sondern eine Thätigkeit (Energeia). ... Die Sprache als eine A r b e i t d e s G e i s t e s zu bezeichnen, ist schon darum ein vollkommen richtiger und adäquater Ausdruck, weil sich das Dasein des Geistes überhaupt nur in Thätigkeit und als solche Denken lässt"[231].

Steinthal interessiert sich also vor allem für den Entwicklungscharakter der Spracharbeit. Daher folgt auch keine explizite ‚Energeia'-Interpretation, vielmehr sucht Steinthal weitere Textstellen Humboldts und systematische Kontexte aus, die eben dieses Erkenntnisinteresse weiterführen. Eine solche Vorgehensweise ist zunächst eine durchaus Humboldtsche Erklärungsvariante, der ja selbst in der vorgeführten Textstelle aus der *Kawi-Einleitung* vor plakativen Ausdeutungen eher zurückschreckt. Damit wäre Steinthals ‚Energeia'-Definition, die im Kern nicht mehr ist als die Hervorhebung von ihm als zentral erachteter Termini, zunächst einmal

---

der dies 1847 in seiner Studie *Die Elemente der philosophischen Sprachwissenschaft Wilhelm von Humboldts, aus seinem Werke: Über die Verschiedenheit des menschlichen Sprachbaues und ihren Einfluss auf die geistige Entwickelung des Menschengeschlechts, in systematischer Entwickelung dargestellt und kritisch erläutert.* Berlin 1847, nennt, weist M. Riedel hin (vgl. Riedel, M.: *Hören auf die Sprache. Die akroamatische Dimension der Hermeneutik.* Frankfurt am Main 1990. S. 61, Anm. 26).

[228] Vgl. zur Interpretation des Energeia-Satzes von Steinthal bis in die Mitte dieses Jahrhunderts auch die Darstellung von Jost, *Sprache als Werk und wirkende Kraft*, a.a.O., S. 81-134.

[229] Steinthal, H.: *Die Sprachwissenschaft Wilh. v. Humboldt's und die Hegel'sche Philosophie.* Berlin (Nachdruck Hildesheim, New York 1971) 1848.

[230] Steinthal, *Die Sprachwissenschaft Humboldt's*, a.a.O., S. 31.

[231] Zit. nach Steinthal, *Die Sprachwissenschaft Humboldt's*, a.a.O., S. 61.

abgeschlossen und man könnte mit D. Di Cesare zu dem Schluß kommen, daß hier, in der Hegel-Studie von 1848, „der ἐνέϱγεια-Satz die zentrale Rolle nicht"[232] spielt. Geht man aber nicht nur den expliziten, sondern auch den impliziten Hinweisen auf den gerade aristotelischen Erklärungskontext nach, ergibt sich jedoch ein vollkommen anderes Bild. Besonders plastisch wird dies im Zusammenhang der Klärung von Hegels Geistteleologie, in der Steinthal „das Verhältniss der Hegelschen Philosophie zum Gegenstande des Erkennens etwas näher betrachten"[233] will. Im Rahmen dieser Klärung merkt Steinthal zunächst an: „Die Form der Entwicklung des ursprünglichen, göttlichen Inhalts ist die dem reinen Denken inwohnende Form, und die Darlegung dieser Form ist des reinen Denkens eigene Thätigkeit"[234]. Diese Textstelle ist neben der Einführung des Terminus ‚Tätigkeit' nur ein Beispiel dafür, wie zahlreich und auch kritisch bedenkend Steinthal im ganzen Text von 1848 das aristotelische Stoff-Form-Schema anwendet.[235] Aber damit ist seine Verwendung onto-

---

[232] Di Cesare, „Die aristotelische Herkunft", a.a.O., S. 31, Anm. 4.

[233] Steinthal, *Die Sprachwissenschaft Humboldt's*, a.a.O., S. 3.

[234] Steinthal, *Die Sprachwissenschaft Humboldt's*, a.a.O., S. 4.

[235] Vgl. dazu auch: „Im anschauenden Denken geschieht die wahre Versöhnung, indem der Stoff von Anfang an durch menschliche, denkende Sinnlichkeit in seiner Wahrheit erfasst und festgehalten wird. Wir schauen das Allgemeine im Besondern" (Steinthal, *Die Sprachwissenschaft Humboldt's*, a.a.O., S. 18). – „Denn es liegt in ihm in der That eine Doppelseitigkeit, und indem man sagt: die Form, so ist darin schon: die Formen enthalten. Die Form der Sprache ist ihre Begrenzung. Die Grenze aber hat immer eine doppelte Beziehung, eine innere auf die begrenzte Sache und eine äussere gegen alle anderen Sachen, von denen sie eben abgegrenzt ist. Die äussere ist aber von der inneren durchaus nicht getrennt, sondern ist nur die Beziehung immer zweier Grenzen oder zweier inneren Beziehungen auf einander. Die innere Beziehung der Grenze, ihre Beziehung auf die von ihr begrenzte Sache, ist eine durchaus in sich einfache. Die Form der Sprache ist nur diese einfache innere Beziehung; oder die Grenze der Sprache in ihrer inneren Beziehung nennen wir Form. In ihr liegt die äussere Beziehung an sich, eingeschlossen, noch nicht entfaltet und offenbar. Diese ist immer eine in sich vielfache, weil die Abgrenzung gegen aussen vielfach ist. Sie ist von jener einfachen inneren abhängig, da sie nur die Beziehung mehrerer inneren auf einander ist, und kann darum nur bestimmt werden, wenn jene schon gegeben sind. Alle diese Beziehungen liegen aber in der Einheit der Grenze. Also treibt die Form, in welcher mehr enthalten ist, als in ihr zunächst ausgesprochen liegt, da sie nur innere Beziehung der Grenze sein will, diese aber ohne äussere Beziehung gar nicht gedacht werden kann, unsere Betrachtung über die einzelne Sprache hinaus zu a l l e n Sprachen, und indem sie so die Beziehung aller besonderen Sprachen zu Stande bringt, nöthigt sie uns, diese alle als besondere Formen der allgemeinen Sprachidee oder der Idee der Sprachvollendung anzusehen, welche darum nicht zugleich auch im inneren Getriebe der Idee zusammenhangslos sind, weil sie äusserlich so erscheinen" (S. 77-78). – „Wir wollen nun hier sowohl durch Thatsachen, als auch durch Betrachtungen über die Natur der Sprache nach Humboldts Bestimmungen zeigen, dass eine solche geforderte und von Manchen für die Spitze der Sprachwissenschaft gehaltene allgemeine Form ein leeres Gedankending ist" (S. 80). –

logischer Begrifflichkeit aristotelischer Provenienz noch lange nicht abgeschlossen. Steinthal merkt weiter an:

> „Gewiss, wie könnten wir wohl nach der Erkenntniss der ewigen Vernunft streben, wenn wir nicht die Gewissheit hätten, dass wir den Inhalt dieser ewigen Vernunft schon von Urbeginn in uns tragen, aber wohl zu beachten, der Möglichkeit nach! Ja, diese Möglichkeit, die nach ihrer Verwirklichung strebt, ist es allein, die uns zur Erkenntniss treibt; die Möglichkeit muss zur Wirklichkeit werden"[236].

Mit Wirklichkeit und Möglichkeit sticht Steinthal hier also ins Zentrum aristotelischer Ontologie und fragt schließlich ebenso provokant wie begrifflich unzweideutig: „W i e bringen wir jene Möglichkeit der Wahrheit in uns zur Energie, zur Wirklichkeit?"[237] Der im 17. und 18. Jahrhundert semantisch äußerst vielschichtig besetzte Begriff der Energie wird *hier* demnach ganz aristotelisch, man möchte in diesem Zusammenhang sagen puritanisch, übersetzt.

In Steinthals frühem Text ist die zurückhaltende Thematisierung der ‚Energeia' demnach in eine gar nicht so zurückhaltende Verwendung aristotelischer Ontologie insgesamt eingebunden. Daß dies im Rahmen der Klärung der Hegelschen Geistphilosophie erfolgt, ist einerseits insofern eine Relativierung der direkten Aristoteles-Rezeption, als ja auch Hegel – gerade in der Geistphilosophie – Rezipient des athenischen Philosophen ist und manch begrifflicher Gebrauch Steinthals dieser Tatsache geschuldet sein wird.[238] Andererseits macht die Verortung dieses begrifflichen

---

„Man spricht gewöhnlich von einem doppelten Elemente in der Sprache, welches man, um es zunächst mit den allgemeinsten Ausdrücken zu benennen, als ein inneres und ein äusseres (...), oder als Stoff und Form (...) bestimmt" (S. 90). – „Die Form der Sprache ist also nicht ihre Lautform, sondern die Form ist die Schöpfungsweise oder Form der Lautform. Oder denkt man sich, wie man muss, die Lautform selbst als nichts Festes, sondern als etwas, dessen Dasein nur darin besteht, immer von neuem für einen Augenblick geschaffen zu werden; kurz, nimmt man die Lautform als Lautformung, so hat diese einerseits als Form zum Stoff den Gedankeninhalt; andererseits aber ist sie selbst Stoff für die Form der Sprache. Diese Form hat also in der Lautformung eine blosse Thätigkeit zum Stoff" (S. 95). – Und schließlich: „Doch scheint es mir nicht passend, als den Stoff einer Thätigkeit ihre Factoren zu bestimmen. Die Thätigkeit ist immer stofflos, wenn auch an oder in oder durch einen Stoff. Sie geschieht aber in einer bestimmten Weise; so hat sie eine Form" (S. 96).

236 Steinthal, *Die Sprachwissenschaft Humboldt's*, a.a.O., S. 5.
237 Ebd.
238 Vgl. hier zum Beispiel: „...; sondern die Möglichkeit ist die Leerheit mit dem Streben, sich zu erfüllen. Dadurch nun, dass wir diese Leerheit denken, wird sie nicht erfüllt. Wenn sie sich nicht den ausser ihr liegenden Stoff aneignet, bleibt sie leer. Möglichkeit der Fülle ist nur Möglichkeit sich zu füllen. Die Möglichkeit, sagt Hegel, ist die a b s t r a c t e und u n w e s e n t l i c h e Wesentlichkeit der Wirklichkeit (Encycl. I. S. 284). Alles nur erst Mögliche ist auch unmöglich" (Steinthal, *Die Sprachwissenschaft Humboldt's*, a.a.O., S. 6).

Komplexes in der Erkenntnistheorie und Geistphilosophie den hohen Stellenwert des Instrumentariums wie den wissenschaftstheoretisch sehr grundsätzlichen und alles weitere bedingenden Anspruch deutlich. Blickt man demnach nicht nur auf den Terminus ‚Energeia' selbst, sondern behält seinen theoretischen Kontext von Anfang an im Auge, hat mit diesem Text Steinthals die Energeia-Rezeption von *Humboldts Erben* ihren – sicherlich eher glücklichen und in theoretischer Hinsicht Maßstäbe setzenden – Anfang genommen.[239]

Drei Jahre nach der kontrastiven Studie zur Humboldt-Hegel-Beziehung geht Steinthal dann 1851 im Rahmen seiner Untersuchung zum *Ursprung der Sprache, im Zusammenhange mit den letzten Fragen alles Wissens: Eine Darstellung der Ansicht Wilhelm von Humboldts, verglichen mit denen Herders und Hamanns*[240] genauer auf das ‚Energeia'-Diktum ein. Bereits zu Beginn des Humboldt-Kapitels knüpft er an die These, die schon in der Hegel-Schrift eine zentrale Rolle spielte, daß die Sprache nämlich einem ständigen Entwicklungsprinzip unterliege, derart an, daß in dieser Perspektive auch eine andere Art von Sprach*wissenschaft* zu fordern sei. Steinthal schreibt:

> „Daß diese Betrachtung der Sprache als eines Dinges keine Sprachwissenschaft aufkommen ließe, sah Humboldt klar, und so lautet sein erster Satz dahin (...): die Sprache ist kein fertiges ruhendes Ding, sondern etwas in jedem Augenblicke Werdendes, Entstehendes und Vergehendes; sie ist *nicht* (Herv, U.W.) sowohl ein todtes Erzeugtes, als eine fortwährende thätige Erzeugung, kein Werk, *ergon*, sondern eine Wirksamkeit, *energeia* – kurz Sprache ist nur Sprechen"[241].

Steinthal interpretiert Humboldt hier gleich doppelt vollkommen richtig. Zunächst wählt er mit ‚Wirksamkeit' eine der zentralen und durchaus den Gehalt des aristotelischen Terminus treffenden Übersetzungen und geht damit unprätentiös einen Weg, den viele seiner Nachfolger nicht einhalten

---

[239] Auf die im Leibnizschen Kontext bereits diskutierten Schattierungen des Kraft-Begriffes und wie Humboldt den Begriff dann schließlich in seinen sprachtheoretischen Schriften verstanden wissen will, geht Steinthal ebenfalls ein: „Wir müssen aber bemerken, dass Humboldt unter Kraft, wenn er von geistiger Thätigkeit spricht, etwas anderes verstanden wissen will, als was man gewöhnlich darunter versteht, wenn von Naturkräften die Rede ist, wonach die Kraft nur eine endliche Kategorie bildet" (Steinthal, *Die Sprachwissenschaft Humboldt's*, a.a.O., S. 39).

[240] Steinthal, H.: *Der Ursprung der Sprache im Zusammenhange mit den letzten Fragen alles Wissens: Eine Darstellung der Ansicht Wilhelm v. Humboldts, verglichen mit denen Herders und Hamanns.* Berlin (4. Aufl. [Nachdruck Hildesheim, New York 1974. 1. Aufl. 1851]) 1888.

[241] Steinthal, *Der Ursprung der Sprache*, a.a.O. (1. Aufl.), S. 4-5.

konnten oder wollten: er arbeitet einfach philologisch statt spekulativ, ein
Vorgehen, das im allgemeinen zumindest krassen Mißverständnissen vorbeugen hilft. Aber noch ein anderer, in der Folgezeit häufiger Fehler wird
hier nicht gemacht. Steinthal nimmt Humboldt wörtlich und erkennt so
dessen zentrale und konstitutive These, daß die Sprache nämlich überhaupt kein *ergon*, sondern eben nur *energeia* sei. Genau das ist Humboldts aristotelisch geschulte und sprachtheoretisch konsequente Sicht der
Dinge. Humboldt will den ‚Ergon'-Charakter der Sprache explizit ausschließen, was Steinthal hier – wenn auch zunächst um den Preis einer
nicht unproblematischen Reduktion ganz anderer Art – erkennt und vollkommen zu Recht herausstreicht. Der Nachsatz, Sprache sei eben nur
(aktuales) Sprechen, ist in einer vordergründigen Auslegungsweise sicher
nicht zutreffend. Humboldt hat in der *Kawi-Einleitung* diese These wohlweislich mit dem Zusatz „unmittelbar und streng genommen" (VII 46)
versehen. Es ist also ein umfassenderes Verständnis von Sprechen erfor-
derlich, es muß als menschliche Rede begriffen werden.[242] Das weiß auch
Steinthal und fährt deswegen fort:

> „Will man den Ausdruck scharf nehmen, so läßt sich wohl sagen: e s g i b t
> k e i n e S p r a c h e, so wenig wie es Geist gibt; aber der Mensch spricht, und
> der Mensch wirkt geistig. Humboldt konnte sich den Geist nicht anders,
> denn als geistige Thätigkeit denken, und die Sprache ist ihm die sich e w i g
> w i e d e r h o l e n d e A r b e i t d e s G e i s t e s, den articulirten Laut zum Aus-
> drucke des Gedankens zu machen"[243].

Wieder, wie zuvor schon in der Hegel-Studie, ist es der tätige Zusammenhang zwischen Sprache und Geist, den Steinthal hier als zentralen Angelpunkt anführt. Steinthal diskutiert dann die Konsequenzen, die sich aus
einem solchen Sprachverständnis ergeben und stellt in bezug auf die von
ihm zu klärende Sprachursprungsfrage fest:

> „Sobald die Sprache nicht mehr als daseiendes Material, sondern als Sprach-
> erzeugung angesehen wird, kann man nicht fragen, woher das Material? viel-
> mehr ist es der Ursprung der Sprache im Geiste, ihr Zusammenhang mit der
> gesammten Geistesthätigkeit, worauf jetzt das Interesse geht. Woher die Spra-
> che? wird gefragt; Antwort: Sprache ist Sprechen, Spracherzeugung, also
> bloße Thätigkeit, welche frei in der Tiefe des menschlichen Gemüths ent-
> springt"[244].

---

[242] Auf diese Tatsache hat vor allem Borsche in seinen *Sprachansichten* aufmerksam gemacht,
in denen bereits im Untertitel die zentrale Stellung des *Begriffs der menschlichen Rede in
der Sprachphilosophie Wilhelm von Humboldts* herausgestellt wird.

[243] Steinthal, *Der Ursprung der Sprache*, a.a.O., S. 5.

[244] Steinthal, *Der Ursprung der Sprache*, a.a.O., S. 6-7.

Ein solches Sprachverständnis, das die Sprache (...) „überhaupt n i c h t " [245] als „erschaffen" [246] versteht, sondern diese „weit mehr s e l b s t t h ä t i g aus der innersten Natur des Menschen h e r v o r b r e c h e n (Umst., U.W.)" [247] sieht, zielt dann auf eine für Humboldt und Steinthal zentrale anthropologische Grundkonstante. Die Sprache wird, trotz ihres ‚historischen‘, d.h. immer schon gewesenen, Charakters, den Steinthal folgendermaßen charakterisiert:

> „Ist also auch die Sprache nie als Ding aufzufassen, sondern als Thätigkeit, so ist sie doch, so weit menschliches Wissen in das Alterthum zurückreicht, immer durch einen schon gebildeten Sprachstoff bedingt, immer nur Wiedererzeugung und Umgestaltung, nicht ursprüngliche Sprachschöpfung" [248],

gleichermaßen, eben weil sie Sprache als Tätigkeit ist, zum Garanten der menschlichen Freiheit: die freie Tiefe des sprachlichen Gemüts ist die Garantie für die ebenso freie Fülle aller menschlichen Denk- und Handlungsmöglichkeiten. Steinthals ‚Energeia‘-Ausdeutung von 1851, in der dem Diktum im Kontext der Sprachursprungsfrage genau so viel als möglich an Erklärungspotential zugemutet wird, hat damit dessen aristotelischen Charakter in vielerlei Hinsicht implizit berücksichtigt, vor allem aber Humboldts Intention explizit verstanden. Die darin zum Ausdruck kommende Ausgewogenheit des Steinthalschen Urteils ist in der Rezeptionsgeschichte des Diktums nur noch selten erreicht worden [249], eine Qua-

---

[245] Ebd.

[246] Ebd.

[247] Ebd.

[248] Steinthal, *Der Ursprung der Sprache*, a.a.O., S. 8.

[249] Steinthal stellt seine Ansichten zur ‚Energeia‘-Interpretation allerdings selbst in leicht modifizierter bzw. neukontextuierter Form in den zum Teil erheblich abweichenden Neuauflagen der Ursprungsschrift erneut dar. So in der dritten, abermals erweiterten Auflage von 1877, die unter dem Titel *Der Ursprung der Sprache im Zusammenhange mit den letzten Fragen alles Wissens. Eine Darstellung, Kritik und Fortentwicklung der vorzüglichsten Ansichten von Dr. H. Steinthal* veröffentlicht wird und in der Steinthal seine prinzipielle Argumentation zwar beibehält, sich in der Eindeutigkeit des Urteils jedoch etwas zurücknimmt und die ‚Energeia‘-Passage in die vom bildenden Organ des Gedankens einreiht (vgl. S. 61-62). Auch formuliert er im Kapitel „Kritik und Fortentwicklung der Humboldtschen Ansicht" (S. 113-143) zwar kein direktes Dementi, sein Interesse und damit die Kontextuierung des Diktums hat sich jedoch von der Ontologie in die Psychologie verschoben: „Humboldt wollte die Sprache nicht als ein ‚Ergon‘ ein Werk, fassen, aber er hätte sie auch nicht sollen als ein W e s e n fassen; das mit ontologischen Kategorien zu begreifen wäre. Er hat die Sprache – und hier liegt wieder sein Verdienst – eine ‚Energeia‘ genannt, eine ‚Arbeit des Geistes‘: daraus lernen wir, dass ihre Betrachtung in die Psychologie gehört" (S. 119). Abgesehen davon, daß dieser Sinneswandel weniger einer neuen Interpretation des Diktums als Steinthals verändertem Interesse in dieser Zeit und seinem Anliegen, Humboldt weiterzuentwickeln, entspringt, erhält man aus seiner Bemerkung ei-

lität, die auch in der folgenden Bemerkung zum Ausdruck kommt, in der die aktualen und geschichtlichen Aspekte, die beide notwendig zur Sprache gehören und die der aristotelisch fundierte Humboldtsche ‚Energeia‘-Begriff integrierend aushält, dargestellt werden: „die geistige Thätigkeit ist kein Tanz, daß sie vorüberginge ohne etwas Bleibendes zurückzulassen; sie ist vielmehr zeugend, schaffend. Und so ist auch die Sprachthätigkeit des Geistes"[250] zu verstehen, für die Steinthal schließlich – in vollem Einklang mit dem sprachtheoretischen Erinnerungsformat der ‚Energeia‘ – feststellt: „Nur der Einzelne spricht, und dennoch gehört die Sprache nie dem Einzelnen, sondern der Gesammtheit; und eben darum ist die Sprache nur gegenwärtig und dennoch Erzeugniß der vergangenen Jahrtausende"[251].

Der Literaturwissenschaftler R. Haym hat fünf Jahre nach der ersten Ausgabe von Steinthals Studie zur Sprachursprungsfrage im Jahr 1856 und über zehn Jahre nach Schlesiers *Erinnerungen an Wilhelm von Humboldt*[252] von 1845 eine umfassende Biographie des Tegeler Philosophen vorgelegt, die bis heute – auch in ihren Deutungen das Denken Humboldt betreffend – als Standardwerk gelten kann.[253] Haym ist ein kompetenter Humboldt-Kenner und hat mit viel wissenschaftlichem Einfühlungsver-

---

nen indirekten wichtigen Hinweis: Humboldt, und wohl auch die Steinthalsche-Interpretation von 1851, sehen das ‚Energeia‘-Diktum in einem genuin ontologischen Zusammenhang. Zur Kritik Cassirers an Steinthals, auf Herbart fußenden, Apperzeptionspsychologie vgl. Jost, *Sprache als Werk und wirkende Kraft*, a.a.O., S. 84, der in diesem Zusammenhang auch insgesamt der Frage nachgegangen ist, wie sich Steinthals Energeia-Interpretation unter dem Eindruck der Psychologie gewandelt hat. Dazu stellt er zusammenfassend fest: „Heymann Steinthal übernimmt alle wesentlichen Auffassungen Humboldts und versucht sie *psychologisch zu begründen*" (S. 91). Die psychologische Deutung des Ergon-Energeia-Satzes besteht Josts Meinung nach vor allem darin, daß „das Hauptgewicht (...) auf die Untersuchung der *Sprechtätigkeit* gelegt" (ebd.) wird: „Dabei wird alles geistige Geschehen auf die psychische Mechanik der Apperzeptionen zurückgeführt" (ebd.). Jost hält Steinthal allerdings zugute, daß dieser sich gegen „eine falsche materialistische Psychologie" (S. 92) gewandt hat. – In der vierten, abermals vermehrten, Auflage von Steinthals Ursprungsschrift, die 1888 unter dem gleichen Titel wie die dritte Ausgabe firmiert, ist ebenfalls die grundsätzliche Interpretation von 1851 beibehalten und wie in der dritten Auflage durch die These vom bildenden Organ des Gedankens kontextuiert. Allerdings ist in der Textpassage (ein Indiz dafür, daß Steinthal sie nochmals überdachte) besser getrennt, was Humboldt und was seine eigenen Reflexionen sind (vgl. Steinthal, H.: *Der Ursprung der Sprache im Zusammenhange mit den letzten Fragen alles Wissens: Eine Darstellung, Kritik und Fortentwicklung der vorzüglichsten Ansichten.* Berlin [4., abermals erw. Aufl. (Nachdruck Hildesheim, New York 1974)] 1888. S. 59-60).

[250] Steinthal, *Der Ursprung der Sprache*, a.a.O., S. 8.

[251] Steinthal, *Der Ursprung der Sprache*, a.a.O., S. 11.

[252] Vgl. Schlesier, G.: *Erinnerungen an W. v. Humboldt (2 Bde.).* Stuttgart 1843/45.

[253] Haym, *Wilhelm von Humboldt*, a.a.O.

mögen dessen Leben und Werk auf über 600 Seiten dargestellt. Trotzdem oder vielleicht gerade deswegen fehlt in diesem Buch, das auch als „eine nuancierte und zutreffende Gesamtdarstellung von Entwicklung, Voraussetzungen, Methoden und Ergebnissen des sprachwissenschaftlichen[254] Werkes Humboldts"[255] gelten kann, eine genuin sprachtheoretische Ausdeutung des ‚Energeia'-Diktums. Es entspricht aber ganz Hayms Stil und zeigt die hohe Qualität des von ihm erstellten *Lebensbildes* und vor allem der *Charakteristik* Humboldts, daß er statt dessen eine stärker anthropologische Einordnung vornimmt, die zwar Humboldts Ansatz in ontologischer Richtung verkürzt, diesen in anthropologischer Hinsicht jedoch aufschlußreich kommentiert. So stellt Haym zunächst fest, daß – will man das „allgemeinste Wesen"[256] der Sprache bestimmen – man sie als „ein Product des intellectuellen Instinctes der Menschennatur"[257] ansehen muß und sie in dieser Hinsicht wie diese Menschennatur „ewig lebendig"[258] ist. Sie ist „ganz Leben und ewige Gegenwart"[259], sie ist – Haym zitiert Humboldt – „kein Werk (ἔργον), sondern ein Thätigkeit (ἐνέργεια)"[260]. Nun nimmt die Thematisierung des Wesens der Sprache die anthropologische Wende:

> „Und zwar ist es der v o l l e und g a n z e Mensch, welcher in der Sprache energirt. Immer wieder kömmt Humboldt auf diesen Punkt zurück und wiederholt schärft er ein, daß, wenn von einem allgemeinen Sprachvermögen die Rede sei, nicht eine isolirte Kraft darunter zu verstehen sei, sondern der ganze Mensch, in der Totalität seiner Kräfte, sofern dieselben in der Richtung auf Spracherzeugung thätig seien"[261].

Haym macht hier nicht nur die anthropologischen Voraussetzungen von Humboldts Sprachbegriff deutlich, er ist auch der erste, der die Energeia-Vokabel zur eigenen Begriffsbildung – hier des Verbums ‚energieren' – verwendet. Dies wird nicht die letzte solche Schöpfung sein, die von diesem aristotelisch-humboldtschen Begriff ausgeht, und Haym stellt hier zweifelsohne eine der besseren Schöpfungen vor, erstens, weil sie überzeugend kontextuiert ist, und zweitens, weil mit der Verbform auch grammatisch das Tätigkeitsmoment der Wortbedeutung unterstrichen

---

[254] Besser – weil unmißverständlich – wäre es gewesen, hätte Jost hier den Terminus ‚sprachtheoretisch' gewählt.

[255] Jost, *Sprache als Werk und wirkende Kraft*, a.a.O., S. 82.

[256] Haym, *Wilhelm von Humboldt*, a.a.O., S. 496.

[257] Ebd.

[258] Ebd.

[259] Ebd.

[260] Ebd.

[261] Haym, *Wilhelm von Humboldt*, a.a.O., S. 496-497.

wird. Allerdings ist diese Art des Neologismus niemals ohne Gefahren, wie sich an anderen Ansätzen noch eindrucksvoll zeigen wird.

Haym geht noch einen Schritt weiter und bezieht diese anhand des ‚Energeia‘-Diktums identifizierte Sprachtätigkeit des Menschen auf dessen prinzipielle Vermittlungstätigkeit und koppelt diese elementare Tätigkeit an das *in diesem Falle* einmal sinnvoll kontextuierende ‚Energie‘-Motiv:

> „Aus dieser Quelle aber entspringend, nimmt sie (die Sprache, U.W.) auch Theil an der lebendigen Energie des menschlichen Wesens. In ihrer Thätigkeit schmelzen dieselben Gegensätze zusammen, deren lebensvolle Einheit der Mensch ist. Der allgemeinste Ausdruck ihres Seins und Wirkens ist: V e r - m i t t e l u n g“[262].

Für Haym ist die Sprache damit „theilhabend an der lebendigen Energie des menschlichen Wesens“[263] und als solche nicht nur „Vermittlerin zwischen dem Menschen und der Natur“[264], sondern auch „zwischen dem Menschen und dem Menschen“[265]. Daß Haym diesen – auf dem ‚Energeia‘-Diktum fußenden – Begriff von Vermittlung als Integrationsperspektive allen menschlichen Seins dann auf die „Nähere Analyse des Sprachverfahrens“[266] bezieht, zeigt, daß er mit diesem Vermittlungsbegriff grundlegende Aspekte der Humboldtschen Sprachtheorie nicht nur assoziiert, sondern identifiziert. So ist Hayms Explikation eines im ‚Energeia‘-Diktum fundierten Verständnisses der „Genesis der Sprache“[267], obwohl der ontologische Zusammenhang hier weitgehend verschüttet bleibt, eine gelungene, wenn auch das Potential bei weitem nicht ausschöpfende, Unternehmung der Rezeptionsgeschichte, die in der Sprachtheorie die unmittelbare systematische Konsequenz ganzheitlicher Anthropologie entdeckt.

Noch einmal muß kurz zu H. Steinthal zurückgekehrt werden. In seiner 1883-84 veröffentlichten Humboldt-Ausgabe[268] legt Steinthal großen Wert auf den schon in der Überschrift *Form der Sprachen* sichtbaren Form-Begriff, dessen wesentliche Erörterung allerdings bei Humboldt auf die ‚Energeia‘-Passage erst folgt. Steinthal diskutiert nun den Form-Begriff intensiv und in dessen Ausprägung der komplementären Stoff-Form-

---

[262] Haym, *Wilhelm von Humboldt*, a.a.O., S. 497.

[263] Haym, *Wilhelm von Humboldt*, a.a.O., S. 500.

[264] Ebd.

[265] Ebd.

[266] Haym, *Wilhelm von Humboldt*, a.a.O., S. 500-512.

[267] Haym, *Wilhelm von Humboldt*, a.a.O., S. 512.

[268] Humboldt, W. v.: *Die sprachphilosophischen Werke Wilhelm's von Humboldt. Hrsg. und erklärt von Dr. H. Steinthal*. Berlin 1883-84.

Konstellation durchaus auch im aristotelisch-humboldtschen Sinne.[269] Er betont den Integrationscharakter der Form[270], macht deren unterschiedliche Aspekte als Erscheinung und Gesetzmäßigkeit kenntlich und betont die daraus resultierende Ambivalenz des Begriffes.[271] Dem folgt eine subtile Zuordnung der Stoff-Form-Problematik auf die Sprachaspekte, die nicht immer uneingeschränkt den Humboldtschen Gedanken wiedergibt. Eher reflektiert Steinthal selber etwas freier über den Gegenstand und eröffnet mögliche Interpretationsvarianten.[272] Ich lasse eine nähere Besprechung beiseite, weil sie hier nicht von Relevanz ist, wohl aber hat sie Konsequenzen für die Auslegung des ‚Energeia'-Diktums. Da Steinthal auch den Tätigkeitsbegriff sehr weit faßt, kann die Argumentation im folgenden eine eher überraschende Wendung nehmen. Vom Tätigkeitsbegriff her argumentierend stellt Steinthal für Humboldt zunächst fest, daß, „selbst wenn man sich ein absolut wahres System als schon gefunden dächte, so würde eine Geschichte der Philosophie immer noch ihren Wert behaupten; nur müsse diese nicht die Systeme als solche für die Hauptsache halten, sondern die Philosophen selbst als Menschen"[273]. Aus dieser – durchaus Humboldt gemäßen – Auffassung geht dann die folgende, für die Geschichte des ‚Energeia'-Diktums folgenschwere Interpretationsverschiebung hervor:

> „Dies beruht auf H.s Schätzung der Kraft, der Energie. Jede Energie ist individuell, und jede Individualität ist Kraft. In der Kraft hat H. die Gewissheit der Leistung, des Objects, mag dieses ein philosophisches System, eine Sprache oder eine sittliche Tat sein. Daher hat er schon früher (1792) dem Staatsmanne geraten, niemals unmittelbar Werke zu fördern, sondern Kraft zu wecken und ihre Freiheit zur Entfaltung zu gestatten"[274].

Nun ist es unbestritten, daß hier Humboldts Ansichten inhaltlich durchaus angemessen interpretiert werden, und es ist ebenfalls unbestritten, daß sowohl der ‚Energie'-Begriff in Humboldts Denken eine spezifische Rolle spielt als dieser auch in gewisser Hinsicht in das gedankliche Umfeld bzw. Vorfeld des ‚Energeia'-Begriffs gehört. Beide sind aber mitnichten deckungsgleich, denn während der eine stärker auf die ästhetische, ethische, poetologische und letztlich auch subjektivitätstheoretische Diskussion abzielt, ist der andere genuin ontologischer Natur. Humboldts

---

[269] Vgl. Humboldt, *Die sprachphilosophischen Werke*, a.a.O., S. 256-260.
[270] Vgl. Humboldt, *Die sprachphilosophischen Werke*, a.a.O., S. 256.
[271] Vgl. Humboldt, *Die sprachphilosophischen Werke*, a.a.O., S. 257.
[272] Vgl. Humboldt, *Die sprachphilosophischen Werke*, a.a.O., S. 258.
[273] Humboldt, *Die sprachphilosophischen Werke*, a.a.O., S. 259.
[274] Humboldt, *Die sprachphilosophischen Werke*, a.a.O., S. 259.

‚Energie'-Begriff kann sein ‚Energeia'-Diktum allenfalls kommentieren bzw. in begrenztem Maße semantisch anreichern, substantiell (er-)klären kann er es jedoch nicht. Eine Gleichsetzung der beiden Begriffe, die Steinthal hier zu suggerieren vermag, wäre hingegen systematisch grundfalsch. Vor dem Hintergrund der Leibnizisch-Wolffschen-Metaphysik und den Horizont von Humboldts *Ueber Göthes Hermann und Dorothea* vor Augen mag die Kraft-Energie-Reflexion Steinthals hier durchaus plausibel und in der Einfachheit ihrer Struktur geradezu aufdringlich sachgemäß wirken, Humboldts Gedanken trifft der Schüler aber in dieser Passage des Kommentars entweder gar nicht oder sein Kommentar gehört zumindest nicht an diese Stelle – was auf das gleiche hinausläuft. Dies hat zwei folgenschwere Konsequenzen: einerseits für Steinthal selbst, der den Energeia-Begriff im folgenden stark verkürzt. Er dient, wie Jost feststellt, Steinthal allenfalls als gebrauchsfertiger Komplementärbegriff: „Energeia ist die Formung des Gedankens, Sprache das Organ, durch welches er *gebildet* wird"[275]. Diese Indienstnahme des Begriffs durch Steinthal ist in der aristotelischen Begriffsperspektive allein weder richtig noch in sprachtheoretischer Hinsicht letztlich vollkommen falsch. Schwerer aber wiegt, daß Steinthal mit der unausgesprochenen ‚Energie'-,Energeia'-Parallelisierung eine Tradition einläutet, die im folgenden kaum mehr aufzuhalten sein wird. Steinthals Ausgabe ist ja mindestens bis Leitzmanns Akademie-Edition der entscheidende Zugang zu den Humboldtschen Schriften zur Sprache und hat damit in dieser Hinsicht rezeptionsgeschichtlich stark gewirkt.[276] Aber auch Steinthal selbst werden durch Subjektivierung, Psychologisierung und Entontologisierung des Humboldtschen Tätigkeitsbegriffes Meinungen wie die folgende möglich: „Die durch die Sprach-Tätigkeit des Volkes gewordene Volks-Sprache ist nach der Weise ihrer Entstehung ganz und gar subjectiv"[277]. Hier wirft sich der Steinthalsche Schatten – trotz der nachfolgenden Relativierung, die Sprache sei „auch ein Organ der objectiven Erkenntnis"[278] – schon hin auf die monumentale Humboldt-Verirrung Weisgerbers. Steinthals anfängliches Verständnis der Humboldtschen Spachtheorie und genauso das des ‚Energeia'-Be-

---

[275] Jost, *Sprache als Werk und wirkende Kraft*, a.a.O., S. 90.

[276] Insofern ist Josts Frage positiv zu beantworten, nach der abgeklärt werden müßte, „wie weit Humboldt in der Folgezeit gerade durch Steinthals Sicht und Interpretation auf spätere Sprachforscher gewirkt hat, schon rein dadurch, daß seine Humboldt-Ausgabe die bequemste und am leichtesten zugängliche war bis zum Erscheinen der Akademie-Ausgabe. Selbst gewisse Urteile und Vorurteile über Humboldts Sprachphilosophie dürften auf Steinthals Ausgabe zurückzuführen sein" (Jost, *Sprache als Werk und wirkende Kraft*, a.a.O., S. 92). Für das ‚Energeia'-Diktum scheint dies mehr als wahrscheinlich.

[277] Humboldt, *Die sprachphilosophischen Werke*, a.a.O., S. 275.

[278] Ebd.

griffs, wie es in der Hegel-Studie und der ersten Ausgabe des Sprachur-sprungstextes noch stark zum Ausdruck kommt, verliert durch die zu-nehmende Rolle der Psychologie, die zu kreativen Verknüpfungen von Begriffen und die vielfach erweiterten Interpretationsspielräume, die Steinthal sich zubilligt, deutlich an (Erinnerungs-)Format.

Die Folgezeit der direkten und indirekten ,Energeia'-Rezeption stellt sich dar als ein Konglomerat unterschiedlichster, teilweise gegenläufiger, Ansätze, für die aber die durch „Steinthal eingeleitete Verankerung der Sprachwissenschaft in der Psychologie"[279] nur eine der möglichen und folgenschweren Fundierungen bietet. Ich verzichte auf eine ausführliche Erörterung dieser Zeitspanne des auslaufenden 19. und beginnenden 20. Jahrhunderts, weil L. Jost hier eine konzise Darstellung vorgelegt hat, die in den grundsätzlichen Beobachtungen und Argumenten kaum einer Er-gänzung bedarf.[280] Kennzeichnend für alle Ansätze dieser Zeit, die sich zunehmend – und teilweise auch zugestanden – von der engeren Hum-boldt-Interpretation entfernen, ist die Isolierung einzelner Aspekte des Humboldtschen (und auch Steinthalschen) Sprachdenkens. Da es aber ge-rade Humboldts These war, erst ein umfassendes Verständnis vom Wesen der Sprache werde einer ebenso profunden Sprachtheorie und -wissen-schaft das nötige Fundament geben, muß hinter all diese Entwicklung ein deutliches Fragezeichen gesetzt werden. Der Griff von der psychologi-schen zur physiologischen Untersuchung der Sprache entspricht dem Er-kenntnisinteresse, Sprache vor allem „als Lebensäußerung des Men-schen"[281] zu begreifen. Die Lautform in ihrem trivialen – weil um ihren inneren Konterpart reduzierten – Verständnis steht nun im Vordergrund: Sprache als Gesprochenes wird zum alles beherrschenden Zielpunkt der Untersuchung, man sucht in den literalen Zeugnissen die oralen Phä-nomene, fahndet nach dem „psychophysischen Mechanismus der Sprechakte"[282]. Im Interesse der Junggrammatiker bricht sich das positi-vistische Interesse an „den geschichtlichen Umgestaltungsprozessen"[283] der Sprache Bahn, und als Ausnahme ist hier lediglich H. Paul zu nennen, der sich zwar auch wie Steinthal auf die Assoziationspsychologie beruft, jedoch in einer Art skeptischem Positivismus auf die metaphysischen Vor-aussetzungen dieser Psychologie zwar verzichten will, gleichwohl aber um die Gefahren der „Selbsttäuschung"[284] des Positivismus weiß. Zentral

---

[279] Jost, *Sprache als Werk und wirkende Kraft*, a.a.O., S. 92.

[280] Vgl. Jost, *Sprache als Werk und wirkende Kraft*, a.a.O., S. 92-104.

[281] Jost, *Sprache als Werk und wirkende Kraft*, a.a.O., S. 92.

[282] Jost, *Sprache als Werk und wirkende Kraft*, a.a.O., S. 93.

[283] Jost, *Sprache als Werk und wirkende Kraft*, a.a.O., S. 94.

[284] Jost, *Sprache als Werk und wirkende Kraft*, a.a.O., S. 95.

ist bei ihm die Stellung des Subjektes: „Sprache ist, im *Anschluß* (Herv.,
U.W.) an Humboldt und Steinthal, ,*Energeia*‘, *Sprechtätigkeit, psychologi-
scher Prozeß*. Psychische Prozesse aber vollziehen sich einzig und allein
in den Einzelgeistern“[285]. Paul, für den Sprach*wissenschaft* trotz dieses individuellen Ansatzes immer gleichgesetzt mit Sprach*geschichte* ist, faßt
damit die „Sprache als eine Energeia“ in ziemlich reduzierter Form auf,
und so darf man mit Jost Pauls Denken „geradezu als Exemplifizierung
des allerdings eng und einseitig verstandenen Humboldtschen Gedankens
von der Sprache als Sprechen und des Sprechens als einer ewig sich wie-
derholenden Arbeit des Geistes (...) betrachten“[286]. Damit ist bei Paul
vom Humboldtschen Gedankengut allenfalls „der Grundgedanke vom
Sprechen als einer schöpferischen Tätigkeit“[287] übriggeblieben.

Ein anderer Vertreter dieser Zeit, in der die Humboldtschen Anschauungen substantiell immer mehr an Bedeutung verlieren, ist F. N. Finck.
Finck „versuchte eine anthropologisch begründete Typologie der Sprachen aufzustellen“[288], in der der Begriff der Nationalsprachen eine besondere Rolle spielt. Für Finck ist der deutsche Sprachbau nicht nur „Ausdruck deutscher Weltanschauung“[289], seine *„Folgerungen aus der inneren
Sprachform des Deutschen“*[290] gelten Jost auch als äußerst gewagt, so daß
er schließlich zu dem Schluß kommt: „Oft scheint Finck nationalen Stolz
und gewisse ethnologische Einsichten über Charakter und Mentalität der
Völker mehr hineingelegt als aus der ,inneren Form‘ der betreffenden
Sprachen herausgelesen zu haben“[291]. Wichtiger aber als Finck, der auch
in Fachkreisen wenig Anerkennung fand, sind in einer Zeit, in der die
„Sprachwissenschaft ,Handwerk‘ geworden war und fleißigen Kärrner-
dienstes bedurfte (Umst., U.W.)“[292], von Jost so bezeichnete „,Könige‘,
die mit dem bereitgestellten Material bauten“[293]. Hier sind vor allem W.
Wundt und A. Marty zu nennen. Nach Wundt, der in seiner breit angelegten *Völkerpsychologie*[294] eine psychologische Untersuchung der Sprache vorgenommen hat, kann man laut Jost „unter innerer Sprachform nur
die *psychischen Motive* [die Energeia!] verstehen, die die äußere Sprach-

---

[285] Ebd.
[286] Jost, *Sprache als Werk und wirkende Kraft*, a.a.O., S. 96-97.
[287] Jost, *Sprache als Werk und wirkende Kraft*, a.a.O., S. 99.
[288] Jost, *Sprache als Werk und wirkende Kraft*, a.a.O., S. 101.
[289] Zit. nach Jost, *Sprache als Werk und wirkende Kraft*, a.a.O., S. 101.
[290] Jost, *Sprache als Werk und wirkende Kraft*, a.a.O., S. 101.
[291] Jost, *Sprache als Werk und wirkende Kraft*, a.a.O., S. 101-102.
[292] Jost, *Sprache als Werk und wirkende Kraft*, a.a.O., S. 101.
[293] Ebd.
[294] Wundt, W.: *Völkerpsychologie. Eine Untersuchung der Entwicklungsgesetze von Sprache,
Mythus und Sitte.* Stuttgart, Leipzig 1908 ff.

form als ihr [Ergon] hervorbringen"[295]. Diese Sichtweise, die mit dem
Humboldtschen Diktum so gut wie gar nichts mehr zu tun hat, ist symptomatisch für eine Rezeptionshaltung, die den substantiellen Gehalt des
‚Energeia'-Begriffs nun gänzlich negiert bzw. in der dieser durch unterstellte Anwendungsbezogenheit vollkommen verdreht wird, ein Vorgehen, das gleichermaßen auch für A. Marty charakteristisch ist. Allerdings
ist zuzugestehen, daß nun häufiger als vorher auch gar nicht mehr der
Anspruch originärer Humboldt-Rezeption erhoben wird bzw. die wissenschaftsgeschichtlichen Bezüge durchaus komplexer werden.[296] Der Tegeler Philosoph aus den Tiefen des 19. Jahrhunderts, den man aufgrund
der vollkommen veränderten geistesgeschichtlichen Lage auch gar nicht
mehr verstehen *kann*, dient nur noch zur Legitimation und als Folie für
die eigene Theorieentwicklung, ja häufiger noch für eine pragmatische
Anwendungswissenschaft unterschiedlicher Provenienz, die vermeintlich
oder tatsächlich dringend gebraucht wird. Im Gegensatz zu Paul vertritt
Wundt allerdings keinen individualpsychologischen, sondern gerade einen
sozialen Ansatz im weitesten Sinne, also ist „auch für ihn die Sprache eine ‚Energeia' (...)"[297], aber diesmal „im Sinne einer psychophysischen
Tätigkeit des *gesellschaftlichen* (Herv., U.W.) Menschen"[298]. Dies ist jedoch nur ein differentielles Merkmal der Humboldt-Adaption in dieser
Periode. Von einer Homogenität der Rezeption läßt sich hier in keiner
Weise (mehr) sprechen, vielmehr sind „leidenschaftliche und grundsätzliche Auseinandersetzungen"[299] kennzeichnend, was bereits ein Blick in das
Inhaltsverzeichnis des ersten, einleitenden Stückes von A. Martys 1908 erschienenen *Untersuchungen zur Grundlegung der allgemeinen Grammatik und Sprachphilosophie*[300] eindrucksvoll belegt. Marty läßt hier im
wahrsten Sinne des Wortes keinen wissenschaftshistorischen Stein seiner
Zeit mehr auf dem anderen, und das zweite Stück „Über Form und Stoff
in der Sprache, insbesondere auf dem Gebiet der Bedeutungen"[301] zeigt
dann den uneinholbar hohen Grad an Komplexität, den die Rezeption am
Beginn des 20. Jahrhunderts bereits erreicht hat. Das ‚Energeia'-Diktum
hat seine – sich zu Beginn der Rezeption zumindest andeutende – nor-

---

[295] Jost, *Sprache als Werk und wirkende Kraft*, a.a.O., S. 102-103.
[296] Vgl. zum Beispiel Marty, „Über Sprachreflex, Nativismus und absichtliche Sprachbildung. 10 Artikel 1884-1892", a.a.O., S. 250-265.
[297] Jost, *Sprache als Werk und wirkende Kraft*, a.a.O., S. 104.
[298] Ebd.
[299] Jost, *Sprache als Werk und wirkende Kraft*, a.a.O., S. 101.
[300] Marty, A.: *Untersuchungen zur Grundlegung der allgemeinen Grammatik und Sprach-philosophie*. Halle a.d.S. 1908.
[301] Marty, *Untersuchungen*, a.a.O., S. 101ff.

mierende und stabilisierende Kraft nicht nur eingebüßt, es ist (gemeinsam mit anderen Begriffen, wie zum Beispiel der Sprachform) Gegenstand von Normierungsprozessen in der ‚neuen' Sprachwissenschaft geworden.

6.2 Positionen vom Beginn des 20. Jahrhunderts bis 1960

Auch für den Neukantianer E. Cassirer spielt der Form-Begriff in seiner *Philosophie der symbolischen Formen*[302] in unterschiedlichen Schattierungen eine wichtige, wenn nicht die zentrale Rolle. Sein in die drei Teile *Die Sprache*, *Das mythische Denken* und *Phänomenologie der Erkenntnis* gegliedertes Werk von 1923-1929 entwickelt eine Theorie der geistigen Ausdrucksformen der Sprache, des Geistes, des Mythos, der Kunst, der Religion und der Wissenschaft, in deren Mittelpunkt der Symbolbegriff steht. Der Mensch ist für Cassirer weniger ein „animal rationale, sondern, viel umfassender, ein animal symbolicum"[303]. In Anlehnung an Kants transzendentalen Idealismus stellt Cassirer fest, daß der Mensch die Welt eben nicht als natürliches, sondern als symbolisches Universum erfährt, seine Welt der Bedeutungen ist immer durch Sprache, Mythos, Kunst und Religion vermittelt bzw. konstituiert:

> „Sie (Sprache, Mythos, Kunst und Religion, U.W.,) sind somit nicht verschiedene Weisen, in denen sich ein an sich Wirkliches dem Geiste offenbart, sondern sie sind die Wege, die der Geist in seiner Objektivierung, d.h. in seiner Selbstoffenbarung verfolgt"[304].

Die zentrale erkenntnis- und sprachtheoretische Konsequenz ist damit bereits angezeigt:

> „In dem Maße, als sich diese Einsicht in der Wissenschaft selbst entfaltet und durchsetzt, wird in ihr der naiven A b b i l d t h e o r i e der Erkenntnis der Boden entzogen. Die Grundbegriffe jeder Wissenschaft, die Mittel, mit denen sie ihre Fragen stellt und ihre Lösungen formuliert, erscheinen nicht mehr als passive A b b i l d e r eines gegebenen Seins, sondern als selbstgeschaffene intellektuelle S y m b o l e "[305].

In dieser symbolischen Welterschließung nimmt nun das Prinzip der menschlichen Tätigkeit im Rahmen eines alle die genannten Dimensionen

---

[302] Cassirer, E.: *Philosophie der symbolischen Formen (3 Bde.)*. Darmstadt (10., unveränd. Aufl., Reprografischer Nachdr. der 2. Aufl.) 1994.

[303] Jost, *Sprache als Werk und wirkende Kraft*, a.a.O., S. 105.

[304] Cassirer, *Philosophie der symbolischen Formen (1. Teil: Die Sprache)*, a.a.O., S. 9.

[305] Cassirer, *Philosophie der symbolischen Formen (1. Teil: Die Sprache)*, a.a.O., S. 5.

umfassenden ganzheitlichen Kulturbegriffes einen wesentlichen Platz ein, eine als radikaler Prozeß verstandene Tätigkeit, die letztlich die Selbstbefreiung des Menschen im kulturellen Prozeß initiiert. Um nun dies genauer zu fassen, stützt sich Cassirer u.a. auch auf Humboldt. Seine philosophie-historische Einordnung (z.B. des Formbegriffs) erscheint jedoch zunächst allzu grobmaschig:

> „Denn wie die *moderne Sprachphilosophie* (Herv., U.W.), um den eigentlichen Ansatzpunkt für eine philosophische Betrachtung der Sprache zu finden, den Begriff der ‚inneren Sprachform‘ aufgestellt hat – so läßt sich sagen, daß eine analoge ‚innere Form‘ auch für die Religion und den Mythos, für die Kunst und für die wissenschaftliche Erkenntnis vorauszusetzen und zu suchen ist"[306].

Cassirer erweitert also die Reichweite des – für ihn zentralen *inneren* – Formbegriffs auf die anderen kulturellen Operations- bzw. Daseinsfelder und versteht die Aufdeckung der Strukturen dieser inneren Form als selbstgesetzte Aufgabe seiner Unternehmung. In dem Kapitel nun, in dem Cassirer sich explizit auf Humboldt bezieht, wird dieser – nach einigen gar nicht so unschmeichelhaften Bemerkungen zu dessen Denk- und Schreibweise („Humboldt ist zwar im Grunde ein durchaus systematischer Geist; aber er ist jeder bloß äußeren Technik der Systematisierung feind"[307]) – zunächst als Exekutor von Kants kritischem Projekt identifiziert:

> „In diesem Sinne ist das Objektive nicht das Gegebene, sondern es bleibt stets das eigentlich zu Erringende (...). Mit dieser Bestimmung zieht Humboldt die sprachphilosophische Konsequenz aus Kants kritischer Lehre. An die Stelle des metaphysischen Gegensatzes der Subjektivität und Objektivität tritt die reine transzendentale Korrelation"[308].

Bei der Suche danach, wie diese transzendentale Korrelation denn nun im Vollzug vonstatten gehen könne, trifft Cassirer – Kants erkenntnistheoretischen Synthesis-Begriff immer im Hintergrund – auf Humboldts Tätigkeits-Begriff. Dafür muß er zunächst feststellen, daß „die eigentliche Idealität der Sprache in ihrer Subjektivität gegründet ist (Umst.,

---

[306] Cassirer, *Philosophie der symbolischen Formen (1. Teil: Die Sprache)*, a.a.O., S. 12.

[307] Cassirer, *Philosophie der symbolischen Formen (1. Teil: Die Sprache)*, a.a.O., S. 100. – Vgl. dazu auch schon weniger schmeichelhaft: „Nicht in allen Teilen seines sprachphilosophischen und sprachwissenschaftlichen Werkes entspricht freilich bei Humboldt der genialen Ausübung dieser Kunst die Bewußtheit, in der sie sich ihm darstellt. Sein Werk geht als geistige Schöpfung nicht selten über das hinaus, was er selbst in klaren und scharfen Begriffen von ihm aussagt" (ebd.).

[308] Cassirer, *Philosophie der symbolischen Formen (1. Teil: Die Sprache)*, a.a.O., S. 102.

U.W.)"[309], und geht dann – die kommende Argumentation fundierend
und den ontologischen Charakter des Projektes bereits ebenso plastisch
wie hintergründig explizierend – zum „z w e i t e n Grundmoment der
Humboldtschen Sprachbetrachtung"[310] über:

> „Jede Betrachtung der Sprache muß ,genetisch' verfahren: nicht in dem Sinne,
> daß sie sie in ihrer zeitlichen Entstehung verfolgt und daß sie ihr Werden aus
> bestimmten empirisch-psychologischen ,Ursachen' zu erklären versucht, son-
> dern in dem Sinne, daß sie das fertige Gefüge der Sprachbildung als ein Ab-
> geleitetes und Vermitteltes erkennt, das erst verstanden wird, wenn es uns ge-
> lingt, es aus seinen Faktoren aufzubauen und die Art und Richtung dieser
> Faktoren zu bestimmen"[311].

Cassirer setzt sich hier nicht nur eindeutig von der Tradition Wundts und
Martys ab, er leistet auch – mit Humboldts genetischem Begriff des
Sprachverfahrens – die fundamentale Wendung des Problems ins Erkenntnistheoretische und eben auch ins Ontologische. Ein äußerst gelungener
Rückgriff auf Humboldt, der sich u.a. in der folgenden Textpassage ausdrückt, mit der Cassirer schon einmal kurz vor seiner ,Energeia'-Ausdeu-
tung Platz nimmt. Zunächst wird der prinzipiell dynamische Charakter
der Sprache apodiktisch festgestellt: „Diese Mannigfaltigkeit der Erzeugungen (setzt sich, U.W.) zwar nicht zur sachlichen Einheit eines Erzeug-
nisses, wohl aber zur ideellen Einheit eines in sich gesetzlichen Tuns zusammen"[312]. Der Ergon-Charakter der Sprache wird damit nicht nur
ausgeschlossen, Cassirer verweist auch auf die innere Gesetzmäßigkeit
menschlicher Tätigkeit und damit auf deren ontologischen Charakter. Er
stellt fest: „Was wir das Wesen und die Form einer Sprache nennen, das ist
daher nichts anderes, als das Beständige und Gleichförmige"[313]. Cassirer,
hier auf die innere Form der Sprache zielend, ist nun soweit, das ,Ener-
geia'-Diktum Humboldts auszudeuten, und zwar in folgender Hinsicht:

> „Daher ist im Grunde auch niemals das einzelne Wort, sondern erst der Satz
> der wahrhafte Träger des sprachlichen Sinnes: denn in ihm erst enthüllt sich
> die ursprüngliche Kraft der S y n t h e s i s, auf der alles Sprechen, wie alles
> Verstehen zuletzt beruht. Ihren knappsten und schärfsten Ausdruck erhält
> diese Gesamtsicht in der bekannten Humboldtschen Formulierung, daß die
> Sprache kein Werk (Ergon), sondern eine Tätigkeit (Energeia) sei und daß da-
> her ihre wahre Definition immer nur eine genetische sein könne"[314].

---

[309] Cassirer, *Philosophie der symbolischen Formen (1. Teil: Die Sprache)*, a.a.O., S. 103.
[310] Cassirer, *Philosophie der symbolischen Formen (1. Teil: Die Sprache)*, a.a.O., S. 104.
[311] Ebd.
[312] Ebd.
[313] Cassirer, *Philosophie der symbolischen Formen (1. Teil: Die Sprache)*, a.a.O., S. 105.
[314] Ebd.

Die Einordnung des Diktums in die grammatische Reflexion zum Satz mag zunächst überraschend wirken, sie weist aber in der Kontextuierung mit der erkenntnistheoretisch Kantischen und auch schon sprachtheoretisch Humboldtschen Synthesis im Hinblick auf die Sinnkonstitution weit über die zunächst enge Fragestellung hinaus. Vielmehr kann Cassirer aufgrund des von ihm hergestellten Kontextes die Möglichkeit des sprachlichen ‚Ergons‘ nicht nur konsequent ausschließen (und damit Humboldts Intention genau treffen)[315], es gelingt ihm ebenso, den Synthesisbegriff auch auf die weiteren Aspekte aristotelischer Ontologie im Sprachdenken W. von Humboldts, wie zum Beispiel die Stoff-Form-Relation, zu beziehen – selbst wenn der Kantianer Cassirer es sich nicht nehmen lassen will, den diesbezüglichen Königsberger Umweg, der wohl allenfalls ein zusätzlicher Seiteneinstieg ist, herauszustellen.[316] Was bleibt, ist ein Verständnis des ‚Energeia‘-Diktums, das sowohl die sprachtheoretischen Konsequenzen bei Humboldt richtig deutet als auch das aristotelische Fundament des Begriffes berücksichtigt. Dies wird Cassirer auch dadurch möglich, daß er einer der wenigen Interpreten Humboldts ist, die über sehr fundierte Kenntnisse der aristotelischen Ontologie verfügen. So enthält der dritte Teil der *Philosophie der symbolischen Formen*, die *Phänomenologie der Erkenntnis*, eine profunde Exegese und Deutung einiger entscheidender aristotelisch-ontologischer Begriffe.[317] Gegen eine subjektivitätstheoretische Reduktion des ‚Energeia‘-Diktums ist Cassirer damit nicht nur ausreichend immunisiert, vielmehr besticht seine Ausdeutung auch durch ihren Aristoteles *und* Humboldt gemäßen integrierten Ansatz:

> „Aus dem Ineinander dieser Motive und aus dem verschiedenen Verhältnis, in das sie zueinander treten, ergibt sich die ‚Form‘ der Sprache, die jedoch nicht sowohl als Seinsform, als vielmehr als Bewegungsform, nicht als statische, sondern als dynamische Form zu fassen ist. Es gibt hier demnach keine

---

[315] Dies kann Jost allerdings nicht sehen, weil er damit seinen eigenen Ansatz, der diese Option offenhält, gefährden würde. Jost spricht daher lieber davon, daß Cassirer „nicht nur die *Gestalten* (Formen), sondern die *Gestaltung* selbst zu erfassen, den Geist in seiner symbolschaffenden Tätigkeit zu durchschauen, *im Ergon die Energeia zu sehen* (Jost, *Sprache als Werk und wirkende Kraft*, a.a.O., S. 109).

[316] Vgl. dazu: „Im Begriff der Synthesis ist zugleich das dritte der großen Gegensatzpaare erreicht, unter denen Humboldt die Sprache betrachtet. Auch dieser Gegensatz, auch die Unterscheidung von Stoff und Form, die Humboldts Gesamtansicht beherrscht, wurzelt im Kantischen Gedankenkreise" (Cassirer, *Philosophie der symbolischen Formen. [1. Teil: Die Sprache]*, a.a.O., S. 106). Cassirer zeigt ja nicht, was diesem ‚Gedankenkreise‘ alles angehört.

[317] Vgl. zum Beispiel Cassirer, *Philosophie der symbolischen Formen. (3. Teil: Phänomenologie der Erkenntnis)*, a.a.O., S. 230-232, 498, 531.

absoluten, sondern immer n u r relative Gegensätze – Gegensätze des Sinnes und der Richtung der Auffassung"[318].

Cassirer unterläuft so – auch mit dem Rückhalt eines aristotelisch verantworteten und durch Humboldt sprachtheoretisch transformierten ‚Energeia'-Begriffs – jede gegenständliche Erkenntnis- und Kulturtheorie.[319] Daß er dafür das zugrundeliegende Diktum schon als „bekannte Humboldtsche Formulierung"[320] kennzeichnen kann, ist Beleg dafür, daß in dieser zweiten Phase der Rezeptionschronologie von Humboldts Wendung diese bereits unaufhaltsam zum dauerhaften Repertoire sprachwissenschaftlicher Begründungs- und Legitimationsstrategien geworden ist.

L. Jost hat E. Cassirer als einen der Wegbereiter L. Weisgerbers bezeichnet.[321] Wir werden noch sehen, ob an dieser ebenso gewagten wie ungeheuren Behauptung nicht doch etwas Wahres dran sein könnte. Bevor jedoch L. Weisgerbers wirkungsmächtige Position ausführlich besprochen wird, sollen drei weitere Ansätze genannt werden, die eher unbemerkt von der Forschungsliteratur geblieben sind, und die ebenfalls das ‚Energeia'-Diktum in differentieller Weise interpretiert haben. Daß sie vergleichweise nur im Schatten der Wissenschaftsgeschichte zur Chronologie des Diktums beigetragen zu haben scheinen, sagt jedoch nichts über die Qualität der Ansätze aus, was vor allem für das erste Beispiel gilt.

P. Matthes hat 1926 in ihrer Studie *Sprachform, Wort- und Bedeutungskategorie und Begriff* Überlegungen vorgelegt, die sie selbst als *Philosophische Untersuchungen im Anschluß an das Kategorienproblem in der gegenwärtigen Sprachwissenschaft*[322] bezeichnet. Matthes fragt hier u.a. nach der Relation von Wort und Begriff und den daraus abzuleitenden Konsequenzen für die Konstituierung von Bedeutung. Um den zweiten Teil eines eigenständigen *Versuchs einer philosophischen Bearbeitung* des Problems zu fundieren, geht Matthes in ihrer Studie (in deren Einleitung

---

[318] Cassirer, *Philosophie der symbolischen Formen. (1. Teil: Die Sprache)*, a.a.O., S. 237.

[319] Vgl. dazu auch L. Josts Bemerkung: „Cassirer betrachtet (Umst., U.W.) *nicht das Werk (Ergon)*, also die verschiedenen kulturellen Schöpfungen als Ergebnisse, *sondern die Voraussetzung, die allen Erzeugnissen zugrunde liegende schöpferische Tätigkeit (Energie/Energeia)*" (Jost, *Sprache als Werk und wirkende Kraft*, a.a.O., S. 105). In der Tat bespricht Cassirer den Terminus ‚Energie' sowohl aus kulturphilosophischer wie auch aus physikalischer Sicht (vgl. Cassirer, *Philosophie der symbolischen Formen*, a.a.O., I 9f. und III 540 ff.). In der Deutung des ‚Energeia'-Diktums hält sich Cassirer jedoch eng an den spezifisch auszulegenden Terminus.

[320] Cassirer, *Philosophie der symbolischen Formen (1. Teil: Die Sprache)*, a.a.O., S. 105.

[321] Vgl. Jost, *Sprache als Werk und wirkende Kraft*, a.a.O., S. 105.

[322] Matthes, P.: *Sprachform, Wort- und Bedeutungskategorie und Begriff. Philosophische Untersuchungen im Anschluß an das Kategorienproblem in der gegenwärtigen Sprachwissenschaft.* Halle 1926.

mit dem Titel *Aufgabe* auch über das Problem der Begriffsbildung bei Aristoteles gehandelt wird) von einem ersten Teil aus, in dem die *bisherigen Bearbeitungen seitens der neueren Sprachwissenschaft* behandelt werden. Sie spannt dabei den Bogen von W. v. Humboldts *Kawi-Einleitung* über die Semasiologie Reisigs und Haases, die psychologistische Richtung, in der u.a. auch H. Paul besprochen wird, bis hin zu A. Noréen und R. M. Meyer. Humboldts ‚Energeia'-Diktum steht in dem dem Tegeler Philosophen gewidmeten Kapitel gleich vorne an und wird lediglich noch eingeleitet von der vollkommen zutreffenden Bemerkung, daß in der Vielzahl der Umdeutungen seit Humboldt viel von dessen originärem Ansatz verlorengegangen sei. Über den Tegeler Philosophen selbst wird allerdings – manches Urteil der Rezeptionsgeschichte zu entschuldigen suchend – auch gesagt, daß es schwierig sei, dessen „Gedanken eindeutig zu fassen, was ja auch die Ursache so vieler Mißverständnisse war"[323]. Nach dieser einführenden Passage geht Matthes nun direkt ins systematische Zentrum vor:

> „Für Humboldt ist die Sprache, wie er wiederholt ausspricht und wie es durch sein ganzes Werk hindurch klingt, kein abschließend Erzeugtes, kein ‚Werk' (ergon), sondern eine ‚Erzeugung', ‚Tätigkeit' (energeia). Sie ist ‚die sich ewig wiederholende A r b e i t des Geistes, den artikulierten Laut zum Ausdruck des G e d a n k e n fähig zu machen' (...)"[324].

Matthes paraphrasiert bzw. zitiert also zunächst die Textstelle Humboldts und fügt mit ‚Erzeugung' eine Humboldts Denken adäquate Übersetzungsmöglichkeit und von ihm an anderer Stelle (VII 44) ja auch selbst verwendeten Terminus hinzu. Nun weiß laut Matthes Humboldt selbst, daß diese Einsichten noch nicht weit genug greifen:

> „Doch diese Definition ist (auch ihm, U.W.) zu eng und wird immer wieder erweitert, denn schon viel früher (früher nicht im zeitlichen Sinne) beginnt diese geistige Schöpfertätigkeit, schon in der Bildung des artikulierten Lautes"[325].

Matthes interpretiert die Textstelle also im Hinblick auf den *zweiten* von ihr zitierten Humboldt-Satz (der ‚Zwischen'-Satz: „Ihre wahre Definition kann daher nur eine genetische seyn" [VII 46] fehlt hier bewußt) und zielt nun – unter Zuhilfenahme einer späteren Passage aus der *Kawi-Einleitung*, in der Humboldt u.a. auf die nicht nur prinzipielle „A b s i c h t und Fähigkeit zur B e d e u t s a m k e i t" (VII 65, Herv., P. M.) des artiku-

---

[323] Matthes, *Sprachform*, a.a.O., S. 14.
[324] Matthes, *Sprachform*, a.a.O., S. 15.
[325] Ebd.

lierten Lautes hinweist – auf die Voraussetzungen der Artikulation des Menschen. Wie sie den Gesamtzusammenhang von VII 45-46 jedoch einschätzt, zeigt sie indirekt bei der Thematisierung ihres eigentlichen Themas, der Sprachform: „In demselben Sinne beweglich, beinahe unfaßbar, jedenfalls gar nicht definitorisch fixierbar ist auch der Begriff der Sprachform"[326]. Matthes möchte sich also einerseits in beiden Fällen einen Interpretationsspielraum sichern, versucht aber auch, die von ihr konstatierten Humboldtschen Selbsterläuterungen in der *Kawi-Einleitung* zu begründen. Denn in bezug auf Humboldts Feststellung, daß „das in dieser Arbeit des Geistes, den articulirten Laut zum Gedankenausdruck zu erheben, liegende Beständige und Gleichförmige, so vollständig, als möglich, in seinem Zusammenhange aufgefasst und systematisch dargestellt" (VII 47), eben daß dies „die Form der Sprache" (VII 47) ausmache, merkt sie an: „Doch kaum ausgesprochen, empfindet Humboldt die Enge und Abstraktheit dieser Definition; wieder löst, sprengt und weitet er sie"[327].

Ich gehe an dieser Stelle nicht der Frage nach, ob Matthes Einschätzung hier richtig oder wenigstens wichtig ist. Entscheidend ist, daß damit ihre Auslegung des ‚Energeia'-Diktums eigentlich beendet und nun durch neue systematische Verknüpfungen zu erweitern wäre, würde Matthes nicht kurz darauf noch auf die Stoff-Form-Problematik zu sprechen kommen und diese nicht nur Humboldts Intention entsprechend zutreffend interpretieren, sondern auch – fast beiläufig – deren aristotelischen Hintergrund aufdecken. Matthes schreibt:

> „Hier ist also das Begriffspaar Form und Stoff, ganz im Sinne der aristotelischen Metaphysik genommen. Hier wie dort die Relativität des Stoffes der Form gegenüber (‚eidos', aber auch ‚morphe', der ‚hyle' gegenüber), aber auch die Erfassung der Form als ‚energeia', während der Stoff bloße ‚Dynamis' ist; auch daß im Begriff: ‚Eidos' sowohl ‚Form' wie ‚Wesen' liegt, würde sich durchaus mit der Humbodtschen Auffassung decken"[328].

Ich lasse an dieser Stelle die (bei näherem Hinsehen nicht ganz unerheblichen Unschärfen) in der Interpretation des aristotelisch-ontologischen Gerüsts beiseite. Tatsächlich findet sich hier die erste, derart klare und komplexe Identifikation des Hintergrundes der aristotelischen Ontologie für die Humboldtsche Sprachtheorie. Ein wichtiger Meilenstein in der Aufklärung des Diktums, der sich weitab von der ‚großen Rezeptionsgeschichte' abgespielt hat. Nun führt Matthes leider ihre ‚Entdeckung von Ferne' nicht systematisch weiter, geht mehr dem Verständnis der inneren

---

[326] Ebd.
[327] Matthes, *Sprachform*, a.a.O., S. 16.
[328] Ebd.

Sprachform nach, „um dessen Verständnis man mit immer neuer Mühe und zum Teil mit letzter Resignation ringt"[329], wendet sich grammatischen Reflexionen und der selbstgestellten Aufgabe der Klärung der Relation von Wort und Begriff und den damit zusammenhängenden Fragen der Bedeutungskonstituierung zu. Trotzdem liegt hier, 1926, eine wichtige und elementare Erkenntnis vor, die zwar nur als grundlegende Option im Konjunktiv formuliert wird, die für die Erschließung der humboldtschen Sprachtheorie durch das Erinnerungsformat der ‚Energeia' jedoch höchst bedeutsam gewesen wäre – und vielleicht auch deswegen gleich wieder vergessen und durch die Vielzahl der anders lautenden Interpretationen verschüttet wurde.

Ähnliches Gewicht können zwei andere Positionen nicht behaupten, weswegen sie hier nur in knapp katalogisierter Form Erwähnung finden. W. Schulz bemerkt 1935 einereits den Grundcharakter des Diktums, wenn er in seiner allgemeinen Humboldt-‚Biographie'[330] für die Sprache feststellt, daß „in ihr nichts statisch, sondern alles dynamisch ist (Umst., U.W.). Sie ist kein Werk, sondern eine Tätigkeit"[331]. Problematisch erscheint dann andererseits die weitere Sprachthematisierung des Autors, der „ihre (der Sprache, U.W.) Wurzeln (...) in der lebendigen Volksindividualität"[332] liegen sieht. Neben der Tatsache, daß 1935 eine solche Formulierung in Deutschland kaum wertfrei formuliert werden kann, ist ihre Plazierung im direkten Umfeld des ‚Energeia'-Diktums sinnwidrig. Ganz anderer und trotzdem ähnlicher Natur ist R. Pfeiffers Kontextuierungsangebot in seinem 1936 veröffentlichten Aufsatz *Wilhelm von Humboldt*[333], in dem er diesem als *Humanist* nachgeht. Humboldts Verhältnis zwischen dem Geist der Griechen und dem eigenen thematisierend, greift er dessen These auf, daß der griechische Geist nur im gründlichen Studium des Griechischen selbst erfaßt werden kann. Eine inhaltliche Analogie zwischen dieser These und Humboldts ‚Energeia'-Diktum konstruierend bemerkt er: „Nur so kann die Dynamik griechischen Geistes für den deutschen fruchtbar werden; denn Sprache ist ἐνέργεια wirkende Kraft, nicht ἔργον fertiges Werk (...)"[334]. Die Übersetzung als ‚wirkende Kraft' verdeckt hier wiederum den ontologischen Charakter, ein Umstand, der durch die problematisch thematische Kontextuierung nur noch verstärkt wird.

---

[329] Matthes, *Sprachform*, a.a.O., S. 17.
[330] Schulz, W.: *Wilhelm von Humboldt. (1767-1835)*. In: Andreas, W. und von Scholz, W. (Hrsg.): *Die Großen Deutschen. Neue deutsche Biographie*. Berlin 1935. S. 450-463 (Bd. 2).
[331] Schulz, *Wilhelm von Humboldt*, a.a.O., S. 456-457.
[332] Schulz, *Wilhelm von Humboldt*, a.a.O., S. 457.
[333] Pfeiffer, „Humboldt, der Humanist", a.a.O.
[334] Pfeiffer, „Humboldt, der Humanist", a.a.O., S. 45.

In der Zeit von Schulz und Pfeiffer hat das Wirken L. Weisgerbers bereits begonnen. Die *Einleitung*[335] und die *Geschichten Humboldts*[336] haben die problematische Rolle, die Weisgerber in der Geschichte der Humboldt-Rezeption einnimmt, bereits identifiziert und klassifiziert. An dieser Stelle soll nun anhand des ‚Energeia'-Begriffs eine differenzierte Kritik der Humboldt-Reklamation Weisgerbers vorgenommen werden, eine Reklamation, die mit der Selbsttitulierung einer „Energetischen Sprachwissenschaft"[337] einen besonders plakativen und das Diktum direkt adjektivisch in Dienst nehmenden Charakter angenommen hat, der in der Geschichte des Diktums und auch der Sprachwissenschaft (sieht man von Chomskys Übergriff auf den ‚Genesis'-Begriff einmal ab) wohl einzigartig ist. Weisgerber hat den wissenschaftshistorischen Prozeß, der schließlich in der Schule der energetischen Sprach(inhalts)forschung, innerhalb derer vor allem die Muttersprache als Grundlage der sprachlichen Weltansicht untersucht werden sollte, gipfelte, selbst folgendermaßen skizziert:

> „Daß die wissenschaftliche Sprachbetrachtung sich über die geschichtlich-vergleichenden Formen des 19. und des beginnenden 20. Jahrhunderts hinausentwickeln mußte, war auch in der deutschen Sprachforschung seit Ende des ersten Weltkrieges erkannt. Es entstanden Strömungen der beschreibenden Sprachforschung (in Korrespondenz zu den weltweiten Wirkungen F. de Saussures) und der Verlagerung des Nachdrucks von der gestalthaften zur geistigen Seite der Sprache (unter starker Nachwirkung der Sprachauffassung Wilhelm von Humboldts). Das weitete sich nach dem zweiten Weltkrieg, ebenfalls in Weiterführung humboldtscher Gedanken, zu der Strömung der energetischen Sprachwissenschaft. (...) An dieser Stelle ist festzuhalten, daß diese energetische Sprachwissenschaft um die Mitte des Jahrhunderts für ein gutes Jahrzehnt im Mittelpunkt der Sprachforschung im deutschsprachigen Gebiet stand"[338].

Diese energetische Sprachwissenschaft ist für Weisgerber 1973 vor allem eine der großen Richtungen der (deutschen) Sprachwissenschaft, die im Gegensatz zur (von amerikanischen Ansätzen beherrschten) Linguistik steht, innerhalb derer nach seiner Ansicht die Sprache zum „Versuchsobjekt für strukturalistisch-formalisierende Verfahrensweisen"[339] gemacht

---

[335] Vgl. Kap. 1.1 der *Einleitung*. Siehe dort auch die Kritik von Borsche an Weisgerbers reduktionistischem Sprachbegriff (vgl. Borsche, *Sprachansichten*, a.a.O., S. 59-70).

[336] Vgl. Kap. 2.2 und auch die dort angegebene Literatur Weisgerbers.

[337] Weisgerber, L.: *Zweimal Sprache. Deutsche Linguistik 1973 – Energetische Sprachwissenschaft.* Düsseldorf 1973. S. 19.

[338] Ebd.

[339] Weisgerber, *Zweimal Sprache*, a.a.O., S. 11.

wird. Es ist hier nicht der Ort, diesen wissenschaftshistorischen Prozeß im allgemeinen und Weisgerbers Weg dorthin und die diesbezügliche Konfrontation im einzelnen[340] nachzuvollziehen und zu bewerten. Ich lasse es daher bei der Bemerkung bewenden, daß es doch etwas seltsam anmutet, wenn in einem solchen apologetischen und allzu einfachen Schema zwei Richtungen gegeneinander kontrastiert werden, in denen einerseits F. de Saussure und andererseits W. v. Humboldt als Stammväter gehandelt werden. Hier stimmt wohl in der Interpretation beider Grundlegendes nicht. Systematisch irrig und daher allenfalls aus Weisgerbers spezieller wissenschaftsgeschichtlicher Position zu erklären ist auch die Bewertung des sich in die Ecke ge(d/k)rän(g/k)t Sehenden, daß, „wählt man den Standpunkt hoch genug (Umst., U.W.)", die eine Richtung (mit einigen anderen gemeinsam) gleichsam diesseits der guten, der ‚energetischen' Demarkationslinie, „zu einer Sprachbetrachtung mit Einschluß des Menschen"[341] beiträgt, während in der strukturalistischen Betrachtungsweise „Sprache zu behandeln unter möglichstem Zurückdrängen des Menschen"[342] versucht wird. Aus heutiger Sicht ist klar, daß Weisgerbers Kontrastierung weder vollkommen falsch ist, noch den wissenschaftssystematischen Kern und seine Konsequenzen wirklich erfaßt. Allerdings hat Weisgerber sich zugestandenermaßen bemüht, Saussures Denken in sein eigenes zu integrieren, weswegen er „zwischen der heutigen Linguistik und F. de Saussure"[343] nicht nur deutlich trennte, sondern auch mit wenig systematischem Glück versuchte, den *langue*-Begriff in sein muttersprachlich-orientiertes System zu integrieren.[344]

---

[340] Vgl. zu den frühen Schriften Weisgerbers vor allem die Aufsatzsammlung *Zur Grundlegung der ganzheitlichen Sprachauffassung. Aufsätze 1925-1933*. Düsseldorf 1964. Nicht verschwiegen werden darf Weisgerbers Wirken während des Nationalsozialismus. Die Titel der Schriften in dieser Zeit zeigen die diesbezügliche Forschungsausrichtung, z.B. in *Deutsches Volk und deutsche Sprache*. Frankfurt am Main (2. Aufl. [1. Aufl. 1935]) 1939. Zentrale Schrift von Weisgerber ist das vierbändige Werk *Von den Kräften der deutschen Sprache*, dessen Bände seit 1950 in verschiedenen Auflagen erschienen und die von der *Sprache unter den Kräften des menschlichen Daseins*, *Vom Weltbild der deutschen Sprache*, von der *Muttersprache im Aufbau unserer Kultur* und von der *geschichtlichen Kraft der deutschen Sprache* handeln. Unter den späten Schriften nimmt das hier bereits angeführte *Zweimal Sprache* eine zentrale Rolle ein.

[341] Weisgerber, *Zweimal Sprache*, a.a.O., S. 11.

[342] Ebd.

[343] Weisgerber, *Zweimal Sprache*, a.a.O., S. 69.

[344] Vgl. Weisgerbers diesbezügliche wissenschaftshistorische Bemerkung „F. de Saussures Aufruf, daß auch die synchronische Betrachtung Wissenschaftscharakter habe, war zeitgeschichtlich fällig, und von da aus ist auch das starke Echo, das er fand, verständlich. Etwas was als Unterströmung nie aufgehört hatte, formierte sich zu erhöhter Aktivität. Man könnte fast von einem Akt geschichtlicher Gerechtigkeit sprechen – wenn nicht dieser

Der ‚Energeia'-Begriff hingegen spielt in so vielen Texten Weisgerbers eine Rolle, daß eine Gesamtbesprechung der Verwendung des Diktums geradezu unmöglich erscheint, seine Deutung ist nicht durchgängig kongruent.[345] Ich wähle an dieser Stelle einen kleinen Text aus dem Jahre 1954 aus, weil dieser einerseits die Gedanken Weisgerbers zum Problem in kondensierter Form enthält, andererseits interessanterweise bislang eher seltener Gegenstand eingehender Besprechung war. In dem eigentlich als Rezension zu R. Jahn angelegten Artikel „Zum Energeia-Begriff in Humboldts Sprachbetrachtung"[346] bespricht Weisgerber grundlegende Aspekte seiner Interpretation und merkt zunächst an, „daß die Formulierung der entscheidenden Stelle bei Humboldt seit je als Schwierigkeit empfunden wurde und daß sie bis in die jüngste Zeit hinein Anlaß zu Fehlinterpretationen gegeben hat"[347]. Neben der durchaus zutreffenden rezeptionsgeschichtlichen Bemerkung wird hier bereits ein zentrales Problem von Weisgerbers Interpretation deutlich. Humboldts Formulierung nämlich als ‚entscheidend' zu qualifizieren, ist in der hier vorgenommenen und für die Weisgerberschen Schriften durchaus charakteristischen Form nicht angemessen. Weisgerber mutet dieser Textstelle deutlich zu viel zu, wenn er sie zum Angelpunkt des gesamten Humboldtschen Denkens hochstilisiert. Sie ist ja vielmehr das Erinnerungsformat, das einen – wenn auch sehr gelungenen – Einstieg in die komplexe Materie Humboldtscher Sprachtheorie vom ontologischen Standpunkt aus zuläßt. Überanstrengt man das Diktum aber in einer solchen Art, wird der Zugang durch diese Form der Überlastung und der damit notwendig einhergehenden Isolierung und des Reduktionismus geradezu versperrt. Entgegen Weisgerbers Auffassung enthält der Begriff nicht die gesamte Humboldtsche Sprachauffassung, diese wird vielmehr undeutlich, verliert man die zahlreichen Kontexte, in die das Diktum eingebunden ist, aus den Augen. So hat Weisgerber durch die Bildung des plakativen Attributs ‚energetisch' schon den entscheidenden Fehler für seine ‚Sprachwissenschaft' gemacht, der

---

Gegenruf allmählich verderbliche Formen angenommen hätte" (Weisgerber, *Zweimal Sprache*, a.a.O., S. 53). – Vgl. dazu auch Jost, *Sprache als Werk und wirkende Kraft*, a.a.O., S. 111-112.

[345] Vgl. vor allem die zusammenfassende Darstellung in *Zweimal Sprache*, a.a.O., S. 104-140 und speziell auch die äußerst problematische Deutung des Humboldtschen Diktums im Kontext der „Aufwertung des Begriffes *Volk*" (S. 111), in deren Rahmen er – allzu neologistisch verfahrend – feststellt, daß Humboldt mit seinem „Gedanken der Energeia (...) die Quelle des Sprachlichen, die menschliche Sprachfähigkeit in die Stellung des ‚Energiezentrums' rückt" (S. 110).

[346] Weisgerber, L.: „Zum Energeia-Begriff in Humboldts Sprachbetrachtung". In: *Wirkendes Wort*, 4. Jg. (1954), S. 374-377.

[347] Weisgerber, „Zum Energeia-Begriff", a.a.O., S. 374.

theoretische Gehalt des Diktums ist ihm durch diese Form der – gleichwohl ständig beteuernd abgewiesenen – Vergegenständlichung des begrifflichen Instrumentariums bereits verstellt.

Schon Humboldt und Aristoteles gemäßer wirkt Weisgerbers Beobachtung, daß es sich um ein deutliches „Gegenüber (von, U.W.) Ergon und
Energeia"[348] handelt und daß „der Wortlaut keinen Zweifel"[349] läßt, „daß
die Gegenüberstellung *Werk (Ergon) – Tätigkeit (Energeia)* nicht zu beziehen ist auf den vorangehenden Satz, daß das Geschriebene nur in vor-
tragbezogener Verlebendigung Sprache ist"[350]. Und in der Tat hat „der Gegensatz Ergon – Energeia (...) nichts mit einer Gegenüberstellung von
schriftlicher Erhaltung und lebendigem Vortrag (...) zu tun, sondern geht
auf die zwei Auffassungen von der Sprache allgemein"[351]. Dies ist durchaus zutreffend, doch gleich in der Explikation dieser Beobachtung macht
Weisgerber seinen zweiten, und noch ungleich folgenschwereren Interpre-
tationsfehler, der sich – wie bei ihm häufig – in kleinsten Formulierungs-
varianten, ja in Wortteilen, ausdrückt. Weisgerber schreibt, zunächst ganz
harmlos und treffend, daß „schon die Tatsache, daß die deutschen Wörter
durch die griechischen erläutert werden und nicht umgekehrt, (...) nicht
belanglos"[352] ist. Dann aber kommt das, was ich bereits als monumentale
Humboldt-Verirrung bezeichnet habe. Nach Weisgerber „sucht Humboldt
(Umst., U.W.) in dem ganzen Abschnitt die eigentümliche Daseinsform
des Sprachlichen zu beschreiben"[353]. Genau das aber versucht Humboldt
nicht. Er versucht vielmehr, diese Sichtweise mit dem Ergon-Terminus sogar explizit auszuschließen. Ihm geht es nicht um die verifizierbare „Daseinsform des Sprachlichen"[354], sondern um das ‚ungeteilte' *Wesen der
Sprache*. Weisgerbers Fiktion einer konkretistischen Sprach-Energeia ist
demnach so ziemlich das Gegenteil von dem, was Humboldt in der Textpassage, die auf den ontologischen Charakter der Sprache zielt, sagen will.

Weisgerbers Zug fährt nun unaufhaltsam auf dem das Sprachverständnis Humboldts vergegenständlichenden Gleis seiner (auch bald) inhalts-
orientierten Sprachforschung, eine systematische Fehlstellung, die dann eine ganze Kette von herbeigewünschten (Fehl-)Interpretationen nach sich
zieht: Humboldts „Überlegungen konzentrieren sich"[355], so Weisgerber,

---

[348] Ebd.
[349] Weisgerber, „Zum Energeia-Begriff", a.a.O., S. 375.
[350] Ebd.
[351] Ebd.
[352] Ebd.
[353] Ebd.
[354] Ebd.
[355] Ebd.

„dann mehr auf die Einzelsprachen, und hier stößt die Aufgabe, die *Form* einer Sprache zu bestimmen, auf die Schwierigkeit, daß die Sprache etwas ‚beständig Vorübergehendes‘ ist, also kein ‚Werk‘ im Sinne des in sich Ruhenden“[356] usw. ‚Energeia‘ wird also – die vorgenommene Reduzierung auf einen gegenständlichen Tätigkeitsbegriff nun wiederum zum dauerhaften Konfliktpotential und damit zum ‚Kampfbegriff‘ der Sprachforschung erweitert – zum Dauerregulativ der Sprachuntersuchung, das in dieser Hinsicht fast alles, mit Sicherheit aber viel zu viel wird bedeuten müssen. Es kann benutzt werden, wo immer es von Nöten scheint, und Weisgerbers Interpretation des Diktums wird damit zum eindrucksvoll(st)en Beispiel dafür, wie dies in einer falschen Weichenstellung der Entwicklung der ‚Sprachtheorie‘ verbraucht wurde und damit konsequenzenreich und zynischerweise ausgerechnet in dieser systematischen Fehlstellung seine weiteste Verbreitung erreicht hat. Am Anfang des Weisgerberschen Sprachbegriffs und damit der ganzen von ihm begründeten Forschungsrichtung steht so eine monumentale Fehlinterpretation Humboldts, über die auch manch hilfreiches Forschungsergebnis im einzelnen nicht hinwegtäuschen kann. Es ist eben nicht Humboldt, bei dem man „förmlich spürt (Umst., U.W.)“[357] wie er „damit ringt, etwas adäquat in Worte zu fassen“[358], und schon gar nicht will Humboldt mit Hilfe des Diktums herausfinden, „was sich gerade im Hinblick auf die Daseinsform der einzelnen Sprachen mit den geläufigen Begriffen nur sehr schwer sagen läßt“[359]. Vielmehr offenbart sich Weisgerber hier als Ringender um sein eigenes Sprachforschungsinteresse, für das er Fundierung und Legitimation sucht.

Diesem Interesse folgen dann dann auch Weisgerbers weitere Ausführungen in diesem und in anderen Texten, in denen er in oder vielleicht besser trotz einer ‚energetischen‘ Sprachbetrachtung die Möglichkeit gesehen hat, nicht nur Humboldts Wesensaussage zur Sprache soziologisch zu instrumentalisieren, sondern auch in einem Modell einer konstruierten Zwischenwelt – „einer wahren Welt zwischen dem Bewußtsein und den Gegenständen“[360] – den Zusammenhang von Humboldts Diktum mit anderen zentralen Theoremen, etwa der Identität von Sprechen und Denken und dem Zusammenhang von Sprache und Weltansicht, auseinanderzureißen. In einer fragwürdigen, häufig nicht näher erläuterten, Konstruierung von Zusammenhängen verschiedenster Humboldtscher Textstellen

---

[356] Ebd.
[357] Ebd.
[358] Ebd.
[359] Ebd.
[360] Weisgerber, *Zweimal Sprache*, a.a.O., S. 149.

läßt dies für ihn auch „keinen Zweifel (daran, U.W.), worauf es Humboldt ankommt: jede einzelne Sprache, das heißt also Sprache in der Erscheinungsform der *Muttersprache*, ist ihrem Wesen nach kein *daliegender Stoff*, sondern eine *Verrichtung*, ein *geistiger Prozeß*, und diese Hinweise ergänzen sich mit den späteren Gegenüberstellungen *Erzeugtes: Erzeugung; Werk: Tätigkeit*, *Arbeit des Geistes*, *Emanation des Geistes*, um den Hintergrund zu beleuchten, auf dem die Antithese *Ergon: Energeia* deutlich wird"[361]. In fast ironischer Weise bestätigt sich hier die These, daß das Erinnerungsformat der ‚Energeia' nur der Einstieg für viele andere Aspekte des Humboldtschen Sprachbegriffes ist. Interpretiert man nämlich den ‚Energeia'-Begriff falsch, deutet man auch die anderen Termini unzutreffend, wie Weisgerber dies hier sicher ungewollt am Beispiel des Stoffes der Sprache zeigt.[362]

So verirrt kann Weisgerber dann auch folgende – historisch und systematisch gleichermaßen abstruse – Konsequenz formulieren, an der so ziemlich alles schief ist: „Humboldt hat hier weder Harris noch Herder noch Aristoteles (!, U.W.) vor Augen (so geläufig ihm das war, was dort für sein Problem, das doch keiner noch in seinem Sinne gesehen hatte, brauchbar war)"[363]. Schief nicht nur deswegen, weil die aristotelische Fundierung des Begriffes nicht nur nicht gekannt, sondern explizit ausgeschlossen wird, sondern weil auch der Zusammenhang des ‚Energeia'-Begriffes im 17. und 18. Jahrhundert nicht richtig gesehen wird. Weisgerber schreibt:

„Zwischen der Aufnahme des Begriffes der *energia* (!, U.W.) bei Harris samt seiner Verwendung in Herders Laokoon-Kritik von 1769 und dem Hum-

---

[361] Weisgerber, „Zum Energeia-Begriff", a.a.O., S. 376.
[362] Dies gilt auch für die innere Sprachform, die Weisgerber nicht nur geschichtlich denken und wiederum im Projekt der Muttersprachenuntersuchung verortet wissen will, sondern der wie dem ‚Energeia'-Diktum zuvor eine in der Isolierung zu überspannte Rolle zugedacht wird: „die sprachliche Kraft einer Gemeinschaft, wirklich geworden in der inneren Form einer Muttersprache (die ihrerseits in Wechselbeziehung steht zu dem wissenschaftlichen, dem dichterischen Stil eines Volkes und einer Epoche); und der schaffende Mensch, der auf Grund dieser Vorbedingungen seine Sprachkräfte in der Einmaligkeit eines persönlichen Lebens entfaltet und damit auch seinem sprachlichen Schaffen den persönlichen Stempel aufdrückt. Das alles ist als eine große Einheit zu sehen; den Schlüssel zum Verständnis aber liefert (hier einmal, U.W.) die innere Sprachform als der geschichtliche Grundvorgang des sprachlichen Anverwandelns der Welt" (Weisgerber, L.: „Innere Sprachform als Stil sprachlicher Anverwandlung der Welt". In: *Studium Generale*, 7. Jg. [1954], H. 10. S. 571-579, hier: S. 579). – Vgl. dazu auch den frühen Aufsatz Weisgerbers „Das Problem der inneren Sprachform und seine Bedeutung für die deutsche Sprache". In: *Germanisch-Romanische Monatsschrift*, 14. Jg. (1926), S. 241-256.
[363] Weisgerber, „Zum Energeia-Begriff", a.a.O., S. 376.

boldt von 1835 liegt die ganze Entwicklung, die der *Energie*-Begriff (!, U.W.) im ausgehenden 18. Jahrhundert im Deutschen durchgemacht hat und in der Herder selbst eine gewichtige Rolle spielt: die Angabe, daß das Wort *Energie* 1787 durch Herder seinen wissenschaftlichen Sinn ‚wirkende Kraft' bekommen habe (...), trifft auf jeden Fall den Umkreis, in dem die Tradition der aristotelischen *energeia* sich von den Erscheinungsformen der Tätigkeiten auf die dahinter stehenden, in ihnen wirksamen Kräfte vertiefte. Und diese Abwandlung konnte niemand willkommener sein als W. v. Humboldt"[364].

Nun ist das, was Weisgerber hier als Umkreis deklariert, durchaus plausibel identifiziert. Die nachstehende Behauptung, daß vom Terminus der *Energie* „eine gerade Linie (..) zur Gegenüberstellung *Ergon*: *Energeia*"[365] verlaufe, ist allerdings ebenso nebelig wie die hier offen zu Tage tretende Unsicherheit in der Frage, welche Rolle die aristotelische ‚Begriffsvariante' für Humboldt nun letztendlich spielt. Ergebnis dieser waghalsigen begriffsgeschichtlichen Konstruktion ist dann die Interpretation der ‚Energeia' als ‚wirkende Kraft', eine willkürliche Entontologisierung des Begriffs, die diesen zunächst aus dem Humboldtschen Gedankengang auslöst, um ihn dann wieder – subjektivitätstheoretisch und sprachsoziologisch – funktional zu plazieren. Weisgerber geht für diese Unternehmung noch einmal auf den diesbezüglichen, von ihm konstatierten „Umkreis"[366] von „Humboldts Altersformulierung"[367] ein und hebt nun endgültig den mahnenden Finger:

> „Wenn Humboldt den Ausdruck *Energeia* (nicht die *energia* von Harris und Herder) heraufholt, um etwas, was er in zahlreichen Ansätzen zu fassen suchte, noch einmal zu verdeutlichen, so haben wir allen Anlaß, diese letzte einprägsame Formel ganz ernst zu nehmen"[368].

Daß Weisgerber trotz seiner eigenen Verwendung des Diktums dann davor warnt, „die Rede von der Sprache als Energeia nur als nachgeplapperte Formel"[369] zu gebrauchen, und sie mehr „als ständige Aufforderung zum Vollzug eines der schwierigsten Gedanken der Sprachbetrachtung"[370] gesehen werden muß, wirkt ebenso rhetorisch und verloren wie seine durch ihn ja selbst nicht eingelöste Unternehmung, man „solle einem drohenden Schlagwortcharakter (des Diktums, U.W.) vorbeugen"[371]. So ab-

---

364 Ebd.
365 Ebd.
366 Ebd.
367 Ebd.
368 Weisgerber, „Zum Energeia-Begriff", a.a.O., S. 376-377.
369 Weisgerber, „Zum Energeia-Begriff", a.a.O., S. 377.
370 Ebd.
371 Ebd.

gesichert kommt dann – radikal interessegeleitet – der *energetische* Sprachforscher[372] noch einmal auf sein eigentliches Thema:

> „Sprache in all ihren Erscheinungsformen ist für Humboldt wirkende Kraft: als Sprachfähigkeit in der Menschheit, als Muttersprache in der Sprachgemeinschaft, als sprachliches Verfahren im Einzelleben. Und was er vor allem begreiflich machen will ist *Muttersprache* als ‚Totalität‘ (nicht Summe!) des ‚Sprechens‘ (aller Aktualisierung einer Sprache)"[373].

Die darin zum Ausdruck kommende, in fast jeder Hinsicht reduktionistische Perspektive der Sprach*untersuchung* ist dann auch – Weisgerber interpretiert hier seine vier Erscheinungsformen der Sprache: das Sprechen, den Sprachbesitz des einzelnen Menschen, die Sprachen der Völker und die Sprachfähigkeit bzw. das Sprachvermögen des einzelnen Menschen[374] – auf die „Hauptgegenstände, die einzelnen Muttersprachen"[375] bzw. deren ‚Daseinsform(en)‘ gerichtet, für deren Verständnis man die „deutlich auf die ‚Wirklichkeit‘ der Muttersprache zielende Vergegenwärtigung von Sprache als Energeia"[376] braucht. Vor allem in diesem streng focussierten und damit äußerst einseitigen Sinne versteht Weisgerber auch die Attribution der ansonsten sehr ungenauen ‚Kraft‘-Vokabel als ‚wirkend‘.[377] Die ‚Wirklichkeit‘ Weisgerbers trifft dann, auch wenn sie als Übersetzung des griechischen Terminus zunächst anderes vermuten läßt, eben weder das humboldtsche noch das aristotelische Verständnis, weil sie allenfalls die halbe (und wahrscheinlich noch deutlich weniger) Wirklichkeit dessen meint, was Humboldt mit Hilfe des aristotelischen Begriffes für eine ‚Wirklichkeit‘ ontologischer Provenienz behauptet. Damit versteht Weisgerber Humboldt günstigstenfalls zur Hälfte und es gehört zur Tragik und zur systematischen Brillanz Humboldtschen Sprachdenkens gleichermaßen, daß der, der es nur halb versteht, es im Prinzip gar nicht versteht. Die von Weisgerber als zentral erachtete Wechselbeziehung von ‚Wirklichkeit‘ und ‚Wirkung‘ kann dann auch nicht mehr erklären als eben die Option ihrer Wechselbeziehung, als erklärende Aussage bleibt sie weitgehend tautologisch.

Weisgerbers Auffassungen sind Gegenstand engagierter und zum Teil hitziger Auseinandersetzungen geworden. Die Bewertungen signalisieren

---

[372] Vgl. dazu auch Weisgerber, *Zweimal Sprache*, a.a.O., S. 140-149.

[373] Weisgerber, „Zum Energeia-Begriff", a.a.O., S. 377.

[374] Vgl. Jost, *Sprache als Werk und wirkende Kraft*, a.a.O, S. 111.

[375] Weisgerber, „Zum Energeia-Begriff", a.a.O., S. 377.

[376] Ebd. – Muttersprache bedeutet für Weisgerber sowohl geistschaffende, kulturtragende als auch geschichtsmächtige Kraft (vgl. Jost, *Sprache als Werk und wirkende Kraft*, a.a.O., S. 116).

[377] Vgl. Weisgerber, L.: „Die Sprache als wirkende Kraft". In: *Studium Generale*, 4. Jg. (1951), H. 3, S. 127-135.

enthusiastische Zuneigung[378], bezeugen grundsätzliche – Kritik allerdings nicht aussparende – Zustimmung[379], nehmen wissenschaftshistorische Relativierungen bzw. kontrastive Überlegungen zu Humboldt und Weisgerber[380] vor, formulieren Skepsis in Einzelfragen[381] (die aber bei näherem Hinsehen oft deutlich mehr bedeuten) und reichen schließlich bis hin zu deutlicher Kritik[382] in dem Sinne, wie sie hier formuliert wurde. Auch

---

[378] Vgl. Jost, *Sprache als Werk und wirkende Kraft*, a.a.O., S. 109-128. Leider verliert Jost in diesem Kapitel seine ansonsten sachgerechte Trennschärfe und Differenzierungsfähigkeit. So wird Weisgerber schon in der Einleitung als „unermüdlicher Verfechter und Wortführer der Energeia-These" (S. 10) bezeichnet. Für Jost setzt mit „Cassirer und Weisgerber (...) ein neues Verständnis der Grundgedanken Humboldts ein, und Weisgerber erscheint geradezu als ein *Humboldt redivivus*" (S. 124). So übernimmt Jost denn auch Weisgerbers Interpretation der Energeia als wirkende Kraft und stilisiert seine Bewunderung in einer tabellarischen Gegenüberstellung Humboldtscher und Weisgerberscher Textfragmente bzw. Zitatfetzen, die seine Ansicht belegen, daß man „ohne Übertreibung sagen (kann, U.W.), daß Humboldts Sprachphilosophie erst jetzt, und dies vor allem dank Weisgerbers anregender Forschung, wissenschaftlich fruchtbar zu werden verspricht" (S. 128). Die doppelte Kritik an Humboldt und an Weisgerber, die zaghaft für beide eine gelegentliche Überschätzung der Sprache konstatiert (vgl. S. 128), kann nicht darüber hinwegtäuschen, daß Jost *„Weisgerbers eigene Leistung"* (S. 128), nach der dieser vor allem „eindeutigere Termini" als Humboldt (ebd.) und eine „sachgemäße Ausweitung des Energeiabegriffs" (ebd.) entwickelt habe, nur um den Preis globaler Humboldt-Vergessenheit in dieser Art und Weise triumphalistisch dramatisieren konnte.

[379] Moser, H.: „Besprechung von Weisgerbers ‚Von den Kräften der deutschen Sprache'". In: *Wirkendes Wort*, 1. Jg. (1950/51), S. 250-254.

[380] Ein besonders interessantes Beispiel in dieser Hinsicht ist der Beitrag von K. Junker „Zur Kritik an der Humboldt-Adaption der Neuhumboldtianer". In: Welke, K. (Hrsg.): *Sprache – Bewußtsein – Tätigkeit. Zur Sprachkonzeption Wilhelm von Humboldts*. Düsseldorf, Berlin (DDR) 1986. S. 68-93. Junker geht hier kontrastiv vor und stellt fest, daß sich „die Unterschiede in den Konzeptionen Humboldts und Weisgerbers (teilweise, U.W.) zu krassen Widersprüchen (Umst., U.W.) entwickeln" (S. 83). Und obwohl Junker davor warnt, daß Humboldts „ganzheitliche Sprachauffassung theoretisch sicher nicht angemessen zu interpretieren ist (Umst., U.W.), indem sie in Teile aufgelöst wird, die inkompatibel sind, die teils das Wesen der Sprache erklären, teils das Wesen der Sprache verfälschen" (S. 92), ist auch er vor schweren Interpretationsfehlern nicht gefeit. So ist er der Meinung, daß „nicht ernsthaft bezweifelt werden (kann, U.W.), daß Humboldt in der Sprache sowohl eine Energeia als auch ein Ergon sieht" (S. 74-75). Zwar beruft sich Junker nicht direkt auf die Humboldtsche Textstelle, irrt aber auf ganzer Linie bei der Klärung des zugrunde liegenden Problemverhalts. Interessant ist, daß Junker trotz dieser Fehlinterpretation Weisgerber kenntnisreich, systematisch richtig und argumentativ klar und durchgreifend für manche – der Humboldtschen Sprachtheorie nicht angemessene – Ansicht kritisiert. Dies wird zum Beispiel beim Begriff der ‚Zwischenwelt' (vgl. 87-88) und bei der Entlarvung der Weisgerberschen Kraft-Interpretation deutlich, bei der sich laut Junker die Termini ‚Wirklichkeit' und ‚Wirkung' nur gegenseitig erklären, ohne jedoch ein darüber hinausgehendes Erklärungspotential zu entfalten (vgl. S. 76-77).

[381] Thyssen, J.: „Die Sprache als ‚Energeia' und das ‚Weltbild' der Sprache (eine kritische Betrachtung zu L. Weisgerbers Sprachphilosophie)". In: *Lexis*, III. Jg. (1953), H.2, S. 301-307.

[382] Vgl. Borsche, *Sprachansichten*, a.a.O., S. 59-70.

sind die Weisgerberschen Ansätze von seinen Schülern intensiv weiterge-
führt worden.[383] Insgesamt kann man sagen, daß die Kritik in dem Maße
zunimmt, in dem sich der historische Abstand zu Weisgerbers Arbeiten
und vor allem zu seinem Wirken vergrößert. Eine – die hier vorgenomme
kritische (und sicherlich den Weisgerberschen Ansatz nur in Ausschnitten
würdigende) Durchleuchtung nicht einschränkende, aber in ihrer Bewertung relativierende – Bemerkung muß jedoch auch deswegen gemacht
werden, weil sie eine wichtige Information zur Geschichte des ‚Energeia‘-
Diktums und auch der Humboldt-Forschung enthält: Weisgerber geht
wie selbstverständlich davon aus und weist an vielen Stellen darauf hin,
zwar ‚im Abschluß an Humboldt‘ zu argumentieren, versteht dies aber
ganz im Sinne einer Weiterführung. Manche der hier vorgeführten Kritik
wäre für ihn keine, und so wird dies u.a. auch von Weisgerber-Rezipien-
ten gesehen. So hat Jost z.B. mit der erst reduktionistischen, dann den
‚Energeia‘-Begriff funktional erweiternden[384] Strategie Weisgerbers für eine *„Wiedergeburt der Sprachwissenschaft“*[385] nicht nur kein Problem (und
gesteht dies auch für andere Wendungen Weisgerbers, wie z.B. das ‚Worten der Welt‘ zu[386]), er sanktioniert dies auch ausdrücklich als Teil des
Weisgerberschen Projektes, „die Höhenflüge Humboldtscher Sprachphilosophie in die unentbehrliche Kleinarbeit exakter sprachwissenschaftlicher Forschung“[387] einzufügen. Im Hinblick auf den Wirkungsbegriff
Weisgerbers stellt Jost fest:

> „Freilich (!, U.W.) hat H u m b o l d t diese mit dem Wesen der Sprache gege-
> benen Wirkungen n i c h t   a u s d r ü c k l i c h als Energeia bezeichnet, doch er-
> gibt sich diese Ausweitung selbstverständlich; sie ist überdies in seiner ganzen
> Sprach- und Lebensphilosophie begründet (Herv. aufg., U.W.)“[388].

Eine solche Argumentation würde uns heute zu Recht als unwissenschaftlich erscheinen, war aber zu Zeiten des Forschungsschwerpunktes
‚Sprache und Gemeinschaft‘ in den 50er und 60er Jahren nicht nur sanktioniert und auch wesentlich verbreiteter, als man heute vielleicht meinen
möchte, es dokumentiert auch die Euphorie, die diese Richtung der
Sprachforschung in der Geschichte der Sprachwissenschaft hervorgerufen
hat. Für die damaligen Vertreter ist klar:

---

[383] Vgl. Gipper, H. (Hrsg.): *Sprache, Schlüssel zur Welt. Festschrift für Leo Weisgerber.* Düsseldorf 1959.

[384] Vgl. Jost, *Sprache als Werk und wirkende Kraft,* a.a.O., S. 113.

[385] Jost, *Sprache als Werk und wirkende Kraft,* a.a.O., S. 110.

[386] Vgl. Jost, *Sprache als Werk und wirkende Kraft,* a.a.O., S. 117.

[387] Weisgerber, *Von den Kräften der deutschen Sprache.* II. Band. 1. Halbband: *Die inhaltbezogene Grammatik,* a.a.O., S. 25.

[388] Jost, *Sprache als Werk und wirkende Kraft,* a.a.O., S. 114.

> „*Aus den Untersuchungen Weisgerbers ergibt sich*: Die Muttersprache offenbart ihre Wirksamkeit als Kraft *geistigen Gestaltens* (Umschaffen der Welt in das Eigentum des Geistes = Worten der Welt), als *Mitschöpferin des kulturellen Lebens* und als *bewegende Kraft in der Geschichte jeder Sprachgemeinschaft*. In dieser dreifachen Wirkungsform erscheint die Sprache als ein ‚quinta essentia‘, ein allgegenwärtiges Element, ein Äther, der die Lichtstrahlen des Geistes trägt, ein Inbegriff von Kraft, eine Energeia"[389].

Eine euphorische Interpretation, die die Humboldtsche Sprachtheorie allerdings vollkommen unter sich begräbt. Angesichts solcher Wirksamkeitsmystik kann Josts These von der ‚Johannes-Funktion‘ Cassirers für die Weisgerbersche Sprachauffassung zudem nur als ganz und gar abwegig bezeichnet werden.

In der Zeit, in der Weisgerber das ‚Energeia‘-Diktum in der gezeigten Weise als Kulminationspunkt seines Denkens präsentiert, hat sich die Interpretation des Diktums jedoch auch allgemein bereits weitgehend verselbständigt und damit eine Pluralität angenommen, die längst in die weiteren Rezeptionsphasen von 1960 bis heute hinaus weist. Als Beispiel dafür sei die ebenso kurze wie fehlerhafte und sinnwidrige ‚Pflichterwähnung‘ A. Diemers und I. Frenzels angeführt, die diese in ihrem Lexikon *Philosophie*[390] unter dem Stichwort „Sprachphilosophie"[391] vorgenommen haben. So heißt es dort lapidar unter dem zweiten Punkt „Aspekte der Sprache"[392]:

> „An dem so abgegrenzten Begriff der Sprache lassen sich verschiedene Aspekte aufzeigen. Schon W. v. H u m b o l d t hatte von der Sprache als ‚ergon‘ (d.h. einem System von Regeln und einem Vorrat von Wörtern) und als ‚energeia‘ (d.h. der immer wiederholten Sprechtätigkeit) gesprochen"[393].

Wie aus dem bislang Dargestellten hinlänglich deutlich geworden ist, hat Humboldt nicht nur nie von dem gesprochen, was hier behauptet wird; hätte er die ihm vollkommen zu Unrecht untergeschobene doppelte Sprachbetrachtung jedoch in dieser Form terminologisch entwickelt, wären die diesbezüglichen Erklärungen der Autoren auch noch falsch. Hier wird deutlich, daß nun binnen kurzem eine Phase beginnt, in der nicht nur alles möglich ist, sondern in der die Qualifizierung vom ‚Allgemeinplatz‘ in teilweise grotesker Form an Bedeutung gewinnt.

---

[389] Jost, *Sprache als Werk und wirkende Kraft*, a.a.O., S. 124.
[390] Diemer, A. und Frenzel, I. (Hrsg.): *Philosophie. Das Fischer Lexikon*. Frankfurt am Main 1958.
[391] Diemer / Frenzel (Hrsg.): *Philosophie*, a.a.O., S. 307-327.
[392] Diemer / Frenzel (Hrsg.): *Philosophie*, a.a.O., S. 308.
[393] Ebd.

Vorher sind als Abschluß der zweiten Phase der Chronologie aber noch zwei weitere Positionen aufzuführen und zu diskutieren. Zunächst wird 1959 von genuin philosophischer Seite ein Interpretationsangebot vorgelegt, das auch als solches analysiert und bewertet werden muß. M. Heidegger begegnet in seiner Spätphilosophie *Unterwegs zur Sprache*[394] auch „Wilhelm von Humboldts Sprachbesinnung"[395] und damit fast zwangsläufig auch dem ‚Energeia'-Diktum. Nun täuscht ein erster, nur vordergründig verstehender, Zugriff auf den Titel von Heideggers Unternehmung über den wahren Charakter der Sprache hinweg: „So sind wir denn allem zuvor in der Sprache und bei der Sprache. Ein Weg zu ihr ist unnötig"[396]. Weil dies so ist, gilt es ihm, *„die Sprache als die Sprache zur Sprache (zu,* U.W.) *bringen"*[397], eine zentrale Aussage Heideggers, die nicht nur sein nun einzulösendes Programm beschreibt (und daher auch nur *„klingt* [Herv., U.W.] wie eine Formel"[398], lieber einen „Leitfaden"[399] für das kommende Philosophieren darstellen soll), sondern die Perspektive bekanntgibt, unter der er die bisherige Sprachwissenschaft und Sprachphilosophie bewerten und einordnen will. Für diese Sichtung des ‚Bisherigen' geht Heidegger nun ausgerechnet auf die beiden Sprachtheorien ein, deren Autoren hier in besonderer Weise zur Diskussion stehen. So wird zunächst der aristotelische Entwurf anhand der zentralen Passage περὶ ἑρμηνείας dargeboten, als „Notbehelf"[400] über(ge)setzt und dann in Heideggerscher Terminologie interpretiert. Auffallend ist dabei seine Strategie, den – hier nicht zur Debatte stehenden – repräsentationistischen Grundcharakter der Passage mit Hilfe fundamentalontologischer Begrifflichkeit wie z.B. dem Terminus des „Zeigens"[401] auszulegen. Heidegger stellt dann zunächst – die abendländische Geschichte der Sprachphilosophie großzügig resümierend – fest, daß „seit dem Griechentum das Seiende (Umst., U.W.) als das Anwesende erfahren wird"[402] und überrascht – auf dieser Beobachtung aufbauend – mit folgender Verknüpfung: „Die im griechischen Altertum anhebende, auf mannigfachen Wegen angestrebte Betrachtung der Sprache sammelt sich aber zu ihrer Gipfelhöhe in Wilhelm von Humboldt"[403]. Die

---

[394] Heidegger, M.: *Unterwegs zur Sprache.* Stuttgart (10. Aufl.) 1993.

[395] Heidegger, *Unterwegs zur Sprache,* a.a.O., S. 246.

[396] Heidegger, *Unterwegs zur Sprache,* a.a.O., S. 241.

[397] Heidegger, *Unterwegs zur Sprache,* a.a.O., S. 242.

[398] Ebd.

[399] Ebd.

[400] Heidegger, *Unterwegs zur Sprache,* a.a.O., S. 244-245.

[401] Heidegger, *Unterwegs zur Sprache,* a.a.O., S. 245.

[402] Ebd.

[403] Heidegger, *Unterwegs zur Sprache,* a.a.O., S. 246.

fundamentalen, ja sich diametral gegenüberstehenden, Unterschiede von
Aristoteles' Repräsentations- und Humboldts Konstitutionstheorie der
Welt durch Sprache übergeht Heidegger geflissentlich und zwar trotz der
Tatsache, daß die *Kawi-Einleitung*, diese „erstaunliche, schwer durchschaubare, in ihren Grundbegriffen dunkel schwankende und doch überall
erregende Abhandlung"[404] im „Für und Wider, genannt oder verschwiegen, die gesamte nachfolgende Sprachwissenschaft und Sprachphilosophie
bis zum heutigen Tag"[405] bestimme. Erst im folgenden wird klar, worauf
Heidegger zielt, daß nämlich das ganze bislang entwickelte Sprachdenken
eben nicht die Sprache als Sprache verstanden habe, sondern daß ihre alles
umfassende Gemeinsamkeit in der von Heidegger unterstellten Gegenständlichkeit des Sprachbegriffes bestehe. Auch Humboldt habe sich
‚seinsvergessen' um eine Definition der Sprache bemüht, ein Vorgehen, das
Heidegger – die diesbezüglichen Probleme eher umfahrend als bearbeitend
– kategorisch ablehnt. Als Beleg für seine Humboldt-Charakteristik führt
er dann die ‚Energeia'-Passage an, bei deren Interpretation er deren ontologischen Charakter unberücksichtigt läßt: „Hier sagt Humboldt"[406], so
stellt Heidegger simplifizierend fest, „daß er (Humboldt, U.W.) das Wesentliche der Sprache im Sprechen sieht"[407]. Der ontologische Charakter
wird demnach unterdrückt, um der (fundamental-)ontologischen Kritik
Raum zu geben, deren Perspektive hier auch in der späten Philosophie
Heideggers unüberhörbar mitschwingt. Was nun folgt, ist einerseits die
wirkungsmächtige Charakterisierung Humboldts als Idealist[408] und andererseits die Feststellung, daß *„sein* (Humboldts, U.W.) Weg zur Sprache
nicht so sehr von der Sprache als der Sprache her bestimmt wird, sondern
von dem Bestreben, das Ganze der geschichtlich-geistigen Entwicklung
des Menschen in seiner Totalität, zugleich aber in seiner jeweiligen Individualität, historisch darzustellen"[409].
    In diesen beiden – prinzipiell nicht unrichtigen – Bestimmungen kom-
plettiert Heidegger jedoch seine Reduktion des Humboldtschen Ansatzes
soweit, daß er auch bei der Auslegung des ‚Energeia'-Diktums auf die
falsche Fährte geraten muß. Zunächst unterstellt er dem von ihm so redu-

---

[404] Ebd.
[405] Ebd.
[406] Heidegger, *Unterwegs zur Sprache*, a.a.O., S. 247.
[407] Ebd.
[408] Vgl. Heidegger, *Unterwegs zur Sprache*, a.a.O., S. 247. – Darauf, daß M. Heidegger mit
    seiner Humboldt-Interpretation sehr zu dessen einseitiger Rezeption als Idealist beigetra-
    gen hat, hat D. Di Cesare hingewiesen (vgl. Di Cesare, „Die aristotelische Herkunft",
    a.a.O., S. 32, Anm. 11).
[409] Heidegger, *Unterwegs zur Sprache*, a.a.O., S. 248-249.

zierten Humboldt die Reduktion als dessen eigenes Programm: „Humboldt bringt die Sprache als *eine* Art und Form der in der menschlichen Subjektivität ausgearbeiteten Weltansicht zur Sprache"[410]. Dann folgt die *entsprechende* Auslegung des Diktums, die das gefaßte Urteil nur noch bestätigen kann. Heidegger fragt, „zu welcher Sprache"[411] Humboldt die Sprache bringe und antwortet, das von vielen vor ihm bereits als so naheliegend empfundene und daher häufig verwendete Interpretationsmuster nicht ablehnen könnend:

> „Zu einer Folge von Aussagen, die in der Sprache der Metaphysik seines Zeitalters sprechen, bei welcher Sprache die Philosophie von Leibniz ein maßgebendes Wort mitspricht. Es bekundet sich am deutlichsten dadurch, daß Humboldt das Wesen der Sprache als Energeia bestimmt, diese jedoch ganz ungriechisch im Sinne von Leibnizens Monadologie als die Tätigkeit des Subjektes versteht"[412].

Heidegger kommt zu dieser – Humboldts Diktum mit der Hilfe Leibnizens reduzierenden und auch verschiebenden – Interpretation nicht aus der Analyse der Humboldtschen Texte und gründet diese auch nur rudimentär auf eine geistesgeschichtliche Argumentation, sondern entwickelt diese als conclusio getarnte Behauptung aus der puren Konsequenz seines eigenen Gedankenganges heraus. Eine erstaunlich offen daliegende, in ihrem Vorgehen durchaus neue Interpretationsvariante, die jedoch ihren funktionalen Charakter kaum verdecken kann. Die Entontologisierung und vor allem Entaristotelisierung des Humboldtschen Diktums ermöglichen Heidegger dann erst die griffige und schlagfertige Kritik, eine Kritik, die ihm bei Anerkenntnis des aristotelischen Fundaments und der damit verbundenen Reichweite des Humboldschen Ansatzes in dieser Form gar nicht möglich gewesen wäre. So mündet Heideggers Argumentation nach dieser zügigen Abarbeitung aristotelischer und humboldtscher Sprachtheorie als Stellvertreter des ‚Bisherigen‘ dann auch endgültig in das eigene „Sinnen (...) der Sprache als der Sprache", innerhalb derer wir „nicht mehr nach allgemeinen Vorstellungen wie Energie, Tätigkeit, Arbeit, Geisteskraft, Weltansicht, Ausdruck uns umsehen, in denen wir die Sprache als einen besonderen Fall dieses Allgemeinen unterbringen. Statt die Sprache als dieses und jenes zu erklären und so von der Sprache wegzuflüchten, möchte der Weg zu ihr die Sprache als die Sprache erfahren lassen"[413].

---

[410] Heidegger, *Unterwegs zur Sprache*, a.a.O., S. 249.
[411] Ebd.
[412] Ebd.
[413] Heidegger, *Unterwegs zur Sprache*, a.a.O., S. 250.

Es ist hier nicht der Ort, Heideggers Ausführungen im einzelnen nachzuvollziehen. Daß der vermeintliche Flüchtling Humboldt in Wahrheit
aber ein von Heidegger Getriebener war, damit jener die Sprache als „das
vom Sein ereignete und von ihm durchfügte Haus des Seins"[414] verfolgen
konnte (und damit, wie es B. Liebrucks formuliert, „ins schlecht Transzendente ausgerutscht"[415] ist), läßt die Frage offen, wie Heideggers Argumentation ohne diese funktional-reduzierte geistesgeschichtliche Leiter,
deren Sprossen ihm hier Aristoteles und Humboldt waren und die er *Unterwegs zur Sprache* wegwerfen zu können glaubte, ausgegangen wäre.
Die hier als Demütigung ausfallende Idealismus-Etikettierung hätte ihm
ebenfalls kaum weitergeholfen. Mit dem kompletten Humboldt aber wäre Heideggers Weg an ihm vorbei wohl gar nicht möglich gewesen: Unterwegs zur Sprache kann man vor allem bei Humboldt bemerken, daß
man in einem – allerdings ganzheitlich anthropologisch und sprachtheoretisch gemeinten Sinne – immer schon dort *ist*. Und daß das dort *sein* immer schon ontologische Qualität hat, diese Einsicht wäre bei einer aristotelisch verstandenen Interpretation des ‚Energeia'-Diktums wohl
unvermeidbar gewesen. Unterwegs zur Sprache führt – im doppelten Sinne – kein Weg an Humboldt vorbei.

Als letzte Position soll nun noch abschließend die von L. Jost selbst
von 1959[416] bzw. 1960 Erwähnung finden. Dessen Verdienst liegt freilich
nicht auf interpretatorischem Gebiet, sondern in der bereits vielfach de-
monstrierten Fähigkeit des Autors, die Rezeptionsgeschichte des ‚Energeia'-Diktums – zum ersten Mal in dieser Form – zum wissenschaftlichen
Problem zu machen. Hierin und in der Tatsache, die aristotelische Fundierung des Begriffs (mit-)erkannt zu haben, liegt der eigentliche Fort-

---

[414] Heidegger, M.: *Über den Humanismus* [1949]. S. 21. Zit. nach Jost, *Sprache als Werk und
    wirkende Kraft*, a.a.O., S. 130. – Zur Energeia-Interpretation Heideggers siehe auch Jost,
    Sprache als Werk und wirkende Kraft, a.a.O., S. 128-134, bei der er sich wesentlich auch
    auf den Text *Über den Humanismus* stützt. Jost sieht eine gelungene Interpretation Hei-
    deggers, bei der dieser sich aber zugestandenermaßen nicht explizit auf Humboldt bezie-
    he, in der folgenden Passage aus den *Erläuterungen zu Hölderlins Dichtung* von 1944:
    „Die Sprache ist nicht ein verfügbares Werkzeug (und nicht nur ein Bestand von Wörtern
    und Regeln der Wortfügung), sondern dasjenige Ereignis, das über die höchste Möglich-
    keit des Menschseins verfügt" (Jost, *Sprache als Werk und wirkende Kraft*, a.a.O., S. 132).
[415] Liebrucks, B.: *Sprache und Bewußtsein (7 Bde.). Bd. 2: Sprache. „Wilhelm von Hum-
    boldt".* Frankfurt am Main 1965. S. 98.
[416] So legt Jost seine Dissertation zunächst unter der Überschrift *Die Auffassung der Sprache
    als Energeia*, Bern 1959, vor. Ein Jahr später erscheint sie dann in der hier rezipierten
    Form unter dem Titel *Sprache als Werk und wirkende Kraft. Ein Beitrag zur Geschichte
    und Kritik der energetischen Sprachauffassung seit Wilhelm von Humboldt*. Bern 1960.
    (= Sprache und Dichtung. N.F. Bd. 6).

schritt, für den Jost in der Geschichte der Erforschung des Diktums steht. Zusammen mit den frühen Positionen Steinthals, den ungenutzten und gleichwohl treffenden Annäherungen Matthes und letztlich der grundlegenden systematischen Charakterisierung durch Di Cesare gehört er damit zu den Marksteinen dieser Forschungsgeschichte.

Trotzdem oder vielleicht gerade deswegen hat Jost selbst keine besonders überzeugende Interpretation des Diktums vorgelegt. Die gesamte Rezeptionsgeschichte im Visier verschwimmt der Blick auf das Humboldtsche Original, das – der Wissenschaftslandschaft der 50er und 60er Jahre jedoch durchaus entsprechend – lieber kreativ ausgelegt, kritisiert und weiterentwickelt als zuvor wirklich verstanden wird. So nennt Jost gleich in der Einleitung den „Ergon-Energeia-Satz" (...) „jene durch ihre übertriebene Einseitigkeit bestechende Definition der Sprache"[417]. Und obwohl Jost die Eigentümlichkeit der Definition genetisch nennt, verbaut ihm eben diese Charakterisierung als Definition den richtigen Zugang. Jost, für den es ebenso richtig sein muß, daß die Sprache zumindest *auch* Ergon sein kann, wie er die Annahme für unmöglich hält, daß Humboldt sich bei seiner unterstellten ‚Definitionsarbeit' irgendwie geirrt haben könnte, bleibt in dieser – das Diktum als Formel verstehenden – Sichtweise gefangen, kann so die von ihm selbst produzierten Widersprüche nicht auflösen und muß sich daher geradezu zwangsläufig auf die Seite der ‚Weiterentwickler' schlagen. Trotz der aber oberflächlich bleibenden Anerkenntnis des Erschließungscharakters des Diktums[418] und der Aristoteles verantworteten Verknüpfung des Gedankengangs mit ontologischen Aspekten[419], bleibt eine der Kernthesen von Josts Interpretation des Ergon-Energeia-Satzes[420] die Beobachtung, daß Humboldt hier eine Übertreibung vornimmt: „Übertreibung: die Sprache sei kein Ergon, kein Werk"[421]. „Die Gedanken Humboldts weiterführend"[422] stellt Jost zudem fest, daß *„Ergon* und *langue* in einer toten, aber der Sinnerweckung fähigen Seinsform ‚existieren' (Umst., U.W)"[423]. Ich gehe der Argumentation nun nicht im einzelnen nach, das Beispiel mag stellvertretend für einen der zentralen Argumentationsstränge Josts stehen, der auf den – gar nicht Humboldts Problem darstellenden – Gedanken zielt: „Wenn wir also die Kategorien subjektiver und objektivierter Geist annehmen und anerken-

---

417 Jost, *Sprache als Werk und wirkende Kraft*, a.a.O., S. 9.
418 Vgl. Jost, *Sprache als Werk und wirkende Kraft*, a.a.O., S. 13.
419 Vgl. Jost, *Sprache als Werk und wirkende Kraft*, a.a.O., S. 14.
420 Vgl. Jost, *Sprache als Werk und wirkende Kraft*, a.a.O., S. 15-36.
421 Jost, *Sprache als Werk und wirkende Kraft*, a.a.O., S. 15.
422 Jost, *Sprache als Werk und wirkende Kraft*, a.a.O., S. 16.
423 Jost, *Sprache als Werk und wirkende Kraft*, a.a.O., S. 17.

nen, so ist damit auch die Wirklichkeit des Kulturgutes Sprache (als langue) erwiesen, und die Sprache ist auch Ergon (Herv. aufg., U.W.)"[424].
Humboldt wird – so die doppelte Konsequenz – ebenso funktional für
die angewandte Sprachforschung genutzt, wie sein Diktum zunehmend
mit anderen Positionen verglichen, kontextuiert und letztlich systematisch gleichgeschaltet wird. Die parallele Argumentationslinie Josts, nach
der „sich für den Ergon-Energeia-Satz ein anderer, eigentlich metaphysi-
scher Hintergrund"[425] ergibt, nimmt sich dagegen eher bescheiden aus
und bleibt weitgehend ohne Folgen für die Deutung. Energeia ist dann für
ihn auch nicht viel mehr als für Weisgerber, nämlich „(be-)wirkende
Kraft"[426], die in ihrer „Rückwirkung" (..) „eine über den Augenblick hinaus reichende Wirklichkeit und Wirkung"[427] bekommt und die einen ihrer
wesentlichen Kontexte im Umfeld des – ganz unontologisch gemeinten –
Energiebegriffs findet.[428] Der immer wiederkehrende – und dann auch
meist richtig gesehene und differenziert zugeordnete – Rückgriff auf aristotelische Ontologie[429] wirkt demgegenüber nicht nur blaß, sondern
kann die Hegemonie der subjektivitätstheoretischen, ästhetischen und
teilweise auch psychologisch-soziologischen Argumentationslinie nicht
verdrängen. Daran ändert auch die – Josts konkrete Interpretationen des
Diktums durchaus widersprechende – Aussage nichts, „Humboldt habe
den Terminus Energeia (als hapax legomenon in seinem Werk) nicht sehr
abweichend von diesem philosophisch bestimmten und tradierten Sinn
verstanden"[430]. Im Hinblick auf die im Erinnerungsformat des Diktums
angezeigte aristotelische Fundierung der Sprachtheorie Humboldts bleibt
die Bemerkung folgenlos.

   In solchen Parallelführungen mag ein Grund dafür zu suchen sein, daß
das ‚Energeia'-Diktum mehr und mehr zum Allgemeinplatz wird, an
systematischer Schärfe deutlich einbüßt und sich seines Charakters als
Aushängeschild fast beliebiger sprachtheoretischer bzw. sprachwissenschaftlicher Position kaum noch erwehren kann. In Josts pluralen Inter-
pretationsansätzen kündigt sich damit bereits die dritte Phase der Rezeption des ‚Energeia'-Diktums an. Eine systematische Geschlossenheit hat
diese Rezeption zwar auch bis 1960 nicht erfahren, bis dorthin war die
Szene jedoch noch weitgehend übersichtlich und die Interpretationsvari-

---

[424] Jost, *Sprache als Werk und wirkende Kraft*, a.a.O., S. 18.
[425] Jost, *Sprache als Werk und wirkende Kraft*, a.a.O., S. 25.
[426] Jost, *Sprache als Werk und wirkende Kraft*, a.a.O., S. 36.
[427] Ebd.
[428] Vgl. Jost, *Sprache als Werk und wirkende Kraft*, a.a.O., S. 37-56.
[429] Vgl. Jost, *Sprache als Werk und wirkende Kraft*, a.a.O., S. 54-55.
[430] Vgl. Jost, *Sprache als Werk und wirkende Kraft*, a.a.O., S. 55.

anten in den meisten Fällen zumindest bemüht, originäres Humboldtsches Sprachdenken einzufangen – wenn auch mit unterschiedlichem Erfolg, wie ich zu zeigen versucht habe.

Dieser Horizont öffnet sich nun und verliert vollends sowohl seine klare inhaltliche Linie als auch seine Anspruchshomogenität. Es gibt kaum
mehr etwas, für das das ‚Energeia'-Diktum nicht stehen kann, und es gab
auch in der Geschichte des Diktums noch nie so viele Interpretationsansätze, wie von 1960 bis zum Ende des 20. Jahrhunderts. Grund genug,
nun einen Katalog zu erstellen, der ausgewählte Positionen der letzten 40
Jahre in chronologischer Form herausarbeitet. Mehr aus Gründen der
Quantität als der Qualität der Ansätze wird der Zeitraum noch einmal in
vier Etappen unterteilt, um die Übersichtlichkeit des Kataloges zu ge-
währleisten.

6.3 Positionen der 60er Jahre

Am Anfang der disparaten Rezeptionsentwicklung des ‚Energeia'-Diktums
in den letzten 40 Jahren steht H.-G. Gadamer, der 1960 in *Wahrheit und
Methode Grundzüge einer philosophischen Hermeneutik*[431] zu entwickeln
sucht. Für Gadamer ist die Sprache das primäre Medium, in dem sich der
Prozeß des Verstehens ereignet. Da er in Anlehnung an seinen Lehrer Heidegger Verstehen aber nicht als eine spezifische menschliche Handlungs-
weise unter anderen begreift, sondern in ihr die grundlegende Verfahrensweise sieht, in der der Mensch sich als Subjekt auf die Welt bezieht, ist auch
die Sprache nicht allein Instrument der Kommunikation, sondern fundamentale, ja seinsmäßige Voraussetzung aller Konfrontation bzw. Abglei-
chung verschiedener Horizonte. (Sprachliches) Verstehen ereignet sich in
der Verschmelzung solch unterschiedlicher Horizonte, der Horizont der
Gegenwart und der der Vergangenheit sind und stehen nur vermeintlich für
sich. Verstehen ist damit das Paradigma für den ebenso grundständigen wie
in seiner hermeneutischen Struktur zirkulären Vermittlungscharakter allen
menschlichen Daseins, eine Argumentation, die Gadamer in den drei
großen Teilen seines Hauptwerkes, der *Freilegung der Wahrheitsfrage an
der Erfahrung der Kunst*, der *Ausweitung der Wahrheitsfrage auf das Verstehen in den Geisteswissenschaften* und schließlich der *Ontologischen Wendung der Hermeneutik am Leitfaden der Sprache* entwickelt.

---

[431] Gadamer, H.-G.: *Wahrheit und Methode. Grundzüge einer philosophischen Hermeneutik.*
Tübingen (6. Aufl.) 1990.

Der dritte Teil signalisiert also bereits im Titel, daß es hier um ein ontologisches Verständnis der Sprache gehen soll, gute Voraussetzungen für eine Interpretation des ‚Energeia'-Diktums, die dessen aristotelischen Charakter nutzt und im Hinblick auf eine diesbezügliche Deutung ernst
nimmt. Gadamer, sicher kein Humboldt-Exeget im engeren Sinne, geht jedoch anders vor. Im letzten, gleichwohl zentralen Kapitel des Buches, das
die *Sprache als Horizont einer hermeneutischen Ontologie* bestimmen will,
geht er unter dem Stichwort *Sprache als Welterfahrung* gleich zu Beginn
auf Humboldt ein. Dessen „modernes Denken"[432] (und auch das Herders
und anderer) möchte laut Gadamer „studieren, wie sich die Natürlichkeit
der menschlichen Sprache – eine mühsam dem Rationalismus und der Or-
thodoxie abgetrotzte Einsicht – in der Erfahrungsbreite der Verschiedenheit des menschlichen Sprachbaus entfaltet. Indem es in jeder Sprache einen Organismus erkennt, sucht es in vergleichender Betrachtung die Fülle
der Mittel zu studieren, deren sich der menschliche Geist bedient hat, um
seine Sprachfähigkeit auszuüben"[433]. Dies ist zwar keine unrichtige, gleichwohl doch eine sehr reduzierte Sicht der Dinge, die gleich danach selbst
von Gadamer wieder erweitert wird. Will man nämlich „Humboldt, dem
Schöpfer der modernen Sprachphilosophie, (...) gerecht werden"[434], muß
man „sich der Überresonanz erwehren, die die von ihm eröffnete vergleichende Sprachforschung und Völkerpsychologie erzeugt hat"[435]. Ohne
Zweifel wird hier erkennbar, daß Gadamer weder Humboldt-Kenner ist,
noch das sprachtheoretische Original und die pragmatisierende Rezeptionsgeschichte sauber trennen kann. So beläßt er es denn auch bei einigen
die Theorie erläuternden, die Rezeptionsgeschichte leise berichtigenden
und Humboldts Denken in groben Linien skizzierenden Bemerkungen, in
denen immerhin deutlich wird, daß Humboldts „Interesse an der Individualität (...) durchaus nicht als eine Abkehr von der Allgemeinheit des Begriffs zu verstehen"[436] sei, daß „die Vertiefung in die Individualität der
sprachlichen Erscheinung selber als ein Weg zur Einsicht in das Ganze der
menschlichen Sprachverfassung gemeint"[437] ist und daß es für Humboldt
zwar „Unterschiede in der Vollkommenheit der Sprachen"[438] gab, daß bei
ihm aber „kein vorgefaßter Maßstab"[439] gilt, „unter den er die Mannigfal-

---

[432] Gadamer, *Wahrheit und Methode*, a.a.O., S. 442.
[433] Ebd.
[434] Gadamer, *Wahrheit und Methode*, a.a.O., S. 443.
[435] Ebd.
[436] Ebd.
[437] Ebd.
[438] Ebd.
[439] Ebd.

tigkeit der Erscheinungen zwängt, sondern (...) dieser Maßstab aus dem inneren Wesen der Sprache selbst und der Fülle ihrer Erscheinungen"[440] gewonnen wird. Die ‚Energeia'-Interpretation Gadamers paßt in etwa in diese Form der Problembearbeitung. Fast schon unvermeidlich für den philosophischen Hermeneuten wird im Horizont eines vehement subjektivitätstheoretisch inventarisierten Verstehenskonzeptes zunächst die für Gadamer systematisch naheliegende und durch die Rezeptionsgeschichte allseits bekannte Kontextuierung gewählt, daß nämlich Humboldts Weltansichten-These ihre Fundierung vor allem in der „von Leibniz zuerst entwickelten *Metaphysik der Individualität*"[441] habe: „Es ist das monadologische Universum Leibnizens, in das sich die Verschiedenheit des menschlichen Sprachbaus einzeichnet"[442].

In gewisser Hinsicht deutet sich hier schon Gadamers Grundmuster der Humboldt-Interpretation an, das sich in modifizierter Form in eine Reihe mit dem des Lehrers Heidegger stellt. Im ontologischen Argumentationszusammenhang werden Humboldts sprachtheoretische Positionen zunächst ungenau beschrieben und dann (als) ‚unontologisch' interpretiert, um schließlich das eigene, eben als ontologisch verstandene und behauptete Sprachkonzept darbieten zu können. In dieser Kontextuierung kann folgerichtig Humboldts ‚Energeia'-Diktum nicht mehr allzu viel oder gar alles bedeuten: In der „Erweisung der *Sprachansicht als Weltansicht*"[443] hat Humboldt „den lebendigen Vollzug des Sprechens, die sprachliche Energeia als das Wesen der Sprache erkannt und dadurch den Dogmatismus der Grammatiker gebrochen"[444]. Wiewohl diese historische Bewertung in gewisser Hinsicht angemessen ist, ist die hier vorgenommene Stigmatisierung des ‚Energeia'-Diktums entweder eine Reduktion in dem schon mehrfach aufgeführten Sinne, oder sie zielt bereits hin auf Gadamers daseinsorientierten Sprachbegriff, der das ‚Energeia'-Diktum im doppelten Sinne aufheben, also ablösen und gleichzeitig miteinbeziehen, soll. In beiden Fällen bleibt Humboldts Intention in ihrem ontologischen Grundcharakter, der auf das Wesen der Sprache aus ist, unberücksichtigt, und das, obwohl hier explizit auf das Humboldtsche Postulat der Wesensbestimmung rekurriert wird: Dieses wird nur äußerst reduziert eingelöst und ist damit in seinem Anspruch zwar ent-deckt (und nach der Zurücklassung Humboldts auch Gegenstand von Gadamers Untersuchung), in der Explikation des möglichen Gehalts des

---

[440] Ebd.
[441] Gadamer, *Wahrheit und Methode*, a.a.O., S. 444.
[442] Ebd.
[443] Gadamer, *Wahrheit und Methode*, a.a.O., S. 446.
[444] Ebd.

‚Energeia'-Diktums bleibt der Anspruch jedoch unerkannt und allenfalls lapidar.

Nach solchem Humboldt-Verständnis scheint der Weg frei für Gadamers Thematisierung der „Sprachlichkeit der hermeneutischen Erfahrung"[445], nach der die „Sprache nicht nur eine der Ausstattungen ist (Umst., U.W.), die dem Menschen, der in der Welt ist, zukommt, sondern auf ihr (der Sprache, U.W.) beruht, und in ihr stellt sich dar, daß die Menschen überhaupt *Welt* haben"[446]. Humboldts Gedankengang bereits einfallsreich modifizierend, seine Absicht sicher mißverstehend, das *Erkenntnis-Sprache-Theorem* jedoch im Grundsatz treffend und dann wieder unnötig beschränkend, führt Gadamer dazu aus:

> „Dies Dasein der Welt aber ist sprachlich verfaßt. Das ist der eigentliche Kern des Satzes, den Humboldt in ganz anderer Absicht äußert, daß die Sprachen Weltansichten sind (...). Humboldt will damit sagen, daß die Sprache gegenüber dem Einzelnen, der einer Sprachgemeinschaft angehört, eine Art selbständiges Dasein behauptet und ihn, wenn er in sie hineinwächst, zugleich in ein bestimmtes Weltverhältnis und Weltverhalten einführt. Wichtiger aber ist, was dieser Aussage zugrunde liegt: daß die Sprache ihrerseits gegenüber der Welt, die in ihr zur Sprache kommt, kein selbständiges Dasein behauptet. Nicht nur ist die Welt nur Welt, sofern sie zur Sprache kommt – die Sprache hat ihr eigentliches Dasein nur darin, daß sich in ihr die Welt darstellt. Die ursprüngliche Menschlichkeit der Sprache bedeutet also zugleich die ursprüngliche Sprachlichkeit des menschlichen In-der-Welt-Seins"[447].

Wie bei Heidegger – im weiteren Verlauf der Ausdeutungen jedoch erfolgreicher – wird demnach bei Gadamer die gleichermaßen anerkennende wie auch in Anspruch und Deutung stark herabgesetzte Humboldt-Interpretation zum Ausgangspunkt eigener Überlegungen, und zwar von solchen, wie Humboldt sie in vielerlei Hinsicht schon eingefangen hatte.[448] Zeitweilige Desorientierungen über den Zusammenhang von Humboldtschem Original und rezeptionsgeschichtlicher Phänomenologie tragen dazu bei, eben auch das ‚Energeia'-Diktum nur in dem gewünschten, und nicht (irgend-) einem anderen, Zusammenhang sehen zu können.

---

[445] Gadamer, *Wahrheit und Methode*, a.a.O., S. 447.

[446] Gadamer, *Wahrheit und Methode*, a.a.O., S. 446.

[447] Gadamer, *Wahrheit und Methode*, a.a.O., S. 447.

[448] Dies gilt sicher auch für Gadamers berühmte Wendung: „Sein, das verstanden werden kann, ist Sprache" (Gadamer, *Wahrheit und Methode*, a.a.O., S. 478).

In B. Liebrucks Humboldt-Monographie[449] von 1965 spielt das ‚Energeia'-Diktum kaum eine zentrale Rolle.[450] Dies liegt einerseits am generellen Ansatz Liebrucks, der „in allem, was Humboldt (Herv. aufg., U.W.)
geschrieben hat"[451], dessen Stellung „zwischen der Spekulation und den
Erfahrungswissenschaften"[452] betont. Dies sei „eine so nur ihm (Humboldt, U.W.) eigentümliche Stellung und Betrachtungsweise der Welt. Sie
diktiert Inhalt und Stil"[453]. Das Erkenntnisinteresse Liebrucks ist also –
obwohl seine Vorgehensweise selbst philosophisch ist – nicht ausschließlich auf den ‚philosophischen' Humboldt gerichtet, und in gewisser Weise muß das ‚Energeia'-Diktum ja vor allem als zentraler Bestandteil der
genuin sprachtheoretischen bzw. -philosophischen Perspektive Humboldts gelten. So erwähnt Liebrucks denn auch das Diktum immer im
(beiläufigen) Zusammenhang mit anderer, zeitweilig auch aristotelischer
Terminologie: „Und doch ist die Unterscheidung zwischen Stoff und
Form wichtig, weil der Stoff dem konservativen Moment in den *Sprachen*
(Herv., U.W.), die Form dem vorwärtstreibenden angehört, wenn Form
als ἐνέργεια gedacht wird. Das konservative Moment ist an die Masse des
Volkes gebunden, das vorwärtstreibende an die Einzelnen"[454]. Eine solche
Argumentation ist typisch für Liebrucks: sie ist theoretisch nicht ganz
richtig und trotzdem erstaunlich interessant und nachdenkenswert.[455] Vor
allem aber ist Liebrucks, und dies macht einen großen Teil der Qualität
seines Werkes aus, immer zurückhaltend, wenn es um die Übernahme von
scheinbar Formelhaftem geht. Man ist nicht zu Unrecht geneigt, dies als –
wenn auch indirekte – Kritik an der bisherigen Humboldt-Rezeption zu
interpretieren. In seinen scharfsinnigen und differenzierten, aber dennoch
luziden Analysen entgeht Liebrucks der Versuchung, sich an vermeintlich
Sicherem festzuhalten, das dann flugs wieder vergessen werden muß, um
weiterzukommen. Vielmehr sind ihm gerade die nicht so häufig als Zitate
verwendeten Reflexionen Humboldts Anlaß für breitangelegte und intel-
ligente Recherchen zum Zusammenhang von Sprache und Bewußtsein.
Auch in anderen Zusammenhängen als dem des ‚Energeia'-Diktums
warnt er daher vor der schnellen Verwendung vermeintlich einfach zu-

---

[449] Vgl. Liebrucks, *Sprache und Bewußtsein (2)*, a.a.O.

[450] So wird auch bei Liebrucks die Textstelle Humboldts im Zusammenhang gar nicht vorgeführt (vgl. Liebrucks, *Sprache und Bewußtsein [2]*, a.a.O., S. 523).

[451] Liebrucks, *Sprache und Bewußtsein (2)*, a.a.O., S. 7.

[452] Ebd.

[453] Ebd.

[454] Liebrucks, *Sprache und Bewußtsein (2)*, a.a.O., S. 296.

[455] Vgl. dazu auch: „Humboldt (Herv. aufg., U.W.) sieht daher den inneren Sprachsinn des
Menschen als eine Entelechie, die auf die Buchstabenschrift zugeht" (Liebrucks, *Sprache
und Bewußtsein [2]*, a.a.O., S. 387).

gänglicher Begrifflichkeit: „So dürfen wir (beispielsweise, U.W.) das Idealische nicht im verwaschenen Wortsinne von idealistisch lesen"[456]. Da solche Sorgfalt typisch für die Vorgehensweise Liebrucks ist, erkennt er auch
die Verstrickungen der Rezeptionsgeschichte wie kaum jemand vor ihm.
Vorsichtig formuliert er: „Der idealistische Humboldt (Herv. aufg., U.W.),
den man begreiflicherweise zuerst sah, soll das Wesen der Sprache in der
Energie gesehen haben"[457]. Ohne dies explizit zu machen, spielt Liebrucks an dieser Stelle (nicht nur) auf das ‚Energeia'-Diktum an, vermeidet es aber, dies für eine vorschnelle Beendigung der Argumentation zu
nutzen. Vielmehr nimmt er hier den Ausgangspunkt für eine weitere Pro-
blematisierung der ‚idealistischen' Humboldt-Attribution, denn „mit der
Verknüpfung von Empfänglichkeit und Selbsttätigkeit in der Sprache ist
(Umst., U.W.) diese idealistische Abstraktion überschritten"[458]. Ähnliche
Vorsicht findet sich auch in Sachverhalten, die heute in der Humboldt-
Forschung wieder diskutiert werden. Anders als H. Müller-Sievers sieht
Liebrucks beispielsweise in den „die Naturphilosophie streifenden Überlegungen"[459] allenfalls „einen der großen *Umwege* (Herv., U.W.) (...), auf
denen Humboldt (Herv. aufg., U.W.) sich seinen Sprachanalysen
nähert"[460]. Liebrucks bereits angedeutetes *Miß*verständnis des ‚Energeia'-
Diktums bleibt daher auch deswegen eher geringfügig, weil es durchgängig nicht allzu wichtig genommen wird. Vorbereitet wird die Präsentation
an einer Stelle z.B. zunächst durch einen Mix aus Saussureschen und aristotelisch anmutenden Überlegungen. Für Liebrucks sieht Humboldt
zunächst „in jeder Einzelsprache (la langue) die Sprache (le langage) gegenwärtig"[461]. Und weiter heißt es:

> „Die Sprache ist sowohl im Sprechakt wie in den Gebilden der Einzelsprache
> *Möglichkeit*, wenn auch, wie nicht anders gesagt werden kann, *wirkliche
> Möglichkeit*. Dabei hat weder die Wirklichkeit vor der Möglichkeit den Vor-
> rang noch umgekehrt. Als Wesen *der* Sprache – so könnten wir sagen – *den-
> ke* der Mensch, während er in der Einzelsprache spreche"[462].

So vorbereitet, führt Liebrucks dann in dem Kapitel über *Artikulation
und Bestimmtheit*[463] eher am Rande (s)ein ‚Energeia'-Verständnis ein.
Zunächst „müßte man, wenn man schon von einem *Wesen* der Sprache

---

[456] Liebrucks, *Sprache und Bewußtsein (2)*, a.a.O., S. 18.
[457] Liebrucks, *Sprache und Bewußtsein (2)*, a.a.O., S. 28.
[458] Ebd.
[459] Liebrucks, *Sprache und Bewußtsein (2)*, a.a.O., S. 29.
[460] Ebd.
[461] Liebrucks, *Sprache und Bewußtsein (2)*, a.a.O., S. 33.
[462] Ebd.
[463] Liebrucks, *Sprache und Bewußtsein (2)*, a.a.O., S. 101-116.

spricht, *die* Sprache als das Wesen der Einzelsprachen verstehen (Umst., U.W.). In genauerem Sinne aber hat die Sprache *kein* Wesen, weil sie immer zugleich Ereignis *und* Wesen ist"[464]. Auch wenn dies auf den ersten Blick nicht den Anschein hat, trifft Liebrucks hier sowohl das Humboldtsche Sprachverständnis, das ja ebenfalls einen aufs Transzendente reduzierten Sprachbegriff ablehnt, als auch in weiten Teilen bereits die ontologische Qualität des Wesens- und damit auch des ,Energeia'-Begriffs. Dies jedoch selbst nicht erkennend, wechselt Liebrucks die Argumentationsebene und entwickelt eine sprachtheoretisch *mögliche* und in der Rezeptionsgeschichte auch populäre, aber den theoretischen Kern nur sehr bedingt treffende Kontextuierung:

> „In der Artikulation haben wir das Wesen der Sprache insofern in nuce, als in ihr die Einheit von Dynamis und Energeia, die Einheit von *der* Sprache und den Einzelsprachen in immer wiederholten Gestaltungen des Einzelwortes, der Sätze und Perioden, schließlich ganzer Literaturen erscheint"[465].

Das gedankliche Muster, das Splitting zwischen Sprach*e* und Sprach*en* durch die ,Dynamis'-,Energeia'-Relation (hier als Möglichkeit-Wirklichkeit-Relation verstanden) zu erklären, ist zwar naheliegend und entfaltet auch ein gewisses – vor allem sprachwissenschaftliches – Erklärungs- bzw. Legitimationspotential, es hat aber mit dem aristotelisch-ontologischen Fundament nur begrenzt zu tun, weil im antiken Theorie-Kontext der Primat der Wirklichkeit die Möglichkeit vor allem zu seiner eigenen Konstituierung braucht. Von einer weitgehenden Beliebigkeit der ,Dynamis'-,Energeia'-Relation kann also ebensowenig die Rede sein, wie die Focussierung und Pragmatisierung dieses Zusammenhangs im Hinblick auf die Frage nach der Beziehung von Sprache und Einzelsprachen weder systematisch zwingend ist, noch in Humboldts Perspektive bei seiner Verwendung des ,Energeia'-Diktums überhaupt im Mittelpunkt der Problembetrachtung steht. Auffallend ist, daß vor allem solche Interpreten der Rezeptionsgeschichte diese Parallelisierung vornehmen, die in der Tradition Saussures argumentieren. Dessen Trichotomie von parole, langue und langage ist jedoch nicht ohne größere Brüche auf die Ebene der Humboldtschen Sprachbetrachtung zu übertragen. Zu Liebrucks Humboldt-Werk bleibt insgesamt zu sagen, daß trotz der Unschärfe in einem für ihn sehr speziellen terminologischen Problemzusammenhang zahlreiche Thematisierungen und Erläuterungen vorgenommen werden, die sehr wohl das Humboldtsche Verständnis treffen und das aristotelische Fundament ständig durchschimmern lassen. Vor allem aber Liebrucks Verknüpfung

---

[464] Liebrucks, *Sprache und Bewußtsein (2)*, a.a.O., S. 101.
[465] Liebrucks, *Sprache und Bewußtsein (2)*, a.a.O., S. 102.

eines sprachtheoretischen *Wesen-* und *Ereignis*begriffes und die so verstandene Verortung der ‚Energeia'-Problematik in der Erörterung eines
doppelten, sprach-/erkenntnistheoretisch und konkret ‚sprach- bzw.
sprechtätigen' Artikulationsbegriffes kommt einem aristotelischen Verständnis der Humboldtschen Sprachtheorie schon ausgesprochen nahe:

> „Die Artikulation in der jeweiligen Sprache ist zwar bestimmte Artikulation.
> Aber zugleich ist sie allgemeines Artikulationsvermögen. Der Mensch spricht
> niemals in einer Einzelsprache, sondern immer in der Einheit von Einzel-
> sprache und *der* Sprache. *Diese Einheit ist die Artikulation*"[466].

Und gerade dieser ursprünglichen, sprachlich-transzendentalen Einheit
wegen liegt „das Wesen des Menschen (...) nicht in seiner Existenz, sondern in seiner Sprachlichkeit"[467].

Ebenfalls 1965 hat auch C. Menze das ‚Energeia'-Diktum gedeutet. In
seiner Untersuchung *Wilhelm von Humboldts Lehre und Bild vom Menschen*[468] wird eine Interpretation vorgeschlagen, die es sowohl aufgrund ihrer entschiedenen Position als auch wegen ihres plastischen Argumentationsganges wert ist, im einzelnen dokumentiert zu werden. Die
Konsequenzen, die man sich mit der einen oder anderen Entscheidung für
die Annahme eines bestimmten theoretischen Fundaments des Diktums
auch für die darauf aufbauende Interpretation des Humboldtschen Sprachdenkens einhandelt, werden hier besonders deutlich. Menzes Prämisse, die
er u.a. als eine Kritik an der Studie von L. Jost formuliert, ist apodiktisch:
„Entschieden widersprochen werden muß (...) der Auffassung (Josts,
U.W.), den Humboldtschen Energeia-Begriff mit dem des Aristoteles zu
identifizieren"[469]. Wie beispielsweise auch für Heidegger und Gadamer ist
der Begriff für Menze statt dessen im Leibnizschen Horizont zu sehen. Beharrlich Josts Kontextuierung in Frage stellend, merkt er zudem an: „Leibniz wird zwar im Zusammenhang mit einer Abhandlung von Cassirer (...)
erwähnt. Doch geht Jost dieser naheliegenden Anregung nicht nach. Die
grundlegende Unterscheidung zwischen der aristotelischen und der leibnizschen Auffassung der Energeia kommt Jost überhaupt nicht vor den
Blick"[470]. Wie Menze diese Unterscheidung realiter sieht, erläutert er anhand einer Kritik an einem weiteren ‚Energeia'-Rezipienten, an E. Heintel:

> „Der auch von Heintel vertretenen Ansicht, Humboldt habe mit dem Begriff
> der Energeia auf einen Grundbegriff der aristotelischen Metaphysik zurück-

---

[466] Liebrucks, *Sprache und Bewußtsein (2)*, a.a.O., S. 104.
[467] Ebd.
[468] Menze, C.: *Wilhelm von Humboldts Lehre und Bild vom Menschen.* Ratingen 1965.
[469] Menze, *Humboldts Lehre*, a.a.O., S. 315.
[470] Ebd.

gegriffen, kann nicht ohne weiteres zugestimmt werden. Eine solche Auffassung verkennt den grundlegenden Wandel in der Bestimmung der Energeia, wie ihn Leibniz durchführte: für Aristoteles steht das Seins*verständnis* von vorneherein unter dem Aspekt von Dynamis und Energeia. S. Met.IX 6,1048a30ff. Für Leibniz ist Energeia im Sinne von Kraft (δύναμις qua vis activa) gemäß seiner Emendation des Substanzbegriffes das Wesen des Seienden selbst (Gerh.Phil. IV 469 u.ö.) und nur deshalb kann Sprache auch zum ausgezeichneten Kriterium des Menschseins werden"[471].

Es ist dem dritten Teil dieser Studie vorbehalten, den aristotelischen Bestimmungen des Energeia-Begriffs genauer nachzugehen und damit einsichtig zu machen, warum eine diesbezügliche Kontextuierung weitaus näher liegt. Entscheidend an dieser Stelle jedoch ist, daß Menze sich hier eindeutig zwischen der aristotelischen und leibnizschen Interpretationsvariante entscheidet, um die Bedeutung des Diktums vom ontologischen Begriff der ‚Wirklichkeit' weg hin zu der nicht nur der ‚Tätigkeit', sondern – stärker noch – zu der der *Selbst*tätigkeit' im monadologischen Horizont zu verschieben. Dies mag auf den ersten Blick auch deswegen unproblematisch erscheinen, weil Humboldt selbst die Vokabel ‚Tätigkeit' durch den ‚Energeia'-Begriff erläutern läßt. Daß Humboldt und Menze jedoch zwei ganz unterschiedliche Bedeutungen des Tätigkeitsbegriffes haben, wird deutlich, geht man den sprachtheoretischen Konsequenzen nach, die Menze nun aus seiner Interpretation ableitet. Zunächst verortet er vollkommen zutreffend das ‚Energeia'-Diktum im Zusammenhang einer Klärung des Wesens der Sprache: „Die aus Humboldts Sprachphilosophie am häufigsten hervorgehobene und am meisten zitierte Wesensbestimmung der Sprache, die auch Herder gegenüber eine kopernikanische Wende in der Sprachbetrachtung bedeutet, betont den Energeia-Charakter der Sprache"[472]. Für Menze wie für Humboldt ist Sprache „der Ausdruck, die Selbsttätigkeit des Geistes. (...) Nur in dem Akt der Hervorbringung ist sie sie selbst, ein geistiges Organ, das in jedem Akt, in dem es tätig sein soll, erst erschaffen werden muß"[473]. Der Charakter dieses Aktes ist aber für Humboldt ein anderer als für Menze. Während letzterer in der Betonung des subjektivitätstheoretischen bzw. individualpragmatischen Aspekts in diesem notwendig und vorderhand ein anthropologisches Problem sehen muß („Sie [die Sprache, U.W.] ist nur sie selbst in ihrem Vollzug, in der Tätigkeit, und deshalb ist für Humboldt die ‚Definition' von Sprache weitgehend mit der des Sprechens identisch"[474]), sieht

---

[471] Menze, *Humboldts Lehre*, a.a.O., S. 367.
[472] Menze, *Humboldts Lehre*, a.a.O., S. 229.
[473] Menze, *Humboldts Lehre*, a.a.O., S. 230.
[474] Ebd.

der Tegeler Philosoph – viel umfassender – einen erkenntnis- bzw. sprachtheoretischen Problemhorizont. Menzes Sicht ist daher auch nicht durchgehend falsch, sie ist nur stark reduziert und bringt lediglich einen Aspekt
zur Geltung, den Humboldt zwar auch, aber eben weder ausschließlich
noch an erster Stelle gesehen hat. Bereits an dieser Stelle gerät Menze mit
seiner weiteren Argumentation ins Schlingern. Zunächst noch durchaus
im Humboldtschen Sinne argumentierend, hält er einstweilen fest: „Die
Bestimmung der Sprache als Energeia zeigt, daß es nie eine in sich abgeschlossene Sprache gibt, sondern Sprache ist immer ein organisches Fortschreiten, ‚ein Entfalten eines Ganzen aus einem Ganzen‘"[475], und stellt
sich der dann wohl unvermeidbaren Frage, wie denn der ‚Ergon‘-Begriff
zu deuten sei:

> „Der Sinn der Gegenüberstellung von Ergon und Energeia liegt vor allem
> darin, daß Sprache als ständig lebendige Erzeugung und somit als etwas im-
> mer Vorübergehendes kein faßbares und klar zu umreißendes Objektivgebil-
> de darstellt, dessen sich der Mensch zum Zwecke der Verständigung wie eines
> beliebigen Gegenstandes bedienen kann. Als Tätigkeit, als Energeia läßt sie
> sich vielmehr nur genetisch bestimmen. Sie ist ihrem Wesen nach ein geisti-
> ger Prozeß, der nie zu einem Abschluß gelangen kann, sondern sich ständig
> neu erzeugt"[476].

Es ist bereits deutlich geworden, daß sich an der Sichtweise der Interpreten zum ‚Ergon‘-Begriff sehr gut ablesen läßt, wie diese es dann mit dem
‚Energeia‘-Diktum halten. Menze erkennt die Bedeutung der Humboldtschen Excludierung des ‚Ergon‘-Charakters der Sprache bis zu diesem
Zeitpunkt noch vollkommen zutreffend. Aus diesem Grund gelingt auch
seine sprachtheoretische Deutung noch genau bis an diese Stelle. Nun
aber muß – wie bei vielen anderen Interpreten vor ihm – das scheinbar
von Humboldt noch Unerklärte eben auch erklärt werden. Damit beginnen die Probleme. Menze schreibt:

> „Sprache als Energeia ist aber keine resultatlos sich verströmende Tätigkeit des
> Geistes, sondern sie leistet das Gesprochene. Das Gesprochene kann aber nicht
> als etwas ‚Unsprachliches‘ bezeichnet werden. So sind unabhängig von dem
> sprachzeugenden Akt selbst Wortformen, Lautgebilde, syntaktische Schemata,
> feste Regeln, von denen nicht gesagt werden könnte, daß sie nicht zur Sprache
> gehören. Zwar werden sie erst im Akt des jeweiligen Sprechens aktualisiert und in
> dieser Wiedererzeugung lebendig; aber diese Wiedererzeugung ist notwendig an
> diese schon vorgegebenen Formen des Objektivgebildes Sprache gebunden"[477].

---

[475] Ebd.
[476] Ebd.
[477] Menze, *Humboldts Lehre*, a.a.O., S. 230-231.

Seine zuvor vorgenommene subjektivitätstheoretische Radikalisierung und Reduzierung des ‚Energeia'-Diktums zwingt Menze nun dazu, seine Ausführungen so zu ergänzen, daß der Begriff nun außerhalb seiner – zuvor beschränkten – Extension wieder erweitert bzw. von außen semantisch neu gesichert werden muß, und zwar mit Hilfe des ‚Ergon'-Terminus. Menze versucht dies, indem er argumentiert, „daß diese Sprache als die Energeia des Geistes nicht nur erst in dem einzelnen Akt der Verwirklichung zur Sprache wird, obwohl sie zur Aktualisierung dieses Aktes bedarf, sondern als etwas Sinnvolles schon vor dem Akt des jedesmaligen Sprechens selbst existiert"[478]. Die Erläuterung des Problems fällt folgendermaßen aus:

> „Daher darf die Bestimmung der Sprache als reine Tätigkeit des Geistes nicht als eine völlig neue Erzeugung der Sprache im Augenblick des Sprechens gefaßt werden; denn das Sprechen des Menschen bezieht sich immer schon auf Sprache als Werk. Selbst wenn es als ständige Neuschöpfung begriffen wird – und Humboldt läßt keinen Zweifel daran, daß er Sprache zunächst und vor allem anderen so versteht – bezieht sich dieses Neuerschaffen doch auf das in der ‚Sprache' schon Vorgegebene. Sprechen meint keine creatio ex nihilo, sondern die Aktualisierung und Aneignung von etwas potentiell Wirklichem in dem Sprechen des Menschen. Dieses potentiell Wirkliche ist jene ‚Sprache', in der der Mensch, will er Mensch sein, immer schon lebt. Deshalb ist die Sprache Ergon, sofern sie Energeia und Energeia, sofern sie Ergon ist"[479].

So nimmt Menze dann doch noch die Position ein, die zunächst abgelehnt wurde: Er hält es nun für möglich, daß die Sprache eben doch *auch* Ergon sein könne. Dann sind auch andere Begriffserweiterung bzw. -verschiebungen, wie z.B. die semantische Eingliederung eines als anthropologisch gedachten ‚Energie'-Begriffs, nicht mehr ausgeschlossen:

> „Die Sprache, die der Mensch erzeugt, liegt bereits als geformter Stoff vor ihm. Die in ihm liegende Energie entbirgt sich im Sprachakt und verbindet auf je individuelle Weise den Sprechenden mit dem, was in der Wiedererzeugung dieser Sprache wieder zur Anwesenheit kommt"[480].

Menze weiß allerdings um diese Problematik, in die er sich unter dem selbstgewählten Leibnizschen Diktat hineinmanövriert hat, und bleibt vorsichtig, eine Vorsicht, die jedoch das theoretische Schlingern zwischen den Positionen nicht verdecken kann:

> „Somit sind Energeia als die Totalität des Sprechens und Ergon als sprachliches Objektivgebilde nicht zwei verschiedene Seiten der Sprache, sondern sie

---

[478] Menze, *Humboldts Lehre*, a.a.O., S. 231.
[479] Ebd.
[480] Ebd.

sind nur in unmittelbarer Zuordnung auf einander sie selbst, und das eine ist nur durch das andere und umgekehrt. Nur dem Begriff, nicht der Sache nach sind sie zu trennen, weil die Sprache – wie Humboldt immer wieder betont – nur insofern Objekt und selbständig ist als sie Subjekt und abhängig ist"[481].

In der sprachtheoretischen Perspektive Humboldts und deren ontologisch-aristotelischen Zielrichtung kann ein in dieser Hinsicht nur als ‚sophistisch' zu qualifizierender Differenzierungsversuch kaum befriedigen. Menze hat sich selbst die Weiche falsch gestellt und damit auf ein Gleis begeben, von dem aus sich systematisch kaum noch klar argumentieren läßt. Immerhin ist dieser neue Weg frei für assoziative Deutungen anderer Aspekte Humboldtscher Sprachtheorie, ein Ziel, auf das bereits so viele der Rezipienten des ‚Energeia'-Diktums abzweckten. Bei Menze ist es – wie bei einigen anderen auch – die Frage des Zusammenhangs von Sprache und Nation, die er glaubt, mit Hilfe des selbstkreierten Schismas von ‚Ergon' und ‚Energeia' aufhellen zu können:

> „Wenn Sprache aber nicht nur Energeia, sondern auch ‚Ergon' ist, das die sprechende Individualität zwar vorfindet, aber erst aufs neue erzeugen muß und in dem Übergang in das Subjekt zum Ergon und gleichzeitig zur Energeia macht, dann folgt daraus, daß für Humboldt die Bindung der Individualität an das Volk oder die Nation, die Humboldt auch Sprachgemeinschaft nennt, jetzt gerade in seinem Denken von der Sprache her stärker hervortritt. Individualität kann nur in einem Volksganzen existieren und lebt somit immer schon im Sinnhorizont der diesem Volk eigenen Sprache. Deshalb gilt für Humboldt, ‚dass die Subjectivitaet des Einzelnen durch die seiner Nation, die dieser durch die der vorausgegangenen und gleichzeitigen Geschlechter, und endlich die Subjectivitaet dieser durch die der Menschheit überhaupt gebrochen, gemildert und erweitert ist'"[482].

Und damit besteht für Menze „kein Gegensatz zwischen Individual- und Nationalsprache, sondern die Nationalsprache wird zur Bedingung der Möglichkeit der Individualsprache und umgekehrt"[483]. Noch nicht einmal zumindest in Einzelaspekten der Humboldtschen Sprachtheorie ganz unangemessen ist das, was hier vorgeführt wird, aber bereits meilenweit entfernt von dem, was Humboldt mit dem ‚Energeia'-Diktum sagen will und sagen kann.

Eins macht Menze jedoch ungewollt deutlich. Der ‚Ergon'-Ausschluß Humboldts hat neben seiner systematisch-sprachtheoretischen auch noch eine andere wichtige Funktion. Er ist der vielleicht augenfälligste Aufweis

---

481 Ebd.
482 Menze, *Humboldts Lehre*, a.a.O., S. 232.
483 Ebd.

dafür, daß der theoretische Kontext des ‚Energeia'-Diktums genau im Umfeld der aristotelischen Ontologie zu suchen ist und nirgendwo sonst. Hätte Menze dies erkannt, wäre auch sein folgender Satz nicht nur wahr (was er ohne Zweifel ist), sondern auch als lediglich halbrichtig – weil eben spezifisch gültig und einzig in einem reduzierten Legitimationsraum dauerhaft überlebensfähig – erkannt: „Sprache als bildendes Organ ist stets eine Energeia, ständige Anspannung des Geistes"[484].

In *Die Ordnung der Dinge*[485], M. Foucaults breitangelegter Geschichtsstudie zu den Denksystemen von der Renaissance bis zum 19. Jahrhundert, in der er den Versuch einer *Archäologie der Humanwissenschaften* unternimmt und die 1966 zum ersten Mal erscheint, wird das ‚Energeia'-Diktum ausgerechnet in dem Kapitel vorgeführt, in dem unter der Überschrift *Arbeit, Leben, Sprache* F. Bopp zum Anlaß für die Klärung der Funktion der Sprache in dieser Zeit genommen wird: „Die Analysen von Bopp sollten eine hervorragende Bedeutung, nicht nur für die innere Zerlegung einer Sprache, sondern auch für die Definition dessen haben, was die Sprache in ihrem Wesen sein kann. Sie ist nicht mehr ein System von Repräsentationen, das die Kraft hat, andere Repräsentation zu zerlegen und zu rekomponieren. Sie bezeichnet in ihren konstantesten Wurzeln Handlungen, Zustände, Willen"[486]. Mit dem Ende der Repräsentationen wird nach Foucault auch folgerichtig die objektive Dingwelt obsolet, der Schwerpunkt der Betrachtung und der Angelpunkt für die Ordnung der Dinge verschiebt sich hin zur Annahme des selbstbestimmten, handelnden Subjekts: „Die Sprache ‚verwurzelt sich' nicht bei den wahrgenommenen Dingen, sondern beim aktiven Subjekt. Und vielleicht ist sie dann eher dem Wollen und der Kraft entsprungen als jener Erinnerung, die die Repräsentation redupliziert. Man spricht, weil man handelt, und nicht, weil man beim Wiedererkennen erkennt"[487]. Den Paradigmenwechsel von der Klassik, „während (...) der (...) die Ausdrucksfunktion der Sprache nur im Ursprungspunkt und allein zur Erklärung dafür gesucht wurde, daß ein Laut eine Sache repräsentieren kann"[488], hin zum 19. Jahrhundert, in dem „die Sprache während ihres ganzen Laufs und in ihren komplexesten Formen einen irreduziblen Ausdruckswert"[489] hat, im Blick, sieht Foucault in diesem Wechsel „das fundamentale Wollen der Sprechenden offenbart und über-

---

[484] Menze, *Humboldts Lehre*, a.a.O., S. 216.
[485] Foucault, M.: *Die Ordnung der Dinge*. Frankfurt am Main (12. Aufl.) 1994.
[486] Foucault, *Die Ordnung*, a.a.O., S. 353.
[487] Ebd.
[488] Foucault, *Die Ordnung*, a.a.O., S. 354.
[489] Ebd.

setzt"[490]. Nun kommt das ‚Energeia'-Diktum in einer bislang nicht ge-
kannten Interpretationsvariante ins Spiel, die letztlich gleichermaßen als
sprachtheoretisch und im eigentlichen Wortsinn als *politisch* bezeichnet
werden muß. Foucault schreibt:

> „So wie der lebendige Organismus durch seine Kohärenz die ihn am Leben
> haltenden Funktionen manifestiert, macht die Sprache, und zwar in der
> ganzen Architektur ihrer Grammatik, den fundamentalen Willen sichtbar, der
> ein Volk am Leben erhält und ihm die Kraft gibt, eine nur ihm gehörige Spra-
> che zu sprechen. Plötzlich sind die Bedingungen der Historizität der Sprache
> verändert. Die Veränderungen kommen nicht mehr von oben (von der Elite
> der Gelehrten, der kleinen Gruppe der Händler und Reisenden, den siegrei-
> chen Armeen, der Aristokratie der Invasion), sondern sie entstehen dunkel in
> der Tiefe, denn die Sprache ist kein Instrument oder Produkt – kein *ergon*,
> wie Humboldt sagte –, sondern eine unaufhörliche Aktivität, eine *energeia*.
> Wer in einer Sprache spricht und nicht aufhört, in einem Gemurmel zu spre-
> chen, das man nicht hört, aber von dem dennoch der ganze Glanz kommt, ist
> das Volk"[491].

‚Energeia' ist hier – freilich allzu ‚völkische' – Subversion, Unterminie-
rung der in ihren Strukturen das Machtvolle repräsentierenden Historie,
Zersetzung der gesetzten ‚Ergon'-Sprache der Hierarchien durch das immer Vorübergehende und doch Geschichtliche der Sprache, das seinen
Ausdruck im gemeinsamen und unaufhaltsamen Sprachhandeln der Subjekte findet und durch seinen organischen Charakter weder kontrollier-
noch beherrschbar zurückbleiben kann.

Auf die Problematik einer Verknüpfung der Generativen Transformationsgrammatik N. Chomskys mit der Humboldtschen Sprachtheorie sind
H.-W. Scharf und T. Borsche bereits intensiv eingegangen. Wie kaum ein
anderer hat Chomsky Humboldt als Legitimationsinstanz seiner als wissenschaftlich behaupteten Sprachbetrachtung verwendet, und bei kaum
einer anderen ‚Rezeption' Humboldts sind die heuristischen, systematischen und geistesgeschichtlichen Unterschiede zwischen dem Original
und dem ‚Rezeptionsergebnis' so eklatant wie in diesem Fall, der die
Sprachwissenschaft der 60er und 70er Jahre derart nachdrücklich prägte.
Daß dieser Euphorie heute allenthalben Zurückhaltung und Skepsis gefolgt sind, hängt vor allem mit der Konstitutionsproblematik zusammen,
also mit der Klärung dessen, was überhaupt Gegenstand wissenschaftlicher (Sprach-)Betrachtung sein soll. Aus der Sicht der Sprachtheorie
Chomskys, so konstatiert Borsche, „erscheint (...) jede philosophische

---

[490] Ebd.
[491] Ebd.

Erörterung des Begriffs der Sprache als vorwissenschaftliche Behandlung eines im Grunde wissenschaftlichen Problems"[492]. Borsche hat nachgewiesen, warum Chomskys Ansatz nicht nur in seinem Humboldt-Bezug rezeptionsgeschichtlich äußerst fragwürdig ist, sondern warum eben eine so verstandene „wissenschaftliche Lösung des Problems"[493] der Gegenstandskonstituierung „aus immanenten Gründen zum Scheitern verurteilt ist"[494]. Chomskys Theorie, der nach „einem sehr raschen Aufstieg (...) ein ebenso rascher Abstieg"[495] beschieden war, scheitert an ihren „inneren Widersprüchen"[496], die vor allem in ihrem wissenschaftstheoretischen Fundament offenbar werden: „Der Versuch, einen adäquaten Begriff der Sprache allein von ihrer wissenschaftlichen Untersuchung her zu gewinnen, ist (mit Chomsky, U.W.) gescheitert"[497]. Borsche stellt dem eine philosophische Betrachtung der Sprache gegenüber und kann damit die „Inadäquatheit der Mittel einer gegenständlichen Sprachbetrachtung zum Verständnis der sprachphilosophischen Problematik"[498] zeigen. Das von Borsche zum Thema Ausgeführte in Rechnung stellend, gehe ich – den diesbezüglichen Theoriezusammenhang nicht noch einmal ausführlich referierend – lediglich kurz auf Chomskys ‚Energeia'-Interpretation ein, und zwar deswegen, weil sie das Problem in besonderer Weise zu illustrieren vermag, das mit einer Konfrontation genuin *sprachphilosophischer* bzw. *sprachtheoretischer* Konzepte mit als *sprachwissenschaftlich* behaupteten Entwürfen Chomskyscher Prägung fast notwendig verbunden ist. In *Cartesian Linguistics*[499], Chomskys Entwurf sprachwissenschaftlicher Theoriebildung aus dem Jahre 1966, den er selbst als *Chapter in the History of Rationalist Thought* bezeichnet, und damit bereits die Traditionen, in denen dieser Entwurf steht, unumwunden preisgibt, wird ausgerechnet Humboldt als Kronzeuge für eben diesen Ansatz geladen. Hier kann daher auch das ‚Energeia'-Diktum nicht fehlen. Chomsky schreibt:

> „The Cartesian emphasis on the creative aspect of language use, as the essential and defining characteristic of human language, finds its most forceful ex-

[492] Borsche, *Sprachansichten*, a.a.O., S. 11.

[493] Borsche, *Sprachansichten*, a.a.O., S. 12.

[494] Ebd.

[495] Ebd.

[496] Ebd.

[497] Borsche, *Sprachansichten*, a.a.O., S. 34.

[498] Borsche, *Sprachansichten*, a.a.O., S. 41. – Zur Chomsky-Kritik der neueren sprachtheoretischen Forschung vgl. auch S. 41-42, Anm. 30.

[499] Vgl. Chomsky, N.: *Cartesian Linguistics: A Chapter in the History of Rationalist Thought*. New York 1966.

pression in Humboldt's attempt to develop a comprehensive theory of general linguistics. (...) Humboldt's characterization of language as *energeia* (‚Thätigkeit') rather than *ergon* (‚Werk'), (...) as ‚eine Erzeugung' rather than ‚ein thodtes Erzeugtes,' extends and elaborates – often, in almost the same words – the formulations typical of Cartesian linguistics and romantic philosophy of language and aesthetic theory"[500].

Chomskys weiterer Gedankengang ist nun – abgesehen davon, daß die von ihm unterstellte Parallelisierung von ‚Ergon' und ‚Energeia' mit ‚Erzeugtes' und ‚Erzeugung' davon gekennzeichnet ist, daß diese dankbare, aber nicht unbedingt zwingende, humboldtinterne Interpretationsvariante weder eingehend begründet noch in ihren Brüchen bzw. Chancen ausgedeutet wird – derart, daß die Verknüpfung des ‚Energeia'-Diktums mit Chomskys Entwurf von diesem überhaupt nicht eingehend erläutert wird. Sie steht ebenso plakativ wie einsam schillernd in einem für den Leser nicht unbedingt nachvollziehbaren Legitimationszusammenhang und geht über in eine ebenso diffuse Instrumentalisierung des Formbegriffes: „The Form of language is a systematic structure"[501]. Schwerer aber wiegt, daß Chomskys ‚Sprachwissenschaft' (in nebeliger Anlehnung an Humboldts ‚genetische' Qualifizierung der Sprache) in ihrem als generativ behaupteten und eigentlich doch höchst rationalisierten Wechselspiel zwischen Oberflächenstruktur (die nach Chomskys Auffassung die lautliche Realisierung eines Satzes abbilden soll) und Tiefenstruktur (die demgegenüber die Basis für die semantische Interpretation des Satzes bietet) einerseits und grammatisch idealisierter Kompetenz und Performanz (als sprachlichem Verhalten verstanden) der Sprecher andererseits nun den theoretischen Gehalt des ‚Energeia'-Diktums geradezu leugnen muß, weil nur in einer gegenständlichen Betrachtungsweise eine solche Form der Sprachproduktion, wie sie hier behauptet wird, überhaupt möglich, faßbar und analysierbar wird. Darin kann auch die Einführung des Kreativitätsbegriffes (rule-governed creativity), der doch nichts anderes ist als die – eine Restfreiheit mühsam aufrechterhaltende – Kaschierung der Automatisierung der Produktion und Analyse der Sprache, nichts ändern. Borsche merkt dazu an:

> „Obwohl also Chomsky die Bestimmung der Sprache als Energeia zum Ausgangspunkt seiner Darstellung Humboldts wählt, lassen seine nur gelegentlich interpretierenden Paraphrasen des Humboldtschen Texts deutlich erkennen, daß er die Sprache eben doch nur gegenständlich, das heißt als

---

[500] Chomsky, *Cartesian Linguistics*, a.a.O., S. 19.
[501] Ebd.

Ergon, begreifen kann. Was er als einen ‚im Grunde Humboldtschen Ansatz' bezeichnet, ist die Auffassung von der Sprache als einem Ergon höherer Stufe, nämlich als eine Maschine zur Herstellung adäquater Sprachda-
ten"[502].

Mit dem Humboldtschen Sprachverständnis hat Chomskys Ansatz demnach nicht nur wenig zu tun, es widerspricht ihm an entscheidender Stelle, nämlich in der ontologischen Qualifizierung und Fundierung der
sprachtheoretischen Grundlagen, die Chomsky aufgrund des ‚Energeia'-
Diktums hätte erkennen können, die ihm aber letztlich vollkommen ver-
schlossen bleiben. Abschließend noch einmal T. Borsche zu Rate zie-
hend, kann daher – zusätzlich die erkenntnistheoretische Problematik
von Chomskys Ansatz in den Blick hineinnehmend – konstatiert werden:

> „Die als absolut vorausgesetzte Objektivität jedes möglichen Gegenstands
> des Denkens allein genügt, den Gegenstand Sprache vor aller näheren Be-
> stimmung, was er sei, als ein Ergon im Sinne Humboldts erscheinen zu las-
> sen. Dieser gegenständliche Sprachbegriff, oder diese gegenständliche Grund-
> lage der Kontroverse um einen optimalen wissenschaftlichen Sprachbegriff,
> und das zeigt Chomsky aufgrund seiner ausdrücklichen positiven Anknüp-
> fung an Humboldtsche Gedanken nur deutlicher als andere moderne Sprach-
> forscher, ist eine Voraussetzung, durch welche das Verständnis des Hum-
> boldtschen Begriffs der Sprache als Energeia von vornherein verstellt
> wird"[503].

Mit fast sorglos anmutender Problemohnmacht gegenüber dem Humboldtschen Sprachverständnis perpetuiert Chomsky seinen sprachwissenschaftlichen Ansatz (wie auch dessen zweifelhafte Fundierung) durch
viele andere seiner Schriften hindurch[504], eine Verfahrensweise, die unter dem Gesichtspunkt und Stand der modernen Humboldt-Forschung
kaum noch nachzuvollziehen und damit ein Stück Wissenschaftsgeschichte geworden ist, die in dieser Form heute wohl kaum noch solche
Verbreitung finden könnte. Nie wieder – und auch nur selten vor
Chomsky – wurde in der Geschichte der Humboldt-Rezeption so plakativ und wirkungsmächtig Humboldt faktisch eigentlich gar nicht rezipiert, weil hier auch nicht ansatzweise die Bemühung zu erkennen ist, in

---

502 Borsche, *Sprachansichten*, a.a.O., S. 43.
503 Borsche, *Sprachansichten*, a.a.O., S. 44.
504 Vgl. Chomsky, N.: *Current issues in linguistic theory*. The Hague, Paris (5. Aufl. [1. Aufl.
     1964]) 1970. – Chomsky, N.: *Aspects of the theory of syntax*. Cambridge, Mass. (10. Aufl.
     [1. Aufl. 1965]) 1975. – Zur Grundlegung der GTG vgl. vor allem Chomsky, N.: *Syntac-
     tic Structures*. Den Haag, Paris 1957.

das Humboldtsche Sprachverständnis auch nur versuchsweise einzudringen.[505]

An dieser Stelle ist es rezeptionsgeschichtlich angezeigt, die bereits angesprochene Position E. Heintels näher zu erläutern, auch weil sie sowohl
in einigen Grundaussagen wie im Stil der Problembearbeitung erheblichen Einfluß auf die nachfolgenden Interpretationen genommen hat. In
dessen zuerst 1952 und dann wieder 1957 und 1966 erschienenen Aufsatz
Sprachphilosophie[506] ist das ‚Energeia'-Diktum Ausgangspunkt des gesamten Darstellungszusammenhangs. Heintel bezeichnet es eingangs als
Humboldts „viel zitierte aber häufig wenig ernst genommene Wendung"[507], eine Tatsache, die mehr in Korrespondenz als im Widerspruch
zu der Tatsache steht, daß „in der Sprachwissenschaft unserer Zeit an vielen Orten (der, U.W.) vernehmbare Ruf"[508] zu hören ist: „Zurück zu
Humboldt! und damit: Zurück zur Sprache (als Energeia!)"[509]. Heintel
versteht das ‚Energeia'-Diktum damit von vornehrein auch als wissen-
schaftsgeschichtliches Phänomen, das er jedoch unbedingt an Humboldts
originäres Verständnis zurückgebunden wissen will: „Wenn wir diesen
Ruf aufnehmen, müssen wir von dem an jenem Begriff der Energeia gewonnenen Selbstverständnis Humboldts bezüglich seines Gegenstandes,
der Sprache, ausgehen"[510]. Gleich im Anschluß an diese Forderung stellt
Heintel mehrere wichtige Grundlagen einer gelingenden Rezeption apodiktisch fest:

> „Jedenfalls: das Wort ‚E n e r g e i a' ist kein beliebiger, zufällig sich ein-
> stellender Terminus, sondern einer der wichtigsten und geschichtsmächtig-
> sten Begriffe im System des Aristoteles (Herv. aufg., U.W.). Er ist freilich in
> dem vielschichtigen Denken des Stagiriten nicht in eindeutiger Weise fest-

---

[505] Die Passage über Chomsky schrieb ich am Tag der Sonnenfinsternis am 11. August 1999.
Um die Mittagszeit, es war gegen 12.30 Uhr, schlug ich *Cartesian Linguistics* auf und sofort verfinsterte sich der Himmel. Niemals mehr habe ich eine Humboldt-Rezeption in
solch völliger Dunkelheit erlebt. Nur im Licht wird somit „alles, was wir in Wärme und
Enthusiasmus ergreifen, (...) eine Art der Liebe" (*Ideen über die Staatsverfassung, durch
die neue französische Konstitution veranlaßt*, I 81). – Vgl. dazu auch J. Trabant, dem die
Humboldt-Forschung die Einsicht in den doppelten Wissenschaftsbegriff des Tegeler Philosophen verdankt: „Humboldt verlangt von der Philosophie, sie solle nicht nur Licht,
sondern auch Wärme verbreiten" (Trabant, J.: *Apeliotes oder Der Sinn der Sprache. Wilhelm von Humboldts Sprach-Bild*. München 1986. S. 15).

[506] Heintel, E.: „Sprachphilosophie". In: Stammler, W. (Hrsg.): *Deutsche Philologie im Aufriß. Bd. 1*. Berlin (Neudruck der 2. Aufl. [1. Aufl. 1952, 2. Aufl. 1957]) 1966. S. 564-620.

[507] Heintel, „Sprachphilosophie", a.a.O., S. 568.

[508] Heintel, „Sprachphilosophie", a.a.O., S. 569.

[509] Ebd.

[510] Ebd.

gelegt, bezeichnet aber jedenfalls bei ihm die eigentliche konkrete Wirklichkeit"[511].

Der Allgemeinplatz-Gefahr wird hier demnach ebenso begegnet wie die
grundlegende Rolle des Terminus nun konstatiert ist. Daß es in der Tat
schon bei Aristoteles je nach Kontext Unterschiede in der Bedeutung gibt,
ist eine wichtige Beobachtung, die erheblichen Einfluß auf die Auslegung
des ‚Energeia'-Diktums hat. Allerdings kapriziert sich Heintel nun gerade
nicht auf eine genuin ontologische Sichtweise: „Im Sinne unseres Themas
grenzen wir den Rückbezug Humboldts auf Aristoteles sofort auf die
Frage ein, welchen Gebrauch der Philosoph mit dem Begriff Energeia in
denjenigen Zusammenhängen verbindet, in denen ein ‚L o g o s a r t i g e s '
in Frage steht"[512]. Daran orientiert sich nun die weitere Begriffsanalyse,
die „z.B. das W i s s e n a l s E n e r g e i a (ἐπιστήμη κατ' ἐνέϱγειαν)"[513] untersucht und u.a. auch auf Humboldtsches Sprachdenken bezieht. Ohne
Zweifel bietet Heintel damit eine hochinteressante Herangehensweise an,
die in der Rezeptionsgeschichte des Diktums singulär ist. Auch ist seine
diesbezügliche Klärung von hoher philosophischer Qualität. Ob er in den
Kern von Humboldts engerem Verständnis des Diktums trifft, ist hingegen ungewiß, was sich auch darin ausdrückt und begründet liegt, daß
Heintel hier das Kantische und Leibnizsche Begriffverständnis bis sogar
auf Fichte mit einzubinden sucht.[514] In dieser erweiterten Sicht ist dann
„Energeia ebenso der Ort für die Einsicht in die D i a l e k t i k d e s L o -
g o s a r t i g e n w i e gegenständliches A t t r i b u t der oder gewisser
‚Substanzen'"[515]. Wichtig ist der Hinweis, daß „es Aristoteles (Herv. aufg.,
U.W.) bei dem Wissen als Energeia zweifellos auch um (...) Fragen der
Synthesis (Umst., U.W.)"[516] gehe, und zwar derart, „welche Rolle der
Sprache in der aktuellen ‚S y n t h e s i s ' von Wissen und Gegenstand, von
Denken und Sein zukommt"[517]. Heintels erkenntnistheoretische Schluß-
folgerung:

> „Sprache fällt ihrem unmittelbaren Sein nach mit der u n m i t t e l b a r e n R e -
> f l e x i o n κατ' ἐνέϱγειαν zusammen. A l s S p r a c h e wird sie freilich erst er-
> kannt und durchschaut in der Reflexion auf die naive Sprache, also im S p r e -
> c h e n v o n d e r S p r a c h e. Diese überhöhte Reflexion kann selbst wieder

---

[511] Heintel, „Sprachphilosophie", a.a.O., S. 570.
[512] Ebd.
[513] Ebd.
[514] Vgl. Heintel, „Sprachphilosophie", a.a.O., S. 571-572.
[515] Heintel, „Sprachphilosophie", a.a.O., S. 571.
[516] Ebd.
[517] Ebd.

naiv erfolgen und betrachtet dann Sprache (sei es als Dynamis, sei es als Ergon) als einen Gegenstand unter anderen und wie andere auch – oder sie weiß, daß ein Logosartiges, als Gegenstand genommen, in jene schon entwickelte Dialektik führt, in der wir erfahren, daß alles Sinnhafte, auch als unmittelbares, den linearen Geschehensablauf immer schon ,meinend' überhöht"[518].

Hier wird deutlich, daß Heintel das ,Energeia'-Diktum als Grundlage weitreichender sprachtheoretischer Reflexionen nutzt, ein Vorgehen, das ihn letztlich zu einem umfassenden Verständnis des ,Energeia'-Begriffs führt, das sowohl die subjektivitätstheoretische wie die ,ontologische' und auch genuin sprach*philosophische* Veranlagung des Terminus verwerten will:

> „Menschlicher Logos ist nicht die r e i n e E n e r g e i a (actus purus) des schaffenden Wortes: ,es werde! ... und es ward.' – sondern als bestimmter Logos – e n d l i c h e E n e r g e i a, sich selbst immer schon voraussetzend im unmittelbaren Sinn seiner Existenz als ein Geschöpf in der Schöpfung; er könnte aber diese Endlichkeit nicht einmal als Sinn ergreifen, könnte er sie nicht auf seine Art ,transzendieren', hätte er nicht auf seine Art teil an der Energeia des schaffenden Logos auch in seinem endlichen Logos, mit dem er die ins Licht gestellte Schöpfung nachschaffend für die Erkenntnis zur Sprache bringt"[519].

Dieses erweiterte Verständnis – (mindestens) zwischen den Positionen Aristoteles' und Humboldts entlang *und* hindurch – entwickelt geht Heintel dann dazu über, „zunächst in g e s c h i c h t l i c h e n (...) und dann in s y s t e m a t i s c h e n A u s f ü h r u n g e n (...) unseren Ansatz von der Sprache als Energeia zu demonstrieren und zu differenzieren"[520], ein hochinteressantes Unternehmen, dem hier leider nicht gefolgt werden kann. Wichtig ist, daß auch Heintel mit dem von Aristoteles und Humboldt zur Verfügung gestellten begrifflichen Instrumentarium kreativ umgeht und darin auch dessen eigentliche Produktivität registriert:

> „Jedenfalls ist es das weitere Ziel dieser Arbeit, die hiermit systematisch eingeführten und begründeten Zuordnungen: S p r a c h e a l s E r g o n > L i n g u i - s t i k, S p r a c h e a l s D y n a m i s > S p r a c h p s y c h o l o g i e, S p r a c h e a l s E n e r g e i a > S p r a c h p h i l o s o p h i e möglichst scharf herauszuarbeiten und gegen naheliegende Mißverständnisse zu sichern"[521].

Daß dieses Instrumentarium (obwohl in der Trias von energeia, ergon und dynamis nicht im engeren Sinne Humboldts Verständnis entsprechend)

---

[518] Heintel, „Sprachphilosophie", a.a.O., S. 572.
[519] Heintel, „Sprachphilosophie", a.a.O., S. 573-574.
[520] Heintel, „Sprachphilosophie", a.a.O., S. 576.
[521] Heintel, „Sprachphilosophie", a.a.O., S. 577.

durchaus Erklärungspotential für die Klärung sprachtheoretischer Fragestellungen auch im Sinne Humboldts haben kann, das zeigt Heintel z.B. bei der Klärung der Sprachursprungsfrage, in deren Rahmen ihm alle drei ‚Kategorien‘ als wissenschaftliche Kristallisationspunkte gelten:

> „Aus der Einsicht in die grundsätzliche Grenze aller genetischen Sprachbetrachtung überhaupt ergibt sich auch der relative Sinn alles Fragens nach dem ‚U r s p r u n g‘ der Sprache, einer viel erörterten und berühmten Streitfrage (...). Zu ihr läßt sich kurz sagen, daß sie sich nur innerhalb von *Sinn* (Herv., U.W.) als Energeia, d.h. gegenständlich, niemals aber für die immer schon damit vorausgesetzte *Sprache* (Herv., U.W.) als Energeia stellen läßt. Sie ist eine Frage gegenständlicher Relation, keineswegs aber eine solche der Gegenstands- und Sinnkonstitution selber. Sie läßt sich also nur für Sprache als D y n a m i s und Sprache als E r g o n ansetzen"[522].

Die Sprachursprungsfrage ist also auch im (sprach-)ontologischen Sinne „jenseits der Gränzlinie" (*Ueber das vergleichende Sprachstudium*, IV 3).[523] Nachgewirkt hat Heintels Beitrag vor allem dadurch, daß er *trotz* seiner Aristoteles-Kontextuierung eine systematisch großzügige, *sprachphilosophisch* aber dennoch plausible und fruchtbare Umgangsweise vorschlägt, die den ‚Energeia‘-Begriff allerdings für zahlreiche Deutungen offen hält.

Solche Erschließungsarbeit hat Folgen. Die ‚Energeia‘-Rezeption der 60er Jahre ist zunehmend von Positionen gekennzeichnet, die nicht vorderhand einen eigenen Interpretationsbeitrag zum Diktum im engeren Sinne liefern wollen, sondern einerseits Bezugnahmen auf bereits bestehende Deutungen formulieren, andererseits auf diesen wiederum aufzubauen versuchen und damit Varianten formulieren, die entweder bereits bekannt sind oder die sich schon weitgehend von Humboldts ursprünglicher Ansicht entfernen. Ich referiere zwei solcher Ansätze, um die Verschränkungen deutlich zu machen.

J. Pleines bespricht 1967 *Das Problem der Sprache bei Humboldt*[524] und setzt für eine diesbezügliche Klärung mit dem „Ergon-Energeia-Satz"[525] ein. Sein allzu offener, aber immerhin offen zugegebener Ansatz wird gleich zu Beginn deutlich:

---

[522] Heintel, „Sprachphilosophie", a.a.O., S. 599.

[523] Vgl. auch das Kapitel 5 zum Sprachursprung in Trabant, J.: *Traditionen Humboldts*. Frankfurt am Main 1990. S. 94-121.

[524] Pleines, J.: „Das Problem der Sprache bei Humboldt. Voraussetzungen und Möglichkeiten einer neuzeitlich-kritischen Sprachphilosophie". In: Gadamer, H.-G. (Hrsg.): *Das Problem der Sprache*. München 1967. S. 31-43.

[525] Pleines, „Das Problem der Sprache", a.a.O., S. 31.

„Das Problem der Sprache bei Wilhelm v. Humboldt besteht für uns primär nicht darin, wie der von Humboldt gemeinte Sinn an Hand des Textes freigelegt, sondern wie die angesprochene Sache im Doppelbezug des exegetischen Befunds und seiner vielleicht latenten Auswirkungen auf die gegenwärtige Situation erläutert werden könnte. Daher überschreiten die folgenden Gedanken textimmanente Bedingungen, ohne sie zu überspringen, und reflektieren weit eher unseren Rezeptionsmodus Humboltscher Anregungen"[526].

Nun hat Pleines doch das Problem, die konkreten Bedingungen des Humboldtschen Textes fast gänzlich auszuklammern, ein Umstand, der nahezu beiläufig Interpretationsverschiebungen provoziert, auf die ich bereits mehrfach aufmerksam gemacht habe, und die sich auch bei Pleines perpetuieren. So wird Humboldts Diktum einerseits als „entscheidende Forderung"[527] (und damit ihrem Charakter nach in Richtung ‚Formelhaftigkeit' überlastet) interpretiert, andererseits beinhaltet diese Forderung laut Pleines, „Sprache nicht *allein* (Herv., U.W.) als Ergon sondern als Energeia (Herv. aufg., U.W.) aufzufassen"[528]. Es ist bereits hinreichend deutlich geworden, daß eine solche ‚Sowohl-als-auch-Interpretation' weder aristotelischem noch Humboldtschem Gedankengut entspricht, und es ist symptomatisch, mit welch' argumentativer Unsicherheit und trotzdem grober Selbstverständlichkeit die vermeintliche Rettung des ‚Ergon' hier erneut eingeführt wird. Wichtig und richtig ist dagegen der Hinweis Pleines, Humboldt wolle „im Gegenzug zu"[529] einem Sprachbegriff, der sich „kategorialer ‚Materialerstellung'"[530] verantwortet sieht, „die Sprache so aus ihrem dialogischen Prinzip entwickeln, daß ihre Wirklichkeit in einem Sachzusammenhang als ‚verbundene Rede' hervortritt"[531]. In der Rezeptionsgeschichte häufig auftretende und damit irgendwann unvermeidbar zum Standardrepertoire avancierende Vorurteile werden trotzdem weiterhin mitgeliefert: „Sprache solchermaßen als monadische Energeia (Herv. aufg., U.W.) verstanden, wäre die intelligible Entfaltung einer perspektivischen ‚Weltansicht'"[532]. Auch hier wird also unerläutert Leibniz zum Paten des Diktums erhoben, eine Annahme, die Pleines dann aus seiner Sicht folgerichtig zu einer Kritik an L. Josts Auffassung führt:

---

[526] Ebd.
[527] Ebd.
[528] Ebd.
[529] Pleines, „Das Problem der Sprache", a.a.O., S. 32.
[530] Ebd.
[531] Ebd.
[532] Ebd.

„Allgemein ist es das Verdienst von Leonhard Jost, in diesem Sinne die ‚Geschichte und Kritik der energetischen Sprachauffassung seit Wilhelm von
Humboldt‘ (...) vorgetragen zu haben. – Wenn man sich jedoch aus exegetischen Gründen diesem Interpretationstenor allein nicht anschließen kann, der
bei aller Variationsbreite auf ein Setzung-Satzung-Schema hinausläuft, so wäre unter Subjekt vielleicht diejenige Art von Verhältnis zu denken, die im Bereich intersubjektiver Beziehungen gilt“[533].

Pleines kritisiert demnach Jost, um alsdann frei zu sein von den Mühen
einer philologisch genauen Interpretation des ‚Energeia‘-Diktums, ein ge-
wonnener Spielraum, der nun dafür genutzt wird, durch Heidegger hindurch Hamann und Herder als die eigentlichen Begründer des dem Diktum zugrunde liegenden Gedankenguts aufzuführen: „Denn Hamann und
Herder liegen dem Energeia-Satz (Herv. aufg., U.W.) nicht nur historisch
voraus, sondern sie sind ihr Inhalt – freilich in dem Sinne, (...) das Nachdenken über die Sprache in die Bedingungen einer bergenden Sprach-Welt
zurückgeführt zu haben“[534]. Dieses Argumentationsmuster ist zwar von
seiner Struktur her durchaus sachgemäß, zielt dann aber auf ein etwas dif-
fuses Verständnis vom Humboldtschen Sprachbegriff und hat mit einer
Auslegung des ‚Energeia‘-Diktums im eigentlichen Sinne nichts mehr zu
tun. Es wird als Formel verbraucht, auch um den „Übergang des Energeia-Satzes (Herv., aufg.) zum Begriff einer ‚inneren Sprachform‘ bei
Humboldt“[535] zu begründen. Übrig bleibt bei Pleines ein sehr allgemeines Verständniskonglomerat diverser Einzelaspekte, das er in der folgenden Passage zusammenfaßt:

„Wenn Humboldt dazu aufforderte, Sprache als Energeia (Herv. aufg., U.W.)
zu interpretieren, so wiederholte er damit den von uns beschriebenen Versuch, von der Sprache aus zu denken – in der Einsicht, daß sie allem vorstellenden, beurteilenden oder sich begreifenden Denken voraus einen geschichtlich ausgelegten Welthorizont eröffnet, von dem nicht abgesehen werden
kann“[536].

Auf der Suche nach nutzbaren Interpretationsspielräumen ist 1968 auch
H. Seidler, diesmal in bezug auf *Die Bedeutung von W. v. Humboldts
Sprachdenken für die Wissenschaft von der Sprachkunst*[537]. Für Seidler ist

---

[533] Pleines, „Das Problem der Sprache“, a.a.O., S. 33.
[534] Pleines, „Das Problem der Sprache“, a.a.O., S. 34.
[535] Pleines, „Das Problem der Sprache“, a.a.O., S. 43.
[536] Pleines, „Das Problem der Sprache“, a.a.O., S. 37.
[537] Seidler, H.: „Die Bedeutung von W. v. Humboldts Sprachdenken für die Wissenschaft von
der Sprachkunst“. In: Kessel, H. und Thoms, W. (Hrsg.): *Die Brüder Humboldt heute*.
Mannheim 1968. S. 63-85.

das ‚Energeia'-Diktum erst einmal wieder „der bekannte Satz"[538]. Dieser
dient ihm dazu, ein ganz anderes Humboldtsches Thema zu besprechen:

> „Auch aus den eigenartigen und wichtigen Ausführungen über den Unter-
> schied von Poesie und Prosa (...) tritt der gemeinsame Grundzug beider Mög-
> lichkeiten der sprachlichen Gestaltung deutlich hervor: sie schaffen beide ei-
> ne Geisteswelt aus dem Wirklichkeitsbezug, die Poesie, indem sie in
> schöpferischer Kraft eine Geisteswelt in sprachlicher Schönheit aufbaut, die
> Prosa, worunter Humboldt die hohe wissenschaftliche Prosa (Muster: Ari-
> stoteles) versteht, indem sie eine denkerische Welt errichtet"[539].

Humboldts Wesensaussage nun grammatisch interpretierend, merkt Seidler an, daß es „besonders (...) die Leistung des Verbums (ist, U.W.), die
Sprache als Vorgang, als geistige Tätigkeit zu entfalten. Aus diesen knap-
pen Andeutungen ist schon zu erkennen, daß es völlig verfehlt wäre, mit
diesem Energeia-Begriff auf den Vorrang einer Sprechkunde abzuzie-
len"[540]. Die Cunclusio, die Seidler hier formuliert, ist dem Gehalt des
Diktums durchaus angemessen, wenn auch die Prämissen so nicht unbedingt in Humboldts engerem Blickfeld liegen. Interessanter ist bei Seidler
jedoch ein ganz anderer Aspekt, nämlich der, auf welche Interpretationen
der Rezeptionsgeschichte sich seine ‚Energeia'-Deutung stützt. Seidler
schreibt, die Verstrickungen eben dieser Rezeptionsgeschichte mit der zu
unterstellenden Eindeutigkeit des Originals unbekümmert verwechselnd:
„Aber der Energeia-Begriff Humboldts ist nicht eindeutig, er läßt mehrere Deutungen zu"[541]. Seidler bietet dann folgenden Katalog an:

> „Drei davon (von den Deutungen, U.W.) scheinen mir besonders tief zu grei-
> fen, die Bedeutung der Sprache besonders herauszustellen und auch für die
> Erfassung der Sprachkunst wesentlich zu sein (...). Im Energeia-Begriff steckt
> nach der Auffassung Weisgerbers (...) die Tatsache, daß Sprache eine wirken-
> de Kraft ist, daß sich in ihr der Prozeß des Wortens der Welt vollzieht; im
> Worten ereignet sich die geistige Weltbewältigung des Menschen. 2. E. Hein-
> tel (...) bringt den Energeia-Begriff mit der Grundlagenproblematik der ge-
> samten abendländischen Bemühungen der Sprachphilosophie zusammen.
> Sprache hat – und das erkennt nach Heintel eben Humboldt besonders klar –
> eine eigentümlich konstitutive Funktion im Zusammenhang mit Welthaben
> und Menschsein; denn sie ist Geist in seiner lebendigen Aktualität. In der
> Sprache als Erzeugung vollzieht sich Sinnerzeugung und damit erst die Kon-
> stitution von Welt für den Menschen. 3. Das verfolgt Gipper nun noch weiter,
> indem er ausführt: solches Worten der Welt, solche Gegenstandskonstitution

---

[538] Seidler, „Die Bedeutung von W. v. Humboldts Sprachdenken", a.a.O., S. 65.
[539] Seidler, „Die Bedeutung von W. v. Humboldts Sprachdenken", a.a.O., S. 66.
[540] Ebd.
[541] Ebd.

ereignet sich auf höchster Ebene im Schaffen von Sprachwerken; erst darin realisiert sich Sprache als Geistestätigkeit"[542].

Seidler bezieht also seine ‚Energeia'-Kenntnis vorderhand aus der Rezeptionsgeschichte und kommentiert ansonsten die Textstelle Humboldts nur noch mit wörtlichen Erläuterungen des Tegeler Philosophen aus dem Umfeld des Diktums in der *Kawi-Einleitung*. Dieses Rezeptionsverhalten sollte typisch werden für die Phase der ‚Energeia'-Rezeption ab 1960: Die Interpretation vom Hörensagen nimmt einen ungeahnten Aufschwung. Daß ausgerechnet Weisgerber hier als zentrale Interpretationsvariante genannt wird, ist kaum verwunderlich. Gippers Deutung löst sich mit dem ‚Schaffen von Sprachwerken' gezielt vom Humboldtschen Denken.[543] Lediglich Heintel trifft – wie ich gezeigt habe – mit der Verknüpfung von geist- und sprachphilosophischen Aspekten einerseits und erkenntnistheoretischen und anthropologischen Aspekten andererseits den Horizont des Humboldtschen Sprachverständnisses.[544] Für Seidler – und bald auch nicht mehr ausschließlich für ihn – ist es kennzeichnend, sich zwischen diesen Positionen nicht entscheiden zu können: „Diese drei Interpretationen des Humboldtschen Energeia-Begriffs dürfen nicht disjunktiv gesehen werden, sondern als Entfaltung des in diesem Begriffsbereich Angelegten und Konzentrierten aus verschiedenen Perspektiven"[545]. Hier noch in vorsichtiger Variation formuliert erreicht das Pluralitätspostulat in Seidlers Feststellung mit all' seinen problematischen Konsequenzen die Rezeptionsgeschichte des ‚Energeia'-Diktums und gehört seitdem zum impliziten oder auch expliziten Allgemeingut fast aller Auslegungen. Dies mag die Rezeptionsgeschichte in vielerlei Richtungen geöffnet und sprachwissenschaftlich bereichert haben, der Blick auf das Humboldtsche Sprachverständnis wurde dadurch jedoch noch zusätzlich versperrt. Der Sinn des ‚Energeia'-Diktums ist so – und hierin liegt die Zäsur der 60er Jahre – nicht nur selbst immer noch weitgehend (oder auch schon wieder) verschüttet, in der explosionsartigen Vervielfachung möglicher Bedeutungen wird seine Rezeption auch selbst zum Schutt, der wiederum die Rekonstruktion und Freilegung Humboldtscher Theoreme massiv erschwert. Wissenschafts- und auch sprachtheoretisch ist dagegen notwen-

---

542 Seidler, „Die Bedeutung von W. v. Humboldts Sprachdenken", a.a.O., S. 66-67.

543 Seidler bezieht sich in seiner Bewertung von Gippers ‚Energeia'-Interpretation und in seiner Darstellung Weisgerbers und Heintels auf Gippers Aufsatz „Wilhelm von Humboldt als Begründer moderner Sprachforschung". In: *Wirkendes Wort*. 15. Jg. (1964) H.1. S. 12-14.

544 Vgl. Heintel, „Sprachphilosophie", a.a.O. – Heintel, E.: *Einführung in die Sprachphilosophie*. (4., um ein Nachw. erw. Aufl. [1. Aufl. 1972]) Darmstadt 1991. S. 69-84.

545 Seidler, „Die Bedeutung von W. v. Humboldts Sprachdenken", a.a.O., S. 67.

dig anzunehmen, daß es *eine* richtige Interpretation gibt – oder zumindest
eine solche, die dem Humboldtschen Gedankengang besonders angemessen ist. Verschwindet dieses (gleichwohl schwer einzulösende) Originali-
täts-Postulat, gerät auch die Interpretation der Humboldtschen Sprachtheorie an wichtiger Stelle unvermeidlich aus dem Gleichgewicht. Seidler
hingegen hat nach solcher pluralitätsgebannter Legitimationsarbeit für
seinen spezifischen Kontext leichtes Spiel: „Den sprachlichen Gedanken-
gebäuden (Umst., U.W.) wissenschaftlicher Prosa und den Gebilden der
Sprachkunst kommt besondere Bedeutung zu: als höchsten Erzeugnissen
des Sprachgeistes, den Humboldt als energeia sieht"[546].

Noch einmal zurück zu H. Gipper. Im Text seines Beitrages von 1964,
auf den Seidler sich bezieht und der zur Grundlage sowohl seiner rezeptionsgeschichtlichen wie systematischen Skizze wird, referiert Gipper in
der Tat die Positionen von Weisgerber und Heintel ausführlich.[547] Für
den Schüler Gipper ist der Lehrer Weisgerber „der einzige Forscher, der
sich bisher der entsagungsvollen Aufgabe angenommen hat, die Weltansicht einer Sprache zu beschreiben und damit Humboldts Ideen wirklich
fruchtbar zu machen"[548], eine Arbeit, die Weisgerber „nicht immer den
Dank und die Anerkennung eingebracht (habe, U.W.), die ihr ge-
bührt"[549]. Solche Beistandsbekundungen hinter sich lassend betrachtet
Gipper dann „den berühmten Ausspruch"[550] Humboldts, den er „zu den
meistzitierten und umstrittensten Aussprüchen Humboldts"[551] zählt, „eine Stelle, die Kopfzerbrechen macht"[552]. Gipper öffnet schließlich diese
Stelle für die eigene Deutung und die anderer, indem er einen interessanten Kunstgriff anwendet: Er unterstellt Humboldt genau die Unsicherheit, von der er ganz offensichtlich selbst ergriffen ist. Gipper schreibt,
daß „die auffällige Tatsache, daß Humboldt hier die deutschen Begriffe
‚Werk‘ und ‚Tätigkeit‘ durch die griechischen Begriffe ἔϱγον und ἐνέϱγεια erläutern zu müssen glaubt"[553] darauf hindeutet, „daß er (Humboldt, U.W.) selbst um eine angemessene Wortung dessen rang, worum

---

[546] Ebd.
[547] Der Text wird in Folge in der Version des Neuabdrucks von 1992 zitiert: Gipper, H.:
„Wilhelm von Humboldt als Begründer moderner Sprachforschung". In: ders.: *Theorie
und Praxis inhaltbezogener Sprachforschung. Aufsätze und Vorträge 1953-1990 (Bd. 1-5).
Bd.1: Wilhelm von Humboldts Bedeutung für Theorie und Praxis moderner Sprachforschung.* Münster 1992-93. S. 15-40.
[548] Gipper, „Humboldt als Begründer", a.a.O., S. 30.
[549] Ebd.
[550] Ebd.
[551] Ebd.
[552] Ebd.
[553] Ebd.

es ihm hier ging"[554]. Dafür indes, daß dies wirklich so ist, gibt es weder
einen stichhaltigen noch einen plausiblen Beleg. Gipper sichert sich demnach selbst eigenen Deutungsspielraum, und nachdem er zu Recht festgestellt hat, daß der ‚Energeia'-Charakter der Sprache nicht auf die
Sprechtätigkeit reduziert werden darf, der diesbezügliche Satz Humboldts „also keine Stiftungsurkunde für die Arbeit der Sprechkunde darstellt"[555], wird nun Weisgerbers Interpretation der „Sprache als wirkende
Kraft"[556] dargeboten und alsdann schon wieder als heute nur noch eingeschränkt gültig charakterisiert: „Vielleicht geht es (...) weniger um die
wirkende Kraft als solche, die modernen Kritikern so formalisierungsbe-
dürftig erscheint, als um das Sich-Verwirklichen einer Möglichkeit, um
die Selbst-Verwirklichung des Geistes, wie Lohmann sagt"[557]. Gipper
kommt also einer aristotelischen Interpretationsvariante schon relativ
nahe, ohne aufzudecken, ob diese Verschiebung von der Weisgerberschen
Deutung weg bewußt geschieht oder nur einer Rezeption Lohmanns zu
verdanken ist. Deutlich wird hier vor allem, wie verschränkt die Rezeptionen (‚Humboldt', Weisgerber, Seidler, Gipper, Lohmann) zu diesem
Zeitpunkt bereits sind, ein zunehmend verzweigter Forschungsdialog,
der jedoch vornehmlich darüber geführt wird, wie unterschiedlich nutzbar das ‚Energeia'-Diktum ist, wenn es denn in der einen oder anderen
Form interpretiert bzw. assoziativ weiterentwickelt wird. Die Aufdeckung des Humboldtschen Denkens tritt hier vollends in den Hintergrund. So mutet es denn auch seltsam an, wenn Gipper trotz dieser Ver-
flechtungen eine Interpretation des ‚Energeia'-Diktums vornimmt, die
zumindest bereits mit aristotelischer Begrifflichkeit arbeitet:

> „Unter diesem Blickwinkel zeigt sich, daß die *Energeia* als Entfaltung von
> Sprachkraft und zugleich als gedankenbildende Formkraft zu verstehen ist,
> deren Zielrichtung nur in den höheren Sinngebilden ganzer Sätze und Texte
> sichtbar wird. Hervorbringen von Sinn ist hier als Erzeugung von Sinnzu-
> sammenhängen zu verstehen, die der Möglichkeit nach zwar vorgegeben sind,
> deren Art der Verwirklichung aber nicht vorherzusehen ist. Notwendigkeit
> und Freiheit durchdringen sich hier in wunderbarer Weise"[558].

---

[554] Ebd.
[555] Ebd.
[556] Ebd.
[557] Gipper, „Humboldt als Begründer", a.a.O., S. 31.
[558] Gipper, „Humboldt als Begründer", a.a.O., S. 32. – Zur Deutung des ‚Energeia'-Diktums
   bei Gipper vgl. auch ders.: „Die genetische Interpretation der Sprache". In: Landgrebe, L.
   (Hrsg.): *Philosophie und Wissenschaft*. Meisenheim 1972. S. 270-284, hier: S. 278-279. –
   Ders.: „Sprachphilosophie in der Romantik", a.a.O., S. 214-215.

Weil eben Sinngebilde ganzer Sätze und Texte von Gipper wiederum als ‚Sprachwerke' verstanden werden, die von „vergleichender Sprach- und Literaturwissenschaft"[559] gleichermaßen untersucht werden sollen, bleibt die aristotelische Begrifflichkeit schöner Schein und ohne tiefere exegetische Konsequenzen, ein Changieren zwischen der scheinbaren Souveränität der Begriffsverwendung einerseits und der Nivellierung der Bedeutungen dieser Begriffe durch Konterkarierung des dahinter stehenden systematischen Zusammenhangs andererseits, die auch in der folgenden Stelle besonders deutlich wird:

> „Was Humboldt meint, ist nicht *forma* im Sinne einer *forma formata*, wie sie sich etwa im Ergon des grammatischen Formensystems zeigt, sondern *forma formans*, alles Sprachliche durchdringende Formkraft, insofern also wiederum Energeia, die in der inneren Form speziell die geistig-inhaltliche Seite der Sprache ergreift"[560].

So gelingt Gipper selbst in der Kontextuierung des ‚Energeia'-Diktums mit dem Begriff der inneren Sprachform nicht der im Grunde doch so naheliegende systematische Ausschluß des ‚Ergons', hier einmal mit *dessen* Reduzierung, denn Humboldt will mit diesem Ausschluß ja nicht nur eine materiale oder auch bloß formale Grammatik von der Wesensaussage der Sprache fernhalten, sondern er will mit ontologischen Mitteln jedwede Vergegenständlichung des Sprachbegriffes von vornherein kategorisch ausschließen.[561] Gerade in der Mißachtung dieser Einsicht jedoch zeigt sich Gipper als guter Gefolgsmann Weisgerbers.

Äußerst differenziert stellt sich die Rezeption des ‚Energeia'-Diktums bei E. Coseriu dar. Sie kann hier schwerlich in allen Facetten aufgeführt werden. Um wenigstens einen Teil des diesbezüglichen Spektrums abdecken zu können, ist es zweckmäßig, sich vor allem die von U. Petersen herausgegebene Aufsatzsammlung *Sprache – Strukturen und Funktionen*[562], die 1979 bereits in der dritten Auflage erschienen ist und die zwölf Beiträge aus den Jahren 1956-1957, vor allem aber aus den Jahren

---

[559] Gipper, „Humboldt als Begründer", a.a.O., S. 33.

[560] Gipper, „Humboldt als Begründer", a.a.O., S. 34.

[561] Daß Gipper eine gegenständliche Definition der Sprache als Ergon nicht nur für möglich, sondern für selbstverständlich hält, wird auch in der gemeinsamen Studie mit P. Schmitter aus dem Jahre 1979 deutlich. Dort heißt es: „Die Existenz (!, U.W.) des Ergons, der Sprache als gegebenen Systems, braucht (trotz des ‚Energeia'-Diktums, U.W.) nicht in Frage gestellt zu werden" (Gipper, H. und Schmitter, P.: *Sprachwissenschaft und Sprachphilosophie im Zeitalter der Romantik*. Tübingen 1979. S. 90-91).

[562] Coseriu, E.: *Sprache – Strukturen und Funktionen. XII Aufsätze zur allgemeinen und romanischen Sprachwissenschaft*. Hrsg. von U. Petersen. Tübingen (3., durchgesehene und verbesserte Aufl.) 1979.

1967-1969, zusammenführt, anzuschauen. Coseriu, vornehmlich am strukturalistischen Saussure interessiert, bindet das Diktum an unterschiedlichster Stelle in sein Sprachdenken ein. Im kurzen Vorwort des Herausgebers heißt es: „Eugenio Coseriu ist ein Vertreter der funktionell-strukturellen Sprachwissenschaft, der mit einer bewußten Einbeziehung auch der vorstrukturellen, insbesondere der Humboldtschen Sprachwissenschaft in seine Sprachtheorie einen bedeutenden Ansatz zur Überwindung eines doktrinären und erstarrten Strukturalismus schafft"[563]. In dieser Qualifizierung ist bereits ersichtlich, daß Humboldt hier vornehmlich unter einem ganz speziellen, als logisch und historisch verstandenen ‚vorstrukturellen' Aspekt gesehen wird, und eine Deutung des ‚Energeia'-Diktums unweigerlich auf den Saussureschen Sprachbegriff implizit oder explizit bezogen sein wird. Dies macht – wie man sehen wird – sowohl die Chance als auch die Tragik der Rezeption Coserius aus. In der Tat bietet Coseriu einige sehr interessante Problematisierungen und Interpretationsansätze an, die nicht vorschnell auf die allzu naive und durchaus auch häufig verwendete Parallelisierungsoption von Saussure und Humboldt hereinfallen. In bezug auf das ‚Energeia'-Diktum stellt Coseriu zunächst fest, daß man „diesen Satz von Humboldt (...) in der modernen Linguistik zwar oft wiederholt, leider aber nur selten genau interpretiert"[564] findet. Für falsch und auch unlogisch hält Coseriu es, „die Humboldtsche Unterscheidung (von ‚Ergon' und ‚Energeia', U.W.) mit der Unterscheidung von de Saussure zwischen *langue* und *parole* zusammenfallen"[565] zu lassen, eine Unterscheidung, „die in Wirklichkeit einen ganz anderen Sinn hat"[566]. Nun folgt Coserius wichtige und zentrale Einsicht:

> „Und man vernachlässigt fast immer das Wichtigste, nämlich daß Humboldt ein aristotelischer Denker war und daß er gerade in diesem Satz auf seine aristotelischen Grundlagen anspielte. Humboldt schreibt ja nicht bloß ‚Tätigkeit' und ‚Werk' er fügt gleich die griechischen aristotelischen Fachausdrücke ‚enérgeia' und ‚érgon' hinzu, und damit zeigt er deutlich, daß er unter ‚Tätigkeit' nicht irgendeine Handlung, sondern eine besondere und bestimmte Art von Tätigkeit, nämlich die aristotelische *enérgeia*, die Tätigkeit, die der Potenz (*dynamis*) vorausgeht, d.h. die schöpferische Tätigkeit, die freie Tätigkeit im philosophischen Sinne des Wortes *frei* versteht"[567].

---

[563] Coseriu, *Sprache – Strukturen und Funktionen*, a.a.O., S. 5.
[564] Coseriu, *Sprache – Strukturen und Funktionen*, a.a.O., S. 95.
[565] Coseriu, *Sprache – Strukturen und Funktionen*, a.a.O., S. 95-96.
[566] Coseriu, *Sprache – Strukturen und Funktionen*, a.a.O., S. 96.
[567] Ebd.

Coseriu erkennt also das aristotelische Fundament des Diktums genau, geht dann aber zu einer Interpretation über, die diese Erkenntnis zunächst nur für eine leicht reduzierte Interpretationsvariante nutzen kann. Dabei bleibt er jedoch nicht stehen, sondern versucht – Saussure im Hinterkopf – das Diktum für eine allzu konkretisierende und assoziativ erschlossene Weiterentwicklung, die die Humboldtsche Wesensaussage bereits deutlich hinter sich läßt, als Pate zu akquirieren. Zunächst der erste Schritt: „Die Sprache als *enérgeia* zu begreifen bedeutet folglich, sie in *allen* ihren Formen als schöpferische Tätigkeit zu betrachten. *Enérgeia* ist die Sprache im allgemeinen und die Sprache als Rede"[568]. Mit der Betonung des Schöpferischen wird der zuvor konstatierte ontologische Charakter wenn nicht ausgeschlossen, so doch zumindest an den Rand gedrängt. Warum Coseriu dies tut, wird alsbald deutlich; der zweite Schritt: *„Enérgeia* ist aber auch die Einzelsprache, die ja nur die jeweils historisch determinierte Sprache ist. Deshalb ist auch sie dynamisch zu interpretieren"[569]. Dies bildet die Einleitung Coserius zu einer intensiveren Erörterung des Zusammenhangs von Sprache und Einzelsprache. Eine solche Vorgehensweise ist in gewisser Hinsicht typisch für Coseriu. Einerseits wird vollkommen zu Recht eine naive Parallelisierung von *langue* und *parole* und ‚Ergon‘ und ‚Energeia‘ abgelehnt, andererseits bilden die Humboldt-Thematisierungen häufig den Auftakt für eine Saussure verantwortete und diesen auch (für fast alles) verantwortlich machende Erörterung des Sprachbegriffs, die sich dann terminologisch und systematisch vollkommen dieser – wiederum allerdings ‚strukturalistisch‘ verkürzten – Sichtweise des Saussureschen Ansatzes verschreibt. Trotzdem bleiben Coserius Humboldt-Saussure-Abgrenzungen lesenswert. So beispielsweise die, innerhalb derer sich für Coseriu aus dem Bühlerschen „Schema ebenso deutlich ergibt (Umst., U.W.), daß die Saussuresche Gegenüberstellung nicht, wie so oft angenommen, mit der Humboldts identisch ist, da letztere zwischen den Phänomenen der Sprache in ihrer Beziehung zum sprechenden Subjekt und denselben Phänomenen außerhalb einer solchen Beziehung, – d.h. zwischen Individuellem und Außerindividuellem [oder besser, Interindividuellem] –, angesiedelt wird"[570]. Demgegenüber besteht bezüglich dem parole-langue-Schema „kein Zweifel daran, daß die Saussuresche Opposition mit der Unterscheidung zwischen *Konkretem* und *Abstraktem* (oder *Materiellem* oder *Formalem*) identifiziert werden kann"[571], eine Interpretation, die keines-

---

[568] Ebd.
[569] Ebd.
[570] Coseriu, *Sprache – Strukturen und Funktionen*, a.a.O., S. 48.
[571] Coseriu, *Sprache – Strukturen und Funktionen*, a.a.O., S. 47.

falls auf Humboldts Diktum Anwendung finden darf. Am sorglosen Einbau des ‚Ergons‘ in den Gedankengang indes läßt sich auch bei Coseriu ablesen, daß die zuvor eingeführte Identifizierung des aristotelischen Fundaments weitgehend ohne Folgen bleibt.[572] So organisiert Coseriu das ‚Energeia‘-Diktum weitgehend funktional in der Hinsicht, die allzu trockene und strukturalistisch reduzierte Saussure-Interpretation geistesgeschichtlich zu legitimieren und mit einem subjektivitätstheoretischen (Sprachschöpfungs-)Anstrich auszustaffieren. Die Abgrenzungen des Humboldtschen und des Saussureschen Ansatzes sind in mancher Hinsicht überzeugend und in vielfacher Hinsicht intelligent, lassen Humboldt durch die Omnipräsenz des strukturalistischen Saussure-Klischees jedoch zu häufig als das zurück, als das Petersen ihn bei Coseriu (mit gleichwohl positivem Unterton) demaskiert hat: als ‚vorstrukturell‘, hier problemlos als ‚vor*strukturalistisch*‘ zu durchschauen. Dies öffnet auch das ‚Energeia‘-Diktum für allzu freie Interpretationsvarianten.[573] Trotzdem bleibt Coserius Sichtweise vom Wesen der Sprache in vielen, auch neuentdeckten oder wissenschaftsgeschichtlich auf einmal relevant werdenden Kontexten immer wieder dem Humboldtschen Denken verantwortet, was u.a. an der Kritik Coserius an der bereits erwähnten Chomskyschen ‚rule-governed creativity‘ deutlich wird:

> „Die sog. ‚rule-governed creativity‘, die ‚production of new sentences‘, d.h. die bloße Anwendung der Einzelsprache im Sprechen wäre ja in der Humboldtschen Sprachauffassung gar keine Kreativität, keine Spracherzeugung, keine eigentliche Tätigkeit oder Energeia. Die Erzeugungsregeln von Chomsky würden daher bei Humboldt gerade zum *Erzeugten*, nicht zur *Erzeugung* gehören“[574].

In der Kritik *mit* Humboldt ist Coseriu oft sicherer als in der Interpretation *von* ihm. Die noch ungenügende Vorführung seiner Interpretation des ‚Energeia‘-Diktums wird an dieser Stelle unterbrochen, um sie aus rezeptionsgeschichtlichen Gründen später – das bis hierhin Gesagte ergänzend – noch einmal aufzunehmen.

---

[572] Vgl. dazu Coserius Feststellung: „Ein schwerwiegender Einwand ergibt sich aus der Beobachtung, daß die Sprache, wenngleich sie wirklich und ganz ersichtlich *Tätigkeit* ist (‚enérgeia‘, um mit Humboldt zu sprechen), wissenschaftlich nur als Produkt (‚érgon‘, *Werk*) zugänglich und erforschbar ist, da sie nur so auch systematisch erscheint“ (Coseriu, *Sprache – Strukturen und Funktionen*, a.a.O., S. 21).

[573] Vgl. dazu auch Coseriu, *Sprache – Strukturen und Funktionen*, a.a.O., S. 116-117.

[574] Coseriu, *Sprache – Strukturen und Funktionen*, a.a.O., S. 178.

6.4 Positionen der 70er Jahre

Anfang der 70er Jahre ist das ‚Energeia‘-Diktum längst zum selbstverständlichen Bestandteil der Geschichte der Philosophie als Wissenschaft
geworden. Dies schlägt sich u.a. auch darin nieder, daß sich 1972 im *Historischen Wörterbuch der Philosophie* ein Artikel zur *Sprache als Enérgeia*[575] findet, für den allerdings mit H. Schwarz ein Autor aus dem Umfeld von Weisgerber und Gipper gefunden wurde, was sich massiv in dem
– als Lexikon-Artikel eigentlich zur ‚Neutralität‘ bzw. Objektivität ver-
pflichteten – Beitrag niederschlägt. Für Schwarz ist das ‚Energeia‘-Diktum
„die für W. v. Humboldts (Herv. aufg., U.W.) Sprachauffassung zentrale (in
anderer Form von ihm vielfach vorgetragene) und für die Sprachphilosophie überaus bedeutsame und folgenreiche Bestimmung des Wesens der
Sprache“[576]. Die Klammer öffnet bereits Tür und Tor für mannigfaltige
Kontextierungen in Humboldts Werk und damit auch für zahlreiche Interpretationsvarianten. Das Energeia-Diktum wird damit gerade in seiner
singulären Stellung im Humboldtschen Werk verwässert. Für Schwarz
zeigt sich der „E.-Charakter der Sprache in drei verschiedenen Aspekten:

> Nämlich erstens darin, daß die Sprache nicht als ein fertiges Gebilde (Ergon),
> sondern als ein in fortwährendem Wandel begriffenes erscheint; zweitens dar-
> in, daß dieser Wandel sich in den einzelnen Sprechakten, in der Rede (‚paro-
> le‘) vollzieht und zugleich, da eben diese Sprechakte die einzige reale Er-
> scheinungsform der Sprache sind, sich auch als das Wesen der Sprache selbst
> darstellt; drittens aber darin, daß dieser Prozeß nicht als bloßer Ablauf, son-
> dern vielmehr als eine ‚Thätigkeit‘ verstanden werden muß, und zwar als die
> im einzelnen Sprechakt (...)“[577].

Für Schwarz ist dann „ohne Frage“[578] der dritte Aspekt, „auf den vor allem L. Weisgerber eindringlich hingewiesen hat, der eigentliche und wichtigste“[579]. Was nun folgt, muß nicht im einzelnen wiedergeben werden. Es
endet ebenso selbstverständlich wie zwangsläufig in der Beobachtung, daß
„die Sprache ausdrücklich auch als (ein, U.W.) den Sprechakten überge-
ordnetes Gebilde, und zwar als ein solches von jeweils nationaler Prägung
(also als ‚Muttersprache‘ = ‚Einzelsprache‘) anerkannt“[580] werden muß.

---

[575] Schwarz, H.: *Enérgeia, Sprache als.* In: Ritter, J. und Gründer, K. (Hrsg.): *Historisches
Wörterbuch der Philosophie.* Basel, Darmstadt 1971 ff. S. 492-494 (Bd. 2).
[576] Schwarz, *Enérgeia, Sprache als*, a.a.O., S. 492.
[577] Schwarz, *Enérgeia, Sprache als*, a.a.O., S. 493.
[578] Ebd.
[579] Ebd.
[580] Ebd.

Trotz dieser eindeutigen Parteinahme nehmen Schwarz' Ausführungen noch einmal eine überraschende Wendung. Die „Tradition der aristotelischen Philosophie"[581], in der der Begriff zu sehen sei, wird ebenso betont wie die Anknüpfungspunkte im aristotelisch-terminologischen Kontext (εἶδος, ἐντελέχεια). Dieser richtig erkannte Zusammenhang wird aber allenfalls in Grundzügen gedeutet. Mit der Feststellung, daß ‚Energeia' so mit der inneren Sprachform zusammenhänge, daß in dieser „das Sprechen als *innere Formkraft*"[582] wirke, endet der Beitrag abrupt und läßt den Leser vor allem in der Hinsicht verunsichert zurück, als L. Weisgerber doch gegen eine unmittelbare aristotelische Kontextuierung des Diktums Stellung bezog (der diesbezügliche und hier ausführlich besprochene Text von 1954 taucht auch bei Schwarz im Literaturverzeichnis auf), Weisgerber hier jedoch als der zentrale Rezipient gefeiert wird. Die abschließenden Bemerkungen zum aristotelischen Fundament des Diktums sind daher zwar zutreffend und weiterführend (wenn auch sprachtheoretisch nicht in jeder Hinsicht angemessen gedeutet), insgesamt gelingt es Schwarz aber weder, eine in sich geschlossene und als allgemein verbindlich geltende Interpretationsvariante vorzutragen, noch – wäre eben dies nicht möglich – die wissenschaftshistorischen und sprachtheoretischen Brüche durch einen objektiven Forschungsbericht transparent kenntlich zu machen.

Die 70er Jahre bringen weitere Interpretationen hervor, die kaum einen nennenswerten Fortschritt in der Humboldt-Exegese anzeigen. So bedeutet 1974 laut M. Gerhardt „Sprache als Energeia, ein Ausdruck, den Humboldt von Aristoteles übernahm, (...) nicht nur Spracherzeugung im Sinn alltäglicher Kommunikation, sondern darüber hinaus freie, spontane und kreative Schöpfung des Geistes, die den Erzeugungen von Literatur und Philosophie gleichgesetzt wird"[583]. Zunehmend wird mit der Internationalisierung der Wissenschaftdiskurses das ‚Energeia'-Diktum auch außerhalb des deutschen Sprachraumes untersucht[584]; ein Trend, der in den 80er Jahren weiter anhält, u.a. durch die osteuropäische[585] und asiatische Hum-

---

[581] Ebd.

[582] Ebd.

[583] Gerhardt, M.: „Wilhelm von Humboldt und die moderne Sprachtheorie". In: dies. (Hrsg.): *Linguistik und Sprachphilosophie*. München 1974. S. 11-27, hier: S. 18.

[584] Vgl. für den französischen Sprachraum vor allem Voss, J.: *Aristote et la théorie énergétique du langage de Wilhelm von Humboldt*. In: *Revue Philosophique de Louvain*, 72. Jg. (1974), S. 482-508. Und ders.: *Réflexions sur l'origine du langage à la lumière de l'énergétisme Humboldtien*. In: *Revue Philosophique de Louvain*, 74. Jg. (1976), S. 519-548.

[585] Vgl. Postovalova, V.I.: *Jazyk kak deiatel'nost': opyt interpretatcii kontceptcii V. Gumbol'dta. [Sprache als Tätigkeit. Interpretationsversuch eines Humboldtschen Begriffs.]* Moskau 1982.

boldt-Forschung.[586] In der DDR plakatiert W. Neumann 1976 die marxistische Humboldt-Vereinnahmung:

> „Wichtige Grundgedanken aus dem linguistischen Werk W. v. HUMBOLDTS gehören zum progressiven Erbe der marxistisch-leninistischen Sprachwissenschaft. HUMBOLDT versuchte, die Sprache in einem Zusammenhang mit der gesellschaftlichen Tätigkeit zu begreifen und auch sie selbst unter dem Aspekt der Tätigkeit zu erfassen. Notwendig sah er sie dabei im Zusammenhang mit dem überindividuellen, gesellschaftlichen Bewußtsein und mit dem realen historischen Lebensprozeß der Gesellschaft. Auf der Grundlage seines Tätigkeitsbegriffes antizipierte er ein dynamisches Sprachmodell. Das geschah, in den Jahren zwischen 1820 und 1835 wohl zwangsläufig, auf der Grundlage eines philosophischen Idealismus. Aber im Sinne der ersten Feuerbachthese von K. MARX (...) gehört er nichtsdestoweniger zu unserem theoretischen Erbe"[587].

Neumann verfremdet hier den Hintergrund des Humboldtschen ‚Tätigkeit‘-Begriffes zweifelsohne bis zur Unkenntlichkeit, indem er dessen sprachtheoretisch-ontologische Argumentationsebene auf eine soziologisch-historisierende Ebene zwingt und damit die vermutete Gegenständlichkeit des gesellschaftlichen Subjekts als Kristallisationspunkt von Humboldts Sprachreflexion unterstellt. Nicht voll und ganz abwegig wie derartige Spekulationsarbeit ist jedoch Neumanns breit durchgeführte Kritik an Chomskys Humboldt-Adaption. Hier merkt er zu Recht an, daß „die Begriffe ‚generieren‘ bei CHOMSKY und ‚erzeugen‘ bei HUMBOLDT nur auf Grund eines gemeinsamen, gleichsam umgangssprachlichen Merkmals, des Hervorbringens, interferieren (Umst., U.W.)"[588]. Und in der Tat haben diese theoretisch nichts gemein. Trotz einer insgesamt glaubhaft durchgeführten Chomsky-Kritik ist jedoch der Ansatz Neumanns mit Skepsis zu betrachten, vor allem dann, wenn er feststellt, daß die Sprache bei Humboldt nicht nur „als Bestandteil menschlicher, gesellschaftlicher Tätigkeit begriffen"[589] wird, sondern daß in dessen ‚Werkzeug‘-Begriff „der Ergon-Aspekt aufklingt (Umst., U.W.), der das Werk

---

[586] Vgl. Kojima, K.: *Energeia contra ergon – shiso no keifu no nazo.* In: *Energeia (Tokyo: Asahi Shuppan),* 9. Jg. (1983), S. 12-18. – Ho, B.: *Der Begriff Energeia in Humboldts Sprachbetrachtung. [auf koreanisch]* In: *Hangul,* Jg.1985, S. 181-199. – Kim, R.-H.: *Die energetische Sprachauffassung von Wilhelm von Humboldt.* In: Huh, Bal (Hrsg.): *Sprachinhaltsforschung.* Seoul 1989. S. 287-305.

[587] Neumann, W.: „Über Dynamik und Statik in der bürgerlichen Sprachtheorie des 19. Jahrhunderts. Eine Kontroverse in der Humboldt-Rezeption". In: *Zeitschrift für Phonetik, Sprachwissenschaft und Kommunikationsforschung,* Bd. 29. (1976), S. 499-502, hier: S. 499.

[588] Neumann, „Über Dynamik und Statik", a.a.O., S. 500.

[589] Neumann, „Über Dynamik und Statik", a.a.O., S. 501.

als Werkzeug, das Produkt als Mittel"[590] beschreibe. In dieser Sichtweise muß Neumann somit auch eine – Humboldts Intention offensichtlich widersprechende – Ergon-Deutung anführen, die dessen vermeintliche Materialität für eine dialektische Deutungsvariante des ‚Energeia'-Diktums nutzt:

> „Durch den Primat des Tätigkeitsaspekts, durch die Reflexion der Dialektik zwischen der Tätigkeit und ihrem Ergebnis als dynamischem Mittel für neue Tätigkeit, durch die Verbindung sowohl des Dynamischen als auch des relativ Stabilen, *der Energeia und des Ergon* (Herv., U.W.), mit der in der Geschichte tätigen Gesellschaft weist er über die statischen Prinzipien des Strukturalismus ebenso hinaus wie über die atomistischen, individualpsychologischen Züge in den sprachhistorischen und -theoretischen Arbeiten der Junggrammatiker"[591].

Sind die abschließenden wissenschaftshistorischen Beobachtungen zwar durchaus angebracht, finden diese jedoch keine qualifizierte Fundierung in einer eingehenden und sachadäquaten Darstellung aristotelisch-humboldtscher Theoriearbeit.

Mit A. Reckermann wird 1979 zum Abschluß der 70er Jahre noch einmal eine sehr interessante Interpretation des ‚Energeia'-Diktums geliefert, die sowohl durch ihre Klarheit wie durch ihre unumwundene aristotelische Kontextuierung besticht. Reckermann konstatiert in seiner Studie *Sprache und Metaphysik*, die die *Kritik der sprachlichen Vernunft bei Herder und Humboldt*[592] untersucht, sowohl interpretierend als auch den

---

[590] Ebd.

[591] Neumann, „Über Dynamik und Statik", a.a.O., S. 502.

[592] Reckermann, A.: *Sprache und Metaphysik. Zur Kritik der sprachlichen Vernunft bei Herder und Humboldt*. München 1979. – Ebenfalls 1979 erwähnt U. Schmitz in seinem Beitrag „Die Umschaffung der Welt in das Eigentum des Geistes. Zur Aktualität Humboldts". In: Geier, M. (Hrsg.): *Sprachbewußtsein. Elf Untersuchungen zum Zusammenhang von Sprachwissenschaft und kulturhistorischer Psychologie*. Stuttgart 1979. S. 49-70, das ‚Energeia'-Diktum beiläufig und verknüpft mit der unnötigen und unrichtigen Behauptung begrifflicher Unschärfe Humboldts, jedoch immerhin mit Problembewußtsein im Hinblick auf den ‚Tätigkeits'-Begriff: „Gegenüber dem Systemcharakter der Sprache (Ergon) hebt Humboldt besonders die tätige Seite beim Sprechen (Energeia) hervor (...), was ihn sehr scharfsinnige Probleme formulieren läßt, die heute unter der Vorherrschaft strukturalistischer Auffassungen und Methoden in der Linguistik oft außer acht gelassen werden. Andererseits faßt er den Tätigkeitsbegriff ausschließlich idealistisch; stets geht es nur um die als autonom unterstellte Tätigkeit des menschlichen Geistes. Der Untersuchungsgegenstand will sich dem aber oft nicht fügen; wir lesen es an der begrifflichen Unschärfe ab, an der Humboldts Erörterungen oft leiden" (S. 54-55). Schmitz, eigentlich auf der (mißglückten) Suche nach einer materialistischen Bedeutungstheorie, geht – wie sich hier schon andeutet – mit einem ebenso falschen wie üblichen ‚Idealismus'-Begriff konsequent in die Irre. Seine oberflächliche und von der Textgrundlage her äußerst dürftige

Terminus ἐνέργεια ebenso einfach wie treffend übersetzend, daß „nach Humboldt (...) die Sprache eine vollkommen organische Wirklichkeit"[593] sei. Eben diese Sprache erscheine „in dieser Bestimmung bei Humboldt als eine nur sich selbst verpflichtete dynamische Potenz (...), die aus sich heraus eine ihr entsprechende Wirklichkeit begründet"[594]. Hier deutet sich bereits an, daß Reckermann den ontologischen Charakter des Diktums wie kaum jemand vor ihm (vielleicht noch der frühe Steinthal) richtig gesehen hat. Seine zu unentschiedene Wertung, „die Sprache (sei, U.W.) nicht *in erster Linie* (Herv., U.W.) als ‚Ergon', sondern als ‚Energeia' zu verstehen"[595], ändert erstaunlicherweise kaum etwas an seiner weiteren Argumentation. Dem ontologischen Gehalt des Diktums systematisch schon ganz besonders nahe formuliert er:

> „Energeia' meint in der aristotelischen Metaphysik die in sich vollkommene Wirklichkeit eines intelligiblen Prinzips, das nichts mehr lediglich der Möglichkeit nach (δυνάμει) in sich enthält, sondern bereits ohne Einschränkung auf sein Strukturprinzip (εἶδος) hin entfaltet ist. Humboldt hingegen versteht unter diesem Begriff eine uneingeschränkte, unendlich steigerbare dynamische Wirklichkeit. Ihr steht nicht die Möglichkeit als etwas in ihr nur latent Vorhandenes entgegen, sondern sie ist selber die höchste aktivisch verstandene ‚dynamis' im Sinne einer selbständigen Wirkungsmöglichkeit"[596].

Nicht nur Humboldts Verständnis ist hier zum großen Teil schon richtig gesehen, auch nennt die Aristoteles-Interpretation einen wichtigen systematischen Aspekt des ἐνέργεια-Begriffs. Lediglich der doppelte Charakter der ἐντελέχεια bleibt hier unberücksichtigt (s. Kap. 9) und nur deswegen konstruiert Reckermann an dieser Stelle einen Gegensatz zwischen Aristoteles und Humboldt, der faktisch nicht besteht. Dies mindert aber kaum den Wert dieser tiefen und das aristotelische Fundament in seiner theoretischen Schärfe vollkommen richtig deutenden Ausführungen.[597] So hat sich Reckermann auch eine der wenigen weitgehend

---

Humboldt-Exegese läßt ihn schließlich glauben, daß Humboldts Denken „hinter dem Spiegel der Symbole bleibt (Umst., U.W.)" (S. 59). Dies ist sowohl erkenntnis- wie sprachtheoretischer Unsinn und offenbart zusätzlich eine Fehlinterpretation des (humboldtschen) ‚Symbol'-Begriffs. – Markanter über Schmitz' Bemühungen urteilt Scharf, *Verfahren*, a.a.O., S. 166-167.

[593] Reckermann, *Sprache und Metaphysik*, a.a.O., S. 91.

[594] Ebd.

[595] Ebd.

[596] Ebd.

[597] Dies ist um so erstaunlicher, als die diesbezügliche Anm. 11, die mit Heintel, Weisgerber, Gipper, Jost u.a. den Forschungshintergrund dieser Deutung zu präsentieren vorgibt, dies gar nicht vermuten läßt. Reckermann bespricht alle diese Positionen weitgehend positiv, bietet aber selbst Deutungen, die nur sehr schwer oder nur teilweise mit diesen in Ein-

gelungenen Adjektivierungen des ‚Energeia'-Begriffs geleistet, die in dem von ihm zur Verfügung gestellten Kontext auch richtig gelesen werden kann: „Ziel ihrer (der Sprache, U.W.) unendlichen energetischen Bewegung ist ausschließlich ihre Selbstverwirklichung"[598]. Bei Reckermann deutet sich bereits an, welch fundamentale Konsequenzen es hat, interpretiert man das ‚Energeia'-Diktum in aristotelisch-ontologischer Hinsicht. So kann beispielsweise „Sprache nicht als ein Gegenstand unter anderen betrachtet werden, sondern stellt ein Wirklichkeit aus sich selber in Freiheit konstituierendes Prinzip dar (...):

> Sprache ist deshalb Paradigma einer jeden subjektiven Wirklichkeitserfahrung, weil in ihr die der Wirklichkeit selber zugrundeliegende Einheit von Natur und Vernunft wirksam ist, bevor sie in das Bewußtsein tritt. (...) Sprache ist nicht nur die schon vollzogene Vermittlung von Natur und Subjektivität, sondern stellt sie als produktives Prinzip in immer neuer Weise her"[599].

Auch wenn der Zusammenhang von Sprache und Bewußtsein in der hier vorgenommenen Reihung unscharf ist, wird die Einheit von Natur und Vernunft und der Bedingungszusammenhang von Wirklichkeit und Freiheit doch richtig gesehen. Aus dieser ontologischen Bestimmung heraus sind für Reckermann dann auch methodologische Konsequenzen angezeigt: „Die fundamentalphilosophische Funktion der Sprache ist deshalb unter zwei Aspekten zu erläutern: demjenigen ihres besonderen ontologischen Status und demjenigen ihrer besonderen produktiven Potenz"[600]. Ohne Reckermanns Antworten an dieser Stelle darstellen zu können, muß angemerkt werden, daß mit diesen Aspekten in der Tat zwei wesentliche sprachtheoretische Aufgabenstellungen – auch für die Folgezeit – formuliert sind.

---

klang zu bringen sind. Dies sollte nicht nur als Zufall oder gar allein als Unschärfe der Argumentation Reckermanns gesehen werden. Ganz offensichtlich hat das eine (‚Forschungsergebnisse') mit dem anderen (‚Interpretation des Diktums') immer weniger zu tun. Nicht nur die Rezeption klafft zusehends auseinander, auch die Bewertungen und die daraus abgeleiteten Konsequenzen für die Interpretation (vgl. Reckermann, *Sprache und Metaphysik*, a.a.O., S. 152-153, Anm. 11).

[598] Reckermann, *Sprache und Metaphysik*, a.a.O., S. 92.
[599] Ebd.
[600] Ebd.

6.5 Positionen der 80er Jahre

Man kann die letzten 20 Jahre der Rezeption des ‚Energeia'-Diktums einerseits wie eine Perpetuierung des bis dahin Erarbeiteten lesen. Es gibt andererseits auch immer wieder Positionen, denen es gelingt, sich systematisch nachhaltig von der bisherigen Forschungslage und Verwendungsstrategie substantiell abzuheben. Beides, Rezeptionstradierung und Rezeptionsmodernisierung, mögen wie die zunehmende Verbindungslosigkeit, die zwischen diesen Tendenzen besteht, mit dem stark auf Differenzierung angelegten Wissenschaftsbetrieb vor allem der 80er Jahre zusammenhängen, denn das ‚Energeia'-Diktum ist teils weiterhin der bekannte Allgemeinplatz (hier wird das Geläufige perpetuiert), teils untersucht man es genauer, die Beschäftigung wird zur hochspezialisierten Forschungsaufgabe, die differenzierte Detailkenntnisse erfordert. Erfahrungsgemäß leiden mit der zunehmenden Disparität der institutionellen Entwicklungen und inhaltlichen Fragestellungen vor allem diejenigen Wissenschaftsfelder, die von ihrem Gegenstand her notwendig einer ganzheitlichen Betrachtungsweise besonders bedürfen. Um so interessanter ist es, daß ab 1980 einige – Humboldt verstehende und manchmal Humboldt verstehend überschreitende – Positionen zum ‚Energeia'-Diktum erscheinen, die die auch zunehmend in der Forschungslandschaft verbreitete Einschätzung, eigentlich sei schon alles gesagt, nur noch nicht in jeder Hinsicht in Gebrauch genommen, richtungweisend korrigieren können.

A. Flitners und K. Giels Humboldt-Deutung von 1981, nach der dessen Bemerkung in der *Einleitung* zu *Aeschylos Agamemnon*, daß „die Entstehung eines Worts (...) der Entstehung einer idealen Gestalt in der Phantasie des Künstlers" (VIII 129) gleiche und beide „nicht von etwas Wirklichem entnommen" (VIII 129-130) werden könnten, weil sie „durch eine reine Energie des Geistes, und im eigentlichsten Verstande aus dem Nichts" (VIII 130) entstünden, „eine Zuspitzung des Energeia-Gedankens"[601] darstellt, bleibt trotz Humboldts weiterführender Bemerkung, daß die Wortentstehung „von (eben, U.W.) diesem Augenblick an aber ins Leben eintritt (Umst., U.W.), und nun *wirklich* (Herv., U.W.) und bleibend" (VIII 130) ist, wie der (problematischen) ‚Energie'-Parallele eher philologische Randnotiz als ausgeführte Interpretationsvariante.

Am eigentlichen Auftakt dieser – Entwicklungslinien gleichermaßen tradierenden wie weiterführenden – Rezeptionsphase der 80er (und dann

---

[601] Flitner, A. und Giel, K.: „Kommentare und Anmerkungen ‚Zu den kleinen sprachphilosophischen Schriften'". In: Humboldt, W. v.: *Werke in fünf Bänden. Hrsg. von A. Flitner und K. Giel.* Darmstadt 1980-93. Bd. V. S. 632-650, hier: S. 650.

90er) Jahre steht vielmehr ein besonders krasses Beispiel für eine vollkommene Fehlinterpretation, die einzig und allein durch den Charme besticht, ihren dubiosen Charakter auch noch unumwunden offenzulegen. A. Sakaguchi hat in dem 1984 erschienenen Aufsatz *Sprachwissenschaft und Interlinguistik*[602] die *Bemerkungen zum Humboldt'schen Doppelbegriff von ‚Ergon' und ‚Energeia'* ausgerechnet mit der vollkommen ‚unhumboldtischen' Beobachtung einsetzen lassen, daß individuelle und universale Sprachbetrachtung auch prinzipiell zu trennen seien: „Unter einer *individuellen* Sprachbetrachtung fasse ich diejenigen Bemühungen in der Sprachforschung zusammen, die ihr Augenmerk dem Individuellen und dem Besonderen in den menschlichen Sprachen widmen. Im Gegensatz dazu steht eine *universale* Sprachbetrachtung, die sich aufs Allgemeine, Universale in einer Sprache konzentriert"[603]. In der zuletzt genannten Perspektive ist Sakaguchi auf der Suche nach „verschiedenen Sprachsystemen"[604], die als geplante Sprache bezeichnet werden können (u.a. wird Esperanto als gelungenes und lebensfähiges Beispiel einer kreierten Sprache angeführt[605]). Nun nimmt der Gedankengang eine unverhoffte Wendung. Anstatt am eigenen Projekt zu zweifeln – und dabei Humboldt wohl sicher an der Seite wissen könnend: „Alle diese Verschiedenheiten in Einer allgemeinen Sprache vereinigen, und auf diese Weise alle zerstreuten Vorzüge verbinden zu wollen, würde ein durchaus chimärisches Unternehmen seyn. Eine solche allgemeine Sprache würde widersprechend in sich, wenn sie alle distinctiven Charaktere der einzelnen aufnehmen, leer, wenn sie dieselben gegen einander ausgleichen wollte [*Versuch einer Analyse der Mexikanischen Sprache*, IV 242] –, merkt Sakaguchi an:

> „Im folgenden wird zu erläutern versucht, warum die Humboldt'sche Definition der Sprache für die geplanten Sprachen nicht ausreichend ist. Weiterhin werden einige inhaltliche Gesichtspunkte zum Humboldt'schen Doppelbegriff von ‚Ergon' und ‚Energeia' angeführt, wobei Sprache in dem vorliegenden Beitrag unter dem Gesichtspunkt ‚*einer menschlichen Wirksamkeit*' betrachtet wird"[606].

Leider wird aber auch der zuletzt genannten ‚Wirksamkeits'-Offerte nicht weiter nachgegangen, womit eigentlich – dies ist aus dem bisher zu den

---

[602] Sakaguchi, A.: „Sprachwissenschaft und Interlinguistik. Einige Bemerkungen zum Humboldt'schen Doppelbegriff von ‚Ergon' und ‚Energeia'" In: Krenn, H. u.a. (Hrsg.): *Sprache und Gesellschaft. Akten des 18. Linguistischen Kolloquiums Linz 1983*. Tübingen 1984. S. 226-237.

[603] Sakaguchi, „Sprachwissenschaft und Interlinguistik", a.a.O., S. 226.

[604] Sakaguchi, „Sprachwissenschaft und Interlinguistik", a.a.O., S. 228.

[605] Vgl. Sakaguchi, „Sprachwissenschaft und Interlinguistik", a.a.O., S. 228-229.

[606] Sakaguchi, „Sprachwissenschaft und Interlinguistik", a.a.O., S. 229.

einzelnen Positionen Erörterten offensichtlich – nichts als systematische
Probleme übrig bleiben, die sich bereits in der verwendeten Begrifflichkeit deutlich zeigen (,Definition', ,Doppelbegriff' etc.). In dieser Richtung
geht Sakaguchi weiter. Sich für die Untersuchung der bereits kommuni-
kationsrealisierten geplanten Sprache „gerne der energetischen Auffassung der Sprache W. v. Humboldts (Herv. aufg., U.W.)"[607] anschließend,
wird zunächst Weisgerbers Interpretation, „die Sprache existiere nur als
Sprechen, im Sprechakt (Umst., U.W.)" erwähnt und dann konstatiert:

> „Unter einem ,Ergon' ist hier ein Werk, daliegender Stoff: eine Grammatik
> und ein Lexikon, als vom Redeprozeß (Parole) Unabhängiges gemeint. ,Ener-
> geia' dagegen ist linguistisch als Prozeß und Erzeugung zu verstehen. Diese
> Scheidung des Sprachvermögens entspricht somit den Saussure'schen Begrif-
> fen von *Langage*, *Langue* und *Parole*. Da aber geplante Sprache in erster Li-
> nie ,Ergon' und weniger ,Energeia' sind, ist die Annahme Weisgerbers: die
> Daseinsform der Sprache sei *nicht* ,Ergon'; (...) aus der Sicht der Interlingui-
> stik nicht haltbar"[608].

Abgesehen davon, daß Weisgerbers Position – wie ich gezeigt habe – wesentlich differenzierter zu sehen ist, als Sakaguchi sie hier aufführt, taucht
wie selbstverständlich die bereits widerlegte, sprachtheoretisch und philosophisch groteske Parallelisierung der Saussureschen Trichotomie mit
dem ,Energeia'-Diktum auf. Aber selbst damit wird sich hier noch nicht
zufrieden gegeben, dem Falschen folgt unversehens das Absurde:

> „Demnach kann man die Sprache aber auch nur als ,Ergon' gemäß der hier
> vorgeschlagenen Annahme betrachten: Sprache ist ein Zeichensystem, wel-
> ches eine *Grammatik* und ein *Lexikon*, d.h. das Langue-System, besitzt; (...)
> So verstanden ist Sprache auch als ,Ergon' real und wirklich; Sprache ist nicht
> nur ,Energeia' *und* ,Ergon' (...), sondern sie kann auch *nur* als ,Ergon' legitim
> sein"[609].

Solche ,Interpretationsarbeit' muß jeden – an Humboldt zumindest weit-
läufig – Interessierten schon mehr ratlos als nur ablehnend zurücklassen.
Die bereits unrichtige doppelte Interpretation von ,Energeia' *und* ,Ergon'
wird noch einmal erneut ins Groteske gewendet, indem das ,Ergon' als
Fundament geplanter Sprache (eine nach Humboldt ohnehin unsinnige
Konstruktion) ausgebaut wird, um die Behauptung positivistischer
Sprachsetzung zu legitimieren. War jemals in der Rezeptionsgeschichte
des ,Energeia'-Diktums die notwendig sehr vorsichtig zu verwendende

---

[607] Sakaguchi, „Sprachwissenschaft und Interlinguistik", a.a.O., S. 230.
[608] Sakaguchi, „Sprachwissenschaft und Interlinguistik", a.a.O., S. 230-231.
[609] Sakaguchi, „Sprachwissenschaft und Interlinguistik", a.a.O., S. 231-232.

und überhaupt nur in Einzelfällen statthafte Qualifizierung einer Position als ‚absurd' wirklich angemessen, dann für diesen Ansatz einer kompletten Verdrehung aller auch nur halbwegs wichtigen und erkennbaren Ansichten der Wesens-Problematik der Sprache. Nur der eingangs herausgestellte Charme der Selbsterkenntnis mildert diesen in jeder Hinsicht paradoxen Fehlgriff. Sakaguchi konstatiert im Hinblick auf O. Jespersen, dessen Position nun Gegenstand der Betrachtung ist: Er (Jespersen) hebt „die Bedeutung einer ‚energetischen' Betrachtungsweise hervor, die nicht nur in der theoretischen Sprachforschung, sondern auch in dem ‚praktischen Sprachleben' von großem Nutzen sein kann. Unter Energetik der Sprache versteht Jespersen etwas ganz anderes als Humboldt"[610]. Anlaß genug, nun in der Chronologie fortzufahren, nicht ohne die Bemerkung jedoch, daß Humboldt unter vorschnellen Plakatierungen wie ‚Energetik der Sprache' überhaupt nichts verstanden hat und wohl auch nichts verstehen wollte.

In dem 1985 von G. Stötzel herausgegebenen Sammelband *Germanistik*, in dem auf breiter Basis *Forschungsstand und Perspektiven* des Faches entwickelt werden, nimmt sich W. Nolting in seinem Beitrag *Zum Universalitätsanspruch der Interpretation*[611] auch des ‚Energeia'-Diktums an und liefert damit ein gutes Beispiel dafür, welches Assoziationspotential das Diktum auch für eine vornehmlich literaturtheoretische Diskussion entfalten kann. Nolting geht zunächst auf die gleichermaßen hermeneutische wie hermeneutik-kritische Position M. Franks ein, bei dem „wir uns mit dem Antagonismus eines reflexionstheoretischen monopolisierten Subjekts auf der einen und der Preisgabe eines hermeneutischen Subjekts an das anonyme Deutungsgeschehen signifikanter Strukturen auf der anderen Seite konfrontiert"[612] sehen. Der nun dargebotene Gedankengang macht den Kontext „der literarischen Empfindung"[613] deutlich, in dem Nolting das ‚Energeia'-Diktum nutzen will:

> „Trivialerweise, so meine ich, ist das Franksche Dilemma Kennzeichen des *hermeneutischen Prozesses* überhaupt. Dieser ist ebenso unregulierbar wie der literaturgeschichtliche Verlauf, aber beide sind nicht ein beliebiges Geschehen. Unter der hermeneutischen Gemeinschaft ist ja nie eine Gruppe von Theoretikern zu verstehen, sondern immer schon eine arbeitsteilige *Interpretationsgemeinschaft* über die Generationen hinweg, – und das ist ein durch-

---

[610] Sakaguchi, „Sprachwissenschaft und Interlinguistik", a.a.O., S. 234.
[611] Nolting, W.: „Zum Universalitätsanspruch der Interpretation. Am Beispiel der literarischen Empfindung". In: Stötzel, G. (Hrsg.): *Germanistik – Forschungsstand und Perspektiven. Bd. II.* Berlin, New York 1985. S. 457-477.
[612] Nolting, „Zum Universalitätsanspruch", a.a.O., S. 468.
[613] Nolting, „Zum Universalitätsanspruch", a.a.O., S. 457.

aus methodischen Überlegungen zugänglicher Begriff. So scheint mir das Ge-
heimnis des Gegensatzes von hermeneutischem Subjekt und seiner Preisgabe
letztlich auf die undurchschaute interpretatorische Praxis zurückzuführen zu
sein, die gerade durch Arbeitsteilung definiert ist. Und das heißt für den
einzelnen Interpreten: Er nimmt an einem historischen Interpretationsprozeß
teil, für den er genauso wesentlich ist wie das Bestehen dieses hermeneutisch-
schen Prozesses für ihn als Interpreten"[614].

Nun nimmt Nolting eine Verknüpfung seines Arguments mit der sprachtheoretischen Perspektive vor, und zwar in der Form, daß „auf der Seite
des Gegenstandes (...) deshalb eine unerschöpfliche Differenz zwischen
Zeichen und Bedeutung, oder wie hier besser zu sagen ist, zwischen Sprache und Empfindung zu vermuten"[615] ist. In diesem Sinne ließe sich „von
einer *Hermeneutik der Differenz* sprechen"[616]. Nolting stellt sich dann
die Frage, wie diese hermeneutische Differenz beschaffen ist und ob oder
wie sie überwunden werden kann. Hier kommt nun – systematisch ebenso fremd und überraschend aber dennoch gedanklich aufschlußreich – das
‚Energeia'-Diktum – wieder einmal in seiner Form als ‚Ergon'-Diktum –
ins Spiel. Nolting schreibt:

> „Doch wird der Gegenstand, sonst wäre er keiner, als eine (ästhetisch-meta-
> phorische) Ganzheit rezipiert. Diese Selbstidentität des literarischen Textes ist
> ebenfalls Gegenstand des Interpreten; sie erhält sich im hermeneutischen Pro-
> zeß – und ist ja gerade das Kriterium für divergierende Interpretationen. Da
> diese Identität aufgrund der Differenz für den Interpreten nie erreichbar ist
> (...), ergibt sich eine Geschichte des Werks, das nun hinsichtlich der im ergon
> aufbewahrten energeia (...) in den Blickwinkel einer *energetischen Ästhetik*
> geraten könnte"[617].

Der weitere Gedankengang wie die unbeholfene Adjektivierung im Zusammenhang mit einem dem Gehalt des Diktums verantworteten Ästhe-
tik-Begiff seien hier einmal ausgeklammert. Interessant ist vor allem Noltings Versuch, in einer Kardinal-Frage der Hemeneutik, nämlich in der
Rettung des Gegenstandes des verstehenden Subjektes, den ‚ergon'-Ter-
minus nicht nur zu Rate zu ziehen, sondern ihn durch den ‚energeia'-Be-
griff gleichsam zu ‚dynamisieren' und damit anthropologisch, erkenntnistheoretisch und in mancher Hinsicht auch ontologisch aufzuwerten. Mit
dieser ‚Dynamisierung' behält dieser als ‚ergon' verstandene Gegenstand
gleichwohl seine notwendig ganzheitlich verstandene Selbstidentität, die

---

[614] Nolting, „Zum Universalitätsanspruch", a.a.O., S. 469.
[615] Nolting, „Zum Universalitätsanspruch", a.a.O., S. 468.
[616] Nolting, „Zum Universalitätsanspruch", a.a.O., S. 469-470.
[617] Nolting, „Zum Universalitätsanspruch", a.a.O., S. 470.

sich als grundständig geschichtlich versteht und im hermeneutischen Prozeß des Subjekts konstituiert wird. Statt des Humboldtschen Ausschlusses des ‚Ergon' wird dieser Begriff hier als Gegenstandsbestimmung bis zu einem gewissen Grade mit dem theoretischen Gehalt der ‚Energeia' aus- bzw. aufgefüllt. Es wird im folgenden, dritten Teil noch zu klären sein, ob der eigentliche Integrationsansatz nicht gerade in der umgekehrten Richtung bestehen muß. Noltings Kunstgriff kann daher auch nicht als gelungene Humboldt-Interpretation im engeren Sinne verstanden werden, zumal sich ja auch der Anwendungsbereich des Diktums deutlich verschiebt. Grundsätzlich jedoch ist Noltings Interpretationsversuch dem Humboldtschen Gedankengang in der ontologischen Struktur deutlich näher als es zunächst den Anschein hat. Auf seine ursprüngliche Fragestellung rekurrierend konstatiert er daher, Humboldt wiederum intelligent im doppelten Sinne hinter sich lassend: „Man kann durchaus im Anschluß an Humboldt Empfindung die energeia des Sprechens und das Sprechen die energeia des Empfindens nennen"[618].

Gleichermaßen auf die Verstehensproblematik – in Stil, Erkenntnisinteresse und der Zuordnung in wissenschaftsdisziplinärer Hinsicht jedoch fundamental anders als Nolting – ist die Aufmerksamkeit K. Mueller-Vollmers in seinem ein Jahr zuvor erschienenen Beitrag *Von der Durchdringbarkeit des wirkungsgeschichtlichen Bewußtseins* gerichtet, in dessen Rahmen er *Gadamer, Hegel und die Hermeneutik Wilhelm von Humboldts*[619] in Vergleichung bringt. Damit ist die Perspektive angezeigt, unter der das ‚Energeia'-Diktum hier gesehen wird. Es geht darum, „den humboldtschen Verstehensbegriff und seine Beziehung zu Sprache und Sprachlichkeit"[620] zu zeigen. Für eine dementsprechende Analyse sind laut Mueller-Vollmer „vom heuristischen Standpunkt (...) zunächst einmal zwei theoretische Ebenen zu unterscheiden, die jedoch in wechselseitiger

---

[618] Nolting, „Zum Universalitätsanspruch", a.a.O., S. 470, Anm. 37. – Eher am Rande findet sich bei G. Hassler 1985 eine gleichwohl mehrfach problematische Bemerkung zum ‚Energeia'-Diktum: „Der von HUMBOLDT selbst empfundene Widerspruch (?, U.W.) zwischen dem Bemühen, das Wesen der Sprache als organisches Ganzes zu erfassen, und der Notwendigkeit, das unmittelbar Sichtbare an einer Sprache zu untersuchen, wird teilweise durch die Dialektik (?, U.W.) der Sprache als *Energeia* und als *Ergon* überlagert (?, U.W.)" (Hassler, G.: „Zur Auffassung der Sprache als eines organischen Ganzen bei Wilhelm von Humboldt und ihren Umdeutungen im 19. Jahrhundert". In: *Zeitschrift für Phonetik, Sprachwissenschaft und Kommunikationsforschung*, 38. Jg. (1985), S. 564-575, hier: S. 566.

[619] Mueller-Vollmer, K.: „Von der Durchdringbarkeit des wirkungsgeschichtlichen Bewußtseins: Gadamer, Hegel und die Hermeneutik Wilhelm von Humboldts". In: Streka, J. P. (Hrsg.): *Literary Theory and Criticism. Fs. R. Wellek*. Bern 1984. S. 475-497.

[620] Mueller-Vollmer, „Von der Durchdringbarkeit", a.a.O., S. 490.

Beziehung zueinander gesehen werden"[621] müssen, und zwar einerseits die Ebene einer „Theorie des sprachlichen Verstehens innerhalb einer gegebenen Sprache oder irgendeiner Sprache überhaupt"[622] und andererseits eine Ebene, die „die Theorie des anderssprachlichen Verstehens umfaßt"[623].

Mueller-Vollmer geht nun der ersten Theorieebene nach und trifft dabei fast beiläufig auf das ‚Energeia'-Diktum. Zunächst dient ihm das langue-parole-Muster für eine diese Ebene in sprachtheoretischer Hinsicht weiter differenzierende Problematisierungsklammer, die entsprechende Gemeinsamkeiten bei Humboldt, Schleiermacher und (natürlich) Saussure aufsuchen kann: „Auf der ersten Ebene teilt Humboldt mit Schleiermacher grundlegende Ansichten und Unterscheidungen, wonach man (ähnlich wie später bei de Saussure) zwischen Sprache als System, (*langue*) und als Rede, (*parole*) differenzieren muß"[624]. Damit allein ist jedoch das Problem Sprache auf dieser Ebene nicht ausreichend erfaßt, geschweige denn perspektivisch ausreichend systematisiert, und nun ist es allein Humboldt, der Weiterführendes zu bieten hat:

> „Darüberhinaus führt Humboldt noch die weitere Unterscheidung von Sprache als Prozeß, *Energeia*, und als Gebilde, *Ergon*, ein, die das Begriffspaar *Sprache* und *Rede* noch einmal durchschneidet, da man beide sowohl als Prozeß als auch als Objekt oder Gebilde auffassen kann. Sprache *ist* nur als Prozeß in der Rede des jeweilig Redenden, ist dieser aber transzendent, und nimmt in der ‚Verfahrensweise' des sich in der Rede Äußernden Gestalt an"[625]

Zweifelsohne ist die Interpretation Mueller-Vollmers nicht nur in ihrem sprachtheoretischen Kern zutreffend, sondern in ihrer Verfahrensweise eine der listigsten Auslegungen der Rezeptionsgeschichte überhaupt. Zunächst zum Diktum selbst: Auch bei Mueller-Vollmer kommentieren die griechischen Begriffe die deutschen und nicht umgekehrt. Er hält jedoch die Ergon-Variante der Sprache nicht nur für möglich, sondern nimmt hierfür auch – indirekt, ohne Zitation der Textstelle VII 45-46 – Humboldt in Anspruch. Insofern wäre hier also im Sinne des bisher entwickelten Auslegungsleitfadens, nach dem man Humboldt mit seinem Ergon-Ausschluß durchaus ernstnehmen sollte, Widerspruch einzulegen. Durch die Einführung der doppelten Sprache-Rede-Perspektive gewinnt

---

[621] Ebd.
[622] Ebd.
[623] Ebd.
[624] Ebd.
[625] Ebd.

diese Variante jedoch, ob nun genuin humboldtisch oder nicht, erneut an Erklärungspotential, denn Sprache wie Rede kann (natürlich) sowohl als Prozeß als auch als Werk (wissenschaftlich) wahrgenommen werden. Humboldts Intention bei der Formulierung des ‚Energeia'-Diktums wird damit zwar weder nachgegangen noch getroffen, wohl gelingt dies aber im nun folgenden direkten Anschluß an die engere Argumentation: Der doppelte Gebrauch des Prädikats ‚ist' bringt eine Auflösung des Problems, die nicht nur die transzendentale Qualität von Humboldts *Erkenntnis-Sprache-Theorem* vollkommen zutreffend beschreibt, sondern in ihrer integrierten Struktur von Voraussetzung und Aktualität des Wesens der Sprache und durch den im Hintergrund ausgebreiteten Gestalt-Terminus auch eine ontologische Lösung für die Integration von Ergon und Energeia anbietet: das eine ist, indem die andere *ist*. Diese Variante ist in der Rezeptionsgeschichte einmalig: Zuerst wird das Diktum falsch ausgelegt, um dann nicht nur richtig gedeutet, sondern in seinem tiefen Kern verstanden zu werden.

Nun zu seinem zentralen Thema zurückkommend, kann Mueller-Vollmer somit konstatieren:

> „Verstehen ist das Korrelat des Rede- oder Sprechakts, und beide sind durch ein Drittes wechselseitig aufeinander bezogen: die sich im Kommunikationsakt kundtuende *Sprachkraft*, d.i. die sich in der Rede äußernde *Sprachkraft* des Sprechenden und die des (die Rede) verstehenden Angeredeten"[626],

und rekurriert damit weniger auf den von manchen im ‚Energeia'-Diktum so übertrieben vermuteten Kraft-Begriff, sondern auf das Dialogische des sprachlichen Verstehens, auf „die sprachliche Kommunikation als eine Sprecher und Hörer einbeziehende Ko-Produktion"[627].

Eher schmucklos und unkompliziert hat W. Porzig das ‚Energeia'-Diktum mehr übersetzt als gedeutet. In einem fiktiven Gespräch, in dem er einen Psychologen, einen Zoologen, einen Sprachwissenschaftler und einen Gast über *Das Wunder der Sprache*[628] diskutieren läßt, findet sich das ebenso zutreffende wie unprätentiöse Übersetzungs- als auch Interpretationsangebot, nach dem es Humboldts „Erkenntnis (sei, U.W.), daß die Sprache nicht ein Werk, sondern eine *Wirksamkeit* (Herv., U.W.) ist"[629]. Diese Übersetzung hat auch 1986 – das Jahr, in dem Porzigs Buch nach seinem Erscheinen 1950 bereits in 8. Aufl. (!) herausgegeben wurde und damit über 130 Jahre nach der Einführung dieser Variante durch H.

---

[626] Ebd.

[627] Mueller-Vollmer, „Von der Durchdringbarkeit", a.a.O., S. 491.

[628] Porzig, W.: *Das Wunder der Sprache*. Tübingen (8. Aufl.) 1986.

[629] Porzig, *Das Wunder der Sprache*, a.a.O., S. 77.

Steinthal 1851 liegt – nichts von seiner zurückhaltenden Treffgenauigkeit
verloren. Daran ändert auch die Tatsache wenig, daß man Porzig bezüglich der in diesem Kontext diskutierten Referenz- und Bedeutungsproble-
matik aus Sicht der Humboldtschen Sprachtheorie nicht in allen Aspekten wird uneingeschränkt zustimmen können.

Eine wissenschaftsgeschichtlich sehr auffällige Rezeption hat das ‚Energeia'-Diktum 1988 zugesprochen bekommen. In dem dreibändigen Sammelband *Energeia und Ergon*[630] haben zahlreiche Autorinnen und Autoren *Studiae in honorem Eugenio Coseriu* erstellt, die sich unter den
Leitbegriffen *Sprachliche Variation – Sprachgeschichte – Sprachtypologie*
in unterschiedlicher Weise mit dem Werk Coserius auseinandersetzen. Die
bereits bezüglich der Rezeption des Diktums durch Coseriu gemachten
Beobachtungen werden hier bestätigt: „Mit dem Titel des vorliegenden
Werkes" wird, so der Herausgeber J. Albrecht in seiner Einführung τὰ
ὄντα ὡς ἔστιν λέγειν: *Über die Schwierigkeit, die Dinge zu sagen, wie sie
sind, und andere davon zu überzeugen*[631], „auf eine Begrifflichkeit ange-
spielt, die – im Kleide unterschiedlicher Benennungen – in der Sprachtheorie eine wichtige Rolle gespielt hat und die sich letztlich bis zu Aristoteles zurückverfolgen läßt"[632]. Die textile Metaphorik der Parenthese
deklariert nachdrücklich den pluralistischen Öffnungsbeschluß der Rezeptionsgeschichte und gründet damit einen Verdacht prinzipieller Offenheit und exegetischer Strapazierung bis aufs äußerste (und darüber hinaus), der in vielen Beiträgen in direkter und indirekter Hinsicht zur
Ausführung kommt und dem hier im einzelnen nicht nachgegangen werden kann. Für diese Strategie gilt das bereits mehrfach Angeführte, daß
das sprachwissenschaftlich Interessante und Produktive nicht immer das
exegetisch bzw. philologisch Richtige oder gar Humboldt Gemäße sein
muß. Interessant ist daher vor allem der subkutane Widerstand, der sich
zuweilen gegen den Titel der Schrift regt und den Albrecht in der Einleitung auch aufnimmt. So erwähnt er eine von J. Trabant in einer Fußnote
versteckte Mine (die gleichwohl auch eine verdeckte Kritik an Coseriu
enthält), und kommentiert diese dann gleich in einer Art und Weise weiter, wie dies von Coseriu überaus bekannt ist. Zunächst Trabant: „Ange-

---

[630] Albrecht, J. u.a. (Hrsg.): *Energeia und Ergon: Sprachliche Variation – Sprachgeschichte –
Sprachtypologie. Studia in honorem Eugenio Coseriu (3 Bde.).* Tübingen 1988. (=
Tübinger Beiträge zur Linguistik; Bd. 300).

[631] Albrecht, J.: „τὰ ὄντα ὡς ἔστιν λέγειν: Über die Schwierigkeit, die Dinge zu sagen, wie sie
sind, und andere davon zu überzeugen. Zur Einführung in Energeia und Ergon, I-III". In:
ders. (Hrsg.): *Energeia und Ergon: Sprachliche Variation – Sprachgeschichte – Sprachtypologie. Studia in honorem Eugenio Coseriu. (1. Bd.).* Tübingen 1988. S. XVII-XLV.

[632] Albrecht, „Über die Schwierigkeit", a.a.O., S. XVII.

sichts der Wahl des (aristotelischen) Humboldtschen Begriffspaars als Titel des Werks *Energeia* und *Ergon* sollte daran erinnert werden, daß Coseriu eigentlich die aristotelische Trias von *energeia, ergon* und *dynamis* für die Sprachwissenschaft rekonstituiert hat"[633]. Anstatt direkt auf die Kritik einzugehen, die sich auch in aristotelischer und humboldtscher Perspektive durchaus wiederfinden kann, wird von Albrecht (überdies nach ungenauer Zitation Trabants[634]) zunächst die Selbstverständlichkeit des Angefragten attestiert, um dann eine weitere, die engere Problematik wiederum überschreitende Variante ins Feld zu führen:

> „Dies (Trabants Feststellung, U.W.) war den Herausgebern durchaus bekannt. In der Tat spielt die Doppeltrichotomie *energeia, dynamis, ergon* einerseits und *universell, historisch, individuell* andererseits, die in Form von ‚Kreuzklassifikation' auf den gesamten Bereich des Sprachlichen angewendet wird, in der Sprachtheorie Coserius eine große Rolle"[635].

Albrecht rekurriert hier auf das Kreuzklassifikationsschema Coserius, in dem dieser den ‚Energeia'-Begriff für die Sprachwissenschaft operationalisiert hat und das in einer Geschichte des Diktums eben in der hier gewählten Form Erwähnung finden kann, gerade weil es *rezeptionsgeschichtlich* beachtlichen Einfluß ausgeübt hat.[636] Coserius Verwendung des ‚Energeia'-Diktums bzw. der von diesem unabhängige, ungebundene Gebrauch des Terminus ἐνέργεια ist aber bei weitem nicht auf diese Variante beschränkt.[637] Hier soll nun nicht Coserius diesbezüglicher Ansatz,

---

[633] Trabant, J.: „Onomato-Poetika". In: Lüdtke, J. (Hrsg.): *Energeia und Ergon: Sprachliche Variation – Sprachgeschichte – Sprachtypologie. Studia in honorem Eugenio Coseriu. 3. Bd.: Das sprachtheoretische Denken Eugenio Coserius in der Diskussion.* Tübingen 1988. S. 253-264, hier: S. 254, Anm. 3. Trabant verweist in diesem Zusammenhang auf Coserius Schrift „Determinición y entorno". In: Coseriu, E.: *Teoria del lenguaje y lingüística general.* Madrid 1955. S. 282-323.

[634] Albrecht setzt hier für Trabants Wendung „des Werks *Energeia und Ergon*" lieber beflissen „der Festschrift für Eugenio Coseriu" ein.

[635] Albrecht, „Über die Schwierigkeit", a.a.O., S. XVIII. – Albrecht weist hier darauf hin, daß dieses Muster bei Coseriu „zum ersten Mal in *Sincronia, Diacronia e Historia* erscheint (...) und zuletzt 1981 in den *Lecciones de Lingüística General* in etwas knapperer und schematischerer Form vorgeführt" (ebd.) wird.

[636] Zu den drei Ebenen der Sprache bei Coseriu vgl. auch Oesterreicher, W.: „Sprachtätigkeit, Einzelsprache, Diskurs und vier Dimensionen der Sprachvarietät". In: Albrecht u.a. (Hrsg.): *Energeia und Ergon*, a.a.O., Bd. II, S. 355-386, hier: S. 357-360.

[637] Vgl. dazu auch die Ausführungen Coserius in „Humboldt und die moderne Sprachwissenschaft". In: Albrecht, J. u.a. (Hrsg.): *Energeia und Ergon*, a.a.O., Bd. I., S. 3-11: „In der Einleitung zum Werk über die Kawisprache gebraucht nun Humboldt nicht nur die deutschen Wörter *Werk* und *Tätigkeit*, sondern zugleich auch die griechischen ἔργον und ἐνέργεια. Für mich ist das eine klare Anspielung auf die aristotelische Unterscheidung, was auch dadurch gestützt wird, daß bei Humboldt noch andere aristotelische Begriffe,

sondern die Argumentationsstrategie Albrechts nachgezeichnet werden, die – unabhängig von Coserius unterschiedlicher Verwendung des ,Energeia'-Begriffs – von folgendem, konsequenzenreichen Muster ausgeht. Albrecht schreibt: „Mit dem Titel des vorliegenden Werks wollen die Herausgeber bewußt unmittelbar an Humboldt und nur mittelbar an Ari-

---

wie *Stoff* und *Form*, erscheinen" (S. 4). – „Wenn also Humboldt sagt, die Sprache sei kein Werk, sondern eine Tätigkeit, und die griechischen Wörter hinzufügt; wenn er somit betont, die Sprache sei ἐνέργεια, so will er eben sagen, daß er den Begriff von Aristoteles meint. Diesen Begriff gilt es allerdings richtig zu verstehen. Aristoteles meint, daß es zum einen Tätigkeiten gibt, die zwar ,produktiv' sind, die etwas produzieren, dabei aber nur ein schon vorhandenes Wissen, eine δύναμις anwenden, z.B. im Falle der Herstellung von immer gleichartigen Objekten aufgrund einer durch Lehre und Erfahrung erworbenen Technik; daß es zum andern aber Tätigkeiten gibt, die schöpferisch sind und insofern der δύναμις vorausgehen, als sie nicht auf einer schon gegebenen Technik beruhen. Wir haben es hier also einerseits mit Tätigkeiten zu tun, bei denen die δύναμις v o r der Tätigkeit selbst steht und in der Tätigkeit angewandt wird, andererseits mit Tätigkeiten, die primär Tätigkeiten sind und ihrer eigenen δύναμις vorausgehen. D.h., Aristoteles meint, daß etwas durch eine schöpferische Tätigkeit Geschaffenes seinerseits zu einer Technik werden und so auch erlernt werden kann, wie dies in der Dichtung oder in der bildenden Kunst geschieht: Das, was etwa bei Leonardo schöpferisch ist, ist keine erlernte Technik, aber Leonardos Schüler können das Geschaffene als eine neue Technik lernen. In diesem Sinne ist hier zuerst das Schaffen, die ἐνέργεια gegeben, dann erst die δύναμις. Aristoteles meint auch, daß im Bereich des Menschen nie die absolute ἐνέργεια gegeben ist, sondern daß sie sich nur insoweit zeigt, wie der schöpferisch tätige Mensch über das Erlernte hinausgeht. In dem Maße, wie er dies tut, ist der Mensch ein schöpferisches Wesen. Für Aristoteles ist nämlich die absolute ἐνέργεια Gott, also ist auch der Mensch in seiner schöpferischen Tätigkeit göttlich" (S. 4-5). – „Wenn Humboldt sagt, die Sprache sei ἐνέργεια, meint er folglich, daß die Sprache eben eine solche Tätigkeit ist, die wie im Fall der Kunst und der Philosophie nicht nur Erlerntes anwendet, sondern auch tatsächlich Neues schafft. So ist es auch zu verstehen, wenn er sagt, daß man nicht eine Sprache lernt, sondern lernt, in einer Sprache zu schaffen" (S. 5). – „Das kann man nun aber nicht als Irrtum des Sprechers abtun, sondern es ist genau das, was wir auch zu erwarten haben, wenn wir davon ausgehen, daß die Sprache ἐνέργεια und der Sprachwandel Manifestation der ἐνέργεια ist" (ebd.). – „Im Zusammenhang mit dem Begriff ἐνέργεια meint Humboldt weiterhin, daß die Sprache in allen ihren Formen ἐνέργεια ist, sowohl als Sprache im allgemeinen als auch als das jedesmalige Sprechen – der jedesmalige Akt der Rede –, schließlich auch als diese oder jene Einzelsprache. Es ist nun zwar unmittelbar verständlich, wie die Sprache im allgemeinen, als universelle menschliche Tätigkeit, ἐνέργεια sein kann. Und ein Redeakt enthält immer etwas Neues, das nie zuvor gesagt worden ist, sei es auch nur insofern, als es jeweils der Redeakt eines Individuums in einer neuen Situation ist. Wie aber kann eine Einzelsprache ἐνέργεια sein?" (S. 6). – „Nach den üblichen Begriffen ist eine Einzelsprache nichts anderes als eine bestimmte historische Technik des Sprechens. Somit erscheint die Behauptung, eine Einzelsprache sei auch ἐνέργεια, widersprüchlich zu sein, denn das hieße, daß eine Technik auch Nichttechnik wäre. Wie soll man das verstehen? Wir sind der Überzeugung, daß Humboldt damit meint, eine Sprache sei eine offene Technik, die auch ihre eigene Überwindung ermöglicht. Eine Sprache enthält so zugleich die Möglichkeit, über das hinauszugehen, was sie schon historisch ist" (ebd.).

stoteles anknüpfen"[638]. Hier liegt m. E. der eigentliche Fehler der Argumentation, den Albrecht gleichwohl machen *muß*, um die Rezeptionsoption des Diktums zu vervielfachen. In der als systematisch möglich unterstellten Spreizung zwischen Humboldts Sprachtheorie einerseits und
Aristoteles andererseits wird hier eine Differenz angenommen, die *historisch* zwar selbstverständlich und von trivialer Plausibilität ist, die systematisch in dieser Form aber sicherlich nicht haltbar ist. Albrecht versucht,
Humboldts Ansatz von dem des Aristoteles abzukoppeln, um eben darin
Rezeptionsspielraum für die moderne Sprachwissenschaft zu gewinnen.
Dies soll auch die doppelte Sprachbetrachtung von ‚Ergon' *und* ‚Energeia'
möglich machen, denn „im Rahmen dieses *Sowohl ... als auch* bewegen
sich die Beiträge zu *Energeia und Ergon*"[639]. Die grundständige Differenz
besteht aber gar nicht zwischen dem aristotelischen und dem humboldtschen Ansatz, sondern zwischen diesen beiden einerseits und der Rezeptionsgeschichte andererseits. Nur so kommen daher auch Ansichten zustande wie die folgende, die stellvertretend haftbar gemacht werden kann:

> „Es ist nur folgerichtig, wenn ein Werk, das Humboldtsche Termini im Titel
> führt, mit einem Aufsatz zu Wilhelm von Humboldt beginnt. Im ‚humbold-
> tianischen Strukturalismus' (der im Werk Humboldts nicht ausdrücklich for-
> muliert ist) sieht Coseriu ein Korrektiv gegen jenen ‚eigentlichen' Struktura-
> lismus, der ein Jahrhundert später den technisch-systematischen Aspekt des
> Sprechens verabsolutieren sollte"[640].

Gegen die Strukturalismus-Kritik ist sicherlich wenig einzuwenden (und
auch nicht gegen Humboldt als Kronzeugen gegen eben einen *solchen*
Strukturalismus), wohl aber gegen dessen Indienstnahme in dieser, dem
theoretischen Gehalt des humboldtschen Werkes kaum angemessenen
Form: es gibt keinen ‚humboldtschen Strukturalismus'.
　　Bemerkenswert ist dagegen J. Trabants Interpretationsvariante, die das
‚Energeia'-Diktum in besagtem Artikel in einen durchaus möglichen zei-
chentheoretischen Kontext stellt und damit als Bestätigung grundlegender
Humboldtscher Theoreme zur Sprache nutzt. Trabant schreibt:

> „Für Wilhelm von Humboldt ist das Wort kein Zeichen. Diese ‚antisemioti-
> sche' Haltung der Humboldtschen Sprachphilosophie korreliert mit seiner
> energetischen Sprachauffassung: Indem die klassische semiotische Sprach-
> theorie das Wort als Zeichen faßte, konzipierte sie es nämlich als vorfindli-
> ches fertiges Ding, dessen Inhalt ein schon abgeschlossenes Gedachtes ist, als
> *ergon. Dagegen* (Herv., U.W.) setzt Humboldt seine Theorie der Sprache als

---

[638] Albrecht, „Über die Schwierigkeit", a.a.O., S. XIX.
[639] Ebd.
[640] Albrecht, „Über die Schwierigkeit", a.a.O., S. XIX-XX.

einer Denken überhaupt erst ermöglichenden Tätigkeit, als *energeia*, die das Wort als Zeichen und Abbild zugleich hervorbringt"[641].

Eine solche Interpretation kann als positives Beispiel dafür gelten, wie das ‚Energeia'-Diktum zweckmäßig, unprätentiös und sachgemäß im argumentativen Kontext Humboldtschen Sprachdenkens verortet werden kann, ohne zuvor einer genauen Analyse der Textstelle aus der *Kawi-Einleitung* zu bedürfen.

Systematische Strapazierungen wie die von J. Albrecht jedoch sind um so überraschender, als *Energeia und Ergon* den entscheidenden, jüngeren Beitrag zur Aristoteles-Humboldt-Forschung enthält. Auf Di Cesares Aufsatz *Die aristotelische Herkunft der Begriffe ἔργον und ἐνέργεια in Wilhelm von Humboldts Sprachphilosophie*[642] ist bereits des häufigeren hingewiesen worden. Er enthält die entscheidenden Kennziffern und den Rahmen der systematischen Korrelation der beiden Denker im Hinblick auf den ontologischen Kontext in nuce. Ich referiere hier nur noch einmal die wichtigsten Argumentationspassagen und greife ausgewählte Aspekte dieses äußerst gewinnbringenden Ansatzes heraus. Auch einige – aus meiner Sicht mögliche – kritische Anmerkungen sollen im folgenden formuliert werden.

Neben der kantischen nimmt Di Cesare eine aristotelische Grundlage des Humboldtschen Sprachdenkens an.[643] Bezüglich des ‚Energeia'-Begriffes konstatiert sie, daß dieser nur „einen der Leitbegriffe"[644] darstelle und eingebunden sei in die weitere Terminologie der aristotelischen Ontologie. Nach einem rezeptionsgeschichtlichen Referat[645] geht Di Cesare dann auf Humboldts Ausbildung ein[646], wie ich sie im vierten und fünften Kapitel ausführlich beschrieben habe. Es folgt die Kurzcharakteristik der aristotelischen Ontologie, die schwerpunktmäßig auf dem „Buch θ der Metaphysik, der großen Abhandlung über das Begriffspaar δύναμις-ἐνέργεια"[647] fußt. Diese Auswahl der Textgrundlage bestimmt dann im wesentlichen Di Cesares weiteren Gedankengang, der besonders die Mög-

---

[641] Trabant, „Onomato-Poetika", a.a.O., S. 254.

[642] Di Cesare, D.: „Die aristotelische Herkunft der Begriffe ἔργον und ἐνέργεια in Wilhelm von Humboldts Sprachphilosophie". In: Thun, H. (Hrsg.): *Energeia und Ergon: Sprachliche Variation – Sprachgeschichte – Sprachtypologie. Studia in honorem Eugenio Coseriu (3 Bde). Bd. II: Das sprachtheoretische Denken Eugenio Coserius in der Diskussion (1).* Tübingen 1988. S. 29-46.

[643] Vgl. Di Cesare, „Die aristotelische Grundlage", a.a.O., S. 30.

[644] Di Cesare, „Die aristotelische Grundlage", a.a.O., S. 30.

[645] Vgl Di Cesare, „Die aristotelische Grundlage", a.a.O., S. 31-32.

[646] Vgl Di Cesare, „Die aristotelische Grundlage", a.a.O., S. 32-34.

[647] Di Cesare, „Die aristotelische Grundlage", a.a.O., S. 34.

lichkeit-Wirklichkeit-Relation in den Mittelpunkt stellt. Dies ist – auch vom aristotelischen Standpunkt aus – nicht unbedingt zwingend. Auch andere Schwerpunktsetzungen sind möglich. Di Cesare erläutert nun den ἐνέργεια-Begriff eingehender[648], ergänzt ihre ontologischen Ausführungen um einige handlungstheoretische Aspekte[649] und kommt dann erneut auf die Beziehung zwischen δύναμις und ἐνέργεια zurück, die sie detailliert erläutert. Damit ist für den nun kommenden Teil ihres Beitrages, die Ausdeutung des Gewonnenen für die Humboldtsche Sprachtheorie, der Dreh- und Angelpunkt gesetzt. Die Unterscheidung von δύναμις und ἐνέργεια wird genutzt, die unterschiedlichen Ebenen der Sprachthematisierungen ontologisch gegeneinander abzugrenzen.[650] Dem Anreiz, auch den anderen aristotelischen Begriffen in bezug auf die Humboldtsche Sprachtheorie nachzugehen und das Interpretationsspektrum damit noch einmal deutlich zu erweitern, folgt Di Cesare kaum, was in *dieser* Hinsicht wiederum einige schwerwiegende Interpretationsprobleme nach sich zieht.[651] Gleichwohl bietet ihre Nutzung der aristotelischen Grundlage der Humboldtschen Sprachtheorie interessante Perspektiven, die vor allem deutlich machen, daß Humboldt die Sprache eben nicht als ‚Ergon‘, sondern gerade „gegen diese Vergegenständlichung der Sprache behauptet (...), daß sie (die Sprache, U.W.) eine ἐνέργεια“[652] sei. Damit ist die wichtigste Funktion des Diktums bei Humboldt eindeutig identifiziert. Lediglich die – nicht nur in dieser Hinsicht stark Coseriu verantwortete – ausführliche Klärung der Sprachebenen und der Tatsache, die Sprache sei „die Synthese der ganzen Denk- und Empfindungsart der vorangehenden Generationen“[653], überlasten m. E. das ‚Energeia‘-Diktum in gewisser Weise, ohne daß damit die von Di Cesare in dieser Hinsicht ausgeführte Differenzierung in sich etwa unrichtig wäre. Trotzdem ist dies, wie die Fragestellung, ob „unter diesem Aspekt (...) sich die Schöpfung des Individuums im Akt der Rede (nicht, U.W.) im Grunde als eine Wieder-Schöpfung“[654] erweist, nicht

---

[648] Di Cesare, „Die aristotelische Grundlage“, a.a.O., S. 35.

[649] Di Cesare, „Die aristotelische Grundlage“, a.a.O., S. 36.

[650] Di Cesare, „Die aristotelische Grundlage“, a.a.O., S. 38-40.

[651] So beispielsweise in bezug auf den Begriff der ἐντελέχεια. Di Cesare behauptet diesbezüglich, daß „die ἐντελέχεια in der Sprachsphäre nie gegeben ist, weil die Vollendung der Sprache nur ein Ziel, ein τέλος ist, das wohl immer verfolgt, aber nie erreicht wird“ (Di Cesare, „Die aristotelische Grundlage“, a.a.O., S. 44). Dies ist nicht nur sprachtheoretisch eine Verkürzung der Problematik, es verkennt auch den doppelten Charakter der ἐντελέχεια und beruht damit auf einem Irrtum in der Interpretation der aristotelischen Ontologie in dieser Frage. Zu diesem Zusammenhang verweise ich auf Kap. 9.

[652] Di Cesare, „Die aristotelische Grundlage“, a.a.O., S. 41.

[653] Ebd.

[654] Di Cesare, „Die aristotelische Grundlage“, a.a.O., S. 42.

Humboldts engeres ontologisches Anliegen und folgt daher einer sehr
stark konkretistischen bzw. pragmatisierenden Interpretationslinie des
Diktums. Ebenso bemerkenswert wie aufschlußreich hingegen ist bei Di
Cesare vor allem der Ausschluß der Leibnizschen ‚Energeia'-Definition.
Di Cesare stellt zunächst fest, daß „die Beziehung, die sich zwischen Rede
und Sprache herstellt, der von Aristoteles erfaßten Beziehung zwischen
Akt und Potenz gleicht (Umst., U.W.): wie die Potenz immer von dem
Akt, dessen Potenz sie ist, bedingt wird und von ihm abhängig ist, so wird
auch die Sprache von der Rede, deren System sie ist, bedingt. Deshalb ist
es die Rede, die die Sprache rechtfertigt und fundiert, nicht umgekehrt"[655].
Humboldt kehrt damit, wie Di Cesare zu Recht feststellt, „seiner dynamischen Auffassung der Sprache gemäß, die Perspektive völlig um, die jahr-
hundertelang in dem Studium der Sprache geherrscht hatte, indem er die
Priorität der Rede vor der Sprache behauptet"[656]. Dieser wichtigen Einsicht, die Di Cesare zugestandenermaßen aus ihren Reflexionen zur Relation von δύναμις und ἐνέργεια gewinnt, folgt dann die eindeutige Rezep-
tionsentscheidung:

> „Diese Umkehrung, nach der die Rede nicht nur Verwirklichung, sondern
> zugleich Überwindung der Sprache ist – und eben dieses erklärt die Freiheit
> und die Kreativität der Sprache – ist auf keinen Fall auf Leibnizens Metaphy-
> sik zurückzuführen. Wenn der in der *Monadologie* entwickelte Individua-
> litätsbegriff in der Humboldtschen ἐνέργεια impliziert ist (...), wodurch die-
> se sich der Aristotelischen ἐνέργεια gegenüber als Tätigkeit des Subjekts
> bestimmt, geht nach Leibniz die Welt der Möglichkeiten der Welt der Wirk-
> lichkeiten voraus und enthält sie gleichsam schon in sich"[657].

Das Leibnizsche Energeia-Modell entspricht also weder der aristotelischen Ontologie noch der humboldtschen Sprachtheorie, wie Di Cesare
dies hier unzweifelhaft vorführen kann. Die Konsequenzen indes wären
auch immens: „Wenn man also Leibniz folgen würde, dann hätte man eine Priorität der Sprache vor der Rede, und die Rede würde genau der
Sprache entsprechen, d.h. sie könnte sie nie verändern"[658]. Di Cesare
kommt dann zu dem ganz und gar zutreffenden Schluß, daß „die von
Humboldt behauptete Priorität der Rede der Sprache gegenüber (...) nicht
anders als aristotelisch erfaßt werden"[659] kann. Ihr Beitrag endet mit der
Feststellung, daß „die Sprache als ἐνέργεια aristotelisch definieren bedeu-

---

[655] Di Cesare, „Die aristotelische Grundlage", a.a.O., S. 43.
[656] Ebd.
[657] Ebd.
[658] Ebd.
[659] Di Cesare, „Die aristotelische Grundlage", a.a.O., S. 44.

tet, ihre dynamische Natur (zu, U.W.) erfassen und sie *genetisch* in ihrem Werden (zu, U.W.) betrachten"[660]. Coseriu nun einmal vollkommen adäquat ins Feld führend, ist diesem auch der letzte Satz des Artikels geschuldet. Er wird zitiert mit den Worten: „Das Sein der Sprache *ist* im ursprünglichen Sinne Werden"[661].

Di Cesare hat ihre für die Humboldt-Forschung so wichtigen Überlegungen des häufigeren neu kontextuiert und weiterentwickelt. Nicht immer haben diese Entwicklungen den außergewöhnlichen argumentativen Standard des 1988er Aufsatzes halten können. So zum Beispiel in ihrer das Humboldtsche Werk zur Sprachtheorie überblickhaft zusammenfassenden Darstellung, die im Rahmen der von T. Borsche herausgegebenen Sammlung zu den *Klassikern der Sprachphilosophie*[662] 1996 erschienen ist. Darauf hinweisend, daß „für das Werk Humboldts das Fehlen von Formeln kennzeichnend ist (Umst., U.W.)"[663], soll nun ausgerechnet das ‚Energeia'-Diktum „eine Ausnahme"[664] von dieser Regel sein. Weiter schreibt sie, „daß der Versuch, die Sprache genauer zu begreifen, unvermeidlich in die Definition des einzelnen Sprechakts, des ‚jedesmaligen Sprechens' (...) mündet"[665]. Eben „dieser Übergang"[666], so Di Cesare, „wird durch den Begriff der *enérgeia* vermittelt, der aristotelisch einen Akt anzeigt, in dem die Dynamizität nie schwindet"[667]. Dies stellt bereits, die ontologische Argumentation nur noch als Unterstützung der pragmatischen nutzend, eine wesentliche Verkürzung des ‚Energeia'-Diktums dar und macht dann auch anfällig für Irritationen wie die folgende, die in der Rezeption des ‚Energeia'-Diktums ja schon eine fast magische Tradition entfaltet hat: „Auf die Sprache übertragen, leitet der *enérgeia*-Begriff eine Sichtweise ein, nach welcher die Sprache nicht immer *nur* (Herv., U.W.) als *érgon* verstanden wird"[668]. Dies ist vehement zu bezweifeln, denn obwohl im weiteren auf den radikal genetischen Charakter von Humboldts Sprachauffassung als Kern der diesbezüglichen Wesensaussage aufmerksam gemacht wird, öffnet doch jede mögliche ‚Ergon'-Variante einer gegenständlichen Sprachauffassung Tür und Tor.

---

[660] Di Cesare, „Die aristotelische Grundlage", a.a.O., S. 45.

[661] Zit. nach Di Cesare, „Die aristotelische Grundlage", a.a.O., S. 45.

[662] Di Cesare, D.: „Wilhelm von Humboldt". In: Borsche, T. (Hrsg.): *Klassiker der Sprachphilosophie. Von Platon bis Chomsky.* München 1996. S. 275-289.

[663] Di Cesare, „Wilhelm von Humboldt", a.a.O., S. 284.

[664] Ebd.

[665] Di Cesare, „Wilhelm von Humboldt", a.a.O., S. 285.

[666] Ebd.

[667] Ebd.

[668] Ebd.

Einen Fortschritt hingegen stellt die Besprechung von Form und Materie in Di Cesares *Einleitung*[669] zur Kawi-Einleitung von 1998 dar. Im Hinblick auf den Form-Terminus wird deutlich gemacht, daß trotz Kantischer und Leibnizscher Einflüsse auch bei diesem Begriff „unbestreitbar (...) seine aristotelische Herkunft (...) entscheidend"[670] ist:

> „Daß es hier um eine direkte Herkunft geht, zeigt sich vor allem an dem engen Zusammenhang, der zwischen dem Begriff der Form und dem schon dem Ausdruck nach unverkennbar aristotelischen Begriff der *enérgeia* besteht; es wird dann weiter dadurch bekräftigt, daß der ganze um die Form sich drehende aristotelische Begriffskomplex bei Humboldt eine Entsprechung findet"[671].

Diese ‚Entsprechungsthese' scheint mir die eigentliche Problematik in ihrer ganzen Relevanz und Konsequenz erst richtig aufzuschließen und liegt dem in der vorliegenden Studie entwickelten Ansatz einer in Transformation und Erinnerung organisierten *Kontrastiven Archäologie* systematisch nur kurz zuvor, wenn auch die aus dieser These abzuleitenden Deutungen bei Di Cesare nicht unbedingt weit und differenziert genug getrieben werden bzw. nach eigener Aussage in mancherlei Hinsicht eine noch zu „unterschiedslose"[672] Verwendung des ontologischen Instrumentariums attestieren.

1988 bzw. 89 wurde ein Beitrag von G. Ramischwili, der bereits zuerst 1959 und 1967 unter dem Titel *Zum Verständnis des Begriffs der Sprachform bei W. v. Humboldt* erschienen war, im Rahmen der Aufsatzsammlung *Einheit in der Vielfalt. Grundfragen der Sprachtheorie im Geiste Wilhelm von Humboldts*[673] neu herausgegeben. Ramischwili, der in seiner eher unspektakulären Interpretationsarbeit den Kontext des ‚Energeia'-Diktums vor allem in dem der Sprachform sieht: „Der Sprachtheorie *Wilhelm von Humboldts* liegen drei Postulate zugrunde: ‚Die Sprache ist ein System', ‚Die Sprache ist Energeia und nicht Ergon', ‚Die Sprache ist ganz Form'"[674]. Das ‚Energeia'-Diktum hat trotz dieser hohen Gewichtung und scheinbaren Gleichstellung gegenüber der Form-Problematik eher Erläuterungsfunktion: „Die Sprache ist nach *Humboldt* kein statisches

---

[669] Di Cesare, D.: „Einleitung". In: Humboldt, W. v.: *Über die Verschiedenheit des menschlichen Sprachbaues und ihren Einfluß auf die geistige Entwicklung des Menschengeschlechts.* Hrsg. von D. Di Cesare. Paderborn u.a. 1998. S. 11-128.

[670] Di Cesare, „Einleitung", a.a.O., S. 67.

[671] Ebd.

[672] Di Cesare, „Einleitung", a.a.O., S. 68.

[673] Ramischwili, G.: *Einheit in der Vielfalt. Grundfragen der Sprachtheorie im Geiste Wilhelm von Humboldts.* Bonn 1988-89.

[674] Ramischwili, *Einheit in der Vielfalt*, a.a.O., S. 10.

Phänomen. Sie ist Aktivität, ist dynamische Ganzheit, ‚sie selbst ist kein Werk (Ergon), sondern eine Tätigkeit (Energeia)‘"[675]. Immerhin gelingt es Ramischwili hier, neben der durchaus zutreffenden terminologischen Illustration, Humboldt wörtlich und damit richtig zu nehmen. Dies bleibt weitgehend die frühe Strategie Ramischwilis, der das Diktum vor allem durch Humboldtsche Textpassagen kommentieren läßt[676] und dies zum Ausgangspunkt eines breiten Durchgangs durch die moderne Sprachphilosophie nimmt. Dies ändert sich auch später zunächst kaum, z.B. wenn Ramischwili zuerst 1960 in *Grundzüge der Sprachtheorie W. v. Humboldts. Thesen und Resultate einer georgischen Dissertation* konstatiert, daß „die Sprache als funktionale Realität als *Energeia* und nicht als *Ergon* erscheint (Umst., U.W.)"[677]. Den Ausschluß-Charakter des Diktums bzgl. des *Ergons* richtig interpretierend, den System-Begriff aber für den Organismus-Denker Humboldt sicher zu demonstrativ bemühend, macht er im Hinblick auf die Saussuresche Terminologie deutlich „Für *Humboldt* ist Sprache ein dynamisches System, eine aktive Form, – ‚*Energeia*‘ – und nicht ‚*Ergon*‘, für *de Saussure* jedoch (und besonders für *Hjelmslev*) ist die Sprache reine Form, statische Struktur, gerade ein *Ergon* und nicht Energeia. Die *humboldtschen* Begriffe ‚Energeia‘ – ‚Ergon‘ und die *saussureschen* Begriffe ‚parole‘ – ‚langue‘ befinden ist auf verschiedenen Ebenen: *Energeia ist die Sprache selbst als aktive Form und nicht als individuelle Rede*"[678], eine Interpretation, der Ramischwili ohne Scheu in Klammern hinzufügt: „([also nicht, U.W.] wie dies gewöhnlich in der wissenschaftlichen Literatur angenommen wird)"[679].

1984 geht Ramischwili dann genauer auf das ‚Energeia‘-Diktum ein. In *Wilhelm von Humboldt – Begründer der theoretischen Sprachwissenschaft*, ein Text, der als *Vorwort zur russischen Übersetzung ausgewählter Werke W. v. Humboldts* fungiert hat und der ebenfalls 1989 in *Einheit in der Vielfalt* neu erschienen ist, führt Ramischwili erneut aus, daß Humboldts „Konzeption der Sprachform zwangsläufig mit der Idee der ‚Energeia‘ verbunden ist"[680]. Für ihn haben ‚Form‘ und ‚Energeia‘ ein gemeinsames Moment, das vor allem „im Akt der Synthese zwischen dem Laut und dem Gedanken"[681] besteht. Seine Interpretation des Diktums ist wiederum in der Hinsicht eindeutig, daß „die genetische Definition‘ (...) be-

[675] Ramischwili, *Einheit in der Vielfalt*, a.a.O., S. 13.
[676] Vgl. Ramischwili, *Einheit in der Vielfalt*, a.a.O., S. 17.
[677] Ramischwili, *Einheit in der Vielfalt*, a.a.O., S. 47.
[678] Ramischwili, *Einheit in der Vielfalt*, a.a.O., S. 56.
[679] Ebd.
[680] Ramischwili, *Einheit in der Vielfalt*, a.a.O., S. 227.
[681] Ebd.

deutet, die Sprache nicht statisch, d.h. als Ergon zu bestimmen, sondern
in ihrem Gebrauch oder in actu, da sich hier auch zugleich das Wesen der
Sprache offenbart"[682]. Wenn man auch dem im folgenden dargebotenen
soziologie-verantworteten und Humboldt allzu logische Systematik unterstellenden Begründungsrahmen nicht uneingeschränkt wird zustimmen
können, so bleiben die daraus gezogenen Konsequenzen Ramischwilis
doch richtig und wichtig:

> „Wenn ‚Energeia' und ‚Form' Begriffe gleichen Ranges sind, die über eine so-
> ziologische Dimension verfügen, dann entbehrt die weit verbreitete Auffas-
> sung von der Energeia als eines individuellen Sprachprozesses jeglicher
> Grundlage. Diese Tatsache zeugt erneut davon, wie wichtig es ist, bei der
> Aufdeckung des wahren Sinnes solcher Begriffe, wie Energeia, innere Form
> usw. vom logischen System der Ideen *Humboldts* auszugehen und dem Gang
> seiner Überlegungen sorgfältig zu folgen. Eine oberflächliche Betrachtung ei-
> nes jeden dieser Begriffe zieht die falsche Auslegung einer ganzen Reihe von
> Begriffen gleicher Relevanz nach sich, folglich auch seiner ganzen Lehre"[683].

Ramischwili macht nun eine weitere, wichtige Beobachtung, die in dieser
Form bislang kaum registriert und expliziert wurde und die sowohl als
Kritik an einer allzu subjektivitätstheoretischen Auslegung des ‚Energeia'-
Diktums gesehen werden kann als auch gleichzeitig die eigentümliche
Klammerstellung des ‚Energeia'-Begriffes bei Humboldt zutreffend erläu-
tert:

> „An Stelle der analytischen und statischen wird (bei Humboldt, U.W.) eine
> dynamische Konzeption in den Vordergrund gerückt, die die Sprache als Er-
> zeugung, als Tätigkeit und als Energeia charakterisiert. Am häufigsten von
> diesen Begriffen wurde in der nachhumboldtschen Literatur der der Tätigkeit
> verwendet. Aller Wahrscheinlichkeit nach ist das durch seine größere Zu-
> gänglichkeit zu erklären. Seine Verschwommenheit jedoch wurde zum Hin-
> dernis auf dem Wege zum Verständnis des in der ‚Energeia' angelegten Sin-
> nes. Die psycholinguistische Interpretation der ‚Tätigkeit' als eines
> Sprechprozesses wird gewöhnlich auf die ‚Energeia' übertragen, anstatt die
> Tätigkeit selbst als von der Energeia ausgehend auszulegen, die nicht als
> Sprechtätigkeit eines Individuums zu verstehen ist, sondern als eine Wirk-
> samkeit höherer Ordnung. Der energeiaspezifische Ansatz deckt eine neue
> Form unter den anderen Formen der ‚Tätigkeit' auf"[684].

In der Tat soll Humboldts Energeia-Begriff eine ganz bestimmte Form
der Tätigkeit erläutern, ja erst erklären bzw. ontologisch möglich machen,

---

[682] Ramischwili, *Einheit in der Vielfalt*, a.a.O., S. 227-228.
[683] Ramischwili, *Einheit in der Vielfalt*, a.a.O., S. 228.
[684] Ramischwili, *Einheit in der Vielfalt*, a.a.O., S. 229.

und kann nicht – wie dies so häufig versucht wurde – Ziel und Angelpunkt der Interpretation derart sein, daß eine Gleichsetzung mit dem Tätigkeitsbegriff den ‚Energeia'-Begriff sodann subjektivitätstheoretisch bzw. -pragmatisch determiniert. Ganz wie Ramischwili anmerkt, geht es Humboldt um eine vollständig andere Form der ‚Tätigkeit' als sie bislang bekannt war, eine, die sich als Wirksamkeit im ontologischen Kontext versteht und über alles, was subjektivitätstheoretisch denkbar ist, qualitativ und nicht nur graduell weit hinausgeht.[685]

Den am Ende der 80er Jahre längst verworrenen Fängen der Rezeptionsgeschichte eher geschickt ausweichend, hat A. Keller 1989 schon in zweiter Auflage nur noch höchst doppelbödig und indifferent deklariert: „W. v. Humboldt hob die Sprache als Tätigkeit (Energeia) vom Werk (Ergon) ab"[686] und dessen Diktum so äußerst vorsichtig mit denen vieler anderer (Stoiker, Saussure, Chomsky, Buber) unter der Überschrift „Die vorliegenden Einteilungen"[687] lieber spartanisch protokolliert[688], als sich der Interpretationsaufgabe wirklich zu stellen.

6.6 Positionen der 90er Jahre

P. Mattson hat 1990 in seiner Ausgabe der Briefe W. v. Humboldts an Wolf im Kommentar zum 3. Brief vom 1. Dezember 1792 die Parallelisierung des ‚Energeia'-Diktums mit dem Energie-Begriff wieder aufleben lassen. Zunächst feststellend, daß „die Energie (...) bei Humboldt auch zu einem Grundkriterium der Völkercharakterologie" [689] wird, folgert er: „In der Fortsetzung von Humboldts anthropologischem Denken, auf dem Gebiet der Sprachphilosophie, behielt diese Kategorie in der These von der Sprache als *Energeia* ihre zentrale Rolle"[690]. Es wurde bereits erläutert, daß diese Parallelsetzung nur in sehr eingeschränkter bzw. mittelbarer Hinsicht überhaupt Sinn haben kann. Die weitgehende Wortgleichheit

---

[685] Sprachtheoretisch einleuchtend und eindeutig ist dann auch Ramischwilis Feststellung, daß „durch eine solche Auffassung von der Funktion der Sprache sich dieser Ansatz von der Position eines Semiotiker-Linguisten unterscheidet (Umst., U.W.), der die in der Sprache fixierte Form (Ergon) lediglich als einen Sonderfall innerhalb statischer Zeichensysteme sieht" (Ramischwili, *Einheit in der Vielfalt*, a.a.O., S. 229).

[686] Keller, A.: *Sprachphilosophie*. München (2., bearb. Aufl.) 1989. S. 39.

[687] Ebd.

[688] Lediglich im Zusammenhang mit L. Weisgerber taucht das Diktum noch einmal auf (vgl. Keller, *Sprachphilosophie*, a.a.O., S. 142).

[689] Mattson, „Kommentar", a.a.O., S. 385.

[690] Ebd.

bzw. die etymologische Verwandtschaft implizieren in keiner Weise eine semantische oder systematische Deckung der Termini in den verschiedenen theoretischen Kontexten Humboldts.

In der inhaltlichen Spannung zwischen *Sprechen und Hören* und der systematischen zwischen *Humboldt und Hegel* deutet ebenfalls 1990 M. Riedel in *Hören auf die Sprache. Die akroamatische Dimension der Hermeneutik*[691] das ‚Energeia'-Diktum, und zwar in der ausgesprochen seltenen Spielart, in der es gelingt, zwar vornehmlich *im Anschluß* an Humboldt (und damit nicht im engeren Sinne exegetisch verfahrend) das Wesen der Sprache zu thematisieren, dies aber in einer Humboldt durchaus adäquaten Art und Weise zu tun.

Riedels „Erinnerung an Humboldt gilt einem wenig bemerkten Zug seines Nachdenkens über die Sprache"[692], den er – aber auch nur „unter Vorbehalt"[693] – *dialektisch* nennen will. Mit diesem Terminus ist Riedel zwangsläufig bei Hegel, dessen systematischen Dialog mit Humboldt er auch deshalb für problematisch, ja zunächst fast unmöglich, hält, weil deren „Bezug zur Sprache zu verschieden war"[694]: „Die Differenz zwischen dem späten Hegel und Humboldt"[695] ist unübersehbar. Gerade deswegen hält es Riedel für gewinnbringend, die Sprachauffassung beider zu kontrastieren. Diesen Kontrast sieht er vor allem „… in Hegels systematisch begründeter Behauptung, sie (die Sprache) sei das *Werk* (Herv., U.W.) des Gedankens. Dem stellt Humboldt seinen Hauptsatz über die Sprache entgegen"[696], als den Riedel das ‚Energeia'-Diktum identifiziert. Den systematischen Kontext der *Kawi-Einleitung* etwas mühsam auf das terminologische Spektrum der Philosophie Hegels beziehend[697], wird zunächst dessen Sprachauffassung skizziert:

> „Hegel denkt die Sprache mit den ‚Alten' vom Zeichensein her, was sich in *seinem* (Herv., U.W.) Diktum niederschlägt. Denn das Zeichen ist in der Tat *Werk*, ein durch Arbeit hervorgebrachtes Produkt, das sich von seiner Produktion ablöst und auf sich selbst stellt"[698].

---

[691] Riedel, M.: *Hören auf die Sprache. Die akroamatische Dimension der Hermeneutik.* Frankfurt am Main 1990.

[692] Riedel, *Hören auf die Sprache*, a.a.O., S. 50.

[693] Ebd.

[694] Ebd.

[695] Riedel, *Hören auf die Sprache*, a.a.O., S. 52.

[696] Ebd.

[697] Vgl. dazu: „Der (Energeia-, U.W.) Satz findet sich in Humboldts letzten Entwürfen zu einer Klärung des Verhältnisses von Logik und allgemeiner Grammatik" (Riedel, *Hören auf die Sprache*, a.a.O., S. 53).

[698] Riedel, *Hören auf die Sprache*, a.a.O., S. 53-54.

Dies hat Konsequenzen für die Gewichtung innerhalb der logisch-grammatischen Struktur der Sprache. So geht „Hegels Sprachbetrachtung (...) vom Zeichen aus. Sie orientiert sich am *Namen*, grammatisch gesehen am *Nomen*"[699]. Riedel stellt sodann unmißverständlich und zutreffend fest: „Damit verfehlt Hegel das eigenständige Sein der Sprache, wie es Humboldt im Horizont des antiken Substanzbegriffs vom beständigen Am-Werke-Sein, der *Energeia* her, entfaltet"[700]. Dieses ontologisch fundamental andere Sprachverständnis läßt sich wiederum auch in grammatischer Perspektive demaskieren: „Die Logik des absoluten Seins bleibt nominal, im Horizont des vergegenständlichenden, den Gegenstand setzenden *Nomen* zentriert. Humboldt stellt dem die beiden Angeln entgegen, um die sich die Sprache dreht, das *Verbum* und *Pronomen*"[701], und „sofern das Sprechen Handeln ist, richtet es in seiner vollen Konkretion den in Worte gefaßten Gedanken immer *an einen Anderen*. Die Richtung auf *alter Ego* artikuliert sich im *Pronomen*"[702]. Daß Humboldt vornehmlich sprachtheoretisch denkt und nicht mit dem Instrumentarium allgemeiner Logik operieren mag, zeigt sich indes darin, daß die Sprache gerade in der der Zeit verantworteten Dimension des Wirklichen ihren ontologischen Platz hat:

> „Was die Kopula für die Logik darstellt, ist das Verbum für die Grammatik. Beide leisten die Verbindung und Trennung der Begriffe: die Kopula im Gebiet des Möglichen, der zeitlosen Gegenwart des absoluten Seins, das Verbum in dem des Wirklichen, des Seins in der Zeit, das sich immer anders verhält"[703].

Hier wird deutlich, wie radikal Humboldt die ‚Energeia'-Idee der Sprache im Grunde denkt. Die Wirklichkeit hat nicht nur das Primat vor (den verschiedenen Dimensionen und denkbaren Spielarten) der Möglichkeit, sondern weil diese Wirklichkeit überhaupt immer sprachlich, ja die Sprache selbst ist, ist sie (als Wirklichkeit) nur sie selbst, wenn sie in der Sprache ist, und die Sprache ist als grundständig in die Zeit gestellt immer nur dann wirklich Sprache, eben wenn sie *uneingeschränkt*, d.h. im Sinne von ‚Energeia', *wirklich* ist. Mögliche Sprache ist eine Chimäre, und aus diesem Grund erweisen sich alle Interpretationsversuche, die die eine Ebene der Sprachthematisierung der anderen als Möglichkeit zuordnen wollen, zwar als sprachwissenschaftlich interessant und in dieser Hinsicht auch

---

[699] Riedel, *Hören auf die Sprache*, a.a.O., S. 54.
[700] Riedel, *Hören auf die Sprache*, a.a.O., S. 55.
[701] Riedel, *Hören auf die Sprache*, a.a.O., S. 56-57.
[702] Riedel, *Hören auf die Sprache*, a.a.O., S. 58.
[703] Ebd.

methodologisch produktiv, in sprachtheoretischer Perspektive trifft dies
allerdings nicht das engere Verständnis Humboldts vom Wesen der Sprache, weil dieser Sprache nur als radikale Wirklichkeit denken will.

Für Riedel hingegen liegt die eigentliche historisch-systematische Stellung des Kant-Schülers Humboldt vor allem darin[704], daß dessen „Freilegung des dialektischen Bezugs des Sprechens auf das Hören der kritischen
Aufgabe einer Reform der Grammatik erwächst (Umst., U.W.), die gegen
die Vorherrschaft der Logik das Recht der gesprochen-gehörten Sprache
wahren soll"[705]. In dieser Hinsicht ist Humboldt für Riedel (im Gegensatz zu Hegel) Pragmatiker, und zwar im Sinne einer ontologisch-sprach-
lich verstandenen πρᾶξις, die das ‚Dialektische‘ vor allem im Dialogischen
sieht:

> „Der praxisbezogene *Logos* ist *akroamatisch*, vom Praktisch-Tunlichen her
> auf den Hörenden gerichtet, sich sagen lassend, was hier und jetzt zu tun sei;
> der theoretische ist *apodiktisch*, vom anschaulich vorliegenden Seienden her
> das Gesagte ein für allemal als wahr oder falsch beweisend, ohne daß es eines
> Hörers bedarf"[706].

Nun kann sich Riedel die Frage erneut stellen, auf die es im Kontext einer
Rezeption des ‚Energeia‘-Diktums ankommt. Welchen Charakter hat all
unsere Tätigkeit (im umfassenden Sinne verstanden), wenn wir sie im Horizont der Sprache als Tätigkeit des Geistes verstehen? „Die Frage ist"[707],
so Riedel, „was Humboldt meint oder gemeint haben mag, wenn er diese
Tätigkeit aristotelisch als *Energeia* bestimmt hat. Ist die *Energeia* mit Hegel und dem jungen Marx als die ‚reine Wirksamkeit aus sich selbst‘, als
ein Wirken und Tun zu denken? Oder muß gar nach der Hegelschen
Werkformel die Tätigkeit als Arbeit im Sinne der *Poiesis* gedacht werden?
Und schließlich: Erschöpft sich die *Energeia* monadologisch in der Tätigkeit eines Subjekts?"[708]. Sich die Angelegenheit bei indes klarer und ent-
schiedener Ablehnung der aufgeführten Positionen bewußt nicht einfach
machend, bezieht er die Problematik erneut auf Hegel und kompliziert
die Fragestellung dahingehend noch einmal gewinnbringend:

> „Um diese Frage zu klären, genügt es nicht, den Hauptsatz aus ihm selbst
> oder im vergleichenden Blick auf Hegels Diktum über die Sprache auszule-
> gen. Es kann auch nicht genügen, unseren Auslegungshorizont nach den bei-
> den Angeln der allgemeinen Grammatik weiter abzustecken. Wir müssen

---

[704] Vgl. Riedel, *Hören auf die Sprache*, a.a.O., S. 59.

[705] Riedel, *Hören auf die Sprache*, a.a.O., S. 59-60.

[706] Riedel, *Hören auf die Sprache*, a.a.O., S. 59.

[707] Riedel, *Hören auf die Sprache*, a.a.O., S. 61.

[708] Riedel, *Hören auf die Sprache*, a.a.O., S. 61-62.

vielmehr den Satz auf den Hauptpunkt beziehen, das dialektische Grundverhältnis, um uns der Frage einer nichthegelianischen Dialektik zu stellen: ob sich der *Logos* der Dialektik, wie Heidegger anzunehmen scheint, mit der Bewegung des Setzens von der Thesis über die Antithesis zur Synthesis zwischen dem Subjekt und seinen Objekten deckt oder ob er über diese Grundoperation des neuzeitlichen Idealismus hinausweist?"[709].

Die Antworten auf all diese Fragestellungen liefert für Riedel Humboldt selbst, vor allem dadurch, daß das „Faktum der Wechselrede Humboldt als sprachphilosophisches Prinzip dient (Umst., U.W.)"[710]. Nach dem Sprachverständnis des Tegeler Philosophen verfährt die „Sprache (...) *nicht dialektisch* im Sinne der Hegelschen ‚Arbeit des Geistes', die Einheit am Ende der logischen Bewegung des Setzens gleichsam anschaulich, in der vollständigen Durchsichtigkeit des ‚Begriffs', sehen lassend. Sie kann nur *akroamatisch* verfahren, die Einheit im Ansprechen und Entsprechen der Zweiheit nach Maßgabe des zweifachen Zugangs zum Ganzen *hörenlassend*"[711]. Auf Humboldts wiederum zweifache Thematisierung der Erscheinungs- und Wesensmomente der Sprache rekurrierend, liegt hier – in der prinzipiell dialogischen Verfaßtheit des Menschen in der Sprache – der eigentlich sprachtheoretische Vorsprung Humboldts gegenüber Hegel:

> „Welche Konsequenzen sich daraus für Humboldts Lehre von der Geselligkeit, der Sozialität des Menschentums, ergeben, lasse ich hier auf sich beruhen. Es genügt, sie für das Wesen der Sprache zu ziehen, für den *tiefsten Gedanken, den Humboldt gedacht hat.* Das Urphänomen der Zweiheit läßt sich gemäß seiner Zugehörigkeit zum doppelten Gebiet des Sichtbaren und Unsichtbaren selber doppelt auffassen, sinnlich und intellektuell, in der Anschauung und im Begriff, eine Auffassung, die dort vorzüglich Bestätigung findet, wo die Sprache auf der Zweiheit der Wechselrede ruht"[712].

Das ‚Energeia'-Diktum, der ‚Hauptsatz' Humboldts, ist nun genau dafür da, diese ursprüngliche Dialektik alles Dialogischen in der ontologischen Argumentation abzusichern und gegen ein ‚Ergon'-Verständnis der Sprache, für das hier stellvertretend Hegel in Regreß genommen wird, einzustehen:

> „Unter diesem Aspekt nimmt sich der Hauptsatz etwas anders aus, als die Geschichte seiner Deutung nahelegt. Wenn das dialektische Grundverhältnis in Humboldts Denken so festgewurzelt ist, wie unsere Untersuchung ergeben hat, dann muß auch die ‚Arbeit des Geistes' anders gefaßt, sie muß auf

---

[709] Riedel, *Hören auf die Sprache*, a.a.O., S. 62.
[710] Ebd.
[711] Riedel, *Hören auf die Sprache*, a.a.O., S. 66.
[712] Riedel, *Hören auf die Sprache*, a.a.O., S. 68.

die Zweiheit der Sprachkraft, dessen Äußerung sie ist, zurückbezogen werden. Und diese Kraft, so zeigt sich im Kontext des Hauptsatzes, äußert sich wie die griechisch verstandene *Dynamis*, in der *Kraft zum Tun und zum Erleiden*, dem Austrag jener beiden ‚Kräfte' des Sprechens und Hörens, die in jedem Sprecher einer Sprache am Werk sind. Wenn sich das so verhält (und daran läßt der Kontext keinen Zweifel), dann ist die *Energeia* nicht selber einfach, als Arbeit im Sinne des subjektiven Hervorbringens und Erzeugens zu denken, wie sie Hegels Werkformel in den Blick bringt. Sie muß zweifach, in der Doppelung des Hervorbringens und Erzeugens mit dem Hervorgebracht- und Erzeugtwerden gedacht werden, und erst dann wird sie ursprünglich dialektisch gedacht. Dann entspricht das dialektische Denken der Erfahrung, die uns *an* und *mit* der Sprache zuteil wird"[713].

Daß Riedel hier den ‚Dynamis'-Begriff nicht in dem Sinne gebraucht, der im Kontext des ‚Energeia'-Begriffes am nächsten liegt, dem der ‚Möglichkeit', tut wenig zu Sache. Mehr interessant als ausschlaggebend ist auch die Spielart, den subjektivitätstheoretischen Ansatz ausgerechnet auf Hegels ‚Ergon' zu beziehen. Entscheidend ist, daß das ‚Energeia'-Diktum hier in seiner zentralen Bedeutung nicht nur richtig erkannt und in seinen ontologischen Konsequenzen voll verstanden und zum Einsatz gebracht wird, sondern daß mit dem Sprachverständnis Hegels ein sprachtheoretisches Kontrastprogramm eingeführt wird, das in der Differenz den Gehalt des Diktums voll zur Geltung zu bringen vermag.[714]

In der 1991er Studie *Der einzelne und sein Eigentum*, in deren Rahmen sich U. Rabe um die Klärung der (für ihn vornehmlich pädagogisch-an-

---

[713] Riedel, *Hören auf die Sprache*, a.a.O., S. 69.

[714] Vorsichtig im Hinblick auf die ‚Ergon'-Variation bringt 1990 ebenfalls J. Lechner das ‚Energeia'-Diktum zum Einsatz: „Die Versinnlichung des Denkens erfolgt stets im Rückgriff auf eine geschichtlich gewachsene und überlieferte Sprache, die für das jeweilige Subjekt des Denkens normative Bedeutung hat. Sprache ist so gesehen ‚ein Vorrat von Wörtern und System von Regeln' (VI, 180), eine vom Individuum unabhängige und ihm gegenüber fremde Macht. Diese Kennzeichnung trifft Sprache allerdings nicht in dem, was sie ihrem innersten Wesen nach ist. ‚Sie selbst ist kein Werk (Ergon), sondern eine Tätigkeit (Energeia)' (VII, 46). In Anbetracht der Vorrangstellung von (α) [die Bildung von Begriffen und die Erstellung gedanklicher Einheiten bedürfen der Sprache als Medium der Versinnlichung des Denkens, U.W.] ist eine auf (β) [ein intermonadischer Gedankenaustausch bedarf der Sprache als Vermittlerin zwischen Denkkraft und Denkkraft, U.W.] bezogene Bestimmung der Sprache notwendigerweise unzureichend. Ein denkendes Individuum ist zwar an die Sprache, wie es sie vorfindet, in gewisser Weise gebunden, gleichwohl ist Sprache niemals ein fertiger Bestand von Wörtern und Regeln, da sie als Medium der Versinnlichung des Denkens jedesmal den Einwirkungen des Individuums ausgesetzt ist und sich deshalb in einer ständigen Umgestaltung befindet" (Lechner, J.: „Humboldts Sprachphilosophie und ihre subjektivitätstheoretischen Grundlagen". In: Radermacher, H. u.a. [Hrsg.]: *Rationale Metaphysik. Die Philosophie von Wolfgang Cramer*. Stuttgart 1990. S. 11-34 [Bd. 2], hier: S. 28).

thropologisch geprägten) Frage nach *Individualität und Individuum bei Wilhelm von Humboldt*[715] bemüht, taucht das ‚Energeia'-Diktum im Rahmen einer kritischen Besprechung L. Weisgerbers auf. Rabe weist zunächst darauf hin, daß „Sprache als energeia (...) Gegenstand der energetischen Sprachbetrachtung Johann Leo Weisgerbers"[716] sei. Obwohl laut Rabe Weisgerber seinen Ansatz jedoch „im Laufe der Zeit erheblichen Modifikationen unterworfen"[717] habe, sei er Humboldt indes „dadurch nicht nähergekommen, obwohl er von ihm (Humboldt, U.W.) seinen Ausgang"[718] genommen habe. In deutlicher Radikalisierung von T. Borsches vorsichtiger Bemühung, dem ‚Energeia'-Diktum einen angemessenen, und eben nicht übertriebenen Platz in Humboldts sprachtheoretischem Argumentationsgerüst zuzuweisen[719], schießt Rabe nun deutlich übers Ziel hinaus und spricht von einer „Humboldtschen Marginalie"[720]. Rabes sodann folgende Kritik an Weisgerber ist zutreffend und folgt im wesentlichen dem Argumentationsgang, den Borsche bereits vorgetragen hat. Trotz dieser Kenntnis gelingt Rabes Interpretation des ‚Energeia'-Diktums aber nicht, wohl auch, weil die pädagogisch-anthropologische Sichtweise doch zu sehr zu einer kompromißlos subjektivitätstheoretischen Interpretationsvariante verleitet:

> „Die ‚energische Verknüpfung' ist die Tätigkeit des einzelnen; nicht ist Sprache bei Humboldt Energeia (?, U.W.), sondern der einzelne beim Sprechen energisch, d.h. tätig und zwar synthetisierend. Deshalb ist dieser auch Mittelpunkt der Humboldtschen Sprachforschung, nicht die Sprache"[721].

Diese absolut falsche und in der Hemdsärmeligkeit des Vortrages kaum zu überbietende sprachtheoretische Kastrierung des Diktums kann Rabe außer durch sein Erkenntnisinteresse dann auch nicht weiter erklären, geschweige denn systematisch untermauern. Eine aus dem Zusammenhang gerissene Humboldt-Stelle aus dem *Versuch einer Analyse der Mexikanischen Sprache* bringt hier für den Leser weder Legitimation des Behaupteten noch Linderung, weil die Thematisierung der „einzelnen Sprachen" (IV 242), deren „Eigenthümlichkeiten (Humboldt, U.W.) in dem Sprachvermögen des Menschen" (IV 242) vereinigt sieht, nicht unmittelbarer

---

[715] Rabe, U.: *Der einzelne und sein Eigentum. Individualität und Individuum bei Wilhelm von Humboldt.* Bochum 1991.

[716] Rabe, *Der einzelne*, a.a.O., S. 98.

[717] Ebd.

[718] Ebd.

[719] Vgl. Rabe, *Der einzelne*, a.a.O., S. 98. – Vgl. auch Borsche, *Sprachansichten*, a.a.O., S. 60, Anm. 1.

[720] Rabe, *Der einzelne*, a.a.O., S. 98.

[721] Rabe, *Der einzelne*, a.a.O., S. 99.

Gegenstand der Wesensbestimmung der Sprache sind, wie dies der unbestreitbare Kontext des ‚Energeia'-Diktums ist. Rabe verwechselt hier die Ebenen der Sprachthematisierung und kann so weder die eine noch die andere Aussage Humboldts richtig verstehen. Trotzdem erkennt er immerhin – in neuer Funktionalität – das ‚Ergon'-Diktum als Möglichkeit der ontologischen (Ab-)Qualifizierung: „Als Schrift ist sie (die Sprache, U.W.) ein Ergon. (Genau dann, U.W.) ist sie nicht sie selber (Umst., U.W.); in der Schrift liegt nur die Möglichkeit der Sprache, wieder sie selber zu werden"[722]. Der letzte Hinweis ist indessen trivial – und hält nicht annähernd, was die ‚Dynamis'-Problematik an Schwierigkeiten aufgibt.[723]

In seiner auf drei Bände angelegten *Deutschen Sprachgeschichte vom Spätmittelalter bis zur Gegenwart* ist es – ebenfalls 1991 – das Interesse P. v. Polenz darzustellen, daß „Sprache konkret im gesellschaftlichen Umgang zwischen Menschen existiert, also historisch veränderlich ist (Umst., U.W.)"[724]. Die einführende Thematisierung, in der der Sprachwandel auch sprachtheoretisch fundiert werden soll, verwendet das ‚Energeia'-Diktum gleichermaßen, um die Veränderlichkeit der Sprache an das subjektivitätstheoretische Projekt der Moderne und die handlungspragmatische Perspektive aller Sprachaktivität zu binden. Polenz stellt zunächst fest, daß „Sprache nicht nur veränderl i c h ist (im Sinne eines selbsttätigen, naturhaften Wandlungsprozesses), sondern auch veränderbar durch menschliches Handeln (Umst., U.W.). Dies entspricht dem sprachphilosophischen Kern von Wilhelm v. Humboldts vieldiskutierter ‚E n e r g e i a'-These"[725]. Humboldts Diktum dient demnach dazu, eine anthropologisch verantwortete Option auf den Sprachwandel zu sichern. Es folgt eine längere Passage, in der Polenz den Humboldtschen Originaltext aus der *Kawi-Einleitung* vergleichsweise ausführlich zitiert. Dann nimmt die Argumentation eine eher unerwartete Wendung, die sich jedoch unumwunden auch als Strategie zu erkennen gibt. In historisierender und damit verhaltener, aber dennoch unverblümt kritischer Perspektive stellt Polenz zunächst fest:

---

[722] Rabe, *Der einzelne*, a.a.O., S. 103.

[723] Gleichfalls 1991 läßt St. Bucher in seinem Beitrag „Naturphilosophie, Teleologie und Sprachtheorie bei Wilhelm von Humboldt". In: Schmitter, P. (Hrsg.): *Multum – non multa? Studien zur ‚Einheit der Reflexion' im Werk Wilhelm von Humboldts*. Münster 1991. S. 29-42, eher beiläufig die bereits als unzutreffend identifizierte These wieder aufleben, nach der die „Sprache (...) natürlich auch als Ergon" existiere, da sie „für einen Sprecher als gegebenes System vorhanden" sei (S. 37).

[724] Polenz, P. v.: *Deutsche Sprachgeschichte vom Spätmittelalter bis zur Gegenwart. Band 1: Einführung – Grundbegriffe – Deutsch in der frühbürgerlichen Zeit*. Berlin u.a. 1991. S. 9.

[725] Ebd.

> „In der ‚energetischen', neohumboldtianischen Sprachtheorie Leo Weisger-
> bers wurden Humboldts Begriffe ‚Thätigkeit', ‚Arbeit des Geistes', ‚Sprach-
> kraft' hypostasierend aufgefaßt als ‚ununterbrochene Wirksamkeit der ge-
> sammelten Sprachkraft einer Sprachgemeinschaft', (...) also im Sinne von
> selbsttätigem ‚Geist' und ‚wirkender Kraft' der ‚Sprache selbst', die das Den-
> ken und Sprechen der Menschen ‚determiniert' und ‚lenkt'. Heute werden
> diese Humboldtschen Begriffe – vor allem für die veränderbaren Bereiche
> von Sprache – nicht mehr so einseitig sprachdeterministisch interpretiert"[726].

Unter Polenz deskriptiver Tarnung verbirgt sich nicht nur deutliche und
vollkommen zutreffende Kritik an der einseitigen und doch nur das Konkrete idealisierenden statt das Erkenntnistheoretische transzendental-ide-
alistisch verstehenden Sprachauffassung Weisgerbers, Polenz öffnet auch
das menschliche Sprachhandeln für den Zugriff auf Sprachwandel und
stellt damit sowohl eine anthropologische wie eine sprachtheoretische
Grundkonstante dem Humboldtschen Gedanken gemäß deutlich heraus.
Fast notwendig geschieht dies aber um den Preis einer abermaligen Verkürzung, diesmal in die Richtung einer allzu weit von Humboldts We-
sensinteresse wegführenden sprachpragmatischen Sichtweise:

> „In pragmatisch und soziolinguistisch orientierter Sprachtheorie und Sprach-
> wandeltheorie finden sich Humboldts ‚Thätigkeit' und ‚Arbeit' wieder als in-
> dividuelles, interaktionales ‚Sprachhandeln', als soziale ‚Sprechtätigkeit' und
> kollektives ‚Sprachverhalten' von Sprachbenutzern, die nicht mehr idealis-
> tisch harmonisierend als ‚Sprachgemeinschaft' aufgefaßt werden, sondern als
> differenzierte Gruppen innerhalb einer ‚Sprachbevölkerung' (Hugo Steger) in
> spezifischen sozialen Kommunikationssituationen"[727].

P. v. Polenz ‚Interpetation' des ‚Energeia'-Diktums endet mit dieser –
zwar stark verkürzenden – im Grundsatz aber dennoch evidenten Option
im Hinblick auf den anthropologischen und sprachpragmatischen Rahmen des Sprachwandels, ohne jedoch Humboldts Text im philologischen
Sinne auszudeuten. Diese Verwendung ist als klassisch für ein Erkenntnisinteresse zu bezeichnen, das Sprachgeschichtsschreibung sprachtheoretisch fundieren will, die die inhärenten Brüche, die mit der Problematik
einer Verknüpfung dieser beiden Aspekte jedoch unweigerlich verbunden
sind, nur mit viel Mühe und noch mehr gutem Willen wirklich überwinden kann. Polenz erzielt hier gleichwohl mehr als einen Achtungserfolg,
weil auch er (wohlweislich) zwar nicht die entsprechende Deduktion des
Argumentationsgangs anbietet, eine seiner Kernthesen, daß eben „Sprache
nicht nur veränderl i c h (...), sondern auch veränderb a r durch menschli-

---

[726] Polenz, *Deutsche Sprachgeschichte*, a.a.O., S. 10.
[727] Polenz, *Deutsche Sprachgeschichte*, a.a.O., S. 10-11.

ches Handeln ist (Umst., U.W.)"[728], aber mittelbar durchaus auf das Diktum Humboldts rückgeführt werden kann ist. Es hat damit an dieser Stelle eher eine illustrierende, indirekt erläuternde Funktion. Ins Zentrum des
Humboldtschen Sprachverständnisses, vor allem in das des Diktums, trifft
diese Verknüpfungsleistung jedoch nicht. Andere Theoretiker wären für
die von Polenz inszenierte Auftaktveranstaltung zu seiner in Material-
und Beschreibungsgenauigkeit fraglos beeindruckenden Sprachgeschichte
wahrlich gewinnbringender gewesen So bleibt Humboldt auch hier vor
allem der, der Autorität verleiht für die dann folgende (sprachpragmatische) Herangehensweise.

1992 dient das ‚Energeia'-Diktum S. M. Kledzik dazu, einen zentralen
Aspekt des Humboldtschen Sprachdenkens herauszustellen. In ihrem
sprachtheoretischen Überblicksartikel zu *Wilhelm von Humboldt* vertritt
sie die Auffassung, daß „die humboldtsche Darstellung des Sprechens als
Energeia sich, zeichentheoretisch gewendet, als der breit angelegte, in der
Anthropologie verankerte Versuch verstehen läßt (Umst., U.W.), eine auf
sprachliche Fakten gestützte normative Genese des Zeichenerzeugungs-
prozesses zu entwickeln"[729]. In diesem Kontext fragt Kledzik dann sowohl nach der Bedeutung der menschlichen Rede bei Humboldt wie nach
der sprachlich-transzendentalen Verfaßtheit des Denkens und knüpft beides – Humboldts Charaktergebundenheit der (sprachlichen) Nation im
Hintergrund – an die Tatsache, daß nicht nur zeichentheoretisch, sondern
so ziemlich in jeder denkbaren Hinsicht „Spracherzeugung (...) ein syn-
thetischer Prozeß ist (Umst., U.W.)"[730]. Konsequent rekurriert Kledzik
nun auf die Bedeutung des Lautes, „denn im artikulierten Laut bringt das
Sprechen geistige Tätigkeit und sinnliches Tun zur Einheit"[731]. Die ‚Energeia' Humboldts ist hier zwar Sprechen, aber doch im Sinne einer semiotischen Synthesis aller Sprachgenese, und erfährt so eine Deutung, die unter der Tätigkeit des Sprechens nicht nur den äußerlichen Sprechakt,
sondern dessen transzendentale und erkenntnispragmatische Produkti-
onsbedingungen mitberücksichtigt. Zwar entrinnt hier weitgehend der
ontologische Problemhorizont, gerade im ‚Energeia'-Diktum jedoch eine
synthetisierende Funktion zu lokalisieren, ist eine kluge Rollenzuschrei-
bung, die Humboldts Netzwerk stützender Argumente allemal entspricht. Für Kledzik wird in dieser Perspektive auch „der Dualismus von

---

[728] Polenz, *Deutsche Sprachgeschichte*, a.a.O., S. 9.
[729] Kledzik, S. M.: „Wilhelm von Humboldt (1767-1835)". In: Dascal, M. u.a. (Hrsg.):
Sprachphilosophie. Ein internationales Handbuch zeitgenössischer Forschung. Berlin, New
York 1992. S. 362-381, hier: S. 375.
[730] Ebd.
[731] Ebd.

Sinnlichkeit und Verstand insofern aufgehoben (...), als beiden im Sinne komplementärer Kräfte bei der Hervorbringung von Sprache eine konstitutive Rolle zufällt"[732]. Daß Kledzik hier die Humboldtsche Textstelle gar nicht eigens zitiert und deutet, ist vernachlässigbar, weil der systematische Kredit des Diktums nicht verspielt, wenn auch schwerlich in seiner ganzen Breite wahrgenommen wird. Durch einen weiteren, eher indirekten Hinweis erfährt man jedoch, daß Kledzik nicht in die Sowohl-als-auch-Falle einer doppelten ‚Ergon'-,‚Energeia'-Charakterisierung der Sprache getappt ist; dies wäre – trotz des daraus entstehenden wissenschaftstheoretischen Problems einer fehlenden Beschreibungskategorie für das, was das praktische Sprachstudium ausmacht – „entgegen ihrer (der Sprache, U.W.) Definition"[733].

H. Müller-Sievers wirft 1993 noch einmal die interessante Frage nach der systematischen Beziehung des ‚Energeia'-Terminus mit ähnlich lautenden Termini bei Humboldt, z.B. dem der ‚Energie', auf. Rezeptionsgeschichtlich bedeutsam ist die Klärung dieses Zusammenhangs auch deshalb, weil mit dem Charakter dieser Beziehung die Frage verbunden ist, aus welchem systematischen Zusammenhang bei Aristoteles und aus welchem seiner Texte Humboldt den Terminus genommen und dann neukontextuiert hat. Müller-Sievers bringt die Fragestellung auf den Punkt:

> „Der Hinweis auf *De generatione animalium* und die darin entfalteten Begriffe der Aristotelischen Naturphilosophie ist noch aus einem anderen Grunde von Interesse. Die Humboldtsche Charakterisierung der männlichen Kraft als ‚Energie' (...) sowie die anderen offensichtlichen Anleihen bei dieser Aristotelischen Schrift sind nämlich ein erster Anklang an seine spätere Definition der Sprache bzw. des Sprechens als ‚energeia'. Während es an der Aristotelischen Abstammung dieser Begrifflichkeit kaum Zweifel gegeben hat, ist es jedoch hinsichtlich der naturphilosophischen Diskussion naheliegend, diese Abstammung auf den Text des Aristoteles zurückzubeziehen, der für Humboldt in Jena einen handgreiflichen Stellenwert gehabt hat"[734].

Der geschilderte biographische Hintergrund sowie die Bedeutung der genuin naturphilosophischen Texte des Aristoteles für Humboldt sind evident. Müller-Sievers Behauptung jedoch, hier liege der systematische und editorische Ursprung der ἐνέργεια-Rezeption Humboldts, ist trotz mancher Plausibilität höchst unwahrscheinlich. Müller-Sievers kommentiert

---

[732] Ebd.
[733] Kledzik, „Wilhelm von Humboldt", a.a.O., S. 378.
[734] Müller-Sievers, H.: *Epigenesis. Naturphilosophie im Sprachdenken Wilhelm von Humboldts.* Paderborn 1993. S. 24.

die – für ihn „naheliegende"[735] – Zuschreibung mit einem Rekurs auf Di
Cesare, die – wie bereits gekennzeichnet wurde – in der Ontologie und damit vor allem dem Buch Θ der Metaphysik den Zusammenhang des Diktums sieht. Obwohl er konstatiert, daß den Ausführungen Di Cesares
„sachlich (...) nichts hinzuzufügen"[736] sei, müsse doch angenommen werden, daß „Humboldt diese Begriffe eher aus dem praktischen Werk *De generatione animalium* bekannt waren als aus dem recht esoterischen Zusammenhang der *Metaphysik*"[737]. Bei genauem Hinsehen zeigt sich, daß diese
beiden Feststellungen kaum zusammengehen. Vielmehr hat Di Cesare mit
ihrer (in gewisser Hinsicht ergänzungsfähigen) Lokalisierung nicht nur uneingeschränkt Recht, vor allem ein Blick auf die Rezeption der Begriffe in
Humboldts Sprachtheorie läßt einen anderen als den ontologischen Bezugsrahmen kaum in Frage kommen. Auch die Tatsache, daß sachlich
lediglich ein eher mittelbarer Zusammenhang zwischen den Termini ‚Energeia' und ‚Energie' besteht, entspricht dieser Sichtweise. Das Müller-Sievers'-
sche „beziehungsweise"[738] zwischen Sprache und Sprechen würde bei der
Anerkenntnis dieser Herkunftsfrage dann auch nicht so verloren wirken
müssen, ebenso wie der mutig behauptete „Definitions"-Charakter des
‚Energeia'-Diktums. Zugestanden werden muß allerdings, daß die Identifikation des systematischen Zusammenhangs der Begriffe bei Aristoteles ausgesprochen schwierig ist und Müller-Sievers hier zu Recht den möglichen
Rezeptionsbogen erst einmal auslotet. Der athenische Philosoph verwendet
den mit der ἐνέργεια zusammenhängenden Begriffsrahmen in höchst unterschiedlichen Kontexten, ein Vorgehen, das ohne – teilweise erhebliche –
semantische Verschiebungen nicht zu realisieren ist. Die Frage also, welcher
der möglichen aristotelischen Kontexte zugrunde liegt, ist eine wichtige
und auch frag-würdige Problematik und es ist Müller-Sievers Verdienst,
diese Frage erneut gestellt zu haben. Die Antwortperspektive muß jedoch
abseits biographischer Evidenzen vor allem in der theoretischen Rekonstruktion Humboldtscher Sprachtheorie gesucht werden, und hier ist die
genuin ontologische Interpretation jeder anderen überlegen.

Eine ganz andere Richtung der ‚Energeia'-Rezeption ist in dieser Zeit
bereits unaufhaltsam geworden. Vollkommen vergegenständlicht und damit seiner ontologischen Fundierung in Gänze entleert begegnet das Diktum unvermittelt in Glossaren als instrumentalisierter und vermeintlich
schnell operationalisierbarer Begriff zum Zweck der Bildung einer anwendbaren ‚Untersuchungskategorie'. So nimmt beispielsweise G. Wolff

---

735 Müller-Sievers, *Epigenesis*, a.a.O., S. 24.
736 Müller-Sievers, *Epigenesis*, a.a.O., S. 25, Anm. 35.
737 Ebd.
738 Müller-Sievers, *Epigenesis*, a.a.O., S. 24.

in seiner 1994 schon in dritter Auflage erschienenen „Deutschen Sprachgeschichte"[739] den Begriff ‚Energeia' auf, stellt ihn utilitär neben ‚Affixe',
‚Monophthongierung' und ‚Parataxe' und bietet eine ebenso knappe wie
gebrauchsfertige Definition an: „Ausdruck zur Kennzeichnung des dynamischen Charakters der Sprache bei W. v. Humboldt (‚energetische
Sprachauffassung')"[740]. In dieser Definition wird die Entwicklung einer
Isolierung und Entleerung des Begriffs zur beliebigen und stets einsatzbereiten Legitimationsfigur auf die Spitze getrieben, indem seine theoretische Kontextuierung komplett aufgegeben und er als Überschrift zu einer
ungenauen Beschreibung genutzt wird, die wiederum ihren Kontext in einer positivistischen Nomenklatur sucht. Der Begriff wird so zum wissenschaftlichen Alltagsrepertoire und erhält damit ausgerechnet die Vergegenständlichung, die durch die Einführung seines theoretischen Gehalts
in die Sprachauffassung gerade verhindert werden soll.

Mehr möglich als gestützt werden solche Reduzierungen allerdings
auch durch die neuere Humboldt-Forschung, die hier – wohl eher ungewollt – Brücken anbietet. Während Di Cesare, wie ich gezeigt habe, die
begriffliche Tradition aufnehmend, noch von der „energetischen Form der
Sprache"[741] handelt, spricht Scharf im gleichen Jahr wie Wolff bereits von
„Humboldts energenetischer Identitätsidee der Sprache"[742]. Hier wird ein
spezifisches Problem der Humboldt-Rezeption erkennbar: Obwohl beide Forschungsneologismen – auch durch die vorgenommenen Kontextuierungen – einen interessanten, richtigen und auch zentralen Gedanken
vorführen wollen und können, der geeignet ist, den Kern Humboldtscher
Sprachtheorie zu identifizieren, müssen beide Charakterisierungen letztlich das Diktum überanstrengen, indem sie in einem Begriff das Gepräge
einer ganzen Theorie zu kondensieren suchen. Scharfs Wortschöpfung atmet allerdings den philologischen Charme, daß in „energenetisch"[743] der
substantivische ‚Energeia'-Terminus mit der adjektivisch eingehüllten Semantik des „genetischen" (VII 46) angereichert wird, die ja in der Humboldtschen Textpassage sofort folgt. Daß J. Trabant jedoch – ebenfalls
1994 – davon spricht, daß das, „was über Humboldts Sprachdenken allgemein bekannt ist, (...) aus der Kawi-Einleitung"[744] stamme und dazu

---

[739] Wolff, G.: *Deutsche Sprachgeschichte. Ein Studienbuch.* Tübingen u.a. 1994.
[740] Wolff, *Sprachgeschichte*, a.a.O., S. 280.
[741] Di Cesare, „Wilhelm von Humboldt", a.a.O., S. 284.
[742] Scharf, *Verfahren*, a.a.O., S. 205.
[743] Ebd.
[744] Trabant, J.: „Anhang. Zur Textauswahl". In: Humboldt, W. v.: *Über die Sprache. Reden
vor der Akademie. Herausgegeben, kommentiert und mit einem Nachwort versehen von
J. Trabant.* Tübingen, Basel 1994.

beispielsweise gehöre, daß „Sprache kein Ergon sondern Energeia sei"[745], entfaltet ohne Zweifel eine erhebliche innere Dialektik: Bekannt ist allen das Diktum Humboldts, die Antwortperspektiven auf die Frage, was es eigentlich bedeutet, fallen in Intensität und Qualität jedoch sehr unterschiedlich aus und erreichen in den 90er Jahren eine Disparität, wie sie größer kaum sein könnte.

Daß das Thema indes gerade nicht zu Ende ist, sondern weiterhin zentraler Aspekt so ziemlich jeder Humboldt-Abhandlung bleibt, zeigen auch die Arbeiten, die in den letzten Jahren erschienen sind. F. Schneider positioniert 1995 die Klärung des ‚Energeia'-Diktums in dem zentralen sechsten Kapitel seiner Studie *Der Typus der Sprache*, in der er eine *Rekonstruktion des Sprachbegriffs Wilhelm von Humboldts auf der Grundlage der Sprachursprungsfrage* vornimmt.[746] Schneider erläutert zunächst die Rolle, die die Klärung des Energeia-Diktums in seiner insgesamt sehr gut verständlichen und eingängigen Studie einnimmt[747], und kann bereits damit glaubhaft zur Entdramatisierung der Rezeptions-Problematik überhaupt beitragen. Er konzediert: „Wenn bis hierhin der Sprachbegriff Humboldts weitgehend dargestellt wurde, ohne den Energeia-Begriff zu erwähnen, so zeigt dies, daß seine spezifische Auffassung der Sprache sich keineswegs nur an dieser eingängigen Formulierung festmachen läßt"[748], auch wenn, und das gesteht Schneider durchaus zu, „im Ergon-Energeia-Vergleich (...) das dynamische Sprachverständnis in einer griffigen Formel"[749] kulminiere. Im Hinblick auf die Textpassage, in der Humboldt das Diktum situiert, merkt der Autor an, „daß es Humboldt dort offenbar nicht in erster Linie darum geht, die Unterscheidung zwischen Ergon und Energeia deutlich zu machen, sondern zu erläutern, was er unter der ‚Form der Sprachen' versteht"[750]. Der Ergon-Energeia-*Vergleich* (Schneider wählt hier eine vergleichsweise neutrale Vokabel, die in dieser Allgemeinheit auch nicht unzutreffend ist) ist somit für die Klärung wichtig, „in welchem Verhältnis der Formbegriff zu der eigentlichen Natur der Sprache steht"[751]. Den ‚Ergon'-Ausschluß bewußt aufweichend spricht Schneider davon, daß sich sehr wohl „von Sprachformen sprechen (lasse, U.W.), die

---

[745] Trabant, „Anhang. Zur Textauswahl", a.a.O., S. 219.

[746] Vgl. Schneider, F.: *Der Typus der Sprache. Eine Rekonstruktion des Sprachbegriffs Wilhelm von Humboldts auf der Grundlage der Sprachursprungsfrage.* Münster 1995.

[747] Vgl. auch die Rezension der Studie durch I. Schmidt-Regener in *Zeitschrift für Germanistik. (Neue Folge). VII. Jg. 1997. H.1. S. 178-181.*

[748] Schneider, *Der Typus der Sprache*, a.a.O., S. 224.

[749] Ebd.

[750] Ebd.

[751] Ebd.

(...) das für eine Untersuchung erforderliche Maß an Beständigkeit aufweisen"[752]. Daß dies so ist und daß dies am prinzipiell genetischen Charakter
der Sprache, der sich in dem ‚Energeia'-Diktum ausspricht, nicht rüttelt,
dies liegt nach Schneiders Ansicht nun an Humboldts Formbegriff, der
„ein zum Verständnis des Humboldtschen Sprachdenkens unverzichtbares
Mittelglied zwischen dem dynamischen Charakter der Sprache und der
Auseinandersetzung mit der Verschiedenheit der Sprachen"[753] darstellt.
„Mit der Erwähnung der Energeia-Definition"[754], so Schneider, „schützt
sich Humboldt dabei vor dem Vorwurf, bei der Behandlung der Sprachverschiedenheit seinen spezifischen Begriff der Sprache außer acht gelassen
zu haben"[755]. Dies scheint jedoch eine allzu funktionalistische Interpretationsvariante, denn wenn Humboldt wirklich hier nur konkretistischen
Mißverständnissen hätte vorbeugen wollen, wäre die Wesensthematisierung in der *Kawi-Einleitung* wohl weder so apodiktisch noch so ausführlich und theoretisch prononciert ausgefallen. Für Schneider beseitigt das
Diktum letztlich eher mühsam einen Erklärungsnotstand für die Wesensthematisierung der Sprache, den Humboldt im Hinblick auf sein Ver-
gleichendes Sprachstudium möglichst vermeiden wollte. Bei aller Notwendigkeit, das Diktum nicht isoliert zu sehen und es damit zu überschätzen,
fällt hier die Abwertung zur Randnotiz allzu deutlich aus und nimmt der
Textpassage ihre systematische Rolle in Humboldts Theorieentwicklung.

Um so interessanter ist es, daß trotz dieser laxen Beurteilung der Bedeutung des Diktums dessen Interpretation äußerst aufschlußreich verläuft. Hier geht Schneider erfrischend konkret vor: „Wenn Humboldt (...)
dem Ausdruck ‚Thätigkeit' in Klammern das Wort ‚Energeia' beifügt, so
wird deutlich, daß es sich hierbei um eine Erläuterung handelt. *Tätigkeit*
soll hier also im Sinne von *Energeia* verstanden werden"[756]. Und nicht
umgekehrt, was Schneider hier implizit unterstreicht. Auch kennt der Autor den aristotelischen Hintergrund des Begriffs, selbst wenn er ihn vorderhand in der Nikomachischen Ethik verortet sieht. Schneiders Erklärung für Humboldts ‚Aristotelismus':

> „Es macht demnach gerade die Besonderheit der Sprache als Energeia aus,
> sich nicht in einem Werk zu vollenden. Während diese Differenzierung im
> Deutschen nur umständlich möglich gewesen wäre, konnte Humboldt sie mit
> dem Zusatz ‚Energeia' durch ein einziges Wort andeuten"[757].

---

[752] Schneider, *Der Typus der Sprache*, a.a.O., S. 225.
[753] Ebd.
[754] Ebd.
[755] Ebd.
[756] Ebd.
[757] Schneider, *Der Typus der Sprache*, a.a.O., S. 226-227.

Humboldt wird also hier eine Art philosophisch-terminologische Ratio-
nalisierung mit aristotelischen Mitteln unterstellt, und in der Tat benutzt
er den Begriff deswegen, weil im Deutschen kein adäquater Ausdruck zur
Verfügung steht. Offen bleibt, und hier kann man Schneider wohl nicht
mehr folgen, ob diese deutsche, umständliche Erklärung wirklich möglich
ist. Sicher nicht so einfach, wie er dies hier unterstellt. Vielmehr greift
Humboldt auf das Erinnerungsformat ‚Energeia' ja gerade deswegen
zurück, weil ihm der komplexe ontologische Sachverhalt mit allen Auswirkungen in einer deutschen Formulierung nicht ausdrückbar erscheint.
Das Diktum ist (dies würde wiederum heißen, den Erläuterungscharakter
zu einseitig zu betonen) kein schneller Kommentar für ansonsten um-
ständlich Abzuarbeitendes, er zeigt vielmehr, in welch spektakuläres und
auch konsequenzenreiches Gebiet man sich begibt, versteht man den ontologischen Charakter der Sprache als *wirklich*.

Schneider stellt dann noch einmal den Zusammenhang von ‚dynamis'
und ‚energeia' her und fußt dabei auf Di Cesares Analyse.[758] Im wesentlichen übernimmt er deren Deutung und wiederholt auch das Argument,
das eine Leibnizsche Interpretation des Diktums ausschließt.[759] Schon
zum Ende seines Argumentationsganges kommend macht Schneider dann
noch eine – zunächst eher beiläufig wirkende – Bemerkung, die jedoch
ausgesprochen wichtig und in der Rezeption des ‚Energeia'-Diktums in
dieser Kontextuierung neu ist. Nachdem er die ‚Dynamis'-,Energeia'-Pro-
blematik erläutert hat, stellt Schneider fest:

> „Ausdrücklich hinzuweisen ist in diesem Zusammenhang darauf, daß der Be-
> griff ‚dynamisch' bei Humboldt nicht im gerade dargestellten aristotelischen
> Sinne benutzt wird. Insbesondere ist ‚dynamisch' kein Gegenbegriff zu
> ‚Energeia', sondern beide Begriffe ergänzen sich"[760].

Schneiders Feststellung ist nicht nur zutreffend, sondern auch eminent
wichtig, weil sie u.a. vor überstürzten semantischen Übergriffen derart
warnt, ähnlich lautende oder auch Termini mit gleichem etymologischen
Ursprung auch in ihrer Bedeutung und systematischen Rolle gleichzuset-
zen, wie dies u.a. bei der vermeintlichen ‚Energie'-,Energeia'-Parallelisie-
rung versucht worden ist. Schneider bringt ein weiteres Beispiel dafür,
warum diese Gleichsetzungen auch und gerade im Humboldtschen Kontext sehr gefährlich sind, und die Verknüpfungen zwischen zunächst ähnlich lautenden Begriffen in semantischer Hinsicht häufig nicht nur äußerst
mittelbar ausfallen müssen, sondern sich im kontrastierenden Ergebnis

---

[758] Vgl. Schneider, *Der Typus der Sprache*, a.a.O., S. 227.
[759] Schneider, *Der Typus der Sprache*, a.a.O., S. 227-228, Anm. 31.
[760] Schneider, *Der Typus der Sprache*, a.a.O., S. 228.

sogar widersprechen können. Immer muß der jeweilige Kontext (mit-) entscheiden, ob und in welcher Form eine Parallelisierung der Begriffe möglich ist. Offensichtlich konstituiert sich der systematische Wert des ‚Energeia'-Diktums auch durch seine Einmaligkeit im Humboldtschen Sprachdenken, eine substantielle Singularität, die über das lexikalische Phänomen, daß Humboldt den Terminus in seinem Werk nur einmal verwendet hat, demonstrativ hinausgeht.

S. Saffer kontrastiert 1996 unter dem Titel *Sprachindividualität* das *Weltansichtstheorem bei Wilhelm von Humboldt und Martin Heidegger.*[761] Daß Saffer den zweiten Paragraphen seines dritten Teiles mit „Die Macht der Sprache und die Gewalt der Sprecher"[762] überschreibt und genau dort zentrale Theoreme des Humboldtschen Sprachdenkens besprochen werden, läßt bereits erahnen, daß die Erörterung des ‚Energeia'-Diktums, die hier ebenfalls angesiedelt wird, wohl nur schwerlich um die Sowohl-als-auch-Version von ‚Ergon' *und* ‚Energeia' herum kommen wird. Genauso ist es auch. Saffer qualifiziert zunächst die *Kawi-Einleitung* als zentralen Text Humboldtscher Sprachtheorie[763] und stellt fest, daß das ihn besonders interessierende Weltansichtstheorem „entgegen anderslautenden Ansichten"[764] (Chomsky, Heeschen) sich „folgerichtig aus Humboldts Grundtheorem von der Sprache als bildendes Organ des Gedanken und der begriffskonstituierenden Kraft des Sprachzeichens, das seine letzte Bestimmung im sprechenden Subjekt findet"[765], ergibt. Dies hat Konsequenzen. Humboldts Entwurf ist nämlich geeignet, die mit der Problematik zusammenhängende konstitutive Differenz von Subjektivität und Objektivität als sprachliche Einheit zu denken[766]: „In jeder sprachlichen Entäußerung ist in ‚idealer Form' Subjektives und Objektives ‚aufgehoben'"[767]. Im Rekurs auf Humboldts Reflexion auf die Sprache als eine „Welt, die zwischen der erscheinenden ausser, und der wirkenden in uns in der Mitte liegt" (*Latium und Hellas*, III 167), stellt er fest, daß hier – entgegen der hypostasierenden Interpretation Weisgerbers, die aus Humboldts Reflexion muttersprachliche Zwischenreiche kreieren zu können glaubt[768] – die Einheit der semiotischen Synthesis gerade nicht aufgehoben

[761] Vgl. Saffer, S.: *Sprachindividualität: Untersuchungen zum Weltansichtstheorem bei Wilhelm von Humboldt und Martin Heidegger.* Aachen (Diss.) 1996.

[762] Saffer, *Sprachindividualität*, a.a.O., S. 151.

[763] Vgl. Saffer, *Sprachindividualität*, a.a.O., S. 172.

[764] Saffer, *Sprachindividualität*, a.a.O., S. 173.

[765] Saffer, *Sprachindividualität*, a.a.O., S. 173-174.

[766] Vgl. Saffer, *Sprachindividualität*, a.a.O., S. 175-176.

[767] Saffer, *Sprachindividualität*, a.a.O., S. 176.

[768] Vgl. Saffer, *Sprachindividualität*, a.a.O., S. 176, Anm. 37.

wird und „an dieser Stelle sich die allgemeine (sprachgemeinschaftsspezifi-sche) und besondere (subjektive) Weltansicht berühren (Umst., U.W.), die *beide* (Herv., U.W.) im Wesen der Sprache verankert sind und – folgt man Humboldt – nicht unabhängig voneinander zu denken sind"[769]. Nun kommt das ‚Energeia'-Diktum ins Spiel, das ausgerechnet in seiner Hum-boldtschen Eindeutigkeit nicht akzeptiert, sondern für die weitere Argu-mentation in ganz anderem Sinne genutzt wird. Saffer stellt zunächst fest:

> „Die Problematik des Verhältnisses von sprachgemeinschaftsspezifischer und subjektiver Weltansicht, das mit Blick auf die ‚ideale Form' als eine syntheti-sche Beziehung vorzustellen ist, soll durch Humboldts Bestimmung von ‚er-gon' und ‚energeia' expliziert werden"[770].

Dazu braucht Saffer allerdings ein anderes als das Humboldtsche ‚Ener-geia'-Modell, was er auch unumwunden zugibt. Er zitiert zunächst einen kurzen Auszug aus der entsprechenden Textpassage der *Kawi-Einleitung*, läßt diese ungedeutet und fällt dann das funktionalistische Urteil, das sei-ner Herangehensweise entgegen kommt:

> „Sprache ist jedoch, entgegen dieser ausschließenden Formulierung Hum-boldts, beides, also Ergon und Energeia, indem sie als vorgeformter Stoff po-tentiell neue Sinnstiftung bereitlegt"[771].

Zu dieser Interpretation, die in der Geschichte des ‚Energeia'-Diktums so häufig vorgekommen ist, braucht nun nicht noch einmal ausführlich Stel-lung genommen zu werden: Sie ist weder (läßt man das ‚Energeia'-Diktum außer acht) in ihrem substantiellen Gehalt vollkommen falsch, noch ent-spricht sie dem, was Humboldt mit diesem Diktum gerade sagen will. Denn natürlich ist es „eine ungerechtfertigte Verkürzung, wollte man die energeti-sche Tätigkeit des Sprechers gegen die statische Macht des ‚überlieferten Sprachcorpus' ausspielen"[772]. Dies hat aber mit der Wesensthematisierung der Sprache, die Humboldt im ‚Energeia'-Diktum vornimmt, nichts zu tun.

Einmal diesen – auf die Verwertung sprach*wissenschaftlicher* Systema-tik zielenden – Deutungsweg eingeschlagen, sind dem Assoziationspoten-tial kaum noch Grenzen gesetzt. Saffer gesteht zwar zu, daß „dieses ‚Da-zwischenstehen' der Sprache als Ergon nicht bedeutet (Umst., U.W.), daß ihr ein eigenständiges Dasein zukommt"[773], der funktionale Charakter der Interpretationsvariante bleibt aber unvermindert erhalten:

---

[769] Saffer, *Sprachindividualität*, a.a.O., S. 177.
[770] Saffer, *Sprachindividualität*, a.a.O., S. 178.
[771] Ebd.
[772] Ebd.
[773] Ebd.

„Der Sprache als Ergon spricht Humboldt eine Wirkkraft zu, insofern sie als ‚forma formata' (Jost) dem Sprecher in seiner Verwiesenheit auf einen bestimmten Wortschatz und einer von den Mitgliedern einer Sprachgemeinschaft geteilten regelhaften Gebrauchs desselben eine gewisse Freiheit, jedoch keine völlige individuelle Willkür erlaubt"[774].

Diesen ‚Zuspruch' jedoch hat Humboldt in dieser Form ebensowenig erteilt, wie „Sprache als ‚forma formans' vom Sprecher aus betrachtet eine ‚forma formata' (...) hinterläßt (Umst., U.W.), als die wir Sprache in ihrem Ergon-Charakter betrachten müssen"[775]. Saffer geht damit am Humboldtschen Ansatz auch deswegen vorbei, weil seine Zuordnungen auf den ersten Blick so einfach und systematisch profitabel sind.

Anders Chr. Stetter. In den *Geschichten Humboldts*, in deren Rahmen die drei grundlegenden *Rezeptionsprofile* der Humboldt-Forschung analysiert und zusammengetragen wurden, mußte bezüglich seiner Studie von 1997, die in einem großen Bogen den Zusammenhang von *Schrift und Sprache*[776] untersucht, bereits die Einschränkung formuliert werden, daß in dem ansonsten sehr genauen und systematisch äußerst dicht vorgetragenen Argumentationsgang die Klärung der Humboldtschen Sprachtheorie zuweilen allzu mühsam auf das Saussuresche Anschlagbrett strukturalistisch-gewachsener Terminologie gespannt wird. Dies läßt sich an der Behandlung des ‚Energeia'-Diktums gut ablesen. Schon die diesbezügliche Zwischenüberschrift des zehnten Kapitels *Wilhelm von Humboldt: Grammatische Weltansichten* ist mit dem Titel ‚Langage' und ‚langue': ergon und energeia dieser Kontrastierung gewidmet, wiewohl man von Stetter zu Recht erwartet, daß er sich diesen Vergleich nicht so einfach macht und gar eine simple Parallelisierung der Termini behauptet, wie sie zuweilen in der Geschichte des Diktums mit langue und parole einerseits und ‚ergon' und ‚energeia' andererseits vorgenommen wurde.

Stetters spezieller Kontext ist zu beachten: „Immer noch fragen wir nach dem spezifischen Wert des Terms ‚Sprache' in dem Kontext von ‚Rede' und ‚Schrift'"[777]. Bei Stetter überlagern sich nun verschiedene terminologische Ebenen, die er produktiv in Vergleichung bringen will. Da sind zunächst die Saussureschen Begriffe der langage, langue und parole einerseits und andererseits nicht nur die Humboldtschen Termini Sprache und Rede, sondern auch dessen Verwendung eben der Vokabeln, die von

---

[774] Saffer, *Sprachindividualität*, a.a.O., S. 179.
[775] Saffer, *Sprachindividualität*, a.a.O., S. 181.
[776] Der Text wird hier nach der Taschenbuchausgabe von 1999 zitiert (vgl. Stetter, Chr.: *Schrift und Sprache*. Frankfurt am Main 1999).
[777] Stetter, *Schrift und Sprache*, a.a.O., S. 447.

Saussure erst zur sprachtheoretischen Operationalisierungsfähigkeit gebracht wurden:

> „Wo das Deutsche nur ‚Sprache‘ und ‚Rede‘ unterscheidet, bietet es (das Französische, U.W.) die Wahl an zwischen ‚langage‘, ‚langue‘ und ‚parole‘, und Humboldt macht von dieser Wahl systematischen Gebrauch. (...) Der parole mißt er – dies ist vom Wortgebrauch her nahegelegt – dieselbe Funktion zu wie der Instanz, die er im Deutschen ‚Rede‘ nennt"[778].

Ohne Stetters Beweisführung im einzelnen nachzuvollziehen, sei hier angemerkt, daß sich seine Analyse auf Humboldts *Essai sur les langues du nouveau Continent* von 1812 stützt (III 300-341). Entscheidend ist nun, daß bei Stetter eine Klasse von Beschreibungskategorien zur Erläuterung einer anderen herangezogen wird, die sich gegenseitig explizieren sollen, und diese damit als Folien übereinandergeschichtet werden. Ein Verfahren also, das allein schon deshalb schwierig ist, weil die betreffenden Termini nicht unbedingt auf der gleichen (sprachtheoretischen) Ebene angesiedelt sind und kaum ohne eine Differenzierung des rezeptionsgeschichtlichen Hintergrunds der Begriffe für eine Analyse nutzbringend umgesetzt werden können. Das heißt jedoch gerade nicht, daß Stetters Gedankenexperiment etwa aussichts- und Humboldt gegenüber gar vollkommen rücksichtslos wäre. Ich folge dem Argumentationsgang Stetters in großen Schritten, um dann deutlich zu machen, wozu das ‚Energeia‘-Diktum schließlich von Stetter belichtet wird: „Sieht man nun"[779], so Stetter weiter, „wie Humboldt die Terme ‚langage‘ und ‚langue‘ verwendet, so findet sich, daß das Wort ‚langue‘ jeweils das Resultat der Artikulationsarbeit bezeichnet, die von der faculté du langage geleistet wird – wem immer auch diese faculté zugesprochen wird"[780]. Aus diesem Grund läßt sich auch von einzelnen, eben spezifischen Sprachen sprechen, die Resultat des Sprachgebrauchs sind. In dieser Hinsicht ist es daher auch „die Sprache qua langue (...), der die ganzheitliche analogische Struktur zugeschrieben wird, die Denken und Handeln Orientierung verleiht"[781] und als solche ist sie auch betracht- und untersuchbar, man kann sie „mehr oder weniger umfassend analysieren"[782], weil sie „als ein je Endliches gedacht"[783] werden muß. Dem gegenüber steht die Konzeption der ‚langage‘, die in „Humboldts Sprachgebrauch das *Korrelat* (Herv., U.W.) des

---

[778] Ebd.
[779] Stetter, *Schrift und Sprache*, a.a.O., S. 448.
[780] Ebd.
[781] Ebd.
[782] Ebd.
[783] Ebd.

Resultats"[784] bedeutet: „Die faculté du langage ist die Fähigkeit, Sprachen zu bilden und zu sprechen, sie ist generelle Anlage des Menschen"[785]. Stetter geht nun davon aus, daß mit „langage Sprache *als* Disposition und, Folge davon, (ebenso, U.W.) *als* Vollzug"[786] zu verstehen ist, weil „der gemeinsame Sprachgebrauch, die Sprache, wie sie aus dem Mund der Individuen *und* (Herv., U.,W.) Nationen kommt"[787], eben der Sprachgebrauch ist, „auf den man sich versteht und an den man sich gewöhnt"[788]. In diesem Sinne – und hier ist die Untersuchungsperspektive Stetters der Klärung des Verhältnisses von *Schrift und Sprache* zu erinnern – nähert sich das Humboldtsche ‚Verständnis' von langage und parole deutlich an, „und doch bleibt in Humboldts Sprachgebrauch eine entscheidende Differenz deutlich erkennbar: Parole ist der *effektive* Vollzug, die ‚jedesmalige Rede', in der der Gedanke definitiv formuliert wird. Im Wert von ‚langage' dagegen ist die Konnotation einer Disposition nie ganz aufgegeben"[789]. Nun identifiziert Stetter das entscheidende Problem, in dessen Antwortspektrum dem ‚Energeia'-Diktum eine Rolle zugewiesen wird:

> „Die Philosophie der Sprache hat hier eine Paradoxie festzuhalten, die im Begriff des langage ihr Zentrum hat. Dieser Begriff steht quer zu der Opposition von Faktizität und Möglichkeit, innerhalb derer der Wert der Begriffe von Sprache und Rede auszutarieren war"[790].

Es ist schon auffällig, daß Stetter diese Paradoxie ausgerechnet in ihrer ontologischen Querstellung erfaßt, wiewohl er auf eine „Vermittlung zwischen beiden Modalitäten"[791] aus ist. Humboldt sei, so Stetters Beobachtung, in der gleichen Zwangslage gewesen, ja er habe sich gar „in kardinalen Sprachnöten"[792] befunden. Hier kommt nun das ‚Energeia'-Diktum ins Licht, mit dem Humboldt, so Stetters Bewertung, „sich (dann, U.W.) doch beholfen"[793] habe:

> „Sprache als ‚Erzeugtes' und ‚Erzeugendes' ist die Unterscheidung, die er (Humboldt, U.W.) in den späteren Schriften verwendet (...), um im Deutschen ein Äquivalent für die von ‚langue' und ‚langage' zu haben, bis er in der Einleitung ins Kawi-Werk die berühmte Opposition von *ergon* und *energeia*

---

[784] Ebd.
[785] Stetter, *Schrift und Sprache*, a.a.O., S. 448-449.
[786] Stetter, *Schrift und Sprache*, a.a.O., S. 449.
[787] Ebd.
[788] Ebd.
[789] Ebd.
[790] Ebd.
[791] Ebd.
[792] Ebd.
[793] Ebd.

findet – eine Unterscheidung, die für seine Philosophie der Sprache sich somit in der Tat als zentral erweist, insofern sie die beiden Momente des Rückkopplungsprozesses benennt, als den diese Philosophie das Gesamtphänomen der menschlichen Sprache begreift"[794].

Die entscheidende Aussage des Diktums sieht Stetter nun neben dem dargestellten Rückkopplungsprozeß darin, daß „die jedesmalige Rede eine Spezies der Sprache ist (Umst., U.W.), insofern diese je auch als ‚Thätigkeit‘, dynamischer Prozeß – eben nicht als Seiendes, sondern als Werdendes zu begreifen ist". Diese gleichwohl reduktionistische Umwertung der Wesensaussage zur Sprache hin *allein* auf das ‚jedesmalige Sprechen‘ macht nun Stetters Grundannahme möglich: „Humboldts Sprachidee"[795], so die conclusio, „wäre somit eher als eine philosophie du langage denn als eine des langues zu begreifen"[796]. Charakteristika wie „Strukturiertheit, Einheiten usw."[797] werden demgegenüber „in Humboldts Text stets der langue, dem ergon, dem Resultat zugeschrieben"[798]. Hier nun ist die Parallelisierung doch einmal eindeutig, und Stetter geht gegenüber seinem zentralen Gegenstand, der Schrift, sogar noch eine – deutlich ontologisch situierte – Nuance weiter: „Wo diese (die Sprache, U.W.) gegenüber der Rede zugleich das Mögliche, das Allgemeine und das Resultat ist, ist die Schrift zwar auch das Allgemeine und das Resultat, aber nicht das Mögliche, sondern das Wirkliche"[799]. An dieser Stelle soll Stetters Argumentationsgang verlassen werden. Es ist hinreichend deutlich geworden, daß hier nicht Humboldt-Exegese im eigentlichen und strengen Sinne betrieben wird, sondern mit allen zur Verfügungen stehenden Mitteln Beschreibungskategorien zunächst unterminiert und dann neugebildet werden sollen, die den Zusammenhang von Sprache und Schrift offenkundig werden lassen können. Dies gelingt Stetters manchmal etwas filigran anmutender Beweisführung sehr wohl, was auch in der folgenden Analyse zu „Materie und Form der Sprache"[800] deutlich wird:

> „Ein Ganzes ist die Sprache, weil der Differenzierungsprozeß sozusagen von außen nach innen verläuft. Die ganze Sprache ist jeweils Objekt jeder neuen Prägung, und damit ist sie, die ganze Sprache, deren jeweiliger Stoff. Die Metaphysik der Opposition von *ergon* und *energeia* wird greifbar. Die langue ist ebenso Resultat formgebender Prägung wie deren Material. Die neue Form

---

[794] Stetter, *Schrift und Sprache*, a.a.O., S. 450.
[795] Ebd.
[796] Ebd.
[797] Ebd.
[798] Ebd.
[799] Stetter, *Schrift und Sprache*, a.a.O., S. 450-451.
[800] Stetter, *Schrift und Sprache*, a.a.O., S. 451.

wird daher nicht einer gegebenen Menge additiv hinzugefügt, sondern durch Betrachtung und Umdisposition *aller* verfügbaren Relationen neu gewonnen"[801].

Und in der Tat ist es gerade eine systematische Kernaussage des Diktums, daß Sprache jeweils neu als Wirklichkeit eins ist.

1998 geht H.-E. Schiller unter dem Titel *Die Sprache der realen Freiheit*[802] der Verbindung von *Sprache und Sozialphilosophie bei Wilhelm von Humboldt* nach. Das dritte Kapitel trägt das Diktum mit *Enérgeia und Ergon der Sprache. Empfindung und Bedeutung* bereits mit dem Signal einer dichotomen Struktur in der Überschrift. Für Schiller sind Energeia und Ergon gleichermaßen in einem demonstrativ erweiterten Sinne das Werk Humboldts durchziehende Motive, die sich auf verschiedenste Bereich seines Denkens erstrecken. So hat sich „der Primat der Enérgeia (...) in der politischen und ästhetischen Theorie Humboldts als die eigentliche Emanzipationskategorie dargestellt"[803]. In ontologisch-anthropologischer Opposition dazu ist beispielsweise „in der Kunst (...) das Werk nur ein, freilich notwendiges Moment, das zwischen der Phantasie des Künstlers und der des Betrachters vermittelt; nicht in der Beschaffenheit ihrer Gegenstände, sondern in der Tätigkeit der Phantasie ist das Wesen der Kunst zu suchen"[804]. Voll im Sinne des Energeia-Gedankens ist es für Schiller wiederum, daß „in der politischen Philosophie (...) Humboldt den politisch-rechtlichen Freiheitsbegriff auf einen gesellschaftlichen Begriff der Selbstbestimmung als Selbstverwirklichung gründet"[805].

Es ist fast zwangsläufig, daß ein solches, erweitertes Verständnis nicht ohne eben die ‚Erweiterungen' auskommen möchte, die das Humboldtsche Werk selbst so geradewegs nahe zu legen scheint. Auch im politisch-sozialen Sinne ist es daher evident, daß sich „die *Energie* (Herv., U.W.) in einem Resultat objektivieren muß (Umst., U.W.), aber (...) sie darf nicht letztlich diesem dienen und so als bloßes Mittel aufgefaßt werden. Der Vorrang der Enérgeia bedeutet (...) auch hier nicht Verzicht auf Wirkung, sondern Wirkung auf andere. Individuelle Selbstverwirklichung ist nur im Zusammenwirken der Individuen möglich"[806]. Nun wendet Schiller den Argumentationsgang auf die sprachtheoretische Perspektive, und es überrascht nicht, daß zunächst der subjektivitätstheoretischen Interpretations-

---

[801]   Stetter, *Schrift und Sprache*, a.a.O., S. 452-453.

[802]   Schiller, H.-E.: *Die Sprache der realen Freiheit. Sprache und Sozialphilosophie bei Wilhelm von Humboldt.* Würzburg 1998.

[803]   Schiller, *Die Sprache der realen Freiheit*, a.a.O., S. 79.

[804]   Ebd.

[805]   Ebd.

[806]   Ebd.

motivik die Aufgabe bleibt, Grundlegendes zur Auslegung des Diktums beizutragen: „Zentral für den Enérgeia-Begriff überhaupt ist die *Selbsttätigkeit*, die sich freilich mit *Empfänglichkeit* verbinden muß"[807]. Und erst „in dieser Verbindung ist die Selbsttätigkeit (Umst., U.W.) *Weltaneignung*, kein reines Setzen, keine bloße Innerlichkeit, aber immer individuell"[808]. Ohne Humboldts Textstelle nun eingehend auszulegen, aber gleichwohl diese zitierend, wird ihr ein folgenschweres Reduktionsurteil zuteil:

> „Die berühmte Stelle der Einleitung zum Kawi-Werk, in der Humboldt die Begriffe Enérgeia und Ergon auf die Sprache appliziert, scheint im Gegensatz zu den Befunden der Sozial- und Kunstphilosophie die sprachliche Subjektivität in einseitiger Weise zu erhöhen"[809].

Beide Unterstellungen, die explizite der subjektivitätstheoretischen Reduktion wie die implizite, Humboldt habe den ‚Energeia‘-Begriff eben nicht nur in der *Kawi-Einleitung*, sondern durchgängig gebraucht und anwendbar gehalten, entsprechen – wie wir gesehen haben – nicht der Auffassung des Tegeler Philosophen. Damit sind jedoch für Schiller Vorentscheidungen getroffen, die ihn nun den Gehalt von Humboldts Diktum auch ausdrücklich verwerfen lassen. Große Teile der ganzen Palette bekannter Mißverständnisse und Fehlschlüsse, die in der Rezeptionsgeschichte des Diktums ausgebildet und daher auch in dieser *Chronologie* dargestellt wurden, und die – darauf kann nicht oft genug hingewiesen werden – von Humboldt selbst in VII 45-46 explizit und unmißverständlich *ausgeschlossen* werden, kommen nun noch einmal konsequent ins Sortiment des auf Argumentationsproduktivität angelegten Interpretationskatalogs. Zunächst der doppelte Charakter von Ergon *und* Energeia, der – wie sollte es anders sein – implizit auch als ‚Humboldt-Verbesserung‘ daherkommt:

> „Hatten wir bislang Anlaß, die Werke als untergeordnete, aber notwendige Momente der energetischen Tätigkeit anzusehen, scheinen sie hier vollständig geleugnet. Der Vorrang der Enérgeia scheint sich zur Ausschaltung des Werkbegriffs zu steigern. Aber dieser Schein trügt"[810].

Um diese Auffassung nun näher zu begründen, braucht Schiller wiederum einen reduzierten Sprachbegriff. Vollkommen konträr zur Intention des Tegeler Philosophen, der mit dem ‚Energeia‘-Diktum eine grundsätz-

---

[807] Ebd.
[808] Ebd.
[809] Schiller, *Die Sprache der realen Freiheit*, a.a.O., S. 80.
[810] Ebd.

liche, uneingeschränkte und allgemein *gültige* Wesensaussage zur Sprache machen will, führt er aus:

> „Zunächst liegt auf der Hand, daß Humboldt hier von der Sprache in einem eingeschränkten Sinn spricht: ‚Unmittelbar und streng genommen' kann der Enérgeia-Satz nur ‚die Definition des jedesmaligen Sprechens' sein, der konkreten Rede also. Wie kann Humboldt meinen, daß das Wesen der Sprache in einer Definition der Rede apodiktisch bestimmt werden kann? Existieren nicht Wortschatz und Grammatik unabhängig von der Rede? Sicherlich ja"[811].

Nur das ist ja eben gar nicht Humboldts Problem. Er empfiehlt sogar eindringlich, von diesem abzusehen, wenn es um die Sprache, „in ihrem wirklichen Wesen aufgefasst" (VII 45), gehen muß.

Trotz oder gerade wegen dieser problematischen Vorentscheidungen, mit denen Schiller in der Rezeptionsgeschichte jedoch – wie ich gezeigt habe – keinesfalls alleine steht, enthalten seine Reflexionen durchaus interessante Aspekte und zeigen wieder einmal, wie aufschlußreich es sein kann, Humboldt mißzuverstehen. Ich folge dem Gedankengang einerseits kurz, um dies deutlich zu machen, andererseits auch deswegen, weil hiermit noch einmal ein Beispiel dafür gegeben ist, wie es eben zum unaufhaltsamen Aufstieg von Allgemeinplätzen kommen kann.

Humboldts Entschiedenheit ist für Schiller nur feierliche Ergriffenheit: „Das Pathos der Enérgeia ist auch eine Verteidigung der lebendigen Rede gegen die Herrschaft wissenschaftlicher Objektivierung"[812]. Auch wenn Schiller hier einen Teil von Humboldts Intention zutreffend markiert, kann dies doch nur die innere Spannung zu Thesen wie der folgenden erhöhen: „Schon der Begriff der Arbeit, in dem sich das Enérgeia-Konzept hier näher bestimmt, liefert interne Gründe dafür, daß die Werkkategorie nicht ausgeschaltet werden kann"[813]. Sich eines solchen Spannungsverhältnisses durchaus bewußt, rangiert Schiller zwischen einer mehr therapeutisch als argumentativ anmutenden Textcharakteristik (Humboldts „metaphorische Rede"[814]) und einem Herbeiargumentieren dessen, was unbedingt sein soll und muß:

> „Das Resultat der sprachlichen Äußerung ist im eigentlichen Sinne kein äußeres Werk, aber es muß doch eine selbständige Existenz erhalten; und diese ist, auch wenn sie selbst wiederum nur in einem Vollzug bestehen kann – nämlich im Verstehen des Anderen – eben doch eine Wirkung der sprachlichen Tätig-

---

[811] Ebd.
[812] Schiller, *Die Sprache der realen Freiheit*, a.a.O., S. 81.
[813] Ebd.
[814] Ebd.

keit, die von ihr selbst deutlich unterschieden ist – so sehr, daß die Möglichkeit des Mißverständnisses immer mitgegeben ist. In diesem Sinne vollendet
sich die Sprache als konkrete Tätigkeit oder Enérgeia eben doch in einem
werkhaften Resultat, ..“[815].

Und mehr entschuldigend als ergänzend wird eingeräumt, daß das so verstandene Resultat „immer nur ein Zwischenresultat sein kann und der
Vorrang der Enérgeia sich eindeutig bestätigt“[816]. So gefestigt, fällt das
vermeintlich Notwendige leicht: „Sprache ist also einerseits nur Erzeugnis
des Sprechens, andererseits setzt jedes Sprechen Sprache voraus. Das ist
ein offenkundiger Zirkel, den Humboldt freilich hinzunehmen lehrt“[817].
Ohne Zweifel ist dies der Fall, Humboldts Kernaussage zum Wesen der
Sprache lehrt jedoch vorderhand ganz anderes. Schiller erliegt daher abermals der Versuchung der Humboldt-Korrektur:

> „Diesem Inventar (Grammatik und Lexikon, U.W.) gegenüber hat die Enér-
> geia der lebendigen Rede den Primat, aber sie beseitigt nicht seine objektive
> Wirklichkeit. Deshalb ist die dem Enérgeia-Satz vorangehende, weniger apo-
> diktische Formulierung dem wahren Sachverhalt nach Humboldts eigener
> Theorie angemessener: ‚Man muss die Sprache nicht sowohl wie ein todtes
> Erzeugtes sondern weit mehr wie eine Erzeugung ansehen (...)‘“[818].

Bezüglich der Eindeutigkeit, ob und inwiefern die Sprache Voraussetzung
allen Denkens ist, läßt Schiller nun auch – Humboldts Theorie kaum angemessenen – Spielraum, denn das Postulat, daß „der Vorrang der Enérgeia aufs engste mit der Wechselwirkung von Denken und Sprache verbunden ist (Umst., U.W.)“[819], läßt trotzdem zu, daß die Sprache „mithin
Selbstzweck und Mittel zugleich (ist, U.W.). Mittel ist sie als objektivierter Vorrat allgemeiner Regeln des Gebrauchs und der Verbindung der
Wörter, weil nur so die unerläßliche Verständigung zustande kommt.
Selbstzweck ist sie als gedankenbildende Enérgeia“[820]. Somit ist die Sprache für Schiller auch denkbar, wenn sie *nicht* Energeia ist. Humboldt dazu: Die Sprache „ist kein Werk (Ergon), sondern eine Thätigkeit (Energeia)“ (VII 46).
    Schillers Argumentation, die sich im folgenden an der Differenz von
Sprache und Rede orientiert, kann an dieser Stelle verlassen werden.[821] Es

---

[815] Schiller, *Die Sprache der realen Freiheit*, a.a.O., S. 82.
[816] Ebd.
[817] Schiller, *Die Sprache der realen Freiheit*, a.a.O., S. 83.
[818] Ebd.
[819] Schiller, *Die Sprache der realen Freiheit*, a.a.O., S. 84.
[820] Ebd.
[821] Vgl. dazu „Für die Enérgeia der Rede ergibt sich aus dem Anteil der Sprache an der Bil-
       dung der Gedanken das folgende: Die Rede ist nur lebendig, soweit sie Selbsttätigkeit, je-

ist deutlich geworden, welch reicher Argumentationsspielraum in sprach-philosophischer Hinsicht entsteht, *verläßt* man den Humboldtschen Bo-den eindeutiger Wesensbestimmung der Sprache. Auch hierfür sollte Schiller als – bislang jüngstes – Beispiel dienen, das *in dieser Perspektive* durchaus gewinnbringend ist.

Schillers Ausführungen können – kurz vor Schluß der *Chronologie* – zum Anlaß genommen werden, zumindest die Frage zu formulieren, in-wieweit eine solch freie Handhabung des Diktums statthaft ist. Die The-se der vorliegenden Studie zur *Aristotelischen Ontologie im Sprachdenken Wilhelm von Humboldts* ist, daß es vor allem gewinnbringend ist, Hum-boldts Sprachverständnis *selbst* zu rekonstruieren, und daß allein hierin schon ausreichend produktive Perspektiven und Fragestellungen gefun-den werden können, die einer Kenntnisnahme und Konsequenzensich-tung besonders wert sind. Rezeption lebt allerdings offensichtlich in bestimmten Problemkontexten auch und gerade vom Reiz des Mißverste-hens, und daß dieser Reiz ungemein groß sein kann, dies zeigen auch Schillers durchaus spannende Ausführungen, die ihre Anziehungskraft unschwer in sich selbst tragen. Plastisch wird dies vor allem in der Marx-Humboldt-Kontrastierung. Weiter am – auch als historisch verstandenen – gegenständlichen Charakter der Sprache entlang argumentierend, regi-striert er: „‚Die Tradition aller toten Geschlechter‘, so läßt sich mit Marx kommentieren, ‚lastet wie ein Alp auf dem Gehirne der Lebenden‘"[822]. Schillers Anmerkung trifft Humboldts Sprachverständnis nur geringfügig und äußert, was immer möglich ist, *trotzdem* einen interessanten Gedan-ken:

> „Daß ein Marx-Zitat, aus ganz anderen Zusammenhängen entnommen, zur Humboldtschen Sprachphilosophie als Kommentar paßt, ist alles andere als Zufall. Zwischen dem Emanzipationsprogramm des historischen Materialis-mus und Humboldts Primat der Enérgeia als lebendiger Rede besteht näm-lich eine unverkennbare strukturelle Analogie. In der gesellschaftlichen Form

---

weils neue Bildung ist" (Schiller, *Die Sprache der realen Freiheit*, a.a.O., S. 85). – „Enér-geia aber kann die individuelle Rede nur sein, weil die Sprache als ein vom jeweils ge-dachten Unterschiedenes an der Bildung der Gedanken mitwirkt" (S. 85). – „Die Sprache selbst, in ihrem Unterschied zur Rede, in der sie ihr Dasein hat, ist Enérgeia, Selbsttätig-keit, die nicht von den Gedanken der redenden Subjekte inszeniert wird" (S. 85). – „Die jeweilige Rede kann nur Enérgeia, Selbsttätigkeit sein, weil die Sprache, die sie zum Da-sein bringt, Enérgeia ist. Jede Rede ist somit Ineinander zweier Kräfte oder Selbsttätigkei-ten, Enérgeia der Sprache und des sprechenden Individuums. Die Arbeit des Geistes ist eingebettet in ein Emanationsgeschehen, das nicht in Begriffen von Arbeit und Handlung gefaßt werden kann" (S. 87). – „Die Enérgeia der Sprache im Sinne der lebendigen Sprach-form ist, wiewohl selbst historisch situiert, für den Redenden unhintergehbar" (S. 87).

[822] Schiller, *Die Sprache der realen Freiheit*, a.a.O., S. 87.

des Kapitals herrscht nach Marx die tote, geleistete Arbeit über die lebendige wie im Sprachsystem nach Humboldt die gesprochene Rede über den einzelnen Sprecher. (..) Und wie Marx einer zukünftigen Gesellschaft die Aufgabe zuweist, die vergegenständlichte Arbeit zu einem Mittel der Selbstverwirklichung zu machen – in der Aneignung der geschichtlich entwickelten Produktivkräfte durch die frei assoziierten Individuen – so muß nach Humboldt die Rede das tote Erzeugnis der Wörter und Regeln in der gesellschaftlichen Mitteilung der Individuen aneignen und lebendig machen. (..) Die Aneignung der gesellschaftlichen Sprachproduktionskräfte durch das sprechende Individuum ist der Kern dessen, was Humboldt als die Freiheit bezeichnet, der die Sprache bedarf"[823].

Es wird zu zeigen sein, daß Humboldts Programm noch ungleich radikaler ausfällt, nicht in der Befreiung des ‚Ergons‘, sondern in einem Wesensverständnis der Sprache, das solche Divergenzen wie die aufgezeigten einfach mit sich reißt. Die Subversion des Dialogischen geht bei weitem über die materialistische Kollaboration des Dialektischen hinaus. Bemerkenswert bleibt (und dies kennzeichnet die ‚Energeia-Rezeption‘ Schillers), daß Argumentationswege wie der seine nur möglich werden, dehnt man den Wirkungs- und Interpretationskreis einerseits deutlich aus (im Hinblick auf die Argumentationsfelder), reduziert man andererseits aber gleichzeitig das Begriffsverständnis so weit, daß eine operationalisierbare terminologische Plattform entsteht: „Der Vorrang der Enérgeia, der uns bereits in der Ästhetik, in der Sozial- und Sprachphilosophie begegnete, regiert also auch die Anthropologie, die jene Gebiete fundiert"[824]. In der Notwendigkeit, für Vieles so Genaues bedeuten zu müssen, verliert das ‚Energeia‘-Diktum sein systematisches Format für eine Sprachtheorie, die eben dadurch ihre revolutionäre Qualität gewinnt, daß sie das Grundlegendste allen menschlichen Denkens und Handelns zum Gegenstand gewinnt: „Die Sprache, in ihrem wirklichen Wesen aufgefasst" (VII 45).

Als letzte Position in der Geschichte des ‚Energeia‘-Diktums soll hier en passant die eher unspektakuläre Besprechung von A. Gardt erwähnt sein, der 1999 in seiner *Geschichte der Sprachwissenschaft in Deutschland*[825] das Humboldt-Kapitel außer mit dem Namen des Tegeler Philosophen wenig spezifisch mit *Sprache und Denken* überschreibt. Solche – an allgemeinen Aussagen orientierte Darstellungen – finden ihren Niederschlag auch in der – äußerst kurz gehaltenen – Thematisierung des ‚Energeia‘-Diktums: „Wichtig ist bei all dem, daß für Humboldt die *eigentüm-*

---

[823] Schiller, *Die Sprache der realen Freiheit*, a.a.O., S. 87-88.

[824] Schiller, *Die Sprache der realen Freiheit*, a.a.O., S. 135.

[825] Gardt, A.: *Geschichte der Sprachwissenschaft in Deutschland. Vom Mittelalter bis ins 20. Jahrhundert.* Berlin, New York 1999.

liche Weltansicht seiner Sprache nicht durch irgendeinen göttlichen Einfluß zustande kommt, sondern Produkt des historischen Menschen ist"[826]. Nun folgt – etwas zusammenhanglos und nur mittelbar verknüpft – die Textpassage des Diktums aus der *Kawi-Einleitung* VII 45-46. Ohne auf das von Humboldt Vorgebrachte näher einzugehen, zieht Gardt aus der weitgehend deskriptiv verfahrenden Vogelperspektive folgende Konsequenz:

> „Damit ist zugleich der Sprachwandel als etwas der Sprache Inhärentes, Selbstverständliches bestimmt, aber nicht durch Rekurs auf den Vergänglichkeitstopos, sondern im Gegenteil durch die Anbindung der Sprache an das Wirken des sich in der Zeit verändernden menschlichen Geistes, d.h. letztlich an das Handeln des Menschen"[827].

Natürlich muß der Anspruch Gardts einer groben, überblicksorientierten Darstellung ernstgenommen und seine Einordnung des ‚Energeia'-Diktums auch auf diesem Hintergrund bewertet werden, trotzdem ist gerade seine Handhabung offenkundiger Beleg dafür, daß auch am vorläufigen Ende der *Chronologie zum unaufhaltsamen Aufstieg eines Allgemeinplatzes* trotz so vieler gelungener Annäherungen eben dies ungehindert möglich ist: der Allgemeinplatz.

6.7 Rezeptionstypologie

Die Chronologie sammelte Beiträge zum ‚Energeia'-Diktum über einen Zeitraum von 150 Jahren. Sie kann keine Vollständigkeit behaupten, vielmehr mußte eine Auswahl aus der fast unüberschaubaren Fülle der Interpretationsvarianten getroffen werden. Einzelne Positionen sind zudem sicher unerkannt geblieben. Schwerer wiegt, daß bereits innerhalb der Variationsbreite, die allein schon einzelne Autoren bzw. Autorinnen – teilweise über einen längeren Zeitraum hinweg – entwickelt haben, Schwerpunkte gesetzt werden mußten, die sich manches Mal mehr an den Bedürfnissen der Rezeptionsgeschichtsschreibung orientierten, als den Autorinnen und Autoren bis ins letzte gerecht werden zu können. Für einige von ihnen gilt ein vielschichtigeres Bild, als es hier gezeichnet werden konnte. Trotzdem repräsentieren die immerhin knapp 70, in unterschiedlicher Intensität und Breite vorgeführten – Positionen das Spektrum der ‚Energeia'-Rezeption nahezu erschöpfend. Richtschnur für ein vor al-

---

[826] Gardt, *Geschichte der Sprachwissenschaft*, a.a.O., S. 237
[827] Ebd.

lem systematische Klarheit erzielen wollendes Raster der einzelnen Positionen war – dies wurde zu Beginn des Kapitels klargestellt – das ontologische Auslegungsverständnis, wie es in der Einleitung projektiert wurde
(und das trotz hoher Plausibilität nun erst recht näherer Erläuterung und
differenzierter Beweisführung bedarf). Diese Verfahrensweise war nötig,
um zumindest ansatzweise den roten Faden in einem historisch und systematisch vollkommen disparaten Feld aufrecht erhalten zu können.

Sucht man eine schlüssige Bilanz aus der Chronologie zu ziehen, so
fällt zunächst auf, daß die behauptete Disparität sicherlich das wichtigste
Ergebnis der Untersuchung ist, und *diese Beobachtung* sicher mehr ist als
ein Allgemeinplatz. Selten sonst hat eine einzelne Wendung, ja ein einzelnes Wort, das allein aus Gründen der Neutralität hier lieber mit ‚Diktum‘
als mit ‚Satz‘ oder ‚Definition‘ bezeichnet wurde, solche Rezeptionspro-
duktivität erfahren wie Humboldts Passage aus der *Kawi-Einleitung*, und
selten haben sich, dies zeigt allein schon die systematische Geographie des
Rezeptionsspielraums, eine solche Fülle von Interpreten – teilweise einge-
standenermaßen – nicht im engeren Sinne an dem orientiert, was der
Schreiber des Originals – hier Humboldt – mit dem Diktum im originären Sinne eigentlich herausstellen wollte bzw. auf was er abzweckte.
So zieht vor allem die hier gewählte philologische Perspektive einer um
die Rekonstruktion originärer Theoreme des Humboldtschen Sprachdenkens bemühten Verfahrensarchitektur notwendig eine Position der ‚Kritik der Positionen‘ nach sich, ohne jedoch – darauf sei explizit hingewiesen – die darauf aufbauenden systematischen Weiterentwicklungen
kritisieren oder gar bewerten zu wollen: ‚Nur‘ die Rezeption des ‚Energeia‘-Diktums stand hier zur Debatte, eine um die Frage der philologisch-
systematischen Authentizität der Rezeption konzentrierte Analyse, die
verständlicherweise nur begrenzten Aufschluß darüber gibt, inwieweit die
daraus abgeleiteten bzw. sich darauf stützenden wissenschaftlichen Ansätze etwa kohärent oder nicht, transparent oder eben nicht, profitabel oder
weniger profitabel für einzelne Forschungsbereiche, oder letztlich gar als
‚richtig‘ oder ‚falsch‘ zu qualifizieren sind. Noch nicht einmal die Identifikation der wissenschaftlichen Disziplin, innerhalb derer das Diktum
verwendet wurde, kann immer eindeutig ausfallen: Sprachphilosophie,
Sprachtheorie, Anthropologie, Ästhetik, Literaturtheorie und politische
Theorie führen die Liste der wissenschaftlichen Kontexte an, die damit jedoch nicht abgeschlossen ist.

In diesem Sinne muß auch die folgende, offene Rezeptionstypologie
verstanden werden, die die sichtbare oder zu unterstellende Perspektive
der Rezipienten zur Grundlage der kategorialen Entscheidung macht, also nicht thematisch oder qualitativ orientiert ist, sondern das Erkenntnis-

interesse der Autorinnen und Autoren versucht ernstzunehmen. Auch werden viele der Positionen nicht eindeutig in die eine oder andere Kategorie zu rubrizieren sein, Mischformen sind die Regel. Zu den drei *Rezeptionsprofilen*, die in den *Geschichten Humboldts* vorgeschlagen wurden, stehen die einzelnen Typen mehr quer als analog, da noch nicht einmal alle ‚Energeia'-Rezeptionen im eigentlichen Sinne zur Humboldt-Forschung gerechnet werden können, auf die die Analyse der *Rezeptionsprofile* gerichtet war.

Ungeachtet der Tatsache, daß auch eine offene Typologie nur in schablonenhafter Weise geeignet sein kann, das Feld in angemessener Weise zu charakterisieren, kristallisieren sich bei grobmaschiger Schematisierung acht Typen heraus, die evident sind. Die in der Chronologie angebrachte Kritik entfällt hier weitgehend, es geht ausschließlich um eine strukturelle Analyse der perspektivischen Konstellationen. Um den Orientierungswert der Typologie zu erhöhen, wird sich jeweils auf ein Beispiel beschränkt. Die acht Typen sind:

(1) Der *sprachproblematisierende* Typus: Innerhalb des sprachproblematisierenden Typus dient das Diktum vor allem dazu, Sprache bzw. *die* Sprache zum wissenschaftlichen Problem derart zu machen, daß aus dem gewonnenen Problematisierungshorizont Instrumentarium entweder sprachwissenschaftlicher oder auch sprachphilosophischer Provenienz kondensiert werden kann. Ein sehr großer Teil der Rezeption gehört zu diesem ersten Typus. Als markantes Beispiel für einen ersten, *sprachwissenschaftlichen* Untertypus [a], für den das *Interesse* (nicht immer wird dieses Interesse auch konkret umgesetzt bzw. spezifisch operationalisiert) der Gewinnung sprachwissenschaftlich verwertbarer Kategorien besonders charakteristisch ist, sei hier L. Weisgerber (1954) genannt. Exempel für den zweiten, *sprachphilosophischen* Untertypus [b], bei dem das Diktum zum Anlaß des Philosophierens über Sprache wird, ist M. Heidegger (1959). In beiden Fällen jedoch geht es darum, das Diktum zum Anlaß weiterer Reflexionen zu nehmen, die dessen eigentlichen Interpretationsspielraum mehr oder minder zügig zu verlassen suchen. Im *Anschluß* an Humboldt beginnt vielfach erst der eigentliche Argumentationshorizont.

(2) Der *exegetische* Typus: Kennzeichnend für den exegetischen Typus ist das Bemühen, das Diktum philologisch richtig – und damit eng – auszulegen, seine Bedeutung aus dem Text herauszukristallisieren, zunächst auch eine zutreffende ‚Über-setzung' zu leisten (ἐξήγησις meint u.a. Auseinandersetzung, Darstellung, Auslegung, Deutung, Erklärung). Eine Vorgehensweise, die trotz oder gerade wegen ihres

handwerklichen Charakters beträchtlichen Aussagewert hat und die sich vielfach im Konstitutionsrahmen Humboldtscher Sprachtheorie aufzuhalten vermag, wenn auch die Reichweite und das Erklärungspotential der Interpretation notwendig begrenzt bleibt. Beispielhaft kann hier der frühe Steinthal (1851) genannt werden.

(3) Der *rekonstruktive* Typus: Innerhalb des rekonstruktiven Typus wird versucht, zunächst eine originäre Aristoteles-Analyse durchzuführen, deren Ergebnis dann auf das Humboldtsche Diktum zu übertragen und erst dann weitergehende Anwendungsperspektiven für Humboldts Sprachdenken insgesamt zu umgrenzen. Nicht unbedingt trifft dieses Verfahren immer den Sachverhalt genau, weil Aristoteles' terminologisches Plateau verschiedene Bedeutungen zuläßt bzw. generiert und auch hier noch sorgfältige Auswahl betrieben werden muß, um bei der Anwendung auf und der Bearbeitung des Humboldtschen Sprachdenkens nicht fehlzugehen. Die Neigung, das Diktum als Erinnerungsformat und damit in seinem Erschließungscharakter zu nutzen, ist hier am größten. Typus drei verspricht auch die größten Erfolgschancen für eine originäre Interpretation des Diktums, vorbehaltlich dem Anforderungsprofil, man ist an einer Rekonstruktion des Humboldtschen Sprachdenkens interessiert. Markantes, aber nicht einziges Beispiel für diese Verfahrensweise ist Di Cesare (1988).

(4) Der *legitimatorische* Typus: Der legitimatorische Typus dient vor allem dazu, eigene Positionen durch die Autorität ‚Humboldt' zu legitimieren. Der eigene Ansatz kann viel, wenig oder gar nichts mit Humboldtschem Sprachdenken zu tun haben. Eine weite Bandbreite ist möglich. Beispiel ist hier N. Chomsky (1966).

(5) Der *explizierende* Typus: Der explizierende Typus wird genutzt, wenn eigene Beobachtungen und Theoreme bzw. thematische Sachverhalte, die mit Humboldts Diktum nur mittelbar in Verbindung stehen (ob dies vom Rezipienten bzw. der Rezipientin nun eingestanden wird oder nicht), durch das Diktum Erläuterung erfahren bzw. explikativ gestützt werden sollen. Das Diktum erfährt hier keine Auslegung im genuinen Sinne, es hat illustrierenden Charakter für angrenzende oder im einzelnen weiterführende Überlegungen. Der Typus fünf weist auf den ersten Blick eine strukturelle Nähe zum Typus vier auf, ist jedoch im Gegensatz zu diesem nicht auf die Legitimation ganzer wissenschaftlicher Ansätze gerichtet, sondern bezieht sich auf Einzelfragen, für die mehr die explikatorische als die legitimatorische Funktionalität des Diktums behauptet und dann akquiriert wird. Beispiel für diese Vorgehensweise ist v. Polenz (1991).

(6) Der *transferierende* Typus: Das Bemühen, methodisches Instrumentarium für weitergehende Untersuchungen zu gewinnen (wie dies z.B. bei Typus 1 [a] zu sehen ist), kann sich auch auf andere Wissenschaftsbereiche als den sprachwissenschaftlichen erstrecken bzw. ausweiten, wie zum Beispiel H.-E. Schiller (1998) dies vorführt, der damit stellvertretend für den sechsten Typus steht.

(7) Der *rezeptionsgeschichtliche* Typus: Zunehmend wird in der Geschichte des ‚Energeia'-Diktums auch die Rezeption selbst zum Gegenstand wissenschaftlicher Betrachtung. Die daraus gewonnenen Erkenntnisse tragen zu eigenen Deutungsversuchen und den diesbezüglichen Sondierungen bei. Herausragendes Beispiel ist L. Jost (1960).

(8) Der *deskriptive* Typus: Rezeptionen des deskriptiven Typus beschreiben oder stellen dar [a] bzw. katalogisieren [b] lediglich Humboldts Diktum, zitieren es mit dem Interesse, es genannt zu haben, und verzichten weitgehend auf Auslegung. Beispiele hierfür sind A. Keller [b] (1989) und der zuletzt genannte A. Gardt [a] (1999). Allgemeinplatz heißt hier in dessen erster Bedeutung, daß in diesem Typus das Diktum so gut wie keinen Aussagewert entfalten kann.

Soweit die offene Typologie, die das wissenschaftshistorische Phänomen ‚Energeia'-Diktum über die Beschreibung der einzelnen Positionen hinaus transparent machen sollte. Fast alle der konkret beschriebenen Positionen sind Mischformen und müssen eigens auf einem Rezeptionstableau verortet werden, das durch die aufgezeigten acht Typen konstituiert ist.

6.8 Überleitung

Mit der *Chronologie zum aufhaltsamen Aufstieg eines Allgemeinplatzes* endet der zweite Teil *Humboldts Gedächtnis*, der die Vieldimensionalität der Rahmenbedingungen von Humboldts großartigem aristotelischen Erinnerungsprojekt in Vergangenheit, Gegenwart und Zukunft aufzeigen und umspannen sollte. Das sechste Kapitel bearbeitete zuletzt die Rezeptionsgeschichte Humboldts im speziellen Focus des ‚Energeia'-Diktums. Das Etikett des Allgemeinplatzes ist Ergebnis eines stillschweigenden Öffnungsdekretes, das die Rezeption des Diktums erfahren hat, und meint in seiner universellen Bedeutung, daß es in der Geschichte des Diktums so gut wie jede Erklärungsvariante gab, die für denkbar zu halten möglich war. Dies spricht entweder dafür, daß Humboldts Diktum in der Tat ein Allgemeinplatz *ist*, oder daß bislang noch keine Rekonstruktions-

arbeit geleistet wurde, die eine ausreichend spezifische und damit möglichst genaue Interpretation zu erzielen vermag. Eine der Grundthesen
dieser Studie ist, daß diese – von Humboldt intendierte – spezifische Bedeutung rekonstruierbar ist. Anknüpfen muß das Verfahren für eine solche Rekonstruktion beim dritten Typus der Rezeptionstypologie, womit
angezeigt ist, daß es zunächst um die Sichtung des aristotelischen Standpunktes selbst gehen muß.

Intermezzo:
Sprachwirklichkeit

Humboldts Erinnerungsprojekt einer Weltverwandlung in Sprache tritt im dritten und vierten Teil in die engere theoretische Rekonstruktionsarbeit ein. Die Ontologie des Aristoteles – so kann die anfangs eingeführte These nun nach der Sichtung von Humboldts vermeintlicher oder auch tatsächlicher systematischer Erbmasse (Kap. 6) wiederaufgenommen und spezifiziert werden – bietet Rahmen, Gerüst und Problemqualität für das Verwandlungsprojekt, so daß in den folgenden drei Kap. 7-9 zu klären sein wird, welches Verständnis Humboldt von der aristotelischen Ontologie entwickelt haben muß, um sein Vorhaben realisieren zu können.

Dafür soll zunächst die Ontologie des Aristoteles in ihren Umrissen dargestellt und damit dessen Vorstellung davon theoretisch eingeholt werden, auf welche spezifische Struktur und auf welche ontologischen Anspruchshaltungen sich eine tragfähige *Ordnung der Wirklichkeit* berufen kann. Um dem spezifischen Verständnis Humboldts indes möglichst nahezukommen, werden verschiedene Texte des athenischen Philosophen ineinander verschränkt gelesen, eine Vorgehensweise, die nicht nur den vor allem in den Kap. 4-5 aufgedeckten Strategien der Erinnerungsarbeit Humboldts analog verläuft, sondern die – wie sich zeigen wird – auch den Charakter aristotelischer Texte trifft.

Die Analyse entfaltet damit aber keinesfalls einen losgelösten Schematismus, der irgendwann in einer dann gleichsam technischen Kontrastierung der Begrifflichkeit Humboldtsches Sprachverständnis erreicht. Mit dem Einstieg in die aristotelische Ontologie ist man vielmehr immer schon in Humboldts Weg in eine Welt der Sprache und deren reflexive Ordnung eingebunden. Dies wird vor allem dann deutlich, wenn in den Kap. 10-12 des vierten Teils schließlich die in dieser Weise entwickelten aristotelischen Wirklichkeitskonfigurationen als Folie auf die Humboldtsche Sprachtheorie projiziert werden: Aus der Ordnung der Wirklichkeit wird durch deren Transformation – Humboldt sagt: ‚Verwandlung‘ – eine Welt der Sprache, die im Sprachlichen erst ihre eigene Ordnung begreift und die die wirkliche Welt und ihre Entstehung immer schon als sprachlich versteht.

Dritter Teil:

Die Ordnung der Wirklichkeit

Problemhorizont des folgenden Teils ist die Rekonstruktion der Ontologie des Aristoteles. Um diese Rekonstruktion vornehmen zu können, wird zunächst das philologische (Kap. 7) und dann das theoretische (Kap. 8) Terrain sondiert, in dem Aristoteles seine Konzeption des von ihm als ‚Erste Philosophie' (πρώτη φιλοσοφία) gekennzeichneten Projekts entwickelt. Alsdann wird von dem in diesem Kontext zentralen Begriff der Wirklichkeit (ἐνέργεια) ausgegangen, der gleichwohl auch Zielpunkt der Untersuchung ist. Mit der Sichtung des begrifflichen Rahmens, in dem sich ‚Wirklichkeit' bei Aristoteles entfaltet, werden deren Konstitutionsbedingungen Schritt für Schritt aufgedeckt (Kap. 9).

Eine Studie zu Humboldt, die im hiesigen Kontext gleichwohl zwangsläufig auch eine zu Aristoteles werden muß, bedarf allerdings einer einschränkenden Bemerkung: Eine differenzierte Untersuchung aller möglichen Problemstellungen und damit verbundenen Anworten der aristotelischen Ontologie kann nicht das Ziel der folgenden Explikationen sein. Dies würde einer unabhängigen, umfassenden Darstellung bedürfen, wovon allein in der monographischen Sekundärliteratur bis in die jüngste Zeit hinein eine Fülle unter den unterschiedlichsten Perspektiven erschienen sind.[1] Der Gegenstand erlaubt und erfordert ganz differierende Be-

---

[1] Vgl. Arpe, C.: *Das τί ἦν εἶναι bei Aristoteles.* Hamburg 1938. – Brandner, R.: *Die Bestimmung des Seins als Wesen. Untersuchung zur Grundlegung wesenslogischer Seinsverständnisse bei Aristoteles.* Freiburg (Diss.) 1988. – Brentano, F.: *Von der mannigfachen Bedeutung des Seienden nach Aristoteles.* Hildesheim (Unveränderter fotomechanischer Nachdruck der 1. Aufl. Freiburg 1862) 1960. – Charpa, U.: *Aristoteles.* Frankfurt am Main 1991. – Happ, H.: *Hyle. Studien zum aristotelischen Materie-Begriff.* Berlin 1971. – Marx, W.: *Einführung in Aristoteles' Theorie vom Seienden.* Freiburg 1972. – Mesch, W.: *Ontologie und Dialektik bei Aristoteles.* Göttingen 1994. – Stallmach, J.: *Dynamis und Energeia. Untersuchungen am Werk des Aristoteles zur Problemgeschichte von Möglichkeit und Wirklichkeit.* Meisenheim a.G. 1959. – Steinfath, H.: *Selbständigkeit und Einfachheit. Zur Substanztheorie des Aristoteles.* Frankfurt am Main 1991. – Viertel, W.: *Der Begriff der Substanz bei Aristoteles.* Königstein, Ts. 1982. – Wundt, M.: *Untersuchungen zur Metaphysik des Aristoteles.* Stuttgart 1953.

handlungsarten dieses thematischen Komplexes, was u.a. die vielen vorliegenden Darstellungs- und Interpretationsversuche sowohl erklärt als
auch rechtfertigt.

Aufschluß in thematischer Hinsicht geben zusätzlich Gesamtdarstellungen zum Werk des Aristoteles, in denen die ontologische Fragestellung
naturgemäß eine wichtige Rolle spielt.[2] Eher weiterführende Ansätze nutzen den aristotelischen Entwurf zur eigenen Theoriebildung[3] oder kontrastieren ihn im geistesgeschichtlichen Kontext.[4] Hervorzuheben sind
zudem Untersuchungen der aristotelischen Ontologie, die sich nicht auf
das engere Textcorpus der *Metaphysik* stützen[5], sowie die Vielzahl von
Aufsätzen und Sammelbänden, die zum Teil ausgezeichnete Analysen und
Problembearbeitungen zum Thema enthalten.[6] Allein die Länge des Katalogs der Literatur zeigt schon, wie vielschichtig der Sachverhalt gesehen
und bearbeitet werden kann – das eine ist hier (zumindest auch) zutref-
fendes Kennzeichen für das andere.

Dies alles kann die vorliegende Besprechung schwerlich aufarbeiten
und systematisch sichern. Im vorliegenden Bezugsrahmen geht es vielmehr um die Darstellung elementarer Grundzüge hinsichtlich der Fragestellung, wie Aristoteles die hauptsächlichen Probleme zu lösen sucht,
das Seiende als Seiendes so zu bestimmen, daß diese Bestimmung auf
möglichst viele Untersuchungsbereiche Anwendung finden kann. Aristoteles ist hier nicht nur aufgrund der Notwendigkeit der multiplen Ein-
satzfähigkeit des Instrumentariums, sondern auch aus systemimmanenten

---

[2]   Vgl. Ackrill, J. L.: *Aristoteles. Eine Einführung in sein Philosophieren*. Berlin, New York
1985. – Allan, D. J.: *Die Philosophie des Aristoteles*. Hamburg 1955. – Barnes, J.: *Aristoteles. Eine Einführung*. Stuttgart 1992. – Düring, I.: *Aristoteles. Darstellung und Interpretation seines Denkens*. Heidelberg 1966. – Höffe, O.: *Aristoteles*. München 1996. – Jaeger, W.:
Aristoteles. Grundlegung einer Geschichte seiner Entwicklung. Berlin (3., unveränderter
Nachdruck) 1967. – Sandvoss, E. R.: *Aristoteles*. Stuttgart 1981. – Zeller, E.: *Die Philosophie der Griechen und Römer. II. Teil, 2. Abteilung: Aristoteles und die alten Peripatetiker*.
(Neudruck Darmstadt [5. Aufl.] 1963) 1878. – Zemb, J. M.: *Aristoteles in Selbstzeugnissen
und Bilddokumenten*. Reinbek bei Hamburg 1967. – Grundlegend für jede wissenschaftliche Aristoteles-Betrachtung und daher besonders hervorzuheben ist die ausführliche Darstellung von H. Flashar: „Aristoteles". In: ders. (Hrsg.): *Grundriß der Geschichte der Philosophie. Begründet von Friedrich Ueberweg. Die Philosophie der Antike. Bd. 3: Ältere
Akademie – Aristoteles – Der Peripatos* ... Basel, Stuttgart 1983. S. 175-457. Zur Ontologie
siehe vor allem S. 376-389.

[3]   Hartmann, N.: *Möglichkeit und Wirklichkeit*. Meisenheim (2. Aufl.) 1949.

[4]   Arnold, U.: *Die Entelechie. Systematik bei Platon und Aristoteles*. Wien 1965. – Hartmann,
N.: *Zur Lehre vom Eidos bei Platon und Aristoteles*. Berlin 1941. – Neumark, D.: *Geschichte der jüdischen Philosophie des Mittelalters*. Berlin 1907.

[5]   Picht, G.: *Aristoteles' „De anima"*. Stuttgart 1987.

[6]   Rapp, C. (Hrsg.): *Metaphysik. Die Substanzbücher (Z, H, Θ)*. Berlin 1996.

Gründen nicht zu einer letztgültigen Klärung gelangt und hat (in gut Humboldtscher Manier) in immer neuen Anläufen durch verschiedene Schriften und thematische Kontexte hindurch die Problematik zunächst differenziert behandelt, sodann vorläufige Ergebnisse festgehalten und diese schließlich auch selbst wieder erneut in Frage stellen können.

Für den Zweck dieser Studie ist es daher sowohl hinreichend als auch ertragreich, die großen Linien dieser Auseinandersetzung zu erkennen, die nicht vorderhand eindeutige Antworten parat, sondern Problemkorridore offen halten und transparent machen wollen. Gleichwohl werden die entscheidenden begrifflichen Parameter in den folgenden drei Kapiteln mit einem für die weitere Untersuchung handhabbaren und abgesicherten Verständnis ausgestattet. Zunächst also zum philologischen Terrain, innerhalb dessen sich die ontologische Fragestellung einer *Ordnung der Wirklichkeit* theoretisch etabliert hat.

7. Aristoteles' Schriften:
Sondierung des philologischen Terrains

7.1 Das System des Aristoteles

Ein System des Aristoteles existiert nicht. Wenn wir heute über eine Vorstellung eines solchen Systems verfügen, ist dies vor allem Ergebnis der übermächtigen, auf Vereinheitlichung dringenden und trotzdem immer umstritten gebliebenen und disparaten Rezeptionsgeschichte, die wohl bei keinem Denker des Abendlandes in solcher Komplexität vorhanden ist. L. Minio-Paluello charakterisiert das Problem folgendermaßen: „Welches ist das ‚System des Aristoteles'?, Aristoteles hat uns niemals sein philosophisches System vorgelegt, und doch verstand er es sehr wohl, zu systematisieren. Man aristotelisiert nicht, indem man das ‚System des Aristoteles' konstruiert"[7]. Sowohl werkstrukturelle, editionsgeschichtliche wie auch inhaltliche Gründe sprechen für eine solche Skepsis gegenüber dem systematischen Einheitspostulat des aristotelischen Oeuvre, wiewohl damit gerade nicht unterstellt ist, diesem würde es pauschal an Problemkontinuität mangeln. Vielmehr ist immer wieder erstaunlich, wie ähnliche Fragestellungen ständig neu aufgegriffen und durch weite Teile des Werkes in veränderten Varianten durchgehalten werden.

Das System des Aristoteles als geschlossene Einheit zu betrachten, ist im wesentlichen eine Folge der Editionsgeschichte[8], aus der hier nur zwei Schlaglichter, die Installation eines Systems und seine fundamentale Infragestellung, berichtet werden sollen. Zunächst zur Veröffentlichung der Schriften im antiken Zeitkontext. Die Angaben über den Umfang des aristotelischen Werkes schwanken je nach Quelle und Überlieferungslage. Legt man das alexandrinische Schriftenverzeichnis zugrunde, so läßt sich rekonstruieren, daß Aristoteles während seiner gesamten Schaffensperiode etwa 550 Bücher (nach antikem Verständnis sind hier Papyrusrollen gemeint) verfaßt hat, was einer ungefähren Anzahl von 445270 Zeilen entspricht.[9] Selbst unter der Maßgabe, daß einige Bücher nicht von ihm selbst

---

[7] Minio-Paluello, L.: „Die aristotelische Tradition in der Geistesgeschichte". In: Moraux, P. (Hrsg.): *Aristoteles in der neueren Forschung.* Darmstadt 1968. S. 314-338, hier: S. 315.

[8] Zur Editionsgeschichte der aristotelischen Schriften vgl. Höffe, *Aristoteles,* a.a.O., S. 22-28, 265-266.

[9] Vgl. Düring, *Aristoteles,* a.a.O., S. 25. – Höffe führt an, daß im Verzeichnis des Diogenes Laertius 146 Titel aufgeführt werden, wobei dort ausgerechnet so bekannte Werke wie die

stammen (können), geht dieses immense Werk noch weit über das Platons hinaus. Die meisten der Schriften sind Vorlesungsmanuskripte, nur einige wenige waren für die Veröffentlichung bestimmt.[10] Erst dreihundert Jahre nach dem Tod des athenischen Philosophen werden in Rom zum erstenmal die Lehrschriften herausgegeben. Der Weg dorthin ist schwierig und abenteuerlich: Aristoteles Bibliothek ging nach dessen Tod an Theophrast, den bedeutendsten unmittelbaren Schüler des Aristoteles und Leiter der Athener Schule, über. Dieser hinterließ die Schriften dem letzten überlebenden Freund des Aristoteles, Neleus, der sie nach Skepsis in Kleinasien brachte, wo sie fast 200 Jahre in einem Keller lagerten[11] und schließlich von Apellikon, einem Bücherliebhaber, der die Sammlung aufkaufte, in einer wenig verläßlichen Edition in Athen veröffentlicht wurden. Damit ist die erste, schmale Überbrückung dieses frühen ‚Editionslochs‘ vollzogen, das der antiken Tradierung aristotelischen Denkens schwer geschadet hat. Wohl durch Sullas Eroberung Athens 86 v. Chr. gelangten die Schriften schließlich „auf verschlungenen Wegen nach Rom"[12], wo das elfte Oberhaupt der athenischen Schule, Andronikos von Rhodos, nun eine auf den Originalmanuskripten basierende Ausgabe der Abhandlungen vornimmt, die Ausgangspunkt einer Aristoteles-Renaissance werden und bis heute die Grundlage des *Corpus Aristotelicum* bilden.[13] Andronikos strukturiert die Werke, die bei weitem nicht alle Schriften des Stagiriten umfassen, so in vier Gruppen, daß der Eindruck eines geschlossenen Systems entsteht, das aber vom Autor Aristoteles weder so vorgenommen noch ausdrücklich ge-

---

Metaphysik oder die *Nikomachische Ethik* fehlen. Umgerechnet kommt dies auf einen Werkumfang von 45 Bänden zu etwa 300 Seiten (vgl. Höffe, *Aristoteles*, a.a.O., S. 22).

[10] Höffe paraphrasiert eine gebräuchliche Differenzierung, wenn er feststellt: „Aristoteles' Schrifttum zerfällt in drei Gattungen. Einige stilistisch ausgefeilte Texte wenden sich an gebildete Laien. Weil sich die Adressaten ‚außerhalb‘ (gr. *exô*) der Schule befinden, heißen sie exoterische oder auch, da sie sich an einen größeren Kreis (*kyklos*) richten, enkyklische Schriften. (...) Neben diesen ‚populären Schriften‘ gibt es ‚professionelle Abhandlungen‘, die Pragmatien, auch esoterische Schriften genannt, das sie sich an Schüler und Kollegen ‚innerhalb‘ (gr. *esô*) der Schule richten. (...) Die dritte Gattung bilden Sammlungen von Forschungsmaterial" (Höffe, *Aristoteles*, a.a.O., S. 23). – Picht weist darauf hin, daß Aristoteles' „neunzehn Schriften, die er für die Veröffentlichung geschrieben und selbst publiziert hat, (...) trotz der großen Wirkung, die über Jahrhunderte hin bezeugt ist, verloren" sind (Picht, *Aristoteles' De anima*, a.a.O., S. 21).

[11] Vgl. Picht, *Aristoteles' De anima*, a.a.O., S. 21.

[12] Höffe, *Aristoteles*, a.a.O., S. 266.

[13] Zu den drei erhaltenen Schiftenverzeichnissen erstens von Diogenes Laertius, zweitens dem in der ‚Vita Hesychii‘ auf die Darstellung des Lebens folgenden Verzeichnis und schließlich drittens dem in der arabischen Übersetzung des Ptolemaios-al-Garib enthaltenen Verzeichnis sowie zur Überlieferungsgeschichte aristotelischer Texte vgl. Flashar, „Aristoteles", a.a.O., S. 190-194.

wollt wurde. Die vier Gruppen sind „(1) die logischen und wissenschaftstheoretischen Schriften, als Propädeutik verstanden"[14]. Sie stehen am Anfang der Edition. Es folgen „(2) die *Ethik* und die *Politik*, die *Rhetorik* und
die *Poetik*"[15]. O. Höffe nennt es bemerkenswert, daß diese zweite Gruppe
vor der nun folgenden steht: „Erst danach folgen (3) die naturphilosophischen (einschließlich der psychologischen) Schriften. Den Abschluß bilden
(4) Texte zur Ersten Philosophie, die, nach (...) der Naturphilosophie, der
Physik, plaziert, ‚Meta-Physik' genannt werden"[16]. Schon eine, diese erste
Systematisierung korrigierende, Umstellung signalisiert, wie Editionsgeschichte Philosophiegeschichte macht und umgekehrt: „Daß Andronikos'
zweite Gruppe später ans Ende gestellt wird und seitdem dort geblieben
ist, spiegelt die unter Philosophen vorherrschende, von Aristoteles aber
nicht geteilte Geringschätzung der praktischen gegenüber der theoretischen Philosophie wider"[17]. In der nun umgestellten Variante bleibt die
Edition erhalten, wahrt trotz dieser Veränderung „Andronikos' System-
idee"[18] und wird „nicht selten (...) Ausgangspunkt eines starren Aristotelismus"[19]. Die Wirkung dieser editorischen Entscheidung, die immanente
Unterstellung einer homogenen inneren Systematik und die davon bestimmte Auslegungsgeschichte, präjudizieren die Interpretationsspielräume und die Auseinandersetzung um sie zum Teil noch bis in dieses Jahrhundert hinein. Aristoteles wird durch die antike und mittelalterliche
Rezeption hindurch zum grundlegenden Denker des geistesgeschichtlichen ‚Systems Abendland' kanonisiert (1255 schreibt die Artistenfakultät
von Paris das Studium aristotelischer Schriften zur Logik, Physik, Metaphysik, Seelenlehre und Ethik verbindlich vor), häufig ohne daß als grundlegend Gedachtes in seinen begrifflichen Erfolgen und theoretischen Aporien und seinen Widersprüchen und Entwicklungen seinen prospektiven
Charakter und damit seine offen daliegende Skepsis gegenüber dem Erreichten bewahren kann. Solche wissenschaftsgeschichtlichen Vorgänge
bleiben kein Vorrecht von Antike und Mittelalter, auch in der Neuzeit haben Editionsprojekte zur weiteren inhaltlichen Stigmatisierung des Aristoteles beigetragen. So geht es u.a. auch auf die große Berliner Ausgabe von
I. Bekker zurück, daß Aristoteles heute als der große Logiker gehandelt
wird, da Bekker die Texte zur Logik und Wissenschaftstheorie den anderen (eben nicht nur editorisch) voranstellte. Greift dies zwar unumwunden

---

[14] Höffe, *Aristoteles*, a.a.O., S. 26.
[15] Ebd.
[16] Höffe, *Aristoteles*, a.a.O., S. 26-27.
[17] Höffe, *Aristoteles*, a.a.O., S. 27.
[18] Ebd.
[19] Ebd.

auf ein Verständnis des Aristoteles zurück, das bis auf die römische Kaiserzeit und den Neuplatoniker Porphyrios zurückzuführen ist und das seinen Niederschlag in der immensen Kommentierungsdichte z.B. zur Logik im Mittelalter findet und damit zumindest Tradition beanspruchen kann, gibt es für diese massive Schwerpunktsetzung jedoch kaum wirklich stichhaltige inhaltliche Argumente.[20]

Wiederum durch editionsphilologische Argumente und Vorhaben, zum Teil schon des 15. und 19. Jahrhunderts, grundsätzlich jedoch erst durch die Studien von W. Jaeger 1912 und 1923, wird der Systemgedanke von dieser Perspektive her fundamental und für die weitere Forschung wirksam erschüttert.[21] Dessen Ansatz soll als zweites Schlaglicht kurz angeführt werden. Jaeger setzt der Systemvermutung der Editionsgeschichte und der Systemkonstitution der Rezeptionsgeschichte eine entwicklungsgeschichtliche Betrachtung entgegen. Aristoteles Werk ist für ihn Ergebnis einer sich über drei Lebensphasen erstreckenden intellektuellen Entwicklung, die mit der Akademiezeit ihren Anfang nimmt und schließlich über sogenannte Wanderjahre bis hin zur Meisterzeit reicht.[22] Grundlegend ist nun die Auffassung, daß in der ersten Phase Aristoteles vorderhand Platoniker war und damit Anhänger idealistischer Metaphysik gewesen sei, die Wanderjahre ihn mehr und mehr von dieser Sichtweise haben abrücken lassen und er schließlich, in der Phase eigener Theoriebildung, sich der phänomenologisch und empirisch orientierten Forschung zugewandt habe, um für immer zum „bezwingenden Organisator der Wirklichkeit und der Wissenschaft"[23] zu werden. Die theoretische, allzu dialektisch anmutende Klammer des Jaegerschen Ansatzes, Aristoteles sei vom Platonismus ausgegangen und habe erst später seinen eigenen Ansatz konsequent verfolgt, wie viele Einzelbeobachtungen zu Text- und Datierungsfragen gelten heute als höchst umstritten bzw. haben sich als revidierungsbedürftig erwiesen. H. Flashar weist darauf hin, daß unter den

---

[20] Vgl. Picht, *Aristoles' De anima*, a.a.O., S. 22. – Eine ausführliche Primärbibliographie aristotelischer Texte findet sich bei Flashar, „Aristoteles", a.a.O., S. 195-228.

[21] Jaeger, W.: *Studien zur Entstehungsgeschichte der Metaphysik des Aristoteles.* Berlin 1912 und ders., *Aristoteles*, a.a.O.

[22] Kurz und knapp hat I. Düring die Lebensperioden des Aristoteles skizziert: „Sehen wir von seiner Jugendzeit vor der Ankunft in Athen ab, dann können wir sein Leben in drei Perioden einteilen: 1) Die Akademiezeit in Athen, zwanzig Jahre; 2) die Zeit der Reisen vom Frühjahr 347 bis etwa zum Frühjahr 334, dreizehn Jahre, in denen er mit Theophrast seine Forschungen in Kleinasien und Makedonien betrieb; 3) die zweite Athenperiode, etwa zwölf Jahre bis zu seinem Tode. Wenn wir die ersten fünf Jahre in der Akademie als Studienzeit rechnen, dann wirkte er etwa 40 Jahre lang als Wissenschaftler und Lehrer" (Düring, *Aristoteles*, a.a.O., S. 25).

[23] Jaeger, *Aristoteles*, a.a.O., S. 434.

Philologen gegenwärtig ein breiter Konsens darüber besteht, „daß die Ergebnisse Jaegers im Gesamtkonzept wie in vielen Einzelheiten als verfehlt anzusehen sind"[24]. I. Düring und A. Brémond stellen wiederum einschränkend als das „ewige Dilemma des Aristoteles"[25] heraus, daß dieser „in gewissen platonischen Denkstrukturen so festgefahren war, daß er sich nicht davon befreien konnte"[26], ein Umstand, der besonders „in seiner Lehre vom *nous* (...) klar zutage"[27] trete. Welches Recht man diesen Grundsatzfragen auch beimißt: Insgesamt bleibt es unbestreitbar Jaegers Verdienst, durch die entwicklungsgeschichtliche Perspektive das Einheitsdenken in bezug auf das aristotelische System fundamental erschüttert und wissenschaftlich obsolet gemacht zu haben.[28]

Mit dieser Einsicht sind jedoch auch neue Schwierigkeiten angezeigt. Inwieweit kann z.B. statt der *System*einheit eine Einheit als *Problemkontinuität* behauptet werden, die auch berücksichtigt, daß Aristoteles so ziemlich jedes Forschungsproblem der damaligen Zeit aufgriff und verarbeitete? Lediglich eine Theorie bzw. Philosophie der Medizin sucht man vergebens[29] (nicht aber eigene Herausgebertätigkeit: Aristoteles kann als „Mitbegründer einer wissenschaftlichen Homerphilologie"[30] gelten). Zunächst zur Frage, ob die heutige Überlieferungslage einen Schluß auf die wissenschaftliche Problematisierungsweite des Stagiriten zuläßt. Dies ist mit an Sicherheit grenzender Wahrscheinlichkeit der Fall, denn legt man dafür das *Corpus Aristotelicum* zugrunde, das ja im wesentlichen mit der von Andronikos veranstalteten Ausgabe nach Art und Umfang identisch ist[31], ergibt

---

[24] Flashar, „Aristoteles", a.a.O., S. 177. – Beispiele für ‚Fehlinterpretationen' in Jaegers Studien finden sich bei Höffe, *Aristoteles*, a.a.O., S. 28.

[25] Düring, *Aristoteles*, a.a.O., S. 29. – Vgl. Brémond, A.: *Le dilemme aristotélicien.* Paris 1933.

[26] Düring, *Aristoteles*, a.a.O., S. 30.

[27] Düring, *Aristoteles*, a.a.O., S. 32.

[28] Zur Aristoteles-Forschung von Jaeger bis in die 60er Jahre des 20. Jahrhunderts vgl. Chroust, A.-H.: „Die ersten dreißig Jahre moderner Aristoteles-Forschung. 1912-1942". In: Moraux, P. (Hrsg.): *Aristoteles in der neueren Forschung.* Darmstadt 1968. S. 95-143. – Dirlmeier, F.: „Aristoteles". In: Moraux, P. (Hrsg.): *Aristoteles in der neueren Forschung*, a.a.O., S. 144-157. – Mansion, A.: „Das Werk des Aristoteles in seiner Entstehung". In: Moraux, P. (Hrsg.): *Aristoteles in der neueren Forschung*, a.a.O., S. 1-66. – Moraux, P.: „Die Entwicklung des Aristoteles". In: ders (Hrsg.): *Aristoteles in der neueren Forschung*, a.a.O., S. 67-94. – Der Überblick zur Aristoteles-Forschung von H. Flashar reicht bis in die 70er Jahre und bietet einen Überblick in groben Zügen mit den wesentlichen Stationen (vgl. Flashar, „Aristoteles", a.a.O., S. 177-185). Flashar bietet auch eine Zusammenstellung von Literatur zur Forschungsgeschichte an, die zusätzlich die wichtigsten Gesamtdarstellungen und Sammelbände enthält (vgl. S. 186-189).

[29] Über mögliche Gründe vgl. Höffe, *Aristoteles*, a.a.O., S. 29-30.

[30] Höffe, *Aristoteles*, a.a.O., S. 29.

[31] Vgl. Höffe, *Aristoteles*, a.a.O., S. 26.

eine Prüfung des Themenspektrums der dort gesammelten Schriften, daß hier durchaus das Denken des Aristoteles repräsentiert ist. I. Düring beruft sich auf F. Dirlmeier[32], wenn er feststellt, daß „Aristoteles in den erhaltenen 106 Schriften seine gesamte interne Lehre schriftlich fixiert hat. Wir haben auch keinen Grund anzunehmen, daß er in den zahlreichen verlorengegangenen Schriften andere Ansichten dargelegt oder sich mit anderen Wissensgebieten beschäftigt hat als in den uns erhaltenen Schriften. Es gibt in diesem Sinne keinen ‚verlorenen‘ Aristoteles"[33]. Als Beispiel führt Düring an, daß, wäre Aristoteles' Schrift ‚Über die Pflanzen‘ bekannt, man zwar genauer wisse, wie jener dieses Thema bearbeitet habe, „die prinzipiellen Gesichtspunkte aber (...) aus den erhaltenen Schriften bereits bekannt"[34] sind, die überlieferten Schriften also in inhaltlicher Hinsicht pars pro toto stehen können. Es ist aus eben solchen thematischen Gründen anzunehmen, daß Düring mit seiner Problemcharakterisierung im Ganzen richtig liegt, wenn auch das Gegenteil nicht mit eindeutiger Sicherheit ausgeschlossen werden kann. Da nun aber Aristoteles' Denken das damalige mögliche Themenspektrum weitgehend umgreift, ja es in einigen Fällen noch erweitert, ist es zunächst angemessen, von einer *extensionalen Problemkontinuität* zu sprechen, die nichts über und an der Welt Denkbares aus der wissenschaftlichen Behandlung ausschließen will: Im Ganzen bietet „Aristoteles' Oeuvre (...) eine wahre Enzyklopädie des Wissens"[35].

Solche Kontinuität strukturiert jedoch auch das Innere des in der laufenden Erarbeitung dargebotenen Wissens, denn das Großartige eben dieses Wissens besteht neben seinem breiten Themenspektrum nun gerade darin, untereinander vermittelt zu sein. Ein Blick auf die Vorgehensweise des Stagiriten macht dessen ‚Einheitsverständnis‘ deutlich. Alle Themen, die Aristoteles behandelt, werden nicht nur als Einzelthemen, sondern auch im Gesamtzusammenhang gesehen, inhaltliche, textliche und philosophiehistorische Bezüge werden immer neu deutlich gemacht, deskriptive und normative Argumentationsebenen ergänzen sich in ein und derselben ‚Abhandlung‘ (eine Textgattung, die Aristoteles entwickelt) und bewahren damit durch die eine Strategie jeweils die andere vor ihrer unvermeidlichen Verkürzungswirkung auf den Sachverhalt. Es ist – dies sei als Parenthese gestattet – nicht verkehrt, hier eine große Nähe zu Humboldts Arbeitsweise zu erkennen. Einerseits ist die Isolierung von Thematiken in spezialisierten Einzelwissenschaften beiden Denkern fremd, der Blick bleibt, wie

---

[32] Vgl. Dirlmeier, F.: *Merkwürdige Zitate in der Eudemischen Ethik des Aristoteles*. Heidelberg 1962.
[33] Düring, *Aristoteles*, a.a.O., S. 33.
[34] Ebd.
[35] Höffe, *Aristoteles*, a.a.O., S. 30.

Picht dies für Aristoteles feststellt, trotz der Ausbildung der Wissenschaftsgebiete „immer universal"[36]. Aristoteles zweifelt andererseits, wie Humboldt, an zwei wichtigen Voraussetzungen einer Einheitswissenschaft, der „Idee einer einzigen Forschungsintention und (...) einer homogenen Gegenständlichkeit"[37]. Dadurch entsteht aber für Aristoteles gerade erst die Möglichkeit, Einzelwissenschaft ohne Systemzwang zu betreiben: Der antike Philosoph öffnet den Prospekt der abendländischen Wissenschaft überhaupt, indem er das einzelne für spezifisch untersuchbar und systematisierbar und gleichzeitig das innere Bezugssystem der Wissenschaft für unabdingbar hält, weil diese Integration eben auch der Welt der Gegenstände entspricht (hier trennen sich die beiden Denker in gewisser Weise wieder): Die Ordnung der Wirklichkeit ist für Aristoteles keine wissenschaftliche Konstruktion, sondern Grundverfassung der Welt schlechthin. An keinem Gegenstand wird diese innere Vermitteltheit der Gegenstände und der wissenschaftlichen Bearbeitung so deutlich wie an der Ontologie, und zwar sowohl was deren interne Struktur angeht als auch die Relevanz der ‚Ersten Philosophie' für die wissenschaftliche Theoriebildung in den ‚Einzeldisziplinen' überhaupt.[38] Sie zieht sich durch diese in den unterschiedlichsten thematischen Schattierungen immer wieder hindurch, weswegen sie als plastisches Beispiel für eine zweite, eine *intensionale Problemkontinuität* des aristotelischen Werkes angeführt werden kann, eine Kontinuität, die sich auch auf andere thematische Dimensionen, wie z.B. die Handlungstheorie, Seelenkunde und Theologie, bezieht bzw. auf diese hingreift, und die die eigentliche Qualität und den inneren Zusammenhang des aristotelischen Werkes ausmachen.

Dafür, daß diese Kontinuität sich nicht in thematischen und intertextuellen Bezügen erschöpft, sondern ein Phänomen der inneren ‚Stimmigkeit' im Hinblick auf die grundständige Verfaßtheit des λόγος und seiner Erkenntnis darstellt, hat Aristoteles ein eigenes Wort: καθόλου, ‚allgemein' in dem Sinne, daß erstens nicht nur das Ganze rein als Summe seiner Teile betrachtet wird (Platon nennt dies πᾶν), daß zweitens auch nicht ausschließlich gezeigt wird, daß eben diese Beobachtung für alle betreffenden Fälle gelten muß, um ‚allgemein' zu sein (κατὰ παντός), daß drittens wiederum nicht allein postuliert wird, daß die Dinge eben nicht nur als Summe ihrer Teile erkannt werden dürfen, sondern als Ganzes in Einheit auf-

---

[36] Picht, *Aristoteles' De anima*, a.a.O., S. 23.

[37] Höffe, *Aristoteles*, a.a.O., S. 30.

[38] Auf die Integrationsfunktion der ontologischen Fragestellung im Hinblick auf die Gesamtkonzeption des aristotelischen Werkes weist auch Düring hin (vgl. Düring, *Aristoteles*, a.a.O., S. 25-33).

gefaßt werden müssen (Platon bezeichnet dies mit dem Begriff ὅλον), und daß viertens eine solche, das Ganze begründende Einheit nicht nur als Element, sondern auch als ἀϱχή, als Ursprung, im Hinblick auf das Wesen (οὐσία) entworfen ist. In der Perspektive, die aus einem πᾶν ein ὅλον macht, „erfaßt Allgemeinheit im Sinne des καθόλου das Einzelne (Umst., U.W.), wie es καθ' αὐτό – an sich – ist"[39]. Ergänzt man nun noch: „Allgemein im Sinne des καθόλου ist nur der Logos, der jedes Individuum einer Klasse bezeichnet ᾗ αὐτό, als das, was es ist. Also zum Beispiel den Menschen *als* Menschen, das Seiende *als* ein Seiendes"[40], läßt sich mit G. Picht der Begriff des καθόλου folgendermaßen charakterisieren:

> „Nur wenn diese drei Formen der Allgemeinheit, das κατὰ παντός, das καθ' αὐτό und das ᾗ αὐτό zur Deckung kommen, ist jene Form der Allgemeinheit gegeben, die Aristoteles durch den Begriff καθόλου bezeichnet. Was in diesem Sinne allgemein ist, nennt Aristoteles οὐσία. Der Logos, der die οὐσία aufweist, ist auf das Seiende als ein Ganzes hin ausgesagt"[41].

Bereits an diesem Beispiel zeigt sich, wie schwierig und gleichermaßen produktiv die Auslegung aristotelischer Terminologie wird, will man den (griechischen) Geist der Begriffe in seinen Schattierungen komplex erfassen und differenziert zur Geltung bringen. Vor allem im Zusammenhang der Begriffe, ohne den sich die einzelnen Termini niemals angemessen erklären (lassen) und eher einfältige Vokabeln bleiben müssen, wird erkennbar, daß das Denken auf den λόγος hin auf jeder Problematisierungsebene auch in sich nur als integrierte, als umfassend ‚allgemeine' Einheit verstanden werden kann. λόγος aber meint nicht nur – wie W. Theiler übersetzt – ‚Begriff', sondern hat als Aussage immer mindestens Subjekt und Prädikat, ist also Aussage *von* dem in der Welt schon immer inhärenten begrifflich Substantiellen[42], κοινότατος λόγος bedeutet dann „die allgemeinste Definition"[43].

---

[39] Picht, *Aristoteles' De anima*, a.a.O., S. 286.

[40] Ebd.

[41] Ebd.

[42] Zum Logos-Begriff bei Aristoteles auch im systematisch-historischen Kontext vgl. Rüfner, V.: *Grundbegriffe griechischer Wissenschaftslehre.* Bamberg 1949. S. 47-66. – Heinze, M.: *Die Lehre vom Logos in der griechischen Philosophie.* Aalen (Neudr. d. Ausg. 1872) 1961. – Wiplinger, F.: *Physis und Logos. Zum Körperphänomen in seiner Bedeutung für den Ursprung der Metaphysik.* Freiburg 1971. – Zum voraristotelischen Logos-Entwurf vor allem Nestle, W.: *Vom Mythos zum Logos. Die Selbstentfaltung des griechischen Denkens von Homer bis auf die Sophistik und Sokrates.* Aalen (Neudr. d. 2. Aufl. Stuttgart 1942) 1966. – Eine gute Charakterisierung des spezifisch-aristotelischen Logos-Begriffes im antiken Kontext als auf den ‚Definitionsbegriff' im Rahmen der Wissenschaftslehre gerichtet bietet auch Bühner, J.-A.: „Logos". In: Ritter, J. und Gründer, K. (Hrsg.): *Historisches Wörterbuch der Philosophie.* Basel, Darmstadt 1971 ff. S. 491-502 (Bd. 5), hier: S. 494-495.

[43] Picht, *Aristoteles' De anima*, a.a.O., S. 219.

Zum Abschluß dieser Ausführungen zum ‚System des Aristoteles' doch noch eine (indirekte) Werkbesichtigung in groben Linien. Will man eine Aristoteles *gemäße* Einteilung seines Werkes erleichtern, ist es angezeigt, dieses nach einer Systematik zu ordnen, die aus dessen eigenen wissenschaftstheoretischen Differenzierungen – z.B. in *Metaphysik* VI (1) oder *Topik* VI (6) – selbst herleitbar ist. Eine solche Unterscheidung würde dann statt der schematischen Einteilung der Disziplinen eher danach suchen, welchen Charakter eine bestimmte Wissensform hat, die der jeweiligen Disziplin zugeordnet werden kann. Aristoteles, vorderhand bemüht, die Physik von der Ontologie zu differenzieren, schreibt im ersten Kapitel des sechsten Buches der *Metaphysik* [1025b], daß „jedes Denkverfahren entweder auf Handeln oder auf Hervorbringen oder auf Betrachtung"[44] gehe (ὥστ' εἰ πᾶσα διάνοια ἢ πρακτικὴ ἢ ποιητικὴ ἢ θεωρητική,...), eine Differenzierung, die laut Höffe „insofern ausgesprochen modern (ist, U.W.), als sie die Frage nach dem Gegenstandsbereich mit der nach dem leitenden Erkenntnisinteresse verknüpft"[45].

Um das aristotelische Wissen(schafts)spektrum einmal im Zusammenhang präsent zu haben, sei es an dieser Stelle in der Variante vorgeführt, die Höffe aufgrund der genannten Textstellen graphisch rekonstruiert hat.[46] Danach teilen sich Wissenschaft und Philosophie in die drei Bereiche theoretischer, praktischer und poietischer Provenienz: Die erste Gruppe der *theoretischen* ‚Wissenschaften', die das Wissen um ihrer selbst willen suchen, ist noch einmal in ‚Erste Philosophie', Mathematik und Naturforschung untergliedert. Während die ‚Erste Philosophie' die Theologie, die Ontologie und auch die Denkprinzipien (in gewisser Weise gehören hierzu Dialektik, Logik und Wissenschaftstheorie) umfaßt, ist die Mathematik einerseits auf reine Formen wie Arithmetik und Geometrie, andererseits auf angewandte Formen wie Astronomie, Harmonielehre, Nautik, Optik und Harmonik gerichtet. Als letzte Untergruppe in den theoretischen Disziplinen ist die Physik, die Naturforschung als Klammer

---

[44] Aristoteles: *Metaphysik. Neubearbeitung der Übersetzung von H. Bonitz. Mit Einleitung und Kommentar herausgegeben von H. Seidl.* Hamburg (3., verbesserte Aufl.) 1989-91. 1. Halbband. S. 251. – Die Zitate aus der *Metaphysik* werden im folgenden aus dieser Ausgabe zitiert, wobei die Nummer des Buches (1-14), wenn nicht ausdrücklich anders festgestellt, in römischen Ziffern ausgedrückt wird. Die Seitenzahl der vorliegenden Ausgabe findet sich jeweils nach der Angabe des entsprechenden Buches der *Metaphysik* in der Anmerkung, die Seitenangaben der von I. Bekker edierten Preussischen Akademieausgabe, nach der üblicherweise international zitiert wird, sind in eckigen Klammern vor dem entsprechenden Zitat im Text vermerkt, wobei die erste Zahl die Seitenangabe selbst, der nachfolgende Buchstabe a oder b die entsprechende Kolumne angibt.

[45] Höffe, *Aristoteles*, a.a.O., S. 31.

[46] Die Differenzierung wird referiert nach Höffe, *Aristoteles*, a.a.O., S. 32-33.

von Naturwissenschaft und Naturphilosophie, zu nennen, die in philosophische Grundlagenforschung, Kosmologie, Meteorologie, Psychologie, Zoologie und Botanik differenzierbar ist. Es ist nochmals darauf hinzuweisen, daß es Aristoteles im ersten Kapitel des sechsten *Metaphysik*-Buches in erster Linie um diese Einordnung der Physik in die betrachtenden Wissenschaften geht. Die zweite, *praktische* Gruppe kennt neben Ethik, Politik und Ökonomie die Rhetorik, die jedoch gleichermaßen auch zu den *poietischen* Wissenschaften gerechnet werden kann. Dieser dritten Gruppe gehören dann außer der Rhetorik noch Dichtung, Medizin, Kunst und weitere Disziplinen bzw. Tätigkeiten an, die also der poietischen Wissens- bzw. Handlungsform gemäß etwas (Faßbares) zustande bringen und auch als solche untersuchbar sind.

Bereits ein genauerer Blick auf die Psychologie zeigt, wie behelfsmäßig jedoch auch diese Schematisierung bleiben muß, denn diese gehört – obwohl primär bei der Naturforschung angesiedelt – sekundär sowohl zur Mathematik als auch zur ‚Ersten Philosophie'. Aristoteles sucht, dies zeigt u.a. auch *Metaphysik* VI (1), lieber in unterschiedlichen Kontexten differenzierte Begründungsmöglichkeiten auf und führt diese durch, anstatt von vorneherein starre Systemdetermination zu betreiben, die bei genauer Prüfung immer wieder in Aporien (ein laut Aristoteles durchaus produktiver Vorgang) enden würde. Besonders die πρώτη φιλοσοφία ist es jedoch, die die Brücke zwischen den Einzelwissenschaften schlagen kann[47] und die aus einem Sammelsurium möglicher Erkenntnisinteressen und Verfahrensweisen ein „wissenschaftlich-philosophisches Oeuvre universalen Charakters"[48] macht, wie Aristoteles es hervorgebracht hat. Humboldts Interesse am athenischen Philosophen wird verständlich:

> „Wer von der Philosophie nicht bloß Geistesgeschichte, sondern eine Weltkunde erwartet, die die Erfahrung mit Begriffsschärfe und die eine methodische Souveränität mit spekulativer Kraft und beides mit intellektueller Offenheit verbindet, findet in Aristoteles ein überragendes Vorbild. Hinzukommt, daß nicht wenige seiner Begriffe über viele Jahrhunderte, oft bis heute ein wichtiges Hilfsmittel der Weltorientierung bilden"[49].

Vor allem von Letzterem wird im folgenden zu reden sein. Davor sind jedoch zwei Textcharakterisierungen vorzunehmen, die bei der Lösung der

---

[47] Vgl. dazu auch Gatzemeier, M.: „Die Wissenschaftskonzeption des Aristoteles und die Entstehung der Einzelwissenschaften". In: Rehberg, K.-S. und Hausmann, F.-R. (Hrsg.): *Klassiker der Wissenschaften*. Aachen 1995. S. 63-78.

[48] Höffe, *Aristoteles*, a.a.O., S. 34.

[49] Höffe, *Aristoteles*, a.a.O., S. 35.

nun offen gewordenen Interpretationsprobleme helfen und die die Möglichkeiten sondieren, die bei der Erschließung der zentralen Begriffe aristotelischer Ontologie bestehen. Das Motiv der Erinnerungsarbeit wird erneut aufzunehmen sein.

7.2 Die Einheit der Metaphysik

Von einer Einheit der aristotelischen Metaphysik zu sprechen ist – nach den Ausführungen zum ‚System des Aristoteles‘ überrascht dies kaum – aus vielerlei Gründen ebenfalls problematisch.[50] Drei besonders folgenreiche müssen an dieser Stelle expliziert werden.

Zunächst zu dem Text-Konvolut, das explizit mit jenem Terminus überschrieben ist, der die Wissenschaftsgeschichte in so nachhaltiger Form geprägt hat: die *Metaphysik*. Bereits die in der Literatur hinlänglich diskutierte Namensfrage deutet auf die Ungeschlossenheit der darin enthaltenen gedanklichen Entwürfe hin. Aristoteles spricht von der philosophischen Grundlagendisziplin, seiner Fundamentalphilosophie, nicht als Metaphysik, sondern als Weisheit (σοφία), wenn er die zuständige intellektuelle Kompetenz meint, als Anschauen (θεωρία), wenn er deren Ausübung charakterisiert, und schließlich als πρώτη φιλοσοφία, wenn er doch einmal der Disziplin wirklich einen Namen geben will. Der Name ‚Metaphysik‘ stammt vom Herausgeber Andronikos und kann einerseits das bezeichnen, was nach der Physik in den aristotelischen Schriften positioniert ist, also eine editorische Plazierung. Er kann sich auch darauf richten, was der wissenschaftlichen Betrachtung nach den Dingen der Physik kommt, weil dies zwar philosophisch fundamentaler, letztlich aber schwe-

---

[50] Aus Sicht der ‚Substanzlehre‘ und speziell des οὐσία-Begriffs plädiert F. Inciarte für ein inhaltliches ‚Einheitspostulat‘ der aristotelischen Metaphysik (vgl. Inciarte, F.: „Die Einheit der Aristotelischen Metaphysik“. In: *Philosophisches Jahrbuch*. 101. Jg. [1994]. S. 1-21), das jedoch ebenfalls innere Differenzen des Konzeptes durchaus zugesteht. Für Inciarte dürfte es „kaum ein Theoriestück bei diesem (Aristoteles, U.W.) geben, das so beharrlich mißverstanden wurde wie seine Substanzlehre“ (S. 1). Es ist „die Fixierung auf das Problem der Onto-Theologie“ (ebd.), die „möglicherweise den Blick auf die tatsächliche Einheit verdunkelt hat (Umst., U.W.), die die Metaphysik des Aristoteles aufweist“ (ebd.). Diese Sicht beruht allerdings auf einer Bewertung des Problems in großen Linien: „Die Aristotelische Metaphysik beginnt (...) als Ontologie und erreicht ihre Vollendung, bei der sie allerdings nicht wie beim Ende eines Prozesses aufhören muß, als Theologie. Sie ist aber von ihrem Anfang (Prinzip) und ihrer Vollendung her durchgehend Lehre von der Substanz (οὐσία) als dem Seienden als einem solchen“ (S. 21).

rer und damit später zu erfassen ist.[51] Entgegen manch leidenschaftlichem Debattenbeitrag ist die Entscheidung für die eine oder andere Variante für die inhaltliche Interpretation letztlich wenig ausschlaggebend. Von Aristoteles, und dies ist wohl bedeutsam, stammt der Terminus ‚Metaphysik‘ jedoch ebensowenig wie der der ‚Ontologie‘, der im *Lexicon Philosophicum* des Goclenius aus dem Jahre 1615 seinen Ursprung hat und dessen Eintritt in die Wissenschaftsgeschichte daher im Aristotelismus der protestantischen Theologie zu suchen ist. In der Antike war es überhaupt nicht immer üblich, Büchern Namen zu geben, oft wurde lediglich ein Stichwort vergeben, um das entsprechende Werk schnell wiedererkennen zu können – und dies noch nicht einmal unbedingt vom Autor. Tat er dies jedoch selbst, wurde seine Benennung des Werkes keineswegs als bindend angesehen.[52]

Aber die Namensproblematik ist nur ein erstes Indiz. Schon von ihrem Bauprinzip her ist die Annahme einer einheitlichen Metaphysik-Konzeption bei Aristoteles abwegig. Das Textcorpus, das wir heute unter dem Titel *Metaphysik* kennen, ist eine Zusammenstellung aus 13 bzw. 14 Einzelbüchern (nicht immer wird das Buch a eigens gezählt), deren Entstehungszeit sich vermutlich über mehrere Jahrzehnte (hier reichen die Angaben von 25 bis zu über 50 Jahren) erstreckt. Weder Zusammenstellung und Reihenfolge stammen vom Autor Aristoteles, ja noch nicht einmal alle Textteile können diesem einwandfrei zugeordnet werden. Bis heute ist die Chronologie der Bücher im einzelnen umstritten. Damit ist fast selbstverständlich auch eine inhaltliche Homogenität annähernd ausgeschlossen bzw. wäre schon aus diesem Gesichtspunkt heraus nachträglich vorgenommene Redaktions- bzw. Redigierungsarbeit.

Ein Blick auf die Themen der einzelnen Bücher bestätigt die These, die auch H. Seidl formuliert, daß nämlich nicht nur „Aristoteles' ‚Metaphysik‘ kein in einem Zuge geschriebenes, geschlossen durchkomponiertes

---

51 Vgl. Höffe, *Aristoteles*, a.a.O., S. 140. – Rapp, C.: „Die Substanzbücher der Metaphysik". In: ders.: *Die Substanzbücher*, a.a.O., S. 4. – Reiner, H.: „Die Entstehung und ursprüngliche Bedeutung des Namens Metaphysik" (1954). In: Hager, F.-P. (Hrsg.): *Metaphysik und Theologie des Aristoteles*. Darmstadt 1969. S. 139-174. Der Artikel erschien zuerst in: *Zeitschrift für philosophische Forschung*. 8. Bd. (1954). S. 210-237. – Ders.: „Die Entstehung der Lehre vom bibliothekarischen Ursprung des Namens Metaphysik. Geschichte einer Wissenschaftslegende". In: *Zeitschrift für philosophische Forschung*. 9. Bd. (1955). S. 77-99. Reiner zeigt hier und in seinen früheren Beiträgen, „daß der Name Metaphysik nicht, wie die heute allgemein angenommene Lehre behauptet, als bibliothekarische Verlegenheitsbezeichnung entstanden ist, sondern daß er von vorn herein sachliche Bedeutung hatte" (S. 77). – Merlan, P.: „Metaphysik: Name und Gegenstand". In: Hager, *Metaphysik und Theologie*, a.a.O., S. 251-265. Siehe dort auch die weiteren Literaturangaben auf S. 251, Anm. 2.

52 Vgl. Reiner, „Die Entstehung des Namens", a.a.O., S. 173.

Werk ist"[53] und vielmehr „über Jahrzehnte hinweg aus Einzelteilen zu-
sammengewachsen sein dürfte"[54], sondern sich die Bücher auch „dem
heutigen Leser (...) fast wie ein Konglomerat solcher Einzelteile"[55] darstellt. Ein Blick auf die Komposition im einzelnen[56]: Das Buch A bzw. I,
das mit Aristoteles' berühmtem anthropologischem Diktum πάντες
ἄνθρωποι τοῦ εἰδέναι ὀρέγονται φύσει („Alle Menschen streben von Natur nach Wissen"[57]) beginnt, stellt sich als Einleitung zu einem größeren
wissenschaftlichen Werk dar, es entwirft eine Konzeption für eine theoretische Wissenschaft von den ersten Prinzipien und Ursachen als schlechthin höchstem Wissen. Wie in Aristoteles' Strategie der ‚Abhandlung'
üblich, wird ein Forschungsbericht über die bisherige ‚Fundamentalphilosophie' gegeben. Auch hier zeigt Aristoteles also seine kritische Herangehensweise: Metaphysik ist in gewisser Hinsicht auch immer Metaphy-
sik-Kritik. Das wirkungsmächtige Vierursachen-Schema wird hier erneut
vorgeführt[58], allerdings bereits mit der Schwerpunktsetzung auf die Stoff-
Form-Problematik, wie das achte Buch sie schließlich weiterführt.[59] Das

---

[53] Seidl, „Einleitung". In: Aristoteles, *Metaphysik*, a.a.O., 1. Halbband, S. XI-LXIX, hier: S.
LX.

[54] Ebd.

[55] Ebd.

[56] Einen Überblick über die Bücher der *Metaphysik* bietet Höffe, *Aristoteles*, a.a.O., S. 142-
144. – Seidl, „Einleitung Metaphysik", a.a.O., S. XI-XXI. – Rapp, „Die Substanzbücher
der Metaphysik", a.a.O., S. 4-7. – Flashar stellt zusätzlich die unterschiedlichen Rekon-
struktionsversuche der Aristoteles-Forschung dar, die differenzierten Schichten des Textkorpus und damit seiner Genese aufzuschlüsseln. W. Jaeger geht danach von drei Schichten
aus, W. Theiler von fünf und I. Düring von zwei (vgl. Flashar, „Aristoteles", a.a.O., S. 257).

[57] Aristoteles, *Metaphysik*, a.a.O., I, S. 2/3.

[58] Zu Beginn des dritten Kapitels des ersten Buches der *Metaphysik* führt Aristoteles aus:
[983a/983b] „Da wir nun offenbar eine Wissenschaft von den anfänglichen Ursachen uns erwerben müssen (denn ein Wissen von jedem zu haben beanspruchen wir dann, wenn wir die
erste Ursache zu kennen glauben), die Ursachen aber in vier verschiedenen Bedeutungen genannt werden, von denen die eine, wie wir behaupten, das Wesen (Wesenheit) und das Sosein
ist (denn das Warum wird zuletzt auf den Begriff der Sache zurückgeführt, Ursache aber und
Prinzip ist das erste Warum), eine andere der Stoff und das Substrat, eine dritte die, woher
der Anfang der Bewegung kommt, eine vierte aber die dieser entgegengesetzte, nämlich das
Weswegen und das Gute (denn dieses ist das Ziel aller Entstehung und Bewegung): so wollen wir, obgleich wir diesen Gegenstand in den Büchern *Über die Natur* hinlänglich erörtert
haben, doch auch diejenigen hinzuziehen, welche vor uns das Seiende erforscht und über die
Wahrheit philosophiert haben" (Aristoteles, *Metaphysik*, a.a.O., I, S. 17).

[59] Vgl. dazu Aristoteles' skeptischen Einwand gegenüber dem eigenen Schema: [1044a]
„Fragt man nun nach der Ursache, so muß man, da Ursache in mehreren Bedeutungen gebraucht wird, alle möglichen Ursachen angeben. Z. B. beim Menschen: welches ist die
stoffliche Ursache? Etwa die Menstruation. Welches die bewegende? Etwa der Same. Welches die formbestimmende? Das Sosein. Welches das Weswegen? Der Zweck. Vielleicht
aber ist dies beides dasselbe" (Aristoteles, *Metaphysik*, a.a.O., VIII, S. 93).

zweite Buch α stellt eine Ergänzung des ersten dar, enthält eine kurze Einführung in das Studium der Philosophie und ist für die kommenden Bücher ohne Bedeutung. In Buch III (B) wird ein weiteres Standvorgehen des Aristoteles offenbar: Er diskutiert Aporien, d.h. anstehende Unwägbarkeiten zum Thema, eine Problemsichtung und Rechenschaftslegung, die zur Forschung und ihrer Legitimierung notwendig dazugehört. Insgesamt 15 solcher Aporien werden diskutiert. Buch IV (Γ) benennt dann erneut den Gegenstand in der Form, es gehe – anders als in den Einzelwissenschaften, die jeweils nur über ein bestimmtes Gebiet des Seienden handelten – um eine Wissenschaft, die das Seiende als Seiendes zum Inhalt habe. Buch V (Δ) stellt das erste heute noch verfügbare Philosophie-Lexikon dar. Insgesamt 30 Begriffe von ‚Prinzip‘, ‚Ursache‘, ‚Natur‘, ‚Wesen‘ und ‚Seiendes‘ über ‚Entgegengesetztes‘, ‚Vermögen‘ und ‚An sich‘ bis hin zu ‚Falsches‘ und ‚Akzidens‘ werden differenziert und trotzdem kurz und knapp dargestellt. Ein anderes als das bisher entwickelte Verständnis von Metaphysik stellt Buch VI (E) vor. Die erste Wissenschaft soll im Gegensatz zu Physik (die das Selbständige, aber Veränderliche zum Gegenstand hat) und Mathematik (die das Unveränderliche, aber unselbständig Existierende betrifft) das Selbständige und gleichzeitig Unveränderliche untersuchen. Hier zielt Metaphysik also bereits auch auf Theologie und focussiert, in der Terminologie der Schulmetaphysik ausgedrückt, die Metaphysica generalis hin zu einer Metaphysica specialis, die demnach nicht dem Seienden als Seiendem schlechthin, sondern einem besonderen Gegenstand gewidmet ist. Hier zeigt sich die thematische Nähe zum Buch XII (Λ), das die eigentliche theologische Abhandlung der *Metaphysik* darstellt. Aristoteles' Verknüpfung einer ‚Ontologie‘ mit ‚Theologie‘ ist aber keinesfalls ein von ihm durchgängig verwandtes Verfahren. Mit Buch VI endet auch die nicht umweglos einheitliche, vielmehr verschiedene Ansätze vorstellende Einleitung in die metaphysische Wissenschaft. Nun erst folgen die eigentlichen Zentralkapitel der *Metaphysik*, die Bücher VII-IX (Z, H, Θ), eine weitgehend selbständige Gruppe, die thematisch auch ohne die anderen Teile bestehen kann und die mit der/den Theorie(n) der οὐσία in Buch VII einsetzt. Buch VIII ergänzt kurz die ausführliche Erörterung von VII zum Thema, vorzüglich im Hinblick auf die Stoff- und Formproblematik. Buch IX bringt einen neuen, zentralen Aspekt und klärt das Verhältnis von Wirklichkeit und Möglichkeit. Vor allem diese drei Bücher müssen gelesen werden, will man das ontologische System der aristotelischen Metaphysik anhand der *Metaphysik* verstehen. Zur ohnehin auffälligen Kompliziertheit und Verständnisschwierigkeit des Textes der *Metaphysik*, die auch in diesen drei zentralen Büchern zum Ausdruck kommt, ist anzumerken, daß diese Texte wie alle Lehrschriften akroamatische Texte, also zum Hören bestimmte Vorlesungstexte, sind. Man mag sich einen Eindruck verschaffen, auf welch hohem Niveau die Auseinandersetzung in Aristoteles' Schule abgelaufen sein wird und welches Können es erforderte, gedanklich überhaupt folgen und mitsprechen zu können. Die Einheit von Forschung und Lehre muß hier zweifelsohne in einem Kreis von Hochinteressierten und Hochqualifizierten gelebt worden sein. Buch X (I) beschäftigt sich mit dem Begriff des Einen bzw. Einheitlichen und XI (K) referiert einzelne Probleme aus vorangegangenen Büchern. Es ist wahrscheinlich nicht einmal von Aristoteles selbst. Buch XII stellt neben den drei Substanzbüchern VII-IX das andere thematische Zentralkapitel der *Metaphysik* dar. Hier wird die Theologie des Aristoteles, die Lehre vom νοῦς, dem unbewegten Beweger, entfaltet.[60] Das Editionskonglomerat *Metaphysik* endet mit zwei Büchern (XIII und XIV bzw. M und N), die mathematische Probleme besprechen und die ebenfalls kaum in einem Zug verfaßt sein dürften.

Der Überblick zeigt, daß allein schon von Textstruktur und -aufbau her von einer überlegten Disposition oder gar einer einheitlichen Metaphysik-Konzeption kaum die Rede sein kann, zumindest dann, wenn man sich auf *den* Text bezieht, der wenigstens dem Namen nach Konzeption und Grundlagen der Ersten Philosophie bestimmen soll. Aber dies ist nur ein erster, gleichwohl offensichtlicher Grund, an der Einheitshypothese auch systematisch und inhaltlich zu zweifeln. Das zweite, inhaltliche Problemfeld ist in dieser Richtung noch aussagekräftiger, obwohl es wiederum schwer vom Sachverhalt des Kompositionsprinzips der Bücher abtrennbar ist. Schon die Aufgabenstellung der ‚Ersten Philosophie' ist nicht eindeutig zu identifizieren. C. Rapp weist darauf hin, daß wenigstens die „Erwartung, die *Metaphysik* könne als die sukzessive Umsetzung eines einheitlichen Forschungsprogramms gelesen werden, (...) enttäuscht"[61] wird:

> „Bei genauerem Hinsehen nämlich zeigt sich, (1.) daß in der *Metaphysik* gleich mehrere, unterschiedliche Aufgabenstellungen formuliert werden, (2.) daß ein Teil dieses Forschungsprogramms nirgendwo in der *Metaphysik* eingelöst wird und (3.), daß diejenigen Abhandlungen, die der Durchführung

---

[60] Zur aristotelischen Theologie vgl. Arnim, H. v.: „Die Entwicklung der aristotelischen Gotteslehre". In: Hager, *Metaphysik und Theologie*, a.a.O., S. 1-74. – Guthrie, W. K. C.: „Die Entwicklung der Theologie des Aristoteles – I". In: Hager, *Metaphysik und Theologie*, a.a.O., S. 75-95. – Ders.: „Die Entwicklung der Theologie des Aristoteles – II". In: Hager, *Metaphysik und Theologie*, a.a.O., S. 96-113. – Zum Begriff des unbewegten Bewegers speziell vgl. Müller, A.: „Beweger, unbewegter". In: Ritter, *Historisches Wörterbuch*, a.a.O., S. 863-864 (Bd. 1).

[61] Rapp, „Die Substanzbücher der Metaphysik", a.a.O., S. 4.

des metaphysischen Programms zuzurechnen sind, durchaus nicht als die direkte Einlösung von Aufgaben aus den vorausgehenden Büchern konzipiert sind"[62].

Also bereits in programmatischer Hinsicht kann bezogen auf die Bücher der *Metaphysik* nur in sehr eingeschränktem Maße von einer konzeptuellen Kohärenz gesprochen werden. Dies trifft auch auf einzelne Themenbereiche zu. Oft nimmt der Text immer wieder „unterschiedliche Anläufe, um ein und derselben Problemstellung zu begegnen. Was in einem Zusammenhang als erledigt gelten konnte, wird in einem anderen Zusammenhang erneut problematisiert und einer modifizierten Lösung zugeführt"[63]. Für den heutigen Leser stellen sich die Bücher der Metaphysik als ein ‚Buch der vielen Anläufe' dar, was für den auf Definitionen ansprechenden Leser die Lektüre erheblich erschwert, für den problemorientierten allerdings immer wieder neue Zugangswege eröffnet. Der Schwierigkeit ein übriges für beide Gruppen tut die unbestreitbare Auffälligkeit des Aristoteles, bei Fremden erkannte auch selbst eingehandelte Aporien nicht als falsch, sondern als produktive Zwischenergebnisse zu behandeln und weiterzuverwerten. Besonders gravierend ist, daß auch Begriffsbestimmungen keinesfalls – wie das Buch V dies suggeriert – eindeutig sind. Allein der engere onotologische Begriffszusammenhang, wie der durch die Termini οὐσία, ὑποκείμενον, εἶδος und ἐνέργεια getragen ist, wird – teils thematisiert, teils unthematisiert – immer neu zum Teil ganz unterschiedlichen Lösungsversuchen zugeführt, die sich durchaus auch widersprechen können. Die bereits angesprochene und letztlich immer noch ungeklärte Frage, inwieweit Metaphysik fundamentale Seinsontologie oder spezielle Geisttheologie ist, bildet damit nur die Spitze eines grundständigen Problemzusammenhangs, der dazu führt, „daß trotz (und auch gerade wegen, U.W.) der überwältigenden Rezeptions- und Deutungsgeschichte des Werks auch zentrale Kapitel und Passagen (wie zum Beispiel auch die Substanzbücher, U.W.) immer noch für verschiedene Deutungen offen sind"[64]. Das heißt nicht, daß Antworten auf die selbstgestellten Fragen des Aristoteles von ihm nicht gegeben werden, es heißt vor allem, daß diese nach Kontext und Argumentationsverlauf höchst unterschiedlich ausfallen können.

Der dritte Aspekt schließlich, der fundamentale Skepsis an einer Einheit der Metaphysik aufkommen lassen muß, überschreitet den engeren Rahmen des bislang skizzierten Textcorpus der 14 Bücher. Nicht nur fehlt

---

[62] Ebd.

[63] Rapp, „Die Substanzbücher der Metaphysik", a.a.O., S. 2.

[64] Rapp, „Die Substanzbücher der Metaphysik", a.a.O., S. 3.

der *Metaphysik* eine homogene innere Statik, das Thema ‚Metaphysik‘ zieht sich, wie wir teilweise schon gesehen haben, durch andere Texte (notwendig) hindurch. Es ist ein Querschnittsthema, von dem gar nicht zu erwarten ist, daß es immer gleich verstanden, problematisiert und gelöst werden wird. Die *Metaphysik*, die *Physik*, die Schrift über die *Kategorien* und auch der ‚psychologische‘ *De anima*-Text stellen jeweils eigene Varianten vor und beziehen sie auf den spezifischen thematischen Kontext.

Signifikantes Beispiel, das hier nur grob skizziert werden kann, ist der Begriff der οὐσία in den Substanzbüchern der *Metaphysik* einerseits und der frühen *Kategorien*-Schrift andererseits. Es macht deutlich, wie fundamental die ‚inneraristotelischen‘ Unterschiede auch in den brisanten Fragestellungen, die den Stagiriten von anderen antiken Denkern, wie z.B. Platon, abheben, sein können[65] und man hier in gewisser Hinsicht fast geneigt ist, sogar grundsätzlich unterschiedliche ontologische Theorieentwürfe in Aristoteles' Denken anzunehmen. Ich folge der ausgezeichneten Darstellung C. Rapps, um das Problem komprimiert deutlich zu machen:

> „Aristoteles spricht in den *Kategorien* von einer ersten und von einer zweiten Substanz (*ousia*). Erste Substanz, sagt Aristoteles, sei dasjenige, was weder von einem Zugrundeliegenden oder Substrat (*hypokeimenon*) ausgesagt wird noch in einem Substrat ist, wie z.B. ein einzelner Mensch oder ein einzelnes Pferd; zweite Substanz sei die Art (*eidos*), worin sich die ersten Substanzen befinden, wie z.B. die Art ‚Mensch‘ oder die Art ‚Pferd‘, und in einem schwächeren Sinn auch die jeweilige Gattung, wie z.B. ‚Lebewesen‘“[66].

Was macht also die besondere Qualität der ersten und zweiten Substanz aus?

> „Erste und zweite Substanz sind vom Bereich des Nicht-Substantialen dadurch unterschieden, daß sie, wie Aristoteles sagt, nicht *in* einem anderen sind, d.h., daß die nichtsubstantialen Bestimmungen, wie z.B. ‚weißhaarig‘, ‚fünf Ellen groß‘ usw. einer Substanz bedürfen, in der sie vorkommen können, etwa eines bestimmten Menschen, der weißhaarig oder fünf Ellen groß ist, daß aber die Substanz für ihr Vorkommen keiner anderen Sache bedarf“[67].

---

[65] Vgl. dazu die Bemerkung G. Pichts: „Die Kategorien, also die reinen Grundformen aller möglichen Aussagen, nehmen bei Aristoteles die Stelle ein, die bei Platon die Mathematik eingenommen hatte. Das ist der fundamentale Unterschied zwischen Aristoteles und Platon. Man darf diesen *Unterschied* aber nicht simplifizierend als einen *Gegensatz* interpretieren; denn Platon selbst hat in seinem Spätwerk für die aristotelische Kategorienlehre die Basis gelegt." (Picht, *Aristoteles' De anima*, a.a.O., S. 23).

[66] Rapp, „Die Substanzbücher der Metaphysik", a.a.O., S. 20.

[67] Ebd.

Aber auch in der Differenz zwischen erster und zweiter Substanz herrscht ein spezifisches Abhängigkeitsverhältnis vor:

> „Innerhalb des Paares von erster und zweiter Substanz rührt die Vorrangstellung der ersten Substanz daher, daß die zweite Substanz von dieser, diese aber nicht von der zweiten Substanz ausgesagt wird, so wie das Artprädikat ‚Mensch' vom einzelnen Menschen, etwa Sokrates ausgesagt wird, aber nicht umgekehrt. Nur die erste Substanz wird also weder von einem anderen ausgesagt noch ist sie in einem anderen. Die zweite Substanz ist zwar ebenfalls nicht *in* einem anderen, aber sie wird von einem anderen ausgesagt, nämlich von der jeweiligen ersten Substanz"[68].

Aristoteles, so resümiert Rapp, „operiert hier also mit zwei verschiedenartigen Formen der Abhängigkeit. Die Sonderstellung der ersten Substanz beruht darauf, daß sie in beiderlei Hinsicht unabhängig ist"[69]. In der *Metaphysik* nun – dies wird noch näher Gegenstand der Untersuchung sein müssen – sieht dies ganz anders aus. Die Unterscheidung zwischen erster und zweiter Substanz fällt weg. Wenn Aristoteles dennoch einmal von ‚erster Substanz' spricht, ist damit eine besondere Qualifizierung im Hinblick auf den εἶδος-Charakter gemeint. Zu ihr, der ersten, gibt es keine zweite Substanz mehr. Mit der Qualifizierung ‚erster' will er lediglich sagen, daß das konkrete Einzelding nun in die Aspekte Materie und Form auseinandergelegt wird und die Qualifizierung ‚erste Substanz' einem dieser beiden Aspekte – natürlich dem εἶδος, das in der Kategorienschrift noch zweite Substanz war (!) – zugeschrieben werden kann. Die Stellung des εἶδος, einem Schlüsselbegriff aristotelischer Ontologie, hat sich also fundamental geändert. Die Gattung, in der *Kategorien*-Schrift noch Teil der zweiten Substanz, ist dagegen nun gänzlich vom Begriff der Substanz ausgeschlossen, weil für Aristoteles jetzt kein ‚Allgemeines' mehr Substanz sein kann.

Wäre nun der εἶδος-Begriff in der *Metaphysik* wenigstens einheitlich verwendet, könnte man von einer Theorieentwicklung sprechen, die lediglich als ein Fortgang des in der frühen Schrift dargestellten Zusammenhangs firmiert. Aber auch das ist nicht der Fall. Der Schwierigkeit jedoch, daß z.B. in der *Physik* eine weitere Variante des Vier-Ursachen-Schemas einer *causa formalis*, einer *causa finalis*, einer *causa efficiens* und einer *causa materialis* vorgestellt wird, die ein wiederum abweichendes Stoff-Form-Verständnis aufweist, wäre man damit noch gar nicht begegnet (vgl. *Physik* II, 3 und auch Aristoteles' Hinweis auf die *Physik* in *Metaphysik* I, 3).

---

[68] Ebd.
[69] Ebd.

Mit dem Phänomen der intertextuellen Modellüberlagerung ist die Einheitshypothese nun auch unter der Perspektive der Ontologie als Querschnittsthema endgültig als grundständig problematisch erkannt. Eben dies kann jedoch auch den Weg für eine Lösung der aus dieser Situation resultierenden Interpretationsprobleme bereiten, Interpretationsprobleme, die man sich fast notwendig einhandelt, gibt man die Einheitshypothese schließlich aus den genannten Gründen unwiderruflich auf. Es ist nämlich ausgerechnet eine ‚Randnotiz‘ zu Humboldts *Kawi-Einleitung*, die indirekt den Weg zu einem besseren Verständnis der aristotelischen Ontologie (dieser Terminus soll ab jetzt das begriffliche Ensemble der πρώτη φιλοσοφία bezeichnen) weist. Die zwischen 1830 und 1835 verfaßte sprachtheoretische Schrift ist in besonderer Weise auch aus dem Grund für eine Analyse des Humboldtschen Sprachdenkens geeignet, weil in ihr als Spätwerk zumindest teilweise viele der bis dato weniger klar geäußerten Gedanken zwar weiterhin schwierig sind, aber dennoch zu größerer Klarheit und analytischer Schärfe gebracht werden. Allein der Vergleich des *Verschiedenheit*-Textes mit dem über die *Verschiedenheiten* von 1827 – 1829 weist dies auf. Viele bislang verstreute und zum Teil unausgereift wirkende Aspekte sprachbezogener Theoriebildung kompilieren hier in einer Schrift, deren Gesamtzusammenhang erst in der Lage ist, die Fülle von Einzelheiten der Analyse sach- und problemgemäß hervortreten zu lassen. Über einen solchen Text aus der späteren Schaffensperiode, in dem viele Gedanken aus früheren Entwürfen zunächst konfrontiert und dann integriert zur Theoriebildung geführt werden, verfügen wir auch bei Aristoteles: es ist der in drei Büchern geliederte ‚psychologische‘ Text *Über die Seele* (περὶ ψυχῆς, lat. *De anima*), der zweifellos einen der großartigsten Texte darstellt, die Aristoteles je geschrieben hat, und der nicht nur exemplarisch für seine Arbeitsweise in der Textgattung ‚Abhandlung‘ steht, sondern in dem der Stagirit auch den weiten Bogen zwischen Ontologie, Physik im allgemeinen und Physiologie und Biologie im besonderen, Anthropologie und letztlich auch Theologie zu spannen vermag: περὶ ψυχῆς enthält aristotelisches Denken in einer Breite und Tiefe wie kaum ein anderes Werk des athenischen Philosophen.[70] Auch aus diesem Grund soll dieser Text, von dem wir gesehen haben, daß ihn schon

---

[70] Dies wird zuweilen auch von anderen späten Schriften behauptet, eine These, die in bezug auf die in diesem Zusammenhang genannten Texte inhaltlich nur teilweise einleuchtet. So zählt Düring zu den Texten, in denen Aristoteles „fast alle seine in früheren Schriften dargestellten Ansichten in den Gesichtskreis einbezieht“, ebenso die Substanzbücher der *Metaphysik*, *De motu animalium* und *De generatione animalium* (Düring, *Aristoteles*, a.a.O., S. 52).

der junge Humboldt aus *Engels philosophischen Vorträgen* kannte, zum Ausgangspunkt der Analyse genommen werden.

7.3 Synthesen der Erinnerung: *Über die Seele*

Jede Datierung der aristotelischen Schriften ist aus den genannten editionsphilologischen Gründen äußerst relativ. I. Düring weist – dessen eingedenk – die drei Lebensperioden, die schon bei W. Jaeger im Mittelpunkt des entwicklungsgeschichtlichen Ansatzes standen, als Folie für die Datierungsfrage aus.[71] Vor allem inhaltliche Aspekte und Querverweise in den Schriften selbst geben Aufschluß über die relative Chronologie der Texte, die hier in Ausschnitten dargestellt sei: In der Akademiezeit in Athen von 367-347 sind offensichtlich die Schriften des Organons entstanden, die *Kategorien*-Schrift, die *Hermeneutik* und Bücher der *Topik*, die *Analytiken*. Weiterhin legt Aristoteles Materialsammlungen an und ist mit klassifikatorischen Vorarbeiten beschäftigt. Die ersten beiden Bücher der *Rhetorik* entstehen und werden einige Zeit später noch einmal überarbeitet und um ein drittes Buch ergänzt. In der Zeit der Reisen bzw. der makedonischen Zeit (347-334) stehen Naturkunde, Zoologie und Botanik im Vordergrund: *Historia animalium* I-VI und VIII, *De partibus animalium* II-IV, die *Meteorologie* I-III entstammen diesem Zeitabschnitt. Hier entsteht auch die erste, zunächst überwiegend biologisch geprägte Fassung von *De anima*. Die Schrift hat demnach eine längere Entwicklungsgeschichte, die – wie man sehen wird – auch das Denken des Aristoteles im Ganzen widerspiegelt. Die Entstehung *Politika* I und VII-VIII fällt ebenfalls in die mittlere Phase, in der jedoch vor allem Aristoteles' empirisches Interesse im Vordergrund steht. In der zweiten Athenperiode (334-322) schließlich entstehen die noch heute als inhaltlich zentral qualifizierten Schriften. Die *Rhetorik* wird überarbeitet, Weiterarbeit an der *Politik*. Die Substanzbücher Z, H und Θ entstehen, ebenso die Bücher Γ und E der Metaphysik. *De generatione animalium* und *De motu animalium* fallen genauso in diese Zeit wie die *Nikomachische Ethik*, für die u.a. die *Eudemische Ethik* verarbeitet wurde.

In dieser späten Zeit entsteht nun auch eine zweite, überarbeitete Fassung von *De anima*, in der die frühere Ansicht der ersten Fassung, es gäbe keine allgemeine Definition der Seele, nun gerade strikt abgelehnt

---

[71] Vgl. Düring, *Aristoteles*, a.a.O., S. 48-52. – Zur Biographie des Aristoteles vgl. auch Flashars detaillierte Darstellung (vgl. Flashar, „Aristoteles", a.a.O., S. 229-235).

wird. Standen in den früheren Ausführungen die physiologischen Erscheinungen des Seelischen im Vordergrund, stellt sich nun eine Sicht ein, die zwar die frühen Ansichten und ihren biologischen Horizont – bis auf die genannte Problematik der Verfaßtheit der Seele – nicht grundsätzlich bezweifelt, die aber die Seelenkunde in den umfassenden Horizont der aristotelischen Theorieentwicklung einbindet. Düring und andere haben bzgl. der letzten Schaffensperiode von der „psychologischen Zeit"[72] gesprochen, eine Qualifizierung, die über die engere disziplinäre Sicht heutiger ‚Psychologie' weit hinaus geht, trotzdem aber oder gerade deswegen weiteres Indiz für die Wichtigkeit der *De-anima*-Schrift ist, die den Kern einer aristotelischen, den Menschen und seine Erkenntnis, die Natur und die ‚Gottesfrage' schlechthin umfassenden, Psychologie darstellt, die nichts von der subjektivistischen Reduktion moderner Provenienz beinhaltet. Aristoteles begründet mit dieser Schrift die „Psychologie als eigene *philosophische* (Herv., U.W.) Disziplin"[73].

Es gibt – neben diesem synthetischen Charakter in disziplinärer Hinsicht – weitere überzeugende inhaltliche Gründe dafür, auch in der Datierungsfrage noch einen Schritt in der Differenzierung der Chronologie weiterzugehen und die Schrift *Über die Seele* zeitlich noch hinter den Substanzbüchern der *Metaphysik* einzuordnen bzw. mindestens zu behaupten, daß der ontologische Zusammenhang hier theoretisch besonders kondensiert zur Geltung kommt. Zunächst ein Überblick über die Struktur der Abhandlung. Der in der zweiten Fassung in drei Büchern gegliederte Text beschäftigt sich in Buch I mit der Erörterung und Bestimmung des Gegenstandes und mit den Schwierigkeiten, die sich bei dessen Behandlung ergeben können. Nun geht Aristoteles wieder seiner bewährten Methode nach, die Lehren der Früheren zu besprechen: Demokrit, Diogenes, Heraklit, Hippon, Kritias, Platon und Xenokrates, auch die Pythagoreer, sind hier im Visier. Aristoteles ist laut Düring in seiner späten Phase umsichtiger und in seiner Kritik weniger leidenschaftlich und apodiktisch geworden, es fehlt weitgehend die „polemische Spitze"[74]. Das erste Kapitel von Buch II enthält dann neben der berühmten und nicht nur im Mittelalter äußerst wirkungsmächtigen Seelendefinition eben auch einen Abriß des ontologischen Gerüsts, der in Stil, theoretischer Anspruchshaltung und thematischer Dichte eher einer Grundsatzerklärung als einer beiläufigen Wiederholung gleichkommt und sich daher keines-

---

[72] Düring, *Aristoteles*, a.a.O., S. 52.

[73] Seidl, H.: „Einleitung". In: Aristoteles: *Über die Seele. Mit Einleitung, Übersetzung (nach W. Theiler) und Kommentar hrsg. von H. Seidl [griechisch-deutsch].* Hamburg 1995. S. IX-LVII, hier: S. IX.

[74] Düring, *Aristoteles*, a.a.O., S. 52.

falls im Charakter einer (ontologischen) Einleitung in die dann eigentlich durchzuführende theoretische Wissenschaft ‚Seelenkunde' erschöpft. Vielmehr ist hier der ontologische Kristallisationspunkt der gesamten Schrift zu identifizieren, an der systematisch die Legitimation der ganzen zweiten, späten Neu-Konstruktion von *De anima* in ihren Grundaussagen hängt. Diese Stelle wird daher in der vorliegenden Studie den Ausgangspunkt dafür bilden, die aristotelische Ontologie in ihren Grundzügen darzustellen, hier mußte Aristoteles kurz und knapp das klar und trotzdem differenziert formulieren, was andernorts erst Gegenstand der Erarbeitung und Problemdurchdringung war.

Zunächst aber zur Definition der Seele: διὸ ἡ ψυχή ἐστιν ἐντελέχεια ἡ πρώτη σώματος φυσικοῦ δυνάμει ζωὴν ἔχοντος. [412a] „Deshalb ist die Seele die erste Vollendung der Seele eines natürlichen Körpers, der in Möglichkeit Leben hat"[75]. Damit begründet Aristoteles in Absetzung von den bisherigen Positionen seinen eigenen Standpunkt nachdrücklich, die Seele ist nicht länger mehr eine irgendwie geartete Eigenschaft des Körpers, sondern sie ist selbst die Substanz, ist das Aktualitätsprinzip des Lebendigen. Das „dem Lebewesen selbst innewohnende Prinzip heißt Seele"[76] und ist gerade deswegen nicht vom Leib getrennt denkbar. Aristoteles, gegen jeden Dualismus von Leib und Seele streitbar gewendet, konstituiert damit ein Verständnis, das die leiblich-seelische Einheit als Prinzip des Lebendigen definiert: Es ist nicht falsch, in diesem theoretischen Umfeld einen Pfeiler des Denkens zu diagnostizieren, das wir heute als ‚ganzheitlich' bezeichnen (und das Humboldt in seinen bildungstheoretischen Schriften so vehement vertrat), wiewohl wir uns heute – wie schon die Analyse des καθόλου gezeigt hat – schwer tun, die systematischen Konzequenzen und den inneren Wirkmechanismus griechischen Denkens mit unseren sprachlichen Möglichkeiten auszudrücken. Aristoteles' Anspruch ist hoch und er erreicht diese Anspruchshöhe – dies ist für den hiesigen Zusammenhang besonders wichtig – nur durch die Kombination von Ontologie, der πρώτη φιλοσοφία, und der Seelenlehre, eine systematische Synthese, wie sie besonders in Aristoteles' Zusammenfassung im achten Kapitel des dritten Buches deutlich wird: Νῦν δὲ περὶ ψυχῆς τὰ λεχθέντα συγκεφαλαιώσαντες, εἴπωμεν πάλιν ὅτι ἡ ψυχὴ τὰ ὄντα πώς ἐστιν· [431b] „Jetzt wollen wir die Ausführungen über die Seele zusammenfassen und wiederholen, daß die Seele in gewisser Weise das Seiende ist"[77]. Die Formulierung des zweiten Satzteiles ist an dieser Stelle so zu

---

[75] Aristoteles, *Über die Seele*, a.a.O., S. 62/63.
[76] Höffe, *Aristoteles*, a.a.O., S. 136.
[77] Aristoteles, *Über die Seele*, a.a.O., S. 184/185.

verstehen, wie G. Picht dies in seiner Übersetzung charakterisiert hat, nämlich daß „die Seele auf irgendeine Weise das Seiende in seiner Gesamtheit *ist* (Umst., U.W.)"[78]. Dies ist u.a. darin fundiert, daß – wie Seidl feststellt – die Seele „in der Erkenntnis mit den Dingen identisch wird (Umst., U.W.), und zwar ihren erkennbaren Formen nach, ohne die Materie"[79]. Aristoteles entwirft hier eine „Erkenntnistheorie von bleibendem Wert"[80], und tut das – in dieser Hinsicht Kant schon lange vor diesem gleichsam überholend – ohne „eine Psychologisierung der Erkenntnis"[81]. Es wird noch deutlicher werden, was diese Charakteristik der Seele als umfassend Seiendes im Hinblick auf das Wirklichkeitsverständnis des Aristoteles und das Sprachverständnis Humboldts bedeutet. Die untrennbare Koppelung von Ontologie und einer theoretischen Wissenschaft, die die Seele zum Gegenstand der Untersuchung hat, ist hier jedoch bereits überdeutlich und untermauert statt unterminiert die Tatsache, daß eines der wichtigen Ergebnisse des Aristoteles in περὶ ψυχῆς ist, „daß die Seele als Lebensursache der Lebewesen nicht mehr wie diese bewegt und materiell ist, sondern selber unbewegt und immateriell. Daher steht diese Disziplin an der Spitze der Naturphilosophie, der Physik, und schließt sie ab"[82]. Ein Abschluß, der die nächsten Anschlüsse immer schon gleich mit initialisiert, nämlich die an Ontologie und Theologie. Naturforschung ist bei Aristoteles nicht in erster Linie empirische Forschung, sondern Grundlagendisziplin[83], und „während die *Physik* die Grundbegriffe und Prinzipien aller Naturdinge untersucht, erörtert die Abhandlung *Über die Seele* die Grundbegriffe und Prinzipien alles Lebendigen"[84].

Noch einmal einen Schritt zurück: Für den hiesigen Zusammenhang ist erneut des editionsphilologischen Befundes zu erinnern, daß das ganze erste Kapitel des zweiten Buches – also die Zentralpassagen mit Seelendefinition und Ontologie – zur zweiten, also späteren Fassung von *De anima* gehört und damit in gewisser Weise theoretisch gleichermaßen kompen-

---

[78] Picht, *Aristoteles' De anima*, a.a.O., S. 33.
[79] Seidl, „Einleitung Über die Seele", a.a.O., S. XVI. – Zu Aristoteles' Erkenntnislehre in *De anima* siehe vor allem S. XXII-XXVIII, wo Seidl die Stufen des Erkenntnisfortschritts bei Aristoteles von der ‚Wahrnehmung', über ‚Erinnerung', ‚Vorstellung', ‚Erfahrung' bzw. ‚Meinung' bis hin zu ‚Wissenschaft' verfolgt. Zur Interpretation der aristotelischen Vernunftlehre durch Themistios, Thomas von Aquin und Hegel vgl. S. XXIX-LIV.
[80] Seidl, „Einleitung Über die Seele", a.a.O., S. XXVII.
[81] Ebd.
[82] Seidl, „Einleitung Über die Seele", a.a.O., S. XVIII.
[83] Vgl. dazu die Beiträge in dem von G. A. Seeck 1975 in Darmstadt herausgegebenen Band *Die Naturphilosophie des Aristoteles*, die „Aristoteles zwischen Naturphilosophie und Naturwissenschaft" (S. IX) bestimmen.
[84] Höffe, *Aristoteles*, a.a.O., S. 134.

dialen und die bisherigen Ausführungen des Aristoteles zu beiden Themenbereichen integrierenden Charakter behaupten kann, ja sogar die komplexen Anläufe, wie sie für die Ontologie in der Metaphysik beobachtet wurden, dahingehend zu kommentieren in der Lage ist, daß hier ein reifer Entwurf vorgestellt wird, der zwar um die ohne Zweifel weiterhin vorhandenen Differenzen weiß, diese aber nicht zerstören muß, um trotzdem zu einem handhabbaren Verständnis zu kommen. Dieser systematische Vorteil der Textpassage soll im weiteren Verlauf der Studie eingehend genutzt werden.

Die gesamte Schrift *Über die Seele* hier im einzelnen darzustellen und zu kommentieren, ist weder zwingend notwendig noch sinnvoll und an anderer Stelle ausführlich nachzulesen.[85] Der Vollständigkeit halber sei hier aber wenigstens grob der weitere Fortgang berichtet. Aristoteles analysiert bzw. organisiert die unterschiedlichen Vermögen (δυνάμεις) der Seele in einer Rangfolge, zunächst das vegetative Vermögen (τὸ θρεπτικόν), das für Ernährung, Wachstum und Fortpflanzung zuständig ist, dann das Wahrnehmungsvermögen (τὸ αἰσθητικόν)[86], das mit Schmerz oder Lust und Begierde verbunden ist, und schließlich ein für Geist und Logos zuständiges Vernunftvermögen (τὸ νοητικόν). Dem Katalog eben solcher Vermögen (vgl. Buch II, Kap. 4) werden dann jeweils die Lebewesen Pflanze (‚Pflanzenseele‘), Tier (‚Tierseele‘) und Mensch (‚humane Seele‘) zugeordnet. Auf der höheren Stufe sind die Vermögen der unteren Stufen immer notwendig inhärent. Das Vernunftvermögen ist noch einmal in erleidenden (νοῦς παθητικός) und aktiven, schaffenden Geist (νοῦς παθητικός[87]) geschieden, nur im aktiven Geist löst sich die Leib-Seele-

---

[85] Vgl. Barnes, J., Schofield, M. und Sorabji, R. (Hrsg.): *Articles on Aristotle. Bd.1: Science.* London 1975. – Cassirer, H.: *Aristoteles' Schrift ‚Von der Seele‘ und ihre Stellung innerhalb der aristotelischen Philosophie.* Tübingen 1932. – Furth, M.: *Substance, form, and psyche: an Aristotelean metaphysics.* Cambridge 1988. – Hamlyn, D.: „Aristotle's Account of Aesthesis in the ‚De anima'". In: *The Classical Quarterly,* 9. (new series)Jg. (1959), S. 6-16. – Inciarte, F.: „Der Begriff der Seele in der Philosophie des Aristoteles". In: Kremer, K. (Hrsg.): *Seele. Ihre Wirklichkeit, ihr Verhältnis zum Leib und zur menschlichen Person.* Leiden, Köln 1984. S. 46-65. – Lloyd, G. E. R. und Owen, G.E.L. (Hrsg.): *Aristotle on Mind and Senses.* Cambridge 1978. – Nussbaum, M. C. und Rorty, A. O. (Hrsg.): *Essays on Aristotle's ‚De anima'.* Oxford 1992. – Picht, *Aristoteles' De anima,* a.a.O. – Seidl, „Einleitung Über die Seele", a.a.O.

[86] Vgl. für die neuere Diskussion des aristotelischen Aisthesis-Konzeptes Volpi, F.: „Zum Problem der Aisthesis bei Aristoteles". In: *Paragrana.* 4. Bd. (1995). H.1. S. 29-46. – Einen guten Überblick über das Wahrnehmungsvermögen in *De anima* bietet Cassirer, *Aristoteles' Schrift,* a.a.O., S. 68-107.

[87] H. Cassirer weist darauf hin, daß der Terminus νοῦς ποιητικός für die tätige Vernunft in dieser Form bei Aristoteles nicht auftaucht, und beruft sich dabei auch auf H. Bonitz' *Index Aristotelicus* 491 b 31 (vgl. Cassirer, *Aristoteles' Schrift,* a.a.O., S. 173).

Einheit schließlich auf, Aristoteles' Anknüpfung an die theologische Fragestellung. Nach dem Tod des Menschen ist das passive Vernunftvermögen wie die Sinneswahrnehmung vergänglich, nur die aktive Vernunft besteht abgetrennt weiter und ist in reiner Wirklichkeit tätig: καὶ οὗτος ὁ νοῦς χωριστὸς καὶ ἀπαθὴς καὶ ἀμιγής, τῇ οὐσίᾳ ὢν ἐνέργεια. [430a] „Und diese Vernunft ist abtrennbar, leidensunfähig und unvermischt und ist ihrem Wesen nach in Wirklichkeit"[88]. Aristoteles faßt die ontologischen Kriterien für die Möglichkeit der Theologie jedoch ausgesprochen eng: χωρισθεὶς δ᾽ ἐστὶ μόνον τοῦθ᾽ ὅπερ ἐστί, καὶ τοῦτο μόνον ἀθάνατον καὶ ἀΐδιον. [430a] „Abgetrennt nur ist sie das, was sie (ihrem Wesen nach) ist, und nur dieses (Prinzip) ist unsterblich und ewig"[89]. Diese theologische ‚Abtrennung' ist jedoch – darauf weist Aristoteles mehr systematisch erläuternd als einschränkend hin – mit dem Verlust der „Erinnerung (an frühere mit der passiven Vernunft vollzogene Erkenntnisse)"[90] verbunden: [430a] „Wir haben (dann) aber keine Erinnerung, weil dieses leidensunfähig ist, die leidensfähige Vernunft hingegen vergänglich ist, und ohne diese jenes nichts (von dem Erinnerbaren) erkennt"[91]. Erinnerung ist demnach für Aristoteles eine höchst leibliche Unternehmung der Seele.

Die insgesamt nur 16 Zeilen, die das fünfte Kapitel des dritten Buches von περὶ ψυχῆς bilden und aus denen hier zitiert wurde, sind wegen ihrer – wie W. Theiler es formuliert – „Dunkelheit und übermäßigen Kürze berüchtigt"[92]. Sie gelten als eine der „meistkommentierten Passagen der gesamten antiken Philosophie"[93]. Folgender Ausblick, dessen differenzierter Gehalt erst nach der ausführlichen Begriffsanalyse durchsichtig wird, kennzeichnet die in 430a intendierte Integration von Ontologie, Anthropologie und Theologie in ihrer vollen Prägnanz: „Der Mensch aber hat durch das Vermögen des νοῦς παθητικός als seine höchste Möglichkeit das Vermögen, die in der Seele als Erster Entelechie noch verborgene Wahrheit dieser Entelechie zu erkennen. Er kann mit jeder Wahrheit, die er erkennt, zugleich das Licht des νοῦς ποιητικός erkennen, in dem sie sichtbar wird. Im Augenblick eines solchen Erkennens ist auch das Denken des Menschen νόησις νοήσεως – das ist die höchste Form des Lebens überhaupt. Sie trägt bei Aristoteles den Namen εὐδαιμονία (Glückselig-

---

[88] Aristoteles, *Über die Seele*, a.a.O., S. 172/173.
[89] Ebd.
[90] Seidl, „Einleitung Über die Seele", a.a.O., S. XVI.
[91] Aristoteles, *Über die Seele*, a.a.O., S. 173.
[92] Theiler, W. zit. nach Höffe, *Aristoteles*, a.a.O., S. 138.
[93] Höffe, *Aristoteles*, a.a.O., S. 138.

keit, U.W.)"[94]. Die Vollendung der Glückseligkeit als das höchste Ziel allen menschlichen Strebens ist also nach Aristoteles immer mit dem erkennenden Denken verknüpft.

7.4 Überleitung

Der Terminus ‚Erinnerung' war im Kontext dieser Studie auch als methodologischer Begriff gefaßt worden. Um die aristotelische Ontologie in einem Verständnis zu lesen, in dem deren konstitutive Bedingungen und deren Begrifflichkeit transparent zum Vorschein kommen, wird ein – dem der Erinnerungsarbeit zugrundeliegenden Strukturmuster analoges – zweistufiges Verfahren angewandt: Die schon erwähnte Charakteristik der Ontologie im ersten Kapitel des zweiten Buches von περὶ ψυχῆς wird als Grundlage und Folie einer Klärung des grundständigen Zusammenhangs der Begriffe fungieren (1). Durch diese Schrift hindurch werden jedoch gleichermaßen die Differenzen wahrgenommen und dargestellt, die das mit *Metaphysik* bezeichnete Textkorpus bereit hält (2). Bevor diese Unternehmung jedoch Erfolg haben kann, ist noch der Bezugsrahmen zu sichern, in dem Aristoteles ontologisches Denken organisiert: eine Sondierung des theoretischen Terrains, die nach aristotelischem Verständnis immer schon auch die Wirklichkeit selbst zum Gegenstand hat.

---

[94] Picht, *Aristoteles' De anima*, a.a.O., S. 395. – Neben den Originaltexten stütze ich mich als Leitfaden der Interpretation vor allem auf Pichts Reflexionen in diesem Band. Es ist nicht übertrieben, diese aus Vorlesungsmanuskripten zusammengestellte Abhandlung als eine Sternstunde nicht nur der aristotelischen Sekundärliteratur, sondern dieser Gattung überhaupt zu bezeichnen. Pichts Ausführungen sind ein Muster an Präzision im Detail und Überblick im Ganzen gleichermaßen, benennen die Gegenstände klar und verständlich und trotzdem auf außerordentlich hohem theoretischen Niveau. E. Rudolph merkt in seiner „Einleitung" dann auch an, daß „Pichts Vorlesung (...) eine Darstellung der gesamten Philosophie des Aristoteles am Leitfaden" (S. XI) darstellt und in der Tat soll der, der Aristoteles verstehen will, genau dieses Buch lesen. Nur als Randnotiz sei angemerkt, daß Picht aufgrund seines immensen Überblicks auch die Stärken und Schwächen der anderen Sekundärliteratur zum Thema gut überblickt und benennen kann. Beispielsweise charakterisiert er das bereits mehrfach erwähnte und häufig (über-) geschätzte Standardwerk Dürings treffend, wenn er einerseits feststellt, daß in dessen Darstellungen man „vorzüglich über den heutigen Stand der philologischen Aristoteles-Forschung informiert" (S. 8) wird, man andererseits aber „(...) vor den philosophischen Vorurteilen warnen muß (Umst., U.W.), von denen Düring sich bei der Interpretation der Philosophie des Aristoteles leiten läßt" (S. 8-9). Statt auf Dürings Konvolut verweist Picht daher lieber auf Zellers *Die Philosophie der Griechen* (vgl. S. 9).

8. Aristoteles' Bezugsrahmen: Sondierung des theoretischen Terrains

Gesucht wird ein ontologisch qualifizierter Begriff von ‚Wirklichkeit'. Dieser ist nur existenzfähig in einem spezifischen Bezugsrahmen, der zunächst weit über seine Bezeichnung im engeren Sinne hinausgreift und der doch am Ende wieder gestattet, das begriffliche Ensemble in eben diesem Begriff der ‚Wirklichkeit' zusammenlaufen zu lassen. Aristoteles nennt diesen Begriff der Wirklichkeit ἐνέργεια, womit schon markiert ist, daß das heutige Verständnis des Terminus mit dem aristotelischen weder intensional noch extensional deckungsgleich sein wird. Ein erstes Vorverständnis des Begriffes und sein Bezugsrahmen, der vor allem im handlungstheoretischen, naturphilosophischen und auch ontologischen Zusammenhang zu suchen ist, stehen nun zur Klärung an: Ansichten von ‚Wirklichkeit'.

8.1 ἐνέργεια: Wirklichkeitsansichten

Der Begriff der Wirklichkeit ist seit jeher einer der meistbearbeiteten Gegenstände der Aristoteles-Forschung gewesen.[95] Dies hängt vor allem mit seinem systematischen Platz im Gesamtgefüge aristotelischer Theoriebildung zusammen. Er ist gleichermaßen Ausgangs- wie häufig auch Zielpunkt der Argumentation, bindet die anderen Begriffe aneinander und gibt für diese die systematische Richtung an. Zunächst eine Gegenüberstellung: Unser deutsches Wort ‚Wirklichkeit' ist im 14. Jahrhundert aus der Not entstanden, den komplexen aristotelischen Terminus der ἐνέργεια möglichst adäquat ins Deutsche zu übersetzen, eine Übersetzungsarbeit, deren Vollzug wie die damit eingehandelten Probleme wir der deutschen

---

[95] Einen kurzen, die wesentlichen Positionen benennenden Überblick bietet E. Berti in: „Der Begriff der Wirklichkeit in der *Metaphysik* des Aristoteles (Θ 6-9 u.a.)". In: Rapp, *Die Substanzbücher*, a.a.O., S. 289-311, hier: S. 289-292. Berti ergänzt seine Literaturskizze um ein ausführliches und aktuelles Verzeichnis, das über die bislang genannten Titel noch weitere 4 Sammelwerkbeiträge, 19 Monographien und 37 Zeitschriftenbeiträge zum Thema enthält, weswegen an dieser Stelle auf die Nennung weiterer Literaturangaben verzichtet wird. Die Angaben finden sich in dem genannten Beitrag auf S. 309-311. Zentrale Titel werden zusätzlich im Literaturverzeichnis dieser Studie aufgeführt.

Mystik verdanken.[96] Über die Herkunft des griechischen Wortes ἐνέργεια gibt es unterschiedliche Auffassungen. Die Mehrzahl der Interpreten geht jedoch davon aus, daß der Begriff von Aristoteles selbst gebildet worden ist, also als explizites Mittel der Theoriebildung fungiert hat. Nur wenige finden Belege dafür, daß er bereits von den Vorsokratikern verwendet wurde.[97] Solche Auffassungen finden ihre Grenzen vor allem darin, daß beispielsweise die Verwendung der ἐνέργεια bei Demokrit wiederum über Aristoteles vermittelt ist, und man daher Zweifel haben muß, ob letzterer hier als authentischer Demokrit-Referent auftritt oder ob nicht vielmehr mit eigenen Worten bereits das gesagt bzw. geordnet wird, was real oder unterstelltermaßen bei ersterem als Position angenommen wird.

Einen ersten Überblick über das Feld der Bedeutungen des ἐνέργεια-Begriffs kann man sich verschaffen, zieht man die wortwörtlichen Übersetzungsmöglichkeiten, die heute zur Verfügung gestellt werden, zu Rate. Hier bietet das *Großwörterbuch Griechisch-Deutsch*, das unter dem Namen ‚Menge-Güthling‘ bekannte Standardwerk[98], zunächst eine Bedeutung an, die schon H. Steinthal 1851 in der ersten Auflage von *Der Ursprung der Sprache* verwendet, nämlich ‚Wirksamkeit‘. Als zweites die (in gewisser Weise trügerische) humboldtsche Variante ‚Tätigkeit‘, dann ‚Betätigung‘, ‚Wirkung‘ und zu guter Letzt ‚Kraft‘ schließen dieses erste mögliche Feld der Wortbedeutung ab, wobei die drei letzteren im Satz des Wörterbuches schon nicht mehr als zentral hervorgehoben werden. Es folgt ein zweites Feld, in dem ‚Verwirklichung‘, vor allem aber ‚Wirklichkeit‘ als Übersetzungsmöglichkeit genannt wird. Im dritten Variationsangebot zur Bedeutungskonstituierung des Begriffs endlich wird ‚Veranstaltung‘, ‚Vorführung‘, zuletzt ‚Experiment‘ genannt. Ergänzend wird hinzugefügt, im grammatischen Sinne könne ἐνέργεια auch das ‚Aktiv(um)‘ bezeichnen. Ich führe das Bedeutungsspektrum an dieser Stelle vor allem deswegen vor, weil damit ein folgenreiches Mißverständnis deutlich wird, das die Rezeption des Begriffes bis auf Humboldt und dessen Interpreten hin erfahren hat. Auch wenn der Wörterbuchcharakter allzu offen dazu einlädt, ist es nur in sehr eingeschränkter Weise möglich bzw. der Begriffsklärung dienlich, sich nun *eine* dieser Bedeutungen her-

---

[96] Vgl. Picht, *Aristoteles' De anima*, a.a.O., S. 38. – In seinem frühen Beitrag zum Thema von 1959 weist G. Picht darauf hin, daß das deutsche Wort ‚Wirklichkeit‘ von Meister Eckhart stamme (vgl. Picht, G.: „Der Begriff der Energeia bei Aristoteles". In: ders.: *Hier und Jetzt*. Stuttgart 1980, S. 289-308, hier: S. 289).

[97] Vgl. Fascher, E.: „Energeia". In: Klauser, T. u.a. (Hrsg.): *Reallexikon für Antike und Christentum*. Stuttgart 1950 ff. S. 4-51 (Bd. 5), hier: S. 6.

[98] Vgl. *Langenscheidts Grosswörterbuch Griechisch Deutsch. Unter Berücksichtigung der Etymologie von Prof. Dr. H. Menge*. Berlin (22. Aufl.) 1973. S. 239.

auszusuchen, sie als besonders qualifiziert anzusehen und die anderen damit indirekt zu exkludieren, die Übersetzungsentscheidung demnach als
Auswahlentscheidung aus einem Katalog zu fällen. Vielmehr bedeutet der
Begriff nicht entweder dies oder jenes, sondern all' das Genannte, konkret
jedoch immer (nur) in gewisser Hinsicht, unter bestimmten Voraussetzungen, mit variablen Schwerpunktsetzungen und spezifischen Kontexten. Jede Übersetzung, die vorderhand auf genau *einen* (deutschen) Begriff setzt, geht schon in dieser Systematik des Übersetzungsvorgangs fehl
und an der griechischen Prägung des Begriffs vorbei, in dem alle anderen
Begriffe in unterschiedlichen Schattierungen immer gleich mit vorhanden
sind. Eine Übersetzung zumal griechischer Termini darf das Begriffsfeld
niemals separieren und dann die Einzelteile isolieren, sondern muß die
Einheit der Begriffsfelder wahren, die verschiedenen Aspekte der semantischen Perspektivierungen untereinander explizieren und gegenseitig
kontextuieren lassen. Ich möchte diese selektive Vorgehensweise der Be-
griffsauswahl, in der sich die gewünschte Übersetzungsmöglichkeit gegen
die anderen normativ durchsetzt und die damit eine Art semantischen
Darwinismus betreibt, die *translatorische Reduktion* des Begriffes nennen,
eine Reduktion, die vielleicht die gröbsten Mißverständnisse in der Über-
setzungs- und damit auch der Rezeptionsgeschichte des ἐνέργεια-Terminus überhaupt verursacht hat. Jede Übersetzungsanstrengung, die so vorgeht, verfehlt das aristotelische Begriffskonzept, das in einem auf den
λόγος gerichteten Konglomerat differenzierter Bedeutungsschichten erst
wirksam wird und das – addiert man alle deutschen Termini des Wörterbuchs untereinander – selbst dann noch nicht umfassend, d.h. καθόλου,
aufgedeckt ist. Griechische Termini sind – in der Regel – auch durch noch
so eindrucksvolle quantitative Addition deutscher Begriffe nicht über-
setzbar bzw. semantisch aufsummierbar. Schon jetzt läßt sich demnach
festhalten, daß jede Übersetzungsvariante neben der Breite des vorgeführten Begriffspektrums, das der Terminus bedeuten kann, auch und vor
allem von der Kontextuierung, die zusätzlich angeboten wird, lebt und ihre Qualität erst in diesem Panorama zu beweisen ist.

Mit dieser ersten Reduktionsvariante ist fast notwendig eine zweite verbunden, die in geistesgeschichtlicher Hinsicht wesentlich bedeutsamer ist
und die sich bis auf den heutigen Tag nicht nur im Alltags-, sondern auch
im Wissenschaftsdiskurs festgesetzt hat. Sie hat den Charakter einer Be-
deutungsverengung, deren Wurzeln vor allem im religionsgeschichtlichen
Kontext liegen. E. Fascher weist auf diesen Kontext der Begriffsentwicklung des ἐνέργεια-Terminus hin, wenn er feststellt: „Es ist kennzeichnend
für das Ende der hellenistischen Zeit, daß die Götter nicht mehr persönlich erscheinen, sondern durch Wunder ihre Kraft erweisen, wobei ihre

Taten (ἀρεταί) bald ἐνέργειαι, bald δυνάμεις heißen"[99]. Der ἐνέργεια-Begriff taucht hier schon in Kombination mit dem der δύναμις auf, also dem Begriff, der bei Aristoteles Ersteren als vom zweiten Entgegengesetztes wesentlich konstituiert, und dies hier eben gar nicht bestimmt als dessen systematisches Gegenteil, sondern sogar in gleicher Bedeutung, als Synonym. Aristoteles' Abgrenzungsversuchen wird später nachgegangen werden, hier ist kontrastiv zu dessen Entwurf vor allem die Bedeutungsähnlichkeit bemerkenswert. Die ganze Konsequenz dieser begriffsgeschichtlichen Anmerkung wird jedoch erst deutlich, folgt man Faschers religionsgeschichtlicher Demaskierung dieses Prozesses (die er als Theologe gleichwohl gerade nicht als solche verstanden wissen will) weiter: „Diese Anschauung von der Kraft der Götter und ihrer Entfaltung korrespondiert der Auffassung, daß die Götter nicht in den Dingen der Natur selbst, sondern in den die Dinge bewirkenden Kräften zu suchen sind"[100]. Die Wahrnehmung des Transzendenten verschiebt sich also von der radikalen pantheistischen Auffassung dahingehend, daß sie zunächst ‚Ursachenforschung' betreibt und schließlich, dies wird die Konsequenz des christlichen Abendlandes sein, das Göttliche in den Wirkungen dieser Kraft, den Taten, auch im Horizont der Heilsgeschichte, konfiguriert. Man sucht eben diese Kraft hinter dem Guten wie dem Bösen und schließt auf das Prinzip des Göttlichen, das personalisiert die letzte Ursache für alles menschliche Handeln bildet. Damit ist eine Tradition begründet, die das ganze ‚Energeia'-Konzept unweigerlich in einen theologischen Korridor zwingt, in dem konkrete Handlungsmaximen mit der Rückbindung an das Letzte, das Göttliche, verbunden werden. Fascher zeigt dann auch mühelos über weite Strecken der antiken Religionsgeschichte die diesem Muster entsprechende Begriffsentwicklung. So wird aus dem ἐνέργεια-Begriff bei den Stoikern bereits der „Energiegedanke"[101], das „körperliche Wirken"[102], schon bei Philon ist nicht mehr zu erwarten, daß das „System der Energien"[103] kosmologisch gedeutet wird, sondern nimmt konkret anthropologischen und psychologischen Charakter an. Im Neuen Testament spricht Paulus im ersten Korintherbrief 12, 6 nach Fascher dann davon, daß „derselbe Gott, der alles in allen wirkt, der Urheber der Zuteilungen von Gnadengaben (χαρισμάτων), von Dienstleistungen (διακονιῶν) und Kraftwirkungen (ἐνεργημάτων) ist (Umst.,

---

[99] Fascher, „Energeia", a.a.O., S. 5.
[100] Fascher, „Energeia", a.a.O., S. 6.
[101] Fascher, „Energeia", a.a.O., S. 13.
[102] Fascher, „Energeia", a.a.O., S. 14.
[103] Ebd.

U.W.)"[104]. Bei Clemens Alexandrinus ist ‚Energeia' insofern u.a. heilsge-
schichtlich zu verstehen, als „die Kirche der Wirksamkeit des Herrn
(ὑπηρετεῖ τῇ τοῦ κυρίου ἐνεργείᾳ) dient (Umst., U.W.)"[105], und Origenes
schreibt, daß „die Wirksamkeit des Widersachers (ἡ ἀντικειμένη ἐνέργεια)
einige zu überreden vermochte, daß Beten nicht nötig sei (Umst.,
U.W.)"[106]. Der ἐνέργεια-Terminus wird in der christlichen Tradition also
durchaus auch im negativ konnotierten Kontext, immer aber im Hinblick
auf Gegenständliches bewirkt von Ungegenständlichem, verwandt. Man
braucht dem Weg durch die Begriffsgeschichte nicht in allen Einzelheiten
nachzugehen. Entscheidend ist, daß hier ein Verständnis etabliert wird,
das zwischen den Aspekten ‚Kraft', konkreter bzw. spezifischer ‚Tätigkeit' und ‚Wirkung' situiert ist und darauf abzielt, einerseits auf Konkretes im Hinblick auf Taten und Wirkungen zu verweisen, andererseits das
Erklärungsdefizit bzgl. der Ursache zu transzendieren bzw. zu dogmati-
sieren sucht. Dieses Verständnis hat sich bis in die Neuzeit erhalten, und
zwar – dies scheint mir die eigentlich zentrale ‚Metamorphose' des Be-
griffsfeldes zu sein – lediglich in säkularisierter Form. Vor allem die ästhetische und naturphilosophische Diskussion des 18. und 19. Jahrhunderts
zeigt – beispielsweise im Konzept des ‚Genies', des Schöpfers *in* der Welt
– die Kontinuität theologischer Motive mit einem in der Folge dieses
Konzeptes deutlich aufgewerteten, ja radikal überschätzten ‚Kraft'-Be-
griff'[107], der in seiner inhärenten Mysteriösität zwar bedeutungsvoll

---

[104] Fascher, „Energeia", a.a.O., S. 22.

[105] Fascher, „Energeia", a.a.O., S. 37.

[106] Fascher, „Energeia", a.a.O., S. 39.

[107] Wie sehr diese Bedeutung(-sverengung) im neuzeitlichen Denken – auch aufgrund des
Aufkommens der Naturwissenschaften – die anderen Bedeutungsschichten zunehmend
überlagert, läßt sich auch an einem Blick in Kluges *Etymologisches Wörterbuch* ablesen.
Hier findet sich beim ‚Energie'-Begriff folgende Erklärung: „Energie *f*. ‚Kraft'. Im 18. Jh.
entlehnt aus gleichbedeutend frz. *énergie*, dieses aus spl. *energ(a* ‚Wirksamkeit', aus gr.
enérgeia (dass.), zu gr. *érgon n.* ‚Werk, Wirken' (s. auch *en-*). Die Fortschritte der Physik
des 19. Jhs. prägen das heutige Wortverständnis" (Kluge, F.: *Etymologisches Wörterbuch
der deutschen Sprache.* Berlin u.a. [22. Aufl.] 1989. S. 178). Verwiesen wird bei diesem
Stichwort u.a. auf den Beitrag von G. Schoppe aus dem Jahre 1914, in dem man ebenfalls
die Rückführung des ‚Energie'-Begriffs auf den ‚Energeia'-Begriff findet (vgl. Schoppe,
G.: „Zur Geschichte der Fremdwörter im Deutschen. [Wortgeschichtliche Zeugnisse]".
In: *Zeitschrift für Deutsche Wortforschung.* 15. Bd. [1914]. H. 3 und 4. S. 174-217, hier: S.
182-183). Es heißt dort: „Energie (Weigand im 18. Jh. entlehnt, mit Beleg aus Wieland,
Schulz und Kluge EWb. verweisen auf Gombert, Beiträge 1908 S. 10; vgl. außerdem Feld-
mann, Zs. f. d. W. VI 315; VIII 67). So bleibt nicht desto weniger die E n e r g i a vnd
Krafft, desz einmal mitgetheilten Tauffs, kräfftig vnd beständig. H. P. Rebenstock 1586 De
Lamiis 18b, genau derselbe Satz bei Joh. F u g l i n u s 1586 De Praestigiis Daemonum 151 b".
– Vgl. auch Feldmann, W.: „Fremdwörter und Verdeutschungen des 18. Jahrhunderts".

klingt, jedoch vor allem das Unerklärbare als greifbar und Aufklärung versprechend unterstellen will, ohne trotzdem auf transzendente Motivik verzichten zu müssen. Der letzte Ursprung bleibt nun in der Welt lebendig und etabliert sich einer ästhetischen Vernunftreligion. Nur übereilt kann man annehmen, daß Humboldt sich ausgerechnet an diesem, in seinen Wurzeln zutiefst theologischen, Begriffserbe orientiert hat. Er hat vielmehr den umfassenden, gleichwohl kontextuierten, Wirklichkeitsbegriff im Auge, der dezidierte Aufklärung über die Wesensbedingungen der Sprache verspricht.

Nun gibt es die Tradierung des aristotelischen Wirklichkeitsverständnisses in seiner ontologischen Qualität natürlich auch, in die (wissenschaftliche) Diskussion der Neuzeit tritt es allerdings als Spezialbegriff ein, als Fachterminus der Disziplin ‚Ontologie‘. Sein universeller Anspruch ist hier kaum noch zu bemerken, allenfalls wird er ostentativ behauptet. Ich möchte diese Problematik, die sich mit der Säkularisierung religionsphilosophischer Begrifflichkeit verbindet, als zweite, als *theologische Reduktion* des ἐνέργεια-Begriffs bezeichnen. Sie hängt mit den Mißverständnissen, die aus der *translatorischen Reduktion* erwachsen, unmittelbar zusammen und zeigt m. E., wie wenig vom Transzendenten emanzipiert die immerhin durch die Aufklärung hindurch gegangene Theoriebildung des deutschen Idealismus in bestimmten Bereichen verfahren ist.

Eine *dritte Reduktion* der Bedeutung des ἐνέργεια-Begriffs, die nach dem selektiven und bedeutungsreduzierenden Charakter der ersten beiden eher den einer Bedeutungsverschiebung hat, ergänzt das bislang gewonnene Bild um einen zusätzlichen Aspekt und macht deutlich, wie es zu den vielen Positionen von *Humboldts Erben* kommen konnte, die in der Wendung des Tegeler Philosophen hauptsächlich konkretistische ‚Sprachenergeia‘ entweder der Sprecher oder gar der Sprache als konkret (er-)faßbarem ‚Wesen‘ zu vermuten glauben. Der bereits in der gezeigten Weise doppelt reduzierte ‚Energeia‘-Terminus wird nun wiederum angereichert, und zwar auf subjektivitätstheoretischem Hintergrund. Auf einmal muß das ‚Subjekt‘ nicht mehr nach aristotelischem Verständnis als das

---

In: *Zeitschrift für Deutsche Wortforschung.* 8. Bd. [1906/07]. S. 49-99, hier: S. 67 – Zur Rückführung des ‚Energie‘-Begriffs auf den aristotelischen ‚Energeia‘-Terminus vgl. auch Jammer, M.: „Energie". In: Ritter, *Historisches Wörterbuch*, a.a.O., S. 491-499 (Bd. 2), hier: S. 494. – Bei Wahrig findet sich dann das gesamte heute gängige Bedeutungsspektrum: „En-er'gie, <auch> E-ner'gie <f.; –, n.> 1 <Phys.; Chem.> *Fähigkeit, Arbeit zu leisten,* chemische, elektrische ~; Erhaltung, Umwandlung von ~ 2 <allg.> *Tatkraft, Kraft, Schwung, Nachdruck;* ~ aufbringen, besitzen, haben; sich mit aller ~ für etwas einsetzen" (Wahrig, G. [Hrsg.]: *Wörterbuch der deutschen Sprache.* München 1977. S. 285).

Zugrundeliegende definiert werden, von dem etwas ausgesagt werden
kann (vom Begriff des ὑποκείμενον wird noch zu sprechen sein), sondern
als identitätsbestimmende und identitätsversessene, durch eigenes Handeln erst Geltung erlangende, Personalität, die sich nicht in erster Linie als
Teil der ‚Wirklichkeit' begreift, sondern als deren souveräner Gestalter behaupten will. Ein solches Verständnis, obwohl es zu so vielen Fehldeutungen der Humboldt-Forschung beigetragen hat, ist sowohl vollkommen ‚ungriechisch' als auch unaristotelisch und verstellt den Blick auf
Aristoteles' Wirklichkeitsverständnis wie auf Humboldts Sprachtheorie.

Warum dies so ist, kann nach diesem kurzen Blick in die Geschichte des
Begriffes deutlich werden, nähert man sich nun dem genuinen Wirklichkeitsverständnis des Aristoteles. Dafür greife ich auf eine Stelle des IX.
Buches der *Metaphysik* zurück. Aristoteles schreibt: τὸ γὰρ ἔργον τέλος,
ἡ δ' ἐνέργεια τὸ ἔργον. διὸ καὶ τοὔνομα ἐνέργεια λέγεται κατὰ τὸ ἔργον,
καὶ συντείνει πρὸς τὴν ἐντελέχειαν. [1050a] „Das Werk ist das Ziel; die
ἐνέργεια aber ist das Werk (weshalb auch das Wort ἐνέργεια im Hinblick
auf das Werk ausgesprochen wird = gebildet ist), und sie spannt sich hin
auf die Entelechie"[108]. Es ist schon auffällig, daß G. Picht in seiner Übersetzung den Terminus ἐνέργεια lieber erst gar nicht ins Deutsche überträgt, sondern das griechische Wort demonstrativ stehen läßt. Einen anderen Weg geht H. Bonitz: „Denn das Werk ist Zweck, die Wirklichkeit
aber ist das Werk. Daher ist auch der Name Wirklichkeit von Werk abgeleitet und zielt hin auf Vollendung"[109]. Schon bei der Übersetzung des
τέλος als Zweck statt Ziel werden Zweifel (auch im Hinblick auf die Differenzen im aristotelischen Vier-Ursachen-Schema) laut, denn τέλος bedeutet eigentlich ‚immanente Struktur' im Sinne von τὸ εἶδος τὸ ἐνόν.[110]
Je nach Übersetzung können die generierten Verständnisse des Textes also erheblich differieren. Ein drittes Angebot zur kommentierten Übersetzung, das schon erheblich zu Mitteln des Kommentars greift – von E.
Berti: „Das *ergon'* [das wie das deutsche Wort *Werk* und das englische
work dieselbe Wurzel *ϝerg* hat] – sagt der Stagirite ‚– ist Ziel [*telos*], die
energeia aber *ergon*, deshalb sagt man die Bezeichnung *energeia* nach *ergon* [d.h. mit derselben Bedeutung], und deshalb geht sie in die Bedeutung
von *entelecheia* über (*sýnteinei pros tên enteleecheian*)'"[111]. Es wäre verfrüht, sich für eine der drei Varianten auch im Hinblick auf die Kontextuierung des ἐνέργεια-Begriffes zu entscheiden. Schon an dem auf den er

---

[108] Picht, *Aristoteles' De anima*, a.a.O., S. 38.
[109] Aristoteles, *Metaphysik*, a.a.O., IX, S. 127.
[110] Vgl. Picht, *Aristoteles' De anima*, a.a.O., S. 302.
[111] Berti, „Der Begriff der Wirklichkeit", a.a.O., S. 294.

sten Blick einfachen Beispiel der Charakterisierung dessen, was τέλος meint, kann man jedoch ablesen, daß selbst mit einer solchen Entscheidung die Problematik noch gar nicht ausreichend zu Ende gedacht wäre: „Die Formel ‚immanente Struktur' geht uns leicht ein, weil wir uns einbilden, die Worte ‚Struktur' und ‚immanent' zu verstehen. Unser Gang (Picht verweist hier auf den Gang seiner Vorlesung, U.W.) durch die Grundbegriffe der Ontologie des Aristoteles hat uns darüber belehrt, daß an der Stelle, wo wir zu verstehen glauben, das Fragen des Aristoteles erst einsetzt. Er zeigt, daß unser Verständnis von Struktur = εἶδος und immanent = ἐνόν davon abhängig ist, welches Vorverständnis wir von dem Seienden selbst haben, über dessen Struktur wir reden"[112].

Zunächst aber zurück zum ἐνέργεια-Begriff. Dieser ist, es wurde darauf hingewiesen, mit an Sicherheit grenzender Wahrscheinlichkeit wie der der ἐντελέχεια (Entelechie) ein Neologismus des Aristoteles. Er ist von ἔργον (Werk) abgeleitet, was bereits stutzig machen müßte, versuchte man die Termini ἔργον und ἐνέργεια als Alternativen, gar als Gegensätze zu denken. Vielmehr ist ἐνέργεια aus ἔργον (Werk) gebildet und trägt implizit noch die Bedeutung von εἶναι (‚sein') in sich, ἐνέργεια heißt demnach wörtlich: ‚Im-Werk-Sein'. Da das Grundwort εἰμί sowohl als *verbum substantivum* im Sinne von ‚dasein, vorhanden sein' auftritt als auch als *verbum copulativum* im Sinne von ‚(etwas) sein' fungieren kann, ist der Hinweis wichtig, daß hier vorderhand die erste Bedeutung gemeint ist. Allerdings darf die Vorsilbe ‚da-' nicht zu einem falschen Schluß verleiten: Das ‚Im-Werk-Sein' ist erst einmal vornehmlich auf den Aspekt zu kaprizieren, eben ‚im Werk' zu ‚sein', erst in zweiter Linie ist das Dasein als konkrete Form der Realität angesprochen. Der Klammersatz des Aristoteles verweist nun explizit darauf, daß nicht nur das ἔργον im Hinblick auf ἐνέργεια zu sehen ist, sondern daß der neu lancierte Begriff der ἐνέργεια gerade und immer und grundständig auf das ἔργον gesehen werden muß. Auch wenn Aristoteles in anderen Schriften dazu neigt, behelfsmäßig eine dualistische Kontrastierung von ἔργον und ἐνέργεια vorzunehmen, so sind diese doch systematisch und etymologisch anders ineinander verwoben als in der Form der kontradiktorischen Alternation.

Das bekannteste, immer wieder angeführte, Beispiel findet sich zu Beginn des 1. Kapitels des ersten Buches der *Nikomachischen Ethik*. Aristoteles schreibt dort:

Πᾶσα τέχνη καὶ πᾶσα μέθοδος, ὁμοίως δὲ πρᾶξίς τε καὶ προαίρεσις, ἀγαθοῦ τινὸς ἐφίεσθαι δοκεῖ· διὸ καλῶς ἀπεφήναντο τἀγαθόν, οὗ πάντ' ἐφίεται. δια-

---

[112] Picht, *Aristoteles' De anima*, a.a.O., S. 302-303.

φορὰ δέ τις φαίνεται τῶν τελῶν· τὰ μὲν γάρ εἰσιν ἐνέργειαι, τὰ δὲ παρ᾽ αὐτὰς ἔργα τινά. ὧν δ᾽ εἰσὶ τέλη τινὰ παρὰ τὰς πράξεις, ἐν τούτοις βελτίω πέφυκε τῶν ἐνεργειῶν τὰ ἔργα.[113]

Erst eine genaue Übersetzung bringt das Problem in voller Schärfe an den Tag. Während E. Rolfes genau dem griechischen Original folgt:

> [1094a] „Jede Kunst und jede Lehre, desgleichen jede Handlung und jeder Entschluß, scheint ein Gut zu erstreben, weshalb man das Gute treffend als dasjenige bezeichnet hat, wonach alles strebt. Doch zeigt sich ein Unterschied der Ziele. Die einen sind Tätigkeiten, die anderen *noch* (Herv., U.W.) gewisse Werke oder Dinge außer ihnen. Wo bestimmte Ziele außer den Handlungen bestehen, da sind die Dinge ihrer Natur nach besser als die Tätigkeiten"[114],

übersetzt J. Stallmach – offensichtlich in Anlehnung an die Übertragung von F. Dirlmeier – den zweiten und dritten Satz folgendermaßen:

> „Es zeigt sich aber ein Unterschied in den Zielen: Denn die einen sind Wirksamkeiten (ἐνέργειαι), die anderen sind bestimmte Werke (ἔργα) neben und außer ihnen"[115].

An die Stelle des (aristotelischen) Verständnisses einer Kommentierung der ἐνέργειαι (mit der Bedeutung ,Tätigkeiten' ist hier eh nur eine von vielen Möglichkeiten aus dem Wortfeld von ἐνέργεια präsent) durch die ἔργα, nach dem es also im Grunde zwei Formen von ἐνέργειαι – einmal mit und einmal ohne ἔργα – gibt, ist die Formulierung einer klaren Alternative von entweder ἐνέργειαι oder ἔργα getreten. Letztere Konstruktion ist aber keinesfalls das, was Aristoteles hier sagen will.

Ich betone dies deswegen, weil auf dem Hintergrund solcher Mißverständnisse die Humboldt-Forschung die ihr doch so zupaß kommende doppelte Sprachbetrachtung generiert hat. Aristoteles' Problem liegt jedoch vorderhand gar nicht auf der Ebene des Gegenstandes, sondern auf der der Entstehungsbedingungen von ,Wirklichkeit' und der diesbezüglichen handlungstheoretischen Voraussetzungen, ein Problemzusammenhang, den Humboldt genau erkannt hat und der ihn zu so apodiktischen Schlußfolgerungen greifen ließ wie im Ausschluß des ,Ergon'-Charakters der Sprache. Erst im handlungstheoretischen Kontext wird deutlich, was Aristoteles eigentlich gemeint hat, wenn er eben unterschiedliche Möglichkeiten konstatiert, ,im-Werk-zu-sein'.

---

[113] Aristoteles: *Ethica Nicomachea. Recognovit brevique adnotatione critica instruxit I. Bywater.* Oxford 1959. S. 1.

[114] Aristoteles, *Nikomachische Ethik. Auf der Grundlage der Übersetzung von E. Rolfes herausgegeben von G. Bien.* Hamburg (4., durchges. Aufl.) 1985. S. 1.

[115] Stallmach, *Dynamis und Energeia,* a.a.O., S. 52.

Bevor ich diese Klärung vornehme, sondiere ich noch einmal die wichtigsten der verschiedenen *Wirklichkeitsansichten*, die bei Aristoteles begegnen können. Dies wird (nur dann) möglich, versucht man (doch einmal) die grundständige Bestimmung des ‚Im-Werk-Seins' konkreter und systematischer zu fassen, denn differente Verständnisse bedürfen zu ihrer Konstituierung immer der Konkretion des Allgemeinen. E. Berti bietet hier eine zwar nicht erschöpfende, aber dennoch nützliche Differenzierung der ἐνέργεια-Ansichten an, indem er die Gesichtspunkte sammelt, „die sich jeweils mit dem Begriff der Wirklichkeit als ‚Bewegung', mit dem Begriff der Wirklichkeit als ‚Sein' und mit dem Begriff der Wirklichkeit als ‚Tätigkeit' befassen"[116]. Ich verwende seine Folie, ohne ihr in den einzelnen Gesichtspunkten in allem folgen zu können bzw. zu wollen. Im Hinblick auf die ‚Entelechie' ist ἐνέργεια erst einmal – dies können wir noch aus der oben vorgeführten Stelle aus der *Metaphysik* ohne weitere Begriffserklärung annehmen – prinzipiell als Bewegungsbegriff gefaßt, denn nicht nur ist das Werk (ἔργον) das Ziel (τέλος), auch die ἐνέργεια spannt sich eben hin auf diese ‚Entelechie' (καὶ συντείνει πρὸς τὴν ἐντελέχειαν). Die Arten der Bewegung müssen noch genauer beschrieben werden, es reicht zunächst zu erkennen, daß in der ἐνέργεια in ihrem ersten semantischen Umfeld keine statischen, sondern prozeßhafte Aspekte zur Geltung kommen. Im zweiten Sinne meint ἐνέργεια gerade etwas Festes, nämlich die Wirklichkeit als ‚Sein' in dem Sinne, daß dieses Sein in der Wirklichkeit aktual deutlich wird. Jede Wirklichkeit ist einerseits immer bestimmte Wirklichkeit, andererseits verweist sie in diesem aktualen Sein als Dasein immer schon darauf, daß bestimmte Bedingungen (im Modus der ‚Möglichkeit') erfüllt sein müssen, um genau dieses Sein und eben kein anderes zu sein. Sucht man über den Begriff der ἐνέργεια nun die Konstitutionsbedingungen dieses Seins als aktuales Sein auf, dann – und nur dann – ist der Begriff der Wirklichkeit als ‚Sein' im aristotelischen Sinne angesprochen. Auch der aristotelische Tätigkeitsbegriff ist schließlich u.a. auf den ἐνέργεια-Begriff zurückzuführen, ein Umstand, der sein gedankliches Umfeld jedoch gerade nicht – wie wir gesehen haben – in der vor allem ab ca. 300 v. Chr. verwendeten, also in nachklassischer Zeit gebildeten, Verbalform ἐνεργέω (‚ich bin tätig, wirksam') findet und schon gar nicht auf die Adjektivform ἐνεργός (‚arbeitend', ‚tätig') und die Substantivform ἐνέργημα (‚Wirkung', ‚Leistung', ‚Tat') rekurriert, zwei Wortvarianten mit gegenständlicher Semantik, die beide aus neutestamentlicher Zeit stammen. Berti zeigt vielmehr anschaulich, daß man vollkommen zu kurz greifen würde, sähe man hier – in oberflächlicher Konkretheit – qua-

---

[116] Berti, „Der Begriff der Wirklichkeit", a.a.O., S. 292.

si einen gegenständlichen ‚Tätigkeitsbegriff' möglicherweise sogar subjektivitätstheoretischer Provenienz im Visier des Stagiriten. Vielmehr zielt Berti bzgl. dieser dritten Begriffsvariante von ἐνέργεια im Hinblick auf ‚Tätigkeit' zu Recht auf den theologischen Zusammenhang *aristotelischer* Provenienz, der im Gegensatz zur *christlichen* Theologie ja gerade Ontologie und nicht Anthropologie bzw. als gegenständlich verstandene Christologie auf deren eigentliche Funktionalität hin zuspitzen will, wenn er von reiner Tätigkeit des Geistes als dessen Sich-selbst-Erkennnen-im-Erkennen spricht. Picht formuliert diesen Wirklichkeitsbegriff folgendermaßen:

> „Die höchste Stufe der ἐνέργεια überhaupt ist nach Aristoteles die νόησις, also jener Vollzug, in dem das höchste Erkenntnisvermögen, der νοῦς, sein Werk in sich selbst trägt und dadurch sein νοῦς-Sein erfüllt. Ihre ἐντελέχεια erreicht die νόησις, wenn sie Vollkommenes erkennt. Ist die νόησις selbst die höchste Form der Wirklichkeit, so ist das reine Erkennen des reinen Erkennens, die νόησις νοήσεως, die Wirklichkeit des Wirklichen schlechthin"[117].

Somit ist der dritte Wirklichkeitsbegriff untrennbar mit dem zweiten und ersten Begriff verbunden, eine Verbindung, die in der aristotelisch-theologischen Perspektive nur ihre eindringlichste Kristallisation findet. Alle drei haben aber auch bereits von sich aus gemeinsam, daß sie sich gerade nicht im Bereich des Gegenständlichen aufhalten oder gar darin erschöpfen. Sie weisen immer schon über diesen hinaus und durchstoßen bereits qua Begriff jeder für sich die Demarkationslinie des theoretisch Unbeaufsichtigten, indem sie sich reflexiv unter den Bedingungen ihrer Konstituierung wahrnehmen: ‚Wirklichkeit' ist ohne ihre eigene Reflexion niemals wirklich und daher auch niemals Ausdruck allein des Unmittelbaren, sondern immer auch der Bedingungen, unter denen das Unmittelbare erstellt wird.

Soweit eine erste Annäherung an den Begriff der ἐνέργεια bei Aristoteles. Auf viele Aspekte wird noch einmal eingegangen werden müssen, wenn der Bezugsrahmen erst genauer geklärt ist. Zunächst ein Blick auf die handlungstheoretischen Perspektiven, in denen ‚Wirklichkeit' des Aristoteles konstituiert ist. Er dient gleichermaßen dazu, auch Humboldts ‚Energeia'-Diktum besser zu verstehen.

---

[117] Picht, *Aristoteles' De anima*, a.a.O., S. 43-44.

8.2 ποίησις und πρᾶξις:
Handlungsvarianten

Um den handlungstheoretischen Aspekt der Wirklichkeitskonstitution kennenzulernen, muß lediglich Aristoteles' Argumentation im IX. Buch der *Metaphysik* weiter nachgegangen werden. Es wird ein weiteres Mal zunächst der griechische und dann der deutsche Text wiedergegeben, um die Verschränkung der Begrifflichkeit richtig dechiffrieren zu können:

ἐπεὶ δ᾽ ἐστὶ τῶν μὲν ἔσχατον ἡ χρῆσις, οἷον ὄψεως ἡ ὅρασις, καὶ οὐδὲν γίγνεται παρὰ ταύτην ἕτερον ἀπὸ τῆς ὄψεως ἔργον, ἀπ᾽ ἐνίων δὲ γίγνεταί τι, οἷον ἀπὸ τῆς οἰκοδομικῆς οἰκία παρὰ τὴν οἰκοδόμησιν, ὅμως οὐδὲν ἧττον ἔνθα μὲν τέλος ἔνθα δὲ μᾶλλον τέλος τῆς δυνάμεώς ἐστιν. ἡ γὰρ οἰκοδόμησις ἐν τῷ οἰκοδομουμένῳ, καὶ ἅμα γίγνεται καὶ ἔστι τῇ οἰκίᾳ. ὅσων μὲν οὖν ἕτερόν τί ἐστι παρὰ τὴν χρῆσιν τὸ γιγνόμενον, τούτων μὲν ἡ ἐνέργεια ἐν τῷ ποιουμένῳ ἐστίν, οἷον ἥ τε οἰκοδόμησις ἐν τῷ οἰκοδομουμένῳ καὶ ἡ ὕφανσις ἐν τῷ ὑφαινομένῳ, ὁμοίως δὲ καὶ ἐπὶ τῶν ἄλλων, καὶ ὅλως ἡ κίνησις ἐν τῷ κινουμένῳ· ὅσων δὲ μή ἐστιν ἄλλο τι ἔργον παρὰ τὴν ἐνέργειαν, ἐν αὐτοῖς ὑπάρχει ἡ ἐνέργεια, οἷον ἡ ὅρασις ἐν τῷ δρῶντι καὶ ἡ θεωρία ἐν τῷ θεωροῦντι καὶ ἡ ζωὴ ἐν τῇ ψυχῇ, διὸ καὶ ἡ εὐδαιμονία· ζωὴ γὰρ ποιά τις ἐστίν.

H. Bonitz schlägt für diese Passage die folgende Übersetzung vor:

[1050a/1050b] „Indem nun in einigen Fällen das Letzte der Gebrauch ist, wie z. B. beim Gesichtssinn das Sehen, und außer diesem kein von dem Sehen unterschiedenes Werk entsteht, in anderen aber eines entsteht, z. B. durch die Baukunst außer dem Bauen selbst das Haus: so ist um nichts weniger die wirkliche Tätigkeit in dem einen Falle Zweck, in dem anderen Falle mehr Zweck als das Vermögen (die Möglichkeit). Denn das Bauen ist in dem, was gebaut wird, und wird und ist zugleich mit dem Gebäude. Bei demjenigen nun also, bei welchem das Entstehende etwas anderes neben und außer dem Gebrauch ist, bei diesem ist die wirkliche Tätigkeit in dem, was hervorgebracht wird, z. B. das Bauen in dem, was gebaut wird, das Weben in dem, was gewebt wird, und ebenso bei dem übrigen, überhaupt die Bewegung in dem, was bewegt wird; bei dem aber, bei welchem es nicht neben der wirklichen Tätigkeit ein Werk gibt, ist die wirkliche Tätigkeit in ihm selbst, z. B. das Sehen in dem Sehenden, das Denken in dem Denkenden, das Leben in der Seele, und darum auch die Glückseligkeit, da diese ein Leben von einer bestimmten Beschaffenheit ist"[118].

Die Konsequenz, die sich in ontologischer Hinsicht aus der Analyse der verschiedenen Handlungsvariationen ergibt, ist für Aristoteles klar:

---

[118] Aristoteles, *Metaphysik*, a.a.O., IX, S. 126/127.

ὥστε φανερὸν ὅτι ἡ οὐσία καὶ τὸ εἶδος ἐνέργειά ἐστιν.

[1050b] „Hieraus erhellt also, daß das Wesen und die Form wirkliche Tätigkeit ist"[119].

Auf diese wichtige Schlußfolgerung wird später noch einzugehen sein, zunächst zur handlungstheoretischen Grundaussage der Textpassage. Aristoteles differenziert hier erstens eine Form des Handelns, bei der nach Vollzug der Handlung ein fertiges und selbständiges Werk entstanden ist, beispielsweise das Haus, das erbaut wurde, oder der Tisch, den der Tischler als Resultat seines handwerklichen Tuns erhält. Im Werk selbst liegt nun die ἐνέργεια, die Wirklichkeit des Werkes, und zwar als ergebnisformulierende, ergebniskonstituierende und ergebniskonstatierende ontologische Qualifizierung des spezifischen ἔργον.[120] Aristoteles nennt diese Form des Handelns, in der ein Ergebnis außerhalb der Handlung selbst entsteht und dann abgetrennt identifizierbar ist, ποίησις. Es gibt jedoch zweitens auch eine Form des Handelns, in der kein solches Werk außerhalb der Handlung existiert, nichtsdestoweniger aber Zielverfolgung und Ergebniserreichung geschieht. Hier liegt die ἐνέργεια, die Wirklichkeit, im Vollzug der Handlung selbst, sie ist als Entwicklungsbegriff dem Akt des Handelns inhärent. Das Sehen und das Denken werden für diesen Typ als Beispiele angeführt. Eine solche Form des Handeln, in der ἐνέργεια die Tätigkeit des Prozesses beschreibt und in der Ziel- und Ergebnisqualität in eins fallen, nennt Aristoteles πρᾶξις. Nur darf man sich – und dies ist häufig geschehen – nicht täuschen, für beide Handlungsformen gilt: τὸ γὰρ ἔργον τέλος, das Werk ist das Ziel. Es geht bei beiden Formen des Handelns um ein Werk im Sinne von ἔργον (demnach auch nicht um eine Gegenüberstellung von ἔργον und ἐνέργεια), beide Male konstituiert sich ebenso ἐνέργεια im Sinne von Wirklichkeit. Anders ausgedrückt: Das ἔργον ist (immer) in der ἐνέργεια, einmal jedoch wie ποίησις und ein anderes Mal eben wie πρᾶξις, einmal verwirklicht es sich im *poietischen*, einmal im *praktischen* Bezugsrahmen. Beide Grundformen des Handelns sind zielorientiert, denn ‚das Werk ist das Ziel', in beiden bezieht sich „ein Handeln auf sein Werk und damit zugleich auf sein Ziel"[121].

Zunächst wie eine Nebensächlichkeit wirkt, daß Aristoteles hier das Denken (θεωρία) als Beispiel für die Handlungsform πρᾶξις verwendet, und das, obwohl doch eine Menge anderer, greifbarer Beispiele gegenständlicher Natur durchaus zur Verfügung ständen. Man ist schnell ge-

---

[119] Ebd.
[120] Vgl. zu dieser Problemdeutung auch Picht, *Aristoteles' De anima*, a.a.O., S. 39.
[121] Picht, *Aristoteles' De anima*, a.a.O., S. 38.

neigt, dies als eine thematische Beliebigkeit wahrzunehmen und die Auswahl dieses Beispiels seiner vermeintlichen Anschaulichkeit bzw. unmittelbaren Zugänglichkeit zuzuschreiben. Dies ist eine sehr vordergründige Betrachtungsweise. Vielmehr gilt es noch einmal, den aristotelischen
Gottesbegriff zu erinnern, innerhalb dessen der ἐνέργεια-Terminus situiert
ist. Das ‚Göttliche' besteht – wie ich gezeigt habe – im reinen Denken des
reinen Denkens, in der νόησις νοήσεως ist höchste ἐνέργεια. Der Mensch
partizipiert an diesem Akt der Vollendung und erlangt so höchste εὐδαιμονία. Aristoteles betont nun in verschiedenen Zusammenhängen den Primat der Handlungsform πρᾶξις. In *Metaphysik* XI, Kap. 9, schreibt er:
[1066a] „Denn entweder ist dieses das Erbauen, die Wirklichkeit, oder das
erbaute Haus. Aber sobald das Haus ist, ist das Erbaubare nicht mehr; erbaut aber wird das Erbaubare. Also muß das Erbauen die Wirklichkeit
sein, das Erbauen aber ist eine Bewegung"[122]. Daß Aristoteles in dieser
Form der πρᾶξις den Vorrang vor der ποίησις einräumt, ist jedoch nur
richtig zu verstehen, wenn man die θεωρία (Anschauen, Betrachtung) nicht
– wie heute üblich – gegenständlich, sondern als Vollzug der dem Menschen am meisten zukommenden Tätigkeit, nämlich des Denkens überhaupt, versteht. Es gibt keine vollkommenere Form der πρᾶξις als die θεωρία, und zwar deswegen, weil für die Griechen und auch für Aristoteles
„Theorie nicht das abstrakte *Resultat* (Herv., U.W.) der Forschung"[123] bedeutet: „Theorie war nicht das, was in den Büchern steht, sondern Theorie
war die Handlung des Erkennens als solche"[124]. Das eigentliche Handeln
ist so vor allem die Wirklichkeit des Denkens, ἡ θεωρία ἐν τῷ θεωροῦντι als
ἐνέργεια.[125] Damit ist die Handlungsform ποίησις keinesfalls diskreditiert,
„ποίησις und πρᾶξις sind die beiden Grundformen der Wirklichkeit im
Bereich des organischen Lebens überhaupt (Umst., U.W.)"[126], es bedeutet

---

[122] Aristoteles, *Metaphysik*, a.a.O., XI, S. 214/215.

[123] Picht, *Aristoteles' De anima*, a.a.O., S. 39.

[124] Ebd.

[125] H. Flashar weist darauf hin, daß Aristoteles in der *Nikomachischen Ethik* eine Handlungstheorie entwickelt, die „die Verwirklichung des menschlichen Lebensvollzugs im
Streben nach Eudämonie (...) als ‚Handlung' (πρᾶξις) bezeichnet" (Flashar, H.: „Die
Handlungstheorie des Aristoteles". In: ders.: *Eidola. Ausgewählte Kleine Schriften. Herausgegeben, mit einem Vorwort und einer Bibliographie versehen von M. Kraus.* Amsterdam 1989. S. 171-174, hier: S. 173). Flashar kontrastiert dort ebenfalls den aristotelischen
Handlungsbegriff der *Ethik* mit dem der *Poetik*: „So sind die Grundlinien der Handlungstheorie des Aristoteles in der Poetik die gleichen wie in der Ethik. Doch ist der prinzipielle Unterschied der, daß die Ethik eine Lehre vom vernünftigen, zum Gelingen im
Lebensvollzug führenden Handeln ist, während der Handlungsverlauf der Tragödie – jedenfalls nach dem Modell des Aristoteles – von Glück in Unglück führt" (ebd.).

[126] Picht, *Aristoteles' De anima*, a.a.O., S. 40.

lediglich, daß in ontologisch-theologischer Perspektive die πρᾶξις unter bestimmten Voraussetzungen das ist, was dem Menschen als einem von der ψυχή bestimmten Lebewesen in besonderer Weise zukommt.

Es bietet sich an dieser Stelle an, bereits einen provisorischen Blick auf Humboldts ‚Energeia'-Diktum zu werfen, weil nun einige bereits häufiger angeführte Aspekte grundsätzlich in einem neuen Licht erscheinen können. Schon konstatiert wurde, daß ‚Ergon' und ‚Energeia' keine alternativen Bestimmungen der Sprache darstellen können, eine These, die sich nach der Besichtigung der entsprechenden aristotelischen Termini bestätigt hat. Humboldts Insistieren auf der Tatsache, daß sie „kein Werk (Ergon), sondern eine Thätigkeit (Energeia)" (VII 46) sei, wird verständlich: Jede Vergegenständlichung des Sprachbegriffs würde diesem so fundamental widersprechen, daß damit nicht nur eine ganz andere ontologische Klassifikation verbunden wäre, sondern ein Sprachbegriff generiert würde, der in Humboldts Verständnis sich selbst ad absurdum führen müßte. Daß dies so ist und laut Humboldt auch so sein muß, dies nun untermauert der Klammer-Kommentar der ‚Energeia', der den Begriff Tätigkeit in dessen umfassendem Sinne, also unter den Bedingungen der Wirklichkeitskonstitution, erfassen und bestimmen will. Eine subjektivitätstheoretische Reduktion der Sprachbestimmung ist von Humboldt ebenfalls nicht vorgesehen, ja sie soll sogar verhindert werden, denn ‚Energeia' stellt als Kommentar den Bezugsrahmen zur Verfügung, in dem man ‚Thätigkeit' verstehen muß, bzw. spannt diesen in dessen ganzer Breite auf. Der griechische Terminus erklärt die vielen Verständnisse, die theoretischen Ansichten von Wirklichkeit, in denen man den ‚Thätigkeits'-Begriff immer schon lesen muß, er öffnet das Sprachverständnis hin auf das Problem der Wirklichkeitsentstehung durch die Sprache, er ist absichtsvoll auf die „Sprache, in ihrem wirklichen Wesen aufgefasst" (VII 45) gerichtet und demaskiert jedes ‚Ergon'-Verständnis der Sprache ebenso als aussichtslos wie jede subjektivitätstheoretische Betonierung der Sprachwirklichkeit gerade deren universelle Handlungsfähigkeit im Hinblick auf eine Wirklichkeitserkenntnis als Bewegung, als Sein und als Tätigkeit des Erkennens als solches in Frage stellt. Interpretationsvarianten, die diese Erklärungsrichtung, in der ‚Energeia' das Feld aller ‚Thätigkeit' immer schon aufschließt und umgreift, nicht verstehen und davon ausgehen, der Terminus ‚Thätigkeit' expliziere etwa, wie (spezifisch) man ‚Energeia' zu verstehen habe, müssen an dieser Aristoteles verantworteten Einsicht vorbeigehen. Die Wirklichkeitskonstitution ist immer radikale Praxis, πρᾶξις im Horizont der ἐνέργεια. ‚Thätigkeit' wird zum universellen Entwicklungsdekret dieses Konstitutionscharakters, das einer Wirklichkeit folgt bzw. diese herstellt, die nicht beherrschbar, nicht vorhersehbar, niemals vollständig einsehbar und schon gar nicht fragmentierbar, immer aber unumgänglich ist und auf die tragische, weil bedingungslos gültige, Notwendigkeit verweist, daß Vollendung nur im Erkennen durch und in der Sprache zu erreichen ist. Das Ziel der Entwicklung ist diese Sprachwirklichkeit, die in ihrem Vollzug ihr Ziel immer zugleich erreicht und doch in dem Sinne nicht erreicht hat, daß das Erreichte immer schon über sich selbst hinausgreift. Die „sich ewig wiederholende Arbeit des Geistes" (VII 46) verweist damit auf eine (aristotelische) Praxis, die höchste Theorie ist, weil sie Weltkonstitution in der Sprache so initiiert, daß Erkennen immer als reflexiv eingeholte, betrachtete Wirklichkeit verstanden werden kann: „Dies (jedoch, U.W.) vermag nur die Sprache" (VI 155), und nur dann macht es Sinn zu behaupten, daß der Sprache „wahre Definition (...) nur eine genetische seyn" (VII 46) *kann*. Alles andere wäre eine Art ontologischer Paralyse und damit erkenntnistheoretisch unwirksam.

Es ist nun einleuchtend, warum der ‚Energeia'-Terminus – wie in der Einleitung konstatiert – auch den Eingang in ein tieferes Verständnis der Humboldtschen Sprachtheorie ermöglicht, dessen ontologischer Charakter weit über diese terminologische Signalstellung aristotelischer Provenienz hinausgeht. So weist auch der von Humboldt selbst verwendete Terminus ‚Genesis' den weiteren Weg der Untersuchung. Worin welche Form der Entwicklung eigentlich stattfindet, muß die nächste Frage sein, die an das Repertoire aristotelischer Ontologie zu richten ist. Aristoteles nennt in der genannten Textpassage aus der *Metaphysik* als letztes Beispiel für die Radikalität der πρᾶξις auch die ζωὴ ἐν τῇ ψυχῇ, das Leben in der Seele selbst, ein Indiz dafür, daß die Qualifizierung der Handlungsform πρᾶξις für Aristoteles dadurch möglich wird, daß sich Handeln als radikaler Entwicklungsbegriff immer nur in einem umfassenden Prozeß des Werdens (γένεσις) und Vergehens (φθορά) ereignen kann, dessen Rahmen für ihn die Natur, die φύσις, bietet.

8.3 φύσις und κίνησις: Entstehungsbedingungen

Zunächst ein Überblick, der die einzelnen Begriffe, die Aristoteles installiert, um die Bedingungen des ‚Lebens' zu benennen, einander zuordnet: Im Phänomen der Bewegung (κίνησις) sieht Aristoteles den Grundcharakter allen Lebens.[127] Φύσις ist das, was den ‚physikalischen' und onto-

---

[127] Zum Begriff der Bewegung im ontologischen Kontext vgl. Kosman, L. A.: „Aristotle's Definition of Motion". In: *Phronesis*. 14. Jg. (1969). S. 40-62.

logischen Zusammenhang dahingehend kennzeichnet, daß in ihm Leben stattfinden kann. Die φύσις ist die ontologische Einfassung bzw. der Geltungsraum des konkret Seienden und damit als ebenso real wie umfassend behauptet. Die φύσις ist das Universelle, in dem sich alles bewegt, was Leben in sich hat, die Seele (ψυχή) ist Prinzip dessen, was im Entstehen (γένεσις) und Vergehen (φθορά) ist, weil sie – wie dies am *De anima*-Text gezeigt wurde – Prinzip des Lebens ist und in gewisser Weise auch Ursprung von Veränderung (ἀρχὴ μεταβολῆς), die sich an einem Zugrundeliegenden, das als solches ‚Bestimmtes' sein kann (ὑποκείμενον), vollzieht.

Zu den Termini im einzelnen: Nach allem, was bisher vom begrifflichen Gerüst des Aristoteles präsentiert wurde, ist zweifelhaft, ob nun ausgerechnet der Begriff der φύσις nur eine Bedeutung hat. Und in der Tat ist dies nicht der Fall. Dies zeigt schon der Blick in Aristoteles' eigenes Begriffslexikon, das Buch V der *Metaphysik*, in dem Aristoteles zunächst nicht weniger als sechs Bedeutungen katalogisiert. So beginnt er die Aufzählung damit, daß [1014b] „Natur in einer Bedeutung die Entstehung des Wachsenden heißt (Umst., U.W.)"[128], dann ist sie das, was „in einer andern der erste immanente (Stoff) (ist, U.W.), woraus das Wachsende erwächst"[129], sodann „dasjenige, wovon bei einem jeden natürlichen Dinge die erste Bewegung ausgeht, welche ihm selbst zukommt, insofern es das ist, was es ist"[130], meint einerseits überhaupt „Wachsen (natürliches Werden)"[131] und dann wieder andererseits den Stoff, „aus welchem als dem ersten (Bestandteil) eines von den nicht natürlichen Dingen (= Artefakten) ist oder wird, wobei er selbst noch ungestaltet ist und sich aus eigenem Vermögen nicht verändert"[132], schließlich „die Wesenheit der natürlichen Dinge"[133]. Nun sind diese Bedeutungen nicht alle uneingeschränkt auch Aristoteles eigene Ansicht. Vielmehr nimmt er auch hier vorsokratische Traditionen auf und stellt sie in seinem Katalog zusammen. Das Bild wird (ohne die bisherigen Bedeutungen auszuschließen) dann jedoch zusehends differenzierter: φύσις δὲ ἥ τε πρώτη ὕλη (...) καὶ τὸ εἶδος καὶ ἡ οὐσία· τοῦτο δ᾽ ἐστὶ τὸ τέλος τῆς γενέσεως. [1015a] „Natur aber ist einerseits der erste Stoff (...), andererseits die Form und die Wesenheit; diese ist aber der Zweck des Werdens"[134]. Und er fährt fort: „In übertragenem Sin-

---

[128] Aristoteles, *Metaphysik*, a.a.O., V, S. 189.
[129] Ebd.
[130] Ebd.
[131] Ebd.
[132] Ebd.
[133] Ebd.
[134] Aristoteles, *Metaphysik*, a.a.O., V, S. 190/191.

ne nennt man nun auch überhaupt jedes Wesen Natur auf Grund von dieser, weil die Natur ein Wesen ist"[135]. Erst so vorbereitet, kann Aristoteles
schließlich eine Bedeutung vorschlagen, die seiner Vorstellung besonders
nahekommt, wenn sie diese auch immer noch nicht erschöpfend darzustellen vermag:

> [1015a] „Nach dem Gesagten ist also Natur im ersten und eigentlichen Sinne
> die Wesenheit der Dinge, welche das Prinzip der Bewegung in sich selbst ha-
> ben, insofern sie das sind, was sie sind; denn der Stoff wird Natur genannt,
> weil er diese aufzunehmen fähig ist, das Werden und Wachsen darum, weil es
> Bewegungen sind, die von dieser ausgehen. Und Natur ist auch das Prinzip
> der Bewegung der natürlichen Dinge"[136].

Man sieht schon, daß man es hier (wie so häufig) mit unterschiedlichen
Bedeutungsanläufen und deren Schattierungen zu tun hat, so daß schwerlich eine einzige, vorrangige Bedeutung herausgenommen werden kann,
die die anderen ausschließt bzw. hegemonisiert. Wohl aber erhält jene Bedeutung besonderes Gewicht, die geeignet ist, möglichst viel der anderen
Bedeutungsaspekte in sich aufzunehmen. Diese Beobachtung wird durch
die generelle Vorgehensweise des Aristoteles im Hinblick auf die Verwendung des φύσις-Begriffes bestätigt: Wir haben es hier vor allem mit einem
„Kollektivwort"[137] zu tun, das „Inbegriff aller Gegenstände und Prozesse
(ist, U.W.), einschließlich der sie bestimmenden Gesetzmäßigkeiten, bei
denen es Selbstbewegungen gibt"[138]. Bei Aristoteles „zeichnet sich das
Naturseiende"[139], so I. Craemer-Ruegenberg, „dadurch aus, daß es aus
sich selbst heraus prozeßhaft ist; es hat das Prinzip seiner ‚Bewegung' und
seines Stillstandes in sich selbst – im Unterschied zum Hergestellten, zu
den Artefakten, über deren Prozeßhaftigkeit der Mensch bestimmt"[140].
Die φύσις gibt den Rahmen ab, in dem alles, was – im umfassenden Sinne
– ‚lebendig' ist, geschieht. Lediglich ein gegenständlicher φύσις-Begriff in
der Bedeutung, wie wir heute das deutsche Wort ‚Natur' verwenden, ist
bei Aristoteles ausgeschlossen: *die* Natur als (‚großgeschriebene') „Qua-
si-Person"[141] ist dem Stagiriten fremd.

---

135 Aristoteles, *Metaphysik*, a.a.O., V, S. 191.
136 Ebd.
137 Höffe, *Aristoteles*, a.a.O., S. 109.
138 Ebd.
139 Craemer-Ruegenberg, I.: „Aristoteles (384-322)". In: Böhme, G. (Hrsg.): *Klassiker der
     Naturphilosophie. Von den Vorsokratikern bis zur Frankfurter Schule.* München 1989. S.
     45-60, hier: S. 49.
140 Ebd.
141 Höffe, *Aristoteles*, a.a.O., S. 109.

Nur ein Seitenblick kann und soll hier auf die editorische Perspektive der Begriffsrekonstruktion verwandt werden. Bei den Büchern der *Physik*, in denen Aristoteles grundlegend über die φύσις-Problematik handelt, findet sich eine ähnliche Erschwernis wieder wie bei der *Metaphysik*. Auch die acht Bücher der *Physik* sind nicht von Aristoteles zusammengestellt und bilden eigentlich mindestens drei unterschiedliche Abhandlungen. So stellen Buch I und II eine gewisse thematische Einheit dar, ebenso die Bücher III-VI über die Naturprozesse. Die Bücher VII und VIII haben wohl ursprünglich gar nicht zur *Physik* gehört, letzteres handelt erneut (wie Buch III) über die Bewegung und stellt die Physik in den Kontext der πρώτη φιλοσοφία. Insgesamt macht der Teil der Schriften, in denen sich Aristoteles mit der ‚Natur‘ im umfassenden Sinne beschäftigt, den größten Teil des überlieferten Textkorpus aus. Außer der *Physik* und den biologischen und den psychologischen Schriften gehören noch *Über den Himmel*, die *Meteorologie* und *Über Entstehen und Vergehen* dazu. Aristoteles’ Physik ist generell davon bestimmt, der Erfahrungssuche einen festen Platz im wissenschaftlichen Gefüge zu sichern, und steht daher – wenn auch einige, heute problematische Thesen wie die geozentrische Ausrichtung des Weltalls dies nicht zu bestätigen scheinen[142] – allzu spekulativer Forschungsmethodik (wie z.B. der der Platoniker) eher skeptisch gegenüber. Manche Unterstellung, die Aristoteles in ein solches Licht rücken, wie z.B. „die Annahme, der gesamte Kosmos sei von Zweckmäßigkeit beherrscht, stammt nicht von Aristoteles“[143]. Sie sind Konstruktionen der Rezeptionsgeschichte.[144] Aristoteles will die Dinge sehen, ‚wie sie sind‘, sein spezifisches Interesse in den Büchern der *Physik* ist daher, zu klären, wie und was eben diese Dinge sind, er betreibt hier philosophische Grundlagenforschung im Hinblick auf die Möglichkeit von Naturerkenntnis überhaupt. Auch aus diesem Grunde nennt M. Heidegger die *Physik* das „nie zureichend durchdachte Grundbuch der abendländischen Philosophie“[145].

Der φύσις-Begriff ist vor allem dadurch charakterisiert, daß in ihm Bewegung (κίνησις) des Lebendigen stattfindet.[146] Aristoteles kennt vier Ar-

---

[142] Vgl. Craemer-Ruegenberg, *Aristoteles*, a.a.O., S. 51.

[143] Höffe, *Aristoteles*, a.a.O., S. 101.

[144] Siehe in diesem Zusammenhang auch die Korrelation von φύσις und θέσις bei Aristoteles (vgl. Deitz, L.: „Physis/Nomos, Physis/Thesis“. In: Ritter, *Historisches Wörterbuch*, a.a.O., S. 967-971 [Bd. 7], hier: S. 968).

[145] Heidegger, M.: „Vom Wesen und Begriff der Φύσις. Aristoteles’ Physik B, 1“. In: ders.: *Wegmarken*. Frankfurt am Main 1967. S. 309-371, hier: S. 312.

[146] Zum Bewegungsbegriff bei Aristoteles auch im ontologischen Kontext vgl. Kaulbach, F.: „Bewegung“. In: Ritter, *Historisches Wörterbuch*, a.a.O., S. 864-879 (Bd. 1), hier: S. 866-868.

ten von ‚Bewegung‘, die er u.a. im III. Buch der *Physik* aufführt. Er setzt zunächst mit einer Bestimmung ein, von der noch genauer zu sprechen sein wird: [201a] „Indem nun in jeder Gattung genau getrennt sind das eine als ‚in angestrebter Wirklichkeit da‘, das andere als ‚der Möglichkeit nach vorhanden‘“[147], und führt daran anschließend folgende Klassifikation ein:

> [201a] *„Das endliche Zur-Wirklichkeit-Kommen eines bloß der Möglichkeit nach Vorhandenen, insofern es eben ein solches ist – das ist* (entwickelnde) *Veränderung;* z.B. die des eigenschaftlich Wandelbaren, insofern es eigenschaftlich wandelbar ist, (ist) ‚*Eigenschaftsveränderung*‘; die dessen, was wachsen kann oder, seines Gegenteils, dessen, was schwinden kann – denn eine gemeinsame Bezeichnung über beiden gibt es nicht – (heißt) ‚*Wachsen*‘ und ‚*Schwinden*‘; die dessen, was entstehen und vergehen kann, (heißt) ‚*Werden*‘ und ‚*Vergehen*‘, die dessen, was sich fortbewegen kann, ‚*Ortsbewegung*‘“[148].

Der aristotelische Bewegungsbegriff, der augenscheinlich die heutige Beschränkung des Begriffs auf den Ortswechsel nicht kennt, rekurriert damit auf die unterschiedlichen Kategorien des Was (der Substanz), des Wie (Qualität), des Wie groß (Quantität) und schließlich eben auch des Wo (Ort). Damit sich etwas jedoch irgendwie bewegen kann, sind zunächst drei Grundgrößen notwendig. Es muß laut Aristoteles immer etwas geben, „*woher* die Bewegung erfolgt, einen Ausgangspunkt, (2) etwas, *wohin* sie erfolgt, einen Endpunkt, und zusätzlich (3) etwas, *woran* sie erfolgt“[149]. Dieses Zugrundeliegende ist das ὑποκείμενον. Will man verstehen, was hiermit gemeint ist (und vor allem, was nicht gemeint ist), kann Aristoteles' Klärung des Begriffs herangezogen werden, die er im Kontext der οὐσία-Diskussion vornimmt: [1028b] „Das Zugrundeliegende aber ist dasjenige, von dem das übrige ausgesagt wird, das selbst aber nicht wieder von einem anderen ausgesagt wird“[150]. Hier wird deutlich, daß der Begriff des ὑποκείμενον zunächst einmal eine aussagen-logische Konstruktion ist. Wird er mittelbar auch durch den οὐσία-Begriff deutlich aufgewertet, so hat er doch nicht (wie bei Wolff und Kant) den neuzeitlichen Sinn von ‚Subjekt‘, seine Bedeutung gleicht vielmehr dem, was wir im grammatischen Kontext mit *subiectum* bezeichnen.[151] Eine neu-

---

[147] Aristoteles: *Physik. Vorlesung über die Natur*. Übersetzt von H. G. Zekl. In: ders.: *Philosophische Schriften in sechs Bänden*. Bd. 6. Darmstadt 1995. S. 1-258, hier: S. 51.

[148] Ebd. – Zur Interpretation der Textstelle vgl. auch Craemer-Ruegenberg, *Aristoteles*, a.a.O., S. 52-53.

[149] Höffe, *Aristoteles*, a.a.O., S. 106.

[150] Aristoteles, *Metaphysik*, a.a.O., VII, S. 9.

[151] Vgl. Picht, *Aristoteles' De anima*, a.a.O., S. 114.

zeitliche Beladung dieser Systemstelle mit Personalität bzw. Individualität als Voraussetzung des ‚ich denke‘ ist nicht Aristoteles' Vorstellung.
Vielmehr ist das Ziel, neben der grammatischen Bestimmung vom Begriff
des ‚Zugrundeliegenden‘ im οὐσία-Kontext auf ein ‚Erstes Zugrundeliegendes‘ (πρῶτον ὑποκείμεινον) zu schließen, das von nichts anderem
mehr ausgesagt werden kann, sondern von der alles andere ausgesagt
wird. Dieses ‚Erste Zugrundeliegende‘ ist, „weil sie das Erste ist, (...)
ἀρχή"[152], also gleichermaßen auch Ursprung.[153] Die Doppeldeutigkeit
des ὑποκείμενον wird prägnanter hervortreten, wenn die Stoff-Form-
Problematik aufgegriffen wird. Dann zeigt sich, daß hier, im οὐσία-Kontext des ὑποκείμενον, auch der Ursprung der Veränderung, die ἀρχὴ μεταβολῆς, zu suchen ist. Auch wird klar, warum die Eckpunkte des
Entwicklungsprozesses nicht wertungsneutral gesehen werden können:
der Anfangspunkt ist immer ein Punkt, der vor allem dadurch gekennzeichnet ist, daß er noch nicht der Endpunkt ist, er definiert sich wesentlich durch seinen Mangel (στέρησις, wörtlich ‚Beraubung‘), sein Noch-
Nicht-Vollkommen-Sein (vgl. die fünffache στέρησις-Definition in
Metaphysik V [1022b]; H. Bonitz übersetzt den Terminus dort mit „Pri-
vation"[154]).
Aristoteles zielt nun im ontologischen Kontext vor allem auf die Klasse von Veränderung, die sich auf Entstehen (γένεσις) und Vergehen
(φθορά) richtet. Sie kennzeichnet im Bereich der φύσις die substantiellen
bzw. Wesensveränderungen und hat für Aristoteles eine hervorgehobene
Bedeutung, was sich u.a. auch darin ausdrückt, daß er diesem Problem eine eigene Abhandlung mit dem Titel *Über Entstehen und Vergehen* widmet. Dort wird die Ansicht (weiter-)entwickelt, es gäbe „vier Grundstof-
fe, (die, U.W.) aus der Kombination der vier Elementarqualitäten
entstehen – die Erde aus Trocken und Kalt, das Wasser aus Kalt und
Feucht, die Luft aus Feucht und Warm, das Feuer schließlich aus Warm
und Trocken"[155]. Höffe konstatiert dazu allzu kontextvergessen, daß diese Ansicht „ohne Skrupel in einem Museum für die Geschichte der
Naturwissenschaften (zu, U.W.) deponieren sei"[156]. Neben dieser – aus
den vorsokratischen Schriften bekannten – Diskussion setzt sich Aristoteles in dieser Schrift aber auch mit der Frage auseinander, ob es eine erste, schlechterdings formlose Materie, also eine im vorgängigen Sinne er-

---

152 Picht, *Aristoteles' De anima*, a.a.O., S. 115.
153 Zu Begriff und Problematik der aristotelischen ἀρχαί vgl. Happ, *Hyle*, a.a.O., S. 58-81.
154 Aristoteles, *Metaphysik*, a.a.O., V, S. 235.
155 Höffe, *Aristoteles*, a.a.O., S. 111.
156 Ebd.

ste, eine πρώτη ὕλη gibt. Nach heutiger Forschungsansicht verneint Aristoteles diese Annahme im Sinne eines konkreten, real existierenden Dinges. Es handelt sich bei der πρώτη ὕλη vielmehr um einen Reflexionsbegriff: „Sie ist kein Element,", so Höffe, „das in der wahrnehmbaren Welt vorkommt, wohl aber ein Moment, das man notwendig voraussetzen muß, um das Entstehen der Elemente und die Möglichkeit von Übergängen in andere Elemente zu erklären"[157]. Um eben die Reflexion dieser Entstehungsbedingungen geht es Aristoteles vorderhand in seiner physischen Grundlagenforschung. Damit ist die Brücke zum ψυχή-Begriff geschlagen: „die οὐσία der Seele ist der Inbegriff der Momente, durch die sich ein Lebewesen als Lebewesen konstituiert. Der Begriff ‚φύσις' wird hinzugesetzt, weil jedes beseelte Lebewesen sich bewegt, und Bewegung nur in der Materie (ὕλη, U.W.) möglich ist. Das hat Aristoteles im Auge, wenn er die φύσις und οὐσία von Seele überhaupt zu erkennen sucht"[158].

Man kann einen plastischen Eindruck vom griechischen Verständnis von Entstehen und Vergehen bekommen, wendet man sich statt der Philosophie der Literatur zu. Sophokles läßt den Helden der *Aias*-Tragödie nachdenklich mit den Worten aus dem Zelt treten:

ἅπανθ' ὁ μακρὸς κἀναρίθμητος χρόνος
φαίνει τ' ἄδηλα καὶ φανέντα κρύπτεται·
κοὐκ ἔστ' ἄελπτον οὐδέν, ἀλλ' ἁλίσκεται
χὠ δεινὸς ὅρκος χαἰ περισκελεῖς φρένες.

„Die unermeßlich lange Zeit macht offenbar
alles Verborgne und verhüllt, was sichtbar ist.
Es gibt nichts Unausdenkbares, doch sinkt dahin
der heilige Eid und auch der felsenfeste Sinn"[159].

Entstehen und Vergehen findet so auch immer ganz sinnlich im Kontext von Erscheinen und Verhüllen, von Erkennen und Nicht-Erkennen statt. ‚Genesis' ist ganz sinnlich als Prozeß des ‚Hervortretens' verstanden, weil

---

[157] Ebd. – Zu Begriff und Konzept der πρώτη ὕλη vgl. Happ, *Hyle*, a.a.O., S. 307-308. Happ weist hier auf den „Doppelsinn" (S. 307) des Terminus hin und betont, daß die alleinige Festlegung des Begriffs auf „das völlig formlose unterste Werde-Substrat" (S. 308) vor allem Leistung der Aristoteles-Kommentatoren sei. Bei Aristoteles bezeichne er auch und vor allem „das jeweils elementarste Stoffliche, und dies sind (...) Erde, Wasser, Luft, Feuer. Von einer Festlegung des Begriffs auf das unterste Substrat kann keine Rede sein" (S. 308). – Vgl. auch Vorländer, K.: *Geschichte der Philosophie. Bd.1: Altertum.* Reinbek bei Hamburg 1990. S. 102.

[158] Picht, *Aristoteles' De anima*, a.a.O., S. 181.

[159] Sophokles: *Tragödien und Fragmente [Aias]. Hrsg. und übersetzt von W. Willige.* München 1966. S. 62-149, hier: S. 100/101.

γίγνομαι wörtlich ‚zur Erscheinung kommen' bedeutet.[160] Dieses griechische Verständnis der Prozeßhaftigkeit von Werden und Vergehen spielt sich demnach exakt am Scheitelpunkt der *ambivalenten sprachtheoretischen Produktionsperspektive* Humboldts ab, dem sich immer bedingenden Wechsel zwischen Erscheinungs- und Wesensmerkmalen der Sprache. Humboldt übernimmt vom griechischen Denken den radikalen Entwicklungsbegriff der Wirklichkeitskonstituierung im Horizont des Zeitlichen, einer Konstituierung, die doch niemals vom Erkenntnisprozeß zu trennen ist.[161]

---

[160] M. Heidegger merkt dazu an: „Sein ist das sich verbergende Entbergen – φύσις im anfänglichen Sinne. Das Sichentbergen ist Hervorkommen in die Unverborgenheit, und d.h. die Unverborgenheit als eine solche erst ins Wesen bergen: Unverborgenheit heißt ἀλήθεια – die Wahrheit, wie wir übersetzen, ist anfänglich, und d.h. wesenhaft nicht ein Charakter des menschlichen Erkennens und Aussagens, Wahrheit ist auch erst recht kein bloßer Wert oder eine ‚Idee', nach deren Verwirklichung der Mensch – man weiß nicht recht weshalb – streben soll, sondern Wahrheit gehört als Sichentbergen zum Sein selbst: φύσις ist ἀλήθεια, Entbergung und deshalb κρύπτεσθαι φιλεῖ" (S. 371). Heidegger übersetzt den Auszug aus Heraklits 123. Fragment φύσις κρύπτεσθαι φιλεῖ hier bezeichnenderweise mit „Das Sein liebt es, sich zu verbergen" (S. 370), den φύσις-Terminus demnach mit ‚Sein'.

[161] Die Übergänge zwischen dem φύσις-Begriff und dem *aristotelischen* Erkenntnis- und Sprachverständnis untersucht W. Wieland in seiner Studie: *Die aristotelische Physik. Untersuchungen über die Grundlegung der Naturwissenschaft und die sprachlichen Bedingungen der Prinzipienforschung bei Aristoteles.* Göttingen 1962. Wieland geht davon aus, daß Aristoteles' „Ansatz bei den gewöhnlichen Aussagetypen auch zur Folge hat (Umst., U.W), daß das Werden niemals hypostasiert wird, sondern immer als Bestimmung von Dingen verstanden bleibt. Ein Werden ‚an sich' gibt es für Aristoteles nicht – nicht weil irgendeine schwer durchschaubare metaphysische Spekulation dies verböte, sondern weil es eine *konsequent an der natürlichen Sprache ausgerichtete Analyse nicht erlaubt, das im vollen Sinne als Gegenstand anzuerkennen, was selbst noch wieder von einem anderen Gegenstand ausgesagt werden kann*" (S. 114). Kritisch wird der Ansatz Wielands von H. Flashar gesehen: „In der Hauptsache von der neopositivistischen Sprachanalyse, aber auch durch andere Strömungen, denen die philosophische Besinnung auf das Wesen der Sprache gemeinsam ist, beeinflusst ist das bedeutende Buch von W. WIELAND (1962) [...], das in der Klarheit der Darstellung, in der Höhe des Reflexionsniveaus und in der Unmittelbarkeit des Textverständnisses am ehesten geeignet sein könnte, eine Brücke zwischen philosophischer und philologischer A.-Interpretation zu schlagen, wenn nicht die Hauptthese, die arist. Prinzipien seien sprachliche Reflexions- und Funktionalbegriffe im Sinne einer dialektischen Topologie, schweren Bedenken unterliegen würde" (Flashar, „Aristoteles", a.a.O., S. 184). Dennoch konzediert Flashar: „Wenn man auch der Auflösung von Denknotwendigkeiten in Sprachgewohnheiten nicht wird folgen können, so hat doch Wieland gerade über den Argumentationsstil des A., über die sprachliche Form seiner Begriffe wichtige Einsichten vermittelt" (ebd.).

8.4 Überleitung

So weit die Sichtung des philologischen und theoretischen Terrains, in dem sich aristotelische Ontologie bewegt. Es ist nun möglich, die Konstitutionsbedingungen von Wirklichkeit im engeren Sinne an Hand der zentralen Begrifflichkeit zu untersuchen, eine Analyse, die sowohl auf das innere Bauprinzip von Wirklichkeit wie auch auf die Frage zielt, wie Bewegung als ontologische Qualität genauer verstanden werden kann.

9. Aristoteles' Begriffe: Konstitutionsbedingungen von Wirklichkeit

Die Konstitutionsbedingungen des aristotelischen Wirklichkeitskonzeptes können im wesentlichen durch die dieses Programm tragenden Begriffe rekonstruiert werden. Ich greife dafür auf den oben ausgeführten Ansatz, den problematischen Textcharakter der *Metaphysik* betreffend, zurück und stelle zunächst das erste Kapitel des zweiten Buches περὶ ψυχῆς in den Mittelpunkt der Problemsichtung. Durch diesen Text hindurch erlaubt der Blick auf die Bücher der *Metaphysik* eine Füllung bzw. Spezifizierung der relevanten Begriffsfelder in ihrem ganzen Facettenreichtum, die *Metaphysik* wird demnach in systematischer Hinsicht als Kommentar des *De anima*-Textes genutzt.

In περὶ ψυχῆς inventarisiert Aristoteles in wenigen Sätzen den gesamten Problemhorizont der Wirklichkeitskonstitution:

> [412a] Λέγομεν δὴ γένος ἕν τι τῶν ὄντων τὴν οὐσίαν, ταύτης δὲ τὸ μὲν ὡς ὕλην, ὃ καθ' αὑτὸ μὲν οὐκ ἔστι τόδε τι, ἕτερον δὲ μορφὴν καὶ εἶδος, καθ' ἣν ἤδη λέγεται τόδε τι, καὶ τρίτον τὸ ἐκ τούτων. Ἔστι δ' ἡ μὲν ὕλη δύναμις, τὸ δ' εἶδος ἐντελέχεια, καὶ τοῦτο διχῶς, τὸ μὲν ὡς ἐπιστήμη, τὸ δ' ὡς τὸ θεωρεῖν.[162]

Die entscheidenden Begriffe tauchen hier (fast) alle in ihrer systematischen Zuordnung und theoretischen Interdependenz auf. Es sind dies die οὐσία (Wesen, Wesenheit), die ὕλη (Stoff, Materie), die μορφή (Gestalt), das εἶδος (Form), das τὸ ἐκ τούτων (die Verbindung beider), die δύναμις (Möglichkeit) und – in diesem Fall – ἐντελέχεια für Wirklichkeit. Die ἐνέργεια – eigentlich der zentrale Begriff des aristotelischen ‚Wirklichkeit'-Konzeptes – fehlt, was hier keinen systematischen Fehler anzeigt, sondern den nahen Zusammenhang der Begriffe ἐνέργεια und ἐντελέχεια unterstreicht.

Einen Eindruck davon, wie schwierig diese Textstelle zu übersetzen ist, bekommt man erst, stellt man unterschiedliche Übersetzungsmöglichkeiten nebeneinander. Zunächst die Übersetzung von H. Seidl, die aus einer Überarbeitung der Übersetzung von W. Theiler entstanden ist:

> [412a] „Wir nennen nun eine Gattung des Seienden das Wesen (Substanz), und von diesem das eine als Materie, das an sich nicht dieses bestimmte Ding

---

162 Aristoteles, *Über die Seele*, a.a.O., S. 60.

da ist, ein anderes aber als Gestalt und Form, nach welcher etwas schon ein bestimmtes Ding ist, und drittens das aus diesen (beiden Zusammengesetzte). Die Materie ist Potenz/Möglichkeit, die Form aber ist Vollendung (Entelechie), und dies in zweifachem Sinne, zum einen wie (z. B.) eine Wissenschaft, zum andern wie das Betrachten"[163].

Auffällig werden zwei der zentralen begrifflichen Probleme durch Klammer-Kommentare erläutert. Der griechische οὐσία-Terminus wird durch die lateinische *substantia*-Bezeichnung interpretiert, eine Ergänzung, die mehr ist als eine wortwörtliche Übersetzung und die insofern problematisch ist, als mit der (scholastischen) Rezeptionsgeschichte des Substanz-Begriffes auch eine Reduktion bzw. Verschiebung des οὐσία-Konzeptes verbunden ist.[164] Das deutsche Wort ‚Vollendung' wird noch einmal mit der griechischen ‚Entelechie' kommentiert, ebenfalls eine auf den ersten Blick unwichtige, lediglich erläuternde, den griechischen Terminus wiederholende Kontextuierung. Auf den zweiten Blick jedoch unterstützt diese Verfahrensweise die ebenfalls rezeptionsgeschichtlich bedeutsame Vergegenständlichung des ‚Entelechie'-Konzeptes, indem sie den Terminus besonders in den begrifflichen Vordergrund rückt, und signalisiert damit sowohl eine Vorrangig- als auch eine Eindeutigkeit, die der aristotelische Terminus per se und in dieser expliziten Form kaum in sich trägt.

O. Gigon umgeht dann in seiner Übersetzungsvariante auch diese Form der Kommentierung und bleibt bereits einer möglichen Vergegen-

---

[163] Aristoteles, *Über die Seele [Seidl]*, a.a.O., S. 61.

[164] Zur Problematik der semantischen Reduktion des οὐσία-Begriffs durch Übersetzung schreibt M. Wundt: „Der Hauptbegriff, um den sich der Gehalt der Metaphysik vor allem lagert, ist der der Usia. Sie wurde in der Schrift über die Kategorien als deren erste herausgestellt, um sie kreisen die wichtigsten Bedenken des Aporienbuches, und sie klang durch sämtliche Begriffsbestimmungen der Metaphysik hindurch, so verschieden sie dabei aufgefaßt werden mochte. Wir haben im Deutschen nur ein Wort, um diesen griechischen Ausdruck wiederzugeben, nämlich das Wort Wesen. Sprachlich sind beide aus Nebenformen des Zeitworts ‚sein' entwickelt, und Wesen trägt bei uns genau die gleichen beiden Bedeutungen, die Aristoteles in der Kategorienschrift unterscheidet, und um die es sich in allen weiteren Erörterungen des Begriffs doch eigentlich dreht, es bezeichnet nämlich ebenfalls sowohl das Einzelwesen, das von keinem andern ausgesagt werden kann, wie das zugrunde liegende allgemeine Wesen, das durch Art- und Gattungsbegriff bezeichnet wird. Bekanntlich haben die Lateiner das Wort sowohl mit substantia wie mit essentia wiedergegeben, und es erscheint darum für uns weniger zweckmäßig, einfach Substanz zu übernehmen, da damit alle Abschattungen ausgeschlossen werden, die nach der Essenz hin liegen, vor allem das begriffliche Sein, das vom Wesen mit umfaßt wird. Das griechische Denken aber steht unter der zuerst von Parmenides ausgesprochenen Voraussetzung der Einheit des Seins und des Denkens, und wenn irgendwo, kommt diese im Begriff der Usia zum Ausdruck. Wir müssen daher froh sein, in Wesen ein Wort zu besitzen, das diese Einheit auch uns noch erhält" (Wundt, *Untersuchungen zur Metaphysik*, a.a.O., S. 58-59).

ständlichungstendenz des οὐσία-Konzeptes in der deutschen Übersetzung gegenüber skeptisch:

> [412a] „Wir bezeichnen als eine Gattung des Seienden die *Wesenheit* (Herv., U.W.) und von dieser als das eine die Materie, die an sich keinerlei Bestimmtheit hat, als das zweite die Gestalt und Form, auf Grund derer etwas ein Bestimmtes *heißt* (Herv., U.W.), und als das dritte die Verbindung beider. Die Materie ist Möglichkeit, die Form aktuale Wirklichkeit und dies in doppelter Weise, teils wie die Wissenschaft, teils wie das Forschen"[165].

Aus dem Begriff des ‚Wesens' ist hier die ‚Wesenheit' geworden, die sowohl die Selbstreflexivität des Begriffs sichert als auch darauf verweist, daß das οὐσία-Konzept immer auch zugleich auf seine inneren Strukturmomente verweist. Die Übersetzung bewahrt also in besonderer Weise die ontologische Problemqualität. Solche Skepsis in bezug auf eine Vergegenständlichung der Begrifflichkeit bezieht sich bei Gigon genauso auch auf andere Termini. Aus dem ‚bestimmten Ding' bei Seidl wird hier das, was etwas als ‚Bestimmtes *heißt*', aus *dem* ‚Zusammengesetzten' wird die strukturelle Zuordnung einer ‚Verbindung beider'. Gigons Übersetzung rekurriert demnach weit mehr auf den ontologisch-problematischen Charakter des griechischen Originals als die der Seidlschen Variante, die – um den Preis begrifflicher Unschärfe und Vergegenständlichung des Konzeptes – immerhin größere Verständlichkeit erreicht. Dieser Vorteil kann die massiven Nachteile des Seidlschen Vorgehens jedoch kaum aufwiegen, weshalb im folgenden vor allem die Gigonsche Übersetzungsvariante zur Interpretation herangezogen wird.

Blickt man schließlich auf die Übersetzung W. Theilers, der die Übersetzung für die renommierte Ausgabe der aristotelischen *Werke in deutscher Übersetzung*[166] unternommen hat, wird eine der Ursachen dafür deutlich, daß die Textstelle so viele Differenzen in Verständnis und Übersetzung provoziert und möglich macht:

> [412a] „Wir fassen als eine Aussagegattung der Dinge die Wesenheit, von dieser das eine als Materie, das an sich allerdings kein bestimmtes Etwas ist, das andere als Gestalt und Form, vermöge der nun von einem bestimmten Etwas gesprochen wird, und das dritte als beider Zusammensetzung. Die Materie ist Möglichkeit, die Form Erfüllung, und zwar in doppeltem Sinne, einmal wie das Wissen, das andere Mal wie das Betrachten"[167].

---

[165] Aristoteles: *Vom Himmel. Von der Seele. Von der Dichtkunst. Übersetzt und herausgegeben von O. Gigon.* Zürich u.a. (2. Aufl.) 1987. S. 285.

[166] Aristoteles: *Werke in deutscher Übersetzung [20 Bände]. Begründet von E. Grumach. Herausgegeben von H. Flashar.* Berlin 1983ff.

[167] Aristoteles: *Über die Seele. Übersetzt von W. Theiler.* Berlin (7. Aufl.) 1994. In: Aristoteles, *Werke in deutscher Übersetzung,* a.a.O., Bd. 13, S. 24.

Ganz offensichtlich geht es also – wie das schon bei Gigon zu erkennen ist – vor allem um das Problem, wie in welcher Form etwas von einer Sache *ausgesagt* werden kann bzw. muß. Das ‚bestimmte Etwas' ist so, wie von ihm (logisch) gesprochen wird. Zwar kann hier keinesfalls eine sprachtheoretische Perspektive moderner Spielart ausgemacht werden, wichtig ist aber, daß die Konstitutionsbedingungen der Wirklichkeit sich immer und nur auf das beziehen, was von dieser ausgesagt werden kann. Aristoteles ist die sprachtheoretische Skepsis der Neuzeit, die Sprache in ihrer transzendentalen Problemqualität begreift, fremd. Wohl aber weiß er, daß Wirklichkeit nur dann richtig erkannt werden kann, wenn von ihr in aussagenlogischer Hinsicht Richtiges und eben nicht Falsches gesagt bzw. definitorisch geklärt wird. Der ‚Organon'-Charakter der Sprache postuliert zweifellos einerseits, daß es sich in der sprachtheoretischen Perspektive bei Aristoteles um eine der eigentlichen wissenschaftlichen Auseinandersetzung vorgängige Problemstellung handelt (und damit Sprachtheorie per se kein zentrales wissenschaftliches Anliegen darstellt), diese Vorgängigkeits- bzw. Grundlagenfunktion wird jedoch andererseits in ihren Instrumentarien deutlich genauer gefaßt und Verfehlungen werden damit als wesentlich konsequenzenreicher dargestellt, als wir dies in unserem neuzeitlichen Sprachverständnis tun müßten, indem ja die Tatsache, daß wir alle Gegenstände erst sprachlich konstituieren, indirekt auch die Hintertür zur permanenten Korrektur offen hält. Aristoteles' Sprache will über Wirklichkeit Adäquates aussagen und mißt sich selbst an eben dieser ‚Wirklichkeit'. Diese erkenntnispragmatische Wachsamkeit, die in der Integration logischen und sprachtheoretischen Instrumentariums ihren strengsten Ausdruck findet, ist kein Vorzug allein der Texte, die wir heute im Textkorpus ‚Organon' zusammenfassen, auch in der *Metaphysik* wird diese aussagenlogische Einsicht des Aristoteles, die vor allem auch ontologische Vorsicht bedeutet, anschaulich:

> [1006b] „Ich meine z.B., wenn jemand behauptete, das Wort Mensch bezeichne nicht nur Eines, sondern Vieles, unter denen das eine den Begriff des zweifüßigen Lebewesens habe, aber es wären auch noch mehrere davon verschiedene, jedoch der Zahl nach begrenzte Begriffe vorhanden; denn dann ließe sich für jeden der Begriffe ein besonderer Name setzen. Könnte dies aber nicht geschehen, sondern behauptete vielmehr jemand, das Wort bezeichne unendlich Vieles, so wäre offenbar gar keine Rede möglich; denn nicht Eines (Bestimmtes) bezeichnen ist dasselbe wie nichts bezeichnen; bezeichnen aber die Worte nichts, so ist die Möglichkeit der Unterredung mit andern aufgehoben, in Wahrheit auch die Möglichkeit der Unterredung mit sich selbst. Denn man kann gar nichts denken, wenn man nicht Eines denkt"[168].

---

[168] Aristoteles, *Metaphysik*, a.a.O., IV, S. 141.

Definition und Eindeutigkeit der Begriffe und deren korrekte Verwendung spielen bei Aristoteles demnach eine herausragende Rolle, vor allem deswegen, weil nur so die Gegenstände der Wirklichkeit richtig bestimmt werden können. Dies ist auch wissenschaftstheoretisch von zentraler Bedeutung, [1031b] „denn Wissenschaft findet bei einem jeden Gegenstande dann statt, wenn wir sein Sosein erkannt haben"[169]. Das richtige Erkennen des ‚So-Seins‘ ist conditio sine qua non jeder Wissenschaft, ja sie ist diese Wissenschaft in ihrem eigentlichen Sinne.

Schon die erste Kontrastierung der drei Übersetzungen der *De anima*-Passage zeigt, wie problematisch die Rekonstruktion des Konzepts aristotelischer Ontologie sogar in dieser komprimierten Darstellung bleiben muß. Einigen begrifflichen Differenzierungen ist daher unbedingt weiter nachzugehen als eine zügige Übersetzung dies gestattet, andere können vernachlässigt werden, weil sie zwar Interpretationsspielräume bereithalten, nicht aber die grundlegende Statik des Konzepts verändern.

Die Textpassage wird nun – eingedenk der vielfachen Textebenen von περὶ ψυχῆς und τῶν μετὰ τὰ φυσικά – in drei Schritten erschlossen: Zunächst wird das οὐσία-Konzept noch einmal in seinen unterschiedlichen Schattierungen dokumentiert und in seinem funktionalen Rahmen innerhalb der *Metaphysik* untersucht. Alsdann wird vor allem anhand der Begriffe ὕλη, μορφή und εἶδος die Frage gestellt, ‚wie etwas ist‘, also die Problematik des inneren Bauprinzips von ‚Wirklichkeit‘ bearbeitet. Schließlich muß mittels der Begriffe δύναμις, ἐνέργεια und ἐντελέχεια untersucht werden, ‚wie etwas entsteht‘, wie bei Aristoteles aus der inneren Statik des ontologischen Bauprinzips das Entwicklungskonzept ἐνέργεια generiert wird.

9.1 Das οὐσία-Konzept

Es wurde festgestellt, daß das οὐσία-Konzept des Aristoteles keinesfalls ein in sich theoretisch durchgehend kohärentes, geschweige denn in seinen definitorischen Bestimmungen eindeutiges ist. Vielmehr wird, wie M. Wundt dies unterstreicht, das „Wort in sehr verschiedenen, ja entgegengesetzten Bedeutungen gebraucht, die keineswegs auf einen Gesamtsinn gebracht sind"[170]. Dies tut der zentralen Funktionalität des Begriffs jedoch keinen Abbruch, ja die multiple Funktionalität hängt in gewisser Weise

---

[169] Aristoteles, *Metaphysik*, a.a.O., VII, S. 23.
[170] Wundt, *Untersuchungen zur Metaphysik*, a.a.O., S. 59.

mit der Vielschichtigkeit des Konzeptes sogar ursächlich zusammen. In unserer Leitpassage in περὶ ψυχῆς beginnt Aristoteles seinen ontologischen Grundriß mit den Worten: Λέγομεν δὴ γένος ἕν τι τῶν ὄντων τὴν οὐσίαν, ...[171] [412a] „Wir bezeichnen als eine Gattung des Seienden die Wesenheit"[172] und legt mit dem οὐσία-Begriff so den Rahmen der Untersuchung wie deren systematischen Angelpunkt unmißverständlich fest. Bereits des häufigeren, vor allem bei der Untersuchung des οὐσία-Begriffs der *Kategorien*-Schrift, hat sich gezeigt, wie verzweigt die Bedeutung dieses Konzeptes ist und daß eine letztlich gültige Bestimmung selbst Aristoteles nahezu unmöglich scheint. A. Regenbogen und U. Meyer, die die οὐσία bezeichnenderweise unter dem Stichwort „Substanz"[173] bearbeiten, nennen die wesentlichen Bestimmungen mit Fundstellen und stellen gleichwohl zunächst (etwas despektierlich) fest: „Aristoteles (...) bringt es nicht zu einer festen abschließenden Definition der S(ubstanz, U.W.). Er nennt S(ubstanz, U.W.) (*ousia, hypokeimenon*) bald das Beharrende, den Träger der wechselnden Affektionen (*symbebēkota*) (*Anal. post.* I, 21, 83 a 24 ff.), bald das Selbständige (*Met.* VI, 3, 1029 a 8), bald die der Materie innewohnende Form (*Met.* IV, 8, 1017 b 25), bald das Wesentliche (*Met.* VI, 3, 1029 a 1), bald auch das Einzelding (*Kategorien* 5, 2 a 18). Er unterscheidet endlich auch drei S(ubstanzen, U.W.): die Materie, die Gestalt und das Produkt beider (*Met.* VI, 3, 1029 a 2)"[174]. Diese vielfältigen Schattierungen können – so muß aufgrund der systematischen Spannbreite angenommen werden – kaum (allein) der allmählichen Theorieentwicklung des Aristoteles zugeschrieben oder gar in ein Stufenschema dieser Entwicklung eingeordnet werden. Selbst M. Wundt, der beispielsweise vier Stufen der Begriffsentwicklung ausmacht[175], räumt immerhin ein, daß „dies von Stufe zu Stufe fortschreitende Ringen des Gedankens nicht vollendet ist (Umst., U.W.), ja keine der vier ist ganz und vollständig durchgebildet. Überall bleiben offene Fragen und Lücken in der Gedankenführung"[176]. Mehr als diese spekulative Annahme eines allmählichen Entwicklungsganges erschließt vor allem der jeweilige funktionale Rahmen den Bedeutungsspielraum des Begriffs, was sich sehr gut am *De ani-*

---

[171] Aristoteles, *Über die Seele*, a.a.O., S. 60.

[172] Aristoteles, *Von der Seele [Gigon]*, a.a.O., S. 285.

[173] Regenbogen, A. und Meyer, U. (Hrsg.): *Wörterbuch der philosophischen Begriffe*. Darmstadt 1998. S. 639-641.

[174] Regenbogen/Meyer, *Wörterbuch*, a.a.O., S. 640. – Ein umfassender Überblick, der ein breites Spektrum aristotelischer Texte in die Analyse miteinbezieht, findet sich bei Wundt, *Untersuchungen zur Metaphysik*, a.a.O., S. 58-79.

[175] Wundt, *Untersuchungen zur Metaphysik*, a.a.O., S. 77.

[176] Wundt, *Untersuchungen zur Metaphysik*, a.a.O., S. 78.

ma-Kontext ablesen läßt: [412a] „Wesen (Substanzen) scheinen am meisten die Körper zu sein, und von diesen die natürlichen; denn sie sind für das übrige Prinzipien. Von den natürlichen Körpern haben die einen Leben, die anderen haben es nicht. Leben nennen wir sowohl Ernährung, als auch Wachstum und Schwinden"¹⁷⁷. Aristoteles zielt hier also auf die Bestimmung der lebenden, natürlichen Körper¹⁷⁸ und auf das, was diese im eigentlichen Sinne ausmachen. Hierfür ist der οὐσία-Begriff spezifisch funktional.

Ein Blick in die *Metaphysik* illustriert die Diskussion, die Aristoteles durch seine Schriften hindurch führt, um sein – notwendig von vielen Seiten zugängliches – οὐσία-Konzept immer wieder erneut einzugrenzen, besonders plastisch. Zunächst knüpft er in *Metaphysik* VII an die *Kategorien*-Schrift an, wenn er feststellt: [1028a] „Das Seiende wird in mehreren Bedeutungen ausgesagt, wie wir früher in der Untersuchung über die mehrfachen Bedeutungen unterschieden haben. Denn es bezeichnet teils ein Was und Einzelnes (Dieses-da), teils daß etwas Qualitatives oder Quantitatives oder jedes von dem übrigen so Ausgesagten ist. Indem nun in so vielen Bedeutungen das Seiende bezeichnet wird, so ist offenbar von ihnen erstes Seiendes das Was, welches das Wesen (Substanz) bezeichnet"¹⁷⁹. Aristoteles erreicht jedoch diese Klärungsmöglichkeit des οὐσία-Konzepts nur durch eine Parallelstellung, die die bisherige Bearbeitung der Problematik in diesem zusammenbindet: [1028b] „Und die Frage, welche von alters her so gut wie jetzt und immer aufgeworfen und Gegenstand

---

¹⁷⁷ Aristoteles, *Über die Seele [Seidl]*, a.a.O., S. 61. – Vgl. dazu: [412a] „Daher ist wohl jeder natürliche Körper, der am Leben teilhat, ein Wesen (Substanz), und zwar im Sinne eines zusammengesetzten Wesens" (S. 61). – [412a] „Da er aber ein sogearteter Körper ist – denn er besitzt Leben –, dürfte der Körper nicht Seele sein; denn der Körper gehört nicht zu dem, was von einem Zugrundeliegenden (Substrat ausgesagt wird>, sondern ist vielmehr Zugrundeliegendes und Materie <selbst>" (S. 61). – [412a] „Notwendig also muß die Seele ein Wesen als Form(ursache) eines natürlichen Körpers sein, der in Möglichkeit Leben hat" (S. 61).

¹⁷⁸ Diese These wiederholt Aristoteles auch zu Beginn des zweiten Kapitels des siebten Buchs der *Metaphysik*: [1028b] „Es scheint nun das Wesen am offenbarsten den Körpern zuzukommen" (Aristoteles, *Metaphysik*, a.a.O., VII, S. 7).

¹⁷⁹ Aristoteles, *Metaphysik*, a.a.O., VII, S. 3-5. – Vgl. dazu: [1028a] „Das andere aber wird seiend genannt, insofern es an dem in dieser Bedeutung Seienden entweder eine Quantität oder eine Qualität, eine Affektion oder etwas anderes der Art ist" (S. 5). – [1028a] „Nun gebraucht man zwar das Wort Erstes in verschiedenen Bedeutungen, indes in jeder von ihnen ist das Wesen Erstes sowohl dem Begriff, wie der Erkenntnis und der Zeit nach. Denn von dem Seienden nach den übrigen Aussageweisen ist keines selbständig abtrennbar, sondern dieses allein. Und auch dem Begriff nach ist es Erstes. Denn in dem Begriff eines jeden Dinges muß der Begriff des Wesens enthalten sein" (ebd.).

des Zweifels ist, die Frage, was das Seiende ist, bedeutet nichts anderes als, was das Wesen ist"[180]. Der Stagirit zeigt hier nicht nur, daß er eine Thematik der Tradition in neuer Form wiederaufzunehmen bereit ist, sondern daß seine eigene Theorieentwicklung in diesem begriffshistorischen vorsokratischen und platonischen Kontext gesehen werden kann und muß. Wie schwer es ist, die daraus neu erwachsenden notwendigen Festlegungen und begrifflichen Strukturmuster jedoch einzuhalten und dauerhaft zu bestimmen, wird deutlich, wenn Aristoteles erst einmal – die begriffliche Tradition bereits verarbeitend bzw. hinter sich lassend – den ganzen Prospekt für ihn möglicher Bedeutungsvarianten öffnet: [1028b] „Wesen wird, wenn nicht in mehr (!, U.W.), so doch in vier Hauptbedeutungen ausgesagt. Denn das Sosein, das Allgemeine und die Gattung werden für das Wesen eines jeden gehalten, und dazu viertens das Zugrundeliegende"[181]. Die Klärung, welche dieser Möglichkeiten nun in welcher Form eine sinnvolle Bestimmung der οὐσία zuläßt, ist die Schwerpunktproblematik des siebten Buches (und auch des achten, das als spätere Schrift den Horizont des neunten zu Möglichkeit und Wirklichkeit bereits kennt bzw. einschließt[182]) der *Metaphysik*. Aristoteles nimmt zunächst zur Klärung der vierten Hauptbedeutung den Gedankengang der *Kategorien*-Schrift wieder auf und konstatiert, daß [1028b] „das Zugrundeliegende aber dasjenige ist (Umst., U.W.), von dem das übrige ausgesagt wird, das selbst aber nicht wieder von einem anderen ausgesagt wird"[183]. Schlägt er dann jedoch die Brücke zwischen dieser aussagenlogischen Bestimmung und der noch näher zu bestimmenden Statik des ontologischen Gerüsts, verliert die bisherige Definition an Eindeutigkeit: [1029a] „Als Zugrundeliegendes (Substrat) nun wird in gewisser Weise die Materie bezeichnet, in anderer Weise die Gestalt und drittens das aus beiden (Zusammengesetzte)"[184]. Leichter fällt die Parallelstellung zur ersten Hauptbedeutung: [1029b] „Zuerst nun wollen wir darüber einiges in begrifflicher Weise sagen, nämlich daß das Sosein für jedes Ding das ist, was (von ihm) an sich ausgesagt wird"[185]. Und in der Tat bildet die erste und vierte Hauptbedeutung auch den ei-

---

180 Aristoteles, *Metaphysik*, a.a.O., VII, S. 7.

181 Aristoteles, *Metaphysik*, a.a.O., VII, S. 9.

182 Vgl. Wundt, *Untersuchungen zur Metaphysik*, a.a.O., S. 72.

183 Aristoteles, *Metaphysik*, a.a.O., VII, S. 9. – Vgl. auch: [1029a] „Für jetzt ist nun also im allgemeinen Umriß bezeichnet, was etwa das Wesen ist, daß es nämlich das ist, was selbst nicht von einem Zugrundeliegenden (Subjekt), sondern wovon vielmehr das andere ausgesagt wird" (ebd.).

184 Aristoteles, *Metaphysik*, a.a.O., VII, S. 9.

185 Aristoteles, *Metaphysik*, a.a.O., VII, S. 13. – Vgl. dazu: [1030a] „Ein Sosein gibt es also von allen denjenigen, deren Begriff Definition ist. Eine Definition aber gibt es nicht überall da, wo überhaupt ein Name mit einem Begriff dasselbe bezeichnet (sonst würden ja

gentlichen Schwerpunkt des οὐσία-Konzepts, ein Umstand, den Aristoteles nicht einfach postuliert, sondern genau analysiert und auch darin zweifellos enthaltene Aporien bearbeitet.[186] Immer geschieht dies auch unter der erkenntnistheoretischen Perspektive, denn [1031b] „Wie nun aus diesen Gründen jedes einzelne Ding und sein Sosein eins und dasselbe ist, nicht bloß in akzidenteller Weise, so auch darum, weil ein Ding erkennen heißt, sein Sosein erkennen"[187]; und des häufigeren verweist Aristoteles nicht nur auf bislang vorgenommene Untersuchungen des Gegenstandes[188], sondern stellt sich die Definitionsaufgabe zunächst erneut[189], um dann wieder grundlegende Fragestellungen zu erörtern.[190] Erst nach sorg-

---

alle Begriffe Definitionen sein; denn es würde für jeden beliebigen Begriff einen gleichbedeutenden Namen geben, so daß auch die Ilias eine Definition wäre), sondern wo er Begriff eines Ersten ist" (S. 15). – [1030a] „Doch es wird wohl die Definition wie auch das Was in mehreren Bedeutungen gebraucht. Denn das Was bezeichnet in der einen Bedeutung das Wesen und das einzelne Etwas, in einer anderen ein jedes der Prädikate, Quantitatives, Qualitatives und was sonst der Art ist. Wie nämlich das Sein allen zukommt, aber nicht auf gleiche Weise, sondern den einen in ursprünglicher, den anderen in abgeleiteter Weise, so kommt auch das Was schlechthin dem Wesen zu, in gewissem Sinne aber auch den anderen. Denn auch bei dem Qualitativen würden wir fragen, was es ist, so daß auch das Qualitative ein Was ist, aber nicht ein Was schlechthin" (S. 15-17).

186 Vgl. dazu: [1031a] „Hieraus ist also klar, daß die Wesensdefinition der Begriff des Soseins ist, und daß es das Sosein entweder allein oder vorzugsweise und zuerst und schlechthin von den Wesen gibt. Ob aber jedes einzelne Ding mit seinem Sosein identisch ist oder verschieden, muß untersucht werden, weil dies für die Untersuchung des Wesens förderlich ist; denn jedes einzelne Ding gilt für nichts anderes als für sein eigenes Wesen und das Sosein wird eben als das Wesen jedes einzelnen bezeichnet" (S. 21).

187 Aristoteles, *Metaphysik*, a.a.O., VII, S. 23. – Vgl. dazu: [1037b] „Ferner ist erörtert, daß das Sosein und das Einzelne selbst in manchen Fällen dasselbe sind, wie bei den ersten Wesen, z. B. Hohl-heit und Hohlheit-sein, wenn dies ein erstes Wesen ist (ich nenne aber erstes Wesen dasjenige, welches nicht insofern ausgesagt wird, als es etwas an einem anderen ist und an einem Zugrundeliegenden als Stoff); wo aber etwas als Stoff bezeichnet wird oder als zusammengefaßt mit dem Stoff, da sind sie (Sosein und Einzelnes) nicht dasselbe, noch auch da, wo etwas nur im akzidentellen Sinne Eines ist, wie Sokrates und Gebildet; denn dies ist nur akzidentellerweise dasselbe" (S. 55).

188 Vgl. dazu: [1037b] „Nun wollen wir zunächst von der Wesensdefinition handeln, insoweit dieser Gegenstand nicht schon in den *Analytiken* erörtert ist" (Aristoteles, *Metaphysik*, a.a.O., VII, S. 55).

189 Vgl. dazu: [1038b] „Da die Untersuchung von dem Wesen handelt, so wollen wir wieder zurückgehen. Es wird nämlich als Wesen sowohl das Zugrundeliegende bezeichnet und das Sosein und das aus beiden Zusammengesetzte wie auch das Allgemeine" (Aristoteles, *Metaphysik*, a.a.O., VII, S. 59).

190 Vgl. dazu: [1038b] „Nun sind auch manche der Ansicht, daß das Allgemeine vor allem Ursache und Prinzip sei" (Aristoteles, *Metaphysik*, a.a.O., VII, S. 59) – [1038b] „Denn die Dinge, deren Wesen eines und deren Sosein eines ist, sind selbst Eines" (S. 61) – [1040b] „Denn das Wesen kommt keinem anderen zu als ihm selbst und dem, welches das Wesen hat, dessen Wesen es ist" (S. 71).

fältiger Beweisführung kommt er dann am Ende des 16. Kapitels des VII. Buches zu dem Ergebnis, daß in der Tat die zweite und dritte Hauptbedeutung aus den möglichen Bestimmungen der οὐσία auszuschließen sind:

> [1040b] „Daher ist denn offenbar, daß kein Allgemeines neben dem Einzelnen selbständig existiert, und diejenigen, welche die Ideen annehmen, haben in einer Hinsicht recht, nämlich daß sie dieselben selbständig hinstellen, sofern sie Wesen sind, dagegen in einer anderen Hinsicht haben sie nicht recht, daß sie das Eine, das vielem gemeinsam ist, als Idee setzen"[191].

Solche begrifflichen Sondierungen sind für Aristoteles keine abstrakten Reflexionen ohne Aufweis am konkreten Problem. In diesem Falle zeigt er u.a. am Beispiel der ‚Gestirne', die doch ewig und notwendig da seien, egal, ob sie nun erkannt wären oder nicht, daß es „also offenbar ist, daß nichts Allgemeines Wesen ist, und kein Wesen aus Wesen besteht (Umst., U.W.)"[192].

Wirkt dieser Ausschluß der zweiten und dritten Hauptbedeutung über lange Strecken des VII. Buches noch häufig wenig apodiktisch, fällt das Urteil im VIII. Buch vollkommen eindeutig aus. Aristoteles nimmt zunächst das Problem wieder auf und merkt an, daß [1042a] „nach eigentümlicher Ansicht dagegen manche als Wesen die Ideen und die mathematischen Dinge setzen (Umst., U.W.). Anderes ergibt sich als Wesen aus der Untersuchung, nämlich das Sosein und das Zugrundeliegende. Ferner ergibt sich aus einer anderen Betrachtung, daß die Gattung mehr Wesen ist als die Arten, und das Allgemeine mehr als das Einzelne"[193]. Nach erneuter Untersuchung des Gegenstandes kommt er schließlich zu dem Schluß, daß im Grunde [1042a] „weder das Allgemeine noch die Gattung Wesen ist (Umst., U.W.)"[194]. Daß diese eindeutige Bestimmung (ἔστι τοίνυν οὔτε τὸ καθόλου οὐσία οὔτε τὸ γένος[195]) möglich wird[196], hängt u.a. damit zusammen, daß Aristoteles hier schon – die bisherige Untersuchung resümierend – verstärkt mit dem Stoff-Form- und Möglichkeits-Wirklichkeits-Muster agiert:

---

[191] Aristoteles, *Metaphysik*, a.a.O., VII, S. 73. – Der Gedankengang wird in modifizierter Form im IX. Buch noch einmal erneut angeführt: [1049a] „Denn dadurch unterscheiden sich das Allgemeine und das Zugrundeliegende, daß es ein einzelnes Etwas ist oder nicht. Das Subjekt z. B. für die Affektionen ist Mensch und Körper und Seele, Affektion aber ist gebildet, weiß" (Aristoteles, *Metaphysik*, a.a.O., IX, S. 121-123).

[192] Aristoteles, *Metaphysik*, a.a.O., VII, S. 73.

[193] Aristoteles, *Metaphysik*, a.a.O., VIII, S. 79.

[194] Aristoteles, *Metaphysik*, a.a.O., VIII, S. 81.

[195] Aristoteles, *Metaphysik*, a.a.O., VIII, S. 80.

[196] Vgl. dazu: [1042a] „Da aber das Sosein Wesen ist, und sein Begriff Wesensdefinition, so sind auch über die Wesensdefinition und das An-sich nähere Bestimmungen gegeben" (Aristoteles, *Metaphysik*, a.a.O., VIII, S. 79).

[1042a] „Jetzt aber wollen wir auf die allgemein anerkannten Wesen eingehen. Dies sind die sinnlichen; die sinnlichen Wesen aber haben alle einen Stoff. Wesen aber ist das Zugrundeliegende, in einem Sinne der Stoff (unter Stoff verstehe ich nämlich dasjenige, was, ohne der Wirklichkeit nach ein bestimmtes Etwas zu sein, doch der Möglichkeit nach ein bestimmtes Etwas ist), in anderem Sinne der Begriff und die Gestalt, welche als ein individuell bestimmtes Etwas dem Begriff nach abtrennbar ist. Ein Drittes ist das aus beiden Hervorgehende, bei dem allein Entstehen und Vergehen stattfindet und welches schlechthin selbständig abtrennbar ist; denn von den begrifflichen Wesen sind einige selbständig abtrennbar, andere nicht"197.

Diese Konstruktion bereitet neben der Möglichkeit, die οὐσία auf Aspekte ihres inneren Bauprinzips zu beziehen und damit neben der Erweiterung bzw. Weiterentwicklung des Begriffskonzepts u.a. auch Erklärungspotential auf dem Wege der Konkretisierung einzusammeln, jedoch auch neue Schwierigkeiten:

[1042b] „Da aber das Wesen, welches als Substrat und Stoff besteht, allgemein anerkannt wird, und dies das dem Vermögen nach existierende Wesen ist, so bleibt uns noch übrig zu sagen, welches denn das der Wirklichkeit nach bestehende Wesen der sinnlichen Dinge ist"198.

Ich werde später genauer auf diese Problematik, die exakt im Umfeld des ‚Wirklichkeits'-Begriffs, der ἐνέργεια, angesiedelt ist, ja diesen als ihre innere Konsequenz generiert, eingehen. Aristoteles ist sich der damit verbundenen Schwierigkeiten durchaus bewußt199, kommt aber schließlich nicht zu *dem*, sondern immerhin zu *einem* möglichen Schluß, den das οὐσία-Konzept zuläßt, daß nämlich [1043b] „das Sosein der Art-Form

---

197 Aristoteles, *Metaphysik*, a.a.O., VIII, S. 81. – Vgl. dazu: [1070a] „Der Wesen aber sind drei: erstens der Stoff, welcher dem Scheine nach ein bestimmtes Etwas ist (denn was nur in äußerster Berührung, nicht durch Zusammenwachsen zusammenhängt, ist Stoff und Zugrundeliegendes); zweitens die Natur (Wesen), das Bestimmte, zu welcher etwas wird, und eine gewisse Haltung, drittens das daraus hervorgehende einzelne Wesen, z. B. Sokrates, Kallias" (Aristoteles, *Metaphysik*, a.a.O., XII, S. 239-241).

198 Aristoteles, *Metaphysik*, a.a.O., VIII, S. 83.

199 Vgl. [1043a] „Hieraus ist denn offenbar, was das sinnliche Wesen ist und in welcher Weise es besteht; das eine nämlich als Stoff, das andere als Art-Form und Wirklichkeit; das dritte Wesen ist das aus beiden hervorgehende.
Man darf aber nicht unbemerkt lassen, daß es zuweilen zweifelhaft ist, ob ein Name das zusammengesetzte (konkrete) Wesen bezeichnet oder die Wirklichkeit und die Art-Form, z. B. ob Haus das verbundene Ganze bezeichnet, nämlich eine aus so und so liegenden Ziegeln und Steinen gemachte Bedeckung, oder nur die Wirklichkeit und die Form, nämlich eine Bedeckung, und ob Linie bezeichnet Zweiheit in der Länge oder Zweiheit, und ob Lebewesen bezeichnet Seele in einem Körper oder Seele" (Aristoteles, *Metaphysik*, a.a.O., VIII, S. 87).

und der Wirklichkeit zukommt (Umst., U.W.)"[200]. Erst am Anfang vom
1. Kapitel des IX. Buchs der *Metaphysik* wird unmißverständlich deutlich,
daß Aristoteles die Voraussetzungen für einen solchen Schritt nun als bewiesen ansieht, denn [1045b] „Über das nun, was im eigentlichen Sinne
seiend ist und worauf alle anderen Aussageweisen (Kategorien) des Seienden zurückgeführt werden, ist gehandelt worden, nämlich über das Wesen"[201].

Es mag zunächst irritieren, daß Aristoteles in unserer Leitpassage aus
De anima doch den Gattungsbegriff verwendet (γένος ἔν τι τῶν ὄντων).
Es ist aber deutlich geworden, daß dies nicht uneingeschränkt in dem eindeutigen Sinne geschieht, der in der *Kategorien*-Schrift noch als möglich
dargestellt worden war und in der *Metaphysik* nun explizit ausgeschlossen wird. Aristoteles leitet in der Passage von περὶ ψυχῆς in erster Linie
eine Definition ein, die er im Kontext der Seelenkunde auch als solche
verstanden wissen will und als bekannt und gegeben voraussetzen muß.
Wie der οὐσία- ist auch der γένος-Begriff an dieser Stelle vor allem funktional zu verstehen. Das aber, worauf es Aristoteles ankommt, das innere
Bauprinzip von ‚Wirklichkeit‘, folgt im Satz erst noch nach und wird für
seine Klärung begrifflich in die beiden Perspektiven ‚Wie etwas ist‘ und
‚Wie etwas entsteht‘ auseinandergelegt. Beide Blickwinkel gehören jedoch
immer – gerade wegen der Klammerfunktion des οὐσία-Konzeptes – untrennbar zusammen, ihre argumentative Trennung bei Aristoteles und
auch in der vorliegenden Studie verfolgt den Zweck, die in Frage stehenden Aspekte anschaulich zu trennen, die innere Struktur beschreibbar zu
machen, um schließlich die damit zusammenhängenden Probleme differenziert untersuchen zu können.

Bevor dem nun näher nachgegangen wird, sei noch in groben Zügen die
Problematik des οὐσία-Konzepts vor allem in der *Metaphysik* anhand des
Forschungsstandes zum Thema grob zusammengefaßt. Die doppelte Ausrichtung des Konzeptes auf das konkrete Sosein einerseits und auf die Bestimmung als Zugrundeliegendem, von dem etwas ausgesagt werden
kann, lädt das Konzept mit der Spannung auf, die sowohl seine letztliche
Unbestimmtheit wie sein theoretisches Potential ausmachen. C. Rapp formuliert dies folgendermaßen:

> „Auf der einen Seite verweist der Aspekt der selbständigen Existenz sowie
> das Kriterium, Subjekt (*hypokeimenon*) für alles andere, aber nicht selbst in
> einem Subjekt zu sein, in die Richtung der konkreten Einzeldinge (und damit
> in die Richtung der *Cat.*-Theorie), auf der anderen Seite ist für Aristoteles in

---

[200] Aristoteles, *Metaphysik*, a.a.O., VIII, S. 87.
[201] Aristoteles, *Metaphysik*, a.a.O., IX, S. 101.

der *Metaphysik* klar, daß die vergänglichen Einzelsubstanzen ihr So-und-so-
bestimmt-sein sowie ihre Erkennbarkeit dem formalen und überindividuel-
len Aspekt an ihnen (...) verdanken und deshalb nicht selbst als Seins- und
Erklärungsgrund alles Seienden (...) angesehen werden können"[202].

Eben diesen Zusammenhang immer wieder neu zu klären und zu differenzieren, diese – letztlich unaufgelöste – Problemstellung bestimmt den
aristotelischen Gedankengang in der *Metaphysik* und hat als Ergebnis ein
offenes Konzept der ‚Wesenbestimmung', das gestattet, theoretisch-onto-
logische Klammer zu sein für die Welt der Wirklichkeit und deren Erkennbarkeit schlechthin. Die Forschungsliteratur ist dementsprechend
uneins, wo die entscheidenden Spezifizierungen zu suchen und vor allem
auch, wie diese zu gewichten sind. Eine Position hat – ich folge der Darstellung C. Rapps, der seinem Forschungsüberblick auch entsprechende
Literaturangaben an die Seite stellt[203] – zu bedenken gegeben, daß die von
Aristoteles selbst provozierten „gegensätzlichen Anforderungen"[204] an
das οὐσία-Konzept zu Zweifeln berechtigen, ob diese „überhaupt in einer
kohärenten Theorie erfüllt werden können oder ob sie zusammen zu einem unauflösbaren Dilemma oder Widerspruch führen"[205]. Eine andere
Position ist der Ansicht, daß Aristoteles in den *Metaphysik*-Büchern nicht
Theoriebildung, sondern Aporien-Studium betrieben habe[206], eine Annahme, die – wird sie nicht als Hauptperspektive deklariert und damit
überlastet – sicherlich nicht ganz unberechtigt ist. Unterstellt man jedoch
zumindest in der *Metaphysik* eine weitgehend konsistente Theorie, ergeben sich bereits in dieser Hinsicht drei weitere Positionen: „Die erste dieser Positionen ist dadurch charakterisiert, daß sie im Grunde an der *Cat.*-
Theorie, nämlich an einer Ontologie der konkreten Einzeldinge bei
gleichzeitiger Hervorhebung des Artprädikats (der zweiten Substanz der
Cat.), festhält"[207]. Die zweite Position steht dem fast konträr gegenüber,
sie kommt „der Auffassung Platons am nächsten"[208] und „negiert die Ein-
zeldingontologie der *Cat.* ganz (Umst., U.W.)"[209], womit „die vollständi-

---

[202] Rapp, „Einleitung", a.a.O., S. 22.
[203] Vgl. Rapp, „Einleitung", a.a.O., S. 22. – Siehe dort auch die angegebene Literatur, die bis
      in die Mitte der 90er Jahre reicht. Einen Überblick über die entsprechenden Positionen
      bis zum Ende der 80er Jahre bietet auch H. Steinfath in *Selbständigkeit und Einfachheit*,
      a.a.O.
[204] Rapp, „Einleitung", a.a.O., S. 22.
[205] Ebd.
[206] Vgl. Rapp, „Einleitung", a.a.O., S. 22-23.
[207] Rapp, „Einleitung", a.a.O., S. 23.
[208] Rapp, „Einleitung", a.a.O., S. 24.
[209] Ebd.

ge Realität dem *eidos* als dem untersten Allgemeinen"[210] zugesprochen wird. „Eine dritte Position schließlich hält – im Unterschied zur erstgenannten – daran fest, daß die unterschiedlichen Anforderungen an die Substanz von ein und demselben Kandidaten eingelöst werden können. Doch komme dafür überhaupt kein Allgemeines – auch nicht das unterste Allgemeine – in Frage, sondern nur ein individuelles *eidos*"[211]. Ganz offensichtlich spielt also der Begriff des εἶδος in der Frage der inneren Struktur des οὐσία-Konzeptes eine wesentliche Rolle. Er wird daher in der Sichtung des Bauprinzips der aristotelischen Ontologie, der Perspektive ‚Wie etwas ist‘, im Mittelpunkt stehen müssen.

9.2 ὕλη, μορφή, εἶδος: Wie etwas ist

Vor allem mit Hilfe der drei begrifflich markierten Größen ὕλη, μορφή und εἶδος beschreibt Aristoteles das Strukturprinzip des Seienden als das, was es in welcher inneren Ordnung ist. Ich werde diese Ordnung anhand der *De anima*-Textstelle im einzelnen durchgehen und dabei die bisherigen Überlegungen in Rechnung stellen.

Zunächst zur ὕλη, ein Terminus, der am ehesten mit dem deutschen Wort ‚Materie‘[212] übersetzt werden kann. Aristoteles schreibt:

..., ταύτης δὲ τὸ μὲν ὡς ὕλην, ὃ καθ' αὑτὸ μὲν οὐκ ἔστι τόδε τι, ...[213]

„..., und von dieser als das eine die Materie, die an sich keinerlei Bestimmtheit hat ..."[214].

Materie wird also als ein Aspekt dessen bestimmt, was ‚Wesenheit‘ ist.[215] Diese ‚Materie‘ bzw. den ‚Stoff‘ beschreibt Aristoteles nun als etwas, was

---

[210] Ebd.

[211] Ebd.

[212] Düring plädiert dafür, den Terminus ὕλη nicht mit Materie zu übersetzen, sondern mit ‚Stoff‘, weil damit dessen grundständige Verfaßtheit als Relationsbegriff besser ausgedrückt sei (vgl. Düring, *Aristoteles*, a.a.O., S. 31).

[213] Aristoteles, *Über die Seele*, a.a.O., S. 60.

[214] Aristoteles, *Von der Seele [Gigon]*, a.a.O., S. 285.

[215] Als Teil der ‚Wesenheit‘ ist sie jedoch immer von anderen Aspekten abhängig. Vgl. dazu: [1035a] „Wenn nun eines Materie ist, ein anderes Form, ein anderes deren Vereinigung, und Wesen sowohl die Materie ist wie die Form und das aus beiden Zusammengesetzte, so kann in einer Hinsicht die Materie Teil von etwas genannt werden, in anderer nicht, sondern nur dasjenige, woraus der Begriff der Art-Form besteht" (Aristoteles, *Metaphysik*, a.a.O., VII, S. 41).

„an sich keinerlei Bestimmtheit hat"[216]. Materie ist kein ‚Dieses-Da', ist also das genaue Gegenteil von unserem heutigen dinglichen Verständnis. Sie ist nicht nur prinzipiell unerkennbar[217], es kann auch eine ὕλη von Dingen geben, die gar nicht sinnlich in Erscheinung treten[218], eine Möglichkeit, die ihre Fundierung in der Feststellung des Aristoteles im 11. Kapitel des VII. Buches der *Metaphysik* erfährt, daß [1037a] „nämlich die Materie zum Teil eine wahrnehmbare, zum Teil eine denkbare (intelligible) ist (Umst., U.W.)"[219]. In Abgrenzung von der demokriteischen Atome-Lehre beschreibt Aristoteles die Materie als „unbestimmtes Kontinuum"[220], gerade „weil Materie nichts Bestimmtes sondern in letzter Analyse Unbestimmbarkeit ist"[221]. Nun entsteht folgendes Problem: Aristoteles fragt sich, wie wir gesehen haben, vor allem nach dem Charakter der Bewegung (κίνησις), die er als *das* Grundphänomen der Natur schlechthin annimmt. Der Stoff allein kann sich jedoch nicht in Bewegung setzen[222]. Dies kommt besonders in der Konzeption der Seele als Prinzip der bewegten Körper, also dem Kontext von *De anima*, zum Ausdruck. ὕλη ist niemals allein und für sich genommen Körper. Die Bewegung muß daher ontologisch als Kontinuum begriffen werden, weil alles, was Natur ist, immer prinzipiell aus Materie besteht. Wenn dies aber so ist, so kann man G. Picht folgen, „müssen Materialität und Kontinuum zusammenhängen"[223], weil „alles, was in der Natur ist, ‚im' Kontinuum"[224] ist. Materie ist demnach (nur) in ihrer Unbestimmtheit Kontinuum ohne Bewegung, kein konkretes Etwas, nichts Dingliches im sinnlichen Verständnis[225]. Diese ontologische Unbestimmtheit drückt sich für Ari-

---

[216] Aristoteles, *Von der Seele [Gigon]*, a.a.O., S. 285.

[217] Vgl. dazu: [1036a] „Die Materie ist an sich unerkennbar" (Aristoteles, *Metaphysik*, a.a.O., VII, S. 47).

[218] Vgl. dazu: [1036b/1037a] „Doch vielleicht macht dies keinen Unterschied; denn auch von manchem, was nicht sinnlich ist, kann es einen Stoff geben, und überhaupt findet sich ein Stoff bei allem, was nicht ein Sosein und eine Art-Form an sich, sondern ein individuelles Etwas ist" (Aristoteles, *Metaphysik*, a.a.O., VII, S. 51).

[219] Aristoteles, *Metaphysik*, a.a.O., VII, S. 51-53.

[220] Picht, *Aristoteles' De anima*, a.a.O., S. 273.

[221] Ebd.

[222] Vgl. dazu: [1071b] „Denn es kann ja doch der Stoff nicht sich selbst in Bewegung setzen, sondern dies tut die Baukunst, und ebensowenig kann die Menstruation oder die Erde sich selbst bewegen, sondern das tut der Same oder der Keim" (Aristoteles, *Metaphysik*, a.a.O., XII, S. 251).

[223] Picht, *Aristoteles' De anima*, a.a.O., S. 273.

[224] Ebd.

[225] Diese Unbestimmtheit hin auf die konkreten Dinge kommt auch im Hinweis des Aristoteles zum Vorschein, daß aus verschiedenem Stoff durchaus dasselbe entstehen kann: [1044a] „Wo aber dasselbe aus verschiedenem Stoff hervorgehen kann, da muß notwendig

stoteles logisch auch darin aus, daß die Materie nicht durch Aussagen bestimmt werden kann.[226] Im Kontext des immerwährenden Entstehens
(γένεσις) und Vergehens (φθορά) der Natur (φύσις) ist der Stoff (ὕλη) dasjenige, aus dem etwas wird.[227] Die prinzipielle Vorhandenheit der ὕλη garantiert, daß überhaupt etwas da ist, aus dem etwas entstehen kann[228], sie
ist damit die ontologische Bürgschaft von Wirklichkeit überhaupt. In dieser Rolle ist sie schon von vornherein zur Veränderung bestimmt, [1033a]
„denn das Werdende muß werden, indem sich dabei dasjenige, woraus es
wird, verändert, aber nicht bleibt"[229]. Die ὕλη ist jedoch nicht nur Option
des Werdens, sondern *indirekt* auch Garant von Individualität,
[1036b/1037a] „denn auch von manchem, was nicht sinnlich ist, kann es
einen Stoff geben, und überhaupt findet sich ein Stoff bei allem, was nicht

---

die Kunst und das bewegende Prinzip dasselbe sein; denn wäre sowohl der Stoff als auch
das Bewegende verschieden, so würde es auch das daraus Gewordene sein" (Aristoteles,
Metaphysik, a.a.O., VIII, S. 93).

[226] Vgl. dazu: [1029a] „Ich nenne aber Materie das, was an sich weder als etwas noch als
Quantitatives, noch durch irgendeine andere der Aussageweisen bezeichnet wird, durch
welche das Seiende bestimmt ist" (Aristoteles, *Metaphysik*, a.a.O., VII, S. 11). – Dies wiederum hält W. Wieland im Rahmen seines problematischen Interpretationsansatzes, der
die Prinzipien des Aristoteles nur als sprachliche Reflexions- und Funktionalbegriffe verstehen will, als *Ganzes* für ein reines ‚Sprachproblem'. In bezug auf die Kontinuitätsana-
lyse der *Physik* merkt er an, daß diese „nach nichts anderem als nach der Struktur des
Vorverständnisses" (Wieland, *Die aristotelische Physik*, a.a.O., S. 279) frage, „das wir bei
jeder Aussage über natürliche Dinge und ihre Bewegungen schon mitbringen" (ebd.).

[227] Vgl. dazu: [1015a] „Natur aber ist einerseits der erste Stoff (...), andererseits die Form
und die Wesenheit; dies ist aber der Zweck des Werdens. In übertragenem Sinne nennt
man nun auch überhaupt jedes Wesen Natur auf Grund von dieser, weil die Natur ein
Wesen ist" (Aristoteles, *Metaphysik*, a.a.O., V, S. 191) – [1032a] „Das natürliche Werden
nun ist dasjenige, welches aus der Natur hervorgeht; dasjenige, woraus etwas wird, ist
nach unserem Ausdruck der Stoff, das, wodurch es wird, ist etwas von Natur Seiendes,
dasjenige, was es wird, ist Mensch, Pflanze oder sonst etwas von dem, was wir im strengsten Sinne als Wesen bezeichnen. Alles aber, was wird, sei es durch Natur, sei es durch
Kunst, hat einen Stoff; denn ein jedes Werdende hat die Möglichkeit sowohl zu sein als
auch nicht zu sein, und das ist in einem jeden der Stoff" (Aristoteles, *Metaphysik*, a.a.O.,
VII, S. 27).

[228] Vgl. dazu: [1032b/1033a] „Es ist also, wie man gewöhnlich sagt, unmöglich, daß etwas
werde, wenn nicht schon etwas vorher vorhanden war. Daß also ein Teil notwendig vorhanden sein muß, ist erkennbar; denn der Stoff ist ein Teil, er ist in dem Werdenden vorhanden und er wird. Aber auch von dem im Begriff Enthaltenen muß etwas vorher vorhanden sein. So geben wir bei den ehernen Kreisen auf beide Weisen an, was sie sind,
sowohl indem wir den Stoff bezeichnen, daß es Erz ist, als auch die Form, daß es eine
solche Figur ist, und dies ist die erste Gattung, in welcher es gesetzt wird. Der eherne
Kreis enthält also in seinem Begriffe den Stoff" (Aristoteles, *Metaphysik*, a.a.O., VII, S.
31).

[229] Aristoteles, *Metaphysik*, a.a.O., VII, S. 31.

ein Sosein und eine Art-Form an sich, sondern ein individuelles Etwas ist"[230].

Ursächlich für Individualität ist sie jedoch nur in einer ganz bestimmten Weise, eine Differenzierung, die deutlich wird, wenn man danach fragt, wie eigentlich aus der Bewegung des Kontinuums heraus das ‚Etwas' – zunächst als schlichte ontologische Entität verstanden – entsteht. Aristoteles konstruiert dafür einen doppelten begrifflichen ‚Konterpart' zur ὕλη, ein Unternehmen, das auf den zweiten Blick doch eher noch als ein äußerst differenziertes und vielfach verwobenes Dreiecksverhältnis verstanden werden muß. Er sagt: Die Materie muß sich in Gestalt und Form verwirklichen.[231] Aristoteles fährt für diese Bestimmung in der *De anima*-Passage fort:

..., ἕτερον δὲ μορφὴν καὶ εἶδος, καθ᾽ ἣν ἤδη λέγεται τόδε τι, ... [232]

„... als das zweite die Gestalt und Form, auf Grund derer etwas ein Bestimmtes heißt, ..."[233]

Aus der Materie wird also in der Gestalt erst ein konkret Wahrnehmbares und damit ein als solches auch Benennbares. Dies meint der Begriff μορφή. Die Gestalt ist der Aspekt der οὐσία, den wir sinnlich wahrnehmen können. Nehmen wir als Beispiel einen Tisch. Hier ist das Holz die Materie[234], der vollendete Tisch ist die Bezeichnung für die konkrete, verwirklichte Gestalt. Der Hinweis, daß Gestalt und vor allem die Form etwas seien, aufgrund derer etwas Bestimmtes heiße, zeigt den systemati-

---

[230] Aristoteles, *Metaphysik*, a.a.O., VII, S. 51. – Vgl. dazu: [1044a] „Mehrere Stoffe desselben Dinges ergeben sich dann, wenn der eine der Stoff des anderen ist; z. B. der Schleim entsteht aus Fettigem und Süßem, wenn das Fettige aus dem Süßen entsteht: aus Galle aber entsteht Schleim, insofern die Galle in ihren ersten Stoff aufgelöst wird" (Aristoteles, *Metaphysik*, a.a.O., VIII, S. 93) – [1049a/1049b] „Und es ist ganz recht, daß man nach dem Stoff und den Affektionen etwas nicht als dieses selbst, sondern als nach oder aus diesem bezeichnet; denn beides, Stoff und Affektion, ist etwas Unbestimmtes" (Aristoteles, *Metaphysik*, a.a.O., IX, S. 123).

[231] C. v. Bormann, W. Franzen, A. Krapiec und L. Oeing-Hanhoff weisen darauf hin, daß Aristoteles das Begriffspaar ‚Stoff-Form' in die Philosophie eingeführt hat (vgl. Bormann, C. v. u.a. : „Form und Materie (Stoff)". In: Ritter, *Historisches Wörterbuch*, a.a.O., S. 977-1030 [Bd. 2], hier: S. 978). – Zum Verhältnis von ὕλη und εἶδος vgl. auch Viertel, *Der Begriff der Substanz*, a.a.O., S. 420-427.

[232] Aristoteles, *Über die Seele*, a.a.O., S. 60.

[233] Aristoteles, *Von der Seele [Gigon]*, a.a.O., S. 285.

[234] Dieses u.a. von Aristoteles des häufigeren verwendete Beispiel beschreibt das Problem auch deswegen treffend, weil ὕλη neben seiner Bedeutung ‚Materie' bzw. ‚Stoff' in erster Bedeutung auch ‚Wald', ‚Holz', ‚Gesträuch', ‚Reisig', ja sogar ‚gefälltes Holz', ‚Rohmaterial an Holz', ‚Bauholz' bezeichnen kann.

schen Zusammenhang, in dem die Begriffe immer wieder genannt werden, und zwar in dem des Aussagecharakters der οὐσία. Die Frage nach der Gestalt eines Dinges öffnet den Weg zur Frage nach seiner Bezeichnung, bei der Gestalt nach der Bezeichnung als Bezeichnung des sinnlich Wahrnehmbaren.

Aristoteles gebraucht in diesem Zusammenhang aber bewußt zwei verschiedene Wörter: Gestalt und Form. Außer der konkret wahrnehmbaren Gestalt als Bezeichnungsindex des Seienden selbst gibt es noch einen zweiten Aspekt, der sich im sinnlich Wahrnehmbaren integriert verwirklicht: das εἶδος. Das εἶδος ist neben der ἐντελέχεια der vielleicht schillerndste Begriff der aristotelischen Ontologie überhaupt. Eine einfache Übersetzung scheint kaum möglich. *Ohne* die Spezifikationen des Aristoteles reichen die Übersetzungsmöglichkeiten des griechischen Wortes vom Begriffsspektrum der μορφή (,Äußeres', ,Aussehen', ,Gestalt', ,Form') über ,Urbild', ,Idee', ,Begriff' bis hin zu ,Art einer Gattung' oder ,Art eines Verfahrens', ,Beschaffenheit' und ,Gattung' überhaupt. ,Art-Form' bis hin zu ,innerer Form' sind die dem aristotelischen Konzept wohl am meisten entgegenkommenden Übersetzungsmöglichkeiten. Sie induzieren, daß hier das innere Strukturprinzip der οὐσία schlechthin angesprochen ist.

Um die etwas schwierige Unterscheidung des Aristoteles zwischen Gestalt und Form, zwischen μορφή und εἶδος, zu erläutern, sei zunächst die Nacherzählung eines aristotelischen Beispiels aus der *Metaphysik* referiert. G. Picht läßt in dieser die Strukturen des Prozesses des Hervorbringens besonders deutlich hervortreten:

> „Ein Schmied macht einen Reif aus Erz; das Erz ist an diesem Seienden das Moment der Materie. Das εἶδος ist die mathematische Figur des Kreises. Bevor der Schmied an die Arbeit geht, hat er Beides getrennt vor Augen: auf der einen Seite das Erz, auf der anderen Seite die mathematische Figur. Er formt das Erz so, daß in ihm die Gestalt der mathematischen Figur zur Erscheinung kommt"[235].

Die ὕλη wird also so geformt, daß in ihr die μορφή des εἶδος verwirklicht wird. Oder, wie Picht es formuliert: „Der Reif ist die μορφή, der Kreis das εἶδος"[236]. Mit der auch in der Aristoteles-Forschung allzu häufig mar-

---

[235] Picht, *Aristoteles' De anima*, a.a.O., S. 275. – Picht merkt illustrierend an, daß, würde man einen Mathematiker zur Differenz von μορφή und εἶδος befragen, dieser darauf hinweisen würde, daß „die Gestalt, weil sie im Medium des sinnlich Wahrnehmbaren zur Erscheinung kommt, nur ein gebrochenes Abbild der reinen geometrischen Figur des εἶδος" ist (S. 276).

[236] Picht, *Aristoteles' De anima*, a.a.O., S. 275.

ginalisierten Unterscheidung zwischen μορφή und εἶδος ist eine Differenzierung gekennzeichnet, die nicht nur den Kern aristotelischen Denkens trifft, sondern die bei der Analyse der Humboldtschen Sprachtheorie eine zentrale Rolle spielen wird.

Ein Blick in die aristotelische Argumentation selbst bestätigt den von Picht projektierten Interpretationsansatz. Λέγω δὲ τὴν μὲν ὕλην οἶον τὸν χαλκόν, τὴν δὲ μορφὴν τὸ σχῆμα τῆς ἰδέας [1029a] „Ich verstehe aber unter Materie z. B. das Erz, unter Gestalt die Figur seiner Form"[237]. Daß Aristoteles hier den Terminus ἰδέα verwendet, zeigt bereits, daß die Sichtweise des aristotelischen εἶδος nur auf platonischem Hintergrund und einer kritischen Absetzung von diesem zu verstehen ist.[238] Auch ἰδέα heißt, läßt man die platonischen und aristotelischen Spezifikationen erst einmal beiseite, zunächst ‚Ansehen‘, ‚Aussehen‘, ‚Äußeres‘, ‚Gestalt‘, dann ‚Beschaffenheit‘, ‚Art und Weise‘, schließlich ‚Meinung‘, ‚Vorstellung‘, ‚Urbild‘, ‚Idee‘. In der Verwendung der Termini besteht zwischen Platon und Aristoteles jedoch ein großer Unterschied. Obwohl Aristoteles nämlich dem εἶδος eine Art vollkommene Strukturqualität zuschreibt, erscheint dieses, anders als Platons εἶδος bzw. dessen ἰδέαι, die abgetrennt existieren und durch ἀνάμνησις vergegenwärtigt werden müssen, immer nur im konkreten Ding, „denn für Platon war das reine εἶδος das wahrhaft und auf seiende Weise Seiende, weil es in sich abgeschlossen und vollendet ist. Aristoteles hingegen sagt, das derart Abgeschlossene und Vollendete habe, für sich selbst und isoliert betrachtet, gar kein Sein. Es ‚ist‘ immer nur, insofern es in der Materie erscheint"[239]. Auch im Falle und mit Hilfe des εἶδος-Begriffs erwehrt sich der Stagirit somit jeder vordergründigen gegenständlichen Betrachtungsweise des οὐσία-Konzeptes, hier, indem er gegen ein quasi-gegenständliches Ideen-Konzept platonischer Provenienz antritt.[240]

---

[237] Aristoteles, *Metaphysik*, a.a.O., VII, S. 8/9.

[238] Vgl. Viertel, *Der Begriff der Substanz*, a.a.O., S. 273. – Meinhardt, H.: „Idee“. In: Ritter, *Historisches Wörterbuch*, a.a.O., S. 56-134 (Bd. 4), hier: S. 58-59.

[239] Picht, *Aristoteles' De anima*, a.a.O., S. 279. – Auf den Zusammenhang der – im platonischen Sinne – nichttranszendenten Grundstruktur des aristotelischen εἶδος mit der Frage der Bildung des in den Begriffen erkannten Allgemeinen weisen C. v. Bormann, W. Franzen, A. Krapiec und L. Oeing-Hanhoff hin (vgl. Bormann u.a., „Form und Materie“, a.a.O., S. 979).

[240] W. Theiler deutet in seinem Aristoteles-Kommentar die Leitpassage aus *De anima* wesentlich auch auf dem platonischen Hintergrund und rekonstruiert die Parallelen innerhalb des aristotelischen Werkes: „24,4f. (a6) ‚Aussagegattung‘ (γένος), Kategorie, vgl. 402a 23. ‚Wesenheit‘ im Sinne der ersten Kategorie gibt es als unbestimmte, ungeformte Materie, die die Möglichkeit hat, geformt zu werden; sie ist als solche dem unbestimmten Unendlichen des späten Plato verwandt (Phileb. 25aff.), der unbestimmten Zweiheit

Aristoteles illustriert seine Vorstellung plastisch in dem von Picht referierten Beispiel:

> [1033b] „Es ist also offenbar, daß die Form, oder wie man sonst die Gestaltung am sinnlich Wahrnehmbaren nennen soll, nicht wird, und daß es keine Entstehung derselben gibt, und daß ebensowenig das Sosein entsteht; denn dies, die Form, ist vielmehr dasjenige, was in einem anderen wird, durch Kunst oder durch Natur oder durch das Vermögen des Hervorbringens. Wohl aber macht der Werktätige, daß die eherne Kugel ist, er macht sie nämlich aus Erz und Kugel; denn in dies Einzelne bringt er die Form hinein, und das daraus Hervorgehende ist eherne Kugel. Sollte es aber für das Kugel-sein überhaupt eine Entstehung geben, so müßte etwas aus etwas werden; denn alles, was entsteht, muß teilbar sein, und es muß das eine dies, das andere das sein, ich meine das eine Stoff, das andere Form"[241].

Das εἶδος kennzeichnet sich hier als ungeworden und somit als innewohnendes Strukturprinzip[242]; wäre es gegenständlich und aus sich selbst in der Zeit, würde es die Merkmale des Lebendigen bereits von sich aus ausfüllen und gleichsam mit ihm zusammenfallen. Streng genommen ist dies jedoch nicht Aristoteles' Vorstellung, er bestimmt das εἶδος vielmehr als das, was erst in der Materie virulent, d.h. strukturbildend tätig ist, und damit überhaupt dann erst *ist*, ohne allein schon Werden zu sein. Damit dieses Werden geschieht, sind ὕλη und εἶδος als solche dem Konkreten immer schon vorgängig, für jedes Werden [1034b] „muß nämlich der Stoff und die Form immer schon vorhanden sein (Umst., U.W.)"[243].

(ἀόριστος δυάς), wie er nach Met. XIV 1091a5 sagte, die durch die Grenze, das πέρας, oder die Eins, ἕν (Sigle für die Form), geformt werden muß. Wesenheit ist zweitens eben die Form, drittens das aus beidem Zusammengesetzte (die μεικτὴ καὶ γεγεννημένη οὐσία von Plato Phileb. 27b). Die Dreiergruppe auch 414a 14; Met. XII 1070a 9; VII 1029a 2. 29; VIII 1042a 26ff., da über Materie als nur der Möglichkeit nach (δυνάμει) bestehend; so z.B. auch IX 1050a 15: die Materie der Möglichkeit nach, was zur Form gelangen kann; wenn sie aber verwirklicht ist (ὅταν δέ γε ἐνεργείᾳ ᾖ), dann ist sie in der Form. Auch aus solchen Stellen geht hervor, daß für Ar. Materie ein anderer Name für das Unbestimmte, Unerfüllte und so Unwirkliche oder Unwirkende ist, das auf Erfüllung (ἐντελέχεια) angelegte, auf eine Gestalt. Denn nur Gestalt, Form ist wirklich, aber auch wirkend (ἐνέργεια). Im ethischen Bereich ist bei Plato die Tugend (ἀρετή), das Wirkende, Rep. 353a; 601d e. Das Fehlen der Form ist für Ar. Beraubung, Ermangelung (στέρησις), z.B. Met. XII 1070b 11ff., auch De an. 418b 19 (vgl. Plato Rep. 353e ἆρ' οὖν ψυχὴ τὰ αὑτῆς ἔργα εὖ ἀπεργάσεται στερομένη τῆς οἰκείας ἀρετῆς) (Aristoteles: *Über die Seele [Theiler: Kommentar]*, a.a.O., S. 106).

241 Aristoteles, *Metaphysik*, a.a.O., VII, S. 33.

242 Vgl. dazu: [1033b] „Aus dem Gesagten erhellt also, daß dasjenige, was wir als Form oder Wesen(heit) bezeichnen, nicht wird, wohl aber das nach ihr benannte Ganze (Zusammengesetzte), und daß in jedem Werdenden ein Stoff vorhanden ist, und das eine dies, das andere das ist" (Aristoteles, *Metaphysik*, a.a.O., VII, S. 33-35).

243 Aristoteles, *Metaphysik*, a.a.O., VII, S. 39.

Es fällt auf, daß gerade das εἶδος zur Sicherung seiner systematischen Qualität wie kaum ein anderer Begriff der aristotelischen Ontologie in einen komplexen Begründungszusammenhang verflochten wird. Aristoteles kennzeichnet dies, wenn er den Bezug des εἶδος auf die ὕλη nur im Kontext weiterer Begrifflichkeit überhaupt adäquat umschreiben kann: ὥστε τὸ αἴτιον ζητεῖται τῆς ὕλης [τοῦτο δ᾽ ἐστὶ τὸ εἶδος] ᾧ τί ἐστιν· τοῦτο δ᾽ ἡ οὐσία [1041b] „Man sucht also die Ursache für den Stoff, diese ist die Form, durch welche er etwas Bestimmtes ist, und das ist das Wesen“[244]. Dadurch, daß die Ursache für die Spezifikation des Stoffes also die Form ist, entsteht dann in der Möglichkeit, etwas Bestimmtes (und gerade nicht etwas anderes) zu sein, etwas Spezifisches als Spezifisches, womit das jeweilige Wesen als solches und doch in seinem Zusammenhang mit dem allgemeinen gekennzeichnet ist. Die ‚Wesenheit‘ ist damit der Grundcharakter des jeweils Seienden und erwächst aus dem εἶδος. Aristoteles versucht eine Definition: εἶδος δὲ λέγω τὸ τί ἦν εἶναι ἑκάστου καὶ τὴν πρώτην οὐσίαν. [1032b] „Form nenne ich das Sosein eines jeden Dinges und sein erstes Wesen“[245]. Die daraus resultierende verbundene ontologische ‚Rangordnung‘ bestimmt die Qualifizierung des εἶδος vor der ὕλη, denn man [1029a] „dürfte (...) der Ansicht sein, daß die Form und das aus beiden (Zusammengesetzte) mehr Wesen ist als die Materie“[246].

Man muß sich stets des Kontextes eines solchen systematischen Geschehens erinnern: Alle Aspekte der οὐσία finden ihren gegenseitigen Wert nur im Zusammenhang der φύσις, die den Rahmen für alles Werden darstellt: φύσις δὲ ἥ τε πρώτη ὕλη (...) καὶ τὸ εἶδος καὶ ἡ οὐσία· τοῦτο δ᾽ ἐστὶ τὸ τέλος τῆς γενέσεως. [1015a] „Natur aber ist einerseits der erste Stoff (...), andererseits die Form und die Wesenheit; diese ist aber der Zweck des Werdens“[247]. Dieses Werden in der φύσις läßt die nähere Sichtung der Ursachen für dieses Werden immer gleich mit vollziehen, die Strukturursachen sind konstitutiver Teil des Werdens. Ein kurzer Seiten- bzw. Rückblick in *Metaphysik* VIII macht die allmähliche Verschiebung des aristotelischen Theoriekonzeptes hin zu einer deutlichen Betonung des εἶδος ersichtlich. Interpretiert Aristoteles – wie wir gesehen haben – in der *Physik* das Werden noch im multiplen Schema der vier verschiedenen Ursachen:

> [1044a] „Fragt man nun nach der Ursache, so muß man, da Ursache in mehreren Bedeutungen gebraucht wird, alle möglichen Ursachen angeben. Z. B.

---

[244] Aristoteles, *Metaphysik*, a.a.O., VII, S. 76/77.

[245] Aristoteles, *Metaphysik*, a.a.O., VII, S. 26/27.

[246] Aristoteles, *Metaphysik*, a.a.O., VII, S. 11.

[247] Aristoteles, *Metaphysik*, a.a.O., V, S. 190/191.

beim Menschen: welches ist die stoffliche Ursache? Etwa die Menstruation. Welches die bewegende? Etwa der Same. Welches die formbestimmende? Das Sosein. Welches das Weswegen? Der Zweck"[248],

tritt die formbestimmende Ursache in der *Metaphysik* trotz des Rückgriffes auf dieses Modell mehr und mehr in den Vordergrund, wird das Sosein als εἶδος bestimmt und damit als das, was in einem anderen wird, ohne von ihm losgelöst zu sein.[249] Sie ist damit das prinzipiell Konstante und gleichermaßen Ungewordene[250], das, was sich verwirklicht, nicht das, was verändert wird.[251] So sind die Kategorien der ὕλη und der μορφή dem εἶδος zugeordnet, es ist ihr ontologischer Bezugspunkt.[252] Nur das εἶδος bietet damit die eigentliche Möglichkeit der Bezeichnung, der Begriffsbildung: [1035a] „Denn man muß die Art-Form und jedes Ding nach seiner Art-Form bezeichnen, während das Materielle niemals an sich bezeichnet werden kann"[253].

Die hier von Bonitz bzw. Seidl gewählte Übersetzung ,Art-Form' macht die ganze Schwierigkeit des εἶδος-Begriffes deutlich, auch wenn sie letztlich in die richtige Richtung weist: Trotz ihres gemeinsamen strukturellen Charakters gegenüber der Materie verweist die Gestalt (μορφή) auf das Konkrete[254], die Form (εἶδος) als Art-Form auf das

---

[248] Aristoteles, *Metaphysik*, a.a.O., VIII, S. 93.

[249] J. Stallmach hat diesen Prozeß als „Selbstdurchsetzung des Eidos an der Hyle" bezeichnet (Stallmach, *Dynamis und Energeia*, a.a.O., S. 171).

[250] Und als solches ist das εἶδος auch nicht vergänglich wie die ὕλη: [1035a] „Was nämlich Zusammenfassung ist von Form und Stoff, wie das Stülpnasige und der eherne Kreis, das vergeht durch Auflösung in diese Substrate, und der Stoff ist ein Teil von ihnen; was aber nicht mit der Materie zusammengefaßt ist, sondern ohne Materie besteht, und dessen Begriff jeweils nur ein solcher der Art-Form ist, das vergeht nicht, entweder überhaupt nicht oder doch nicht auf diese Weise" (Aristoteles, *Metaphysik*, a.a.O., VII, S. 43).

[251] Vgl. dazu: [1043b] „Es ist aber in einem anderen Abschnitte bewiesen und erklärt, daß
. niemand die Form macht oder erzeugt, sondern ein bestimmter Stoff gebildet wird, und so dasjenige entsteht, was aus beiden, Stoff und Form, zusammengesetzt ist" (Aristoteles, *Metaphysik*, a.a.O., VIII, S. 89).

[252] Diese Präferenz für das ,Eidos' drückt sich auch in seinem ontologischen Rang gegenüber dem konkreten Ding aus: [1029a] „Ich verstehe aber unter Materie z. B. das Erz, unter Gestalt die Figur seiner Form, unter dem aus beiden (Zusammengesetzten) die Bildsäule als konkretes Ganzes. Wenn nun die Form früher und mehr seiend ist als die Materie, so muß sie auch aus demselben Grunde früher sein als das aus beiden (Zusammengesetzte)" (Aristoteles, *Metaphysik*, a.a.O., VII, S. 9).

[253] Aristoteles, *Metaphysik*, a.a.O., VII, S. 41.

[254] Vgl. dazu auch die Variation des ontologischen Strukturmusters in: [1042a] „Dies sind die sinnlichen; die sinnlichen Wesen aber haben alle einen Stoff. Wesen aber ist das Zugrundeliegende, in einem Sinne der Stoff (unter Stoff verstehe ich nämlich dasjenige, was, ohne der Wirklichkeit nach ein bestimmtes Etwas zu sein, doch der Möglichkeit nach ein

Allgemeine[255] als begriffliches Sein des Einzelnen[256] und damit in bestimmender Weise auf einen οὐσία-Begriff, der sich letztlich nicht nur als seine eigene innewohnende Struktur versteht[257], sondern der gerade wegen des τὸ εἶδος τὸ ἐνόν auch die Konstitution des Konkreten im Auge hat: ἡ οὐσία γάρ ἐστι τὸ εἶδος τὸ ἐνόν, ἐξ οὗ καὶ τῆς ὕλης ἡ σύνολος λέγεται οὐσία, ... [1037a] „Denn Wesen(heit) des Dinges ist die inwohnende Art-Form, aus welcher in Verbindung mit der Materie das konkrete Wesen besteht"[258].

Diesem ‚konkreten Wesen' als im ganzen Seiendes, als σύνολος οὐσία, muß nun genauer nachgegangen werden. Warum hier ein ganz praktisches Problem vorliegt, läßt sich an dem Beispiel der Kugel aus der *Metaphysik* erkennen. Theoretisch können sich ohne Frage zwei unterschiedliche Materien in einer gleichen Gestalt und Form verwirklichen. Man wählt einfach ein anderes Material. Eine Kugel (bzw. ein Reif) aus Holz und eine Kugel aus Gold haben beide die gleiche Gestalt und Form, sind aber des verschiedenen Stoffes wegen unterschiedliche Dinge. Schon aus diesem Grunde braucht es einen Begriff davon, was entstanden ist. Aristoteles charakterisiert dieses konkrete ‚Etwas', das schließlich erkennbar hervorgegangen ist, in der Leitpassage aus περὶ ψυχῆς nach Stoff (, Gestalt) und Form schließlich „...als drittes", als „die Verbindung beider"[259]. Diese

---

bestimmtes Etwas ist), in anderem Sinne der Begriff und die Gestalt, welche als ein individuell bestimmtes Etwas dem Begriff nach abtrennbar ist. Ein Drittes ist das aus beiden Hervorgehende, bei dem allein Entstehen und Vergehen stattfindet und welches schlechthin selbständig abtrennbar ist; denn von den begrifflichen Wesen sind einige selbständig abtrennbar, andere nicht" (Aristoteles, *Metaphysik*, a.a.O., VIII, S. 81).

[255] Vgl. dazu: [1035b/1036a] „Doch die Teile des Begriffes sind nur die Teile der Art-Form, der Begriff aber geht auf das Allgemeine; denn Kreis-sein und Kreis, Seele-sein und Seele ist dasselbe" (Aristoteles, *Metaphysik*, a.a.O., VII, S. 47).

[256] Für W. Viertel ergeben sich zwei „philosophisch relevante Bedeutungen von εἶδος bei Aristoteles: 1. Art, welche immer eine unterste Art ist und sich von der Gattung unterscheidet. Dies ist der bei weitem der häufigste Gebrauch von εἶδος. 2. Das begriffliche Sein des Einzelnen, d.h. das seinsbestimmende Sein des Einzelnen. Diese Bedeutung kann zweifach akzentuiert werden, a) der definierende Begriff; in diesem Sinne wird das εἶδος λόγος genannt, und b) der bestimmende Begriff im Gegensatz zum Bestimmten, der ὕλη; in diesem Sinne wird das εἶδος μορφή genannt und der ὕλη entgegengesetzt" (Viertel, *Die Substanz bei Aristoteles*, a.a.O., S. 283). Stellt Viertel zwar durchaus mögliche Bedeutungsschattierungen heraus, so sind doch weder die quantitativen noch die qualitativen Gewichtungen ganz unproblematisch. Vor allem die Gleichsetzung in 2b ist nur dann zutreffend, differenziert man das äußere Gestalt- und das innere Strukturmoment, das die μορφή bzw. das εἶδος konstituiert.

[257] Vgl dazu: [1035b] „unter Art-Form verstehe ich das Sosein" (Aristoteles, *Metaphysik*, a.a.O., VII, S. 47).

[258] Aristoteles, *Metaphysik*, a.a.O., VII, S. 53-55.

[259] Aristoteles, *Von der Seele [Gigon]*, a.a.O., S. 285.

zunächst äußerst schematische Konstruktion schließt die vorhandene Lücke. Aristoteles kennzeichnet es in *De anima* einfach als τὸ ἐκ τούτων, als Zusammengesetztes. Dies ist das Ding als solches. Die *Metaphysik* variiert das Konstrukt in unterschiedlichen Thematisierungsmodifikationen:

> [1029a] τοιοῦτον δὲ τρόπον μέν τινα ἡ ὕλη λέγεται, ἄλλον δὲ τρόπον ἡ μορφή, τρίτον δὲ τὸ ἐκ τούτων.
>
> [1029a] „Als Zugrundeliegendes (Substrat) nun wird in gewisser Weise die Materie bezeichnet, in anderer Weise die Gestalt und drittens das aus beiden (Zusammengesetzte)"[260].

Das Zusammengesetzte ist damit das Konkrete, das in seiner Ganzheit als Einheit begriffen wird. Interessanterweise ist das eigentliche ‚Ding' bei Aristoteles damit zunächst vor allem durch einen *strukturellen* Synthesebegriff charakterisiert. Dies ist jedoch – wie man aufgrund der Einfachheit des Musters vielleicht annehmen möchte – kein schneller Ausweg des Aristoteles, um die ontologische Analyse zügig im Konkreten kulminieren zu lassen, vielmehr kennzeichnet es ein Grundverständnis von Welt, die Gesamtheit der ‚Wirklichkeit' als prinzipiell Zusammengesetztes zu begreifen, das als Wirklichkeit trotzdem und gerade auch immer begriffliche Einheit sein muß.[261] Die Einheit des Zusammengesetzten firmiert als Konsequenz und Voraussetzung aller Aktualität des Wirklichen letztlich in dem, was ἐνέργεια im Kern bedeutet.

Immer aber ist das Konkrete nur Hinweis auf das Wesen der Dinge, denn [1036a] „Von dem konkreten (zusammengesetzten) Ganzen aber, z. B. von diesem bestimmten einzelnen Kreis, sei es ein sinnlicher oder ein gedachter, intelligibler (ich verstehe unter den gedachten z. B. die mathematischen, unter den sinnlichen z. B. die ehernen und die hölzernen), von diesen gibt es keinen Begriff, sondern sie werden nur im Akt der vernunftmäßigen Erfassung oder der sinnlichen Wahrnehmung erkannt"[262].

---

[260] Aristoteles, *Metaphysik*, a.a.O., VII, S. 8/9. – An dieser Formulierung läßt sich ablesen, wie schwierig schließlich doch „der Unterschied zwischen Sein und Wesen" bestimmbar ist bzw. wie fließend die begrifflichen Übergänge bei dieser konstitutiven Differenzierung, die Aristoteles nach J. Moreau in *De Soph. Elench.* 5 167a 2 noch „offenbar eindeutig bestimmt" (Moreau, J.: „Sein und Wesen in der Philosophie des Aristoteles. *[1955]*". In: Hager [Hrsg.]: *Metaphysik und Theologie*, a.a.O., S. 222-250, hier: S. 222), letztlich bleiben müssen. Aristoteles dazu im *Organon*: „Es ist nicht dasselbe, dies oder das zu sein (εἶναι τέ τι) und im absoluten Sinne zu sein εἶναι ἁπλῶς ‚esse simpliciter)'" (ebd.). – Eine ausführliche Untersuchung der Problematik bietet R. Brandners Dissertationsschrift *Die Bestimmung des Seins als Wesen*, a.a.O., von 1988.

[261] Vgl. dazu: [1038 b] „Denn die Dinge, deren Wesen eines und deren Sosein eines ist, sind selbst Eines" (Aristoteles, *Metaphysik*, a.a.O., VII, S. 61).

[262] Aristoteles, *Metaphysik*, a.a.O., VII, S. 47.

Das εἶδος ist das, was das Wesen schlechterdings als solches ausmacht. Es garantiert, daß die οὐσία nicht nur Aufsummierung der Teile des Konkreten ist, sondern eben ein Ganzes repräsentiert, das konstant auf seine innere Struktur rekurriert[263], und so heißt es zum Ende des VII. Buches der *Metaphysik*: [1041b] „Dasjenige, was so zusammengesetzt ist, daß das Ganze eines ist, nicht wie ein Haufen, sondern wie die Silbe, ist nicht nur seine Elemente. (...) Also ist die Silbe etwas außer diesen, nicht bloß nämlich die Sprachelemente, Vokale und Konsonanten, sondern auch noch etwas anderes, und das Fleisch ist nicht nur Feuer und Erde oder Warmes und Kaltes, sondern auch etwas anderes"[264]. An diese Definitionsarbeit kann Aristoteles im VIII. Buch[265] und die ganze *Metaphysik* hindurch anknüpfen. Auch seine Präferenz der Differenz, die im Strukturvorschlag τὸ ἐκ τούτων plastisch zum Ausdruck kommt, bleibt letztlich immer auf das Eine hin ausgerichtet.[266] Wenn man jedoch – wie ich gezeigt habe – die zusammenbindende Funktion der οὐσία keinesfalls als reinen Sammelbegriff mißverstehen will, ja diese in ihrer autonomen Selbstbezüglichkeit vielmehr die Einheit der ansonsten different einander zugeordneten Begriffe auf einer anderen Ebene verdeutlicht: [1040b] „Denn das Wesen kommt keinem anderen zu als ihm selbst und dem, welches das Wesen hat, dessen Wesen es ist"[267], dann zielt dieses Verständnis immer gleich auch auf das Sosein, auf das τὸ τί ἦν εἶναι ab: λέγω δ' οὐσίαν ἄνευ ὕλης τὸ τί ἦν εἶναι. [1032b] „Wesen ohne Stoff aber nenne ich das Sosein"[268]. Der

---

[263] G. Picht erklärt den normativ-ganzheitlichen Strukturcharakter des εἶδος-Begriffs im Hinblick auf die ἐνέργεια der οὐσία an folgendem Beispiel: „Die Mehrzahl der Bücher, die gedruckt werden, sind mißratene Bücher. Es werden zwar Seiten gefüllt, aber es kommt keine Einheit zustande. Erst wenn der Inhalt eine Einheit bildet, ist das Buch wirklich das, was seine äußere Gestalt beansprucht und verspricht. Dann ist das Buch ein Produkt, das, wie Aristoteles sagt, die ἐνέργεια des Produzierens in sich enthält. Sie sehen, nachdem wir uns dieses Beispiel klargemacht haben, vielleicht deutlicher, daß hier nicht das εἶδος dem Gegenstand sondern der Gegenstand dem εἶδος adäquat sein soll" (Picht, *Aristoteles' De anima*, a.a.O., S. 43). – Vgl. auch ders., *Aristoteles' De anima*, a.a.O., S. 276.

[264] Aristoteles, *Metaphysik*, a.a.O., VII, S. 77.

[265] Vgl. dazu: [1043b] „Es ist aber in einem anderen Abschnitte bewiesen und erklärt, daß niemand die Form macht oder erzeugt, sondern ein bestimmter Stoff gebildet wird, und so dasjenige entsteht, was aus beiden, Stoff und Form, zusammengesetzt ist" (Aristoteles, *Metaphysik*, a.a.O., VIII, S. 89).

[266] Vgl. dazu: [1087a/1087b] „Nun entsteht aber aus Entgegengesetztem alles so, daß ihm etwas zugrunde liegt. Also muß am meisten den Gegensätzen ein Zugrundeliegendes zukommen" (Aristoteles, *Metaphysik*, a.a.O., XIV, S. 337).

[267] Aristoteles, *Metaphysik*, a.a.O., VII, S. 71.

[268] Aristoteles, *Metaphysik*, a.a.O., VII, S. 29. – Zum Begriff des τί ἦν εἶναι vgl. Viertel, *Der Begriff der Substanz*, a.a.O., S. 165-191. Viertel bejaht zunächst die Frage, ob das τί ἦν

aristotelische τὸ τί ἦν εἶναι-Begriff, der in seiner vollständigen Version τὸ τί ἦν τὸ τῷ ἑκάστῳ εἶναι lautet, stellt damit die die οὐσία bereits spezifizierende Frage: „Was war das für jedes Einzelding wesensmäßige Sein?"[269] und „erfaßt das Seiende in dem, was es als Dieses und kein Anderes konstituiert"[270].

Zusammenfassend läßt sich demnach festhalten, daß sich hier mit Hilfe der εἶδος-Struktur des οὐσία-Konzepts – holzschnittartig formuliert – ein ‚Drei-Aspekte-Modell' auftut, das versucht, auf der Basis einer strukturellen Analyse des Seienden das Wesen der Bewegung bzw. Veränderung dahingehend zu erklären, wie und auf welche Weise Dinge ihrer inneren Verfaßtheit nach sind. Die Variation dieses Modells, die in unserer Leitpassage in περὶ ψυχῆς zum Vorschein kommt (ὕλη, εἶδος, τὸ ἐκ τούτων), ist jedoch streng genommen nur eine Möglichkeit dieses – wie die *Metaphysik* gezeigt hat – äußerst facettenreichen Gebildes. Allen Schattierungen des Modells ist jedoch gemeinsam, daß ihr Erklärungspotential gerade durch ihren strukturellen Charakter begrenzt wird. Es bleibt allzu formal und gefriert letztlich zum Tautologischen, werden nicht weitere systematische Zusatzannahmen gemacht, die den begrifflichen Rahmen mit zusätzlichem Erklärungspotential anreichern. Man kann der aristotelischen Generierung einer Lösung des Problems näher kommen, blickt man auf die Erklärungsfähigkeit und Erklärungsbeschränkung der Begriffe selbst: Die Polarität, die Aristoteles zwischen den Begriffen ὕλη und εἶδος konstruiert, läßt sich – wie wir gesehen haben – im Kern als die Polarität von einerseits Kontinuum und andererseits Struktur bezeichnen.[271] Zur Erklärung dieser Charakterisierung sei an das Beispiel des Reifs, den der Schmied fertigt, im Horizont des Wesens allen Werdens erinnert. Picht kommentiert die Problematik so:

εἶναι bei Aristoteles in der *Metaphysik* letztlich mit der οὐσία zusammenfällt. Dies gilt jedoch unter der Maßgabe einer wichtigen Spezifizierung: „Das τί ἦν εἶναι ist das *begriffliche* (Herv., U.W.) Sein der οὐσία und als solches das Definiens" (S. 184). Viertel weist jedoch darauf hin, daß das τί ἦν εἶναι von der *Topik* bis hin auf die *Metaphysik* eine vielschichtige Entwicklung erfahren hat und daß der Begriff bei Aristoteles mindestens in drei Bedeutungen zu identifizieren ist (vgl. S. 189). – Auf den ‚antiplatonischen' Charakter des τὸ τί ἦν εἶναι weist H. Seidl hin: „τὸ τί ἦν εἶναι ist eine neue Wortschöpfung des Aristoteles für ‚Wesenheit', die er in kritischer Abhebung gegen die platonische Idee bildet" (Seidl, „Einleitung", a.a.O., S. XXXI). – Vgl. auch Picht, *Aristoteles' De anima*, a.a.O., S. 277-281.

[269] So die Übersetzung des τὸ τί ἦν τὸ τῷ ἑκάστῳ εἶναι von H. Seidl in: „Einleitung", a.a.O., S. XXXI.

[270] Picht, *Aristoteles' De anima*, a.a.O., S. 280.

[271] Vgl. Picht, *Aristoteles' De anima*, a.a.O., S. 116.

„Wenn nun der Reif geschmiedet wird, tritt diese vorher schon präsente reine Form (εἶδος) im Laufe der Herstellung allmählich als Gestalt (μορφή) hervor, bis schließlich der Punkt erreicht ist, wo der Schmied sagen kann: ‚Der Reif ist fertig'. Dieses Hervortreten heißt auf griechisch γένεσις. Das Wort ‚werden' trifft nicht die genaue Bedeutung; γίγνομαι heißt: zur Erscheinung kommen"[272].

Um genau dieses Problem der Polarität von Kontinuum und Struktur besser zu erklären, als es ihm in dem bisherigen Strukturmodell möglich war, wählt Aristoteles nun ein zweites Begriffspaar, das insofern als Weiterentwicklung der ersten Perspektive ‚Wie etwas ist' bezeichnet werden kann, als nun zu klären ist, wie das εἶδος als Struktur das Wesen der Bewegung erklären kann. Mit der bisherigen Begrifflichkeit konnte die o.g. Polarität zwar beschrieben, nicht aber der Mechanismus produktiv aufgeschlüsselt und angemessen beschrieben werden, wie Wirklichkeit als Wirklichkeit zunächst von dem unterschieden werden kann, was sie nicht ist (was ihr demnach notwendig vorgängig ist), damit sie schließlich als Wirklichkeit zur Erscheinung kommen, als ἐνέργεια erkennbar werden kann. Dieses Polaritätsproblem des Kontinuums auf der einen und der Struktur auf der anderen Seite löst Aristoteles in ein neues Gegensatzpaar auf, das dies zu leisten vermag: δύναμις und ἐνέργεια sollen erklären, ‚Wie etwas entsteht' – und zwar nicht als neues ontologisches Modell, sondern als zweite, konstitutive Perspektive dafür, daß das Problem der Wirklichkeit über die basalen Strukturmomente des Seienden hinaus adäquat beschrieben werden kann.

9.3 δύναμις, ἐνέργεια, ἐντελέχεια: Wie etwas entsteht

Wie Aristoteles die beiden Perspektiven ineinander verschränkt, zeigt der Überblick über die Leitpassage in περὶ ψυχῆς:

[412a] Λέγομεν δὴ γένος ἕν τι τῶν ὄντων τὴν οὐσίαν, ταύτης δὲ τὸ μὲν ὡς ὕλην, ὃ καθ' αὑτὸ μὲν οὐκ ἔστι τόδε τι, ἕτερον δὲ μορφὴν καὶ εἶδος, καθ' ἣν ἤδη λέγεται τόδε τι, καὶ τρίτον, τὸ ἐκ τούτων. Ἔστι δ' ἡ μὲν ὕλη δύναμις, τὸ δ' εἶδος ἐντελέχεια, καὶ τοῦτο διχῶς, τὸ μὲν ὡς ἐπιστήμη, τὸ δ' ὡς τὸ θεωρεῖν.[273]

Der letzte Satz läßt sich in etwa folgendermaßen übersetzen: „Die Materie ist Möglichkeit, die Form aktuale Wirklichkeit und dies in doppelter

---

272 Picht, *Aristoteles' De anima*, a.a.O., S. 279.
273 Aristoteles, *Über die Seele*, a.a.O., S. 60.

Weise, teils wie die Wissenschaft, teils wie das Forschen"[274]. Aristoteles nimmt also zunächst eine Parallelstellung ὕλη/δύναμις und εἶδος/ἐντελέχεια vor.[275] Der ὕλη entspricht bei Aristoteles demnach die Zustandsbeschreibung der δύναμις, die gleichwohl auch deren ontologischen Grundcharakter bestimmt. Die Materie ist unbestimmte Möglichkeit, die erst noch verwirklicht werden muß, das heißt, sie tritt von der reinen Möglichkeit hinüber in die Wirklichkeit, in die ἐνέργεια. Im V. Buch der *Metaphysik* schreibt Aristoteles, welche Grundverfassung das Vermögen als solches kennzeichnet: ἡ μὲν οὖν ὅλως ἀρχὴ μεταβολῆς ἢ κινήσεως λέγεται δύναμις ἐν ἑτέρῳ ἢ ᾗ ἕτερον, ἡ δὲ ὑφ' ἑτέρου ἢ ᾗ ἕτερον. [1019a] „Einerseits also heißt Vermögen überhaupt das Prinzip der Veränderung oder Bewegung in einem anderen oder insofern es ein anderes ist, andererseits das Prinzip der Veränderung von einem anderen her oder insofern es ein anderes ist"[276]. Aristoteles erklärt den auf den ersten Blick kaum erkennbaren Unterschied folgendermaßen: „Denn wenn nach diesem Vermögen das Leidende etwas leidet, so sagen wir, es vermöge zu leiden und zwar bald, wenn es *irgendeine* (Herv., U.W.) beliebige Affektion, bald nur, wenn es *eine* (Herv., U.W.) zum Besseren hinführende zu erleiden fähig ist"[277]. Daß die δύναμις jedoch überhaupt prinzipieller Ursprung einer Veränderung (ἀρχὴ μεταβολῆς) sein kann, dafür sorgt realiter die Materie, die ὕλη.

Die *Metaphysik* enthält eine Fülle von Hinweisen darauf, wie verschränkt Aristoteles die beiden ontologischen Perspektiven stets gesehen hat: [1050a] „Ferner ist der Stoff dem Vermögen nach (der Möglichkeit nach), weil er zur Form gelangen kann; sobald er aber in Wirklichkeit ist, dann ist er in der Form"[278], oder auch [1034a] „Denn der Same bringt (et-

---

[274] Aristoteles, *Von der Seele [Gigon]*, a.a.O., S. 285.

[275] Diese Tatsache stellt auch der Textkommentar von H. Seidl in den Mittelpunkt, wobei der Rückgriff auf die *Kategorien*-Schrift dazu verleitet, sowohl die Differenzierung des ‚Form'-Begriffs als auch des ‚Wirklichkeit'-Begriffs aus den Augen zu verlieren: „Ausgehend von der Einteilung der Gattungen in *Categoriae* und *Metaphysica* nach Substanz/Wesen, Quantitatives, Qualitatives, Relatives usw., bestimmt Aristoteles die Seele als Substanz. In den Naturdingen läßt sich zwischen Materie und Wesensform, bzw. zwischen Möglichkeit (Potenz) und Akt, als Vollendung (Entelechie), unterscheiden, die als Teilursachen den substantiellen Dinge wieder substantiell sind, so daß Substanz nicht nur das zusammengesetzte Naturding ist, sondern auch seine Materie und seine Form" (Aristoteles, *Über die Seele [Kommentar: Seidl]*, a.a.O., S. 233). Der Gedanke einer dreifachen Bestimmung von Wesen als Zusammengesetztes, Materie und Form taucht auch später im Kommentar noch einmal auf (vgl. S. 237).

[276] Aristoteles, *Metaphysik*, a.a.O., V, S. 214/215.

[277] Aristoteles, *Metaphysik*, a.a.O., V, S. 215.

[278] Aristoteles, *Metaphysik*, a.a.O., IX, S. 127.

was) in der Weise hervor wie (der Künstler) das Kunstwerk. Er hat nämlich die Form dem Vermögen nach in sich, und dasjenige, wovon der Same ausgeht, ist in gewisser Weise ein Gleichnamiges"[279]. Dabei ist das
Vermögen meist als Differentes, als in sich Unterschiedenes charakterisiert[280], und keinesfalls nur auf die Sphäre des Lebendigen bezogen.[281]
Immer jedoch wird die Analyse der Möglichkeit einer bestimmten Sache
vom Konkreten aufs Grundsätzliche zurückgeführt, so daß ‚Vermögen‘
als Prinzip und nicht ausschließlich auf bestimmte Gegenstände gerichtet
verstanden werden soll.[282] Vermögen ist vielmehr dadurch charakterisiert,
daß etwas prinzipiell nicht unvermögend gewesen sein kann, wenn es in
Wirklichkeit ist.[283] Damit ist aber ebenfalls festgestellt, daß etwas nicht
ausschließlich nur ‚Vermögen‘ sein kann: [1047b] „Wenn aber, wie gesagt,
möglich etwas insofern ist, als ihm (die Wirklichkeit) folgt, so kann es offenbar nicht wahr sein, wenn man sagt, das und das sei zwar möglich, aber
es werde nicht eintreten, da auf diese Weise die Bedeutung von unmöglich
uns ganz entginge"[284]. Hier liegt ein Grund dafür, daß Aristoteles die Problematik von Möglichkeit und Wirklichkeit radikal von der aussagenlogischen Perspektive des Wahren oder Falschen trennt: [1047b] „Falsch nämlich und unmöglich ist keineswegs dasselbe; daß du jetzt stehest, ist zwar
falsch, aber nicht unmöglich"[285]. Vermögen heißt vor allem, daß das, was

---

[279] Aristoteles, *Metaphysik*, a.a.O., VII, S. 39.

[280] Vgl. dazu: [1040b] „Offenbar ist von dem, was für Wesen gilt, das meiste nur Vermögen;
so die Teile der Lebewesen (denn keiner von diesen existiert getrennt, und wenn sie getrennt sind, dann sind sie alle nur wie Stoff) und Erde und Feuer und Luft; denn keiner
von ihnen ist eine Einheit, sondern ist nur wie ein Haufen Getreidekörner, ehe sie gekocht
sind und aus ihnen eins geworden ist" (Aristoteles, *Metaphysik*, a.a.O., VII, S. 71).

[281] Vgl. dazu: [1046a/1046b] „Da nun einige Prinzipien dieser Art sich in dem Unbeseelten
finden, andere in dem Beseelten und der Seele, und in dem vernünftigen Teil der Seele, so
müssen offenbar auch von den Vermögen einige unvernünftig sein, andere mit Vernunft
verbunden. Alle Künste daher und die hervorbringenden Wissenschaften sind Vermögen;
denn sie sind Prinzipien der Veränderung in einem anderen, oder insofern es ein anderes
ist" (Aristoteles, *Metaphysik*, a.a.O., IX, S. 105).

[282] Vgl. dazu: [1046b] „Ferner ist auch offenbar, daß mit dem Vermögen, richtig zu tun oder
zu leiden, das Vermögen des bloßen Tuns oder Leidens mitgesetzt ist, aber nicht immer
mit diesem auch jenes; denn wer etwas richtig tut, muß es notwendig auch tun, aber wer
etwas bloß tut, braucht es nicht notwendig auf richtige Weise zu tun" (Aristoteles, *Metaphysik*, a.a.O., IX, S. 107).

[283] Vgl. dazu: [1047a] „Vermögend aber ist dasjenige, bei welchem, wenn die wirkliche Tätigkeit dessen eintritt, wessen Vermögen ihm zugeschrieben wird, nichts Unmögliches eintreten wird. Ich meine z. B., wenn etwas vermögend ist zu sitzen, und es möglich ist, daß
es sitze, so wird, wenn bei ihm das Sitzen wirklich stattfindet, nichts Unmögliches eintreten" (Aristoteles, *Metaphysik*, a.a.O., IX, S. 109).

[284] Aristoteles, *Metaphysik*, a.a.O., IX, S. 111.

[285] Ebd.

vermögend ist, eben diese Möglichkeit in sich trägt, in Wirklichkeit zu sein, und daß diese Wirklichkeit auch eintreten wird, wenn nicht Umstände bestehen oder eintreten, die geeignet sind, dies zu verhindern: [1049a] „Und bei allem, was in dem Möglichen selbst das Prinzip des Entstehens hat, ist dasjenige etwas der Möglichkeit nach, was in Abwesenheit äußerer Hindernisse durch sich selbst jenes sein wird"[286]. Es müssen zusätzlich bestimmte Grundvoraussetzungen erfüllt sein, die die störungsfreie Entwicklung fundieren, damit eine Möglichkeit derart entsteht, die Wirklichkeit werden kann, [1049a] „z. B. der Same ist noch nicht der Möglichkeit nach ein Mensch; denn er muß erst noch in ein anderes kommen und sich verändern"[287]. Dieses Prinzip, daß das vermögend ist, was nicht gehindert ist, in Wirklichkeit zu sein, gilt auch für nicht lebende Entitäten. Aristoteles verneint eine Reduktion auf den Legitimationsraum des Lebendigen und unterstreicht damit die unbedingte ontologische Gültigkeit des Prinzips: [1049a] „In ähnlicher Weise ist auch etwas ein Haus der Möglichkeit nach, wenn in dem, was in ihm ist, und in dem Stoff kein Hindernis liegt, daß ein Haus werde, und nichts ist, was erst noch hinzukommen oder abgehen oder sich verändern muß; dies ist ein Haus der Möglichkeit nach; und ebenso verhält es sich bei allem, für welches das Prinzip des Entstehens außerhalb seiner liegt"[288].

Damit wird deutlich, so Aristoteles schließlich in *Metaphysik* XI, daß die δύναμις unter dem Bewegungsaspekt (κίνησις) immer als ἀτελής, d.h. als ‚unvollendet' zu gelten hat, und damit schon von ihrer Grundanlage her ausnahmslos auf ihre Verwirklichung hin ausgerichtet ist[289]: ἥ τε κίνησις ἐνέργεια μὲν εἶναι δοκεῖ τις, ἀτελὴς δέ· αἴτιον δ' ὅτι ἀτελὲς τὸ δυνατὸν οὗ ἐστιν ἐνέργεια. [1066a] „und die Bewegung scheint zwar eine wirkliche Tätigkeit zu sein, aber eine unvollendete, darum weil das Mögliche unvollendet ist, dessen Wirklichkeit sie ist"[290].

Aristoteles unternimmt hier eine wichtige theoretische Argumentationserweiterung mit begriff(sgeschicht)lichen Mitteln, indem er der von der griechischen naturphilosophischen Tradition kommenden Charakterisierung der Natur(-welt) als zusammengesetzter durch die Schematisierung von Möglichkeit und Wirklichkeit eine neue Argumentationsebene hinzusetzt, die eine Verallgemeinbarkeit des δύναμις-Motivs auf den bereits in der Antike immer schärfer hervortretenden Gültigkeitszusam-

---

[286] Aristoteles, *Metaphysik*, a.a.O., IX, S. 121.

[287] Ebd.

[288] Ebd.

[289] Diese Struktur findet sich bereits in Platons *Staat* (vgl. Plamböck, G.: „Dynamis". In: Ritter, *Historisches Wörterbuch*, a.a.O., S. 303-304 [Bd. 2], hier: S. 303).

[290] Aristoteles, *Metaphysik*, a.a.O., XI, S. 217.

menhang einer πρώτη φιλοσοφία zuläßt.[291] Gerade deswegen will Aristoteles immer wieder zeigen, wie sehr diese beiden Perspektiven ‚Wie etwas
ist‘ und ‚Wie etwas entsteht‘ zusammenhängen. Er bindet sie dafür des
häufigeren in Überkreuzargumentationen aneinander: [1078a] „Denn das
Seiende ist ja zweierlei, das eine in Wirklichkeit, das andere stofflich“[292].
In ihrem Charakter als δύναμις ist die ὕλη demnach konstitutive Option
von κίνησις, „unbestimmtes (...) Substrat der Beweglichkeit“[293], und damit ἀρχὴ μεταβολῆς, Ursprung aller Veränderung.[294]

Die Parallelstellung von ‚Stoff‘ und ‚Form‘ mit dem Begriffspaar von
‚Möglichkeit‘ und ‚Wirklichkeit‘ bedeutet eine Rückwirkung auf das in
ontologischer Hinsicht bis dato noch rudimentäre ‚Stoff‘-,Form‘-Muster,
sie vollzieht erst deren vollen Charakter als zunächst internes Relations-
modell von ‚Stoff‘ und ‚Form‘. Damit übersteigt das Muster zugleich aber
auch selbst diese letzte Schranke interner Bezüglichkeit und weist über
sich hinaus in ein System ontologischer Relationen: Etwas kann im Verhältnis zu einem anderen durchaus Form sein, in der Relation zu einem
anderen wiederum Stoff. Ein Baum, der zunächst Stoff für ein Brett ist,
kann als Brett*form* durchaus wieder als *Stoff* für ein Haus, für die Haus-
Form, funktional sein. In dieser funktionalen Perspektive sind ‚Möglichkeit‘ und ‚Wirklichkeit‘ immer schon ineinander verschränkt, eine Struktur, die nicht nur für Aristoteles zentral ist, sondern – wie wir sehen
werden – auch für Humboldt eine wichtige Rolle spielt, wenn es um die

---

[291] Daß δύναμις bei Aristoteles allerdings auch ‚Kraft‘ bedeuten kann, darauf weist E. Fascher hin. Fascher nennt zunächst beide Bedeutungsvarianten: „Griechisch. a. Begriffsin-
halt. Zusammengehörig mit δύναμει u. Derivate, bezeichnet dieses Substantiv die Fähigkeit oder das Vermögen, die Anlage oder Potenz in umfassenden Sinne. Die Anwendung
dieses Begriffes, in welchem die Bedeutung ‚Kraft‘ u. ‚Macht‘ *mit*enthalten ist (Herv.,
U.W.), erstreckt sich auf alle erdenklichen Bereiche des Lebens“ (Fascher, E.: „Dynamis“.
In: Klauser, T. u.a. [Hrsg.]: *Reallexikon für Antike und Christentum*. Stuttgart 1950 ff. S.
415-459 [Bd. 4], hier: S. 415-416). In dieser Schattierung gibt es auch bei Aristoteles einen
δύναμις-Begriff mit annähernd gegenständlicher Bedeutung, vor allem im engeren naturphilosophischen bzw. -kundlichen Bereich: „Dazu der Satz des Aristoteles: ‚Jeder
wahrnehmbare Körper hat eine gestaltende oder empfindende Kraft oder beides‘, πᾶν
σῶμα αἰσθητὸν ἔχει δύναμιν ποιητικὴν ἢ παθητικὴν ἢ ἄμφω (cael. 1,7 [p.275b,5]). Aris-
tot. bezeichnet auch die Kälte als Kraft (δύναμις γὰρ τίς ἐστιν ἡ ψυχρότης; probl. 7,5
[886b 21f.]) (S. 416). Wie beim ἐνέργεια-Begriff ist auch hier die lange christliche Tradition bezeichnend, die die gegenständliche Rezeption initiiert bzw. ihr zum Durchbruch
verhilft, z.B. werden im Neuen Testament mit δυνάμεις ‚Wundertaten‘ bezeichnet (vgl.
S. 426).

[292] Aristoteles, *Metaphysik*, a.a.O., XIII, S. 287.

[293] Picht, *Aristoteles' De anima*, a.a.O., S. 292.

[294] Zu der Frage, wie Aristoteles vom kinetischen zum ontologischen δύναμις-Begriff gelangt, vgl. Plamböck, „Dynamis“, a.a.O., S. 304.

verschiedenen Schichtungen des Konzeptes geht, die Humboldt in seiner ‚Wirklichkeit der Sprache‘ konstituiert sieht.

Um nun unter dieser Maßgabe erneut dem prekären Begriff der ἐνέϱγεια, der in der engeren aristotelischen Systematik statt der ἐντελέχεια der δύναμις als Komplementärbegriff gegenübersteht, systematisch näher zu kommen, ist zunächst zu klären, ob das aristotelische Wirklichkeitskonzept der ἐνέϱγεια mehr auf den Entwicklungs*vorgang* oder den konkreten *Zeitpunkt* der Verwirklichung von ‚Wirklichkeit‘ rekurriert. Zu einer solchen Klärung kann der ἐντελέχεια-Begriff hinleiten. Zunächst ein Blick in die *Metaphysik*. Aristoteles stellt sich selbst die Aufgabe: [1048a] „Nachdem nun von dem in Beziehung auf Bewegung ausgesagten Vermögen gehandelt (worden, U.W.) ist, wollen wir über die wirkliche Tätigkeit (Wirklichkeit) bestimmen, was und wie beschaffen sie ist"[295]. Sie muß also eindeutig von der Möglichkeit abgegrenzt werden: [1048a] „Unter Wirklichkeit versteht man, daß die Sache existiere, nicht in dem Sinne, wie man sagt, sie sei der Möglichkeit nach – denn der Möglichkeit nach sagen wir z. B., es sei im Holze eines Hermes und in der ganzen Linie ihre Hälfte, weil sie von ihr genommen werden könnte"[296]. Die genaue Bestimmung dessen, was ἐνέϱγεια ist, gelingt jedoch nur im relationen Zusammenhang, also wenn man sich fragt, was sie gerade von der δύναμις unterscheidet. Hier steht Aristoteles vor einem größeren Problem, als es zunächst den Anschein hat, und er weiß auch, daß hier differenzierter Klärungsbedarf besteht: [1045b] „Da nun das Seiende einmal als ein Was oder ein Qualitatives oder ein Quantitatives, andererseits nach Vermögen (Möglichkeit) und Vollendung (Wirklichkeit) und nach dem Werk bezeichnet wird, so wollen wir auch über Vermögen und Vollendung genauere Bestimmungen geben"[297]. Genau dies ist die Aufgabe des IX. Buches der *Metaphysik*. Hier ist zunächst einer wichtigen Voraussetzung des aristotelischen οὐσία-Konzepts zu erinnern, daß nämlich alles Werden von Materie und Form wie die gesamte Theorie von ‚Möglichkeit‘ und ‚Wirklichkeit‘ vor allem in einer Art transzendenten Erklärungsverzichts fundiert ist, den Aristoteles noch einmal am Ende des VIII. Buches gedanklich ausführt:

> [1045a] „Dafür nun, daß das dem Vermögen nach Seiende der Wirklichkeit nach ist, ist da, wo ein Werden stattfindet, nichts anderes als das Hervorbringende Ursache. Denn dafür, daß die Kugel dem Vermögen nach Kugel in Wirklichkeit ist, gibt es keine andere Ursache, sondern dies war eben das So-

---

295 Aristoteles, *Metaphysik*, a.a.O., IX, S. 115.
296 Ebd.
297 Aristoteles, *Metaphysik*, a.a.O., IX, S. 101-103.

sein für ein jedes von beiden. Der Stoff aber ist teils denkbar, teils sinnlich wahrnehmbar, und immer ist im Begriff das eine Stoff, das andere Wirklichkeit, z. B. der Kreis eine ,ebene Figur'"[298].

Für den Übergang von ,Möglichkeit' und ,Wirklichkeit' hat dies zur Folge, daß der Unterschied zwischen beiden keine getrennten ontologischen Welten begründet, die voneinander autonom und damit begrifflich eigenständig gefaßt werden könnten:

> [1045b] „Der Grund dieser Ansichten und Zweifel aber liegt darin, daß man für Vermögen und Wirklichkeit nach einem Einheit bringenden Begriff und einem Unterschied sucht. Es ist aber vielmehr, wie gesagt, der nächste Stoff und die Form dasselbe, nur das eine dem Vermögen, das andere der Wirklichkeit nach. Also verhält es sich mit jener Frage geradeso, wie wenn man bei dem Einen selbst nach dem Grund fragen wollte, weshalb es eines ist; denn ein jedes ist ein Eines, und das dem Vermögen nach Seiende ist mit dem in Wirklichkeit Seienden in gewisser Weise einerlei. Es gibt also weiter keine Ursache als die von dem Vermögen zur Wirklichkeit bewegende. Was aber keinen Stoff hat, das ist schlechthin das, was Eines ist"[299].

Das heißt jedoch gerade nicht, daß eine Ontologie des Werdens ohne die Differenz von Möglichkeit und Wirklichkeit auskommen kann. Aristoteles grenzt sich von solchen ,Lehren' wiederum eindeutig ab:

> [1047a] „Daher heben diese Lehren auch Bewegung und Werden auf. Denn das Stehende wird immer stehen, das Sitzende immer sitzen; denn unmöglich könnte ja das aufstehen, was nicht vermag aufzustehen. Ist es nun nicht zulässig dies zu behaupten, so sind offenbar Vermögen und wirkliche Tätigkeit voneinander verschieden; jene Lehren aber machen Vermögen und wirkliche Tätigkeit zu einem und *demselben* (Herv., U.W.) und suchen also etwas gar nicht Kleines aufzuheben"[300].

Auf dem Hintergrund eines erweiterten Verständnisses von Werden konstatiert Aristoteles nun, daß δύναμις und ἐνέργεια sich auf alle Veränderungsprozesse generell beziehen, [1046a] „denn das Vermögen und Wirklichkeit erstrecken sich weiter als nur auf das in Bewegung Befindliche"[301]. Gereichen konkrete Beispiele aus der Realität dem Aristoteles des häufigeren, bestimmte Meinungen abzulehnen bzw. Aporien aufzudecken, so dienen sie auch zur Versinnlichung und Begründung der eigenen Theorieentwicklung:

---

[298] Aristoteles, *Metaphysik*, a.a.O., VIII, S. 99.
[299] Aristoteles, *Metaphysik*, a.a.O., VIII, S. 101.
[300] Aristoteles, *Metaphysik*, a.a.O., IX, S. 109.
[301] Aristoteles, *Metaphysik*, a.a.O., IX, S. 103.

[1048a/1048b] „Was wir meinen, wird beim Einzelnen durch Induktion deutlich werden, und man muß nicht für jedes eine Begriffsdefinition suchen, sondern auch das Analoge in einem Blick zusammenschauen. Wie sich nämlich
das Bauende verhält zum Baukünstler, so verhält sich auch das Wachende
zum Schlafenden, das Sehende zu dem, was die Augen verschließt, aber doch
den Gesichtssinn hat, das aus dem Stoff Ausgegliederte zum Stoff, das Bearbeitete zum Unbearbeiteten. In diesem Gegensatz soll durch das erste Glied
die Wirklichkeit, durch das andere das Mögliche bezeichnet werden"302.

Dieser Wirklichkeit nun, die als ἐνέργεια ganz offensichtlich vor allem
durch das Attribut des Aktualen gekennzeichnet ist, wird von Aristoteles
ein besonderer – den ontologischen Rang in entscheidender Art und Weise qualifizierender – systematischer Vorsprung vor der δύναμις zuge-
schrieben.303 Er stellt fest, daß es [1049b] „nach der oben gegebenen Bestimmung über die verschiedenen Bedeutungen von Früher offenbar ist
(Umst., U.W.), daß die Wirklichkeit früher ist als das Vermögen (die Möglichkeit), ich meine hierbei nicht nur als das vorher bestimmte Vermögen,
welches als Prinzip bezeichnet wird der Veränderung in einem anderen,
insofern es ein anderes ist, sondern überhaupt als jedes Prinzip der Bewegung oder Ruhe"304. Wie Aristoteles dieses ‚früher' und damit die ontologische Qualifizierung der ἐνέργεια vor der δύναμις versteht, wird in dem
prominenten achten Kapitel des IX. Buches ausführlich erläutert:

[1049b] „In Vergleich mit jedem solchen Vermögen ist die Wirklichkeit früher
sowohl dem Begriff als auch dem Wesen nach; der Zeit nach ist sie gewissermaßen früher, gewissermaßen auch nicht. Daß sie nun dem Begriff nach
früher ist, ist offenbar. Denn das in vollem Sinne Vermögende heißt vermögend darum, weil es in wirkliche Tätigkeit treten kann; ich meine z. B.: bau-
kundig ist das, was zu bauen vermag, sehfähig ist das, was zu sehen, sichtbar,
was gesehen zu werden vermag. Dasselbe gilt auch bei dem übrigen, so daß
notwendig der Begriff und die Erkenntnis der Wirklichkeit dem Begriff und
der Erkenntnis des Vermögens vorausgehen muß. Der Zeit nach früher aber
ist es auf diese Weise: Das der Art nach Identische ist früher in wirklicher
Tätigkeit, aber nicht das der Zahl nach Identische. Ich meine dies so: Im Ver-

---

302 Aristoteles, *Metaphysik*, a.a.O., IX, S. 117. – Vgl. dazu auch Aristoteles' Weiterführung
des Gedankens im XI. Buch: [1066a] „Denn entweder ist dieses das Erbauen, die Wirklichkeit, oder das erbaute Haus. Aber sobald das Haus ist, ist das Erbaubare nicht mehr;
erbaut aber wird das Erbaubare. Also muß das Erbauen die Wirklichkeit sein, das Erbau-
en aber ist eine Bewegung. Dasselbe gilt auch von den übrigen Bewegungen" (Aristoteles,
Metaphysik, a.a.O., XI, S. 215).

303 N. Hartmann hat in diesem Zusammenhang davon gesprochen, daß „das Mögliche in der
Aristotelischen Welt eine Art Gespensterdasein führt" (N. Hartmann, *Möglichkeit und
Wirklichkeit*, a.a.O., S. 6).

304 Aristoteles, *Metaphysik*, a.a.O., IX, S. 123.

gleich mit diesem bestimmten Menschen, der schon in Wirklichkeit ist, und
mit dem Getreide und dem Sehenden ist der Zeit nach früher der Stoff und
der Same und das Sehfähige, welche zwar dem Vermögen nach (der Möglichkeit nach) Mensch und Getreide und sehend sind, aber noch nicht in Wirklichkeit. Aber der Zeit nach früher als dieses ist (wiederum) anderes in Wirklichkeit Seiendes, aus welchem dies wurde; denn was in Wirklichkeit ist, wird
jedesmal aus dem dem Vermögen nach Seienden (aus dem der Möglichkeit
nach Seienden) durch etwas, das in Wirklichkeit ist, z. B. der Mensch durch
einen Menschen, der Gebildete durch einen Gebildeten, indem jedesmal etwas als erstes bewegt; das Bewegende aber ist schon in Wirklichkeit. Es ist
aber in der Erörterung über das Wesen gesagt, daß das Werdende immer aus
etwas etwas wird und durch etwas, und dieses der Art nach dasselbe ist"[305].

Aristoteles wiederholt die Argumentation noch mehrmals, um sie plastischer hervortreten zu lassen.[306] Welch hohen Stellenwert die Annahme
der Vorrangigkeit von Wirklichkeit jedoch hat, wird vor allem dann deutlich, macht Aristoteles sie zur Grundlage theologischer Reflexion: [1050b]
„Aber auch in entscheidenderem Sinne hat die Wirklichkeit Vorrang vor
dem Vermögen (der Möglichkeit); denn das Ewige ist dem Wesen nach
früher als das Vergängliche, nichts Ewiges aber ist nur dem Vermögen
nach (der Möglichkeit nach)"[307]. Damit schließt sich der theoretische
Kreis zur νόησις νοήσεως, zum reinen Denken des reinen Denkens, das
als höchste ἐνέργεια behauptet und verstanden ist.[308]

Auch aus dieser Letztbestimmung heraus [1051a] „erhellt denn, daß die
wirkliche Tätigkeit früher als das Vermögen (die Möglichkeit) und als jedes Veränderungsprinzip ist"[309]. Wenn ἐνέργεια jedoch vor allem tätiges
Denken ist, dann ist damit auch eine wichtige erkenntnistheoretische

---

[305] Aristoteles, *Metaphysik*, a.a.O., IX, S. 123-125.

[306] Vgl. dazu: [1050a] „Also auch insofern erhellt, daß dem Entstehen und der Zeit nach die
Wirklichkeit früher ist als das Vermögen (die Möglichkeit). (...) Aber auch dem Wesen
nach ist sie es. Erstens weil das, was der Entstehung nach später ist, der Art und dem Wesen nach früher ist, z. B. der Mann früher als das Kind, der Mensch früher als der Same;
denn das eine hat schon die Form, das andere aber nicht. Ferner darum, weil alles, was
entsteht, auf ein Prinzip und ein Ziel hingeht; Prinzip nämlich ist das Weswegen, und um
des Zieles willen ist das Werden. Ziel aber ist die Wirklichkeit, und um ihretwillen erhält
man das Vermögen (die Möglichkeit); denn nicht, um den Gesichtssinn zu haben, sehen
die Lebewesen, sondern um zu sehen, haben sie den Gesichtssinn" (Aristoteles, *Metaphysik*, a.a.O., IX, S. 125).

[307] Aristoteles, *Metaphysik*, a.a.O., IX, S. 129.

[308] Vgl. dazu auch J. Stallmachs Ausführungen zur ‚absoluten Daseinspriorität der Energeia'
in *Dynamis und Energeia*, a.a.O., S. 194-201.

[309] Aristoteles, *Metaphysik*, a.a.O., IX, S. 131. – Vgl. dazu: [1050b] „Aus diesem Grunde also ist offenbar dem Wesen nach die wirkliche Tätigkeit früher als das Vermögen (die Möglichkeit)" Aristoteles, *Metaphysik*, a.a.O., IX, S. 127-129).

Aussage insofern gemacht, als nun konsequenterweise nur von der ἐνέρ-γεια aus auf die δύναμις geschlossen werden kann, nicht umgekehrt: [1051a] „Also wird offenbar das dem Vermögen nach (der Möglichkeit nach) Seiende, wenn es in die Wirklichkeit überführt ist, gefunden. Die Ursache liegt darin, daß die Wirklichkeit Denken ist. Also geht die Möglichkeit aus der Wirklichkeit (Tätigkeit) hervor, und deshalb kommt man tätig zur Erkenntnis; denn später der Entstehung nach ist nur die der Zahl nach identische wirkliche Tätigkeit (Wirklichkeit)"[310]. Erneut schließt sich nun der Kreis der Argumentation, diesmal zum οὐσία-Konzept in der Prägung der grundständig ungewordenen Struktur des εἶδος: [1051b] „Und alle diese sind der Wirklichkeit, nicht dem Vermögen nach; denn sonst würden sie entstehen und untergehen; nun kann aber das Seiende selbst weder entstehen noch untergehen, da es sonst aus etwas entstehen würde. Bei dem also, was ein Sein an sich und in Wirklichkeit ist, ist keine Täuschung möglich, sondern nur Denken (vernunftmäßiges Erfassen) oder Nichtdenken"[311].

Aristoteles hat offensichtlich bei der Entwicklung des ἐνέργεια-Begriffs massive theoretische Probleme überwinden müssen, ein Grund dafür, daß er neben diesem Begriff einen zweiten, zuweilen synonym gebrauchten, dann wieder in veränderter theoretischer Prägung bzw. Kontextuierung verwendeten, Terminus einführt, der die mit dem ἐνέργεια-Begriff verbundenen Probleme lösen helfen soll und der auch in der Leitpassage von *De anima* statt des ersteren verwendet worden ist: die ἐντελέχεια.[312] „Der Terminus gehört"[313], so W. Franzen und K. Georgulis zunächst in grundsätzlicher Perspektive, „in den Zusammenhang der Lehre des ARI-STOTELES von ἐνέργεια und δύναμις (...) In erster Annäherung läßt sich ἐντελέχεια der Bedeutung nach mit ἐνέργεια identifizieren und dem Korrelat δύναμις gegenüberstellen"[314]. Die Suche nach der genauen Wortbedeutung in Lexika macht jedoch den begriffstheoretischen Konflikt offenbar. Sparsam gesetzt wird von H. Menge für „ἐντελέχεια (...) ununterbrochene Tätigkeit od. Wirksamkeit"[315], W. Gemoll verzichtet in seinem ansonsten sehr ausführlichen *Griechisch-deutschen Schul- und*

---

[310] Aristoteles, *Metaphysik*, a.a.O., IX, S. 133.

[311] Aristoteles, *Metaphysik*, a.a.O., IX, S. 135.

[312] In den unterschiedlichen Bedeutungsvariationen, die sich in den aristotelischen Texten finden, stellt Wundt die Termini ,Dynamis', ,Energeia' und ,Entelecheia' im integrierten Zusammenhang vor (vgl. Wundt, *Untersuchungen zur Metaphysik*, a.a.O., S. 79-102).

[313] Franzen, W., Georgulis, K. und Nobis, H. M.: „Entelechie". In: Ritter, *Historisches Wörterbuch*, a.a.O., S. 506-509 (Bd. 2), hier: S. 506.

[314] Ebd.

[315] *Langenscheidts Grosswörterbuch Griechisch Deutsch*, a.a.O., S. 243.

Handwörterbuch sogar gänzlich auf ein Übersetzungsangebot.[316] Das dahinter verborgene systematische Problem illustriert den lexikalischen Befund: Aristoteles nimmt – wie wir gesehen haben – eine bestimmte Form des Strebens an, die konstitutiver Teil von Wirklichkeit ist. Aus dieser Erklärungsfunktion heraus entsteht der ἐντελέχεια-Begriff, der nun nach der ersten Stufe von ‚Stoff‘ und ‚Form‘ und der zweiten Stufe von ‚Möglichkeit‘ und ‚Wirklichkeit‘ als dritter, weitestgehender Anlauf gewertet werden kann, jeder Vergegenständlichungstendenz des ontologischen Entwurfs entgegenzuarbeiten und damit das radikale Entwicklungskonzept von ‚Wirklichkeit‘ durchzusetzen. Wie bei ἐνέργεια handelt es sich auch bei ἐντελέχεια um ein Kunstwort, einen Neologismus, den Aristoteles selbst gebildet hat.[317] Auf die integrierte Verwendung beider Termini weist Aristoteles im 3. Kapitel des IX. Buches der *Metaphysik* explizit hin: ἐλήλυτε δ' ἡ ἐνέργεια τοὔνομα, ἡ πρὸς τὴν ἐντελέχειαν συντιθεμένη, καὶ ἐπὶ τὰ ἄλλα ἐκ τῶν κινήσεων μάλιστα· [1047a] „Es ist aber der Name der wirklichen Tätigkeit, welcher eine Beziehung hat auf die vollendete Wirklichkeit, besonders von den Bewegungen auch auf das übrige übergegangen"[318]. Deutlicher wird die Sachlage in der von I. Düring verwendeten Übersetzungsvariante: „Das Wort *energeia*, das ich (Aristoteles, U.W.) zusammen mit *entelecheia* zu verwenden pflege, (...) ist von seiner Anwendung bei Veränderung und Bewegung auf die Relation Möglichkeit-Wirklichkeit übertragen worden"[319]. Zwar entfernt sich letztere Version weit vom griechischen Original, sie trifft aber den problematischen Sachverhalt im Kern und wirbt indirekt um Verständnis dafür, warum, wie J. Stallmach feststellt, „die Entelecheiafrage (...) oft genug aufgenommen und bisweilen auch resigniert liegengelassen worden"[320] ist.

Wie so häufig bei aristotelischen Begriffen kann man mit einer lexikalischen Strukturanalyse des griechischen Wortes noch am besten auf dessen tiefere Bedeutung schließen. Zwei mögliche Interpretationen sind dabei denkbar und in der Aristoteles-Forschung auch vehement vertreten worden: „Ein Teil der Forschung"[321], so stellt Picht die Forschungslage resümierend zusammen, „hat sich auf eine Erklärung dieses Begriffes geeinigt, von der ich zeigen werde, daß sie falsch ist (...). Wenn Sie das <Greek-English> Lexicon von Liddle und Scott oder das Etymologische Wörter-

---

316 *Griechisch-deutsches Schul- und Handwörterbuch.* Von W. Gemoll. München (9. Aufl.) 1965.
317 Vgl. Düring, *Aristoteles*, a.a.O., S. 617.
318 Aristoteles, *Metaphysik*, a.a.O., IX, S. 109.
319 Zit. nach Düring, *Aristoteles*, a.a.O., S. 618.
320 Stallmach, *Dynamis und Energeia*, a.a.O., S. 182.
321 Picht, *Aristoteles' De anima*, a.a.O., S. 293.

buch von Frisk nachschlagen, finden Sie dort die auch von David Ross ak-
zeptierte Deutung von Hermann Diels"[322]: Nach eben dieser Position ist
ἐντελέχεια aus ἐντελής und ἔχειν zusammengesetzt. ἐντελής bedeutet ‚vollkommen' und ἔχειν ‚haben'. Somit wäre ‚Entelechie' das, was die Vollkommenheit in sich hat und damit eine Zustandsbeschreibung, die vor allem in
der Übersetzungsvariante ‚Vollendung' ihren Ausdruck gefunden hat. Daß
Picht diese Deutung für falsch halten kann und muß, beruht auf der Tatsache, daß es bei Aristoteles in der Tat Textstellen gibt, die eine solche Möglichkeit ausschließen.[323] Picht gibt daher der von W. Jaeger in die wissenschaftliche Diskussion gebrachten zweiten Deutung den Vorzug. Danach
stammen die drei Buchstaben -τελ von τέλος (Ziel), womit aber ‚Entelechie'
das wäre, was ‚das Ziel in sich hält', und damit die Bezeichnung für eben
„die Verfassung (wäre, U.W.), in der sich ein Seiendes befindet, das sein
τέλος – sein Ziel – in sich enthält"[324]. Entgegen der apodiktischen Aussage
Pichts sind jedoch beide Bedeutungen denkbar und bei Aristoteles auch zu
finden, wenngleich die letztere als radikale Behauptung des aristotelischen
Veränderungsbegriffs theoretisch ein weitaus größeres Erklärungspotential
in sich trägt. Picht hat den Gesamtentwurf aristotelischer Ontologie zweifelsohne auf seiner Seite. Düring hält dagegen, daß selbst die lexikalische
Analyse, die den τέλος-Begriff in ihren Mittelpunkt stellt, auf den Zu-
standsbegriff hindeuten kann: „Das Wort *entelecheia* hat er (Aristoteles,
U.W.) als Ausdruck für seine Philosophie vom *telos* ersonnen; er brauchte
ein Wort für die Stufe, auf der das *telos* erreicht worden ist. Die *entelecheia*
ist also der biologische (Düring stellt den ‚Entelechie'-Begriff hier nicht
notwendigerweise in den engeren naturphilosophischen Zusammenhang,
U.W.) Kulminationspunkt"[325]. In gleicher Weise zeigt die Leitpassage aus
De anima, daß die Interpretation eines ‚vollendeten Zustandes' durchaus
möglich ist und ihren systematischen Platz im theoretischen Gesamtgefüge
behauptet. Sie macht die Seelen-Bestimmung des 1. Kapitels des zweiten
Buches erst möglich: διὸ ἡ ψυχή ἐστιν ἐντελέχεια ἡ πρώτη σώματος φυσικοῦ δυνάμει ζωὴν ἔχοντος. [412a] „Deshalb ist die Seele die erste Vollendung der Seele eines natürlichen Körpers, der in Möglichkeit Leben hat"[326].
Daß vor allem die ‚Zustands'-Bedeutung bei Aristoteles im Vordergrund
steht, davon gehen schließlich auch Franzen und Georgulis aus: „Zwar
werden die Termini ἐντελέχεια und ἐνέργεια von Aristoteles nicht konse-

---

[322] Ebd.
[323] Vgl. Picht, *Aristoteles' De anima*, a.a.O., S. 293.
[324] Picht, *Aristoteles' De anima*, a.a.O., S. 293.
[325] Düring, *Aristoteles*, a.a.O., S. 27.
[326] Aristoteles, *Über die Seele*, a.a.O., S. 62-63.

quent unterschieden; die Tendenz geht jedoch dahin, daß mit ἐνέϱγεια der *Vorgang* der Verwirklichung oder des Wirklichwerdens bzw. Wirkens gemeint ist, mit ἐντελέχεια dagegen der *Zustand* der erreichten Wirklichkeit, d.h. die Vollendung und das Ziel eines Verwirklichungsprozesses"[327]. Repräsentiert diese Einschätzung zwar die heutige Forschungsmeinung, so muß doch hervorgehoben werden, daß sich Pichts Analysen und sein Votum für eine ‚Prozeß‘-Interpretation des ἐντελέχεια-Begriffs voll auf dem Boden aristotelischer Theoriebildung befinden, auf profunden Textkenntnissen beruhen und vollkommen richtig ein mögliches Erklärungsmuster aufdecken und vortragen. Es kommt, wie so häufig, auf den spezifischen Argumentationszusammenhang an, in dem Aristoteles den Terminus ἐντελέχεια verwendet. Und ein weiteres Problem stellt sich auch hier erneut: Vor allem ist es die Rezeptionsgeschichte, die für den heutigen Leser die notwendigen Differenzierungen überdeckt: „In der Folgezeit wird für <E.> häufig <Endelechie> verwendet, zuerst von CICERO (...). THOMAS VON AQUIN übernimmt für <E.> die Übersetzung <actus>; da dieser Ausdruck auch und vornehmlich als Äquivalent für ἐνέϱγεια gebraucht wird, geht der terminologische Unterschied zwischen <E.> und ἐνέϱγεια verloren"[328]. Für eine fundierte Analyse aristotelischer Ontologie ist dieser Unterschied aber, seinen vielen Differenzierungen und ‚Ungereimtheiten‘ wie seiner letztlichen Unklärbarkeit zum Trotz, konstitutiv.

Ein weiteres Argument für die ‚Prozeß‘-Interpretation Pichts ist sicherlich die Kontextuierung, die Aristoteles im 5. Kapitel des VIII. Buches der *Physik* vornimmt. Aristoteles spricht dort von der ἐντελέχεια ἀτελής, von der ‚unvollkommenen‘ Entelechie: ἔστιν δ᾽ ἡ κίνησις ἐντελέχεια κινητοῦ ἀτελής, [257b 8] „es ist aber die Bewegung eine unvollkommene ἐντελέχεια des Beweglichen"[329], und spannt den Terminus ἐντελέχεια damit als Entwicklungsbegriff hin auf das εἶδος-Programm als Moment konstanter Strukturgebung, denn das τέλος dieser Bewegung ist das in der ὕλη bereits angelegte εἶδος, die ἐντελέχεια in dieser Variation die Bewegung dorthin. Das, was bei der ‚Entelechie‘ des Lebendigen zum Vorschein kommt, das Immer-deutlicher-werden der vorgezeichneten Struktur, diese Struktur ist die οὐσία der ψυχή in der φύσις. Nutzt man den ἐνέϱγεια-Begriff schließlich als Kommentar zur ἐντελέχεια, wird klar, wie eng die beiden Wortschöpfungen ineinander verwoben sind. Wie ἔϱγον lexikalisch in der

---

[327] Franzen u.a., „Entelechie", a.a.O., S. 506.

[328] Franzen u.a., „Entelechie", a.a.O., S. 506-507.

[329] Text und Übersetzung nach Picht, „Der Begriff der Energeia", a.a.O., S. 290. – Siehe dazu auch die Übersetzung von H. G. Zekl: [257 b] „und es ist Veränderung ‚die noch nicht zu Ende gekommene Ziel-Tätigkeit eines Veränderbaren'" (Aristoteles, *Physik*, a.a.O., VIII, S. 209).

ἐνέργεια präsent ist und damit systematisch seine Vergegenständlichung unterminiert, so ist das τέλος, aus dem gleichen Grund, in der ἐντελέχεια aufgehoben; und nur, weil das τέλος immer in der ἐντελέχεια schon präsent ist, macht es überhaupt Sinn, davon zu sprechen, daß ἐνέργεια „Im-Werk-sein" bedeutet. Verbunden mit dieser lexikalischen Integration des ἔργον, die hier gleichermaßen eine ontologische ist, ist die Charakterisierung der ἐνέργεια als an die Verwirklichung des τέλος gebunden. Durch dieses τέλος bestimmt, geht die ἐνέργεια hin auf die ἐντελέχεια in ihrer zweiten Bedeutung, auf die Vollendung im Sinne der aktualen Verwirklichung. In der doppelten Bedeutung der ἐντελέχεια löst sich damit das Problem des εἶδος als einerseits vorgegebene konstante Struktur und andererseits als Formgeber der Bewegung auf. Die ἐντελέχεια als Vollendung wird, versteht man sie im eigentlichen Sinne als Wirklichkeit, als ἐνέργεια, zum Orientierungspunkt innerhalb des Entwicklungsbegriffes, der durch die ἐντελέχεια ἀτελής repräsentiert ist, also der ἐντελέχεια, die das Ziel des Entwicklungsprozesses kontinuierlich in sich hält. Das τέλος ist doppelte Orientierung als ständige unvollkommene, gleichzeitig aber auch aktual präsente Wirklichkeit, ohne dabei jedoch in sich Differentes zu sein.

9.4 Zusammenfassung

Im folgenden seien die wesentlichen Erkenntnisse kurz zusammengefaßt, wofür ein letztes Mal zu unserer Leitpassage aus περὶ ψυχῆς zurückgekehrt werden soll:

> [412a] „Wir bezeichnen als eine Gattung des Seienden die Wesenheit und von dieser als das eine die Materie, die an sich keinerlei Bestimmtheit hat, als das zweite die Gestalt und Form, auf Grund derer etwas ein Bestimmtes heißt, und als das dritte die Verbindung beider. Die Materie ist Möglichkeit, die Form aktuale Wirklichkeit und dies in doppelter Weise, teils wie die Wissenschaft, teils wie das Forschen"[330].

Die Vielzahl der hier vorgestellten Begriffe mochte in dieser Übersetzung zunächst eingängig, nach genauerer Sichtung der begrifflichen Hintergründe jedoch zunehmend problematisch erscheinen. Vor allem die Untersuchung der *Metaphysik*, die als Kommentar der Leitpassage aus περὶ ψυχῆς genutzt wurde, zeigt, wie Aristoteles vielfältige Anläufe unternom-

---

[330] Aristoteles, *Von der Seele [Gigon]*, a.a.O., S. 285.

men hat, um für den Problemzusammenhang einer grundlegenden Ontologie Lösungsangebote zu entwickeln. Je nach Argumentationszusammenhang fallen diese Lösungsangebote extrem unterschiedlich aus, wiewohl das Erkenntnisinteresse immer so unumwunden durchscheint, daß aufgrund der gemeinsamen Problemorientierung der Zusammenhang stets erkennbar bleibt. Aristoteles macht sich zudem, eine zusätzliche Erschwernis mit gleichwohl hohem Erkenntniswert, ständig zum Bearbeiter nicht nur fremder, sondern auch selbst erzeugter Aporien.

Solcher Vielschichtigkeit eingedenk wage ich an dieser Stelle eine stark vereinfachende Zusammenfassung des ontologischen Gerüstes, ohne die vorher aufgezeigten Differenzierungen zurückzunehmen: Der zentrale Begriff ist der der ‚Wirklichkeit‘, der ἐνέργεια. Bei der Realisierung dessen, was ‚Wirklichkeit‘ ist, stehen sich erkennbar unter dem Blickwinkel, ‚wie etwas ist, das es etwas ist‘, zunächst ὕλη und μορφή gegenüber. Unter dem Blickwinkel, wie etwas zu entstehen vermag, das notwendig etwas zu sein hat, verwirklicht die Materie als reine, zunächst unbestimmte Möglichkeit (δύναμις) in der Gestalt (μορφή) die Form (εἶδος), die damit als ἐνέργεια hervortritt. Das innere Streben des bestimmenden εἶδος ist in der Materie immer schon angelegt und bestimmt die οὐσία als τὸ τί ἦν εἶναι. Das τέλος also ist die in der ὕλη enthaltene Struktur des εἶδος. Der nun stattfindende Vorgang hat sein Ziel in sich selbst. Dies ist der Bewegungsbegriff der ἐντελέχεια. Die ἐνέργεια als Wirklichkeit ist hier die Verwirklichung im kinetischen Sinne und gewinnt dadurch Prozeßcharakter. Ihre Entwicklung aus der δύναμις ist (vorderhand) kein zeitliches, sondern ein ontologisches Problem. Die ἐνέργεια wird zur ἐντελέχεια in ihrer zweiten Bedeutung, wenn das Ziel in der ἐνέργεια (denn diese kann an ihrem Ziel gemessen u. U. auch unvollkommen sein) vollkommen verwirklicht wird. ἐντελέχεια ist hier also Zustand der aktualen Vollkommenheit als verwirklichter Wirklichkeit. Die reine, aktuale ἐνέργεια als ἐντελέχεια ist die Voraussetzung für das Göttliche, denn das ist der reine νοῦς in vollkommener ἐντελέχεια.

Die Vereinfachung dieser Zusammenführung darf über die Komplexität des ontologischen Entwurfes des Aristoteles nicht hinwegtäuschen. Es bleibt erstens festzuhalten, daß die Perspektiven ‚Wie etwas ist‘ und ‚Wie etwas entsteht‘ zwei Seiten des gleichen ontologischen Problems sind, die für Aristoteles zwei Problemebenen einer integrierten Lösungssuche waren und heute durchaus aufgrund eines methodischen Blickwinkels getrennt werden können; dies jedoch ändert nichts an deren wesensmäßiger Integration. Zweitens sei noch einmal darauf hingewiesen, daß hier hauptsächlich Begriffe zueinander definiert werden. Ein in sich geschlossenes, kohärent systematisches und integriert geordnetes Theoriegefüge, das aus Funktionalität gelöst für sich besteht, bleibt bewußt außen vor und damit Spekulation, die entweder in systematische Banalität oder dingliche Theologie führen würde: ‚Wirklichkeit‘ als solche ist autonom, ihre Theorie als spezifische nicht. πρώτη φιλοσοφία als ‚Erste Philosophie‘ weiß stets, daß sie als Erste Wissenschaft immer auf die Wissenschaft*en* als zweites bezogen ist, die wiederum konkrete Gegenstände erkennen und bearbeiten. Gerade deswegen wird in der πρώτη φιλοσοφία jeder Versuch einer vergegenständlichten und vergegenständlichenden Theoriebildung kategorisch ausgeschlossen, weil nur so das, was Gegenstand ist, letztlich richtig erkannt werden kann. Gerade dieser hohe Anspruch findet sich – wie wir sehen werden – bei kaum jemanden wieder derart kompromißlos eingelöst wie bei W. v. Humboldt. Auch das Problem einer notwendigen Hierarchisierung von Begriffen wird drittens von Aristoteles spezifisch in der jeweiligen funktionalen Zuordnung und der entsprechenden theoretischen Situation angemessen im sich entwickelnden Problemhorizont gelöst, nicht in einem statischen, auf alles und jedes anwendbaren Globalentwurf, womit eine Einheit der Metaphysik schon von daher grundsätzlich in Frage gestellt ist.

Die Welt der Wirklichkeit, die Aristoteles anhand ihrer selbst entwickelt hat, ist jedoch in einem viel durchgreifenderen Sinne als plumper Kohärenz eine ganzheitliche Betrachtung, sie ist, weil sie Problemhorizont ist, als auf den λόγος gerichtetes θεωρεῖν immer καθόλου. Sie kann alles erklären, was ist, und zwar aus dem heraus, was dieses an sich selbst sein soll. Aristoteles übt in transzendenter Hinsicht mutigen Erklärungsverzicht, widersteht der platonischen Versuchung, und generiert daher das Denken als höchste Aufgabe in seinem Konzept des zum erkennenden Betrachten verurteilten Menschen. Sinnfällig wird dies, interpretiert man die Leitpassage aus περὶ ψυχῆς nun bis zum Schluß: Aristoteles unterscheidet ein ‚Wissen der Möglichkeit nach‘ (ἡ κατὰ δύναμιν ἐπιστήμη) von einem ‚Wissen der aktualen Wirklichkeit‘. Grundsätzlich gibt es keinen Menschen, der kein Wissen hat, denn die Fähigkeit, Wissen zu haben, ist nicht nur aus Beobachtung oder als anthropologische Option generiert, sie konstituiert das Mensch-Sein als solches: πάντες ἄνθρωποι τοῦ εἰδέναι ὀρέγονται φύσει [980a] „Alle Menschen streben von Natur nach Wissen"[331]. So ist diese Form des Wissens kognitionspsychologisch eine bestimmte ‚Grundausstattung‘, philosophisch gesehen ist sie Seinsverfassung (καὶ ἐχόντων ἐπιστήμην). Aristoteles benennt „jene Zuständlichkeit, die dadurch charakterisiert ist, daß man eine Eigenschaft, ein Vermögen oder sonst einen Zustand als Wesensmerkmal in sich trägt"[332], mit dem

---

[331] Aristoteles, *Metaphysik*, a.a.O., I, S. 2/3.
[332] Picht, *Aristoteles' De anima*, a.a.O., S. 310.

Begriff ἕξις. Diese ἕξις in bezug auf Wissen zeichnet jeden Menschen als einzelnen und die menschliche Gattung schlechthin aus und kennzeichnet damit das, was Aristoteles hier mit ,Wissen der Möglichkeit nach' meint, als individuelle Sozialität des Seins, als Partizipationskategorie am Sein schlechthin. ,Wissen der Wirklichkeit nach' wäre demgegenüber erstens, wenn ich ein bestimmtes Wissen erworben habe, es aber nicht ausübe. Wenn ich die Fähigkeit habe zu rechnen, kann ich sie gebrauchen, ich tue es aber konkret nicht unbedingt. Erkennen und Forschen ist es erst – und das ist das ,Wissen der Wirklichkeit' nach im zweiten Sinne – , wenn ich es konkret verwende, es aktualisiere. So gehört sowohl Wissenschaft (ἐπι-στήμη) als auch Forschen, Betrachten (θεωρεῖν) zum Bereich der Wirk-lichkeit, sie sind zwei Formen der ἐνέργεια, aber „das Wachen entspricht dem Forschen, das Schlafen dem Besitzen ohne Betätigung ..."[333]. Die ψυχή aber ist (erste, πρώτη) ἐτελέχεια *wie* die Wissenschaft, denn sie ist zwar stets Wirklichkeit und kann nur so Prinzip des Lebendigen sein, gleichwohl ist sie aber nicht immer in aktualer Betätigung, wie z.B. im Schlaf. Die ,zweite' ἐτελέχεια ist nur die Betätigung und das Betrachten selbst.[334] Es ist plausibel, warum diese in ihren Konsequenzen äußerst schwierige, bei Aristoteles zunächst fast beiläufig erscheinende, Differen-zierung zwischen erster und zweiter ,Entelechie' im scholastischen Mit-telalter als Unterscheidung von actus primus und actus secundus zu einem der zentralen theologischen Themen avancierte.[335]

9.5 Überleitung

Das Konzept des ,Wissens als Seinsverfassung' schlägt die vielleicht of-fensichtlichste, wenn auch sprachtheoretisch nicht brisanteste, Brücke der Erinnerung zwischen dem Athener und dem Tegeler Philosophen. Picht merkt dazu an: „Im Unterschied zu den uns geläufigen Theorien über den Lernprozeß wird hier das Lernen nicht als die Summe des Erwerbens von einzelnen Informationen oder Fertigkeiten verstanden, vielmehr wird je-der Schritt des Lernens als eine Verwandlung der fundamentalen Seins-verfassung interpretiert"[336]. Für Humboldt wird nicht nur diese Korrela-

---

[333] Aristoteles: *Von der Seele [Gigon]*, a.a.O., S. 286. – Zum Unterschied von ἐπιστήμη und θεωρεῖν siehe auch den Textkommentar von W. Theiler mit zusätzlichen Fundstellen für beide Termini (vgl. Aristoteles: *Über die Seele [Kommentar: Theiler]*, a.a.O., S. 107).

[334] Vgl. Aristoteles, *Über die Seele [Kommentar: Seidl]*, a.a.O., S. 234.

[335] Vgl. Franzen u.a., „Entelechie", a.a.O., S. 506.

[336] Picht, *Aristoteles' De anima*, a.a.O., S. 312.

tion zwischen ‚Sein‘ und ‚Wissen‘, sondern vor allem der großartige Entwurf des Aristoteles einer *Ordnung der Wirklichkeit*, der in der abendländischen Geistesgeschichte in seiner Differenziertheit, Umfassendheit, aber auch in seiner ontologischen Plastizität und argumentativen Evidenz ohnegleichen ist und daher manche Nachahmer, viele Weiterentwickler, keinesfalls aber Überwinder gefunden hat, zur denkbar anspruchsvollsten Zumutung. Die Neuzeit droht der Welt der Wirklichkeit – einer φύσις, deren Ordnung sich stets als ἐνέργεια und damit vom Wesen der Dinge her ereignet – mit schonungsloser Hineinorganisation in die Un-Sichtbarkeit als Vergangenem (φθορά), und zwar indirekt durch Entzug ihres transzendent abgesicherten Geltungsraumes und direkt durch Dekonstruktion ihrer erkenntnistheoretischen Grundannahmen. Humboldt rettet diese Welt der Wirklichkeit kurz vor ihrem endgültigen Verschwinden. Dafür hält Kant den transzendentalen Steigbügel, aber erst Humboldt wagt schließlich das vielleicht größte Erinnerungsprojekt der Neuzeit überhaupt: Er läßt die Ordnung der Wirklichkeit des Aristoteles in *dem* Legitimationsraum neu erstehen und damit zur Erscheinung kommen (γένεσις), der zum erkenntnisleitenden Paradigma der kommenden Epoche des Denkens überhaupt heranreifen sollte – der Sprache. Erst durch dieses Transformationsprojekt einer „Verwandlung der Welt in Sprache" (VI 28) wird Humboldt schließlich zum grundlegenden Sprachtheoretiker der Neuzeit.

Vierter Teil:

Die Ordnung der Sprache

Die Erkundungen zum philologischen und theoretischen Terrain aristotelischer Ontologie wie die Analyse dessen, auf welche Weise in diesem antiken Theorieansatz Wirklichkeitskonstituierung betrieben und beschrieben wird, stellte selbst schon den Einstieg in die Auseinandersetzung mit Humboldtschem Sprachdenken dar. Humboldts Theorie, so lautete die als grundlegend formulierte und in vielfacher Hinsicht bereits unterstützte und belegte These, nimmt Aristoteles' Welt der Wirklichkeit auf und transformiert sie in eine Welt der Sprache, die den gleichen inneren Ordnungs- und Konstitutionsprinzipien folgt wie das ontologisch qualifizierte Panorama des aristotelischen Vorbilds. Bietet Kants transzendentaler Idealismus mit der Ermittlung des kritischen Ensembles reiner Vernunft die erkenntnistheoretischen Voraussetzungen für dieses Erinnerungsprojekt, entsteht die Generierung dessen, was das Wesen der Sprache im Kern ausmacht, vor allem im Horizont des aristotelischen Wirklichkeitsentwurfs, womit beide Traditionen, die Kantische und die Aristotelische, als gleich verbindlich, gleich authentisch und gleich relevant für die Theorieentwicklung Humboldts zu betrachten sind, ja es macht nur in äußerst begrenztem Maße überhaupt Sinn, von den transzendentalen Voraussetzungen und Instrumentarien des Humboldtschen Sprachdenkens zu sprechen, hat man nicht immer schon die Aristoteles verantwortete Wesensproblematik als Ursprung, Rahmen und Ziel des Sprachverfahrens im Blick. Sie bildet die Grundlegung für die Entwicklung dessen, was der Tegeler Philosoph überhaupt unter Wirklichkeit versteht. Ähnlich bleibt der transformatorische Anspruch, die aristotelische Ordnung der Welt in der Sprache neu entstehen zu lassen, ohne die Einsicht in die sprachliche Verfaßtheit des transzendentalen Ensembles begriffliche Spielerei ohne tiefere ontologische Bedeutung, Legitimation und Konsequenz. Die durch Kant fundierte und durch Humboldt unwiderruflich vollzogene transzendentale Befreiung der Sprache aus ihrer marginalisierten Stellung im abendländischen, metaphysischen System(-gedanken) als sekundäres Utensil zur Beschreibung des vermeintlich Realen schafft erst die Voraussetzungen dafür, daß Humboldts aristotelisches Erinnerungsprojekt seine ebenso unwiderrufliche innere Folgerichtigkeit im Hinblick auf die Anlage von Wirklichkeit überhaupt entfalten kann.

Es ist die Aufgabe der folgenden Ausführungen, das transformatorische Projekt Humboldts anhand seiner Schriften zur Sprache aufzusuchen, darzustellen und systematisch so zu belegen, daß die Ordnung in der Welt der Sprache auf diesem Hintergrund verstehbar wird. Um die Befunde von *Humboldts Gedächtnis* für die systematische Analyse des Problems wiederaufzunehmen und um das Transformationsprojekt in seinem engeren gedanklichen Kontext zu verstehen, werden dafür unter dem systematischen Kontrakt *Humboldts Aufklärung* zunächst sechs diesbezügliche *Ansichten* Humboldts zur *sprachlichen Wirklichkeit* aufgesucht und konzentriert (Kap. 10), die den *Sondierungen des theoretischen Terrains* (Kap. 8) im Aristoteles-Teil in Anlage und Zielrichtung vergleichbar sind und die zusätzlich geeignet scheinen, etliches des bislang zur Problematik Ermittelten so in seinen Grundzügen zu resümieren, daß es für den weiteren Fortgang der Argumentation verfügbar wird.

Alsdann ist zu klären, welchen Rang und Geltung Humboldtsche Aussagen zur Ordnung der Welt der Sprache überhaupt behaupten können und welcher lexikalischen Mittel sich das dafür verwendete Arrangement Humboldts bedient. Für diese Untersuchung zum *Format Humboldtscher Theoriebildung* (Kap. 11) steht neben grundsätzlichen Erwägungen zum Problem eine exemplarische Untersuchung zum – spezifisch ,aristotelischen' – Lexikon eines zentralen Textausschnittes der *Kawi-Einleitung* an, damit das theoretisch Behauptete und Erwiesene zusätzlich durch prägnante lexikalische Befunde gestützt wird. In dieser Untersuchung läßt sich ein unabgeschlossenes und letztlich immer neu anstehendes ,System' Humboldts zur Wirklichkeitskonstituierung erkennen, das aristotelische Begrifflichkeit für den Aufbau und Erhalt spezifisch sprachtheoretischer Theoriebildung nutzen kann, indem es auf die Konstitutionsbedingungen sprachlicher Wirklichkeit verweist bzw. diese struktural zueinander abgrenzt und ineinander verschränkt. Die heuristischen Nähen dieser Untersuchung zu den aristotelischen *Sondierungen des philologischen Terrains* (Kap. 7) sind offensichtlich.

Schließlich zeigt die Anwendung des engeren Begriffsrahmens der aristotelischen Ontologie auf das Humboldtsche Sprachdenken die Bedeutung des Verwandlungsprojektes in dessen voller sprachtheoretischen Relevanz und vollzieht die mit den *Konstitutionsbedingungen von Wirklichkeit* (Kap. 9) angekündigten Erklärungspotentiale: *Humboldts Verwandlung* läßt die *Welt der Sprache* entstehen (Kap. 12).

10. Humboldts Aufklärung: Ansichten sprachlicher Wirklichkeit

Als Ansichten sprachlicher Wirklichkeit, also als grundlegende Betrachtungsweisen, die Humboldts Weg in eine Welt der Sprache von dessen unmittelbarem Kontext her kennzeichnen, können vor allem die folgenden bezeichnet werden: (1) Humboldts Verständnis von Terminus und Konzept der ‚Verwandlung‘, (2) der ‚Verfahrenscharakter‘ der Sprache, (3) das ‚Energeia‘-Diktum selbst, (4) das ‚Energie‘-Motiv in dessen systematischem und historischem Schatten, (5) das ‚Genesis‘-Verständnis der Sprachentstehung und schließlich (6) die Ablehnung des (aristotelischen) Repräsentationsgedankens. Mit dieser Ablehnung vollzieht sich in Humboldts Bewußtsein endgültig das Verwandlungsprojekt. Alle sechs Zugänge machen Humboldts theoretisches Vorgehen als Weg sprachtheoretischer Aufklärung verständlich und erweisen die innere Konsequenz dieser Aufklärung. Als erste diesbezügliche Ansicht soll der ‚Verwandlungs‘-Terminus Humboldts, der das Wesensverständnis der Sprache als Problem von Wirklichkeit überhaupt identifiziert, charakterisiert werden.

10.1 Humboldts Bewußtsein: das Verwandlungsprojekt

Das Motiv, Welt als sprachlich verfaßt und Sprache damit als umverwandelte Welt zu verstehen, zieht sich variationsreich nicht nur durch viele der *sprach*theoretischen Schriften Humboldts. Allerdings begegnet es in expliziter Form vor allem in den Texten der späten Tegeler Schaffensperiode. Es ist also vor allem eine Verfolgung des Weges interessant, wie dort das Verwandlungsprojekt zunehmend in Humboldts theoretischem Bewußtsein vom Wesen der Sprache Platz gegriffen hat und schließlich ausformuliert wurde.

Zwei Texte sollen dafür genauer untersucht werden. Am eindeutigsten und auch nachhaltigsten in dieser Hinsicht scheint die Abhandlung *Ueber den Dualis* (VI 4-30) zu sein, die Humboldt am 26. April 1827 in der Akademie der Wissenschaften vortrug. Obwohl auch diese Abhandlung letztlich unvollständig blieb, ist Humboldt hier – wie so häufig, wenn er sich zur Vermittlung seiner wissenschaftlichen Arbeit zwingt – besonders klar und evident.[1] Er formuliert einleitend zunächst sein Untersuchungsinteresse sowie die daraus resultierende Vorgehensweise:

> „Unter den mannigfaltigen Wegen, welche das vergleichende Sprachstudium einzuschlagen hat, um die Aufgabe zu lösen, wie sich die allgemeine menschliche Sprache in den besondren Sprachen der verschiedenen Nationen offenbart? ist einer der am richtigsten zum Ziele führenden unstreitig der, die Betrachtung eines einzelnen Sprachtheils durch alle bekannten Sprachen des Erdbodens hindurch zu verfolgen" (VI 4).

Neben der wissenschaftlichen Selbstthematisierung des ‚Vergleichenden Sprachstudiums' taucht hier die für das Wesen der Sprache konstitutive Zweiteilung zwischen *der* Sprache als solcher, als ‚allgemein menschlicher' Kennzeichnung, und *den* Sprachen in ihrer Besonderheit und Verschiedenheit auf. Es geht also um genau diese Verknüpfung der beiden Ebenen der Sprachthematisierung und um die Verknüpfung unter den einzelnen Sprachen, die Humboldt hier nicht vorderhand historisch(-lexikalisch), sondern systematisch(-grammatisch) angehen will. Humboldt hat des öfteren grammatische Fragestellungen zum Anlaß genommen, auch sprachtheoretische Überlegungen vorzutragen, so z.B. in *Ueber die Verwandtschaft der Ortsadverbien mit dem Pronomen in einigen Sprachen* (VI 304-330), ein Text, der wie die *Dualis*-Abhandlung zur Lesung in der Akademie bestimmt war und dort im Dezember 1829 zum Vortrag kam. Er wäre jedoch kaum als Schrittmacher der neuzeitlichen Sprachtheorie ernstzunehmen, würde er nicht immer auch vor den mit einer grammatischen Analyse implizit verbundenen Gefahren für das Vergleichende Sprachstudium warnen, wie dies im *Dualis*-Text zum Ausdruck kommt:

> „Gerade dadurch, dass die hier empfohlne Verfahrungsweise auf möglichst vollständige Aufsuchung der Thatsachen dringt, hiermit aber die Ableitung aus blossen Begriffen nothwendig verbinden muss, um Einheit in die Mannigfaltigkeit zu bringen, und den richtigen Standpunkt zur Betrachtung und Beurtheilung der einzelnen Verschiedenheiten zu gewinnen, baut sie der Gefahr vor, welche sonst dem vergleichenden Sprachstudium gleich verderblich von der einseitigen Einschlagung des historischen, wie des philosophischen Weges droht" (VI 5).

Humboldts Untersuchungsgegenstand ist der Dualis, die eigenständige grammatische Form neben Singular und Plural für nicht ein oder mehrere, sondern genau zwei Personen bzw. Sachverhalte. Humboldt hat die

---

[1]   Vgl. die ‚Bemerkungen zur Entstehungsgeschichte' dieses Textes von A. Leitzmann in der Akademie-Ausgabe, VI 331.

Querschnittsuntersuchung dieses Phänomens durch die verschiedensten Sprachen im Sinne, eine Unternehmung, die gleichwohl voraussetzt, daß, „um auch nur zwei Wörter mit Erfolg mit einander grammatisch vergleichen zu können, es nothwendig ist (Umst., U.W.), erst jedes für sich in der Sprache, welcher es angehört, zur Vergleichung genau vorzubereiten" (VI 8). Von einer inhalts- und zweckamputierten Analysestrategie, die den Kontext der zugrunde liegenden Sprachen verdeckt und im Sinne einer allgemeinen Linguistik ausschließlich Strukturdeskription betreibt, ist Humboldt weit entfernt. Gerade am Bedeutungsverständnis des Dualis und der kulturgeschichtlichen Beobachtung, daß dieser „sich auf der einen Seite bei uncultivirten Nationen, den Grönländern, Neu-Seeländern u.s.f." (VI 11) findet, andererseits es „im Griechischen gerade der am sorgfältigsten bearbeitete Dialekt, der Attische" (VI 11), ist, der diese Form beibehalten hat, zeigt, daß Humboldt hier Grammatik als weit mehr bestimmt als die formale Strukturbeschreibung einer Sprache. Dieser Einsicht ist es auch geschuldet, daß Humboldt „es für zweckmässig hält, zuerst den räumlichen Umfang anzugeben, in welchem der Dualis in den verschiedenen Sprachgebieten des Erdbodens angetroffen wird" (VI 6). Nach einer ausführlichen Analyse der verschiedenen Sprachen und ihrer geographischen Verbreitung im Hinblick auf den Dualis kann Humboldt dann eine Gliederung vornehmen, die die unterschiedlichen Sprachen in „drei Classen abtheilen" (VI 17) hilft. Sie soll hier unberücksichtigt bleiben, denn weitaus interessanter ist, welche Fragestellung Humboldt aus solchen Klassifizierungsbemühungen heraus als eigentlich problematisch erkennt:

> „Eine, doch vielleicht noch nicht ganz ungewöhnliche, allein durchaus irrige Ansicht ist es, wenn man den Dualis bloss als einen zufällig für die Zahl z w e i eingeführten, beschränkten Pluralis ansieht, und dadurch die Frage rechtfertigt, warum nicht auch irgend eine andre beliebige Zahl ihre eigne Mehrheitsform besitze?" (VI 19).

Offensichtlich kann diese Frage in einem historisch oder funktionalistisch beengten Grammatik-Verständnis, z.B. einer historisch-vergleichenden oder einer allgemeinen Sprachwissenschaft, kaum beantwortet werden. Sind in letzterer alle Bezeichnungen nicht nur prinzipiell, sondern auch realiter gefährlich beliebig bzw. akademisch synthetisch, besteht in ersterer kaum Anlaß, Strukturvergleiche von (Geistes-)Welt als solche der Sprache zu erkennen. Auch ein mechanistisches Lexikon-Grammatik-Modell greift hier kaum. Humboldt ist daher grundlegend anderer Ansicht als sie in den bislang aufgeführten Positionen zum Tragen kommt. Er erweitert zunächst den Grammatikbegriff:

> „Alle grammatische Verschiedenheit der Sprachen ist, meiner Ansicht nach, eine dreifache, und man erhält keinen vollständigen Begriff des Baues einer einzelnen, ohne ihn nach dieser dreifachen Verschiedenheit in Betrachtung zu ziehen. Die Sprachen sind nemlich grammatisch verschieden:
> a., zuerst in der Auffassung der grammatischen Formen nach ihrem Begriff,
> b., dann in der Art der technischen Mittel ihrer Bezeichnung,
> c., endlich in den wirklichen, zur Bezeichnung dienenden Lauten" (VI 21),

und nennt dann die eigentliche Schwierigkeit, die auf den Charakter des ‚Grammatik'-Verständnisses direkten Einfluß hat: „Die zunächst liegende, aber beschränkteste Ansicht der Sprache ist die, sie als ein blosses Verständigungsmittel zu betrachten" (VI 22). Humboldt setzt dagegen:

> „Die Sprache ist aber durchaus kein blosses Verständigungsmittel, sondern der Abdruck des Geistes und der Weltansicht der Redenden, die Geselligkeit ist das unentbehrliche Hülfsmittel zu ihrer Entfaltung, aber bei weitem nicht der einzige Zweck, auf den sie hinarbeitet, der vielmehr seinen Endpunkt doch in dem Einzelnen findet, insofern der Einzelne von der Menschheit getrennt werden kann" (VI 23).

Wenn aber – und damit gibt Humboldt seiner Argumentation die entscheidende Wendung – Sprache einerseits und Geist als Ansicht der Redenden von dem, was Welt ist, andererseits in dieser Form ineinander zusammenhängen, dann ist die grammatische Struktur der Weltstruktur in gewisser Weise analog, und zwar nicht im Sinne eines naiven Repräsentationismus, sondern als sprachliche Generierung ihres eigentlich ontologischen Zusammenhangs. Humboldt zunächst noch in deskriptiver Zurückhaltung (aber schon unter Zuhilfenahme griechischer ‚Genesis'-Motivik):

> „Der Begriff der Zweiheit nun gehört dem doppelten Gebiet des Sichtbaren und Unsichtbaren an, und indem er sich lebendig und anregend der sinnlichen Anschauung und der äusseren Beobachtung darstellt, ist er zugleich vorwaltend in den Gesetzen des Denkens, dem Streben der Empfindung, und dem in seinen tiefsten Gründen unerforschbaren Organismus des Menschengeschlechts und der Natur" (VI 24),

dann jedoch apodiktisch feststellend:

> „In dem unsichtbaren Organismus des Geistes, den Gesetzen des Denkens, der Classification seiner Kategorieen aber wurzelt der Begriff der Zweiheit noch auf eine viel tiefere und ursprünglichere Weise: in dem Satz und Gegensatz, dem Setzen und Aufheben, dem Seyn und Nicht-Seyn, dem Ich und der Welt" (VI 24-25).

Die Ordnung der Sprache ist also auch in einem tiefen, transzendentalen Verständnis die Ordnung der Wirklichkeit, eine auf sprachliche Genesis hin gerichtete Perspektive, die Humboldt durch die Wendung: „Der Ursprung und das Ende alles getheilten Seyns ist Einheit" (VI 25) weiter vorbereitet und schließlich auf die Formel bringt: „Es liegt aber in dem ursprünglichen Wesen der Sprache ein unabänderlicher Dualismus, und die Möglichkeit des Sprechens selbst wird durch Anrede und Erwiederung bedingt" (VI 26). Humboldts nähere Beschreibung dieses Dualismus sei an dieser Stelle ausgeklammert, weil die damit verbundene Frage nach dem anthropologisch-kommunikativen Grundverständnis von Verstehen noch aufgegriffen wird. Es reicht die Feststellung, daß „zwischen Denkkraft und Denkkraft (...) es keine andre Vermittlerin (Umst., U.W.), als die Sprache giebt" (VI 26). Entscheidend ist hier vielmehr, daß Humboldt am Beispiel des Dualis besonders prägnant eine Analogie von Weltkonstitution und Sprachkonstitution beschreiben kann, nach der beide letztlich in eins fallen müssen, denn „der Begriff der Zweiheit, als der einer Zahl, also einer der reinen Anschauungen des Geistes, besitzt aber auch die glückliche Gleichartigkeit mit der Sprache, welche ihn vorzugsweise geschickt macht, in sie überzugehen" (VI 27). Warum dies gerade kein naiver Repräsentationismus ist, sondern die Transformation von Welt in Sprache expliziert, weist Humboldt abschließend folgendermaßen aus:

> „Es waltet nämlich in der Bildung der Sprachen, ausser dem schaffenden Sprachsinn selbst, auch die überhaupt, was sie lebendig berührt, in die Sprache hinüberzutragen geschäftige Einbildungskraft. Hierin ist der Sprachsinn nicht immer das herrschende Princip, allein er sollte es seyn, und die Vollendung ihres Baues schreibt den Sprachen das unabänderliche Gesetz vor, dass Alles, was in denselben hinübergezogen wird, seine ursprüngliche Form ablegend, die der Sprache annehme. Nur so gelingt die *Verwandlung der Welt in Sprache* (Herv., U.W.), und vollendet sich das Symbolisiren der Sprache auch vermittelst ihres grammatischen Baues" (VI 28).

Nicht nur unterstreicht Humboldt hier die ‚Einbildungskraft' als Verbindungsmoment und Syntheseleistung im Hinblick auf ihre Rolle als Konstituierungsvermögen sprachlicher Wirklichkeit, er erkennt den ‚Sprachsinn' als das allein herrschende Prinzip dieser Konstituierung, das sich in der verwirklichenden Tätigkeit des sprachlichen ‚Symbolisirens' ausdrückt. So ist auch die Sprachform eben nicht Repräsentant der Wirklichkeitsform, vielmehr nimmt letztere die Form der ersteren an, um sich selbst zu bilden, und überläßt der Welt der Sprache damit den Primat, der im aristotelischen Verständnis die ‚Wirklichkeit' aus- und kennzeichnet. Form als Ursprung erhält Äußeres so in sich, daß sie in der Wirklichkeit der Sprache als innere wirklichkeitskonstitutiv neu zu entstehen vermag. Humboldts Transformationsprojekt ist also 1827 im *Dualis*-Text in den wesentlichen Grundzügen bereits enthalten, die ‚Verwandlung der Welt in

Sprache' jedoch noch nicht in den letzten Konsequenzen verstanden und durchgeführt.

Humboldts Theorieentwicklung in diese Richtung setzt sich fort. 1827-29 schreibt er in *Über die Verschiedenheiten des menschlichen Sprachbaues* einen Text, der die sprachtheoretische Auseinandersetzung, die von 1830-35 in der *Kawi-Einleitung* auf die Spitze getrieben wird, historisch, gedanklich und systematisch vorbereitet.[2] Hier ist der Terminus der ‚Verwandlung' gleich mehrfach vertreten und dies in doppelter Bedeutung. Im 30sten des in 155 Abschnitte gegliederten Textes ist Humboldt wieder einmal dabei, den ‚hermeneutischen Zirkel' des Vergleichenden Sprachstudiums, also die Frage, ob vorderhand die einzelnen sprachlichen Einheiten oder besser das Ganze einer Sprache untersucht werden soll, aufzufächern. Er neigt (nicht nur) an dieser Stelle dazu, der ganzheitlichen Sprachbetrachtung den Vorzug zu geben und schreibt:

> „Denn jede Sprache besitzt, ungeachtet der Aehnlichkeit der hervorbringenden Ursachen, der technischen Mittel und des Zweckes aller, eine entschiedne Individualität, und diese wird nur in ihrem Zusammenwirken gefühlt. Die Zergliederung ist nothwendig, um dies Gefühl in Erkenntniss zu verwandeln, sie verdunkelt aber allemal in etwas die Anschauung der lebendigen Eigenthümlichkeit, schon dadurch, dass eben *jene Verwandlung des Gefühls in Erkenntniss* (Herv., U.W.) nie ganz vollständig vor sich gehen kann. Es ist daher der bessere Weg, die Prüfung einer Sprache bei ihrem Totaleindruck anzufangen, es verbreitet sich alsdann wenigstens jenes Gefühl auf die ganze Folge der Untersuchung" (VI 147).

Humboldt, hier auf der Suche nach geeigneter Methodologie im Hinblick auf die für ihn zentrale Frage, was die Identität einer Sprache im Kern ausmache, nutzt den ‚Verwandlungs'-Terminus diesmal, um gleichsam die Transformation von ‚divinatorischer' in ‚komparative' Erkenntnis zu kommentieren. Das holistische Erkennen produziert nach Humboldt gegenüber dem auf Einzelheiten gerichteten immer einen inhaltlichen Überschuß, der nicht als solcher analytisch festgehalten und eindeutig bestimmt werden kann. Interessant ist demnach, daß der ‚Verwandlungs'-Terminus hier wiederum in einem Kontext belichtet wird, in dem für Humboldt ein bestimmter Vorgang unbedingt wahr, theoretisch verbindlich und sachlich klar ist, jedoch dennoch ein Erklärungsdefizit im Hinblick auf den endgültigen Vollzug innerer Prozeßhaftigkeit bleibt, der auch durch noch so weit getriebene und noch so tief sezierende Analytik nicht umfassend würde beschrieben werden können. Was bleibt, ist eine

---

[2] Vgl. die ‚Bemerkungen zur Entstehungsgeschichte' dieses Textes von A. Leitzmann (VI 334).

von dem Erklärungsdefizit unberührte unbedingte Gültigkeit des transformatorischen Aktes, die im Terminus der ‚Verwandlung' zum begrifflichen Ausdruck kommt.

Abschnitt 61 enthält eine Verwendung des Verwandlungsmotivs von der theoretischen Qualität der *Dualis*-Schrift, wenn auch die Formulierung der Weltverwandlung in Sprache dort nicht explizit auftritt. Humboldt inventarisiert den Terminus in einer der zentralen Passagen des *Verschiedenheiten*-Textes und weist zunächst rückblickend darauf hin, daß er „die Sprache als Organ des Denkens" (VI 179) dargestellt und sich gleichermaßen bemüht habe, „ihr (der Sprache, U.W.) in der Thätigkeit ihres Erzeugens zu folgen. Ich wende mich jetzt zu dem durch das Sprechen, oder vielmehr durch das Denken in Sprache Erzeugten" (VI 179). Wie so häufig wird man nach Andeutungen oder gar Ankündigungen Humboldts, die Argumentation werde nun konkreter, womöglich unmißverständlich ‚gegenständlicher', auch im vorliegenden Kontext erst einmal bitter enttäuscht, denn „auch hier findet sich, dass die Vorstellungsart, als thue die Sprache nicht mehr, als die an sich wahrgenommenen Gegenstände zu bezeichnen, weit entfernt ist, ihren tiefen und vollen Gehalt zu erschöpfen" (VI 179). Humboldt wendet das Problem, nachdem er festgestellt hat, daß schlechthin jeder „Begriff ohne sie (die Sprache, U.W.)" (VI 179) nicht möglich ist und daß darüber hinaus „jeder äussere Gegenstand nur vermittelst des Begriffes (...) Wesenheit" (VI 179) enthält, diesmal auf die Subjektivitätsvoraussetzung der Erkenntnisproblematik. Diese Voraussetzung, kommentiert mit der Beobachtung, daß jedes Wort „nicht ein Abdruck des Gegenstandes an sich, sondern des von diesem in der (subjektiven !, U.W.) Seele erzeugten Bildes" (VI 179) ist, findet ihren Niederschlag darin, daß die Sprachlichkeit des Menschen seine Individualität garantiert:

> „Da aller objectiven Wahrnehmung unvermeidlich Subjectivitaet beigemischt
> ist, so kann man schon unabhängig von der Sprache jede menschliche Indivi
> dualität als einen eignen Standpunkt der Weltansicht betrachten" (VI 179).

Das auf den ersten Blick verwirrende, ja paradoxe Postulat, Individualität gelte auch unabhängig von der Sprache, darf hier nicht mißverstanden werden. Die konstatierte Unabhängigkeit ist nur eine modellhafte, die die Subjekt-Objekt-Relation in Hinblick auf die Wahrnehmungsproblematik auf deren systematischen Kern reduzieren hilft. Weltansicht als subjektive Ansicht einer Welt der Wirklichkeit kann immer nur begrifflich und damit sprachlich gegeben sein. Erst dadurch entsteht Individualität als wirklich und geht über ihr Postulat, prinzipiell als Referentielles möglich zu sein, hinaus. Das weiß Humboldt, bescheinigt der Weltansicht deshalb,

daß „sie aber noch viel mehr dazu durch die Sprache wird (Umst., U.W.)"
(VI 179), und stellt schließlich fest, „da nun auch auf die Sprache in derselben Nation eine gleichartige Subjectivitaet" (VI 179) des in dieser Hinsicht analogen Sprachlautes derart einwirke, daß man schlechterdings behaupten könne, daß nicht nur in der Sprachtätigkeit des Einzelnen,
sondern „in jeder Sprache eine eigenthümliche Weltansicht" (VI 179) liege. Um nun die transzendentale Korrelation zwischen angenommener
Wirklichkeit als Referenzraum und tatsächlicher Sprachwirklichkeit richtig zu fassen, eine Fragestellung, die sich aus der zunächst nur argumentativ erschlossenen national-individuellen ‚Kollektivierung' des ‚Weltansichten'-Motivs fast zwangsläufig ergibt, kommt der ‚Verwandlungs'-
Terminus erneut ins Spiel:

> „Weltansicht aber ist die Sprache nicht bloss, weil sie, da jeder Begriff soll
> durch sie erfasst werden können, dem Umfange der Welt gleichkommen
> muss, sondern auch deswegen, weil erst die Verwandlung, die sie mit den Ge-
> genständen vornimmt, den Geist zur Einsicht des von dem Begriff der Welt
> unzertrennlichen Zusammenhanges fähig macht" (VI 179-180).

Die Verwandlung der Welt in Sprache ist demnach nicht nur Voraussetzung dafür, überhaupt Gegenstände wahrnehmen zu können, ohne diese
Verwandlung, die gleichermaßen den transzendentalen Akt semiotischer
Synthesis bedeutet, bleibt Erkenntnis auf Einzelheiten gerichtet, partikul-
är und damit kognitiv orientierungslos, sie wird gar nicht zur Erkenntnis im
transzendentalen Sinne. Das Verwandlungsprojekt ist unbedingte Voraussetzung dafür, sich in irgendeiner Form auf die Referenzobjekte der Welt
als ‚Möglichkeit' so zu beziehen, daß sprachliche Wirklichkeit entsteht:

> „Denn erst indem sie (die Sprache, U.W.) den Eindruck der (referentiellen,
> U.W.) Wirklichkeit auf die Sinne und die Empfindung in das, als Organ des
> Denkens eigen vorbereitete Gebiet der articulirten Töne hinüberführt, wird
> die Verknüpfung der Gegenstände mit den klaren und reinen Ideen möglich,
> in welchen der Weltzusammenhang ans Licht tritt" (VI 180).

So zieht Humboldt die einleuchtende und vielbeschworene Konsequenz,
daß „der Mensch auch hauptsächlich mit den Gegenständen, so wie die
Sprache sie ihm zuführt, lebt (Umst., U.W.), und da Empfinden und
Handeln in ihm von seinen Vorstellungen abhängt, sogar ausschließlich
so" (VI 180). Der Weltzusammenhang tritt ans Licht, sobald Sprache als
Sprache mögliche referentielle Wirklichkeit zur Weltansicht führt. Dann
erst sind die Gegenstände so verwandelt, daß Wirklichkeit als Sprache zur
Erscheinung kommt.

Nur am Rande sei erwähnt, daß der *Verschiedenheiten*-Text auch noch
eine andere Bedeutung von ‚Verwandlung' kennt, und zwar im Rahmen

der Veränderung grammatischer Formen.[3] Sie kann an dieser Stelle vernachlässigt werden, wenngleich Humboldt in dieser damals durchaus üblichen, sprachwissenschaftlich handgreiflichen Bedeutungsvariante möglicherweise ein Vorbild für die Entwicklung und Erweiterung seines
erkenntnis- bzw. sprachtheoretischen Ensembles gesehen haben mag.
Zentral bleibt aber das Motiv, das das Erkennen nicht nur als ‚die Einver-
leibung der Welt in die Tätigkeit des Subjektes‘ beschreiben will, sondern
dieses Erkennen als ‚Umschaffung der Welt in das Eigenthum des Geistes‘
immer als grundständig sprachlich interpretiert. Ein Unternehmen also,
das schließlich in der *Kawi-Einleitung* als unhintergehbare Bedingung aller Weltkonstitution bis zu seinem Ende hin entworfen wird:

> „Zwischen dem Sprachbaue aber und dem Gelingen aller andren Arten in-
> tellectueller Thätigkeit besteht ein unläugbarer Zusammenhang. Er liegt vor-
> züglich, und wir betrachten ihn hier allein von dieser Seite, in dem begei-
> sternden Hauche, den die sprachbildende Kraft der Sprache *in dem Acte der
> Verwandlung der Welt in Gedanken* (Herv., U.W.) dergestalt einflösst, dass er
> sich durch alle Theile ihres Gebietes harmonisch verbreitet" (VII 41).

Humboldt muß in den nun folgenden Ausführungen, die durch die Ver-
wandlungspassage in gewisser Weise eingeleitet werden und die die zentralen Abschnitte des Textes überhaupt darstellen (‚Uebergang zur näheren Betrachtung der Sprache‘, ‚Form der Sprachen‘ und ‚Natur und
Beschaffenheit der Sprache überhaupt‘), die sprachliche Bedingtheit des
Projektes nun nicht mehr eigens herausstreichen, sie gilt ihm als selbstverständlich: „Eine Sprache in ihrem ganzen Umfange enthält alles durch
sie in Laute Verwandelte" (VII 62). Das sprachtheoretische Bewußtsein
des Tegeler Philosophen ist in der *Kawi-Einleitung* vor allem dadurch
ausgezeichnet, daß das in den letzten Jahren seines Nachdenkens schon
seit langem Vermutete und bereits mehrfach Behauptete reflexiv so eingeholt wird, daß das Verwandlungsprojekt auch zunehmend in den inneren
Bedingungen seines transformatorischen Charakters verstanden wird:

> „Denn indem wir an ihrer (der Sprache, U.W.) Hand in eine Welt von Lauten
> übergehen, verlassen wir nicht die uns wirklich umgebende; mit der Gesetz-

---

3 Vgl. dazu: „Soll wirklich ein Medium in diese Form treten, so hängt man, ohne weitere Verwandlung, bloss die Endung *tzinoa* daran" (VI 213). – „Die Ansetzung eines *c* ist ausser-
   dem, wenigstens im Praesens nicht ohne Beispiel im Romanischen, *vauc* für *vau*, *tenc* für
   ten. (...) Sollten nicht auch *cug* und *aug* (die Participia von *cuidar* und *auzir*), die Ray-
   nouard für Verwandlungen von *id* und *z* in *g* hält (...), so erklärt werden müssen?" (VI 284)
   – „Zu der ersteren dieser beiden Arten rechne ich die Verwandlung von *e* in *ie* und *o* in *ue*"
   (VI 286). – „Die Verwandlung gehört der ursprünglichen Volksaussprache an; die Schrift-
   sprache scheint ihr nicht immer treu geblieben zu seyn, und wo sie jetzt Wörter aufnimmt,
   erhält sie ihnen ihre reinen Laute" (VI 251).

mässigkeit der Natur ist die ihres eignen Baues verwandt, und indem sie durch diesen den Menschen in der Thätigkeit seiner höchsten und menschlichsten Kräfte anregt, bringt sie ihn auch überhaupt dem Verständniss des formalen Eindrucks der Natur näher, da diese doch auch nur als eine wenngleich unerklärliche Entwicklung geistiger Kräfte betrachtet werden kann" (VII 61).

Der ‚Verwandlungs'-Terminus Humboldts muß also doppelt verstanden werden. In erkenntnistheoretischer und erkenntnispragmatischer Hinsicht wird die ‚Welt' durch den sprachlichen Konstitutionsakt erst im Sprachlichen wirklich. In sprachtheoretischer Hinsicht ist die innere Ordnung der Welt der Wirklichkeit als Ordnung der Sprache angesprochen, die dem gegenstandskonstitutiven Charakter der Sprache analog transformiert werden muß. So löst Humboldt den für ihn charakteristischen Anspruch ein, daß das Vergleichende Sprachstudium immer gegenstandsadäquat bestimmt ist, und begründet damit eine innere Reflexivität des Transformationsprojektes, in der Sprache und Sprachtheorie – auch im Hinblick auf das ihnen zugrunde liegende ‚Verwandlungs'-Motiv – notwendig analog agieren. Ein Terminus, in dem diese innere Reflexivität und Interdependenz der Unternehmungen zur Sprache besonders zum Ausdruck kommt, ist der des ‚Verfahrens'.

10.2 Grundlegende Einsichten:
die Verfahrensbedingungen

Eine zentrale, allem weiteren zugrunde liegende, Parallele zwischen der Suche des Aristoteles nach den Entstehungsbedingungen von Wirklichkeit und der Humboldts nach dem sprachlichen Charakter eben dieser Wirklichkeit findet sich in den in heuristischer und den Bestimmungsort wissenschaftlicher Erkenntnis betreffender Hinsicht so uneingeschränkt hohen Anspruchshaltungen beider Theoretiker. Hat Aristoteles nicht weniger als die Ermittlung dessen im Sinne, was das Wesen der Dinge schlechthin ausmacht, beschreibt Humboldt den Charakter seines Projektes sprachlicher Klärung und Aufklärung selbst treffend mit dem Terminus des ‚Verfahrens'. Nicht reduktionistischer Kleinmut trägt den Gang der Untersuchung in einer Welt der Sprache, sondern die Einsicht in den umfassenden Geltungsanspruch der Unternehmung:

> „Ich nehme hier das Verfahren der Sprache in seiner weitesten Ausdehnung, nicht bloss in der Beziehung derselben auf die Rede und den Vorrath ihrer

Wortelemente, als ihr unmittelbares Erzeugniss, sondern auch in ihrem Verhältniss zu dem Denk- und Empfindungsvermögen. Der ganze Weg kommt
in Betrachtung, auf dem sie, vom Geiste ausgehend, auf den Geist zurückwirkt" (VII 53).

Humboldt legt demnach großen Wert darauf, ‚Verfahren' nicht als mecha-
nistisch-methodologischen Begriff der Untersuchung offen daliegender
Sprachstrukturen und -elemente auszumessen, sondern will den Prozeßcharakter alles Geistigen immer schon als wesenhafte Attribution des
Sprachlichen attestiert wissen und dieses Verständnis damit – so die vielleicht wichtigste wissenschaftsgeschichtliche Konsequenz überhaupt – zur
Grundlage einer Sprachwissenschaft machen, die ihrem Gegenstand adäquat und kommensurabel einem prozeßorientierten Deskriptions- und
Analysecharakter folgen muß: diese doppelte Blickrichtung findet im Terminus des Verfahrens seine eindringlichste begriffliche Ausstattung.

Was dies jedoch heißt und was der Charakter des ‚Verfahrens' letztlich
bedeutet, nimmt man es ‚in seiner weitesten Ausdehnung', wird erst deutlich, gewahrt man die innere Paradoxität der aus dieser Bestimmung resultierenden Sprach-Unternehmung. Ein Rückblick auf das Foucaultsche
Projekt eines archäologischen Wissensverständnisses macht die Problematik in ihrer Originalität kenntlich. Foucault schreibt: „Der Begriff der
Diskontinuität ist paradox: er ist zugleich Instrument und Gegenstand der
Untersuchung; er grenzt das Feld ab, dessen Wirkung er ist; er gestattet
die Vereinzelung der Gebiete, kann aber nur durch ihren Vergleich festgestellt werden"[4]. Hier ergibt sich eine eigentümliche Korrespondenz, die
als grundlegende Einsicht nicht nur die Analysen des ‚Wissensarchäolo-
gen' Foucault, sondern auch die des Philosophen Aristoteles und des
Sprachtheoretikers Humboldt wie ein roter Faden durchziehen: Das, was
beschrieben werden soll, der Untersuchungsgegenstand, ist immer schon
zwangsläufig auch das Mittel seiner Untersuchung. Was bei Foucault die
‚Diskontinuität' ist, ist bei Aristoteles die ‚Wirklichkeit', deren paradoxer
Charakter es bedingt, ebenfalls nur in ihrem eigenen Geltungsraum aktual
beschrieben werden zu können, und bei Humboldt ist es schließlich die
‚Sprache', die nicht außerhalb ihrer zugänglich werden kann: nur sie selbst
ist in der Lage, den Reflexionsraum bereitzustellen, in dem sie erkannt
wird. Diese Paradoxität des theoretischen Unternehmens kommt bei
Humboldt im reflexiven Terminus des ‚Verfahrens' und dessen gleichzeitiger gegenstandsverantworteter Unbeschränktheit zum Ausdruck. Es ist
nun gerade Humboldts Leistung, daß auch aus dieser inneren Widersprüchlichkeit, dieser aporetischen Grundstruktur der Sprachwissen-

---

4 Foucault, M.: *Archäologie des Wissens.* Frankfurt am Main (6. Aufl.) 1994. S. 18.

schaft, eine ihrer wesentlichsten Einsichten entsteht, die H.-W. Scharf folgendermaßen zusammenfaßt:

> „Auf dem vielschichtigen und folgenreichen Deutungs- und Interessenhintergrund des ‚Verfahrens der Sprache‘ erscheint bereits Humboldts Sprachdenken – so die wissenschaftsgeschichtliche Nebenklage (die aus heutiger Sicht eigentlich als Hauptklage identifiziert werden muß, U.W.) des Prozesses – als die eigentliche Transformation reiner Erkenntnis- in Sprach-Theorie; eine Wendung, die in der neueren sprachphilosophischen Diskussion gemeinhin erst als originäre Leistung Wittgensteins angenommen wird“[5].

Aus der inneren Widersprüchlichkeit des ‚Verfahrens‘ entsteht so des Verfahrens (der Sprache) wichtigster Befund gleich mit.

Neben den theoretischen Konsequenzen wird aus der Einsicht in die innere Paradoxität des Untersuchungsprozesses aber auch der Charakter der wissenschaftlichen Herangehensweisen, die der Leser bzw. die Leserin zunächst als störend und unsystematisch empfinden, verständlich, so z.B., wenn sowohl Foucault als auch Aristoteles als auch Humboldt trotz oder gerade wegen der prinzipiellen Offenheit ihrer systematischen Entwürfe vor allem auf die inneren Bezüge der von ihnen selbst vorgestellten Begrifflichkeit verweisen und auf diese setzen müssen: alle drei verwenden Erklärungsmuster, die in sich selbst valide und reliabel bleiben müssen und weitgehend ohne systematische Hilfestellung von außen auskommen können. Darüber hinaus werden vorschnelle und allzu feste Definitionen wiederum von allen dreien aus gutem Grund vermieden, denn im nächsten Augenblick der Argumentation und je nach thematischem Kontext können veränderte Beschreibungen des begrifflichen Repertoires nötig werden, die in dem dann stattfindenden Gültigkeitskontext präzise stimmig sind, ohne jedoch das bislang Gesagte, das kontextuell davon abweicht, fundamental in Frage zu stellen. Die Identifizierung des sprachlich-sprachwissenschaftlichen Ensembles als Verfahren und Prozeß deckt demnach – und das ist seine wichtigste wissenschaftsmethodologische Funktion bei Humboldt – auf, daß hier keinesfalls analytisches Unvermögen im Spiel ist, sondern der Charakter der Untersuchung aus dem Gegenstand selbst erwächst. Es ist somit nicht (ausschließlich) wissenschaftshistorische Versagensanalyse, sondern Beobachtung eines konstitutiven Moments von Sprachwissenschaft, wenn Scharf feststellt, daß diese „die Unsicherheit bezüglich ihres Wissenschaftscharakters mit anderen Forschungsfeldern teilt (Umst., U.W.),

---

5   Scharf, H.-W.: *Das Verfahren der Sprache. Humboldt gegen Chomsky.* Paderborn u.a. 1994. S. 21.

die Unentschiedenheit hinsichtlich ihres Gegenstandsverständnisses indessen das spezifische Grundlagenproblem"[6] eben dieser Sprachwissenschaft zu sein scheint. Im Terminus des ‚Verfahrens' hält Humboldt diese Problematik begrifflich und konzeptuell lebendig und zeigt, daß jede
gegenständliche, eindeutige und abschließende (Auf-)Lösung des Problems dem umfassenden Fragehorizont des Vergleichenden Sprachstudiums widerspricht. Daß dies so ist, hat eben mit dem Gegenstand des Studiums, der Sprache selbst, zu tun, so daß sich der eigentlichen
Kardinal-Frage, was denn die Sprache sei, und zwar sowohl „in ihrem
wirklichen Wesen aufgefasst" (VII 45), als auch noch unter verschärften
Bedingungen derart, daß sie nämlich „etwas beständig und in jedem Augenblicke Vorübergehendes" (VII 45) sei, nur sehr wenige Sprachtheoretiker wirklich zu stellen vermochten.

Ein veranschaulichender Seitenblick auf den ideenhistorischen Kontext
Humboldtscher Theoriebildung, der in der *Kawi-Einleitung* unversteckt
präsent ist, macht plausibel, warum der Tegeler Philosoph zwischen diesen schwierigen systematischen Fallstricken hindurch (z. B. anders als die
historisch-vergleichende Sprachwissenschaft der zweiten Hälfte des 19.
Jahrhunderts) derart Ruhe bewahren konnte. Es kommt Humboldt zugute (und die Verbindung wird erst auf den zweiten Blick deutlich), daß
er den Wesensbegriff der Sprache in einer Zeit zur Bestimmung führt, die
historisch das *identitäts*politische Konzept der Nation produktiv von der
Sprache her verstehen will:

> „Die Geisteseigenthümlichkeit und die Sprachgestaltung eines Volkes stehen
> in solcher Innigkeit der Verschmelzung in einander, dass, wenn die eine gege-
> ben wäre, die andre müsste vollständig aus ihr abgeleitet werden können.
> Denn die Intellectualität und die Sprache gestatten und befördern nur einan-
> der gegenseitig zusagende Formen. Die Sprache ist gleichsam die äusserliche
> Erscheinung des Geistes der Völker; ihre Sprache ist ihr Geist und ihr Geist
> ihre Sprache, man kann sich beide nie identisch genug denken" (VII 42).

Humboldt ist gar nicht erst versucht, eine Sprachwissenschaft abseits der
Sprache und der Konkretion des Sprachlichen zu generieren, die deren
Eingebettetheit in den kulturellen Kontext, also ihre äußerlichen Entste-
hensbedingungen (die gleichwohl immer schon innere sind), vergißt. Daher ist es auch gerechtfertigt, daß „man von den zerstreuten Elementen
bis zu dieser Einheit hinaufsteigt, (denn so, U.W.) erhält man wahrhaft einen Begriff von der Sprache selbst, da man, ohne ein solches Verfahren,
offenbar Gefahr läuft, nicht einmal jene Elemente in ihrer wahren Ei-

---

[6] Scharf, *Verfahren*, a.a.O., S. 15.

genthümlichkeit und noch weniger in ihrem realen Zusammenhange zu verstehen" (VII 50). Gleichermaßen ist das Diesseitige eines solchen Sprach(wissenschafts)begriffs aber auch nicht bloße positivistische Deskription, denn „die zu ihrem (der Sprach*en*, U.W.) Studium unentbehrliche Zergliederung ihres Baues nöthigt uns sogar sie als ein Verfahren zu betrachten, das durch bestimmte Mittel zu bestimmten Zwecken vorschreitet, und sie insofern wirklich als Bildungen der Nationen anzusehen" (VII 46-47) sind. ‚Verfahren' ist somit zielgerichtetes Konstitutionsprinzip von Sprachen als ihrer Differenz und wird zwangsläufig als Konstitutionsmerkmal von Sprachwirklichkeit gleich mitgeliefert. Es ist ausgerechnet die *Verschiedenheit des menschlichen Sprachbaues*, die verstehen läßt, warum die Sprache conditio sine qua non für *die geistige Entwicklung des Menschengeschlechts* ist. Eine ‚Gleichheit' des Sprachbaues macht die Beobachtung des ‚nie-identisch-genug-Denkens' nahezu überflüssig und auch unsinnig, weil sie sich letzlich in der Banalität eines naiven Repräsentationismus verlieren würde. Die Differenz der Sprachen macht erst die Frage nach der Einheit von Sprache und Wirklichkeit sinn- und die damit verbundenen Konsequenzen bedeutungsvoll. Sie ist obligater Garant dafür, daß die Erkundung des Wesens der Sprache problematisch, und damit gegenstandsadäquat, bleibt. All dies bezieht Humboldt in seine umfassende Verfahrensbestimmung ein, so daß für ihn auf der Suche nach den Bedingungen eines Verfahrens, in denen das Sprachliche die Differenz als Einheit aushält, der Weg in die erste, weil grundlegendste, Wissenschaft unumgänglich wird: die Ontologie, die (u.a. in ihrer aristotelischen Variante) eben dieses Problem aushalten und beschreiben kann.

Wie die Chronologie von *Humboldts Erben* gezeigt hat, bekommt man kaum eine befriedigende und gleichermaßen zügige Antwort auf die mit Humboldts Sprachprojekt verbundenen Fragen (wohl aber ungebremst alle systematischen Schwierigkeiten), blickt man nur isoliert auf Humboldts ‚Energeia'-Diktum zum Wesen der Sprache in der Hoffnung auf Klärung. Das ‚Diktum', das ich in der *Einleitung* zu dieser Studie bereits als ‚semantisches Tor' bezeichnet habe, weist außer dem prinzipiellen Postulat von Sprachwirklichkeit wenig mehr als den Weg in und einen Anknüpfungspunkt an Humboldts Transformationsprojekt. Es soll nun auf dem Hintergrund des bislang Entwickelten, um den Preis mancher Wiederholung, noch einmal zusammenfassend gedeutet werden, um den Einstiegscharakter greifbar zu machen und vor allem, um die Grenzen seiner Erklärungsproduktivität für das Sprachverfahren aufzuzeigen.

10.3 ‚Ergon' und ‚Energeia': das semantische Tor

Humboldt verwendet den ‚Energeia'-Begriff in seinen Schriften nur ein einziges Mal und zwar entgegen der durch den Begriff ausgelösten Rezeptionseuphorie auffallend leidenschaftslos. Die Singularität der Verwendung hat in wissenschaftspsychologischer Hinsicht zweifellos die Rezeptionsoption des Diktums massiv erhöht und dessen wissenschaftsgeschichtliche Inthronisation erheblich begünstigt[7], denn jede erneute

---

[7] Es ist ein nicht selten auftretendes wissenschaftshistorisches und wissenschaftspsychologisches Phänomen, daß die Häufigkeit der Nennung eines Terminus im diametralen Gegensatz zu seiner wirkungsgeschichtlichen Relevanz steht. Vor allem Termini, für die es nur einen Beleg gibt, erlangen (allein) wegen dieser singulären Stellung oftmals erhebliche Bedeutung in wissenschaftlichen Diskursen. Zwei Beispiele, die systematisch jeweils grundverschieden gelagert sind, jedoch phänomenologisch genau dieses Merkmal der singulären Nennung gemeinsam haben, seien hier angeführt: (1) Im Althochdeutschen stellt das Kopulativkompositum ‚sunufatarungo' (‚der Vater und der Sohn') ein sog. ‚Hapax legomenon' dar (vgl. Braune, W. und Ebbinghaus, E.: *Althochdeutsches Lesebuch*. Tübingen 1969. S. 84). Als ‚Hapax legomenon' wird im Kontext der Sprachgeschichtsschreibung ein (häufig in seiner Bedeutung nicht genau bestimmbares) Wort einer nicht mehr gesprochenen Sprache verstanden, das nur *einmal* belegt ist. Trotz oder gerade wegen dieser Singularität seines Vorkommens wird das angeführte Beispiel aber häufig herangezogen, eben nicht nur theoretisch und semantisch für sich selbst zu stehen, sondern um wiederum das wissenschaftliche Phänomen ‚Hapax legomenon' zu erklären. Die Beweisführung gewinnt damit quasi ‚Umkehrcharakter' und schließt endlich von der wissenschaftlichen Abstrahierung nicht nur zurück auf das sprachliche Phänomen, sondern wertet dieses argumentativ um. Wie auch dieses Beispiel im ahd. wird das ‚Energeia'-Diktum nur einmal gesagt ἅπαξ [‚einmal'] und λεγόμενον [‚gesagt']), weswegen man für seine Interpretation stets auf diesen einen Beleg angewiesen ist. Die mit der Singularität verbundenen Rezeptionsoptionen der beiden Beispiele sind durchaus vergleichbar: Das Singuläre als Besonderes erfährt zunächst höhere wissenschaftliche Beachtung als das Häufige und gewinnt sodann eine rezeptive Eigenständigkeit, die den originären Interpretationsraum vollständig verläßt. (2) Noch plastischer wird dies an A. Smith' Metapher der ‚unsichtbaren Hand' deutlich. In Smith' berühmtem Werk *An Inquiry into the Nature and Causes of the Wealth of Nations* von 1776 taucht die Metapher der ‚unsichtbaren Hand' nur einmal auf: „Wenn er (der einzelne, U.W.) es vorzieht, die nationale Wirtschaft anstatt die ausländische zu unterstützen, denkt er eigentlich nur an die eigene Sicherheit und wenn er dadurch die Erwerbstätigkeit so fördert, daß ihr Ertrag den höchsten Wert erzielen kann, strebt er lediglich nach eigenem Gewinn. Und er wird in diesem wie auch in vielen anderen Fällen von einer unsichtbaren Hand geleitet, um einen Zweck zu fördern, den zu erfüllen er in keiner Weise beabsichtigt hat" (Smith, A.: *Der Wohlstand der Nationen. Eine Untersuchung seiner Natur und seiner Ursachen*. München [7. Aufl.] 1996. S. 371). Wenn Smith die Metapher auch in zwei seiner früheren Werke (in allerdings anderem Kontext) gebraucht, so hat ihre – in dieser eindeutigen Form – singuläre, eher beiläufige Verwendung in seinem Hauptwerk (in einer gar nicht so zentralen Textpassage) doch wesentlich dazu beigetragen, daß die Metapher heute der bekannteste Bestandteil von Smith' Denken ist und vielfache Übertragung in andere theoretische, auch sprachwissenschaftliche, Kontexte gefunden hat (vgl. Keller, R.:

Verwendung und Einbindung des Terminus durch Humboldt hätte die nachträgliche Auslegung aus der Sicht der Rezeption zusätzlich erschwert, ihn der vermeintlich disponiblen sprachwissenschaftlichen Verfügungsmasse entzogen und von der Rezeption mehr Sorgfalt bei der rekonstruktiven Verortung des Diktums im Gesamtgefüge Humboldtschen Sprachdenkens verlangt. Als Einzelphänomen jedoch war das Diktum besonders anfällig dafür, ungehemmt mit sprachwissenschaftlichen Anspruchshaltungen beliebiger Natur aufgefüllt zu werden und mit der ihm ohne Begründung unterstellten Relevanz ungehemmte Verselbständigung zu erlangen. Der Singularität korrespondiert also triumphalistische Überhöhung ebenso wie Auslegungsunsicherheit. Vor allem durch die Zuschreibung eines überhöhten sprachwissenschaftlichen Gewichts des Diktums, die nur durch seine Isolierung aus dem Kontext möglich wurde, ist die Rezeption der *Erben Humboldts* jedoch oft fehlgegangen, indem sie – und nun sind wir bereits mitten im Text von Humboldts *Kawi-Einleitung* – auf weiten Strecken der Versuchung erlag, orientierungslos lieber den schillernden ‚Energeia‘-Begriff für die Sprache zu postulieren anstatt den schwierigen Sprachbegriff in den Mittelpunkt mühsamer theoretischer Klärung zu stellen. Wie sich erwiesen hat, waren selbst die damit eher spärlich verbundenen Hoffnungen auf Humboldts ‚Belehrung‘ dann auch häufig vergeblich oder konnten nur sehr begrenzt eingelöst werden. Durch Humboldts Einklammerung der ‚Energeia‘-Vokabel wird das Diktum aber explizit als nüchterner, sachlicher Kommentar markiert und erhält seine größte Tragweite zweifelsohne dadurch, daß es in den zentralen Passagen der *Kawi-Einleitung* implantiert ist, also durch seine Positionierung an zentraler Stelle im sprachtheoretischen Argumentationsgang. Erst der Zusammenhang dort macht Aufgabe, Bedeutung und Funktion des Diktums hinreichend deutlich:

> „Die Sprache, in ihrem wirklichen Wesen aufgefasst, ist etwas beständig und in jedem Augenblicke Vorübergehendes. Selbst ihre Erhaltung durch die Schrift ist immer nur eine unvollständige, mumienartige Aufbewahrung, die es doch erst wieder bedarf, dass man dabei den lebendigen Vortrag zu versinnlichen sucht. Sie selbst ist kein Werk (Ergon), sondern eine Thätigkeit (Energeia). Ihre wahre Definition kann daher nur eine genetische seyn. Sie ist nemlich die sich ewig wiederholende Arbeit des Geistes, den articulirten Laut zum Ausdruck des Gedankens fähig zu machen. Unmittelbar und streng genommen, ist dies die Definition des jedesmaligen Sprechens; aber im wahren

---

Sprachwandel. Tübingen [2. Aufl.] 1990. S. 96). Zur Metapher der ‚unsichtbaren Hand‘ vgl. Winter, H. und Rommel, T.: *Adam Smith für Anfänger. Der Wohlstand der Nationen.* München 1999. S. 84-88.

und wesentlichen Sinne kann man auch nur gleichsam die Totalität dieses Sprechens als die Sprache ansehen" (VII 45-46).

An keiner anderen Stelle – und damit ist bereits die wesentliche Funktion des Diktums angesprochen – sagt Humboldt so theoretisch prägnant, welche Qualität seine Charakterisierung der Sprache als ‚Thätigkeit' hat. Mit ‚Thätigkeit' ist hier gemeint, daß die Konstituierung von Sprachwirklichkeit mehr ist als purer Zufall, kommunikative Gelegenheit oder *subjektive* Verrichtung bei gleichzeitigem kollektivem Erklärungsverzicht, sie ist vielmehr Wirklichkeitskonstituierung schlechthin, weil sie ‚die sich ewig wiederholende Arbeit des Geistes' als erst in der Sprache wirksam erkennt. Damit erkennbar wird, daß hier diese grundsätzliche Argumentationsebene angesprochen ist, leitet Humboldt das ‚Energeia'-Diktum explizit mit der Suche nach dem ‚wirklichen Wesen' der Sprache ein und fährt nach dessen Nennung mit der Option auf eine ‚wahre Definition' fort. Kein Platz also für spezifische und konkretisierende Herangehensweisen, hier geht es um das Wesen der Sprache in nuce.

Mit diesen beiden Festlegungen sieht Humboldt den näheren systematischen Kontext des Diktums, der also auch dessen Aussagequalität bestimmt, als hinreichend beschrieben an. Erst jetzt, im Anschluß an diese grundlegenden sprachtheoretischen Pilaster[8], ergeben sich für Humboldt weitere Spezifizierungen, die als solche Erläuterungen des zuvor Konstatierten sind. So wird z.B. auf die ‚Definition des jedesmaligen Sprechens' rekurriert, eine zunächst subjektivitätstheoretische und gleichermaßen pragmatisch anmutende Einschränkung des Problemhorizonts, die alsdann schon wieder zurückgenommen und mit der Bemerkung versehen wird, daß ‚im wahren und wesentlichen Sinne' die menschliche Rede, also mindestens die ‚Totalität (eben genau solchen) Sprechens', ‚als die Sprache' angesehen werden müsse. Daß etwas ‚die Definition des jedesmaligen Sprechens' ist, bezieht sich nur äußerst mittelbar auf die Sprache (in ihrem Wesenscharakter), denn diese ‚unmittelbar und streng genommene' Definition ist zunächst auf ‚die sich ewig wiederholende Arbeit des Geistes, den articulirten Laut zum Ausdruck des Gedanken fähig zu machen', gerichtet. Die Fragestellung, was die Sprache ihrem wirklichen Wesen nach ist, ist hier also insofern schon wieder verlassen, als nun Konkretisierungen die grundlegende Argumentation zwar stützen sollen und in gewisser Weise Teil der größeren und prinzipielleren Aussage sind, es aber klar ist, daß mit jeder spezifischen Erläuterung bereits immer notwendig eine Reduktion der Wesensproblematik in Kauf genommen werden muß. Es sei

---

8 Als ‚Pilaster' wird ein mit der Wand verbundener, aus ihr nur z.T. hervortretender Stützpfeiler verstanden.

hier an den Begriff der οὐσία erinnert, bei deren Definition Aristoteles exakt vor dem gleichen Problem stand. Die Beobachtung, daß die Sprache
den ‚articulirten Laut‘ befähigt, ‚Gedanken zum Ausdruck‘ zu bringen,
schafft dann erneut die Verbindung zwischen ‚thätiger‘ Wirklichkeit und
sprachlicher Äußerung und stellt somit eine Brücke zwischen den beiden
Argumentationsebenen dar, die trotzdem – so Humboldts Anliegen – als
Argumentationsebenen letztlich sauber getrennt bleiben müssen: Schließlich und endlich zielen beide Ebenen jedoch immer auf die ‚Sprache, in
ihrem wirklichen Wesen‘ aufgefaßt, und damit auf deren wesenhafte
Wirklichkeit.

Wie jedoch kommt Humboldt zu diesen auf den ersten Blick äußerst
diffizilen Abgrenzungen und Wertungen? Es ist hilfreich, sich einige Befunde der Analyse des aristotelischen ἐνέργεια-Begriffs noch einmal vor
Augen zu führen, um Humboldts zunächst syntaktisch etwas filigran, ja
fast artifiziell, anmutende Argumentation tiefer zu verstehen. E. Berti gab
die etwas behelfsmäßige, aber dennoch aufschlußreiche Orientierung, daß
mit dem ἐνέργεια-Begriff des Aristoteles mindestens drei Gesichtspunkte
verbunden sind, nämlich die, „die sich jeweils mit dem Begriff der Wirklichkeit als ‚Bewegung‘, mit dem Begriff der Wirklichkeit als ‚Sein‘ und
mit dem Begriff der Wirklichkeit als ‚Tätigkeit‘“[9] befassen. Analoges kann
nun angenommen und auch aufgesucht werden, versucht man das ‚Energeia‘-Diktum für eine Sprachauffassung als ‚Thätigkeit‘ zu lesen. In der
Tat ist Wirklichkeitskonstituierung *erstens* mit Blick auf den erkenntnis-
bzw. sprachtheoretischen Vorgang in gewisser Weise immer notwendig
‚Bewegung‘ im Sinne von Veränderung, denn jeder Konstitutions-Akt ist
als solcher ‚Verfahren‘ und damit in einer Prozeßhaftigkeit gekennzeichnet, die den Akt der semiotischen Synthesis immer auf das verweist, was
diesem konstitutiv vorgängig ist. Die Interpreten, die für die Humboldtsche ‚Energeia‘ die Übersetzung ‚Wirksamkeit‘ gesetzt haben, konnten in
dieser Hinsicht viel des aristotelischen Konzeptes in ihre Auslegungs-
bemühungen mitaufnehmen, ohne die damit verbundene Bewegungsopti-
on auf die subjektive Sprechertätigkeit zu reduzieren. Der Begriff der
‚Wirklichkeit‘ wird durch den Begriff der ‚Wirksamkeit‘ als prinzipiell
veränderlich gekennzeichnet. Jedes mystische Raunen, wie es mit dem
deutschen Terminus ‚Kraft‘ verbunden werden kann, ist an dieser Stelle
Humboldtscher Theoriebildung jedoch ausgeschlossen und stellt eine
deutliche Überspannung dessen dar, was ‚Wirksamkeit‘ im Kern bezeichnet. Wirklichkeitskonstituierung in der Sprache ist aber *zweitens* auch die
jeweilige Instandsetzung von ‚Sein‘, denn Wirklichkeit ist Sein in aktualer

---

[9] Berti, „Der Begriff der Wirklichkeit", a.a.O., S. 292.

Verfassung. Jede Sprachwirklichkeit ist, wie die Wirklichkeit des aristotelischen ἐνέργεια-Begriffs, einerseits immer bestimmte Wirklichkeit, andererseits verweist sie in diesem aktualen Sein als Dasein des sprachlich Seienden immer schon darauf, daß bestimmte Bedingungen (im ontologischen Status der ‚Möglichkeit') erfüllt sein müssen, um genau dieses Sein und eben kein anderes zu sein. Sucht man über den Begriff der ἐνέργεια nun eben die Konstitutionsbedingungen dieses aktualen Seins als wesensmäßiges Sein auf, dann – und nur dann – ist der Begriff der Wirklichkeit als ‚Sein' im aristotelischen Sinne und ‚Thätigkeit' im humboldtschen Sinne angesprochen, und zwar deswegen, weil beide Konzepte von vornherein reflexiv und auf das Verständnis ihrer eigenen Bedingungen hin angelegt sind (ganz anders übrigens als das aristotelische ἔργον und das humboldtsche ‚Ergon', was den Einschluß einer Möglichkeit der Sprache als ‚Ergon' für Humboldt schon prinzipiell unmöglich macht). Aus diesem Grunde kann das ‚Energeia'-Diktum als semantisches Tor in eine Welt der Sprache verstanden werden, weil es keinen Sinn macht, von als ‚thätig' erkannter Wirklichkeit zu sprechen, ohne die inneren Bedingungen dieser Wirklichkeit zu kennen. *Drittens* schließlich kommentiert der Tätigkeitsbegriff des Aristoteles aufs treffendste das ‚Thätigkeits'-Verständnis Humboldts, denn höchste Tätigkeit als ἐνέργεια war bei Aristoteles immer das reine Denken (und niemals das poietische Handeln). Tätigkeit ist als θεωρία dann höchste Betrachtung, wenn sie Denken des reinen Geistes ist und damit das anspruchsvollste Konzept von Sein als Tätigkeit überhaupt. Es gibt keine vollkommenere Form der πρᾶξις als die θεωρία. Humboldt spricht dieses höchste ‚Thätigkeits'-Verständnis[10],

---

10 Um so überraschender ist es, wenn in Teilen der Humboldt-Forschung genau dieser erweiterte und mit dermaßen hoher Relevanz ausgestattete ‚Thätigkeits'-Begriff Humboldts ausgerechnet als Reduktionsvariante hingestellt wird. So moniert beispielsweise R. Neurath: „Der Tätigkeitsgedanke wird wie generell in der klassischen deutschen Philosophie hierbei von Humboldt weitgehend eingegrenzt gesehen auf geistig-intellektuelle Tätigkeit" (Neurath, R.: „Grammatik als Verfahren". In: Welke, K. [Hrsg.]: *Sprache – Bewußtsein – Tätigkeit. Zur Sprachkonzeption Wilhelm von Humboldts.* Berlin [DDR] 1986. S. 127-153, hier: S. 128). Ähnlich sieht dies W. Neumann in „Über die Aktualität von Humboldts Sprachauffassung". In: Schildt, J. (Hrsg.): *Erbe – Vermächtnis und Verpflichtung. Zur sprachwissenschaftlichen Forschung in der Geschichte der AdW der DDR.* Berlin 1977. S. 101-118. U. Schmitz spricht in seinem Beitrag „Die Umschaffung der Welt in das Eigentum des Geistes. Zur Aktualität Humboldts". In: Geier, M. (Hrsg.): *Sprachbewußtsein. Elf Untersuchungen zum Zusammenhang von Sprachwissenschaft und kulturhistorischer Psychologie.* Stuttgart 1979. S. 49-70, davon, daß Humboldt „den Tätigkeitsbegriff ausschließlich idealistisch faßt (Umst., U.W.); stets geht es nur um die als autonom unterstellte Tätigkeit des menschlichen Geistes" (S. 55). Wie Neurath verkennen Neumann, Schmitz u.a. damit die eigentliche Intensivierung des ‚Thätigkeits'-Begriffes durch Humboldt im Hinblick auf die Aufgabenbeschreibung des sprachlichen Denkens. Eine Kritik wie beispiel-

das Erkennen als Erkennen (und als Erkennen dieses Erkennens) versteht, nun *dem* Paradigma zu, das für ihn unhintergehbare Erkenntnisbedingung bedeutet: der Sprache, die damit zur höchsten und letztlich einzigen Variante der Konstitution der als ἐνέϱγεια verstandenen Wirklichkeit avanciert. Solche radikale πϱᾶξις, die nur in dieser Zuspitzung die Sprache als Sprache ‚in ihrem wirklichen Wesen‘ kennzeichnet, hat ihren Grund darin, daß die Sprache ‚etwas beständig und in jedem Augenblicke Vorübergehendes‘ ist. Humboldt, der aristotelische Ontologie hier kompromißlos auf seiner Seite weiß, wirbt ohne Umschweife dafür (und das ist wohl die von ihrer Tragweite her wichtigste wissenschaftspsychologische Botschaft des ‚Energeia‘-Diktums), sich mit dieser Wesensaussage zur Sprache grundsätzlich abzufinden, und zwar deswegen, weil von dieser fundamentalen Einsicht in erkenntnistheoretischer Hinsicht so vehement viel abhängt: sie entläßt erst einen Sprachbegriff aus sich heraus, in dem Erkenntnistheorie zur Sprachtheorie transformiert werden kann. Daß dies so ist, hängt mit der Nähe des aristotelischen und humboldtschen Verständnisses in bezug auf das Denken als höchste Tätigkeit zusammen: „Die Sprachen als eine Arbeit des Geistes zu bezeichnen, ist schon darum ein vollkommen richtiger und adäquater Ausdruck, weil sich das Daseyn des Geistes überhaupt nur in Thätigkeit und als solche denken lässt" (VII 46).

Versteht man ‚Energeia‘ jedoch in diesem Kontext als prinzipielle ontologische Option darauf, daß sprachliche Wirklichkeit als solche stattzufinden in der Lage ist, werden allzu gegenständlichen Interpretationsvarianten des Diktums damit automatisch enge Grenzen gesetzt, seien sie in ihren sprachwissenschaftlichen Ergebnissen auch noch so evident und ihr Erklärungspotential auch noch so hoch. Ein Beispiel für diese Vorgehensweise bietet D. Di Cesare. Für sie es keine Frage, daß „von diesem Gesichtspunkt aus eine Welt für den Menschen vor und außerhalb der Sprache nur in Potenz (δυναμεί) existiert (Umst., U.W.), denn es ist eben die Sprache, die sie mit ihrer formenden Funktion verwirklicht"[11]. Faßt man

---

weise die Neuraths, nach der Humboldt „nur gelegentlich (...) auch gegenständlich-praktische Tätigkeit im Sinn" (S. 128) gehabt habe, zeigt, daß das sprachtheoretische Projekt Humboldts hier bis zu seinem Ende gar nicht verstanden wurde. In einer humboldtschen Sicht nämlich ist die Einsicht ebenso selbstverständlich wie banal, daß praktische Tätigkeit immer schon Teil des umfassenden ‚Thätigkeits‘-Begriffes insofern ist, als auch praktische Tätigkeit nur in sprachlich erstandener Wirklichkeit überhaupt als solche erkannt und verstanden werden kann.

[11] Di Cesare, D.: „Die aristotelische Herkunft der Begriffe ἔϱγον und ἐνέϱγεια in Wilhelm von Humboldts Sprachphilosophie". In: Albrecht, J. u.a. (Hrsg.): *Energeia und Ergon. Sprachliche Variation – Sprachgeschichte – Sprachtypologie.* Bd II. S. 29-46, hier: S. 39.

den Begriff der ‚Welt' hier nicht gegenständlich sondern referentiell auf, ist eine solche Anwendung des aristotelischen ‚Möglichkeit'-,Wirklichkeit'-Schemas durchaus möglich, und zwar vor allem deswegen, weil der wirklichkeitskonstitutive Charakter der Sprache als Tätigkeit damit herausgestellt wird: „Humboldt (...) identifiziert die Sprache selbst mit der synthetischen Tätigkeit, die die Erscheinungswelt formt, indem er behauptet, daß die Welt als solche nur durch die Sprache entsteht und im Grunde immer eine durch die Sprache vermittelte Welt ist"[12]. Nun benutzt Humboldt des öfteren selbst das Begriffspaar ‚Möglichkeit' und ‚Wirklichkeit', seine Definition des ‚Vermögens' liegt jedoch am Schnittpunkt der δύναμις in ihrer genuin ontologischen (‚Möglichkeit') und ästhetisch funktionalen und biologischen Bedeutung (‚Kraft'), die u.a. im Rahmen der naturphilosophischen Diskussion des 17. und 18. Jahrhunderts erneut an Raum gewinnt und die sich als spezifische Bedeutung der ‚Kraftäußerung', wie sich in *Aristoteles Ordnung der Wirklichkeit* gezeigt hat, ebenfalls mühelos auf griechisches Denken zurückführen läßt.[13] Humboldt betreibt selbst mit dem ‚Vermögens'-Begriff in einer spezialisierenden Bedeutung Vergegenständlichung und Funktionalisierung. Beide ‚Möglichkeits'-Interpretationen bestimmen bis heute die Bedeutung des Begriffes, und zwar, indem sie sich in unserer Vorstellung von ‚Möglichkeit' in gewisser Weise überschneiden. Einerseits denken wir die ontologische Variante im Hinblick darauf, daß ‚Möglichkeit' auf ‚Wirklichkeit' hin gerichtet ist; andererseits stellen wir uns *die* Möglichkeiten immer konkret und gegenständlich vor und überschreiten damit erheblich den genuin optionalen Charakter der ersten Bedeutung. In dieser terminologischen Unsicherheit bzw. semantischen Duplizität des Begriffs, deren (Teil-)Verwendung weiter unten für Humboldt noch einmal genauer an einem Beispiel untersucht wird, und der heutigen Begriffsverwendung des Wortes ‚Möglichkeit' liegt einer der mittelbaren Gründe dafür, daß das aristotelische Argumentationsmuster von ‚Wirklichkeit' und ‚Möglichkeit' im Sinne von funktionalen Relationsbegriffen in der Humboldt-Forschung Platz gewinnen konnte. Aber der gegenständliche Schein trügt (vor allem dann), wenn man das ‚Energeia'-Diktum explikativ in Rechnung stellt. Di Cesares Diagnose, nach der das ‚Möglichkeit-Wirklichkeit-Schema' auf die unterschiedlichen Perspektiven der Sprach*ebenen* bei Humboldt („eine universelle, der Sprache im allgemeinen, eine historische der Einzelsprachen und (...) eine individuelle Ebene des Sprechaktes"[14])

---

[12] Di Cesare, „Die aristotelische Herkunft", a.a.O., S. 38-39.
[13] Vgl. Di Cesare, „Die aristotelische Herkunft", a.a.O., S. 34.
[14] Di Cesare, „Die aristotelische Herkunft", a.a.O., S. 38.

anwendbar ist, steht nämlich in aristotelischer Hinsicht (also als Interpretation der Relation von δύναμις und ἐνέργεια) auf äußerst wackeligen Füßen, wie sich an der Argumentation Di Cesares selbst schnell feststellen läßt. Sie konstatiert zunächst, daß „wie das Sein, so auch die Sprache auf all ihren Ebenen entweder in Potenz oder im Akt existieren kann (Umst., U.W.)"[15], und führt dann mit Berufung auf E. Coseriu weiter aus: „Andererseits kann jede Ebene, für sich genommen, ihrerseits entweder in Potenz oder im Akt sein"[16]. Nun folgt der entscheidende Schritt: „Aber wenn wir alle drei Ebenen in ihren wechselseitigen Verhältnissen berücksichtigen – da sie in ihrer Gesamtheit die Sprache bilden –, dann ergibt sich, daß jede folgende Ebene die Verwirklichung der vorangehenden ist, d.h. sie verhält sich zur vorangehenden wie die ἐνέργεια einer δύναμις gegenüber"[17]. Warum diese Schematisierung kaum adäquat sein kann, schreibt Di Cesare im Grunde selbst: „Dies ist so, obwohl jede Ebene eine relative Autonomie besitzt, da sie ihre eigenen Realisierungsnormen hat, und obwohl jede Ebene in der darauffolgenden nicht in ihrer Totalität realisiert werden kann, – eben weil man zum Individuellen hinuntersteigt"[18]. Die Anwendung des Schemas ist daher nur um den Preis einer Vergegenständlichung der δύναμις, des ‚Möglichkeits'-Begriffes, zu haben, und zwar entgegen der Tatsache seiner konstitutiven Verortung im ἐνέργεια-Kontext. Würden sich wirklich die Sprachebenen zueinander wie Möglichkeit und Wirklichkeit verhalten, so müßte dafür δύναμις (weil diese selbst ihre eigene Struktur nicht erkennt) zunächst als – einer bestimmten Ebene zugehörige – ἐνέργεια definiert werden, um alsdann in der funktionalen Argumentation dieser Pseudo-ἐνέργεια so dinglich erfaßt zu werden, daß sie im Rahmen des begrifflichen Erkennens der Sprachebenen schließlich als theoretisches, weil verhandelbares, ἔργον hingestellt werden kann: Nur in einem gegenständlichen Sprachverständnis und einer gegenständlichen Sprachwissenschaft ist demnach eine solche Argumentation überhaupt aufschlußreich. Der δύναμις-Begriff zielt von seinem ontologischen Charakter aber genau auf das Gegenteil. Eine Argumentation, wie Di Cesare sie hier durchführt, ist demnach nur sehr begrenzt möglich, weil sie erstens einzig auf einer bereits ausgeschlossenen Ebene gegenständlicher Sprachbetrachtung wirklich evident ist und zweitens der aristotelischen δύναμις dafür eine Art ‚Gespensterexistenz' zubilligen muß. Als sprachwissenschaftliches Modell – unser heutiges

---

[15] Di Cesare, „Die aristotelische Herkunft", a.a.O., S. 40.
[16] Ebd.
[17] Ebd.
[18] Ebd.

‚entontologisiertes' Verständnis von Wirklichkeit und Möglichkeit vorausgesetzt – ist diese Argumentation interessant, als Wesensaussage zur
Sprache im Horizont aristotelischer Ontologie bleibt sie jedoch äußerst
problematisch. Kommentiert wird dies übrigens auch dadurch, daß im
Gegenzug zur Vergegenständlichung der ‚Möglichkeit' ontologischer Provenienz Di Cesare wiederum den Wirklichkeitsbegriff deutlich verkürzt.
Nach ihrer Ansicht „existieren in Wirklichkeit nämlich nur die Sprechakte, das Sprechen (Umst., U.W.)"[19]. Richtig ist, daß die Sprechakte in
Wirklichkeit existieren, falsch ist, daß sie den ‚Wirklichkeits'-Begriff der
Sprache in Gänze erschöpfen oder im Kern ausmachen, denn die Konstitutionsbedingungen, die die innere Ordnung der Welt der Sprache bedeuten, sind mindestens immer diese Wirklichkeit gleich mit. Daher warnt
Humboldt auch, obwohl wir „es historisch nur immer mit dem wirklich
sprechenden Menschen zu thun haben (Umst., U.W.), dürfen wir aber
darum das wahre Verhältniss (des Sprachverständnisses, U.W.) nicht aus
den Augen lassen" (VII 42). Die δύναμις existiert nur um der ἐνέργεια
willen, sie konstatiert, daß das, was aktual sprachliche Wirklichkeit ist,
vorher nicht unmöglich war und qualifiziert damit vorderhand den Primat der Wirklichkeit. Es sei hier an *Metaphysik* [1094a] erinnert, wo
Aristoteles feststellt, daß Vermögen vor allem heißt, daß das, was vermögend ist, eben diese Möglichkeit in sich trägt, in Wirklichkeit zu sein, und
daß diese Wirklichkeit auch eintreten wird, wenn nicht Umstände bestehen oder eintreten, die geeignet sind, dies zu verhindern. Mit einem Wort,
es ist – wie Di Cesare selbst feststellt – die „ἐνέργεια, die die δύναμις
rechtfertigt, nicht umgekehrt"[20]. Erstere hat damit eindeutig den Primat
und erschließt erst den Zugang zur δύναμις, der ansonsten ausgeschlossen wäre.

Aus dieser letzten Beobachtung des Primats der ἐνέργεια gegenüber der
δύναμις leitet Di Cesare jedoch eine andere wichtige Beobachtung ab, die
die aufgezeigten Vergegenständlichungstendenzen vermeidet und somit
ebenso aufschlußreich ist wie sie einer Aristoteles-Humboldt-Parallelisierung in ontologischer Hinsicht entspricht, daß nämlich das (integrierte)
Verhältnis von Rede und Sprache bei Humboldt aristotelisch-ontologische Struktur aufweist:

> „Die von Humboldt behauptete Priorität der Rede der Sprache gegenüber
> kann nicht anders als aristotelisch erfaßt werden und gestaltet sich deshalb als
> eine logische (λόγῳ), chronologische (χρόνῳ) und ontologische (οὐσίᾳ) Prio
> rität: logisch, weil die Potenz von dem Akt ausgehend erkennbar ist; chrono-

---

[19] Di Cesare, „Die aristotelische Herkunft", a.a.O., S. 41.
[20] Di Cesare, „Die aristotelische Herkunft", a.a.O., S. 36.

logisch ist die Priorität, wie bei Aristoteles, einerseits zwar gegeben, weil die
Sprache als geschichtliche Voraussetzung der Sprachtätigkeit dem Sprechen
vorausgeht, andererseits aber nicht, weil das Sprechen als schöpferische Tätigkeit phylogenetisch der Sprache vorausgeht; ontologisch schließlich, weil
eben im Akt die Materie jedesmal geformt wird und deshalb das Ziel erreicht
wird"[21].

Es ist abermals darauf hinzuweisen, daß Humboldts Begriff der menschlichen Rede auf weit mehr bezogen ist als den Sprechakt, sie (die Rede)
verweist immer schon auf die Bedingungen ihrer Konstitution. Ebenso
geht der Sprachbegriff weit über den Charakter eines als Potentialität an-
genommenen Reservoirs für die Realisierung des sprachlich Konkreten
hinaus. Der dreifach-aristotelische Strukturzusammenhang als ontologische Integration von Rede und Sprache ist vielmehr *eine* Fundierung des
grundlegenden genetischen Prinzips der Sprache, die durch das ‚Energeia'-Postulat ontologisch gesichert werden soll.

An dieser Stelle der Argumentation muß sich die Erklärungsproduktivität des Diktums zunehmend als erschöpft erweisen. Nicht über das, was
unter ‚Wirklichkeit' verstanden werden muß, wohl aber über die innere
Struktur des Wesens der Sprache ist bisher eigentlich nur Oberflächliches
zu Tage gefördert worden. Das ‚Energeia'-Diktum entziffert vor allem,
wie dieser ‚oberflächliche' Zugang aussieht und wie er zu durchstoßen ist.
Es beschreibt die Qualität der Wirklichkeit, von der aus auf die Ordnung
der Sprache geschlossen werden kann. Der ‚Energeia'-Begriff – als wesensthematisierender Kommentar verstanden – signalisiert, daß das hier
entwickelte Sprachverständnis auf die umfassendste und gleichermaßen
distinkteste Bestimmung *aller* möglichen Bestimmungen vom Wesen der
Sprache zielt. Damit ist die Frage angesprochen und auch gleich beantwortet, ob die ‚Wesens'-Charakterisierung hier auf das Wesen als zentrale
ontologische Kategorie einer prinzipiellen Seinsverfaßtheit rekurriert oder
ob (im neuzeitlichen Sinne) ein reduzierter Wesensbegriff im Sinne eines
Gegensatzes von Allgemeinem und Konkretem vorliegt, mithin das
‚Energeia'-Diktum also bereits innerhalb einer Reduktionsmodifikation
des Sprachbegriffes inventarisiert werden kann und damit wahlweise auf
das ‚innere' des Sprachbegriffes oder auf das ‚äußere' der menschlichen
Rede im Sinne des jedesmaligen Sprechens zielt. Beide letztgenannten Reduktionsvarianten sind – für sich genommen – defizitär, also nur Teil des
durch die ‚Energeia' abgemessenen sprachtheoretischen Areals. In Wahrheit überkreuzen sich in Humboldts Sprachbegriffsklärung mehrere
Aspekte einer umfassenden Wesensdefinition, und, würde man diese in

---

[21] Di Cesare, „Die aristotelische Herkunft", a.a.O., S. 44.

Gänze benennen, selbst dann wäre die Sprache, ,in ihrem wirklichen Wesen aufgefasst', noch immer nicht vollständig erklärt. Humboldt lebt mit diesem – dem Gegenstand geschuldeten und ihn bestimmenden – Erklärungsdefizit. Wie bei der ,Verwandlung' ist im Hinblick auf den Sprachbegriff also auch hier ein Explikationsresiduum konstitutiv, über das in sprachtheoretischer Hinsicht Erläuterungsverzicht zu leisten ist. Es fällt nun auch einfach zu verstehen, warum Humboldts Diskreditierung des ,Ergon' so kompromißlos ausfällt. Es ist keine Aufforderung zum sprachlichen Handeln, sondern demonstrative Illustration sprachtheoretischer Absurdität, wenn Humboldt urteilt, daß ,selbst ihre Erhaltung durch die Schrift immer nur eine unvollständige, mumienartige Aufbewahrung ist, die es doch erst wieder bedarf, dass man dabei den lebendigen Vortrag zu versinnlichen sucht'. Selbst mit dieser Versinnlichung wäre das wirkliche Wesen der Sprache immer noch nicht annähernd erreicht, das ja dem Umfang und der Qualität nach explizit ,Energeia' sein soll. Schon damit ist die Widersinnigkeit einer definitorischen Bereitstellung zweier sprachwissenschaftlicher Alternativen zur Sprache erwiesen, die so gerne im Hinblick auf konkrete Handhabung die Auswahl zwischen zwei ,Sprachverständnissen' lassen möchte. Humboldts Verdikt über ein gegenständliches Sprachverständnis à la ,Ergon' hält den expliziten Ausschluß des trivial Zugänglichen dagegen, der Mumie, die in sich schon ,unvollständige Aufbewahrung' ist, und damit eine Demaskierung jeder vordergründig material orientierten Sprachwissenschaft als einer Unternehmung, die den Sprachbegriff schon von vornherein aufs Banale zu reduzieren droht. Humboldts schonungsloses Insistieren, daß die Sprache ,kein Werk (Ergon), sondern eine Thätigkeit (Energeia)' sei, wird letztlich aus dem Sprachbegriff selbst generiert und vor allem daher „erscheint (...) uns die Sprache mit Recht als etwas Höheres (Umst., U.W.), als dass sie für ein menschliches *Werk* (Herv., U.W.), gleich andern Geisteserzeugnissen, gelten könnte" (VII 42). ,Energeia' stellt als Kommentar den Bezugsrahmen zur Verfügung, in dem man ,Thätigkeit' als Wirklichkeit der Sprache verstehen muß. Die Sprache ist innerhalb dieses Rahmens – die Ausführungen aristotelischer Provenienz liefen zu dieser Einsicht analog – natürlich immer schon ein ἔργον, aber eben nicht wie ποίησις, nicht wie ein abgetrenntes, sondern ist ἔργον wie ἐνέργεια, als πρᾶξις, dies jedoch ist erklärbar aus ihrem ureigensten Wesen. Der Terminus ,Energeia' setzt die theoretischen Ansichten von Wirklichkeit auseinander, in dem man den ,Thätigkeits'-Begriff Humboldts immer schon lesen muß, er öffnet das Sprachverständnis hin auf das Problem der Wirklichkeitsentstehung durch die Sprache, er ist absichtsvoll auf die ,Sprache, in ihrem wirklichen Wesen aufgefasst', gerichtet und dekonstruiert jedes ,Ergon'-Verständnis der Sprache ebenso als aussichtslos wie jede subjektivitätstheoretische Betonierung der Sprachwirklichkeit gerade deren universelle Handlungsfähigkeit im Hinblick auf eine Wirklichkeitserkenntnis als Bewegung, als Sein und als Tätigkeit des Erkennens als solches in Frage stellen würde. Interpretationsvarianten, die diese Erklärungsrichtung, in der ‚Energeia‘ das Feld aller ‚Thätigkeit‘ immer schon aufschließt und umgreift, nicht verstehen und insofern davon ausgehen, der Terminus ‚Thätigkeit‘ expliziere etwa, wie (spezifisch) man ‚Energeia‘ zu verstehen habe, müssen an dieser Aristoteles verantworteten Einsicht vorbeigehen. Die Wirklichkeitskonstitution ist immer radikale Praxis, πρᾶξις im Horizont der ἐνέργεια. ‚Thätigkeit‘ wird zum universellen Entwicklungsdekret dieses Konstitutionscharakters, das einer Wirklichkeit folgt bzw. diese herstellt, die nicht beherrschbar, nicht vorhersehbar, niemals vollständig einsehbar und schon gar nicht fragmentierbar, immer aber unumgänglich ist und auf die tragische, weil bedingungslos gültige, Notwendigkeit verweist, daß reflexive Vollendung nur im Erkennen durch und in der Sprache zu erreichen ist. Das Ziel der Entwicklung ist Sprachwirklichkeit, die in ihrem Vollzug ihr Ziel immer zugleich erreicht und doch in dem Sinne nicht erreichen kann, da das Erreichte immer schon über sich selbst hinausgreift. Die ‚sich ewig wiederholende Arbeit des Geistes‘ verweist auf eine (aristotelische) Praxis, die höchste Theorie ist, weil sie Weltkonstitution in der Sprache so initiiert, daß Erkennen immer als reflexiv eingeholte, betrachtete und bedachte Wirklichkeit verstanden werden kann: „Dies (jedoch, U.W.) vermag nur die Sprache" (VI 155) und nur deswegen macht es überhaupt Sinn zu behaupten, daß der Sprache „wahre Definition (...) nur eine genetische seyn" (VII 46) kann.

Dafür, daß das ‚Energeia‘-Diktum im Verfahren seiner Erläuterung schon bald auf seine eigene Beschränkung hinweist, mag Wittgensteins (auf den ersten Blick so ganz anders intendierte) Mahnung aus dem *Tractatus* dem heutigen Sprachwissenschaftler zumindest zum unverdienten Trost gereichen: [4.112] „Der Zweck der Philosophie ist die logische Klärung der Gedanken. *Die Philosophie ist keine Lehre, sondern eine Tätigkeit* (Herv., U.W.). Ein philosophisches Werk besteht wesentlich aus Erläuterungen"[22].

---

[22] Wittgenstein, L.: *Tractatus logico-philosophicus. Logisch-philosophische Abhandlung.* In: ders.: *Werkausgabe [in 8 Bänden].* Frankfurt (6. Aufl.) 1989. S. 7-85, hier: S. 32 [4.112].

10.4 Das Prinzip: Die genetische Definition der Sprache

Nur kurz muß nach der ausführlichen Charakterisierung des ‚Energeia'-Diktums auf Humboldts direkten Nachsatz zur Qualitätsbestimmung dessen eingegangen werden, was ‚Wirklichkeit' konstitutiv ausmacht, daß nämlich unter der Maßgabe eben eines solchen Wirklichkeitsverständnisses der Sprache „wahre Definition (...) nur eine genetische seyn" (VII 46) kann. Dieses Prinzip einer genetischen Definition der Sprache wird durch mannigfaltige Termini, Motive und Aussagen Humboldts unaufhörlich betont und mit weitergehendem Argumentationsgang immer komplexer ineinander verwoben. Besonders plastisch läßt sich seine Anlage an folgender Bemerkung Humboldts ablesen:

> „Man muss die Sprache nicht sowohl wie ein todtes Erzeugtes, sondern weit mehr wie eine Erzeugung ansehen, mehr von demjenigen abstrahiren, was sie als Bezeichnung der Gegenstände und Vermittlung des Verständnisses wirkt, und dagegen sorgfältiger auf ihren mit der innren Geistesthätigkeit eng verwebten Ursprung und ihren gegenseitigen Einfluss zurückgehen" (VII 44).

Drei bereits ausgewiesene Thesen Humboldts treten hier erneut hervor: Zunächst, daß vom Gebrauchswert der Sprache abstrahiert werden müsse, um zu ihrem eigentlichen Wesen vorzudringen. Zweitens, daß das Prinzip ihres genetischen Wesens mit dem Zusammenhang von Sprache und Denken zusammenhängt, und drittens die Gegenüberstellung von Erzeugtem und Erzeugung. Anders als beim Begriffspaar ‚Ergon' und ‚Energeia' ist hier die Charakterisierung des Erzeugten als – selbstredend abzulehnende – Vergegenständlichung der Sprache noch mit einer zusätzlichen Attribution versehen: Was erst einmal erzeugt ist, *ist* alsdann tot. Dies stellt eine nochmalige Zuspitzung und Erläuterung des Grundsatzgedankens des ‚Energeia'-Diktums dar, denn da für Humboldt Sprache als etwas Lebendiges gilt, wird das Erzeugte – als nicht mehr unmittelbar zum Legitimationsraum zuzurechnen – aus dem Bereich des Sprachlichen grundsätzlich ausgeschlossen. Das ‚weit mehr' bezieht sich demnach auf die Heuristik des sprachtheoretischen Verfahrens und läßt nicht etwa Möglichkeiten offen, ein als zu dem ‚mehr' komplementär gedachtes ‚weniger' womöglich auf ‚todtes Erzeugtes' zu beziehen und dieses damit erneut in den Argumentationsgang einzugliedern. Humboldt baut vielmehr auf der Grundlage des griechischen ‚Genesis'-Begriffs ein Argumentationsschema auf, das sowohl den Tod der Sprache als Objekt der Untersuchung, als auch ihren Tod als Sprache der Untersuchung des Objekts – es sei an die Interpretation des ‚Verfahrens der Sprache' erinnert – dadurch zu verhindern sucht, daß die Beweisführung prinzipiell im Bereich des Lebendigen gehalten wird. Um nun die innere Prozeßhaftigkeit des Lebendigen zu beschreiben, verwendet Humboldt den ‚Genesis'-Begriff als *umfassende* Ordnungsbeschreibung des Werdens und Vergehens, dehnt die Bedeutung des griechischen Terminus also über die des Werdens (γένεσις) hinaus auch auf die des Vergehens (φθορά) aus, ohne jedoch das griechische Konzept in seiner grundsätzlichen Struktur zu verlassen: Humboldts Genesis ist gleichermaßen γένεσις und φθορά. Vier Begriffe exponieren bei Humboldt das genetische Argumentations- und Wesensmoment, nämlich ‚Thätigkeit', ‚Erzeugung', ‚Arbeit' und ‚Bewegung'. In diesen vier Begriffen, die in den zentralen Textpassagen der *Kawi-Einleitung* zwischen VII 41 und VII 72 konzentriert auftreten[23], entwickelt Humboldt die ganze Radikalität der ‚Genesis' als prinzipiell unanhaltbares Bewegungsraster, er faßt ‚Genesis' als komplexestes und abstraktestes Muster aller Bewegung auf, ohne jedoch den sinnlichen wie ontologischen Hintergrund dabei aus den Augen zu verlieren. Damit tritt automatisch auch die wörtliche Bedeutung von γίγνομαι in den Vordergrund: das ‚zur-Erscheinung-kommen' der Dinge in Zeit, Ort und Geltung. Es sei dafür an die Passage aus der *Aias*-Tragödie erinnert, in der der Held fast melancholisch proklamiert: „Die unermeßlich lange Zeit macht offenbar | alles Verborgne und verhüllt, was sichtbar ist. | Es gibt nichts Unausdenkbares, doch sinkt dahin | der heilige Eid und auch der felsenfeste Sinn"[24]. Es gehört demnach zur wesensmäßigen Bestimmung der Dinge, ihr Werden konkret als ein ‚in-Erscheinung-treten' zu begreifen, sichtbar zu werden, um alsdann sich wieder zu verhüllen, zu verschwinden.[25] Fragt man nun nach dem spezifisch sprachtheoretischen Deutungshintergrund dieses genetischen Verständnisses, so ist auffällig, daß der hier beschriebene doppelte Vorgang des Werdens und Vergehens exakt derjenige ist, den Humboldt als Scheitelpunkt seiner Sprachkonstituierung ausmacht. Es ist Scharfs Kennzeichnung der Humboldtschen

---

[23] Vgl. Kap.11, wo die zentralen Passagen der *Kawi-Einleitung* ausgewertet wurden: Thätigkeit (14 Nennungen), Erzeugung (7), Arbeit (7) und Bewegung (4).

[24] Sophokles: *Tragödien und Fragmente*, a.a.O., S. 101.

[25] Daß in einem Verständnis, in dem das ‚Sein' als grundständig in der Natur verortet begriffen wird, und daher Verwandlung ebensowenig aus dem Nichts entsteht wie Natur das in ihr Enthaltene niemals aus sich entläßt, sondern nur verbirgt, entbirgt oder umgestaltet, weiß Humboldt schon früh *Aus Engels philosophischen Vorträgen*: „Zwischen Sein und Nichtsein ist eine Kluft, ein Sprung; den begeht die Natur nie; daher kann die Natur nicht vernichten, sondern nur verwandeln. Vernichten kann nur der Schöpfer durch ein Wunderwerk" (VII 456). Es ist dies eine neuzeitlich-naturwissenschaftliche Variation der griechischen Motivik, die hier in der Form zum Ausdruck kommt, daß „das lezte allgemeine Naturgesez endlich das Gesez der allgemeinen Erhaltung ist (Umst., U.W.). Nichts in der ganzen Natur wird vernichtet, hört gänzlich auf zu sein; alles wird nur verwandelt, hört auf, das zu sein, was es jezt ist" (VII 456).

‚ambivalenten sprachtheoretischen Produktionsperspektive', die diese Parallele deutlich macht, womit gleichermaßen bestimmte Formen des sprachwissenschaftlichen bzw. sprachtheoretischen ‚Verfahrens' induziert sind:

> Dieser „ambivalenten sprachtheoretischen Produktionsperspektive – der steten Verbindung (und gelegentlichen Vermischung) von sprachlichen Erscheinungs- und Wesens-Momenten – sollte eine interpretierende Rezeptionshaltung entsprechen, die beabsichtigt, systematische Problemaspekte und Konsequenzen des häufig stillschweigenden und impliziten Humboldtschen Changierens zwischen den Ebenen des Wesens und der Erscheinung der Sprache, ihrer oft verdeckten Differenz und unthematisierten Dependenz offen zu legen und zu erörtern"[26].

Nun ist das Wesen der Sprache im Augenblick ihrer sprachlichen Konstituierung gerade nicht verdeckt, es bedeutet lediglich, daß in den Erscheinungen der Sprache dieses Wesen immer schon erkennbar, aber niemals hinreichend beschrieben ist. In der Erscheinung wird das Wesen als Wesentliches sichtbar, im Vergehen als Verbergen ist es nicht verloren: alle sprachliche Entwicklung ist als integrierter Entwurf doppelt Wesen und Erscheinung, eine Einsicht, die Humboldt durch die Übertragung des griechischen γένεσις-Gedankens auf die Ordnung einer Welt der Sprache gewinnt und deren Muster er bei seiner „Rekonstruktion der Identität von Verlautbarung und Gedankenbildung"[27] nachgeht. Das ‚alles' des Sophokles ist dabei auch Humboldts Postulat. Nichts kann außerhalb dieses Entwicklungsprozesses sein, es sei denn, es verliert den Status des Lebendigen. Die Sprache als Organismus jedoch lebt, trägt das Prinzip ihrer Entwicklung in und an sich selbst, ist immerfort andauernde Erzeugung und konstituiert die Welt der ‚Wirklichkeit' in der Sichtbarmachung des bislang nur in seiner möglichen Referentialität Vermuteten und Verborgenen:

> „Auf jedem einzelnen Punkt und in jeder einzelnen Epoche erscheint daher die Sprache, gerade wie die Natur selbst, dem Menschen, im Gegensatze mit allem ihm schon Bekannten und von ihm Gedachten, als eine unerschöpfliche Fundgrube, in welcher der Geist immer noch Unbekanntes entdecken und die Empfindung noch nicht auf diese Weise Gefühltes wahrnehmen kann. In jeder Behandlung der Sprache durch eine wahrhaft neue und grosse Genialität zeigt sich diese *Erscheinung in der Wirklichkeit* (Herv., U.W.); und der Mensch bedarf es zur Begeisterung in seinem immer fortarbeitenden intellectuellen Streben und der fortschreitenden Entfaltung seines geistigen Lebens-

---

26 Scharf, H.-W.: „Differenz und Dependenz: Wesen und Erscheinung in Humboldts Sprach-Idee". In: (ders.): *Wilhelm von Humboldts Sprachdenken (Symposion zum 150. Todestag)* Essen 1989, S. 125-161, hier: S. 128. – Vgl. Scharf, *Verfahren*, a.a.O., S. 168.
27 Scharf, *Verfahren*, a.a.O., S. 168.

stoffes, dass ihm, neben dem Gebiete des schon Errungenen, der Blick in eine unendliche, allmählich weiter zu entwirrende Masse offen bleibe" (VII 62).

Aristoteles' Frage war der Frage nach der Disposition der κίνησις, der Bewegung, im Hinblick auf die Konstitution des Wesens der Dinge nachgegangen; eine Frage, die er nicht anders als ontologisch beantworten konnte. Er tat dies, indem er die prinzipiell unabgeschlossene Pozeßhaftigkeit von ‚Wirklichkeit' herausstellte und diese Prozeßhaftigkeit von ihrer Struktur her begründete. Den Rahmen für alle Prozesse des Werdens und Vergehens bot für ihn die φύσις, die – den Begriff unterschiedlich eng fassend – zunächst auf alle Entwicklungsvorgänge gerichtet war, spezieller jedoch den Legitimations- und Geltungsraum des Lebendigen für die ontologische Argumentation abzusperren beauftragt ist. An dieser weiterentwickelten Begrifflichkeit setzt Humboldt an, indem er durch seinen Transformationsakt nun seinerseits das Prinzip von Wirklichkeitskonstitution als lebendig, also von sich aus bewegt, verstanden wissen will: ‚die sich ewig erzeugende Sprache' selbst ist es, die im Konstitutionsakt sprachlicher Wirklichkeit zur Erscheinung kommt und sich als Lebendiges darstellt. Die als Klammer von γένεσις und φθορά verstandene ‚Genesis' beschreibt für beide Wirklichkeitsentwürfe den inneren Charakter des spezifischen Legitimationsraums und ist damit Grundlagenbeschreibung prozessualen Geschehens überhaupt.

10.5 ‚Werk' und ‚Energie': eine Rückblende

Wie sich herausgestellt hat, ist die semantische und systematische Parallelisierung des ‚Energeia'-Diktums mit dem ‚Energie'-Begriff einer der Hauptgründe für das Mißverständnis des Diktums gewesen. Vor allem die Identifikation der starken Betonung von Individualität *als* subjektive Macht und das letztlich theologische Strukturresiduum, das im ‚Energie'-Begriff der natur-philosophischen und ästhetik-theoretischen Diskussion des 18. und 19. Jahrhunderts zum Ausdruck kommt, machten dies offenbar. Es ist nun wichtig aufzuweisen, daß Humboldt selbst diesem Mißverständnis nicht erlegen ist, sondern die spezifischen Unterschiede der Termini – obwohl er beide verwendet – sehr wohl kennt und in Argumentationen auch differenziert verwenden kann.[28] Diesen Aufweis soll eine

---

28 Eine konträre Auffassung hierzu vertritt T. Borsche, der von einer weitgehenden Bedeutungsgleichheit der Termini bei Humboldt ausgeht: „In den frühesten Schriften verwendet Humboldt noch häufig das Wort Energie, und zwar in der ihm geläufigen aristotelischen

doppelte Rückblende leisten, die einerseits auf den Bezugsrahmen des ‚Energie‘-Motivs im 18. und 19. Jahrhundert – und zwar von dessen rezeptionsgeschichtlichen Folgen her – zielt, und die andererseits – abseits von der ‚Energeia‘-Verwendung der ‚späten‘ *Kawi-Einleitung* – auf die frühen Texte des Tegeler Philosophen zugreift. Hier wird deutlich, wie spezifisch Humboldt das ‚Energie‘-Motiv verwandt hat, und warum jede systematische Verknüpfung mit dem ‚Energeia‘-Gedanken äußerst mittelbar ausfallen, im Ergebnis sogar abstrus erscheinen muß. Dafür werden die in *Humboldts Panoptikum*, *Humboldts Erben* und *Die Ordnung der Wirklichkeit* vorgenommenen Klärungen nicht noch einmal ausführlich präsentiert, sondern vorausgesetzt. Sie fundierten bzw. entwickelten bereits die These, daß der ‚Energie‘-Begriff Humboldts – jeweils im spezifischen Kontext – entweder nur einen sehr kleinen Bereich innerhalb des Bedeutungsfeldes der ‚Energeia‘ lokalisiert und diesen damit höchstens zu kommentieren bzw. theoretisch vorzubereiten vermag, oder daß gar zwei parallele Bedeutungen angenommen werden müssen, die keinen unmittelbaren systematischen Bezug aufweisen. Über diese grundlegenden Einsichten hinaus ist es jedoch sinnvoll, sich zumindest einen grobmaschigen Eindruck davon zu verschaffen, welche begrifflichen Traditionen bei und vor allem nach Humboldt im ‚Energie‘-Begriff präsent sind. Sie machen deutlich, daß Humboldts prospektive Skepsis, den einen für den anderen zu setzen, nicht nur durchaus berechtigt, sondern geradezu prophetisch war.

Zur ersten Rückblende in zwei historischen Stufen. Man kann einen plastischen Eindruck von dem bekommen, was der Terminus ‚Energie‘ im ausgehenden 18. und beginnenden 19. Jahrhundert und damit auch in Humboldts frühen Schriften bedeutet haben mag, befragt man die ‚sprachphilosophische‘ Forschung hundert Jahre später – zu Beginn des 20. Jahrhunderts. Zugleich wird damit deutlich, wovon unsere eigene wissenschaftliche – vornehmlich von den Naturwissenschaften beherrschte – Wahrnehmung heute unausweichlich geprägt ist. Es ist F. Mauthner, der 1910 in seinem *Wörterbuch der Philosophie*, dessen Einträge er als *Beiträge zu einer Kritik der Sprache* versteht, den ‚Energie‘-Artikel folgendermaßen einleitet:

Bedeutung von ‚actualitas‘, Wirklichkeit einer Form in ihrer und durch ihre Tätigkeit. Bald ersetzt er diesen Ausdruck durch den Kantischen der Selbsttätigkeit, und erst in der ‚Kawi-Einleitung‘ taucht das griechische Wort auf – nur in der hier besprochenen Definition als ‚Thätigkeit (Energeia)‘. *Es besteht kein Grund, einen wesentlichen Bedeutungswandel in Humboldts Gebrauch der Ausdrücke Energie – Selbsttätigkeit – Energeia anzunehmen* (Herv., U.W.). So mag eine frühe Definition als gültig angesehen werden: ‚Daseyn, von Energie beseelt, ist Leben‘ (Borsche, T.: *Sprachansichten*. Stuttgart 1981. S. 68).

„Unsere Zeit gleitet langsam auf die Bahn der Naturphilosophie zurück. Wir haben die Angst vor der verpönten Naturphilosophie verlernt. *Sie kann auch nicht mehr so gefährlich werden, wie sie der Wissenschaft in Deutschland vor hundert Jahren* (Herv., U.W.) wurde. Damals versuchten es geistreiche Männer, das ganz unscholastische Ziel einer Naturerkenntnis auf scholastischem Wege zu erreichen; als ob Bacon nie gelebt hätte, als ob Mathematik und Physik, Chemie und Physiologie nicht der exakten Forschung einen überraschenden Aufschwung bereits zu danken gehabt hätten, gingen die deutschen Naturphilosophen darauf aus, durch logische Schlüsse ins Innere der Natur zu dringen, positive Kenntnisse aus der Tiefe des Gemüts zu schöpfen, aus der Tiefe des Gemüts die Anatomie des Kamels, aus der Tiefe des Gemüts die Zahl der Planeten"[29].

Die polemische Spitze zur spekulativen Theoriebildung der Naturphilosophie vor und zur Zeit Humboldts macht das entscheidende systematische Problem deutlich[30]: ‚Energie' ist einerseits schmuckvolle Metaphorik

---

[29] Mauthner, F.: „Energie". In: Mauthner, F. (Hrsg.): *Wörterbuch der Philosophie (2 Bde.). Neue Beiträge zu einer Kritik der Sprache.* Zürich (Erstausgabe 1910/11) 1980. S. 270-283 (Bd. 1), hier: S. 270.

[30] Zur naturphilosophischen Diskussion in dieser Zeit vgl. die ausführliche Analyse von H. Müller-Sievers in *Epigenesis.* Paderborn 1993. S. 30-52: ‚Schachteln, Lüste, Triebe: Von der Präformation zur Epigenesis'. In diesem Kapitel fundiert Müller-Sievers auch seine Hauptthese, nach der Humboldts Theoriebildung wesentlich im Paradigmenwechsel von präformationistischen zu epigenetischen Erklärungsmustern gegründet sei. Zunächst darauf verweisend, daß im 17. Jahrhundert durch „die Kritik am Aristotelismus der ‚Schulen' (...) auch Aristoteles' Epigenesis Lehre, nach der die im männlichen Samen transportierte *causa formalis* sich der weiblichen Materie (des Menstruationsblutes) aufprägte, in Verruf geraten" (S. 31) sei, stellt Müller-Sievers dann fest: „Die Aufwertung des Männlichen zum Formprinzip und die Abwertung des Weiblichen zur Trägermaterie ist ein durchgehendes Kennzeichen *ausgereifter* (Herv., U.W.) epigenetischer Theorien" (ebd.). Die Hervorhebung zeigt, daß der engere systematische Kontext aristotelischer Theoriebildung hier schon längst verlassen wurde. Müller-Sievers referiert dann die konkurrierenden Positionen des Präformationismus, nach dem „die Keime für alle Lebewesen seit Anbeginn der Schöpfung vorgeformt sind" (ebd.), und der Epigenesis-Theorie, die z.B. nach C. F. Wolff „hingegen versuchte, die Entstehung der Organismen nicht als allmähliche Auswickelung (Evolution) präexistierender Keime, sondern als tatsächliche Produktion von Neuem zu verstehen" (S. 43). Auf diesem Hintergrund bewertet Müller-Sievers dann weitere spezifische Positionen, beispielsweise die A. v. Hallers von 1752: „Mit dieser Insistenz auf der Einseitigkeit des Zeugungsaktes bricht Haller mit einer jahrtausendealten medizinischen Tradition, die den weiblichen Orgasmus als völlig gleichwertigen Beitrag zur Entstehung neuen Lebens verstanden hatte (...), eine Insistenz, die sich in der epigenetischen Physiologie und der daraus resultierenden Geschlechterphilosophie mit ihrer ‚klassischen' Aufspaltung in männliche Aktivität und weibliche Passivität fortgeschrieben hat" (S. 38-39); oder auch die Blumenbachs von 1779: „Blumenbachs Neufassung der Epigenesis ist (damals, U.W.) auch deshalb so erfolgreich, weil er den Bildungstrieb, vor allem, wenn von ihm im größeren Rahmen der Naturgeschichte die Rede ist, explizit als regulatives Prinzip der

des Unerklärlichen und gereicht andererseits als hinreichende Legitimation für das willkürlich Angenommene. Die damalige, häufige Verwendung des Terminus erfährt dabei in keiner Weise ein Fundament in seiner begrifflichen Schärfe, ja sogar Mauthners Kontext um 1900 läßt ihn die Feststellung treffen, daß „ich nicht anstehe es auszusprechen (Umst., U.W.), daß ich die heutige Gewohnheit, überall da von *Energie* zu reden, wo man noch vor zwei Generationen mit *Kraft* auskam, für eine Sprachmode halte"[31]. Dieser ‚modischen' Begriffsverwendung korrespondiert – auch hundert Jahre nach Humboldts Wirken – (noch immer) kein systematisch eindeutiges oder wissenschaftlich konsensfähiges Konstrukt. Mauthners Kritik ist wesentlich gegen die energetische Schule gewendet, deren Hauptvertreter seit 1895 W. Oswald ist, und die „versuchte, den Gegensatz zwischen Materie und Geist durch den E.-Begriff zu überbrücken"[32]. Dies ist für Mauthner aber nur der Gipfel einer äußerst indifferenten Konzeptentwicklung, die sich mit dem Begriff der ‚Energie' verbindet, eine Indifferenz, die auch das 18. Jahrhundert prägt und die trotzdem der vehementen Rezeption keinen Abbruch tat. Mauthner, der hier die Vermischung der begrifflichen Tradition, die bei der Klärung aristotelischer Ontologie ausführlich erläutert wurde, vornehmlich für den Wechsel vom 19. ins 20. Jahrhundert reflektiert, stellt seiner skeptischen Analyse daher einige begriffsgeschichtliche Klärungen zur Seite, die darauf hinweisen, daß das Wort ‚Energie' „zu uns (...) auf seiner langen Wanderung über

---

teleologischen Urteilskraft faßt" (S. 49). Nun ist der Einfluß epigenetischer Theoriebildung in dieser Zeit unzweifelhaft. In Müller-Sievers Vorgehensweise zeigt sich allerdings das zentrale Problem seines Erklärungsansatzes. Müller-Sievers kontrastiert eine mehrfach komplexe Umwertungsgeschichte von wiederholt gebrochenem aristotelischen (Schul-) Denken mit originärer, Humboldtscher Theoriebildung und unterstellt dafür im- und auch explizit, daß das komplexe naturphilosophische Rezeptionsgebilde des 17. und 18. Jahrhunderts genuines aristotelisches Denken widerspiegele. Dies ist jedoch nur sehr eingeschränkt und äußerst mittelbar der Fall und der naturphilosophische Kontext, wie Müller-Sievers ihn beschreibt, und in dem u.a. der ‚Energie'-Terminus (männliche) Kraft expliziert, konnte schon aufgrund seiner begrenzten Erklärungsproduktivität kaum Humboldts *hauptsächlicher* Bezugsrahmen bei der Ausbildung sprachtheoretischer Begrifflichkeit sein. Er intoniert allenfalls (aber immerhin) die Begleitmusik und übertönt an einigen Stellen mehr konziliant als begrifflich durchdringend Humboldts originäre Aristoteles-Rezeption. – Vgl. zur differenzierten Kritik in bezug auf eine einseitige Vergabe des präformationistischen bzw. des epigenetischen Etiketts an Aristoteles u.a. Chr. Hünemörder: „Zur Nachwirkung des Aristoteles bei den Biologen im 19. und 20. Jahrhundert". In: Wiesner, J. (Hrsg.): *Aristoteles. Werk und Wirkung. Paul Moraux gewidmet (2 Bde.).* Berlin 1987. S. 621-631 (2. Bd.).

31 Mauthner, „Energie", a.a.O., S. 271.

32 Jammer, M.: „Energie". In: Ritter, *Historisches Wörterbuch*, a.a.O., S. 494-499 (Bd. 2), hier: S. 497.

England gekommen, aus dem Lande also, wo das Dogma vom klassischen Altertum noch in ungetrübtem Ansehen steht"[33]. Es ist der Physiker Young, der „das Wort *energy* zuerst vor etwa hundert Jahren für den Kraftbegriff"[34] einsetzte, „und Thomson gebrauchte es dann zuerst in der neuen Bedeutung: Energie ist die Fähigkeit, Arbeit zu leisten. Man sieht, die alten *Vermögen* sind unter einem neuen Namen wieder auf dem Plan"[35]. Schon hier wird demzufolge deutlich, daß vor allem die gegenständliche und äußerst umwegige (Um-)Tradierung des aristotelischen ‚Möglichkeit'-, ‚Wirklichkeit'-Konzeptes im ‚Energie'-Begriff des 19. Jahrhunderts – jedoch selbst diese nur in Auszügen und systematisch marginalisiert – zum Tragen kommt. Der Idealist Humboldt – in einer anderen, der naturphilosophisch-geisteswissenschaftlichen Tradition der Begriffsverwendung stehend – geht zu diesem Verständnis auf Distanz und verwendet den Begriff – wie sich an zwei Textbeispielen noch zeigen wird – vernünftigerweise systematisch abseits von diesem naturwissenschaftlichen Verständnis. Man kann in diesem Sinne von zwei voll und ganz getrennten theoretischen Entwürfen und Rezeptionssträngen sprechen, wenn das ‚Energie'-Motiv überhaupt ein solches Konzept im engeren Sinne für die damalige Zeit darzustellen vermochte. Mauthner indes kennt die gemeinsamen aristotelischen Wurzeln der Wortgeschichte des differenten ‚Energie'- und des ‚Energeia'-Begriffs sehr gut, die jedoch auch nach seiner Auffassung nach über 2000 Jahren Umwertungsgeschichte kaum noch gemeinsame semantische Züge aufweisen. Er beschreibt die Verbindung (zwar) ungenau, identifiziert im Kern aber die Umwertung der Begrifflichkeit richtig, wenn er konstatiert: „Das Wort ἐνέργεια bedeutete im Griechischen soviel wie πρᾶξις, eine Tätigkeit, eine Wirksamkeit; es eignete sich also sehr gut dafür (...), die Beziehung zwischen Ursache und Wirkung auszudrücken"[36]. Diese oberflächliche Eignung mag erheblich zur Umwertungsgeschichte beigetragen haben. Wie wenig die aristotelischen Grundlagen des ἐνέργεια-Begriffs dies eigentlich zulassen, dafür weiß Mauthner auch diffizile Konturierungen des antiken ontologischen Konzeptes vorzutragen. So ist es mehr als ein beiläufiger Einwand, wenn er konzediert: „Freilich wurde ἐνέργεια von Aristoteles gern in einem Gegensatze zu ἕξις gebraucht, und ἕξις sollte, gegenüber der aktiven Energie, einen passiven Zustand oder eine Beschaffenheit ausdrücken"[37].

---

[33] Mauthner, „Energie", a.a.O., S. 271.
[34] Ebd.
[35] Ebd.
[36] Mauthner, „Energie", a.a.O., S. 272.
[37] Ebd.

Mauthner, der hier schon in die Kritik des gegenständlichen und funktio-
nalisierten ‚Energie'-Gedankens eintritt, spricht somit ein großes Wort gelassen aus, wenn er schließlich konstatiert: „Aber bei einem Fremdworte
hört man nicht so genau"[38] hin. Aus seiner Sicht ist es damit auch nur
noch ein kleiner Schritt zu der besonders radikalen Umwertungsstrategie,
wenn er bezüglich der „Naturphilosophie, welche sich selbst Energetik
nennt"[39], feststellt, sie sei „wirklich eine Abart deutscher Philosophie, als
sie darauf ausgeht, den Substanzbegriff aus der Welt zu schaffen (und,
U.W.) durch den Energiebegriff zu ersetzen"[40]. Ein solches Verständnis
steht nicht nur der aristotelischen Konzeption zweifelsohne diametral
entgegen, es mißt auch negativ den Raum aus, den die Entwicklung des
‚Energie'-Begriffs in der letztlich doch genuin geisteswissenschaftlichen
Interpretation durch Goethe, Schiller, Humboldt, Harris, Herder usw. gefunden hat.[41] Die ‚Energie' als generelles ‚Substanz'-Substitut ist der idealistischen deutschen Klassik fremd.

Es ist weder zweckdienlich noch notwendig, Mauthners historisch-sy-
stematischem Panorama für das 18. und vor allem das 19. Jahrhundert hier
in allen Einzelheiten nachzugehen. Es sollte gezeigt werden, daß die Geschichte des neuzeitlichen ‚Energie'-Begriffs in dessen Frühphase im wesentlichen eine Geschichte meist unpräziser und euphorischer Anwen-
dungsstrategien ist, die die säkularen jeweiligen Theorie-Konzepte an
gewünschter Stelle mit teleologischem, anthropologischem oder ästhetik-
theoretischem Elan ausstatten sollen. Dabei sind alle Aspekte mindestens
des aristotelischen Entwurfes als Desiderate präsent, allerdings häufig dif-
fus und oft gar in gegensätzlicher Bedeutung zum weit abgeschlagenen
ontologischen Original des Stagiriten. Erst in den Spezialisierungs- und
Differenzierungsarbeiten in den aufkommenden Naturwissenschaften
setzt – schon weitab von Humboldts Reflexionen – eine genauere Theo-
riebestimmung ein, z.B. in Helmholtz' Aufsatz *Über die Erhaltung der
Kraft* von 1847, die jedoch – wie z.B. dessen These von einer strengen
Trennung von Kraft und Energie – ebenfalls zunächst mehr Widerspruch
als Gemeinsamkeit in der wissenschaftlichen Diskussion auslöste.[42] M.
Jammer nimmt die naturwissenschaftliche Begriffsentwicklung explizit in
den Blick, wenn er darauf hinweist, daß ‚Energie' im modernen Sinne –

---

[38] Ebd.
[39] Ebd.
[40] Ebd.
[41] Vgl. Borinski, K.: *Die Antike in Poetik und Kunsttheorie vom Ausgang des klassischen Altertums bis auf Goethe und Wilhelm von Humboldt*. 2 Bde. Leipzig 1924. Bd. 2. S. 242-
248. S. 265-318.
[42] Vgl. Jammer, „Energie", a.a.O., S. 496.

nachdem bereits 1619 J. Keppler den Begriff benutzt – wohl 1717 „zuerst von J. Bernoulli in Verbindung mit dem Gleichgewicht virtueller Kräfte gebraucht"[43] wird: „Doch erst mit der Entwicklung der Thermodynamik um die Mitte des 19. Jh. wurde der Begriff der E. im Sinne von aufgesparter Arbeitsmenge – oft noch <Kraft> genannt und von dem Kraftbegriff (immer noch, U.W.) nicht scharf getrennt – als grundlegend für die Naturwissenschaft erkannt"[44].

So ist Mauthners abschließender Wertung zuzustimmen (und wirft, wenn auch historisch und wissenschaftssystematisch überaus mittelbar, gleich ein Licht auf die Verwendung bei Humboldt), wenn er für den neuzeitlichen ,Energie'-Begriff ebenso resümierend wie generalisierend feststellt:

> „Ich fürchte, der Energiebegriff ist wieder nur einer jener Grenzbegriffe, zu denen die arme Menschheit gelangt ist in ihrer Sehnsucht nach einem Ruhepunkte. Es klingt so ganz verschieden: *Gott* und *Energie*. Oder: *Kausalität*. Worte der Sehnsucht, Schlafmittel, zu denen wir a priori gelangt sind. Die wirksam sind, die uns Ruhe schenken, weil und solange wir zu ihnen Vertrauen haben. Wir haben jedesmal zu dem letzten Worte der Sehnsucht ein so blindes Vertrauen, daß wir seinen Inhalt für apriorisch halten. Und wir wollen nicht hören, daß die Sprache bei diesem neuesten Worte der Sehnsucht ihr altes Spiel mit uns treibt"[45].

Ein Spiel, das mit dem ,Energeia'-Diktum schon aufgrund seiner theoretischen Einrichtung unmöglich wäre und auf das Humboldt in seinem sprachtheoretischen Hauptwerk niemals eingegangen wäre. Der ,Energie'-Begriff wiederum ist ein vergleichsweise schwaches Projekt, er ist – in seinem funktionalen Kern – überwiegend pseudo-theologischer Bluff und hilft u.a., in der säkularisierten Konzeptentwicklung der Klassik und Romantik die theoretisch vermutete innere Beweglichkeit von Mensch und Welt so zu systematisieren, daß gar keine klare Systematik zu Tage tritt. Es gehört daher zwar kaum zu den größeren Leistungen des Tegeler Philosophen, im ,Energie'-Begriff – wie zu seiner Zeit üblich – ebenfalls so etwas wie transzendente Be(un)ruhigung gesucht zu haben, Humboldts Leistung ist jedoch, diese Funktion gerade nicht in andere Begriffskonzepte, wie z.B. das der ,Energeia', hinüberspielt und diese damit nachträglich entwertet zu haben. Zwei Erkundungen am Text und eine briefliche ,Entschuldigung' können diese, auf die spezifischen Unterschiede der Begriffe bedachte, Interpretationsstrategie deutlich machen.

---

[43] Jammer, „Energie", a.a.O., S. 494.
[44] Ebd.
[45] Mauthner, „Energie", a.a.O., S. 282-283.

Eine zweite Rückblende also, die aus der Sicht der *Kawi-Einleitung* innerhalb des Humboldtschen Werkes agiert und von der Position dieses Textes 1830-35 erst einmal 40 Jahre zurückgeht.

In den *Ideen zu einem Versuch, die Gränzen der Wirksamkeit des Staats zu bestimmen*, macht Humboldt 1792 klar, wie untrennbar sein Verständnis des ‚Energie'-Begriffs mit seinem anthropologischen Konzept verbunden ist. Im achten Kapitel, das laut angehängtem Inhaltsverzeichnis mit „Sittenverbesserung" (I 249) überschrieben ist, stellt der erst 25jährige Humboldt fest:

> „Die sinnlichen Empfindungen, Neigungen und Leidenschaften sind es, welche sich zuerst und in den heftigsten Aeusserungen im Menschen zeigen. Wo sie, ehe noch Kultur sie verfeinert, oder der Energie der Seele eine andre Richtung gegeben hat, schweigen; da ist auch alle Kraft erstorben, und es kann nie etwas Gutes und Grosses gedeihen" (I 165).

‚Energie' und ‚Kraft' dienen hier als Termini, das innere Streben des Menschen, das diesen von Natur aus auszeichnet, im inneren Mechanismus seines Drängens zu beschreiben. Daß auch hier bereits aristotelische Begrifflichkeit im Spiel ist, wundert zunächst kaum: „So leiht das Auge der Materie seiner Empfindung die für uns so genussreiche und ideenfruchtbare Form der Gestalt, so das Ohr die der verhältnissmässigen Zeitfolge der Töne" (I 166). Man erhält hier – fast nebenbei und trotzdem eindeutig wie an kaum einer anderen Stelle – den wichtigen Hinweis, daß Humboldt den doppelten Charakter von ‚Form' und ‚Gestalt' schon früh differenziert auseinanderhält. Sein Verständnis der Termini deckt sich exakt mit dem, das Aristoteles von diesen hat. Humboldts Suche nach einer Theorie des Wahrnehmungsvermögens induziert diese Verwendung, die zwar – und nun zeigt sich die Souveränität des Gebrauchs plastisch – die ontologische Stoff-Form-Relation systematisch korrekt nutzt: „Das Auge, wenn ich so sagen darf, liefert dem Verstande einen mehr vorbereiteten Stoff. Das Innere des Menschen wird uns gleichsam mit seiner, und der übrigen, immer in unsrer Phantasie auf ihn bezogenen Dinge Gestalt, bestimmt, und in einem einzelnen Zustande, gegeben" (I 166), die jedoch um die spezifisch anthropologische Funktionalität des ‚Energie'-Begriffs explizit nachsucht und sie zum Zentrum der Argumentation macht: „Meiner Idee nach, ist Energie die erste und einzige Tugend des Menschen. Was seine Energie erhöht, ist mehr werth, als was ihm nur Stoff zur Energie an die Hand giebt" (I 166). Nur mit äußerst oberflächlicher Kenntnis der aristotelischen Begrifflichkeit kann man mutmaßen, Humboldt hätte hier ‚Energie' wie ‚Energeia' verwendet. Vielmehr begegnet uns, trotz des durchaus aristotelischen Begriffsumfeldes, ein spezifisches Verständnis, das auf den kräftemäßigen Ausgleich der verschiedenen Relationen bedacht ist und damit außerhalb der engeren ontologischen Argumentation, die durch den ‚Energeia'-Terminus angezeigt wäre, agiert: „Aber wie immer die unverhältnissmässige Stärke der Materie gleichsam die zarte Form unterdrükt; so geschieht es auch hier oft, und es muss also zwischen beiden ein richtiges Verhältniss sein. Das Gleichgewicht bei einem unrichtigen Verhältniss kann hergestellt werden durch Erhöhung der Kraft des einen, oder Schwächung der Stärke des andren" (I 168-169). Humboldts Anthropologie stellt also die von der ‚Energie' des Einzelnen motivierte Harmonie der Kräfte in den Mittelpunkt und sucht in idealistischer Anschauung das auf, was das Wesen des Menschen als sein Streben ausmacht:

> „Wenn das lezte Streben alles unsres menschlichsten Bemühens nur auf das Entdekken, Nähren, und Erschaffen des einzig wahrhaft Existirenden, obgleich in seiner Urgestalt ewig Unsichtbaren, in uns und andren gerichtet ist, wenn es allein das ist, dessen Ahndung uns jedes seiner Symbole so theuer und heilig macht; so treten wir ihm einen Schritt näher, wenn wir das Bild seiner ewig regen Energie anschauen" (I 170).

‚Energie' ist demnach das Beständige, Kontinuum, das niemals nicht ist, und damit u.a. Humboldts anthropologische Antizipation des Prinzips der Energieerhaltung. Erkenntnis in dieser Hinsicht gibt uns – ein Aufschluß, der wiederum mit aristotelischer Begrifflichkeit gelingt – zunächst nur das, was wir sehen können, und macht Humboldt schließlich eindeutig klar, daß sein ‚Energie'-Begriff mit der aristotelischen ‚Energeia' wenig gemein hat, ja dieser geradezu entgegenläuft. Ist mit ‚Energeia' der ontologische Einstieg nicht nur in die inneren Prinzipien des Weltzusammenhangs, sondern auch die aktuale Erscheinung eben dieses Zusammenhangs, angesprochen, wird die ‚Energie' gerade als das Gegenteil, als inneres Wirkprinzip ungeklärter Intensität und Ausdehnung verstanden:

> „Wir reden gleichsam mit ihm in schwerer und oft unverstandner, aber auch oft mit der gewissesten Wahrheitsahndung überraschender Sprache, indess die Gestalt – wieder, wenn ich so sagen darf, das Bild jener Energie – weiter von der Wahrheit entfernt ist" (I 170).

Hier wird also eher – dies sei mit aller Vorsicht angemerkt – eine ebenso moderne wie reduzierte Spielart der Funktionalität des ‚Eidos'-Motivs kreiert, anstatt die aktuale Wirklichkeit als Verwirklichung der inneren Strukturmomente des Seins zu begreifen. ‚Energie' ist die Konstante einer als anthropologisch verstandenen Veränderungsoptionalität, die als ‚Kraft' zum Erklärungsgrund menschlicher Produktivität stilisiert wird.

Humboldt hat von dieser ‚Energie' als menschlicher Grundbestimmung nicht nur ein bildungstheoretisch-psychologisches Verständnis, sondern versteht sie zudem als sakrosankte Freiheitsgarantie. Diese darf dann, so das Credo des jungen Humboldt, auch nicht vom Staat unterdrückt werden, denn „ein Staat, in welchem die Bürger durch solche Mittel genöthigt, oder bewogen würden, auch den besten Gesezen zu folgen, könnte (zwar, U.W.) ein ruhiger, friedliebender, wohlhabender Staat sein; allein er würde mir immer ein Haufe ernährter Sklaven, nicht eine Vereinigung freier, nur, wo sie die Gränze des Rechts übertreten, gebundener Menschen scheinen" (I 175). Folglich hat sich „der Staat schlechterdings alles Bestrebens" (I 177) zu enthalten, über das subsidiäre Maß hinaus Regelungskompetenz zu beanspruchen. Diese, so Humboldt, liege „ausserhalb der Schranken seiner Wirksamkeit" (I 177).

Humboldts anthropologisch fundierte Unabhängigkeitserklärung von 1792, die u.a. durch die Installation eines sozial unantastbaren und die stete Veränderung des individuellen Charakters sichernden ,Energie'-Begriffs gelingt, hat rege Rezeption gefunden, die nicht unbedingt Humboldts Entwurf in seiner Gesamtheit wahrnimmt und daher in nochmals hypostasiertem Sinne Theologisierung des ,Energie'-Motivs betreibt. Mauthners bereits aufgearbeitete Skepsis wird zusätzlich evident und in ihrer Polemik erst richtig verständlich, nimmt man beispielsweise S. Rubinsteins Untersuchung der *Energie als Wilhelm v. Humboldts sittliches Grundprinzip*[46] in den Blick, die 1906 just in der Zeit erscheint, als Mauthner die Folgen der Rezeption des ,Energie'-Gedankens kritisch beleuchtet. Rubinstein ist der Ansicht, daß sich „in Wilhelm v. Humboldts sittlicher Anschauung, in seiner Ansicht von der ethischen Bildung des Menschen, drei Momente, drei ineinandergreifende Faktoren unterscheiden lassen (Umst., U.W.), diese sind: die Energie als Grundlage; die Selbsttätigkeit als Mittel; und die harmonische Ausbildung der Kräfte als Ziel. Der Stamm und Träger der ganzen Menschenentwicklung ist also die Energie"[47]. In kompromißloser Banalisierung von Humboldts naturphilosophischer Argumentationskonzeption führt Rubinstein dann weiter aus, daß der „Boden aber, aus dem die Energie ihren Nährstoff zieht, (...) die Sinnlichkeit"[48] sei. Zu einer verbalen und systematischen Hypostasierung theologischer Provenienz ist es nun nicht mehr weit, denn laut Rubinstein begnügt Humboldt „sich nicht, im Sinnlichen die Grundlage des irdischen Lebens anzuerkennen, er schätzt in ihm auch die Vermittlung zum Unsinnlichen. Dies ist es insofern, als der Eindruck des Schönen das

---

[46] Rubinstein, S.: „Die Energie als Wilhelm von Humboldts sittliches Grundprinzip". In: *Zeitschrift für Philosophie und Pädagogik*, 13. Jg. (1906), S. 1-8.

[47] Rubinstein, „Die Energie", a.a.O., S. 1.

[48] Ebd.

Traumreich des Übersinnlichen und Transcendentalen erschließt"[49]. Dermaßen entrückt führt die Autorin am Beispiel der Kunst ihre absurde Argumentation bis zu ihrem systematisch bitteren Ende durch:

> „Die Kunst ist Symbol des Ewigen und Unendlichen. Ja, sie ist Stifterin des
> Bundes zwischen der unsichtbaren und unerkennbaren jenseitigen Welt, zu
> der eine angeborene Sehnsucht hinzieht, und dieser sichtbaren leidübersäten
> Welt, an welche eine schmerzvoll süße Gewohnheit festhält. Aus diesem Wi-
> derspiel der Bewegung wird die Unangemessenheit klar, die zwischen der
> menschlichen Vergänglichkeit und Machtlosigkeit, und der schöpferischen
> Ewigkeit und Allmacht besteht. Diese Inkongruenz des Göttlichen mit dem
> demütigend Menschlichen ist der Urquell des Erhabenen"[50].

Dies alles liest Rubinstein aus Humboldts (und auch aus Schillers[51])
‚Energie'-Motiv heraus, ein Unterfangen, das sich nicht nur der wissenschaftlichen Beanstandung allzu offen preisgibt und dessen Inhalt und Stil
sich im weiteren Fortgang ihrer triumphalistischen Ausführungen nicht
wesentlich mehr verändert. Es wird hier vorgeführt, um die Gefahren
deutlich zu machen, die sich u.a. auch aus Humboldts ‚Energie'-Motiv
deswegen ergeben, weil der mit diesem Begriff unterstellte Grundgedanke
keinesfalls die theoretische Qualität der ‚Energeia'-Konzeption behaupten
kann.[52] Der ‚Energie'-Begriff war aufgrund seiner Theorieindifferenz besonders anfällig für Entstellungen durch die Rezeptionsgeschichte, ein
Phänomen, für das als abschließendes Anschauungsmaterial nur noch eine
der vielfältigen absurden Phrasen Rubinsteins angeführt sein soll: „Die
anthropologische Energie ist ein Bestandteil der im Schöpfungsall walten-
den kosmischen Energie. Die Energie im Menschen legitimiert daher seine heimatliche Zuständigkeit zum unendlichen All"[53].

---

[49] Rubinstein, „Die Energie", a.a.O., S. 2.

[50] Ebd.

[51] Vgl. Rubinstein, „Die Energie", a.a.O., S. 3. – Vgl. auch Rubinstein, S.: „Kongeniale Geistesfürsten. (Schiller und Wilhelm von Humboldt)". In: *Zeitschrift für Philosophie und
Pädagogik*, 12. Jg. (1905), S. 222-226.

[52] So ist die folgende groteske Behauptung gleich doppelt (systematisch und textkritisch) aufschlußreich: „Energie ist Möglichkeit (!?, U.W.), ist Befähigung zur Tugend, etwa wie
Scharfsinn Befähigung zur Wissenschaftlichkeit ist; beide Gaben können aber auch ver-
derblich angewendet werden. Energie zeigt fast jeder unternehmende Raubmörder, und
Scharfsinn zeigen die meisten Falschspieler" (Rubinstein, „Die Energie", a.a.O., S. 4-5).

[53] Rubinstein, „Die Energie", a.a.O., S. 5. – Den bizarren Gipfel des absoluten Leicht-Sinns
erklimmt Rubinstein aber erst in ihrer Behauptung eines androgynen Humboldt: „Humboldt selbst umspann in seiner harmonischen Vielseitigkeit auch weibliche Züge" (Rubinstein, „Die Energie", a.a.O., S. 7). Aber – Gottlob – darf dies nicht allzuweit gehen: „Hingegen dringt kernhafte Männlichkeit und die Kraft des Bahnführers aus seinem eifrigen
Mahnruf: daß man an sich selbst arbeite" (S. 8). Für Rubinstein wohl auch wissenschaftlich
eine unabgeschlossene Aufgabe.

Humboldts ungleich bodenständigerer anthropologischer Idealismus hat erwiesenermaßen deutlich mehr zu bieten, eine Qualität, die sich u.a. in seinen frühen kunsttheoretischen Ausführungen andeutet. Schon sieben Jahre vor den *Grenzen der Wirksamkeit*, im März des Jahres 1785, setzt er sich mit Harris Kunsttheorie auseinander und schreibt, explizit auf Harris rekurrierend, ja diesen referierend, eine kurze Skizze *Ueber den Begrif der Kunst* (VII 355-359). Leitzmann geht davon aus, daß Humboldt diesen kurzen Text schwerlich auf eigene Anregung, sondern auf die eines Lehrers (möglicherweise Engel) hin verfaßt hat. Leitzmann ist ebenfalls der Hinweis zu verdanken, daß als Grundlage der Skizze wohl nicht das englische Original, sondern eine anonyme Übersetzung mit dem Titel *Jakob Harris' Abhandlungen über Kunst, Musik, Dichtkunst und Glückseligkeit*, erschienen 1780 in Halle, fungierte. Für unseren Zusammenhang ist der Text Humboldts vor allem deswegen interessant, weil er hier – auf Harris aufbauend – wieder einmal mit aristotelischer Begrifflichkeit operiert. Im systematischen Zentrum der in vier Abschnitte gegliederten Überlegungen ([I] ‚Was ist Kunst?‘, [II] ‚Welches ist der Gegenstand der Kunst?‘, [III] ‚Welches ist die Absicht der Kunst?‘ und [IIII] ‚Welches ist die Wirkung der Kunst?‘) steht der Zusammenhang von Ursache und Wirkung, denn „alles, was wir Kunst nennen, ist die Ursach einer gewissen Wirkung" (I 355), wie Humboldt zu Beginn des ersten Abschnittes apodiktisch feststellt. Für ihn ist „Kunst: eine freie, in einer erworbenen Fertigkeit gegründete Handlung, durch die etwas hervorgebracht wird. Aber nicht allein die Hervorbringung einer Wirkung heisst Kunst, sondern auch das blosse Vermögen sie hervorzubringen" (VII 356). Damit ist die handlungstheoretische Perspektive nicht nur konstitutiv in den Kunstbegriff eingebunden, sie stellt auch die Verknüpfung zwischen Kunst und Anthropologie her: „Kunst bezieht sich also nur auf den Menschen, und ist eine erworbene Fertigkeit eines Menschen, eine gewisse Wirkung hervorzubringen" (VII 356). Daher muß – wie Humboldt dies im zweiten Abschnitt anmerkt – Kunst dasjenige „Vermögen zu wirken (sein, U.W.), das dem Menschen beiwohnet" (VII 357). Im vierten Abschnitt schließlich wird deutlich, was dies für Humboldts Weg in ein differenziertes Verständnis von ‚Energie‘ einerseits und ‚Energeia‘ andererseits bedeutet. Diese Stelle ist auch deswegen so bemerkenswert, weil sie den ‚Energie‘-Begriff als komplementär zu dem des Werkes versteht:

> „Jede hervorbringende Ursach – und also auch die Kunst – muss eine Wirkung haben, die sie hervorbringt.
> Jegliches endliche Ding existirt entweder im Raum, oder in der Zeit, oder in beiden zugleich.

Daher wirkt auch die Kunst entweder

a. im Raum. Die Theile dessen, was sie hervorbingt, bestehen neben einander; und alsdann heisst die Wirkung ein Werk. Oder

b. in der Zeit. Die Theile dessen was sie hervorbingt, folgen auf einander.
   Oder endlich

c. im Raum, und in der Zeit zugleich. Einige Theile von dem, was sie hervorbingt, bestehen neben einander; andere folgen auf einander. In diesem, und im vorigen Fall heisst die Wirkung eine Energie; so wie man
   die Kunst selbst im ersteren Fall eine bildende, in den beiden lezteren
   eine energische nennt.

Die Wirkung der Kunst ist folglich entweder ein Werk, oder eine Energie" (VII 359).

Man mag sich vorstellen, daß Humboldt hier etwa die Differenz zwischen bildenden und z.B. musischen Künsten im Auge hat. Zunächst erscheint einem Humboldts Paraphrase jedoch als eine etwas wirre Mischung kantischer und pseudoaristotelischer Elemente. Aber dies stimmt nur auf den ersten Blick. Die Kantische Position, die im Rahmen der *Kritik der reinen Vernunft* ja erst 1781 in erster Auflage und schließlich 1787 in zweiter Auflage erschienen ist, ist an dieser Stelle nur mittelbar bzw. vor allem terminologisch, kaum aber theoretisch, präsent, weil Raum und Zeit hier als voneinander trennbare Entitäten, und nicht in ihrem integrierten Charakter als empirische Realität und transzendentale Idealität besprochen werden. Tatsächlich existiert schlechthin jedes Werk, egal welchen Charakters, immer in Raum *und* Zeit. In der (a.) Zeit (auch hier eine letztlich hypothetische Annahme) und in (b.) Raum *und* Zeit „heisst die Wirkung Energie" (VII 359). So ist die Gegenüberstellung von ‚Werk' und ‚Energie' hier erst einmal äußerst mißverständlich und zeigt vor allem, was der junge Humboldt von Harris zu übernehmen bereit war. Wie strukturiert die Ebenen (a.), (b.) und (c.) ineinander verschränkt sind, zeigt Humboldt erst im Abschnitt (c.). Der letzte Satz ist aber insofern irreführend, als an seinem Ende im ontologischen Sinne eigentlich ergänzt werden müßte: ‚entweder ein Werk, oder eine Energie, *oder immer schon beides'*. Erst in dieser Bedeutung wäre eine systematische Möglichkeit gegeben, hier eine terminologische Anlehnung an den ‚Energeia-Begriff' anzunehmen. Das sprachlich Erkannte wäre dann immer nur in Raum und Zeit, das Werk immer zugleich auch ‚Energeia'. Genau diesen Schritt macht Humboldt hier (noch) nicht. Er wird in der *Kawi-Einleitung* fast fünfzig Jahre nach seinen skizzenhaften Gedanken *Ueber den Begrif der Kunst* mit seiner Definition der Sprache zeigen, daß die Dichotomie von ‚Werk' und ‚Tätigkeit' als Behauptung zweier unterschiedlicher, ontologisch-autonomer Raster, sowohl auf dem Hintergrund des Kantischen wie des Aristotelischen Theorierasters, Fiction bleiben muß. In seinem frühen Text jedoch überwiegt – mit welchem Eigenanteil auch immer – noch die Suche nach adäquater terminologischer und theoretischer Sicherheit, die über einen epigonalen ‚Energie'-Begriff nicht hinauskommt.

So bleibt für die Identifizierung des Humboldtschen ‚Energie'-Begriffs einerseits die idealistische Annahme einer Bewegung alles Natürlichen als in sich Wertvollen und damit aus sich selbst heraus Bewegten (eine zunächst eher konziliante Anlehnung an das griechische Naturverständnis), andererseits die ganz praktische Identifizierung anthropologischer Grundhaltungen, die in Humboldts – mißt man sie schließlich am Ergebnis – ebenso kurzsichtiger wie charmanter ‚Entschuldigung' zum Ausdruck kommt, die er am 3. September 1792 in einem Brief an K. G. Brinckmann sendet:

> „Wenn ich auch in dem spätesten Alter stürbe, werde ich, das weiß ich voraus, kein Werk hinterlasssen, das mein Andenken dauernd erhielte, ich werde nicht einmal mir selbst sagen können: dieß oder jenes hab' ich gethan und geschaffen. Selbst wenn ich etwas gethan hätte, würde ich dieß mir mit Wahrheit nicht sagen können. Denn ich thue nie etwas um des *Werkes* willen, das unmittelbar und außer mir, immer nur um der *Energie* willen, die mittelbar und in mir bleibt"[54].

Alle möglichen Verständnisse Humboldts des von ihm so häufig und engagiert verwandten ‚Energie'-Motivs erreichen also das ‚Energeia'-Diktum in dessen theoretischem Gehalt oder gar im Hinblick auf die sprachtheoretischen Konsequenzen zu keinem Zeitpunkt. Trotz enthusiastischer und omnipräsenter Verwendung durch die verschiedensten Wissenschaftsbereiche hindurch bleibt die ‚Energie' von ihrer systematischen Relevanz her günstigstenfalls im Schatten der ‚Energeia' – häufig noch nicht einmal dies.

10.6 Das Ende der Repräsentation: der Bruch

Humboldts eindringlichste, sicher aber auch am mühsamsten erarbeitete, Ansicht sprachlicher Wirklichkeit ist der Abschied von der abendländischen Tradition einer notwendigen Repräsentation der objektiven, erkennt-

---

[54] Humboldt, W. v.: *Wilhelm von Humboldts Briefe an Karl Gustav von Brinckmann. Hrsg. und erläutert von A. Leitzmann.* [Humboldt an Brinckmann am 3. September 1792]. Leipzig 1939. S. 20-21.

nisleitenden und erkenntnisbestimmenden Welt der Dinge, die unabhängig
von der Sprache autonom existiert. Diese Einsicht, die den Kern Humboldtscher Aufklärung und diese letztlich als sprachlich darstellt, ist dem
Philosophen von Tegel entgegen mancher Behauptung von der (neuzeit-
lich-modernistischen) Selbstverständlichkeit eines solchen Unterfangens
nicht so einfach gefallen, wie Analysen durch die betreffende Sekundärliteratur dies manchmal vermuten lassen. Sie ist also ebenso systematisch wie
ideengeschichtlich zentral und gelingt Humboldt – auf dessen zeitgenössi-
sche Mitstreiter Hamann und Herder wurde im 1. Kap. eingegangen – in
ihrer ganzen Schärfe und vollen Ausprägung letztlich erst in der *Kawi-Einleitung*, in der der Bruch mit der wohl wirkungsmächtigsten abendländischen Sprachtradition endgültig vollzogen scheint, wenn auch hier repräsentationistische Rudimente durchaus zu finden sind. Humboldt war in
seinem späten Hauptwerk wie nie zuvor in der Lage, seine unterschiedlichen Beobachtungen und Theoreme zunächst zu verknüpfen, um sie dann
in einem konzentrierten Entwurf integriert bis zu ihrem gedanklichen Ende auszumessen. So wird die elementare innere Konsequenz seines sprachtheoretischen Denkens vor allem aus dem Kontext verstehbar, wenn auf die
Feststellung, daß man „die Sprache nicht sowohl wie ein todtes Erzeugtes,
sondern weit mehr wie eine Erzeugung ansehen" (VII 44) muß, man dann
folgerichtig auch „mehr von demjenigen abstrahiren (muß, U.W.), was sie
(die Sprache, U.W.) als Bezeichnung der Gegenstände und Vermittlung des
Verständnisses wirkt, und dagegen sorgfältiger auf ihren mit der innren
Geistesthätigkeit eng verwebten Ursprung und ihren gegenseitigen Einfluss
zurückgehen" (VII 44) muß. Es ist letztlich die Frage nach dem Wesen der
Sprache, die das entsprechende erkenntnistheoretische Paradigma sprachtheoretischer Qualität nach sich zieht. Der oftmals apodiktische und insistierende Grundton der entsprechenden Textpassagen, vor allem aber die
explizite *Ablehnung* jedweder Repräsentationstheorie, die demnach
zunächst vor allem Argumentation mit negativem Vorzeichen ist, macht jedoch deutlich, daß diese Einsicht keinesfalls leichtfällt:

> „Denn *keine* (Herv., U.W.) Gattung der Vorstellungen kann als ein *bloss*
> (Herv., U.W.) empfangendes Beschauen eines schon vorhandenen Gegenstan-
> des betrachtet werden. Die Thätigkeit der Sinne *muss* (Herv., U.W.) sich mit
> der inneren Handlung des Geistes synthetisch verbinden, und aus dieser Ver-
> bindung reisst sich die Vorstellung los, wird, der subjectiven Kraft gegenüber,
> zum Object und kehrt, als solches auf neue wahrgenommen, in jene zurück.
> Hierzu aber ist die Sprache unentbehrlich" (VII 55).

Humboldts Kritik am naiven Repräsentationsgedanken fußt also auf einem
Verständnis der Sprache, das ein erweitertes Gegenstandsverständnis in bezug auf das, was Sprache ihrem wirklichen Wesen nach ist, zur Grundlage

sprachtheoretischer Skepsis nutzt. In dieser Hinsicht soll die bildhafte Argumentation von der Entwicklung der ‚Vorstellungen' die Repräsentationstheorie erst einmal hinreichend unplausibel machen, die sprachtheoretische Exekution ist hier systematisch noch gar nicht drängend und daher an dieser Stelle noch nicht planmäßig durchgeführt. Erst einmal ist Sprache vor allem *mehr* als Repräsentation, nicht unbedingt schon der Grund für die theoretische Unmöglichkeit dieses Prinzips. Unplausibel am Repräsentationsgedanken ist für den Kantianer Humboldt vor allem dessen Schwerpunktsetzung auf die objektive Dingwelt, eine obsolete Dezentrierung von Individualität, die Humboldt nicht mehr zu akzeptieren bereit ist:

> „Alles Sprechen, von dem einfachsten an, ist ein Anknüpfen des einzeln Empfundenen an die gemeinsame Natur der Menschheit. Mit dem Verstehen verhält es sich nicht anders. Es kann in der Seele nichts, *als durch eigne Thätigkeit* (Herv., U.W.) vorhanden seyn, und Verstehen und Sprechen sind nur verschiedenartige Wirkungen der nemlichen Sprachkraft" (VII 56).

Humboldt widersteht der Versuchung, menschliche Erkenntnis in einer Art rezeptiver Opferhaltung gegenüber dem vermeintlich unumstritten Realen zum Stillstand zu bringen, er setzt zunächst und vor allem auf die Konstitutionskraft der Subjekte, womit das genetische Sprachverständnis seine anthropologische Voraussetzung gewinnt. Eine sprachtheoretische Täterhaltung also, die es jedoch nicht bei dem Gedanken der Reflexion des Erzeugungsprozesses belassen will, denn „auch bei der Betrachtung des durch die Sprache Erzeugten wird die Vorstellungsart, als bezeichne sie bloss die schon an sich wahrgenommenen Gegenstände, nicht bestätigt. Man würde vielmehr niemals durch sie den tiefen und vollen Gehalt der Sprache erschöpfen" (VII 59). Gemeinsam ist beiden Richtungen der Argumentation (die der Erzeugung und die des Erzeugten des Sprachlichen), daß sie zu verstehen suchen, wie die unterschiedlichen Größen des Erkenntnisprozesses als sprachlicher Akt so aufeinander bezogen werden können, daß Subjektivität zwar maßgebliche conditio sine qua non von Wahrnehmung ist, daß letztere aber in der Lage bleibt, einen glaubhaften Bezug zur Wirklichkeit herzustellen. Humboldts Lösung ist zunächst die Feststellung, daß

> „in die Bildung und in den Gebrauch der Sprache (...) nothwendig die ganze Art der subjectiven Wahrnehmung der Gegenstände übergeht (Umst., U.W.). Denn das Wort entsteht eben aus dieser Wahrnehmung, ist nicht ein Abdruck des Gegenstandes an sich, sondern des von diesem in der Seele erzeugten Bildes" (VII 59-60).

Aber diese Problem-Aufklärung ist noch ungenau und unvollständig. Ganz offensichtlich ist die Identifizierung und reziproke Zuordnung dessen, was ‚Gegenstand‘, ‚Abdruck‘, ‚Seele‘ und ‚Bild‘ bedeutet, diffiziler als zunächst angenommen.

Es lohnt sich daher ein komprimierter Blick auf den repräsentationistischen Entwurf, innerhalb dessen die Termini und damit die mit ihnen verbundenen Begriffskonzepte in die (sprach-)philosophische Diskussion des Abendlandes eingezogen sind. Hier trifft man – nach den bisherigen Klärungen zur Ontologie gar nicht einmal so selbstverständlich – wiederum auf Aristoteles. Im sprachtheoretischen Bereich nämlich sind die Differenzen beider Denker offenkundig, während in der Transformation des ontologischen Entwurfes große Übereinstimmungen festzustellen waren und sind. Ein Blick auf einige ausgewählte Aspekte aristotelischer Sprachreflexion macht deutlich, wie die Differenzen in diesem Problembereich gelagert sind und warum die sprachtheoretische Ferne und ontologische Nähe Humboldts zu Aristoteles eng miteinander verknüpft sind.

Für Aristoteles wird gemeinhin angenommen, ihm sei es nicht im eigentlichen Sinne um die Klärung dessen gegangen, was ‚Sprache‘ im Kern ausmacht, und in der Tat hat der athenische Philosoph im engeren Sinne keine als solche zu verstehende und auch systematisch geschlossene Sprachtheorie entwickelt. Nirgendwo nimmt sich Aristoteles in einem Text explizit und konzeptionell abgesichert exklusiv der Sprache als der Sprache an. Reflexionen zum Sprachproblem finden sich verstreut in mehreren Texten, z.B. der *Kategorien*-Schrift, den *Sophistischen Widerlegungen*, der *Poetik* und *Rhetorik*, der *Politik*, in *Über die Seele* und vor allem im Text über *Hermeneutik oder vom sprachlichen Ausdruck*, der Schrift des *Organons*, die gemeinhin noch am ehesten als eine Reflexion zum Thema Sprache angesehen werden kann. Diese Heterogenität ist ein Grund dafür, warum die Sekundärliteratur zu durchaus unterschiedlichen Einschätzungen der aristotelischen Sprachreflexion gekommen ist.[55]

---

[55] Zur Sprachtheorie des Aristoteles vgl. vor allem den ausgezeichneten Artikel von W. Ax: „Aristoteles (384-322)“. In: Dascal, M. u.a. (Hrsg.): *Sprachphilosophie. Ein internationales Handbuch zeitgenössischer Forschung.* Berlin, New York 1992. Ax ermittelt die sprachtheoretische Reflexion als Querschnittsproblem in werkbezogener und systematischer Hinsicht, führt ausgewählte Sekundärliteratur zum Thema auf und verschweigt auch nicht die dortigen unterschiedlichen Einschätzungen. – Vgl. dazu: Arens, H.: *Sprachwissenschaft. Der Gang ihrer Entwicklung von der Antike bis zur Gegenwart (2 Bde.).* Freiburg, München (2. Aufl.) 1969. S. 12-15. – Ax, W.: *Laut, Stimme, Sprache. Studien zu drei Grundbegriffen der antiken Sprachtheorie.* Göttingen 1986. – Coseriu, E.: „τὸ ἕν σημαίνειν. Bedeutung und Bezeichnung bei Aristoteles“. In: *Zeitschrift für Phonetik, Sprachwissenschaft und Kommunikationsforschung,* 32. Jg. (1979), H.4/5, S. 432-437. – Ders.: *Die Geschichte der Sprachphilosophie von der Antike bis zur Gegenwart. Eine Übersicht (2 Bde.).* Tübingen (2. Aufl.) 1975. S. 68-98. – De Mauro, T.: *Einführung in die Semantik.* Tübingen 1982. S. 21-62. – Di Cesare, D.: „Die Semantik bei Aristoteles“. In: *Sprachwissenschaft,* 6. Jg.

W. Ax entgegnet beispielsweise auf die These K. Oehlers, nach der „es Aristoteles primär nicht um die Sprache ging (Umst., U.W.), sondern um die Sache, die in der Sprache zur Darstellung gelangt"[56], daß dies in gewisser Hinsicht „sicher richtig, und doch auch wieder nicht"[57] zutreffend sei. Ax ausgezeichneter Beitrag zum Thema verweist diesbezüglich auf die Breite und Intensität der unterschiedlichen Beschreibungszusammenhänge, in denen Aristoteles Sprache zum integrierten Thema macht, (1) den der Biologie und Psychologie, (2) den der Logik und (3) der Poetik und Rhetorik. Diese erweisen gleich dreifach „die Sprache als Lauterzeugung, als akustisches Phänomen, also den lautphysikalischen, bzw. -physiologischen Aspekt, die von den sprachlichen Lautzeichen symbolisierten Denkinhalte und -operationen, also den logisch-semantischen Aspekt, und die situations- und gattungsgerechte Sprachverwendung in Dichtung und Rede, also den stilistischen, bzw. pragmatischen Aspekt der Sprachbetrachtung"[58]. Über die ganze Spannbreite der Sprachthematisierung zeigt sich, daß die Reflexionen über Sprache im wissenschaftlichen Diskurs des Stagiriten eine unbedingt notwendige und häufig sogar eine alles weitere fundierende Rolle spielen, was sich schließlich in dessen Bemühungen um einen biologisch-psychologischen, einen pragmatischen und schließlich semiotischen Ansatz niederschlägt.[59] Nur letzterer kann und soll an dieser Stelle in Auszügen besprochen werden, wiewohl deutlich bleiben muß, daß hier lediglich ein sehr kleiner, und noch nicht einmal unbedingt der konturierteste, mit Abstand jedoch der wirkungsmächtigste Aspekt aristotelischen Sprachdenkens angesprochen ist.[60]

Den semiotischen Überlegungen des Aristoteles liegt ein ‚erkenntnistheoretisches' Grundproblem zugrunde, das er im ersten Kapitel der *Sophistischen Widerlegungen* unumwunden zur Sprache bringt:

(1981), H.1, S. 1-30. – Graeser, A.: „Aristoteles (384-321 v. Chr.)". In: Borsche, T. (Hrsg.): *Klassiker der Sprachphilosophie. Von Plato bis Chomsky.* München 1996. S. 33-47. – Keller, R.: *Zeichentheorie. Zu einer Theorie semiotischen Wissens.* Tübingen, Basel 1995. S. 36-42. – Parein, B.: *Untersuchungen über Natur und Funktion der Sprache.* Stuttgart 1969. S. 52-65. – Sinnott, A. E.: *Untersuchungen zu Kommunikation und Bedeutung bei Aristoteles.* Münster 1989. – Trabant, J.: *Elemente der Semiotik.* Tübingen u.a. 1996. S. 23-26. – Weidemann, H.: „Ansätze zu einer semantischen Theorie bei Aristoteles". In: *Zeitschrift für Semiotik,* 4. Jg. (1982), S. 241-257. – Ders.: „Grundzüge der Aristotelischen Sprachtheorie". In: Schmitter, P. (Hrsg.): *Sprachtheorien der abendländischen Antike.* Tübingen 1991. S. 170-192.

[56] Zit. nach Ax, „Aristoteles", a.a.O., S. 244.

[57] Ax, „Aristoteles", a.a.O., S. 244.

[58] Ax, „Aristoteles", a.a.O., S. 245.

[59] Vgl. Ax, „Aristoteles", a.a.O., S. 250.

[60] Zum biologisch-psychologischen und zum pragmatischen Aspekt vgl. Ax, „Aristoteles", a.a.O., S. 250-252.

[165a] „Man kann beim Disputieren nicht die Dinge selbst hernehmen, sondern gebraucht statt ihrer, als ihre Zeichen, die Worte. Daher glaubt man dann, was für die Worte gilt, müsse auch für die Dinge gelten, wie wenn man rechnete und es mit Rechensteinen zu tun hätte. Aber hier fehlt die Gleichheit. Die Worte als ebenso viele Begriffe sind der Zahl nach begrenzt, die Zahl der Dinge aber ist unbegrenzt. Darum muß derselbe Begriff und ein und dasselbe Wort gleichzeitig eine Vielheit von Dingen bezeichnen"[61].

Ax kommentiert die Passage aufschlußreich und eine der zentralen Interessen der gesamten aristotelischen Sprachtheorie markant, wenn er feststellt, daß die „Vermeidung von Fehlschlüssen"[62] eines ihrer Hauptanliegen ist und dies gerade zu einer „wachsamen Distanz zur Sprache und ihren Fallstricken"[63] aufruft. Die *Sophistischen Widerlegungen* diskutieren u.a. die Problematik solcher Fallstricke in der Form von Scheinschlüssen, organisieren die ‚wachsame Distanz' in Form einer Demaskierung des Trügerischen.[64] Ebenso fundamental wie folgenschwer ist in der vorliegenden Textpassage jedoch vor allem der Nebensatz, nach dem wir statt der Dinge ‚als ihre Zeichen, die Worte' verwenden, also Zeichen *setzen*, anstatt über die Dinge der Welt selbst unmittelbar handeln zu können. Dies ist die zeichentheoretische Grundlage des aristotelischen Erkenntniskonzeptes, wie sie vor allem im 1. Kapitel der *Hermeneutik* zum Ausdruck kommt:

Ἔστι μὲν οὖν τὰ ἐν τῇ φωνῇ τῶν ἐν τῇ ψυχῇ παθημάτων σύμβολα, καὶ τὰ γραφόμενα τῶν ἐν τῇ φωνῇ. καὶ ὥσπερ οὐδὲ γράμματα πᾶσι τὰ αὐτά, οὐδὲ φωναὶ αἱ αὐταί· ὧν μέντοι ταῦτα σημεῖα πρώτων, ταὐτὰ πᾶσι παθήματα τῆς ψυχῆς, καὶ ὧν ταῦτα ὁμοιώματα πράγματα ἤδη ταὐτά. περὶ μὲν οὖν τούτων εἴρηται ἐν τοῖς περὶ ψυχῆς, – ἄλλης γὰρ πραγματείας·[65]

[16a] „Es sind also die Laute, zu denen die Stimme gebildet wird, Zeichen der in der Seele hervorgerufenen Vorstellungen, und die Schrift ist wieder ein Zeichen der Laute. Und wie nicht alle dieselbe Schrift haben, so sind auch die

---

[61] Aristoteles: *Sophistische Widerlegungen (Organon VI). Übersetzt und mit Anmerkungen versehen von Eugen Rolfes.* Hamburg (Unverä. Nachd. der zweiten Aufl. von 1922) 1968. S. 2.
[62] Ax, „Aristoteles", a.a.O., S. 248.
[63] Ebd.
[64] Vgl. dazu T. De Mauro: „Es ist wichtig, einen Spiegel klar zu halten, zu verhindern, daß er Sprünge bekommt, zu wissen, wie man mit ihm umgeht: aber was weiß man Wichtiges, wenn man weiß, woher er stammt und woraus er gefertigt wird? Wichtig ist, daß das Spiegelbild unverfälscht und unverzerrt ist. Ebenso verhält es sich mit der Sprache im Rahmen der aristotelischen Konzeption" (De Mauro, *Einführung in die Semantik*, a.a.O., S. 27).
[65] Aristoteles: *Hermeneutik oder vom sprachlichen Ausdruck. Hrsg., übersetzt, mit Einleitungen und Erläuterungen versehen von H. G. Zekl.* Hamburg 1998. S. 96.

Laute nicht bei allen dieselben. Was aber durch beide an erster Stelle angezeigt wird, die einfachen seelischen Vorstellungen, sind bei allen Menschen dieselben, und ebenso sind es die Dinge, deren Abbilder die Vorstellungen sind. Doch hiervon haben wir, da es eine andere Disziplin angeht, in den Büchern von der Seele gehandelt"[66].

Schon der letzte Satz macht deutlich, daß Aristoteles die intertextuellen Bezüge in seinen sprachtheoretischen Reflexionen herzustellen bereit ist und damit selbst eine Brücke der Problemkontinuität zwischen den unterschiedlichen systematischen Frageansätzen zum Sprachproblem schlagen will. An dieser Stelle jedoch geht es ihm vorderhand um die Grundzüge einer repräsentationistischen Funktionalisierung des sprachlichen Zeichens, das für die Dinge der objektiven Wirklichkeit als Stellvertreter installiert wird. Welche Größen – man wird schnell an die obige Humboldt-Passage erinnert – müssen in diesem Arrangement aber laut Aristoteles noch berücksichtigt werden?

Im Kern sind für den Stagiriten an der systematischen Verortung und damit an der Konstitution des sprachlichen Zeichens vier Instanzen beteiligt, die zunächst eine Kette spezifischer Beziehungen aufweisen und dann noch einmal in semantischer Perspektive integrativ verknüpft werden. Die (1) Schrift, das Geschriebene (τὰ γραφόμενα) ist zunächst genau so Zeichen für die (2) Laute, also für das, was in der Stimme ist τὰ ἐν τῇ φωνῇ), wie die Laute Zeichen (σύμβολον) für (3) die psychischen Eindrücke, die in der Seele hervorgerufenen Vorstellungen (τὰ ἐν τῇ ψυχῇ παθημάτων), sind. Zwischen diesen drei Instanzen bestehen also Relationen, in denen nicht die eine Instanz notwendig Inhalt und Charakter der jeweils anderen Instanz bestimmt. Deswegen stellt Aristoteles auch fest, daß [16a] „das Nomen also ein Laut ist (Umst., U.W.), der konventionell etwas bedeutet, ohne eine Zeit einzuschließen, und ohne daß ein Teil von ihm eine Bedeutung für sich hat"[67]. Die Namen sind also Ergebnis einer ‚Zeichensetzung‘, die ihre sprachliche Verfaßtheit strikt von den Dingen der Welt und ihren seelischen Eindrücken getrennt sieht. Sprachliche Zeichen sind somit grundsätzlich erst einmal beliebig. Ax merkt dazu an: „σύμβολον hat zunächst nur die allgemeine Bedeutung eines Zeichens: *aliquid stat pro aliquo* (vgl. 24b 2; 165a 6ff). Es ist deshalb im Prinzip mit σημεῖον (16a 6) kontextuell austauschbar. Aber eine andere Stelle (437a 12ff) beweist, daß unter σύμβολον eine den Sprachlauten nicht wesensgemäße, vielmehr

---

[66] Aristoteles: *Lehre vom Satz (Organon I/II). Übersetzt, mit einer Einleitung und erklärenden Erläuterungen versehen von E. Rolfes.* Hamburg (Unverä. Neuausgabe 1958 der 2. Aufl. von 1925) 1974. S. 95.

[67] Ebd.

willkürliche und damit per Konvention festzulegende Beziehung zwischen Laut und Sinn verstanden wird"[68]. Wie die Instanz (1) Nr. (2) und Nr. (2) die Instanz (3) jeweils symbolisiert, dies kann nach Aristoteles daher nur noch eine Frage historisch-sozialer Übereinkunft sein: τὸ δὲ κατὰ συνθήκην, ὅτι φύσει τῶν ὀνομάτων οὐδέν ἐστιν, ἀλλ᾽ ὅταν γένηται σύμβολον[69]. [16a] „Die Bestimmung ‚konventionell‘ (auf Grund einer Übereinkunft) will sagen, daß kein Nomen von Natur ein solches ist, sondern erst wenn es zum Zeichen geworden ist"[70]. Damit bezieht Aristoteles – „eher thesenhaft als begründend"[71], wie Ax konziliant und gleichwohl zutreffend feststellt – „Partei im Streit um den Konventionalitätscharakter der Sprachzeichen: Er vertritt die Konventionalitätsthese"[72] und beantwortet damit die Frage des platonischen *Kratylos*-Dialoges, ob die Namen φύσει oder θέσει seien, im Sinne der zweiten Alternative. Das sprachliche Zeichen ist somit verabredete Repräsentation für die Dinge der Welt, ja erscheint in seinem Charakter bei Aristoteles bald wie aus einer systematischen Not geboren, zumindest dann, nimmt man die Bemerkung der *Sophistischen Überlegungen* einmal wörtlich: „Man *kann* (Herv., U.W.) beim Disputieren nicht die Dinge selbst hernehmen, sondern gebraucht statt ihrer, als ihre Zeichen, die Worte"[73]. Das sprachliche Zeichen des Aristoteles ist und bleibt ein notwendig ‚in-Kauf-genommenes‘, dem nicht selbst, aber in seiner Verwendung in Aussagen, letztlich als möglicher Ursprung des Mißverständnisses, mehr mißtraut werden muß als ihm getraut werden kann. Aristoteles' Reflexion der Sprache will – ein Umstand, der in groben Skizzen der Thematik oft vernachlässigt wird – die Verwendung des Sprachlichen primär für Kritik offenhalten.

---

[68] Ax, „Aristoteles", a.a.O., S. 254.

[69] Aristoteles, *Hermeneutik*, a.a.O., S. 98.

[70] Aristoteles, *Lehre vom Satz*, a.a.O., S. 96.

[71] Ax, „Aristoteles", a.a.O., S. 254.

[72] Ebd. – Es hat Versuche gegeben, das κατὰ συνθήκην weiter auszulegen als in der vorgetragenen Interpretation deutlich wird. Ax merkt unter Einschluß der entsprechenden Positionen dazu vollkommen zutreffend und in der Bewertung m.E. noch zu vorsichtig an: „Die Versuche, aus der veränderten Formulierung κατὰ συνθήκην (statt συνθήκῃ) einen Neuansatz gegenüber Platons Alternative herauszulesen, haben sich bisher nicht durchsetzen können. Ich meine vor allem Wolfgang Wielands Versuch (1970², 161-173), die aristotelische Wendung als Hinweis auf ein >Übereingekommensein< im Sinne einer intersubjektiven Verständigung (vgl. Tugendhat 1963, 546) und Coserius finalistische Deutung des κατὰ συνθήκην als Hinweis auf ein von einer Ausdrucksabsicht motiviertes, also *intentionales* Zeichen (Coseriu 1975², 72ff; 106ff). In letzter Zeit ist man im allgemeinen wieder zur einfachen Konventionalitätsthese im traditionellen Sinne zurückgekehrt" (Ax, „Aristoteles", a.a.O., S. 254).

[73] Aristoteles, *Sophistische Widerlegungen*, a.a.O., S. 2.

Anders ist dies bei den unzweifelhaften Dingen der Welt selbst. Sie behaupten bedingungslose Gültigkeit und damit normativen Charakter für Erkenntnis. Diese Normativität drückt sich allein schon darin aus, daß diese Dinge laut Aristoteles bei allen Menschen dieselben sind, was nichts anderes heißt, daß es – unabhängig vom Problem der Wahrnehmung – eben auch nur *eine* solche Welt des objektiv Realen gibt, über die man zwar Falsches aussagen kann, die aber selbst niemals ‚falsch' sein kann. Wahrheit und Falschheit ist überhaupt kein Problem der Dinge der Welt, sondern ein Problem von Aussagen, ihre Unterscheidung wird „nicht mehr Wörtern zugeschrieben, sondern nur der Rede"[74]. Jene Normativität nun geht, und dies stellt den eigentlichen Übergang zwischen Mensch und Welt dar, in die seelischen Vorgänge, die ‚Erleidnisse' der Seele, analog und unbedingt gültig über. Auch die Vorstellungen (Argumentationsinstanz 3), die die Menschen von den Dingen (Argumentationsinstanz 4) haben, sind ebenso wie die Dinge bei allen Menschen dieselben. Wie man sich dieses analoge Strukturmuster vorstellen kann, macht Aristoteles in seiner Wahrnehmungslehre in *De anima* deutlich:

Καθόλου δὲ περὶ πάσης αἰσθήσεως δεῖ λαβεῖν ὅτι ἡ μὲν αἴσθησίς ἐστι τὸ δεκτικὸν τῶν αἰσθητῶν εἰδῶν ἄνευ τῆς ὕλης, οἷον ὁ κηρὸς τοῦ δακτυλίου ἄνευ τοῦ σιδήρου καὶ τοῦ χρυσοῦ δέχεται τὸ σημεῖον, λαμβάνει δὲ τὸ χρυσοῦν ἢ τὸ χαλκοῦν σημεῖον, ἀλλ' οὐχ ᾗ χρυσὸς ἢ χαλκός· ὁμοίως δὲ καὶ ἡ αἴσθησις ἑκάστου ὑπὸ τοῦ ἔχοντος χρῶμα ἢ χυμὸν ἢ ψόφον πάσχει, ἀλλ' οὐχ ᾗ ἕκαστον ἐκείνων λέγεται, ἀλλ' ᾗ τοιονδί, καὶ κατὰ τὸν λόγον.

[424a] „Man muß aber allgemein von jeder Wahrnehmung <das folgende> erfassen: Die Wahrnehmung ist das Aufnahmefähige für die wahrnehmbaren Formen ohne die Materie, wie das Wachs vom Ring das Zeichen (Siegel) aufnimmt ohne das Eisen oder das Gold. Es nimmt das goldene oder eherne Zeichen auf, aber nicht sofern es Gold oder Erz ist. Ebenso erleidet die Wahrnehmung (der Sinn) von jedem Objekt, das Farbe, Geschmack oder Ton hat, aber nicht, sofern es jedes einzelne von ihnen ist, sondern sofern es von solcher Art und gemäß dem Begriff ist"[75].

Der griechische Text zeigt, daß Aristoteles hier wieder mit dem εἶδος-Begriff arbeitet. Nur dieses εἶδος geht von den Dingen der Welt – in diesem speziellen Fall unter Einschluß der μορφή-Bedeutung – quasi als ‚Bild' der äußeren und inneren Struktur der Dinge in die Wahrnehmung über. Hier ist der eigentliche systematische Angelpunkt von Aristoteles Sprachreflexion thematisch (der damit konsequenterweise *außerhalb* dieser Reflexion im engeren Sinne liegt): Da das εἶδος keine Frage der subjektiven Er-

---

[74] Keller, *Zeichentheorie*, a.a.O., S. 38.
[75] Aristoteles, *Über die Seele*, a.a.O., S. 132/133.

kenntnis ist, sondern als innewohnendes Strukturprinzip identitätsstiften-
des Merkmal *der Dinge selbst* bedeutet, muß folgerichtig auch die Wahrnehmung bei allen Menschen dieselbe sein. Erst dies induziert, daß die
Objektivität des Realen für die Menschen auch allgemeine objektive Gültigkeit beanspruchen kann. In einem zweiten, systematisch nachgeordne-
ten, Schritt ist es dann konsequent, daß *diese selbe* Vorstellung sinnvoller-
weise durch Zeichen repräsentiert werden kann und daß eine
historisch-soziale Übereinkunft über die Zeichen dafür Sorge trägt, daß
die allgemeinen Vorstellungen von den Dingen dauerhaft kommunizier-
bar bleiben. Im rückwärtigen Blick der aristotelischen Argumentations-
kette (1) Schrift, (2) Laut, (3) Psyche und (4) Dinge, in der (1) und (2) und
(2) und (3) durch Zeichenrelation und (3) und (4) durch wesensmäßige
‚Bildrelation' verbunden sind, entsteht dann laut J. Trabant, was bei Aristoteles ‚Bedeutung' heißt: „Die eigentliche (...) Fragestellung ist aber die
nach der *Funktion* der Zeichen (...). Die Zeichen haben nämlich die Funktion, die Welt, die Sachen zu ‚bedeuten' (*semaínein*). Die *semaínein-Rela-
tion* ist eine Kombination der beiden ersten Relationen"[76]. Dieser Identifikation ist bis zu dem Grade zuzustimmen, bis zu dem nicht die
grundlegende repräsentationistische Statik des aristotelischen Entwurfes
durch einen unscharfen und allzu modernen Begriff der Bedeutungskonstitution künstlich überbrückt wird. Eine darauf bezogene, systematische
Überdehnung z.B. des κατὰ συνθήκην im Hinblick auf eine Intentionalität
oder Finalität des sprachlichen Zeichens als bedeutungskonstituierende
Größe per se widerspricht dem aristotelischen Entwurf und konspiriert
illegitim mit neuzeitlich-sprachwissenschaftlichem Instrumentarium. R.
Keller verzeichnet dagegen klar: „Für Aristoteles sind die Wörter dazu da,
Dinge zu bezeichnen, indem sie Vorstellungen symbolisieren, die Abbilder der Dinge sind"[77]. Es ist somit Trabants kritischer Einwand gegenüber
E. Coseriu nachdrücklich zu unterstreichen, wenn dieser zur Forschungslage in bezug auf die bis heute „kontrovers"[78] gebliebene Auslegung aristotelischer Sprachreflexion feststellt: „So schließen wir uns z.B. hinsicht-

---

[76] Trabant, *Elemente der Semiotik*, a.a.O., S. 24.
[77] Keller, *Zeichentheorie*, a.a.O., S. 41. – Keller bringt dies auf die (auf den ersten Blick terminologisch nicht unproblematische) Formel, daß „die Sprache von Aristoteles als lautli-
ches Repräsentationssystem eines kognitiven Repräsentationssystems angesehen wird"
(Umst., U.W.). Dies trifft dann zu, wird hier ‚Repräsentation' im zweifachen Sinn der
Symbol- und der ‚Bild'-Relation verwandt. Kellers Argumentation wird einsichtig, folgt
man dem Gedankengang weiter. „Sie (die Sprache, U.W.) ist somit ein sekundäres Repräsentationssystem (...) Während Platon eine instrumentalistische Zeichenkonzeption vertritt, hat Aristoteles eine repräsentationistische" (S. 41).
[78] Trabant, *Elemente der Semiotik*, a.a.O., S. 25.

lich der Zuordnung von ‚katà synthéken' zur Symbolisierungs-Relation einer Aristoteles-Interpretation an, die in der philosophischen Tradition dominierend war und von H. H. Lieb (1981) wieder bestätigt worden ist, obwohl Coseriu (1969) ‚katà synthéken' schon ganz modern auf die *semainein*-Relation bezieht"[79]. Der aristotelische Zeichenansatz bietet für solch ‚modernistische' Spekulationen im Grunde keinen Raum.

Humboldt selbst hat in der Entwicklung seiner antirepräsentationistischen Haltung gar nicht einmal unbedingt den Begriff des sprachlichen Zeichens maßgeblich in den Mittelpunkt seiner sprachtheoretischen Überlegungen gestellt. Vor allem nämlich von dem, was ‚Seele' als Wahrnehmungsraum heißen soll, expliziert der Tegeler Philosoph eine vollkommen andere Vorstellung als Aristoteles. Indem er nämlich konstatiert, daß „in der Seele nichts, als durch eigne Thätigkeit vorhanden seyn kann (Umst., U.W.)" (VII 56), wird deutlich, daß ‚Seele' hier nicht als ein bei allen Individuen identischer Präsentationsbereich schon allgemein determinierter Wahrnehmungsinhalte aufgefaßt wird, sondern sich dieser gerade durch tätige Individualität auszeichnet. Auch weiß Humboldt im Nachgang des transzendentalen Idealismus längst, daß wir über die Dinge der Erkenntnis in ihrem Status des ‚An-sich-seins' gar nichts wissen, sondern nur subjektiv in der Sprache Erscheinungswissen konstituieren. Humboldts Skepsis gegenüber der Repräsentationstheorie aristotelischer Provenienz (und schließlich auch sein endgültiger Bruch mit dieser) fußt damit einerseits auf der Einsicht, daß Spracherkenntnis letztlich immer individuell ist und damit kaum etwas anderes sein kann als semiologische Synthesis, ergo Sprachzeichensetzung als Begriffsbildung und damit Wirklichkeitskonstitution bedeutet, sie beruht andererseits aber auch auf einem tiefempfundenen, neuzeitlichen Mißtrauen, die Dinge der Welt als normativ gegeben und objektiv erkennbar anzusehen und damit ein durch die Repräsentationstheorie gefälltes Urteil zu akzeptieren, das über eine Legitimationsbeschränkung der Sprachwirklichkeit die Individuen wahlweise zu schlauen Logikern oder demütigen Mystikern degradiert, die ordnend darauf lauern, was ‚Wirklichkeit' als bestimmende Größe für die Menschen vermeintlich bereit hält. Humboldt hält dagegen, indem er von der anderen Seite der Wirklichkeitskonstitution aus argumentiert, von der individuellen Erkenntnis selbst, für ihn bildet allein „subjective Thätigkeit (...) im Denken ein Object" (VII 55). Man darf den Begriff ‚Thätigkeit' hier allerdings nicht falsch auffassen: Er trägt mit seiner Präferierung des Subjektaspektes an dieser Stelle in der Tat vornehmlich individualistischen Charakter und zeigt in dieser Hinsicht eine äußerst reduzierte Variante

---

[79] Trabant, *Elemente der Semiotik*, a.a.O., S. 26.

des ‚ontologischen' Tätigkeitsbegriffes, wie er im Rahmen des ‚Energeia'-Diktums etabliert wird.

Für diese subjektive Tätigkeit gilt nun, in unüberhörbarer Antwort auf Kants Schweigen[80], die Voraussetzung, daß eben „die Sprache das bildende Organ des Gedanken" (VII 53) ist. Die Ebene des Lautlichen, bei Aristoteles bloße Repräsentation des Allgemeinen, wird ausdrücklich in den aktiven Erkenntnisprozeß miteinbezogen, verliert ihren aristotelischen Status ontologischer Marginalität: „Die intellectuelle Thätigkeit, durchaus geistig, durchaus innerlich und gewissermassen spurlos vorübergehend, wird durch den Laut in der Rede äusserlich und wahrnehmbar für die Sinne. Sie und die Sprache sind daher Eins und unzertrennlich von einander" (VII 53). Das Lautliche und das ‚seelisch-wahrgenommene' werden als Begriffskonstituenten durch die Klammer des Sprachlichen zur eigentlichen Wirklichkeit, die die Dinge der Welt (nur) noch als Referenzobjekte akzeptiert, denn die intellektuelle Tätigkeit „ist aber auch in sich (schon, U.W.) an die Nothwendigkeit geknüpft, eine Verbindung mit dem Sprachlaute einzugehen; das Denken kann sonst nicht zur Deutlichkeit gelangen, die Vorstellung nicht zum Begriff werden" (VII 53). Für Humboldt fällt „die Uebereinstimmung des Lautes mit dem Gedanken (...) klar in die Augen" (VII 53), eine grundlegende Einsicht, die Humboldt vor dem Status einer nur als beliebig verstandenen Ansicht bewahren will, und über die er daher apodiktisch urteilt: „Die unzertrennliche Verbindung des Gedanken, der Stimmwerkzeuge und des Gehörs zur Sprache liegt unabänderlich in der ursprünglichen, nicht weiter zu erklärenden Einrichtung der menschlichen Natur" (VII 53). Die Begriffsbildung steht dabei im Zentrum von Humboldts Klärungen. Für die Bildung von Begriffen, also das eigentliche Erkennen, ist die Sprache unentbehrlich, denn eben „dies vermag nur die Sprache; und ohne diese, wo Sprache mitwirkt, auch stillschweigend immer vorgehende Versetzung in zum Subject zurückkehrende Objectivität ist die Bildung des Begriffs, mithin alles wahre Denken unmöglich" (VII 55).

Die Konsequenzen dieser vollkommenen Umkehr der Perspektive sprachlichen Erkennens sind gewaltig: „Ohne daher irgend auf die Mittheilung zwischen Menschen und Menschen zu sehen, ist das Sprechen eine nothwendige Bedingung des Denkens des Einzelnen in abgeschlossener Einsamkeit" (VII 55). Erst die Loslösung vom Aspekt instrumenteller Kommunikabilität befreit die Sprache aus ihrem zeitbegrenzten, mechanistischen Verfügungscharakter. Sie hat nicht den Charakter des beliebig Griffbereiten, wenn wir gerade einmal Mitteilungswürdiges erdacht zu

---

[80] Vgl. De Mauro, *Einführung in die Semantik*, a.a.O., S. 47.

haben glauben und dann kommunizieren wollen, um nach getaner Arbeit schließlich wieder bereitwillig in repräsentationistische Wartestellung zurückzugehen. Wir haben ohne die Sprache vielmehr gar nichts Gedachtes, der Mensch umgibt sich „mit einer Welt von Lauten, um die Welt von Gegenständen in sich aufzunehmen und zu bearbeiten" (VII 60), er „lebt mit den Gegenständen hauptsächlich, ja, da Empfinden und Handlen in ihm von seinen Vorstellungen abhängen, sogar ausschließlich so, wie die Sprache sie ihm zuführt" (VII 60). Daher ist Wortbildung keine Stellvertreterrekrutierung, sondern Begriffsbildung selbst, wie Humboldt schon in den *Grundzügen des allgemeinen Sprachtypus* von 1824-26 feststellt.[81] Und in der *Einleitung in das gesamte Sprachstudium* von 1810-11 lobt Humboldt gar, daß „der Irrthum längst verschwunden ist (Umst., U.W.), dass sie (die Sprache, U.W.) ein Inbegriff von Zeichen von, ausser ihr, für sich bestehenden Dingen, oder auch nur Begriffen sey" (VII 621).[82]

Daß Humboldt sich seiner antirepräsentationistischen Sache keineswegs so uneingeschränkt sicher war, wie auch die zentralen theoretischen Passagen der *Kawi-Einleitung* 1830-35 dies schließlich unzweifelhaft erkennen lassen, wird vor allem in der Akademierede von 1820 *Über das vergleichende Sprachstudium in Beziehung auf die verschiedenen Epochen der Sprachentwicklung* deutlich. Humboldt experimentiert hier terminologisch zwischen den theoretischen Extremen:

> „Denn da die Sprache zugleich Abbild und Zeichen, nicht ganz Product des Eindrucks der Gegenstände, und nicht ganz Erzeugniss der Willkühr der Redenden ist, so tragen alle besondren in jedem ihrer Elemente Spuren der ersteren dieser Eigenschaften, aber die jedesmalige Erkennbarkeit dieser Spuren beruht, ausser ihrer eigenen Deutlichkeit, auf der Stimmung des Gemüths, das Wort mehr als Abbild, oder mehr als Zeichen nehmen zu wollen" (IV 29).

Daß auch hier aber die Termini nicht immer im traditionellen (aristotelischen) Sinne verstanden werden (können) und sich damit allzu schnell der Kritik öffnen (würden), macht die folgende Textpassage deutlich:

> „Das durch die ganze Sprache herrschende Princip ist Articulation; der wichtigste Vorzug jeder feste und leichte Gliederung; diese aber setzt einfache,

---

[81] Vgl. dazu „Ein Wort ist ein Laut, der einen Begriff bezeichnet. Es liegt also in dem Wort allemal Einheit des Lauts, die bei verbundenen durch den Accent bewirkt wird, und Einheit des Begriffs" (*Grundzüge des allgemeinen Sprachtypus*, V 410).

[82] Wie wenig dieses Lob von Dauer sein konnte, zeigt Humboldt in *Ueber den Einfluss des verschiedenen Charakters der Sprachen auf Literatur und Geistesbildung* von 1821: „Es giebt noch immer, und nicht wenige Menschen, welche, die Sprache doch mehr für ein gewissermassen in sich gleichgültiges Werkzeug haltend, alles, was man von ihrem Charakter behauptet, dem Charakter der Nation beilegen" (VII 643).

und in sich untrennbare Elemente voraus. Das Wesen der Sprache besteht darin, die Materie der Erscheinungswelt in die Form der Gedanken zu giessen; ihr ganzes Streben ist formal, und da die Wörter die Stelle der Gegenstände vertreten, so muss auch ihnen, als Materie, eine Form entgegenstehen, welcher sie unterworfen werden" (IV 17).

Das aristotelische Repräsentationssystem ist hier schon obsolet, aber immer noch präsent, Humboldts *Sprache-Erkenntnis-Theorem* schon plausibel, aber noch nicht zwingend. Nur die Terminologie aristotelischer Ontologie ist schon souverän genutzter Theoriekontext.

Schon ein Jahr später jedoch, 1821, findet sich die vielleicht schärfste Verurteilung des naiven Repräsentationsgedankens und seiner Vertreter. *Ueber den Einfluss des verschiedenen Charakters der Sprachen auf Literatur und Geistesbildung* nachdenkend, formuliert Humboldt seinen Antirepräsentationismus in Reichweite des sprachlich-begründeten Nationen-Konzepts:

> „Dass seine Sprache bloss ein Inbegriff willkührlicher, oder zufällig üblich gewordener Begriffszeichen sey, ein Wort keine andre Bestimmung und Kraft habe, als einen gewissen, ausser ihm entweder in der Wirklichkeit vorhandenen, oder im Geiste gedachten Gegenstand zurückzurufen, und dass es daher gewissermassen als gleichgültig angesehen werden könne, welcher Sprache sich eine Nation bediene, sind Meynungen, die man wohl bei niemanden mehr voraussetzen darf, welcher der Natur der Sprachen auch nur einiges Nachdenken gewidmet hat" (VII 640).

Seine Haltung ist nun deutlich artikuliert und in der *Kawi-Einleitung* verzweigt sich Humboldts innere produktive Zwiespältigkeit gegenüber den so verschiedenen Theorieangeboten des Aristoteles zur Sprachphilosophie einerseits und Ontologie andererseits schließlich ins konsequent Durchdachte: Der aristotelischen Sprachreflexion ist Humboldt nun endgültig irreversibel fern, der aristotelischen Ontologie nahe bis zur Entsprechung, einer Entsprechung, die ihre höchste Ausbildung in der Transformation der inneren Strukturkomponenten dessen findet, was ,Wirklichkeit' ist. Der Bruch mit der naiven Repräsentation ist somit Ausdruck *beider* Humboldtscher Aristoteles-Bearbeitungen: der Dekonstruktion einer sprachlichen Stellvertretung der objektiven Welt *und* des Neuentstehens dieser Welt *in* der Welt der Sprache. C. Behler beurteilt – den Kontext zeitgenössischer Theoriebildung im Blickfeld – *Humboldts ,radikale Reflexion über die Sprache' im Lichte der Foucaultschen Diskursanalyse* folgendermaßen:

> „Das klassische Denken trifft zwar (indirekt) die ontologische Dimension der Sprache, überspringt jedoch ihr ,Sein' aufgrund eines naiven Begriffs der Re-

präsentation. Die neue Philologie erkennt zwar das eigenständige ‚Sein' der Sprache an, doch unter Aufgabe des Begriffs der Repräsentation. Sie verkürzt das wahre ‚Sein der Sprache' und trägt damit bei zu ihrer ‚Verstreuung' und Unterordnung unter die Anthropologie. Humboldts Sprachdenken hebt diese beiden Reduktionen auf, indem es ihm gelingt, die Repräsentation, den Menschen und die Sprache in einem ‚Diskurs' zusammen zu denken: durch seine *Transformation des Repräsentationsbegriffs*; durch die *Konzentration des anthropologischen Projekts auf die Sprachwissenschaft* und durch seinen *Begriff der menschlichen Rede*"[83].

Humboldts Aufklärung ist damit an den Punkt gelangt, der Repräsentation immer schon und ausschließlich im Gültigkeitsraum des Sprachlichen versteht, und macht dadurch klar, daß auch in dieser sechsten und letzten *Ansicht sprachlicher Wirklichkeit* das aristotelische Fundament seines Sprachdenkens – diesmal negativ – bestimmend ist.

10.7 Überleitung

Nach dieser Konzentration und Komposition bisheriger Untersuchungsergebnisse, die gleichwohl weiterführende Aspekte hinzunehmen mußte und wiederkehrende Thesen ausführlicher begründen wollte, kann nun *Humboldts Format* erschlossen werden: Geltung und Lexikon seines *Arrangements einer Ordnung der Sprache*.

---

[83] Behler, C.: „Humboldts ‚radikale Reflexion über die Sprache' im Lichte der Foucaultschen Diskursanalyse". In: *Deutsche Vierteljahresschrift für Literaturwissenschaft und Geistesgeschichte*, 63. Jg. (1989), H.1, S. 1-24, hier: S. 10. – Vgl. in Behlers ausgezeichnetem Artikel auch die vollkommen zutreffende Kritik an der Deutung M. Foucaults in *Die Ordnung der Dinge*: „Das (dortige, U.W.) Mißverstehen des Humboldtschen Denkens und seines Begriffs der *energeia* (...) läßt sich bereits an der völligen Verkehrung der Metaphorik von hell/dunkel, Höhe/Tiefe ablesen. Der Sprache wird bei Humboldt keineswegs eine ‚dunkle' Sphäre der Produktion untergeschoben" (S. 7). – Vgl. zur diesbezüglichen Foucault-Kritik auch Kap. 6.3.

11. Humboldts Format:
Zum Arrangement einer Ordnung der Sprache

In *Humboldts Aufklärung* wurden die entscheidenden theoretischen Grundaussagen zum Verwandlungsprojekt des Tegeler Philosophen bereits zusammengetragen. Allerdings ist damit das Erklärungspotential, das die aristotelische Ontologie für das Verständnis Humboldtschen Sprachdenkens bereit hält, bislang allenfalls an der Oberfläche verständlich und nutzbar gemacht worden. Noch steht die detaillierte Beschreibung des begrifflich-systematischen Vollzuges aus, auf welche Weise die verschiedenen Termini im einzelnen jeweils das Zentrum Humboldtscher Theoriebildung erreichen.

Es ist daher nun zunächst das theoretische Format philologisch auszumessen, das Humboldt einrichtet, um seine Ordnung sprachlicher Wirklichkeit Raum und Position gewinnen zu lassen. Soll eine Ordnung der Sprache in ihren inneren Strukturen stabil und an ihren Grenzen demonstrativ sein, bedarf es einer präzisen Bestimmung dessen, welche Reflexionsräume mit dem begrifflichen Instrumentarium erschlossen und erhalten werden können. Diese Reflexionsräume, die sich aufgrund der aristotelischen Ontologie im Sprachdenken Humboldts zugänglich machen lassen, werden in *Humboldts Verwandlung: Die Welt der Sprache* en détail analysiert. Um einem solchen Arrangement sprachlicher Wirklichkeit jedoch die richtige Bedeutung zuschreiben zu können, muß zuvor der Aspekt der Geltung bzw. der prinzipiellen Gültigkeit dieser begrifflich konstituierten Reflexionsräume genauer geklärt und daraufhin das lexikalische Belegmaterial so geordnet werden, daß Humboldts theoretische Unternehmung auch von ihrem terminologischen Inventar her plausibel wird. Eine solche Untersuchung des aristotelisch verantworteten sprachtheoretischen Wörterbuchs Humboldts wird dafür an den zentralen Passagen der *Kawi-Einleitung* entlang aufgelistet, also dem Text, von dem R. Haym (im Kern sicher zu Recht) schon 1856 behauptete, daß „wir hier auf dem Gipfel der Humboldt'schen Sprachphilosophie stehen und von demselben ebenso das unermeßliche Gebiet des thatsächlichen Wissens, das er sich unterworfen hatte, überschauen, wie wir in die Tiefe blicken, deren Maaß mit der Weite des Horizonts wetteifert (Umst., U.W.)"[84]. Der

---

[84] Haym, R.: *Wilhelm von Humboldt. Lebensbild und Charakteristik.* Berlin (Nachdruck Osnabrück 1965) 1856. S. 444.

in theoretischer Hinsicht also doppelt exemplarische Charakter des Textes soll somit produktiv genutzt werden.

Zunächst aber muß die Frage der Geltung ebenfalls exemplarisch anhand einer Fragestellung erörtert werden, die heute fast unwidersprochen beantwortet zu sein scheint, daß nämlich Humboldt sich bei der Einrichtung seines sprachtheoretischen Ensembles vor allem auch metaphorischer Mittel bedient habe. Es ist die Problematik zu klären, ob dies so uneingeschränkt behauptet werden kann, und wenn, in welcher Weise dadurch Rückschlüsse auf die Reichweite Humboldtscher Theoriebildung möglich werden. Beide Perspektiven, also die der *Geltung*, die zur Sichtung einiger *Aspekte einer Theorie semantischer Räume* führt, und die des *Lexikons*, die die einzelnen *Elemente einer* diesbezüglichen *Praxis semantischer Theorie* zusammenstellt, fragen letztlich integrativ nach der sprachphilosophischen Relevanz und dem Charakter der Bedeutungskonstitution, die das bislang aufbereitete theoretische Inventar aristotelischer Provenienz für Humboldts Sprachdenken behaupten kann. Sicher nicht stellt die konstitutive Begrifflichkeit lediglich eine Art ‚didaktischer‘ Bebilderung zum besseren Verständnis dar. Vielmehr erweisen die Begriffe eine Welt der Sprache, deren realitätskonstituierender Charakter reflexiv weit über den der Illustration hinausgeht. Die innere Konsequenz dieses Vorgangs ist kompromißlos: Dies macht die erneute Unternehmung von Humboldts Erinnerungsprojekt deutlich, indem in der philologischen Rekonstruktion die inneren Strukturen einer Welt der Sprache und ihre Herkunft aus der aristotelischen Welt der Wirklichkeit nachgezeichnet werden.

11.1 Geltung: Aspekte einer Theorie semantischer Räume

Humboldt ist der Ansicht, daß in der Sprache alles in einem ‚geordneten‘ Zusammenhang zueinander situiert ist, eine Beobachtung, die sich u.a. im Terminus des ‚Gewebes‘ niederschlägt:

> „Man kann die Sprache mit einem ungeheuren Gewebe vergleichen, in dem jeder Theil mit dem andren und alle mit dem Ganzen in mehr oder weniger deutlich erkennbarem Zusammenhange stehen. Der Mensch berührt im Sprechen, von welchen Beziehungen man ausgehen mag, immer nur einen abgesonderten Theil dieses Gewebes, thut dies aber instinctartig immer dergestalt, als wären ihm zugleich alle, mit welchen jener einzelne nothwendig in Uebereinstimmung stehen muss, im gleichen Augenblick gegenwärtig" (VII 70).

Der konkrete Vollzug des Sprechens ist somit immer nur die aktuale Verknüpfung des Konkreten an ein prinzipiell Größeres, das dem Akt der
Erzeugung immer schon vorgängig ist, ohne jedoch von ihm prinzipiell
ablösbar zu sein. Dies sagt vorderhand etwas über den Charakter der
Sprache und nur sekundär etwas über den des Sprechaktes aus. Daß der
Sprechakt den (notwendigen) Einstieg in eine Auseinandersetzung dahingehend bieten kann, was die Sprache ihrem eigentlichen Wesen nach ist,
ist bereits hinreichend deutlich geworden. Nun ist zu bestimmen, in welchem Bezugsrahmen sich die Wesensargumentation zur Sprache überhaupt aufhält. Humboldt wählt dafür einen anderen Terminus, der häufig
Anlaß zu Spekulationen gab und gibt und der in der Akademierede von
1820 eine wichtige Rolle spielt. Zunächst werden die Konsequenzen bedacht, die sich aus der ‚Gewebe'-Hypothese dann ergeben, will man hieraus Rückschlüsse auf die zeitlich-ontologische Struktur des Sprachlichen
ziehen:

> „Es kann auch die Sprache nicht anders, als auf einmal entstehen, oder um es
> genauer auszudrücken, sie muss in jedem Augenblick ihres Daseyns dasjeni-
> ge besitzen, was sie zu einem Ganzen macht. Unmittelbarer Aushauch eines
> organischen Wesens in dessen sinnlicher und geistiger Geltung, theilt sie dar-
> in die Natur alles Organischen, dass Jedes in ihr nur durch das Andre, und
> Alles nur durch die eine, das Ganze durchdringende Kraft besteht" (IV 3-4).

Eben diese Vorstellung, nach der die Sprache in zeitlich-ontologischer
Hinsicht ungeworden oder besser insofern ihrem Möglichkeitsstatus vorgängig ist, als die Wirklichkeit des Sprachlichen hier im Sinne des
ἐνέργεια-Primats verstanden ist, fundiert Humboldt – noch vorsichtig –
mit dem ‚Organismus'-Terminus. Er will vor allem sagen: die Sprache ist
als Organismus in erster Linie etwas Lebendiges. Gerade deswegen ist sie
auch im Punkt der Verwirklichung immer schon alles das, was sie als
Ganzes ausmacht. Eine solche Konstruktion ist nur mit dem prinzipiellen
Postulat möglich, Sprache sei etwas Lebendiges und daher etwas, was keiner mechanistischen Kausalkette (also Anregung von außen) bedarf, um
aktiv zu werden. Die Identifizierung und Behauptung der drei Kennzeichen des Immer-schon-aufeinander-abgestimmt-seins, des Relational-
Funktionalen und des aus sich heraus Aktiven wird Humboldt nur möglich, indem die Sprache im Bereich des Lebendigen verortet wird. Nur
hier ist beglaubigt, „dass in der Sprache Alles durch Jedes und Jedes durch
Alles bestimmt wird, und dies ist buchstäblich wahr" (V 394). Humboldt
kommt daher zu dem apodiktischen Schluß:

> „Sie (die Sprache, U.W.) ist ein organisches Wesen, und man muss sie, als sol-
> ches, behandeln. Die erste Regel ist daher, zuvörderst jede bekannte Sprache

in ihrem inneren Zusammenhange zu studiren, alle darin aufzufindende Analogien zu verfolgen, und systematisch zu ordnen, um dadurch die anschauliche Kenntniss der grammatischen Ideenverknüpfung in ihr, des Umfangs der bezeichneten Begriffe, der Natur dieser Bezeichnung, und des ihr beiwohnenden, mehr, oder minder lebendigen geistigen Triebes nach Erweiterung und Verfeinerung, zu gewinnen. Ausser diesen Monographien der ganzen Sprachen, fordert aber die vergleichende Sprachkunde andre einzelner Theile des Sprachbaues, z.B. des Verbum durch alle Sprachen hindurch" (IV 10-11).

Humboldt bündelt hier gleich mehrere wichtige theoretische Grundaussagen. Zunächst ist die Sprache nicht *wie* ein Organismus, sondern sie *ist* ein organisches Wesen. Eine fürs erste irritierende und zu manchen Spekulationen Anlaß gebende, aber gleichwohl eindeutige Aussage. Des weiteren erneuert Humboldt seine Annahme, daß in der Sprache alles mit allem zusammenhängt, und qualifiziert diesen Zusammenhang nun näher als den der Analogie*n*. In der Wendung der ‚grammatischen Ideenverknüpfung' wird deutlich, worauf dieser ‚Analogie'-Begriff zielt, und zwar darauf, daß die Struktur der Sprache immer schon auch die der zu erkennenden Ideen ist. Der ‚Analogie'-Begriff greift also weit über einen Charakter der grammatischen Ordnung hinaus, er umfaßt, eben weil Sprache ein organisches Wesen ist, die Erkenntniskonstitution der Gegenstände gleich mit.[85]

---

[85] Zum ‚Analogie'-Begriff bei Humboldt und im 18. und 19. Jahrhundert vgl. zum weiteren historischen Kontext zunächst Christmann, H. H.: „Zum Begriff der Analogie in der Sprachbetrachtung des 16. bis 19. Jahrhunderts". In: Schmidt, G. und Tietz, M. (Hrsg.): *Stimmen der Romania. Fs. W. Th. Elwert.* Wiesbaden 1980. S. 519-535. Christmann verfolgt die Entwicklung von den Renaissance-Philosophen bis auf W. v. Humboldt und merkt u.a. an, daß Humboldts ‚Analogie'-Begriff „eine direkte Fortsetzung der Condillacschen Lehre" (S. 528) sei. Die historische Fortsetzung der Betrachtung leistet Christmann dann in „Zum Begriff der Analogie in der Sprachwissenschaft des 19. Jahrhunderts". In: Höfler, M. (Hrsg.): *Festschrift für Kurt Baldinger zum 60. Geburtstag. (Bd. 1).* Tübingen 1979. S. 102-115. Zwar ist beispielsweise – so Christmann – „1884 noch die alte Humboldtsche Denkweise wirksam. Aber dominierend war sie um diese Zeit nicht mehr" (S. 107). Hier ist bereits der veränderte „Analogiebegriff der Junggrammatiker" (S. 106) vorherrschend. – Einige beiläufige Hinweise zum ‚Analogie'-Begriff Humboldts finden sich bei Watanabe, M.: „Zum Verhältnis von Natur und Sprache bei Wilhelm von Humboldt". In: Schmitter, P. (Hrsg.): *Multum – non multa? Studien zur „Einheit der Reflexion" im Werk Wilhelm von Humboldts.* Münster 1991. S. 43-66, der jedoch im wesentlichen auf die Studien Di Cesares zum Thema verweist: „Da die zentrale Rolle, die der Analogie in Humboldts Sprachtheorie zukommt, bereits von Di Cesare (1989) ausführlich untersucht ist, möchte ich es hier bei diesen wenigen Hinweisen belassen. Auf der anderen Seite möchte ich aber über Di Cesare hinaus (...) stark betonen, daß das Analogieprinzip bei Humboldt nicht auf die Sprache eingeschränkt ist, sondern für den Gesamtbereich des Wirklichen Geltung hat" (S. 47-48). – In der Tat enthält Di Cesares Beitrag von 1989 die wesentlichen Erörterungen zur Problematik des Analogieprinzips bei Humboldt (vgl. Di Cesare, D.: „Wilhelm von

Es ist nicht notwendig, hier eingehend in die Exegese des ‚Organismus‘- und des ‚Analogie‘-Begriffs bei Humboldt einzusteigen. Daß dieser
hier zwei gängige Termini der Theoriebildung des 19. Jahrhunderts verwendet und in welcher spezifischen Hinsicht er dies tut, ist hinreichend
analysiert bzw. durch begriffshistorische Betrachtungen kommentiert
worden.[86] P. Schmitter stellt fest, daß „die entscheidenden Begriffe oder
Schlagworte, die hier eingebracht werden, ‚Ganzheitlichkeit‘, ‚Lebendigkeit‘, ‚Natur‘ sind (Umst., U.W.) sowie der alle diese Aspekte in sich ver-
einigende Begriff des *Organismus*“[87]. Und in der Tat setzt sich Humboldt
explizit von einem Wissenschaftsmodell ab, das als *mechanistischer* Systemzusammenhang behauptet wird[88], dessen Grundlegung letztlich in
der Descarteschen Trennung von res cogitans und res extensa fußt und
das in J. Offray de La Mettries *L' homme machine* von 1748 seine prägnante Ausprägung findet.[89] Humboldts wissenschaftstheoretische Heuri-

---

Humboldt: Die analogische Struktur der Sprache“. In: Scharf, H.-W. (Hrsg.): *Wilhelm von
Humboldts Sprachdenken. (Symposion zum 150. Todestag).* Essen 1989. S. 67-80. Di
Cesare merkt dort an, daß das „Bild des Organismus unklar wäre ohne den inneren Zusammenhang, der alle seine Teile verknüpft, d.h. ohne die Analogie (Umst., U.W.)“ (S. 68).
Für Humboldt „handelt es sich (...) um *eine der Struktur der Sprache innere Beziehung,
die den Zusammenhang ihrer Teile garantiert*“ (S. 68). Daher ist „die Sprache (...) nichts
anderes als die Kristallisierung solcher analogischen Organisation der Wirklichkeit“ (S. 71).
Di Cesare resümiert folgendermaßen: „Wenn es also wahr ist, daß Alles in der Sprache
strukturiert, d.h. analogisch verbunden sein muß, damit sie sich als organisches Ganzes erhalten kann, dann wird es ebenso wahr sein, daß die Analogie, und nicht die Anomalie –
wie die alten Grammatiker glaubten – die natürliche Tendenz der Sprache ist, die sich
spontan aus ihrem Inneren erzeugt“ (S. 74).

86 Vgl. u.a. Bucher, St.: „Naturphilosophie, Teleologie und Sprachtheorie bei Wilhelm von
Humboldt“. In: Schmitter, *Multum – non multa?*, a.a.O., S. 29-42. – Gessinger, J.: Sprach-
laut-Seher. Physiologie und Sprachwissenschaft im 19. Jahrhundert“. In: Sarasin, Ph. und
Tanner, J. (Hrsg.): *Physiologie und industrielle Gesellschaft.* Frankfurt am Main 1998.
S. 204-244.

87 Schmitter, P.: „‚Maschine‘ vs. ‚Organismus‘: Einige Überlegungen zur Geistes- und Sprachwissenschaftsgeschichte im 18. und 19. Jahrhundert“. In: Ahlquist, A. u.a. (Hrsg.): *Diver-
sions of Galway. Papers on the History of Linguistics.* Amsterdam 1992. S. 291-307, hier:
S. 292.

88 Vgl. Müller-Sievers, *Epigenesis*, a.a.O., S. 95. – Vgl. dazu auch F. Mauthners Eintrag von
1910/11: „Der Begriff *organisch* gehört mit seinem Gegensatz, dem Begriff *mechanisch*, seit
Ende des 18. Jahrhunderts dem philosophischen Sprachgebrauch an“ (Mauthner, F.:
„organisch“. In: ders.: *Wörterbuch der Philosophie (2 Bde.). Neue Beiträge zu einer Kritik
der Sprache.* Zürich (Erstausgabe 1910/11) 1980. S. 224-231 [Bd.2], hier S. 224). Ein Zeichen dafür, daß diese oppositionelle Begriffstradition bis ins 20. Jahrhundert hinein stabil
geblieben ist.

89 Vgl. Schmitter, „‚Maschine‘ vs. ‚Organismus‘“, a.a.O., S. 296. – Schmitter faßt idealtypisch
die „Implikationen des *machina*-Modells“ (S. 297) wie folgt zusammen: „Auffassung der
als Maschine begriffenen Entität als *Instrument*, Voraussetzung eines außerhalb der

stik orientiert sich dagegen am ‚Organismus'-Begriff Kants, wie dieser ihn 1790 in der *Kritik der Urteilskraft* entwickelt[90], wiewohl schon für Herder die menschliche Sprache „nicht mehr unter den Maschinenbegriff subsumierbar"[91] war. Die Verwendung des ‚Organismus'-Begriffs Humboldts, der dem Tegeler Philosophen u.a. auch zur Zurückweisung des sprachtheoretischen Repräsentationismus dient[92], ist also wesentlich von Kant beeinflußt, ja Humboldt überträgt – wohl 1795 zum ersten Mal[93] – dessen „Organismuskonzeption (...) auf die Sprache"[94]. Es ist, wie H. Müller-Sievers feststellt, der mächtigste der damaligen naturphilosophischen Begriffe, „und dies gilt nicht nur für Humboldts Diskurs, der des *Organismus*"[95]. Dessen systematische Grundidee ist die der inneren Organisation, sie ist „Prozeß und Ideal, zu dem alles Getrennte zusammenwachsen wird"[96]. Auf den engen Zusammenhang von ‚Organismus' und

---

Maschine anzusetzenden *Erzeugers*, Voraussetzung einer außerhalb der Maschine anzusetzenden *bewegenden Kraft*, Annahme einer *mechanischen Kausalität der Abläufe* und damit der Berechenbarkeit des Zusammenspiels der Einzelteile, Annahme eines *vorherbestimmten, vorgängig von außen festgelegten und unabänderlichen Zwecks*, Annahme der *Wiederholung prinzipiell immer gleicher Abläufe*. Hinzu kommt als konstituierendes Merkmal noch die Auffassung der Maschine als ein Ganzes, doch ist diese Komponente in gewisser Weise abzuheben, weil sie ebenfalls dem Organismusbegriff eigen ist und damit zugleich den Punkt darstellt, an dem das Organismusmodell anknüpfen konnte" (S. 297).

[90] Schmitter macht für das Kantsche Verständnis folgende Merkmale geltend: „... (statt instrumentalistischer Auffassung) Auffassung der als Organismus bezeichneten Entitäten als *organisierte Wesen* (KdU § 65ff.), (statt Voraussetzung eines externen Erzeugers) Bestimmung als *Produkt der Natur* selbst (KdU § 63ff., bes. 66), (statt Voraussetzung einer [externen] bewegenden Kraft) Annahme eines inneren Bildungstriebes, einer ‚*bildenden* [= hervorbringenden, P.S.] *Kraft*' (KdU § 65 [...]), (statt Annahme mechanischer Kausalität) Annahme eines ‚*Naturzweck[s]*', d.h. Annahme, daß etwas von ‚sich selbst wechselseitig' ‚Ursache und Wirkung' ist (KdU § 64ff.; [...]), (statt Annahme eines vorgängig von außen festgelegten unabänderlichen Zwecks) Annahme ‚*innerer Zweckmäßigkeit*' (KdU § 63) mit der Kraft, sich an gegebene Umstände anzupassen (KdU § 65) [...]." (Schmitter, „‚Maschine' vs. ‚Organismus'", a.a.O., S. 299-300).

[91] Schmitter, „‚Maschine' vs. ‚Organismus'", a.a.O., S. 298. Dies stellt in dieser Hinsicht eine deutliche Untertreibung des philosophisch-anthropologischen Konzepts Herders dar, obwohl „sich bei Herder (...) noch nicht der Gegenbegriff des Organismus zur Kennzeichnung der menschlichen Sprache" (S. 298) findet.

[92] Vgl. Müller-Sievers, *Epigenesis*, a.a.O., S. 93.

[93] Vgl. Schmitter, „‚Maschine' vs. ‚Organismus'", a.a.O., S. 301.

[94] Vgl. Hassler, G.: „Zur Auffassung der Sprache als eines organischen Ganzen bei Wilhelm von Humboldt und ihren Umdeutungen im 19. Jahrhundert". In: *Zeitschrift für Phonetik, Sprachwissenschaft und Kommunikationsforschung*, 38.Bd. (1985), S. 564-575, hier: S. 565.

[95] Müller-Sievers, *Epigenesis*, a.a.O., S. 89.

[96] Ebd. – Zum Begriff der Organisation vgl. Luhmann, N. und Müller, K.: „Organisation". In: Ritter, J. und Gründer, K. (Hrsg.): *Historisches Wörterbuch der Philosophie*. Basel, Darmstadt 1971 ff. S. 1326-1329 (Bd. 6).

‚Entelechie' verweist – Aristoteles allerdings ernstlich zunächst wohl nur schemenhaft im Hintergrund wahrnehmend – K. H. Rensch: „Mit dem Organismusbegriff verbindet sich bei *Humboldt* die Idee der Entelechie, der im Organismus liegenden Kraft, die ihn von innen heraus zur Selbstentwicklung und Selbstvollendung bringt"[97]. Eine Beobachtung aristotelisch-humboldtscher Verknüpfung, die auch deswegen interessant ist, weil ein Blick in die Geschichte des ‚Organismus'-Begriffs dessen aristotelische Herkunft belegt.[98] H. Müller-Sievers sieht die Relevanz des Organismus-Konzeptes erst im Rahmen der epigenetischen Theoriebildung ausgereift[99] und J. Trabant transformiert den ‚Organismus'-Terminus unter dem Gesichtspunkt, daß „die Artikulation die Reflexion abbildet (Umst., U.W.)"[100], so in die grammatische Diskussion, daß der Humboldtsche Dreischritt von „Trennung, Verbindung und Organismus" (IV 28) auf den *Satz* als Organismus reflektiert werden kann:

> „Auf der Seite des Denkens entspricht diesem Dreierschritt z.B. die Gliederung des Denkbaren in Wörter, die Verbindung der Wörter zum Satz und dessen Fähigkeit, Glied eines größeren Zusammenhangs, der Rede, zu sein, aber auch z.B. die Gliederung des Denkbaren in Lexem und Morphem, die Verbindung von Lexem und Morphem zum flektierten Wort und die Möglichkeit des flektierten Wortes, Glied des größeren ‚Organismus' Satz zu sein"[101].

Der ‚Organismus'-Begriff bietet demnach ausreichend Anlaß und Möglichkeit, ihn zum Zwecke der Erschließung Humboldtscher Theoriebildung auch über seine unmittelbare Bedeutung – die Attribution des Wesenscharakters der Sprache als lebendige – hinaus zu nutzen. Humboldt selbst kontextuiert den ‚Organismus'-Begriff mit einer Reihe von Termini, die eben diesen Charakter des Lebendigen hervorheben sollen, so werden ‚Gewebe', ‚Leben', ‚lebendig', ‚Natur', ‚Organ' und ‚Organe', ‚organisch', ‚Organismus' und ‚System' integriert verwendet.

Nun stellt sich aber vor allem die Frage nach der theoretischen Disposition und dem Charakter des ‚Organismus'-Begriffes, also nicht unmit-

---

[97] Rensch, K. H.: „Organismus – System – Struktur in der Sprachwissenschaft". In: *Phonetica*, 16.Bd. (1967), S. 71-84, hier: S. 73.

[98] Vgl. Ballauf, Th., Scheerer, E., Meyer, A.: „Organismus". In: Ritter, *Historisches Wörterbuch der Philosophie*, a.a.O., S. 1330-1358 (Bd. 6), hier: S. 1330.

[99] Vgl. Müller-Sievers, H.: „Verstümmelung. Schiller, Fichte, Humboldt und die Genealogie des Masochismus". In: Schings, H.-J. (Hrsg.): *Der ganze Mensch. Anthropologie und Literatur im 18. Jahrhundert. DFG-Symposion 1992*. Stuttgart 1994. S. 284-297, hier: S. 285-286.

[100] Trabant, J.: *Apeliotes oder Der Sinn der Sprache. Wilhelm von Humboldts Sprach-Bild.* München 1986, hier: S. 88.

[101] Ebd.

telbar die nach dessen möglicherweise weitreichender inhaltlichen Bedeutung und konstruierten sprachtheoretischen Relevanz.[102] Interessant ist vor allem die systematische Qualität, *die die Sprache* gewinnt, kennzeichnet man sie als ‚Organismus‘. Nun ist die Einsicht in die Falschheit der Aussage, die Prädikation, die Sprache „ist ein organisches Wesen" (IV 10), könne etwa so gelesen werden, als ob die Sprache eine Art organisches ‚Eigenleben‘ im Sinne einer prinzipiell ablösbaren, körperlichen Existenz führen könne, trivial. Vielmehr ist das Lebendige des Vollzugs des Sprachlichen der Garant dafür, daß die Sprache nur im konkreten Akt als Lebendiges auftritt. In diesem lebendigen Auftreten verweist die Sprache durch ihre Qualifizierung als Lebendes auf den inneren Organisationszusammenhang der Sprache, der ihr als Organismus aus sich selbst heraus zukommt. Auch der ‚Organismus‘-Begriff erweist sich damit als reflexiv und ist im Grunde schon Humboldts Format, das den gleichen ontologischen Charakter aufweist wie das aristotelische Vorbild. Die ‚Organismus‘-Konzeption der Sprache soll sagen (und das ist ihre wesentliche Funktion bei Humboldt), daß wir uns mit der Sprache prinzipiell immer schon im Bereich des Lebendigen befinden, sie ist also als Format, als Ausmessung des Gültigkeitsbereichs, mit dem φύσις-Begriff aristotelischer Provenienz analog. Die Konzeption deutet aber auch auf die innere Kohärenz des Wesenszusammenhangs der Sprache hin, und greift damit, wenn auch nur auf struktureller Ebene, auf das Relevanzmuster zurück, das dem εἶδος-Begriff kommensurabel ist. Humboldt radikalisiert das Motiv der inneren Organisation dadurch, daß er behauptet, nichts im Organismus Sprache habe *nicht* diese innere Struktur, denn sie (die Sprache) sei ein „vollständig durchgeführter Organismus" (VII 97). Ohne innere Organisation, ohne selbstreflexive Struktur, ist der Organismus nicht denkbar.

Bedeutsamer noch für die Frage der Gültigkeit Humboldtscher Theoriebildung zur Sprache als die inhaltlichen Aspekte des ‚Organismus‘-Konzeptes ist also die Problematik, ob Termini – wie beispielsweise eben der des ‚Organismus‘ – als Metaphern bezeichnet werden können und wenn ja, in welcher Weise. Für den hier angesprochenen Begriff scheint dies in der Humboldt-Forschung kaum mehr eine strittige Frage zu sein. Für D. Di Cesare ist die Metapher eine conditio sine qua non und eine Selbstverständlichkeit Humboldtscher Argumentationsstrategie. So läßt

---

[102] Hier sei auf die angegebene Literatur verwiesen. Vgl. über die hier bereits angesprochenen Beiträge hinaus auch die ausführlichere Studie von H. Schmidt: *Die lebendige Sprache. Zur Entstehung des Organismuskonzepts.* Berlin 1986 und die dortige Literaturliste S. 124-138.

sich das Wesen der Sprache „nur metaphorisch erfassen"[103]: „Die Metapher"[104], so Di Cesare, „die traditionell unter dem Vorwurf der Dunkelheit und Unbestimmtheit von der wissenschaftlichen Rede ferngehalten wird, findet hier Anerkennung aufgrund ihres grundlegenden heuristischen Werts"[105]. Dies leuchtet unter dem angeführten Gesichtspunkt der Zweckmäßigkeit wissenschaftlicher Begriffsbildung durchaus ein, und die metaphorische Schreibweise scheint auch besonders gut dem Theorieangebot Humboldtschen Sprachdenkens zu entsprechen:

> „Daß über die Sprache nur *metaphorisch* gesprochen werden soll, ist eine im Kontext eines epistemologischen Arguments zustandegekommene Überzeugung, die die Vergegenständlichung der Sprache in Frage stellt. Humboldt hält sie sein ganzes Werk hindurch aufrecht. Gerade dieser Überzeugung und der mit ihr eng verbundenen Suche nach immer neuen Metaphern ist die von ihm geleistete große Bereicherung des sprachwissenschaftlichen Wortschatzes zu verdanken. Aber die Metaphern sind und bleiben Humboldt Metaphern. Nie konvergiert ihr Prädikationszusammenhang endgültig zu dem eines Fachterminus"[106].

Nun ist es keine Frage, daß Metaphern in der wissenschaftlichen Theoriebildung vor allem auch des 19. Jahrhunderts und eben auch in der Sprachwissenschaft eine wichtige Rolle gespielt haben. Ebenfalls elementar ist Di Cesares Hinweis, daß Humboldt hier keine Formierung von Fachtermini modernen Zuschnitts betrieben hat. Aber bereits diese Eingrenzung muß stutzig machen, denn wenn dies wirklich der Fall ist, muß Skepsis darüber bleiben, ob Humboldts theoretische Entwicklungsstrategie überhaupt mit solch moderner und erst in ‚jüngerer' Zeit dermaßen populärer wissenschaftlicher Begrifflichkeit, wie sie die ‚Metapher' in diesem Fall zweifelsohne darstellt, identifizierbar ist. H. Schmidt hat über zehn Bereiche (Metaphernfelder) differenziert, aus denen die Sprachwissenschaft im 19. Jahrhundert Entlehnungen entnommen hat. Solche „gern genutzte Metaphernspender (...) sind z.B. Anatomie, Bauhandwerk und Mechanik, Biologie, Chemie und Physik, aber auch Ethik und Ästhetik"[107]. Systematisch ist besonders der erkenntniserschließen-

---

[103] Di Cesare, D.: „Einleitung". In: Humboldt, W. v.: *Über die Verschiedenheit des menschlichen Sprachbaues und ihren Einfluß auf die geistige Entwicklung des Menschengeschlechts. Hrsg. von D. Di Cesare.* Paderborn u.a. 1998. S. 11-128, hier: S. 29.

[104] Ebd.

[105] Di Cesare, „Einleitung", a.a.O., S. 29-30.

[106] Di Cesare, „Einleitung", a.a.O., S. 30.

[107] Schmidt, H.: „Zum Metapherngebrauch in deutschen sprachwissenschaftlichen Texten des 19. Jahrhunderts". In: Schlieben-Lange, B. u.a. (Hrsg.): *Europäische Sprachwissenschaft um 1800. Methodologische und historiographische Beiträge zum Umkreis der ‚idéologie'. Bd. 1. Eine Vortragsreihe im Rahmen des DFG-Projektes ‚Ideologenrezeption'.* Münster

de Wert von Metaphern zu berücksichtigen, denn „metaphorische Formulierungen dienen zunächst der vorläufigen Annäherung an einen nur unzureichend erfaßten Forschungsgegenstand. Sie verdecken und bezeichnen ungelöste Probleme. Das Ausweichen in den Metapherngebrauch kann als Indikator für den noch ungenügenden Reifegrad eines Forschungsprozesses dienen"[108]. Spätestens jetzt müßten endgültig deutliche Zweifel an dem Metaphern-Schreiber Humboldt auftauchen, denn die Probleme, z.B. auch zum Wesen der Sprache, erscheinen im Konzept des Tegeler Philosophen ja gar nicht so dermaßen ungelöst, wie die Metaphern-Verwendung dies zu suggerieren scheint. Noch einmal H. Schmidt: „Metaphern lösen mehr oder weniger vage Vorstellungen aus, die ihre besondere Prägung aus der Spannung zwischen dem gewählten Bildausdruck (Sprache als ‚Tätigkeit', ‚Werkzeug', ‚Organismus', ‚System') und unserem unvollkommenen Vorwissen über den Gegenstand des Bildes (also der Sprache) gewinnen"[109]. So ist laut Schmidt beispielsweise die ‚Anatomie der Sprache' für Schlegel, Bopp, Humboldt und Grimm ein „gängiges Klischee"[110]. Dies scheint richtig und wiederum auch nicht. Natürlich ist die Verwendung im 19. Jahrhundert gängig, jedoch allein die Unterschiedlichkeit der vier Positionen macht deutlich, daß das Klischee in sehr unterschiedlicher Art und Weise aufgenommen und verarbeitet werden kann. So weist K. H. Rensch darauf hin, daß beispielsweise „der Organismusbegriff bei *Grimm* und *Bopp* (...) biologisch zu verstehen" sei, wogegen „das Organismusverständnis *Wilhelm von Humboldts* (...) fast eine direkte Umkehrung dessen, was *Bopp* und *Grimm* lehrten, ist (Umst., U.W.). Er (Humboldt, U.W.) glaubt, daß die Sprache, nachdem sich ihre äußere Gestalt gefestigt hat, sich durch die ihr eigene Kraft im Innern immer feiner ausbildet, ohne daß diesem Prozeß eine zeitliche Grenze gesetzt ist. Die Metapher menschlicher Körper – Sprachkörper gilt bei *Wilhelm von Humboldt* nicht mehr uneingeschränkt. Sein Organismusbegriff trägt ausgesprochen aristotelische Züge. Er begreift den Sprachorganismus als einen Organismus *sui generis* mit einem ihm spezifischen Fortschreiten zur Selbstvollendung, die zwar in der Natur eine Parallele findet, nicht aber allgemein das Spezifikum le-

---

1989. S. 203-227, hier: S. 208. – Vgl. auch Schmidt, H.: „Sprachwissenschaftliche Metaphorik bei Wilhelm von Humboldt und Jacob Grimm". In: Spreu, A. und Bondzio, W. (Hrsg.): *Humboldt-Grimm-Konferenz. Berlin, 22.-25. Oktober 1985.* Berlin (DDR) 1986. S. 49-64.

[108] Schmidt, „Zum Metapherngebrauch", a.a.O., S. 204-205.

[109] Schmidt, „Zum Metapherngebrauch", a.a.O., S. 205.

[110] Schmidt, „Zum Metapherngebrauch", a.a.O., S. 213.

bender Körper darstellt"[111]. Solche Differenzierungen machen deutlich, welche Deutungsindifferenz damit verbunden sein kann, bestimmte Metaphernbildungen als Theoriegenerierung für einen bestimmten Zeitraum der Wissenschaftsgeschichte pauschal anzunehmen: Die vermuteten Erscheinungen der ‚Klischeeisierung' und der ‚Vagheit' von Begriffen sind damit mindestens so sehr rezeptionsgeschichtliche Phänomene wie sie in der urprünglichen Verwendung der Begriffe selbst gesucht werden können. Hilfreich in dieser Hinsicht ist die Metaphern-Definition, die J. Gessinger vorschlägt: „Metaphern sind eine besondere Form des anschauenden Denkens – oder einer sprachlichen Extension der Sinne und in gewissen theoretischen Kontexten deshalb nicht ersetzbar, weil sie die notwendige Versinnlichung des Gegenstandes garantieren (Herv. aufg., U.W.)"[112]. Sieht man von der zuletzt genannten instrumentellen Bestimmung einmal ab, besticht an Gessingers Argument vor allem die weitreichende Feststellung, Metaphern seien eine besondere Art des Denkens. Hiermit ist also weit mehr gemeint, als der bildhafte Gebrauch erklärender Ausdrücke und die Behauptung semantischer Illustration ein und desselben Terminus durch verschiedene Kontexte hindurch.

Das gewählte Beispiel macht die Problematik deutlich: Der Terminus ‚Organismus' wird in der Literatur weitgehend einhellig als Humboldts zentrale sprachtheoretische Metapher gehandelt. So spricht W. Neumann davon, daß

> „‚Organismus' und ‚Organ' sowie die in ihnen ablaufenden ‚Verfahren' als neue Metaphern auftreten (Umst., U.W.), um die inneren Wechselbeziehungen, die Ganzheit und die zweckorientierte Funktionalität der Sprache begrifflich fassen zu können. Dabei bleibt er (Humboldt, U.W.) von Übertreibungen dieser Metaphorik, bei denen sich der Bildgehalt als Leitvorstellung für die Zuschreibung weiterer biomorpher Eigenschaften an den Gegenstand äußert, in den entscheidenden Grundgedanken frei, obgleich individualisierende, subjektivierende, quasi personifizierende Redeweisen über die Sprache vorkommen"[113].

D. Di Cesare stellt fest, daß nicht nur „für Humboldt die Sprache ein organisches Ganzes"[114] ist, sondern betont auch den metaphorischen Grund-

---

[111] Rensch, „Organismus", a.a.O., S. 73-74.

[112] Gessinger, J.: „Metaphern in der Wissenschaftssprache". In: Bungarten, T. (Hrsg.): *Beiträge zur Fachsprachenforschung. Sprache in Wissenschaft und Technik, Wirtschaft und Rechtswesen (Bd.1)*. Tostedt 1992. S. 29-56, hier: S. 45.

[113] Neumann, W.: „Zeichen und Organismus. Beobachtungen zum Wechsel eines Denkmusters in der deutschen Sprachwissenschaft des 19. Jahrhunderts". In: *Beiträge zur Erforschung der deutschen Sprache*, 4.Bd. (1984), S. 5-38, hier: S. 22.

[114] Di Cesare, „Einleitung", a.a.O., S. 57.

charakter dieser Aussage: „Die Verbindung, die Humboldt zwischen sprachlichem und lebendigem Organismus herstellt, ist streng metaphorisch und hat nur eine veranschaulichende Rolle"[115]. Hinter diese klare Gültigkeits-Beschränkung sprachtheoretischer Begriffsbildung bei Humboldt, die Di Cesare des öfteren wiederholt[116], muß m.E. ein Fragezeichen gemacht werden. Ich werde versuchen, dies an einem anderen Beitrag zum Thema deutlich zu machen, und zwar an dem von H. Ivo *Warum über Sprache metaphorisch reden? Zum Wissenschaftstheoretischen Status eines Metaphernfeldes in der* Kawi-Einleitung[117]. In der Kritik an diesem zweifelsohne aufschlußreichen Beitrag kann deutlich werden, warum die Metaphern-Zuschreibung zumindest defizitär, wahrscheinlich jedoch alles in allem irreführend ist, und welchen weitergehenden Geltungsanspruch Humboldt demgegenüber möglicherweise seiner eigenen wissenschaftlichen Begrifflichkeit beimißt.

Seine Untersuchungsperspektive kennzeichnet Ivo zunächst als eine „didaktische: Sie lautet: Welche Idee von Sprache kann oder soll als *bildungsrelevant* gelten?"[118]. Ivo fragt also nach dem bildungstheoretischen Gewicht von Humboldts Sprachdenken und bietet die zunächst schnell evidente These an, daß mit der Verwendung von Metaphern Reflexionsräume erschlossen werden, die die Identifizierung eines spezifischen Sprachverständnisses zulassen:

> „Wenn nämlich im metaphorischen Reden über Sprache die Räume skizziert werden, in denen Sprache zum Thema des Nachdenkens wird; wenn es darüber hinaus Hinweise enthält, wie diese Denkräume strukturiert werden; wenn schließlich das Nachdenken über Sprache um eine überschaubare Zahl solcher Metaphern kreist (oder sich einige wenige als wiederkehrend und somit als zentrale Metaphern erweisen), so wäre mit der Thematisierung des metaphorischen Redens über Sprache in Sprachwissenschaft und Sprachphilosophie eine Meta-Ebene gewonnen, die die Formulierung von Kriterien für die Entscheidung ermöglicht, welches Verständnis von Sprache als bildungsrelevant gelten soll"[119].

Auf der Suche nach dieser Metaebene, die damit gleichsam als bildungs- und sprachtheoretische Metasprache fungieren soll, kritisiert Ivo zutref-

---

[115] Di Cesare, „Einleitung", a.a.O., S. 58.

[116] Vgl. z.B. Di Cesare, „Einleitung", a.a.O., S. 99, S. 103.

[117] Ivo, H.: „Warum über Sprache metaphorisch reden? Zum wissenschaftstheoretischen Status eines Metaphernfeldes in der Kawi-Einleitung". In: Scharf, *Wilhelm von Humboldts Sprachdenken*, a.a.O., S. 81-108.

[118] Ivo, „Warum über Sprache metaphorisch reden?", a.a.O., S. 81.

[119] Ebd.

fend eine Argumentationsperspektive von Sprache, die sich jeweils „als die allein wesentliche"[120] ausgibt. Die Nivellierung solcher Totalisierungen, die Ivo auch aus der Metaphern-Untersuchung gewinnt, hat eine ihrer möglichen Fundierungen in der potentiellen Bildung von Metaphern*feldern*, denn in diesen erweist sich, „daß die Interaktionsprozesse innerhalb der einzelnen Metaphern von den sie umgebenden Metaphern *interpunktierend* mitgesteuert werden und daß ebenso die Reflexionsräume sich wechselseitig mit bestimmen"[121]. Und die Wechselseitigkeit solcher Argumentations- bzw. Reflexionsräume ist – wie sich gezeigt hat – in der Tat bei Humboldt nicht nur zu beobachten, sondern konstitutiv. Ich werde später auf diesen Terminus der *Reflexionsräume* zurückgreifen, weil er mir im Hinblick auf das rekonstruktive Verfahren der Erinnerungsarbeit zur Humboldtschen Sprachtheorie besonders produktiv zu sein scheint. Vor allem die von Ivo konstatierte Identifikation des ‚Feldcharakters' der Metaphern-Verwendung hilft, die einzelnen Termini einander zuzuordnen und in Reflexionsräumen zu gruppieren, wenn auch der Charakter der Gruppierung nicht – wie von Ivo angenommen – inhaltlicher, sondern eher sprachtheoretischer Natur sein müßte.

Zurück zum engeren Argumentationskontext Ivos. Sein Ansatz hat als Theorie-Hintergrund die Metaphern-Theorie M. Blacks. Schon deswegen fällt für ihn ein äußerst reduzierter Metaphernbegriff selbstverständlich aus:

> „In der gegenwärtigen Metaphern-Diskussion wird üblicherweise ein Traditionsstrang angenommen, in dem der Metapher ein vorwiegend oder ausschließlich ornamentaler Charakter zugeschrieben wird. Ihren Platz hat sie darum in der Poetik und Rhetorik. Der Weg zum begrifflichen Denken, vom Mythos zum Logos, ist in dieser Tradition immer auch der Weg von der Metapher zum Begriff. Max Black gehört zu den Kritikern dieser Denktradition. Er betont mögliche kreative und produktive Aspekte von Metaphern"[122].

Black, so Ivo weiter, „hebt die Parallelität im Funktionieren von metaphorischen Ausdrücken und wissenschaftlich interessanten Modellen hervor"[123]. In dieser Sicht sind „die einzelnen Sprachmetaphern (...) untergetauchte Modelle"[124] wissenschaftlicher Theoriebildung, und erhalten damit einen Status, der weit über eine bloß ‚ornamentale' Metaphern-Verwendung hinausgeht. Die kreativen und produktiven Aspekte dieser

---

[120] Ivo, „Warum über Sprache metaphorisch reden?", a.a.O., S. 82.

[121] Ivo, „Warum über Sprache metaphorisch reden?", a.a.O., S. 97.

[122] Ivo, „Warum über Sprache metaphorisch reden?", a.a.O., S. 84.

[123] Ivo, „Warum über Sprache metaphorisch reden?", a.a.O., S. 86.

[124] Ivo, „Warum über Sprache metaphorisch reden?", a.a.O., S. 89.

Einsicht und damit auch der verwendeten Metaphern Humboldts, die in einem so verstandenen Sinne Modelle darstellen (können), sieht Ivo nun beispielsweise in der Form verwirklicht, wie in den zentralen Passagen der *Kawi-Einleitung* mit Hilfe von Metaphern Theorie-Bildung betrieben wird. Er bestimmt zunächst „Sprache ist Werkzeug"[125] als „erste Ausgangsmetapher"[126], sodann „Sprache als Organ"[127] als „zweite Ausgangsmetapher"[128] und schließlich „Sprache ist ein Organismus"[129] als „Zielmetapher"[130]. Schon dieses Splitting jedoch verkennt (wie der allzu wichtig und letztlich doch noch zu gegenständlich genommene ‚Werkzeug'-Terminus) die Charakterisierung der Sprache als Organismus bei Humboldt, denn die Konstruktion von Ausgangs- und Zielmetaphern läßt sich in Humboldts Argumentationsweg nur mit erheblichem Text- und Theorieabstand überhaupt nachvollziehen. So bleibt Ivos vierfache Sortierung der Bezüge des Sprachorganismus als dessen Verhältnis „zur Intellektualität, der Sozietät, zum Weltbezug und zur Geschichte des Menschen"[131] zwar auf dem Hintergrund der differenzierten Kenntnisse des Autors zur Humboldtschen Sprach- und Bildungstheorie einleuchtend (aus letzterer heraus sogar geradezu drängend), die Ergebnisse sind jedoch kaum bzw. nicht zwingend auf die vorher ausgeführte Diskussion zur Metaphern-Theorie und -Praxis zurückzuführen. Oder anders gesagt: An Ivos Argumentation stimmt so ziemlich alles[132], bis auf die zugrundeliegende Hauptthese, daß es sich bei zentralen Termini Humboldts überhaupt um Metaphern in einem modernen wissenschaftlichen

---

125 Ivo, „Warum über Sprache metaphorisch reden?", a.a.O., S. 90.

126 Ebd.

127 Ivo, „Warum über Sprache metaphorisch reden?", a.a.O., S. 92.

128 Ebd.

129 Ivo, „Warum über Sprache metaphorisch reden?", a.a.O., S. 93.

130 Ebd.

131 Ivo, „Warum über Sprache metaphorisch reden?", a.a.O., S. 96.

132 Die Stärke von Ivos Überlegungen liegt vor allem auch auf der Ebene der Textbeobachtung. So ist es z.B. durchaus erhellend, daß „die Schlüsselmetaphern in der Sprachphilosophie Humboldts konzentrisch um jene Aussagen angeordnet sind, die von ihm (Humboldt, U.W.) als irrig, falsch oder unzulänglich abgelehnt werden (Umst., U.W.)" (Ivo, „Warum über Sprache metaphorisch reden?", a.a.O., S. 89). Interessant ist auch die Aufschlüsselung der Genese von ‚Metaphern'-Feldern: „Humboldt weist mit solchen Überlegungen also nicht die Vorstellung, Sprache sei ein Instrument, überhaupt zurück (er hält vielmehr an dieser Metapher fest), sondern organisiert, mit Black gesprochen, die Interaktion der Implikationszusammenhänge von ‚Werkzeug' und ‚Sprache' neu und anders. Und er organisiert diese Interaktion neu und anders, indem er 1) in negatorischen Formulierungen bestimmte Merkmalsbewegungen ausdrücklich ausschließt und indem er 2) die Ausgangsmetapher ‚Sprache ist Werkzeug' auf eine zweite Metapher (und diese dann auf weitere) bezieht. So entsteht ein Metaphernfeld" (S. 91-92).

Verständnis handeln könnte. Durch diese wissenschaftsgeschichtliche Perspektivenkrümmung werden Ivo auch Behauptungen möglich, die bereits als von Grund auf problematisch identifiziert werden mußten: „Sprache, *gegenständlich aufgefaßt* (Herv., U.W.), versteht Humboldt als Organismus"[133]. Wenn der Satz von ‚Ergon' und ‚Energeia' im Humboldtschen Sprachdenken jemals eine Funktion hatte, dann die, solche Auffassungen auszuschließen. Vielmehr muß gelten: die Vergegenständlichung der Sprache (als so aufgefaßtes ‚Ergon') ist gerade nicht möglich, weil sie ein Organismus ist. Und damit gibt es auch keine autonome – ontologisch qualifizierte – Metaebene der Sprache, weil ihr eigener Charakter dies grundständig verhindert. Sie ist diese Metaebene immer gleich mit, oder *ist* gar nicht.

So bleibt vorderhand das Problem produktiven Mißverstehens Humboldtschen Sprachdenkens, das sich an der Interpretation des Terminus ‚Organismus' so gut entzünden und erkennen läßt. T. Borsche formuliert dies so:

> „An der (...) Paradoxie, daß man auch den Organismus einer ‚toten' Sprache ‚physiologisch' betrachten müsse, wird klar, daß die Anwendung des Ausdrucks vom physiologischen Wirken auf geistige Kräfte in der Tat mißverständlich sein kann. Die Sprache kann nur in einer bestimmten Hinsicht als ein Organismus betrachtet werden. Denn ihr ‚Organismus' hat keine reale Existenz in der Natur, sondern nur eine ideale Existenz als ein Moment in der Aktualität (Energeia) der Rede"[134].

Da der Begriff der Sprache als Organismus jedoch am Schnittpunkt von Aktualität und Nicht-Aktualität angesiedelt ist, Aktualität indes immer Existenz des Realen im konkret Zeitlichen bedeutet, bietet die ontologische Qualifizierung des real Existierenden prinzipiell *keine* ausreichende Definitionsbasis für Humboldts ‚Organismus'-Begriff – weder im positiven, noch im negativen Fall. Damit ist auch jedwede Metaphern-Attribution zumindest äußerst brüchig, und zwar einerseits deswegen, weil stets unklar bleibt, auf welcher ontologischen Ebene ihr Argumentations- und Geltungswert letztlich zu agieren vermag, andererseits, weil sowohl im Fall einer Metaphern-Attribution als auch im Fall der Nicht-Zuschreibung einer solchen Identifikation die eigentlichen Probleme des Wesens der Sprache und ihre Auffassung noch gar nicht erreicht sind. Die ‚Organismus'-Konzeption der Sprache hat ihre Bedeutung vielmehr auf einer völlig anderen, einer ontologischen Ebene; sie hält die Sprache als Ganzes

---

[133] Ivo, „Warum über Sprache metaphorisch reden?", a.a.O., S. 95.
[134] Borsche, *Sprachansichten*, a.a.O., S. 220.

im Bereich des Lebendigen[135], womit erst die Sprache „in ihrem wirklichen Wesen aufgefasst" (VII 45), also schlechthin und ohne Abstriche, angesprochen und aufgedeckt ist: „Es ist", wie J. Trabant es formuliert, „der
Sinn der Sprache selbst, der gegen die Behandlung als ‚todtes Geripe'
aufbegehrt"[136]. Humboldt teilt mit, wie wir dieses Aufbegehren zu verstehen haben: als ontologische Unmißverständlichkeit im Hinblick auf
den Geltungsanspruch sprachtheoretischen Denkens, das sich immer
schon im Bezugsrahmen des Lebendigen aufzuhalten hat – nicht mehr,
und nicht weniger; aber immerhin genau.

Diese Beobachtung ist von entscheidender wissenschaftstheoretischer
Relevanz. R. Zymner hat in seiner Erklärung dessen, was eine ‚Metapher'
ausmache, neben einer Auflistung der zentralen Metaphern-Theorien vor
allem auf den aristotelischen Ursprung des Metaphern-Begriffs hingewiesen. Zunächst die Übersicht:

> „Die Sprache wird in diesen Ausdrücken einfach *anders* als gewöhnlich ver-
> wendet, eben metaphorisch. Wie ist diese Einschätzung zu erklären und was
> heißt das überhaupt? Hierauf finden sich im wesentlichen drei Antworten,
> die der sogenannten Substitutionstheorie, die der Vergleichstheorie und die
> der Interaktionstheorie"[137].

Zur Klärung der Theorien sei auf die differenzierten Ausführungen Zym-
ners zum Thema verwiesen.[138] Interessant ist für den hiesigen Zusammenhang vor allem seine systematisch-historische Fundierung der gängi-
gen Substitutionstheorie:

> „Mit ‚Substitutionstheorie' bezeichne ich die Auffassung, daß ein Ausdruck
> oder Wort, das einen Gegenstand vertritt, durch einen anderen Ausdruck, der

---

[135] Dieses Humboldtsche Postulat hat sich in seiner trivialisierten Form bis ins 20. Jahrhundert hinein gehalten, wie F. Mauthner weiß: „Jedenfalls hat das Wort *organisch* seine bild-
liche Kraft so weit eingebüßt, daß man es für einen klaren Begriff hält und es überall da
anwendet, wo man sonst ungefähr *lebendig* gesagt hat" (Mauthner, „organisch", a.a.O., S.
225). Und das Stichwort abschließend merkt er – fast prophetisch – an: „Das Wort *Zweck*
gehört der Gemeinsprache an, das Wort *Organismus* wird aus der Sprache der Halbbil-
dung lange nicht verschwinden" (S. 231). – Zur Verwendung des Terminus ‚Organismus'
bei Steinthal vgl. Ringmacher, M.: *Organismus der Sprachidee. H. Steinthals Weg von
Humboldt zu Humboldt.* Paderborn u.a. 1996. S. 151.

[136] Trabant, *Apeliotes*, a.a.O., S. 206.

[137] Zymner, R.: *Uneigentlichkeit. Studien zur Semantik und Geschichte der Parabel.* Paderborn u.a. 1991. S. 33.

[138] Vgl. Zymner, *Uneigentlichkeit*, a.a.O., S. 32-45. – Zymner weist dort u.a. darauf hin, daß
die mit der ‚Substitutionstheorie' verbundenen Schwierigkeiten „auch nicht durch die sogenannte Vergleichstheorie ausgeräumt" (S. 35) werden. Beide, „Substitutions- und Vergleichstheorie geben sicherlich nützliche Formulierungshilfen, entscheidende Fragen
klären sie (...) allerdings nicht" (Zymner, *Uneigentlichkeit*, a.a.O., S. 36).

einen Gegenstand vertritt, nach Maßgabe noch zu erläuternder Beziehungen zwischen den Gegenständen, ersetzt wird. (...) Im Kern geht diese Theorie auf Aristoteles zurück. (...) Es heißt in seiner ‚Poetik‘: (...)

Die Metapher ist die Übertragung eines fremden Wortes.

[μεταφορὰ δέ ἐστιν ὀνόματος ἀλλοτρίου ἐπιφορὰ]

Aristoteles unterscheidet dort außerdem vier Arten der Übertragung: (1) von der Gattung auf die Art, (2) von der Art auf die Gattung, (3) von der Art auf die Art und (4) gemäß Analogie. Es ist schon häufig darauf hingewiesen worden, daß Aristoteles lediglich mit der vierten Art der Übertragung die Metapher im engeren Sinne bezeichnet, mit den Typen 1-3 hingegen andere Formen der tropischen Substitution wie Synekdoche und Metonymie“[139].

Es ist nun der Charakter des wichtigsten, des vierten Übertragungszusammenhangs ‚Analogie‘, daß dieser „Ähnlichkeit (i.S.v. Merkmalsgleichheit) durch Relationsgleichheit“[140] meint. Bei der Analyse dessen, wie genau dieser Übertragungszusammenhang, also die Relation, nun zu bestimmen ist, kommt Zymner wie Aristoteles zu einem äußerst zurückgenommenen, ja durchweg skeptischen Urteil, denn es kann kaum festgestellt werden, „worin genau die Ähnlichkeit“[141] in einem analogischen Übertragungszusammenhang, wie dem hier skizzierten, überhaupt besteht.[142] Aristoteles kommt daher bezüglich dieses grundlegenden und zentralen Erklärungsmusters der ‚Metapher‘ im 2. Kapitel des sechsten Buches der *Topik* zu einem – für den Kontext wissenschaftlicher Theoriebildung – vernichtenden Urteil: [139b] „Jede Metapher ist undeutlich“[143]. Und sie bleibt immer ein dem Gegen-

---

139 Zymner, *Uneigentlichkeit*, a.a.O., S. 33-34.

140 Zymner, *Uneigentlichkeit*, a.a.O., S. 34.

141 Zymner, *Uneigentlichkeit*, a.a.O., S. 35.

142 Zymner formulierte seine Kritik der Ungenauigkeit der Metapher u.a. folgendermaßen: „Ähnlichkeit läßt immer Abstufungen zu. Es ist immer die Frage, in welcher Hinsicht sich ein X und ein Y ähnlich sein sollen. Ohne die Fixierung dieser ‚Hinsicht der Ähnlichkeit‘ macht die Behauptung der Ähnlichkeit keinen Sinn. (...) Genau diese Fixierung der Ähnlichkeit fehlt dem metaphorischen Ausdruck“ (Zymner, *Uneigentlichkeit*, a.a.O., S. 37).

143 Aristoteles: *Topik. Übersetzt von E. Rolfes*. In: ders.: *Philosophische Schriften in sechs Bänden. Bd. 2*. Darmstadt 1995. S. 1-206, hier: S. 126. – Dieses Problem der konstitutiven Ungenauigkeit der Metapher kann auch (gerade) nicht durch eine Modifikation bzw. Ausweitung des ‚Metaphern‘-Begriffs bearbeitet werden, worauf Zymner u.a. in bezug auf H. Weinrichs ‚Metaphern‘-Konzeption verweist: „Weinrichs Auffassung von der Metapher als Verbindung von Wort und Kontext geht sogar so weit, daß er ganze Texte als Metaphern betrachtet. So vertritt er z.B. in der ‚Bochumer Diskussion über die Metapher‘ die Ansicht, daß ein ganzes Sonett eine Metapher sein könne, ‚insofern das ganze Sonett konterdeterminierender Kontext für das eine Metaphernwort ist‘ [...]. Das ist jedoch eine Überstrapazierung des Kontextes, die den Terminus ‚Metapher‘ faktisch unbrauchbar macht“ (Zymner, *Uneigentlichkeit*, a.a.O., S. 41).

stand fremdes Wort. Beide Charakteristika konnten für Humboldts ‚Organismus'-Begriff aber bereits explizit ausgeschlossen werden, und zwar mit Hilfe der Einsicht, daß der Terminus in einem aristotelischer Ontologie verantworteten Theoriekontext eine spezifische Stellung einnimmt, der dem φύσις-Begriff in entscheidenden Merkmalen kommensurabel ist.

Scheidet jedoch die letztlich wissenschaftspositivistische Marginalisierung zentraler sprachtheoretischer Termini Humboldts als ‚Metapher' (also im engeren Sinne die Behauptung einer Verwendung ‚uneigentlicher' bzw. übertragener für ‚eigentliche' Bezeichnungen[144]) für die Bestimmung dessen aus, welchen Gültigkeitsgrad Humboldtsche Begriffsbildung als Wissenschaftsentwicklung behaupten will und kann, muß davon ausgegangen werden, daß Humboldt hier ein originäres Geltungskonzept vorstellt, das die oben genannten Reduzierungen gerade nicht aufweist. Diesem nachzugehen würde einer eigenen ausführlichen Untersuchung bedürfen, die hier nicht im einzelnen durchgeführt werden kann. Ich denke aber, daß diese sich u.a. an dem Wahrheitsbehauptungsmuster orientieren müßte, das ich in Kap. 4 ebenfalls anhand des ‚Organismus'-Begriffes aufgewiesen habe und das in der *Geschichte des Verfalls und Unterganges der Griechischen Freistaaten* von Humboldt mit dem ‚Symbol'-Begriff verknüpft wird:

> „Der Begriff des Symbols wird nicht immer richtig gefasst, und oft mit dem der Allegorie verwechselt. In beiden wird allerdings eine unsichtbare Idee in einer sichtbaren Gestalt ausgedrückt, aber in beiden auf sehr verschiedene Weise. Wenn die Griechen den Bacchus nach Flügeln (III. 19,6. Paus.) zubenannten, den Mars in Fesseln bildeten, so waren dies allegorische Vorstellungen, und ebenfalls eine solche war die Ephesische Diana. Denn es war eine deutlich gedachte Idee willkührlich an ein Bild geknüpft. Hingegen Bacchus und Venus selbst, der Schlaf, den Musen als Liebling beigesellt (Paus. II. 31,5) und so viele andre Gestalten des Alterthums sind wahre und eigentliche Symbole" (III 216-217).

Es geht somit bei der ‚Symbolisierung' als Vorgang nicht einfach darum, ein Bestimmtes zu seiner Verdeutlichung als etwas anderes zu sagen, also um eine ἀλληγορία im wörtlichen Sinne. In der Allegorie ist die gedachte Idee lediglich willkürlich an ein erklärendes Bild geknüpft. Beim ‚wahren

---

[144] Es sei daran erinnert, daß sich J. Assmann bei der Entwicklung seines Konzepts des ‚Kulturellen Gedächtnisses' am „Begriff des kollektiven Gedächtnisses" (Assmann, J.: *Das kulturelle Gedächtnis. Schrift, Erinnerung und politische Identität in frühen Hochkulturen*. München [2., durchges. Aufl.] 1997. S. 47) von M. Halbwachs orientiert hat, der ebenfalls gegen die Marginalisierung seiner zentralen Begrifflichkeit als Metapher opponiert habe. Das kollektive Gedächtnis ist laut Assmann bei Halbwachs „gerade *keine* Metapher, da es ihm (Halbwachs, U.W.) ja auf den Nachweis ankommt, daß auch die individuellen Erinnerungen ein soziales Phänomen sind" (ebd.). Vgl. Kap. 3.2.1.

und eigentlichen Symbol' hingegen ist diese Verknüpfung ebensowenig beliebig, wie es die daraus resultierende Bedeutung ist. Dem Symbol ist seine Bedeutung vielmehr gegenstandskonstitutiv, es ist kein Bild für etwas anderes, kein allegorisches Zeichen, sondern bedeutungskonstituierende Idealität. Damit ist klar, daß beispielsweise der Begriff des Organismus nicht ausschließlich durch seine illustrierende und explizierende Erklärungsproduktivität (und damit wesentlich als Metapher), die er in spezifischen Kontexten entfaltet, begründet und erklärt werden kann. Dies war – so die notwendig zu ziehende Konsequenz der Allegorie-Symbol-Alternative in der ‚Verfallsgeschichte' – eben *nicht* Humboldts Vorstellung des Organismus-Begriffs. Er ist kein bildlicher Ausdruck im Sinne einer Übertragung oder eines Vergleichs, die Sprache ist nicht *wie* ein Organismus, sie *ist* ein Organismus im unbedingten Sinne eines erst erkenntnis- und letztlich dann auch sprachtheoretisch fundierten Wahrheitsbegriffes, der einer Weltkonstitution in der Sprache entsprechend einer semiotischen Synthesis verantwortlich ist. Humboldt hat seine wissenschaftliche Begrifflichkeit (das ist das, was seine Rezeption so schwierig macht) immer genau so gemeint, wie er sie gesagt hat. Um dies jedoch zu erkennen, ist es notwendig, mit den Begriffen gleich immer auch deren theoretisches Bezugssystem zu rezipieren und zu rekonstruieren. In einem solchen Bezugssystem nimmt der ‚Organismus'-Begriff eine Rolle ein, die weit über die explikative Bebilderung sprachtheoretischer Grundannahmen hinausgeht. Wie bei den begrifflichen Eckpfeilern der aristotelischen Ontologie ist dieser Terminus Humboldts und sind auch andere immer schon der systematische Zusammenhang im Kern, den sie selbstreflexiv zu erläutern suchen.

Die Reflexionsräume, die Humboldt in dieser Hinsicht auftut, sind somit wesentlich theoretischer Natur. Sie bilden semantische Räume insofern, als in ihnen die Bedeutungskonstitution des Wesens der Sprache nicht nur ontologisch ausgemessen und strukturell dokumentiert wird, sondern auch kontinuierlich problematisch bleiben kann. Man erkennt diese Räume an der für sie grundlegenden Einheit von Bedeutung und Reflexion, eine Einheit, die die aristotelische und die humboldtsche Konzeption aufs engste miteinander verknüpfen.

11.2 Lexikon: Elemente einer Praxis semantischer Theorie

Ich möchte im folgenden sechs der Reflexionsräume, in denen Weltentstehung sprachtheoretisch begründet und aufgedeckt wird, aufschlüsseln und anhand der zentralen Termini ausweisen. Die Beobachtung, die dem Projekt der Verwandlung der Welt in Sprache zugrunde liegt, ist, daß diese Reflexionsräume der Ontologie des Aristoteles denen der Sprachtheorie Humboldts nicht nur parallel liegen, sondern offensichtlich auch durch korrespondierende Begriffe getragen werden.

Um das aristotelische Lexikon von Humboldts Sprachtheorie zu ermitteln, werden im folgenden die zentralen Abschnitte der *Kawi-Einleitung* auf den Seiten 41-72 der *Akademie-Ausgabe* ausgewertet: *Uebergang zur näheren Betrachtung der Sprache, Form der Sprachen, Natur und Beschaffenheit der Sprache überhaupt, Lautsystem der Sprachen. Natur des articulirten Lautes*, und *Lautsystem der Sprachen. Lautveränderungen.* Dabei ist zu berücksichtigen: *Jede* Auswertung des Lexikons eines Textes, also seines terminologischen Bestands, geschieht unter jeweils anderen und spezifischen Bedingungen und Kriterien. Die hier vorgenommene Auswertung der folgenden und eben keiner anderen Begriffe läßt somit ebenfalls jederzeit ihr Erkenntnisinteresse bemerken, aristotelische und humboldtsche Begrifflichkeit übereinanderzulegen. Die Probleme der Konzeption und Durchführung der Textauswertung bleiben somit bewußt auffällig. Es sind zweifelsohne auch andere Auswertungsformen und -kriterien denkbar und texterschließend, immer jedoch setzt eine solche Textbearbeitung ein charakteristisches Muster voraus, unter dem Humboldts Sprachtheorie gesehen wird. Die ausführliche Auswertung von H. Gipper und H. Schwarz im *Bibliographischen Handbuch zur Sprachinhaltsforschung*[145] ist hierfür ein gutes Beispiel. Mit hoher Einsicht in die von Humboldt besonders herausgearbeiteten Termini findet sich hier zwar ein präzises Nachschlagewerk mit prinzipiell wenig Lücken, das nichtsdestotrotz aber weder die Eigenheiten einer Untersuchung auf der Grundlage des aristotelischen Begriffsrasters berücksichtigt noch die Termini an allen Stellen in ihrer Häufigkeit vollständig vermerkt. Dies hat Konsequenzen, denn immer sind – wie G. Stötzel es formuliert – „die einzelnen sprachlichen Daten (...) Belege für die realitätskonstitutive Kraft der Sprache"[146]. Dies zeigt sich in solcher Textarbeit ganz besonders.

---

[145] Gipper, H. und Schwarz, H.: *Bibliographisches Handbuch zur Sprachinhaltsforschung. Teil 1: Schrifttum zur Sprachinhaltsforschung in alphabetischer Folge nach Verfassern.* Köln, Opladen 1966, S. 1175-1209.

[146] Stötzel, G.: „Einleitung". In: ders./Wengeler, M. (Hrsg.): *Kontroverse Begriffe.* Berlin 1995, S. 1-17, hier: S. 13. – Die hier formulierte Einsicht in die „Konstitution von Wirklichkeit durch (...) Sprachgebrauch" (S. 12) zeigt, wie sehr gerade eine gezielte „Auswahl des Sprachmaterials" (S. 10) und dessen methodische Begrenzung notwendig ist, um zur „Erkenntnis (...) wichtiger Erscheinungen und Themenbereiche zu kommen" (S. 10). Die hier von Stötzel vorgenommene Focussierung dieses methodischen Repertoires auf die

Ich werde zunächst das ausgewertete Wortmaterial zusammenstellen und eine Auswahl davon anschließend in sechs Reflexionsräumen klassifizieren. Zusammenstellung und Klassifikation erfolgten einerseits unter dem Gesichtspunkt, zentrale Termini Humboldtscher Theoriebildung aufzudecken, und andererseits danach, welche dieser Termini eine Verknüpfung zur aristotelischen Ontologie-Konzeption (in unterschiedlicher Intensität und Reichweite) nahelegen.

Die Auswertung ergab für 186 ausgewählte Termini die folgende Häufung und damit das nachstehende Lexikon[147]:

A

Act	46, 55, 56, 60, 63
Aehnlichkeiten	48, 51
Analogie, analog	44, 59, 60, 61, 71
Arbeit	46, 46, 46, 47, 47, 49, 62
äußere, äußerlich	42, 52, 53, 54, 54, 46, 57, 59, 60, 61, 66

B

Begriff	48, 43, 48, 48, 49, 49, 50, 50, 50, 51, 51, 52, 53, 55, 57, 59, 59, 60, 63, 71, 71
Begriff der Form	50
Bestimmung	45
Bewegung	49, 54, 66, 66
Bezeichnung	44, 51, 71
Bildung	47, 59, 69
bildend	53, 64

C

D

Drang	48, 65, 47, 47, 65, 66
dynamisch	65

E

Eidos	*keine Nennung*
Eine	51
Einer	45

Analyse des öffentlichen Sprachgebrauchs der Gegenwart ist daher nicht nur konstitutiv für die von ihm genannten Untersuchungsbereiche, sondern betrifft die Frage der semantischen Kontextuierung, Konstituierung und Untersuchung des Sprachlichen insgesamt. In der Auflösung von vermeintlich Kohärentem in der Sprache und ihren Begriffsmustern schafft eine prinzipiell „offene Struktur von Themensektoren" (S. 3) den Raum für eine Untersuchung von semantischen Feldern, die das Textverständnis erweitern und die die originäre Struktur ihrer begrifflichen Entwicklung aufdecken.

[147] Termini, die sich vor oder nach der angegebenen Textpassage befinden, wurden in Klammern gesetzt.

M

Materie	*keine Nennung*
Methode	50, 62
Möglichkeit	43, 57, 57, 64, 67

N

Natur	3, 50, 51, 52, 52, 53, 56, 57, 58, 60, 61, 61, 61, 61, 61, 62, 63, 64, 64, 65, 65, 65, 66, 66, 68, 72
Naturstand	60, 61
natürlich	71

O

Organ	53
Organe	66, 67, 71
organisch	45, 71, 71, 71
Organismus	52

P

Poesis	*keine Nennung*
Praxis	*keine Nennung*
Princip	42, 42, 43, 52, 52, 53, 65, 71

Q

R

Rede	46, 51, 53, 53, 55, 56, 61, 63, 67, 67, 70
Redender	66
Redefügung	49, 51

S

Sache selbst, die	42
Satz	43
Schöpfung, schöpferisch	42, 42
Seele	56, 57, 57, 58, 59, 60, 60, 61, 61, 63, 63, 65, 66
Sprache	41, 42, 42, 42, 42, 42, 42, 42, 42, 42, 42, 43, 43, 43, 43, 43, 44, 44, 45, 45, 45, 46, 46, 46, 46, 47, 47, 47, 48, 48, 48, 48, 49, 49, 49, 49, 49, 49, 49, 50, 50, 50, 50, 50, 50, 51, 51, 51, 51, 51, 52, 52, 52, 52, 52, 53, 53, 53, 53, 53, 53, 54, 54, 55, 55, 55, 55, 55, 55, 56, 56, 56, 56, 57, 57, 57, 57, 58, 58, 58, 59, 59, 59, 59, 59, 60, 60, 60, 60, 60, 60, 60, 60, 60, 60, 60, 60, 60, 61, 61, 61, 61, 61, 61, 62, 62, 62, 62, 62, 62, 62, 62, 63, 63, 63, 63, 63, 63, 63, 64, 64, 64, 64, 64, 64, 64, 65, 65, 65, 65, 66, 66, 68, 69, 69, 69, 70, 70, 70, 70, 70, 71, 71, 72, 72

Komposita von Sprache

Sprachähnlichkeiten	51
Sprachansicht	60

Z

Zeichen	58
Ziel	44
Zwecke	47, 47, 49, 50, 54
Komposita von Zweck	
Sprachzweck	(85), (115), (251)
Sprachzweck, innerer	(83)

Soweit Humboldts sprachtheoretisches Lexikon in den zentralen Passagen der *Kawi-Einleitung* unter dem Gesichtspunkt, die aristotelische Herkunft oder zumindest den aristotelischen Theoriekontext der wichtigsten Termini hervortreten zu lassen.

Ich werde im folgenden nun den Versuch unternehmen, die Termini nach sechs Reflexionsräumen zu gruppieren bzw. zu klassifizieren. Dabei ist es ebenso problemlos möglich, daß ein Terminus in mehreren dieser Reflexionsräume eine – durchaus auch unterschiedliche, ja gegensätzliche – systematische Rolle spielt, wie daß noch weitere Termini zu den Räumen dazugehören, die hier nicht aufgeführt sind. Selbst die hier mit sechs projektierte Anzahl der Reflexionsräume ist keineswegs bindend und die Räume sind nach vielen Seiten hin offen, gehen ineinander über und explizieren sich gegenseitig. Alles dies sind allerdings Essentials, die nach der Lektüre der aristotelischen Metaphysik nun kaum noch überraschen können. Trotzdem sind hier wie dort eindeutige theoretische Zentren zu erkennen, die unmißverständlich die Erkenntnis- und die Wesens-Thematisierung von (sprachlicher) Wirklichkeit zu leisten vermögen.

Ein Reflexionsraum ist den sechs hier identifizierten dabei vor-, einer ist ihnen nachgeordnet. Diese beiden haben fundierenden bzw. kontextuierenden Charakter, gehören aber gleichwohl konstitutiv zur Klärung des Humboldtschen Sprachbegriffes hinzu. Sie bieten den Rahmen, in dem die zentralen sechs Räume theoretischer Auseinandersetzung bestehen können, und sind in der folgenden Auflistung mit römischen Ziffern gekennzeichnet:

(I) Der erste von beiden betrifft die bereits anhand des ‚Organismus'-Terminus explizierte Kennzeichnung, daß wir uns im Bereich des Sprachlichen immer schon im Geltungsraum des Lebendigen aufhalten. Er soll daher mit dem Begriff ‚Geltungsraum des Sprachlichen' bezeichnet werden, steckt das Terrain der theoretischen Argumentation ab und gibt die grundlegenden Hinweise auf dessen innere Struktur. Er ist anhand der folgenden Termini ausgemessen: Aehnlichkeiten, Analogie, analog, Geltung, Gewebe, Leben, lebendig, Natur, Naturzustand, natürlich, Organ, Organe, organisch, *Organismus*, Sprachähnlichkeiten, Verbindung, verbunden, vergleichen, vergleichende, Vergleichung, Verknüpfung, System.

In diesem Rahmen also bewegen sich die sechs folgenden Reflexionsräume, die den theoretischen Kern der Wesensproblematik der Sprache erörtern:

(1) Der erste Reflexionsraum ist der des ‚Stoffs der Sprache'. Er bezeichnet alles, was – in funktional-relationalem Sinne – Material für die Generierung des Sprachlichen betrifft. Er deckt das theoretische Spektrum ab, das Aristoteles in seiner Ontologie in dem Begriff der ὕλη kondensiert hat. Folgende Termini des Humboldtschen Sprachdenkens sind mindestens darauf gerichtet: Eindrücke (sinnliche), Empfinden, Empfindung, Empfindungsvermögen, Empfindungsweise, Geistesbewegung (selbstthätige), Geisteserzeugnisse, Intellectualität, intellectuell, die Sache selbst, Seele, Sprachelemente, Sprachwerkzeuge, *Stoff*, Unendlichkeit, unendlich, Vorstellung, Vorstellungsart, Vorstellungsweise.

(2) Der zweite Reflexionsraum ist der der ‚Gestalt der Sprache'. Er bezeichnet alles, was die äußerliche Form bzw. Gestalt des Sprachlichen betrifft. Er deckt das theoretische Spektrum ab, das Aristoteles in seiner Ontologie in dem Begriff der μορφή demonstriert hat. Folgende Termini des Humboldtschen Sprachdenkens sind mindestens darauf gerichtet: äußere, äußerlich, Form, Formen, Formung, Umformung, *Gestalt*, identisch, Innigkeit, Laut, Laut-Analogie, Lautform, Lautgewohnheit, Laut-Mannigfaltigkeit, Lautorgane, Lautsystem, Lautumformung, Lautveränderungen, Lautverbindungen, Lautverfahren, Lautverknüpfung, Hauptlaut, logisch, Methode, Satz, Sprachbau, Sprachgestaltung, Sprachstamm, Sprachstämme, Sprachen, Sprachform, *Sprachform (äußere)*, ‚Substanz'.

(3) Der dritte Reflexionsraum ist der der ‚inneren Struktur der Sprache'. Er bezeichnet alles, was den unbedingten Grund für, die innere Formation des und die normative Festlegung als eines (jeweils) Sprachlichen ausmacht. Er deckt das theoretische Spektrum ab, das Aristoteles in seiner Ontologie in dem Begriff des εἶδος rekonstruiert hat. Folgende Termini des Humboldtschen Sprachdenkens sind mindestens darauf gerichtet: Begriff der Form, Formung, Umformung, umgeformt, Geistesform, Gesetzmäßigkeit, identisch, innere, innerlich, Innern, Innigkeit, Methode, Princip, Sprachbau, Sprachgesetze (innere), Sprachsinn, Sprachstamm, Sprachform, *Sprachform (innere)*, ‚Substanz', Sprachzweck (innere), Thätigkeit, Selbstthätigkeit, Geistesthätigkeit, Verfahren.

(4) Der vierte Reflexionsraum ist der der ‚Bildung der Sprache'. Er bezeichnet alles, was den Entwicklungsprozeß des Sprachlichen betrifft und was die Gründe für die Bildung des Sprachlichen in inhaltsunab-

hängiger Weise zu erklären sucht. Er deckt die theoretische Spannbreite ab, die Aristoteles in seiner Doppelkonstruktion von δύναμις
und ἐνέργεια zu begründen sucht und die im Entwicklungscharakter
der ἐντελέχεια ἀτελής ihren strukturellen Charakter offenlegt. Er bildet in gewisser Hinsicht eine bemerkenswerte Ausnahme, weil Humboldt hier die aristotelische Argumentation in einem wichtigen, noch
näher zu bestimmenden Punkt qualitativ gerade nicht erreichen kann.
In der spezifischen Analyse des Reflexionsraumes wird hierauf näher
eingegangen. Folgende Termini des Humboldtschen Sprachdenkens
sind mindestens darauf gerichtet: Arbeit, Bewegung, Bildung, bildend,
Drang, dynamisch, Energeia, energisch, Entwicklung, entwickeln, Ergon, Gebrauch, Genesis, genetisch, Kraft, Kraftäußerung, Denkkraft,
Geisteskraft, Vorstellungskraft, Methode, Möglichkeit, Schöpfung,
schöpferisch, Sprachbildung, Spracherzeugung, Sprachfähigkeit,
Sprachkraft, Sprachvermögen, Sprachwerkzeuge, Streben, Thätigkeit,
Selbstthätigkeit, Geistesthätigkeit, Ursache, Veränderung, veränderlich, Verfahren, vermögen, Vermögen, Verschiedenheit, Verschmelzung, Werk, Werkzeug, wirklich, Wirklichkeit, Wirkungen, Wirken,
bewirken, Einwirkung, einwirken, Zwecke.

(5) Der fünfte Reflexionsraum ist der des ‚Akts der Sprache'. Er bezeichnet alles, was die konkrete Realisierung des Sprachlichen im
Horizont der inneren Struktur der Sprache kennzeichnet. Er deckt
das theoretische Spektrum ab, das Aristoteles in seiner Ontologie in
dem Begriff der ἐντελέχεια entwickelt hat. Folgende Termini des
Humboldtschen Sprachdenkens sind mindestens darauf gerichtet:
Act, Begriff, Bezeichnung, Bestimmung, Einer, Einheit, Eins, erschei-
nen, Erscheinung, erzeugend, Erzeugung, Erzeugtes, erzeugt,
Erzeugnis, Gegenstand, Geisteserzeugnisse, Existenz, Gebrauch, exi-
stiert, Formung, Handeln, Handlung, hervorbringen, Hervorbrin-
gung, Rede, Redender, Redefügung, Schöpfung, schöpferisch,
Sprachansicht, Spracherzeugung, Sprachmittheilung, Sprechen, (der)
Sprechende, Stimme, Stimmwerkzeug, Synthesis, Verschmelzung,
Vervollständigung, Vollkommenheit, *Vollendung*, vollendet, Zeichen,
Ziel.

(6) Der sechste und letzte Reflexionsraum ist der des ‚Wesens der Sprache' selbst. Er bezeichnet alles, was das Wesen der Sprache direkt thematisiert. Er deckt das theoretische Spektrum ab, das Aristoteles in
seiner Ontologie in dem Begriff der οὐσία erkennbar macht, und
nimmt innerhalb einer Ordnung der sechs Räume die zentrale heuristische Stellung ein. Er ist Zielraum aller sprachtheoretischen Argumentation. Folgende Termini des Humboldtschen Sprachdenkens

sind direkt darauf gerichtet: Gebrauch, ideal, Sprache, [alle Komposita von] Sprache, System, Sprachsystem, Ursache, Urteil, beurteilend, wahr, Wahrheit, wahrhaft, *Wesen*, *Wesenheit*, wesentlich, Sprachzweck.

So weit eine mögliche Zusammenstellung der konzeptrelevanten Termini in einem Klassifikationsschema, das auf den zentralen Parametern aristotelischer Ontologie beruht. Hinzuzufügen ist – in Ergänzung des ‚Geltungsraums des Sprachlichen‘ – ein zweiter Raum mit fundierender und kontextuierender theoretischer Disposition:

(II) Dieser ist auf den Charakter der ‚Sprachuntersuchung‘ schlechthin gerichtet. Die Sprachuntersuchung ist dem Wesen der Sprache immer schon implizit und deswegen keine von der Reflexion des Gegenstandes Sprache abzutrennende Größe, sondern interdependiert mit diesem auf der ganzen Strecke ihrer Entwicklung. Folgende Termini des Humboldtschen Sprachdenkens lassen diese Ebene der Reflexion u.a. erkennen: Analogie, Bildung, Erzeugung, Gegenstand, Geltung, Methode, Sprachähnlichkeiten, Sprachbau, Sprachforschung, Sprachstudium, *Sprachuntersuchung*, Sprachzergliederung, Verfahren, Vergleichung, Verschiedenheit.

Entscheidendes Charakteristikum der Reflexionsräume war ihre Einheit von Bedeutungskonstituierung und Reflexion. Sie erheben den Anspruch, daß die in ihnen rekonstruierten Aspekte und Aussagen geltende Bestimmungen über die Sprache und ihr Wesen und damit über die Bedingungen der Möglichkeit von Erkenntnis überhaupt sind. Sie lassen erkennen, daß die Verwandlung der Welt in Sprache nicht nur sprach- bzw. erkenntnistheoretische Identifikation der Wirklichkeitskonstituierung und ihres Vollzuges ist, sondern daß das theoretische Fundament dieses Vorgangs anzeigt, daß ebenfalls die Wirklichkeitskonzeption schlechthin in den Bereich des Sprachlichen überführt wird.

11.3 Überleitung

Besser als jede Untersuchung vereinzelter Termini und der hier unternommene Versuch einer lexikalischen Analyse kann jedoch eine weiterführende theoretische Rekonstruktion der einzelnen Reflexionsräume deren argumentativen Zusammenhang aufweisen. Gleichermaßen ist damit das Verwandlungsprojekt in seinem Doppelcharakter von Erinnerungsleistung und archäologischem Verfahren, wie dies im 3. Kap. *Humboldt-Archäologie* dezidiert entwickelt wurde, angesprochen: Nicht nur gruppieren sich die Reflexionsräume Humboldts eben um ihren aristotelischen Kern, es gilt auch M. Foucaults Einsicht, „daß die Geschichte eines Begriffs nicht alles in allem die seiner fortschreitenden Verfeinerung, seiner ständig wachsenden Rationalität, seines Abstraktionsanstiegs ist, sondern die seiner verschiedenen Konstitutions- und Gültigkeitsfelder, die seiner aufeinander folgenden Gebrauchsregeln, der vielfältigen theoretischen Milieus, in denen sich seine Herausarbeitung vollzogen und vollendet hat"[148]. In *Humboldts Verwandlung: Die Welt der Sprache* wird daher nun die Argumentation im einzelnen aufgefächert, gleichsam die hier virulenten Gültigkeitsfelder der Begriffe und deren aktuelles theoretisches Milieu demaskiert und somit der Vollzug einer Verwandlung der Welt in Sprache vorgeführt. So erst wird die grundlegende These von Humboldts Aristoteles-Projekt, die durch die Untersuchung des dementsprechenden *Formats* bislang ,nur' als plausibel gelten kann, in sprachtheoretischer Hinsicht zwingend.

---

[148] Foucault, M.: *Archäologie des Wissens*, Frankfurt am Main (6. Aufl.) 1994. S. 11.

12. Humboldts Verwandlung: Die Welt der Sprache

Im folgenden werden die sprachtheoretischen Reflexionsräume Humboldts, die sich auf die zentralen Motive und Begriffe der aristotelischen Ontologie berufen, differenziert untersucht und detailliert dargestellt.

12.1 Der Stoff der Sprache

Mit dem ‚Stoff der Sprache' bezeichnet Humboldt *alles* das, was – in funktional-relationalem Sinne – die materiale Seite für die Generierung sprachlicher Wirklichkeit betrifft, und deckt damit das theoretische Spektrum ab, das in der aristotelischen Ontologie mit Hilfe des Begriffs der ὕλη verstanden wird. In auffälliger Korrespondenz zu dem aristotelischen Konzept führt Humboldt wiederholt aus, daß dieser Stoff der Sprache gerade nichts Konkretes und damit auch nichts direkt Identifizierbares ist. Er ist an sich unbestimmt und unerkennbar. Statt des Charakteristikums der aktualen Ganzheit und damit der Abgetrenntheit im raum-zeitlichen Sinne ist daher vielmehr die Kontinuität seiner prinzipiellen Vorhandenheit ausschlaggebend und kennzeichnend:

> „Denn die Sprache kann ja nicht als ein da liegender, in seinem Ganzen übersehbarer oder nach und nach mittheilbarer Stoff, sondern muss als ein sich ewig erzeugender angesehen werden, wo die Gesetze der Erzeugung bestimmt sind, aber der Umfang und gewissermassen auch die Art des Erzeugnisses gänzlich unbestimmt bleiben" (VII 57-58).

Mit dem ersten Teil des Satzes bis zum Terminus ‚Stoff' hat Humboldt eigentlich schon alles gesagt, was den Stoff der Sprache ausmacht. Weder liegt er als ganzer da, noch ist er als solcher übersehbar, noch teilt er sich nach und nach mit oder wäre gar mitteil*bar*. Ihm fehlen demnach die ontologischen Kriterien *Ganzheit, Endlichkeit* und *Zeitlichkeit*. Jede weitere Explikation Humboldts ist nun primär eine Erklärung und Untermauerung dieser drei Negativ-Bestimmungen. Die inhaltliche Beschreibung steht nicht nur nicht im Vordergrund, sie ist von Grund auf unmöglich oder bestenfalls hypothetisch und wird daher bewußt und systematisch ausgeblendet: die inhaltliche Indifferenz des Stoffes an sich ist konstitutiv für seinen ontologischen Rang.

Trotz dieser Indifferenz auf der inhaltlich-konkreten Ebene ist in theoretischer Hinsicht eine Gliederung dieses begrifflichen Konzeptes durchaus möglich. Als auf den ersten Blick plastischste aller möglichen Bestimmungen erscheint die folgende Erläuterung, die in gewisser Weise eine Art Eröffnungsklausel in Humboldts theoretischen Reflexionsraum ,Stoff' darzustellen vermag:

> „Der wirkliche Stoff der Sprache ist auf der einen Seite der Laut überhaupt, auf der andren die Gesammtheit der sinnlichen Eindrücke und selbstthätigen Geistesbewegungen, welche der Bildung des Begriffs mit Hülfe der Sprache vorausgehen" (VII 49).

Das Material als Stoff der Sprache gewinnt also seinen ontologischen Wert – wie das aristotelische Vorbild auch – nur als Komplementärbegriff, denn das eigentliche Ziel sprachontologischer Synthesis ist – da läßt Humboldt keinen Zweifel – die Bildung der Begriffe. Alles rein Stoffliche ist diesem Prozeß der Begriffsbildung – und damit dem eigentlichen Konstitutionsakt der Sprache – in systematischer Hinsicht prinzipiell vorgängig. Humboldt, der dieses Vorgängige theoretisch aufsucht, überrascht zunächst damit, daß ausgerechnet der Laut ein Aspekt des Stofflichen sein soll, stellt man sich doch gerade den Laut als konkret und damit nicht als ontologisch erst einmal optionales Kontinuum vor. Aber Humboldt spricht absichtsvoll vom ,Laut überhaupt' und meint damit das Lautliche als konstitutive Bedingung für Begriffsbildung. Im Lautlichen ,überhaupt' ist noch gar nichts als solches geschehen, aber ohne es als Voraussetzung geschieht auch in erkenntnistheoretischer Hinsicht beim Konstitutionsakt des Sprachlichen nichts. Das Lautliche ,überhaupt' sichert, daß der Laut als Konkretes eintreten kann.

Demgegenüber fällt es schon einfacher, die ,Gesammtheit der sinnlichen Eindrücke und selbstthätigen Geistesbewegungen' als Stoff der Sprache zu identifizieren. Aber auch hier ist nicht die konkrete Inhaltsebene eben dieser Geistesbewegungen angesprochen, sondern der erkenntnistheoretische Apparat wird identifiziert, der notwendig ist, um die Inhalte des Denkens aufzunehmen und bereitzustellen. Daß hier ,sinnliche' Eindrücke gemeint sind, verweist auf die Praxis des Erkennens im Hinblick auf die Referenzobjekte der Wirklichkeit der Dingwelt. Dabei ist jedoch die ,Gesammtheit der sinnlichen Eindrücke', also wiederum die Ebene der Problembeschreibung angesprochen und nicht das Ergebnis einer Materialanalyse des einzelnen Stofflichen. Das über den Stoffbegriff als einzeln Angenommene ist nur insofern Stoff der Sprache, als es durch seine Referenz-Funktion sinnliche Wahrnehmung im Raum der Reflexion bereitstellt. Diese Einsicht ist zentral für Humboldts sprachliche Erkenntnistheorie, denn die Dinge der Welt sind für den idealistischen Kantianer in der Tat nur in ihrem Charakter als Teil des Erkenntnisprozesses zugänglich und auch nur in dieser Rolle sind sie am Konstitutionsakt der Sprache unmittelbar beteiligt. Die Welt der Dinge selbst ist demnach nur sehr mittelbar überhaupt Stoff der Sprache, sie wird im Erkennen erst Teil der Welt der Sprache. Damit wird ein anderes Problem, das sich in der genannten Textpassage gleich mit verbirgt, treffend kommentiert: Daß die Geistesbewegungen hier als ‚selbstthätig‘ charakterisiert werden, darf nämlich umgekehrt über deren stoffliche Disposition im Wesenszusammenhang der Sprache nicht hinwegtäuschen. Als Vorgänge des Denkens sind sie in der Tat selbsttätig, aber diese Selbsttätigkeit ist keine autonome, sie ist stets eine Rückwirkung der Tatsache, daß sich die Bewegung des Geistes immer schon ausschließlich sprachlich zu vollziehen vermag – zumindest dann, ist sie auf die Konstitution von begrifflicher Wirklichkeit gerichtet. Humboldt löst mit seiner Verknüpfung des Stoff-Begriffes mit dem des Geistes die aristotelische Vorstellung ein, daß jedweder Stoff die ontologische Bürgschaft von Wirklichkeit überhaupt ist. Im Wesenszusammenhang der Sprache kennzeichnet das Attribut ‚selbsttätig‘, daß dies eine kontinuierliche ontologische Bestimmung ist und keinesfalls zeitlicher oder anderer Art von Begrenzung unterliegt.

Der Stoff der Sprache als dem Konstitutionsakt systematisch vorgängig ist damit trotzdem Teil der sprachlichen Wesensdefinition und zwar insofern, als der Konstitutionsakt ohne dieses ihm Vorgängige sowohl sinnlos als auch unmöglich wäre. Wie Aristoteles hat auch Humboldt selbst einige – dem Gegenstand durchaus adäquate – Schwierigkeiten, diese paradox anmutende Konstruktion nicht nur zu begründen, sondern auch als solche widerspruchsfrei argumentativ darzulegen. Hier wie dort gewinnt sie systematische (Selbst-)Verständlichkeit und argumentative Anschaulichkeit nur in der Tatsache, daß mit dem begrifflichen Konzept des ‚Stoffes‘ keine losgelöste Entität beschrieben wird, sondern immer gleich auch dessen Charakter als Relationsbegriff zum Konzept der ‚Form‘ mit angesprochen ist, denn

> „der Form steht freilich ein Stoff gegenüber; um aber den Stoff der Sprachform zu finden, muss man über die Grenzen der Sprache hinausgehen. Innerhalb derselben lässt sich etwas nur beziehungsweise gegen etwas andres als Stoff betrachten, z. B. die Grundwörter in Beziehung auf die Declination. In andren Beziehungen aber wird, was hier Stoff ist, wieder als Form erkannt" (VII 49).

Die ‚Gränzen der Sprache‘ faßt Humboldt hier einmal sehr eng, um deutlich zu machen, daß die Sprache zwar ein autonomes, aber dennoch kein

sich ausschließlich selbst genügendes System ist. Ohne die Referenzobjekte der Dingwelt ist der Stoff der Sprache nicht denkbar, aber *denkbar*
wird er erst im Raum des Sprachlichen.

Humboldt nennt für die Stoff-Form-Relation an dieser Stelle eine mögliche Interpretation, die rezeptionsgeschichtlich besondere Wirkung gewonnen hat: die Wörter, das Lexikon, bilden den Stoff für die Deklinati-
on, die Grammatik der Sprache als Regelsystem sprachlicher Ordnung.
Und in der Tat verwendet Humboldt des öfteren diesen Relationszusam-
menhang zur Veranschaulichung der Bildung des Sprachlichen. Er ist aber
nicht so bestimmend (wenn auch unmittelbar einsichtig), wie die Rezeption dies des häufigeren glauben machen will. Humboldt verwendet das
Banale vorderhand zur Erklärung des Wesentlichen. Er will vor allem
festhalten:

> „Absolut betrachtet, kann es innerhalb der Sprache keinen ungeformten Stoff
> geben, da alles in ihr auf einen bestimmten Zweck, den Gedankenausdruck,
> gerichtet ist, und diese Arbeit schon bei ihrem ersten Element, dem articulir-
> ten Laute, beginnt, der ja eben durch Formung zum articulirten wird" (VII
> 49).

Wie es also einen Stoff, der nicht der Form unterworfen ist, konkret ebensowenig geben kann, wie ein Bestimmtes, das vormals Form zu einem
Stoff war, nun durchaus wiederum den Stoff für eine Form abgeben kann
(Humboldt übernimmt hier lückenlos das Konzept des aristotelischen
Vorbilds), erhält der Stoff seine konstitutive Stellung vor allem durch seine Veränderungsbestimmung auf den Zweck der Sprache hin. Dieser
Zweck des Gedankenausdrucks findet seine sprachliche Komponente in
der Artikulation. Die Artikulation beschreibt den Charakter des Lauts,
wenn er geformter Stoff ist: der ‚artikulierte Laut‘ ist der ‚Stoff‘, nachdem
er durch die Form gegangen ist, der ‚Laut überhaupt‘ demgegenüber die
theoretische Annahme, daß dieser Vorgang (sprachontologisch) möglich
ist.

All dies findet seinen Niederschlag darin, daß die (einzelne) Sprache „in
ihrer Natur selbst eine Auffassung der einzelnen, im Gegensatze zu ihr als
Stoff zu betrachtenden Sprachelemente in geistiger Einheit" (VII 50) ist.
Durch diese paradoxale Dichotomie von Einzelheit und Gesamtheit, die
die Stoff-Bestimmung durchzieht, wird deren unterstellter Relationscha-
rakter zur Form erst richtig dringlich und gleichermaßen auch produktiv,
weil alsdann für schwierige sprachtheoretische Probleme Erklärungsmuster möglich werden. So z.B. für das Problem des sprachlichen Wandels:

> „Ich habe schon im Obigen (...) darauf aufmerksam gemacht, dass wir uns,
> wenn ich mich so ausdrücken darf, mit unsrem Sprachstudium durchaus in

eine geschichtliche Mitte versetzt befinden, und dass weder eine Nation noch eine Sprache unter den uns bekannten ursprünglich genannt werden kann. Da jede schon einen Stoff von früheren Geschlechtern aus uns unbekannter Vorzeit empfangen hat, so ist die, nach der obigen Erklärung, den Gedankenausdruck hervorbringende geistige Thätigkeit immer zugleich auf etwas schon Gegebenes gerichtet, nicht rein erzeugend, sondern umgestaltend" (VII 47).

Aber hier ist keine operationalisierungsfähige sprachwissenschaftliche Kategorisierung des Sprachwandels gemeint, sondern es wird der sprachtheoretische Beweis dafür erbracht, daß keine Sprache prinzipiell der anderen vorzuziehen und keine als Ursprache der anderen archetypisch vorgeschaltet ist. Humboldt kommentiert hier mit ontologischem Instrumentarium seine Skepsis gegenüber Erklärungsversuchen der Sprachursprungsfrage, die über sprachtheoretische Bestimmungen hinaus zu konkreten historischen oder nationalen Wertungen zu kommen versuchen. Solches Wandeln auf der anderen Seite der ‚Gränzlinie' ist für Humboldt Spekulation. Dies zu erkennen macht u.a. der ‚Stoff'-Charakter der Sprache deutlich, denn Aristoteles sieht in der ὕλη ja gerade keine zeitliche, sondern *die* ontologische Kategorie des Kontinuums. Viel wichtiger ist für Humboldt daher, daß „endlich (...) der überkommene Stoff nicht bloss der nemliche, sondern auch, da er selbst wieder einen gleichen Ursprung hat, ein mit der Geistesrichtung durchaus nahe verwandter" (VII 47) ist. Jede zeitweilige Operationalisierung des Stoff-Begriffs, seine zwar häufige, aber nicht unbedingt wesentlich bestimmende, streng methodologische Facette, wahrt stets den Gehalt des aristotelischen Vorbilds: „Eine Sprache kann auch aus einer fremden Wörter entlehnen und wirklich als Stoff behandeln. Aber alsdann sind dieselben dies wiederum in Beziehung auf sie, nicht an sich" (VII 49). Und weiter: „Denn es ist hier nur von aus einander entstandenen Sprachen die Rede, wo also ein wirklich gegebener Stoff (dies Wort immer, nach den obigen Erklärungen, beziehungsweise genommen) von einem Volke zum andren in bestimmter Folge, die sich jedoch nur selten genau nachweisen lässt, übergeht und umgestaltet wird" (VII 51-52). Daß der konkrete Nachweis des Prozesses einer historischen ‚Stoff'-Übergabe sprachwissenschaftlich so schwierig ist, macht schon von dieser Seite aus deutlich, daß die Begrifflichkeit des ‚Stoff'-Konzeptes hauptsächlich auf der Ebene sprachtheoretischer Reflexion angewendet werden muß. Jede Konkretisierung des ‚Stoff'-Begriffs auf spezifisches Sprachmaterial als solches ist unsinnig und auch nicht Humboldts Interesse. Er will vielmehr den sprachlichen Konstitutionsakt ontologisch untermauern und verstehen; schon von daher erweist sich die Begrenzung eines methodischen ‚Stoff'-Begriffs als notwendig: „Die gemeinsame Rede ist nie mit dem Uebergeben eines Stoffes vergleichbar. In dem Verstehen-

den, wie im Sprechenden, muss derselbe aus der eignen, innren Kraft entwickelt werden" (VII 56)[149].

Die ontologische Wertung des Stoffes konstituiert sich also vorderhand
aus den drei genannten Kriterien, die dann den Stoff der Sprache grundständig bestimmen: Erstens in seiner *Nicht-Ganzheit* als *Nicht-Einheit*,
zweitens seiner *prinzipiellen Unendlichkeit*[150], und drittens seiner *Nicht-
Zeitlichkeit als punktuellem Ereignis*. Damit ist jede gegenständliche Bestimmung des Stoffs der Sprache an sich unmöglich, der Stoff ist Ermöglichung, aber nicht Grund sprachlich verfaßter Individualität.

Die Zeitlichkeit, die Humboldt in den Zusammenhängen intendiert,
wenn er den Stoff der Sprache in einen historischen Kontext stellt (zum
Beispiel als Voraussetzung sprachlicher Veränderung), meint daher nicht
einen gegenständlich-historischen Stoff, sie meint eine – dem historischen
Apriori Foucaults vergleichbare – Option, die die Materie als prinzipiell
disponibel und damit nicht in ihrer konkreten Zeit, sondern ihrer prinzipiellen Zeitlichkeit als ontologische conditio erscheinen läßt. Damit ist der
Stoff der Sprache Humboldts wie die ὕλη des Aristoteles ἀρχὴ μεταβολῆς,
Ursprung der Veränderung aus ihrem Charakter als Kontinuum heraus. In
dieser Hinsicht firmiert das Stoffliche als Möglichkeit des Sprachlichen
und damit als Voraussetzung dafür, daß die Wirklichkeit im Sprachlichen
erst eine solche zu werden vermag. Und wie Aristoteles weiß auch Humboldt, daß alles Kontinuierliche jede Begrenzung negiert und damit immer
auch zu überschreiten sucht. Eine anthropologische Modifikation dieses
Motivs finden wir in *Ueber Göthes Herrmann und Dorothea* von 1797-98:

> „Die Empfindung hingegen, die immer von dem bestimmten Verhältniss ih-
> res Zwecks zu ihrer Begierde ausgeht, flieht alle Beschränkung, kennt nur Ei-
> nen Gegenstand, welchem alles andere weichen muss, strebt nach einseitiger
> Befriedigung, lebt in der Möglichkeit und sucht bloss Wirklichkeit" (II 228).

Die anthropologische Vergegenständlichung des Motivs täuscht – wie bei
Aristoteles' Erklärungsversuchen mit der Hilfe von Artefakten auch –

---

[149] Humboldt kennt im sprachtheoretischen Begründungszusammenhang übrigens auch einen physikalischen ‚Stoff'-Begriff: „Wie das Denken in seinen menschlichsten Beziehungen eine Sehnsucht aus dem Dunkel nach dem Licht, aus der Beschränkung nach der Unendlichkeit ist, so strömt der Laut aus der Tiefe der Brust nach aussen und findet einen
ihm wundervoll angemessenen, vermittelnden Stoff in der Luft, dem feinsten und am
leichtesten bewegbaren aller Elemente, dessen scheinbare Unkörperlichkeit dem Geiste
auch sinnlich entspricht" (VII 54).

[150] Vgl. dazu auch: „Wie aber der Stoff des Denkens und die Unendlichkeit der Verbindungen desselben niemals erschöpft werden, so kann dies ebensowenig mit der Menge des zu
Bezeichnenden und zu Verknüpfenden in der Sprache der Fall seyn" (VII 62).

über dessen ontologischen Grundcharakter hinweg. Vielmehr garantiert die ‚Stoff'-Motivik im anthropologischen wie im sprachtheoretischen Sinne, daß Veränderung überhaupt möglich wird, sie garantiert deren Ursprung. Den Platz, an dem diese im Kontinuum fundierten Veränderungen als Generierung des Sprachlichen möglich werden, stellen bei Humboldt die geistigen ‚Vorstellungen' bereit. Er hebt sie explizit von den Form-Spezifikationen der Sprache ab und schreibt ihnen als Geltungsraum das Allgemeine (das *in diesem spezifischen Kontext* als verdeckte Semantik für das Kontinuierliche fungiert) zu:

> „Die Formen mehrerer Sprachen können in einer noch allgemeineren Form zusammenkommen, und die Formen aller thun dies in der That, insofern man überall bloss von dem Allgemeinsten ausgeht: von den Verhältnissen und Beziehungen der zur Bezeichnung der Begriffe und zur Redefügung nothwendigen Vorstellungen" (VII 51).

Sie stehen damit im Bereich des Sprachlichen auf der Position des dem sprachlichen Konstitutionsakt Vorgängigen, sind aber gleichzeitig schon immer ein notwendiger Teil von diesem; sie bedeuten in erkenntnistheoretischer Hinsicht das Kontinuierliche, das der konkret-sprachlichen Wirklichkeit vorausgeht, ohne jedoch abgelöst existieren zu können; sie sind Voraussetzung und Produkt jedweder Individualität und bleiben doch – zumindest in ihren grundlegenden ‚Verhältnissen und Beziehungen untereinander' – zunächst auf das Allgemeine bzw. Überindividuelle gerichtet. Individuell ist immer nur das Konkrete; beides – individuell wie konkret – ist der ‚Stoff der Sprache' nicht. Nirgendwo sonst wird so deutlich erkennbar, daß der Stoff der Sprache ganz wesentlich Reflexionsbegriff sein muß, wie eben in Humboldts Begriff der ‚Vorstellung'.

Humboldt hat mit seinem Begriff des ‚Stoffs der Sprache' – entschieden gegen Steinthals Einschätzung, daß dieser sich hier „ganz wunderbar verirrt"[151] habe – wie an kaum einer anderen Stelle den zentralen Kern aristotelischen Denkens erkennen und für die eigene Theorieentwicklung

---

[151] Steinthal, H.: *Die Sprachwissenschaft Wilh. v. Humboldt's und die Hegel'sche Philosophie.* Berlin (Nachdruck Hildesheim/New York 1971) 1848. S. 96. – Im Zusammenhang sieht Steinthals Argumentation wie folgt aus: „Hier hat sich Humboldt ganz wunderbar verirrt. Die Frage war ja gar nicht nach dem Stoffe der Sprache überhaupt als Form oder der Sprachform, sondern nach dem Stoffe der Form der Sprache. Dieser Stoff kann nicht ausserhalb der Sprache liegen, sondern ist gerade die Sprache selbst" (S. 95-96). Allerdings schränkt Steinthal seine eigene Argumentation wiederum zutreffend so ein: „Insofern aber hat Humboldt Recht zu sagen, der Stoff der Form führe über die Sprache hinaus, als man statt der Sprachthätigkeit vielmehr die Factoren derselben, Laut und Gedanke, als Stoff der Form der Sprache bestimmt" (S. 96).

nutzen können. Der Stoff der Sprache bildet nur den argumentativen Ausgangspunkt für eine umfassende Wesensdefinition des Sprachlichen. Er drängt theoretisch unaufhörlich über sich hinaus. Dies wird deutlich, geht man nun in den zweiten der sechs Reflexionsräume über: Immer schon hat etwas – im Gegensatz zum Stoff –, wenn es etwas ist, äußere Struktur, es erscheint in der Gestalt.

12.2 Die Gestalt der Sprache

Obwohl der Begriff ‚Gestalt' in den untersuchten Zentralpassagen der *Kawi-Einleitung* nur ein einziges Mal auftaucht, benutzt Humboldt ein ganzes Konglomerat von Begriffen, um den theoretischen Raum der äußeren Struktur der Sprache zum Gegenstand der Reflexion zu machen. Vor allem die ‚Form als äußere', ‚Erscheinung', ‚Gegenstand', wiederum der ‚Laut' (diesmal in seiner gestalthaften, formgebenden Thematisierung), die ‚Sprachgestaltung', aber auch die Termini ‚Satz' und ‚Sprachbau' gehören dazu. Der Konstitution dieses Reflexionsraumes liegen damit durchgängig zwei zentrale Merkmale zugrunde, die wir bereits von Aristoteles her kennen: *Äußerlichkeit* und *Struktur*. Ich nenne die beiden Merkmale deswegen ausdrücklich und in gewisser Weise auch mit Ausschließlichkeitscharakter, weil der in diesem Zusammenhang häufig von Humboldt gleich mit erwähnte Bewegungsaspekt im eigentlichen Sinne nicht zu diesem Raum gehört; zwar ist die äußere Form häufig das Ziel sprachlicher Entwicklung bzw. Konstitution, der diesbezügliche Reflexionsraum bündelt jedoch vorderhand das, was an der Oberfläche die Struktur der Sprache jeweils aktual zu erkennen gibt. Die Analyse zeigt: Dem Kontinuum des Stoffs steht die Gestalthaftigkeit als Erscheinung ihrer Struktur gegenüber. Die μορφή des Aristoteles ist Humboldts ‚äußere Form der Sprache', sie ist – greift man auf das Bild der *Metaphysik* zurück – der Reif, der aus dem Material Erz entsteht.

Die Verwendung des Terminus ‚Gestalt' bei Humboldt läßt dieses bereits deutlich werden:

> „Da die Sprache, in welcher Gestalt man sie aufnehmen möge, immer ein geistiger Aushauch eines nationell individuellen Lebens ist, so muss beides auch bei ihr eintreffen" (VII 48).

In dieser Aussage Humboldts treffen sich geballt dessen zentrale sprachtheoretische Konstitutions-Termini (‚Sprache', ‚Gestalt', ‚Geist', ‚nationell', ‚individuell', ‚Leben') in seltener, verschiedene Reflexionsräume um-

spannender Interaktion, und sind daher ein prägnanter Aufweis dafür, wie
sehr Humboldt die unterschiedlichsten Perspektiven dieses Konstitu-
tionsprozesses stets zusammengedacht hat. Für die Klärung des Problems
‚äußere Sprachform' macht er deutlich: die Form der Sprache wird als *Gestalt* aufgenommen. Damit eröffnet Humboldt auch seine methodologische Reflexion der Sprachuntersuchung, denn die Sprache kann und muß
vorderhand durch ihre äußeren Strukturen erkannt und auch identifiziert
werden. Die äußere Sprachform ist gleichsam als Gestalt das Faßbarste
des Wesens der Sprache und firmiert daher auch stets als erster Ansatz-
punkt jeder Sprachuntersuchung.

Eine genaue Erfassung der äußeren Sprachform, der ‚Sprachgestaltung',
ist auch deswegen so wichtig, weil mit ihrer Analyse bereits wesentliche
Aussagen zu dem gemacht wurden, auf welches Fundament und auf welchen Problemhorizont die Aussagen der Sprache gerichtet sind:

> „Die Geisteseigenthümlichkeit und die Sprachgestaltung eines Volkes stehen
> in solcher Innigkeit der Verschmelzung in einander, dass, wenn die eine gege-
> ben wäre, die andre müsste vollständig aus ihr abgeleitet werden können.
> Denn die Intellectualität und die Sprache gestatten und befördern nur einan-
> der gegenseitig zusagende Formen. Die Sprache ist gleichsam die äusserliche
> Erscheinung des Geistes der Völker; ihre Sprache ist ihr Geist und ihr Geist
> ihre Sprache, man kann sich beide nie identisch genug denken" (VII 42).

Hier ist nicht nur die Sprache in ihrer äußeren Form explizit angesprochen, es ergeht auch das sprachtheoretisch zentrale Verdikt, daß diese ‚Erscheinung' immer gleich auch der ‚Geist' ist, der diese äußere Form von
innen her zum Begriff macht, ihr seine Struktur aufprägt. Aber dies ist gerade keine Prägung nach dem Muster nachträglicher Illustration des
Äußeren durch das Innere. Inneres und Äußeres sind vielmehr ihrem Wesen nach eins, es sind lediglich unterschiedliche Reflexionsaspekte ein und
desselben Geschehens angesprochen. Humboldt kommentiert diese Einheit von Innen und Außen durch die etwas befremdlich und auch überraschend wirkende Wendung des ‚nie identisch genug denken', aber sie entspricht ohne jeden Abstrich dem aristotelischen Vorbild. Die äußere Form
ist nicht die beiläufige Plakation der inneren, vielmehr sind beide in einem
Problemhorizont unterschiedliche Möglichkeiten, das Wesen der Sprache
zu erkennen und dezidiert auszulegen.

Produktiv wird der Begriff der äußeren Sprachform sprachwissenschaftlich dadurch, daß durch ihn die differenzierte Untersuchung der
Sprach*en* möglich wird. Dies kristallisiert sich vor allem im Terminus des
‚Sprachbaues' heraus, der die Struktur der äußeren Sprachform kennzeichnet:

> „Um daher verschiedne Sprachen in Bezug auf ihren charakteristischen Bau
> fruchtbar mit einander zu vergleichen, muss man der Form einer jeden der-
> selben sorgfältig nachforschen und sich auf diese Weise vergewissern, auf wel-
> che Art jede die hauptsächlichen Fragen löst, welche aller Spracherzeugung
> als Aufgaben vorliegen" (VII 45).

Der ‚Sprachbau‘ als Charakteristikum der Sprache ist somit äußerlich und
Grundlage des Vergleichenden Sprachstudiums. Da die Trennung und
auch die Integration von innerer und äußerer Sprachform, die sich an diesem Beispiel schon im zweiten Teil des Satzes andeutet, jedoch nicht immer klar zu differenzieren ist, muß jeweils genau angegeben werden, um
welche Analysekategorie es sich im spezifischen Zusammenhang gerade
handelt. Das weiß auch Humboldt, dessen folgende Warnung sowohl auf
die Verwendung des Form-Begriffs durch andere wie auf die Variationsbreite seines eigenen diesbezüglichen Konzeptes gerichtet ist:

> „Da aber dieser Ausdruck der Form in Sprachuntersuchungen in mehrfacher
> Beziehung gebraucht wird, so glaube ich ausführlicher entwickeln zu müssen,
> in welchem Sinne ich ihn hier genommen wünsche" (VII 45).

Humboldt selbst nimmt diese Differenzierung vor, indem er jeweils benennt, um welchen Form-Begriff es ihm in einem vorher bezeichneten
Zusammenhang spezifisch geht. Nicht immer ist diese Bestimmung ganz
eindeutig. Es muß angenommen werden, daß Humboldt in den Zweifels-
fällen, in denen er eine nähere Identifikation offen läßt, den Zusammenhang beider Form-Begriffe, des inneren und des äußeren, betonen will.
Für die äußere Sprachform gilt:

> „Bei dieser Beschaffenheit der Sprachen kann daher die Darstellung der Form
> irgend einer in dem hier angegebenen Sinne niemals ganz vollständig, sondern
> immer nur bis auf einen gewissen, jedoch zur Uebersicht des Ganzen genü-
> genden Grad gelingen" (VII 48).

Das heißt aber nicht, daß die Form der Sprache nicht in jedem Moment
vollständig anwesend ist, es heißt nur, daß eine Darstellung in dieser Ganzheit aus Gründen des komplexen Gegenstandes nicht möglich ist. Oder anders ausgedrückt: Wir sehen den Reif nur immer von einer bestimmten Seite, was dessen Erkenntnis jedoch nicht ausschließt, höchstens erschwert,
aber immer signalisiert, daß dieser stets in Gänze anwesend ist. Diese Ganzheit bleibt zu jedem Zeitpunkt an den einzelnen Elementen offenkundig.
    Infolgedessen verweist Humboldt u.a. darauf, daß – wie dies bei der
Untersuchung zum ‚Stoff der Sprache‘ bereits aufgefallen ist – die Trennung von Grammatik und Lexikon eine äußerst behelfsmäßige Konstruktion bleiben muß:

„Es ergiebt sich schon aus dem bisher Gesagten von selbst, dass unter Form
der Sprache hier durchaus nicht bloss die sogenannte grammatische Form
verstanden wird. Der Unterschied, welchen wir zwischen Grammatik und
Lexicon zu machen pflegen, kann nur zum praktischen Gebrauche der Erlernung der Sprachen dienen, allein der wahren Sprachforschung weder Gränze
noch Regel vorschreiben" (VII 49).

Aber für diesen praktischen Gebrauch der Erlernung der Sprachen ist die
äußere Form der Sprache unbedingt notwendig, ja sie ist der auffälligste
und auch zugänglichste Bildungsgegenstand alles Sprachlichen. Die
Grammatik ist ebenso nur Teil der äußeren Sprachform, wie auch die innere Sprachform systematische Anteile an der Grammatik hält. Nur so
bleibt die Einheit von innerer und äußerer Sprachform gewahrt. Jeder reduzierte Grammatik-Begriff ist sowohl für die äußere wie die innere
Sprachform defizitär:

„Der Begriff der Form der Sprachen dehnt sich weit über die Regeln der Redefügung und selbst über die der Wortbildung hin aus, insofern man unter
der letzteren die Anwendung gewisser allgemeiner logischer Kategorieen des
Wirkens, des Gewirkten, der Substanz, der Eigenschaft u. s. w. auf die Wurzeln und Grundwörter versteht. Er ist ganz eigentlich auf die Bildung der
Grundwörter selbst anwendbar und muss in der That möglichst auf sie angewandt werden, wenn das Wesen der Sprache wahrhaft erkennbar seyn soll"
(VII 49).

Humboldts Verdienst ist es u.a., daß er trotz dieser schwierigen sprachtheoretischen Gemengelage weder in einen sprach*philosophischen* noch einen sprach*wissenschaftlichen* Reduktionismus verfällt. So „versteht es sich
(...) von selbst, dass die reelle Beschaffenheit der Laute, um eine Vorstellung von der Form einer Sprache zu erhalten, ganz vorzugsweise beachtet
werden muss" (VII 49-50). Jeder Ausschluß der Perspektive der äußeren
Sprachform, ein Ausschluß, der in der Humboldt-Forschung direkt und
indirekt solange gepflegt wurde, ist Humboldts Sprachtheorie im
wahrsten Sinne des Wortes ‚wesensfremd': „Gleich mit dem Alphabete
beginnt die Erforschung der Form einer Sprache, und durch alle Theile
derselben hindurch wird dies als ihre hauptsächlichste Grundlage behandelt" (VII 50). Jedes Raunen über die innere Verfaßtheit des Sprachlichen,
das keine argumentative Deckung in diesbezüglichen äußeren Gestal-
tungsformen findet, lehnt Humboldt grundsätzlich ab: „Ueberhaupt wird
durch den Begriff der Form nichts Factisches und Individuelles ausgeschlossen, sondern alles nur wirklich historisch zu Begründende, so wie
das Allerindividuellste, gerade in diesen Begriff befasst und eingeschlossen" (VII 50). Gerade im Form-Begriff kondensiert sich also die Einheit
des Faktischen und des Theoretischen ebenso, wie in dem der ‚Lautform'

Humboldts zentrales sprachtheoretisches Paradigma prägnant zur Darstellung kommt: „Die Lautform ist der Ausdruck, welchen die Sprache dem Gedanken erschafft" (VII 80). Das Äußere der sprachlichen Form klagt in dieser Hinsicht seine Partizipation am erkenntnistheoretischen Prozeß ebenso ein wie es als sprachwissenschaftliche Analyse-Kategorie die Unterscheidung der Sprachen und damit den Vergleich zwischen diesen möglich macht. Sie garantiert die Identifikation von Ähnlichkeitsstrukturen bis hin zu Bildung von Gruppierungen im Hinblick auf die Sprachen, Gruppierungen, die das Merkmal unterschiedlich weitreichender Form-Verwandtschaft zur Grundlage ihrer Klassifikation heranbilden:

> „Die Identität, um dies hier im Voraus zu bemerken, so wie die Verwandtschaft der Sprachen muss auf der Identität und der Verwandtschaft ihrer Formen beruhen, da die Wirkung nur der Ursach gleich seyn kann. Die Form entscheidet daher allein, zu welchen andren eine Sprache, als stammverwandte, gehört" (VII 51).

‚Stammverwandtschaft' ist somit Ergebnis der Untersuchung des ‚Sprachbaues', eine Untersuchung, die wesentlich auf der äußeren Form der Sprache beruht. Die Form ist damit entscheidendes Klassifikationsmerkmal und als solches ist sie in methodologischer Hinsicht problemlos operationalisierbar, wenn Humboldt beispielsweise anmerkt: „Wir beschäftigen uns hier nur mit der Anwendung des eben entwickelten Begriffs der Sprachform auf stammverwandte Sprachen" (VII 51). Immer nur muß genau gesagt werden, um welchen Begriff der Form der Sprache es sich im jeweiligen Zusammenhang exakt handelt und wie die Verknüpfung zu anderen Form-Begriffen jeweils gesehen werden kann: „Bei dieser (auf die Untersuchung von Ähnlichkeiten bedachten Sprachform, U.W.) ergiebt sich nun natürlich aus dem Vorigen, dass die Form der einzelnen stammverwandten Sprachen sich in der des ganzen Stammes wiederfinden muss. Es kann in ihnen nichts enthalten seyn, was nicht mit der allgemeinen Form in Einklang stände" (VII 51). Als konstitutiv für die äußere Sprachform gilt vor allem:

> „Da der Unterschied der Sprachen auf ihrer Form beruht, und diese mit den Geistesanlagen der Nationen und der sie im Augenblicke der Erzeugung oder neuen Auffassung durchdringenden Kraft in der engsten Verbindung steht, so ist es nunmehr nothwendig, diese Begriffe mehr im Einzelnen zu entwickeln und wenigstens einige der Hauptrichtungen der Sprache näher zu verfolgen" (VII 52).

Immer also ist der Begriff der äußeren Form der Sprache Ausgangs- und Angelpunkt für weitere, über sie hinausreichende und hinausweisende

Untersuchungsperspektiven, hier beispielsweise für die ‚Geistesanlagen der Nationen‘.

Dieser theoretische Überschuß läßt sich u.a. auch an dem semantisch äußerst vielschichtigen Kompositum der ‚Lautform‘ und ähnlicher Begriffe erkennen. Sie legen einerseits einen ‚Laut‘-Begriff zugrunde, dessen äußerlicher Charakter durch den ‚Form‘-Zusatz noch einmal extra unterstrichen wird, andererseits wird mit solchen Komposita immer schon über das bloß Äußerliche der Form hinausgegangen. Plastisch zeigt das beispielsweise die folgende Verknüpfung:

> „Zwei Principe treten bei dem Nachdenken über die Sprache im Allgemeinen und der Zergliedrung der einzelnen, sich deutlich von einander absondernd, an das Licht: die Lautform und der von ihr zur Bezeichnung der Gegenstände und Verknüpfung der Gedanken gemachte Gebrauch" (VII 52).

Im Terminus des ‚Gebrauchs‘ ist einerseits das Äußerliche explizit angesprochen, andererseits ist mit dem Hinweis auf die ‚Verknüpfung der Gedanken‘ auf den inneren Vorgang rekurriert, der diesem Gebrauch erkenntnistheoretisch zugrunde liegt. Man würde den Passus indes vollkommen mißverstehen, läse man an dieser Stelle aus Humboldts Argumentation etwa eine Opposition oder gar einen gegenseitigen Ausschluß eben der Lautform einerseits und der Gedankenverknüpfung andererseits heraus. Vielmehr wird hier darauf verwiesen, wie unbedingt diese beiden Aspekte zusammengehören:

> „Dagegen ist die Lautform das eigentlich constitutive und leitende Princip der Verschiedenheit der Sprachen, sowohl an sich, als in der befördernden oder hemmenden Kraft, welche sie der inneren Sprachtendenz gegenüberstellt" (VII 52).

Mit der inneren Sprachtendenz wird nun unumwunden schon auf die in dieser Hinsicht oppositionelle ‚innere Sprachform‘, aber auch auf das Stoffliche an sich, verwiesen. Mit ‚Lautform‘ ist hier unmißverständlich die äußere Sprachform gemeint, die gerade durch ihre Gestalthaftigkeit Verschiedenheit garantiert.[152]

Ein kurzes Resümee der ‚äußeren Sprachform‘ im Zusammenhang: Aristoteles hat die μορφή, wie deutlich geworden ist, als etwas angesehen, das als äußerliche Struktur den Stoff im Konkreten aufweist. Dies reflektiert Humboldt für die Sprache in seinem Begriff der ‚äußeren Sprachform‘

---

[152] Für diese Deutung spricht auch die folgende Einschätzung Humboldts: „Es liegt dies an sich in ihrer Natur, da der körperliche, wirklich gestaltete Laut allein in Wahrheit die Sprache ausmacht, der Laut auch eine weit größere Mannigfaltigkeit der Unterschiede erlaubt, als bei der inneren Sprachform" (VII 82).

und dem durch diesen aufgeschlossenen Reflexionsraum. Die äußere
Form der Sprache darf keinesfalls auf Grammatik reduziert werden, vielmehr verweist sie zwar als Form auf die Struktur ihrer Erscheinung, in ihr
zeigt sich jedoch auch oder gerade bereits das Stoffliche (Aristoteles' Beispiel des ‚Reifes' aus der Metaphysik hat dies gezeigt). Sie ist konkrete
Strukturerscheinung, an der der Stoff erkennbar wird. Sie ist der ‚augen-
scheinliche' Komplementärbegriff zum Stoff, der diesen zur Erscheinung
bringt, sie ist äußere Struktur, in der sich das Kontinuum zeigen kann.
Aufgrund ihrer gibt es einen offensichtlichen Anhaltspunkt dafür, wie etwas als ein Bestimmtes heißen kann. Der Stoff der Sprache war auf dem
Hintergrund des aristotelischen Materiebegriffs als ontologische Option
von Veränderungsfähigkeit zu verstehen. Die äußere Form der Sprache als
Gestalt ist das auf das Konkrete verweisende Strukturphänomen, das den
Stoff in sich zur Wirklichkeit gebracht hat. Wenn wir mit H.-W. Scharf
von der „ambivalenten sprachtheoretischen Produktionsperspektive – der
steten Verbindung (...) von sprachlichen Erscheinungs- und Wesens-Mo-
menten"[153] – ausgehen, wird also hier explizit das Erscheinungsmoment
in seiner Gestalthaftigkeit gefaßt. Die äußere Struktur ist somit prinzipiell
erstens *endlich*, zweitens *zeitlich* und drittens *konkret*. Sie sichert alles
das, was dem Stoff als solchem fehlen muß. Damit gehören aber sowohl
Wörter wie auch die Grammatik in eine solche konkrete Struktur, in der
sie als Gesamtes integriert erscheinen. Die Dichotomie ‚Lexikon – Grammatik' ist daher nur argumentationslogisch analog zur Opposition ‚Stoff'
– ‚äußere Sprachform', nicht jedoch *ontologisch* und damit auch nicht
sprachtheoretisch.

Aristoteles hat – wie ich gezeigt habe – genau an dieser Stelle die Erklärungsbeschränkung seines Modells durchaus erkannt und die problematisierende Frage gestellt, ob mit dem Begriffspaar ‚Stoff' und ‚Gestalt'
das Problem von Struktur und Kontinuum hinreichend erklärt ist. Seine
Lösung war bekanntlich das εἶδος, das als Struktur nicht nur auf das
Konkrete, sondern ebenso auf das Allgemeine des Entstehenden als begrifflich Seiendes verweist. Humboldt steht zweifelsohne vor dem gleichen Problem: äußere Strukturen verweisen in ihrer Konkretheit zwar auf
Anderes, auf *Vieles,* auf *Ähnliches* oder auf *Verschiedenes,* in ihrer Äußerlichkeit aber eben nicht auf *Allgemeines* im Kontext der Begriffskonstitu-
tion und damit auf das, was das individuelle Wesen auszeichnet. Eine Reduktion der Struktur- und Identitätssuche auf das Innere wäre jedoch
ebenso fehlerhaft, denn nur dieses gestalthaft Viele, Andere, Ähnliche
oder Verschiedene kann sprachwissenschaftlich zweifelsfrei untersucht

---

[153] Scharf, *Verfahren*, a.a.O., S. 168.

werden. Dem haftet dann aber der Makel an, daß damit über die Entstehungsprinzipien des Konkreten noch gar nichts ausgesagt ist. Dieses schwierige sprachtheoretische Drehkreuz war der Ausgangspunkt für die Generierung eines Begriffes, der die Humboldt-Forschung seitdem wie kaum ein anderer beschäftigt hat: der der inneren Form der Sprache, ein Reflexionsbegriff, der nur im engsten Zusammenhang mit dem Begriff der äußeren Sprachform überhaupt diskutiert werden kann, denn Humboldt behauptet die „nothwendige Synthesis der äusseren und inneren Sprachform" (VII 96). So liegen nicht nur die Fragestellungen von Aristoteles und Humboldt nach den inneren Strukturprinzipien von Welt und Sprache parallel, sondern auch die diesbezüglichen Reflexionsoptionen: die μορφή konvergiert zur ‚äußeren Form der Sprache', die ‚innere Form' zum εἶδος. Was dies in sprachtheoretischer Hinsicht bedeutet, ist Gegenstand des dritten Reflexionsraumes.

12.3 Die innere Struktur der Sprache

Neben dem ‚Energeia'-Diktum ist wohl kein Terminus Humboldtscher Sprachtheorie so häufig untersucht, in der Folgezeit so vielschichtig weiterentwickelt und zur eigenen Theoriebildung und -vermutung intensiv genutzt, ja gar zum Anlaß weitläufiger Spekulation über oder zur Rekonstruktion anderer Aspekte des Humboldtschen (Sprach-)denkens in Gebrauch genommen worden wie der der ‚(inneren) Sprachform'.[154] Die

---

[154] Vgl. zum Begriff der inneren (Sprach-)Form bei Humboldt, zur diesbezüglichen Rezeption und zum Umfeld des Begriffes: Bollnow, O. F.: „Wilhelm von Humboldts Sprachphilosophie". In: *Zeitschrift für Deutsche Bildung*, 14. Jg. (1938), S. 102-112. – Borsche, T.: „Die innere Form der Sprache. Betrachtungen zu einem Mythos der Humboldt-Herme(neu)tik". In: Scharf, H.-W. (Hrsg.): *Wilhelm von Humboldts Sprachdenken. (Symposion zum 150. Todestag)*. Essen 1989. S. 47-65. – Christy, T. C.: „Humboldt's ‚Inner Language Form' and Steinthal's Theory of Signification". In: *Semiotics*, (1985), S. 251-259. – Derbolav, J.: „Das Problem der inneren Sprachform". In: *Wissenschaft und Weltbild*, 4. Jg. (1951), S. 296-303. – Di Cesare, D.: „‚Innere Sprachform': Humboldts Grenzbegriff, Steinthals Begriffsgrenze". In: *Historiographia Linguistica*, 23.Bd. (1996), H.3, S. 321-346. – Eigenbrodt, K.-W.: *Der Terminus ‚Innere Sprachform' bei Wilhelm von Humboldt. Versuch einer genetischen Erklärung*. Mainz (Diss.) 1969. – Fiesel, E.: *Die Sprachphilosophie der deutschen Romantik*. Tübingen 1927. S. 84-119. – Funke, O.: *Innere Sprachform. Eine Einführung in A. Martys Sprachphilosophie*. Hildesheim (Nachdruck der 1. Aufl. Reichenberg i.B. 1924) 1974. – Funke, O.: „Zur Frühgeschichte des Terminus ‚(Innere) Sprachform'". In: Haselbach, G. und Hartmann, G. (Hrsg.): *Beiträge zur Einheit von Bildung und Sprache im geistigen Sein. Festschrift Ernst Otto*. Berlin 1957. S. 289-294. – Glinz, H.: *Die innere Form des Deutschen: eine neue deutsche Grammatik*. Bern 1952. –

Probleme der beiden Rezeptions-Phänomene liegen dabei durchaus vergleichbar. In beiden Fällen sind schillernde Termini auf der halt-losen Suche nach Humboldts sprachtheoretischen Zentren mit Bedeutungen
zunächst überlagert und dann zugeschüttet, vor allem aber überladen

Hassler, G.: „Zur Auffassung der Sprache als eines organischen Ganzen bei Wilhelm von
Humboldt und ihren Umdeutungen im 19. Jahrhundert". In: *Zeitschrift für Phonetik, Sprachwissenschaft und Kommunikationsforschung*, 38. Bd. (1985), S. 564-575. – Kerckhoff, G.: *Studien zur inneren Lebensgeschichte Wilhelm von Humboldts*. Freiburg (Diss.) 1952. – Köck,
W. K.: „Innere Sprachform". In: *Linguistik und Didaktik*, 7. Jg. (1971), S. 243-257. – Lohmann, J.: „Sein und Zeit, Sein und Wahrheit in der Form der Sprache". In: *Lexis*, II.Bd.
(1949), H.1, S. 105-143. – Mattson, Ph.: „Humboldts Begriff der grammatischen Form – ein
unzulässiges Bildungskriterium?" In: Hoberg, R. (Hrsg.): *Sprache und Bildung. Beiträge zum
150. Todestag Wilhelm von Humboldts*. Darmstadt 1987. S. 175-191. – Meyer, R. M.: „Zur
‚Inneren Form'". In: *Euphorion*, 4.Bd. (1897), S. 445-446. – Minor, J.: „Die innere Form". In:
Euphorion, 4.Bd. (1897), S. 205-210. – Morsbach, L.: „Innere Form". In: *Anglia*, 55.Bd.
(1931), S. 1-3. – Novak, P.: *A New Approach to the ‚Innere Sprachform' Issue. IVth International Congress for Logic, Methodology and Philosophy of Science*. Bucarest 1971. – Pongs, H.:
„Humboldts innere Sprachform zwischen West und Ost, zwischen Manierismus und Sozialismus". In: Kessel, H. und Thoms, W. (Hrsg.): *Die Brüder Humboldt heute*. Mannheim 1968.
S. 87-129. – Porzig, W.: „Der Begriff der inneren Sprachform". In: *Indogermanische Forschungen*, 41.Bd. (1923), S. 150-169. – Porzig, W.: „Sprachform und Bedeutung. Eine Auseinandersetzung mit A. Marty's Sprachphilosophie". In: *Indogermanisches Jahrbuch*, 12. Jg.
(1928), S. 1-20. – Ramischwili, G.: „Zum Verständnis des Begriffes der Sprachform bei Wilhelm von Humboldt". In: *Wissenschaftliche Zeitschrift der Friedrich-Schiller-Universität Jena*, 16. Jg. (1967), S. 555-566. – Schwinger, R.: „Form, innere". In: Ritter, J. und Gründer, K.
(Hrsg.): *Historisches Wörterbuch der Philosophie*. Basel, Darmstadt 1971 ff. S. 974-975 (Bd.
2). – Schwinger, R.: „Innere Form'. Ein Beitrag zur Definition des Begriffes auf Grund seiner
Geschichte von Shaftesbury bis W. v. Humboldt". In: Obenauer, J. (Hrsg.): *Innere Form und
dichterische Phantasie*. München 1935. S. 3-91. – Stolte, E.: „Wilhelm von Humboldts Begriff
der inneren Sprachform". In: *Zeitschrift für Phonetik und Allgemeine Sprachwissenschaft*, 2.
Jg. (1948), S. 205-207. – Suzuki, Y.: „Humboldt no naiteki-gengokeishiki to knajo-metafa.
[Die innere Sprachform von W. v. Humboldt und die Gefühlsmetapher – Interpretation des
Begriffs ‚innere Sprachform' literarisch betrachtet]". In: *Tsukuba Doitsu Bungaku Kenkyu
(Tsukuba Daigaku, Ibaraki)*, 1. Jg. (1983), S. 45-60. – Trabant, J.: „Der innere Begriff der
Sprachwissenschaft: Leibniz und Humboldt". In: Schlieben-Lange, B. u.a. (Hrsg.): *Europäi-
sche Sprachwissenschaft um 1800. Methodologische und historiographische Beiträge zum Um-
kreis der ‚idéologie'. Eine Vortragsreihe im Rahmen des DFG-Projektes ‚Ideologenrezeption'*.
Münster 1989. S. 179-202. – Trauth, G. P.: „Towards an Analysis of Humboldt's ‚Inner Language Form'". In: Rauch, I. und Carr, G. F. (Hrsg.): *The Semiotic Bridge: Trends from California*. Berlin 1989. S. 409-419. – Watanabe, M.: „Humboldt np naitekigengokeishiki saiko.
[Ein nochmaliger Versuch zu Humboldts ‚innere Sprachform'.]" In: *Shi-gengo (Tokyo; Ashai
Shuppan)*, 24. Jg. (1985), S. 1-10. – Weisgerber, L.: „Das Problem der inneren Sprachform und
seine Bedeutung für die deutsche Sprache". In: *Germanisch-Romanische Monatsschrift*, 14. Jg.
(1926), S. 241-256. – Weisgerber, L.: „Innere Sprachform als Stil sprachlicher Anverwandlung
der Welt". In: *Studium Generale*, 7. Jg. (1954), H.10, S. 571-579. – Weisser, J.: „Humboldt diskutieren. Bildung als innere Form und Sorge". In: *Vierteljahresschrift für wissenschaftliche
Pädagogik*, 71. Jg. (1995), H.3, S. 252-271.

worden; eine rezeptionsgeschichtliche Last, die diese Begriffe keinesfalls tragen konnten und die das Humboldtsche Text- und Begründungsfundament schnell vergessen ließen. Diese rezeptionsgeschichtliche Verfremdungs- und Umwertungsgeschichte für den Begriff der ‚inneren Sprachform' in ähnlicher Weise nachzuweisen, wie das Kap. 6 es für das ‚Energeia'-Diktum zu leisten versucht hat, würde einer eigenen ausführlichen Studie zum Thema bedürfen. Hier soll statt dessen gefragt werden, welches Deutungspotential man erhält, wird das theoretische Potential des εἶδος-Begriffes der aristotelischen Ontologie auf diesen Begriff Humboldtschen Sprachdenkens angelegt. Nur kurz sei daher auf die Rezeption des Begriffes anhand einiger ausgewählter Schlaglichter der Foschungsliteratur und auch lediglich in der Hinsicht eingegangen, daß kenntlich wird, um welch' schwieriges, aber dennoch zentrales Problem der Humboldt-Forschung es hier offensichtlich geht; ein Begriffs-Problem, das H. Steinthal schon 1848 mit dem Etikett belegt hat, es sei der eigentliche „babylonische Thurm"[155] der Sprachwissenschaft.

Häufiger Diskussionspunkt der Forschung und gleichermaßen Vorentscheidung für eine humboldtgemäße oder -ungemäße Interpretation ist zweifelsohne die Frage, inwieweit die äußere mit der inneren Sprachform zusammenhängt. Dazu O. F. Bollnow 1938:

> „Humboldt unterscheidet bekanntlich zwischen einer ä u ß e r e n und einer i n n e r e n F o r m der Sprache, und man ist zunächst geneigt, beides als zwei koordinierte Begriffe zu nehmen"[156].

Dieser Neigung gibt Bollnow dann leider nicht weiter nach und eröffnet damit die Hauptquelle aller Mißverständnisse:

> „Aber ein solcher Ansatz (der Koordination, U.W.) würde schon das Wesentliche verdecken. Was zur äußeren Form gehört, läßt sich zwar ziemlich einfach aufzählen: die Ausbildung eines Lautsystems, die Bildung der Sylben, der Wörter, die Fügung des Satzes, überhaupt die gesamte Grammatik, aber auch die ganze Stilistik, bis hin ausdrücklich zum Wohllaut und Rhythmus der Rede. Alles also, was sich überhaupt an der Sprache wissenschaftlich behandeln läßt, gehört zur äußeren Form, und für die innere Form bleibt nichts Angebbares mehr übrig"[157].

Auf dem Hintergrund der Analyse der ‚äußeren Sprachform', die in Kenntnis des aristotelischen μορφή-Begriffes vorgenommen wurde, ist deutlich, daß Bollnow in seiner diesbezüglichen Analyse nur sehr ober-

---

[155] Steinthal, *Die Sprachwissenschaft Wilh. v. Humboldt's*, a.a.O., S. 111.
[156] Bollnow, „Wilhelm von Humboldts Sprachphilosophie", a.a.O., S. 110.
[157] Ebd.

flächlich agiert, teilweise sogar eine systematisch deutlich fehlerhafte Konstruktion (beispielsweise für den ‚Grammatik'-Begriff) anbietet. Geradezu als Eröffnungsklausel für alle Spekulation firmiert aber die vollkommen unrichtige Wertung, die äußere Sprachform sei zwar wissenschaftlich zugänglich, ja sie sei sogar explizit durch diesen Zugang definiert, aber die innere sei dies eben gerade nicht. Genau in diesem Horizont konnte die ‚innere Sprachform' zum viel gehandelten Spekulationsobjekt Humboldtschen Sprachdenkens avancieren. Jede Behauptung war unter Maßgabe dieses Freibriefs nicht nur recht, sondern konnte sich der Notwendigkeit wissenschaftlich theoretischer Begründung vollständig entziehen. In diesem globalen Freispruch von wissenschaftlicher Legitimationsbedürftigkeit liegt der Hauptgrund für die zügellose Rezeptionsgeschichte und deren Irrwege. Wie diese Irrwege aussehen, hat T. Borsche 1989 resümiert.[158] Fast allen von ihnen liegt vor allem die Anschauung zu Grunde, daß es sich bei der inneren Sprachform um „einen Leitbegriff des Humboldtschen Denkens"[159] handelt und daß dieser als solcher – weitgehend isoliert – auch autonomer Gegenstand der Untersuchung sein kann. Nach so vielen Interpretationsangeboten kommt Borsche daher zu dem wohl (meta-)rezeptionsgeschichtlich ausgesprochen weisen, aber letztlich doch zu radikalen Schluß, daß „das eigentlich Fragwürdige an der inneren (Sprach-)Form bei Humboldt (...) vielleicht weniger in einer verborgenen Bedeutung dieses Begriffs, als in seiner offenbaren Bedeutungslosigkeit"[160] liegt. Borsche hat damit zu einer dringend nötigen Entmythologisierung des Begriffs beigetragen und einen großen Teil der regen Rezeptionsgeschichte als Selbstthematisierung statt Humboldtthematisierung entlarvt. Sicher ist er aber mit der Konstatierung einer ‚offenbaren Bedeutungslosigkeit' einen Schritt zu weit, d. h. über Humboldt hinaus, gegangen: Der Begriff der ‚inneren Sprachform' hat sehr wohl eine Bedeutung, er hat nur keine insofern autonome, als daß diese abgelöst von anderen Begriffen zum Tabernakel Humboldtscher Sprachtheorie werden könnte. Gegen Bollnow schlägt Borsche dann mit Hilfe von Teilen der Rezeptionsgeschichte zumindest die richtige Richtung ein:

> „Ohne auf die zahllosen Nuancen solcher aneignenden Auslegungen einzugehen, die von Steinthal bis Chomsky, von Delbrück bis Coseriu ein weites Spektrum von Formeln für die innere Sprachform bieten, scheint es doch

---

[158] Borsche, T.: „Die innere Form der Sprache". In: Scharf, H.W.: *Wilhelm von Humboldts Sprachdenken*, a.a.O., S. 47-65, hier: S. 47-55.

[159] Borsche, „Die innere Form der Sprache", a.a.O., S. 47.

[160] Borsche, „Die innere Form der Sprache", a.a.O., S. 54.

möglich zu sein, einen gemeinsamen Grundzug festzuhalten: Die innere
Form gilt als das gestaltende Prinzip der Sprache, dem die äußere Form als
das durch sie Gestaltete gegenübertritt. Sie ist primär, unabhängig, normie-
rend, während das Äußere durch sie normiert, von ihr abhängig und in seinem Wert nach ihr zu bemessen ist"[161];

und geht damit wiederum einen Schritt zu weit: Wohl ist von einer strukturellen Korrespondenz der inneren und äußeren Sprachform auszuge-
hen. Daß die äußere der inneren aber allein passiv gegenübersteht, ist nur
in der Hinsicht zutreffend, als die innere in der Tat normierenden Charakter hat. Ihre Unabhängigkeit wie die ausschließliche Dienstfunktion
der äußeren Sprachform muß allerdings vehement bezweifelt werden.
Möglicherweise ist der Problemzusammenhang mit der Fragestellung,
wer eigentlich für wen normierende Funktion hat, gar nicht adäquat beschrieben.

Am weitesten von einer im strengen Sinne systematischen Deutung
scheint L. Weisgerber entfernt, der 1926 in seinem Aufsatz *Das Problem
der inneren Sprachform und seine Bedeutung für die deutsche Sprache* zu
Beginn schon einmal vorsichtshalber festhält, daß es bezeichnend sei,
„daß, seit W. von Humboldt ums Jahr 1830 das Problem der inneren
Sprachform zum ersten Male dargelegt hat, kaum zwei Forscher diesen
Begriff in gleicher Weise gefaßt haben"[162]. In dieser Weise abgesichert,
äußert Weisgerber dann hauptsächlich Vermutungen, die den Terminus
‚innere Sprachform' *irgendwo* zwischen kognitionspsychologischen Allusionen und einem repräsentationistisch anmutenden Grammatikbegriff
ansiedeln. Dies sei dann die „i n n e r e Form, wie sie Humboldt vor-
schwebte"[163]. So bleibt auch Weisgerbers Anforderungsprofil, das er
schließlich an den Begriff der ‚inneren Sprachform' anlegt, nicht nur über-
zogen, sondern wird von ihm nicht wirklich eingehend und überzeugend
begründet. Weisgerber irrt somit gleich mehrfach, wenn er feststellt:

> „Ich glaube somit nicht zu viel zu sagen, wenn ich behaupte: d i e U n t e r -
> s u c h u n g d e r i n n e r e n F o r m e i n e r S p r a c h e, d.h. ihres be-
> g r i f f l i c h e n A u f b a u s u n d i h r e r s y n t a k t i s c h e n F o r m u n g s -
> m ö g l i c h k e i t e n, bietet uns den Schlüssel zur Wertung alles
> dessen, was in dieser Sprache gedacht und geredet, was
> auf Grund intellektueller Arbeit von ihren Trägern getan
> w i r d"[164].

---

[161] Borsche, „Die innere Form der Sprache", a.a.O., S. 48.
[162] Weisgerber, „Das Problem der inneren Sprachform", a.a.O., S. 241.
[163] Weisgerber, „Das Problem der inneren Sprachform", a.a.O., S. 250.
[164] Weisgerber, „Das Problem der inneren Sprachform", a.a.O., S. 251.

Weisgerber ist ein plastisches Beispiel für die Überforderung des Begriffs und auch für dessen sprachpragmatische Umwertung, denn der zentrale Wert des Begriffs bei Humboldt liegt auf der sprachtheoretischen und nicht auf einer wie immer gearteten sprachsoziologisch-pragmatischen Ebene.

Auf andere Schwierigkeiten, auf die der Begriff in seiner Rezeptionsgeschichte getroffen ist, weist W. Porzig in seinem 1923 erschienenen Aufsatz *Der Begriff der inneren Sprachform* hin, in dem er u.a. verschiedene Positionen in ihrer Relevanz gewichtet. Seine Klassifizierung erleichtert einen schnellen rezeptionsgeschichtlichen Zugriff:

> „Man kann also hinsichtlich des Problems der inneren Sprachform gegenwärtig im Wesentlichen v i e r Richtungen unterscheiden. Nämlich erstens die p o s i t i v i s t i s c h e: innere Sprachform ist überhaupt kein wissenschaftlich brauchbarer Begriff. Zweitens die p s y c h o l o g i s c h e (Wundt): innere Sprachform sind die psychischen Vorgänge und Beziehungen, die die äußere Form des Sprechens bestimmen. Drittens die p h ä n o m e n o l o g i s c h e (Husserl): innere Sprachform ist die Beziehungsgesetzlichkeit der reinen Bedeutungen. Und endlich die von Marty: innere Sprachform ist das Prinzip der Auswahl des explizite Auszudrückenden"[165].

Die Weite der unterschiedlichen Ansatzpunkte macht die Vielschichtigkeit der Rezeption, die diese bereits um die Jahrhundertwende erreicht hat, eindringlich deutlich. Hier noch stellungnehmend oder gar eine Synthese formulierend einzugreifen, erweist sich als äußerst schwierig. Dies in Rechnung stellend, hat Porzig dann auch postuliert, die innere Sprachform sei „nicht einfach Formung eines noch nicht geformten (...) Zustands, sondern (...) ist die i d e a l e N o r m"[166], die dementsprechend auch nur „e i n e sein"[167] könne. So ist dann auch Porzigs allgemeine Feststellung zu verstehen, beim ‚inneren Form'-Konzept handele es sich „weniger um einen Begriff, als um eine I d e e, d.h. (um) eine A u f g a b e"[168], die von ihm vorläufig damit gelöst wird, daß er formuliert, „was ich unter ‚i n n e r e r S p r a c h f o r m' verstanden wissen möchte: n ä m l i c h d i e m i t d e r ä u ß e r e n S p r a c h f o r m i n W e c h s e l w i r k u n g s t e h e n d e n e i g e n t ü m l i c h e n A p p e r z e p t i o n s f o r m e n e i n e r S p r a c h g e m e i n s c h a f t"[169].

---

[165] Porzig, „Der Begriff der inneren Sprachform", a.a.O., S. 156.
[166] Porzig, „Der Begriff der inneren Sprachform", a.a.O., S. 151.
[167] Ebd.
[168] Porzig, „Der Begriff der inneren Sprachform", a.a.O., S. 150.
[169] Porzig, „Der Begriff der inneren Sprachform", a.a.O., S. 167.

Dieser Aufgabe in ganz anderer Form gestellt hat sich 1935 R. Schwinger in seiner Studie *Innere Form. Ein Beitrag zur Definition des Begriffes auf Grund seiner Geschichte von Shaftesbury bis W. v. Humboldt*, die das Problem im Kontext der ästhetischen und kunsttheoretischen Diskussion des 18. und 19. Jahrhunderts sieht und hier insofern hervorsticht, als Schwinger seine ‚Aufgabe‘ explizit darin sieht, der Humboldtschen Sprachtheorie gerecht zu werden:

> „Erst in W. v. Humboldts sprachphilosophischen Schriften findet sich der Begriff der inneren Sprachform, auf den hier ausführlich eingegangen werden soll. Im Gegensatz zu den nur gelegentlichen Erwähnungen bei allen anderen Denkern nimmt der Begriff der inneren Form bei Humboldt eine bestimmte Stelle in einem Gedankensystem ein und läßt sich darum auch genau bestimmen"[170].

Die Beobachtung Schwingers, daß die explizite Nennung Humboldts nun per se darauf schließen lasse, daß die ‚innere Sprachform‘ auch exakt bestimmbar sei, ist sicher zu euphorisch – und möglicherweise aus der gewollten Abgrenzung zu ‚allen anderen Denkern‘ zu erklären. Für diesen Terminus jedoch einzuklagen, daß er eine ganz ‚bestimmte Stelle in einem Gedankensystem‘ einnehme, ist weiterführend, weil dies auf die Verortung des Begriffs in einem Netz systematischer Beziehungen setzt. Die ‚innere Sprachform‘ wird von Schwinger als originäre Schöpfung Humboldts gekennzeichnet, die durch ihre Stellung im System erst Bedeutung gewinnt. Einige Attribute dieser ‚Systemstelle‘ charakterisiert Schwinger dann auch überzeugend:

> „So ist die Sprachform das Gesetz, nach dem sich die schöpferische Synthese des Entgegengesetzten vollzieht, die Richtung, in der sich die allgemeine Geisteskraft als Sprachsinn auf den Laut zu bewegt, die innere Gesetzmäßigkeit des stets vorübergehenden Handelns"[171].

Schwinger umreißt an dieser Stelle treffend den aristotelischen und humboldtschen Problemhorizont zwischen Struktur und Kontinuum und bezieht diesen auf die erkenntniskonstituierende Funktion des Lauts. Aber Schwingers Analyse kann sich dem Humboldtschen Konzept noch weiter annähern:

> „Der Ausdruck (innere, U.W.) Form meint hier nicht mehr Gestalt im räumlichen und visuellen Sinn, sondern das Beharrende, das ein Geschehen in der Zeit regelt, das Gesetz"[172].

---

[170] Schwinger, „Innere Form", a.a.O., S. 52.
[171] Schwinger, „Innere Form", a.a.O., S. 53.
[172] Ebd.

Mit dem Terminus ‚Gesetz' umschreibt Schwinger das, was unter Struktur als ontologische Konfiguration des Allgemeinen zu verstehen ist. Untrennbar verbunden sind für Schwinger damit Inneres und Äußeres der Sprache, zwei Seiten des einen Sprachhandelns, denn immer geht es um „gewisse Abhängigkeiten"[173] des Inneren und Äußeren zueinander. Er erkennt die mehrfach vermittelte Nähe des Humboldtschen Begriffs der ‚inneren Sprachform' zum Neuplatonismus, die er aber so allgemein faßt, daß diese Beobachtung ihr Erklärungspotential zu verlieren droht: „Die Vorstellung der inneren Form wurzelt im Neuplatonimus, gleichviel ob man unter innerer Form geistige innere Gestalt oder Gesetz oder Kraft versteht"[174]. Hier wird Schwingers Argumentationsgang zunehmend problematisch, denn was man eben spezifisch verstehen muß, ist natürlich keineswegs gleichgültig. Was Schwinger darüber hinaus nicht auflösen kann, ist wiederum das Problem, wie sich Kontinuum und Struktur in der Zeit verhalten. Wie starr ist das ‚Gesetz'? Was ist unter ‚beharrend' zu verstehen? Ist ein solches ‚Beharren' starre Gesetzmäßigkeit, viskose Strukturformung oder durchlässige Regelung bis hin zur Kontingenz? Hat die innere Sprachform eine verändernde Kraft auf die äußere, kann die letztere durch die erstere bis zu einem gewissen Grad abgewandelt werden? Gibt es einen Primat der inneren vor der äußeren Sprachform?

Der Forschungsdiskurs läßt hier alles in allem mehr Fragen offen als er Antworten bereitstellt. Dies sollte die Vorführung ausgewählter Positionen herausstellen. Humboldt jedoch hat viele der formulierten Probleme bereits lösen können, ohne daß die meisten seiner Rezipienten dies erkannt haben. Methodisch in die richtige Richtung weist T. Borsches Vorschlag, die innere und äußere Sprachform insgesamt vom Standpunkt ihrer Einheit in der ‚allgemeinen Form'[175] und damit vom Zentrum der Humboldtschen Sprachtheorie her zu begreifen. Hilfreich ist ebenfalls dessen folgende historische Identifikation des Begründungszusammenhangs der ‚inneren Sprachform' Humboldts: „Aristotelisch immanent gedeutet, erscheint dieselbe innere Form oder Natur einer Sache statisch betrachtet als Telos, dynamisch als Entelechie oder inneres Gesetz der Entwicklung eines Organismus. In diese Tradition wird nun insbesondere der Humboldtsche Begriff der inneren Sprachform aufgenommen"[176]. Diesem Hinweis muß auf dem Hintergrund des Humboldtschen Primärtextes nun genauer nachgegangen werden.

---

[173] Schwinger, „Innere Form"; a.a.O., S. 54.
[174] Schwinger, „Innere Form"; a.a.O., S. 80.
[175] Borsche, „Die innere Form der Sprache", a.a.O., S. 58-63.
[176] Borsche, „Die innere Form der Sprache", a.a.O., S. 52.

Ein Blick zurück auf den bereits ausführlich erörterten aristotelischen εἶδος-Begriff: Dessen erster Aspekt ist seine strukturelle Anlage, die auf Allgemeines verweist im Sinne eines ‚Art-Begriffes‘, der zweite weist ihn als immanentes Formprinzip einer werdenden Entität aus. Dabei bedeutet die Allgemeinheit des εἶδος weder, daß es nur ein solches gebe, noch impliziert es die transzendente Fundierung der Gegenstände. Gerade die prinzipielle Gebundenheit an die Dinge, die im εἶδος-Konzept zum Ausdruck kommt, zeigt, daß es nicht platonisch-transzendent angelegt ist, sondern in den Dingen deren jeweils unterschiedliche immanente Struktur meint. Als strukturbildendes Prinzip ist es die Bestimmtheit der Materie in der Einheit eines Etwas. Das εἶδος ist dabei die innere Struktur dieses Etwas als Etwas, sein Grund etwas Bestimmtes zu sein, Gestalt demgegenüber die äußere Struktur, an welcher es erkennbar, unterscheidbar, analog untersuchbar wird. εἶδος und μορφή sind somit unbedingt verknüpft. Sie sind die äußere und innere Struktur des Dinges als ontologische Perspektivierungen des Konkreten und des Allgemeinen.

Humboldts Bestimmung der ‚äußeren‘ und ‚inneren‘ Sprachform ist dazu analog, weil es genau um diese ontologischen Perspektivierungen geht. Dabei ist Humboldt, trotz theoretischer Korrespondenz, in begrifflicher Hinsicht vorsichtiger als der athenische Philosoph. Die Einführung des Terminus ‚innere Sprachform‘ in Humboldts Kawi-Text resultiert jedoch – trotz der vergleichsweise sparsamen und späten Verwendung des Begriffs – aus dem gleichen Problemverhalt, den auch Aristoteles mit dem εἶδος-Begriff bearbeitet, daß nämlich nach dem Gang fortschreitender Theorieentwicklung irgendwann die Aspekte äußere und innere Struktur getrennt werden müssen, weil das Erklärungspotential der äußeren Struktur im Hinblick auf deren Verursachungszusammenhang an seine Grenzen stößt. Damit wird die ‚innere Form‘ aus ihrer Komplementarität heraus in theoretischer Hinsicht zum notwendigen Begriff. Das ‚Innen‘ ist somit in beiden Entwürfen keine Metaphysik im transzendenten Sinne, es ist der andere Aspekt struktureller Identitätsbildung der Materie. Daher ist die Verbindung von innen und außen auch in dieser kompromißlosen Weise konstitutiv, denn nur so ist es ja überhaupt möglich, daß „die Verbindung der Lautform mit den inneren Sprachgesetzen die Vollendung der Sprachen bildet (Umst., U.W.)“ (VII 94). Schon aus diesem Umstand heraus ist jede spekulative oder autonome Interpretation des Begriffs der ‚inneren Sprachform‘ erstens sinn*los* und zweitens im Horizont des Humboldtschen Verständnisses auch insgesamt *wider*sinnig.

Ein Blick in den Kernbereich der *Kawi-Einleitung* illustriert Humboldts Problemlösungsstrategie, der der Grundsatz zugrunde liegt, daß „es unläugbar ist, dass Sprachen durch die klarere und bestimmtere Einsicht der innern Sprachform geleitet werden" (VII 81). Man muß vor allem den gedanklichen Spuren, die sich mit den Termini ‚Gesetz', ‚Sprachform' und dem ‚Inneren' verbinden, nachgehen, um einen nachhaltigen Eindruck dieses dritten Reflexionsraumes zu bekommen. Wir haben bereits gesehen, daß für Humboldt vor allem „zwei Principe bei dem Nachdenken über die Sprache im Allgemeinen und der Zergliedrung der einzelnen, sich deutlich von einander absondernd, an das Licht treten (Umst., U.W.)" (VII 52), und zwar „die Lautform und der von ihr (...) gemachte Gebrauch" (VII 52). Humboldts Weiterführung des Arguments weist den Weg in das Innere der sprachlichen Wesensbeschreibung:

> „Der letztere (also der Gebrauch, U.W.) gründet sich auf die Forderungen, welche das Denken an die Sprache bindet, woraus die allgemeinen Gesetze dieser entspringen; und dieser Theil ist daher in seiner ursprünglichen Richtung, bis auf die Eigenthümlichkeit ihrer geistigen Naturanlagen oder nachherigen Entwicklungen, in allen Menschen, als solchen, gleich" (VII 52).

Was erkenntnistheoretisch gleich ist (und damit das transzendentale Allgemeine des sprachlichen Wesens bedeutet), ist also in allen Menschen unterschiedslos bindende Gesetzmäßigkeit. Dabei ist das Allgemeine Sicherung dafür, daß das Kontinuum des Stoffes in seinen Ausdrucksformen von innen heraus die Kontinuität des Konkreten erlangen kann:

> „Das in dieser Arbeit des Geistes, den articulirten Laut zum Gedankenausdruck zu erheben, liegende Beständige und Gleichförmige, so vollständig, als möglich, in seinem Zusammenhange aufgefasst und systematisch dargestellt, macht die Form der Sprache aus" (VII 47).

Die innere Struktur der Sprache ist dabei Garant, Bestimmungsgrund und Benennungsargument alles Individuellen, was in der Sprache als individueller zum Vorschein kommt. Nur so ist zu erklären, daß „die charakteristische Form der Sprachen an jedem einzelnen ihrer kleinsten Elemente hängt (Umst., U.W.); jedes wird durch sie, wie unmerklich es im Einzelnen sey, auf irgend eine Weise bestimmt" (VII 48). Dadurch, daß das Wesen der Sprache eine innere Struktur aufweist, ist gewährleistet, daß das in der Sprache Gesagte überhaupt Sinn gewinnen kann. Wäre deren Struktur nur äußerlich, d. h. Gestalt, würden die einzelnen Elemente der Sprache nur Unzusammenhängendes beliebig summieren und keine sprachkonstitutive Sinnstiftung betreiben. Daß das Sprachliche nicht nur Ansammlung von isolierten Bruchstücken bleibt (und damit vollkommen nutzlos wäre, ja im engeren Sinne gar nicht sprachlich sein kann), dies garantiert die innere Struktur der Sprache. Damit ist diese Anlaß, Strukturprinzip und Ziel des entscheidenden sprachlichen Konstitutionsakts in Humboldts Sprachdenken: der Begriffsbildung.

Dieses Prinzip der Begriffsbildung ist Humboldts kleinster, aber systematisch zentraler Baustein für sprachlich erlangte Individualität überhaupt und gilt – als das Entscheidende individueller Bildung – gleichermaßen für den eigentlichen sprachlichen Konstitutionsakt wie für *die* Ebene der Sprachkonstituierung, die den inneren Zusammenhang der Individuen garantiert, die der Nation.

> „Es versteht sich indess von selbst, dass in den Begriff der Form der Sprachen keine Einzelnheit als isolirte Thatsache, sondern immer nur insofern aufgenommen werden darf, als sich eine Methode der Sprachbildung an ihr entdecken lässt. Man muss durch die Darstellung der Form den specifischen Weg erkennen, welchen die Sprache und mit ihr die Nation, der sie angehört, zum Gedankenausdruck einschlägt" (VII 50).

Nur weil die innere Struktur der Sprache die verschiedenen Ebenen der Sprachbildung überhaupt als miteinander verknüpft versteht, wird Humboldt seine – auf den ersten Blick möglicherweise theoretisch etwas zu couragiert anmutende – Konstruktion, daß es auch eine jeweils individuelle Sprache der Nation gibt, überhaupt möglich. Im Horizont des Nationalen signalisiert und versteht das individuell Sprachliche, daß es den Charakter des Allgemeinen immer schon in sich trägt. Einzig die aristotelische εἶδος-Konstruktion trägt diesen doppelten Charakter ebenso in sich wie die innere Struktur des Sprachlichen bei Humboldt, eine Einheit der Reflexion, die aus dem gemeinsamen Verständnis der Weltkonstitution entspringt und die Antworten auf den komplementären Problemverhalt verspricht, wie das Individuelle immer schon das Allgemeine an- und aussprechen kann und damit nicht Bruchstück in einem nur hypothetischen, einem sinnwidrigen oder gar überhaupt keinem inneren Sinnzusammenhang des Weltgeschehens bleiben muß. Oder anders ausgedrückt: durch die innere Struktur des Sprachlichen und deren Horizont des Allgemeinen wird das Singuläre erst zum Individuellen.

Im Hinblick auf eine letztbegründende Fundierung dieses Zusammenhangs ist, ähnlich wie bei Aristoteles (wenn dieser nicht gerade zu theologischen Mitteln greift), laut Humboldt Erklärungsverzicht zu leisten:

> „Sie (die Lautform, U.W.) hängt natürlich, als ein in enger Beziehung auf die innere Geisteskraft stehender Theil des ganzen menschlichen Organismus, ebenfalls genau mit der Gesammtanlage der Nation zusammen; aber die Art und die Gründe dieser Verbindung sind in, kaum irgend eine Aufklärung erlaubendes Dunkel gehüllt" (VII 52-53).

Dies macht ja gerade das Aristotelische des Entwurfes aus, der sich einer gegenständlichen Ideenrekonstruktion platonischer Provenienz so vehement verweigert. Aristoteles wie Humboldt stellen die Individualität der

Dinge, die aus deren spezifischer innerer Struktur erwächst, als unhintergehbare systematische conditio sine qua non des weltlich Konkreten fest,
ohne eine inhaltliche Reduktion der diesbezüglichen Konstitutionsmög-
lichkeiten durch Theologisierung des Allgemeinen ins Gegenständliche
zuzulassen. Es gilt, sich stets neu auf die Ergebnisse des sprachlichen
Konstitutionsaktes einzulassen: „Die Sprache verpflanzt aber nicht bloss
eine unbestimmbare Menge stoffartiger Elemente aus der Natur in die
Seele, sie führt ihr auch dasjenige zu, was uns als *Form aus dem Ganzen*
(Herv., U.W.) entgegenkommt" (VII 61). Für Humboldt sind wir eigentlich erst jetzt „zu dem Punkte gelangt, auf dem wir in der primitiven Bildung des Menschengeschlechts die Sprachen als die erste nothwendige
Stufe erkennen, von der aus die Nationen erst jede höhere menschliche
Richtung zu verfolgen im Stande sind. Sie wachsen auf gleich bedingte
Weise mit der Geisteskraft empor und bilden zugleich das belebend anregende Princip derselben" (VII 41-42). Auch im Reflexionsraum der inneren Struktur der Sprache kommt Humboldt also zu dem Schluß, daß nur
die Sprache als Konstitutionsgarant des Wirklichen firmieren kann. Somit
gilt für den Zusammenhang von Lautform und nationaler Individualität:

> „Aus diesen beiden Principien nun, zusammengenommen mit der Innigkeit
> ihrer gegenseitigen Durchdringung, geht die individuelle Form jeder Sprache
> hervor, und sie machen die Punkte aus, welche die Sprachzergliederung zu er-
> forschen und in ihrem Zusammenhange darzustellen versuchen muss" (VII
> 53).

Die darin implizite Integration der Paradoxität von Individuellem und
Allgemeinem ist für Humboldts Sprachdenken, nachdem es durch den
aristotelischen εἶδος-Begriff hindurchgegangen ist, nun dauerhaft erreich-
tes theoretisches Niveau. Humboldt werden damit Einsichten möglich,
die zum zentralen Kern seines sprachtheoretischen Entwurfs gehören,
und deren innere Struktur in diesem Verständnishorizont ontologischen
Denkens nicht mehr nur als imposant, sondern vor allem auch als verständlich gelten können. So ist es einerseits evident, „dass der Mensch
überall Eins mit dem Menschen ist, und die Entwicklung des Sprachvermögens daher mit Hülfe jedes gegebenen Individuum vor sich gehen
kann" (VII 59). Andererseits bleibt festzuhalten:

> „Da aller objectiven Wahrnehmung unvermeidlich Subjectivität beigemischt
> ist, so kann man, schon unabhängig von der Sprache, jede menschliche Indi-
> vidualität als einen eignen Standpunkt der Weltansicht betrachten. Sie wird
> aber noch viel mehr dazu durch die Sprache, da das Wort sich der Seele ge-
> genüber auch wieder, wie wir weiter unten sehen werden, mit einem Zusatz
> von Selbstbedeutung zum Object macht und eine neue Eigenthümlichkeit

hinzubringt. In dieser, als der eines Sprachlauts, herrscht nothwendig in derselben Sprache eine durchgehende Analogie; und da auch auf die Sprache in derselben Nation eine gleichartige Subjectivität einwirkt, so liegt in jeder Sprache eine eigenthümliche Weltansicht" (VII 60).

Das εἶδος hat bei Humboldt damit mehr als nur aristotelische Spuren bewahrt. Im Dreieck sprachlicher Weltkonstitution von Stoff, äußerer Gestalt und innerer Struktur ermöglicht es erst die Option, daß Sprache nicht nur bloßes Abbild der Welt ist, sondern daß sie diese Welt ist, und zwar einerseits, weil in der inneren Form immer schon unmittelbar das Wesen der (sprachlichen) Dinge selbst angesprochen ist, andererseits, weil die Integration und Komplementarität der inneren und äußeren Form die Gewähr dafür bietet, daß gerade der Konstitutionsakt der Sprache im Hinblick auf eine sinnhaltige Durchdringung und Explikation des ansonsten lediglich Referentiellen nicht beliebig bleiben muß. Anlaß genug für Humboldt, nun nach Antwortversuchen auf die für ihn ausgesprochen schwierige Frage zu suchen, wie der Entwicklungsprozeß des Sprachlichen als solcher unter ontologischen Gesichtspunkten verstanden werden kann. Humboldt hat hier das aristotelische Niveau nur bis zu einem gewissen Grade erreichen können.

12.4 Die Bildung des Sprachlichen

Daß Humboldt sich in diesem vierten Reflexionsraum der ‚Bildung des Sprachlichen‘ schwerer tut als sonst, läßt sich allein schon an der Vielzahl der von ihm bemühten Termini und der großen semantischen Spannbreite der verwendeten Begriffe ablesen. Humboldts *Lexikon* identifizierte die folgenden 51: Arbeit, Bewegung, Bildung, bildend, Drang, dynamisch, Energeia, energisch, Entwicklung, entwickeln, Ergon, Gebrauch, Genesis, genetisch, Kraft, Kraftäußerung, Denkkraft, Geisteskraft, Vorstellungskraft, Methode, Möglichkeit, Schöpfung, schöpferisch, Sprachbildung, Spracherzeugung, Sprachfähigkeit, Sprachkraft, Sprachvermögen, Sprachwerkzeuge, Streben, Thätigkeit, Selbstthätigkeit, Geistesthätigkeit, Ursache, Veränderung, veränderlich, Verfahren, vermögen, Vermögen, Verschiedenheit, Verschmelzung, Werk, Werkzeug, wirklich, Wirklichkeit, Wirkungen, Wirken, bewirken, Einwirkung, einwirken, Zwecke. Sieht man die Liste durch, so fällt auf, daß wesentliche Termini bereits eingehend besprochen wurden (Energeia, Genesis, Thätigkeit, Verfahren), es sich also beim Reflexionsraum der ‚Bildung des Sprachlichen‘ einerseits offensichtlich um einen solchen handeln muß, dem im

Kontext Humboldtschen Sprachdenkens eine wichtige Rolle zuzuspre-
chen ist. Andererseits wird deutlich, wie vielschichtig gerade hier die
Überschneidungen und Verknüpfungsmöglichkeiten mit benachbarten
Reflexionsräumen konfiguriert sind. Es ist auch schwer und systematisch
äußerst anspruchsvoll, ausgerechnet die prinzipielle Option eines ontologischen Entwicklungsprinzips sprachtheoretisch zu fassen und sich dabei
nicht in der Formulierung von Trivialitäten zu erschöpfen. Auch Aristoteles hat sich ja, wie die Analyse zeigte, mit der Defintion von δύναμις
und ἐνέργεια äußerst schwer getan. Eine der Lösungsoptionen war für
ihn die ἐντελέχεια ἀτελής, die noch unvollkommene Vollkommenheit, eine, die das Ziel in sich selbst trägt und sich so dauerhaft hinspannt auf
Vollendung.

Dies ist ohne Unterschied auch Humboldts Vorstellung. Ganz gewiß ist
auch der sprachliche Konstitutionsakt im Horizont der Verwirklichung
der Materie in der Form ein Entwicklungsprozeß derart, daß dieser das
Ziel seiner inneren Struktur immer schon in sich hält. Wieder sind beide
theoretische Muster komplementär, vor allem dann, sieht man diese auf
der Folie des ἐνέργεια-Begriffs mit den Attributionen, die Aristoteles wie
Humboldt hierfür entwickelt haben. Dies ist hinreichend beschrieben
worden. Es gibt jedoch ein Problem, das eine gewisse Differenz der beiden Entwürfe bzw. eine Indifferenz in Humboldts Rezeption erkennen
läßt und das hier aus diesem Grunde Gegenstand der Untersuchung sein
muß, nämlich die Fragestellung, auf Grund welcher systematischen Annahme Möglichkeit überhaupt zur Wirklichkeit werden kann.

Hier ist Humboldt, trotz vereinzelter gegenteiliger Hinweise, die ebenfalls in seinen Texten zu finden sind, insgesamt ein wohl eher systematisch
ohnmächtiger, m. E. äußerst unselbständiger, sicher aber vehement inter-
essegeleiteter und damit letztlich auch reduktionistischer Aristoteles-
Exeget gewesen. Zwar sucht auch er in seinen sprachtheoretischen Reflexionen die Aspekte auf, die die Möglichkeit des Sprachlichen als von der
Wirklichkeit her zu verstehen imstande sind. In dieser Perspektive sind
eben gerade die Sondierungen zum Stoff der Sprache, zur äußeren und inneren Form und deren gedanklichem Umfeld situiert. Aber das aristotelische δύναμις-Konzept lebt wesentlich von seinem Erklärungsverzicht im
Hinblick auf einen mechanistischen Nachweis für ‚Entwicklung‘. Er ist
auf den Primat der ἐνέργεια ausgerichtet und muß damit in der Hauptsache im Bereich theoretisch-ontologischer Klärung verbleiben. Im aristotelischen Zusammenhang ist vor allem diese systematische Bescheidenheit
seine theoretische Funktion, der Begriff gewinnt wesentlich auf dieser
Ebene seiner Gerichtetheit auf die Wirklichkeitskonstitution Sinn, Bedeutung und den Charakter unbedingter Unerläßlichkeit.

Die Humboldt-Forschung hat, wie ich ausführlich gezeigt habe, der Versuchung nur schwer und teilweise gar nicht widerstehen können, sich einer instrumentalisierenden Vergegenständlichung ontologischer Parameter zugunsten operationalisierbarer sprachwissenschaftlicher Begrifflichkeit zu versagen. An der folgenden Stelle sieht man, daß Humboldt – allerdings in gänzlich verschiedener Hinsicht – in einem spezifischen Problembereich selbst mitunter zur Vergegenständlichung neigt, und zwar ausgerechnet in demjenigen, der nach Begründungen für den Bildungsprozeß alles Sprachlichen sucht:

> „Alles geistige Vorrücken kann nur aus innerer Kraftäusserung hervorgehen, und hat insofern immer einen verborgenen und, weil er selbstthätig ist, unerklärlichen Grund. Wenn aber diese innere Kraft plötzlich aus sich selbst hervor so mächtig schafft, dass sie durch den bisherigen Gang gar nicht dahin geführt werden konnte, so hört eben dadurch alle Möglichkeit der Erklärung von selbst auf. Ich wünsche diese Sätze bis zur Ueberzeugung deutlich gemacht zu haben, weil sie in der Anwendung wichtig sind. Denn es folgt nun von selbst, dass, wo sich gesteigerte Erscheinungen derselben Bestrebung wahrnehmen lassen, wenn es nicht die Thatsachen unabweislich verlangen, kein allmähliches Fortschreiten vorausgesetzt werden darf, da jede bedeutende Steigerung vielmehr einer eigenthümlich schaffenden Kraft angehört" (VII 26).

Mit diesen Worten plaziert Humboldt seinen ‚Kraft'-Begriff schon in den frühen Passagen der *Kawi-Einleitung* und führt damit auch in diesem Text einen seiner am häufigsten verwendeten Termini ein. Gleichwohl zeigt die Textstelle bereits das Hauptproblem des Begriffes: seine offensichtliche systematische Bedeutungslosigkeit. ‚Kraft' wird im sprachtheoretischen Kontext von Humboldt vor allem zur als unerklärbar an- und hinzunehmenden Bedingung jedweder Entwicklung stilisiert; der Kontext der angeführten Passage zeigt plastisch, daß in der prinzipiellen Funktion dieser Systemstelle als solcher das Erklärungspotential bereits weitgehend erschöpft ist. Die Charakterisierung der ‚Kraft' als ‚eigenthümlich' und ‚innere' stellt heraus, daß diese weithin schon ihre eigene Erklärungsreichweite abgrenzt und gleichermaßen (was so gar nicht Humboldts theoretische Art ist) erklecklichen Spielraum für Spekulationen läßt. Seinen Kontext gewinnt der ‚Kraft'-Begriff vorderhand durch den Bezugsrahmen des ‚Organismus'-Konzepts, in dessen Zusammenhang er zwar Sinn und Rolle, aber eigentlich kein durchgreifendes systematisches Profil gewinnt. H. Müller-Sievers schildert das Problem auf dem Hintergrund seiner spezifischen Problemanalyse zwischen Präformations- und Epigenesistheorie folgendermaßen:

> „Jeder Organismus muß von einer *Kraft* animiert werden. Dies war der Preis, den die Epigenesistheorie für die Auslösung der Organismen aus dem stren-

gen Kausalverbund der Maschinen oder dem Zufallszusammenhang der
spontanen Generation zahlen mußte. Diese Kraft ist nicht durchgängig bestimmbar"[177].

Womit der Begriff wissenschaftlich im Grunde bereits unbrauchbar geworden ist.

‚Kraft‘ soll bei Humboldt als erklärende Ursache dafür fungieren, daß
etwas von der Möglichkeit zur sprachlichen Wirklichkeit hinübertritt.
Der Tegeler Philosoph merkt schon in dem zeitlich vorgelagerten *Verschiedenheiten*-Text von 1827-1829 (und dann auch noch einmal in der
Kawi-Einleitung) an, daß die „Seele aber von diesem künstlichen Mechanismus gar keine Ahndung erhalten würde (Umst., U.W.), die Articulati-
on ebensowenig, als der Blinde die Farbe begreifen, wenn ihr nicht eine
Kraft beiwohnte, jene Möglichkeit zur Wirklichkeit zu bringen" (*Ueber
die Verschiedenheiten des menschlichen Sprachbaues*, VI 176-177 [vgl. VII
57]).

Humboldt kennt also den ontologisch-theoretischen Problemzusammenhang genau, kann aber letztlich wenig zu dessen Klärung beitragen,
weil er – nahezu händeringend – nach einem Begründungsmechanismus
sucht, der die Konstitution des Sprachlichen nicht ausschließlich aus dem
theoretischen Systemzusammenhang, sondern auch darüber hinaus für einerseits zwingend und andererseits selbstbewegt erklärt. Dies ist aber im
strengen aristotelischen Sinne gar nicht notwendig: Der δύναμις -Begriff
in seinen Bedeutungsschattierungen der ‚Möglichkeit‘ reicht *im Kontext
der anderen* aristotelischen Begriffe vollkommen aus, Humboldts ‚Bildung des Sprachlichen‘ zu fundieren und das Prozessuale des dementsprechenden Vollzuges zu erläutern. Humboldts diesbezügliches
Mißtrauen und sein zu Rate ziehen der δύναμις-Bedeutung ‚Kraft‘, deren
Wirkungsmächtigkeit – wie sich gezeigt hat – wesentlich der aristotelischen Rezeption und nicht dem athenischen Philosophen selbst zu verdanken ist, ist daher unnötig und läßt den Verdacht zu, daß hier – in der
unverhohlenen Anlehnung an den bereits erläuterten ‚Energie‘-Begriff
seiner Zeit – noch andere theoretische Einflüsse eine das Grundmuster
überlagernde Rolle spielen. Illustriert wird dies vor allem durch die Ver-
wendungsweise des ‚Kraft‘-Begriffes in Komposita wie beispielsweise in
‚Kraftäusserung‘ (VII 26), in ‚Denkkraft‘ (VII 56), in ‚Vorstellungskraft‘
(VII 51) oder auch in ‚Geisteskraft‘ (VII 41, VII 42, VII 45, VII 52). Immer ist es ein zentraler Begriff Humboldtschen Sprachdenkens wie
‚Geist‘, ‚Vorstellung‘ oder ‚Denken‘, der mit der verdinglichenden Ergän-

---

[177] Müller-Sievers, *Epigenesis*, a.a.O., S. 95.

zung ‚Kraft' ein zusätzliches, sich selbst tragendes dynamisches Moment erhalten soll. Der Begriff ist somit vor allem dann sowohl aussagekräftig als auch auslegungsfähig, wenn er in kontextuierten Varianten auftritt. Für sich genommen ist er nicht nur – trotz seiner beinahe sekkanten Omnipräsens – systematisch bedeutungsarm, er stellt partiell auch eine Art theologisches Residuum vor, das in gewisser Weise ‚systemfremd' wirken muß. Humboldt traut an dieser Stelle seinem eigenen System nicht wirklich, und bedient sich daher solcher Absicherung, ohne die sein ‚Theoriegebäude' allerdings ebenfalls problemlos und ohne Abstriche auskommen könnte. Humboldt scheint fasziniert von diesem Gedanken einer alles fundierenden Entwicklungs-Macht, die in ontologischer und sprachtheoretischer Hinsicht allerdings im Grunde nutzlos ist. Es macht den Eindruck, als bete er ein im Grunde systematisch blasses Prinzip *quasi-theologischer* Provenienz erst herbei, um es dann in wechselhaften Kontexten wieder spezifizierend herunterzubrechen; und das ausgerechnet bei einem Prinzip, das im Grunde durch sein *sprachtheoretisches* Denken bereits in radikaler und bis dahin nicht erreichter Weise schon für immer obsolet gemacht wurde. Es macht die systematische Qualität von Humboldts Sprachdenken aus, daß dieser Umstand eines dermaßen plakativ ausgetragenen Scheingefechts auf Nebenschauplätzen noch nicht einmal wirklich stört. Systematisch maßgeblich ist der Begriff der ‚Kraft' – trotz oder gerade wegen seiner unablässigen und insistierenden Verwendung[178] – nicht.

---

[178] Gerade diese Eindringlichkeit zeigt, wie wenig geklärt der ‚Kraft'-Begriff ist. Vgl. dazu die folgenden – hervorgehobenen – Kontexte: „Wenn man bedenkt, wie auf die jedesmalige Generation in einem Volke alles dasjenige bildend einwirkt, was die Sprache desselben alle vorigen Jahrhunderte hindurch erfahren hat, und wie damit nur *die Kraft der einzelnen Generation* in Berührung tritt und diese nicht einmal rein, da das aufwachsende und abtretende Geschlecht untermischt neben einander leben, so wird klar, wie gering eigentlich *die Kraft des Einzelnen* gegen die Macht der Sprache ist" (VII 64). – „Ihre Macht kann man (wenn man den Ausdruck *auf geistige Kraft* anwenden will) als ein physiologisches Wirken ansehen; die von ihm ausgehende Gewalt ist ein rein dynamisches" (VII 65). – „Wir sind jetzt bis zu dem Punkte gelangt, auf dem wir in der primitiven Bildung des Menschengeschlechts die Sprachen als die erste nothwendige Stufe erkennen, von der aus die Nationen erst jede höhere menschliche Richtung zu verfolgen im Stande sind. Sie wachsen auf gleich bedingte Weise mit der *Geisteskraft* empor und bilden zugleich das belebend anregende Princip derselben" (VII 41-42). – „Ich wähle dazu die am meisten folgenreichen aus, welche am deutlichsten zeigen, wie *die innere Kraft* auf die Sprache ein- und diese auf sie zurückwirkt" (VII 52). – „Dagegen ist die Lautform das eigentlich constitutive und leitende Princip der Verschiedenheit der Sprachen, sowohl an sich, als in der *befördernden oder hemmenden Kraft*, welche sie der inneren Sprachtendenz gegenüberstellt" (VII 52). – „Sie hängt natürlich, als ein in enger Beziehung auf *die innere Geisteskraft* stehender Theil des ganzen menschlichen Organismus, ebenfalls genau mit der Gesammtanlage der Nation zusammen; aber die Art und die Gründe dieser Verbindung sind

Er bleibt im Grunde dauerhaft unklar, ohne daß dies echten theoretischen Schaden anrichten könnte. Immerhin hat er die Rezeption nachhaltig irreführen können.

Humboldts Reflexionsraum der ‚Bildung des Sprachlichen‘ ist also erst von im Grunde ‚system‘-fremden, sich mehrfach überlagernden Versuchsresten freizulegen, um zum eigenen theoretischen Kern vorzudringen. Dieser besteht zweifelsohne darin, daß Humboldt der Ansicht ist, daß die Generierung sprachlichen Weltverstehens immer schon das Ziel ihrer Vollendung in sich trägt. Dies kommt in gewisser Weise – wenn auch nicht in dermaßen gegenständlicher Konzeption und verkündigender Diktion wie beim ‚Kraft‘-Begriff, sondern ziemlich nüchtern – schon im εἶδος-Charakter der ‚inneren Struktur der Sprache‘ zum Ausdruck. Nach Aristoteles’ δύναμις-Begriff ist Vermögen dadurch charakterisiert, daß etwas prinzipiell nicht unvermögend gewesen sein kann, wenn es in Wirklichkeit ist. Damit ist aber ebenfalls festgestellt, daß etwas nicht ausschließlich nur ‚Vermögen‘ (und damit eigenständige Entität) sein kann, denn nach Ansicht des Stagiriten entginge damit völlig die Bedeutung von ‚unmöglich‘. Das, was möglich ist, wird nur erkannt im Horizont (s)eines in-die-Wirklichkeit-eingetreten-Seins. Insofern ist der Stoff der Sprache *Möglichkeit*, die Einheit der äußeren und inneren Sprachform *Wirklich-*

in, kaum irgend eine Aufklärung erlaubendes Dunkel gehüllt“ (VII 52-53). – „Da der Unterschied der Sprachen auf ihrer Form beruht, und diese mit den Geistesanlagen der Nationen und der sie im Augenblicke der Erzeugung *oder neuen Auffassung durchdringenden Kraft* in der engsten Verbindung steht, so ist es nunmehr nothwendig, (...)“ (VII 52). – „Dagegen ist die Lautform das eigentlich constitutive und leitende Princip der Verschiedenheit der Sprachen, sowohl an sich, als *in der befördernden oder hemmenden Kraft*, welche sie der inneren Sprachtendenz gegenüberstellt“ (VII 52). – „Ohne aber über die Priorität der einen oder andren entscheiden zu wollen, müssen wir als das reale Erklärungsprincip und als den wahren Bestimmungsgrund der Sprachverschiedenheit *die geistige Kraft der Nationen* ansehen, weil sie allein lebendig selbstständig vor uns steht, die Sprache dagegen nur an ihr haftet“ (VII 42). – „Die Thätigkeit der Sinne muss sich mit der inneren Handlung des Geistes synthetisch verbinden, und aus dieser Verbindung reisst sich die Vorstellung los, wird, *der subjectiven Kraft* gegenüber, zum Object und kehrt, als solches auf neue wahrgenommen, in jene zurück. Hierzu aber ist die Sprache unentbehrlich“ (VII 55). – „Mit dem Verstehen verhält es sich nicht anders. Es kann in der Seele nichts, als durch eigne Thätigkeit vorhanden seyn, und Verstehen und Sprechen sind nur verschiedenartige Wirkungen der nemlichen *Sprachkraft*“ (VII 56). – „Die Sprache bietet uns eine Unendlichkeit von Einzelheiten dar, in Wörtern, Regeln, Analogieen und Ausnahmen aller Art, und wir gerathen in nicht geringe Verlegenheit, wie wir diese Menge, die uns, der schon in sie gebrachten Anordnung ungeachtet, doch noch als verwirrendes Chaos erscheint, mit der Einheit des Bildes *der menschlichen Geisteskraft* in beurtheilende Vergleichung bringen sollen“ (VII 44-45). – „In dem Verstehenden, wie im Sprechenden, muss derselbe aus der eignen, *innen Kraft* entwickelt werden“ (VII 56). – „Die *Denkkraft* bedarf etwas ihr Gleiches und doch von ihr Geschiednes“ (VII 56).

keit des Konstitutionsaktes des Sprachlichen. Die ,Bildung des Sprachlichen' ist überhaupt nur möglich deswegen, weil die Wirklichkeit als Wirklichkeit dies in ihrem Begriff bereits implizit mitträgt; sie, die sprachliche Wirklichkeit, hält den Primat als Einheit von Bewegung, Tätigkeit und Sein des Sprachlichen. Sie tritt ein, wenn nichts entgegensteht. Sie ist aus ihren Möglichkeiten heraus Schöpfung, Sprachbildung, Spracherzeugung, Realisierungsgröße des Sprachvermögens und der Sprachwerkzeuge, Ursache und Veränderung von Verschiedenheit, als Wirkung höchster Sprachzweck.

12.5 Der Akt der Sprache

Die ,Bildung der Sprache' ist vor allem von ihrem Konstitutionsmoment selbst, ihrem Akt des Erzeugens, her verständlich. In diesem fünften Reflexionsraum sammeln sich geballt Kernpunkte Humboldtschen Sprachdenkens. Wie so häufig wirkt das Zentrale zunächst fast wie beiläufig erwähnt:

> „Gerade das Höchste und Feinste lässt sich an jenen getrennten Elementen nicht erkennen und kann nur (was um so mehr beweist, dass die eigentliche Sprache in dem Acte ihres wirklichen Hervorbringens liegt) in der verbundenen Rede wahrgenommen oder geahndet werden" (VII 46).

Die in Klammern gesetzte Behauptung führt in den Brennpunkt Humboldtscher Sprachtheorie, ohne den die bisherigen Bestimmungen auf der Grundlage der aristotelischen Ontologie keine theoretische Affinität entwickeln. Humboldt installiert diesen ,Akt der Sprache' terminologisch mit einer ganzen Fülle von Begriffen, die erst durch die Ermittlung des theoretischen Ortes eine Neubewertung und damit entsprechende Ausrichtung und spezifische Funktionalität erfahren. Eine Auswahl macht das systematische Gewicht des Reflexionsraums deutlich: Begriff, Bezeichnung, Bestimmung, Einheit, Erscheinung, Erzeugung, Erzeugtes, Gegenstand, Existenz, Gebrauch, Formung, Handeln, hervorbringen, Rede, Redender, Redefügung, Schöpfung, Sprachansicht, Spracherzeugung, Sprechen, Synthesis, Verschmelzung, Vervollständigung, Vollkommenheit, Vollendung, vollendet, Zeichen, Ziel. Die Qualifizierung des zugrundeliegenden Vorgangs ist daher auch nicht mit den bisherigen Reflexionsbemühungen vergleichbar, sondierten diese doch vor allem Bedingungen der Möglichkeit des Wesens der Sprache. Die Diktion zum ,Akt der Sprache' Humboldts gleicht dann auch häufig vielmehr einer

Inszenierung denn einer nüchternen begrifflichen Inventarisierung – was der Rationalität der Argumentation jedoch keinen Abbruch tut. Der ‚Akt der Sprache‘ generiert zur Größe, auf die alles andere zugeordnet wird.[179]

Diese Systemstelle liegt damit analog zur ἐντελέχεια-Konzeption des Aristoteles in deren doppelter Bedeutung. Zunächst als ‚vollkommene Vollkommenheit‘ bzw. als ‚Vollendung‘. Wie in dieser Vollkommenheit das Ziel in seiner Gänze präsent ist, ist im ‚Akt der Sprache‘ immer schon die ganze Sprache als Ziel ihrer selbst offenbar. Ontologisch gesehen ist nichts anderes als die Sprache selbst wesenhaftes Ziel ihrer Entwicklung. Im ‚Akt des Hervorbringens‘ ist sie allein aktual präsent. Dies aber ist nur evident, wird es gleichzeitig im Horizont der ‚unvollkommenen Vollkommenheit‘, der ἐντελέχεια ἀτελής, verstanden. Alle Thematisierung der Aktualität des Sprachlichen wäre entweder banal oder im Hinblick auf die Wesensaussage zur Sprache reduktionistisch, reflektierte der Akt des Sprachlichen nicht immer schon seine eigenen Konstitutionsbedingungen: hier liegt der eigentlich sprachtheoretische Kern des Humboldtschen Konzepts der ‚menschlichen Rede‘. Immer ist das Wesen der Sprache nicht aus Zeit und Reflexion genommen, sondern beides ist prinzipiell nicht starr; immer drängt die unvollkommene Vollkommenheit nach ihrer regelrechten, vollkommenen und aktualen Verwirklichung in Akt und Re-

---

[179] Vgl. Humboldts Verortungen des Begriffs in den folgenden systematischen Verknüpfungen: „Da das intellectuelle Streben nicht bloss den Verstand beschäftigt, sondern den ganzen Menschen anregt, so wird auch dies vorzugsweise durch den Laut der Stimme befördert. Denn sie geht, als lebendiger Klang, wie das athmende Daseyn selbst, aus der Brust hervor, begleitet, auch ohne Sprache, Schmerz und Freude, Abscheu und Begierde, und haucht also das Leben, aus dem sie hervorströmt, in den Sinn, der sie aufnimmt, so wie auch die Sprache selbst immer zugleich mit dem dargestellten Object die dadurch hervorgebrachte Empfindung wiedergiebt und in immer wiederholten Acten die Welt mit dem Menschen der, anders ausgedrückt, seine Selbstthätigkeit mit seiner Empfänglichkeit in sich zusammenknüpft" (VII 54-55). – „Was die Sprache in dem einfachen Acte der Gedankenerzeugung nothwendig macht, das wiederholt sich auch unaufhörlich im geistigen Leben des Menschen; die gesellige Mittheilung durch Sprache gewährt ihm Ueberzeugung und Anregung" (VII 56). – „Durch denselben Act, vermöge dessen er die Sprache aus sich herausspinnt, spinnt er sich in dieselbe ein, und jede zieht um das Volk, welchem sie angehört, einen Kreis, aus dem es nur insofern hinauszugehen möglich ist, als man zugleich in den Kreis einer andren hinübertritt" (VII 60). – „Die Sprache ist gerade insofern objectiv einwirkend und selbstständig, als sie subjectiv gewirkt und abhängig ist. Denn sie hat nirgends, auch in der Schrift nicht, eine bleibende Stätte, ihr gleichsam todter Theil muss immer im Denken aufs neue erzeugt werden, lebendig in Rede oder Verständniss, und folglich ganz in das Subject übergehen; es liegt aber in dem Act dieser Erzeugung, sie gerade ebenso zum Object zu machen: sie erfährt auf diesem Wege jedesmal die ganze Einwirkung des Individuum; aber diese Einwirkung ist schon in sich durch das, was sie wirkt und gewirkt hat, befunden" (VII 63).

flexion. Aufgrund des zugrundeliegenden aristotelischen Musters des doppelten Charakters der ἐντελέχεια werden so auch die auf den ersten Blick verwunderlich anmutenden Formulierungen, wie ‚nie identisch genug‘ (VII 42) oder auch ‚in höherer Vollkommenheit‘ (VII 57), einsichtig und durchschaubar: Das Totale gewahrt seine immerwährende Unvollkommenheit als seine Zielperspektive in sich selbst und drängt somit stets nach aktualer Verwirklichung. Humboldt hat hier – wie Aristoteles – zwei Bedingungen des Entstehens von Wirklichkeit überhaupt in eins gedacht und im ‚Akt des Hervorbringens‘ der Sprache systematisch gebündelt. Erst so erhält alles ontologisch Durchdrungene bei Aristoteles und alles sprachlich Ontologische bei Humboldt seinen grundständigen kinetischen Charakter als umfassende Genesis des Werdens und Vergehens. Indem die Sprache Ziel ihrer eigenen Entwicklung ist, ist der ‚Akt‘ das Brennglas der sprachontologischen Genesis, das der Welt als ihr selbst aufliegt: in ihm kompiliert das theoretische Ensemble der Verwandlung der Welt in Sprache, dessen praktischer Vollzug und das normative Grundmuster ontologisch-sprachtheoretischer Erinnerung.

Damit löst Humboldt (und nicht schon durch die Komplementarität von Stoff und Form) die Dichotomie von Struktur und Kontinuum als im Akt prinzipiell bewegt bzw. tätig auf. Die innere und äußere Paradoxie dieses Vorganges ist das existentielle Fundament des sprachlich-bestimmten Menschen, denn die Sprache hat „nirgends, auch in der Schrift nicht, eine bleibende Stätte, ihr gleichsam todter Theil muss immer im Denken aufs neue erzeugt werden, lebendig in Rede oder Verständniss, und folglich ganz in das Subject übergehen; es liegt aber in dem Act dieser Erzeugung, sie gerade ebenso zum Object zu machen: sie erfährt auf diesem Wege jedesmal die ganze Einwirkung des Individuum; aber diese Einwirkung ist schon in sich durch das, was sie wirkt und gewirkt hat, gebunden. Die wahre Lösung jenes Gegensatzes liegt in der Einheit der menschlichen Natur" (VII 63). Wieder einmal erweist sich die Einheit der Reflexion von Anthropologie und Sprachtheorie als eines der produktivsten wissenschaftstheoretischen Erklärungsprinzipien Humboldts. In der Einheit dieser sprachlichen Natur konstituiert sich das sprachliche Subjekt.

Aus diesem ‚Akt des Hervorbringens‘ als primäre Seinserfahrung zieht Humboldt eine Konsequenz, die bereits Aristoteles auf anderer Ebene, aber aus ganz ähnlichen theoretischen Gründen für seine Wirklichkeitskonzeption gezogen hat: die des Wirklichkeitsprimats, in Humboldts Kontext konfiguriert als Primat des Sprechens vor anderen Erscheinungsformen der Sprache, denn es ist direkt dem ἐντελέχεια-Charakter der Sprache geschuldet, daß man „im wahren und wesentlichen Sinne (...)

auch nur gleichsam die Totalität dieses Sprechens als die Sprache ansehen" (VII 46) kann. Andererseits wäre es grundfalsch, dieses Äußere des Sprechvorgangs von seinen inneren Konstitutionsbedingungen, den sprachlich-transzendentalen Voraussetzungen der Begriffsbildung, zu trennen. Es ist zwar Humboldts Behauptung, daß vor allem in der gesprochenen Sprache „das geistige Streben sich Bahn durch die Lippen bricht. (...) Die Vorstellung wird also in wirkliche Objectivität hinüberversetzt, ohne darum der Subjectivität entzogen zu werden" (VII 55, VI 155). Und es ist auch deutlich, daß solche Objektivierung „nur die Sprache" (VII 55) vermag. Dies gilt aber generell für den ‚Akt der Sprache', nicht nur für die phänomenologische Komponente ihres gesprochenen Ausdrucks, denn ohne die reflexive Verknüpfung der inneren und äußeren Ansicht des Akts der Sprache „ist die Bildung des Begriffs, mithin alles wahre Denken unmöglich. Ohne daher irgend auf die Mittheilung zwischen Menschen und Menschen zu sehn, ist das Sprechen eine nothwendige Bedingung des Denkens des Einzelnen in abgeschlossener Einsamkeit" (VII 55, VI 155). Das ‚Entelechetische' der Sprache ist somit gerade nicht an Kommunikation gebunden, sondern an Humboldts grundlegende Einsicht, daß all unser Denken immer sprachlich ist: „Subjective Thätigkeit bildet im Denken ein Object" (VII 55, VI 155), und diese Objektbildung ist Weltkonstitution als Begriffsbildung. Erst im theoretischen Panorama aristotelischer Ontologie ist in voller Reichweite erkenntlich, was diese ungeheure Behauptung fundiert: „Die Sprache ist das bildende Organ des Gedanken" (VII 53, VI 151).

Das Ziel, das τέλος, der Sprache ist auf der Ebene der Weltkonstitution die Bildung der Begriffe, im Hinblick auf ihr Wesen ist es das ontologische Postulat, daß das in sich gehaltene Ziel notwendig zur Vollendung gelangt. Aus dem aristotelischen Begriffspanorama heraus wird darüber hinaus deutlich: Wie das ἔργον lexikalisch in der ἐνέργεια präsent ist und damit systematisch seine Vergegenständlichung unterminiert, so ist das τέλος, aus dem gleichen Grund, in der ἐντελέχεια aufgehoben; und nur, weil das τέλος immer in der ἐντελέχεια schon präsent ist, macht es überhaupt Sinn, davon zu sprechen, daß ἐνέργεια ‚Im-Werk-sein', Einheit der Wirklichkeit in Tätigkeit, Sein und Bewegung, bedeutet. Verbunden mit der lexikalischen Integration des ἔργον, die hier gleichermaßen die ontologische apostrophiert, ist die Charakterisierung der ἐνέργεια als an die Verwirklichung des τέλος gebunden. Durch dieses – bei Humboldt sprachlich determinierte – τέλος nun geht die ἐνέργεια als sprachkonstituierende Tätigkeit hin auf die ἐντελέχεια in ihrer zweiten Bedeutung, auf die Vollendung im Sinne der aktualen Verwirklichung des Akts der Sprache. In der doppelten Bedeutung der aristotelisch-humboldtschen ἐντελέχεια löst sich somit der Charakter des εἶδος, der inneren Struktur der Sprache, als vorgegebene, aber doch den Gegenständen jeweils spezifische Konstante einerseits und als Formgeber der Bewegung andererseits produktiv auf. Die ἐντελέχεια als Vollendung wird, versteht man sie im eigentlichen Sinne als sprachliche Tatsächlichkeit, zur ἐνέργεια, zum Orientierungspunkt ‚Wirklichkeit' innerhalb des Entwicklungsbegriffes, der durch die ἐντελέχεια ἀτελής repräsentiert ist, also der ἐντελέχεια, die das Ziel des sprachlichen Entwicklungsprozesses kontinuierlich in sich hält. Das τέλος ist doppelte Orientierung als ständig unvollkommene, gleichzeitig aber auch aktual präsente Gewißheit spezifischer Bestimmung, ohne jedoch dabei jemals in sich different zu sein. Damit ist Humboldts ontologischer Grundstein gelegt: Der Akt der Sprache bindet deren ganzes Wesen an den individuellen Menschen, denn „erst im Individuum erhält die Sprache ihre letzte Bestimmtheit" (VII 64). Und in der Wesensbestimmung ihren ersten Grund.

12.6 Das Wesen der Sprache

Um Humboldts Wesensaussage zur Sprache richtig zu verstehen, ist zunächst die Konzeption der οὐσία bei Aristoteles zu erinnern. Hier war auffallend, daß das Konzept keinesfalls eine in sich theoretisch durchgehend kohärente, geschweige denn in ihren definitorischen Bestimmungen eindeutige Programmatik aufweist. Abwechselnd kann das ‚Beharrende', der ‚Träger der wechselnden Affektionen' gemeint sein, dann das ‚Selbständige', dann wieder die der Materie innewohnende ‚Form', weiterhin das ‚Wesentliche', dann wiederum das ‚Einzelding' selbst. Auch die ‚Materie', die ‚Gestalt' und das ‚Produkt' konnten spezifisch als οὐσία bezeichnet werden. Vor allem der jeweilige funktionale Rahmen erschließt den Bedeutungsspielraum dieses Begriffs, der wiederum den Konstitutionsrahmen erst beschreibt, in dem er Gültigkeit erlangt. Ein systematisch äußerst problematisches Unterfangen, und deshalb hat Aristoteles selbst in der *Metaphysik* explizit eine Untersuchung derart vorgenommen, welche der von ihm postulierten vier Hauptbedeutungen ‚Sosein', das ‚Allgemeine', die ‚Gattung' und das ‚Zugrundeliegende' auf den οὐσία-Begriff zutreffen könne und welche nicht. Ergebnis dieser Untersuchung war, daß die erste und die vierte Hauptbedeutung den eigentlichen Schwerpunkt des Konzepts bilden, dies sich also wesentlich durch seine doppelte Ausrichtung auf das konkrete Sosein einerseits und auf die Bestimmung als Zugrundeliegendes (also als das, von dem das übrige ausgesagt wird, das selbst aber nicht wieder von einem anderen ausgesagt werden kann) andererseits bestimmt wird. Es sei daran erinnert, daß *Met. VIII* [1043b] feststellt, daß der οὐσία als ‚Sosein' einerseits die ‚Art-Form', also die εἶδος-Struktur, und andererseits die Wirklichkeit, also das ἐνέργεια-Postulat mit allen dazugehörigen Attributionen, zukommt. Sowohl die Frage der Wirklichkeitskonstitution wie das Problem ihrer inneren Struktur spielen bei der Aufklärung der οὐσία-Konzeption demnach eine zentrale Rolle. In [1045b] kann Aristoteles dann auch resümieren, daß „über das nun, was im eigentlichen Sinne seiend ist und worauf alle anderen Aussageweisen (Kategorien) des Seienden zurückgeführt werden, gehandelt worden ist (Umst., U.W.), nämlich über das Wesen"[180]. Gelingen konnte dies, indem Aristoteles auch mit Hilfe des οὐσία-Begriffs selbst zu dessen eigener Aufdeckung bereit war, also seinen Reflexionsraum der Bestimmung des Wesenscharakters aus diesem selbst heraus zu entwickeln verstand.

Es ist nun nicht mehr sonderlich überraschend, daß Humboldt bei seiner Bestimmung dessen, was das Wesen der Sprache ist, alle diese Schwierigkeiten kennt und damit zunächst auch die hiermit verbundenen Probleme übernehmen wird. Er übernimmt aber ebenfalls das gesamte Potential an Chancen, denn in Humboldts sechstem Reflexionsraum zum Wesen der Sprache, dem Raum, zu dem stets die Argumentation konvergiert, spielt neben dem ‚Wesens'-Begriff vor allem der Terminus ‚Sprache' selbst die entscheidende Hauptrolle. Humboldt weiß, daß das Wesen der Sprache im Grunde diese immer schon selbst ist, die heuristische Kontextuierung einer Diskussion um das Wesen der Sprache gibt die Richtung an, die alle sprachtheoretische Aufklärung nehmen muß. Es geht insofern um das ‚Wesen' der ‚Sprache', als es um das ‚Wesen der Sprache' geht, also *einen* – aus sich selbst heraus erklärenden – Begriff im Horizont der Wirklichkeitskonstitution. In Humboldts Diktion ist die ganze theoretische Unternehmung damit auf „die Sprache, in ihrem wirklichen Wesen aufgefasst" (VII 45), gerichtet. Aus diesem Grunde macht es Sinn, alle Komposita von ‚Sprache' diesem Reflexionsraum zuzurechnen, sie messen den Raum aus, der deren Wesen Struktur gibt und geben diese Struktur auch direkt vor. Sie alle: Sprachähnlichkeiten, Sprachansicht, Sprachbau, Sprachbildung, Sprachelemente, Spracherzeugung, Sprachfähigkeit, Sprachforschung, Sprachgesetze (innere), Sprachgestaltung, Sprachkraft, Sprachlaut, Sprachmittheilung, Sprachorgane, Sprachreichthum, Sprach-

---

[180] Aristoteles: *Metaphysik. Neubearbeitung der Übersetzung von H. Bonitz. Mit Einleitung und Kommentar hrsg. von H. Seidl.* Hamburg (3., verb. Aufl.) 1989-91. 2. Halbband. IX. S. 101.

sinn, Sprachstamm, Sprachstämme, Sprachstudium, Sprachsystem, Sprachtendenz, Sprachuntersuchung, Sprachvermögen, Sprachwerkzeuge, Sprachzergliederung und Sprachen klären den Begriff des Wesens der Sprache von innen heraus, beschreiben das εἶδος des Wesens der Sprache. Die innere Struktur dieses Wesens ist somit vor allem durch die Attributionen gekennzeichnet, die der Begriff der Sprache selbst konstituieren und theoretisch vorhalten kann.

Lediglich eines, und hier ist Humboldt verständlicherweise selbst unsicher, ist die Sprache nur in sehr eingeschränkter Weise, nämlich das konkrete Einzelding als reale, artifizielle Totalität, das τὸ ἐκ τούτων als die ‚Verbindung beider' von Stoff und Form. Die Sprache ist zwar real, aber kein Ding. Sie ist nicht in der Welt, wie das ‚Ding' des Aristoteles, sie ist diese Welt selbst. Kein anderer Begriff taucht daher in der *Kawi-Einleitung* auch so oft auf wie der Begriff der ‚Sprache': Allein in dem näher untersuchten Textausschnitt insgesamt knapp 150mal. Die Liste der Komposita macht Humboldts Anliegen durchschaubar: das Wesen der Sprache kann nicht erfaßt, sondern nur begrifflich gesucht werden. Hier ist und bleibt Humboldt ganz Idealist. Die οὐσία des Aristoteles begreift der Kantianer in ihrer Bedeutung als begriffliche Synthese des Untersuchungsgegenstandes schlechthin. Die Annahme eines ‚Wesens der Sprache' ist damit nicht die Behauptung einer autonomen Dinglichkeit eines solchen ‚Wesens', sie zeigt die Notwendigkeit und die Einsicht in die begriffliche Erkenntnis der Welt. Kaum eine andere Textstelle kommentiert dies eindringlicher als die folgende, obwohl sie häufig in die genau gegenteilige Richtung interpretiert worden ist:

> „Ohne aber über die Priorität der einen oder andren entscheiden zu wollen, müssen wir als das reale Erklärungsprincip und als den wahren Bestimmungsgrund der Sprachverschiedenheit die geistige Kraft der Nationen ansehen, weil sie allein lebendig selbstständig vor uns steht, die Sprache dagegen nur an ihr haftet. Denn insofern sich auch diese uns in schöpferischer Selbstständigkeit offenbar, verliert sie sich über das Gebiet der Erscheinungen hinaus in ein ideales Wesen" (VII 42).

Das ideale Wesen der Sprache ist demnach gerade nicht die Behauptung eines losgelösten Sprachwesens, das sich durch die Möglichkeit gegenständlicher Betrachtungsweise jedem sprachwissenschaftlichen Voyeurismus unaufgefordert öffnet. Sie *ist* vielmehr gerade durch ihre innere Struktur, die sich hier in den Größen ‚Sprachverschiedenheit' und ‚geistige Kraft der Nationen' manifestiert. Dies garantiert allerdings auch, daß eine Wesensbestimmung immer insofern das ‚Sosein' mitbedenkt, als hier niemals nur eine beliebig verhandelbare, terminologische Zufälligkeit gemeint sein kann. Die Sprache ist in der Tat in der Hinsicht ein Wesen, als ihr Charakter nicht auf die Reflexion trifft wie die versuchende Hypothese auf den wissenschaftlichen Gegenstand: „In dieser Definition erscheint dieselbe als ein durch die Wissenschaft gebildetes Abstractum. Es würde aber durchaus unrichtig seyn, sie auch an sich bloss als ein solches daseynloses Gedankenwesen anzusehen" (VII 47). Sodann ist klar, daß vieles an der Wesensbestimmung der Sprache unerkannt bleiben muß. Und es schließt sich der Argumentationskreis zum ersten, vorgängigen Reflexionsraum, der das Geltungsareal sprachtheoretischer Erörterung absteckte:

> „Wie viel man in ihr heften und verkörpern, vereinzeln und zergliedern möge, so bleibt immer etwas unerkannt in ihr übrig, und gerade dies der Bearbeitung Entschlüpfende ist dasjenige, worin sie Einheit und der Odem eines Lebendigen ist" (VII 48).

Das Lebendige des Sprachlichen sichert die Unerreichbarkeit totaler analytischer Erklärung des Wesens der Sprache. Erst so bleibt die Sprache wissenschaftlich wertvoll und es entspricht auch deren Wesen, dessen innere Struktur niemals ganz preiszugeben: „Die Sprache enthält aber zugleich nach zwei Richtungen hin eine dunkle, unenthüllte Tiefe" (VII 62). Nicht nur in die, die dem Menschen den „Blick in eine unendliche, allmählich weiter zu entwirrende Masse offen" (VII 62) hält, sondern auch nach „rückwärts fliesst sie aus unbekanntem Reichthum hervor" (VII 62). Wenn die Sprache daher „auch in der Schrift den schlummernden Gedanken dem Geiste erweckbar erhält, so bildet sie sich ein eigenthümliches Daseyn, das zwar immer nur in jedesmaligem Denken Geltung erhalten kann, aber in seiner Totalität von diesem unabhängig ist. Die beiden hier angeregten, einander entgegengesetzten Ansichten, dass die Sprache der Seele fremd und ihr angehörend, von ihr unabhängig und abhängig ist, verbinden sich wirklich in ihr und machen die Eigenthümlichkeit ihres Wesens aus" (VII 63). Damit wird einerseits der doppelte Charakter dieses Wesens der Sprache als Allgemeines und gleichermaßen Konkretes möglich: „Denn so wundervoll ist in der Sprache die Individualisirung innerhalb der allgemeinen Uebereinstimmung, dass man ebenso richtig sagen kann, dass das ganze Menschengeschlecht nur Eine Sprache, als dass jeder Mensch eine besondere besitzt" (VII 51), andererseits firmiert die sprachtheoretische Frage zur Kardinalfrage sprachwissenschaftlicher Beschäftigung überhaupt, denn „das Unerlasslichste hierbei ist, dass dem Unternehmen eine richtige und würdige Ansicht der Sprache, der Tiefe ihres Ursprungs und der Weite ihres Umfangs zum Grunde gelegt werde" (VII 53).

Diese Aufgabenstellung umschreibt Humboldts Projekt präzise. Er findet die Antwort in einer großartigen Erinnerung an die aristotelische Ontologie, eine Erinnerung, die er in der Transformation ihrer begrifflichen Parameter zu gestalten sucht. Humboldt wird damit beileibe nicht zum wirkungsmächtigsten Aristoteles-Rezipienten der Neuzeit, vielleicht aber zu dem, der die am weitesten überhaupt zu erreichenden systematischen Konsequenzen für denkbar hielt.

12.7 Schluß: *Metamorphosen*

So gelang „die Verwandlung der Welt in Sprache" (VI 28). Nichts kam hinzu, nichts ging verloren, alles ist verändert. Die Welt ersteht als Einheit von Sein und Reflexion neu im Geltungsraum des Sprachlichen. Auf der Suche nach einem Kommentar dieser einzigartigen Unternehmung neuzeitlicher Philosophie begegnet auf der Wegstrecke zwischen den beiden großen Theoretikern der Dichter. Ovid im fünfzehnten Buch der *Metamorphosen*:

> „Nec species sua cuique manet, rerumque novatrix
> ex aliis alias reddit natura figuras:
> nec perit in toto quicquam, mihi credite, mundo,
> sed variat faciemque novat, nascique vocatur
> incipere esse aliud, quam quod fuit ante, morique,
> desinere illud idem. cum sint huc forsitan illa,
> haec translata illuc, summa tamen omnia constant.
> Nil equidem durare diu sub imagine eadem
> crediderim"[181].

> „Keines verbleibt in derselben Gestalt, und Veränderung liebend
> Schafft die Natur stets neu aus anderen andere Formen,
> Und in der Weite der Welt geht nichts – das glaubt mir – verloren;
> Wechsel und Tausch ist nur in der Form. Entstehen und Werden
> Heißt nur anders als sonst anfangen zu sein, und Vergehen
> Nicht mehr sein wie zuvor. Sei hierhin jenes versetzt,
> Dieses vielleicht dorthin: im Ganzen ist alles beständig.
> Unter dem selbigen Bild – so glaub' ich – beharrt auf die Dauer
> Nichts in der Welt"[182].

---

[181] Publius Ovidius Naso: *Metamorphosen. Lateinisch-deutsch. In deutsche Hexameter übertragen von E. Rösch. Herausgegeben von N. Holzberg.* Zürich, Düsseldorf 1996. S. 568.

[182] Publius Ovidius Naso: *Metamorphosen. In der Übertragung von Johann Heinrich Voß. Mit den Radierungen von Pablo Picasso und einem Nachwort von B. Kytzler.* Frankfurt 1990. S. 354-355.

Nachwort:

Humboldts Welt: Schock und Schöpfung der Sprache

Die folgenden Unterlegungen und Über-Griffe von und auf Humboldts Welt tragen freimütig und gefaßt den Charakter eines Nachwortes. Sie dienen vorderhand dazu, zwei ausgewählten Frageperspektiven in nicht durchgängig wissenschaftlicher Behandlungsart diskursiven Platz zu bieten, die in herausgehobener Weise Konsequenzen (auch) der aristotelischen Fundierung des Humboldtschen Sprachdenkens illustrieren und die auf dem Hintergrund der bisherigen theoretischen Ausarbeitungen nun greifbar werden können. Die folgende Demonstration erhebt daher nicht den Anspruch, die zugrunde liegenden theoretischen Problemstellungen ausführlich zu analysieren, sie nutzt vielmehr in Stil und Inhalt die Chancen, die einer eher essayistischen Reflexionsmodalität, die sich auf ausgewählte Textpassagen beruft, eigen sind. Es steht immerhin anhand von zwei zentralen Fragen der exemplarische Aufweis dafür an, daß Humboldt mit seiner Aristoteles-verantworteten sprachtheoretischen Theorieentwicklung nicht wissenschaftliche Selbstthematisierung betrieben hat, sondern daß hier eine Reichweite von Relevanz angesprochen ist, die alles menschliche Denken und Handeln umfaßt und letztlich auch zur Veränderung bereitstellen will: Humboldts Welt als Raum des besseren Handelns, als πρᾶξις höchster θεωρία, als Welt, in der νόησις νοήσεως höchste ἐνέργεια verspricht. Die beiden Frageperspektiven sind: Die Wirklichkeit des *Verstehens* und die Möglichkeit der Rekonstruktion von *Geschichte*. Ihre Besprechung allusioniert en passant auf wesentliche Erträge dieser Studie. Diese endet mit einem – abenteuerlich konzisen – Resümee, das damit seinen applikablen und gleichwohl auch unvermeidlich apostolischen Charakter erfolgreich verbergen kann.

1. Sprachhandeln als Welthandeln: Wirkliches Verstehen

Als Zweck der Sprache hat Humboldt bestimmt: „Sie hat zum Zweck das Verständniss" (VII 47), und sagt damit schon unmißverständlich inklusive, daß der Begriff des Verständnisses nicht auf die bloße Kommunikation reduziert werden darf: „Die zunächst liegende, aber beschränkteste Ansicht der Sprache ist die, sie als ein blosses Verständigungsmittel zu betrachten" (VI 22). Humboldt wehrt sich gegen eine Sicht von Sprache, die diese nur als Austausch konventionell codierter Zeichen notiert. Er bezieht diese vielmehr – wie Aristoteles übrigens auch – signifikant auf Gesellschaftlichkeit als Dimension und Phänomen ihrer Wesenhaftigkeit. Der ‚innere Sprachzweck' weist auf ein solches Verständnis hin, darf aber nicht, wie aufgezeigt wurde, als Mystifizierung mißverstanden werden. Der Zweck der Sprache ist bei Humboldt zunächst einerseits Rückruf in ‚Verfahrensfragen', und zwar derart, das Wesen der Sprache und deren Untersuchung nicht nur in ihren äußeren Erscheinungsformen zu bemerken. Andererseits verweist Humboldt auf ein umfassendes hermeneutisches Verständniskonzept, das erst in der Kombination mit der These der sprachlichen ‚Weltansichten' wirksam wird.[1] T. Borsche hat die Bedeu-

---

[1] Vgl. zum ‚Weltansichten'-Motiv Humboldts und zur Verstehensproblematik: Borsche, T.: *Wilhelm von Humboldt.* München 1990. S. 156-170. – Burkhardt, A.: „Der Dialogbegriff bei Wilhelm von Humboldt". In: Hoberg, R. (Hrsg.): *Sprache und Bildung. Beiträge zum 150. Todestag Wilhelm von Humboldts.* Darmstadt 1987. S. 141-173. – Christmann, H. H.: *Beiträge zur Geschichte der These vom Weltbild der Sprache.* Mainz 1967. – Di Cesare, D.: „Individualität der Sprache und Verstehen des Anderen. Humboldts dialogische Hermeneutik". In: *Internationale Zeitschrift für Philosophie*, Jg.1996, H.2, S. 160-184. – Hassler, G.: „Zur Stellung von Humboldts ‚sprachlicher Weltansicht' und seiner Konzeption der Sprache als organisches Ganzes in der Geschichte der Sprachtheorien". In: Spreu, A. und Bondzio, W. (Hrsg.): *Humboldt-Grimm-Konferenz. Berlin, 22.-25. Oktober 1985.* Berlin (DDR) 1986. S. 263-274. – Heeschen, V.: „Weltansicht – Reflexionen über einen Begriff Wilhelm von Humboldts". In: *Historiographia Linguistica*, Bd. IV (1977), S. 159-190. – Hennigfeld, J.: „Sprache als Weltansicht. Humboldt – Nietzsche – Whorf". In: *ZPhF*, 30. Jg. (1976), S. 435-451. – Hoberg, R.: „Die sprachlichen Weltansichten gleichen sich an. Ein Begriff Wilhelm von Humboldts und die gegenwärtige Sprachentwicklung". In: ders. (Hrsg.): *Sprache und Bildung. Beiträge zum 150. Todestag Wilhelm von Humboldts.* Darmstadt 1987. S. 217-235. – Ivo, H.: „Wilhelm von Humboldts Sprache des Diskurses. Zwischen Weltansichten und allgemeiner Grammatik". In: Müller-Sievers, H. (Hrsg.): *Poetik, Humboldt, Hermeneutik: Studien für Kurt Mueller-Vollmer zum 60. Geburtstag.* Tübingen 1988. S. 67-104 (= In: Kodikas/Code. Ars Semeiotica. 11.Bd. [1988]. H. 1/2). – Jäger, L.: Über die Individualität von Rede und Verstehen – Aspekte einer hermeneutischen Semiologie bei Wilhelm von Humboldt". In: Frank, M. und Haverkamp, A. (Hrsg.): *Individualität. Akten des Kolloquiums ‚Poetik und Hermeneutik'.* München 1988. S. 76-94. – Menze, C.: „Sprechen, Verstehen, Antworten als anthropologische Grundphänomene in der Sprachphilosophie Wilhelm von Humboldts". In: *Pädagogische Rundschau*, 17. Jg.

tung des Zwecks der Sprache als Option der hermeneutischen Sprach-Welt so zusammengefaßt:

> „Denn die Vermittlung von Individuum zu Individuum kennt kein Gesetz. Kein allgemeiner Zweck leitet sie, und sie ist doch jederzeit zweckmäßig. Kein allgemeiner Verstand bindet sie, und sie ist doch jederzeit verständlich. Die Zweckmäßigkeit der Sprache ist allein ihre Verständlichkeit."[2]

Der Zweck der Sprache ist vor allem: Verstehende Intersubjektivität. Bei der Klärung aristotelischer Sprachtheorie ist deutlich geworden, daß die Annahme einer naiven Repräsentation geradezu zum unerläßlichen Know-how antiker Erkenntniskritik gehören muß. Nur in der Trennung der Welt der Gegenstände von der der Sprache kann die Findung der Wahrheit allein der unerbittlichen Diagnose der Schlüsse vorbehalten bleiben: die Welt der Wirklichkeit erhält ihre Gewißheit und ihre ontologische Redlichkeit allein durch eine Sprache der Wahrheit. In der Welt Humboldts jedoch, in der alle Weltgeschichten Sprachgeschichten sind, muß die Wahrheit anders begehrt, gesucht und ertragen werden: Wie wird eine Sprache der Weltkonstitutionen konkret? Wie ist Individualität und Freiheit gesichert? Gibt es Wahrheit, die legitimationsfähig oder legitimationsfertig ist? Was wird überhaupt verstanden? Ist soziales Handeln schlechthin erträglich?

Humboldts Entwurf zu diesem Fragekomplex, der hier nur in Ansätzen skizziert werden kann, gehört zu dem Humansten und in seiner erbarmungslosen Lautlosigkeit vielleicht Unentbehrlichsten, was neuzeitliches Denken überhaupt hervorgebracht hat. Einige prominente und gleichermaßen berüchtigte Textstellen sollen dazu noch einmal, nun unter der Fragestellung der Wahrheitsreflexion im Horizont der neuzeitlichen Konstitution des Subjekts, untersucht werden. Als besonders ausgewiesen

---

(1963), S. 475-489. – Neumann, W.: „Sprachliche Weltansicht – theoria lingua cum praxi historica". In: ders. und Techtmeier, B. (Hrsg.): *Bedeutungen und Ideen in Sprachen und Texten.* Berlin (DDR) 1987. S. 153-173. – Riedel, M.: *Verstehen oder Erklären? Zur Theorie und Geschichte der hermeneutischen Wissenschaften.[IV. Kapitel: Historische, philologische und philosophische Erkenntnis. Wilhelm von Humboldt und die hermeneutische Wende der Philosophie].* Stuttgart 1978. S. 134-159. – Saffer, St.: *Sprachindividualität: Untersuchungen zum Weltansichtstheorem bei Wilhelm von Humboldt und Martin Heidegger.* Aachen (Diss.) 1996. – Stetter, Ch.: „Weltansichten – Wilhelm von Humboldts Idee einer allgemeinen Sprachkunde. Zum Verhältnis von Philosophie und Sprachwissenschaft". In: *Begegnung mit dem ‚Fremden'. Grenzen – Traditionen – Vergleiche. Akten des VIII. Internationalen Germanisten Kongresses Tokyo 1990.* München 1991. S. 206-214 (Bd. III). – Thurner, R.: *Die Offenheit der Sprache. Eine Untersuchung zu Humboldts These der sprachlichen Weltansicht.* Innsbruck 1990.

2 Borsche, „Die innere Form der Sprache", a.a.O., S. 63.

gilt die These Humboldts, daß jedes Subjekt in seiner Subjekthaftigkeit eine eigene ‚Weltansicht' halte. In *Grundzüge des allgemeinen Sprachtypus*
und später in der *Kawi-Einleitung* ist zu lesen:

> „Da aller objectiven Wahrnehmung unvermeidlich Subjectivität beigemischt
> ist, so kann man, schon unabhängig von der Sprache, jede menschliche Indi-
> vidualität als einen eignen Standpunkt der Weltansicht betrachten" (V 387/
> VII 60).

Augenfällig ist hier vor allem die Betonung des eigenen Standpunktes als
für jede Weltansicht fundamental wie auch die Charakterisierung des unvermeidlichen Subjektivitätsanteils bei der – immerhin möglichst objektiven – Wahrnehmung. Irreführend jedoch scheint auf den ersten Blick die
Loslösung des Arguments von der Sprache. Dies hat wesentlich methodische Gründe, ist gleichsam „nur fiktiv"[3]. Genaugenommen wird hier
nicht das Argument von der Sprache gelöst, sondern der Argumentieren-
de will deutlich machen, daß die Einsicht, die er vertritt, für ihn so übergreifend und unmittelbar einleuchtend ist, daß sie auch erkannt und begründet ist ohne das, was erst gezeigt werden soll: Daß nämlich in und
durch die Sprache die individuelle Weltansicht sich gründet. Denn an gleicher Stelle heißt es:

> „Der Mensch lebt mit den Gegenständen hauptsächlich, ja, da Empfinden
> und Handlen in ihm von seinen Vorstellungen abhängen, sogar ausschliess-
> lich so, wie die Sprache sie ihm zuführt" (VII 60).

Der Mensch ist somit panoptisches System seiner in der Sprache manifest
werdenden Vorstellungen und begründet darin seinen eigenen Weltstand-
punkt. Nun wehrt sich Humboldt hier vehement gegen jeden reinen Subjektivismus, dogmatischen Solipsismus oder radikalen Konstruktivismus,
denn die Individualität ist wesentlich sprachlich begründet und *somit*
nicht den einzelnen Menschen vorbehalten, sondern gilt – anders, aber
eben auch – für Sprachgemeinschaften: „da auch auf die Sprache in derselben Nation eine gleichartige Subjectivität einwirkt, so liegt in jeder
Sprache eine eigenthümliche Weltansicht" (VII 60). Dieses Argument und
der Weg zur Wahrheit, wie Humboldt ihn versteht, nehmen den Tegeler
Philosophen gegen Vorwürfe jeder totalen sprachlich-anthropologischen
Vereinseitigung von Wahrheit in Schutz. Verstehen ist bei Humboldt immer möglich und deren Differenz dringend geboten: die ‚Weltansichten'
können sich kennen und erkennen, weil die eine die andere jeweils als solche wahrnimmt.

---

[3] Borsche, T.: *Wilhelm von Humboldt*, a.a.O., S. 157.

Welcher Begriff von Wahrheit kann aber angesichts solcher sozial ver-
antworteter Vagheit überhaupt noch geltend gemacht werden? Am Anfang steht für Humboldt das notwendige Postulat, daß es ‚Wahrheit'
überhaupt geben kann: „Obgleich der Erkenntnissgrund der Wahrheit,
des unbedingt Festen, für den Menschen nur in seinem Inneren liegen
kann" (VII 56), liegt diese eigentlich in jedem Menschen selbst. Humboldt
erweist sich hier als aufgeschlossener Aufklärer par excellence. Die Chance einer das Subjekt entlastenden transzendenten Wahrheit verwirft er zu
Gunsten des modernen Menschen, der in sich selbst um *seine* und damit
um *die* Wahrheit schlechthin weiß. Sofort tritt die Erinnerung an Aristoteles' εἶδος-Begriff ein: Individualität wird gerade möglich durch die Generierung des Allgemeinen ohne transzendente Bürgschaft. Der entscheidende Charakter der Wahrheit ist das unbedingt Feste, also vor allem die
Erkenntnis, daß sie etwas ist, was dauerhaft Geltung und überindividuel-
len Zugang garantiert. Die Stärke seiner Argumentation in diesem Zusammenhang ist nun (wie so oft), daß Humboldt nicht nur als Ontologe
und Sprachtheoretiker, sondern auch Anthropologe agiert und darum
weiß, was der Mensch leisten kann und was nicht: „so ist das Anringen
seines geistigen Strebens an sie (die Wahrheit, U.W.) immer von Gefahren
der Täuschung umgeben. Klar und unmittelbar nur seine veränderliche
Beschränktheit fühlend, muss er sie sogar als etwas ausser ihm Liegendes
ansehn" (VII 56). Selten ist Ontologie so menschlich gedeutet worden.
Zur Erkenntnis der Wahrheit bedarf es zunächst der Erkenntnis des Eigenen als beschränkt und eingeschränkt, und es bedarf einer Einsicht in die
ambivalente Perspektive der Wahrheit im Innern und des dementsprechenden Suchvorgangs außerhalb. Diese Einsicht Humboldts kann nicht
hoch genug eingeschätzt werden und muß alle Versuche, ihn zum Vertreter eines totalen Subjektivismus zu stilisieren, von vorne herein scheitern
lassen. Vielmehr bindet er die Wahrheitssuche wesentlich an die Mitsub-
jekte: „und eines der mächtigsten Mittel, ihr (der Wahrheit, U.W.) nahe zu
kommen, seinen Abstand von ihr zu messen, ist die gesellige Mittheilung
an Andre. Alles Sprechen, von dem einfachsten an, ist ein Anknüpfen des
einzeln Empfundenen an die gemeinsame Natur der Menschheit" (VII
56). Wahrheit ist so als Referenzbegriff bei Humboldt konstitutiv und unentbehrlich, ohne transzendent diese auf Dingliches festzulegen, sie ist
Wahrheit inhaltlich zunächst unbestimmter Referenz.

Um den Vorgang der Wahrheitssuche nun systematisch zu hinterfragen
und zu entdecken, ordnet Humboldt die kommunikative Konsistenz der
sprachlich verfaßten Welt in *Ich, Du* und *Er*. Damit das Subjekt, das *Ich*,
sich erkennen kann, ist es auf die eigene Konstitution durch das *Du* angewiesen:

> „Im Menschen aber ist das Denken wesentlich an gesellschaftliches Daseyn
> gebunden, und der Mensch bedarf, abgesehen von allen körperlichen und
> Empfindungsbeziehungen, zum blossen Denken eines dem I c h entsprechen-
> den D u . (...) Der Begriff erreicht seine Bestimmtheit und Klarheit erst durch
> das Zurückstrahlen aus einer fremden Denkkraft. Er wird, wie wir im Vori-
> gen sahen, erzeugt, indem er sich aus der bewegten Masse des Vorstellens los-
> reisst, und dem Subject gegenüber zum Object bildet" (VI 160).

Der Weg der Objektivierung der Gedanken ist demnach in der Sprache zu
suchen, die die Gewähr dafür bietet, daß in meiner Subjektivität erst Objektivität wahrnehmbar wird:

> „Denn indem in ihr (der Sprache) das geistige Streben sich Bahn durch die
> Lippen bricht, kehrt das Erzeugniss desselben zum eignen Ohre zurück. Die
> Vorstellung wird also in wirkliche Objectivität hinüberversetzt, ohne darum
> der Subjectivität entzogen zu werden. Dies vermag nur die Sprache" (VI 155).

Wohlgemerkt entsteht die Objektivität, ohne der Subjektivität entzogen
zu sein. Hier zeigt sich die eigentliche ontologische Spezifikation der
Sprache, die dieses erst ermöglicht. Ohne die Sprache ist das Denken, die
Bildung des Begriffes, unmöglich. Die ontologische Integration von Vorstellung und Sprache überbrückt die starre Grenzziehung von Subjektivität und Objektivität, Begriffsbildung wird zum Fundament eines beide
Facetten integrierenden Erkenntnisprozesses.

Humboldt kehrt mit dieser Argumentation wieder zu seinem systematischen Ausgangspunkt, dem ‚Thätigkeit'-Begriff im Horizont der ἐνέργεια, zurück, dessen subjektiver Aspekt nicht anders als sprachlich verstanden werden kann. Aus dieser Sicht heraus wird eine zentrale
Umwertung herkömmlicher Erkenntnistheorie generiert: Es ist vor allem
das Subjekt dasjenige, was die Objektivierung der Gedanken für *sich* konstitutiv *braucht*. Die Lesart des – über seine Beschränkung unterrichteten
– Menschen ergeht folgendermaßen:

> „*Subjective* (Herv., U.W.) Thätigkeit bildet im Denken ein Object. Denn kei-
> ne Gattung der Vorstellungen kann als ein bloss empfangendes Beschauen ei-
> nes schon vorhandenen Gegenstandes betrachtet werden. Die *Thätigkeit* der
> Sinne muss sich mit der inneren Handlung des Geistes *synthetisch* verbinden,
> und aus dieser Verbindung reisst sich die Vorstellung los, wird, der *subjec-
> tiven* (Herv., U.W.) Kraft gegenüber, zum *Object* (Herv., U.W.) und kehrt, als
> solches auf neue wahrgenommen, in jene zurück. Hierzu aber ist die Sprache
> *unentbehrlich* (Herv., U.W.)" (VII 55).

Und für die Suche des *Ich* nach der Wahrheit das *Du*.

Damit ist auch einsichtig, warum, wenn wir von der Argumentation des
sprachlich handelnden Subjektes ausgehen, nicht das *Du* die referentielle

Welt und damit Orientierung reiner Objektivität ist. Genaugenommen ist es eine Frage der Hinsicht: „D u aber ist ein dem I c h gegenübergestelltes E r. Indem I c h und E r auf innrer und äusserer Wahrnehmung beruhen, liegt in dem D u Spontaneitaet der Wahl" (VI 161). Im *Du* also, in der freien Kommunikationswahl, liegt die eigentliche Möglichkeit der Freiheit begründet. Eine Welt aus *Ich* und *Er* kann nicht anders als kausal verknüpft sein, weil die individualitätskonstituierende variable Reibungsfläche zur Wahrheitsbestimmung fehlt. Falschheit wäre hier unmöglich, das Subjekt in einer Welt aus *Ich* und *Er* kausal gefangen, Individualität erloschen. Erst das *Du* ermöglicht das Unterschiedliche, das Unterscheidbare, die Möglichkeit differentieller Beurteilung und damit – den unmittelbaren Zugang zur Welt produktiv brechend – die Freiheit allen Denkens und Handelns. Es ist der Initiator dieser freiheitlichen Entwicklung. Allein hingegen droht das Subjekt mit dem Objektivierungsprozeß überfordert:

> „Es genügt jedoch nicht, dass diese Spaltung in dem Subjecte allein vorgeht, die Objectivität ist erst vollendet, wenn der Vorstellende den Gedanken wirklich ausser sich erblickt, was nur in einem andren, gleich ihm vorstellenden und denkenden Wesen möglich ist" (VI 160).

Der Mensch bleibt stets Individuum, trotz der Festlegung auf *Du* und *Er*. *Ich* und *Du* machen gemeinsam das *Er* zum Gegenstand ihres sprachlichen Handelns und bezeugen damit die Abhängigkeit der Welt von der Konstituierung durch die Individuen. Sprachliches Handeln ist individuell vermitteltes Denken von Welt in Wort und Antwort.

In einem solchen Dreieck der sprachlich vermittelten Wahrheit – und das ist eine neuzeitliche Geometrie der Sprache, die Aristoteles notwendig fehlt – erhält das Individuum damit die Chance, mit der Welt seine eigene Individualität weiterzuentwickeln:

> „Denn tief innerlich nach jener Einheit und Allheit ringend, möchte der Mensch über die trennenden Schranken seiner Individualität hinaus, muss aber gerade, da er, gleich dem Riesen, der nur von der Berührung der mütterlichen Erde seine Kraft empfängt, nur in ihr Stärke besitzt, seine Individualitaet in diesem höheren Ringen erhöhen. Er macht also immer zunehmende Fortschritte in einem in sich unmöglichen Streben" (VI 125).

Im Dreieck der *sprachlich* vermittelten Wahrheit ist Individualitätsentwicklung immer unabgeschlossene Unternehmung, und gerade durch ihre Beschränktheit werden die Subjekte gesellschaftlich: „Doch ist es immer die Sprache, in welcher jeder Einzelne am lebendigsten fühlt, dass er nichts als ein Ausfluss des ganzen Menschengeschlechts ist" (VII 64).

Damit ist der Weg frei für eine sprachtheoretisch, ontologisch und anthropologisch fundierte Philosophie der Toleranz, die an einem Begriff

des wirklichen Verstehens orientiert ist. Die Sprache bindet uns im Verstehen an unser Menschsein, der Mensch versteht sich selbst nur mit anderen, also dann, wenn „er die Verstehbarkeit seiner Worte an Andren
versuchend geprüft hat" (VI 155). Er muß im Dreieck der sprachlich
vermittelten Wahrheit jedoch auch eine tragische, aber dennoch unumgängliche Erfahrung machen, die letztlich seine Freiheit erst restlos garantiert:

> „Alles Verstehen ist (...) immer zugleich ein Nicht-Verstehen, eine Wahrheit,
> die man auch im praktischen Leben trefflich benutzen kann, alle Ueberein-
> stimmung in Gedanken und Gefühlen zugleich ein Auseinandergehen" (VI
> 183).

In der Differenz-Erfahrung zwischen sich und anderen merkt das Subjekt, daß es immer nur teil-versteht, weil der andere das – im Sinne einer
hermeneutischen Totalitätsbehauptung – prinzipiell nicht Verstehbare
bleibt. Es lernt, daß es Fragen zwar stellen, aber nicht immer Antworten
erwarten kann. Die hermeneutische Annexion des anderen bleibt versagt
und zerschellt nicht am *Du*, sondern an den Möglichkeiten des *Ichs*. Die
Individualität des anderen ist dann auch nicht als ‚Identität' im Sinne statischer Bedeutungszuschreibung apodiktisch bestimmbar. Identitätsbe-
stimmung verführt, den anderen auf einen zur Unbeweglichkeit mas-
sierten ‚Begriff' zu bringen, und zwar dahingehend, ihn zu einem
objektiv Allgemeinen, sozial Verfügbaren und herrschaftlich Disponiblen zu machen. Das gerade nimmt ihm seine Individualität und macht
ihn vom *Du* zum *Er*, vergegenständlicht seines Wesens beraubt wie die
Sprache als zu Tode funktionalisiertes ἔϱγον. Erst objektiv gleichgeschaltet ist das zum *Er* gewordene *Du* dem *Ich* nicht mehr gefährlich,
ein Verstehen nicht mehr notwendig. Allein Widerspruch also erhält
Verstehen lebendig. Mit Humboldt können wir daher eine Ethik des Widerspruchs in dem Sinne begründen, daß wir vor allem im Widersprechen die Andersartigkeit und damit die Individualität des anderen erkennen und anzuerkennen bereit sind. Wir sind gerade nicht bestimmt,
uns und andere absolut als Identität statisch zu (ent-)setzen, weil wir uns
dadurch illegitim die Möglichkeit der Herrschaft durch Nivellierung der
anderen Individualität versprechen. Im Verstehen dagegen wissen
wir um das Nicht-Verstehen des anderen, erfahren dessen Wahrheit
als different zur eigenen. Das erst begründet seine Freiheit und letztlich auch unsere: Der Begriff einer Wahrheit der zugelassenen Differenz ist der Schlüssel zu Humboldts ‚Hermeneutik' der Toleranz. In diesem Horizont kann für Humboldts Welt mit T. Borsche resümiert werden:

„Im wirklichen Verstehen lassen sich die Subjekte gegenseitig frei. Jedes gesteht dem anderen zu, eigene Ansichten der Gegenstände zu haben, solange
diese ihm nur irgendwie verständlich erscheinen"[4].

Die Ethik der Wahrheit, die Aristoteles nur durch eine Sprache der Wahrheit gegen eine abgetrennte Welt der Dinge möglich schien, wird bei
Humboldt in der Welt der Sprache durch die Toleranz der Individuen gesichert: „Die Frage einer Grenzziehung zwischen der zweiten und der
dritten Person wird aus dieser Humboldtschen Sicht zur Grundfrage einer Ethik der Individualität"[5]. Und letztlich zur Grundfrage einer Ethik
der Moderne überhaupt: Die Besinnung auf die Welt der Sprache ist die
Besinnung auf eine Welt der Humanität – als stets zu verhandelnde Suche
nach der Wahrheit der Subjekte. Genau das ist Humboldts Projekt des
Wirklichen, das in der sprachlichen Verstehensbemühung um das eigene
Verständnis des jeweils anderen seine höchste Zweckmäßigkeit erfährt.

2. Geschichtsvermögen: Über die Aufgabe des *Sprach*schreibers

Eine intersubjektiv erreichte Wahrheit der Welt der Sprache ereignet sich
in der Geschichte. R. Haym hat bezüglich der entsprechenden wissenschaftstheoretischen Kommentierung dieser Beobachtung auf Humboldts
Kawi-Einleitung verwiesen, in der „wir beständig auf der Höhe jener Anschauung erhalten werden (Umst., U.W.), welche das allgemeine Sprachstudium durch den Begriff der Erzeugung und Entwickelung menschlicher
Geisteskraft zum integrierten Theile der universellen Geschichtswissen-
schaft macht"[6]. Bei Humboldt greifen die Geschichtlichkeit der Sprache,
die sprachphilosophische Theoriebildung und eine geschichtsphilosophi-
sche Verortung des Vergleichenden Sprachstudiums so ineinander, daß in
der Ergänzung und Integration der diesbezüglichen unterschiedlichen
Gegenstands- und Reflexionsbereiche – vielfach sogar über die hier genannten Wissenschaftsperspektiven hinaus – der universelle Blick des
Humboldtschen Wissenschaftspanoramas sich entfaltet.[7]

---

4   Borsche, *Wilhelm von Humboldt*, a.a.O., S. 170.
5   Ebd.
6   Haym, R.: *Wilhelm von Humboldt. Lebensbild und Charakteristik.* Berlin (Nachdruck
     1965) 1856. S. 444-445.
7   Vgl. Borsche, *Wilhelm von Humboldt*, a.a.O., S. 65-78. – Ehlen, L.: „Die Entwicklung der
     Geschichtsphilosophie W. von Humboldts". In: *Archiv für Geschichte der Philosophie*, 24.
     Jg. (1911), S. 22-60. – Schlerath, B.: „Die Geschichtlichkeit der Sprache und Wilhelm von

Humboldts integriertes Erkenntnisinteresse wird vor allem dann deutlich, wenn die Sprache als geschichtliche Erfahrung den Begriff des individuell Allgemeinen, z.B. anhand des Charakters der Nationen, sucht. Das zu erkennen, was in diesen als Geist wirkt, ist sowohl die Aufgabe des Vergleichenden Sprachstudiums als auch die des ‚Geschichtschreibers‘. Wie aber versteht Humboldt das ‚Phänomen‘ Geschichte? Ist es legitim und wenn ja, in welcher Weise, Humboldt als integrierten sprachtheoretischen und geschichtsphilosophischen Archäologen zu bezeichnen? Welche sinnvolle Kommentierung der bereits sprachtheoretisch belegten Einsicht, daß es sich bei Humboldts Weltverwandlungsprojekt um eine großartige Erinnerungsleistung im Hinblick auf eine Transformation theoretischer Grundmuster abendländischen Denkens handelt, wird deutlich, gewahrt man dessen rekonstruktives Bild der Geschichte?

Der Tegeler Philosoph hat vor allem in drei Abhandlungen zur Geschichte und deren wissenschaftlicher Behandlung Stellung genommen: Zunächst in den *Betrachtungen über die Weltgeschichte* und den *Betrachtungen über die bewegenden Ursachen in der Weltgeschichte* – zwei Schriften, die Humboldt selbst in Briefen kaum erwähnt und die wohl 1812 in Wien und 1818 in London entstanden sind.[8] Entscheidend ist jedoch die geschichtstheoretische Hauptschrift *Ueber die Aufgabe des Geschichtschreibers*, die Humboldt am 12. April 1821 vor der Berliner Akademie vortrug. In dieser zentralen Abhandlung spezifiziert bzw. charakterisiert Humboldt – ein erster Hinweis auf das zugrunde liegende Geschichtsbild – die Frage der Geschichts*schreibung* als eine solche der *Tätigkeit* des Geschichts*schreibers*: „Das Geschäft des Geschichtschreibers in seiner letzten, aber einfachsten Auflösung ist Darstellung des Strebens einer Idee, Daseyn in der Wirklichkeit zu gewinnen" (IV 56). Hier wird das doppelte Prinzip von Humboldts Archäologie deutlich, nämlich das Geschehene zu *sichten* und gleichermaßen das innere Wirkprinzip zu *erkennen*. Erst dann ist Wirklichkeit vollständig erfaßt. Zum besseren Verständnis der spezifischen Struktur dieser Doppelperspektive schreibt er:

> „Die Aufgabe des Geschichtschreibers ist die Darstellung des Geschehenen. Je reiner und vollständiger ihm diese gelingt, desto vollkommener hat er jene gelöst. Die einfache Darstellung ist zugleich die erste, unerlässliche Forderung seines Geschäfts, und das Höchste, was er zu leisten vermag" (*Ueber die Aufgabe des Geschichtschreibers*, IV 35).

Humboldts Sprachphilosophie". In: ders. (Hrsg.): *Wilhelm von Humboldt. Vortragszyklus zum 150. Todestag.* Berlin 1986. S. 212-238.

[8] Vgl. zur historischen Einordnung Borsche, *Wilhelm von Humboldt,* a.a.O., S. 66.

Obwohl dies das ‚Höchste' ist (und entgegen vordergründiger Betrachtung auch unglaublich schwer, wie Humboldt weiß), ist es jedoch bei weitem immer noch zu wenig, denn mit „der nackten Absonderung des wirklich Geschehenen ist aber noch kaum das Gerippe der Begebenheit gewonnen. Was man durch sie erhält, ist die nothwendige Grundlage der Geschichte, der Stoff zu derselben, aber nicht die Geschichte selbst" (IV 36). So kommt zur ‚unerlässlichen Forderung seines Geschäfts', der Kenntlichmachung der geschichtlichen Tatsachen, eine zweite, ebenso notwendige, hinzu: Das Erkennen der o.g. inneren Wirkprinzipien der Geschichte:

> „Diese innere Wirkung muss die Geschichte immer hervorbringen, was auch ihr Gegenstand seyn möge, ob sie ein zusammenhängendes Gewebe von Begebenheiten, oder eine einzelne erzähle. Der Geschichtschreiber, der dieses Namens würdig ist, muss jede Begebenheit als Theil eines Ganzen, oder, was dasselbe ist, an jeder die Form der Geschichte überhaupt darstellen" (IV 40-41).

Den geschichtlich gegebenen Tatsachen steht demnach die Klärung dessen gegenüber, was die innere Sinn-Ordnung, das ganzheitlich wirkende Strukturmuster, dieser Tatsachen ist, und das diese damit erst ‚wirklich' zur Geschichte macht. Was Humboldt mit einer solchen, jeder positivistischen Tatsachenbeschreibung zunächst diametral gegenübergestellten Aufgabenstellung für den ‚Geschichtschreiber' meint, läßt er u.a. in Abgrenzung zu anderen Geschichtsmodellen explizit erkennen.

Humboldt betont nämlich, daß es mehr als einen Versuch gibt,

> „die einzeln zerstreuten, und scheinbar zufälligen Weltbegebenheiten unter Einen Gesichtspunkt zu bringen, und nach einem Princip der Nothwendigkeit aus einander herzuleiten. Kant hat dies zuerst am meisten systematisch und abstract gethan; mehrere sind ihm nachher hierin nachgefolgt; alle sogenannte philosophische Geschichten sind Versuche dieser Art, und die Sucht, Betrachtungen über die Geschichte anzustellen, hat fast die Geschichte, wenigstens den geschichtlichen Sinn, verdrängt" (*Betrachtungen über die Weltgeschichte*, III 350).

Der ‚geschichtliche Sinn' wird also gerade durch die Totalisierung der der Geschichte übergestülpten Modelle zerstört. Die Geschichte wird durch das verdrängt, was sie gerade niemals sein kann, das Geschehene wird ersetzt durch das Wunschbild: die Modelle behaupten – Humboldt antizipiert hier M. Foucaults Kritik-Muster – ihr eigenes Sein gegen „die lebendige, zerbrechliche, zitternde ‚Geschichte'"[9] selbst. Die Konsequenzen hat Humboldt deutlich vor Augen:

---

9 Foucault, *Archäologie des Wissens*, Frankfurt am Main 1994. S. 22.

„Aber diese Systeme haben meistentheils ([...] u.a. den, U.W.) Fehler, nicht
geschichtlich und am wenigsten weltgeschichtlich zu seyn, d. h. die Begebenheiten gewaltsam zu behandeln, und ganze Theile, die nicht in den sichtbarer
verknüpften hineinpassen, zu übergehen" (III 350).

Die Totalisierung des geschichtlichen Modells als geschichtliches Sein bedeutet daher im Grunde den Ausschluß der Geschichte aus ihr selbst, die
modellverhaftete Excludierung von Geschehenem muß genau dieses Geschehene als Störfälle der Geschichte erscheinen lassen. Die Nivellierung
des ‚Bruchs', der in Foucaults Sicht einer lebendigen Historie als geschichtliche Produktionsperspektive auftritt, brandmarkt Humboldt hier
als Makel einer zum Herrschaftsanspruch totalisierten Defizit-Ontologie,
die subsumieren und subtrahieren muß, um sich selbst als geschlossenes
Sein behaupten zu können. So sind denn auch die „Fehler bei der jetzigen
Ansicht der Weltgeschichte (...):

> dass man fast nur auf Cultur und Civilisation sieht, schlechterdings eine
> fortschreitende Vervollkommnung im Kopfe hat, daher sich willkührlich Stu-
> fen dieser Vervollkommnung bildet, und dagegen die wichtigsten Keime, aus
> denen sich Grosses entspinnen wird, so wie sich aus ähnlichen Grosses ent-
> sponnen hat, übersieht.
> dass man die Geschlechter der Menschen zu sehr als Vernunft und Ver-
> standeswesen, zu wenig als Naturproducte betrachtet.
> dass man die Vollendung des Menschengeschlechts in Erreichung einer all-
> gemeinen, abstract gedachten Vollkommenheit, nicht in der Entwicklung ei-
> nes Reichthums grosser individueller Formen sucht" (III 358).

Die Metaphysikkritik Humboldts erscheint hier in einem weitaus radika-
leren Licht, als die Neuzeit sie bis zu diesem Punkte vorgestellt und
durchgeführt hat. Die Unmöglichkeit der Versöhnung zwischen vollkommener Geschichte einerseits und lebendiger Geschichte andererseits ge-
wahrend, fundiert Humboldt sein Geschichtsverständnis wie auch seine
Sprachtheorie im Geltungsraum des Lebendigen, eine naturphilosophische Kontextuierung, die die Geschichte wie die Sprache am ‚organischen
Leben' läßt, denn anders „ausgedrückt, erblickt man darin das Streben,
der Idee der Sprachvollendung Daseyn in der Wirklichkeit zu gewinnen.
Diesem Streben nachzugehen und dasselbe darzustellen, ist das Geschäft
des Sprachforschers in seiner letzten, aber einfachsten Auflösung. [Fuß-
note: Man vergleiche meine Abhandlung über die Aufgabe des Ge-
schichtschreibers]" (*Kawi-Einleitung*, VII 20). So läßt sich die Verwendung des Terminus ‚Idee', der in der *Kawi-Einleitung* zunächst
Verwirrung auszulösen vermag, aufgrund der Humboldtschen Geschichtstheorie konkreter fassen und verstehen. Denn wie die sich ent-

wickelnde Sprache an ihrer ‚ambivalenten Produktionsperspektive' zwischen Wesen und Erscheinung und in der Genesis von Werden und Vergehen erkennbar wesentlich wird, so ist das

> „Seyn in der Zeit (...) ein blosses Erzeugen und Untergehen, und die Erhaltung in demselben Zustand ist nur ein trügender Schein. Die Weltgeschichte ist daher und in dem getheilten irrdischen Daseyn nur die uns sichtbare Auflösung des Problems, wie – sey es bis zur Erschöpfung des Begriffs, oder bis zu einem, nach unbekannten Gesetzen gesteckten Ziele – die in der Menschheit begriffene Fülle und Mannigfaltigkeit der Kraft nach und nach zur Wirklichkeit kommt. Die Menschheit aber kann nur in der, der Erscheinung nach, ganz körperlichen Natur leben und weben, und trägt selbst einen Theil dieser Natur in sich" (*Betrachtungen über die Weltgeschichte*, III 353).

Solches In-sich-tragen der Natur unterminiert das ‚Statische' der Sprache und der Geschichte gleichermaßen. Zur Dekonstruktion des Identitätsmodells greift Humboldt wiederum auf seinen ‚Kraft'-Begriff zurück, der aber ausgerechnet im geschichtsphilosophischen Kontext gar nicht so deutlich theologische Rudimente trägt, sondern der vor allem das Postulat ununterbrochener Entwicklung von innen heraus bedeutet. Die lebendige Sprache, die die lebendige Geschichte ist, wird durch ‚organische Kräfte' weitergetrieben; ohne diese Kraft ist die Geschichte angehalten, damit selbst ungeschichtlich, aus ihrer Autonomie herausgefallen. Der von der idealistischen Geschichtsphilosophie verordnete Zusammenfall des historischen Modells mit dem Dasein vollstreckt demgegenüber den Tod der Geschichte:

> „Die teleologische Geschichte erreicht auch darum niemals die lebendige Wahrheit der Weltschicksale, weil das Individuum seinen Gipfelpunkt immer innerhalb der Spanne seines flüchtigen Daseyns finden muss, und sie daher den letzten Zweck der Ereignisse nicht eigentlich in das Lebendige setzen kann, sondern es in gewissermassen todten Einrichtungen, und dem Begriff eines idealen Ganzen sucht" (*Ueber die Aufgabe des Geschichtschreibers*, IV 46).

In ihrem ‚wirklichen Wesen aufgefasst' ist auch die Geschichte damit niemals ein vollstrecktes ‚Ergon'. In ihrer Vergegenständlichung als totes Erzeugtes ist sie nicht mehr sie selbst: Sprache und Geschichte *ereignen* sich; dies ist ihr subversiver Charakter als ‚Wahrheit der Weltschicksale'. Eine teleologische Geschichtsentwicklung Hegelscher Provenienz ist in Humboldts Vorstellung absurd. Der Tegeler Philosoph, die selbst gesetzte Aufgabe des ‚Geschichtschreibers' als Naturforscher ernstnehmend, fragt sich vielmehr:

> „Was sind die treibenden Kräfte der Weltgeschichte? Es sind die bewegenden der Schicksale des Menschengeschlechts, und – im Ganzen und Grossen be-

trachtet – die Kräfte der Zeugung, Bildung und Trägheit" (*Betrachtungen über die Weltgeschichte*, III 355).

Die Konkretisierung seiner selbstgegebenen Antwort entwickelt eine Alternative, in der die Sprachgeschichten Weltgeschichten sind. Diese Humboldtsche Alternative beginnt *deswegen*, und nur deswegen, mit der positiven Kennung der Tatsachen, die jenseits kausaler Verknüpfung erst einmal ernstgenommen werden müssen: „Mit dem Begriff des Wirklichen untrennbar verbunden ist es, dass jede Erscheinung einzeln und für sich da steht, dass keine als Grund oder Folge von der anderen abhängt. (...) Die Erscheinung ist da: diess ist genug" (*Ueber Göthes Herrmann und Dorothea*, II 128). Dies heißt für Humboldt: die Geschichte ernstnehmen und aushalten.

Humboldt lehnt zudem das neuzeitlich mechanistische Weltbild nach Descartes'schem Muster ab, weil es dem organischen entgegensteht. Als organisch kann die Welt allenfalls wahrgenommen werden, wie sie lebt, sie kann nicht einer technischen Kausalitätsreihe untergeordnet werden. Die Kausalität Humboldts ist ganz anderer Art, gleichsam eine naturphilosophische, nach den Ursachen und Wirkungen des dynamisch-lebendigen Zusammenhangs der Welt fragend. So verstanden, sind die „Ursachen der Weltbegebenheiten (...) auf einen der drei folgenden Gegenstände zurück[zu]bringen: die Natur der Dinge, die Freiheit des Menschen, und die Fügung des Zufalls" (*Betrachtungen über die bewegenden Ursachen*, III 361). Aus dieser Dreiheit der Gegenstände entwickelt Humboldt, in produktiver Absetzung von Kant, eine Dichotomie von Natur und Freiheit, zwischen denen das Lebendige des Menschen sich realisiert:

> „Zwei, ihrem Wesen nach von einander verschiedene, scheinbar sogar entgegengesetzte Reihen der Dinge sind also die in die Augen fallenden bewegenden Ursachen in der Weltgeschichte: die Naturnothwendigkeit, von der sich auch der Mensch nicht ganz losmachen kann, und die Freiheit, die vielleicht auch, nur auf eine uns unbekannte Weise, in den Veränderungen der nicht menschlichen Natur mitwirkt" (III 365).

Die Spannung und Interdependenz von Naturgegebenheit und Freiheits-Fähigkeit entwickelt die Geschichte als organisches Ganzes. Naturphilosophisch ist nicht die *Idee* des Ganzen als *Vereinheitlichung*, sondern daß *alles* prinzipiell *lebendig* ist. Die Bedingung des Lebendigen generiert die generelle Differenz, die nach der Lösung aus teleologischen und mechanistischen Geschichtsmodellen als grundständiges Problem einerseits und als Produktionsermöglichung andererseits als einzig sinnvolle Alternative verbleibt: „Der Streit der Freiheit und Naturnothwendigkeit kann weder in der Erfahrung, noch in dem Verstande auf eine befriedigende Weise gelöst erkannt werden" (III 366). Auch hier plädiert Humboldt also für gegenstandsadäquate System- und Ergebnisoffenheit.

Was aber kann der ‚Geschichtschreiber' überhaupt leisten und wie muß er die Geschichte fassen, die er (be-)schreiben soll und die sich ihm zunächst einmal immer verdeckt zeigt? Die Lösung ist anspruchsvoll:

> „Zwei Dinge sind es, welche der Gang dieser Untersuchung festzuhalten getrachtet hat: dass in Allem, was geschieht, eine nicht unmittelbar wahrnehmbare Idee waltet, dass aber diese Idee nur an den Begebenheiten selbst erkannt werden kann" (IV 56).

Auch die Geschichte ist nur aus ihrer ‚ambivalenten Produktionsperspektive' zu verstehen. In allem ist eine Idee, diese jedoch ist nur am Konkreten erkennbar, immer nur am Einzelnen präsent. Humboldt argumentiert wieder mit Stoff und Form, also mit Grundbestimmungen aristotelischer Ontologie, und es überrascht nicht, daß Humboldts Begriff der Idee nicht dem platonischen, sondern lückenlos dem aristotelischen εἶδος-Begriff folgt. Der Stoff der geschichtlich-gegebenen Tatsachen ist das Kontinuum für die Formgebung durch den ‚Geschichtschreiber'. Man erhält durch die geschichtlichen Tatsachen nur den Stoff der Geschichte, die Erkennung der Form der Geschichte als jeweils spezifisch innere Form der individuellen Geschehnisse ist dann

> „eigentlich der schöne und begeisternde Theil der Weltgeschichte, da er von der Schöpfungskraft des menschlichen Charakters beherrscht wird. So wie ein kräftiger Geist, sich selbst bewusst oder unbewusst, von grossen Ideen beherrscht, über einem, der Form fähigen Stoffe brütet; so kommt allemal etwas jenen Ideen Verwandtes, und daher dem gewöhnlichen Naturgange Fremdes hervor. Diesem demungeachtet immer angehörend, hängt es mit allem, was ihm vorausgegangen ist, allerdings in äusserer Folge zusammen, allein seine innere Kraft lässt sich aus nichts von allem diesem, und überhaupt nicht mechanisch erklären" (III 363-364).

Die innere Form der lebendigen Geschichte ist an ihr selbst existent und wird nur an ihr selbst als äußere Form erkannt. Der ‚Geschichtschreiber' muß sich selbst als Begreifender, als Form-Entdecker der inneren Struktur der Geschichte anbieten:

> „Zu den wirkenden und schaffenden Kräften also hat sich der Geschichtschreiber zu wenden. Hier bleibt er auf seinem eigenthümlichen Gebiet. Was er thun kann, um zu der Betrachtung der labyrinthisch verschlungenen Begebenheiten der Weltgeschichte, in seinem Gemüthe eingeprägt, die Form mitzubringen, unter der allein ihr wahrer Zusammenhang erscheint, ist diese Form von ihnen selbst abzuziehen. Der Widerspruch, der hierin zu liegen scheint, verschwindet bei näherer Betrachtung. Jedes Begreifen einer Sache

setzt, als Bedingung seiner Möglichkeit, in dem Begreifenden schon ein Ana-
logon des nachher wirklich Begriffenen voraus, eine vorhergängige, ursprüngliche Uebereinstimmung zwischen dem Subject und Object" (IV 47).

Die Individualität des ‚Geschichtschreibers' sichert so die Individualität
der Geschichte. Humboldt stellt damit vor: *Erstens* ist die Frage, wie die
Ideen in die Welt kommen, dadurch beantwortet, daß diese immer nur an
den Dingen selbst haften, also keine transzendente Identität (im platonischen Sinne) sind. Sie haben vielmehr die ontologische Struktur des
aristotelischen εἶδος. Über ihre Herkunft ist Erklärungsverzicht zu leisten. Die Kraft als Wirkprinzip ist die Versinnlichung der Erklärung ihrer
Erscheinung. Die Summe der idealen Bestimmungen ist die Summe der
Geschichte des Menschen in seinen individuellen und gemeinschaftlichen
Zusammenhängen. *Zweitens* ist die Form als äußerliche abziehbar und
auch im Erkenntnisprozeß abzuziehen, sie wird also an der konkreten
Struktur, ihrer Gestalt (analog der aristotelischen μορφή), erkennbar.
Nur so kann der ‚Geschichtschreiber' etwas formgebendes Strukturrele-
vantes von den Dingen aufnehmen. *Drittens* sind diese beiden Struktur-
merkmale des Innen und Außen prinzipiell untrennbar. *Viertens*, und das
ist in diesem Zusammenhange entscheidend, ist das ‚mitbringen' der Form
durch den ‚Geschichtschreiber' kein historisches, sondern ein ontologisches Problem. Erst durch die Sichtung der Form der Geschichte erkennt
(und bildet sie damit gleichsam mit) der ‚Geschichtschreiber' das,
was über ihre einfachen Tatsachen hinausgeht. Er entwirft die Geschichte
aus sich heraus als Bild an ihr selbst. Nur in diesem Sinne umfaßt er
„alle Fäden irrdischen Wirkens und alle Gepräge überirrdischer Ideen"
(IV 37). Er tut dies „wie der Dichter, nur durch die Phantasie. Da er aber
diese der Erfahrung und der Ergründung der Wirklichkeit unterordnet, so
liegt darin der, jede Gefahr aufhebende Unterschied. Sie wirkt in dieser
Unterordnung nicht als reine Phantasie, und heisst darum richtiger
Ahndungsvermögen und Verknüpfungsgabe" (IV 37). Der ‚Geschichtschreiber' ist somit nicht Schöpfer eines allumfassenden Weltmodells im
Sinne von dessen autonomem Sein, er versucht „sich der historischen
Wahrheit zu nähern, die genaue, partheilose, kritische Ergründung des
Geschehenen, und das Verbinden des Erforschten, das Ahnden des durch
jene Mittel nicht Erreichbaren" (IV 37). Das Instrumentarium zur Untersuchung der sprachlichen und historischen Wahrheit, und das ist Humboldts *fünfte* Einsicht, ist die Erkennung der analogischen Strukturmerk-
male.

In der Qualifizierung dieses Vorgangs des Geschichte Schreibens als
‚Ahndungsvermögen' und ‚Verknüpfungsgabe' findet der kontrastierende
Vergleich zwischen Dichtern und ‚Geschichtschreibern' durchaus Gren-

zen.[10] Wie der Dichter jedoch ist der ‚Geschichtschreiber' ein Schöpfer, er schreibt Geschichte indem er Geschichten schreibt – und sie in der Verknüpfung als Sinn konstituiert. Die Sprache als das, an dem man am reinsten die Formen erkennen kann, ermöglicht das Denken und Schreiben dieser Geschichte. Weltgeschichten sind durch Humboldts ‚Geschichtschreiber' Sprachgeschichten, insofern sie Geschichten des Menschengeschlechts sind. Humboldts ‚Geschichtschreiber' ist damit im Grunde kritischer ‚Sprachschreiber'; in den Sprachen sucht er den Charakter der Menschheit als Geist der Nationen auf. Für die Geschichte läßt sich postulieren, was die Sprache in ihren komplexen Mustern zeigt: die Subversion des Konkreten und Ereignishaften gegen die Macht des Systems, die Wahrnehmung von Brüchen als die Geschichtlichkeit des anderen, das Kennen der Ideen als Kraft des unberechenbar Lebendigen. Die Einsicht in die konstitutive Beschränktheit menschlicher Erkenntnis überhaupt führt die Besinnung auf das Wesen der Sprache zu einer Demut der Geschichtlichkeit:

> „Das ungeheure Gewühl der sich drängenden Weltbegebenheiten, zum Theil hervorgehend aus der Beschaffenheit des Erdbodens, der Natur der Menschheit, dem Charakter der Nationen und Individuen, zum Theil wie aus dem Nichts entsprungen, und wie durch ein Wunder gepflanzt, abhängig von dunkel geahndeten Kräften, und sichtbar durchwaltet von ewigen, tief in der Brust des Menschen gewurzelten Ideen, ist ein Unendliches, das der Geist niemals in Eine Form zu bringen vermag, das ihn aber immer reizt, es zu versuchen, und ihm Stärke giebt, es theilweise zu vollenden" (IV 38-39).

In dieser prinzipiellen Anerkennung der Unzulänglichkeit, in der ἐντελέχεια ἀτελής des Geschichte Schreibens, die der Unvollkommenheit des Geschichtlichen selbst korrespondiert, gründet sich aber im besten Falle eine den differenten ‚Weltansichten' analoge, ontologisch fundierte ‚Gewaltlosigkeit' der Geschichte. Humboldts Archäologie bedeutet zunächst, Geschichte als Geschichten zu schreiben; aber eben nicht als verinselte, vereinzelte Geschichten verstörter Subjekte, die zusammenhanglos als Trümmer der zerstörten Aufklärung zurück-bleiben. Geschichten werden zur Geschichte, wenn der ‚Geschichtschreiber' sie zwischen den hermeneutischen Fingern verstehender Ahndung und Verknüpfung bildet, wenn deutlich wird, daß ein stets neu zu verhandelnder Zusammenhang über das Geschehene hinauszuweisen bereit ist. Wie die Verstehensproblematik ist auch das Humboldtsche Geschichtsverständnis vor allem anderen erst einmal einzigartig human. J. Trabant hat Humboldts „sanftere Alter-

---

[10] Vgl. Borsche, *Wilhelm von Humboldt*, a.a.O., S. 75.

native zur gewaltsamen Trias der Dialektik: die Denkfigur der Dialogik"[11] genannt. Hegel, der allzu sehr darauf bedacht war, daß „der Gedanke, der wesentlich Gedanke ist, an und für sich ist, ewig ist (Umst., U.W.)"[12], hätte wissen können, daß bei genauem Hinsehen die aristotelische Ontologie seinem Geschichtsbild vielleicht doch mindestens ebenso kritisch wie dienstbar an der Seite steht.

3. Genesis: Schock und Schöpfung der Sprache

G. Picht erinnert über das Wesen der Sprache:

> „Sprache hat die befremdliche Eigenschaft, daß sie nur spricht, wenn man sie vergißt. Sie gibt sich darin kund, daß sie in dem verschwindet, was sie aufzeigt. Macht man sie ausdrücklich zum Gegenstand des Denkens, so hat man sie bereits zerstört. Trotzdem vermögen wir nicht zu denken, ohne auf Sprache zu reflektieren; wir denken, so oft wir verstehen, was wir tun, wenn wir sprechen"[13].

Diese Einsicht sprachtheoretisch verstehbar zu machen, war der Sinn einer Rekonstruktion von Humboldts aristotelischem Erinnerungsprojekt einer Verwandlung der Welt in Sprache. Das Wesen der Sprache sucht seine Entstehungsbedingungen auf im Moment der Entstehung, der gleichwohl immer schon vollzogen ist. Die zweifache Bedeutung der aristotelischen ἐντελέχεια als aktuale Wirklichkeit und als gleichzeitig unabgeschlossene Prozessualität richtet das Wesen der Sprache auf deren doppelten Charakter. Sprache ist im Horizont einer Genesis des Werdens und Vergehens, der Ambivalenz von Wesen und Erscheinung, immer der Akt der konkreten Sprachkonstitution, der stets augenblickliche und unvermeidbare Schock individuellen und intersubjektiven sprachlichen Verstehens. Gleichermaßen ist die Sprache aber auch ihr eigenes Schöpfungsverständnis, das Verfahren, das Aufklärung über die Bedingungen ihrer Konstitution verspricht, Ereignis der stets als Tätigkeit wirklichen Welt der Sprache: Schock und Schöpfung.

---

[11] Trabant, J.: *Nachwort.* In: Humboldt, W. v. (Hrsg.): *Über die Sprache. Reden vor der Akademie. Hrsg. von Jürgen Trabant.* Paderborn u.a. 1994. S. 201-217, hier: S. 215.

[12] Hegel, G. W. F.: *Einleitung in die Geschichte der Philosophie. Hrsg. von J. Hoffmeister.* Hamburg (3. Auflage 1959, besorgt von F. Nicolin. Unveränderter Nachdruck) 1966. S. 85.

[13] Picht, G.: *Hier und Jetzt.* Stuttgart 1980. S. 259.

Literaturverzeichnis

1. Aristoteles

1.1 Ausgaben

ARISTOTELES: *Aristotelis Opera (5 Bde.)*. *Ex recensione Immanuelis Bekkeri, edidit Academia Regia Borussica, editio altera quam curavit Olof Gigon.* Berlin 1831-70.

ARISTOTELES: *Kleine Schriften zur Seelenkunde. Hrsg., übertragen und in ihrer Entstehung erläutert von Paul Gohlke.* Paderborn 1947.

ARISTOTELES: *Categoriae et liber de interpretatione. Recognoverunt brevique adnotatione critica instruxerunt L. Minio-Paluello.* Oxford 1949. (= Scriptorum classicorum bibliotheca oxoniensis)

ARISTOTELES: *Nikomachische Ethik. Übersetzt, eingeleitet und kommentiert von Franz Dirlmeier.* Frankfurt am Main 1957.

ARISTOTELES: *Ethica Nicomachea. Recognovit brevique adnotatione critica instruxit I. Bywater.* Oxford (1. Aufl. 1894) 1959.

ARISTOTELES: *Über die Glieder der Geschöpfe.* Paderborn 1959.

ARISTOTELES: *Über die Zeugung der Geschöpfe.* Paderborn 1959.

ARISTOTELES: *Sophistische Widerlegungen. (Organon VI).* Hamburg (Unveränderter Nachdruck der zweiten Aufl. von 1922) 1968.

ARISTOTELES: *Kategorien. Lehre vom Satz (Peri hermeneias). [Organon I/II]. Übersetzt, mit einer Einleitung und erklärenden Anmerkungen versehen von Eugen Rolfes.* Hamburg (Unveränderte Neuausgabe 1958 der 2. Auflage von 1925) 1974.

ARISTOTELES: *Von der Zeugung und Entwickelung der Tiere. Übers. und erl. von Hermann Aubert und Friedrich Wimmer [griechisch-deutsch].* Aalen 1978.

ARISTOTELES: *Über die Dichtkunst. Mit sacherkl. Anmerkungen hrsg. von Franz Susemihl [griechisch-deutsch].* Aalen (Neudruck der 2. Aufl. Leipzig 1874) 1978.

ARISTOTELES: *Über Entstehen und Vergehen. Mit sacherkl. Anmerkungen hrsg. von Karl Prantl [griechisch und deutsch].* Aalen (Neudruck der Ausgabe Leipzig 1857) 1978.

ARISTOTELES: *Über die Teile der Tiere. Griechisch und deutsch und mit sacherklärenden Anmerkungen herausgegeben von Alexander von Frantzius.* Aalen (Neudruck der Ausgabe Leipzig 1853) 1978.

ARISTOTELES: *Poetik (griechisch-deutsch).* Stuttgart 1982.

ARISTOTELES: *Werke in deutscher Übersetzung [20 Bände]. Begründet von Ernst Grumach. Herausgegeben von Hellmut Flashar.* Berlin 1983ff.

ARISTOTELES: *Nikomachische Ethik. Auf der Grundlage der Übersetzung von Eugen Rolfes herausgegeben von Günther Bien.* Hamburg (4., durchg. Aufl.) 1985.

ARISTOTELES: *Vom Himmel. Von der Seele. Von der Dichtkunst. Übersetzt, her-ausgegeben und für die vorliegende Ausgabe mit einer neuen Vorbemerkung versehen von Olof Gigon.* Zürich, München (1. Aufl. 1950) 1987.

ARISTOTELES: *Metaphysik. Neubearbeitung* der Übersetzung von Hermann Bo-nitz. Mit Einl. und Kommentar hrsg. von Horst Seidl. 2 Halbbände. [griechisch-deutsch]. Hamburg (3, verb. Aufl.) 1989-91.

ARISTOTELES: *Rhetorik.* München 1993.

ARISTOTELES: *Über die Seele. Übersetzt von Willy Theiler.* Berlin (Siebte, gegen-über der dritten durchgesehenen, unveränderte Auflage) 1994. (= Werke in deut-scher Übersetzung, Bd. 13)

ARISTOTELES: *Philosophische Schriften in sechs Bänden.* Darmstadt 1995.

ARISTOTELES: *Politik. Übersetzt von Eugen Rolfes.* Darmstadt 1995. (= In: Philo-sophische Schriften in sechs Bänden, Bd. 4)

ARISTOTELES: *Physik. Vorlesung über die Natur.* Darmstadt 1995. (= In: Philoso-phische Schriften in sechs Bänden, Bd. 6)

ARISTOTELES: *Über die Seele. Mit Einleitung, Übersetzung (nach W. Theiler) und Kommentar hrsg. von Horst Seidl [griechisch-deutsch].* Hamburg 1995.

ARISTOTELES: *Organon. Band 1: Topik. Topik neuntes Buch oder Über die sophi-stischen Widerlegungsschlüsse. Griechisch-deutsch. Hrsg., übers., mit Einl. und Anm. vers. von Hans Günter Zekl.* Hamburg 1997.

ARISTOTELES: *Organon. Band 2: Kategorien. Hermeneutik oder vom sprachlichen Ausdruck. Griechisch-deutsch. Hrsg., übers., mit Einl. und Anm. vers. von Hans Günter Zekl.* Hamburg 1998.

ARISTOTELES: *Organon. Bd. 3/4: Erste Analytik / Zweite Analytik. Griechisch-deutsch. Hrsg., übers., mit Einl. und Anm. vers. von Hans Günter Zekl.* Ham-burg 1998.

1.2 Monographien

ACKRILL, J. L.: *Aristoteles. Eine Einführung in sein Philosophieren.* Berlin, New York 1985.

ALLAN, D. J.: *Die Philosophie des Aristoteles.* Hamburg 1955.

ARENS, Hans: *Sprachwissenschaft. Der Gang ihrer Entwicklung von der Antike bis zur Gegenwart (2 Bde.).* Freiburg, München (2. Aufl.) 1969.

ARENS, Hans: *Aristotle's theory of language and its Tradition: texts from 500 to 1750.* Amsterdam, Philadelphia 1984.

ARNOLD, Uwe: *Die Entelechie: Systematik bei Platon und Aristoteles.* Wien 1965. (= Überlieferung und Aufgabe; Nr. 2)

ARPE, C.: *Das τί ἦν εἶναι bei Aristoteles.* Hamburg 1938.

AUBENQUE, P.: *Le problème de l'être chez Aristote. Essai sur la problématique ari-stotélicienne.* Paris 1962.

AX, Wolfram: *Laut, Stimme, Sprache. Studien zu drei Grundbegriffen der antiken Sprachtheorie.* Göttingen 1986.

BARNES, Jonathan: *Aristoteles. Eine Einführung.* Stuttgart 1992.

BERIGER, A.: *Die aristotelische Dialektik. Ihre Darstellung in der Topik und in den Sophistischen Widerlegungen und ihre Anwendung in der Metaphysik M 1-3.* Heidelberg 1989.

BÖHME, Gernot: *Zeit und Zahl: Studien zur Zeittheorie bei Platon, Aristoteles, Leibniz und Kant.* Frankfurt am Main 1974. (= Philosophische Abhandlungen; Nr. 45)

BONITZ, Hermann: *Aristotelis Metaphysica. 2 Bde.* Bonn 1849.

BONITZ, Hermann: *Index Aristotelicus.* Berlin (Photom. Nachdruck d. Ausg. von 1870) 1955.

BRANDNER, Rudolf: *Die Bestimmung des Seins als Wesen: Untersuchung zur Grundlegung wesenslogischer Seinsverständnisse bei Aristoteles.* Freiburg (Diss.) 1988.

BRANDS, Hartmut: *Untersuchungen zur Lehre von den angeborenen Ideen.* Meisenheim a. G. 1977.

BRÉMOND, A.: *Le dilemme aristotélicien.* Paris 1933. (= Archives de Philosophie X 2)

BRENTANO, Franz: *Von der mannigfachen Bedeutung des Seienden nach Aristoteles.* Hildesheim (Unveränderter fotomechanischer Nachdruck der 1. Aufl. Freiburg 1862) 1960.

BRENTANO, Franz: *Aristoteles und seine Weltanschauung.* Darmstadt (2., unveränderte Aufl., unveränderter reprografischer Nachdruck der Ausgabe Leipzig 1911) 1967.

BRÖCKER, Walter: *Aristoteles.* Frankfurt am Main (2., unveränd. Aufl.) 1957.

CASSIRER, Heinrich: *Aristoteles' Schrift „Von der Seele" und ihre Stellung innerhalb der aristotelischen Philosophie.* Tübingen 1932. (= Heidelberger Abhandlungen zur Philosophie und ihrer Geschichte; Nr. 24)

CASSIRER, Ernst: *Philosophie der symbolischen Formen (3 Bde.).* Darmstadt (10., unveränd. Aufl., Reprografischer Nachdr. der 2. Aufl.) 1994.

CHARPA, Ulrich: *Aristoteles.* Frankfurt am Main 1991.

COSERIU, Eugenio: *Teoria del linguaggio e linguistica generale.* Bari 1971.

COSERIU, Eugenio: *Die Geschichte der Sprachphilosophie von der Antike bis zur Gegenwart. Eine Übersicht (2 Bde.).* Tübingen (2. Aufl.) 1975. (= Tübinger Beiträge zur Linguistik; Nr. 11/ Nr. 28)

CRAEMER-RUEGENBERG, Ingrid: *Die Naturphilosophie des Aristoteles.* Freiburg, München 1980.

DANIELI, Marco: *Zum Problem der Traditionsaneignung bei Aristoteles: untersucht am Beispiel von ‚De anima I'.* Königstein, Ts. 1984.

DE MAURO, Tullio: *Einführung in die Semantik.* Tübingen 1982.

DELATTE, Louis: *Aristoteles, Metaphysica, index verborum, listes de fréquence.* Hildesheim 1984.

DI CESARE, Donatella: *La Semantica nella filosofia greca.* Rom 1980.

DIRLMEIER, Franz: *Merkwürdige Zitate in der Eudemischen Ethik des Aristoteles.* Heidelberg 1962. (= Sitzungsberichte der Heidelberger Akademie der Wissenschaften, Philosophisch-Historische Klasse; Jg. 1962, Abh. 2)

DURANT, Will: *Die großen Denker.* Zürich (8. Aufl.) 1947. (2. Kap.: Aristoteles und die griechische Wissenschaft. S. 67-197)

DÜRING, Ingemar: *Aristoteles. Darstellung und Interpretation seines Denkens.* Heidelberg 1966. (= Bibliothek der klassischen Altertumswissenschaften; Neue Folge, 1. Reihe)

FEDER, Johann Georg Heinrich: *Logik und Metaphysik.* Frankfurt, Leipzig (5., verm. Aufl.) 1783.

FRITSCHE, Johannes: *Form und Formmangel im ersten Buch der ‚Physikvorlesung' des Aristoteles.* Berlin (Diss.) 1982.

FRITSCHE, Johannes: *Methode und Beweisziel: im 1. Buch der ‚Physikvorlesung' des Aristoteles.* Frankfurt am Main 1986.

FRITZ, Kurt von: *Philosophie und sprachlicher Ausdruck bei Demokrit, Plato und Aristoteles.* Darmstadt (Durchges. reprograf. Nachdruck der Ausgabe New York 1938) 1966.

FRÖHLINGS, Adalbert: *Die Begriffe Dynamis und Energeia bei Aristoteles und die modernen physikalischen Begriffe der Kraft und Energie.* Bonn (Diss.) 1929.

FURTH, M.: *Substance, form, and psyche: an Aristotelean metaphysics.* Cambridge 1988.

GILL, M. L.: *Aristotle on Substance. The Paradox of Unity.* Princeton 1989.

GOHLKE, P.: *Die Entstehung der aristotelischen Prinzipienlehre.* Tübingen 1954.

GUTHRIE, W. K. C.: *Aristotle: an Encounter.* Cambridge 1981. (= In: A History of Greek Philosophy, VI. Jg. [1981])

HAPP, H.: *Hyle. Studien zum aristotelischen Materie-Begriff.* Berlin 1971.

HARRIS, James: *Hermes oder philosophische Untersuchungen über die allgemeine Grammatik. [Hermes, or a Philosophical Inquiry Concerning Language and Universal Grammar]. Übersetzt von Christian Gottfried Ewerbeck, nebst Anmerkungen und Abhandlungen von F. A. Wolf und dem Übersetzer. Erster Teil.* Halle (Neudruck Hildesheim 1987) 1788.

HARTMANN, Nicolai: *Zur Lehre vom Eidos bei Platon und Aristoteles.* Berlin 1941. (= Abhandlungen der Preußischen Akademie der Wissenschaften. Philosophisch-Historische Klasse; Nr. 8 [1981])

HARTMANN, Nicolai: *Möglichkeit und Wirklichkeit.* Meisenheim (2. Aufl.) 1949.

HARVEY, William: *Exercitationes de generatione animalium.* [1. Aufl. 1651] 1737.

HEIDEGGER, Martin: *Aristoteles, Metaphysik 1-3: von Wesen und Wirklichkeit der Kraft. [Freiburger Vorlesung Sommersemester 1931].* Frankfurt a.M. 1981. (= Gesamtausgabe; Bd. 33. Abt. 2)

HEINE, Max: *Die Lehre vom Logos in der griechischen Philosophie.* Aalen (Neudr. d. Ausg. 1872) 1961.

HELLWIG, Antje: *Untersuchungen zur Theorie der Rhetorik bei Platon und Aristoteles.* Göttingen 1973. (= Hypomnemata; Nr. 38)

HÖFFE, Otfried: *Aristoteles: Die Nikomachische Ethik.* Berlin (Klassiker Auslegen) 1995.

HÖFFE, Otfried: *Aristoteles.* München 1996.

JAEGER, Werner: *Studien zur Entstehungsgeschichte der Metaphysik des Aristoteles.* Berlin 1912.

JAEGER, Werner: *Aristoteles. Grundlegung einer Geschichte seiner Entwicklung.* Dublin, Zürich (3., unveränderter Nachdruck der 2. Aufl. 1955) 1967.

KAPPES, Matthias: *Aristoteles-Lexikon: Erklärung der philosophischen termini technici des Aristoteles in alphabetischer Reihenfolge.* Paderborn 1894.

KELLER, Rudi: *Zeichentheorie. Zu einer Theorie semiotischen Wissens.* Tübingen, Basel 1995.

KULLMANN, Wolfgang: *Die Teleologie in der aristotelischen Biologie: Aristoteles als Zoologe, Embryologe und Genetiker.* Heidelberg 1979. (= Sitzungsberichte der Heidelberger Akademie der Wissenschaften, Philosophisch-Historische Klasse; Jg. 1979. Abh. 2)

LARKIN, T.: *Language in the Philosophy of Aristotle.* The Hague 1971.

LESKY, E.: *Die Zeugungs- und Vererbungslehre in der Antike und ihr Nachwirken.* Mainz 1951.

LÖW, R.: *Philosophie des Lebendigen.* Frankfurt 1980.

LYONS, J.: *Semantik (2 Bde.).* München 1980.

MANUWALD, Bernd: *Studien zum Unbewegten Beweger in der Naturphilosophie des Aristoteles.* Stuttgart 1989.

MARAITOU, Despina: *Die Äußerungen des Aristoteles über Dichter und Dichtung außerhalb der Poetik.* Stuttgart 1994.

MARQUARDT, Udo: *Die Einheit der Zeit bei Aristoteles.* Würzburg 1993.

MARX, Werner: *Einführung in Aristoteles' Theorie vom Seienden.* Freiburg 1972.

MESCH, Walter: *Ontologie und Dialektik bei Aristoteles.* Göttingen 1994.

MORSINK, J.: *Aristotle on the Generation of Animals.* Washington 1982.

NESTLE, Wilhelm: *Vom Mythos zum Logos. Die Selbstentfaltung des griechischen Denkens von Homer bis auf die Sophistik und Sokrates.* Aalen (Neudr. d. 2. Aufl. Stuttgart 1942) 1966.

NEUMARK, David: *Geschichte der jüdischen Philosophie des Mittelalters.* Berlin 1907.

NOTKER: *Boethius' Bearbeitung von Aristoteles' Schrift „de interpretatione". [Die Werke Notkers des Deutschen (6)]* Tübingen (Altdeutsche Textbibliothek. Nr. 81) 1975.

OEHLER, Klaus: *Der Unbewegte Beweger bei Aristoteles.* Frankfurt am Main 1984.

PAREIN, Brice: *Untersuchungen über Natur und Funktion der Sprache.* Stuttgart 1969.

PHILIPPE, Marie-Dominique: *Aristoteles.* Bern 1948. (= Bibliographische Einführungen in das Studium der Philosophie; Nr. 8)

PICHT, Georg: *Hier und Jetzt. Philosophieren nach Auschwitz und Hiroshima. 2 Bde.* Stuttgart (1. Aufl.) 1980. (= Der Begriff der Energeia bei Aristoteles [1959]; Bd. 1, S. 289-308)

PICHT, Georg: *Aristoteles' de anima.* Stuttgart 1987.

PLUM, Thomas: *Wahrheit und Wirksamkeit des Logos: Aristoteles über Sprache, Sprechen und das Schreiben überzeugender und wirkungsvoller Texte für den Gebrauch in der Schule, im Theater und auf dem Marktplatz.* Bonn (Diss.) 1985.

PREUS, A.: *Science and Philosophy in Aristotle's Biological Works.* Hildesheim, New York 1975.

RHODE, Gisela: *Bibliographie der deutschen Aristoteles-Übersetzungen.* Frankfurt am Main 1967.

RIEDEL, Manfred: *Metaphysik und Metapolitik. Studien zu Aristoteles und zur politischen Sprache der neuzeitlichen Philosophie.* Frankfurt am Main 1975.

RITTER, Joachim: *Metaphysik und Politik: Studien zu Aristoteles und Hegel.* Frankfurt am Main 1969.

ROLFES, Eugen: *Die Philosophie des Aristoteles: als Naturerklärung und Weltanschauung.* Leipzig 1923.

ROON-BASSERMANN, Elisabeth von: *Dante und Aristoteles: de Convivio und der mehrfache Schriftsinn.* Freiburg 1956.

ROSS, W.P.: *Aristotle.* London (5. Aufl.) 1949.

RÜFNER, Vinzenz: *Grundbegriffe griechischer Wissenschaftslehre.* Bamberg 1949.

SANDVOSS, Ernst R.: *Aristoteles.* Stuttgart 1981.

SCHMITTER, Peter: *Das sprachliche Zeichen. Studien zur Zeichen- und Bedeutungstheorie in der griechischen Antike sowie im 19. und 20. Jahrhundert.* Münster 1987. (= Institut für Allgemeine Sprachwissenschaft der Westfälischen Wilhelms-Universität)

SCHMITZ, H.: *Die Ideenlehre des Aristoteles (3 Bde.).* Bonn 1985.

SHAFTESBURY, ANTHONY ASHLEY COOPER, THIRD EARL OF: *Characteristics of men, manners, opinions, times.* London (Nachdruck) 1711.

SEIDEL, Helmut: *Aristoteles und der Ausgang der antiken Philosophie: Vorlesungen zur Geschichte der Philosophie.* Berlin 1984.

SEIDL, Horst: *Beiträge zu Aristoteles' Erkenntnislehre und Metaphysik.* Würzburg 1984.

SINNOTT, A. Eduardo: *Untersuchungen zu Kommunikation und Bedeutung bei Aristoteles.* Münster 1989. (= Studium Sprachwissenschaft [Beiheft 8], hrsg. von Helmut Gipper und Peter Schmitter)

STALLMACH, Josef: *Dynamis und Energeia: Untersuchungen am Werk des Aristoteles zur Problemgeschichte von Möglichkeit und Wirklichkeit.* Meisenheim a.G. 1959.

STEINFATH, Holmer: *Selbständigkeit und Einfachheit. Zur Substanztheorie des Aristoteles.* Frankfurt am Main 1991.

STEINTHAL, Heymann: *Geschichte der Sprachwissenschaft bei den Griechen und Römern.* Berlin (2. Aufl. [1. Aufl. 1863]) 1890.

STENZEL, Julius: *Kleine Schriften zur griechischen Philosophie. Hrsg. von Bertha Stenzel.* Darmstadt (4. Aufl.) 1972.

STENZEL, Julius: *Über den Einfluss der griechischen Sprache auf die philosophische Begriffsbildung.* Darmstadt (4. Aufl.) 1972. (= In: Kleine Schriften zur griechischen Philosophie. S. 72-84)

THOMSON, Dirko: *'Techne' als Metapher und als Begriff der sittlichen Einsicht: zum Verhältnis von Vernunft und Natur bei Platon und Aristoteles.* Freiburg 1990.

TRABANT, Jürgen: *Elemente der Semiotik.* Tübingen u.a. 1996.

TRENDELENBURG, F. A.: *Aristotelis De anima libris tres.* Berlin (1. Aufl. Jena 1833) 1877.

UPHUES, Karl: *Sprachtheorie und Metaphysik bei Platon, Aristoteles und in der Scholastik.* Frankfurt am Main 1973. (= Opuscula philosophica; Nr. 2)

VIERTEL, Wolfgang: *Der Begriff der Substanz bei Aristoteles.* Königstein, Ts. 1982. (= Monographien zur philosophischen Forschung; Bd. 216)

VIGO, Alejandro G.: *Zeit und Praxis bei Aristoteles: die Nikomachische Ethik und die zeit-ontologischen Voraussetzungen des vernunftgesteuerten Handelns.* Freiburg 1996.

VORLÄNDER, Karl: *Geschichte der Philosophie. Bd. 1: Altertum.* Reinbek bei Hamburg 1990.

WEIDEMANN, Hermann: *Metaphysik und Sprache: eine sprachphilosophische Untersuchung zu Thomas von Aquin und Aristoteles.* München 1975.

WELSCH, Wolfgang: *Aisthesis. Grundzüge und Perspektiven der Aristotelischen Sinneslehre.* Stuttgart 1987.

WIELAND, Wolfgang: *Die aristotelische Physik: Untersuchung über die Grundlegung der Naturwissenschaften und der sprachlichen Bedingungen der Prinzipienforschung bei Aristoteles.* Göttingen 1962.

WIPLINGER, Fridolin: *Physis und Logos: zum Körperphänomen in seiner Bedeutung für den Ursprung der Metaphysik bei Aristoteles.* Freiburg 1971.

WOLF, Ursula: *Möglichkeit und Notwendigkeit bei Aristoteles und heute.* München 1979.

WUNDT, Max: *Untersuchungen zur Metaphysik des Aristoteles.* Stuttgart 1953. (= Tübinger Beiträge zur Altertumswissenschaft; Bd. 38)

YATES, Frances Amelia: *Gedächtnis und Erinnern: Mnemonik von Aristoteles bis Shakespeare.* Weinheim 1990.

ZELLER, Eduard: *Die Philosophie der Griechen und Römer. II. Teil, 2. Abteilung: Aristoteles und die alten Peripatetiker.* (Neudruck Darmstadt [5. Aufl.] 1963) 1878.

ZEMB, Jean M.: *Aristoteles in Selbstzeugnissen und Bilddokumenten.* Reinbek bei Hamburg 1967. (= Rowohlts Monographien; Bd. 63)

1.3 Sammelwerkbeiträge und Sammelwerke

ACKRILL, J.: *Aristotle's Distinction between Energeia and Kinesis.* In: Bambrough, R. (Hrsg.): *New Essays on Plato and Aristotle.* London 1965. S. 121-141.

ALBRECHT, Jörn (Hrsg.): *Energeia und Ergon: Sprachliche Variation – Sprachgeschichte – Sprachtypologie. Studia in honorem Eugenio Coseriu (3 Bde.). Bd. I: Schriften von Eugenio Coseriu (1965-1987).* Tübingen 1988. (= Tübinger Beiträge zur Linguistik; Bd. 300)

ARNIM, Hans von: *Die Entwicklung der aristotelischen Gotteslehre.* In: Hager, Fritz-Peter (Hrsg.): *Metaphysik und Theologie des Aristoteles.* Darmstadt 1969. (= Wege der Forschung; Band CCVI) S. 1-74.

AX, Wolfram: *Aristoteles (384-322).* In: Dascal, Marcelo u.a. (Hrsg.): *Sprachphilosophie. Ein internationales Handbuch zeitgenössischer Forschung.* Berlin, New York 1992. S. 244-259.

BALLAUF, Th. und SCHEERER, E.: *Organ.* In: Ritter, Joachim und Gründer, Karlfried (Hrsg.): *Historisches Wörterbuch der Philosophie.* Basel, Darmstadt 1971 ff. S. 1317-1325 (Bd. 6).

BALLAUF, Th., SCHEERER, E., MEYER, A.: *Organismus.* In: Ritter, Joachim und Gründer, Karlfried (Hrsg.): *Historisches Wörterbuch der Philosophie.* Basel, Darmstadt 1971 ff. S. 1330-1358 (Bd. 6).

BAMBROUGH, R. (Hrsg.): *New Essays on Plato and Aristotle.* London 1965.

BARNES, J., SCHOFIELD, M. und SORABJI, R. (Hrsg.): *Articles on Aristotle. Bd. 1: Science.* London 1975.

BERTI, Enrico: *Der Begriff der Wirklichkeit in der Metaphysik des Aristoteles ([T] 6-9 u.a.).* In: Rapp, Christof (Hrsg.): *Metaphysik. Die Substanzbücher (Z, H, Θ).* Berlin 1996. (= Klassiker Auslegen; Bd. 4) S. 289-311.

BÖHME, Gernot (Hrsg.): *Klassiker der Naturphilosophie. Von den Vorsokratikern bis zur Frankfurter Schule.* München 1989.

BORMANN, C. v., FRANZEN, W., KRAPIEC, A. und OEING-HANOFF, L.: *Form und Materie (Stoff).* In: Ritter, Joachim und Gründer, Karlfried (Hrsg.): *Historisches Wörterbuch der Philosophie.* Basel, Darmstadt 1971 ff. S. 977-1030 (Bd. 2).

BORSCHE, Tilman (Hrsg.): *Klassiker der Sprachphilosophie. Von Platon bis Noam Chomsky.* München 1996.

BUCHHEIM, Thomas: *Genesis und substantielles Sein. Die Analytik des Werdens im Buch Z der Metaphysik (Z 7-9).* In: Rapp, Christof (Hrsg.): *Metaphysik. Die Substanzbücher (Z, H, Θ).* Berlin 1996. (= Klassiker Auslegen; Bd. 4) S. 105-133.

BÜHNER, J.-A.: *Logos.* In: Ritter, Joachim und Gründer, Karlfried (Hrsg.): *Historisches Wörterbuch der Philosophie.* Basel, Darmstadt 1971 ff. S. 491-502 (Bd. 5).

CHROUST, Anton-Hermann: *Die ersten dreißig Jahre moderner Aristoteles-Forschung. 1912-1942.* In: Moraux, Paul (Hrsg.): *Aristoteles in der neueren Forschung.* Darmstadt 1968. (= Wege der Forschung [Bd. LXI]) S. 95-143.

CLASSEN, Carl-Joachim und MÜLLENBROCK, Heinz-Joachim (Hrsg.): *Die Macht des Wortes: Aspekte gegenwärtiger Rhetorikforschung.* Marburg 1992.

CORCORAN, J. (Hrsg.): *Ancient Logic and its Modern Interpretations.* Dordrecht 1974.

CRAEMER-RUEGENBERG, Ingrid: *Aristoteles. (384-322).* In: Böhme, Gernot (Hrsg.): *Klassiker der Naturphilosophie. Von den Vorsokratikern bis zur Frankfurter Schule.* München 1989. S. 45-60.

DASCAL, Marcelo (Hrsg.): *Sprachphilosophie. Ein internationales Handbuch zeitgenössischer Forschung.* Berlin, New York 1992.

DEITZ, L.: *Physis / Nomos, Physis / Thesis.* In: Ritter, Joachim und Gründer, Karlfried (Hrsg.): *Historisches Wörterbuch der Philosophie.* Basel, Darmstadt 1971 ff. S. 967-971 (Bd. 7).

DI CESARE, Donatella: *Il Problema logica-funzionale del linguaggio in Aristoteles.* In: Trabant, Jürgen, Weydt, Harald, Dietrich, Wolf, Rohrer, Christian und Schlieben-Lange, Brigitte (Hrsg.): *Logos Semantikos: Studia linguistica in honorem Eugenio Coseriu 1921-1981. (5 Bde.).* Berlin 1981. S. 21-29 (Bd. 1).

DI CESARE, Donatella: *Die Geschmeidigkeit der Sprache. Zur Sprachauffassung und Sprachbetrachtung der Sophistik.* In: Schmitter, Peter (Hrsg.): *Sprachtheorien der abendländischen Antike.* Tübingen 1991. S. 87-118.

DIERSE, U.: *Leben.* In: Ritter, Joachim und Gründer, Karlfried (Hrsg.): *Historisches Wörterbuch der Philosophie.* Basel, Darmstadt 1971 ff. S. 52-110 (Bd. 5).

DIRLMEIER, Franz: *Aristoteles.* In: Moraux, Paul (Hrsg.): *Aristoteles in der neueren Forschung.* Darmstadt 1968. (= Wege der Forschung [Bd. LXI]) S. 144-157.

DÜRING, Ingemar: *Von Aristoteles bis Leibniz. Einige Hauptlinien in der Geschichte des Aristotelismus.* In: Moraux, Paul (Hrsg.): *Aristoteles in der neueren Forschung.* Darmstadt 1968. (= Wege der Forschung [Bd. LXI]) S. 250-313.

DÜRING, Ingemar (Hrsg.): *Naturphilosophie bei Aristoteles und Theophrast. Verhandlungen des 4. Symposium Aristotelicum, veranstaltet in Göteborg im August 1966.* Heidelberg 1969.

DUTZ, Klaus D. und SCHMITTER, Peter (Hrsg.): *Geschichte der Geschichtsschreibung der Semiotik.* Münster 1986.

EBERT, Theodor: *Entelechie und Monade. Bemerkungen zum Gebrauch eines aristotelischen Begriffs bei Leibniz.* In: Wiesner, Jürgen (Hrsg.): *Aristoteles. Werk und Wirkung. Paul Moraux gewidmet (2 Bde.).* Berlin 1987. S. 560-583 (2. Bd.).

FASCHER, E.: *Dynamis.* In: Klauser, Theodor u.a. (Hrsg.): *Reallexikon für Antike und Christentum.* Stuttgart 1950 ff. S. 415-458 (Bd. 4).

FASCHER, E.: *Energeia.* In: Klauser, Theodor u.a. (Hrsg.): *Reallexikon für Antike und Christentum.* Stuttgart 1950 ff. S. 4-51 (Bd. 5).

FINSTER, R.: *Organon.* In: Ritter, Joachim und Gründer, Karlfried (Hrsg.): *Historisches Wörterbuch der Philosophie.* Basel, Darmstadt 1971 ff. S. 1363-1368 (Bd. 6).

FLASHAR, Hellmut: *Aristoteles.* In: Flashar, Hellmut (Hrsg.): *Grundriß der Geschichte der Philosophie. Begründet von Friedrich Ueberweg. Die Philosophie der Antike. Bd. 3: Ältere Akademie – Aristoteles – Der Peripatos bis zum Beginn der römischen Kaiserzeit.* Basel, Stuttgart 1983. S. 175-457.

FLASHAR, Hellmut (Hrsg.): *Grundriß der Geschichte der Philosophie. Begründet von Friedrich Ueberweg. Die Philosophie der Antike. Bd. 3: Ältere Akademie – Aristoteles – Der Peripatos bis zum Beginn der römischen Kaiserzeit.* Basel, Stuttgart 1983.

FLASHAR, Hellmut (Hrsg.): *Eidola. Ausgewählte Kleine Schriften. Herausgegeben, mit einem Vorwort und einer Bibliographie versehen von Manfred Kraus.* Amsterdam 1989.

FLASHAR, Hellmut: *Die Handlungstheorie des Aristoteles.* In: Flashar, Hellmut (Hrsg.): *Eidola. Ausgewählte Kleine Schriften. Herausgegeben, mit einem Vorwort und einer Bibliographie versehen von Manfred Kraus.* Amsterdam 1989. S. 171-174.

FRANZEN, W., und GEORGULIS, K.: *Entelechie.* In: Ritter, Joachim und Gründer, Karlfried (Hrsg.): *Historisches Wörterbuch der Philosophie.* Basel, Darmstadt 1971 ff. S. 506-509 (Bd. 2).

FRITZ, Kurt von (Hrsg.): *Beiträge zu Aristoteles.* Berlin 1984.

GATZEMEIER, Matthias: *Sprachphilosophische Anfänge.* In: Dascal, Marcelo u.a. (Hrsg.): *Sprachphilosophie. Ein internationales Handbuch zeitgenössischer Forschung.* Berlin, New York 1992. S. 1-17.

GATZEMEIER, Matthias: *Die Wissenschaftskonzeption des Aristoteles und die Entstehung der Einzelwissenschaften.* In: Rehberg, Karl-Siebert und Hausmann, Frank-Rutger (Hrsg.): *Klassiker der Wissenschaften.* Aachen 1995. S. 63-78.

GERHARD, Volker und HEROLD, Norbert (Hrsg.): *Wahrheit und Begründung.* Würzburg 1985.

GRAESER, Andreas: *Aristoteles (384-321 v. Chr.).* In: Borsche, Tilman (Hrsg.): *Klassiker der Sprachphilosophie. Von Platon bis Noam Chomsky.* München 1996. S. 33-47.

GUTHRIE, W. K. C.: *Die Entwicklung der Theologie des Aristoteles – I.* In: Hager, Fritz-Peter (Hrsg.): *Metaphysik und Theologie des Aristoteles.* Darmstadt 1969. (= Wege der Forschung; Band CCVI) S. 75-95.

GUTHRIE, W. K. C.: *Die Entwicklung der Theologie des Aristoteles – II.* In: Hager, Fritz-Peter (Hrsg.): *Metaphysik und Theologie des Aristoteles.* Darmstadt 1969. (= Wege der Forschung; Band CCVI) S. 96-113.

HAGER, Fritz-Peter (Hrsg.): *Metaphysik und Theologie des Aristoteles.* Darmstadt 1969. (= Wege der Forschung; Band CCVI)

HEIDEGGER, Martin (Hrsg.): *Wegmarken.* Frankfurt 1967.

HEIDEGGER, Martin: *Vom Wesen und Begriff der Φύσις. Aristoteles' Physik B, 1.* In: Heidegger, Martin (Hrsg.): *Wegmarken.* Frankfurt 1967. S. 309-371.

HÜNEMÖRDER, Christian: *Zur Nachwirkung des Aristoteles bei den Biologen im 19. und 20. Jahrhundert.* In: Wiesner, Jürgen (Hrsg.): *Aristoteles. Werk und Wirkung. Paul Moraux gewidmet (2 Bde.).* Berlin 1987. S. 621-631 (2. Bd.).

INCIARTE, F.: *Der Begriff der Seele in der Philosophie des Aristoteles.* In: Kremer, K. (Hrsg.): *Seele. Ihre Wirklichkeit, ihr Verhältnis zum Leib und zur menschlichen Person.* Leiden, Köln 1984. S. 46-65.

JAMMER, M.: *Energie.* In: Ritter, Joachim und Gründer, Karlfried (Hrsg.): *Historisches Wörterbuch der Philosophie.* Basel, Darmstadt 1971 ff. S. 494-499 (Bd. 2).

KACZMAREK, Ludger: ‚*Quid sit aliquid repraesentari in verbo'. Zum sprachtheoretischen Gehalt mittelalterlicher und moderner Repräsentationsbegriffe.* In: Dutz, Klaus D. und Schmitter, Peter (Hrsg.): *Geschichte der Geschichtsschreibung der Semiotik.* Münster 1986. S. 85-100.

KAULBACH, F.: *Bewegung.* In: Ritter, Joachim und Gründer, Karlfried (Hrsg.): *Historisches Wörterbuch der Philosophie.* Basel, Darmstadt 1971 ff. S. 864-879 (Bd. 1).

KLAUSER, Theodor (Hrsg.): *Reallexikon für Antike und Christentum.* Stuttgart 1950 ff.

KOSSLER, Henning (Hrsg.): *Sprache: Fünf Vorträge.* Erlangen 1990.

KOSSLER, Henning: ‚*Das Lebewesen, das Rede hat' (Aristoteles): Grundriss einer Sprachanthropologie.* In: Kossler, Henning (Hrsg.): *Sprache: Fünf Vorträge.* Erlangen 1990. S. 11-26.

KREMER, K. (Hrsg.): *Seele. Ihre Wirklichkeit, ihr Verhältnis zum Leib und zur menschlichen Person.* Leiden, Köln 1984.

KRETZMANN, N.: *Aristotle on Spoken Sound Significant by Convention.* In: Corcoran, J. (Hrsg.): *Ancient Logic and its Modern Interpretations.* Dordrecht 1974. S. 3-21.

KURDZIALEK, Marian: *Der Mensch als Abbild des Kosmos.* In: Zimmermann, A. (Hrsg.): *Der Begriff der Repraesentatio im Mittelalter: Stellvertretung, Symbol, Zeichen, Bild.* Berlin, New York 1971. S. 35-75.

LANDGREBE, L. (Hrsg.): *Philosophie und Wissenschaft.* Meisenheim 1972.

LIEB, H.: *Das ‚semiotische Dreieck' bei Ogden und Richards: eine Neuformulierung des Zeichenmodells von Aristoteles.* In: Trabant, Jürgen, Weydt, Harald, Dietrich, Wolf, Rohrer, Christian und Schlieben-Lange, Brigitte (Hrsg.): *Logos Semantikos: Studia linguistica in honorem Eugenio Coseriu 1921-1981. (5 Bde.).* Berlin 1981. S. 137-156.

LISKE, Michael-Thomas: *Inwieweit sind Vermögen intrinsische dispositionelle Eigenschaften? ([T] 1-5).* In: Rapp, Christof (Hrsg.): *Metaphysik. Die Substanzbücher (Z, H, Θ).* Berlin 1996. (= Klassiker Auslegen; Bd. 4) S. 253-287.

LLOYD, G. E. R. und OWEN, G.E.L. (Hrsg.): *Aristotle on Mind and Senses.* Cambridge 1978.

LUTZ, Bernd (Hrsg.): *Metzler Philosophen Lexikon. Dreihundert biographisch-werkgeschichtliche Porträts von den Vorsokratikern bis zu den Neuen Philosophen.* Stuttgart 1989.

MANSION, Augustin: *Das Werk des Aristoteles in seiner Entstehung.* In: Moraux, Paul (Hrsg.): *Aristoteles in der neueren Forschung.* Darmstadt 1968. (= Wege der Forschung [Bd. LXI]) S. 1-66.

MANSION, Augustin: *Erste Philosophie, zweite Philosophie und Metaphysik bei Aristoteles. (1958).* In: Hager, Fritz-Peter (Hrsg.): *Metaphysik und Theologie des Aristoteles.* Darmstadt 1969. (= Wege der Forschung; Band CCVI) S. 299-366.

MANSION, Suzanne: *Die erste Theorie der Substanz: die Substanz nach Aristoteles. (1946).* In: Hager, Fritz-Peter (Hrsg.): *Metaphysik und Theologie des Aristoteles.* Darmstadt 1969. (= Wege der Forschung; Band CCVI) S. 114-138.

MANSION, Suzanne: *Die Aporien der aristotelischen Metaphysik. (1955).* In: Hager, Fritz-Peter (Hrsg.): *Metaphysik und Theologie des Aristoteles.* Darmstadt 1969. (= Wege der Forschung; Band CCVI) S. 175-221.

MAUTHNER, Fritz (Hrsg.): *Wörterbuch der Philosophie (2 Bde.). Neue Beiträge zu einer Kritik der Sprache.* Zürich (Erstausgabe 1910/11) 1980.

MAUTHNER, Fritz: *Energie.* In: Mauthner, Fritz (Hrsg.): *Wörterbuch der Philosophie (2 Bde.). Neue Beiträge zu einer Kritik der Sprache.* Zürich (Erstausgabe 1910/11) 1980. S. 270-283 (Bd. 1).

MAUTHNER, Fritz: *Form.* In: Mauthner, Fritz (Hrsg.): *Wörterbuch der Philosophie (2 Bde.). Neue Beiträge zu einer Kritik der Sprache.* Zürich (Erstausgabe 1910/11) 1980. S. 319-340 (Bd. 1).

MAUTHNER, Fritz: *Griechisches Philosophieren (Aristoteles).* In: Mauthner, Fritz (Hrsg.): *Wörterbuch der Philosophie (2 Bde.). Neue Beiträge zu einer Kritik der Sprache.* Zürich (Erstausgabe 1910/11) 1980. S. 474-495 (Bd. 1).

MAUTHNER, Fritz: *Stoff.* In: Mauthner, Fritz (Hrsg.): *Wörterbuch der Philosophie (2 Bde.). Neue Beiträge zu einer Kritik der Sprache.* Zürich (Erstausgabe 1910/11) 1980. S. 444-454 (Bd. 2).

MAUTHNER, Fritz: *organisch.* In: Mauthner, Fritz (Hrsg.): *Wörterbuch der Philosophie (2 Bde.). Neue Beiträge zu einer Kritik der Sprache.* Zürich (Erstausgabe 1910/11) 1980. S. 224-231 (Bd. 2).

MEINHARDT, H.: *Idee.* In: Ritter, Joachim und Gründer, Karlfried (Hrsg.): *Historisches Wörterbuch der Philosophie.* Basel, Darmstadt 1971 ff. S. 56-134 (Bd. 4).

MERLAN, Philip: *Metaphysik: Name und Gegenstand*. In: Hager, Fritz-Peter (Hrsg.): *Metaphysik und Theologie des Aristoteles*. Darmstadt 1969. (= Wege der Forschung; Bd. CCVI) S. 251-265.

MINIO-PALUELLO, Lorenzo: *Die aristotelische Tradition in der Geistesgeschichte*. In: Moraux, Paul (Hrsg.): *Aristoteles in der neueren Forschung*. Darmstadt 1968. (= Wege der Forschung [Bd. LXI]) S. 314-338.

MOJSISCH, Burkhard (Hrsg.): *Sprachphilosophie in Antike und Mittelalter*. Amsterdam 1986.

MORAUX, Paul (Hrsg.): *Aristoteles in der neueren Forschung*. Darmstadt 1968. (= Wege der Forschung [Bd. LXI])

MORAUX, Paul: *Die Entwicklung des Aristoteles*. In: Moraux, Paul (Hrsg.): *Aristoteles in der neueren Forschung*. Darmstadt 1968. (= Wege der Forschung [Bd. LXI]) S. 67-94.

MOREAU, Joseph: *Sein und Wesen in der Philosophie des Aristoteles. (1955)* In: Hager, Fritz-Peter (Hrsg.): *Metaphysik und Theologie des Aristoteles*. Darmstadt 1969. (= Wege der Forschung; Bd. CCVI) S. 222-250.

MÜLLER, A.: *Beweger, unbewegter*. In: Ritter, Joachim und Gründer, Karlfried (Hrsg.): *Historisches Wörterbuch der Philosophie*. Basel, Darmstadt 1971 ff. S. 863-864 (Bd. 1).

NEUMANN, Werner und TECHTMEIER, B. (Hrsg.): *Bedeutungen und Ideen in Sprachen und Texten*. Berlin (DDR) 1987.

NUSSBAUM, M. C. und RORTY, A. O. (Hrsg.): *Essays on Aristotle's ‚De anima'*. Oxford 1992.

OEHLER, K.: *Der höchste Punkt der antiken Philosophie*. In: Scheibe, E. und Süssmann, G. (Hrsg.): *Einheit und Vielheit*. Göttingen 1973. S. 45-59.

OWEN, G.E.L.: *Aristotle and the Snares of Ontology*. In: Bambrough, R. (Hrsg.): *New Essays on Plato and Aristotle*. London 1965. S. 69-95.

PLAMBÖCK, G.: *Dynamis*. In: Ritter, Joachim und Gründer, Karlfried (Hrsg.): *Historisches Wörterbuch der Philosophie*. Basel, Darmstadt 1971 ff. S. 303-304 (Bd. 2).

PLEINES, Jürgen (Hrsg.): *Zum teleologischen Argument in der Philosophie: Aristoteles, Kant, Hegel*. Würzburg 1991.

RAPP, Christof (Hrsg.): *Metaphysik. Die Substanzbücher (Z, H, Θ)*. Berlin 1996. (= Klassiker Auslegen; Bd. 4)

RAPP, Christof: *Die Substanzbücher der Metaphysik*. In: Rapp, Christof (Hrsg.): *Metaphysik. Die Substanzbücher (Z, H, Θ)*. Berlin 1996. (= Klassiker Auslegen; Bd. 4) S. 1-26.

RAPP, Christof: *Substanz als vorrangig Seiendes ([Z] 1)*. In: Rapp, Christof (Hrsg.): *Metaphysik. Die Substanzbücher (Z, H, Θ)*. Berlin 1996. (= Klassiker Auslegen; Bd. 4) S. 27-40.

RAPP, Christof: *‚Kein Allgemeines ist Substanz' ([Z] 13, 14-16)*. In: Rapp, Christof (Hrsg.): *Metaphysik. Die Substanzbücher (Z, H, Θ)*. Berlin 1996. (= Klassiker Auslegen; Bd. 4) S. 157-191.

REHBERG, Karl-Siebert und HAUSMANN, Frank-Rutger (Hrsg.): *Klassiker der Wissenschaften*. Aachen 1995.

REINER, Hans: *Die Entstehung und ursprüngliche Bedeutung des Namens Metaphysik. (1954)*. In: Hager, Fritz-Peter (Hrsg.): *Metaphysik und Theologie des Aristoteles*. Darmstadt 1969. (= Wege der Forschung; Bd. CCVI) S. 139-174.

SALUS, Peter H. (Hrsg.): *On language: From Plato to Humboldt*. New York u.a. 1969.

SCHEIBE, E. und SÜSSMANN, G. (Hrsg.): *Einheit und Vielheit*. Göttingen 1973.

SCHINGS, Hans-Jürgen (Hrsg.): *Der ganze Mensch. Anthropologie und Literatur im 18. Jahrhundert. DFG-Symposion 1992*. Stuttgart u.a. 1992.

SCHMIDT, Gerhard und TIETZ, Manfred (Hrsg.): *Stimmen der Romania. Fs. W. Th. Elwert*. Wiesbaden 1980.

SCHMITTER, Peter (Hrsg.): *Sprachtheorien der abendländischen Antike*. Tübingen 1991.

SCHWINGER, R.: *Form und Inhalt*. In: Ritter, Joachim und Gründer, Karlfried (Hrsg.): *Historisches Wörterbuch der Philosophie*. Basel, Darmstadt 1971 ff. S. 976-977 (Bd. 2).

SEECK, Gustav Adolf (Hrsg.): *Die Naturphilosophie des Aristoteles*. Darmstadt 1975. (= Wege der Forschung; Bd. 225)

SPRUTE, Jürgen: *Philosophie und Rhetorik bei Platon und Aristoteles*. In: Classen, Carl-Joachim und Müllenbrock, Heinz-Joachim (Hrsg.): *Die Macht des Wortes: Aspekte gegenwärtiger Rhetorikforschung*. Marburg 1992. S. 29-45.

STEINFATH, Holmer: *Die Einheit der Definition und die Einheit der Substanz. Zum Verhältnis von [Z] 12 und [H] 6*. In: Rapp, Christof (Hrsg.): *Metaphysik. Die Substanzbücher (Z, H, Θ)*. Berlin 1996. (= Klassiker Auslegen; Bd. 4) S. 229-251.

THEILER, Willy: *Die Entstehung der Metaphysik des Aristoteles. Mit einem Anhang über Theophrasts Metaphysik (1958)*. In: Hager, Fritz-Peter (Hrsg.): *Metaphysik und Theologie des Aristoteles*. Darmstadt 1969. (= Wege der Forschung; Bd. CCVI) S. 266-298.

THÜMMEL, W.: *Organonmodell (der Sprache)*. In: Ritter, Joachim und Gründer, Karlfried (Hrsg.): *Historisches Wörterbuch der Philosophie*. Basel, Darmstadt 1971 ff. S. 1368-1369 (Bd. 6).

THUN, Harald (Hrsg.): *Energeia und Ergon: Sprachliche Variation – Sprachgeschichte – Sprachtypologie. Studia in honorem Eugenio Coseriu (3 Bde.). Bd. II: Das sprachtheoretische Denken Eugenio Coserius in der Diskussion (1)*. Tübingen 1988. (= Tübinger Beiträge zur Linguistik; Bd. 300)

TRABANT, Jürgen, WEYDT, Harald, DIETRICH, Wolf, ROHRER, Christian und SCHLIEBEN-LANGE, Brigitte (Hrsg.): *Logos Semantikos: Studia linguistica in honorem Eugenio Coseriu 1921-1981. (5 Bde.)*. Berlin 1981.

VAN STEENBERGHEN, F.: *Aristotelismus*. In: Ritter, Joachim und Gründer, Karlfried (Hrsg.): *Historisches Wörterbuch der Philosophie*. Basel, Darmstadt 1971 ff. S. 508-517 (Bd. 1).

WASZINK, J.H. und HEFFENING, W.: *Aristoteles*. In: Klauser, Theodor u.a. (Hrsg.): *Reallexikon für Antike und Christentum*. Stuttgart 1950 ff. S. 657-667 (Bd. 1).

WEIDEMANN, Hermann: *Grundzüge der Aristotelischen Sprachtheorie*. In: Schmitter, Peter (Hrsg.): *Sprachtheorien der abendländischen Antike*. Tübingen 1991. S. 170-192.

WEIDEMANN, Hermann: *Zum Begriff des* ti ên einai *und zum Verständnis von Met. Z 4, 1029b22-1030a6.* In: Rapp, Christof (Hrsg.): *Metaphysik. Die Substanzbücher (Z, H, Θ).* Berlin 1996. (= Klassiker Auslegen; Bd. 4) S. 75-103.

WIESNER, Jürgen (Hrsg.): *Aristoteles. Werk und Wirkung. Paul Moraux gewidmet (2 Bde.).* Berlin 1987.

WUNDERLICH, Dieter (Hrsg.): *Wissenschaftstheorie der Linguistik.* Kronberg, Ts. 1976.

ZIMMERMANN, A. (Hrsg.): *Der Begriff der Repraesentatio im Mittelalter: Stellvertretung, Symbol, Zeichen, Bild.* Berlin, New York 1971.

1.4 Zeitschriftenartikel

AUBENQUE, P.: *Aristote et le langage.* In: *Annales de la Faculté des Lettres et des Sciences Humaines d'Aix,* Jg. 1967, S. 85-105.

AX, Wolfram: ψόφος, φωνή *und* διάλεκτος *als Grundbegriffe aristotelischer Sprachreflexion.* In: *Glotta,* 37. Jg. (1978), S. 241-271.

BARTH, T.: *Das Problem der Vieldeutigkeit bei Aristoteles.* In: *Sophia,* 10. Jg. (1942), S. 11-30.

COSERIU, Eugenio: *L'arbitraire du signe. Zur Spätgeschichte eines aristotelischen Begriffs.* In: *Archiv für das Studium der neueren Sprachen und Literaturen,* 204/119. Jg. (1967), S. 81-112.

COSERIU, Eugenio: τὸ ἕν σημαίνειν. *Bedeutung und Bezeichnung bei Aristoteles.* In: *Zeitschrift für Phonetik, Sprachwissenschaft und Kommunikationsforschung,* (Bd.) 32. Jg. (1979), H.4/5, S. 432-437.

DI CESARE, Donatella: *Die Semantik bei Aristoteles.* In: *Sprachwissenschaft,* 6 (Bd.). Jg. (1981), H.1, S. 1-30.

DIEL, H.: *Etymologica 3. Entelecheia.* In: *Zeitschrift für vergleichende Sprachforschung,* 47. Jg. (1916), S. 200-203.

FRANZ, Michael: *Fiktionalität und Wahrheit in der Sicht des Gorgias und des Aristoteles.* In: *Philologus,* 135. Jg. (1991), H.2, S. 240-248.

GRAESER, A.: *On Language, Thought and Reality in Ancient Greek Philosophy.* In: *Dialectica,* 31. Jg. (1977), S. 359-388.

GUTENBERG, Norbert: *Pragmatik, Rhetorik und die Sprachtheorie des Aristoteles.* In: *Deutsche Sprache,* 2. Jg. (1982), S. 139-155.

HAMLYN, D.: *Aristotle's Account of Aesthesis in the ‚De anima'.* In: *The Classical Quarterly,* 9 (new series). Jg. (1959), S. 6-16.

HIRSCHBERGER, Johannes: *Paronymie und Analogie bei Aristoteles.* In: *Philosophisches Jahrbuch,* 68. Jg. (1960), S. 191-203.

HIRZEL, R.: *Ousia.* In: *Philologus,* 72. Jg. (1913), S. 43, Nr. 5.

INCIARTE, F.: *Die Einheit der Aristotelischen Metaphysik.* In: *Philosophisches Jahrbuch,* 101. Jg. (1994), S. 1-21.

KOSMAN, L. A.: *Aristotle's Definition of Motion.* In: *Phronesis,* 14. Jg. (1969), S. 40-62.

KOSMAN, L. A.: *Substance, Being, and Energeia.* In: *Oxford Studies in Ancient Philosophy,* 2. Jg. (1984), S. 121-149.

KRÄMER, H. J.: *Aristoteles und die akademische Eidoslehre. Zur Geschichte des Universalienproblems im Platonismus.* In: *Archiv für Geschichte der Philosophie*, 55. Jg. (1973), S. 119-190.

LO PIPARO, Franco: *Aristotle: The Material Conditions of Linguistic Expressiveness.* In: *VS*, (Bd.) 50/51. Jg. (1988), S. 83-102.

MAINBERGER, Gonsalv K.: *Rhetorik oder die Technologie des Scheins: Zeichenlesen unter Anleitung von Aristoteles.* In: *Linguistica Biblica*, 51. Jg. (1982), S. 7-22.

MAYR, Franz K.: *Philosophie der Sprache seit ihrem griechischen Anfang.* In: *Philosophisches Jahrbuch*, 72. Jg. (1964), S. 290-321.

MC KEON, J.: *Aristotle's Conception of Language and Arts of Language.* In: *Classical Philology*, 52. Jg. (1947), S. 21-50.

NEUMARK, David: *Materie und Form bei Aristoteles. Erwiderung und Beleuchtung.* In: *Archiv für Geschichte der Philosophie*, 24. Jg. (1911), S. 271-321 und 391-432.

POLANSKY, R.: *,Energeia' in Aristotle's Metaphysics IX.* In: *Ancient Philosophy*, 3. Jg. (1983), S. 160-170.

RAPP, Ch.: *Allgemeines konkret. Ein Beitrag zum Verständnis der Aristotelischen Substanzlehre.* In: *Philosophisches Jahrbuch*, 102. Jg. (1995), S. 83-100.

REINER, H.: *Die Entstehung und ursprüngliche Bedeutung des Namens Metaphysik.* In: *Zeitschrift für philosophische Forschung*, 8.Bd. (1954), S. 210-237.

REINER, H.: *Die Entstehung der Lehre vom bibliothekarischen Ursprung des Namens Metaphysik. Geschichte einer Wissenschaftslegende.* In: *Zeitschrift für philosophische Forschung*, (Bd.) 9.Bd. (1955), S. 77-99.

SCHOPPE, G.: *Zur Geschichte der Fremdwörter im Deutschen. (Wortgeschichtliche Zeugnisse).* In: *Zeitschrift für Deutsche Wortforschung*, 15. Jg. (1914), H.3 und 4, S. 174-217.

SPECHT, E.: *Über die primäre Bedeutung der Wörter bei Aristoteles.* In: *Kantstudien*, 55. Jg. (1964), S. 245-271.

VOLPI, Franco: *Zum Problem der Aisthesis bei Aristoteles.* In: *Paragrana*, Bd. 4. (1995), H.1, S. 29-46.

WEIDEMANN, Hermann: *Ansätze zu einer semantischen Theorie bei Aristoteles.* In: *Zeitschrift für Semiotik*, 4. Jg. (1982), S. 241-257.

WHITE, M. J.: *Aristotle's Concept of Theoria and the Energeia-Kinesis Distinction.* In: *Journal of History of Philosophy*, 18. Jg. (1980), S. 253-263.

ZIRIN, R.: *Aristotle's Biology of Language.* In: *Transactions of the American Philological Association*, 110. Jg. (1980), S. 325-327.

2. Wilhelm von Humboldt

2.1 Ausgaben

HUMBOLDT, Wilhelm von: *Gesammelte Schriften [GS] (17 Bde.).* Hrsg. von A. Leitzmann, B. Gebhardt, W. Richter. (Kgl.) Preuss. Akad. d. Wiss. Berlin, Leipzig (Nachdruck Berlin 1968) 1903-36.

DERS.: *Ueber den Begrif der Kunst. [1785].* (= In: Gesammelte Schriften. VII 355-359)

DERS.: *Aus Engels philosophischen Vorträgen. [1785-86].* (= In: Gesammelte Schriften. VII 361-468)

DERS.: *Aus Kleins Vorträgen über Naturrecht. [1785-86].* (= In: Gesammelte Schriften. VII 469-481)

DERS.: *Aus Dohms nationalökonomischen Vorträgen. [1785-1786].* (= In: Gesammelte Schriften. VII 507-539)

DERS.: *Sokrates und Platon über die Gottheit, über die Vorsehung und Unsterblichkeit. [1785. 1787].* (= In: Gesammelte Schriften. I 1-44)

DERS.: *Pariser Tagebücher. [1789-1801].* (= In: Gesammelte Schriften. XIV 107-129, 376-377, 573-575)

DERS.: *Ideen über die Staatsverfassung, durch die neue französische Constitution veranlasst. [1791].* (= In: Gesammelte Schriften. I 77-96)

DERS.: *Uebersetzungen aus dem Pindar. [1791-1804].* (= In: Gesammelte Schriften. VIII 1-105)

DERS.: *Über die Gesetze der Entwicklung der menschlichen Kräfte. [1791].* (= In: Gesammelte Schriften. I 86-96)

DERS.: *Ideen zu einem Versuch, die Gränzen der Wirksamkeit des Staats zu bestimmen. [1792].* (= In: Gesammelte Schriften. I 97-254)

DERS.: *Aus den griechischen Lyrikern. [1792].* (= In: Gesammelte Schriften. VIII 233-236)

DERS.: *Über das Studium des Alterthums, und des Griechischen insbesondre. [1793].* (= In: Gesammelte Schriften. I 255-281)

DERS.: *Theorie der Bildung des Menschen. [1793].* (= In: Gesammelte Schriften. I 282-287)

DERS.: *Rezension zu Jacobis Woldemar. [1794].* (= In: Gesammelte Schriften. I 288-310)

DERS.: *Ueber den Geschlechtsunterschied und dessen Einfluss auf die organische Natur. [1794].* (= In: Gesammelte Schriften. I 311-334)

DERS.: *Rezension von Wolfs Ausgabe der Odyssee. [1795].* (= In: Gesammelte Schriften. I 370-376)

DERS.: *Über Denken und Sprechen. [1795-96].* (= In: Gesammelte Schriften. VII 581-583)

DERS.: *Ueber die männliche und weibliche Form. [1795].* (= In: Gesammelte Schriften. I 335-369)

DERS.: *Pindar. [1795].* (= In: Gesammelte Schriften. I 411-429)

DERS.: *Plan einer vergleichenden Anthropologie. [1795].* (= In: Gesammelte Schriften. I 377-410)

DERS.: *Pindar. [1795].* (= In: Gesammelte Schriften. I 411-429)

DERS.: *Reisetagebücher aus den Jahren 1796 und 1797. [1796-1797].* (= In: Gesammelte Schriften. XIV 258-357)

DERS.: *Das achtzehnte Jahrhundert. [1796-97].* (= In: Gesammelte Schriften. II 1-112)

DERS.: *Über den Geist der Menschheit. [1797].* (= In: Gesammelte Schriften. II 324-334)

DERS.: *Ueber Göthes Herrmann und Dorothea. [1797-98].* (= In: Gesammelte Schriften. II 113-323)

DERS.: *Über das antike Theater in Sagunt. [1800-1801].* (= In: Gesammelte Schriften. III 60-113)

DERS.: *Latium und Hellas oder Betrachtungen über das classische Alterthum. [1806].* (= In: Gesammelte Schriften. III 136-170)

DERS.: *Geschichte des Verfalls und Unterganges der Griechischen Freistaaten. [1807].* (= In: Gesammelte Schriften. III 171-218)

DERS.: *Über den Charakter der Griechen, die idealische und historische Ansicht desselben. [1807].* (= In: Gesammelte Schriften. VII 609-616)

DERS.: *Anträge für F. A. Wolf. [1809].* (= In: Gesammelte Schriften. X 17-21)

DERS.: *Entlassungsgesuch. [1810].* (= In: Gesammelte Schriften. X 244-250)

DERS.: *Einleitung in das gesammte Sprachstudium. [1810-11].* (= In: Gesammelte Schriften. VII 619-628)

DERS.: *Ueber die innere und äussere Organisation der höheren wissenschaftlichen Anstalten in Berlin. [1810].* (= In: Gesammelte Schriften. X 250-260)

DERS.: *Ankündigung einer Schrift über die Vaskische Sprache und Nation, nebst Angabe des Gesichtspunctes und Inhalts derselben. [1812].* (= In: Gesammelte Schriften. III 288-299)

DERS.: *Ueber Sprachverwandtschaft. [1812-14].* (= In: Gesammelte Schriften. VII 629-636)

DERS.: *Essai sur les langues du nouveau continent. [1812].* (= In: Gesammelte Schriften. III 300-341)

DERS.: *Betrachtungen über die Weltgeschichte. [1814].* (= In: Gesammelte Schriften. III 350-359)

DERS.: *Ueber die Bedingungen, unter denen Wissenschaft und Kunst in einem Volke gedeihen. [1814].* (= In: Gesammelte Schriften. III 342-349)

DERS.: *Aeschylos Agamemnon metrisch übersetzt. [1816].* (= In: Gesammelte Schriften. VIII 117-230)

DERS.: *Bruchstück einer Selbstbiographie. [1816].* (= In: Gesammelte Schriften. XV 451-460)

DERS.: *Londoner Tagebuch. [1817-1818].* (= In: Gesammelte Schriften. XV 461-516)

DERS.: *Autobiographisches. [1817-1828].* (= In: Gesammelte Schriften. XV 517-531)

DERS.: *Betrachtungen über die bewegenden Ursachen in der Weltgeschichte. [1818].* (= In: Gesammelte Schriften. III 360-366)

DERS.: *Ueber das vergleichende Sprachstudium in Beziehung auf die verschiedenen Epochen der Sprachentwicklung. [1820].* (= In: Gesammelte Schriften. IV 1-34)

DERS.: *Prüfung der Untersuchungen über die Urbewohner Hispaniens vermittelst der Vaskischen Sprache. [1820-1821].* (= In: Gesammelte Schriften. IV 57-232)

DERS.: *Ueber die Aufgabe des Geschichtschreibers. [1821].* (= In: Gesammelte Schriften. IV 35-56)

DERS.: *Ueber den Einfluss des verschiedenen Charakters der Sprachen auf Literatur und Geistesbildung. [1821].* (= In: Gesammelte Schriften. VII 640-644)

DERS.: *Ueber das Entstehen der grammatischen Formen, und ihren Einfluß auf die Ideenentwicklung. [1821].* (= In: Gesammelte Schriften. IV 285-313)

DERS.: *Ueber die allgemeinsten Grundsätze der Wortbetonung mit besonderer Rücksicht auf die Griechische Accentlehre. [1821].* (= In: Gesammelte Schriften. IV 314-359)

DERS.: *Versuch einer Analyse der Mexikanischen Sprache. [1821].* (= In: Gesammelte Schriften. IV 233-284)

DERS.: *Ueber den Nationalcharakter der Sprachen. [1822].* (= In: Gesammelte Schriften. IV 420-435)

DERS.: *Ueber den Zusammenhang der Schrift mit der Sprache. [1823-24].* (= In: Gesammelte Schriften. V 31-106)

DERS.: *Ueber die Buchstabenschrift und ihren Zusammenhang mit dem Sprachbau. [1824].* (= In: Gesammelte Schriften. V 107-133)

DERS.: *Grundzüge des allgemeinen Sprachtypus. [1824-26].* (= In: Gesammelte Schriften. V 364-475)

DERS.: *Ueber die Bhagavad-Gîtâ. [1825].* (= In: Gesammelte Schriften. V 158-189)

DERS.: *Lettre à Monsieur Abel-Rémusat, sur la nature des formes grammaticales en général, et sur le génie de la langue Chinoise en particulier. [1852-26].* (= In: Gesammelte Schriften. V 254-308)

DERS.: *Ueber den Dualis. [1827].* (= In: Gesammelte Schriften. VI 4-30)

DERS.: *Ueber die Verschiedenheiten des menschlichen Sprachbaues. [1827-29].* (= In: Gesammelte Schriften. VI 111-303)

DERS.: *Von dem grammatischen Baue der Sprachen. [1827-1829].* (= In: Gesammelte Schriften. VI 337-486)

DERS.: *Ueber die Verwandtschaft des Griechischen Plusquamperfectum, der replicirenden Aoriste und der Attischen Perfecta mit einer Sanskritischen Tempusbildung. [1828].* (= In: Gesammelte Schriften. VI 58-75)

DERS.: *Ueber die Verwandtschaft der Ortsadverbien mit dem Pronomen in einigen Sprachen. [1829].* (= In: Gesammelte Schriften. VI 304-330)

DERS.: *Ueber Schiller und den Gang seiner Geistesentwicklung. [1830].* (= In: Gesammelte Schriften. VI 492-527)

DERS.: *Ueber die Verschiedenheit des menschlichen Sprachbaues und ihren Einfluss auf die geistige Entwicklung des Menschengeschlechts. [1830-35].* (= In: Gesammelte Schriften. VII 1-344)

DERS.: *Sonette. [1832-1835].* (= In: Gesammelte Schriften. IX 159-441)

HUMBOLDT, Wilhelm von: *Über die Verschiedenheit des menschlichen Sprachbaues und ihren Einfluß auf die geistige Entwicklung des Menschengeschlechts. Mit einem Vorwort von Alexander von Humboldt.* Berlin (Neudruck 1935) 1836.

HUMBOLDT, Wilhelm von: *Gesammelte Werke [GW] (7 Bde.). Hrsg. von Carl Brandes.* Berlin 1841-52.

HUMBOLDT, Wilhelm von: *Ueber die Verschiedenheit des menschlichen Sprachbaues und ihren Einfluss auf die geistige Entwickelung des Menschengeschlechts, mit erläuternden Anmerkungen und Excursen, sowie als Einleitung: Wilhelm von Humboldt und die Sprachwissenschaft. Hgg. u. erläutert von A. F. Pott. 2 Bde.* Berlin (2. Aufl., 1. Aufl. 1876 [Nachdruck Hildesheim, New York 1974]) 1880.

HUMBOLDT, Wilhelm von: *Die sprachphilosophischen Werke Wilhelm's von Humboldt. Hrsg. und erklärt von Dr. H. Steinthal.* Berlin 1883-84.

HUMBOLDT, Wilhelm von: *Sechs ungedruckte Aufsätze über das klassische Alter-tum. Hg. von Albert Leitzmann.* Leipzig 1896. (= Deutsche Litteraturdenkma-le d. 18. u. 19. Jh., 58/62)

HUMBOLDT, Wilhelm von: *Über die Verschiedenheit des menschlichen Sprachbau-es und ihren Einfluß auf die geistige Entwicklung des Menschengeschlechts. Mit erläuternden Anmerkungen und Excursen sowie als Einleitung: ,Wilhelm von Humboldt und die Sprachwissenschaft'. Hrsg. und erläutert von August Frie-drich Pott.* Hildesheim, New York 1974. (= Documenta Semiotica; Serie 1, Lin-guistik)

HUMBOLDT, Wilhelm von: *Brief an M. Abel-Rémusat: Über die Natur grammati-scher Formen im allgemeinen und über den Geist der chinesischen Sprache im besonderen. Nach der Ausg. Paris 1827 ins Dt. übertr. und mit einer Einführung von Christoph Harbsmeier.* Stuttgart u.a. 1979.

HUMBOLDT, Wilhelm von: *Werke in fünf Bänden. Hrsg. von Andreas Flitner und Klaus Giel.* Darmstadt (1. – 6. Aufl. [1. Aufl.: 1960, 1961, 1963, 1964, 1981]) 1980-93.

HUMBOLDT, Wilhelm von: *La diversità delle lingue. Introduzione e traduzione a cura di D. Di Cesare.* Rom 1991.

HUMBOLDT, Wilhelm von: *Über die Sprache: Reden vor der Akademie. Hrsg. und kommentiert und mit einem Nachwort versehen von Jürgen Trabant.* Tübingen 1994.

HUMBOLDT, Wilhelm von: *Bildung und Sprache. Bearb. von Clemens Menze.* Paderborn (5. durchges. Aufl. [1. Auflage 1974]) 1997. (= Schöninghs Sammlung Pädagogischer Schriften)

HUMBOLDT, Wilhelm von: *Über die Verschiedenheit des menschlichen Sprachbau-es und ihren Einfluß auf die geistige Entwicklung des Menschengeschlechts. Hrsg. von Donatella Di Cesare.* Paderborn u.a. 1998.

2.2 Briefe

HUMBOLDT, Wilhelm von: *Gesammelte Werke [GW] (7 Bde.).* Berlin (Nachdruck ebd. 1988) 1841-52.

[HUMBOLDT, Wilhelm von und WELCKER, Friedrich Gottlieb]: *Wilhelm von Humboldts Briefe an F. G. Welcker. Hrsg. von R. Haym.* Berlin 1859.

HUMBOLDT, Wilhelm von: *Ansichten über Ästhetik und Literatur. Seine Briefe an Christian Gottfried Körner. Hrsg. von F. Jonas.* Berlin 1880.

[HUMBOLDT, Wilhelm von und SCHILLER, Friedrich]: *Briefwechsel zwischen Schil-ler und Wilhelm von Humboldt. Mit Anmerkungen von A. Leitzmann.* Stutt-gart (3., vermehrte Aufl.) 1900.

HUMBOLDT, Wilhelm von: *Gesammelte Schriften [GS] (17 Bde.). Hrsg. von A. Leitzmann, B. Gebhardt, W. Richter. (Kgl.) Preuss. Akad. d. Wiss.* Berlin, Leip-zig (Nachdruck Berlin 1968) 1903-36.

HUMBOLDT, Wilhelm von und Caroline: *Wilhelm und Caroline von Humboldt in ihren Briefen (7 Bde.). Hrsg. von Anna von Sydow.* Berlin 1906-16.

[HUMBOLDT, Wilhelm von und SCHLEGEL, August Wilhelm]: *Briefwechsel zwi-*

schen Wilhelm von Humboldt und August Wilhelm Schlegel. Hrsg. von Albert
Leitzmann mit einer Einleitung von Berthold Delbrück. Halle 1908.

HUMBOLDT, Wilhelm von: *Briefe an eine Freundin (2 Bde.). Hrsg. von A. Leitzmann.* Leipzig (1. Auflage 1847 in einem Band) 1910.

HUMBOLDT, Wilhelm von und Caroline: *Die Brautbriefe Wilhelms und Karolinens
von Humboldt. Hg. von Albert Leitzmann.* Leipzig 1921.

HUMBOLDT, Wilhelm von: *Wilhelm von Humboldts Briefe an Johann Gottfried
Schweighäuser, zum ersten Mal nach den Originalen herausgegeben und erläutert von A. Leitzmann.* Jena 1934. (= Jen. Germ. Forsch. 25)

HUMBOLDT, Wilhelm von und Caroline: *Wilhelm und Caroline von Humboldt in
ihren Briefen 1788-1835. Gekürzte Volksausgabe in 1 Bande. Mit sechs Bilder-
tafeln. Hrsg. von Anna von Sydow.* Berlin (1. Aufl. 1920) 1935.

HUMBOLDT, Wilhelm von: *Wilhelm von Humboldts Briefe an Karl Gustav von
Brinckmann. Herausgegeben und erläutert von A. Leitzmann.* Leipzig 1939.
(= Bibliothek des Literarischen Vereins in Stuttgart; Bd. 288)

HUMBOLDT, Wilhelm von: *Wilhelm von Humboldt und sein Erzieher: mit ungedr.
Briefen Humboldts [an G. J. Ch. Kunth]. Hrsg. von A. Leitzmann.* Berlin 1940.
(= Abh. d. Preuß. Akad. d. Wiss. Phil.-hist. Kl.; Nr.5)

[HUMBOLDT, Wilhelm von]: *Wilhelm von Humboldts Briefe an Christian Gottfried Körner. Hrsg. von Albert Leitzmann.* Berlin 1940. (= Hist. Stud. 367)

HUMBOLDT, Wilhelm von: *Briefe von Wilhelm von Humboldt. Hrsg. von A. Leitzmann.* Berlin 1949. (= Abhandlungen der Deutschen Akademie der Wissenschaften zu Berlin. Philosophisch-historische Klasse. Jahrgang 1948. Nr. 3)

HUMBOLDT, Wilhelm von: *Briefe. Hrsg. von Wilhelm Rößle.* München 1952.

HUMBOLDT, Wilhelm von und Caroline: *Wilhelm und Caroline von Humboldt.
Ein Leben in Briefen.* Düsseldorf, Köln 1956.

HUMBOLDT, Wilhelm von: *Der Briefwechsel zwischen Friedrich Schiller und Wilhelm von Humboldt (2 Bde.). Hrsg. von H. Seidel.* Berlin (DDR) 1962.

HUMBOLDT, Wilhelm von: *Werke in fünf Bänden. Hrsg. von Andreas Flitner und
Klaus Giel.* Darmstadt (1. – 6. Aufl. [1. Aufl.: 1960, 1961, 1963, 1964, 1981])
1980-93.

HUMBOLDT, Wilhelm von: *Brief an Christian Gottfried Körner: Zur Philosophischen Geschichte der Menschheit. [19.11.1793]* Darmstadt 1981. (= In: Werke in
fünf Bänden. Bd. V [Nr.18]. S. 171-174)

HUMBOLDT, Wilhelm von: *Brief an Schiller: Über griechische und moderne Dichtung. [6.11.1795]* Darmstadt 1981. (= In: Werke in fünf Bänden. Bd. V [Nr.18].
S. 172-180)

HUMBOLDT, Wilhelm von: *Brief an Schiller: Über Sprache und Dichtung. [9/1800]*
Darmstadt 1981. (= In: Werke in fünf Bänden. Bd. V [Nr.22]. S. 195-200)

HUMBOLDT, Wilhelm von: *Brief an Carl Gustav von Brinckmann: Über Rom, das
Romantische und den Weg der Metaphysik. [22.10.1803]* Darmstadt 1981. (= In:
Werke in fünf Bänden. Bd. V [Nr.23]. S. 200-207)

HUMBOLDT, Wilhelm von: *Brief an Carl Gustav von Brinckmann: Die Brüder
Schlegel und die romantische Literatur. [4.2.1804]* Darmstadt 1981. (= In: Werke
in fünf Bänden. Bd. V [Nr.24], S. 207-212)

HUMBOLDT, Wilhelm von: *Brief an Karl Ferdinand Becker: Sprache als Organismus. [20.5.1827]* Darmstadt 1981. (= In: Werke in fünf Bänden. Bd. V [Nr. 33]. S. 264-268)

HUMBOLDT, Wilhelm von: *Brief an Friedrich Thiersch: Neugriechische Sprache und Kultur unter der Last der klassischen Vergangenheit. [18.8.1828].* Darmstadt 1981. (= In: Werke in fünf Bänden. Bd. V [Nr.34]. S. 269-273)

FREESE, Rudolf (Hrsg.): *Wilhelm von Humboldt. Sein Leben und Wirken, dargestellt in Briefen, Tagebüchern und Dokumenten seiner Zeit.* Darmstadt (2., völlig durchgesehene und neugestaltete Aufl.) 1986.

HUMBOLDT, Wilhelm von: *Briefe an Friedrich August Wolf. Textkritisch hrsg. und kommentiert von Philip Mattson.* Berlin, New York 1990.

MATTSON, Philip: *Verzeichnis des Briefwechsels Wilhelm von Humboldts. Hrsg. von Philip Mattson (2 Bde.).* Heidelberg 1980.

2.3 Monographien

ARENS, Hans: *Sprachwissenschaft. Der Gang ihrer Entwicklung von der Antike bis zur Gegenwart (2 Bde.).* Freiburg, München (2., durchges. und stark erweiterte Aufl.) 1969. (= Orbis academicus 1,6)

ARON, Erich: *Die deutsche Erweckung des Griechentums durch Winckelmann und Herder.* Heidelberg 1929.

BATTISTI, Siegfried: *Freiheit und Bindung: Wilhelm von Humboldts „Ideen zu einem Versuch, die Grenzen der Wirksamkeit des Staates zu bestimmen" und das Subsidiaritätsprinzip.* Berlin 1987.

BENNER, Dietrich: *Wilhelm von Humboldts Bildungstheorie: eine problemgeschichtliche Studie zum Begründungszusammenhang neuzeitlicher Bildungsreform.* Weinheim 1990.

BERGLAR, Peter: *Wilhelm von Humboldt in Selbstzeugnissen und Bilddokumenten.* Reinbek bei Hamburg 1982.

BETHGE, Wolfgang: *Das energische Princip: ein Schlüsselproblem im Denken Friedrich Schillers.* Heidelberg 1995.

BINSWANGER, Paul: *Wilhelm von Humboldt.* Frauenfeld, Leipzig 1937.

BORINSKI, K.: *Die Antike in Poetik und Kunsttheorie vom Ausgang des klassischen Altertums bis auf Goethe und Wilhelm von Humboldt. Hrsg. von R. Neuwald.* Leipzig 1924. (= Das Erbe der Alten. [R. 1], H.10)

BORSCHE, Tilman: *Sprachansichten: der Begriff der menschlichen Rede in der Sprachphilosophie Wilhelm von Humboldts.* Stuttgart 1981. (= Deutscher Idealismus, Bd. 1)

BORSCHE, Tilman: *Wilhelm von Humboldt.* München 1990.

BROENS, Otto: *Darstellung und Würdigung des sprachphilosophischen Gegensatzes zwischen Paul, Wundt und Marty.* Bonn (Diss.) 1913.

BROWN, J. L.: *Wilhelm von Humboldt's Conception of Linguistic Relativity.* Den Haag 1967.

BUCHHOLZ, Ulrike: *Das Kawi-Werk Wilhelm von Humboldts. Untersuchungen zur empirischen Sprachbeschreibung und vergleichenden Grammatikographie.* Münster 1986. (= Studium Sprachwissenschaft. Beiheft 4)

BURSIAN, Conrad: *Geschichte der classischen Philologie in Deutschland von den Anfängen bis zur Gegenwart. Hälfte 1.* München, Leipzig 1883.

BUSSENIUS, Arthur Friedrich: *Wilhelm von Humboldt.* Cassel 1853. (= Moderne Klassiker. Deutsche Literaturgeschichte der neueren Zeit in Biographien, Kritiken und Proben)

BUTLER, Eliza M.: *The Tyranny of Greece over Germany.* New York 1935.

CASSIRER, Ernst: *Freiheit und Form. Studien zur deutschen Geistesgeschichte.* Darmstadt (3 Aufl.) 1961.

CASSIRER, Ernst: *Philosophie der symbolischen Formen (3 Bde.).* Darmstadt (10., unveränd. Aufl., Reprografischer Nachdr. der 2. Aufl.) 1994.

CHATEAUBRIAND, François-René: *Mémoires d'outre-tombe. 2 Bde. Hrsg. Maurice Levaillant und Georges Moulinier.* Paris 1951.

CHOMSKY, Noam: *Syntactic Structures.* Den Haag, Paris 1957.

CHOMSKY, Noam: *Cartesian linguistics. A Chapter in the History of Rationalist Thought.* New York 1966.

CHOMSKY, Noam: *Current Issues in Linguistic Theory.* The Hague, Paris (5. Aufl. [1. Aufl. 1964]) 1970. (= Janua Linguarum; Series Minor 38)

CHOMSKY, Noam: *Aspects of the Theory of Syntax.* Cambridge, Mass. (10. Aufl. [1. Aufl. 1965]) 1975.

CHRISTMANN, Hans Helmut: *Beiträge zur Geschichte der These vom Weltbild der Sprache.* Mainz 1967.

CHRISTMANN, Hans Helmut: *Idealistische Philologie und moderne Sprachwissenschaft.* München 1974.

COSERIU, Eugenio: *Teoría del lenguaje y lingüística general.* Madrid 1955.

COSERIU, Eugenio: *Teoria del linguaggio e linguistica generale.* Bari 1971.

COSERIU, Eugenio: *Synchronie, Diachronie und Geschichte.* München 1974.

COSERIU, Eugenio: *Die Geschichte der Sprachphilosophie von der Antike bis zur Gegenwart. Eine Übersicht (2 Bde.).* Tübingen (2. Aufl.) 1975. (= Tübinger Beiträge zur Linguistik; Nr. 11 / Nr. 28)

COSERIU, Eugenio: *Sprachtheorie und allgemeine Sprachwissenschaft.* München 1975.

COSERIU, Eugenio (Hrsg.): *Sprache – Strukturen und Funktionen. XII Aufsätze zur allgemeinen und romanischen Sprachwissenschaft. Hrsg. von Uwe Petersen.* Tübingen (3. durchgesehene und verbesserte Aufl.) 1979.

COSERIU, Eugenio: *Einführung in die allgemeine Sprachwissenschaft.* Tübingen 1988.

CROCE, Benedetto: *Estetica come scienza dell'espressione e linguistica generale.* Palermo (Tübingen 1930) 1902.

DI CESARE, Donatella: *Einleitung.* In: Wilhelm von Humboldt: *Über die Verschiedenheit des menschlichen Sprachbaues und ihren Einfluß auf die geistige Entwicklung des Menschengeschlechts. Hrsg. von Donatella Di Cesare.* S. 11-128. Paderborn u.a. 1998.

EBERL, Hans: *Wilhelm von Humboldt und die deutsche Klassik.* Leipzig 1932.

EIGENBRODT, Karl-Wilhelm: *Der Terminus „Innere Sprachform" bei Wilhelm von Humboldt. Versuch einer genetischen Erklärung.* Mainz (Diss.) 1969.

EPHRAIM, C.: *Wandel des Griechenbildes im 18. Jahrhundert.* Bern 1936.

EWALD, Armin: *Alexander und Wilhelm von Humboldt.* Kassel 1854. (= Preußens Ruhm und Preußens Ehre. Dritter Band)

FIESEL, Eva: *Die Sprachphilosophie der deutschen Romantik.* Tübingen (Nachdruck Hildesheim, New York 1973) 1927.

FINCK, Franz Nikolaus: *Der deutsche Sprachbau als Ausdruck deutscher Weltanschauung.* Marburg 1899.

FLENNER, Helmut: *Wilhelm von Humboldt und die Schwermut. Ein Beitrag zur Erkenntnis des Menschen Wilhelm von Humboldt.* Frankfurt am Main (Diss./masch.) 1953.

FRICKE, Corinna: *Zwischen Leibniz und Humboldt: zur Stellung des sprachwissenschaftlichen Werkes von Karl Philipp Moritz im geistigen Leben des ausgehenden 18. Jahrhunderts.* Berlin (Diss., Ms.) 1990.

FRIEDMANN, Hermann: *Die Welt der Formen. System eines morphologischen Idealismus.* München (2. Aufl.) 1930.

FRÖHLING, Stefan und REUSS, Andreas: *Die Humboldts. Lebenslinien einer gelehrten Familie.* Berlin 1997

FUNKE, Otto: *Studien zur Geschichte der Sprachphilosophie.* Bern 1928.

FUNKE, Otto: *Innere Sprachform. Eine Einführung in A. Martys Sprachphilosophie.* Hildesheim (Nachdruck der 1. Aufl. Reichenberg i.B. 1924) 1974.

GADAMER, Hans-Georg: *Wahrheit und Methode. Grundzüge einer philosophischen Hermeneutik.* Tübingen (6. Aufl.) 1990. (= In: Gesammelte Werke, Bd.1)

GARBE, Gottfried: *Übersetzung und Auffassung griechischer Dichtung bei Wilhelm von Humboldt.* München 1958.

GARDT, Andreas: *Geschichte der Sprachwissenschaft in Deutschland. Vom Mittelalter bis ins 20. Jahrhundert.* Berlin, New York 1999.

GEBHARDT, Bruno: *Wilhelm von Humboldt als Staatsmann (2 Bde.).* Stuttgart (Neudruck Aalen 1965) 1896-99.

GEBSER, Jean: *Abendländische Wandlung.* Zürich 1946.

GELDSETZER, Lutz: *Die Philosophenwelt in Versen vorgestellt.* Stuttgart 1995.

GIPPER, Helmut und SCHMITTER, Peter: *Sprachwissenschaft und Sprachphilosophie im Zeitalter der Romantik.* Tübingen 1979.

GIPPER, Helmut: *Das Sprachapriori. Sprache als Voraussetzung menschlichen Denkens und Erkennens.* Stuttgart 1987.

GIPPER, Helmut: *Theorie und Praxis inhaltbezogener Sprachforschung. Aufsätze und Vorträge 1953-1990 (Bd. 1-5). Bd. 1: Wilhelm von Humboldts Bedeutung für Theorie und Praxis moderner Sprachforschung.* Münster 1992-93.

GLAZINSKI, Bernd: *Antike und Moderne: die Antike als Bildungsgegenstand bei Wilhelm von Humboldt.* Aachen (Diss.) 1992. (= Berichte aus der Pädagogik)

GLINZ, Hans: *Die innere Form des Deutschen: eine neue deutsche Grammatik.* Bern 1952.

GMEYNER, K.: *Wilhelm von Humboldts Sprachphilosophie und ihre geistesgeschichtlichen Voraussetzungen.* Wien (Diss.) 1938.

HANSEN-LOVE, Ole: *La révolution copernicienne du langage dans l'oeuvre de Wilhelm von Humboldt.* Paris 1972.

HARNACK, Otto: *Wilhelm von Humboldt.* Berlin 1913. (= Geisteshelden [Führende Geister]. Eine Sammlung von Biographien, hg. E. Hoffmann; Bd. 62)

HARTMANN, Nicolai: *Möglichkeit und Wirklichkeit.* Meisenheim (3. Aufl.) 1966.

HARTMANN, Peter: *Probleme der sprachlichen Form.* Heidelberg 1957.

HASSLER, Gerda: *Sprachtheorien der Aufklärung zur Rolle der Sprache im Erkenntnisprozeß.* Berlin (DDR) 1984.

HAYM, Rudolf: *Wilhelm von Humboldt. Lebensbild und Charakteristik.* Berlin (Nachdruck Osnabrück 1965) 1856.

HEESCHEN, Volker: *Die Sprachphilosophie Wilhelm von Humboldts.* Bochum (Diss.) 1972.

HEIDEGGER, Martin: *Unterwegs zur Sprache.* Stuttgart (10. Aufl.) 1993.

HEINTEL, Erich: *Einführung in die Sprachphilosophie.* Darmstadt (4., um ein Nachw. erw. Aufl. [1. Aufl. 1972]) 1991.

HELLER, Georg: *Die Weltanschauung Alexander von Humboldts in ihren Beziehungen zu den Ideen des Klassizismus. (Alexander von Humboldt und Wilhelm von Humboldt).* Leipzig 1910.

HENSEL, Paul: *Kleine Schriften und Vorträge.* Tübingen 1930.

HENSEL, Paul: *Wilhelm von Humboldt.* Tübingen 1930. (= In: Kleine Schriften und Vorträge. S. 231-246)

HERBERTS, Kurt: *Zurück zu Humboldt. Seine Renaissance als Zukunft des Abendlandes.* Würzburg 1986.

HERKENDELL, Hans-Joerg: *Die Persönlichkeitsidee Wilhelm von Humboldts und das völkisch-politische Menschenbild.* Heidelberg (Diss.) 1938.

HJEMLSLEV, L.: *Principes de grammaire générale.* Kopenhagen 1928.

HOWALD, Ernst: *Wilhelm von Humboldt.* Zürich 1944.

HÜBNER, Ulrich: *Wilhelm von Humboldt und die Bildungspolitik: eine Untersuchung zum Humboldt-Bild als Prolegomena zu einer Theorie der historischen Pädagogik.* München 1983.

IPSEN, Gunther: *Sprachphilosophie der Gegenwart. Philosophische Forschungsbewegungen.* Berlin 1930.

JOST, Leonhard: *Die Auffassung der Sprache als Energeia.* Bern 1959.

JOST, Leonhard: *Sprache als Werk und wirkende Kraft. Ein Beitrag zur Geschichte und Kritik der energetischen Sprachauffassung seit Wilhelm von Humboldt.* Bern 1960. (= Sprache und Dichtung. N.F. Bd. 6)

KAEHLER, Siegfried A.: *Wilhelm von Humboldt und der Staat. Ein Beitrag zur Geschichte deutscher Lebensgestaltung um 1800.* München, Berlin 1927.

KAWOHL, Irmgard: *Wilhelm von Humboldt in der Kritik des 20. Jahrhunderts.* Ratingen 1969.

KELLER, Albert: *Sprachphilosophie.* München (2., bearb. Aufl.) 1989.

KERCKHOFF, Gebhard: *Studien zur inneren Lebensgeschichte Wilhelm von Humboldts.* Freiburg (Diss.) 1952.

KESSEL, Eberhard: *Wilhelm von Humboldt. Idee und Wirklichkeit.* Stuttgart 1967.

LAMMERS, Wilhelm: *Wilhelm von Humboldts Weg zur Sprachforschung. 1785-1801.* Berlin 1935. (= Neue deutsche Forschungen, Abt. Sprachwiss. 1)

LEITZMANN, Albert: *Wilhelm von Humboldt. Charakteristik und Lebensbild.* Halle 1919.

LEPPIN, J.: *Übersetzung und Bildung. Eine Studie zur Übersetzungslehre Wilhelm von Humboldts.* Köln (Diss.) 1981.

LEROUX, Robert: *Guillaume de Humboldt. La formation de sa pensée jusqu'en 1794.* Paris 1932. (= Publ. de la Fac. des Lettres de l'Université de Strasbourg, Serie 59)

LEROUX, Robert: *L'anthropologie comparée de Guillaume de Humboldt.* Paris 1958. (= Publ. de la Fac. des Lettres de l'Université de Strasbourg, 135)

LETSCH, Maximilian: *Der junge Wilhelm von Humboldt und die thüringischen Freunde.* Lahr 1947.

LIEBRUCKS, Bruno: *Sprache und Bewußtsein (7 Bde.). Bd. 2: Sprache. „Wilhelm von Humboldt".* Frankfurt am Main 1965.

LIEBRUCKS, Bruno: *Erkenntnis und Dialektik. Zur Einführung in eine Philosophie von der Sprache her. Aufsätze aus den Jahren 1949-1971.* Den Haag 1972.

LIESE, Hans-Joachim: *Wilhelm von Humboldt und das Altertum. Ein Beitrag zur Charakteristik seiner Persönlichkeit.* Münster 1951.

LITT, Theodor: *Das Bildungsideal der deutschen Klassik und die moderne Arbeitswelt.* Bonn 1955.

MARTY, Anton: *Untersuchungen zur Grundlegung der allgemeinen Grammatik und Sprachphilosophie.* Halle a.d.S. 1908.

MARTY, Anton: *Gesammelte Schriften. Hrsg. von J. Eisenmeier u.a.* Halle 1916.

MARTY, Anton: *Über Sprachreflex, Nativismus und absichtliche Sprachbildung. Zehn Artikel (1864-1892).* Halle 1916. (= In: Gesammelte Schriften. Bd.1, 2.)

MATTHES, Paula: *Sprachform, Wort- und Bedeutungskategorie und Begriff. Philosophische Untersuchungen im Anschluß an das Kategorienproblem in der gegenwärtigen Sprachwissenschaft.* Halle 1926.

MEINECKE, Friedrich: *Staat und Persönlichkeit.* Berlin 1933.

MENZE, Clemens: *Wilhelm von Humboldts Lehre und Bild vom Menschen.* Ratingen 1965.

MENZE, Clemens: *Wilhelm von Humboldt und Christian Gottlieb Heyne.* Ratingen 1966.

MENZE, Clemens: *Die Bildungsreform Wilhelm von Humboldts.* Hannover u.a. 1975.

MENZE, Clemens: *Bildung und Bildungswesen. Aufsätze zu ihrer Geschichte.* Hildesheim, New York 1980. (= Hildesheimer Beiträge zu den Erziehungs- und Sozialwissenschaften. Bd. 13)

MEYER-ABICH, Adolf: *Alexander von Humboldt in Selbstzeugnissen und Bilddokumenten.* Reinbek bei Hamburg 1967.

MUELLER-VOLLMER, Kurt: *Poesie und Einbildungskraft. Zur Dichtungstheorie Wilhelm von Humboldts. Mit der zweisprachigen Ausgabe eines Aufsatzes Humboldts für Frau de Stael.* Stuttgart 1967.

MUELLER-VOLLMER, Kurt: *Wilhelm von Humboldts Sprachwissenschaft. Ein kommentiertes Verzeichnis des sprachwissenschaftlichen Nachlasses.* Paderborn 1993.

MÜLLER, Reimar: *Menschenbild und Humanismus der Antike. Studien zur Geschichte der Literatur und Philosophie.* Frankfurt am Main 1981.

MÜLLER-SIEVERS, Helmut: *Epigenesis. Naturphilosophie im Sprachdenken Wilhelm von Humboldts.* Paderborn 1993. (= Humboldt-Studien)

MUSCHG, Walter: *Gegenwart und Altertum.* Leipzig 1932.

NOVAK, P.: *A New Approach to the ‚Innere Sprachform' Issue. IVth International Congress for Logic, Methodology and Philosophy of Science.* Bucarest 1971.

POLENZ, Peter von: *Deutsche Sprachgeschichte vom Spätmittelalter bis zur Gegenwart. Band 1: Einführung – Grundbegriffe – Deutsch in der frühbürgerlichen Zeit.* Berlin u.a. 1991.

PORZIG, Walter: *Das Wunder der Sprache.* Tübingen (8. Aufl.) 1986.

POSTOVALOVA, V.I.: *Jazyk kak deiatel'nost': opyt interpretatcii kontceptcii V. Gumbol'dta. [Sprache als Tätigkeit. Interpretationsversuch eines Humboldtschen Begriffs.(russisch)]* Moskau 1982.

POTT, August Friedrich: *Etymologische Forschungen auf dem Gebiete der Indo-Germanischen Sprachen, mit besonderem Bezug auf die Lautumwandlung im Sanskrit, Griechischen, Lateinischen, Littauischen und Gothischen.* Lemgo 1833.

POTT, August Friedrich: *Einleitung in die allgemeine Sprachwissenschaft (5 Bde.).* Leipzig (Neudruck Amsterdam 1974) 1884-90.

QUILLIEN, Jean: *G. de Humboldt et la Grèce. Modèle et histoire.* Lille 1983.

RABE, Uwe: *Der einzelne und sein Eigentum. Individualität und Individuum bei Wilhelm von Humboldt.* Bochum 1991.

RAMISCHWILI, Guram: *Einheit in der Vielfalt. Grundfragen der Sprachtheorie im Geiste Wilhelm von Humboldts.* Bonn 1988-89.

RANTZAU, Johann-Albrecht von: *Wilhelm von Humboldt. Der Weg seiner geistigen Entwicklung.* München 1939.

RAVE, Paul O.: *Wilhelm von Humboldt und das Schloss zu Tegel.* Berlin 1956.

RECKERMANN, Alfons: *Sprache und Metaphysik. Zur Kritik der sprachlichen Vernunft bei Herder und Humboldt.* München 1979.

REHM, Walther: *Griechentum und Goethezeit. Geschichte eines Glaubens.* Bern (4. Aufl.) 1968.

RIEDEL, Manfred: *Verstehen oder Erklären? Zur Theorie und Geschichte der hermeneutischen Wissenschaften.[IV. Kapitel: Historische, philologische und philosophische Erkenntnis. Wilhelm von Humboldt und die hermeneutische Wende der Philosophie].* Stuttgart 1978.

RIEDEL, Manfred: *Hören auf die Sprache. Die akroamatische Dimension der Hermeneutik.* Frankfurt am Main 1990.

RINGMACHER, Manfred: *Organismus der Sprachidee. H. Steinthals Weg von Humboldt zu Humboldt.* Paderborn u.a. 1996. (= Humboldt-Studien)

SAFFER, Stephan: *Sprachindividualität: Untersuchungen zum Weltansichtstheorem bei Wilhelm von Humboldt und Martin Heidegger.* Aachen (Diss.) 1996.

SAUTER, Christina M.: *Wilhelm von Humboldt und die deutsche Aufklärung.* Berlin 1989.

SCHADEWALDT, Wolfgang: *Goethestudien: Natur und Altertum.* Stuttgart 1963.

SCHAFFSTEIN, Friedrich: *Wilhelm von Humboldt. Ein Lebensbild.* Frankfurt am Main 1952.

SCHARF, Hans-Werner: *Chomskys Humboldt-Interpretation. Ein Beitrag zur Diskontinuität der Sprachtheorie in der Geschichte der neueren Linguistik.* Düsseldorf (Diss.) 1977.

SCHARF, Hans-Werner: *Das Verfahren der Sprache: Humboldt gegen Chomsky.* Paderborn 1994. (= Humboldt-Studien)

SCHASLER, M.: *Die Elemente der philosophischen Sprachwissenschaft Wilhelm von Humboldts, aus seinem Werke: Über die Verschiedenheit des menschlichen Sprachbaues und ihren Einfluss auf die geistige Entwickelung des Menschengeschlechts, in systematischer Entwickelung dargestellt und kritisch erläutert.* Berlin 1847.

SCHILLER, Hans-Ernst: *Die Sprache der realen Freiheit. Sprache und Sozialphilosophie bei Wilhelm von Humboldt.* Würzburg 1998.

SCHLEICHER, August: *Die deutsche Sprache.* Stuttgart 1860.

SCHLESIER, G.: *Erinnerungen an W. v. Humboldt (2 Bde.).* Stuttgart 1843/45.

SCHMIDT, Jochen: *Die Geschichte des Genie-Gedankens in der deutschen Literatur, Philosophie und Politik 1750-1945 (2 Bde.).* Darmstadt 1985.

SCHMIDT, H.: *Die lebendige Sprache. Zur Entstehung des Organismuskonzepts.* Berlin 1986.

SCHNEIDER, Frank: *Der Typus der Sprache. Eine Rekonstruktion des Sprachbegriffs Wilhelm von Humboldts auf der Grundlage der Sprachursprungsfrage.* Münster 1995. (= Studium Sprachwissenschaft; Beiheft 24)

SCHULZE, Georg: *Die treibenden Kräfte und bewegenden Ursachen der Weltgeschichte bei Wilhelm von Humboldt.* Leipzig 1925.

SCHWINGER, Reinhold: *Innere Form. Ein Beitrag zur Definition des Begriffes auf Grund seiner Geschichte von Shaftesbury bis Wilhelm von Humboldt.* Leipzig (Diss.) 1935.

SCURLA, Herbert: *Wilhelm von Humboldt. Werden und Wirken.* Düsseldorf 1970.

SEEBAß, Gottfried: *Das Problem von Sprache und Denken.* Frankfurt am Main 1981.

SICHELSCHMIDT, Gustav: *Caroline von Humboldt. Ein Frauenbild aus der Goethezeit.* Düsseldorf 1989.

SIMON, Josef: *Philosophie und linguistische Theorie.* Berlin, New York 1971.

SIMON, Josef: *Wilhelm von Humboldt – Sprachphilosophie und Universitätsreform. Vortrag an der Universität Bonn.* Bonn 1987.

SIMON, Josef: *Philosophie des Zeichens.* Berlin, New York 1989.

SPRANGER, Eduard: *Wilhelm von Humboldt und die Humanitätsidee.* Berlin (2., unveränd. Aufl.) 1928.

STADLER, Peter Bruno: *Wilhelm von Humboldts Bild der Antike.* Zürich, Stuttgart 1959.

STEINBERG, Heinz: *Wilhelm von Humboldt.* Stapp 1997

STEINTHAL, Heymann: *Die Sprachwissenschaft Wilh. v. Humboldt's und die Hegel'sche Philosophie.* Berlin (Nachdruck Hildesheim, New York 1971) 1848.

STEINTHAL, Heymann: *Der Ursprung der Sprache, im Zusammenhange mit den letzten Fragen alles Wissens. Eine Darstellung mit der Ansicht Wilhelm von Humboldts, verglichen mit denen Herders und Hamanns.* Berlin 1851.

STEINTHAL, Heymann: *Grammatik, Logik und Psychologie: ihre Prinzipien und ihr Verhältnis zueinander.* Berlin (Nachdruck Hildesheim 1968) 1855.

STEINTHAL, Heymann: *Gedächtnisrede auf Wilhelm von Humboldt.* Berlin 1867.

STEINTHAL, Heymann: *Der Ursprung der Sprache im Zusammenhange mit den letzten Fragen alles Wissens: Eine Darstellung, Kritik und Fortentwicklung der vorzüglichsten Ansichten von Dr. H. Steinthal.* Berlin (4., abermals erweiterte, Aufl. [Nachdruck Hildesheim, New York 1974. 1. Aufl. 1851]) 1888.

STENZEL, Julius: *Philosophie der Sprache.* München, Berlin 1934.

STETTER, Christian: *Schrift und Sprache.* Frankfurt am Main 1999.

STRITTER, Friedrich: *Energie. Eine Darstellung des Energiebegriffs.* München 1949.

SWEET, Paul R.: *Wilhelm von Humboldt. A Biography (2 Bde.).* Columbus (Ohio) 1978-80.

SYDOW, Anna von: *Gabriele von Bülow, Tochter Wilhelm von Humboldts. Ein Lebensbild aus Familienpapieren Wilhelm von Humboldts und seiner Kinder 1791-1887.* Berlin (23. Aufl. [Erste Auflage 1893]) 1926.

THOMSEN, Vilhelm: *Geschichte der Sprachwissenschaft bis zum Ausgang des 19. Jahrhunderts.* Halle (Saale) 1927.

THURNER, R.: *Die Offenheit der Sprache. Eine Untersuchung zu Humboldts These der sprachlichen Weltansicht.* Innsbruck 1990. (= In: Scientia, Bd. 21)

TRABANT, Jürgen: *Apeliotes oder Der Sinn der Sprache. Wilhelm von Humboldts Sprach-Bild.* München 1986.

TRABANT, Jürgen: *Traditionen Humboldts.* Frankfurt am Main 1990.

TRABANT, Jürgen: *Elemente der Semiotik.* Tübingen u.a. 1996.

TSCHONG, Younkun: *Charakter und Bildung: zur Grundlegung von Wilhelm von Humboldts bildungstheoretischem Denken.* Würzburg 1991. (= Epistemata: Reihe Philosophie. Nr. 97)

VARNHAGEN VON ENSE, Karl August: *Denkwürdigkeiten und Vermischte Schriften. Bd. 5.* Leipzig (2. Aufl.) 1843.

VARNHAGEN VON ENSE, Karl August: *Wilhelm von Humboldt.* Leipzig 1843. (= In: Denkwürdigkeiten und Vermischte Schriften. S. 118-158)

VOEGELIN, Erich: *Die Rassenidee in der Geistesgeschichte von Ray bis Carus.* Berlin 1933. (Wilhelm von Humboldts Begriff der Individualität; die Geisteskraft. S. 144-148)

VOSSLER, Karl: *Positivismus und Idealismus in der Sprachwissenschaft.* Heidelberg 1904.

WALDMANN, Siegbert: *Die Bedeutung des römischen Aufenthalts für Wilhelm von Humboldts geistige und wissenschaftliche Entwicklung.* München (Diss.) 1935.

WEINSTOCK, Heinrich: *Wilhelm von Humboldt. (Auswahl und Einl. von H. Weinstock).* Frankfurt am Main 1957. (Einleitung: Menschenbild und Menschenbildung. S. 7-18)

WEISGERBER, Leo: *Deutsches Volk und deutsche Sprache.* Frankfurt am Main (2. Aufl. [1. Aufl. 1935]) 1939.

WEISGERBER, Leo: *Muttersprache und Geistesbildung.* Göttingen (2. Aufl.) 1939.

WEISGERBER, Leo: *Das Gesetz der Sprache als Grundlage des Sprachstudiums.* Heidelberg 1951.

WEISGERBER, Leo: *Vom Weltbild der deutschen Sprache. 1. Halbband: Die inhalt-bezogene Grammatik.* Düsseldorf (2., erw. Aufl.) 1953. (= Von den Kräften der deutschen Sprache. Bd. II)

WEISGERBER, Leo: *Vom Weltbild der deutschen Sprache. 2. Halbband: Die sprach-liche Erschließung der Welt.* Düsseldorf (2., erw. Aufl.) 1954. (= Von den Kräf-ten der deutschen Sprache. Bd. II)

WEISGERBER, Leo: *Die Muttersprache im Aufbau unserer Kultur.* Düsseldorf (2., erw. Aufl.) 1957. (= Von den Kräften der deutschen Sprache. Bd. III)

WEISGERBER, Leo: *Zur Grundlegung der ganzheitlichen Sprachauffassung. Aufsät-ze 1925-1933.* Düsseldorf 1964.

WEISGERBER, Leo: *Das Menschheitsgesetz der Sprache als Grundlage der Sprach-wissenschaft.* Heidelberg (2., neubearbeitete Aufl. [1. Aufl. 1951 unter dem Titel: ‚Das Gesetz der Sprache als Grundlage des Sprachstudiums‘]) 1964.

WEISGERBER, Leo: *Die geistige Seite der Sprache und ihre Erforschung.* Düsseldorf 1971.

WEISGERBER, Leo: *Zweimal Sprache. Deutsche Linguistik 1973 – Energetische Sprachwissenschaft.* Düsseldorf 1973.

WELBERS, Ulrich: *Die Lehre neu verstehen – die Wissenschaft neu denken. Qua-litätsentwicklung in der germanistischen Hochschullehre.* Opladen 1998.

WERLEN, I.: *Sprache, Mensch und Welt. Geschichte und Bedeutung des Prinzips der sprachlichen Relativität.* Darmstadt 1989.

WILSS, Wolfram: *Übersetzungswissenschaft.* Stuttgart 1977.

WOHLFART, Günter: *Denken der Sprache. Sprache und Kunst bei Vico, Hamann, Humboldt und Hegel.* Freiburg, München 1984.

WOLFF, Gerhard: *Deutsche Sprachgeschichte. Ein Studienbuch.* Tübingen u.a. (3., überarb. u. erw. Aufl.) 1994.

WUNDT, Wilhelm: *Völkerpsychologie. Eine Untersuchung der Entwicklungsgesetze von Sprache, Mythos und Sitte.* Stuttgart 1908ff.

ZÖLLNER, Detlef: *Wilhelm von Humboldt. Einbildung und Wirklichkeit: das bil-dungstheoretische Fundament seiner Sprachphilosophie.* Münster 1989.

2.4 Sammelwerkbeiträge und Sammelwerke

AHLQUIST, A. (Hrsg.): *Diversion of Galway. Papers on the History of Linguistics.* Amsterdam 1992.

ALBRECHT, Jörn (Hrsg.): *Energeia und Ergon: Sprachliche Variation – Sprachge-schichte – Sprachtypologie. Studia in honorem Eugenio Coseriu (3 Bde.).* Tübin-gen 1988. (= Tübinger Beiträge zur Linguistik; Bd. 300)

ALBRECHT, Jörn: τά ὄντα ὡς ἔστιν λέγειν: *Über die Schwierigkeit, die Dinge zu sagen, wie sie sind, und andere davon zu überzeugen. Zur Einführung in Energeia und Er-gon, I-III.* In: Albrecht, Jörn u.a. (Hrsg.): *Energeia und Ergon: Sprachliche Varia-tion – Sprachgeschichte – Sprachtypologie. Studia in honorem Eugenio Coseriu (3 Bde.).* Tübingen 1988. (= Tübinger Beiträge zur Linguistik; Bd. 300) S. XVII-XLV.

ANDREAS, Willy und VON SCHOLZ, Wilhelm (Hrsg.): *Die Großen Deutschen. Neue deutsche Biographie.* Berlin 1935.

ARNOLD, H. L. und SINEMUS, V. (Hrsg.): *Grundzüge der Literatur- und Sprachwissenschaft. Bd. 2: Sprachwissenschaft.* München 1974.

BAHNER, W.: *Herders Sprachauffassung im Hinblick auf Condillac und Wilhelm von Humboldt.* In: Niederehe, Hans-Josef und Koerner, Konrad (Hrsg.): *History and Historiography of Linguistics. Papers from the Fourth International Conference on the History of the Language Sciences. Trier, 24.-28. August 1987.* Amsterdam 1990. S. 493-503 (Bd. II).

BARBA, Mario: *Die Humboldt-Rezeption Steinthals.* In: Spreu, Arwed und Bondzio, Wilhelm (Hrsg.): *Humboldt-Grimm-Konferenz. Berlin, 22.-25. Oktober 1985.* Berlin (DDR) 1986. S. 293-302 (Bd. I).

BENES, B. (Hrsg.): *Wilhelm von Humboldt, Jacob Grimm, August Schleicher. Ein Vergleich ihrer Sprachauffassungen.* Winterthur 1958.

BENES, B.: *Wilhelm von Humboldt. 1767-1835.* In: Benes, B. (Hrsg.): *Wilhelm von Humboldt, Jacob Grimm, August Schleicher. Ein Vergleich ihrer Sprachauffassungen.* Winterthur 1958. S. 3-40.

BINDER, J. (Hrsg.): *Festschrift P. Hensel.* Greiz i. V. 1923.

BIRNBACHER, Dieter und BURKHARDT, Armin (Hrsg.): *Sprachspiel und Methode: Zum Stand der Wittgenstein-Diskussion.* Berlin 1985.

BÖHLE, Rüdiger E.: *Der Begriff der Sprache bei W. v. Humboldt und L. Wittgenstein.* In: Scheer, Brigitte und Wohlfart, Günter (Hrsg.): *Dimensionen der Sprache in der Philosophie des Deutschen Idealismus. Fs. B. Liebrucks.* Würzburg 1982. S. 190-213.

BONDZIO, Wilhelm: *Sprache als Arbeit des Geistes.* In: Welke, Klaus (Hrsg.): *Sprache – Bewußtsein – Tätigkeit. Zur Sprachkonzeption Wilhelm von Humboldts.* Berlin (DDR) 1986. S. 105-126.

BORDEN, Friedrich (Hrsg.): *Texte zur Wissenschaftstheorie.* Paderborn 1972.

BORSCHE, Tilman: *Die innere Form der Sprache. Betrachtungen zu einem Mythos der Humboldt-Herme(neu)tik.* In: Scharf, Hans-Werner (Hrsg.): *Wilhelm von Humboldts Sprachdenken. (Symposion zum 150. Todestag).* Essen 1989. S. 47-65.

BORSCHE, Tilman: *Die Säkularisierung des Tertium comparationis: Eine philosophische Erörterung der Ursprünge des vergleichenden Sprachstudiums.* In: De Mauro, Tullio und Formigari, Lia (Hrsg.): *Leibniz, Humboldt, and the origins of comparativism.* Amsterdam, Philadelphia 1990. S. 103-118.

BORSCHE, Tilman (Hrsg.): *Klassiker der Sprachphilosophie. Von Platon bis Noam Chomsky.* München 1996.

BREKLE, Herbert E. (Hrsg.): *Bio-bibliographisches Handbuch zur Sprachwissenschaft des 18. Jahrhunderts: die Grammatiker, Lexikographen und Sprachtheoretiker des deutschsprachigen Raumes mit Beschreibungen ihrer Werke.* Tübingen 1992-98.

BUCHER, Stefan: *Naturphilosophie, Teleologie und Sprachtheorie bei Wilhelm von Humboldt.* In: Schmitter, Peter (Hrsg.): *Multum – non multa? Studien zur „Einheit der Reflexion" im Werk Wilhelm von Humboldts.* Münster 1991. S. 29-42.

BÜLOW, Edeltraud und SCHWARZ, Hans: *Sachregister (Inhaltsstenogramme und Kommentare) zum Stichwort ‚Humboldt'. 8808-8851.* In: Gipper, Helmut und

Schwarz, Hans (Hrsg.): *Bibliographisches Handbuch zur Sprachinhaltsforschung. Teil 1: Schrifttum zur Sprachinhaltsforschung in alphabetischer Folge nach Verfassern.* Köln, Opladen 1966. (= Wissenschaftliche Abhandlungen der Arbeitsgemeinschaft für Forschung des Landes Nordrhein-Westfalen; Bd. 16a) S. 1175-1209 (Teil I, Bd. II).

BUNGARTEN, Theo (Hrsg.): *Beiträge zur Fachsprachenforschung. Sprache in Wissenschaft und Technik, Wirtschaft und Rechtswesen (Bd. 1).* Tostedt 1992.

BURKHARDT, Armin: *Wittgenstein und Humboldt: das methodologische Problem in Wittgensteins Spätphilosophie und die Frage nach dem Verhältnis von Sprache und Denken.* In: Birnbacher, Dieter und Burkhardt, Armin (Hrsg.): *Sprachspiel und Methode: Zum Stand der Wittgenstein-Diskussion.* Berlin 1985. S. 130-169.

BURKHARDT, Armin: *Der Dialogbegriff bei Wilhelm von Humboldt.* In: Hoberg, Rudolf (Hrsg.): *Sprache und Bildung. Beiträge zum 150. Todestag Wilhelm von Humboldts.* Darmstadt 1987. S. 141-173.

CASSIRER, Ernst: *Die Kantischen Elemente in Wilhelm von Humboldts Sprachphilosophie.* In: Binder, J. (Hrsg.): *Festschrift P. Hensel.* Greiz i. V. 1923. S. 105-127.

CHIARNI, Paolo: *Krisen und Wandlungen des 'römischen Klassizismus' bei Goethe und Wilhelm von Humboldt.* In: Pfotenhauer, Helmut (Hrsg.): *Kunstliteratur als Italienerfahrung.* Tübingen 1991. S. 84-98.

CHRISTMANN, Hans Helmut (Hrsg.): *Sprachwissenschaft des 19. Jahrhunderts.* Darmstadt 1977. (= Wege der Forschung. Bd. 474)

CHRISTMANN, Hans Helmut: *Zum Begriff der Analogie in der Sprachwissenschaft des 19. Jahrhunderts.* In: Höfler, Manfred (Hrsg.): *Festschrift für Kurt Baldinger zum 60. Geburtstag (Bd. 1).* Tübingen 1979. S. 102-115.

CHRISTMANN, Hans Helmut: *Zum Begriff der Analogie in der Sprachbetrachtung des 16. bis 19. Jahrhunderts.* In: Schmidt, Gerhard und Tietz, Manfred (Hrsg.): *Stimmen der Romania. Fs. W. Th. Elwert.* Wiesbaden 1980. S. 519-535.

CLOEREN, Hermann J.: *Historisch orientierte Sprachphilosophie im 19. Jahrhundert.* In: Dascal, Marcelo u.a. (Hrsg.): *Sprachphilosophie. Ein internationales Handbuch zeitgenössischer Forschung.* Berlin, New York 1992. S. 144-162.

COLLINGWOOD, Robin George: *Die „Innenseite" der Ereignisse.* In: Borden, Friedrich (Hrsg.): *Texte zur Wissenschaftstheorie.* Paderborn 1972. S. 108-125.

COSERIU, Eugenio: *Über die Sprachtypologie Wilhelm von Humboldts. Ein Beitrag zur Kritik der sprachwissenschaftlichen Überlieferung.* In: Hösle, J. und Eitel, W. (Hrsg.): *Beiträge zur vergleichenden Literaturgeschichte. Festschrift für Kurt Wais zum 65. Geburtstag.* Tübingen 1972. S. 107-135.

COSERIU, Eugenio: *Humboldt und die moderne Sprachwissenschaft.* In: Albrecht, Jörn u.a. (Hrsg.): *Energeia und Ergon: Sprachliche Variation – Sprachgeschichte – Sprachtypologie. Studia in honorem Eugenio Coseriu (3 Bde.).* Tübingen 1988. (= Tübinger Beiträge zur Linguistik; Bd. 300) S. 3-11 (Bd. I).

COSERIU, Eugenio, EZAWA, Kennosuke und KÜRSCHNER, Wilfried (Hrsg.): *Sprachwissenschaftsgeschichte und Sprachforschung. Sprachform und Sprachformen: Humboldt, Gabelentz, Sekiguchi. Ost-West-Kolloquium Berlin 1995.* Tübingen 1996.

DASCAL, Marcelo (Hrsg.): *Sprachphilosophie. Ein internationales Handbuch zeitgenössischer Forschung.* Berlin, New York 1992.

DE MAURO, Tullio und FORMIGARI, Lia (Hrsg.): *Leibniz, Humboldt, and the origins of comparativism.* Amsterdam, Philadelphia 1990.

DI CESARE, Donatella und GENSINI, St. (Hrsg.): *Iter Babelicum. Studien zur Historiographie der Linguistik. 1600-1800.* Münster 1990.

DI CESARE, Donatella: *Die aristotelische Herkunft der Begriffe ἔργον und ἐνέργεια in Wilhelm von Humboldts Sprachphilosophie.* In: Albrecht, Jörn u.a. (Hrsg.): *Energeia und Ergon: Sprachliche Variation – Sprachgeschichte – Sprachtypologie. Studia in honorem Eugenio Coseriu (3 Bde.).* Tübingen 1988. (= Tübinger Beiträge zur Linguistik; Bd. 300) S. 29-46 (Bd. II).

DI CESARE, Donatella: *Wilhelm von Humboldt: Die analogische Struktur der Sprache.* In: Scharf, Hans-Werner (Hrsg.): *Wilhelm von Humboldts Sprachdenken. (Symposion zum 150. Todestag).* Essen 1989. S. 67-80.

DI CESARE, Donatella: *Die Sprachlichkeit des Ichs. Ansätze zu einer Philosophie des Dialogs bei Friedrich Schlegel.* In: Di Cesare, Donatella und Gensini, St. (Hrsg.): *Iter Babelicum. Studien zur Historiographie der Linguistik. 1600-1800.* Münster 1990. S. 119-141.

DI CESARE, Donatella: *The Philosophical und Anthropological Place of Wilhelm von Humboldt's Linguistic Typology: Linguistic Comparison as a Means to compare the Different Processes of Human Thought.* In: De Mauro, Tullio und Formigari, Lia (Hrsg.): *Leibniz, Humboldt, and the origins of comparativism.* Amsterdam, Philadelphia 1990. S. 157-180.

DI CESARE, Donatella: *Wilhelm von Humboldt.* In: Borsche, Tilman (Hrsg.): *Klassiker der Sprachphilosophie. Von Platon bis Noam Chomsky.* München 1996. S. 275-289.

DIEMER, Alwin und FRENZEL, Ivo (Hrsg.): *Philosophie. Das Fischer Lexikon.* Frankfurt am Main 1958.

DOVE, Alfred: *Humboldt, Wilhelm von.* In: Historische Kommission bei der königlichen Akademie der Wissenschaften (Hrsg.): *Allgemeine Deutsche Biographie. Bd. XIII.* Berlin (Neudruck der 1. Auflage von 1881) 1969. S. 338-358.

DUTZ, Klaus D. und KACZMAREK, Ludger (Hrsg.): *Rekonstruktion und Interpretation: problemgeschichtliche Studien zur Sprachtheorie von Ockham bis Humboldt.* Tübingen 1985. (= Tübinger Beiträge zur Linguistik; Bd. 264)

DUTZ, Klaus D. und SCHMITTER, Peter (Hrsg.): *Geschichte der Geschichtsschreibung der Semiotik.* Münster 1986.

EDWARDS, P. (Hrsg.): *The Encyclopedia of Philosophy.* London, New York 1967.

EITEL, T. (Hrsg.): *Geist und Gesellschaft. Zur deutschen Rezeption der französischen Revolution.* München 1990.

ESCHBACH, Achim und TRABANT, Jürgen (Hrsg.): *History of Semiotics.* Amsterdam, Philadelphia 1983.

FELDBUSCH, E. (Hrsg.): *Neuere Fragen der Linguistik.* Tübingen 1991.

FLASHAR, Hellmut: *Wilhelm von Humboldt und die griechische Literatur.* In: Schlerath, Bernfried (Hrsg.): *Wilhelm von Humboldt. Vortragszyklus zum 150. Todestag.* Berlin 1986. S. 82-100.

FRANK, M. und HAVERKAMP, A. (Hrsg.): *Individualität. Akten des Kolloquiums ‚Poetik und Hermeneutik'.* München 1988.

FREESE, Rudolf (Hrsg.): *Wilhelm von Humboldt: sein Leben und Wirken, dargestellt in Briefen, Tagebüchern und Dokumenten seiner Zeit.* Darmstadt (2. Aufl. [1. Aufl. Berlin, DDR, 1955]) 1986.

FREY, H.-J.: *Übersetzung und Sprachtheorie bei Humboldt.* In: Hirsch, A. (Hrsg.): *Übersetzung und Dekonstruktion.* Frankfurt am Main 1997. S. 37-63.

FRÖSCHLE, H.: *Wilhelm von Humboldts politische Theorie und Sprachphilosophie. Deutsche Antworten auf die französische Revolution.* In: Eitel, T. (Hrsg.): *Geist und Gesellschaft. Zur deutschen Rezeption der französischen Revolution.* München 1990. S. 57-68.

FUNKE, Otto: *Zur Frühgeschichte des Terminus ‚(Innere) Sprachform'.* In: Haselbach, G. und Hartmann, G. (Hrsg.): *Beiträge zur Einheit von Bildung und Sprache im geistigen Sein. Festschrift Ernst Otto.* Berlin 1957. S. 289-294.

GADAMER, Hans-Georg (Hrsg.): *Das Problem der Sprache.* München 1967.

GEIER, Manfred (Hrsg.): *Sprachbewußtsein. Elf Untersuchungen zum Zusammenhang von Sprachwissenschaft und Kulturhistorischer Psychologie.* Stuttgart 1979.

GERHARDT, Marlis (Hrsg.): *Linguistik und Sprachphilosophie.* München 1974.

GERHARDT, Marlis: *Wilhelm von Humboldt und die moderne Sprachtheorie.* In: Gerhardt, Marlis (Hrsg.): *Linguistik und Sprachphilosophie.* München 1974. S. 11-27.

GESELLSCHAFT FÜR HUMANISTISCHE BILDUNG (Hrsg.): *Wilhelm von Humboldt. Abstand und Nähe. Drei Vorträge zum Gedenken seines 200. Geburtstages.* Frankfurt am Main u.a. 1968. (= Sonderheft der Schriftenreihen: Probleme der humanistischen Bildung, hrsg. von der Gesellschaft für humanistische Bildung, und Kritische Beiträge zur Bildungstheorie, hrsg. von Heinz-Joachim Heydorn u.a.)

GESSINGER, Joachim und VON RAHDEN, Wolfert (Hrsg.): *Theorien über den Ursprung der Sprache (2 Bde.).* Berlin, New York 1989.

GESSINGER, Joachim: *Charles Lyell und Charles Darwin. Aktualismus und Evolution in der Geschichte der Sprachen.* In: Naumann, Bernd, Plank, Frans und Hofbauer, Gerhard u.a. (Hrsg.): *Language and Earth. Elective Affinities between the Emerging Sciences of Linguistics and Geology.* Amsterdam, Philadelphia 1992. S. 323-356.

GESSINGER, Joachim: *Metaphern in der Wissenschaftssprache.* In: Bungarten, Theo (Hrsg.): *Beiträge zur Fachsprachenforschung. Sprache in Wissenschaft und Technik, Wirtschaft und Rechtswesen (Bd.1).* Tostedt 1992. S. 29-56.

GESSINGER, Joachim: *Sprachlaut-Seher. Physiologie und Sprachwissenschaft im 19. Jahrhundert.* In: Sarasin, Philipp und Tanner, Jakob (Hrsg.): *Physiologie und industrielle Gesellschaft.* Frankfurt am Main 1998. S. 204-244.

GETHMANN-SIEFERT, Annemarie und PÖGGELER, Otto (Hrsg.): *Welt und Wirkung von Hegels Ästhetik.* Bonn 1986. (= Hegel-Studien. Beiheft 27)

GIPPER, Helmut und SCHWARZ, Hans (Hrsg.): *Bibliographisches Handbuch zur Sprachinhaltsforschung. Teil 1: Schrifttum zur Sprachinhaltsforschung in alphabetischer Folge nach Verfassern.* Köln, Opladen 1966. (= Wissenschaftliche Abhandlungen der Arbeitsgemeinschaft für Forschung des Landes Nordrhein-Westfalen; Bd. 16a)

GIPPER, Helmut (Hrsg.): *Sprache, Schlüssel zur Welt. Festschrift für Leo Weisgerber.* Düsseldorf 1959.

GIPPER, Helmut: *Wilhelm von Humboldts Bedeutung für die moderne Sprachwissenschaft.* In: Kessel, Herbert und Thoms, Walter (Hrsg.): *Die Brüder Humboldt heute.* Mannheim 1968. (= Abhandlungen der Humboldt-Gesellschaft für Wissenschaft, Kunst und Bildung e.V., Bd. 2) S. 11-62.

GIPPER, Helmut: *Die genetische Interpretation der Sprache.* In: Landgrebe, Ludwig (Hrsg.): *9. Deutscher Kongreß für Philosophie. Düsseldorf 1969. Philosophie und Wissenschaft.* Meisenheim 1972. S. 270-284.

GIPPER, Helmut: *Inhaltbezogene Grammatik.* In: Arnold, H. L. und Sinemus, V. (Hrsg.): *Grundzüge der Literatur- und Sprachwissenschaft. Bd. 2: Sprachwissenschaft.* München 1974. S. 133-150.

GIPPER, Helmut: *Individuelle und universelle Züge der Sprachen in der Sicht Wilhelm von Humboldts.* In: Hammacher, Klaus (Hrsg.): *Universalismus und Wissenschaft im Werk und Wirken der Brüder Humboldt.* Frankfurt am Main 1976. (= In: Studien zur Philosophie und Literatur des 19. Jahrhunderts [Bd. 31]) S. 199-216.

GIPPER, Helmut: *Schwierigkeiten beim Schreiben der Wahrheit in der Geschichte der Sprachwissenschaft. Zum Streit um das Verhältnis Wilhelm von Humboldts zu Herder.* In: Trabant, Jürgen, Weydt, Harald, Dietrich, Wolf, Rohrer, Christian und Schlieben-Lange, Brigitte (Hrsg.): *Logos Semantikos: Studia Linguistica in honorem Eugenio Coseriu 1921-1981. (5 Bde.).* Berlin 1981. S. 101-115.

GIPPER, Helmut: *Sprache und Denken in der Sicht Wilhelm von Humboldts.* In: Hoberg, Rudolf (Hrsg.): *Sprache und Bildung. Beiträge zum 150. Todestag Wilhelm von Humboldts.* Darmstadt 1987. S. 53-85.

GIPPER, Helmut: *Sprachphilosophie in der Romantik.* In: Dascal, Marcelo u.a. (Hrsg.): *Sprachphilosophie. Ein internationales Handbuch zeitgenössischer Forschung.* Berlin, New York 1992. S. 197-233.

GLÜCK, Helmut (Hrsg.): *Metzlers Lexikon Sprache.* Stuttgart, Weimar 1993.

GOEDEKE, Karl (Hrsg.): *Grundriß zur Geschichte der deutschen Dichtung. Bd. XIV. Hrsg. von H. Jakob.* Berlin (2., ganz neu bearbeitete Aufl.) 1959.

GREWENDORF, Günther und MEGGLE, Georg (Hrsg.): *Linguistik und Philosophie.* Frankfurt am Main 1974.

GROOTHOFF, H.-H. und STALLMANN, M. (Hrsg.): *Neues Pädagogisches Lexikon.* Stuttgart, Berlin 1971.

GUTTERER, Dietrich: *Konditionale Vernetzung und Spontaneität. Eine Erörterung des Sprachbegriffs Wilhelm von Humboldts.* In: Scharf, Hans-Werner (Hrsg.): *Wilhelm von Humboldts Sprachdenken. (Symposion zum 150. Todestag).* Essen 1989. S. 109-123.

HAMM, J. (Hrsg.): *Phonologie der Gegenwart. Vorträge und Diskussionen anläßlich der Internationalen Phonologie-Tagung in Wien, 30. VIII. – 3. IX. 1966.* Graz u.a. 1966.

HAMMACHER, Klaus (Hrsg.): *Universalismus und Wissenschaft im Werk und Wirken der Brüder Humboldt.* Frankfurt am Main 1976. (= In: Studien zur Philosophie und Literatur des 19. Jahrhunderts [Bd. 31])

HAMMACHER, Klaus: *Die Philosophie des Deutschen Idealismus – Wilhelm von Humboldt und die preußische Reform.* In: Hammacher, Klaus (Hrsg.): *Universalismus und Wissenschaft im Werk und Wirken der Brüder Humboldt.* Frankfurt am Main 1976. (= In: Studien zur Philosophie und Literatur des 19. Jahrhunderts [Bd. 31]) S. 85-135.

HAMMACHER, Klaus (Hrsg.): *Die gegenwärtige Darstellung der Philosophie Fichtes.* Hamburg 1981.

HARTKE, W. und MASKOLAT, H. (Hrsg.): *Wilhelm von Humboldt 1767-1967. Erbe – Gegenwart – Zukunft. Beiträge vorgelegt von der Humboldt-Universität zu Berlin anläßlich der Feier des zweihundertsten Geburtstages ihres Gründers.* Halle, Saale 1967.

HARTMANN, Hans: *Wilhelm und Alexander von Humboldt. Natur und Geisteswissenschaft heute.* In: Kessel, Herbert und Thoms, Walter (Hrsg.): *Die Brüder Humboldt heute.* Mannheim 1968. (= Abhandlungen der Humboldt-Gesellschaft für Wissenschaft, Kunst und Bildung e.V., Bd. 2) S. 11-40.

HASELBACH, G. und HARTMANN, G. (Hrsg.): *Beiträge zur Einheit von Bildung und Sprache im geistigen Sein. Festschrift Ernst Otto.* Berlin 1957.

HAßLER, Gerda: *Die These der Sprachrelativität des Denkens in der Aufklärung und bei Wilhelm von Humboldt.* In: Welke, Klaus (Hrsg.): *Sprache – Bewußtsein – Tätigkeit. Zur Sprachkonzeption Wilhelm von Humboldts.* Berlin (DDR) 1986. S. 154-177.

HAßLER, Gerda: *Zur Stellung von Humboldts ‚sprachlicher Weltansicht‘ und seiner Konzeption der Sprache als organisches Ganzes in der Geschichte der Sprachtheorien.* In: Spreu, Arwed und Bondzio, Wilhelm (Hrsg.): *Humboldt-Grimm-Konferenz. Berlin, 22.-25. Oktober 1985.* Berlin (DDR) 1986. S. 263-274.

HAßLER, Gerda: *Sprachphilosophie in der Aufklärung.* In: Dascal, Marcelo u.a. (Hrsg.): *Sprachphilosophie. Ein internationales Handbuch zeitgenössischer Forschung.* Berlin, New York 1992. S. 116-144.

HEINTEL, Erich: *Sprachphilosophie.* In: Stammler, Wolfgang (Hrsg.): *Deutsche Philologie im Aufriß. Bd. 1.* Berlin (Neudruck der 2. Aufl. [1. Aufl. 1952, 2. Aufl. 1957]) 1966. S. 564-620.

HEINTZ, G. und SCHMITTER, P. (Hrsg.): *Collectanea Philologia. Festschrift für Helmut Gipper zum 65. Geburtstag.* Baden-Baden 1985.

HELFER, M.: *Herder, Fichte, and Humboldts ‚Thinking and Speaking‘.* In: Mueller-Vollmer, Kurt (Hrsg.): *Herder Today.* Berlin 1990. S. 367-381.

HIRSCH, A. (Hrsg.): *Übersetzung und Dekonstruktion.* Frankfurt am Main 1997.

HOBERG, Rudolf (Hrsg.): *Sprache und Bildung. Beiträge zum 150. Todestag Wilhelm von Humboldts.* Darmstadt 1987.

HOBERG, Rudolf: *Die sprachlichen Weltansichten gleichen sich an. Ein Begriff Wilhelm von Humboldts und die gegenwärtige Sprachentwicklung.* In: Hoberg, Rudolf (Hrsg.): *Sprache und Bildung. Beiträge zum 150. Todestag Wilhelm von Humboldts.* Darmstadt 1987. S. 217-235.

HÖSLE, J. und EITEL, W. (Hrsg.): *Beiträge zur vergleichenden Literaturgeschichte. Festschrift für Kurt Wais zum 65. Geburtstag.* Tübingen 1972.

HOWALD, Ernst (Hrsg.): *Deutsch-französisches Mosaik.* Zürich 1962.

HOWALD, Ernst: *Wilhelm von Humboldts Agamemnon.* In: Howald, Ernst (Hrsg.): *Deutsch-französisches Mosaik.* Zürich 1962. S. 117-132.

HUH, Bal (Hrsg.): *Sprachinhaltsforschung.* Seoul 1989.

ISHAM, H.: *Wilhelm von Humboldt*. In: Edwards, P. (Hrsg.): *The Encyclopedia of Philosophy*. London, New York 1967. S. 72-74 (Bd. 4).

IVO, Hubert: *Wilhelm von Humboldts Sprache des Diskurses. Zwischen Weltansichten und allgemeiner Grammatik*. In: Müller-Sievers, Helmut (Hrsg.): *Poetik, Humboldt, Hermeneutik: Studien für Kurt Mueller-Vollmer zum 60. Geburtstag*. Tübingen 1988. S. 67-104. (= In: Kodikas/Code. Ars Semeiotica. 11. Bd. [1988]. H. 1/2).

IVO, Hubert: *Warum über Sprache metaphorisch reden? Zum wissenschaftstheoretischen Status eines Metaphernfeldes in der Kawi-Einleitung*. In: Scharf, Hans-Werner (Hrsg.): *Wilhelm von Humboldts Sprachdenken. (Symposion zum 150. Todestag)*. Essen 1989. S. 81-108.

JÄGER, Ludwig: *Humboldt. 'Über die Verschiedenheit des menschlichen Sprachbaues'*. In: Siepmann, Helmut und Hausmann, Frank-Rutger (Hrsg.): *Vom 'Rolandslied' zum 'Namen der Rose'*. Bonn 1987. S. 193-211.

JÄGER, Ludwig: *Die Sprachtheorie Wilhelm von Humboldts*. In: Wimmer, Rainer (Hrsg.): *Sprachtheorie. Der Sprachbegriff in Wissenschaft und Alltag. Jahrbuch 1986 des Instituts für deutsche Sprache*. Düsseldorf 1987. S. 175-190.

JÄGER, Ludwig: *Über die Individualität von Rede und Verstehen – Aspekte einer hermeneutischen Semiologie bei Wilhelm von Humboldt*. In: Frank, M. und Haverkamp, A. (Hrsg.): *Individualität. Akten des Kolloquiums 'Poetik und Hermeneutik'*. München 1988. S. 76-94.

JÄGER, Ludwig: *Aspekte der Sprachtheorie Wilhelm von Humboldts*. In: Scharf, Hans-Werner (Hrsg.): *Wilhelm von Humboldts Sprachdenken. (Symposion zum 150. Todestag)*. Essen 1989. S. 163-179.

JUNKER, Klaus: *Zur Kritik an der Humboldt-Adaption der Neuhumboldtianer*. In: Welke, Klaus (Hrsg.): *Sprache – Bewußtsein – Tätigkeit. Zur Sprachkonzeption Wilhelm von Humboldts*. Berlin (DDR) 1986. S. 68-93.

KAEHLER, Siegfried: *Wilhelm von Humboldt*. In: Schüssler, Wilhelm (Hrsg.): *Deutsche Männer. 200 Bildnisse und Lebensbeschreibungen. Mit einer Einführung von Wilhelm Schüssler*. Berlin 1938. S. 168.

KARLAUF, Thomas [Hrsg.]: *Deutsche Brüder. Zwölf Doppelporträts*. Berlin 1994.

KESSEL, Herbert und THOMS, Walter (Hrsg.): *Die Brüder Humboldt heute*. Mannheim 1968. (= Abhandlungen der Humboldt-Gesellschaft für Wissenschaft, Kunst und Bildung e.V., Bd. 2)

KIM, Rae-Hyun: *Die energetische Sprachauffassung von Wilhelm von Humboldt*. In: Huh, Bal (Hrsg.): *Sprachinhaltsforschung*. Seoul 1989. S. 287-305.

KLEDZIK, Silke M.: *Wilhelm von Humboldt (1767-1835)*. In: Dascal, Marcelo u.a. (Hrsg.): *Sprachphilosophie. Ein internationales Handbuch zeitgenössischer Forschung*. Berlin, New York 1992. S. 362-381.

KRAUSS, W. (Hrsg.): *Neue Beiträge zur Literatur der Aufklärung*. Berlin 1964.

KRENN, H. (Hrsg.): *Sprache und Gesellschaft. Akten des 18. Linguistischen Kolloquiums Linz 1983*. Tübingen 1984.

LAKS, André (Hrsg.): *La naissance du paradigme herméneutique: Schleiermacher, Humboldt, Boeckh, Droysen. Ed. par André Laks*. Lille 1990. (= Cahiers de philologie. Nr. 19)

LANDGREBE, Ludwig (Hrsg.): *9. Deutscher Kongreß für Philosophie. Düsseldorf 1969. Philosophie und Wissenschaft.* Meisenheim 1972.

LANGE, Fritz G.: *[Humboldt-Bibliographie].* In: Goedeke, Karl (Hrsg.): *Grundriß zur Geschichte der deutschen Dichtung. Bd. XIV.* Hrsg. von H. Jakob. Berlin (2., ganz neu bearbeitete Aufl.) 1959. S. 502-578, 1015 ff.

LECHNER, Jochen: *Humboldts Sprachphilosophie und ihre subjektivitätstheoretischen Grundlagen.* In: Radermacher, H. u.a. (Hrsg.): *Rationale Metaphysik. Die Philosophie von Wolfgang Cramer.* Stuttgart 1990. S. 11-34 (Bd. 2).

LEROUX, Robert: *La philosophie de l'histoire chez Herder et Guillaume de Humboldt.* In: (Hrsg.): *Mélanges Henri Lichtenberger.* Paris 1934. S. 144-166.

LIEBRUCKS, Bruno: *Wilhelm von Humboldts Einsicht in die Sprachlichkeit des Menschen.* In: Gesellschaft für humanistische Bildung (Hrsg.): *Wilhelm von Humboldt. Abstand und Nähe. Drei Vorträge zum Gedenken seines 200. Geburtstages.* Frankfurt am Main u.a. 1968. (= Sonderheft der Schriftenreihen: Probleme der humanistischen Bildung, hrsg. von der Gesellschaft für humanistische Bildung, und Kritische Beiträge zur Bildungstheorie, hrsg. von Heinz-Joachim Heydorn u.a.) S. 19-33.

LOHMANN, J.: *Über das Verhältnis der Sprachtheorien von Humboldt, Saussure und Trubetzkoy.* In: Hamm, J. (Hrsg.): *Phonologie der Gegenwart. Vorträge und Diskussionen anläßlich der Internationalen Phonologie-Tagung in Wien, 30. VIII – 3. IX 1966.* Graz u.a. 1966. S. 353-363.

LUTZ, Bernd (Hrsg.): *Metzler Philosophen Lexikon. Dreihundert biographisch-werkgeschichtliche Porträts von den Vorsokratikern bis zu den Neuen Philosophen.* Stuttgart (2., aktualisierte und erweiterte Auflage) 1995.

MASKOLAT, Henny: *Überblick über das Leben Wilhelm von Humboldts. II. Teil: 1806-1835.* In: Hartke, W. und Maskolat, H. (Hrsg.): *Wilhelm von Humboldt 1767-1967. Erbe – Gegenwart – Zukunft. Beiträge vorgelegt von der Humboldt-Universität zu Berlin anläßlich der Feier des zweihundertsten Geburtstages ihres Gründers.* Halle, Saale 1967. S. 29-43.

MATTSON, Philip: *Humboldts Begriff der grammatischen Form – ein unzulässiges Bildungskriterium?* In: Hoberg, Rudolf (Hrsg.): *Sprache und Bildung. Beiträge zum 150. Todestag Wilhelm von Humboldts.* Darmstadt 1987. S. 175-191.

MENZE, Clemens: *Wilhelm von Humboldt.* In: Rombach, H. (Hrsg.): *Lexikon der Pädagogik. Neue Ausgabe. Bd. 2.* Freiburg 1970-71. S. 387.

MENZE, Clemens: *Wilhelm von Humboldt.* In: Groothoff, H.-H. und Stallmann, M. (Hrsg.): *Neues Pädagogisches Lexikon.* Stuttgart, Berlin 1971. S. 497-500.

MENZE, Clemens: *Die Individualität als Ausgangs- und Endpunkt des Humboldtschen Denkens.* In: Hammacher, Klaus (Hrsg.): *Universalismus und Wissenschaft im Werk und Wirken der Brüder Humboldt.* Frankfurt am Main 1976. (= In: Studien zur Philosophie und Literatur des 19. Jahrhunderts [Bd. 31]) S. 145-163.

MENZE, Clemens: *Ist die Bildungsreform Wilhelm von Humboldts gescheitert?* In: Heintz, G. und Schmitter, P. (Hrsg.): *Collectanea Philologia. Festschrift für Helmut Gipper zum 65. Geburtstag.* Baden-Baden 1985. S. 381-401.

MENZE, Clemens: *Das indische Altertum in der Sicht Wilhelm von Humboldts und Hegels.* In: Gethmann-Siefert, Annemarie und Pöggeler, Otto (Hrsg.): *Welt und Wirkung von Hegels Ästhetik.* Bonn 1986. (= Hegel-Studien. Beiheft 27) S. 245-294.

MENZE, Clemens: *Anspruch, Wirklichkeit und Schicksal der Bildungsreform Wilhelm von Humboldts*. In: Schlerath, Bernfried (Hrsg.): *Wilhelm von Humboldt. Vortragszyklus zum 150. Todestag*. Berlin 1986. S. 55-81.

MICHELSEN, Uwe Andreas: *Die zentrale Rolle der Sprache in der Bildungskonzeption Wilhelm von Humboldts*. In: Hoberg, Rudolf (Hrsg.): *Sprache und Bildung. Beiträge zum 150. Todestag Wilhelm von Humboldts*. Darmstadt 1987. S. 237-255.

MUELLER-VOLLMER, Kurt: *Von der Poetik zur Linguistik – Wilhelm von Humboldt und der romantische Sprachbegriff*. In: Hammacher, Klaus (Hrsg.): *Universalismus und Wissenschaft im Werk und Wirken der Brüder Humboldt*. Frankfurt am Main 1976. (= In: Studien zur Philosophie und Literatur des 19. Jahrhunderts [Bd. 31]) S. 224-240.

MUELLER-VOLLMER, Kurt: *Fichte und die romantische Sprachtheorie*. In: Hammacher, Klaus (Hrsg.): *Die gegenwärtige Darstellung der Philosophie Fichtes*. Hamburg 1981. S. 442-459.

MUELLER-VOLLMER, Kurt: *Von der Durchdringbarkeit des wirkungsgeschichtlichen Bewußtseins: Gadamer, Hegel und die Hermeneutik Wilhelm von Humboldts*. In: Streka, Joseph P. (Hrsg.): *Literary Theory and Criticism. Fs. R. Wellek*. Bern 1984. S. 475-497.

MUELLER-VOLLMER, Kurt: *Wilhelm von Humboldts sprachwissenschaftlicher Nachlaß: Probleme seiner Erschließung*. In: Scharf, Hans-Werner (Hrsg.): *Wilhelm von Humboldts Sprachdenken. (Symposion zum 150. Todestag)*. Essen 1989. S. 181-204.

MUELLER-VOLLMER, Kurt (Hrsg.): *Herder Today*. Berlin 1990.

MUELLER-VOLLMER, Kurt: *Humboldts linguistisches Beschaffungsprogramm: Logistik und Theorie*. In: Zimmermann, Klaus, Trabant, Jürgen und Mueller-Vollmer, Kurt (Hrsg.): *Wilhelm von Humboldt und die amerikanischen Sprachen: Internationales Symposium des Ibero-Amerikanischen Instituts PK, 24.-26. September 1992 in Berlin*. Paderborn 1994. (= Humboldt-Studien) S. 27-42.

MÜLLER-SIEVERS, Helmut (Hrsg.): *Poetik, Humboldt, Hermeneutik: Studien für Kurt Mueller-Vollmer zum 60. Geburtstag*. Tübingen 1988. (= In: Kodikas/Code. Ars Semeiotica. 11.Bd. [1988]. H. 1/2)

MÜLLER-SIEVERS, Helmut: *Verstümmelung. Schiller, Fichte, Humboldt und die Genealogie des Masochismus*. In: Schings, Hans-Jürgen (Hrsg.): *Der ganze Mensch. Anthropologie und Literatur im 18. Jahrhundert. DFG-Symposion 1992*. Stuttgart 1994. S. 284-297.

NAUMANN, Bernd, PLANK, Frans und HOFBAUER, Gerhard (Hrsg.): *Language and Earth. Elective Affinities between the Emerging Sciences of Linguistics and Geology*. Amsterdam, Philadelphia 1992.

NEUMANN, Werner und TECHTMEIER, B. (Hrsg.): *Bedeutungen und Ideen in Sprachen und Texten*. Berlin (DDR) 1987.

NEUMANN, Werner: *Über die Aktualität von Humboldts Sprachauffassung*. In: Schildt, Joachim (Hrsg.): *Erbe – Vermächtnis und Verpflichtung. Zur sprachwissenschaftlichen Forschung in der Geschichte der AdW der DDR*. Berlin 1977. S. 101-118.

NEUMANN, Werner: *Sprachliche Weltansicht – theoria lingua cum praxi historica.* In: Neumann, Werner und Techtmeier, B. (Hrsg.): *Bedeutungen und Ideen in Sprachen und Texten.* Berlin (DDR) 1987. S. 153-173.

NEURATH, Renate: *Grammatik als Verfahren.* In: Welke, Klaus (Hrsg.): *Sprache – Bewußtsein – Tätigkeit. Zur Sprachkonzeption Wilhelm von Humboldts.* Berlin (DDR) 1986. S. 127-153.

NIEDEREHE, Hans-Josef und KOERNER, Konrad (Hrsg.): *History and Historiography of Linguistics. Papers from the Fourth International Conference on the History of the Language Sciences. Trier, 24.-28. August 1987.* Amsterdam 1990.

NOLTING, Winfried: *Zum Universalitätsanspruch der Interpretation. Am Beispiel der literarischen Empfindung.* In: Stötzel, Georg (Hrsg.): *Germanistik – Forschungsstand und Perspektiven. Bd. II.* Berlin, New York 1985. S. 457-477.

OBENAUER, Justus (Hrsg.): *Innere Form und dichterische Phantasie.* München 1935.

OESTERREICHER, W.: *Wem gehört Humboldt? Zum Einfluß der französischen Aufklärung auf die Sprachphilosophie der Romantik.* In: Trabant, Jürgen, Weydt, Harald, Dietrich, Wolf, Rohrer, Christian und Schlieben-Lange, Brigitte (Hrsg.): *Logos Semantikos: Studia Linguistica in honorem Eugenio Coseriu 1921-1981. (5 Bde.).* Berlin 1981. S. 117-135.

OESTERREICHER, W.: *Sprachtätigkeit, Einzelsprache, Diskurs und vier Dimensionen der Sprachvarietät.* In: Albrecht, Jörn u.a. (Hrsg.): *Energeia und Ergon: Sprachliche Variation – Sprachgeschichte – Sprachtypologie. Studia in honorem Eugenio Coseriu (3 Bde.).* Tübingen 1988. (= Tübinger Beiträge zur Linguistik; Bd. 300).

PATERNA, Erich: *Überblick über das Leben Wilhelm von Humboldts. I. Teil: 1767-1806.* In: Hartke, W. und Maskolat, H. (Hrsg.): *Wilhelm von Humboldt 1767-1967. Erbe – Gegenwart – Zukunft. Beiträge vorgelegt von der Humboldt-Universität zu Berlin anläßlich der Feier des zweihundertsten Geburtstages ihres Gründers.* Halle, Saale 1967. S. 11-28.

PÄTSCH, Gertrud: *Humboldt und die Sprachwissenschaft.* In: Hartke, W. und Maskolat, H. (Hrsg.): *Wilhelm von Humboldt 1767-1967. Erbe – Gegenwart – Zukunft. Beiträge vorgelegt von der Humboldt-Universität zu Berlin anläßlich der Feier des zweihundertsten Geburtstages ihres Gründers.* Halle, Saale 1967. S. 101-125.

PFOTENHAUER, Helmut (Hrsg.): *Kunstliteratur als Italienerfahrung.* Tübingen 1991.

PLEINES, Jürgen: *Das Problem der Sprache bei Humboldt. Voraussetzungen und Möglichkeiten einer neuzeitlich-kritischen Sprachphilosophie.* In: Gadamer, Hans-Georg (Hrsg.): *Das Problem der Sprache.* München 1967. S. 31-43.

PONGS, Hermann: *Humboldts innere Sprachform zwischen West und Ost, zwischen Manierismus und Sozialismus.* In: Kessel, Herbert und Thoms, Walter (Hrsg.): *Die Brüder Humboldt heute.* Mannheim 1968. (= Abhandlungen der Humboldt-Gesellschaft für Wissenschaft, Kunst und Bildung e.V., Bd. 2) S. 87-129.

POTT, August Friedrich: *Einleitung in die allgemeine Sprachwissenschaft (5 Bde.).* Leipzig (Neudruck Amsterdam 1974) 1884-90.

RADERMACHER, H. (Hrsg.): *Rationale Metaphysik. Die Philosophie von Wolfgang Cramer.* Stuttgart 1990.

RAITH, W.: *Humboldts Idee der Sprache als philosophischer Grundgedanke seiner humanistischen Reformkonzeption.* In: (Hrsg.): *Studia humanitatis. (Fs. E. Grassi).* München 1973. S. 273-288.

RAUCH, Irmengard und CARR, Gerald F. (Hrsg.): *The Semiotic Bridge: Trends from California.* Berlin 1989.

RICKEN, Ulrich: *Wilhelm von Humboldt, Jacob Grimm und das Problem des Sprachursprungs. Zur sprachtheoretischen Rezeption der Aufklärung im 19. Jahrhundert.* In: Spreu, Arwed und Bondzio, Wilhelm (Hrsg.): *Humboldt-Grimm-Konferenz. Berlin, 22.-25. Oktober 1985.* Berlin (DDR) 1986. S. 50-66 (Bd. 1).

RIEDEL, Manfred: *Sprechen und Hören. Zum dialektischen Grundverhältnis in Humboldts Sprachphilosophie.* In: Spreu, Arwed und Bondzio, Wilhelm (Hrsg.): *Humboldt-Grimm-Konferenz. Berlin, 22.-25. Oktober 1985.* Berlin (DDR) 1986. S. 196-216 (Bd. 1).

RITTER, Joachim und GRÜNDER, Karlfried (Hrsg.): *Historisches Wörterbuch der Philosophie.* Basel, Darmstadt 1971 ff.

ROBINS, Robert H.: *Leibniz and Wilhelm von Humboldt and the History of Comparative Linguistic.* In: De Mauro, Tullio und Formigari, Lia (Hrsg.): *Leibniz, Humboldt, and the origins of comparativism.* Amsterdam, Philadelphia 1990. S. 85-102.

ROMBACH, H. (Hrsg.): *Lexikon der Pädagogik. Neue Ausgabe. Bd. 2.* Freiburg 1970-71.

ROSÉN, H.B.: *Wilhelm von Humboldts Begriff des Phonems.* In: Albrecht, Jörn u.a. (Hrsg.): *Energeia und Ergon: Sprachliche Variation – Sprachgeschichte – Sprachtypologie. Studia in honorem Eugenio Coseriu (3 Bde.).* Tübingen 1988. (= Tübinger Beiträge zur Linguistik; Bd. 300) S. 11-17 (Bd. II).

ROUSSOS, Lefteris: *Die Grenzen der Wirksamkeit des Staates. Bemerkungen zu den staatstheoretischen Voraussetzungen der Sprachphilosophie Wilhelm von Humboldts.* In: Feldbusch, E. u.a. (Hrsg.): *Neuere Fragen der Linguistik.* Tübingen 1991. S. 47-53 (Bd. 1).

SAKAGUCHI, A.: *Sprachwissenschaft und Interlinguistik. Einige Bemerkungen zum Humboldt'schen Doppelbegriff von ,Ergon' und ,Energeia'.* In: Krenn, H. u.a. (Hrsg.): *Sprache und Gesellschaft. Akten des 18. Linguistischen Kolloquiums Linz 1983.* Tübingen 1984. S. 226-237.

SALUS, Peter H. (Hrsg.): *On language: Plato to von Humboldt.* Holt 1969.

SARASIN, Philipp und TANNER, Jakob (Hrsg.): *Physiologie und industrielle Gesellschaft.* Frankfurt am Main 1998.

SCHARF, Hans-Werner: *Das Verfahren der Sprache. Ein Nachtrag zu Chomskys Humboldt-Reklamation.* In: Eschbach, Achim und Trabant, Jürgen (Hrsg.): *History of Semiotics.* Amsterdam, Philadelphia 1983. S. 205-249.

SCHARF, Hans-Werner (Hrsg.): *Wilhelm von Humboldts Sprachdenken. (Symposion zum 150. Todestag).* Essen 1989.

SCHARF, Hans-Werner: *Einleitung. Die Anfänge der sprachwissenschaftlichen Humboldt-Forschung.* In: Scharf, Hans-Werner (Hrsg.): *Wilhelm von Humboldts Sprachdenken. (Symposion zum 150. Todestag).* Essen 1989. S. 7-24.

SCHARF, Hans-Werner: *Differenz und Dependenz: Wesen und Erscheinung in Humboldts Sprach-Idee.* In: Scharf, Hans-Werner (Hrsg.): *Wilhelm von Humboldts Sprachdenken. (Symposion zum 150. Todestag).* Essen 1989. S. 125-161.

SCHEER, Brigitte und WOHLFART, Günter (Hrsg.): *Dimensionen der Sprache in der Philosophie des Deutschen Idealismus. Fs. B. Liebrucks.* Würzburg 1982.

SCHEIBLE, H. (Hrsg.): *Wahrheit und Subjekt. Ästhetik im bürgerlichen Zeitalter.* Reinbek bei Hamburg 1900.

SCHEIBLE, H.: *Die Abschaffung des Zufalls. Geschichte und Gattungspoetik bei Wilhelm von Humboldt.* In: Scheible, H. (Hrsg.): *Wahrheit und Subjekt. Ästhetik im bürgerlichen Zeitalter.* Reinbek bei Hamburg 1900. S. 223-248.

SCHILDT, Joachim (Hrsg.): *Erbe – Vermächtnis und Verpflichtung. Zur sprachwissenschaftlichen Forschung in der Geschichte der AdW der DDR.* Berlin 1977.

SCHINGS, Hans-Jürgen (Hrsg.): *Der ganze Mensch. Anthropologie und Literatur im 18. Jahrhundert. DFG-Symposion 1992.* Stuttgart 1994.

SCHIPPAN, Thea: *Humboldt und der Neuhumboldtianismus.* In: Spreu, Arwed und Bondzio, Wilhelm (Hrsg.): *Humboldt-Grimm-Konferenz. Berlin, 22.-25. Oktober 1985.* Berlin (DDR) 1986. S. 275-283.

SCHLERATH, Bernfried (Hrsg.): *Wilhelm von Humboldt. Vortragszyklus zum 150. Todestag.* Berlin 1986.

SCHLERATH, Bernfried: *Die Geschichtlichkeit der Sprache und Wilhelm von Humboldts Sprachphilosophie.* In: Schlerath, Bernfried (Hrsg.): *Wilhelm von Humboldt. Vortragszyklus zum 150. Todestag.* Berlin 1986. S. 212-238.

SCHLIEBEN-LANGE, Brigitte u.a. (Hrsg.): *Europäische Sprachwissenschaft um 1800. Methodologische und historiographische Beiträge zum Umkreis der ‚idéologie‘. 4 Bde. Eine Vortragsreihe im Rahmen des DFG-Projektes ‚Ideologenrezeption‘.* Münster 1989-94.

SCHMIDT, Gerhard und TIETZ, Manfred (Hrsg.): *Stimmen der Romania. Fs. W. Th. Elwert.* Wiesbaden 1980.

SCHMIDT, Hartmut: *Sprachwissenschaftliche Metaphorik bei Wilhelm von Humboldt und Jacob Grimm.* In: Spreu, Arwed und Bondzio, Wilhelm (Hrsg.): *Humboldt-Grimm-Konferenz. Berlin, 22.-25. Oktober 1985.* Berlin (DDR) 1986. S. 49-64.

SCHMIDT, H.: *Zum Metapherngebrauch in deutschen sprachwissenschaftlichen Texten des 19. Jahrhunderts.* In: Schlieben-Lange, Brigitte u.a. (Hrsg.): *Europäische Sprachwissenschaft um 1800. Methodologische und historiographische Beiträge zum Umkreis der ‚idéologie‘. Eine Vortragsreihe im Rahmen des DFG-Projektes ‚Ideologenrezeption‘.* Münster 1989. Bd.1. S. 203-227.

SCHMITTER, Peter: *Ein transsemiotisches Modell: Wilhelm von Humboldts Auffassung von Kunst und Sprache.* In: Dutz, Klaus D. und Kaczmarek, Ludger (Hrsg.): *Rekonstruktion und Interpretation: problemgeschichtliche Studien zur Sprachtheorie von Ockham bis Humboldt.* Tübingen 1985. (= Tübinger Beiträge zur Linguistik; 264) S. 311-334.

SCHMITTER, Peter: *Ein transsemiotisches Modell: Wilhelm von Humboldts Auffassung von Kunst und Sprache.* In: Scharf, Hans-Werner (Hrsg.): *Wilhelm von Humboldts Sprachdenken. (Symposion zum 150. Todestag).* Essen 1989. S. 219-237.

SCHMITTER, Peter (Hrsg.): *Multum – non multa? Studien zur „Einheit der Reflexion" im Werk Wilhelm von Humboldts.* Münster 1991.

SCHMITTER, Peter: *Einheit und Differenz im Werk Wilhelm von Humboldts. Eine Vorbemerkung.* In: Schmitter, Peter (Hrsg.): *Multum – non multa? Studien zur „Einheit der Reflexion" im Werk Wilhelm von Humboldts.* Münster 1991. S. 7-28.

SCHMITTER, Peter: *Zur Wissenschaftskonzeption Georg Forsters und dessen biographischen Bezügen zu den Brüdern Humboldt. Eine Vorstudie zum Verhältnis von allgemeiner Naturgeschichte, physischer Weltbeschreibung und allgemeiner Sprachkunde.* In: Naumann, Bernd, Plank, Frans und Hofbauer, Gerhard u.a. (Hrsg.): *Language and Earth. Elective Affinities between the Emerging Sciences of Linguistics and Geology.* Amsterdam, Philadelphia 1992. S. 91-124.

SCHMITTER, Peter: *‚Maschine vs. Organismus': Einige Überlegungen zur Geistes- und Sprachwissenschaftsgeschichte im 18. und 19. Jahrhundert.* In: Ahlquist, A. u.a. (Hrsg.): *Diversion of Galway. Papers on the History of Linguistics.* Amsterdam 1992. S. 291-307.

SCHMITZ, Ulrich: *Die Umschaffung der Welt in das Eigentum des Geistes. Zur Aktualität Humboldts.* In: Geier, Manfred (Hrsg.): *Sprachbewußtsein. Elf Untersuchungen zum Zusammenhang von Sprachwissenschaft und Kulturhistorischer Psychologie.* Stuttgart 1979. S. 49-70.

SCHMITZ, Matthias: *Humboldt, Wilhelm von.* In: Lutz, Bernd (Hrsg.): *Metzler Philosophen Lexikon. Dreihundert biographisch-werkgeschichtliche Porträts von den Vorsokratikern bis zu den Neuen Philosophen.* Stuttgart (2., aktualisierte und erweiterte Auflage) 1995. S. 404-408.

SCHORER, Hans: *Die Bedeutung Wilhelm von Humboldts und Leo Weisgerbers für den Deutschunterricht in der Volksschule.* In: Gipper, Helmut (Hrsg.): *Sprache, Schlüssel zur Welt. Festschrift für Leo Weisgerber.* Düsseldorf 1959. S. 106-122.

SCHULZ, Werner: *Wilhelm von Humboldt.* In: Andreas, Willy und von Scholz, Wilhelm (Hrsg.): *Die Großen Deutschen. Neue deutsche Biographie.* Berlin 1935. S. 450-463 (Bd. 2).

SCHÜSSLER, Wilhelm (Hrsg.): *Deutsche Männer. 200 Bildnisse und Lebensbeschreibungen. Mit einer Einführung von Wilhelm Schüssler.* Berlin 1938.

SCHWARZ, H.: *Enérgeia, Sprache als.* In: Ritter, Joachim und Gründer, Karlfried (Hrsg.): *Historisches Wörterbuch der Philosophie.* Basel, Darmstadt 1971 ff. S. 492-494 (Bd. 2).

SCHWINGER, Reinhold: *Innere Form. Ein Beitrag zur Definition des Begriffes auf Grund seiner Geschichte von Shaftesbury bis W. v. Humboldt.* In: Obenauer, Justus (Hrsg.): *Innere Form und dichterische Phantasie.* München 1935. S. 3-91.

SCHWINGER, R.: *Form, innere.* In: Ritter, Joachim und Gründer, Karlfried (Hrsg.): *Historisches Wörterbuch der Philosophie.* Basel, Darmstadt 1971 ff. S. 974-975 (Bd. 2).

SEIDLER, Herbert: *Die Bedeutung von W. v. Humboldts Sprachdenken für die Wissenschaft von der Sprachkunst.* In: Kessel, Herbert und Thoms, Walter (Hrsg.):

Die Brüder Humboldt heute. Mannheim 1968. (= Abhandlungen der Humboldt-Gesellschaft für Wissenschaft, Kunst und Bildung e.V., Bd. 2) S. 63-85.

SIEPMANN, Helmut und HAUSMANN, Frank-Rutger (Hrsg.): *Vom ‚Rolandslied‘ zum ‚Namen der Rose‘.* Bonn 1987.

SIMON, Josef: *Wilhelm von Humboldts Bedeutung für die Philosophie.* In: Scharf, Hans-Werner (Hrsg.): *Wilhelm von Humboldts Sprachdenken. (Symposion zum 150. Todestag).* Essen 1989. S. 259-271.

SPRANGER, Eduard (Hrsg.): *Wilhelm von Humboldt und die Reform des Bildungswesens.* Tübingen 1965.

SPREU, Arwed und BONDZIO, Wilhelm (Hrsg.): *Humboldt-Grimm-Konferenz. Berlin, 22.-25. Oktober 1985.* Berlin (DDR) 1986.

STAMMLER, Wolfgang (Hrsg.): *Deutsche Philologie im Aufriß. Bd. 1.* Berlin (Neudruck der 2. Aufl. [1. Aufl. 1952, 2. Aufl. 1957]) 1966.

STEFFEN, Hans (Hrsg.): *Bildung und Gesellschaft: zum Bildungsbegriff von Humboldt bis zur Gegenwart.* Göttingen 1972.

STETTER, Christian: *‚Über Denken und Sprechen‘: Wilhelm von Humboldt zwischen Fichte und Herder.* In: Scharf, Hans-Werner (Hrsg.): *Wilhelm von Humboldts Sprachdenken. (Symposion zum 150. Todestag).* Essen 1989. S. 25-46.

STETTER, Christian: *Wilhelm von Humboldt und das Problem der Schrift.* In: De Mauro, Tullio und Formigari, Lia (Hrsg.): *Leibniz, Humboldt, and the origins of comparativism.* Amsterdam, Philadelphia 1990. S. 181-197.

STETTER, Christian: *Weltansichten – Wilhelm von Humboldts Idee einer allgemeinen Sprachkunde. Zum Verhältnis von Philosophie und Sprachwissenschaft.* In: (Hrsg.): *Begegnung mit dem ‚Fremden‘. Grenzen – Traditionen – Vergleiche. Akten des VIII. Internationalen Germanisten Kongresses Tokyo 1990.* München 1991. S. 206-214 (Bd. III).

STOLPE, H.: *Herder und die Ansätze einer naturgeschichtlichen Entwicklungslehre im 18. Jahrhundert.* In: Krauss, W. (Hrsg.): *Neue Beiträge zur Literatur der Aufklärung.* Berlin 1964. S. 289-316; 454-468.

STÖTZEL, Georg (Hrsg.): *Germanistik – Forschungsstand und Perspektiven. Bd. II.* Berlin, New York 1985.

STREKA, Joseph P. (Hrsg.): *Literary Theory and Criticism. Fs. R. Wellek.* Bern 1984.

TRABANT, Jürgen: *Ideelle Bezeichnung. Steinthals Humboldt-Kritik.* In: Eschbach, Achim und Trabant, Jürgen (Hrsg.): *History of Semiotics.* Amsterdam, Philadelphia 1983. S. 251-276.

TRABANT, Jürgen: *Onomato-Poetika.* In: Albrecht, Jörn u.a. (Hrsg.): *Energeia und Ergon: Sprachliche Variation – Sprachgeschichte – Sprachtypologie. Studia in honorem Eugenio Coseriu (3 Bde.).* Tübingen 1988. (= Tübinger Beiträge zur Linguistik; Bd. 300) S. 253-264 (Bd.III).

TRABANT, Jürgen: *Wilhelm von Humboldt. Jenseits der Gränzlinie.* In: Gessinger, Joachim und von Rahden, Wolfert (Hrsg.): *Theorien über den Ursprung der Sprache (2 Bde.).* Berlin, New York 1989. S. 489-522.

TRABANT, Jürgen: *Der innere Begriff der Sprachwissenschaft: Leibniz und Humboldt. Eine Vortragsreihe im Rahmen des DFG-Projektes ‚Ideologenrezeption‘.*

In: Schlieben-Lange, Brigitte u.a. (Hrsg.): *Europäische Sprachwissenschaft um 1800. Methodologische und historiographische Beiträge zum Umkreis der ‚idéologie'. Eine Vortragsreihe im Rahmen des DFG-Projektes ‚Ideologenrezeption'.* Münster 1989. S. 179-202.

TRABANT, Jürgen: *Newspeak und die Sprache des Lebens in seinen natürlichen Verhältnissen.* In: Scharf, Hans-Werner (Hrsg.): *Wilhelm von Humboldts Sprachdenken. (Symposion zum 150. Todestag).* Essen 1989. S. 205-217.

TRABANT, Jürgen: *Nachwort.* In: Humboldt, Wilhelm von (Hrsg.): *Über die Sprache. Reden vor der Akademie. Hrsg. von Jürgen Trabant.* Paderborn u.a. 1994. S. 201-217.

TRABANT, Jürgen: *Humboldt über eine aktuelle Kontroverse um die Aufgaben der Sprachwissenschaft.* In: Coseriu, Eugenio, Ezawa, Kennosuke und Kürschner, Wilfried (Hrsg.): *Sprachwissenschaftsgeschichte und Sprachforschung. Sprachform und Sprachformen: Humboldt, Gabelentz, Sekiguchi. Ost-West-Kolloquium Berlin 1995.* Tübingen 1996. S. 71-82.

TRABANT, Jürgen, WEYDT, Harald, DIETRICH, Wolf, ROHRER, Christian und SCHLIEBEN-LANGE, Brigitte (Hrsg.): *Logos Semantikos: Studia Linguistica in honorem Eugenio Coseriu 1921-1981. (5 Bde.).* Berlin 1981.

TRAUTH, Gregory P.: *Towards an Analysis of Humboldt's ‚Inner Language Form'.* In: Rauch, Irmengard und Carr, Gerald F. (Hrsg.): *The Semiotic Bridge: Trends from California.* Berlin 1989. S. 409-419.

TSIAPERA, Maria: *Organic Metaphor in Early 19th Century Linguistics.* In: Niederehe, Hans-Josef und Koerner, Konrad (Hrsg.): *History and Historiography of Linguistics. Papers from the Fourth International Conference on the History of the Language Sciences. Trier, 24.-28. August 1987.* Amsterdam 1990. S. 577-587.

WATANABE, Manuba: *Zum Verhältnis von Natur und Sprache bei Wilhelm von Humboldt.* In: Schmitter, Peter (Hrsg.): *Multum – non multa? Studien zur „Einheit der Reflexion" im Werk Wilhelm von Humboldts.* Münster 1991. S. 43-66.

WEISGERBER, Leo: *Die Sprachfelder in der geistigen Erschließung der Welt.* In: Wiese, Benno von (Hrsg.): *Festschrift Jost Trier.* Meisenheim 1954. S. 34-49.

WELKE, Klaus (Hrsg.): *Sprache – Bewußtsein – Tätigkeit. Zur Sprachkonzeption Wilhelm von Humboldts.* Berlin (DDR) 1986.

WELKE, Klaus: *Zur philosophischen und sprachtheoretischen Begründung der Einheit von Sprache und Denken bei Wilhelm von Humboldt.* In: Welke, Klaus (Hrsg.): *Sprache – Bewußtsein – Tätigkeit. Zur Sprachkonzeption Wilhelm von Humboldts.* Berlin (DDR) 1986. S. 9-67.

WESSEL, Horst: *Ein Plädoyer für die Universalität der Logik.* In: Welke, Klaus (Hrsg.): *Sprache – Bewußtsein – Tätigkeit. Zur Sprachkonzeption Wilhelm von Humboldts.* Berlin (DDR) 1986. S. 95-104.

WESSEL, Horst: *Die Stellung der Logik in Humboldts Sprachphilosophie.* In: Spreu, Arwed und Bondzio, Wilhelm (Hrsg.): *Humboldt-Grimm-Konferenz. Berlin, 22.-25. Oktober 1985.* Berlin (DDR) 1986. S. 285-292.

WHITNEY, William Dwight: *Schleicher und die naturwissenschaftliche Sprachauffassung.* In: Christmann, Hans Helmut (Hrsg.): *Sprachwissenschaft des 19. Jahrhunderts.* Darmstadt 1977. (= Wege der Forschung. Bd. 474) S. 109-143.

WIMMER, Rainer (Hrsg.): *Sprachtheorie. Der Sprachbegriff in Wissenschaft und Alltag. Jahrbuch 1986 des Instituts für deutsche Sprache.* Düsseldorf 1987.

WOHLFART, Günter: *Überlegungen zum Verhältnis von Sprache und Kunst im Anschluß an W. v. Humboldt.* In: Scheer, Brigitte und Wohlfart, Günter (Hrsg.): *Dimensionen der Sprache in der Philosophie des Deutschen Idealismus. Fs. B. Liebrucks.* Würzburg 1982. S. 40-66.

WOHLFART, Günter: *Der Satz. Bemerkungen zu Sprache und Kunst ausgehend von W. v. Humboldt.* In: Scharf, Hans-Werner (Hrsg.): *Wilhelm von Humboldts Sprachdenken. (Symposion zum 150. Todestag).* Essen 1989. S. 239-258.

WUTHENOW, Ralph Rainer: *Wilhelm und Alexander vom Humboldt.* In: Karlauf, Thomas [Lekt.]: *Deutsche Brüder. Zwölf Doppelporträts.* Berlin 1994. S. 129-163.

ZIMMERMANN, Klaus, TRABANT, Jürgen und MUELLER-VOLLMER, Kurt (Hrsg.): *Wilhelm von Humboldt und die amerikanischen Sprachen: Internationales Symposium des Ibero-Amerikanischen Instituts PK, 24.-26. September 1992 in Berlin.* Paderborn 1994. (= Humboldt-Studien)

2.5 Zeitschriftenartikel

ABEGG, Emil: *Wilhelm von Humboldt und die Probleme der allgemeinen Sprachwissenschaft.* In: *Neue Jahrb. f. d. klassische Altertum, Geschichte und Deutsche Literatur,* 24. Jg. (1921), H.(Bd.) 47, S. 62-75.

BEHLER, Constantin: *„Der Einbildungskraft ein Begehren einflößen". Humboldt über Goethes Herrmann und Dorothea.* In: *Kodicas / Code. Ars semiotica,* 11.-Bd. (1988), H.1/2, S. 67-104.

BEHLER, Constantin: *Humboldts ‚radikale Reflexion über die Sprache' im Lichte der Foucaultschen Diskursanalyse.* In: *Deutsche Vierteljahresschrift für Literaturwissenschaft und Geistesgeschichte,* 63. Jg. (1989), H.1, S. 1-24.

BINSWANGER, Ludwig: *Über Sprache und Denken.* In: *Studia philosophica,* VI. Jg. (1946), S. 30-50.

BLUMENTHAL, Maximilian: *Wilhelm von Humboldt und Varnhagen von Ense. Mit einer bisher unbekannten Biographie Wilhelm von Humboldts von Varnhagen.* In: *Westermanns Monatshefte,* 96. Jg. (1904), S. 422-436.

BOLLNOW, Otto F.: *Wilhelm von Humboldts Sprachphilosophie.* In: *Zeitschrift für Deutsche Bildung,* 14. Jg. (1938), S. 102-112.

BONDZIO, W.: *Probleme und Positionen bei der wissenschaftsgeschichtlichen Einordnung von W. v. Humboldt und J. Grimm.* In: *Wissenschaftliche Zeitschrift der Humboldt-Universität zu Berlin,* XXXIII. Jg. (1984), S. 465-471.

BOPP, F.: *[Rezension] Ueber die Kawi-Sprache auf der Insel Java, nebst einer Einleitung über die Verschiedenheit des menschlichen Sprachbaues und ihren Einfluss auf die geistige Entwicklung des Menschengeschlechtes. Von Wilhelm von Humboldt. Erster Band. Berlin, bei F. Dümmler. CCCCXXX 312. S. in 4°. Zweiter und dritter Band. 1838. 1839. Zusammen 1028 S.* In: *Jahrbücher für wissenschaftliche Kritik.,* Jg. 1840, S. 697-741.

BORSCHE, Tilman: *Tatsachen, Ideen und Kunst der Geschichtsschreibung. Sprachphilosophische Überlegungen im Anschluß an Wilhelm von Humboldt.* In: *Allgemeine Zeitschrift für Philosophie*, 20. Jg. (1995), H.1, S. 19-38.

CHRISTY, T. C.: *Humboldt's 'Inner Language Form' and Steinthal's Theory of Signification.* In: *Semiotics*, (1985), S. 251-259.

COSERIU, Eugenio: *Vom Primat der Geschichte.* In: *Sprachwissenschaft*, (Bd.) 5. Jg. (1980), S. 125-145.

COSSIO, Echarte: *La Grammaire générale et raisonnée y J. Harris como precedentes de Humboldt.* In: *Epos. Revista de Filología*, 6. Jg. (1990), S. 485-491.

DERBOLAV, J.: *Das Problem der inneren Sprachform.* In: *Wissenschaft und Weltbild*, 4. Jg. (1951), S. 296-303.

DI CESARE, Donatella: *Aristotele. Humboldt e la concezione dinamica della lingua come 'enérgeia'.* In: *Paradigmi*, 13. Jg. (1987), S. 65-86.

DI CESARE, Donatella: *Pour une Herméneutique du Langage, Épistémologie et méthodologie de la recherche linguistique d'après Humboldt.* In: *CFS*, 44. Jg. (1990), S. 123-140.

DI CESARE, Donatella: *'Innere Sprachform': Humboldts Grenzbegriff, Steinthals Begriffsgrenze.* In: *Historiographia Linguistica*, 23.Bd. (1996), H.3, S. 321-346.

DI CESARE, Donatella: *Individualität der Sprache und Verstehen des Anderen. Humboldts dialogische Hermeneutik.* In: *Internationale Zeitschrift für Philosophie*, Jg. 1996, H.2, S. 160-184.

EHLEN, Leo: *Die Entwicklung der Geschichtsphilosophie W. von Humboldts.* In: *Archiv für Geschichte der Philosophie*, 24. Jg. (1911), S. 22-60.

EICHINGER, Gabriella: *Über das „Relativitätsprinzip Wilhelm von Humboldts aus heutiger Sicht".* In: *Anthropos*, 91. Jg. (1996), H.1-3, S. 236.

ERHARDT, Louis: *Wilhelm von Humboldts Abhandlung 'Über die Aufgabe des Geschichtschreibers'.* In: *HZ*, 55. Jg. (1886), S. 385-424.

EVANS, Charlotte B.: *Wilhelm von Humboldts Sprachtheorie. Zum Gedächtnis seines 200. Geburtstages am 22. Juni.* In: *German Quarterly (Columbus)*, 40. Jg. (1967), S. 509-517.

FELDMANN, W.: *Fremdwörter und Verdeutschungen des 18. Jahrhunderts.* In: *Zeitschrift für Deutsche Wortforschung*, 8. Jg. (1906/07), S. 49-99.

FEUCHTWANGER, Ludwig: *Wandel eines Geschichtsbildes. Zum 100. Todestag Wilhelm von Humboldts.* In: *Jüdische Rundschau*, 40. Jg. (1935), H.28, S. 11.

FISCHER-HARRIEHAUSEN, Hermann: *Das Relativitätsprinzip Wilhelm von Humboldts aus heutiger Sicht.* In: *Anthropos*, 89. Jg. (1994), H.1-3, S. 224-232.

FONTAINE-DE VISSCHER, L.: *La pensée du langage comme forme: la 'forme intérieure du langage' chez Humboldt.* In: *Revue Philosophique de Louvain*, 68. Jg. (1970), S. 449-462.

FUHRMANN, Manfred: *Von Wieland bis Voss: Wie verdeutscht man antike Autoren?* In: *Jahrbuch des Freien Deutschen Hochstifts*, Jg.1987, S. 1-22.

GIEL, Klaus: *Die Sprache im Denken Wilhelm von Humboldts.* In: *Zeitschrift für Pädagogik*, 13. Jg. (1967), S. 201-219.

GIPPER, Helmut: *Wilhelm von Humboldt als Begründer moderner Sprachforschung.* In: *Wirkendes Wort*, 15. Jg. (1965), S. 1-19.

GIPPER, H. und Schmitter P.: *Wilhelm von Humboldt.* In: *Current Trends in Linguistics,* XIII. Jg. (1975), S. 532-546.

HARNACK, Otto: *Goethe und Wilhelm von Humboldt.* In: *Vierteljahresschrift für Literaturgeschichte,* 1. Jg. (1888), S. 225-243.

HARNACK, A.: *Leibniz und Wilhelm von Humboldt.* In: *Preussische Jahrbücher,* 140. Jg. (1910), S. 197-280.

HASSLER, Gerda: *Zur Auffassung der Sprache als eines organischen Ganzen bei Wilhelm von Humboldt und ihren Umdeutungen im 19. Jahrhundert.* In: *Zeitschrift für Phonetik, Sprachwissenschaft und Kommunikationsforschung,* 38.Bd. (1985), S. 564-575.

HASSLER, Gerda: *Die Kontroverse Pott – Steinthal. Ausdrückliche und Stillschweigende Voraussetzungen in der Rezeption von Humboldts Sprachtheorie.* In: *Zeitschrift für Phonetik, Sprachwissenschaft und Kommunikationsforschung,* 44.Bd. (1991), H.1, S. 34-42.

HEESCHEN, Volker: *Weltansicht – Reflexionen über einen Begriff Wilhelm von Humboldts.* In: *Historiographia Linguistica,* Bd. IV (1977), S. 159-190.

HENNIGFELD, Jochem: *Sprache als Weltansicht. Humboldt – Nietzsche – Whorf.* In: *ZPhF,* 30. Jg. (1976), S. 435-451.

HO, B.: *Der Begriff Energeia in Humboldts Sprachbetrachtung. [auf koreanisch]* In: *Hangul,* Jg. 1985, S. 181-199.

HONIGMANN, Peter: *Der Einfluß von Moses Mendelsohn auf die Erziehung der Brüder Humboldt.* In: *Mendelsohn Studien,* Jg. 1990, H. 7, S. 39.

IPSEN, G.: *Der neue Sprachbegriff.* In: *Zeitschrift für Deutschkunde,* 46. Jg. (1932), S. 1-18.

JUNKER, Klaus: *Überlegungen zur Einheit der Konzeption im Gesamtwerk Wilhelm von Humboldts.* In: *Wissenschaftliche Zeitschrift der Humboldt-Universität zu Berlin,* (Bd.) 33. Jg. (1984), S. 499-503.

KAINZ, F.: *Zur Sprachphilosophie der deutschen Romantik.* In: *Zeitschrift für Psychologie und Physiologie der Sinnesorgane,* 143. Jg. (1938), S. 317-380.

KESSEL, Eberhard: *Wilhelm von Humboldts Abhandlung über die Aufgabe des Geschichtsschreibers.* In: *Studium Generale,* 2. Jg. (1949), S. 285-295.

KINZEL, Ulrich: *„Erhabener Egoismus". Bemerkungen zu einer geläufigen Humboldt-Kritik.* In: *Vierteljahresschrift für wissenschaftliche Pädagogik,* 70. Jg. (1994), H.4, S. 504-523.

KOCH, Manfred: *Von der vergleichenden Anatomie zur Kulturanthropologie. Wilhelm von Humboldts Hermeneutik fremder Kulturen im Kontext der zeitgenössischen ‚Wissenschaft vom Menschen'.* In: *ZfG,* (NF) 3. Jg. (1993), S. 80-98.

KÖCK, W.K.: *Innere Sprachform.* In: *Linguistik und Didaktik,* 7. Jg. (1971), S. 243-257.

KOJIMA, Koichiro: *Energeia contra ergon – shiso no keifu no nazo.* In: *Energeia (Tokyo: Asahi Shuppan),* 9. Jg. (1983), S. 12-18.

KONRAD, H.: *Wissenschaft – Sprache – Bildung. Gedanken aus der Vergegenwärtigung Wilhelm von Humboldts.* In: *Vierteljahresschrift für wissenschaftliche Pädagogik,* 54. Jg. (1978), H.4, S. 521-537.

LEITZMANN, Albert: *Zu Rudolf Hayms Biographie Wilhelm von Humboldts.* In: *Archiv für das Studium der neueren Sprachen und Literaturen,* 69. Jg. (1915), H.(Bd.) 133, S. 401-408.

LEROUX, Robert: *L'esthétique sexuée de Guillaume de Humboldt.* In: *Etudes Germaniques,* 3. Jg. (1948), S. 261-273.

LEROUX, Robert: *Guillaume de Humboldt et John Stuart Mill.* In: *Etudes Germaniques,* 6. und 7. Jg. (1951 und 1952), S. 262-274 und 81-87.

LEROUX, Robert: *Les spéculations philosophiques de Schiller jugées par Guillaume de Humboldt.* In: *Etudes Germaniques,* 14. Jg. (1959), S. 352-362.

LOHMANN, Johannes: *Sein und Zeit, Sein und Wahrheit in der Form der Sprache.* In: *Lexis,* II.Bd. (1949), H.1, S. 105-143.

LOTHHOLZ, Gustav: *Wilhelm von Humboldts Verhältnis zum klassischen Altertum.* In: *Allgemeine conserv. Mschr. f. d. christl. Deutschland,* 41. Jg. (1884), H.2, S. 485-491.

MEINECKE, Friedrich: *Wilhelm von Humboldt und der deutsche Staat.* In: *Neue Rundschau,* 31. Jg. (1920), S. 889-904.

MENZE, Clemens: *Sprechen, Verstehen, Antworten als anthropologische Grundphänomene in der Sprachphilosophie Wilhelm von Humboldts.* In: *Pädagogische Rundschau,* 17. Jg. (1963), S. 475-489.

MENZE, Clemens: *Über den Zusammenhang von Sprache und Bildung in der Sprachphilosophie Wilhelm von Humboldts.* In: *Pädagogische Rundschau,* 18. Jg. (1964), S. 768-785.

MENZE, Clemens: *Die Verwandlung der Universitätsidee und die Preisgabe der Bildung. Eine Untersuchung zur Rezeption der Humboldtschen Universitätsidee im frühen neunzehnten Jahrhundert.* In: *Vierteljahresschrift für wissenschaftliche Pädagogik,* 50. Jg. (1974), S. 93-118.

MENZE, Clemens: *Sprechen, Denken, Bilden. Eine Erörterung zu Grundaspekten der Sprachtheorie Wilhelm von Humboldts.* In: *Pädagogische Rundschau,* 32. Jg. (1978), S. 829-844.

MENZE, Clemens: *Bildungsstruktur und Bildungsorganisation. Wilhelm von Humboldts Grundlegung des Bildungswesens.* In: *Pädagogische Rundschau,* 37. Jg. (1983), S. 533-554.

MENZE, Clemens: *Wilhelm von Humboldt und die Antike Sklaverei.* In: *Vierteljahresschrift für wissenschaftliche Pädagogik,* 63. Jg. (1987), H.3, S. 319-339.

MENZE, Clemens: *Das Bildende der Geschichte in Wilhelm von Humboldts und Hegels Geschichtsphilosophie.* In: *Vierteljahresschrift für wissenschaftliche Pädagogik,* 63. Jg. (1987), H.2, S. 179-205.

MENZE, Clemens: *Sprache als Ausgangspunkt der Bildungstheorie Wilhelm von Humboldts.* In: *Pädagogische Rundschau,* 42. Jg. (1988), S. 305-318.

MENZE, Clemens: *Die Universitätsidee Wilhelm von Humboldts.* In: *Pädagogische Rundschau,* 43. Jg. (1989), S. 257-273.

MENZE, Clemens: *Wilhelm von Humboldt und die deutsche Universität.* In: *Vierteljahresschrift für wissenschaftliche Pädagogik,* 67. Jg. (1991), S. 471-484.

MEYER, R.M.: *Zur ,Inneren Form'.* In: *Euphorion,* 4. Jg. (1897), S. 445-446.

MINOR, J.: *Die innere Form.* In: *Euphorion,* 4.Bd. (1897), S. 205-210.

MORSBACH, L.: *Innere Form.* In: *Anglia,* 55.Bd. (1931), S. 1-3.

MOSER, Hugo: *Besprechung von Weisgerbers ,Von den Kräften der deutschen Sprache'.* In: *Wirkendes Wort,* 1. Jg. (1951), S. 250 ff.

MUELLER-VOLLMER, Kurt: *Thinking and speaking: Herder, Humboldt and Saussurean semiotics.* In: *Comparative Criticism,* 11. Jg. (1989), S. 193-214.

MUELLER-VOLLMER, Kurt: *Eine Einleitung zuviel. Zur Hermeneutik und Kritik der Editionen von Humboldts ,Einleitung in die Kawi-Sprache'.* In: *Kodicas / Code. Ars semiotica,* 13. Jg. (1990), H.1/2, S. 3-19.

MUELLER-VOLLMER, Kurt: *Mutter Sanskrit und die Nacktheit der Südseesprachen: Das Begräbnis von Humboldts Sprachwissenschaft.* In: *Athenäum,* 1. Jg. (1991), S. 109-134.

MUELLER-VOLLMER, Kurt: *Wilhelm von Humboldt's ,Introduction to the Kawi Language'.* In: *Semiotica,* Jg. 1992, H.1/2, S. 129-144.

MUELLER-VOLLMER, Kurt: *Mitteilungen über die Teilbarkeit des Ich. Subjekt, Sprache, Denken, Welt.* In: *Athenäum,* 2. Jg. (1992), S. 215-221.

NEUMANN, Werner: *Wege und Irrwege der Inhaltbezogenen Grammatik. (1).* In: *Weimarer Beiträge. Zeitschrift für Deutsche Literaturgeschichte,* Jg. 1961, S. 126-156.

NEUMANN, Werner: *Wege und Irrwege der Inhaltbezogenen Grammatik. (2).* In: *Weimarer Beiträge. Zeitschrift für Deutsche Literaturgeschichte,* Jg. 1962, S. 140-167.

NEUMANN, Werner: *Über Dynamik und Statik in der bürgerlichen Sprachtheorie des 19. Jahrhunderts. Eine Kontroverse in der Humboldt-Rezeption.* In: *Zeitschrift für Phonetik, Sprachwissenschaft und Kommunikationsforschung,* 29. Jg. (1976), S. 499-502.

NEUMANN, Werner: *Zeichen und Organismus. Beobachtungen zum Wechsel eines Denkmusters in der deutschen Sprachwissenschaft des 19. Jahrhunderts.* In: *Beiträge zur Erforschung der deutschen Sprache,* 4.Bd. (1984), S. 5-38.

NEUMANN, Werner: *Wilhelm von Humboldt. Forschungspraxis und gesellschaftliche Bedeutung einer Sprachtheorie.* In: *Zeitschrift für Phonetik, Sprachwissenschaft und Kommunikationsforschung,* 40. Jg. (1987), H.2, S. 217-232.

NEUNHEUSER, Karlheinz: *Heidegger und die Sprache.* In: *Wirkendes Wort,* 8. Jg. (1957), S. 1-7.

OHLY, Karl: *Wilhelm von Humboldt in der Gesamtbedeutung seines Lebens und Strebens.* In: *Jbb. f. Wissenschaft u. Leben,* Jg. 1848, S. 543-567.

PAPPENHEIM, Hans-Eugen: *Wilhelm von Humboldts ,Brunnen des Calixtus'.* In: *Die Antike,* 16. Jg. (1940), S. 224-227.

PÄTSCH, Gertrud: *Humboldts Beitrag zur modernen Sprachwissenschaft.* In: *Wissenschaftliche Zeitschrift der Humboldt-Universität zu Berlin,* 17. Jg. (1968), H. 3, S. 353-356.

PERCONTI, P.: *,Über die Aufgabe des Geschichtsschreibers' by Wilhelm von Humboldt. Language and History.* In: *Beiträge zur Geschichte der Sprachwissenschaft,* 5. Jg. (1995), S. 107-124.

PFEIFFER, Rudolf: *Wilhelm von Humboldt, der Humanist.* In: *Die Antike,* 12. Jg. (1936), S. 35-48.

PORZIG, Walter: *Der Begriff der inneren Sprachform.* In: *Indogermanische Forschungen,* 41. Jg. (1923), S. 150-169.

PORZIG, Walter: *Sprachform und Bedeutung. Eine Auseinandersetzung mit A. Marty's Sprachphilosophie.* In: *Indogermanisches Jahrbuch*, 12.Bd. (1928), S. 1-20.

POTT, August Friedrich: *[Renzension] 1) Berlin, b. Dümmler: Ueber die Kawi-Sprache auf der Insel Java, nebst einer Einleitung über die Verschiedenheit des menschlichen Sprachbaues und deren Einfluss auf die geistige Entwicklung des menschlichen Geschlechtes. Von Wilhelm von Humboldt. - I. Bd. 1836. XXIV (Vorrede über Alphabete, Abkürzungen, Inhaltsverzeichniss), CCCCXXX (Einleitung) und 312 S. 4 (5 Thlr.); 2), Ebend.: Ueber die Verschiedenheit des menschlichen Sprachbaues und ihren Einfluss auf die geistige Entwicklung des Menschengeschlechts. Von Demselben. 1836. XI und 511 s. 4. (4 Thlr.).* In: *Allgemeine Literaturzeitung*, Jg. 1837, S. 60-65 und 475-519.

POTT, August Friedrich: *Zur Geschichte und Kritik der sogenannten Allgemeinen Grammatik.* In: *Zeitschrift für Philosophie und philosophische Kritik*, 43. Jg. (1863), S. 102-141, 185-245.

PRANG, H.: *Wilhelm von Humboldts Anschauung vom Wesen der Antike.* In: *Die Antike*, 12. Jg. (1936), S. 131-154.

QUILLIEN, Jean: *G. de Humboldt et la linguistique générale.* In: *Histoire, Épistémologie, Langage*, 3. Jg. (1981), H.2, S. 85-113.

RAMAT, Paolo: *Wilhelm von Humboldts Sprachtypologie.* In: *Zeitschrift für Phonetik, Sprachwissenschaft und Kommunikationsforschung*, 38. Jg. (1985), S. 590-610.

RAMISCHWILI, Guram: *Zum Verständnis des Begriffes der Sprachform bei Wilhelm von Humboldt.* In: *Wissenschaftliche Zeitschrift der Friedrich-Schiller-Universität Jena*, 16. Jg. (1967), S. 555-566.

RANG, Adalbert: *„Bildungsbürger" or citizen? The Case of Wilhelm von Humboldt.* In: *Pädagogica historica*, 29. Jg. (1993), H.3, S. 711-717.

RENSCH, K. H.: *Organismus – System – Struktur in der Sprachwissenschaft.* In: *Phonetica*, 16.Bd. (1967), S. 71-84.

RHEINBERGER, H.-J.: *Aspekte des Bedeutungswandels im Begriff organismischer Ähnlichkeit vom 18. zum 19. Jahrhundert.* In: *Hist. Phil. Life Sci.*, Jg. 1986, S. 237-250.

RIEDEL, Manfred: *Wilhelm von Humboldts ursprünglicher Begriff der Wissenschaft.* In: *Universitas*, 32. Jg. (1977), S. 841-847.

RIEDEL, Manfred: *Sprechen und Hören. Zum dialektischen Grundverhältnis in Humboldts Sprachphilosophie.* In: *Zeitschrift für philosophische Forschung*, 40. Jg. (1986), S. 337-351.

RINDERMANN, Bernd: *Sprache, Mensch und Gesellschaft. Werk und Wirkungen von Wilhelm von Humboldt und Jacob und Wilhelm Grimm in Vergangenheit und Gegenwart.* In: *Zeitschrift für Germanistik*, 7. Jg. (1986), H.3, S. 334-337.

ROSENSTOCK, P.E.: *Platos Kratylos und die Sprachphilosophie bis zum Tode Wilhelm von Humboldts.* In: *Wiss. Beilage zum Programm d. Königl. Gymn. zu Straßburg W.-Pr. Jhrsber. d. Königl. Gymn. zu Straßburg*, Jg. 1893, H.41, S. 35-41.

RUBINSTEIN, Susanna: *Kongeniale Geistesfürsten. (Schiller und Wilhelm von Humboldt).* In: *Zeitschrift für Philosophie und Pädagogik*, 12. Jg. (1905), S. 222-226.

RUBINSTEIN, Susanna: *Die Energie als Wilhelm von Humboldts sittliches Grundprinzip.* In: *Zeitschrift für Philosophie und Pädagogik*, 13. Jg. (1906), S. 1-8.

SCHEIDWEILER, F.: *Die Wortfeldtheorie.* In: *ZfdA*, 79. Jg. (1942), S. 249-268.

SCHEINERT, Moritz: *Wilhelm von Humboldts Sprachphilosophie.* In: *AfgP*, 13. Jg. (1908), S. 141-195.

SCHLEICHER, August: *Zur Morphologie der Sprache.* In: *Mémoires de l'Académie Impériale des Sciences de St.-Pétersbourg*, Jg. (1859), H.7, S. 1-38.

SCHLERATH, Bernfried: *Wilhelm von Humboldts Ansicht von der Sprache und die Frage der Sprachentstehung.* In: *Jahrbuch der Berliner Wissenschaftlichen Gesellschaft*, Jg. 1982, S. 88-110.

SCHMIDT-REGENER, Irena: *Rezension zu ,Schneider, F.: Der Typus der Sprache. Eine Rekonstruktion des Sprachbegriffs Wilhelm von Humboldts auf der Grundlage der Sprachursprungsfrage'.* In: *Zeitschrift für Germanistik*, VII. Jg. (1997), H.1, S. 178-181.

SCHMITTER, Peter: *Zeichentheoretische Erörterungen bei Wilhelm von Humboldt.* In: *Sprachwissenschaft*, 2. Jg. (1977), S. 151-180.

SCHMITTER, Peter: *„... ob man gleich nicht immer den garten benamset der die Propfreiser hergeben".* Einige Beobachtungen zu den Quellen der Methodologie Wilhelm von Humboldts. In: *Zeitschrift für germanistische Linguistik*, 21. Jg. (1993), H.3, S. 277-290.

SCHULZ, Werner: *Das Problem der historischen Zeit bei Wilhelm von Humboldt.* In: *Deutsche Vierteljahresschrift für Literaturwissenschaft und Geistesgeschichte*, 6. Jg. (1928), S. 293-316.

SCHULZ, Werner: *Wilhelm von Humboldts Erleben der Natur als Ausdruck seiner Seele.* In: *Deutsche Vierteljahresschrift für Literaturwissenschaft und Geistesgeschichte*, 12. Jg. (1934), S. 572-599.

SEIDEL, Eugen: *Wilhelm von Humboldt und die vergleichende Sprachwissenschaft.* In: *Wissenschaftliche Zeitschrift der Humboldt-Universität zu Berlin*, 17. Jg. (1968), H.3, S. 357-358.

SHIN, Ik Sung: *On Humboldt's Concept of ,Form'.* In: *Language Research (Seoul)*, 23. Jg. (1987), H.3, S. 279-288.

SPRANGER, Eduard: *Wilhelm von Humboldts Rede ,Über die Aufgabe des Geschichtsschreibers' und die Schellingsche Philosophie.* In: *HZ*, 100. Jg. (1908), S. 541-563.

SPRANGER, Eduard: *Wilhelm von Humboldt und Kant.* In: *Kantstudien*, 13. Jg. (1908), S. 57-129.

SPRANGER, Eduard: *Wilhelm von Humboldt.* In: *Das humanistische Gymnasium*, 46. Jg. (1935), S. 65-77.

SPRANGER, Eduard: *Aufgaben des Geschichtsschreibers.* In: *Historische Zeitschrift*, 174. Jg. (1952), S. 251-268.

STAIGER, Emil: *Wilhelm von Humboldt.* In: *Berliner Geist*, Jg. 1963, S. 983-1006.

STEINTHAL, Heymann: *Offnes Sendschreiben an Herrn Prof. Pott.* In: *Zeitschrift für Völkerpsychologie und Sprachwissenschaft*, XIII. Jg. (1876), S. 304-326.

STEINTHAL, Heymann: *Programm zu einer neuen Ausgabe der sprachphilosophischen Werke Wilhelms von Humboldt.* In: *Zeitschrift für Völkerpsychologie und Sprachwissenschaft*, XIII. Jg. (1882), S. 201-232.

STENZEL, Julius: *Die Bedeutung der Sprachphilosophie W. von Humboldts für die Probleme des Humanismus.* In: *Logos*, 10. Jg. (1921/22), H.2, S. 261-274.

STOLTE, Erich: *Wilhelm von Humboldts Begriff der inneren Sprachform.* In: *Zeitschrift für Phonetik und Allgemeine Sprachwissenschaft*, 2. Jg. (1948), S. 205-207.

SUZUKI, Y.: *Humboldt no naiteki-gengokeishiki to knajo-metafa. [Die innere Sprachform von W. v. Humboldt und die Gefühlsmetapher – Interpretation des Begriffs ‚innere Sprachform' literarisch betrachtet].* In: *Tsukuba Doitsu Bungaku Kenkyu (Tsukuba Daigaku, Ibaraki)*, 1. Jg. (1983), S. 45-60.

TELEGDI, Z.: *Ein Beitrag zur Kenntnis von Humboldts Linguistik: Das Problem einer Entwicklung der Grammatik.* In: *Acta Linguistica hungarica*, 37. Jg. (1987), H.1-4, S. 3-30.

THOMASBERGER, Andreas: *Sprachlichkeit der Kunst. Überlegungen ausgehend von Wilhelm von Humboldts ästhetischen Versuchen.* In: *Deutsche Vierteljahresschrift für Literaturwissenschaft und Geistesgeschichte*, 66. Jg. (1992), H.4, S. 597-612.

THYSSEN, Johannes: *Die Sprache als „Energeia" und das „Weltbild" der Sprache. (eine kritische Betrachtung zu L. Weisgerbers Sprachphilosophie)* In: *Lexis*, III. Jg. (1953), H.2, S. 301-307.

TRABANT, Jürgen: *Die Einbildungskraft und die Sprache. Ausblick auf Wilhelm von Humboldt.* In: *Neue Rundschau*, 96. Jg. (1985), H.3/4, S. 161-182.

TRABANT, Jürgen: *Humboldt zum Ursprung der Sprache. Ein Nachtrag zum Problem des Sprachursprungs in der Geschichte der Akademie.* In: *Zeitschrift für Phonetik, Sprachwissenschaft und Kommunikationsforschung*, 38. Jg. (1985), H.5, S. 576-589.

TRABANT, Jürgen: *Gedächtnis und Schrift. Zu Humboldts Grammatologie.* In: *Kodicas / Code. Ars semiotica*, 9. Jg. (1986), H.3-4, S. 293-315.

TRABANT, Jürgen: *Habermas liest Humboldt.* In: *Deutsche Zeitschrift für Philologie*, 41. Jg. (1993), S. 639-651.

TRIER, J.: *Das sprachliche Feld: Eine Auseinandersetzung.* In: *Neue Jahrbücher für Wissenschaft und Jugendbildung*, 10. Jg. (1934), S. 428-449.

ULRICH, M.: *Wilhelm von Humboldt und die heutige Übersetzungstheorie.* In: *Acta Linguistica hungarica*, 40. Jg. (1990-91), H.3-4, S. 467-474.

VEGA, Miguel: *Wilhelm von Humboldt, translator and translation theorist.* In: *Meta. Journal des traducteurs (Montreal)*, 35. Jg. (1990), H.3, S. 489.

VOSS, J.: *Aristote et la théorie énergétique du langage de Wilhelm von Humboldt.* In: *Revue Philosophique de Louvain*, 72. Jg. (1974), S. 482-508.

VOSS, J.: *Réflexions sur l'origine du langage à la lumière de l'énergétisme Humboldtien.* In: *Revue Philosophique de Louvain*, 74. Jg. (1976), S. 519-548.

WATANABE, Manabu: *Humboldt np naitekigengokeishiki saiko. [Ein nochmaliger Versuch zu Humboldts ‚innere Sprachform'.]* In: *Shi-gengo (Tokyo; Ashai Shuppan)*, 24. Jg. (1985), S. 1-10.

WEISGERBER, Leo: *Das Problem der inneren Sprachform und seine Bedeutung für die deutsche Sprache.* In: *Germanisch-Romanische Monatsschrift*, 14. Jg. (1926), S. 241-256.

WEISGERBER, Leo: *‚Neuromantik' in der Sprachwissenschaft.* In: *Germanisch-Romanische Monatsschrift*, 18. Jg. (1930), S. 241-259.

WEISGERBER, Leo: *Die Sprache als wirkende Kraft.* In: *Studium Generale,* 4. Jg. (1951), H.3, S. 127-135.

WEISGERBER, Leo: *Die Wiedergeburt des vergleichenden Sprachstudiums.* In: *Lexis,* 2. Jg. (1951), H.2, S. 3-22 (Anhang).

WEISGERBER, Leo: *Zum Energeia-Begriff in Humboldts Sprachbetrachtung.* In: *Wirkendes Wort,* 4. Jg. (1953-54), S. 374-377.

WEISGERBER, Leo: *Innere Sprachform als Stil sprachlicher Anverwandlung der Welt.* In: *Studium Generale,* 7. Jg. (1954), H.10, S. 571-579.

WEISSER, Jan: *Humboldt diskutieren. Bildung als innere Form und Sorge.* In: *Vierteljahresschrift für wissenschaftliche Pädagogik,* 71. Jg. (1995), H.3, S. 252-271.

WEWEL, Meinolf: *Eine Einleitung, die Epoche gemacht hat. (Über die Kawi-Sprache auf der Insel Java, nebst einer Einleitung über die Verschiedenheit des menschlichen Sprachbaues und ihren Einfluß auf die geistige Entwicklung des Menschengeschlechts.)* In: *Börsenblatt für den Deutschen Buchhandel,* 17. Jg. (1961), H.77, S. 1474-1475.

WEYDT, Harald: *Unendlicher Gebrauch von endlichen Mitteln. Mißverständnisse um ein linguistisches Theorem.* In: *Poetica,* 5. Jg. (1972), S. 249-267.

ZDARZILL, H.: *Individualität und Humanität. Zur 200. Wiederkehr des Geburtstages Wilhelm von Humboldts.* In: *Wissenschaft und Weltbild,* 21. Jg. (1968), S. 68-74.

ZINSLI, Paul: *Bedeutet muttersprachliche Betrachtung Nationalismus?* In: *Wirkendes Wort,* 6. Jg. (1956), S. 145-157.

3. Sonstige Literatur

ASSMANN, Jan: *Das kulturelle Gedächtnis. Schrift, Erinnerung und politische Identität in frühen Hochkulturen.* München (2., durchgesehene Auflage [1. Aufl.1992]) 1997.

BIERWISCH, Manfred: *Linguistik als kognitive Wissenschaft – Erläuterungen zu einem Forschungsprogramm.* In: *Zeitschrift für Germanistik,* 8. Jg. (1987), S. 654-667.

BIERWISCH, Manfred: *Ludwig Jägers Kampf mit den Windmühlen. Anmerkungen zu einer merkwürdigen Sprach(wissenschafts)verwirrung.* In: *Zeitschrift für Sprachwissenschaft,* 12. Jg. (1993), S. 107-112.

BIERWISCH, Manfred: *Sprache als Berechnungssystem: Strukturelle Grammatik zwischen Geistes- und Naturwissenschaft.* In: *MPG-Spiegel,* Jg. 1994, H.2, S. 18-23.

BIERWISCH, Manfred: *Kommunizieren und Berechnen. Linguistik zwischen Biologie und Geisteswissenschaft.* In: *Jahrbuch der Berlin-Brandenburgischen Akademie der Wissenschaften,* Jg. 1992/93 (1994), S. 187-215.

BLANCHOT, Maurice: *Michel Foucault.* Tübingen 1987.

BOPP, Franz: *Über das Conjugationssystem der Sanskritsprache in Vergleichung mit jenem der griechischen, lateinischen, persischen und germanischen Sprache. Nebst Episoden des Ramajan und Mahabharat in genauen metrischen Übersetzungen aus dem Originaltexte und einigen Abschnitten aus den Veda's. Herausgegeben und mit Vorerinnerungen begleitet von Dr. K. J. Windischmann.* Frankfurt 1816.

BORKOPP, Peter: *Schleiermacher, Friedrich Daniel Ernst.* In: Lutz, Bernd (Hrsg.): *Metzler Philosophen Lexikon. Dreihundert biographisch-werkgeschichtliche Porträts von den Vorsokratikern bis zu den Neuen Philosophen.* Stuttgart (2., aktualisierte und erweiterte Auflage) 1995. S. 794-796.

BORSCHE, Tilman: *Linguistik ohne Langeweile. (Rez. von Trabant 1986).* In: *PhR*, 35. Jg. (1988), S. 296-303.

BORSCHE, Tilman: *Was etwas ist: Fragen nach der Wahrheit der Bedeutung bei Platon, Augustin, Nikolaus von Kues und Nietzsche.* München 1990.

BORSCHE, Tilman: *Platon.* In: Schmitter, Peter (Hrsg.): *Sprachtheorien der abendländischen Antike.* Tübingen 1991. (= Geschichte der Sprachtheorie, Bd. 2) S. 140-169.

BORSCHE, Tilman: *Zeit und Zeichen.* München 1993.

BOUVERESSE, Jacques: *Ludwig Wittgenstein (1889-1951).* In: Dascal, Marcelo u.a. (Hrsg.): *Sprachphilosophie. Ein internationales Handbuch zeitgenössischer Forschung.* Berlin, New York 1992. S. 563-579.

BRAUNE, W. und EBBINGHAUS, E.: *Althochdeutsches Lesebuch.* Tübingen 1969.

BÜHLER, Karl: *Sprachtheorie. Die Darstellungsfunktion der Sprache.* Stuttgart 1965.

BÜHLER, Axel: *The structuralist approaches.* In: Dascal, Marcelo u.a. (Hrsg.): *Sprachphilosophie. Ein internationales Handbuch zeitgenössischer Forschung.* Berlin, New York 1992. S. 718-731.

COLLINGWOOD, Robin George: *Philosophie der Geschichte.* Stuttgart 1955.

COSERIU, Eugenio: *Sprachtheorie und allgemeine Sprachwissenschaft.* München 1975.

DASCAL, Marcelo (Hrsg.): *Sprachphilosophie. Ein internationales Handbuch zeitgenössischer Forschung.* Berlin, New York 1992.

DAVIS, Hayley G. und TAYLOR, Talbot J. (Hrsg.): *Redefinig linguistics.* London, New York 1990.

DERRIDA, Jacques: *Grammatologie.* Frankfurt am Main 1974.

DETEL, Wolfgang: *Macht, Moral, Wissen. Foucault und die klassische Antike.* Frankfurt am Main 1998.

DI CESARE, Donatella: *Die Geschmeidigkeit der Sprache. Zur Sprachauffassung und Sprachbetrachtung der Sophistik.* In: Schmitter, Peter (Hrsg.): *Sprachtheorien der abendländischen Antike.* Tübingen 1991. (= Geschichte der Sprachtheorie, Bd. 2) S. 87-118.

DUTZ, Klaus D. und SCHMITTER, Peter (Hrsg.): *Geschichte der Geschichtsschreibung der Semiotik.* Münster 1986.

ECO, Umberto: *Semiotik und Philosophie der Sprache.* München 1985.

ECO, Umberto: *Streit der Interpretationen.* Konstanz 1987. (= Konstanzer Bibliothek [Bd. 8])

ECO, Umberto: *Die Grenzen der Interpretation.* München, Wien 1992.

ENGEL, Johann Jakob: *Schriften (10 Bde.).* Berlin 1801 ff.

FAYE, Jean Pierre: *Theorie der Erzählung. Einführung in die ,Totalitären Sprachen'.* Frankfurt am Main 1977.

FELDBUSCH, E. (Hrsg.): *Neuere Fragen der Linguistik.* Tübingen 1991.

FOUCAULT, Michel: *Archäologie des Wissens.* Frankfurt am Main 1994.

FOUCAULT, Michel: *Die Ordnung der Dinge.* Frankfurt am Main (12. Aufl.) 1994.

FREUD, S. (Hrsg.): *Gesammelte Werke. Chronologisch geordnet.* Frankfurt am Main (6. Aufl.) 1973.

FREUD, S.: *Erinnern, Wiederholen und Durcharbeiten.* In: Freud, S. (Hrsg.): *Gesammelte Werke. Chronologisch geordnet.* Frankfurt am Main (6. Aufl.) 1973. S. 126-136 (Bd. 10).

FRISK, Hjalmar: *Griechisches Etymologisches Wörterbuch. Bd. 1: A-Ko.* Heidelberg 1960. (= Indogermanische Bibliothek: Reihe 2, Wörterbücher)

GADAMER, Hans-Georg (Hrsg.): *Das Problem der Sprache.* München 1967.

GADAMER, Hans-Georg: *Kleine Schriften III: Idee und Sprache.* Tübingen 1972.

GADAMER, Hans-Georg: *Begriffsgeschichte als Philosophie.* Tübingen 1972. (= In: Kleine Schriften III, S. 237-250)

GADAMER, Hans-Georg: *Semantik und Hermeneutik.* Tübingen 1972. (= In: Kleine Schriften III, S. 251-260)

GAIER, Ulrich: *Johann Gottfried Herder (1744-1803).* In: Dascal, Marcelo u.a. (Hrsg.): *Sprachphilosophie. Ein internationales Handbuch zeitgenössischer Forschung.* Berlin, New York 1992. S. 343-362.

GEHLEN, Arnold: *Der Mensch. Seine Natur und seine Stellung in der Welt.* Frankfurt am Main (9. Aufl.) 1978.

GEMOLL, Wilhelm: *Griechisch-deutsches Schul- und Handwörterbuch. Durchgesehen und erweitert von Karl Vretska. Mit einer Einführung in die Sprachgeschichte von Heinz Kronasser.* München (9. Aufl.) 1965.

GERHARDT, Marlis (Hrsg.): *Linguistik und Sprachphilosophie.* München 1974.

GRAESER, Andreas: *Platons Ideenlehre. Sprache, Logik, Metaphysik.* Bern 1975.

GREWENDORF, Günther und MEGGLE, Georg (Hrsg.): *Linguistik und Philosophie.* Frankfurt am Main 1974.

GREWENDORF, Günther: *Der Sprache auf der Spur: Anmerkungen zu einer Linguistik nach Jäger Art.* In: *Zeitschrift für Sprachwissenschaft,* 12. Jg. (1993), S. 113-132.

GUMBRECHT, Hans-Ulrich und LINK-HEER, U. (Hrsg): *Epochenschwellen und Epochenstrukturen im Diskurs der Literatur- und Sprachhistorie.* Frankfurt am Main 1985.

GUMBRECHT, Hans-Ulrich: *Posthistoire Now.* In: Gumbrecht, Hans-Ulrich und Link-Heer, U. (Hrsg): *Epochenschwellen und Epochenstrukturen im Diskurs der Literatur- und Sprachhistorie.* Frankfurt am Main 1985. S. 34-50.

HAMMACHER, Klaus (Hrsg.): *Die gegenwärtige Darstellung der Philosophie Fichtes.* Hamburg 1981.

HARRIS, James Jakob: *Hermes oder Philosophische Untersuchungen über die Allgemeine Grammatik. [Hermes, or a Philosophical Inquiry Concerning Language and Universal Grammar]. Uebersetzt von Christian Gottfried Ewerbeck, nebst Anmerkungen und Abhandlungen von F[riedrich] A[ugust] Wolf und dem Uebersetzer. Erster Teil.* Halle 1788.

HARRIS, Roy: *On Redefinig linguistics.* In: Davis, Hayley G. und Taylor, Talbot J. (Hrsg.): *Redefinig linguistics.* London, New York 1990. S. 18-52.

HEGEL, Georg Wilhelm Friedrich: *Einleitung in die Geschichte der Philosophie. Herausgegeben von Johannes Hoffmeister.* Hamburg (3., gekürzte Auflage 1959, besorgt von Friedhelm Nicolin. Unveränderter Nachdruck) 1966.

HEINKAMP, Albert: *Gottfried Wilhelm Leibniz (1646-1716).* In: Dascal, Marcelo u.a. (Hrsg.): *Sprachphilosophie. Ein internationales Handbuch zeitgenössischer Forschung.* Berlin, New York 1992. S. 320-330.

HENNIGFELD, Jochem: *Die Sprachphilosophie des 20. Jahrhunderts.* Berlin, New York 1982.

HERDER, Johann Gottfried: *Sämtliche Werke (33 Bde.).* Berlin (Nachdruck Hildesheim 1967-68) 1877-1913.

HERDER, Johann Gottfried: *Über den Ursprung der Sprache.* München, Wien 1987. (= In: Werke. Bd. II. S 251-357)

HERDER, Johann Gottfried: *Werke.* München, Wien 1987.

HEYDORN, Heinz-Joachim: *Zu einer Neufassung des Bildungsbegriffs.* Frankfurt a.M. 1972.

HÖFFE, Otfried: *Immanuel Kant.* München (3., durchges. Aufl.) 1992.

HOGREBE, Wolfram: *Kant und das Problem einer transzendentalen Semantik.* Freiburg, München 1974.

HUMBOLDT, Alexander von: *Studienausgabe. 7 Bde.* Darmstadt 1987-97.

JÄGER, Ludwig: *,Language, what ever that may be'. Die Geschichte der Sprachwissenschaft als Erosionsgeschichte ihres Gegenstandes.* In: Zeitschrift für Sprachwissenschaft, 12. Jg. (1993), S. 77-106.

JÄGER, Ludwig: *,Chomskys problem'. Eine Antwort auf Bierwisch, Grewendorf und Habel.* In: Zeitschrift für Sprachwissenschaft, 12. Jg. (1993), S. 235-260.

JASPERS, K.: *Die Sprache.* München 1964.

KANT, Immanuel: *Werke in sechs Bänden.* Darmstadt (4. und 5., erneut geprüfter reprografischer Nachdruck der Ausgabe Darmstadt 1956-64) 1983.

KANTZENBACH, Friedrich Wilhelm: *Friedrich Daniel Ernst Schleiermacher mit Selbstzeugnissen und Bilddokumenten.* Hamburg 1985.

KELLER, Rudi: *Sprachwandel.* Tübingen 1990.

KITTLER, Friedrich A.: *Aufschreibesysteme 1800/1900.* München (2. Aufl.) 1987.

KLUGE, Friedrich: *Etymologisches Wörterbuch der deutschen Sprache. Unter Mithilfe von Max Bürgisser und Bernd Gregor völlig neu bearbeitet von Elmar Seebold.* Berlin u.a. (22. Aufl.) 1989.

KNIESCHE, Henning: *Ernst Cassirer (1874-1945).* In: Dascal, Marcelo u.a. (Hrsg.): *Sprachphilosophie. Ein internationales Handbuch zeitgenössischer Forschung.* Berlin, New York 1992. S. 524-549.

KREMER-MARIETTI, Angèle: *Michel Foucault. Der Archäologe des Wissens.* Frankfurt am Main 1976.

KUTSCHERA, Franz von: *Sprachphilosophie.* München (2. Aufl.) 1975.

LANDGREBE, L. (Hrsg.): *Philosophie und Wissenschaft.* Meisenheim 1972.

LAU, Jörg: *Die Geschichte ist kein Friedhof. [Interview mit Paul Ricoeur].* In: DIE ZEIT, Nr.42 vom 8. Oktober 1998.

LEIBNIZ, Gottfried Wilhelm: *Unvorgreifliche Gedanken, betreffend die Ausübung und Verbesserung der deutschen Sprache. Ermahnung an die Deutschen, ihren*

Verstand und ihre Sprache besser zu üben. Zwei Aufsätze. Stuttgart (1. Aufl. 1717) 1983.

LEIBNIZ, Gottfried Wilhelm: *Philosophische Schriften (5 Bde.).* Darmstadt (1. und 2., unveränderte Aufl.) 1985-92.

LEIBNIZ, Gottfried Wilhelm: *De veritatibus primis (Über die ersten Wahrheiten). [(Von der Möglichkeit I) 1686-89].* Darmstadt (2., unveränderte Aufl.) 1985-92. (= Philosophische Schriften. Bd. I. S. 176-178)

LEIBNIZ, Gottfried Wilhelm: *De contingentia (Über die Kontingenz). [(Von der Möglichkeit II) 1686-89].* Darmstadt (2., unveränderte Aufl.) 1985-92. (= Philosophische Schriften. Bd.I. S. 179-197)

LEIBNIZ, Gottfried Wilhelm: *De dispositionibus internis (Über die inneren Anlagen). [(Über die Möglichkeit III) 1686-89].* Darmstadt (2., unveränderte Aufl.) 1985-92. (= Philosophische Schriften. Bd. I. S. 188-189)

LEIBNIZ, Gottfried Wilhelm: *Nouveaux essais sur l'entendement humain.* Darmstadt (2., unveränderte Aufl.) 1985-92. (= Philosophische Schriften. Bd. III 1/2)

LIDDELL, Henry George and SCOTT, Robert: *A Greek English Lexikon: with a supplement 1968.* Oxford (new [9.] ed. completed 1940, repr.) 1992.

LUHMANN, N. und MÜLLER, K.: *Organisation.* In: Ritter, Joachim und Gründer, Karlfried (Hrsg.): *Historisches Wörterbuch der Philosophie.* Basel, Darmstadt 1971 ff. S. 1326-1329 (Bd. 6).

LUHMANN, Niklas: *Das Problem der Epochenbildung und die Evolutionstheorie.* In: Gumbrecht, Hans-Ulrich und Link-Heer, U. (Hrsg): *Epochenschwellen und Epochenstrukturen im Diskurs der Literatur- und Sprachhistorie.* Frankfurt am Main 1985. S. 11-33.

LUHMANN, Niklas: *Soziale Systeme.* Frankfurt am Main (4. Aufl.) 1991.

LUTZ, Bernd (Hrsg.): *Metzler Philosophen Lexikon. Dreihundert biographisch-werkgeschichtliche Porträts von den Vorsokratikern bis zu den Neuen Philosophen.* Stuttgart (2., aktualisierte und erweiterte Auflage) 1995.

MARKIS, Dimitrios: *Das Problem der Sprache bei Kant.* In: Scheer, Brigitte und Wohlfart, Günter (Hrsg.): *Dimensionen der Sprache in der Philosophie des Deutschen Idealismus. Fs. B. Liebrucks.* Würzburg 1982. S. 110-154.

MARTI, Urs: *Michel Foucault.* München 1988.

MARTY, Anton: *Gesammelte Schriften. Bd. I: Schriften zur genetischen Sprachphilosophie. Bd. II: Schriften zur deskriptiven Psychologie und Sprachphilosophie.* Halle a.d.S. 1916-18.

MATTSON, Philip: *Die Dichtung als Medium der Sprachtheorie.* Wien (Diss.) 1972.

MENGE, Hermann: *Langenscheidts Großwörterbuch Griechisch-Deutsch. Unter der Berücksichtigung der Etymologie von H. Menge.* Berlin u.a. (22. Aufl. [1. Aufl. 1913]) 1973.

NEUMANN, Werner und TECHTMEIER, B. (Hrsg.): *Bedeutungen und Ideen in Sprachen und Texten.* Berlin (DDR) 1987.

OTTO, Stephan: *Das Wissen des Ähnlichen: Michel Foucault und die Renaissance.* Frankfurt am Main 1992.

PLATON (Hrsg.): *Werke in acht Bänden. Griechisch und deutsch.* Darmstadt (3., unv. Aufl.) 1990.

PLATON: *Kratylos*. In: Platon (Hrsg.): *Werke in acht Bänden. Griechisch und deutsch*. Darmstadt (3., unv. Aufl.) 1990. S. 395-575 (Bd. III).

PUBLIUS OVIDIUS NASO: *Metamorphosen. Mit den Radierungen von Pablo Picasso. Aus dem Lateinischen nach der Übersetzung von Reinhart Suchier. Nachwort und Anmerkungen von Günther Schmidt*. Wiesbaden 1986.

PUBLIUS OVIDIUS NASO: *Metamorphosen. In der Übertragung von Johann Heinrich Voß. Mit den Radierungen von Pablo Picasso und einem Nachwort von Bernhard Kytzler*. Frankfurt am Main 1990.

PUBLIUS OVIDIUS NASO: *Metamorphosen. Lateinisch-deutsch. In deutsche Hexameter übertragen von Erich Rösch. Herausgegeben von Niklas Holzberg*. Zürich, Düsseldorf 1996.

PAREIN, Brice: *Untersuchungen über Natur und Funktion der Sprache*. Paris 1942.

PINKER, Steven: *The Language Instinct*. New York 1994.

POSER, Hans: *Signum, notio und idea. Elemente der Leibnizschen Zeichentheorie*. In: ZfS, 1. Jg. (1979), S. 309-324.

POTT, August Friedrich: *Etymologische Forschungen auf dem Gebiete der Indo-Germanischen Sprachen, mit besonderem Bezug auf die Lautumwandlung im Sanskrit, Griechischen, Lateinischen, Littauischen und Gothischen*. Lemgo 1833.

REGENBOGEN, Arnim und MEYER, Uwe (Hrsg.): *Wörterbuch der philosophischen Begriffe. Begründet von Friedrich Kirchner und Carl Michaelis, fortgesetzt von Johannes Hoffmeister. Vollständig neu herausgegeben von A. Regenbogen und U. Meyer*. Darmstadt 1998.

RIEDEL, Manfred: *Kritik der reinen Vernunft und Sprache. Zum Kategorienproblem bei Kant*. In: *Allgemeine Zeitschrift für Philosophie*, 2. Jg. (1982), S. 1-15.

RILKE, Rainer Maria: *Duineser Elegien*. München (Nachdruck der Erstausgabe von 1923) 1997.

RITTER, Joachim und GRÜNDER, Karlfried (Hrsg.): *Historisches Wörterbuch der Philosophie*. Basel, Darmstadt 1971 ff.

RORTY, Richard: *Eine Kultur ohne Zentrum. Vier philosophische Essays*. Stuttgart 1993.

SAUSSURE, Ferdinand de: *Grundfragen der allgemeinen Sprachwissenschaft. [Cours de linguistique générale]*. Berlin (2. Aufl.) 1967.

SAUSSURE, Ferdinand de: *Cours de linguistique générale (2 Bde.)*. Wiesbaden 1968/74.

SCHEER, Brigitte und WOHLFART, Günter (Hrsg.): *Dimensionen der Sprache in der Philosophie des Deutschen Idealismus. Fs. B. Liebrucks*. Würzburg 1982.

SCHILLER, Friedrich: *Sämtliche Werke (5 Bde.)*. München (6.-8. Aufl. [Darmstadt]) 1993.

SCHILLER, Friedrich: *Versuch über den Zusammenhang der thierischen Natur des Menschen mit seiner geistigen*. München 1993. (= In: Sämtliche Werke. Bd. V. S. 287-324)

SCHMID, Wilhelm (Hrsg.): *Denken und Existenz bei Michel Foucault*. Frankfurt am Main 1991.

SCHMITTER, Peter (Hrsg.): *Sprachtheorien der abendländischen Antike*. Tübingen 1991. (= Geschichte der Sprachtheorie, Bd. 2)

SCHNÄDELBACH, Herbert: *Vernunft und Geschichte. Vorträge und Abhandlungen.* Frankfurt am Main 1987.

SIMON, Gerd (Hrsg.): *Sprachwissenschaft und politisches Engagement. Zur Problem- und Sozialgeschichte einiger sprachtheoretischer, sprachdidaktischer und sprachpflegerischer Ansätze in der Germanistik des 19. und 20. Jahrhunderts.* Weinheim, Basel 1997. (= Pragmalinguistik Bd. 18)

SMITH, Adam: *Der Wohlstand der Nationen. Eine Untersuchung seiner Natur und seine Ursachen. Aus dem Englischen übertragen und mit einer umfassenden Würdigung des Gesamtwerkes hrsg. von Horst Claus Recktenwald.* München (7. Aufl.) 1996.

SOPHOKLES: *Tragödien und Fragmente. Griechisch und deutsch. Hrsg. und übersetzt von Wilhelm Willige, überarbeitet von Karl Bayer.* München 1966.

SOPHOKLES: *Dramen. Hrsg. von Wilhelm Willige. Überarbeitet von Karl Bayer. Mit Anmerkungen und einem Nachwort von Bernhard Zimmermann (griechisch und deutsch).* Zürich, Düsseldorf (3. Aufl.) 1995.

STETTER, Christian: *Ferdinand de Saussure (1857-1913).* In: Dascal, Marcelo u.a. (Hrsg.): *Sprachphilosophie. Ein internationales Handbuch zeitgenössischer Forschung.* Berlin, New York 1992. S. 510-523.

STÖTZEL, Georg: *Konkurrierender Sprachgebrauch in der deutschen Presse. Sprachwissenschaftliche Textinterpretationen zum Verhältnis von Sprachbewußtsein und Gegenstandskonstitution.* In: WW, 30. Jg. (1980), S. 39-53.

STÖTZEL, Georg und WENGELER, Martin (Hrsg.): *Kontroverse Begriffe. Geschichte des öffentlichen Sprachgebrauchs in der Bundesrepublik Deutschland.* Berlin 1995.

STREMINGER, Gerhard: *John Locke (1632-1704).* In: Dascal, Marcelo u.a. (Hrsg.): *Sprachphilosophie. Ein internationales Handbuch zeitgenössischer Forschung.* Berlin, New York 1992. S. 308-320.

STRUBE, W.: *Analytische Philosophie der Literaturwissenschaft. Untersuchungen zur literaturwissenschaftlichen Definition, Klassifikation, Interpretation und Textbewertung.* Paderborn u.a. 1993.

STRUEVER, Nancy: *Giambattista Vico (1668-1744).* In: Dascal, Marcelo u.a. (Hrsg.): *Sprachphilosophie. Ein internationales Handbuch zeitgenössischer Forschung.* Berlin, New York 1992. S. 330-338.

WAHRIG, Gerhard (Hrsg.): *Wörterbuch der deutschen Sprache. Neu hrsg. von Renate Wahrig-Burfeind.* München (1. Aufl. 1978) 1997.

WELSCH, Wolfgang (Hrsg.): *Wege aus der Moderne. Schlüsseltexte der Postmoderne-Diskussion.* Weinheim 1988.

WELTER, Rüdiger: *Johann Georg Hamann (1730-1788).* In: Dascal, Marcelo u.a. (Hrsg.): *Sprachphilosophie. Ein internationales Handbuch zeitgenössischer Forschung.* Berlin, New York 1992. S. 339-343.

WIDMAIER, Rita: *Die Idee des Zeichens bei Locke und Leibniz in ihren Untersuchungen über den menschlichen Verstand.* In: Dutz, Klaus D. und Schmitter, Peter (Hrsg.): *Geschichte der Geschichtsschreibung der Semiotik.* Münster 1986. S. 133-149.

WINTER, Helen und ROMMEL, Thomas: *Adam Smith für Anfänger. Der Wohlstand der Nationen.* München 1999.

WITTGENSTEIN, Ludwig: *Werkausgabe [in 8 Bänden]* Frankfurt am Main (6. Aufl.) 1989.

WITTGENSTEIN, Ludwig: *Tractatus logico-philosophicus.* Frankfurt am Main (6. Aufl.) 1989. (= In: Werkausgabe in 8 Bänden. S. 7-85. Bd. 1)

WITTGENSTEIN, Ludwig: *Philosophische Untersuchungen.* Frankfurt am Main (6. Aufl.) 1989. (= In: Werkausgabe in 8 Bänden. S. 225-618. Bd. 1)

WUNDERLICH, Dieter (Hrsg.): *Wissenschaftstheorie der Linguistik.* Kronberg, Ts. 1976.

XENOPHON: *Memorabilien. Erinnerungen an Sokrates. Übertragen und erläutert von P. M. Laskowsky.* München 1960.

ZYMNER, R.: *Uneigentlichkeit. Studien zur Semantik und Geschichte der Parabel.* Paderborn u.a. 1991.

Register[1]

---

[1] Das Register erschließt die wichtigsten Namen durch alphabetische Katalogisierung mit
Angabe der Fundstelle, damit bei einer Suche nach Personen zielgerichtet auf den Text zugegriffen werden kann. Um die Übersichtlichkeit des Registers zu erhalten, wurden nicht
alle Namen – vor allem die große Zahl der Sekundärliteraturhinweise – in das Register aufgenommen. Hier sei auf das Literaturverzeichnis verwiesen, das alle Namen komplett enthält. Kommen im Register genannte Personen in marginalen Kontexten vor (beispielsweise bei wiederholter Nennung eines bereits genannten Sekundärtextes), wurde ebenfalls auf
eine Nennung verzichtet. Namen in Zitaten wurden nur dann in das Register aufgenommen, wenn der thematische Kontext dies sinnvoll verlangte.